STUDIEN UND TEXTE ZUR SOZIALGESCHICHTE
DER LITERATUR

Herausgegeben von
Wolfgang Frühwald, Georg Jäger, Dieter Langewiesche,
Alberto Martino, Rainer Wohlfeil

Band 27

Erzählte Kriminalität

Zur Typologie und Funktion von narrativen Darstellungen
in Strafrechtspflege, Publizistik und Literatur
zwischen 1770 und 1920

Vorträge zu einem interdisziplinären Kolloquium,
Hamburg, 10.–12. April 1985

Herausgegeben von Jörg Schönert
in Zusammenarbeit mit Konstantin Imm und Joachim Linder

Max Niemeyer Verlag
Tübingen 1991

Gedruckt mit Unterstützung der Deutschen Forschungsgemeinschaft

Redaktion des Bandes: Georg Jäger

CIP-Titelaufnahme der Deutschen Bibliothek

Erzählte Kriminalität : zur Typologie und Funktion von narrativen Darstellungen in Strafrechtspflege, Publizistik und Literatur zwischen 1770 und 1920 ; Vorträge zu einem interdisziplinären Kolloquium, Hamburg, 10.–12. April 1985 / hrsg. von Jörg Schönert in Zusammenarbeit mit Konstantin Imm und Joachim Linder. – Tübingen : Niemeyer, 1991
(Studien und Texte zur Sozialgeschichte der Literatur ; Bd. 27)
NE: Schönert, Jörg [Hrsg.]; GT

ISBN 3-484-35027-X ISSN 0174-4410

Satz und Druck: Druckerei Maisch + Queck, Gerlingen
Einband: Heinr. Koch, Tübingen

Inhaltsverzeichnis

Vorwort

Zu einem Kolloquium mit dem Problemkreis ›Literatur und Kriminalität‹ (für den literaturgeschichtlichen Schwerpunkt 1850–1880) trafen sich am 15. und 16. Januar 1981 Philologen, Historiker und Juristen in München. Das Arbeitsgespräch wurde in dem – 1983 erschienenen – Band *Literatur und Kriminalität. Die gesellschaftliche Erfahrung von Verbrechen und Strafverfolgung als Gegenstand des Erzählens. Deutschland, England, Frankreich 1850–1880* dokumentiert – unter Einbezug der Ergebnisse eines Projektes aus der Münchener Forschergruppe zur Sozialgeschichte der deutschen Literatur 1770–1900. Die Deutsche Forschungsgemeinschaft hat diese Unternehmung seit 1979 gefördert. Durch die mannigfachen interdisziplinären Kontakte, die sich seit dem Münchener Kolloquium ergeben hatten, und durch das Interesse, das der Band *Literatur und Kriminalität* insbesondere bei den Fachvertretern von Rechtsgeschichte und Strafrecht fand, wurden wir ermutigt, unsere Projektarbeit 1985 mit einem zweiten Kolloquium – vom 10. bis 12. April an der Universität Hamburg – abzuschließen.[1] Erneut hat die Deutsche Forschungsgemeinschaft diese Tagung ermöglicht. Mehr als 30 Wissenschaftlerinnen und Wissenschaftler aus den Arbeitsgebieten der Jurisprudenz und der Strafrechtspraxis, der Literaturgeschichte, der Linguistik und der Geschichtswissenschaften beteiligten sich daran. Vor allem die Mitarbeit der Juristen hatte sich im Vergleich mit der Münchener Tagung erheblich erweitert. Der hier vorgelegte Dokumentationsband nimmt die Doppelperspektive von Rechtsgeschichte und Literaturgeschichte in der Anlage der Publikation und in den Leitfragen der einzelnen Beiträge in wiederholten Spiegelungen auf. Dabei werden die geschichtlichen Interessen – die hier dem Zeitraum vom ausgehenden 18. bis zum Beginn des 20. Jahrhunderts gelten – auch mehrfach zurückgelenkt auf die methodischen Probleme in der Vermittlung von Gesellschafts-, Rechts- und Literaturgeschichte und auf die kritische Reflexion der sprachlichen Repräsentation strafrechtlicher Vorgänge und ihrer publizistischen oder literarischen Darstellung.

---

[1] Im Rahmen des DFG-Projektes sind folgende Beiträge des hier vorgelegten Bandes entstanden: »Deutsche Pitavalgeschichten in der Mitte des 19. Jahrhunderts. Konkurrierende Formen der Wissensvermittlung und Verbrechensdeutung« (Joachim Linder); »Der Fall Chorinsky/Ebergenyi: Der Weg vom Geschehen zu den Geschichten« (Konstantin Imm); »Kaspar Hauser: Kriminalisierung und Historisierung« (Konstantin Imm); »Bilder vom ›Verbrechermenschen‹ in den rechtskulturellen Diskursen um 1900« (Jörg Schönert); »›Sie müssen das entschuldigen, Herr Staatsanwalt, aber es ist so: wir trauen euch nicht . . .« (Joachim Linder).

Daß Juristen sich mit literarischen Texten nicht nur in der straf- und zivilrechtlichen Praxis beschäftigen, sondern auch ›Textphilologie‹ betreiben, hat Tradition[2] – zumal dann, wenn in literarischen Texten »rechtliche Bezüge verborgen sind, die ohne Kenntnisse des zeitgenössischen Rechts übersehen werden«,[3] oder wenn rechtsphilosophische und rechtsdogmatische Positionen mit Verweisen auf die Belletristik gestützt werden können. Dafür erscheinen die literarischen Veröffentlichungen der ›Dichterjuristen‹ als besonders geeignet;[4] die ›Goethe-Jahre‹ 1932 und 1982 markieren – insbesondere im redaktionellen Programm der *Juristischen Wochenschrift* des Jahres 1932 und der *Neuen Juristischen Wochenschrift* seit 1982[5] – ein verstärktes Interesse von Juristen an der ›rechtlichen Lektüre‹ der ›schönen Literatur‹.[6] Aber auch auf der Seite der Literaturhistoriker wird mit immer mehr Aufmerksamkeit zur Kenntnis genommen, daß ›Dichterjuristen‹ nicht nur poetische Texte verfaßt haben. Nach E. T. A. Hoffmanns *Juristischen Arbeiten* (1973 von Friedrich Schnapp im Münchener Winkler-Verlag herausgegeben) liegen nun auch Franz Kafkas *Amtliche Schriften* gesammelt vor (1984 herausgegeben von Klaus Hermsdorf im Akademie-Verlag, Berlin/DDR) und versprechen, der Kafka-Forschung neue Impulse zu geben. Einen besonders ergiebigen Gedankenaustausch – mit vielfach überraschenden rechtsgeschichtlichen und philologischen Ergebnissen – haben in den letzten Jahren Literaturhistoriker und Rechtswissenschaftler zum Werk Heinrich v. Kleists geführt, wenn auch der – beide Lesergruppen immer neu faszinierende – Autor nur bedingt zu den ›Dichterjuristen‹ gerechnet werden kann.

Die gemeinsamen Diskussionen, die vor allem auf den Jahrestagungen der Kleist-Gesellschaft 1984 und 1986 geführt wurden,[7] bewegen sich freilich weithin auf der methodischen Basis des seit mehreren Generationen etablierten wissenschaftlichen Gesprächs zwischen Juristen und Philologen. Diese Grundlagen sind im vergangenen Jahrzehnt vor allem in drei Richtungen vertieft und erweitert

---

2 Vgl. dazu Heinz Müller-Dietz: Literatur und Kriminalität. In: Juristen-Zeitung 39 (1984) H. 15/16, S. 699–702.

3 Ekkehard Kaufmann: Deutsches Recht. Die Grundlagen. (Grundlagen der Germanistik 27) Berlin: Schmidt 1984, S. 5.

4 Vgl. Michael Kilian: Literatur und Jurisprudenz – Anmerkungen zum Berufsbild des Juristen. In: Deutsche Richterzeitung 63 (1985), S. 18–21; ferner Eugen Wohlhaupter: Dichterjuristen. 3 Bde. Hg. von H. G. Seifert. Tübingen: Mohr 1953.

5 Vgl. die alljährlichen NJW-Hefte mit dem Schwerpunkt-Thema ›Literatur und Recht‹: 1982, H. 12;, 1983, H. 21; 1984, H. 19; 1985, H. 28; 1986, H. 19; 1987, H. 23; 1988, H. 6; 1989, H. 6. – Zugleich hat die *NJW* – ebenso wie die *Juristen-Zeitung* – Rezensionen literaturgeschichtlicher Arbeiten über ›Dichterjuristen‹ oder zu literarischen Thematisierungen von Recht und Rechtsvorgängen beträchtlichen Raum gegeben.

6 Daß Juristen-Lektüre literarischer Texte ein Ausgangspunkt des öffentlichen Meinungsstreits sein kann, mag ein eher kurioses Beispiel veranschaulichen, vgl. Hans Wrobel: Dank an Kurt Tucholsky. In: Zs. f. Rechtspolitik 18 (1985) H. 12, S. 313–319; Friedrich K. Fromme: Dank an Kurt Tucholsky. In: Zs. f. Rechtspolitik 19 (1986) H. 3, S. 60–62; schließlich als Replik Wrobels und Duplik Frommes: ebd. H 7, S. 182–184.

7 Vgl. Kleist-Jahrbuch (hg. v. Hans Joachim Kreutzer) 1985 und 1987.

worden. Zum einen in der Reflexion über Gemeinsames und Trennendes in der Praxis rechtlichen Verstehens und des Verständnisses literarischer Texte, in der juristischen und literaturwissenschaftlichen Hermeneutik;[8] zum zweiten in Analysen der sprachlichen Vermittlung des Rechtsgeschehens und der sprachlichen Repräsentation von Rechtsvorstellungen und Rechtsordnungen[9] und schließlich in sozialwissenschaftlichen und sozialgeschichtlichen Perspektiven, von denen Neuorientierungen in der Kriminologie, Strafrechtslehre und Strafrechtsgeschichte ebenso ausgingen wie in der Literaturwissenschaft.[10] Unterschiedliche Anerkennung und unterschiedliche Wirkungen fanden die kultur- und diskursgeschichtlichen Arbeiten Michel Foucaults – insbesondere *Überwachen und Strafen. Die Geburt des Gefängnisses* (franz. 1975, dtsch. 1976) – in der Jurisprudenz und der Literaturwissenschaft; auf jeden Fall haben sie – wie auch immer Foucaults Verfahren zu bewerten ist – neue Materialbereiche und auch neue Fragen erschlossen. In der Literaturgeschichte erweist sich das Konzept ›diskursanalytischer‹ Untersuchungen für die integrierende Diskussion literarischer, populärwissenschaftlicher und juristischer Texte als hilfreich[11] – und sei es nur im heuristischen Vorfeld, d.h. im Ausarbeiten neuer und interdisziplinär angelegter Untersuchungsprogramme.

---

8 Vgl. Manfred Fuhrmann u.a. (Hg.): Text und Applikation. Theologie, Jurisprudenz und Literaturwissenschaft im hermeneutischen Gespräch. (Poetik und Hermeneutik 9) München: Fink 1981; Arthur Kaufmann: Beiträge zur juristischen Hermeneutik sowie weitere rechtsphilosophische Abhandlungen. Köln u.a.: Heymann 1984.

9 Vgl. etwa Karl Ermert (Hg.): Sprache und Recht. (Loccumer Protokolle 31) Loccum: Evang. Akademie 1981; Uwe Wesel: Die Sprache der Juristen. In: U. W.: Juristische Weltkunde. Frankfurt/M.: Suhrkamp 1984 (= stw 467) oder Bernhard Großfeld: Sprache und Recht. In: Juristen-Zeitung 1984, S. 1–6; Thomas-Michael Seibert: Aktenanalysen. Zur Schriftform juristischer Deutungen. Tübingen: Narr 1981; Ludger Hoffmann: Kommunikation vor Gericht. Tübingen: Narr 1983; Edeltraud Dobnig-Jülch: Vom Juristen-Deutsch. Untersuchungen und Überlegungen zum 100jährigen Bestehen eines Vorurteils. In: Germanistik – Forschungsstand und Perspektiven. Vorträge des Deutschen Germanistentages 1984. Hg. v. Georg Stötzel. Bd. 1. Berlin u. New York: de Gruyter 1985, S. 325–345. Vgl. auch die Vorträge und Diskussionen der Arbeitsgruppe »Sprache und Recht« (Koordination Ludger Hoffmann) bei der 7. Jahrestagung der »Deutschen Gesellschaft für Sprache« (Hamburg, 27. 2.–1. 3. 1985).

10 Dazu auch Heinz Müller-Dietz: Kriminologie und Literatur – Ein Literatur-Bericht. In: Entwicklungslinien der Kriminologie. Hg. von Gerhard Kielwein. (Annales Universitatis Saraviensis. Rechts- und Wirtschaftswiss. Abtlg.) Köln u.a.: Heymann 1985, S. 59–91. – Die wechselseitigen Grenzüberschreitungen zwischen den Bereichen von Rechtsgeschichte und Literaturgeschichte im Zeichen der Gesellschaftsgeschichte werden auch in Kongreß- und Forschungsprogrammen ›institutionalisiert‹, vgl. etwa die Sektion »Strafrechtsgeschichte« (Leitung: Wolfgang Naucke) beim 26. Deutschen Rechtshistorikertag (Frankfurt/M., 22.–26. 9. 1986) oder die Sektion »Literatur im Spannungsfeld von Recht, Verfassung und Justiz« (Kurator: Dieter Grimm) im DFG-Symposion zur Sozialgeschichte der deutschen Literatur (7.–10. 9. 1987). – Die sozialwissenschaftlichen Interessen werden durch wissenssoziologische, kultursemiotische und zeichentheoretische Diskussionen und Untersuchungen auch mit Fragen der Sprachtheorie und linguistischen Programmatik verbunden, vgl. dazu den Schwerpunkt 12 »Recht im Wandel« im 4. Kongreß der Deutschen Gesellschaft für Semiotik (München 21.–25. 10. 1984).

11 Vgl. beispielsweise Jutta Kolkenbrock-Netz: Wahnsinn der Vernunft – juristische Institu-

Auch über die engeren Grenzen der fachwissenschaftlichen Debatten hinaus haben die Problembereiche von »Sprache und Recht« und »Literatur und Recht« in der Selbstreflexion der juristischen Praxis, in der juristischen Weiterbildung[12] und in Diskussionen über das öffentliche Erscheinungsbild von Justiz und Juristen verstärkte Aufmerksamkeit gefunden.[13] Dabei wird nun wiederum die ›schöne Literatur‹ als ein – neben Presse, Film und Fernsehen[14] – wichtiges Medium der Produktion und Vermittlung von (mehr oder weniger zutreffenden) ›Bildern‹ des rechtlichen, insbesondere strafrechtlichen Geschehens beachtet. Dazu kommt, daß der ›neue deutsche Kriminalroman‹ mit seinem ›realistischen‹ und sozialkritischen Konzept das fachliche Interesse der Juristen und Polizisten findet – nicht zuletzt auch deshalb, weil eine Reihe der Autoren des ›neuen deutschen Kriminalromans‹ wegen ihrer beruflichen Erfahrungen aus Gerichtsberichterstattung, Polizeiarbeit oder Anwaltstätigkeit als ›Fachleute‹ gelten können.[15] Kriminalromane und Kriminalgeschichten von deutschen Autoren der Gegenwart sind in den letzten Jahren bei Akademietagungen, Kulturveranstaltungen, Leseabenden und Podiumsdiskussionen gerade durch die Beteiligung von Experten aus der Rechtswissenschaft, der Justizpraxis, der Publizistik und der Medieninstitutionen, der Literaturwissenschaft und Literaturkritik, der Verlage und Autoren aus ihrem marginalen Dasein in einen Blickpunkt des öffentlichen Kulturgesprächs gerückt worden.[16] Diese Fragen nach konkreten Verbindungen der Erfahrungswirklichkeit von Kriminalität und Strafrechtspflege mit den literarisch-publizistisch und fil-

---

tion – literarische Praxis. Das Gutachten zum Fall Schmolling und die Erzählung *Der Einsiedler Serapion* von E. T. A. Hoffmann. In: J. K.-N. u. a. (Hg.): Wege der Literaturwissenschaft. Bonn: Bouvier 1985, S. 122–144, oder Georg Reuchlein: Das Problem der Zurechnungsfähigkeit bei E. T. A. Hoffmann und Georg Büchner. Frankfurt/M. u. a.: Lang 1985.

[12] Vgl. etwa die Tagungen der Deutschen Richterakademie zu »Literatur und Recht« (13.–19. 12. 1981, 20.–26. 3. 1983 und 30. 6.–6. 7. 1985) sowie zu »Kunst und Recht« (dazu die Veröffentlichung: Kunst und Recht. Mit Beiträgen von Johann-Tönjes Cassens u. a. Heidelberg: Müller 1985).

[13] Vgl. etwa die Veranstaltungen zu »Kultur und Justiz«, die der Hamburgische Richterverein in den ersten Monaten des Jahres 1985 als »eine für die deutsche Justiz bislang einmalige Veranstaltungsreihe« (aus der Pressemitteilung zur Eröffnung am 25. 1. 1985) organisierte.

[14] Vgl. dazu die Fachtagung »Der Fernsehkrimi – Besichtigung eines populären Genres«, veranstaltet vom Fachbereich Sprach- und Literaturwissenschaften der Universität GHS Siegen und dem Adolf-Grimme-Institut im November 1984. Ein erster Bericht dazu findet sich in *Weiterbildung und Medien* 8 (1985) H. 2, S. 17–43.

[15] Vgl. dazu Irene Bayer: Juristen und Kriminalbeamte als Autoren des neuen deutschen Kriminalromans: Berufserfahrungen ohne Folgen? Frankfurt/M. u. a.: Lang 1989.

[16] Vgl. etwa die Tagung der Evangelischen Akademie in Tutzing zum ›Neuen Deutschen Kriminalroman‹ 1984, das Loccumer Kolloquium von 1982 – dazu: Karl Ermert und Wolfgang Gast (Hg.): Der neue deutsche Kriminalroman. Beiträge zu Darstellung, Interpretation und Kritik eines populären Genres. (Loccumer Kolloquium, Bd. 5) Loccum: Evang. Akademie 1985 – sowie beispielsweise die »Hamburger Tage des Kriminalromans« (19. 9.–2. 10. 1985) oder das Kölner »Festival der Kriminalliteratur« (14. 4.–25. 4. 1986).

misch vermittelten ›Geschichten‹ und ›Bildern‹ zu dem juristisch verwalteten Geschehen stehen in Wechselwirkung mit der Neuaneignung literaturgeschichtlicher Traditionen von Kriminalerzählungen und ›Pitavalgeschichten‹, die in den letzten Jahrzehnten durch die Dominanz der Detektivgeschichte verdeckt worden waren.[17]

Von der – geschichtlich vermittelten und gegenwärtig aktualisierten – Erfahrung, daß Ergebnisse und Handlungsabläufe von Kriminalität als ›erzähltes Geschehen‹ gesellschaftliche Wirklichkeit werden, daß sie als ›Geschichten‹ (von der juristischen Schilderung des Sachverhaltes, dem ›Kriminalfall‹, bis hin zur literarischen Kriminalgeschichte) in unterschiedlicher Weise und mit unterschiedlichen Folgen unsere Vorstellungen, Wertungen und Sinngebungen zu ›Verbrechen‹ und ›Verbrechensverfolgung‹ ordnen, bestätigen und verändern,[18] war das Konzept

---

[17] Diese Entwicklung hat in der DDR aufgrund des Interesses am ›realistischen Erzählen‹ schon am Ende der sechziger Jahre begonnen und wird vor allem vom Berliner Verlag »Das Neue Berlin« getragen, vgl. als erfolgreiche dreibändige Anthologie: Die deutsche Kriminalerzählung von Schiller bis zur Gegenwart. Hg. von Herbert Greiner-Mai und Hans Joachim Kruse. 1967–69, 1973–1979 in der dritten Auflage. Sie wurde nun umgestellt zu jeweils einbändigen ›regionalliterarischen‹ Sammlungen. Erschienen sind: Amtsbericht des Pfarrers zu Eichengrün. Deutsche Kriminalerzählungen (1983); Die Heirat des Herrn Stäudl. Österreichische Kriminalgeschichten (1985). Auch die Tradition der ›Pitavalgeschichte‹ findet in der DDR Beachtung, vgl. (als Lizenzausgabe in der Bundesrepublik erschienen): François Gayot de Pitaval: Unerhörte Kriminalfälle. Hg. von Rudolf Marx. (Sammlung Dieterich) Bremen: Schünemann 1980; Willibald Alexis u. Julius Eduard Hitzig: Das Gelöbnis der drei Diebe. Kriminalfälle des neuen Pitaval. Ausgew. u. hg. von Werner Liersch. Berlin/DDR: Das Neue Berlin 1981. – Für Sammlungen von literaturgeschichtlich interessanten Erzählungen über Verbrecher und Verbrechen, die in der Bundesrepublik und Österreich erschienen sind, ist zu verweisen auf: Volker Ladenthin (Hg.): Deutsche Criminalgeschichten. Frankfurt/M.: Insel 1984 (= it 773); August Gottlieb Meißner: Kriminal-Geschichten. (1796) Mit einem Nachwort von Hans-Friedrich Foltin. ND Hildesheim u. New York: Olms 1977; August G. Meißner: »Die Seelen-Folter. Geschichten vom Unstern und Aberwitz«. Hg. von Hanne Kulessa. Darmstadt u. Neuwied: Luchterhand 1984 (= SL 523); Werner M. Bauer (Hg.): Zwischen Rad und Galgen. Kriminalgeschichten zwischen Spätaufklärung und Biedermeier. Salzburg u. München: Pustel 1980; Paul Anselm Feuerbach: Merkwürdige Verbrechen. Hg. von Reiner Schrage. Frankfurt/M.: Insel 1981 (= it 512); Der neue Pitaval. Eine Sammlung der interessantesten Kriminalgeschichten. Hg. von Julius E. Hitzig und Wilhelm Häring. [1. Teil, 1842]. Frankfurt/M.: 1986 (= it 819); Leonore Qualtinger: Die berühmtesten Kriminalfälle aus dem alten Österreich. Wien u. München: Amalthea 1986; Hans-Otto Hügel (Hg.): Die Leiche auf der Eisenbahn. Detektivgeschichten aus deutschen Familienzeitschriften [des 19. Jahrhunderts]. Darmstadt u. Neuwied: Luchterhand 1981 (= SL 342); Holger Dainat (Hg.): Kriminalgeschichten aus dem 18. Jahrhundert. Bielefeld: Haux 1987. Einzelausgaben von Kriminalgeschichten und Kriminalromanen finden sich im Verlag »Das Neue Berlin« (u.a. Anzengruber, Auerbach, Boßhardt, P. Lindau, Meinhold, Serner, Theden, Temme) sowie in der Herderbücherei Freiburg i. Br. (u.a. Franzos, v. Holtei, Temme). – Vgl. auch die Dissertation von Joachim Linder, die 1990 unter dem Titel *Verbrechensgeschichten: Kriminalität und Kriminelle in deutschen Fallsammlungen zwischen 1840 und 1925* beim Fachbereich Sprachwissenschaften der Universität Hamburg eingereicht werden soll.

[18] Vgl. auch Gerlinda Smaus: Das Strafrecht und die Kriminalität in der Alltagssprache der

des interdisziplinären Kolloquiums vom 10. bis 12. April 1985 bestimmt: Kriminalität als »Ereignis und Erzählung«, die gesellschaftliche Wirklichkeit von Kriminalität als Ergebnis narrativer Prozesse in Strafrechtspflege, Publizistik und Literatur (1770–1790 / 1850–1870 / 1890–1910).

Die Kategorie der »narrativen Prozesse« sollte einen Vorstellungsraum von ›Erzählen‹ erschließen, der nicht auf das literarische Erzählen (und seine Randbereiche) festgelegt, sondern von der Annahme bestimmt ist, daß zum einen in den vielfältigen Vorgängen des Erzählens komplexe Wirklichkeitserfahrungen reduziert und geordnet werden, daß über bestimmte Muster des Auswählens und Anordnens im Erzählen an geltende Realitätsvorstellungen und Sinngebungslinien angeschlossen wird, zum anderen aber auch in den ›fiktiven Geschichten‹ Wirklichkeitsmodelle entworfen werden, die relativierend oder konkurrierend zu den institutionell entwickelten Konstruktionen treten (vgl. dazu in der »Einführung«, S. 31–34). In den Vorgängen der ›Kriminalisierung‹ und Rechtsprechung werden zu Ereignissen und Personen ebenso ›Geschichten erzählt‹ wie in der rechtswissenschaftlichen Diskussion, in der Juristenausbildung, in der Gerichtsberichterstattung oder in der ›Schönen Literatur‹ – und letztlich ist es unerheblich, ob die Träger dieser Geschichten authentische Personen oder fiktive Figuren sind. Freilich folgen solche Erzählungen ganz unterschiedlichen Regeln für die Auswahl der Elemente ihrer ›Geschichten‹, für ihre Verknüpfung und Deutung – und die so entworfenen Geschichten haben für die Beteiligten des Erzählvorgangs höchst unterschiedliche Folgen. Gemeinsam ist jedoch allen Erzählvorgängen (und ihren Ordnungsmustern, den ›Diskurspraktiken‹), daß sie an gesellschaftliche Konventionen (an fachwissenschaftliche Vorschriften auf der einen, an ästhetische Regeln auf der anderen Seite) gebunden sind und sich diese Konventionen in geschichtlichen Prozessen herausbilden, beeinflussen und verändern.

Am Beispiel des Ereignisses ›Kaspar Hauser‹ (vgl. in diesem Band S. 449–464) läßt sich zeigen, wie die Grenzen von Geschichtserzählung und Sachverhaltsschilderung, von Fallgeschichte und fiktiver Erzählung, von empirischer Rekonstruktion und zeichenbildender Repräsentation nicht als festgeschriebene anzulegen sind. Es kennzeichnet die Fachlichkeit der juristischen Verständigung über Verbrechen und Rechtsprechung, daß Personen, Ereignisse und ›Erzählungen‹ in der

---

deutschen Bevölkerung. Opladen: Westdeutscher Verlag 1984. G. Smaus geht davon aus, daß Wissensbestände und Alltagsvorstellungen nur sprachlich repräsentiert und organisiert werden können. Der Untersuchungsansatz wird dann zu der leitenden Frage entwickelt, in welchen Verknüpfungs- und Vermittlungszusammenhängen Wissen und Wertungsmuster zu Strafrecht und Kriminalität in der Gesellschaft verteilt und legitimiert werden (S. 8). Mit der Beschreibung der (vorwiegend narrativen) Strukturen der Verknüpfung und Vermittlungen muß sich die Frage nach gesellschaftlichen Wirkungen und damit auch nach der Rolle der audiovisuellen Massenmedien, der Literatur und der Zeitungen verbinden (S. 13). – Für den Untersuchungszeitraum unseres Bandes sind dabei – anders als in der gegenwärtigen Situation – die unterschiedlichen literarischen und paraliterarischen Darstellungen von Kriminalität und Kriminalitätsbekämpfung ein wichtiger Umschlagsplatz von Informationen.

Praxis der Strafrechtspflege in einer besonders reflektierten, vielfach kontrollierten und verantwortlichen Weise verknüpft werden sollen, zumal die betroffenen ›Protagonisten‹ der juristischen Geschichtserzählungen dann mit den – ihnen zugeschriebenen – Geschichten leben (oder auch sterben) müssen. Schriftsteller können ›als Erzähler‹ leichtfertiger handeln, sind doch ihre Geschichten nur in Ausnahmefällen ›vollgültig‹ auf historische Personen zu beziehen. Dennoch – und das war die Ausgangsposition unseres sozial- und funktionsgeschichtlichen Interesses – bleiben auch die literarischen Konstruktionen von Wirklichkeit nicht ohne Folgen für Einstellungen, Wahrnehmungsformen und Handlungsweisen der Leser – selbst derjenigen, die sicher zwischen Fiktion und Authentizität, zwischen Kriminalgeschichte und Sachverhaltsschilderung unterscheiden. Mit Emphase für die Bedeutung von Literatur und Lesen hat Elias Canetti in *Die Provinz des Menschen* festgehalten: »Wenn er lange nicht gelesen hat, erweitern sich die Löcher im Sieb seines Geistes, und alles fällt durch und alles bis auf das Gröbste ist, als wäre es nicht da. Es ist das Gelesene bei ihm, das zum Auffangen des Erlebten dient, und ohne Gelesenes hat er nichts erlebt.«[19] Alle, die im Rechtsgeschehen handeln oder verhandelt werden, sind irgendwo Leser (oder ›Bildbetrachter‹). Sie werden den allgegenwärtigen Geschichten (oder Bildern) über Verbrechen und Strafe nicht entgehen; sie können – in unterschiedlichen Rollen und Wahrnehmungsformen – besondere Einstellungen zu diesen ›Erzählungen‹ (und Erscheinungen) finden, sie können sie ausgrenzen, vernachlässigen, ihnen widersprechen, aber – spätestens seit der Entwicklung einer Medienöffentlichkeit im ausgehenden 18. Jahrhundert – sie sind damit konfrontiert und reagieren auf die ›erzählte Kriminalität‹.

An dem Hamburger Kolloquium haben teilgenommen:

cand. phil. Armin Biermann, Fachgebiet Romanistik der Universität GHS Siegen
Cornelia Berens, M. A., Literaturwissenschaftliches Seminar der Universität Hamburg
Holger Dainat, M. A., Fachgebiet Germanistik der Universität Bielefeld
Priv.-Doz. Dr. Monika Frommel, Leopold Wenger-Institut für Rechtsgeschichte an der Universität München
Dr. Günter Haber, Fachbereich Rechtswissenschaft der Universität Hamburg
Prof. Dr. Jörg Hennig, Germanisches Seminar der Universität Hamburg
Priv.-Doz. Dr. Ludger Hoffmann, Lehrgebiet Deutsche Sprache und Literatur an der Universität Münster
Prof. Dr. Hans-Otto Hügel, Institut für Ästhetische Erziehung und Kulturpädagogik der Hochschule Hildesheim
Dr. Konstantin Imm, DFG-Projekt ›Literatur und Kriminalität‹, München
Prof. Dr. Georg Jäger, Institut für Deutsche Philologie der Universität München

---

[19] Elias Canetti: Die Provinz des Menschen. Aufzeichnungen 1942–1972. München: Hanser 1973, S. 122.

Joachim Linder, M. A., DFG-Projekt ›Literatur und Kriminalität‹, München
Prof. Dr. Klaus Lüderssen, Fachbereich Rechtswissenschaften der Universität Frankfurt/M.
Dr. Hans-Jürgen Lüsebrink, Lehrstuhl für Romanistische Literaturwissenschaft der Universität Bayreuth
Prof. Dr. Klaus Marxen, Fakultät für Rechtswissenschaft der Universität Bielefeld
Assessor Reinhard Merkel, Institut für Rechtsphilosophie und Rechtsinformatik der Universität München
Friederike Meyer, M. A., DFG-Projekt ›Theorie einer Sozialgeschichte der Literatur‹, München
Prof. Dr. Eckhardt Meyer-Krentler, Fachgebiet Germanistik der Universität GHS Paderborn
Prof. Dr. Hans-Ulrich Mohr, Fachgebiet Anglistik der Universität Bielefeld
Prof. Dr. Heinz Müller-Dietz, Fachbereich Rechtswissenschaft der Universität des Saarlandes, Saarbrücken
Prof. Dr. Wolfgang Naucke, Fachbereich Rechtswissenschaften der Universität Frankfurt/M.
Claus-Michael Ort, M. A., DFG-Projekt ›Theorie einer Sozialgeschichte der Literatur‹, München
Prof. Dr. Joachim Rückert, Fachbereich Rechtswissenschaften der Universität Hannover
Prof. Dr. Wolfgang Schild, Fakultät für Rechtswissenschaft der Universität Bielefeld
cand. phil. Beate Schlanstein, Romanisches Seminar der Universität Hamburg
Prof. Dr. Eberhard Schmidhäuser, Fachbereich Rechtswissenschaft der Universität Hamburg
cand. phil. Ulrike Schmidt, Institut für Deutsche Philologie der Universität München
Prof. Dr. Jörg Schönert, Literaturwissenschaftliches Seminar der Universität Hamburg
Priv.-Doz. Dr. Rainer Schröder, Fachbereich Rechtswissenschaften der Universität Hannover
Dr. Thomas-Michael Seibert, Landgericht Frankfurt/M.
Priv.-Doz. Dr. Wolfram Siemann, Historisches Seminar der Universität Tübingen
Prof. Dr. Michael Titzmann, Fachgebiet Germanistik der Universität Passau
Dr. Friedrich Vollhardt, Literaturwissenschaftliches Seminar der Universität Hamburg
Priv.-Doz. Dr. Marianne Wünsch, Institut für Deutsche Philologie der Universität München

Leider war kurz vor Beginn des Kolloquiums Professor Dr. Walter Müller-Seidel (Universität München) erkrankt und mußte seinen öffentlichen Vortrag über Kafkas Erzählung *In der Strafkolonie* absagen. Doch liegt dazu jetzt eine ausführliche

Darstellung vor.[20] Zu dem geplanten öffentlichen Vortrag des Germanisten stand als Pendant die Interpretation von Kleists *Die Marquise von O.* durch den Hamburger Strafrechtswissenschaftler Eberhard Schmidhäuser. Die Druckfassung dieses Vortrags wurde in das Kleist-Jahrbuch 1986 aufgenommen.[21]

Mit Ausnahme der Vorlage von Günter Haber (»Der Ruf nach Strafrechtsreformen in der Literatur der französischen Spätaufklärung und des deutschen Vormärzes«) sind alle Referate des Hamburger Kolloquiums in diesem Band gedruckt; sie wurden überarbeitet und mitunter erheblich ergänzt. Zu den Kolloquiumsvorträgen treten die Abhandlungen von Holger Dainat, Rainer Schröder, Konstantin Imm (zu Chorinsky/Ebergenyi) und Joachim Linder (zu Strafrechtsreform, Strafjustiz und Justizkritik im *März*) sowie die Ausarbeitungen von längeren Diskussionsbeiträgen durch Wolfgang Naucke und Joachim Rückert. Die Diskussionen zu den Vorträgen wurden protokolliert und die Aufzeichnungen den Autoren der einzelnen Beiträge zur Verfügung gestellt. Jeden Beitrag beschließt ein Verzeichnis der jeweils benutzten Literatur; die Titel werden in den Fußnoten nur in abgekürzter Form aufgenommen; Zitate aus den Quellen folgen in der Regel der jeweiligen Schreibung und Interpunktion. In der »Einführung« zum Problemfeld und den historischen Perspektiven des Bandes werden Plan und Ziele der Veröffentlichung kurz begründet und skizziert.

Das interdisziplinäre Kolloquium, das der Präsident der Universität Hamburg, Dr. Dr. Peter Fischer-Appelt, eröffnete, wäre ohne die Mithilfe und Beratung der Rechtshistoriker und Strafrechtswissenschaftler nicht zustande gekommen. Ich bedanke mich sehr bei den Kollegen Wolfgang Naucke, Joachim Rückert und Eberhard Schmidhäuser. Besonders hilfreich für die Anlage des Bandes war ein ›Nachgespräch‹ zum Kolloquium am 2. September 1985 in Hannover mit Wolfgang Naucke und Joachim Rückert. Cornelia Berens und Friedrich Vollhardt haben in Hamburg die Vorbereitung des Kolloquiums unterstützt und für den organisatorischen Ablauf gesorgt; ihnen sei ebenso gedankt wie den Protokollanten Friederike Meyer, Claus-Michael Ort und Ulrike Schmidt.

Das Konzept für die Tagung wurde gemeinsam mit den wissenschaftlichen Mitarbeitern des DFG-Foschungsprojektes – Konstantin Imm und Joachim Linder – entwickelt. Joachim Linder hat die Drucklegung des Bandes bis zu den Schlußkorrekturen betreut und das Sachregister erstellt; Konstantin Imm besorgte das Namenregister. Karin Schulze (Hamburg) vollzog die – nicht immer einfache – Redaktion der Typoskripte mit viel Geschick, und Klara Johanna Thürmer (Universität Hamburg) hat mit großer Sorgfalt die endgültigen Druckvorlagen hergestellt. Bei der Drucklegung konnte ich mich auf die Kompetenz und Hilfe von Dirk Drews und Ira Lorf (Hamburg) stützen.

---

[20] Walter Müller-Seidel: Die Deportation des Menschen. Kafkas Erzählung *In der Strafkolonie* im europäischen Kontext. Stuttgart: Metzler 1986.

[21] Eberhard Schmidhäuser: Das Verbrechen in Kleists *Marquise von O*... Eine nur am Rande strafrechtliche Untersuchung. In: Kleist-Jb. 1986, S. 156–175.

Die Beiträge des Bandes gingen nach Abschluß der Tagung im Zeitraum 1985/86 ein. Der Forschungsstand ist bis zu diesem Zeitpunkt erfaßt. Die Verzögerung bei der Drucklegung war die Folge langwieriger formaler Vereinheitlichungen der Vorlagen und besonderer Belastungen des Herausgebers. Ihm fällt allein die Verantwortung für das verspätete Erscheinen des Bandes zu; 1988 wurden die Redaktionsarbeiten abgeschlossen.

Allen Teilnehmern des Kolloquiums sei herzlich gedankt für ihr Engagement und für ihre Geduld; ebenso den Mitarbeitern in dem langwierigen Unternehmen der Redaktion und Drucklegung des Bandes, schließlich der Deutschen Forschungsgemeinschaft und ihrem zuständigen Referenten, Herrn Dr. Manfred Briegel, sowie den Herausgebern der Reihe *Studien und Texte zur Sozialgeschichte der Literatur.* Georg Jäger hat die Publikation mit freundschaftlich ratender Kritik begleitet, und der Max Niemeyer Verlag übernahm zu unserer Freude nach dem Band *Literatur und Kriminalität* auch die nun vorliegende Dokumentation unseres Kolloquiums. Der Deutschen Forschungsgemeinschaft danken wir einen stattlichen Zuschuß zu den Druckkosten.

Hamburg, im Mai 1989

Jörg Schönert

Jörg Schönert

Zur Einführung in den Gegenstandsbereich und zum interdisziplinären Vorgehen*

Mit Beiträgen von *Konstantin Imm* und *Wolfgang Naucke*

1. ›Erzählungen‹ als Konstitutionsbereich für das Geschehen ›Kriminalität‹

Kleists Lustspiel *Der zerbrochne Krug* hat als szenischen Ort die Gerichtsstube eines niederländischen Dorfes bei Utrecht. Zur Verhandlung kommt kein ›aktenkundiger‹ Kriminalfall; doch wird auf der Ebene des sprachlichen Geschehens vorgeführt, wie ›Schuld‹ und ›Recht‹ zu Realitäten werden, die von den Amtsträgern der Justiz definiert sind. Diese Definitionen sind abhängig von den Erzählungen der Prozeßbeteiligten – und so fordern der schlechte ebenso wie der gute Richter die Klägerin, den Beklagten und die Zeugen wiederholt zu Erzählungen auf. Dabei wird die Aufmerksamkeit des Zuschauers nicht auf historisch-lokale Konstellationen des Strafverfahrens gelenkt, sondern auf das ›Funktionieren‹ von Justiz in einem Rollenspiel, das grundlegende Machtverhältnisse als ein ›Drama‹ sprachlicher Handlungen herausstellt. Die beiden Juristen lenken das Erzählen, sie verhindern Erzählungen oder lassen den Erzählenden freien Lauf.[1] Die Zuschreibungen von ›Schuld‹ und ›Unschuld‹ sind das Ergebnis juristisch bewerteter Erzählungen – und die justizkritische Pointe des grotesken Gerichtsspiels ist, daß derjenige, der zum kriminalisierenden Erzählen veranlaßt, der Dorfrichter Adam, sich als der eigentliche Schuldige erweist.

Daß Rechtserkenntnis und Rechtsdurchsetzung in der modernen Gesellschaft von den sprachlichen Handlungen der Beteiligten des Rechtsgeschehens abhängig sind, wird in rechtstheoretischen und rechtskritischen Darstellungen durchaus angesprochen.[2] Erörtert wird jedoch vor allem das sprachliche Grundproblem im Sinne einer regulierten Trennung von Alltags- und Fachsprache, die desto schärfer

---

* Der Text schließt Teile einer Vorlage ein, die in Zusammenarbeit mit Konstantin Imm und Joachim Linder erstellt wurde und den Teilnehmern des Hamburger Kolloquiums zur Vorbereitung zuging.

[1] Vgl. dazu Stephens: Zur Bedeutung der Erzählvorgänge, S. 301f. Hier wird auf das »Variant« der langen Erzählung Eves hingewiesen, die Kleist in die Buchfassung des Lustspiels aufnahm und in dem der Gerichtsrat Walter Eve zum ausführlichen Erzählen auffordert: »Wenn Jungfer Eve will, / Daß wir an ihre Unschuld glauben sollen: / So wird Sie, wie der Krug zerbrochen worden, / Umständlich nach dem Hergang uns berichten.« (Heinrich v. Kleist: Sämtliche Werke und Briefe. Hg. von Helmut Sembdner. 4. Aufl. München: Hanser 1965. Bd. 1, S. 840).

[2] Vgl. etwa Hassemer: Grundlagen des Strafrechts, 3. Buch, §§ 15 u. 16, sowie Lüderssen u. Seibert (Hg.): Autor und Täter, S. 86.

wird, je höhere Instanzen der Rechtsprechung erreicht werden. Auch die Notwendigkeit und die mißlichen Folgen der juristischen Sondersprache sind Gegenstände in der professionellen Ausbildung der Juristen. Dabei stehen die Regeln zur Sprachverwendung und Argumentation im Vordergrund.[3] Kaum beachtet wird, daß in vielen Praxisformen des Strafrechts – um das es im Folgenden gehen soll – Beobachtungen, Aussagen, Wissenselemente und Wertungen zu den Zwecken rechtlicher Beurteilung von Ereignissen und Handlungen in ›Geschichten‹ zu bestimmten ›Bedeutungen‹ verbunden werden. Im Verhörprotokoll, in den Reden vor Gericht, den juristischen Schriftsätzen sind in unterschiedlichen Anteilen narrative Passagen enthalten. An diese rechtlich geordneten Erzählungen schließen sich im Umkreis des Rechtsgeschehens (bis hin zu literarischen Verarbeitungen) eine Reihe weiterer – anders geordneter, zu anderen Zwecken bestimmter – Erzählungen an (z. B. Prozeßberichte, Broschüren, aktenmäßige Darstellungen, Fallgeschichten), die – unter ihren jeweiligen Vermittlungsbedingungen – auf die besonderen Konstellationen juristischer Narrativik reagieren. Daß durch die Formen narrativer Organisation (z. B. Auswahl, Verknüpfungen, Perspektivierungen) mit ihren Verbindungen zur Alltagserzählung und zum literarischen Erzählen die ›juristische Logik‹ der Darstellung überlagert oder gestört werden könnte, scheint in rechtstheoretischen Überlegungen kein zentrales, wohl nicht einmal ein peripheres Problem zu sein. Fragen, wie juristisch akzeptable Erzählungen in Auswahl und Verknüpfung ihrer Elemente konstituiert werden, kommen selten in den Blick der Rechtswissenschaft und der Überlegungen zur Rechtspraxis. In der Ausbildung werden die Regeln zur fachlichen Sprachverwendung und ›Sachverhaltsnarrativik‹ weithin unreflektiert eingeübt.[4] So wird kaum erkannt, daß die juristische Rede über Straftaten und Straftäter – im Bereich der wissenschaftlichen Argumentation ebenso wie in der strafrechtlichen Praxis – mit Bewertungen befrachtet ist, die aus dem Bereich nicht-juristischer Verständigungen stammen. Dennoch ist Juristen geläufig, daß erst sprachliches Handeln über Kriminalität entsprechende Ereignisse und Vorgänge als ›gesellschaftliche Wirklichkeit‹ konstruiert und daß erzählende Darstellungen zu Kommentar und Beurteilung hinführen.[5] Die Regeln zum Erzählen der Sachverhalte sind abhängig von den Ordnungen des Straf- und Strafverfahrensrechtes. Doch ergeben sich im strukturell-abstrahierenden Vergleich von rechtlich geordneten Erzählungen bei Gericht und – unter ganz anderen Bedingungen entwickelten – literarischen Erzählungen überraschende Gemeinsamkeiten. So könnte der Ablauf des Strafprozesses als ein

---

[3] Als weiterführende Untersuchungen: Seibert: Aktenanalysen; Hoffmann: Kommunikation vor Gericht.

[4] Vgl. etwa Kroschel u. Meyer-Gossner: Urteile in Strafsachen, S. 88: »Die Straftat des Angeklagten ist so zu schildern, als hätte sie der Urteilsverfasser miterlebt und erzählt sie als Augenzeuge. Freilich als ein Augenzeuge, der weiß, worauf es ankommt, und der nur das mitteilt, was Beziehung auf den Tatbestand und die Rechtsfolgen hat.« [Gesperrtes im Original kursiv].

[5] Vgl. Müller-Dietz: Literatur und Kriminalität, S. 706.

weithin geregeltes ›Erzählspiel‹ verstanden werden, in dem der Vorsitzende – als Vollzugsinstanz der rechtlichen Vorschriften – den Beteiligten die Erzählhaltungen vorgibt, sodann die unterschiedlichen Perspektiven gewichtet und einander zuordnet, während die Plädoyers und die Urteilsbegründungen als Texte ›auktorialer Erzähler‹ die verschiedenen Entwürfe zu Sachverhaltsschilderungen und die perspektivengebundenen Berichte zu e i n e r Erzählung zusammenfügen und ordnen.[6] Eine solche Erzählung kann durchaus ›mehrstimmig‹ bzw. ›mehrperspektivisch‹ angelegt sein; der rechtlich konstituierte ›Kriminalfall‹ kann konkurrierende Bewertungen einschließen. Diese Konkurrenz wird freilich formal durch das Urteil entschieden; zugleich ist für die Aufnahme des abgeschlossenen Kriminalfalles damit die entscheidende ›Rezeptionsvorgabe‹ angelegt.

Als Folge von Kriminalfällen nehmen wir in der Regel im Alltag Kriminalität und die Arbeit der Strafverfolgungsbehörden wahr. Der Kriminalfall ist das Ergebnis regelgeleiteter Prozesse sprachlichen Handelns; er konstituiert sich nicht nur aus den Ereignissen, die als Verstöße gegen das Gesetz definiert werden, sondern auch aus den Einstellungen und Handlungen derjenigen Personen und Gruppen, die sich mit Tat und Täter unter rechtlichen Perspektiven befassen. Über die besonderen Bedingungen der Versprachlichung von Erfahrungen und Beurteilungen werden rechtliche Vorgänge abgegrenzt und zugleich in die Prozesse gesellschaftlicher Verständigung einbezogen. Die sprachliche Rekonstruktion und Verbindung der Ereignisse zu einer ›Geschichte‹ – als wiederkehrender Substanz des Kriminalfalles in den verschiedenen Vermittlungsbereichen – ermöglicht den Anschluß dieser Geschichte an andere ›Geschichten‹ durch Bestätigung, Modifikation oder Kritik der jeweils geltenden Wahrnehmungsformen und Deutungsmuster für Kriminalität. Sie sind abhängig von historischen und sozialen Konstellationen; sie werden in ihrer sprachlichen Organisation an bestimmte Muster der sprachlichen Kommunikation – und damit auch des Erzählens – gebunden. Die ›Geschichten‹ dienen – in ihren unterschiedlichen Regeln des Erzählens – als ›Transportwege‹ für die gesellschaftlichen Konstruktionen und Deutungen von Kriminalität in der Rechtspraxis, in der wissenschaftlichen Reflexion, in der publizistischen Diskussion, in der literarischen Gestaltung und in den Verständigungsformen des Alltags.[7] Nur in interdisziplinär angelegten Untersuchungen werden die ›Wanderungen‹ der Geschichten und ihre Folgen für die gesellschaftlich relevanten Vorstellungen und Deutungen von Kriminalität darzustellen sein.

Die Beiträge des Bandes, in denen solche ›Wanderungen‹ verfolgt werden (insbesondere H.-J. Lüsebrink zur Brigantenliteratur und Räuberromantik,

---

[6] Vgl. Kroschel u. Meyer-Gossner: Urteile in Strafsachen, S. 87: Die Sachverhaltsschilderung soll »vor allen Dingen eine geschlossene Darstellung – aus einem Guß – sein.«

[7] Vgl. auch Smaus: Strafrecht und Kriminalität, S. 1: Definitionen von Kriminalität und Legitimationen der Strafrechtspflege sind Leistungen der »öffentlichen Meinung«; sie sind von der ›Rechtskultur‹ einer Gesellschaft abhängig. Zum Verfahren der intrakulturellen Analyse beispielsweise Honegger: Kulturelle Deutungsmuster; Link: Elementare Literatur.

J. Linder zur Pitavalgeschichte; K. Imm zum Fall Chorinsky/Ebergenyi) machen deutlich, daß nicht so sehr die Themen und Gegenstände abgrenzbare ›Diskurse‹ bestimmen, sondern die spezifischen medialen Vermittlungen, institutionellen Regelungen und Publikumsbezüge.

Solche Analysen können von der juristischen Regelung der rechtsfähigen Erzählungen ausgehen – und der erste Teil des hier vorgelegten Bandes skizziert in Überlegungen des Strafrechtswissenschaftlers und Richters am OLG W. Naucke, des praktizierenden Juristen Th.-M. Seibert und des Linguisten L. Hoffmann diesen Ausgangspunkt. Anzusetzen ist bei der ›Narrativik‹ der Geschichtserzählung und Sachverhaltsschilderung.[8] Die vielen möglichen Geschichten zu einem Ereignis ›kriminelles Handeln‹ werden in der strafrechtlichen Praxis des Recherchierens und Befragens auf wenige Geschichten reduziert, die dann nach der gerichtlichen Hauptverhandlung – gebunden an die »Sprache der Akte« und die »Selektivität ihrer Mitteilungen«[9] – zu einer faktengetreuen, kohärenten und beurteilungsfähigen Geschichte,[10] der ›Sachdarstellung‹, verbunden werden sollen. Sie ist ›tatbestandsmäßig‹ aufgearbeitet. Die ›Eindeutigkeit‹ des Falles ist das Ergebnis einer formalen Prozedur zu bestimmten Zwecken der Rechtsanwendung. W. Hassemer charakterisiert die Anweisungen des materiallen Strafrechts für die Suche nach den Fakten, die den »Strafbarkeitsfall« ausmachen, als »knapp, vollständig und künstlich«, während sie für den »Strafzumessungsfall« als »weitläufig, unabgeschlossen und lebensnah« erscheinen.[11] Die Beschreibung der verschiedenen Regeln für rechtsfähiges Erzählen sind mit Überlegungen zur »strafrechtlichen Hermeneutik« zu verbinden; W. Hassemer arbeitet dabei mit den Kategorien »Lebensvorgang«, »Sachverhalt« und »Tatbestand«: Aus dem Lebensvorgang wird in Auswahl und Verknüpfung der Sachverhaltsmerkmale »der Sachverhalt generalisierend abstrahiert«[12] (wobei bereits der Blick auf die Tatbestandsmäßigkeit der Sachverhaltsschilderung gerichtet ist); »der Lebensvorgang« wird »am Tatbestand zum Sachverhalt«.[13]

---

[8] Vg. Kroschel u. Meyer-Goßner: Urteile in Strafsachen, S. 86f.

[9] Hassemer: Grundlagen des Strafrechts, S. 73. – Beim ›Weg durch die Instanzen‹ (Voruntersuchung – Gerichtsverfahren – Revision) wird der Spielraum für konkurrierende ›Erzählungen‹ fortschreitend eingeengt und das Gebot der strikten ›Tatsachenfeststellung‹ immer entschiedener.

[10] Vgl. Kroschel u. Meyer-Gossner: Urteile in Strafsachen, S. 87: »Die Sachverhaltsschilderung soll ein geschlossenes Ganzes bilden«, in dem sich »die Merkmale einer Straftat finden.«

[11] Hassemer: Grundlagen des Strafrechts, S. 159. – Um 1800 werden zwei Typen von ›Geschichtserzählungen‹ noch unter rhetorischem Aspekt voneinander abgegrenzt – vgl. Mereau: Anleitung zu praktischen Arbeiten, S. 94–98: die appellierenden und argumentierenden Parteien wählen die »ausgeführte Geschichtserzählung«, der urteilende Richter benützt die »trockene Geschichtserzählung« (vgl. dazu E. Meyer-Krentler in diesem Band).

[12] Hassemer: Tatbestand und Typus, S. 103f.

[13] Ebd. S. 107.

Die ›transjuristischen‹ Darstellungen eines Kriminalfalles – die diskutierende Aufarbeitung in ›aktenmäßigen Darstellungen‹ und Pitavalgeschichten, die Gerichtsberichterstattung, die Alltagserzählung, die literarische Verarbeitung – heben die kontinuierliche Formalisierung der juristischen Darstellung von »Lebensvorgängen« wieder auf;[14] sie unterwerfen ihre Erzählungen anderen Zwecken und anderen Regeln für Auswahl und Verknüpfung der zu Geschichten verbundenen Ereignisse.[15] Die nicht zur (Rechts-)Sache gehörenden Geschichten werden wieder aufgenommen oder neue Geschichten erfunden: es wird mehr und anders erzählt[16] – zu rechtspolitischen, belehrenden, moralisierenden, unterhaltenden und anderen Zwecken. Wo in der Belletristik von Kriminalität und Rechtsprechung gehandelt wird, ist die Darstellung (in ihren Gegenständen und in der Erzählweise) auf das kriminologische Wissen, die juristischen Regelungen und institutionellen Abläufe bezogen, wenn sie – beispielsweise – das ›Rechtsgefühl‹ ausbilden, die Vorstellung von Rechtssicherheit veranschaulichen oder justizkritisch wirken soll.[17] Der Vorgang des Erzählens und die damit verbundenen Bewertungen strafrechtlich relevanten Geschehens können jedoch auch die Bezüge zur Realität des Rechts ausblenden und einer eigenen Regularität folgen.

Die Verschiebungen und Unterschiede zwischen den einzelnen Verfahren, Zielen und Funktionen der Erzählungen ließen sich – zum Beispiel – unter dem biographischen Aspekt diskutieren.[18] Wieviel ›Täter-Biographie‹ geht in die Sach-

---

[14] Die strafrechtliche Abstraktion von der Individualität und Singularität von Lebensvorgängen ist Voraussetzung dafür, daß der Rechtsgrundsatz ›Gleichheit vor dem Gesetz‹ zumindest als Postulat erhoben werden kann. Unter der Perspektive der ›Fülle‹ der Lebensvorgänge wird die Konstruktion des Kriminalfalles stets als ›verkümmertes Leben‹ erscheinen. Die populären Pitavalgeschichten und die belletristischen Kriminalgeschichten sind vielfach darauf angelegt, diese ›Verkümmerung‹ – zumindest partiell – wieder aufzuheben, das Strafrechtsgeschehen aus den schmalen fachlichen Geleisen zu führen (vgl. dazu auch die Beiträge von W. Naucke und J. Rückert – zur ›Verfachlichung‹ – in diesem Band). Damit ist allerdings noch keine Aussage darüber getroffen, ob eine solche Darstellung ›die Sache‹, die kriminalisierte Handlung, im Sinne eines fachübergreifenden ›Rechtsgefühls‹ angemessener und ›gerechter‹ beurteilt.

[15] Die Unterschiede in Auswahl und Verknüpfung möglicher Elemente aus Lebensgeschichten und Tatgeschehen lassen sich sowohl in den ›Erzählungen‹ von – mit Kriminalität befaßten – ›Experten‹ (Juristen, Mediziner, Psychologen) wie in der Konkurrenz von Zeugenaussagen und Selbstdarstellung des Angeschuldigten verfolgen bei dem ausführlich dokumentierten ›Fall Rivière‹; dazu – bei Foucault: Fall Rivière, S. 259–278 – vor allem Philippe Riot (»Das Doppelleben des Pierre Rivière«), insbesondere die Tabelle zu den einzelnen Elementen aus Rivières Biographie (S. 265).

[16] Vgl. Imm u. Linder: Verdächtige und Täter, S. 25. – Ferner Smaus: Strafrecht und Kriminalität, S. 58.

[17] Vgl. Smaus: Strafrecht und Kriminalität, S. 84. – In diesen Konstellationen haben literarische Darstellungen strafrechtlicher Vorgänge die Möglichkeit, die vor- und transjuristischen Wahrnehmungsformen und Bewertungen ›juristischer Rede‹ aufzudecken und zu verdeutlichen, daß die ›Versprachlichung‹ des Rechtsgeschehens sich nicht nur innerhalb der Grenzen juristischer Zumessungen von Tatbestand, Schuld und Strafe bewegt.

[18] Vgl. die Dokumentation *Der Fall Rivière*, in der das »Erzählen von Verbrechen« (Foucault: Fall Rivière, S. 12) in den ›Diskursen‹ von Justiz, Medizin, Presse, Bürokratie,

verhaltsbeschreibung ein, welche Anteile finden sich in einer Pitavalgeschichte, wie wird die Lebensgeschichte eines Kriminellen in romanhafter Form geschrieben? Für die strafrechtliche Beurteilung wird die Biographie des Angeschuldigten der Geschichte der kriminellen Handlung untergeordnet,[19] während in anderen narrativen Darstellungen Lebensgeschichten dazu dienen, die Identität der Person zu konstruieren.[20] Doch selbst alltagsweltliches biographisches Erzählen ist an die Erwartungen derjenigen gebunden, die an der Erzählung teilhaben; es folgt ebenfalls bestimmten Regeln.[21] Das narrative Ergebnis, die ›Lebensgeschichte‹, wäre wiederum in Teilgeschichten – Familiengeschichten, Bildungsgeschichten, Karrieregeschichten, Liebesgeschichten, Krankheitsgeschichten usf. – aufzulösen, die im literarischen Bereich abgrenzbare Genres des Erzählens konstituieren können.

In Analogie zur Lebensgeschichte läßt sich der ›Kriminalfall‹ – befreit von den institutionellen Einbindungen in Tatbestand und Urteil – in verschiedene Teilgeschichten zerlegen, die in der Pitavalgeschichte, in der Gerichtsreportage und in der Belletristik unterschiedlich gewichtet, angeordnet und ausgedehnt werden können: die Biographie des Täters bis zur Tat, die Geschichte der Tat, die Ermittlung des Täters, die Voruntersuchungs- und Prozeßgeschichte, die Geschichte der Strafe und – gegebenenfalls – die Lebensgeschichte nach der Strafe. Fragen nach den Anteilen und der Kombination dieser Teilgeschichten können zur Beschreibung und Diskussion unterschiedlicher historischer Konstellationen im ›Erzählen über Kriminalität‹ eine erste und nützliche Typologie erschließen, um Prozesse des Formen- und Funktionswandels darzustellen.

Die Frage nach der Bedeutung der möglichen Teilgeschichten ist auch zur Abgrenzung der »kommunikativen Gattungen«, der geschichtlich entwickelten und gesellschaftlich »festgelegten Grundmuster des Redens«[22] über Kriminalität und Strafrechtspflege von Nutzen.[23] Als ›narrative Grundmuster‹ werden in diesem Band vorgestellt und diskutiert: die Geschichtserzählungen bzw. Sachverhaltsschilderungen, die ›aktenmäßigen Darstellungen‹ eines Kriminalfalls, die Pi-

---

Polizei und Alltagswelt am Beispiel des 1835 verhafteten Verwandtenmörders Pierre Rivière – als ›diskursanalytisches‹ Exempel – dargestellt wird. Für unsere – eher sozialgeschichtlich und wissenssoziologisch angelegten – Fragen sind von besonderem Interesse die Beiträge von Philippe Riot (S. 259–278) und Robert Castel (S. 279–296), während Foucaults Aufsatz »Der Mord, den man erzählt« (S. 231–241) sehr kursorisch vorgeht und nicht zur detaillierten Analyse der ›narrativen Muster‹ führt.

[19] Vgl. die unterschiedlichen Typen der institutionellen Zuordnungen von Person und Tat in Geständnis, Sachverhaltsschilderung und Urteilsspruch. – Dazu auch Hahn: Soziologie der Beichte, S. 416 u. 427.

[20] Vgl. Sartre: Der Ekel, S. 58: »Der Mensch ist ein Geschichtenerzähler, er lebt, umgeben von seinen und den Geschichten anderer, durch sie hindurch sieht er alles, was ihm zustößt.«

[21] Vgl. zur Biographie-Forschung: Kohli u. Robert: Biographie und soziale Wirklichkeit; Michel: Biographisches Erzählen.

[22] Luckmann: Kommunikative Gattungen, S. 203.

[23] Sie läßt sich weiter detaillieren, wenn auch Ausdehnung und Funktion einzelner Beschreibungssequenzen (beispielsweise zu Personen, Räumlichkeiten, Topographien, Naturzuständen usf.) analysiert werden.

tavalgeschichte, die Verbrecherbiographie, die Gerichtsreportage und die Kriminalgeschichten der ›schönen Literatur‹. Als historisch wichtiger Übergangsbereich zwischen ›aktenmäßiger Darstellung‹ und literarischer Gestaltung eines Kriminalfalls erweist sich die Pitavalgeschichte (vgl. insbesondere den Beitrag von J. Linder, S. 313–348). Die Pitavalgeschichten geben nicht nur der Lebensgeschichte des Täters und dem sozialen Umfeld der Tat mehr Raum als die Sachverhaltsschilderungen; sie orientieren sich auch in der erzählenden Darstellung stärker an Sprachverwendungen und Verknüpfungsverfahren der schönen Literatur;[24] sie erweitern das rein juristische Interesse an einer rechtlichen Beurteilung der Tat zugunsten der überzeugenden Verbindung von Tat, Täter und Strafe. Gegenüber den Gerichtsakten und Prozeßberichten, die in der Regel als stoffliche Grundlage benutzt werden, zeichnet die Pitavalgeschichte – mit spezifischen Funktionen im ›öffentlichen Reden über Kriminalität‹ – eine eigene Struktur der Darstellung und Logik der rechtlichen Argumentation aus, während sich die Autoren von Kriminalgeschichten, die auf authentische Fälle zurückgehen, die Freiheit nehmen, das juristische Material auf ihre Weise zu lesen, aus der Sachverhaltsschilderung eine andere Geschichte zu konstruieren und – zur Plausibilität dieser Konstruktion – zusätzliches Material heranzuziehen oder Teilgeschichten zu erfinden.

Diese theoretischen Überlegungen und historischen Erfahrungen führen zu der vorläufigen Bilanz, daß die verschiedenen Organisationsformen des öffentlichen Erzählens über Kriminalität nicht nach dem Schema ›Authentizität und Erfindung‹, ›facts und fiction‹ geordnet werden können. Fiktive und dokumentarische Verschriftlichungen eines Kriminalfalles unterscheiden sich in der Konstruktion ihrer ›Geschichten‹ nicht eo ipso. Auch juristische Texte enthalten im »routinemäßigen Akt der Sachverhaltserfassung«[25] Konstrukte, die sie mit nicht-fachlichen Darstellungen teilen; sie sind von alltagsweltlichen und literarischen Deutungsformen beeinflußt und überzogen. Zu Sachverhaltsschilderungen gehören »einerseits eine Raffung und Verkürzung, andererseits eine fingierende, lückenfüllende Ergänzung der zugrunde liegenden Realität«.[26] Auswahl, Gewichtung und Verknüpfung der Ereignisse, Teilgeschichten und Kommentare zu einem ›Kriminalfall‹ folgen in den jeweiligen ›kommunikativen Gattungen‹ eigenen Regeln der Plausibilität und ›Wohlgeformtheit‹ der Darstellung. Die uneingeschränkte Faktentreue strafrechtlicher Erzählungen über Kriminalität ist von unterschiedlichen Blickpunkten aus in Frage gestellt worden.
1932 kommentiert der Psychiater Theodor Reik:

> Richter und Geschworene, Staatsanwälte und Sachverständige fühlen die Versuchung, die Lücken in dem ihnen vorliegenden Material, das sich auf die Wahrheitsfindung bezieht [...] auszufüllen. Auch sie unterliegen dem psychologischen Zwang, den Ablauf der

---

[24] Aber auch in den juristischen Aufzeichnungen des Geschehens ›Kriminalität‹ gehen – vor allem in den unteren Instanzen – Wahrnehmungs- und Darstellungsformen ein, die aus der alltagsweltlichen und literarischen Rede über Kriminalität stammen, vgl. dazu in diesem Band J. Linder, S. 330f.

[25] Seibert: Aktenanalysen, S. 11.

[26] Luhmann: Organisation und Entscheidung, S. 34.

Ereignisse folgerichtig zu verstehen und sich selbst eine ›vernünftige‹ Erklärung zu geben.[27]

In einer neueren Untersuchung zu Konstellationen des ausgehenden 18. Jahrhunderts bemerkt der Literaturhistoriker Eckhardt Meyer-Krentler:

Auch schon die historischen Entscheidungs- und Beurteilungsprozesse selbst setzen [wie die juristische Kasus- und Decisionesliteratur] das geschehene soziale Handeln in den jeweiligen zeitgenössischen Bezugsrahmen. Was auf diese Weise entsteht, ist vor allem Bewußtseinswirklichkeit – und damit prinzipiell nichts anderes als das, was auch literarische Texte herstellen und beim Leser befördern.[28]

Nicht von grundsätzlicher Geschiedenheit juristischer und nichtjuristischer ›Narrationen‹ ist auszugehen, sondern von den spezifischen Normen der Produktion, Vermittlung und Rezeption der Texte, von ihren unterschiedlichen Funktionszusammenhängen.[29] Nicht so wichtig ist, was erzählt wird, als vielmehr wie erzählt wird; das heißt welche Regeln müssen befolgt werden, damit eine ›Geschichte‹ im jeweiligen Bezugs- und Vermittlungszusammenhang als plausibel gilt und akzeptiert wird?

Diese Regeln werden bereichsspezifisch ausgebildet und tradiert; ihre Geschichte wäre Teil der ›Innengeschichte‹ einer wissenschaftlichen Disziplin, der ihr zugeordneten Praxis und der öffentlichen Darstellung dieser Bereiche. In der Literatur kommen dazu Kunst-Konventionen: Sie ordnen die freien Bezüge zu unterschiedlichen Wissens- und Deutungshorizonten in dem beträchtlichen Spielraum für die Verknüpfung dieser Elemente und die Souveränität des Lesers in der Sinndeutung des Texte. Vorbedingung dieser Souveränität sind die eingeschränkte Wirklichkeitsreferenz der literarischen Erzählung und die kategorielle Trennung zwischen dem (externen) Autor eines solchen Textes und der (internen) Erzählinstanz.[30]

---

27 Reik: Der unbekannte Mörder, S. 216. – Die strenge ›Rationalisierung‹ des Rechtsgeschehens (beispielsweise in der – vom Besonderen abstrahierenden – Rekonstruktion des Kriminalfalls) ist als ›Leistung‹ moderner Justiz verbunden mit den ›Kosten‹ der vernachlässigten Reflexion der jeweils relevanten Wahrnehmungsformen, Sprachverwendungen und Deutungsmuster. Diese summarische Feststellung wäre im Rahmen der aktuellen Debatten zu den ›Erzählleistungen‹ der Geisteswissenschaften im allgemeinen und in Abgrenzung zu Fiktionalität im Bereich der Historiographie weiter zu verfolgen; vgl. dazu als erneuten Anstoß Hayden White: Auch Klio dichtet oder Die Fiktion des Faktischen. Studien zur Tropologie des historischen Diskurses. (Engl. 1973) Stuttgart: Klett-Cotta 1986.

28 Meyer-Krentler: »Die verkaufte Braut«, S. 114.

29 Vgl. Arnold: Wicked Lives, S. 16f.: Für die sozialen Funktionen von Erzählungen über Kriminalität ist der substantielle Status (›facts‹ oder ›fiction‹) von untergeordneter Bedeutung. Wichtiger für die Wirkungsweisen sind die Präsentation, die Vermittlungswege und die Rezeptionsvorgaben der Texte.

30 Von den ›Schriftstücken‹ der Kriminalgeschichten und Pitavalgeschichten, die jeweils an eine (wenn auch unterschiedlich angelegte) Zentralinstanz gebunden sind, von der aus die Erzählung organisiert ist, wäre das szenische Prozeßgeschehen abzugrenzen: Dort bieten die einzelnen Beteiligten jeweils eigene ›Erzählungen‹, für die sie verantwortlich sind. Sie orientieren sich an dem Relevanzbereich, der vom Gericht gesetzt wird – doch

Der Wahrheitsanspruch einer ›Pitavalgeschichte‹ beispielsweise ist in der Behauptung der Aktenmäßigkeit begründet; für sie bürgt der Autor, er ist häufig aktiver Jurist oder steht in besonderer Nähe zum Geschehen vor Gericht. Seine Glaubwürdigkeit und Fachkompetenz wird jedoch nicht nur postuliert, sie wird auch nachgewiesen durch fachliche Kommentare und Exkurse, vor allem durch umfangreiche Darstellung des Gerichtsverfahrens und durch Aktenzitate. Es ist jedoch immer der Autor als Person, der spricht, kommentiert und deutet und mit seinem Ruf für den Text einsteht; eine besondere textinterne Erzählinstanz wird nicht aufgebaut. Der Autor literarischer Kriminalgeschichten befreit sich dagegen – auch wenn er Akten und Prozeßberichte verarbeitet – von den Regeln juristisch relevanter Rede. Die Frage nach der ›Wirklichkeitsreferenz‹ des Textes oder einzelner Passagen ist nur eines der möglichen Kriterien für die Plausibilität der erzählten Geschichte. Selbst wenn der Autor des Textes Jurist ist, hat er die Freiheit, seine ›Kriminalgeschichte‹ unter Blickpunkten zu erzählen, die nicht solche der ›Sachverhaltsschilderung‹ und ›Tatbestandsmäßigkeit‹ sind. Ob die Erzählung dem Leser als ›akzeptabel‹ erscheint, wird nicht an der juristischen Kompetenz des Autors gemessen, sondern an der narrativen Organisation der Geschichte und ihrer Verknüpfbarkeit mit dem Erfahrungshorizont und den emotionalen Bedürfnissen des Lesers.

An diesem Punkt der Argumentation läßt sich eine abschließende Vorüberlegung zu den Kategorien ›narrativ‹, ›Narration‹ und ›Narrativik‹ einbringen. Wir haben die fremdsprachlichen Bezeichnungen immer dann für ›Erzählung‹ und ›Erzählmuster bzw. Regeln des Erzählens‹ eingesetzt, wenn mit dem Begriff ›Erzählen‹ nicht nur der Vorstellungsbereich von ›ungeordnet, willkürlich, alltäglich‹ oder ›Fiktion‹ zu verbinden war. Der heuristische Wert von ›narrativ‹ besteht unseres Erachtens darin, daß damit auf bestimmte Grundmuster der öffentlichen Rede (insbesondere ihrer Verschriftlichung) und zugeordnete Strukturen ›mentaler Organisation‹ (vgl. L. Hoffmann in diesem Band) verwiesen wird, die – in unterschiedlichen Ausformungen und Anwendungen – sowohl in fachlichen als auch in publizistischen und literarischen ›Diskursen‹ eine Rolle spielen.

In den Diskussionen des Kolloquiums hat insbesondere Wolfgang Naucke darauf hingewiesen, daß vor Gericht nicht ›erzählt‹, sondern ›festgestellt‹ wird, daß die formalen Vorgaben für Reden vor Gericht so streng sind, die Rede so weitgehend stilisieren, daß ihre Ergebnisse mit dem alltagsweltlichen oder literarischen

---

unter ihrer eigenen Perspektive und ihren Interessen als Angeklagter, Zeuge, Anwalt usf. Letztlich sind diese Einzelerzählungen aber ›unvollständige Geschichten‹, die erst in der privilegierten Geschichte des Urteils vervollständigt werden. Im Bewußtsein der Beteiligten und im Wissen der Öffentlichkeit wäre der so abgeschlossene ›Kriminalfall‹ wiederum an *eine* Erzählinstanz gebunden, die von Auswahl-, Relevanz- und Konsistenzprinzipien der strafrechtlichen Bezüge bestimmt ist. Ihre Beurteilungs- und Deutungsperspektiven lenken schließlich die Rezeption des Kriminalfalles und weisen den ›Teilgeschichten‹ begrenzte Bedeutungen zu. – Vgl. als rechtswissenschaftliche Studie zu diesen Grundproblemen von ›Geschichten‹ im Strafprozeß: Grasnick: Schuld, Strafe und Sprache, S. 180–249.

Erzählen kaum etwas gemeinsam haben. Von der Gegenposition wurde eingewandt, daß es heuristisch wichtig wäre wahrzunehmen, daß in der Geschichte der Fachbegriffe aus dem generalisierenden Begriff der ›Geschichtserzählung‹ die Termini der ›Sachverhaltsschilderung‹ und ›Tatsachenfeststellung‹ im Zuge der Professionalisierungsvorgänge des 19. Jahrhunderts ausdifferenziert wurden, daß damit begrifflich ein Anspruch auf Zweifelsfreiheit und Sicherheit in der juristischen Rekonstruktion eines Geschehens erhoben wird, der praktisch nur in Annäherung eingelöst werden kann. Mit Blick auf die Abläufe von Ermittlung, Voruntersuchung, Anklage und Hauptverhandlung kann die Beschreibungskategorie ›narrativ‹ darauf verweisen, daß auch den professionellen und ›gelungenen‹ Tatsachenfeststellungen ›Erzählungen‹ vorangehen, daß Geschichten erzählt werden, die erst zur Sachverhaltsschilderung umgeformt werden müssen. Wenn hier mit ›narrativ‹ operiert wird, dann soll die fachlich-kunstvolle Trennung zwischen ›Erzählung‹ und ›Tatsachenfeststellung‹ zugunsten der funktionalen Perspektive aufgehoben werden, die spezifische Verwendungsweisen durch Abgrenzungen in einem gemeinsamen Zusammenhang beschreibt. Der Komplex der ›narrativen Rede- und Schreibweisen‹ steht dabei dem Komplex des Argumentierens und Kommentierens gegenüber. In dem einen Bereich werden erzählend Geschichten (vom Sachverhalt bis zum Kriminalroman) geformt und daraus Sinnbildungen entwickelt, im anderen Bereich geht es – redend und schreibend – um Trennen und Unterscheiden, um abgrenzende Wertungen und Entscheidungen zwischen Sinnangeboten.

Unter diesem Aspekt sollen die bisherigen Überlegungen mit der gegenwärtigen Diskussion zur Fiktionstheorie und zu den theoretischen Grundlagen der ›Erzählforschung‹ zusammengefaßt werden.[31]

2. Exkurs zur Theorie des Erzählens *(Konstantin Imm)*

Wenn von Rechtswissenschaftlern über die Sprachlichkeit von Justiz reflektiert wird, dann ist im allgemeinen von terminologischen Problemen die Rede.[32] Noch ein jüngst erschienener kritischer Beitrag zur Sprache der Juristen handelt im Rahmen einer weit angelegten *Juristischen Weltkunde*[33] nur von der Präzision und von der Allgemeinverständlichkeit des verbalen Instrumentariums einer Berufsgruppe. Gleichviel, ob im engeren Sinne »Begriffsjurisprudenz«[34] diskutiert wird,

---

[31] Es wird deutlich geworden sein, daß unser Bezug auf ›Narration‹ und ›Narrativik‹ nicht an literaturwissenschaftlich-strukturalistische (›narratologische‹) Versuche anschließen will, denen es um die Beschreibung generativer Modelle des Erzählens geht, sondern hier kommunikations- und wissenssoziologische sowie funktionsgeschichtliche (im weiteren Sinne ›diskursanalytische‹) Perspektiven dominieren.

[32] Vgl. etwa Schmidt: Zur Präzision der Rechtssprache; Glaser: Sprachphilosophie und rechtswissenschaftliche Begriffsbildung; Haft: Recht und Sprache.

[33] Wesel: Juristische Weltkunde, S. 165–176.

[34] Schmidhäuser: Vorsatzbegriff und Begriffsjurisprudenz, S. 8.

oder ob schon mit sozialgeschichtlichem Bewußtsein die »Rechtssprache«[35] als gesamtgesellschaftliches Phänomen gemeint ist: in den weitaus meisten Abhandlungen bleiben die narrativen Aspekte juristischer Praxis ausgespart – womöglich, weil sie sich seit jeher von selbst verstehen.[36]
Diese Selbstverständlichkeit ist den Juristen fragwürdig, die am vorliegenden Band mitwirkten; einigen von ihnen ist die spezifisch narrative Leistung der Rechtspraxis nicht sekundär, sondern vorrangiges Anliegen ihrer Überlegungen. So ist Grundproblem und immer präsenter Orientierungspunkt der interdisziplinären Zusammenarbeit, daß die Umsetzung von unstrukturiertem Geschehen in eine geordnete und zu beurteilende Geschichte, in Tatbestand und Sachverhalt, eine der fundamentalen und oft verleugneten Aufgaben von Justiz ist. Der Rechtsfall ist das Ergebnis eines Versprachlichungsvorgangs, in dem durch gezielte Auswahl bestimmter, professionell als relevant eingeschätzter Daten aus dem grenzenlosen Wirklichkeitsablauf ein immanenter Sinn der rechtsinstitutionellen Erzählung hergestellt wird. Die Einsicht in die »Sinnbildungsleistung«[37] geht bisweilen so weit, daß in der Erzählung nicht nur Wirklichkeitsdarstellung, sondern Wirklichkeitsherstellung gesehen wird, nicht Sachverhalts-Rekonstruktion, sondern Sachverhalts-Konstruktion. Ein solcher Umschlag von der referentiellen in die produktive Narration ist seit einiger Zeit insbesondere in der Historioraphie Thema.[38] Von dort können wir die Einsicht übernehmen, daß erzählerische Sinnbildungsleistung für das Objekt als dessen Kontinuität, für das Subjekt als Identität zum Tragen kommt und daß die ›erzählte Geschichte‹ unter drei Bedingungen steht: Authentizität, Relevanz und narrative Konsistenz.[39]

Im Hintergrund der Diskussion von Kriminalität als Erscheinung gesellschaftlich gesteuerter Erzählprozesse ist auch die neuere Fiktionsforschung zu sehen, vor allem ihr Ausgangspunkt: die 1911 erschienene *Philosophie des Als-Ob* von Hans Vaihinger. Seitdem Vaihinger nämlich Fiktionalität nicht als Gegenteil, sondern als konstitutives Moment der Wirklichkeit menschlichen Empfindens, Denkens und Handelns herausstellte, ist auch die Unterscheidung zwischen autonomem Fiktivtext und referentiellem Sachtext – in welche Kategorie, trotz des Wissens um eine eigene fictio iuris, nach wie vor juristische Darstellungen fallen – brüchig geworden[40] und nur noch als Hilfskonstruktion verwendbar. Die moderne Fiktionsforschung ist nach Vaihinger mit dem Dilemma beschäftigt, Fiktion als produktiven Anteil und als Gegenteil gesellschaftlich konstruierter Wirklichkeit zu begreifen.

Die Frage nach Autonomie und Kontextabhängigkeit von *Funktionen des Fiktiven*[41] zieht ihre Kreise weit über einzelne Fachgebiete – wie Literaturwissenschaft,

---

35 Schmidt: Zur Präzision der Rechtssprache, S. 398.
36 Gross: Criminalpsychologie, S. 380.
37 Schütz u. Luckmann: Strukturen der Lebenswelt, S. 33.
38 Vgl. Imm: Briefe über Cézanne, S. 231–234.
39 Rüsen: Historische Vernunft, S. 57 u. 83.
40 Vgl. dazu Anderegg: Fiktion und Kommunikation.
41 Henrich u. Iser (Hg.): Funktionen des Fiktiven.

Historiographie, Rechtswissenschaft – hinaus. Geht es doch letztlich um die Revision eines seit der Antike wenigstens theoretisch bestehenden Gegensatzes zwischen Historie und Dichtung,[42] geht es doch um nicht weniger als um althergebrachte antinomische Grundbegriffe des Alltagsbewußtseins, wie Tatsache/Erfindung, Wahrheit/Lüge, Wirklichkeit/Kunst.[43] Als Gegensatzpaare ermöglichen diese Begriffe Sinnbildung und spielen ihre Rolle nach wie vor auch in Rechtstheorie und Rechtspraxis. Von der Fragwürdigkeit der Antinomik blieb der Vollzug der Sinnbildung bislang völlig unbelastet.

Trotz fleißig vorangetriebenen Nachdenkens und Diskutierens ist noch keine formale Bestimmung von Fiktion stabil geblieben. Wo – wie heute vielfach in der Forschung – Fiktion in Abhängigkeit vom ›Kommunikationskontext‹ bestimmt wird, zeigt sich die sozialwissenschaftliche Erweiterung der geisteswissenschaftlichen Diskussionen. Noch läßt sich der Erkenntnisstand in dem einen Satz zusammenfassen: »Wo Fiktion nicht als solche verstanden werden kann, liegt sie nicht vor.«[44]

Eine solche Betonung der hermeneutischen Bedingungen kann das Problem freilich nicht abschließen. Vernachlässigt bleibt nämlich jener Prozeß der Emanzipation einer Geschichte vom zugrundeliegenden – oder als zugrundeliegend angenommenen – Geschehen. Wir nennen diesen Prozeß vorerst den Vorgang der narrativen Distanzierung, aus dem nicht nur Erzählungen und Fiktionen hervorgehen, sondern auch Phänomene wie Sensation, Interpretation und Argumentation. Gerade der geschichtlich orientierte Wissenschaftler muß sich etwa immer wieder damit abfinden, daß er sein Material nicht am flüchtigen Ereignis selbst messen kann, sondern weitgehend ›narrations-immanent‹ forscht. Und so – dies als eine noch nicht allgemein akzeptierte Konsequenz – wirkt er mit an dem Prozeß der erzählerischen »Weltherstellung«, den er lediglich zu untersuchen meint.[45] Dies gilt analog für die aktuelle Rechtspraxis, die jene Wirklichkeiten bewertet, die sie nach institutionellen Regulierungen allererst konstruiert hat.

Um zum einen die immanente Stringenz der Erzählung zu erfassen und um zum anderen die lebensweltliche Ursprünglichkeit des Ereignisses nicht einzubüßen, bietet sich uns als Darstellungsmodell erzählter Kriminalität ein gesellschaftlich differenziert regulierter Prozeß der Distanzierung an. So kann die Frage nicht zum wiederholten Male sein, ob etwa Fiktionalisierung und Historisierung gegenläufige oder parallele Vorgänge sind. Stattdessen lassen sich die in historischem Wandel begriffenen Verlaufsformen des Vorgangs narrativer Distanzierung in Einzeluntersuchungen erschließen als Stereotypen der flüchtigen Ereignisrealität. Die Beiträge des vorliegenden Bandes arbeiten an diesem Vorgang auf verschiedenen historischen und systematischen Ebenen, aber mit dem gleichen Interesse an den Regeln, Mustern und Mechanismen, die als Vermittlungsformen der ge-

---

[42] Aristoteles: Poetik, S. 58.
[43] Anderegg: Zum Problem der Alltagsfiktion, S. 379.
[44] Henrich u. Iser: Problemlage, S. 10.
[45] Iser: Akte des Fingierens, S. 127, Goodmann: Ways of Worldmaking.

sellschaftlichen Wirklichkeit von Kriminalität aufzusuchen sind: in den Spielarten ihrer verbalen Fixierung in juristischen Prozessen, publizistischen und literarischen Darstellungen einerseits und in der narrativen Konstitution von gesellschaftlicher Wirklichkeit andererseits. Ob über die historischen Beiträge hinaus auch für die der Lebens- und Kunstpraxis immer nachhinkende Forschungsdiskussion zur ›Narrativik‹ ein Dienst erbracht wurde, muß die Zukunft erst erweisen. Der vorliegende Band konnte jedenfalls nicht in genuin erzähltheoretische Bereiche vordringen. Seine Grundlagen gewinnt er aus dem Diskussionsstand, der durch die einschlägigen Sammelbände dokumentiert ist: die Bände V, IX und X von *Poetik und Hermeneutik,*[46] die von Eberhard Lämmert herausgegebene Publikation *Erzählforschung,* die drei Bände *Theorie der Geschichte,*[47] und schließlich der von Konrad Ehlich herausgegebene Band *Erzählen im Alltag.*

Der Prozeß und das Ereignis ›Erzählung‹ haben freilich in Rechtspraxis, Presse und Literatur ganz unterschiedlichen referentiellen Status, der offenkundig wird, wenn die Funktionen der jeweiligen Erzählung berücksichtigt werden. Der Handlungszusammenhang verschiedener Erzählungen ist wahrscheinlich so vielfältig wie die Ereigniswirklichkeit selbst; unter unserer analytischen Perspektive aber sind die diversen Erzählungen durchaus vergleichbar. In der festgeschriebenen Distanz vom Ereignis ist die Erzählwirklichkeit faßbar durch einen Komplex von Intext- und Kontext-Merkmalen. Es sind dies all jene Kennzeichen, die einzelne Beiträge zur Erzählforschung erarbeiten, etwa: die besondere ›Selektion von Daten‹,[48] die Rahmenbildung,[49] die Orientierung an einem Relevanzpunkt,[50] die Personalisierungsregel, die Sequenzregel und die Bilanzregel,[51] um nur einige zu nennen. Jenseits dieser einzelnen Merkmale setzt sich das Dilemma von Fiktion als einer gleichzeitig realitätsunabhängigen und realitätsabhängigen Symbolwelt fort in der Doppelung von *Text als Handlung und Text als Werk.*[52]

Für sozialgeschichtliche Interessen läßt sich das Dilemma nur dann fruchtbar machen, wenn Geschichte als Geschehen, Erzählung als Ereignis gesehen werden können: vermeintlich kontrastierende Perspektiven also als korrelierte Entstehungs- und Wirkungsprozesse. Im Kolloquium wurde dies insofern konkret, als drei von jeher getrennte und unter pragmatischem Gesichtspunkt noch trennbare Kategorien von Erzählungen über Kriminalität in ihrer Wechselwirkung zur Untersuchung kamen: Alltagserzählungen (etwa bei L. Hoffmann, W. Naucke, K. Imm, S. 449–464), literarische Erzählungen (so bei H. Müller-Dietz, K. Lü-

---

46 Koselleck u. Stempel (Hg.): Poetik und Hermeneutik V; Fuhrmann u.a. (Hg.): Poetik und Hermeneutik IX; Henrich u. Iser (Hg.): Poetik und Hermeneutik X.

47 Koselleck u.a. (Hg.): Theorie der Geschichte, Bd. 1; Faber u. Meier (Hg.): Theorie der Geschichte Bd. 2; Kocka u. Nipperdey (Hg.): Theorie der Geschichte, Bd. 3.

48 Besonders für juristische Zusammenhänge Hirschberg: Fehlurteil, S. 97; allgemein Stierle: Geschehen, Geschichte, S. 532.

49 Kallmeyer: Gestaltungsorientiertheit, S. 409.

50 Hoffmann: Erzählformen vor Gericht, S. 36.

51 Vgl. dazu Michel: Unser Alltag.

52 Unter diesem Titel Stierles Aufsatz von 1983.

derssen, R. Schröder) und professionell (d. h. juristisch) vorstrukturierte Erzählungen (beispielsweise bei Th.-M. Seibert, W. Naucke, J. Linder, S. 313–348, J. Rückert, S. 285–311). Dies sind drei erzählerische Konstruktionsweisen sozialer Realität, die sich durch die jeweilige kontextabhängige Verbindlichkeit ihrer narrativen Verfahren unterscheiden: Alltagserzählen ist als nicht-professionelles prinzipiell befähigt zur Abschweifung und spontanen Neuwahl von Selektionskriterien, Rahmen und Relevanzpunkt; literarisches Erzählen ist durch Traditionszusammenhänge und eingeschliffene Wertungskriterien angehalten zur komplexen Nutzung des narrativen Verfahrensschemas; juristisch ausgebildetes Erzählen ist institutionell verpflichtet auf handlungsermöglichende Eindeutigkeit. Auf allen drei Ebenen wird der gesellschaftlich geregelte Vorgang der Distanzierung von Geschehen und Geschichte deutlich, der sich schließlich als Prozeß wechselseitig bedingten Bedingens darstellen kann. Literarisches Erzählen über Verbrechen und Strafe erweist sich in Einzelstudien als ein Spezialfall narrativer Konstitution von Kriminalität, die wiederum in der Praxis erzählend verhandelt wird, wobei eine gesellschaftlich faßbare strukturierte Wirklichkeit erst herzustellen ist, die ihrerseits Gegenstand der Verhandlung und damit des Erzählens ist. Erst unter Berücksichtigung historischen Wandels wird aus dem oszillierenden Bild jener Prozeß narrativer Distanzierung, in dem die gar nicht mehr so widersprüchlichen Wirklichkeitskonstituenten Fiktion und Historie entstehen und die Varianten ihrer medialen Ausformungen als Roman, Novelle, Fallgeschichte, Pressebericht, Prozeßakte u. ä. prägen.

Erzählte Kriminalität ist insofern Paradigma für Erzählen als Wirklichkeitskonstitution schlechthin, zumal es um Festlegungen und Strukturierungen geht, die Handlungen vorbereiten. Nicht die Erzählweise oder der Erzählinhalt qualifizieren Fiktionalität oder Referentialität, sondern der jeweils signalisierte Status in Prozessen der Fiktionalisierung oder Referentialisierung am konkreten gesellschaftlichen Ort.

***

Nicht alle Beiträge dieses Bandes verfolgen die unterschiedlichen narrativen Konstitutionen von Kriminalität in detaillierten Zusammenhängen. Abgesehen vom grundlegenden Teil I sind an den Bedingungen, Wechselwirkungen und Folgen der ›erzählten Kriminalität‹ vor allem interessiert: im Teil II E. Meyer-Krentler, W. Schild und H.-J. Lüsebrink; im Teil III: J. Rückert, J. Linder, J. Hennig und K. Imm, S. 375–411; im Teil IV: M. Frommel und J. Schönert. Obwohl sich die heuristische Perspektive, erzählende Konstitutionen von Kriminalität in unterschiedlich regulierten ›Diskursen‹ zu verfolgen, in der Zusammenschau disziplinär getrennter Entwicklungen durchaus als nützlich erwies, wurden auch Gefahren dieses Vorgehens sichtbar: In der Suche nach gemeinsamen oder ausgetauschten Mustern der Wahrnehmung, Darstellung und Bewertung von Kriminalität können die Spezifika der jeweiligen institutionellen Bedingungen für das Reden und Schreiben zum Gegenstand vernachlässigt werden.

Die andere Gruppe der Autoren legt mehr Gewicht auf die Thematisierungen rechtlicher Zusammenhänge in der ›schönen Literatur‹ und die methodischen Probleme bei dem Versuch, die Analyse literarischer Konstellationen mit Erfahrungen und Entwicklungen im Rechtswesen zu verbinden.[53] Damit sind die Möglichkeiten und Grenzen einer interdisziplinären Zusammenarbeit von Literaturwissenschaft und Literaturgeschichte, (Straf-)Rechtswissenschaft und (Straf-) Rechtsgeschichte angesprochen. Sie bildeten den zweiten Schwerpunkt der Diskussionen und wurden explizit thematisiert (vgl. die Beiträge von H.-U. Mohr, M. Titzmann, K. Lüderssen und R. Merkel) oder für einzelne Genres oder Autoren exemplarisch entwickelt (vgl. bei H. Dainat, R. Schröder und H. Müller-Dietz). Im Schlußteil erörtert J. Rückert unter der Perspektive der ›Verfachlichung‹ ein Erklärungsmuster, mit dessen Hilfe Entwicklungen im Rechtswesen mit Konstellationen und Veränderungen in der literarischen Thematisierung von Kriminalität und Strafrechtspflege in Beziehung gesetzt werden können.

3. Möglichkeiten für interdisziplinäre Perspektiven

Als »Reparaturphänomen« sah Jürgen Mittelstraß 1986 die aktuelle Tendenz, bei wissenschaftlichen Unternehmungen interdisziplinäre Aspekte herauszustellen: Interdisziplinarität sei »zur großen Organisationsformel« des Wissenschaftsbetriebs geworden.[54] Wo die Grenzen fortschreitend spezialisierter Disziplinen zu Erkenntnisgrenzen zu werden drohen, könne Interdisziplinarität dazu helfen, die »wissenschaftliche Wahrnehmungsfähigkeit« in den einzelnen Fächern zu stärken, zu differenzieren oder gar zurückzugewinnen.

Mittelstraß markiert das wünschenswerte Vorgehen mit dem Begriff der »Transdisziplinarität«; interdisziplinäre Forschung schwebe nicht – abstrahierend oder synthetisierend – gleichsam über den Disziplinen, sondern ausgehend von den besonderen Erkenntniszielen und Erkenntnisproblemen der einzelnen Wissenschaftsbereiche, werden Fragen entwickelt, die geschichtlich gewachsene ›Disziplinierungen‹ der Disziplinen mit der Neugier für Bedürfnisse, Verfahren und Ergebnisse in anderen Fächern durchbrechen – ohne damit die eigene Disziplin aufzugeben. Interdisziplinarität zielt in erster Linie darauf ab, durch ›Grenzüberschreitungen‹ den Problemen des jeweiligen Faches zu entgehen, durch Aktionen

---

[53] Schwerpunkte im methodischen Vorgehen werden zum einen durch linguistisch-sprachkritische Interessen gesetzt (die sprachabhängigen Rechtshandlungen können im sprachreflexiven Medium der Literatur thematisiert und kritisiert werden); zum zweiten durch denkgeschichtliche und wissenssoziologische Perspektiven (in den Texten, die im Handlungssystem ›Recht‹ produziert werden, sind Wertungsmuster, Denkformen und Sinnangebote vermittelt, mit denen die ›Symbolwelten‹ literarischer Texte in unterschiedlicher Weise korreliert sind) und schließlich durch handlungs- und kommunikationstheoretische Interessen, die den Abgrenzungen und Austauschbeziehungen der Handlungs- und Verständigungssysteme ›Recht‹ und ›Literatur‹ nachgehen.

[54] Mittelstraß: Reparaturphänomen.

›zwischen den Disziplinen‹ Mangelerfahrungen im angestammten Terrain zu kompensieren oder interdisziplinäre ›Hilfstruppen‹ für wissenschaftspolitische Auseinandersetzungen im ›eigenen Fach‹ zu mobilisieren. Interdisziplinäre Forschungen können durchaus dazu führen, daß man trotz gemeinsamer Interessen an einem ›transdisziplinären‹ Gegenstand – wie eben dem der ›narrativen Konstitution von Kriminalität‹ – unterschiedliche Verfahren anwendet und zu kontroversen Ergebnissen kommt. So sollte auch das Unternehmen des Hamburger Kolloquiums verstanden werden – und Wolfgang Naucke hat in seinen (weiter unten folgenden) »Notizen« Bilanz zum interdisziplinären Gespräch gezogen, das in der Hauptsache von den Philologen und Rechtswissenschaftlern getragen wurde.

Als heuristisches Experiment bewährt – aber eben nicht im eigentlichen Sinne ›transdisziplinär‹ – ist das Verfahren, daß beispielsweise Rechtswissenschaftler als Leser von Belletristik verfolgen, wie die Literatur sich mit dem Gegenstand der Juristen auseinandersetzt.[55] Die traditionelle ›Ideengeschichte‹ kann dabei – in nützlicher Weise – zur ›Mentalitätsgeschichte‹ erweitert werden: wenn nämlich nicht nur den übernommenen ›Inhalten‹ nachgegangen wird, sondern etwa die sozialpsychologischen Bedingungen und Folgen sowie die kulturellen Muster solcher Verarbeitungen analysiert werden,[56] wenn nicht nur Literatur auf Recht oder Recht auf Literatur bezogen wird.[57] Lasen in der Vergangenheit Juristen ›schöne

---

[55] Vgl. beispielsweise 1985 Bohnert: Positivität des Rechts; Bohnert will Kleists Werk als Jurist lesen. Oft – nicht unbedingt hier – bleibt bei der Lektüre mit ›juristischer Logik‹ die besondere ›Logik der Literatur‹ auf der Strecke. Ebenso werden die Möglichkeiten einer differenzierten historischen Analyse verschenkt, wenn Juristen zufrieden feststellen, daß Verbrechen und Verbrecher schon immer ein Thema der ›schönen Literatur‹ (von Sophokles bis Handke) bildeten oder viele Juristen auch ›Dichter‹ waren, vgl. dazu beispielsweise Kilian: Literatur und Jurisprudenz.

[56] Vgl. W. Voßkamps Hinweis auf das Interesse an der »Geschichte der Verteilung und Transformation sozialen Wissens« (Voßkamp: Von der wissenschaftlichen Spezialisierung, S. 457); unser Kolloquium diskutierte die Verteilungen und Veränderungen gesellschaftlich relevanter Vorstellungen von Kriminalität in öffentlichen Erzählprozessen. Vgl. auch die leitende Frage (»wie das Wissen über Kriminalität in der Gesellschaft verteilt ist«) in der Untersuchung von G. Smaus (Strafrecht und Kriminalität, S. 8): Heute bilden die Massenmedien »die wichtigste Quelle des gesellschaftlich notwendigen Wissensvorrates«, im 19. Jahrhundert waren es die populär-wissenschaftlichen Zeitschriften und Sammlungen, die Gerichtszeitungen und die ›schöne Literatur‹. Für beide historische Konstellationen des öffentlichen Gesprächs über Kriminalität gilt: Das Geschehen zu Verbrechen und Strafrechtspflege »wird aber nicht nur dargestellt, sondern auch erklärt, bewertet und gerechtfertigt« (ebd. S. 13). – Vgl. für die historische Dimension auch das Themaheft »Kriminalität und Geschichte« der *Beiträge zur historischen Sozialkunde* 11 (1981) H. 1.

[57] In der Regel wandert der Blick vom Recht zur Literatur, wobei weiterführende, zu ›interdisziplinären‹ Fragen anregende Ergebnisse besonders dann erreicht werden, wenn Ungleichzeitigkeiten festgestellt werden (wenn die Literatur Rechtsvorstellungen oder Elemente kriminologischen Wissens integriert oder formuliert, die der jeweils ›herrschenden Meinung‹ nicht entsprechen). Nicht minder aufschlußreich wäre zu verfolgen, inwieweit in juristischen Texten beispielsweise ein Literaturbegriff eingesetzt ist, der dem Literaten oder Literaturwissenschaftler der jeweiligen zeitlichen Konstellation als ›anachronistisch‹ erscheint.

Literatur‹, dann vollzog sich diese Lektüre – was nur beschreibend, nicht wertend gemeint ist – in den Bahnen eines gebildeten Literaturverständnisses, nicht aber im Anschluß an die literaturwissenschaftlichen Verfahren der ›Interpretation‹ oder ›Textanalyse‹. Daß sich heute einiges verändert hat, daß Rechtswissenschaftler ›philologisch lesen‹ und dabei ihre rechtsgeschichtlichen oder kriminologischen Erfahrungen ›transdisziplinär‹ umsetzen können, möge an den entsprechenden Beiträgen dieses Bandes (insbesondere bei R. Schröder, K. Lüderssen, H. Müller-Dietz und R. Merkel) überprüft werden – und ebenso, ob es den Literaturwissenschaftlern, die in der Regel extreme ›juristische Dilettanten‹ waren, gelungen ist, ihre Kategorien des reflektierten Textverstehens in Kenntnis der juristischen Besonderheiten auf Texte aus dem Umkreis der Strafrechtspflege anzuwenden. ›Interdisziplinarität‹ wurde im Kolloquium immer dann erreicht, wenn es gelang, die Sicherheit einer juristischen oder philologischen Hermeneutik in der gegenseitigen Herausforderung zu einer veränderten und differenzierten ›transdisziplinären‹ wissenschaftlichen Wahrnehmungsfähigkeit aufzubrechen.

Veränderte Fragen und Verfahren bringen auch Gegenstände in das Blickfeld des interdisziplinären Interesses, die in der einen wie in der anderen Disziplin nur am Rande oder gar nicht wahrgenommen werden. Hierzu hat das Kolloquium beispielsweise für den Texttyp der ›Fallgeschichten‹ (insbesondere der Pitavalgeschichten) Pionierarbeit geleistet. Durch die ›Wiederentdeckung‹ solcher ›missing links‹ werden die komplexen geschichtlichen Konstellationen rekonstruierbar, die von der fachwissenschaftlichen Parzellierung des Gegenstandsbereiches ›öffentliche Thematisierungen von Kriminalität und Strafrechtspflege‹ aufgehoben worden waren. Ebenso wichtig ist es, in der interdisziplinären Diskussion auf die primären Veröffentlichungsorte der Texte zurückzugehen; rechtspolitische Aufsätze also nicht nur in der Werkausgabe eines Rechtswissenschaftlers, sondern in der Erstpublikation einer Zeitschrift zu lesen und dabei den historischen Kontext der nicht-juristischen Texte zu berücksichtigen (vgl. in diesem Band J. Linder zur Zeitschrift *März*, S. 544–564). Unter dem Aspekt der aktuellen methodischen Diskussionen wäre zu verfolgen, inwieweit sozialwissenschaftliche und sozialgeschichtliche Orientierungen in Strafrechtswissenschaft, Kriminologie und Rechtsgeschichte in Auseinandersetzung mit mentalitätsgeschichtlichen, diskursanalytischen oder struktur- und funktionsgeschichtlichen Verfahren der Sprach- und Literaturwissenschaft an Selbstbestimmtheit und Überzeugungskraft gewinnen. Diese Prüfungen und Konsolidierungsvorgänge können in gleicher Weise von rechtswissenschaftlichen Ausgangspunkten auf methodische Positionen in den Philologien bezogen werden. Dabei ergaben sich – im engeren Sinn der Probleme und Verfahren – folgende gemeinsame und interdisziplinäre Perspektiven: Zunächst lassen sich Fragen einer historischen Semantik auf Begriffe projizieren, die sowohl in rechtlichen wie in literarischen Verständigungshandlungen eine wichtige Rolle spielen (vgl. etwa Verbrechen und Strafe, Schuld und Sühne, Recht und Gerechtigkeit usf.). Wo dann mit diesen Begriffen die Zusammenhänge von gesellschaftlich bedingten Wahrnehmungs- und Denkformen verbunden und die institutionellen Regelungen des Begriffsgebrauchs untersucht werden, entwickeln sich sowohl in juristischen wie philologischen Analysen gemeinsame sozialgeschichtliche Interessen.[58] Mit diesem trans- und interdisziplinären Vorgehen verträgt sich durchaus das Ergebnis, daß trotz mehrfacher ›Austauschbeziehungen‹ zwischen den gesellschaftlich organisierten Verständigungshandlungen über Verbrechen und Strafe im Rechtswesen und in der Literatur zuverlässige Aussagen über historische Konstellationen nur erreicht werden können, wenn man die unterschiedlichen Wahrnehmungs- und Verarbeitungsformen für die gleichen Wertvorstellungen und Wissensbereiche in den juristischen und literarischen Texten (und ›Diskursen‹) berücksichtigt.[59] In diesem Band folgen beispielsweise die Untersuchungen der Rechtswissenschaftlerin M. Frommel und der Philologen H.-J. Lüsebrink und M. Titzmann solchen Absichten, wobei Titzmann denk- und kulturgeschichtliche Fragen mit Verfahren der strukturalen Textanalyse verbindet, während Lüsebrink von diskursanalytischen und gesellschaftgeschichtlichen Interessen ausgeht.[60] Dieser Ansatz läßt sich wiederum zu interdisziplinär angelegten funktionsgeschichtlichen Vorgehensweisen erweitern.[61] So fragt R. Merkel danach, wie die sozialen Funktionen literarischer (insbesondere satirischer) Schreibweisen über Kriminalität zu denen der juristisch geregelten Rede stehen. Eine letzte Erweiterung der interdisziplinären Perspektive läßt sich bei institutionengeschichtlichen Untersuchungen vollziehen, wenn es um die Ausbildung und Entwicklung von Institutionen geht, die an der Versprachlichung der gesellschaftlichen Handlungen im Umgang mit Kriminalität teilhaben, die juristische und literarische Handlungen beeinflussen, steuern und wiederum von ihnen abhängig sind. W. Siemann hat jüngst zwei umfangreiche Untersuchungen zur Geschichte der politischen Polizei in Deutschland vorgelegt,[62] die sowohl für rechtsgeschichtliche als auch literarhistorische Interessen unter sozialgeschichtlicher Perspektive neues Material zur Verfügung stellen.

Blickt man zurück auf die eben skizzierten Möglichkeiten interdisziplinärer Forschung (dazu kamen im Kolloquium noch die linguistisch und argumentationstheoretisch orientierten Beiträge von L. Hoffmann und Th.-M. Seibert), dann stellt sich – wie bei den Diskussionen in Hamburg – die Frage, auf welchen Ebenen die gemeinsamen Bezugspunkte des transdisziplinären Vorgehens gesucht werden sollen: sind es die exemplarischen mikroanalytischen Textanalysen (wie etwa im Beitrag von L. Hoffmann), sind es die einer mittleren Generalisierung (wie in der Untersuchung M. Titzmanns oder den diskursgeschichtlichen Darstellungen H.-J. Lüsebrinks) oder sind die Fluchtlinien einer weitreichenden Abstrak-

---

[58] Vgl. für ein – im engeren Sinne – bedeutungsgeschichtliches Verfahren beispielsweise Zach: ›Poetic Justice‹; Krüger: »Le crime merveilleux«; Zelle: Strafen und Schrecken.

[59] Vgl. dazu – als jüngst erschienene Arbeiten – Reuchlein: Zurechnungsfähigkeit; ders.: Bürgerliche Gesellschaft; Kolkenbrock-Netz: Wahnsinn der Vernunft; Auhuber: In einem fernen dunklen Spiegel.

[60] Dazu ausführlich Lüsebrink: Kriminalität und Literatur.

[61] Vgl. etwa Arnold: Wicked Lives.

[62] Siemann: Der ›Polizeiverein‹ deutscher Staaten; ders.: »Deutschlands Ruhe, Sicherheit und Ordnung.«

tion anzuvisieren, die H.-U. Mohr in seinem handlungssoziologisch und systemtheoretisch fundierten Vortrag zu Literatur und Rechtswesen in England um 1800 zog?[63] Als ein Ergebnis des Hamburger Kolloquiums wäre festzuhalten, daß rechts- und literaturwissenschaftliche Interessen am besten auf der Ebene mittlerer Abstraktionen (generalisierender Aussagen über Textkomplexe, Diskurstypen und Funktionsbezüge) zu verbinden waren.

4. Philologen und Juristen: Notizen zum Problem der Interdisziplinarität *(Wolfgang Naucke)*

(a) Im Kolloquium ist die Annäherung von Literatur- oder Sprachwissenschaftlern und Juristen an den gleichen Gegenstand besonders deutlich geworden, wenn beide Wissenschaftsgebiete sich einer gemeinsamen Methode oder des gleichen Wissenschaftsbereichs bedienten.

Beispiele: Literaturwissenschaftler und Juristen ›bekennen‹ sich zur Systemtheorie oder man begibt sich gemeinsam in das Gebiet der pragmatischen Linguistik. Sehr gut ablesbar ist dieses Verfahren an den Beiträgen von Seibert und Hoffmann. Jurist und Sprachwissenschaftler nähern sich einem Text, der Kriminalität schildert, oder einer sprachlich gefaßten Situation, die von Kriminalität handelt, jeweils mit den Mitteln der Linguistik. Die Linguistik steuert das Interesse sowohl des Philologen als auch des Juristen; dieser Wissenschaftsbereich bestimmt den Gegenstand, auf den geachtet wird. Die Schwerpunkte der Arbeit sind wohl unterscheidbar, aber nur deswegen, weil Sprachwissenschaftler und Jurist wegen der wissenschaftlichen Herkunft etwas anderes Material benutzen. Gegenstand und Arbeitsinteresse sind aber gleich. Man bleibt eigentlich interdisziplinär. Vielleicht wäre es klarer, für dieses Verfahren das wort ›interdisziplinär‹ gar nicht zu benutzen. Es geht nicht darum, Sprach- oder Literaturwissenschaften und Rechtswissenschaft miteinander in Verbindung zu bringen; sondern es geht darum, einen bestimmten Verfahrensbereich (pragmatische Linguistik, Systemtheorie) zu fördern.

(b) Zu interdisziplinärer Arbeit (in einem engeren, aber deutlicheren Sinne) ist es in dem Kolloquium gekommen, wenn Philologie und Jurisprudenz ihren eigenen Gegenstand beibehalten haben, aber versucht haben, diesen Gegenstand dem anderen Fach interessant zu machen. Dann ist der Gegenstand der rechtswissenschaftlichen Überlegungen die juristische Feststellung, der Gegenstand der Literaturwissenschaft die Kriminalerzählung, geblieben. Die wissenschaftlich spannende Frage war, was an diesen beiden Gegenständen das gemeinsame Interesse ist, ob also die Ergebnisse der jeweiligen Spezialbemühungen sich zu einer für beide

---

[63] Vgl. Voßkamp: Von der wissenschaftlichen Spezialisierung, S. 454: »Drei Angebote werden heute vornehmlich diskutiert: das des Strukturalismus [...], des Funktionalismus und der allgemeinen Systemtheorie.«

Disziplinen wichtigen Summe vereinigen lassen. Aus der Zusammenarbeit der beiden Gebiete ist ein neuer Gegenstand entwickelt worden; zumindest ist ein Gegenstand behandelt worden, der ohne die Zusammenarbeit der beiden Gebiete in den Teilgebieten nicht konzentriert genug verfolgt werden kann.

Dieses gemeinsame Interesse, das Interdisziplinarität verlangt hat, läßt sich detaillierter so beschreiben:

(I) Das Strafrecht nimmt im 19. Jahrhundert eine bestimmte Entwicklung, die mit ›Verfachlichung‹ benannt werden kann, wenn man die vielen Facetten, die dieser Vorgang hat, nicht unterschätzt. Diese Verfachlichung hat eine weitgehende Wirkung auf die Sprache der Juristen und damit auf die Art und Weise, in der sie Kriminalität sprachlich fassen. Betrachtet man auf diesem Hintergrund die literarische Kriminalitätsdarstellung in allen ihren Typen, so ergibt sich eine parallele, manchmal sogar komplementäre Entwicklung. Die Kriminalerzählung ›bestätigt‹ die Entwicklung des Strafrechts zu einem Fachmittel zur Sicherung gesellschaftlicher Bedürfnisse. Die Kriminalerzählung stellt aber auch Kritik an dieser Entwicklung des Strafrechts dar (parallel zu der Kritik, die im Strafrecht selbst formuliert wird). Interdisziplinäre Ermittlungen ergeben, daß Strafrecht und erzählende Literatur von einem ähnlichen Wissenschaftsverständnis (besser sollte man sagen: Wirklichkeitsverständnis) ausgehen. Die Hauptkennzeichen dieses Verständnisses sind: Säkularität und Positivität aller Sozialereignisse. Interdisziplinarität zwischen Literaturwissenschaftlern und Juristen führt zu der gut belegten Annahme, daß Kriminalerzählung und Strafrechtslehre dem gleichen ›kulturellen Klima‹ zugehören. Und es wäre dieses ›kulturelle Klima‹, auf das die interdisziplinären Bemühungen zulaufen (nach meinem Eindruck in dem Kolloquium auch zugelaufen sind).

(II) Eine andere, bisher schwächere Linie aus der gemeinsamen Neugier an dem Gegenstand ›bürgerliche Kriminalität‹ hat sich dadurch ergeben, daß sich im Strafrecht des 19. Jahrhunderts – undeutlich, aber immer bemerkbar – die Auffassung gehalten hat, ein ›wirkliches‹ Strafrecht gebe es gar nicht mehr, sondern nur noch Macht, die sich durchgesetzt hat. Diese mit den wissenschaftlichen Mitteln des 19. Jahrhunderts kaum absicherbare, auch für Juristen eher ›künstlerische‹ Auffassung sucht nach ihrer Entsprechung im Bereich der Literatur. Das führt (und führte auch) dazu, im Bereich der Literatur eine Unterscheidung zwischen ›großer‹ Kunst und Kunst, die der Tagesatmosphäre entstammt, zu machen. In unserem Nach-Gespräch zum Kolloquium haben wir dafür die Unterscheidung zwischen Kunst und strategischer (strategisch bestätigender und strategisch kritischer) Literatur benutzt. Diese wirkliche Kunst in der Darstellung von Abweichungen hat ihr eigenes Material und ihr eigenes Verfahren, das jedenfalls nicht das Verfahren irgendeines dem positivistischen Wissenschaftsbegriff zuzuordnenden Vorgehens ist (konkret-anschauendes Denken gegen Wissenschaftsdenken des 19. Jahrhundnerts). Diese Art der kunstvollen Kriminalerzählung ist für die Strafrechtslehre so wichtig, weil sie das Strafrecht besser versteht als es sich mit allen wissenschaftlichen Mitteln selbst verstehen kann. Interdisziplinarität in diesem Bereich ist Distanzgewinn zur üblichen Wirklichkeit im Unterschied zur Vermehrung von Wissen über das Übliche; diese Vermehrung wird mit der zu (I) genannten Interdisziplinarität erreicht.

***

W. Nauckes Stichwort vom ›kulturellen Klima‹ soll – diesen Bericht zur interdisziplinären Praxis des Hamburger Kolloquiums abschließend – mit dem Begriff der ›Rechtskultur‹ fortgeführt werden.[64] Ausgangspunkt ist dabei, daß die Definitionsleistungen und Handlungen des ›Sozialsystems Recht‹[65] von sozialkulturellen Aktionen der Sinnverständigung und ›Symbolproduktion‹ begleitet (legitimiert und kritisiert) werden und auf diese Handlungen und ›symbolischen Formen‹ (wie Texte, Bilder usf.) einwirken.[66] Das »kulturell produzierte Wissen«[67] wird zwar in Theorie und Praxis des Rechtswesens von dem ›Fachwissen‹ geschieden; es ist jedoch in der gesellschaftlichen Konstruktion von ›Kriminalität‹ in den sog. »inoffiziellen Situationen«[68] wirksam – weniger im Sinne einer genau zu beschreibenden pragmatischen Handlungskette, sondern eben symbolisch verstärkend, modifizierend, herausfordernd.[69] Der ›Rechtskultur‹-Bereich von Austauschvorgängen zwischen sozialintegrativen Handlungen des Alltagslebens, den Aktionen im ›Sozialsystem Recht‹ und im ›Sozialsystem Literatur‹ (das in diesem Zusammenhang für andere sozialkulturelle Systeme steht) unterliegt in Struktur und Funktion der wechselseitigen Bezüge geschichtlichen Wandlungen, die hier vernachlässigt werden.[70] Als Ergebnis der Handlungsabläufe und als Ausgangsbereich weiterer Handlungen können bestimmte ›Symbolsysteme‹ beschrieben werden, die – vereinfachend – als Vorstellungen der Alltagskriminalität, der fachwissenschaftlich

---

64 Vernachlässigt werden hier die möglichen Diskussionen zum Vergleich der – soziologisch konstituierten – Kategorie ›Rechtskultur‹ mit der – sozialpsychologisch zu begründenden – Kategorie ›Rechtsgefühl‹. Zur neueren wissenschaftlichen Diskussion des Kultur-Begriffs vgl. Baumhauer: Kulturwandel; Neidhart: Kultur und Gesellschaft. – In einem weiteren definitorischen Schritt wären die Austauschsysteme ›Rechtspolitik‹ und ›Rechtskultur‹ voneinander abzugrenzen.

65 Vgl. dazu Schönert: Literatur und Kriminalität, Kap. 2.

66 Vgl. Stolleis: Neuere Rechtsgeschichte, S. 259: Eine ›moderne‹ Strafrechtsgeschichte »müßte das Strafrecht einbetten in eine Entwicklungsgeschichte dessen, was die jeweiligen maßgebenden Stimmen ›Verbrechen‹ genannt haben, d. h. in eine allgemeine Kulturgeschichte des abweichenden Verhaltens.«

67 Smaus: Strafrecht und Kriminalität, S. 9.

68 Ebd. S. 4.

69 Am Beispiel von Wilhelm Raabes Erzählung *Horacker* erläutern K. Imm und J. Linder (Verdächtige und Täter, S. 88) einen Typ solcher rechtskultureller Austauschvorgänge mit Hilfe der Literatur: »Raabe stellt auch hier wieder die Verbindung zwischen alltäglich wirksamen Vorstellungen von Kriminalität und Verbrechensverfolgung und der einschlägigen Literatur her. In der literarischen Darstellung wird Alltagswissen verfestigt, mit Begründungen versehen und in exemplarischen Fällen erfahrbar gemacht. Damit wird es mit erhöhter Autorität versehen und wirkt produktiv in den Alltag zurück.«

70 Zu heuristischem Zweck wären drei geschichtliche Prozesse voneinander abzugrenzen: Wandel im Rechtssystem, im Literatursystem und im rechtskulturellen Austauschsystem.

und rechtspraktisch konstituierten Kriminalität und der Phantasiekriminalität der Literatur benannt werden sollen. Die Abgrenzung dieser ›Symbolsysteme‹ hat lediglich heuristischen Wert, für die Beschreibung historischer Konstellationen müssen – im Sinne eines wechselseitigen Austausches – Übertragungen und Überlagerungen beachtet werden.

Die nachstehende Skizze veranschaulicht diesen Zusammenhang, wobei die genauer auszuarbeitende systemtheoretische Grundlegung zugunsten einer ›vortheoretischen Beschreibung‹ vernachlässigt wird.[71]

Die ›Bestände‹ in den einzelnen Bereichen und die Austauschbeziehungen werden im historischen Prozeß verändert; in bestimmten Konstellationen sind Austauschvorgänge mit weiteren wichtigen Bereichen gesellschaftlich relevanten Wissens zu berücksichtigen (beispielsweise mit religiösen oder moralphilosophischen Bezügen). Zudem sind die konkreten Umsetzungen der ›rechtskulturellen‹ Bezüge abhängig von den Einstellungen der jeweiligen Aktoren und sozialen Gruppen.

In der geschichtlichen Perspektive werden ›rechtskulturelle Konstellationen‹ im deutschen Sprachgebrauch erstmals im letzten Drittel des 18. Jahrhunderts – gleichzeitig zur Erfahrung sich neu abgrenzender Fachwissenschaften – öffentlich thematisiert. So will beispielsweise der Jurist und Schriftsteller Justus Möser mit seinen *Patriotischen Phantasien,* die er in den siebziger Jahren in der Wochenschrift *Osnabrückische Intelligenzblätter* veröffentlichte, zur allgemeinen Verbreitung der Gesetze und ihres ›Geistes‹ beitragen,[72] also ein ›transdisziplinäres‹ Be-

---

[71] Hierzu wäre insbesondere zu verweisen auf Münch: Struktur der Moderne (des weiteren auf die 1986 erschienene umfangreiche Studie des Verfassers *Die Kultur der Moderne*). R. Münch unterscheidet – T. Parsons explizierend – zwischen kulturellen (Symbol-) Systemen auf der Ebene des allgemeinen Handlungssystems und sozialkulturellen Subsystemen des Handlungssystems ›Gesellschaft‹. Münch bestimmt innerhalb des Sozial-(Sub-)systems ›Politik‹ das Sozialsystem ›Recht‹ in der Systemfunktion ›gesellschaftliche Integration‹; im Funktionszusammenhang dieses Sozialsystems wird ›Rechtskultur‹ in der Funktion von ›sozial verbindlichen Symbolkonstruktionen‹ gesehen, die ›latente Strukturen bewahren‹ (vgl. S. 430). Dieses Subsystem ›Rechtskultur‹ kann funktional weiter differenziert werden in die Subsysteme ›Rechtspraxis, Rechtswissenschaft, Rechtsdogmatik und rechtliche Steuerung der Kulturhandlungen‹. – Was wir ›Rechtskultur‹ genannt haben, ist als Handlungsbereich ein ›Austauschsystem‹, das Münchs Subsystem ›Rechtskultur‹ (im Sozialsystem ›Recht‹) mit den Subsystemen anderer Sozialsysteme verbindet und ›Symbole‹ für das allgemeine Kultursystem (als Umwelt zum Handlungssystem ›Gesellschaft‹) produziert. – Im Gegensatz zu Münchs streng klassifikatorischem – an T. Parsons geschultem – Vorgehen ließe sich für das interdisziplinäre Interesse eine wirkungsvollere Heuristik wohl in Anlehnung an Überlegungen in Walter L. Bühls Aufsatz *Kultur als System* erarbeiten. Elemente eines Kultursystems reichen für Bühl: »von Symbolen und Sinndeutungen über symbolisch definierte Gegenstände und freie soziale Interaktionen bis zu einem konditionierten (institutionalisierten) und genetisch programmierten Verhalten« (S. 131).

[72] Vgl. dazu – ein lohnendes Forschungsgebiet – die Rechtsartikel in den *Patriotischen Phantasien* (Justus Möser: Sämtliche Werke. Histor.-krit. Ausgabe. Abtlg. II, Bd. 4–7. Oldenburg u. a.: 1943ff.).

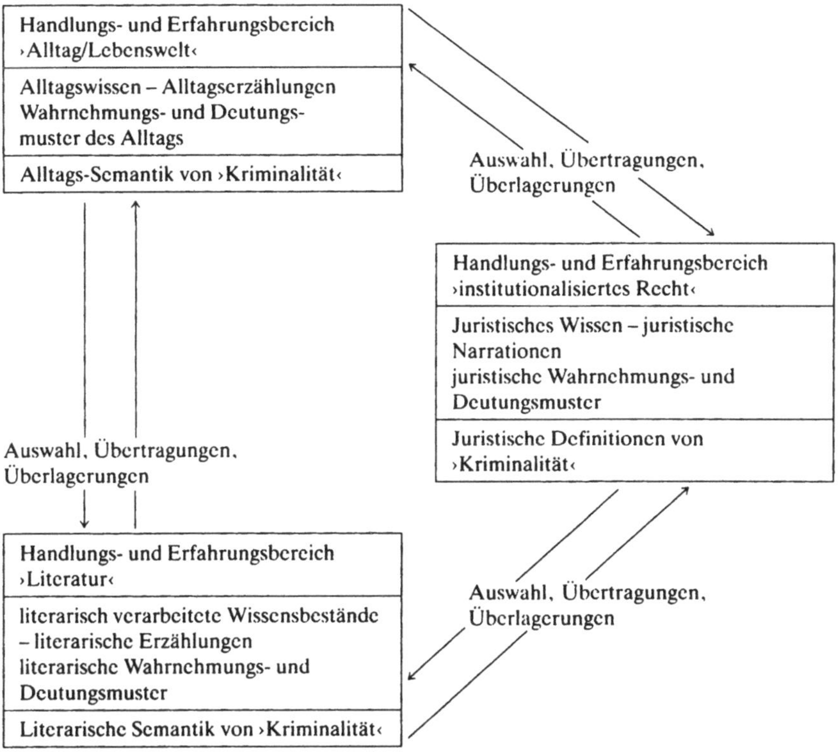

wußtsein von Recht und Rechtlichkeit ausbilden und fördern.[73] Etwa eine Generation später fragt F. C. v. Savigny, wie eine aufgeklärte, fachlich organisierte und ausgearbeitete Rechtswissenschaft mit einer leistungsfähigen Fachsprache der Nation ›gemein‹ werden kann.[74] Es geht ihm nicht mehr nur um ein verständliches und volksnahes Recht – wie den Reformgruppen des ausgehenden 18. Jahrhunderts –, sondern um Vermittlungen zwischen den fachlichen und nicht-fachlichen Erfahrungsbereichen.

Im Rahmen solcher ›rechtskulturellen‹ Vermittlungen erhält die ›schöne Literatur‹ (für ihre Thematisierungen von Kriminalität und Strafrechtspflege) in der sich funktional differenzierenden modernen Gesellschaft die Aufgabe, durch lite-

[73] Vgl. zu diesem Aspekt auch die wissenschaftsgeschichtlichen Untersuchungen von W. Lepenies, der die »Trennung der Wissenschaften von der Literatur« als Entwicklung des 19. Jahrhunderts ansieht (Lepenies: Der Wissenschaftler als Autor, S. 129). Wenn – vereinfachend gesagt – im 18. Jahrhundert noch Wissenschaft und Kunst gemeinsame Erkenntnis- und Vermittlungsleistungen vollziehen, wird den Künsten im 19. Jahrhundert gegenüber den Wissenschaften nur noch eine »kompensatorische Funktion« (ebd. S. 130) zugestanden: sie unterstützen Ansprüche der Wissenschaft oder ›heilen‹ Folgen wissenschaftlicher Praxis.

[74] Vgl. Rückert: v. Savigny.

rarische Verarbeitungen von fachlichem Wissen und Wahrnehmungsformen diese professionell ausgegrenzten Bereiche wieder an Alltagserfahrungen anzuschließen. In den literarischen Entwürfen können so schwer überschaubare Differenzierungen aufgehoben und Widersprüche zwischen institutionalisierter Sinnvermittlung zum Problem ›Verbrechen und Strafe‹ mit subjektiven Sinnbedürfnissen im Bereich der Fiktionen und generalisierenden Symbolkomplexe überbrückt werden. Im symbolischen Raum der Literatur wird im Laufe des 19. Jahrhunderts die ›soziale Phantasie‹ zur Allgegenwart des Verbrechens aktiviert und zugleich in Vorstellungen gelenkt, die sich mit einer erfolgreichen informellen und staatlich institutionalisierten Kontrolle der Kriminalität verbinden lassen.

5. Zur historiographischen Markierung des Gegenstandsbereiches

Eine geschichtliche Darstellung der ›Austauschbeziehungen‹ zwischen den Handlungs- und Erfahrungsbereichen von ›Recht‹ und ›schöner Literatur‹ wird von einer spezifischen Konstellation ausgehen können: von der Abgrenzbarkeit relativ autonomer ›Sozialsysteme‹ seit dem letzten Drittel des 18. Jahrhunderts.

Im Handlungsbereich ›Literatur‹ wird mit unterschiedlichen Institutionalisierungen literarischer Sinnverständigung auf bestimmte Bedürfnisse in der öffentlichen Thematisierung von Kriminalität und Strafrechtspflege geantwortet. So etablieren sich im ausgehenden 18. Jahrhundert beispielsweise die Genres der Pitavalgeschichte, der Kriminalgeschichte, der Verbrecherbiographie, des Räuberromans.[75] Sie werden nicht nur von rechtspolitischen Interessen bestimmt. Befriedigt wird vor allem die Sensationslust der Leser, die Neugier an der ›ungeheuerlichen Tat‹, der ›merkwürdigen Geschichte‹, der ›unerhörten Begebenheit‹ (vgl. beispielsweise Erzählungen von A. G. Meißner oder H. v. Kleist). Dieses Interesse läßt sich in eine anthropologische Frage umlenken und gleichsam sublimieren: Was ist das Böse im Menschen, woher kommt es (wenn nicht mehr die religiösen Erklärungen gelten), wie ist es zu regulieren (vgl. dazu Texte von Schiller und Kleist)?[76] Und schließlich lassen sich solche Fragen mit grundsätzlichen rechtstheoretischen und gesellschaftspolitischen Perspektiven verbinden: Was ist ›Schuld‹, was ist ›Recht‹, lassen sich Schuld und Strafe einander zuverlässig zuordnen, wer setzt die Regeln dieser Zuordnung?

---

[75] Vgl. Schönert: Kriminalgeschichten.

[76] Vgl. dazu Strasser: Verbrechermenschen, S. 167–172. Als Ergebnis kultureller Prozesse seit dem Ausgang des 18. Jahrhunderts nennt Strasser als Voraussetzungen für eine literarisch akzeptable Darstellung der Kriminalität: die Ästhetisierung des Bösen zur Angstabwehr (»Chaosbannung und Angstsublimierung«), die Rationalisierung des Bösen in Sinnkonstruktionen, die Humanisierung des Bösen (Verstehen und Mitleiden) oder die Dehumanisierung (Ausgrenzungen, die sozial – »Außenseiter der Gesellschaft« – oder biologisch – »Bestien« oder »Degenerierte« – vollzogen werden). – Der Impuls, literarisch »das Böse zu bannen«, kann zum einen den Weg zu angstentlasteter Analyse und Erkenntnis öffnen, zum anderen aber auch neue »Mythen« produzieren (ebd., S. 176).

Mit solchen Überlegungen wird deutlich, daß die ›schöne Literatur‹ nicht einfach nur aufnimmt, was aus dem Bereich von juristischer Theorie und Praxis ›abgegeben‹ wird. Literarische Darstellungen des Verbrechens überschreiten seit dem Ausgang des 18. Jahrhunderts entschlossen die Perspektiven, die im tatorientierten Ermittlungs- und Strafverfahren gesetzt sind. So können in nicht-fachlichen ›Erzählungen‹ über Kriminalität Diskussionen und Ergebnisse der Kriminalanthropologie, der Kriminalpsychologie, der Psychiatrie und Kriminalsoziologie Gewicht erhalten, ehe sie juristische Relevanz gewinnen. Die neuen Erfahrungen von komplexen Bedingungen für die Entstehung und Zuschreibung von Kriminalität werden literarisch – in unterschiedlicher Weise – mit der weithin dominierenden Annahme vom selbstverantwortlich handelnden Kriminellen verbunden und auf die vom Staat beanspruchte Strafgewalt bezogen.

Für die kritische Analyse historischer Konstellationen und Prozesse ist stets zu bedenken, daß auch die juristischen Darstellungen und Beurteilungen des Geschehens ›Kriminalität‹ nur ein Bild der Wirklichkeit geben, nicht aber die Wirklichkeit repräsentieren. Literarische ›Geschichten‹ sind also nicht an den juristischen Narrationen zu messen und auf ihre eingeschränkte oder höhere Wahrheit hin zu beurteilen, sondern es ist danach zu fragen, in welchen funktionalen Zusammenhängen die jeweiligen Darstellungen stehen, wie literarische Darstellungen juristische Konstitutionen von Kriminalität übernehmen und stützen oder ob sie – juristisch nicht akzeptablen Konstruktionen einbeziehend – eine eigene Wirklichkeit von Verbrechen und Strafgeschehen entwerfen.

Für das Hamburger Kolloquium sollte ein Prozeß diskutiert werden, der von 1770 bis etwa 1920 begrenzt war.[77] Er reicht von dem Zeitraum der neu zu definierenden Konstellationen für die literarische ›Veröffentlichung‹ des Strafrechtsgeschehens (im letzten Drittel des 18. Jahrhunderts) über Entwicklungen zur weitreichenden ›Selbstregulierung‹ juristischen und literarischen Handelns im Laufe des 19. Jahrhunderts bis zu einer Phase erneuter und nachhaltiger ›Eingriffe‹ der Literatur in die kriminologischen und strafrechtspolitischen Diskussionen, die zum Ausgang des 19. und zum Beginn des 20. Jahrhunderts das ›verfachlichte‹ Rechtshandeln solchen ›Einmischungen von außen‹ öffnen.[78]

Es versteht sich, daß die rechts- und literaturgeschichtlichen Vorgänge in übergreifende politische und sozialgeschichtliche Prozesse eingebunden und dadurch

---

[77] Im Vergleich zum Münchener Kolloquium 1981 (vgl. Schönert: Literatur und Kriminalität) wurde zum einen das ganze Spektrum der juristischen, publizistischen und literarischen Erzählungen über Kriminalität und Strafrechtspflege aufgenommen, zum anderen der vergleichsweise ›entwicklungsarme‹ Zeitraum der Beziehungen zwischen literatur- und rechtsgeschichtlichen Konstellationen von 1850 bis 1880 für ›entwicklungsreichere‹ Phasen erweitert. Verzichtet wurde auf die Vergleiche zwischen den nationalliterarischen Entwicklungen.

[78] Vgl. dazu Rückert: Das »gesunde Volksempfinden«, S. 246; Rückert weist auf die »Ethisierung der Rechtswissenschaft, Rechtspolitik und Rechtspraxis seit ca. 1880« hin. – Damit sind auch neue Anschlußmöglichkeiten für nicht-fachliche, beispielsweise literarisch entwickelte Sinnangebote gegeben.

bestimmt sind. Dieser Aspekt wird in den einzelnen Beiträgen in Rechnung gestellt, jedoch mit unterschiedlicher Intensität verfolgt. Das vordringliche Interesse galt den jeweils besonderen Veränderungen in den Bereichen von Rechtsgeschehen und literarischer Sinnverständigung sowie ihren Wechselbeziehungen.

Solche Wechselbeziehungen lassen sich in den historischen Konstellationen beispielsweise unter den nachstehenden Aspekten verfolgen und beschreiben:

(a) Für die literarisch entwickelten Erklärungsmuster zum Entstehen von Kriminalität; sie sind mit den jeweils geltenden juristischen – und im engeren Sinne kriminologischen – Theoremen zu vergleichen.

(b) Für die literarische Auswahl der Delikttypen und die Verbindung von Delikten sowie für die Zuordnungen von Tätern und Opfern im Vergleich mit den Auswahlbedingungen und Ergebnissen der Kriminalstatistik. Hierbei sind nicht nur die Interessen und Wahrnehmungsmöglichkeiten der Autoren wichtig, sondern auch die vorhandenen oder produzierten Ängste, Schutzbedürfnisse und Aggressionen der Leser.

(c) Für die literarisch bevorzugten Rechtskontrollen und Träger von Sanktionen (wie Familie oder Nachbarschaft, Kirchengemeinde, Patrimonium, staatliche Instanzen) im Vergleich zu den strafrechtlichen Vorgaben und Praxisformen.

(d) Für das literarisch vermittelte Wissen zu gesetzlichen und verfahrensrechtlichen Bestimmungen, zu Polizei- und Gerichtsbarkeit, zum Strafvollzug, zur Rechtswissenschaft und zur Rechtspolitik.

(e) Für die literarisch ausgearbeiteten Legitimationen zum Verhältnis von Theorie und Praxis im Rechtswesen, zum Strafanspruch des Staates, zur Handlungsfreiheit und rechtlichen Verantwortlichkeit des Individuums im Vergleich mit den jeweils geltenden rechtstheoretischen und rechtsphilosophischen Konzepten.

Zur zuverlässigen und detaillierten Beschreibung der Wechselwirkungen zwischen geschichtlichen Prozessen im (Straf-)Rechtswesen und in der Literatur, für die Analyse ihrer Bedingungen und Folgen wäre also ein Materialbereich heranzuziehen, der noch weithin unerschlossen oder nur in einzelnen Konstellationen gesichert ist. Für die Beiträge und Diskussionen des Kolloquiums hatten wir deshalb den Zeitraum von 1770 bis 1920 in drei Phasen gegliedert: 1770–1830, 1830–1880 und 1880–1920.[79] Sie schienen uns dafür geeignet, signifikante Vorgänge des Wandels in der Strafrechtsgeschichte mit solchen in der Literaturgeschichte in Verbindung zu setzen. Dabei sind wir davon ausgegangen, daß in der erstgenannten Phase – im Zuge der ›Modernisierung‹ gesellschaftlicher Zusammenhänge – die Reform des Strafrechts im deutschsprachigen Raum die wichtigsten Impulse erhält, daß juristische Praxis und wissenschaftliche Diskussion – über das Zurückdrängen der Fachsprache ›Latein‹ hinaus – stärker an den öffentlichen Meinungsaustausch angeschlossen werden und damit auch publizistische Vermitt-

---

[79] Vgl. für die beiden ersten Phasen Veröffentlichungen aus unserem DFG-Projekt – Schönert: Die Begleitstimme der ›schönen Literatur‹ (für 1789–1849); ders.: Literatur und Kriminalität (für 1850–1880).

lungen und literarische Verarbeitungen eine neue Bedeutung erhalten. In diesem Zeitpunkt werden die vielfältigen Genres der literarischen Thematisierung von Verbrechen entwickelt; zwischen den Handlungs- und Erfahrungsbereichen von ›Recht‹ und ›Literatur‹ kommt es zu einem vergleichsweise intensiven Austausch. Am Beispiel des breiten Textkorpus der ›Fallgeschichten‹ hat J. Rückert in diesem Band (S. 285–312) untersucht, wie in der Jurisprudenz – abgelesen an den Fachbibliographien und Rezensionen – auf die neuen Konstellationen reagiert wird, und die entsprechenden Entwicklungen bis in die neunziger Jahre des 19. Jahrhunderts nachgezeichnet.

Der Zeitraum 1830–1880 ist durch die wachsende ›Verfachlichung‹ des Rechtswesens bestimmt;[80] die wichtigsten Reformen eines ›modernisierten‹ Strafrechts und Strafprozeßrechtes werden durchgesetzt, die Organisationsformen der Polizei ausgebildet. Mit den Fallgeschichten des *Neuen Pitaval* und der Gerichtsberichterstattung entwickelt sich ein besonderer Vermittlungsbereich zwischen der Fachlichkeit des Rechtsgeschehens, der Literatur, der Publizistik und dem Alltagsleben. Kriminalgeschichten und Sensationsromane gehören nun zum ständigen Angebot der Familienblätter, Romanzeitschriften und Leihbibliotheken.

Nach 1880 sorgen die Reformbewegungen im Strafrecht, die Ausbildung der Kriminologie als Fachwissenschaft (mit kriminalbiologischen, kriminalpsychologischen und kriminalsoziologischen Erweiterungen) und das öffentliche Interesse an spektakulären Prozessen (vgl. die Dreyfus-Affäre) für die partielle Öffnung der Fachgrenzen. Für Publizisten und Schriftsteller ergeben sich neue Möglichkeiten, in die juristischen Diskussionen einzugreifen. Der Ausbau einer umfassenden ›Medienöffentlichkeit‹ der Tageszeitungen, Zeitschriften, Broschüren und Bücher, der beschleunigte Umschlag von Informationen (durch die technischen Entwicklungen im Nachrichtenwesen und der Druckindustrie) führen zu einer nachhaltigen Differenzierung in der Typenreihe publizistischer und literarischer Thematisierungen von Kriminalität und Strafrechtspflege. Sie reicht im Bereich der ›schönen Literatur‹ von der ›Phantasiekriminalität‹ der Kolportageliteratur über die ›Rätselspiele‹ mit Lehnstuhl-Detektiven bis hin zum justizkritischen Kriminalroman. Mit den neuen politischen Verhältnissen und der veränderten Medien-Öffentlichkeit der Weimarer Republik (Film, Rundfunk) ergeben sich für die Austauschbeziehungen zwischen Strafrechtsgeschehen und Literatur neue Konstellationen, die jenseits des Gegenstandsbereiches des Kolloquiums liegen.

---

[80] Wir gehen davon aus, daß im letzten Drittel des 18. Jahrhunderts die Berufsrolle des Juristen mit einem – gegenüber früheren Konstellationen – erheblich erweiterten Spektrum von Wissensgebieten, Kompetenzen und Handlungsmöglichkeiten verbunden werden muß. Neue Profile und Karrieren des Juristenberufs werden ›experimentierend‹ in den Bereichen von Rechts- und Staatsphilosophie, Rechtsgeschichte, allgemeiner Geschichte, politischer Praxis, Verwaltung, Publizistik, Belletristik erschlossen. Wohl erst ab 1820/30 werden die Möglichkeiten, zwischen diesen Handlungsbereichen zu wechseln oder sie zu verbinden, deutlich eingeschränkt. – Vgl. dazu in diesem Band J. Rückert zur Verfachlichung der ›Verfachlichung‹, S. 635–650.

5.1. Der Zeitraum 1770–1830

Die grobe Verlaufsskizze soll – zum Abschluß dieser Einführung – nun für die einzelnen Phasen unter dem Gesichtspunkt der unterschiedlichen ›narrativen Konstitutionen von Kriminalität‹ erläutert werden. Im Hamburger Kolloquium galt unser Interesse den im Untersuchungszeitraum entwickelten und etablierten Typen literarischer, paraliterarischer und publizistischer Darstellung und Deutung sowie ihren Wechselbeziehungen mit den Verfahren der Sachverhaltsschilderung (wie sie für die Strafrechtspflege eingeübt und durchgesetzt werden) und ihrer Stellung in der juristischen Argumentation.[81] Bis in die achtziger Jahre des 18. Jahrhunderts sind die literarischen Konstellationen rechts- und kriminalitätsbezogenen Erzählens im deutschen Sprachraum wenig erforscht. Zunächst wären die Lieder und Berichte zu nennen, die anläßlich öffentlicher Hinrichtungen von Leben und Untaten der Delinquenten erzählen,[82] Geständnis und Urteil überliefern und die Exekution schildern. Unter den Stichworten ›Galgenerzählungen‹ und ›Bänkelsang‹ sind die mündlichen und schriftlichen Wege der Vermittlung dieser Texte zu verfolgen.[83] Einen weiteren Genrebereich bilden die Diebs- und Gaunergeschichten,[84] die jedoch als ›Verbrechensdarstellungen‹ keinen markanten Texttyp darstellen, sondern mit der Facetienliteratur, den Schwänken, Schelmengeschichten und pikaresken Romanen ihre Stoffe und Erzählverfahren teilen. Von dem Thema ›Kriminalität‹ erwarten die Leser Sensationen und Unterhaltung.[85]

In der anspruchsvollen Bellestristik richtet sich das Interesse jedoch weniger auf die Untaten und die Täter, sondern auf Erzählungen zu ›Gerichtshändeln‹, insbesondere auf das Verhalten der Richter und Prozeßbeteiligten.[86] M. Abele und G. Ph. Harsdörffer sind wichtige Autoren der sog. Casus-Literatur (vgl. E. Meyer-Krentler in diesem Band), die als Verbrechens- und Prozeßgeschichten

---

[81] Dieser Aspekt wurde bereits verfolgt in Schönert: Literatur und Kriminalität, S. 239–359; es ging dabei – am Beispiel des Giftmord-Falles Ruthardt – insbesondere um den Austausch von Deutungsmustern, der nicht nur von den juristischen ›Interpretationsregeln‹ zum Giftmord her die literarischen und paraliterarischen Deutungen bestimmt, sondern wechselseitig verläuft. So findet sich das alltägliche Erschrecken vor der Giftmischerin in den Diskursen der Juristen und Kriminologen wieder: in der Wortwahl und der narrativen Verknüpfung der Sachverhaltsschilderungen. Fragen zum geschichtlichen Prozeß der ›Verfachlichung‹ in der Strafrechtspflege müssen beispielsweise überprüfen, ob die alltäglichen Vorstellungen und Einschätzungen bestimmter Formen von Kriminalität ganz oder teilweise zurückgedrängt oder vielleicht auch nur anders formuliert werden.

[82] Rüping: Strafrechtsgeschichte, S. 82, zitiert das *Novum Corpus Constitutionem Prussico-Brandenburgensium* (1801 hg. v. Mylius, Bd. 10, Sp. 3073, § 2), das 1800 verbietet »Druck und Verkauf von Lebensbeschreibungen des Delinquenten, von Liedern und anderen Blättern, welche auf eine bevorstehende Hinrichtung Bezug haben.«

[83] Vgl. dazu Petzoldt: Bänkelsang; als gut kommentierte Sammlung ist jüngst erschienen Braungart: Bänkelsang.

[84] Vgl. Moser-Rath: »Lustige Gesellschaft«, S. 247–261.

[85] Ebd. S. 255.

[86] Vgl. ebd. S. 182–190 zur Literatur des 17. Jahrhunderts.

oder als Gerichtsanekdoten angelegt sein können. Sie folgen zumeist einem strengen Aufbauschema von Rede, Gegenrede, Urteil und Belehrung und orientieren sich am Ablauf des Prozeßgeschehens. Doch geht es in der Regel weniger um juristische Aspekte, sondern um das Merkwürdige und ›Curieuse‹ oder die moralische Unterweisung. Die belustigenden Effekte dominieren gegenüber den Momenten des Erschreckenden und Bedrohlichen. So werden beispielsweise in Harsdörffers *Mordgeschichten* nicht nur Kapitalverbrechen behandelt.[87] In den ›historiae‹ zu Gerichtsvorgängen sind die Tendenzen zum Anekdotischen und Schwankhaften noch verstärkt. Für die Autoren von Kriminalgeschichten des späten 18. Jahrhunderts bieten die Texte der ›casus‹ und ›historiae‹ einen reichen Vorrat attraktiver Stoffe und Motive; dieser Zusammenhang wäre vor allem für A. G. Meißner zu rekonstruieren.

Einen wichtigen, aber kaum erforschten Vermittlungsbereich für Erzählungen zu Kriminalfällen dürften die frühen Zeitungen des 17. und 18. Jahrhunderts darstellen. Unlängst wurden Exemplare des Wochenblattes *Stolbergische Sammlung Neuer und Merckwürdiger Welt-Geschichte* entdeckt, das von 1731 bis etwa 1744 erschien und von J. G. Schnabel, dem Autor der *Insel Felsenburg* herausgegeben wurde.[88] In der Rubrik ›Sonderbare Neuigkeiten‹ spielen die Verbrechensgeschichten und Berichte von Hinrichtungen eine wichtige Rolle; sie können als Vorläufer der ›Polizeinachrichten‹ angesehen werden, die beispielsweise Kleists *Berliner Abendblättern* (1810/11) einen großen Leserkreis verschafften.

Allem Anschein nach war im deutschsprachigen Raum der Text-Typus der ausführlichen Verbrecherbiographie vor 1770/1790 nicht so deutlich ausgeprägt und verbreitet wie in Frankreich und England (allerdings übersetzt beispielsweise Johann Leonhardt Rost schon 1720 die 1714 erstmals erschienene Biographien-Sammlung von Alexander Smith ins Deutsche: *Leben und Taten der berühmtesten Straßenräuber, Mörder und Spitzbuben,* vgl. die Ausgabe im Münchner Beck-Verlag, 1987).[89] Kurzformen finden sich in der sog. Schafottliteratur: Im – erzählten – Geständnis des Verurteilten werden Tat und Täter so aufeinander bezogen, daß die Lebensgeschichte des Delinquenten (die mehr oder weniger fragmentarisch berichtet wird) ›abschreckend‹ wirkt und den Lesern verdeutlicht, welche schlimmen Folgen aus ›abweichendem Verhalten‹ resultieren. Erst Sammlungen wie *Thaten und Feinheiten renommirter Kraft- und Kniffgenies* (1790/91 veröffentlicht von Friedrich E. Rambach) begründen den Typus der Geschichten einer ›kriminellen Karriere‹, die vorgeben, bessernd und belehrend zu wirken, im wesentlichen jedoch den sensationellen Anlaß des Verbrechens ausschreiben. In England wird dagegen schon im 17. Jahrhundert »ein eigenständiges literarisches

---

[87] Vgl. dazu Woeller: Kriminalliteratur, S. 23–26.

[88] Über die Entdeckung des Bremer Zeitungswissenschaftlers Welke berichtete die *Frankfurter Allgemeine Zeitung* am 22. 10. 1985.

[89] Freilich sind Sonderfälle – wie die anthropologisch-sozialpsychologisch orientierte *Sammlung und Erklärung merkwürdiger Erscheinungen* (2 Bde., 1787) von Jakob Friedrich Abel – als wichtige Impulse für weitere Entwicklungen zu berücksichtigen.

Genre [...], die Verbrecherbiographie« entwickelt.[90] Die Lebensbeschreibungen sind an die öffentlichen Ereignisse »der halbjährlichen, in London sechswöchentlich stattfindenden Hinrichtungen« gebunden.[91] Gegen Ende des 17. Jahrhunderts hat sich die Abfolge von Hinrichtung und literarischer Legitimation (durch Veröffentlichung der Verbrecherbiographie) verfestigt; die Gefängnisgeistlichen erhalten das Privileg, am Tag der Hinrichtung ihre Aufzeichnungen aus den Gesprächen mit den Delinquenten zu veröffentlichen. Die Wirkungen solcher (Dokumentation und Fiktion mischender) Publikationen – nämlich ›normales‹ Verhalten gegenüber dem ›abweichenden‹ zu bezeichnen und zu bestätigen – werden im Laufe des 18. Jahrhunderts in England auch auf andere literarische Thematisierungen des Verbrechens übertragen.[92] Bereits in der zweiten Hälfte des 18. Jahrhunderts ist das Genre der moralisierenden Verbrecherbiographie in seinen publikumswirksamen stofflichen Elementen zugunsten anderer Fiktionstypen geplündert oder als ›moralisches Exemplum‹ ironisiert und parodiert.[93]

Für die französische Literatur des 18. Jahrhunderts hat H.-J. Lüsebrink die Rolle der publizistischen, paraliterarischen und literarischen Verbrecherbiographien untersucht und dargestellt, wie die Bindung an praktische Funktionen (moralische Unterweisung oder rechtspolitische Verpflichtung) zugunsten ästhetischer ›Entfunktionalisierungen‹ aufgehoben werden kann.[94] Im 18. Jahrhundert lassen sich in Frankreich literarische und paraliterarische Thematisierungen von Kriminalität und Strafrechtspflege im wesentlichen vier Funktionsbereichen zuordnen: (1) den ›complaintes‹ (oder Schafott-Berichten), die in zeitlicher und örtlicher Nähe zum Hinrichtungsgeschehen veröffentlicht werden; (2) den erzählerischen Erweiterungen solcher Berichte im Rahmen der belehrend-sensationellen Verbrecherbiographien; (3) den rechtspolitischen Zwecken der Erzählungen (zugunsten von Justizkritik und Justizreform); (4) den Fallgeschichten nach dem ›Pitaval‹-Muster (seit 1734).

Die Pitavalgeschichten, die ihre Geltung den besonderen Konstellationen von Gesellschaft und Öffentlichkeit in Frankreich zwischen 1735 und 1789 verdanken, stellen die wichtigste Verbindung zwischen dem Rechtsgeschehen und seinen literarischen Verarbeitungen dar. Der zum Ende des Jahrhunderts steigenden Tendenz zur publizistischen und literarischen ›Veröffentlichung‹ der Rechtsvorgänge, der wachsenden Zahl von ›Erzählungen‹ über Verbrechen und Verbrechensbekämpfung stehen die rechtsreformerischen Bestrebungen entgegen. Die revidierten Gesetzestexte verdrängen die narrativen Passagen, die – wie im vorneuzeitlichen Recht – gesetzliche Bestimmungen am Beispiel erläuterten.[95] Das ›neue‹

---

[90] Arnold: Wicked Lives, S. 12.

[91] Ebd. S. 20.

[92] Ebd. S. 21. – Das Umfeld des Genres ist durch die schwankhafte Lebensgeschichte, das moralische ›Exemplum‹ und die Predigtliteratur bezeichnet, vgl. ebd. S. 23.

[93] Vgl. ebd. S. 259f.; Arnold verweist auf Defoe *(Moll Flanders)* und – vor allem – auf Fielding *(Jonathan Wild)*.

[94] Vgl. Lüsebrink: Kriminalität und Literatur.

[95] Vgl. Rüping: Strafrechtsgeschichte, S. 67.

formalisierte Recht muß in der rechtskulturellen Vermittlung um so mehr durch Erzählungen von Kriminalfällen veranschaulicht werden.

In den deutschsprachigen Staaten gewinnen die Unternehmungen zur Reform des überkommenen Strafrechts und Strafverfahrens erst nach 1789 an Durchsetzungskraft (die ›Josephina‹ 1787 in Österreich, das ALR 1794 in Preußen, das neue Strafgesetzbuch 1813 in Bayern). Die wichtigsten Elemente sind: Abschaffung der Folter, vernünftige Fassung der Straftheorie, Gesetzgebungstechnik, Reform des Inquisitionsverfahrens.[96] Es ist davon auszugehen, daß die Reformdiskussionen in die breitere Öffentlichkeit der ›Gebildeten‹ gewirkt haben. Sicher sind es nicht die fachjuristischen Aspekte, die in die öffentliche Diskussion drangen; es sind eher bestimmte Problemkreise, die auch in literarischen Texten dieses Zeitraums wiedererkannt werden: Es geht um die Strafzwecke (Abschreckung oder Vergeltung), um freies und determiniertes Handeln, um die Abschaffung der Todesstrafe bzw. bestimmter Verschärfungen dieser schwersten Strafe oder um die Reform des Gefängniswesens. Wichtiger als die Impulse aus der ›schönen Literatur‹ sind jedoch in der zweiten Hälfte des 18. Jahrhunderts die publizistischen und populärwissenschaftlichen Schriften mit kritischen und reformerischen Inhalten. Zu fragen wäre, an welches Publikum sich diese Veröffentlichungen richten. H.-J. Lüsebrink hat den außerordentlich breiten Wissenstransfer in Frankreich vor dem Hintergrund der Legitimitätskrise des Ancien Régime im Frankreich des 18. Jahrhunderts analysiert.[97] Eine volksbezogene Narrativik ist Teil des »Straftheaters« (M. Foucault), der öffentlichen Bestrafungen und Hinrichtungen. Bereits auf der Ebene der Volks- und Kolportageliteratur kommt es (bei vergleichsweise geringen Bezügen zu juristischem Wissen) zu einer im Ansatz kritischen Darstellung der Strafrechtspflege; die Biographien ›berüchtigter Räuber und Mörder‹ lassen Gestalten wie Mandrin und Cartouche ausführlich zu Wort kommen und stellen sie als menschliche Wesen in einer Umgebung der Armut und Rechtlosigkeit dar (vgl. in diesem Band H.-J. Lüsebrink).

Der wichtigste Wissensvorrat zu Kriminalität und Strafrechtspflege wird für die mittelständischen und großbürgerlichen Schichten von den Pitaval-Sammlungen bereitgestellt (zwischen 1734 und 1789 erscheinen 19 verschiedene Ausgaben von *Causes Célèbres* mit insgesamt 253 Einzelbänden). Auf dieser Basis bauen kritische und radikale Angriffe gegen das französische Rechts- und Strafensystem auf. Daran sind vor allem unzufriedene Juristen, aber auch Literaten, Kaufleute, Priester beteiligt.[98] Diese Diskussion wurde im wesentlichen von den Akademien der französischen Provinz organisiert. Zu vergleichbaren Konstellationen kommt es im deutschen Sprachraum nicht. Zwar wurden einzelne Preisfragen auch hier aufgenommen (Berner Preisfrage, Preisfrage zum Kindsmord); die Diskussion scheint aber bei weitem nicht so breit und auch nicht so kritisch gewesen zu sein.[99]

---

96 Dazu W. Naucke in Schönert: Literatur und Kriminalität, S. 83.
97 Vgl. Lüsebrink: Kriminalität und Literatur.
98 Vgl. aus der Sicht des Rechtshistorikers dazu Haber: Strafgerichtliche Öffentlichkeit.
99 Vgl. dazu Haber: Strafprozeßgeschichte im Vormärz, S. 598. – Haber sieht im prinzipiel-

Ab 1810/15 läßt sich für den deutschen Sprachraum feststellen, daß sich ein abgrenzbares juristisches Fachgespräch entwickelt; es integriert und ›verfachlicht‹ das rechtsreformerische Engagement von Aktoren der gebildeten Öffentlichkeit. Diesem Prozeß der Ausdifferenzierung korrespondiert im Bereich der anspruchsvollen Belletristik das Autonomie-Postulat der klassisch-romantischen Ästhetik. Mit solchen Abgrenzungen sind freilich nur prinzipielle Tendenzen bezeichnet; bis etwa 1850 kommt es im Zusammenhang politischer Ereignisse und sozio-ökonomischer Entwicklungen (vgl. etwa die Demagogenverfolgung oder die Erfahrungen des Pauperismus in den dreißiger Jahren) zu wiederholten ›Einmischungen‹ der ›schönen Literatur‹ in die öffentliche Justizkritik und in die rechtsreformerischen Diskussionen.

Gleichzeitig bleibt – jenseits der unmittelbaren rechtskritischen Bezüge – die Konstellation erhalten, daß Fallgeschichten sowie anspruchsvolle Kriminalerzählungen und Kriminalnovellen die mehr oder weniger impliziten theoretischen Annahmen dieses Genres zu Rechtsgeschehen und Rechtsreflexion thematisieren (vor allem in ihren anthropologischen und moralphilosophischen Konzepten, vgl. dazu in diesem Band H. Dainat) oder Wissenselemente einbeziehen, die in der Rechtswissenschaft noch keine theoriekonforme Verarbeitung gefunden haben (etwa psychologische und psychiatrische Probleme).[100] Rechtliche Perspektiven wären den literarischen oder paraliterarischen Darstellungen zumeist in den Zurechnungen von Schuld und Strafe abzugewinnen, ohne daß dabei die rechtlich-formalen Regelungen solcher Bezüge zugrundegelegt sind.

Unter diesem Aspekt unterscheiden sich die ›Kriminalgeschichten‹ (die vielfach authentisches Material verarbeiten) und die ›Fallgeschichten‹, die – außerhalb der juristischen Spruch- und Fallsammlungen[101] von Theologen, Ärzten und Pädagogen aufgeschrieben und veröffentlicht werden (vgl. etwa das *Magazin zur Erfahrungsseelenkunde,* 1783–1793) – von der juristisch-kompetenten Darstellung von Kriminalfällen für ein gebildetes Publikum (vgl. dazu die berühmteste Sammlung, nämlich Feuerbachs *Merkwürdige Criminal-Rechtsfälle,* 1808–11, und ihre Bearbeitung und Erweiterung, die *Aktenmäßige Darstellung merkwürdiger Verbrechen,* 1828/29).[102]

---

len Nachhinken der deutschen Diskussion und Reformgesetzgebung hinter Frankreich ein »Anzeichen der unterschiedlichen Entwicklungshöhe von französischem und deutschem Bürgertum«.

[100] Vgl. dazu Reuchlein: Problem der Zurechnungsfähigkeit; ders.: Bürgerliche Gesellschaft; Kolkenbrock-Netz: Wahnsinn der Vernunft. In der – in Leipzig erscheinenden, von Friedrich Nasse herausgegebenen – *Zeitschrift für die Anthropologie* (also außerhalb der akademischen Institutionen) sind in den zwanziger Jahren des 19. Jahrhunderts Beiträge der etablierten Disziplinen Theologie, Philosophie, Jurisprudenz und Medizin mit Aufsätzen zu psychologischen, psychiatrischen und ethnologischen Fragen verbunden.

[101] Vgl. dazu aus literarhistorischer Sicht Meyer-Krentler: »Die verkaufte Braut«, sowie ausführlich in diesem Band J. Rückert, S. 285–311.

[102] Auch wenn Fallgeschichten der juristischen Praxis in einen ›literarischen Wahrnehmungszusammenhang‹ gestellt werden oder in Textsammlungen im Verein mit ›Kriminalerzäh-

Im deutschen Territorialbereich gibt es wegen der nicht-öffentlichen Strafverfahren in diesem Zeitraum keine kontinuierliche, aktuelle und umfassende Kriminal- und Gerichtsberichterstattung; nur wo – im Zuge französischer Besetzung – französisches Recht gilt, finden sich Vorformen aktueller Prozeßberichte (vgl. etwa die Veröffentlichungen zum spektakulären Schinderhannes-Prozeß); journalistische Versuche eines regelmäßigen Polizeiberichts in Kleists *Berliner Abendblättern* (1810/11) scheitern nach kurzer Zeit am Widerstand der Behörde. Vorstellungen einer – durch (journalistische oder wissenschaftliche) Berichte sowie (literarische) Erzählungen herzustellenden – Öffentlichkeit des Rechtsgeschehens blieben im Bereich der ›Ideen‹ (vgl. dazu etwa K. Ph. Moritzens *Ideal einer vollkommenen Zeitung,* 1784).

Für die weitere Entwicklung der literarischen Darstellungen von Kriminalität und Strafrechtspflege haben sich im Zeitraum 1770–1830 – unter dem Aspekt der möglichen Anschließbarkeit an das Rechtsgeschehen – drei prinzipielle Tendenzen des Erzählens herausgebildet: (1) die ›aktenmäßige‹ und ›authentische‹ Erzählung; sie folgt weithin dem institutionalisierten Gang der Strafrechtspflege und ist in den berichteten ›Fakten‹ mit der juristischen Fallgeschichte koordinierbar (vgl. dazu in diesem Band W. Schild), ohne aber damit in allen Elementen der Tat- und Bestrafungsgeschichte und in allen Perspektiven der Beurteilung vergleichbar zu sein; (2) die ›Kriminalerzählung‹ (als ›pragmatische Geschichtserzählung‹ und ›wahre Geschichte‹), die in der Auswahl, Verknüpfung und Bewertung von Vorgeschichte der Tat, Tat, Entdeckung, Verfolgung und Verurteilung freier operiert, aber mit den Wissensbeständen der zeitgenössischen ›Rechtskultur‹ korrelierbar bleibt. Sie entwickelt aus dem besonderen Rechtsfall die Implikationen des ›Allgemeinen‹ im Blick auf die Natur des Menschen, das Verhältnis von Individuum und Gesellschaft usf. (ein Musterbeispiel wäre Schillers *Verbrecher aus Infamie. Eine wahre Geschichte,* 1786);[103] (3) die Texte der ›Phantasiekriminalität‹, die von den sensationellen und erbaulichen Verbrecherbiographien bis hin zu den Räuber- und Schauerromanen reichen (vgl. zum englischen Schauerroman in diesem Band H.-U. Mohr).

Aus allen drei Kategorien bezieht um 1800 das ›gebildete Publikum‹ seine Lektüre; bildungs- und schichtenmäßige Differenzierungen, die in den Urteilen der Literaturkritik oder den besonderen Distributionswegen sichtbar werden, sind Folgeerscheinungen.

---

lungen‹ erscheinen, werden sie anderen Regeln und Konventionen des Textverstehens unterworfen; vgl. etwa J. M. F. von Endters *Sammlung merkwürdiger Rechtsfälle aus dem Gebiete des peinlichen Rechts. Ein Lesebuch für Juristen und Nichtjuristen.* (Nürnberg 1794), die mit Schillers *Verbrecher aus Infamie* eröffnet wird.

[103] Vgl. dazu aus der umfangreichen germanistischen Literatur insbesondere Oettinger: *Der Verbrecher aus Infamie;* Fink: Le Conte Moral, des weiteren die Materialien und Literaturangaben in der Edition der Reihe »Wagenbachs Taschenbücherei« (WAT 117), die Horst Brandstätter 1984 besorgte.

5.2. Der Zeitraum 1830–1880

In den Entwicklungen der Phase 1830–1880 bleiben die Darstellungen der ›schönen Literatur‹ weithin noch in den Bezügen, die um 1800 zum Strafrecht ausgebildet waren. In den Texten dominierten die ›dramatischen Verbrechen‹ (und ihre ebenso ›dramatischen Strafen‹), die vor den Strafrechtsreformen vor allem von rechtlichen Regulierungen erfaßt wurden, aber zahlenmäßig im Laufe des 19. Jahrhunderts nur einen geringen Anteil der institutionalisierten Strafrechtsvorgänge ausmachten. Dieses Beharren auf der Dramatik des Strafrechts steht im Gegensatz zu den Verfachlichungsvorgängen im Recht, die durchgreifende Formalisierungen von Gesetzen und Prozeßordnungen mit der Ent-Emotionalisierung der Rechtsvorgänge (und der ihnen zugeordneten Erzählungen) verbinden. Wo nach 1830 literarische Verarbeitungen von Verbrechen und Verbrechensbekämpfung sich unmittelbar (und kritisch) auf die geltenden rechtlichen Regelungen beziehen wollen, wird dieser Anspruch unter rechts- oder sozialpolitischen Aspekten formuliert (vgl. etwa die ›Sozialreportagen‹ von Ernst Dronke); nach 1850 wird in der deutschsprachigen Literatur auch dieser kritisch-politische Bezug zurückgenommen. Darin ist wohl auch eine Folge des ›Rechtsfriedens‹ zu sehen, der sich um 1855 zwischen den Regierungen und den bürgerlichen Liberalen einstellt. Abgesehen von der Umlenkung der Energien auf die wirtschaftliche Expansion sind auch wichtige Verfahrensreformen im Prozeßrecht erreicht. Zugleich stellen sich im öffentlichen Bewußtsein die Grenzen zwischen juristischem Fachwissen und dem Alltagswissen über Rechtsvorgänge nun als undurchlässiger dar. Die rechtsreformerisch durchgesetzte Öffnung der Strafverfahren führte nicht zur ›Öffentlichkeit‹ des Rechtsgeschehens, denn die gleichzeitigen Formalisierungen der Strafprozeßordnungen lassen das Strafverfahren wie ein ›Rollenspiel‹ erscheinen, das hochkomplizierten Regeln folgt. Wo sich Strafverfahren und Öffentlichkeit begegnen – in der öffentlichen Hauptverhandlung – nimmt der Zuschauer, sofern er Laie ist, nicht mehr als die Außenseite des Geschehens wahr.

Der entscheidende Bezugsbereich für literarische Darstellungen von Kriminalität und Strafverfolgung wird das – rechtskulturell organisierte – Alltagswissen über Tatbestände, Polizeiarbeit, Schuld-Strafe-Zuordnungen, Strafvollzug etc. Wo sich dieses Wissen mit der begrenzten Sicht des juristischen Laien auf Verbrechen und Verbrechensbekämpfung so verbindet, daß Kriminalität durch informelle und formelle Kontrolle ›beherrschbar‹ erscheint,[104] entsprechen solche Bewußtseinsstrukturen der Rechtspolitik nach der Jahrhundertmitte. Sie entwirft das Bild einer effektiven Verwaltung des Rechts und einer allgemeinen Rechtssicherheit, die durch tüchtige ›Polizeiarbeit‹ und kompetente Rechtsprechung garantiert wird.[105]

---

[104] Dazu Meyer: Kriminalgeschichten der *Gartenlaube*.

[105] Vgl. für die daraus resultierenden Bezüge zur Kriminalerzählung insbesondere Hügel: Untersuchungsrichter.

Als wichtigstes ›narratives Medium‹ zur Organisation des Wissens und der Einstellungen des ›gebildeten Lesepublikums‹ zur Kriminalität ist die erfolgreiche Reihe des *Neuen Pitaval* (1842–1890) anzusehen (vgl. dazu in diesem Band J. Linder, S. 313–348). Mit diesem Prototyp der Sammlungen von authentischen Kriminalfällen aus Geschichte und Gegenwart wird die – am gemeinsamen Interesse von Juristen und Laien – ausgerichtete ›Fallgeschichte‹ unter dem Markenzeichen der ›Pitavalgeschichte‹ endgültig vom Bereich der ›relationes‹ des Rechtsgeschehens und der ›Übungsfälle‹ der Rechtsausbildung abgegrenzt (vgl. dazu in diesem Band J. Rückert, S. 285–312). Die täterorientierte Darstellung der Pitavalgeschichte verbindet – in der Nachfolge der anthropologisch-moralisch interessierten ›Kriminalgeschichte‹ um 1800 – vielfach ›Erzählungen‹ über die kriminogenen Zusammenhänge der Charakterentwicklung mit psychischen und sozialen Determinanten. Da die dominierenden Fallgeschichten des *Neuen Pitaval* solche Erzählungen in der Regel nur ergänzend und legitimierend zur rechtlichen ›Lösung‹ des Falles einsetzen, bleiben diese Erkundungen in ›Randbereiche‹ der institutionalisierten Strafrechtstheorie und Strafrechtspraxis folgenlos für das ›Rechtssystem‹. Versuche, in dem Typus der Pitavalgeschichte an die Programme rechtskritisch-eingreifender Literatur des Vormärz anzuknüpfen, haben in der Traditionsbildung des Genres keinen Erfolg.

Auf der Ebene der informierenden Leistungen für die ›Rechtskultur‹ des gebildeten Bürgertums treffen sich Pitavalgeschichten mit ›realistischen‹ Kriminalerzählungen und Kriminalnovellen, die vom narrativen Status und den medialen Vermittlungen her unter den Aspekten von ›facts‹ und ›fiction‹, von ›authentisch‹/›aktenmäßig‹ und ›dichterischer Wahrheit‹ nun deutlicher geschieden werden. Bis in die siebziger Jahre hinein konkurrieren Pitavalgeschichte und Kriminalerzählung (in den Familienblättern, Romanzeitschriften, Feuilletons und Erzählungssammlungen) auf dem literarischen Markt, dann übernehmen die aktuelleren Gerichtsberichte ebenso Funktionen der Pitavalgeschichten[106] wie die – nun breiter – differenzierten literarischen Darstellungen zur Kriminalität in Erzählungen, Novellen und Romanen. Zu ihnen treten um 1900 noch die Seriengeschichten der neuen Detektivliteratur angelsächsischer Vorbilder.

Die Erzählungen der ›schönen Literatur‹ sind überwiegend täterorientiert; Verbrechen erscheint in der Phase 1850–1880 zumeist als individuelle Verschuldung. Die Entdeckungs- und Bestrafungsleistungen familiar-nachbarschaftlicher (informeller) und staatlich organisierter (formeller) Kontrolle sind korrespondierend und subsidiär aufeinander bezogen. Das literaturspezifische Instrument der ›poetischen Gerechtigkeit‹ baut sich aus dem Alltagswissen zur Entstehung von Schuld und der Notwendigkeit von Strafe auf (vgl. dazu in diesem Band R. Schröder zu Spielhagen). Obwohl es eher allgemein-ethischen als fachlich-rechtlichen Prinzi-

---

[106] Die Pitavalgeschichten werden freilich durch die Gerichtsreportagen nicht verdrängt; sie erfüllen nun vielfach Aufgaben der Sekundärinformation: sie fassen Gerichtsberichte zusammen, pointieren und kommentieren aus örtlicher und zeitlicher Distanz zum Gerichtsgeschehen.

pien folgt, konkurriert es nicht mit der dargestellten oder einzubringenden juristischen Beurteilung. Rechtshandlungen werden weithin als persönlich verantwortete Entscheidungen erzählt; die fachlichen Fähigkeiten und die moralische Integrität der Entscheidungsträger (der Gerichtsherren, Richter, Polizeibeamten usf.) garantieren die Rechtlichkeit des Geschehens.[107] Diese personenbezogene Perspektive verhindert die Darstellung und Analyse institutioneller und machtgestützter Zusammenhänge. Wo die Instanzen des gesetzten Rechts nicht in Erscheinung treten, sorgt das Gewissen der Protagonisten, der ›innere Gerichtshof‹, für die Durchsetzung des Ausgleichs von ›Schuld und Sühne‹. Diese (ungeschriebenen) Regeln des Genres ›Kriminalerzählung‹ gelten nach der Jahrhundertmitte im Zusammenspiel der Vorstellungen der Schriftsteller, der Interessen der Verleger, der Urteile der Kritiker und der Erwartungen des Publikums so uneingeschränkt, daß selbst Autoren mit Erfahrungen juristischer Kollegs (wie Auerbach oder Spielhagen) und gar mit juristischer Praxis (wie Temme und Storm) sich nur durch Zuverlässigkeit und Ausdehnung des rechtlichen Details im Erzählten auszeichnen, nicht aber mit ihren literarischen Texten in Vorgänge der aktuellen Reflexion und Praxis strafrechtlichen Geschehens eingreifen wollen.

Die relative ›Autonomie‹ des Rechtssystems wird in den deutschsprachigen Staaten durch die Entwicklung der Gerichtsberichterstattung nicht beeinträchtigt.[108] Im Zuge der neuen Verfahrensordnungen (öffentliche Hauptverhandlung, Geschworenengerichte) wird nach 1850 im wachsenden Maße in Zeitungen und speziellen Gerichtszeitschriften (vgl. in diesem Band die Beiträge von K. Imm, S. 375–411, J. Hennig und K. Marxen) allgemein relevantes Wissen über Rechtsvorgänge (insbesondere über Vorgehensweisen der Strafverfolgung und Verfahrensgrundsätze) vermittelt, vor allem aber werden die ›rechtskulturellen‹ Deutungsmuster zur Verbrechensentstehung und Verbrechensbekämpfung angesprochen und bestätigt (vgl. insbesondere die *Berliner Gerichts-Zeitung*, 1853ff.).[109] Gerichtsberichte bieten zudem Material für Pitavalgeschichten und die Kriminalerzählungen der ›schönen Literatur‹, die solche Prozeß-Erzählungen nach den jeweils geltenden Genre-Regeln ›verarbeiten‹.

Lassen sich die spezifischen Konstruktionen des Strafrechtsgeschehens in Gerichtsreportagen, Pitavalgeschichten und Kriminalerzählungen noch in unterschiedlichen Vermittlungen mit der zeitgenössischen Strafrechtspraxis in Verbindung setzen, so werden die Texte des Kolportageromans (mit den wichtigsten Motivbereichen ›Verbrechen, Abenteuer und Liebe‹) vorwiegend aus der ›Phan-

---

[107] Vgl. etwa Ernst A. Willkomm: Am grünen Tische. Vier Criminalgeschichten. 2 Bde. Leipzig: Luppe 1862.

[108] In den Anfängen der Gerichtsberichterstattung gilt vielfach noch ihre Pranger-Wirkung für den Angeklagten. Kritik an den gerichtlich handelnden Juristen gewinnt erst gegen Ende des 19. Jahrhunderts Raum. Zu anderen – justizkritischen und kontrollierenden – Konstellationen in Frankreich (vor der Jahrhundertmitte) vgl. Haber: Strafprozeßgeschichte im Vormärz.

[109] Dazu Imm u. Linder: Verdächtige und Täter.

tasiekriminalität‹ des späten 18. und frühen 19. Jahrhunderts konstruiert[110] und durch Elemente der Kriminalerzählungen des Zeitraums 1850–1880 angereichert. Die literarische Karriere des Kolportageromans beginnt in den sechziger Jahren; knapp dreißig Jahre später schätzt man das Publikum für Kolportageliteratur in Deutschland auf 20 Millionen Leser.[111] Dieser Textbereich bleibt in den Beiträgen unseres Bandes ebenso unberücksichtigt wie die Serienproduktion der populären Detektivgeschichten, da beide Genres sich mit strafrechtsgeschichtlichen Vorgängen nur über mehrfache Vermittlungen verbinden lassen. Zudem hat ihr Leserkreis kaum Anteil an der Öffentlichkeit, die rechtliche Entwicklungen mit Folgen für den rechtskulturellen Wandel wahrnimmt.

5.3. Der Zeitraum 1880–1920

Mit dem Reichsstrafgesetzbuch von 1871 wird die – um 1800 begonnene – Kodifizierung eines ›modernen‹ Rechts vorerst abgeschlossen. In den wissenschaftlichen und rechtspolitischen Diskussionen zeigen sich jedoch bereits ein Jahrzehnt später vielschichtige Reformbewegungen (vgl. in diesem Band den Beitrag von M. Frommel), gegenüber denen sich in den gleichzeitigen literarisch-innovativen Programmen (insbesondere im Naturalismus) neue Konstellationen für die Thematisierung von Kriminalität in Recht und Literatur entwickeln. Vor allem in den Fragen der Entstehung von Kriminalität (ihrer endogenen und exogenen Ursachen), der ›Anthropologie des Verbrechers‹ und der (spezialpräventiven) Verbrechensbekämpfung greifen Schriftsteller für eine natur- und sozialwissenschaftliche ›Grundlegung der Poesie‹ auf die Konzepte vom ›kriminellen Menschen‹ (vgl. Lombroso, Ferri, Kurella) zurück, die auch in den juristischen Reformbewegungen eine wichtige Rolle spielen. Für die deutsche Rechtswissenschaft begründet v. Liszt die sogenannte ›moderne Schule‹, die kriminelle Handlungen von psychischen Determinanten und sozialen Faktoren bestimmt sieht. Ebenfalls auf dieses Theorem bezieht sich das Menschenbild des literarischen Naturalismus; desgleichen werden Konzepte der Vererbungslehre und des Sozialdarwinismus integriert. Auch mit Wissenschaften, die sich zunächst noch an der Peripherie der juristischen Fachdiskussion bewegen (wie forensische Psychiatrie und Kriminalpsychologie), teilt die ›schöne Literatur‹ nach 1880 bestimmte Annahmen zur Ätiologie des Verbrechens und zur Schuldfähigkeit des Individuums (vgl. dazu in diesem Band J. Schönert). Der traditionelle Begriff einer selbst zu verantwortenden Schuld des sittlich autonomen Individuums wird aufgegeben; gerade in der Frage nach der Zurechnungsfähigkeit des Täters finden sich in juristischen Reformdiskussionen und literarischen Konstruktionen vergleichbare Prämissen und Strukturen der Argumentation. Doch begegnet man in der ›schönen Literatur‹ (in ihren traditionsbrechenden Richtungen) durchaus nicht allen wichtigen Interessen und Konzepten der

---

[110] Vgl. dazu Plaul: Trivialliteratur.
[111] Vgl. Schuster: Forsthaus am Rhein, S. 20.

juristischen Reformdiskussion. So wird beispielsweise das Prinzip der Zweckstrafe ignoriert. Die grundsätzliche Differenz zwischen der tatorientierten Perspektive der Juristen und der täterorientierten Darstellung der Belletristen wird durch die neue juristische Perspektive der Spezialprävention nicht aufgehoben; auch das System der Verbrechensbekämpfung (und damit auch der ›Apparat‹ der Justiz) steht vor 1900 nicht im Zentrum des literarischen Interesses.

Von der Position der Rechtswissenschaftler (insbesondere derjenigen, die sich in den Randzonen des Faches bewegen) und Rechtspolitiker aus werden die Kriminalitätsdarstellungen der ›schönen Literatur‹ (und nicht nur die zeitgenössischer Autoren) nun in neuer Weise wahrgenommen. In einer ›empirischen‹ – kriminalanthropologischen und kriminalpsychologischen – Richtung geht es um die besondere Beobachtungs- und Darstellungsfähigkeit der Schriftsteller für die ›Natur‹ des Verbrechers und das daraus resultierende literarische Spezialwissen,[112] in den rechtsphilosophischen Diskussionen um die literarischen Modelle (und die Metaphysik) von Schuld und Strafe, vom Wesen des Rechts. Die Nähe solcher – wissenschaftlich nicht durchwegs etablierten – Perspektiven von Kriminologie und Straftheorie zu Positionen der ›schönen Literatur‹ wurde von den Zeitgenossen im wesentlichen unter zwei Aspekten erörtert: Zum einen soll der Gültigkeitsanspruch neuer Theorien mit dem Verweis auf die ›Wahrheit der Dichtung‹ gestützt werden, zum anderen wird gerade im Blick auf die Übereinstimmung von ›neuen‹ Theorien und literarischen Darstellungen auf die wissenschaftliche Unhaltbarkeit dieser Theorien geschlossen.

Wie auch immer der Befund gedeutet wurde, daß literarische Texte ›juristisches Wissen‹ durchaus nicht nur in begrenzter und vereinfachter Form aufnehmen (vgl. dazu für die Konstellationen zwischen 1770 und 1830 in diesem Band M. Titzmann) – festzuhalten ist, daß durch das juristische Interesse am ›Recht in der Literatur‹ und am kriminologischen Erkenntniswert der Verbrechensliteratur auch deutlich wird, wie selbst in Erzählungen, die noch dem Literaturprogramm des ›poetischen Realismus‹ (in einer Spätphase) verbunden sind, die etablierten Deutungen von Kriminalität im persönlich zu verantwortenden Schuld- und Strafe-Prinzip aufgebrochen und wie – dieses Prinzip störende – psychopathologische und gesellschaftskritische Perspektiven eingebracht werden, so daß ›Verbrechen‹ (bzw. abweichendes Verhalten) als Ergebnis von kriminalisierenden Zuschreibungen erscheint (beispielsweise in Th. Fontanes *Unterm Birnbaum* von 1885, vgl. dazu K. Lüderssen in diesem Band, oder in W. Raabes *Horacker* von 1876 und in *Stopfkuchen* von 1891).[113]

Was in solchen Texten – die reduktiv auch nach den üblichen Genre-Mustern zu lesen wären – auf verdeckte und gleichsam stille Weise als Widerspruch zu fachlich

---

[112] Vgl. Kosewähr: Kriminologie und »Schöne Literatur«, S. 147: Noch heute gelte für wissenschaftlich arbeitende Juristen, daß »Belletristik eine Erkenntnisquelle für die Kriminologie sein kann.« – Dazu als aktuelle Bilanz: Müller-Dietz: Kriminologie und Literatur.

[113] Vgl. dazu Imm u. Linder: Verdächtige und Täter.

und rechtskulturell geltenden Wahrnehmungsformen und Deutungsmustern dargestellt ist, wird ab 1885/90 im Bereich der journalistischen Berichte und Kommentare lauthals und effektvoll als publizistische Herausforderung der – durch Verfachlichungsvorgänge und Machtgewinne – etablierten Autorität juristischer Argumentation und staatlicher Rechtsverwaltung vorgebracht. Der immer rascher expandierende Markt der Informationsvermittlung und Sinnverständigung durch Zeitungen, Zeitschriften und Belletristik verschafft der ›schreibenden Zunft‹ (zumindest ihren bekanntesten Repräsentanten) den Anspruch, als Sprachrohr der öffentlichen Meinung zu gelten. Unter diesem Aspekt – und angesichts von Erfolgen literarischer Einmischung in spektakuläre Rechtsfälle wie dem Dreyfus-Prozeß – wird vor allem in der Publizistik (weniger in der ›schönen Literatur‹) eine justizkritische Position auf- und ausgebaut, die ihren beredten Protagonisten schließlich in Karl Kraus findet (vgl. dazu in diesem Band H. Müller-Dietz und R. Merkel). Freilich dürfen auch von angriffslustigen und sprachmächtigen Journalisten und Schriftstellern nicht allzu viele Wirkungen bei einer bürokratisch befestigten und wissenschaftlich konsolidierten Justiz erwartet werden. Auch Kraus attackiert vielfach nur die ›Medienrealität‹ von Verbrechen und Strafrechtspflege (also die Polizei- und Gerichtsberichte der Presse). Je deutlicher jedoch Publizistik und Literatur Strategien der ›Einmischung‹ in das Rechtsgeschehen (und seine ›Veröffentlichungen‹) entwickeln, um so eher können auch kritische und reformerische Positionen innerhalb der Jurisprudenz sich aus strategischen und rechtspolitischen Gründen auf ›Außerfachliches‹ beziehen. Obwohl sich bereits nach 1900 neue (und justizkritische) Tendenzen in der Gerichtsberichterstattung abzeichnen, werden Prozeßreportagen erst in der Weimarer Republik (etwa bei Paul Schlesinger und Gabriele Tergit) zu einem Forum der öffentlichen Kontrolle des Strafrechtsgeschehens.

Bis zum Ersten Weltkrieg erscheinen auch weiterhin Sammlungen von Pitavalgeschichten; sie entwickeln sich in ihrer Mehrzahl zum Argumentationsfeld der praktischen Juristen, die Ermittlungs- und Verfahrensberichte so aufbereiten, daß sie auch dem Laien einsichtig sind, sich aber auf diese – für die Stabilisierung der Rechtskultur wichtige – Informationsarbeit beschränken (vgl. beispielsweise den *Pitaval der Gegenwart,* 1904ff.). Dieser Narrationstyp wird erst 1924/25 mit der – für Belletristen konzipierten – Fallgeschichten-Sammlung *Außenseiter der Gesellschaft* (hg. v. Rudolf Leonhard) in einen neuen Status überführt (vgl. dazu J. Linder in diesem Band, S. 535–540).

Insgesamt gesehen gilt für die Phase 1880–1920, daß nach der vergleichsweise stabilen Konstellation der weitgehenden ›Autonomie‹ von (Straf-)Rechtsgeschehen und literarischer Sinnverständigung zwischen 1830 und 1880 nun vielfache Austauschbewegungen in Gang gekommen sind und veränderte Verhältnisse die etablierten Zuordnungen und Abgrenzungen überlagern. Nach 1900 sind die gesellschaftlich relevanten Wahrnehmungs-, Darstellungs- und Bewertungsmuster zu ›Verbrechen und Strafe‹ in überaus vielfältigen Verschränkungen von fachwissenschaftlichen, rand- und populärwissenschaftlichen, publizistischen, biographischen und belletristischen Veröffentlichungen entwickelt, bestätigt und verändert worden.[114] Daß dabei die ›schöne Literatur‹ nicht nur auf die Wertorientierungen und Wissensbestände der fach- und populärwissenschaftlichen Veröffentlichungen sowie auf die publizistischen Darstellungen reagiert (und entsprechende Materialien verarbeitete), sondern selbst gesellschaftlich relevante Muster der Wahrnehmung, Darstellung und Bewertung ausbildet, markiert das Verhältnis zwischen Rechts- und Literatursystem in diesem Zeitraum.[115]

Neue Impulse zur weiteren Ausgestaltung und Veränderung dieses Verhältnisses ergeben sich zwischen 1910 und 1920 aus der Literaturbewegung des Expressionismus. In der expressionistischen Erzählprosa[116] werden bei Darstellungen von Verbrechen (und den weitgehend reduzierten Strafverfolgungen) die geltenden juristischen Bewertungsschemata in der Regel ausgeblendet. Kriminalität erscheint dann nicht mehr als ›abweichendes Verhalten‹, sondern als – existenziell und gesellschaftlich bedingte – ›conditio humana‹ (als Handlungsraum von Gegengewalt, Protest, Rebellion). Diese Perspektive wird auch dadurch verstärkt, daß sich die Autoren als ›Außenseiter der Gesellschaft‹ stilisieren und ihre ›Verbündeten‹ in den kriminalisierten und ausgegrenzten Gruppen der Gesellschaft sehen.[117]

Der Versuch einer historiographischen Skizze zu den Beziehungen zwischen Entwicklungen im Struktur- und Funktionszusammenhang der literarischen Sinnverständigung über Verbrechen und Strafe und den strafrechtsgeschichtlichen Prozessen hat gezeigt, daß diese Vorgänge des Wandels nicht einfach unter dem Gesichtspunkt einer fortschreitenden Ausdifferenzierung (der ›Verfachlichung des Rechts‹, vgl. in diesem Band J. Rückert, S. 635–650) und der wachsenden ästhetischen Autonomisierung der Literatur beschrieben werden können. Im Zentrum der differenzierten ›Leistungen‹ der ›schönen Literatur‹ für den gesamtgesellschaftlichen Zusammenhang steht, daß literarische Erzählungen von Kriminalität und Strafrechtspflege so angelegt und eingesetzt werden, daß sie zwischen den fachlich bestimmten Wissensbeständen und den Alltagserfahrungen der Individuen und Gruppen zugunsten von rechtskulturellen Deutungen vermitteln. Dabei können die Widersprüche zwischen ›etabliertem Wissen‹ und subjektiven Erfahrungen zum einen verdrängt, zum anderen aber auch angesprochen und im Zusammenhang der literarischen Konstruktionen formiert und verstärkt oder aber abgebaut werden. Zu fragen bleibt, ob eine solche Reduktion von »Identitätsbelastungen« (vgl. die methodischen Prämissen im Beitrag von H.-U. Mohr in diesem Band) über den Vorgang der Lektüre hinaus lebenspraktische Funktionen hatte.

Die Fragen nach den konkreten Folgen der Lektüre von ›Kriminalgeschichten‹ verweisen auf die Grenzen der vorwiegend textorientierten Analysen dieses Ban-

---

114 Vgl. dazu Claßen: Kriminalität 1900 bis 1930.

115 Vgl. dazu als perspektivenreiche Studie Müller-Seidel: Deportation des Menschen (zu Kafkas Erzählung *In der Strafkolonie*).

116 Vgl. etwa die Sammlung, die Fritz Martini unter dem Titel *Prosa des Expressionismus* im Reclam-Verlag Stuttgart 1970 herausgegeben hat (= RUB 8379).

117 Vgl. Ludwig Rubiner: Der Dichter greift in die Politik. In: Die Aktion 2 (1912), Sp. 645–652, 709–715.

des – und darüber hinaus auf die begrenzten Möglichkeiten einer Text- und Kontextbezüge rekonstruierenden ›ungenauen‹ Wissenschaft, in deren Zeichen (und unter deren Anspruch geschichtlichen Verstehens) sich die Vertreter der Sprachwissenschaft und der Literaturgeschichte mit den Juristen und Rechtshistorikern zum Kolloquium »Erzählte Kriminalität« versammelten. Ob solche ›Ungenauigkeiten‹ nicht als Belastung, sondern als Herausforderung zu einem einfallsreichen, komplexen und gar interdisziplinären Forschungsprogramm verstanden werden können, möge in der Diskussion des hier vorgelegten Bandes überprüft werden.

Literaturverzeichnis

Johannes Anderegg: Fiktion und Kommunikation. Ein Beitrag zur Theorie der Prosa. 2. Aufl. Göttingen: Vandenhoeck u. Ruprecht 1973.

Ders.: Zum Problem der Alltagsfiktion. In: Funktionen des Fiktiven. Hg. von Dieter Henrich u. Wolfgang Iser. (Poetik und Hermeneutik 10) München: Fink 1983, S. 377–386.

Aristoteles: Poetik. Eingeleitet, übersetzt und erläutert von Manfred Fuhrmann. München: Heimeran 1976.

Christof K. Arnold: Wicked Lives. Funktion und Wandel der Verbrecherbiographie im England des 17. und frühen 18. Jahrhunderts. Heidelberg: Winter 1985.

Friedhelm Auhuber: In einem fernen dunklen Spiegel. E. T. A. Hoffmanns Poetisierung der Medizin. Opladen: Westdeutscher Vlg. 1986.

Otto A. Baumhauer: Kulturwandel. Zur Entwicklung des Paradigmas von der Kultur als Kommunikationssystem. Forschungsbericht. In: Deutsche Vierteljahresschrift f. Literaturwissenschaft und Geistesgeschichte, Sonderheft »Kultur, Geschichte und Verstehen« (1982), S. 1*–167*.

Joachim Bohnert: Positivität des Rechts und Konflikt bei Kleist. In: Kleist-Jb. 1985, S. 39–55.

Wolfgang Braungart (Hg.): Bänkelsang. Texte – Bilder – Kommentare. Stuttgart: Reclam 1985 (= RUB 8041).

Walter L. Bühl: Kultur als System. In: Kölner Zs. f. Soziologie u. Sozialpsychologie, Sonderheft 27 (1986), S. 118–144.

Isabella Claßen: Darstellung von Kriminalität in der deutschen Literatur, Presse und Wissenschaft 1900 bis 1930. Frankfurt/M. u. a.: Lang 1988.

Konrad Ehlich (Hg.): Erzählen im Alltag. Frankfurt/M.: Suhrkamp 1980 (= stw 323).

Karl Georg Faber u. Christian Meier (Hg.): Historische Prozesse. (Theorie der Geschichte, Bd. 2) München: Deutscher Taschenbuch Verlag 1978 (= dtv WR 4304).

Gonthier-Louis Fink: Théologie, Psychologie et Sociologie du Crime. Le Conte Moral de Schubart à Schiller. In: Recherches Germaniques 6 (1976), S. 55–111.

Michel Foucault (Hg.): Der Fall Rivière. Materialien zum Verhältnis von Psychiatrie und Strafjustiz. (Franz. 1973) Frankfurt/M.: Suhrkamp 1975 (= stw 128).

Manfred Fuhrmann u.a. (Hg.): Text und Applikation. Theologie, Jurisprudenz und Literaturwissenschaft im hermeneutischen Gespräch. (Poetik und Hermeneutik 9) München: Fink 1981

Ivan Glaser: Sprachphilosophie und rechtswissenschaftliche Begriffsbildung. In: Jb. f. Rechtssoziologie u. Rechtstheorie 2 (1972), S. 246–253.

Nelson Goodman: Ways of Worldmaking. Hassocks: Harvester Press 1978.

Walter Grasnick: Über Schuld, Strafe und Sprache. Systematische Studien zu den Grundlagen der Punktstrafen- und Spielraumtheorie. Tübingen: Mohr 1987.

Hanns Gross: Criminalpsychologie. Graz: Leuschner u. Lubensky 1898.

Günter Haber: Probleme der Strafprozeßgeschichte im Vormärz. Ein Beitrag zum Rechtsdenken des aufsteigenden Bürgertums. In: Zs. f. die gesamte Strafrechtswissenschaft 91 (1979), S. 590–636.
Ders.: Strafgerichtliche Öffentlichkeit und öffentlicher Ankläger in der französischen Aufklärung mit einem Ausblick auf die Gesetzgebung der Konstituante. (Strafrechtliche Abhandlungen N. F. 32) Berlin: Duncker u. Humblot 1979.
Fritjof Haft: Recht und Sprache. In: Einführung in die Rechtsphilosophie und Rechtstheorie der Gegenwart. Hg. von Arthur Kaufmann u. Winfried Hassemer. Heidelberg u. Karlsruhe: Müller 1977, S. 112–119.
Alois Hahn: Zur Soziologie der Beichte und anderer Formen institutionalisierter Bekenntnisse: Selbstthematisierung und Zivilisationsprozeß. In: Kölner Zs f. Soziologie u. Sozialpsychiatrie 34 (1982), S. 407–434.
Winfried Hassemer: Tatbestand und Typus. Untersuchungen zur strafrechtlichen Hermeneutik. Köln u. a.: Heymanns 1968.
Ders.: Einführung in die Grundlagen des Strafrechts. (Schriftenreihe der juristischen Schulung, H. 77) München: Beck 1981.
Dieter Henrich u. Wolfgang Iser: Entfaltung der Problemlage. In: Funktionen des Fiktiven. Hg. von D. H. u. W. I. (Poetik und Hermeneutik 10) München: Fink 1983, S. 9–14.
Max Hirschberg: Das Fehlurteil im Strafprozeß. Zur Pathologie der Rechtsprechung. Stuttgart: Kohlhammer 1960.
Ludger Hoffmann: Zur Pragmatik der Erzählformen vor Gericht. In: Erzählen im Alltag. Hg. von Konrad Ehlich. Frankfurt/M.; Suhrkamp 1980 (= stw 323), S. 28–63.
Ders.: Kommunikation vor Gericht. Tübingen: Narr 1983.
Claudia Honegger: Vorbereitende Bemerkungen zu einer Theorie kultureller Deutungsmuster. In: Hexen der Neuzeit. Studien zur Sozialgeschichte eines kulturellen Deutungsmusters. Hg. von C. H. Frankfurt/M.: Suhrkamp 1978 (= es 743), S. 25–33.
Hans-Otto Hügel: Untersuchungsrichter, Diebsfänger, Detektive. Theorie und Geschichte der deutschen Detektiverzählung im 19. Jahrhundert. Stuttgart: Metzler 1978.
Konstantin Imm: Rilkes Briefe über Cézanne. (Europäische Hochschulschriften 860) Frankfurt/M. u. a.: Lang 1986.
Konstantin Imm u. Joachim Linder: Verdächtige und Täter. Zuschreibung von Kriminalität in Texten der ›schönen Literatur‹ am Beispiel des Feuilletons der Berliner *Gerichts-Zeitung*, der Romanreihe *Eisenbahn-Unterhaltungen* und Wilhelm Raabes *Horacker* und *Stopfkuchen*. In: Zur Sozialgeschichte der deutschen Literatur von der Aufklärung bis zur Jahrhundertwende. Hg. von Günter Häntzschel u. a. (Studien und Texte zur Sozialgeschichte der Literatur, Bd. 13) Tübingen: Niemeyer 1985, S. 21–96.
Wolfgang Iser: Akte des Fingierens. Oder: Was ist das Fiktive im fiktionalen Text? In: Funktionen des Fiktiven. Hg. von Dieter Henrich u. W. I. (Poetik und Hermeneutik 10) München: Fink 1983, S. 121–151.
Werner Kallmeyer: Gestaltungsorientiertheit in Alltagserzählungen. In: Erzählung und Erzählforschung im 20. Jahrhundert. Hg. von Rolf Kloepfer u. Gisela Janetzke-Dillner. Stuttgart: Kohlhammer 1981, S. 409–423.
Jürgen Kocka u. Thomas Nipperdey (Hg.): Theorie und Erzählung in der Geschichte. (Theorie der Geschichte, Bd. 3) München: Deutscher Taschenbuch Verlag 1979 (= dtv WR 4342).
Martin Kohli u. Günter Robert (Hg.): Biographie und soziale Wirklichkeit. Neue Beiträge und Forschungsperspektiven. Stuttgart: Metzler 1984.
Jutta Kolkenbrock-Netz: Wahnsinn der Vernunft – juristische Institution – literarische Praxis. Das Gutachten zum Fall Schmolling und die Erzählung *Der Einsiedler Serapion* von E. T. A. Hoffmann. In: J. K.-N. u. a. (Hg.): Wege der Literaturwissenschaft. Bonn: Bouvier 1985, S. 122–144.
Reinhart Koselleck u. Wolf-Dieter Stempel (Hg.): Geschichte – Ereignis und Erzählung. (Poetik und Hermeneutik 5) München: Fink 1973.

Reinhart Koselleck u.a. (Hg.): Objektivität und Parteilichkeit in der Geschichtswissenschaft. (Theorie der Geschichte, Bd. 1) München: Deutscher Taschenbuch Verlag 1977 (= dtv WR 4281).
Elfi Kosewähr: Kriminologie und »schöne Literatur«. Zum Verhältnis von wissenschaftlich und künstlerisch gewonnenen Erkenntnissen über Kriminalität. In: Beiträge zur Rechtswissenschaft und -praxis der DDR. Red.: Walter Hennig. Prof. Dr. sc. jur. Jochen Lekschas zum 60. Geburtstag. Berlin (DDR): Selbstverlag Humboldt-Universität. 10. 10. 1985, S. 147-161.
Theodor Kroschel u. Lutz Meyer-Gossner: Die Urteile in Strafsachen. 24. Aufl. München: Vahlen 1983.
Reinhard Krüger: »Le crime merveilleux« im 18. Jahrhundert. Wahrnehmungs- und erkenntnistheoretische Voraussetzungen eines Begriffs. In: Romanistische Zs. f. Literaturgeschichte 10 (1986), S. 327–348.
Eberhard Lämmert (Hg.): Erzählforschung. Stuttgart: Metzler 1982.
Wolf Lepenies: Der Wissenschaftler als Autor. Über konservierende Funktionen der Literatur. In: Akzente 25 (1978) H. 2, S. 129–147.
Jürgen Link: Elementare Literatur und generative Diskursanalyse. München: Fink 1983.
Thomas Luckmann: Grundformen der gesellschaftlichen Vermittlung des Wissens: kommunikative Gattungen. In: Kölner Zs. f. Soziologie u. Sozialpsychologie, Sonderheft 27 (1986), S. 191-211.
Klaus Lüderssen u. Thomas-Michael Seibert (Hg.): Autor und Täter. Frankfurt/M.: Suhrkamp 1978 (= stw 261).
Hans-Jürgen Lüsebrink: Kriminalität und Literatur im Frankreich des 18. Jahrhunderts. Literarische Formen, soziale Funktionen und Wissenskonstituenten von Kriminalitätsdarstellung im Zeitalter der Aufklärung. (Ancien Régime, Aufklärung und Revolution, Bd. 8) München u. Wien: Oldenbourg 1985.
Niklas Luhmann: Organisation und Entscheidung. Opladen: Westdeutscher Verlag 1978.
Friedrich E. C. Mereau: Versuch einer Anleitung zu practischen Arbeiten überhaupt. Nebst einem Anhange auserlesener noch ungedruckter Actenstücke. Jena: Crökersche Buchhandlung 1792.
Friederike Meyer: Zur Relation juristischer und moralischer Deutungsmuster von Kriminalität in den Kriminalgeschichten der *Gartenlaube* 1855 bis 1870. In: Int. Archiv f. Sozialgeschichte der Literatur 12 (1987), S. 156–189.
Eckhardt Meyer-Krentler: »Die verkaufte Braut«. Juristische und literarische Wirklichkeitssicht im 18. und frühen 19. Jahrhundert. In: Lessing Yearbook 16 (1984), S. 94–123.
Gabriele Michel: Biographisches Erzählen – zwischen individuellem Erlebnis und kollektiver Geschichtentradition. Untersuchung typischer Erzählfiguren, ihrer sprachlichen Form und ihrer interaktiven und identitätskonstituierenden Funktion in Geschichten und Lebensgeschichten. Tübingen: Niemeyer 1985.
Karl Markus Michel: Unser Alltag: Nachruf zu Lebzeiten. In: Kursbuch 41 (1975), S. 1–40.
Jürgen Mittelstraß: Ein Reparaturphänomen. Sieben Thesen zur Interdisziplinarität. In: FAZ v. 19. 2. 1986.
Elfriede Moser-Rath: »Lustige Gesellschaft«. Schwank und Witz des 17. und 18. Jahrhunderts in kultur- und sozialgeschichtlichem Kontext. Stuttgart: Metzler 1984.
Heinz-Müller Dietz: Literatur und Kriminalität. In: Juristen-Zeitung 39 (1984) H. 15/16, S. 699–708.
Ders.: Kriminologie und Literatur – Ein Literatur-Bericht. In: Entwicklungslinien der Kriminologie. Hg. von Gerhard Kielwein. (Annales Universitatis Saraviensis. Rechts- und Wirtschaftswiss. Abtlg.) Köln u. a.: Heymanns 1985, S. 59–91.
Walter Müller-Seidel: Die Deportation des Menschen. Kafkas Erzählung *In der Strafkolonie* im europäischen Kontext. Stuttgart: Metzler 1986.
Richard Münch: Die Struktur der Moderne. Grundmuster und differentielle Gestaltung des institutionellen Aufbaus der modernen Gesellschaften. Frankfurt/M.: Suhrkamp 1984.
Ders.: Die Kultur der Moderne. 2 Bde. Frankfurt/M: Suhrkamp 1986.

Friedhelm Neidhart u. a. (Hg.): Kultur und Gesellschaft. Opladen: Westdeutscher Vlg. 1986 (= Sonderheft 27 der Kölner Zs. f. Soziologie u. Sozialpsychologie).
Klaus Oettinger: Schillers Erzählung *Der* [sic] *Verbrecher aus Infamie.* Ein Beitrag zur Rechtsaufklärung der Zeit. In: Jb. der Deutschen Schillerges. 16 (1972), S. 266–276.
Leander Petzoldt: Bänkelsang. Vom historischen Bänkelsang zum literarischen Chanson. Stuttgart: Metzler 1974 (= Slg. Metzler 130).
Hainer Plaul: Illustrierte Geschichte der Trivialliteratur. Hildesheim: Olms 1984.
Theodor Reik: Der unbekannte Mörder. Psychoanalytische Studien. (1932) Frankfurt/M.: Suhrkamp 1983.
Georg Reuchlein: Das Problem der Zurechnungsfähigkeit bei E. T. A. Hoffmann und Georg Büchner. Frankfurt/M. u. a.: Lang 1985.
Ders.: Bürgerliche Gesellschaft, Psychiatrie und Literatur. Zur Entwicklung der Wahnsinnsthematik in der deutschen Literatur des späten 18. und frühen 19. Jahrhunderts. München: Fink 1986.
Joachim Rückert: Idealismus, Jurisprudenz und Politik bei Friedrich Carl von Savigny. (Abhandlungen zur rechtswissenschaftlichen Grundlagenforschung, Bd. 58). Ebelsbach: Gremer 1984.
Ders.: Das »gesunde Volksempfinden« – eine Erbschaft Savignys? In: Zs. der Savigny-Stiftung f. Rechtsgeschichte 103 (1986), S. 199–247.
Hinrich Rüping: Grundriß der Strafrechtsgeschichte. München: Beck 1981.
Jörn Rüsen: Historische Vernunft. Grundzüge einer Historik I: Die Grundlagen der Geschichtswissenschaft. Göttingen: Vandenhoeck u. Ruprecht 1982 (= Kl. Vandenhoeck Reihe 1515).
Jean Paul Sartre: Der Ekel. (Franz. 1938). Reinbek: Rowohlt 1950.
Eberhard Schmidhäuser: Vorsatzbegriff und Begriffsjurisprudenz im Strafrecht. (Recht und Staat in Geschichte und Gegenwart, H. 356/357) Tübingen: Mohr 1980.
Jürgen Schmidt: Einige Bemerkungen zur Präzision der Rechtssprache. In: Jb. f. Rechtssoziologie u. Rechtstheorie 2 (1972), S. 390–437.
Jörg Schönert: Kriminalgeschichten in der deutschen Literatur zwischen 1770 und 1890. Zur Entwicklung des Genres in sozialgeschichtlicher Perspektive. In: Geschichte u. Gesellschaft 9 (1983), S. 49–68.
Ders. (Hg.): Literatur und Kriminalität. Die gesellschaftliche Erfahrung von Verbrechen und Strafverfolgung als Gegenstand des Erzählens. Deutschland, England und Frankreich 1850–1880. (Studien und Texte zur Sozialgeschichte der Literatur, Bd. 8). Tübingen: Niemeyer 1983.
Ders.: Die Begleitstimme der ›schönen Literatur‹ zur Strafrechtsentwicklung. In: Akten des 26. Deutschen Rechtshistorikertages. Hg. von Dieter Simon. Frankfurt/M.: Klostermann 1987, S. 211–230.
Alfred Schütz u. Thomas Luckmann: Strukturen der Lebenswelt. Neuwied u. Darmstadt: Luchterhand 1975.
Ingrid Schuster (Hg.): Das Forsthaus am Rhein. Studien zum Kolportageroman in 90 Heften aus dem Jahre 1906. Mit einer Einführung von I. Sch. Bonn: Bouvier 1977.
Thomas-Michael Seibert: Aktenanalysen. Zur Schriftform juristischer Deutungen. Tübingen: Narr 1981.
Wolfram Siemann: Der ›Polizeiverein‹ deutscher Staaten. Eine Dokumentation zur Überwachung der Öffentlichkeit nach der Revolution von 1848/49. (Studien und Texte zur Sozialgeschichte der Literatur, Bd. 9) Tübingen: Niemeyer 1983.
Ders.: »Deutschlands Ruhe, Sicherheit und Ordnung«. Die Anfänge der politischen Polizei 1806–1866. (Studien und Texte zur Sozialgeschichte der Literatur, Bd. 14). Tübingen: Niemeyer 1985.
Gerlinda Smaus: Das Strafrecht und die Kriminalität in der Alltagssprache der deutschen Bevölkerung. Opladen: Westdeutscher Vlg. 1984.

Anthony Stephens: »Was hilfts, daß ich jetzt schuldlos mich erzähle?« Zur Bedeutung der Erzählvorgänge in Kleists Dramen. In: Jb. der Deutschen Schillerges. 29 (1985), S. 301–323.

Karlheinz Stierle: Geschehen, Geschichte, Text der Geschichte. In: Geschichte – Ereignis und Erzählung. Hg. von Reinhart Koselleck u. Wolf-Dieter Stempel. (Poetik und Hermeneutik 5) München: Fink 1973, S. 530–534.

Ders.: Text als Handlung und Text als Werk. In: Text und Applikation. Theologie, Jurisprudenz und Literaturwissenschaft im hermeneutischen Gespräch. Hg. von Manfred Fuhrmann u. a. (Poetik und Hermeneutik 9) München: Fink 1983, S. 537–545.

Michael Stolleis: Aufgaben der neueren Rechtsgeschichte oder: Hic sunt leones. In: Rechtshistorisches Journal 4 (1985), S. 251–264.

Peter Strasser: Verbrechermenschen. Zur kriminalwissenschaftlichen Erzeugung des Bösen. Frankfurt/M. u. New York: Campus 1984.

Hans Vaihinger: Die Philosophie des Als-ob. System der theoretischen, praktischen und religiösen Fiktionen der Menschheit aufgrund eines idealistischen Positivismus. Berlin: Meiner 1911.

Wilhelm Voßkamp: Von der wissenschaftlichen Spezialisierung zum Gespräch zwischen den Disziplinen. In: Kindlers Enzyklopädie *Der Mensch*. Bd. 7. München: Kindler 1984, S. 445–462.

Uwe Wesel: Juristische Weltkunde. Eine Einführung in das Recht. Frankfurt/M.: Suhrkamp 1984 (= stw 467).

Waltraud Woeller: Illustrierte Geschichte der Kriminalliteratur. (1984) Frankfurt/M.: Insel 1985.

Wolfgang Zach: ›Poetic Justice‹. Theorie und Geschichte einer literarischen Doktrin. Begriff – Idee – Komödienkonzeption. Tübingen: Niemeyer 1986.

Carsten Zelle: Strafen und Schrecken. Einführende Bemerkungen zur Parallele zwischen dem Schauspiel der Tragödie und der Tragödie der Hinrichtung. In: Jb. der Deutschen Schillerges. 28 (1984), S. 76–103.

Teil I

Die hermeneutische und pragmatische Begründung des Themas in der institutionellen Perspektive der ›Strafrechtspflege‹

Wolfgang Naucke

Die Stilisierung von Sachverhaltsschilderungen durch materielles Strafrecht und Strafprozeßrecht

1. Grundbegriffe

(1.1) In neuerer Zeit haben die Juristen stets die Tatsache vom Recht unterschieden. In lateinischen oder latinisierenden Wendungen stand *factum* gegen *ius, narratio* gegen *argumentum, relatio facti* gegen *ratio decidendi.* Später wurde die Sachverhaltserzählung von den Entscheidungsgründen, die Tatsachenfrage von der Rechtsfrage, der Sachverhalt von der juristischen Entscheidung abgesetzt.[1] Diese Unterscheidung gilt den modernen Juristen als selbstverständlicher Teil ihrer Arbeitsverfahren. Doch ist die Selbstverständlichkeit nicht gesichert. Es handelt sich um eine kunstvolle Unterscheidung, die gelernt werden muß. Die Trennlinie ist verschiebbar bis hin zum Ineinanderfallen von Tatsache und Recht.

(1.2) Diese Verschiebbarkeit des Verhältnisses von *narratio* und *argumentum,* überhaupt das Verhältnis von Sachverhalt und Recht ist für den Bereich von Kriminalität und Strafe ein Stück weit zu verfolgen.

(1.2.1) Der Sachverhalt ›Verbrechen‹ ist unendlich. Die Beschreibung eines Diebstahls in allen tatsächlichen Einzelheiten wäre ein Lebenswerk. Am Ende des Werkes sähe man wahrscheinlich, daß man den falschen Blickwinkel gewählt hatte und daß man neu beginnen müßte. Aus der Unendlichkeit der Einzelheiten (z. B. eines Diebstahls) wählt der Jurist aus, um einen überschaubaren Diebstahls-Sachverhalt zu erhalten. Was im Sachverhalt bleibt, hängt vom rechtlichen Interesse ab. In der neueren Rechtsgeschichte gibt es keine Periode, die dieses Verfahren nicht akzeptiert hätte.[2]

(1.2.2) Das rechtliche Interesse kann aber den Sachverhalt nicht bändigen. Der Sachverhalt, treffend berichtet, kann rechtliches Interesse ändern oder erzeugen. Der Sachverhalt, treffend berichtet, kann zu Präzisierungen und Reformen des

---

[1] Der Übergang von den lateinischen zu den deutschen Benennungen mit den Sinnverschiebungen, die der Übergang mit sich bringt, ist gut zu sehen in der *Preußischen Criminal-Ordnung* von 1805, §§ 491ff.

[2] Gegenwärtig wird dieses Verfahren als ›Selektion‹ geführt. Das Wort ist häßlich und nimmt dem Vorgang, der zu bezeichnen ist, seine politische Färbung und Dramatik. Der Ausdruck ›Selektion‹ betont auch zu sehr die Rationalität und Finalität jenes Verfahrens. Dabei kann das Maß an Nicht-Rationalität, das im Spiele ist, übersehen werden. Das Wort ›Selektion‹ ist im wissenschaftlichen Sprachgebrauch auch leicht zu entbehren.

Rechts führen. Damit ist angespielt auf das Bild vom »Hin- und Herwandern des Blicks zwischen Obersatz und Lebenssachverhalt«, das Engisch gezeichnet hat.[3] Doch soll das Bild ein wenig zugeschärft werden. Der juristische Blick wandert nicht zwischen einem feststehenden Sachverhalt und der feststehenden Norm. Dieses Wandern des Blickes ist ein aktives Vergleichen des Rechts, das im Sachverhalt steckt, mit dem Recht, das in der Norm steckt. Das Recht, das im Sachverhalt steckt, ändert sich mit der Art und mit dem Umfang der Sachverhaltsschilderung. Der Stil der Sachverhaltsschilderung bestimmt die Perspektive des Blicks auf die Norm; dieser Stil reizt dazu, die Bildbarkeit der Norm zu prüfen. Das Wort ›Stil‹ ist ohne großen theoretischen Anspruch verwendet. Mit ›Stil‹ ist die unverkennbare individuelle Ausprägung eines Allgemeinen gemeint. Die Sachverhaltsschilderung ist die individualisierende Auswahl aus vielen Möglichkeiten.

(1.2.3) Bei dem Verhältnis von Tatsache und Recht geht es nicht um das Recht schlechthin. Es geht um das Verhältnis der Tatsachen zum materiellen Recht (zum materiellen Strafrecht) und zum Verfahrensrecht (zum Strafprozeßrecht und zum strafrechtlichen Gerichtsverfassungsrecht). Materielles und prozessuales Strafrecht zusammen stilisieren die Fakten. Das materielle Recht klärt den Umfang, in dem Fakten interessant sind. Das Verfahrensrecht bestimmt den Schilderungstyp für die Fakten.

Die Stilisierung der Tatsachen durch materielles und prozessuales Strafrecht läßt sich in drei Bereichen genauer beobachten.

Am deutlichsten sichtbar ist eine Verminderung der Tatsachenmenge durch Recht. Die Fülle an Einzelheiten, die in ein strafrechtliches Verfahren drängt, wird durch das Recht auf die professionellen Notwendigkeiten, auf die Aufnahme- und Wiedergabefähigkeit der Beteiliten zugeschnitten. Zu diesem Ablauf gehört freilich, daß er ständig unter Druck steht. Die Tatsachen, die vom Recht als unwichtig abgewiesen werden, suchen immer neue Wege, auf denen sie in das Verfahren zurückkehren können.

Materielles Recht und Verfahrensrecht passen die Tatsachen in das Verfahren ein, in dem der Sachverhalt gebraucht wird. Tatsachen, die das Strafverfahren aufnehmen kann, müssen z. B. wahrheitsfähig sein. Darin steckt ein komplizierter, bestimmte Tatsachen ausschließender, bestimmte andere Tatsachen privilegierender juristischer Stilisierungsmechanismus. Das Strafverfahrensrecht in neuerer Zeit ist an Sachverhalts*schilderungen* überhaupt nicht interessiert, sondern nur an Sachverhalts*feststellungen*. Schilderungen können nicht Grundlage von Verurteilung oder Freispruch sein; nur Feststellungen bieten eine solche Grundlage. Es gibt daher keine Erzählung im Strafprozeß, allenfalls rechtlich abgeklärte Erzählung, eben Feststellung.

Materielles Recht und Verfahrensrecht teilen der Sachverhaltsfeststellung im Strafprozeß weitreichende Sprachfärbungen mit. Die Normen des Strafrechts sind einer von Epoche zu Epoche wechselnden Spracheigentümlichkeit verpflichtet,

---

[3] Engisch: Logische Studien, S. 15.

die bestimmbare, über den Textinhalt hinausgehende emotionale, politische und bürokratische Information trägt. Die Sprachfärbung der Norm teilt sich der Sachverhaltsfeststellung mit. Nur wenn die Sachverhaltsfeststellung z. B. die emotionale Tönung der Normsprache trifft, kann sie die Norm treffen (wobei immer zu sehen bleibt, daß die Sachverhaltsschilderung diesem Zwang zu entkommen sucht). Unterstützt wird dieser Vorgang des Mitteilens einer Sprachfärbung von der Norm auf den Sachverhalt durch das Verfahrensrecht, das für die Darstellung des Sachverhalts bestimmte, der Sprachfärbung der strafrechtlichen Norm verwandte Darstellungsformen verlangt. Die freie Schilderung oder Feststellung eines Sachverhalts ist dem neueren Strafverfahrensrecht nicht bekannt, sondern nur die formgebundene; geläufig sind die Formen der Anklageschrift und des Urteils.

Ein bestimmtes materielles Strafrecht schafft sich die zugehörigen Sachverhaltsschilderungen; ein bestimmtes Strafverfahrens- und Gerichtsverfassungsrecht stellt das Entstehen jener bestimmten Arten der Sachverhaltsschilderung sicher. Nach geltendem Recht ist Diebstahl die vorsätzliche Wegnahme einer fremden beweglichen Sache in Zueignungsabsicht (§§ 242 Abs. 1, 15 StGB). Die zugehörige Schilderung eines Diebstahls sieht etwa so aus: A hat in einem Selbstbedienungsladen Lebensmittel im Werte von DM 50,– bei sich versteckt und, ohne zu bezahlen, aus dem Gebäude gebracht; er wollte die Gegenstände verbrauchen bzw. an Familienmitglieder weitergeben. Den §§ 242, 15 StGB nicht zugehörig und strafprozessual kaum eingliederbar wäre folgende Sachverhaltsschilderung: Der seit langem arbeitslose ältere Angestellte Fritz A. hat in einem schlecht bewachten, gut versicherten Geschäft gemaust, was er für sich und seine Familie für den üblichen Lebensstandard brauchte. Gelänge es allerdings, diese Schilderung an §§ 242, 15 StGB heranzubringen, käme Bewegung in die professionelle Handhabung dieser Normen.

(1.2.4) Das Verhältnis von Tatsache und Recht, wie immer es sich entwickelt, hängt von Bedingungen ab, die außerhalb dieses Verhältnisses liegen, von Bedingungen, die nicht juristische Bedingungen sind. Der Sprachtyp, auf den Tatsachenmitteilung und Normformulierung sich verlassen, ist nicht in juristischer Unabhängigkeit entwickelt. Dieser Sprachtyp ist Teil der sprachlichen Gesamtkultur und teilt das Schicksal dieser Kultur. Darüber hinaus hat die juristische Beziehung zwischen Norm und Tatsache Verbindungen zu anderen Teilen der Kultur, und zwar Verbindungen inhaltlicher Art. Die Darstellung und Beurteilung einer Straftat in der literarischen Kultur, in der Medienkultur und in der politischen Kultur ist nicht völlig geschieden von der Darstellung und Beurteilung der Straftat in der juristischen Kultur. Diese Kulturen ergänzen oder widerstreiten sich. Sorgsam überlegte Interdisziplinarität wäre nötig, um diese Verläufe nachzuzeichnen. Die üblich werdende Interdisziplinarität, die sich auf die Systemtheorie als Grundlage und Klammer stützt, wäre kaum hilfreich. Die systemtheoretisch geleitete Interdisziplinarität erschöpft sich zu schnell in der Nutzung einer gemeinsamen Methode, oft in der Nutzung nur eines gemeinsamen Vokabulars, isoliert die Teilsysteme aber voneinander. Eine systemtheoretisch orientierte Untersuchung einer richterlichen Zeugenvernehmung bleibt eine langweilige Datenschöpfung, wenn nicht die politischen Entscheidungen mitgeführt werden, die den Richter und den Zeugen zusammenbringen und auf ein bestimmtes Agieren festlegen.

(1.3) Die Betrachtung des Verhältnisses von Tatsachen und Recht mit historischen Interessen ist schwierig. Sprachanalytische und systemtheoretische Annäherungen (»Ansätze«), die für die Betrachtung oft genutzt werden, können Geschichte nur schlecht aufnehmen. Für analytische oder systemtheoretische Wissenschaftlichkeit wird jeder Gegenstand konturlose Gegenwart und verliert seine historisch-politische Individualität.

Für die neuere Strafrechtsgeschichte entstehen selten erörterte Fragen, für die es ein Bearbeitungsinstrumentarium nicht gibt. Es geht um das Problem, wie sich im einzelnen das Verhältnis von sprachlich gefaßten, strafrechtsrelevanten Fakten und sprachlich ausgedrückten Normen entwickelt hat (im Rahmen der Entwicklung des Sprachtypus überhaupt und im Rahmen der politischen Gesamtkultur). Gibt es bestimmte Verhältnismuster, die sich ablösen, z. B. eine größere oder geringere Nähe von Sachverhaltsschilderung und Norm? Gibt es eine inhaltliche Gesamttendenz, etwa die immer stärkere Verkürzung, Funktionalisierung und Verfachlichung des juristischen Erzählens bei gleichzeitiger Neigung des Strafrechts zu Generalklauseln und Unbestimmtheit? Gibt es politisch gekennzeichnete Zeitabschnitte – Epoche des Inquisitionsprozesses, aufklärerische Reformperiode, Wendung zum Akkusationsverfahren –, die mit einem unverwechselbaren Typus des Verhältnisses von Tatsache und Norm verbunden sind?

Ich kann mich nur am Beispiel versuchen.

2. Die Stilisierung des Sachverhalts durch das Strafrecht im Verlauf des 19. Jahrhunderts

(2.1) Das materielle Recht dieser Zeit wird zunehmend bestimmt durch den Grundsatz der Gesetzlichkeit des Strafrechts *(nullum crimen, nulla poena sine lege)*.

(2.1.1) Die Hauptfolge ist, daß im Prozeß nur noch die Tatsachen zur Kenntnis genommen werden, die für das Gesetz wichtig sind. Das hat weitreichende Wirkung auf den gesamten Prozeßverlauf. Dieser Verlauf muß nun von allen Stilelementen der materiellrechtlichen Formulierungen abhängig werden.

(2.1.2) Am sichtbarsten ist, daß Tatsache und Recht weit auseinandertreten, scharf getrennt werden. Das Interesse konzentriert sich auf das Gesetz, seine Formulierung und Struktur. Die Tatsache ist nur das Material, an dem sich die Gesetzlichkeit bewährt.

(2.1.3) Aber die Tatsachenschilderungen werden durch den Stil der Rechtssprache stark geprägt. Der Stil der Strafrechtssprache am Beginn des 19. Jahrhunderts, zunächst gebildet-populär, ändert sich unter dem Einfluß des Studiums der idealistischen deutschen Philosophie, vom sozialen Konkretismus des Allgemeinen Landrechts für die Preußischen Staaten 1794 zur ›abstrakten‹ Regel in fast gravitätischer Sprache. Das Leitbild des Juristen wird der unabhängige Richter, der sich dem Gesetz »unterwirft« (so schließlich § 1 GVG 1877). Die Unterwerfung unter das Gesetz ist auch die Unterwerfung unter die Gesetzessprache. Es entstehen distanzierte, unplastische, gefühlsgereinigte, gelehrt-gründliche Sachverhaltsfeststellungen. Der Sachverhalt, der in Revisionsentscheidungen erscheint, wird zum akzeptierten Modell eines strafrechtlich relevanten Sachverhalts. Die Rechtsprechung des Preußischen Obertribunals, die ab 1861 im Druck erscheint, zeigt das Modell völlig ausgebildet.

(2.1.4) Es bleiben Ausnahmen oder Sonderbereiche, die anderen Linien folgen. Der gravitätische Gesetzlichkeitstyp im Strafrecht setzt sich entschieden nur im Bereich der Strafbarkeitsvoraussetzungen durch; hier ist auch die Neigung zur Orientierung der Sachverhaltserzählung am Inhalt und am Stil von Rechtsproblemen am entschiedensten. Andere Gebiete – Strafbemessung, Strafvollstreckung, Gnadenwesen – bleiben gesetzlich weniger festgelegt; hier halten sich für Tatsachenauswahl und -präsentation größere Möglichkeiten. In den Bereichen, in denen die Dramatik des Geschehens groß ist, bei den schweren Straftaten und bei den schweren Strafen, ist auch die Sprache anders, beteiligter – sowohl die Gesetzessprache als auch die Sachverhaltssprache. Man müßte einmal, für das 19. Jahrhundert, die Sprache, die die Voraussetzungen für die Zulässigkeit und für die Vollstreckungsart der Todesstrafe mitteilt, vergleichen mit der Sprache in den Protokollen über die gerichtlich tatsächlich verhängte Tötung eines Menschen; und dieses Material dann müßte man messen am gleichen Material für den einfachen Diebstahl. Wahrscheinlich ergäben sich tiefe Unterschiede.

(2.1.5) Die Widerstände gegen eine starke Verfachlichung der Sprache für *factum* und *argumentum* bleiben am Anfang des 19. Jahrhunderts groß. Die Widerstände sind als Widersprüche gerade an den bekannten Strafrechtswissenschaftlern des 19. Jahrhunderts zu sehen. Paul Johann Anselm v. Feuerbach (1775–1833) und Reinhold Köstlin (1813–1856) treiben die sprachliche Verfachlichung von Sachverhaltsschilderung und Normfassung voran, sind aber zugleich Künstler und Politiker, die künstlerische und politische Sprachformen in die Fachsprache bewußt übernehmen. Erst die zweite Hälfte des 19. Jahrhunderts verfährt durchgehend anders. Wohl bleibt das Ziel, Strafrechtswissenschaft, Kunst und Politik in einer Person zu verbinden. Doch Kunst und Politik werden inhaltlich und sprachlich nur zum Hintergrund, bleiben nicht Quelle für Fachstrafrecht. Der Widerstand gegen eine zu intensive fachliche Stilisierung des strafrechtlich wichtigen Sachverhalts am Beginn des 19. Jahrhunderts ist dort am eindringlichsten zu bemerken, wo man diesen Widerstand mit juristischen Mitteln zu überwinden sucht. Ein gutes Beispiel liefert der hübsche Text des § 497 der Preußischen Kriminalordnung von 1805:

> (Der zuständige richterliche Referent) muß daher jede Erzählung von unerheblichen Nebenumständen, jede unnütze Wiederholung und jede weitläuftige zur Sache nicht

gehörende Ausführung sorgfältig vermeiden; bei der Erzählung des Vorganges selbst, sich des Urtheils darüber enthalten, und sich einer reinen und deutlichen Schreibart befleißigen.[4]

(2.2) Ein Spezialbereich des materiellen Strafrechts – die wissenschaftliche Straftatlehre – ist gesondert zu betrachten. Die wissenschaftliche Straftatlehre bestimmt die allgemeinen Voraussetzungen der Strafbarkeit, die in jeder besonderen Tat (Diebstahl, Betrug, Tötung) angetroffen werden. Der Rahmen, den diese allgemeine Straftatlehre findet und ausbaut, ist mit den Begriffen ›Tatbestandsmäßigkeit‹, ›Rechtswidrigkeit‹ und ›Schuld‹ abgesteckt. Diese Lehre entwickelt sich vom Beginn des 19. Jahrhunderts an mit großer Kraft. Bedeutsam für das Thema des Verhältnisses von Faktum und Recht ist, daß diese allgemeine Straftatlehre nur noch ganz wenige hochstilisierte Tatsachen braucht, wenn die Verbindung zur Rechtsanwendung hergestellt wird. Die benötigten Tatsachen sind nun fast identisch mit den Begriffen, die in der allgemeinen Straftatlehre üblich werden. Ein Hauptgegenstand dieser Lehre ist die Struktur der vorsätzlichen Straftat. Bei der Beschäftigung mit diesem Gegenstand muß bestimmt werden, was Vorsatz sein soll. Der Grundriß der Bestimmung lautet: Vorsatz ist Wissen und Wollen der Merkmale des Tatbestandes. Der Vorsatz der Tötung besteht – rechtlich – im Wissen und Wollen der Beendigung des Lebens eines Menschen. Einen von dieser juristischen Festlegung noch unterschiedenen Sachverhalt kann es kaum geben. Die Festlegung ist schon der Sachverhalt, der leicht feststellbar ist. Dieser Sachverhalt ist – verglichen mit dem lebendigen Tötungsvorsatz – eine lederne Annahme. Motive und Gesinnungen z. B. werden vom Vorsatz getrennt, mit allen Folgen für die Sachverhaltsschilderung. Vorsatzbegriff und Tatsachen, die für diesen Begriff gebraucht werden, einerseits und ›wirklicher‹ Vorsatz andererseits treten weit auseinander. Wie jemand zum Tötungsplan gekommen ist, auf welche Weise er den Plan aufrechterhalten konnte, all dies spielt für den Vorsatz im Sinne der allgemeinen Straftatlehre keine Rolle. Es beginnt die Verkümmerung der juristischen Erzählung zum Fall. Eine bestimmte Art des materiellen Rechts, ein respektgebietendes fachgelehrtes materielles Strafrecht schafft sich entleerte Sachverhaltsschilderungen. Die Entwicklung beginnt am Anfang des 19. Jahrhunderts und findet einen Abschluß mit dem Akzeptieren eines Mindestinhalts für die wissenschaftliche Straftatlehre gegen Ende des 19. Jahrhunderts. Von da ab tritt wissenschaftliche Routine ein, auch im Akzeptieren des ›Falles‹ als Grundlage der Erörterungen der allgemeinen Straftatlehre.

(2.3) Das Strafverfahrensrecht entwickelt sich im 19. Jahrhundert deutlich komplementär zum materiellen Recht. Zur Gesetzlichkeit des materiellen Rechts

---

[4] Es gilt heute als unfachlich, eine Sachverhaltsschilderung eine ›Erzählung‹ zu nennen (vgl. Kroschel u. Meyer-Gossner: Die Urteile in Strafsachen, S. 87f.). Der Ausdruck ›Erzählung‹ für Sachverhalt hat sich aber bis über die Mitte des 19. Jahrhunderts gehalten (Art. 188 des Entwurfs einer StPO für Hessen von 1860) und ist erst allmählich durch ›Darstellung‹ (z. B. § 132 StPO Hannover 1859) und schließlich ›Tatfrage‹ (Art. 12 StPO Sachsen 1855) abgelöst worden.

gehört der reformierte akkusatorische Strafprozeß, der sich langsam, aber schließlich vollständig durchsetzt. Die Wirkung dieser Verfahrensart auf Sachverhaltsschilderungen ist weitreichend.

(2.3.1) Das 19. Jahrhundert sieht die Entwicklung vom Inquisitionsprozeß zum reformierten deutschen Strafprozeß. Das 19. Jahrhundert sieht, auf Schlagworte zusammengedrängt, die Entwicklung von einem geheimen, schriftlichen, auf ein Geständnis zielenden Verfahren mit fast ausschließlicher Verantwortung des Richters, ohne rechtlich gesicherte Stellung des Beschuldigten, zu einem öffentlichen, weitgehend mündlichen Verfahren mit Trennung von anklagender und richtender Behörde, mit Laienbeteiligung, mit einer rechtlichen Stärkung der Stellung des Beschuldigten und seines Verteidigers. Diese Entwicklung im Strafverfahrensrecht (zusammen mit der Entwicklung im materiellen Strafrecht) läßt ein neues Verhältnis von Recht und Sachverhaltsschilderung entstehen. Von den Juristen wird das Erlernen einer neuen Sprache, einer neuen Stilisierung von Sachverhalten verlangt. Die Entwicklung hat zahlreiche Zwischenstufen, abgeschlossen ist sie um die Jahrhundertmitte mit dem Inkrafttreten der Strafprozeßordnungen der einzelnen Länder, durchgeformt schließlich in der Strafprozeßordnung des Deutschen Reiches von 1877; diese Regelungen der StPO lege ich im folgenden zugrunde.

(2.3.2) Eine in neuerer Zeit durchgehend festgehaltene Bedingung für ein legitimes Strafrecht ist, daß die Bindung von Verurteilung oder Freispruch an wahre Tatsachen gesichert wird. Der Prozeß muß die Wahrheit erbringen, die reine Wahrheit, die amtsmäßige, materiellrechtlich verwertbare Wahrheit. Es ist zu vermuten, daß kein neuerer Strafprozeßgesetzgeber die Schwierigkeit verkannt hat, in die er mit dem Akzeptieren dieser Wahrheitsbedingung gerät. Bis zum Inquisitionsprozeß scheint man die Schwierigkeiten dadurch gemindert zu haben, daß man sehr einfache Wahrheitskriterien, z. B. das Geständnis, ausreichen ließ. Die Folgen für die gesamte Prozeßkonstruktion, z. B. das Abpressen des Geständnisses, waren groß. Für die Sprache der Sachverhaltsschilderungen im Strafprozeß sind die Wahrheitsbedingung und die Organisation, im Prozeß Wahrheit zu bestimmen, ausschlaggebend wichtig. Der reformierte Strafprozeß verwirft schließlich alle Hoffnungen, juristischen Konstruktionen und Verfahrensweisen, die vom Geständnis abhängen, verwirft damit auch die aus Brutalität, Alltagsnähe und verblüffend nüchterner juristischer Berufsmäßigkeit zusammengesetzten Sprach- und Argumentierformen, die ein auf das Geständnis zielendes Verfahren hervorgebracht hatte. Der reformierte Prozeß hebt die Pflicht der Gerichte, die Wahrheit zu erforschen, hervor (§ 244 Abs. 2 StPO). Die Beteiligung des Beschuldigten und des Staatsanwalts an der Erforschung der Wahrheit wird juristisch organisiert. Ein einfaches Kriterium für Wahrheit wird nicht mehr angegeben. Die Probleme, die daraus entstehen müssen, versucht die StPO von 1877 dadurch zu lösen, daß sie dem Gericht die Würdigung der Beweise »nach seiner freien [...]« Überzeugung erlaubt (§ 261 StPO). Bleiben dennoch Zweifel an der Wahrheit, muß die dem Beschuldigten günstigste Wahrheit angenommen werden *(in dubio pro reo)*.

Die Sprache, die eine auf freie richterliche Überzeugungsbildung gestützte Wahrheit, den festgestellten Sachverhalt, mitteilen soll, ist eine eigentümliche Fachsprache. Diese Sprache erzählt niemals; eine Erzählung kann nicht die Bedingungen erfüllen, die die Strafprozeßordnung für die Annahme eines wahren Sachverhalts formuliert. Diese Sprache stellt fest. Sie gibt sich klar und sicher; sie muß dies tun, sonst gelingt die Mitteilung von Wahrheit nicht. Diese Sprache ist aber auch zögernd und ängstlich, weil sie weiß, daß unformalisierte wirkliche Wahrheit mit dem Mittel des Strafprozeßrechts schwer zu gewinnen ist. Diese Sprache häuft Argument auf Argument, um ihre Unsicherheit zu überwinden. Sie vermeidet alle Risiken stilistischer Art; individuelle Stilformen entfernen den Autor von der Wahrheit. Diese Sprache läßt sich auf nur undeutlich faßbare Gegenstände, Gefühle z. B., nicht ein, entfernt diese Gegenstände damit aus dem Strafrecht. Die Pflicht zur Erforschung der Wahrheit, verbunden mit vagen Mitteln der Wahrheitsfindung, bringen für die Sachverhaltsfeststellung nach dem reformierten Strafprozeß eine Sprache hervor, die zwischen amtlicher Selbstsicherheit und Besorgnis schwankt.

(2.3.3) Die Stärkung der Stellung des Beschuldigten und seines Verteidigers im neuen Strafprozeß ändern die Annäherung an die Tatsachen ebenso grundlegend wie die Neuorganisation der Wahrheitserforschung. Im Inquisitionsprozeß ist das Gericht zuständig festzulegen, wann mit der Tatsachensammlung und Tatsachenstilisierung begonnen und aufgehört wird. Der reformierte Prozeß bringt den Kampf um die Tatsachen – um Sammlung und Stilisierung der Tatsachen – zwischen Staat und Beschuldigtem. Die Tatsachenschilderung im reformierten Strafprozeß ist das Ergebnis eines solchen Kampfes. Der Sieger bestimmt Inhalt und Ziel der Geschichtserzählung.

Also: Gesetzlichkeitsprinzip im materiellen Strafrecht und reformierter Strafprozeß sind die Bedingungen, ohne die keine Tatsachenschilderung in einem Strafprozeß im Verlauf des 19. und 20. Jahrhunderts zu verstehen ist.

(2.3.4) Die Sprache der Tatsachenmitteilung in den Strafprozessen des 19. Jahrhunderts hängt von einer weiteren allgemeinen rechtlichen Bedingung ab, die selten in den Gesetzen ausformuliert ist. Vom Beginn des 19. Jahrhunderts ab muß das Strafrecht eine politisch-polizeiliche Aufgabe übernehmen, die den Stil des materiellen Rechts und des Verfahrensrechts prägt, die Verbrechensbekämpfung. Für die Sachverhaltsschilderungen wird das, je älter das 19. Jahrhundert wird, um so wichtiger. Was der Verbrechensbekämpfung dient oder was sie unnötig macht, wird bevorzugt in den Sachverhalt aufgenommen. Das führt zu einer weiteren Verfachlichung der Sachverhaltssprache. Es kommt ein militärischer Ton in das, was einmal Erzählung war, der Ton von gesellschaftlicher Abweichung und sozialer Kontrolle, eine Färbung, die nicht wieder verlorengeht.

(2.4) Die allgemeinen Erwägungen sollen an Einzelheiten bewährt werden. Dabei ist die Stilisierung des Sachverhalts durch Strafrecht in mündlichen Verhandlungen und in der Schriftform zu unterscheiden.

(2.4.1) Bei den mündlichen Verhandlungen treten zwei Situationen besonders deutlich hervor, die Zeugenvernehmung und die Vernehmung des Beschuldigten. Stilisierende Vorgaben im reformierten Strafprozeß sind die Rollen der Beteiligten in den verschiedenen Verfahrensabschnitten, die Suche nach wahren Tatsachen und das Ziel der Verbrechensbekämpfung. Es muß geredet werden, aber stets so, daß etwas Zweckmäßiges zum materiellen Strafrecht herauskommt und daß die für die Verwendung des materiellen Rechts relevante Wahrheit hervortritt, und all dies differenziert nach Ermittlungs-, Zwischen- und Hauptverfahren. Dieses fachlich eingebundene Reden über Tatsachen sollte man nicht Erzählen und nicht Kommunikation nennen. Das ist ausschließlich strafprozessuales Handeln in Redeform.

(2.4.1.1) Für den Stil, in dem Zeugen einer Straftat sich allein äußern können, bedeutet das (heute §§ 48ff. StPO): sie können nicht irgendwo, z. B. in der vertrauten Umgebung, reden, sondern sie müssen am Gerichtsort vor dem zuständigen Gericht reden, nach einer bestimmten Handlungsstruktur reden. Der Zeuge muß kommen, vortreten, belehrt und schließlich bedroht werden, damit Lüge und Voreingenommenheit die »reine Wahrheit und Vollständigkeit« der Tatsachenschilderung nicht beeinträchtigen (§§ 48, 57, 66c StPO). Dann folgt die Sachverhaltsschilderung des Zeugen, die die Strafprozeßordnung auf folgende Weise einfaßt:

> Der Zeuge ist zu veranlassen, das, was ihm von dem Gegenstand seiner Vernehmung bekannt ist, im Zusammenhang anzugeben. Vor seiner Vernehmung ist dem Zeugen der Gegenstand der Untersuchung und die Person des Beschuldigten, sofern ein solcher vorhanden ist, zu bezeichnen.
>
> Zur Aufklärung und zur Vervollständigung der Aussage sowie zur Erforschung des Grundes, auf dem das Wissen des Zeugen beruht, sind nötigenfalls weitere Fragen zu stellen (§ 69 Abs. 1, 2 StPO).

Für den Zeugen besteht keine Freiheit in der Sachverhaltsschilderung, weder in der Bestimmung des Gegenstandes noch in der Bestimmung der Ausdrucksform. Stil, Ziel und Umfang der Schilderung sind fest vorgegeben.

(2.4.1.2) Ähnliches zeigt sich für die mündlichen Äußerungen des Beschuldigten. Seine strafprozessuale Situation ist kompliziert. Er kennt den wahren Sachverhalt am besten, braucht aber nicht auszusagen. Falschaussagen des Beschuldigten sind im Prinzip nicht strafbar. Die Mitteilungen des Beschuldigten sind für die Erforschung der Wahrheit wichtig, doch darf er nicht unter Druck gesetzt werden. Was der Beschuldigte sagt, ist oft prozeßentscheidend. Richter, Staatsanwalt und Verteidiger dürfen in ihn dringen und tun das auch. Es wird vermutet, daß der Beschuldigte, solange er nicht verurteilt ist, nicht schuldig ist (Unschuldsvermutung). Aber falls er schuldig ist, muß er bekämpft werden. Dies alles soll die Sprache des Beschuldigten bei der Sachverhaltsschilderung oder bei der Verweigerung einer solchen Schilderung aushalten.

Die Strafprozeßordnung überschüttet folglich den Beschuldigten, seinen Verteidiger, das Gericht, die Staatsanwaltschaft und die Polizei mit Hinweisen, Sicherungen, Belehrungen, Drohungen und Versprechen. Wenn auch nur ein Teil der einschlägigen Bestimmungen (§§ 133ff., 163a, 243 StPO) eingehalten wird, muß selbst der gefestigte Beschuldigte in Verwirrung gestürzt werden. Die kommunikations- und sprachtheoretisch gerichteten Untersuchungen der Vernehmungssituation vor Gericht kritisieren diesen Zustand viel zu früh; diese Untersuchungen werden sich zu selten klar darüber, daß sie nur abbilden, was rechtspolitisch gewollt oder zumindest nicht zu vermeiden war. Eine freie kommunikative Sachverhaltsschilderung durch den Beschuldigten ist strafprozeßrechtlich kaum vorzustellen (es sei denn, man änderte das Prozeßmodell). Für die Aussage des Beschuldigten zur Sache gibt es im reformierten Strafprozeß nur einen fest zementierten Rahmen.

Am schärfsten kommt das in der Form zum Ausdruck, die die Regelung über die mündliche Hauptverhandlung für die ›Erzählung‹ des Beschuldigten zur Verfügung stellt. Nach prozeßrechtlich notwendigen, aber sehr irritierenden juristischen Eröffnungszügen – Aufruf der Sache; Feststellung, ob die unerläßlichen Beteiligten anwesend sind; Belehrung der Zeugen; Vernehmung des Beschuldigten über seine persönlichen Verhältnisse; Verlesung des Anklagesatzes (§ 243 Abs. 1–3 StPO) – wird der Beschuldigte über sein Recht belehrt, sich nicht äußern zu müssen. Dann wird er »nach Maßgabe des § 136 Abs. 2 zur Sache vernommen« (§ 243 Abs. 4 StPO). Löst man die eben zitierte Verweisung auf, so ergibt sich:

> Die Vernehmung soll dem Beschuldigten Gelegenheit geben, die gegen ihn vorliegenden Verdachtsgründe zu beseitigen und die zu seinen Gunsten sprechenden Tatsachen geltend zu machen (136 Abs. 2 StPO).

In diesen Formen kann sich keine Erzählung, nicht einmal eine Schilderung ergeben. Es entsteht eine in Auswahl und Sprachtönung hochstilisierte Fallskizze, stets gefährdet durch den Kampf um die Tatsachen, der sich bei der Vernehmung des Beschuldigten in der Haupverhandlung unübersehbar zeigt.

(2.4.2) Die Stilisierung des Verbrechenssachverhalts durch strafprozessuale Schriftformen ist sehr greifbar. Diese Schriftformen sind Literaturarten mit großer Formkraft, damit würdige Gegenstände für gemeinsame Bemühungen von Literatur- und Rechtswissenschaft. Zu unterscheiden ist erneut, daß diese Literaturformen nicht nur Gefäße zur Faktensammlung, -ordnung und -stilisierung sind; sie haben eine politische Aufgabe im Strafprozeß, nämlich Fakten als wahr festzustellen, eine Aufgabe, die kaum eine andere Literaturgattung für sich in Anspruch nehmen kann.

(2.4.2.1) Der reformierte Strafprozeß bildet Formen der Faktendarstellung für den Anfang des Verfahrens nur schwach aus. Die Strafprozeßordnung von 1877 unterstellt, daß am Anfang eines Strafprozesses vielfältiges Reden und Gegenreden, Schreiben und Gegenschreiben über Tatsachen stattfindet. Die Formalisierung geschieht über die Frage, was für das materielle Recht wichtig ist. Eine erste schriftliche Form nimmt der Faktenstilisierungsprozeß an, wenn die Polizei das Verfahren an die Staatsanwaltschaft abgibt. Die Polizei übersendet ihre »Verhandlungen« an die Staatsanwaltschaft (§ 163 StPO). Woher dieser Ausdruck kommt, ist noch ungeklärt. Die aktuelle Kommentarliteratur versteht unter »Verhandlungen« das gesamte Material, das sich bei der Polizei angesammelt hat.[5] Diese Auffassung sichert eine sorgsame Information der Staatsanwaltschaft, schöpft aber die Formabsicht dieses Ausdrucks »Verhandlungen« wahrscheinlich nicht aus. Zur Materialhäufung hinzukommen muß eine argumentierende Zusammenfassung, die gegenwärtig auch mit der Bezeichnung »Schlußbericht der Polizei« der Materialsammlung angefügt wird. Über die Forderungen, die an die Tatsachensammlung in diesem Schlußbericht zu stellen sind, weiß man wenig.[6] Die Durchsicht einiger Beispiele führt zu der Vermutung, daß die Sachverhaltsschilderung im Schlußbericht präzise beschreibbaren Stilisierungsregeln folgt. Dieser Schlußbericht kann bei der Zusammenarbeit zwischen Literatur- und Strafrechtswissenschaft für wichtiger befunden werden als mancher andere Gegenstand.

(2.4.2.2) Die fixierende schriftliche Form für die Sachverhaltsmitteilung wird am Ende des Ermittlungsverfahrens deutlicher, in der Anklage, die regelmäßig ein »wesentliches Ergebnis der Ermittlungen« enthalten muß (§ 200 Abs. 2 StPO). Die Anklageschrift insgesamt ist ein juristisches Stilmittel ersten Ranges. Das »wesentliche Ergebnis der Ermittlungen« ist ein schwer zu handhabendes, kompliziertes Muster einer juristischen Berichtsform für Tatsachen. Die Wahrheit, wie sie sich bis zum Ende des Ermittlungsverfahrens darstellt, gemessen an der Bedeutung für die Handhabung des materiellen Rechts und für die Verbrechensbekämpfung – immer beschränkt auf die wesentlichen Züge –, muß sprachlich eingefangen werden.

(2.4.2.3) Am bekanntesten ist die juristische Darstellung eines Sachverhalts in gerichtlichen Entscheidungen, vor allem in Urteilen. Die juristische Berufsmäßigkeit der Tatsachenstilisierung durch materielles Strafrecht und durch Strafverfahrensrecht kommt auf ihre Spitze. Wenn ein Urteil gefällt werden muß, ist das materielle Recht vielfach hin- und hergewendet worden; die Tatsachen sind durch wechselnde Verfahrenssituationen gegangen. Im Urteil muß alles zusammengefaßt werden. Für das Entstehen einer verbindlichen Wirklichkeit ist das eine spannende Situation. Doch routinisiert der Jurist die Angelegenheit auf das Abfassen eines Wahrheitskonzentrats, das die Anwendung materiellen Strafrechts legitimiert. § 267 Abs. 1 S. 1 StPO wörtlich:

> Wird der Angeklagte verurteilt, so müssen die Urteilsgründe die für erwiesen erachteten Tatsachen angeben, in denen die gesetzlichen Merkmale der Straftat gefunden werden. Soweit der Beweis aus anderen Tatsachen gefolgert wird, sollen auch diese Tatsachen angegeben werden. Auf Abbildungen, die sich bei den Akten befinden, kann hierbei wegen der Einzelheiten verwiesen werden.

---

[5] Kleinknecht u. Meyer: StPO, Rn. 23 zu § 163 StPO; Löwe-Rosenberg (Bearb.: Rieß): StPO, Rn. 80ff. zu § 163 StPO.

[6] Vgl. Kleinknecht u. Meyer: StPO, Rn. 48 zu § 163 StPO; Löwe-Rosenberg (Bearb.: Rieß): StPO, Rn. 83 zu § 163 StPO.

Dann wird noch das Angeben von »Umständen« verlangt, die für die Strafhöhe bestimmend gewesen sind (§ 267 Abs. 2, 3 StPO). Man sieht genau, wie trennscharf Auswahl und Darstellungsform für Tatsachen vom materiellen Recht, von der Verfahrenssituation und von der Sorge um die Wahrheit bestimmt sind. Aufmerksam machen will ich freilich auf eine unfachgemäße, beinahe poetische Wendung in diesem Gesetzestext von 1877: das Finden des Rechts in den Tatsachen. Offenbar schleppt § 267 Abs. 1 S. 1 StPO eine ältere Vorstellung des Verhältnisses von Tatsachen und Recht mit, eine Vorstellung, die Recht und Tatsachen identifiziert.

Die Folge dieses Textes des § 267 StPO für die Abfassung des Sachberichts in Strafurteilen ist eine völlig fachliche. Die Vorschriften dieses Textes führen zu ganz unpoetischen Tatsachenmitteilungen, die als bürokratische Grundlage für Bestrafung oder Nichtbestrafung dienen können. Nicht einmal die Tatentdeckung und das Entstehen des Tatverdachts gehören mehr regelmäßig in die Geschichtserzählung des Urteils, wie es noch bis in die erste Hälfte des 19. Jahrhunderts in den Traditionen des Inquisitionsprozesses gewesen ist.[7]

Zwei willkürlich ausgewählte Beispiele aus der Strafrechtsprechung des Preußischen Obertribunals können den sich bildenden Stil der Sachverhaltsschilderung im 19. Jahrhundert gut zeigen.

Ein fast kurioser Holzdiebstahl wird 1865 auf die folgende, in der übertriebenen Uninteressiertheit fast ironisch wirkenden Weise zusammengefaßt:

> Dz. hatte von Sch. ½ Klafter Holz, welches noch im Kgl. Forste lagerte, gekauft; Sch. hatte dabei ausdrücklich erklärt: die Uebergabe werde erst nach Zahlung des Preises erfolgen, und es war ein Tag verabredet worden, an welchem Zahlung und Übergabe stattfinden sollten; an diesem Tage erschien Dz. nicht, dagegen holte er einige Tage später das Holz hinter dem Rücken des Sch. ab, ohne den Preis gezahlt zu haben.[8]

Die Tötung von 45 Menschen wird 1868 so mitgeteilt:

> Der Fleischergeselle P. hatte in der Zeit vom 31. Mai bis zum 15. Juni 1867 fünf Schweine geschlachtet und dann das Fleisch an verschiedene Personen verkauft, ohne die vorgeschriebene Untersuchung erwirkt zu haben; eins dieser Schweine enthielt Trichinen; durch den Genuß des Fleisches erkrankte eine größere Anzahl von Personen, von welchen 45 starben.[9]

Mehr und Spannungsreicheres brauchte man für die Anwendung des materiellen Rechts nicht.[10]

---

[7] Hülle: Das rechtsgeschichtliche Erscheinungsbild, S. 99.

[8] Oppenhoff (Hg.): Die Rechtsprechung des Königlichen Obertribunals. Bd. 5, 1864, S. 529.

[9] Ebd. Bd. 9, 1869, S. 234.

[10] Daran hat sich bis heute nichts geändert. Vgl. die Anleitung zur sprachlichen Fassung der Feststellungen im Strafurteil bei Kroschel u. Meyer-Gossner: Die Urteile in Strafsachen, S. 87–92.

3. Zusammenfassung

Der Verlauf des 19. Jahrhunderts ist für die Stilisierung von Tatsachen durch Strafrecht und Strafverfahrensrecht wichtig. Das Prinzip der Gesetzlichkeit im materiellen Recht und das Entstehen des reformierten Strafprozesses schaffen einen bestimmten Typ des sprachlichen Umgangs mit Sachverhalten. Gekennzeichnet ist dieser Typ durch einen hohen Grad der Verfachlichung. Sichergestellt werden soll die wahre Tatsache, die bei der Anwendung des materiellen Rechts verwertbar ist und die die Verbrechensbekämpfung fördert. Materielles Strafrecht und Strafverfahrensrecht eröffnen den Kampf um die Tatsachen zwischen den Prozeßbeteiligten. Die Freiheit der Tatsachenschilderung besteht nicht. Literarisierung und Ästhetisierung der Verbrechensdarstellung in juristischen Zusammenhängen sind nicht denkbar. Sprachliche Entfaltung, Erzählen im Strafprozeß, zweckfreies Reden und Schreiben, Zuhören und Lesen bei der Verbrechensverfolgung gibt es nicht.

Es ist aber auch nicht schwierig, ein Sich-Wehren gegen eine solche Verfestigung der fachlichen Verbrechensdarstellung zu finden. Die ständige Forderung nach Popularisierung der Strafjuristensprache ist ein Abwehrmittel, von einiger Durchschlagskraft allerdings nur, wenn diese Forderung auch die Gesetzessprache selbst erfaßt und folglich Tatsachen und Recht näher zusammenbringt. Dann gehen freilich auch die politischen Sicherungen verloren, die in die fachliche Trennung von Recht und Tatsachen eingehen. Möglicherweise läßt sich in den verschiedenen literarischen Formen, die sich im Laufe des 19. Jahrhunderts außerhalb der Jurisprudenz für die Darstellung von Verbrechen entwickeln, eine Reaktion auf einen allzu fachsprachlichen Umgang mit der Straftat sehen. Diese Formen zeigen, wie das Verbrechen dargestellt werden kann, wenn die juristischen Stilisierungen der Darstellung wegfallen.[11]

Literaturverzeichnis

Karl Engisch: Logische Studien zur Gesetzesanwendung. 2. Aufl. Heidelberg: Winter 1960.

Werner Hülle: Das rechtsgeschichtliche Erscheinungsbild des preußischen Strafurteils. Aalen: Scientia 1965.

Eduard Kern: Geschichte des Gerichtsverfassungsrechts. München u. Berlin: Beck 1954.

Theodor Kleinknecht u. Karlheinz Meyer: Strafprozeßordnung, Gerichtsverfassungsgesetz, Nebengesetze und ergänzende Bestimmungen. 39. Aufl. (Becksche Kurzkommentare, Bd. 6) München: Beck 1989.

Theodor Kroschel u. Lutz Meyer-Gossner: Die Urteile in Strafsachen. 25. Aufl. München: Vahlen 1988.

---

[11] Als ein Beispiel kann Fontanes *Unterm Birnbaum* dienen, vgl. Lüderssen in diesem Band.

Löwe-Rosenberg: Die Strafprozeßordnung und das Gerichtsverfassungsgesetz. Großkommentar. 24. Aufl. Berlin u. New York: de Gruyter 1986ff.
Friedrich Christian Oppenhoff (Hg.): Die Rechtsprechung des Königlichen Obertribunals in Strafsachen. Berlin: Reimer 1861ff.
Claus Roxin: Strafverfahrensrecht. 21. Aufl. München: Beck 1989.
Hinrich Rüping: Grundriß der Strafrechtsgeschichte. München: Beck 1981.
Eberhard Schmidt: Einführung in die Geschichte der deutschen Strafrechtspflege. 3. Aufl. Göttingen: Vandenhoeck u. Ruprecht 1965.

Thomas-Michael Seibert

Erzählen als gesellschaftliche Konstruktion von Kriminalität

Die allgemeine Rechtstheorie hat sich nunmehr seit geraumer Zeit mit Argumentationen beschäftigt und von diesem Diskursmodus her das Selbstverständnis der Rechtsdisziplin umorientiert. Die Beschäftigung mit Argumentation erfolgte dabei vor allem unter dem Problemgesichtspunkt »Recht und Sprache«.[1] Es liegt daher nahe, nach dem Argumentieren das Beschreiben und das Erzählen als die weiteren »Grundoperationen der Sinnbildung«[2] zu untersuchen. Das ist zwar ein Weg, in dem das Grundlegende erst nach dem Abgeleiteten deutlich wird (denn nach dem juristischen Selbstverständnis sind Argumente gerade wegen ihres Ableitungscharakters wertvoll); er ergibt sich aber aus dem Forschungszusammenhang einer Rechtsphilosophie, die erst sehr langsam wahrnimmt, daß sich die Metaphysik des Rechts[3] nicht im Himmel, sondern im praktischen, banalen und immer wiederkehrenden Miteinander-Handeln der Betroffenen findet.

Die Bedeutung der Argumentation wird auch nach traditionellem juristischen Verständnis klar, wenn man sie im Rahmen der traditionell »Subsumtion« und neuerdings »Rechtskonkretisierung«[4] genannten Annäherung von Norm und Sachverhalt ansiedelt. Aber die Konzeption der Rechtsanwendung als Argumentationspraxis hat die Rede von »Sachverhalten«[5] unberührt gelassen. In der Konstitution des Sachverhalts liegt immer noch die bestgeglaubte Metaphysik der Rechtsanwendung.

An sich ist schon der Ausdruck »Konstitution« abweichend. Er gibt ein Stück Selbstverständlichkeit in der Außendarstellung der Rechtsanwendung preis. Nach

---

1 Vgl. Viehweg u. Rotter: Recht und Sprache – als Beginn einer rechtstheoretischen Entwicklung, die Luhmann (Rückgabe, S. 51) rückblickend skeptisch kommentiert: »Man ist ›kritischer‹ geworden und hat zahllose (alle?) Gemeinplätze abgehängt. Dadurch wird das ›Finden‹ der Argumente nicht gerade erleichtert. Wird nur der Akzent versetzt – von inventio auf amplificatio?«

2 In der Diskussion der Referate wurde erinnert an Gumbrechts Erzähltheorie, die Literatur als Verarbeitung realer Probleme deutet und literarisches Erzählen auf drei Grundoperationen lebensweltlicher Sinnbildungsprozesse bezieht, nämlich »Thematisieren«, »Interpretieren« und Motivkonstitution (Gumbrecht: Erzählen, S. 408).

3 Ohne Metaphysik scheint auch das moderne Recht nicht auszukommen, was von ganz unterschiedlichen Ausgangspunkten Rodingen negativ (Pragmatik, S. 101), Naucke (Grundbegriffe, S. 110–112) kritisch und Neumann positiv (Rechtsontologie, S. 89) bewerten.

4 Zu den Ausgangspunkten der juristischen Methodik vgl. Müller: Methodik, S. 125f.; Kaufmann u. Hassemer: Einführung, S. 291–293.

5 Zur Ausdifferenzierung des ›Sachverhalts‹ vgl. Müller: Methodik, S. 120.

herkömmlichem kriminalistischem Wissen werden Sachverhalte nicht konstituiert, sondern »festgestellt«. Bei diesem herkömmlichen Wissen will ich die folgende Problemskizze ansetzen lassen. Meine These lautet zunächst, daß sich die Selbstverständlichkeit, die »Feststellungen« im Rechtsalltag tatsächlich häufig haben, daraus ergibt, daß die festgestellten Daten von jemandem in einer Geschichte erzählt werden. Ich will zunächst die juristischen Anforderungen an die Sachverhaltsfeststellung – auch anhand aktueller Rechtsprechung – verdeutlichen und dann in einem zweiten Schritt die juristischen Anforderungen an die alltägliche Erzählpraxis einerseits wie die selbstverständlichen Zulieferungsleistungen dieser Erzählpraxis an die Strafverfolgung andererseits charakterisieren. Resümierend und auf dem Boden des Alltagswissens pauschalierend könnte man sagen: Unterließen wir es, die Geschichten vom abweichenden Verhalten zu erzählen, blieben uns zwar nicht die Enttäuschungen der Abweichung erspart, wohl aber die der Strafrechtspflege.

1. Die Erzählung als bestgeglaubte Form der Sachverhaltsfeststellung

Die Strafprozeßordnung nennt Zeugen (§§ 48ff. StPO), Sachverständige (§§ 72ff.), Urkunden (§ 249) und den Augenschein (§§ 86ff.) als Beweismittel. Die Beweisaufnahme in der Hauptverhandlung ist dabei nach eigenem juristischen Selbstverständnis mehr ein Kontroll- als ein Entdeckungsverfahren.[6] Zur Überzeugung des Gerichts, auf der ein Urteil beruhen muß (§ 261 StPO), sollen noch einmal die Umstände zur Sprache gebracht werden, von deren Vorliegen die Anklage ausgeht.

Nach gängiger Praxis braucht dann nichts kontrolliert zu werden, wenn der Angeklagte geständig ist. Das Geständnis hat eine viel größere praktische Bedeutung als seine eher beiläufige Erwähnung in der StPO (§ 254) vermuten läßt. Es ist zwar an sich kein ausdrücklich genanntes Beweismittel, nach ständiger Rechtsprechung können aber Äußerungen des Angeklagten zur Sache – seien sie geständiger, leugnender oder einfach nur verschweigender Art – der Beweiswürdigung zugrunde gelegt werden. Die praktische Bedeutung steigt noch, wenn mehrere Mitangeklagte nur teilweise geständig sind und sich dabei gegenseitig belasten. Das »Gefangenendilemma«[7] hat eine eminent praktische Bedeutung.

Das Geständnis basiert nun – im übrigen ebenso wie die Vernehmung eines Zeugen zur Sache – auf dem Erzählen.[8] Das Geständnis ist die Erzählung des

---

[6] Ob die Hauptverhandlung ihrer äußeren Form nach auch nur einigermaßen angemessen die in den Akten enthaltenen Ermittlungsergebnisse kontrollieren kann, erörtert unter Einbeziehung gegenwärtiger Kommunikationstheorien Schünemann (Hauptverhandlung, insbes. S. 178f.).

[7] Das Interaktionsmuster ist von Rapoport und Chammah zu spieltheoretischen Zwecken entworfen und von Watzlawick (Wirklichkeit, S. 103–108) neu interpretiert worden.

[8] Zu den Anforderungen an die Erzählung des Angeklagten vgl. Hoffmann: Kommunikation, S. 79–211.

Angeklagten zum Tathergang, mithin seine eigene Bestätigung des Anklagevorwurfs. Damit wird eine erste juristische Anforderung an Erzählleistungen im Verfahren deutlich: Die Erzählung der Laien im Rechtsverfahren hat den interaktiven Stellenwert einer Antwort (Reaktion).

Im Verfahren interessiert nicht die freie Erzählung, auch wenn § 69 Abs. 1 StPO es dem Gericht zur Pflicht macht, den Zeugen zu veranlassen, im Zusammenhang anzugeben, was ihm von dem Gegenstand der Vernehmung bekannt ist. Die damit gemeinte Darstellungsleistung ist sprachlich als »gebundene Erzählung« zu charakterisieren. »Gebunden« bleibt sie an ein vorgegebenes Thema, das der Erzähler nicht selbst bestimmen kann; »Erzählung« soll sie trotz aller Vorgaben aber immerhin noch sein, denn nur im Modus der Erzählung kann der Zeuge etwas im Zusammenhang angeben.[9]

Wegen der thematischen Bindung kommt der Zeugenerzählung wie dem Geständnis eine ähnlich überzeugungsbildende Aufgabe zu. Im Geständnis kann der Angeklagte – dem semantischen Gehalt des Terminus nach – den Anklagevorwurf nur bejahen. Es ist zwar denkbar (und kommt tatsächlich gelegentlich vor), daß der Angeklagte den Vorwurf nur teilweise einräumt (oder schließlich sogar ganz abstreitet). Solche Verneinungen machen die Erzählung des Angeklagten terminologisch zur »Einlassung«, und Einlassungen sind für die Verfahrenswalter von geringerem Interesse. Eine Einlassung, der das Gericht – wie es in den Urteilsgründen dann häufig heißt – »nur teilweise zu folgen vermag«, zwingt es, ins Beweisverfahren überzugehen und anstelle des Angeklagten die Zeugen zu fragen. Bei der Zeugenvernehmung wiederholt sich dieses Sprachspiel prinzipiell. Zeugen, die ihr Thema und die damit verbundenen Fragen[10] – seien sie von der Anklage oder der Verteidigung aufgeworfen – verneinen, zwingen zunächst einmal zur Fortsetzung des Erzählvorgangs bis zur Erschöpfung aller denkbaren Antwortgeber.

Wenn nun dem Erzählen aus der Laienperspektive im Verfahren eine reaktive Aufgabe zukommt, wendet sich die Aufmerksamkeit naturgemäß der Vorgabe zu. Die Anklage – oder auch der Beweisantrag der Verteidigung – soll nach herkömmlicher Ausdrucksweise nur »Fakten« vorgeben. Daß dem nicht so sein kann, zeigt sich schon an der literaturwissenschaftlichen Entdeckung des »Kasus« als Erzählform. Der Kasus oder der »Tatbestand« der modernen Rechtsanwendung haben tunlichst Erzählcharakter. Das ist – wohlbemerkt – ein Soll-Satz, der von modernen Gesetzgebern gelegentlich unbeachtet bleibt mit der Folge, daß »Tatbestände« wie Gewässer- oder Luftverunreinigung nahezu unanwendbar werden. Folgerichtig hat André Jolles (1930) bei seinem Studium der »Einfachen Formen« den Kasus am klassischen Beispiel des Diebstahls veranschaulicht, dem eine Hehlerei nachfolgt. Im Gewande juristischer Tatsachenfeststellungen ist damit ein

---

[9] Die Widersprüchlichkeit der kommunikativen Vorgaben hat Holly in *Der doppelte Boden in Verhören* herausgearbeitet.

[10] »Die Frage als Voraussetzung der Sachverhaltsbildung« betont Hruschka (Konstitution, S. 20–29).

komplexes Geschehen zusammengefaßt: »Jemand nimmt mit der Absicht, sie sich rechtswidrig zuzueignen, einem anderen eine teilbare Geldsumme weg, er teilt diese Tatsache einer dritten Person mit, die obwohl sie weiß, daß diese Sache mittels einer strafbaren Handlung erlangt ist, einen Teil dieser Summe an sich bringt [...]«[11] Dieses schöne Juristendeutsch findet Jolles als Kasus in der *Berliner Illustrirten Zeitung* so vor: »Ein Taschendieb stiehlt mir im Gedränge der Großstadt meine Brieftasche, in der hundert Mark in kleinen Scheinen waren. Mit seiner Geliebten, der er von dem glücklichen Fang erzählt, teilt er seine Beute.«[12]

Die beiden Erzählsätze – und das ist ihre erzählerisch bedingte Besonderheit – erfassen alle Elemente des Straftatbestands der Hehlerei in einer Form, die wir als »lebenswirklich« akzeptieren, während wir den vorangegangenen abstrakten (Anklage-)Satz unverständlich, komisch oder überflüssig finden. Das Geheimnis dieser erzählerischen Einkleidung der Norm findet Jolles in vier Punkten. Da sei »1. ein Dieb, der 2. eine mehrere Scheine enthaltende Brieftasche stiehlt«.[13] Schon in diesen ersten zwei Punkten liegen die Grundvoraussetzungen des professionellen juristischen Erzählens beschlossen. Man benötigt 1. einen Geschehensträger (ein Subjekt, eine Person) und 2. einen Ablauf, den dieser Geschehensträger steuert (geschehen läßt), und zwar am besten in der Form, daß sich eine Handlung (Wegnehmen, Stehlen) an einem Objekt (Brieftasche) materialisiert.[14] Die darin beschlossene Sprachlogik ist archaisch. (Von einem Subjekt wird etwas prädiziert. Das Prädikat richtet sich auf ein Objekt.) Aber weit über diese Archetypik kommt das Tatbestandssystem nicht hinaus.[15]

Man kann diesen Grundvorgang verdoppeln oder ineinander verschachteln.[16] Die Hehlerei ist ein solcher »doppelter Diebstahl«, bei dem Kenntnis von der Vortat vorausgesetzt wird und der sich deshalb oft nur schwierig nachweisen läßt. Im eben genannten Beispiel wird die Norm »selbst-verständlich«, weil der Dieb – wie Jolles weiter feststellt – »3. seiner Geliebten davon erzählt und mit ihr teilt und sie 4. dadurch zur Hehlerin macht.«[17] Es sind also zwei Prädikate: etwas teilen und etwas erzählen, die der Geschehensträger – der Angeklagte – sich zurechnen lassen muß.

Versichern wir uns der professionellen Erzählform noch einmal in umgekehrter Weise, im Ablauf einer Vernehmung: Die Ermittlungen haben ergeben, daß sich im Wäscheschrank des Angeklagten 55 Paar Unterhosen, 10 Pakete Bettwäsche und 8 Tischtücher befinden, alle versehen mit Original-Herstellerverpackungen und Preisschildern. Man fragt – zwanglos – nach dem vorangegangenen Geschehen: Warum bewahrt der Angeklagte eine solche

[11] Jolles: Formen, S. 176f.; vgl. auch Herzog: Norm, S. 438f.
[12] Jolles, Formen, S. 171.
[13] Ebd. S. 177.
[14] Das ist der Ansatz zu einer sprachkritischen Rechtstheorie, den Rodingen in dem gleichnamigen Aufsatz gewählt hat.
[15] Vgl. Seibert: Sprache, S. 49; Naucke (Verfachlichung, S. 62) sieht darin eine Bedingung für die professionelle Ausdifferenzierung des Strafrechts.
[16] Instruktiv und weiterführend sind unter diesem Gesichtspunkt Rodingens typisierende Sprachtests (Pragmatik, S. 21–25, 45–49).
[17] Jolles: Formen, S. 177.

Menge von Textilien in seinem Wäscheschrank auf? Hätte er sie gerade gekauft, warum hat er nicht die Verpackungen geöffnet? Hätte er Unterhosen, Bettwäsche und Tischtücher nicht benötigt und sie deshalb ungeöffnet gelassen, warum hat er sie in derartigen Mengen angeschafft? Hätte er sie weiterveräußern wollen und sie deshalb ungeöffnet und in großen Mengen angekauft, warum sollte er solche Dinge schon zu den teuren Preisen des Einzelhandels erwerben? Fazit demnach: Der Angeklagte bewahrt Diebesgut zum Weiterverkauf bei sich zu Hause auf. Gesteht er nicht, benötigen wir den Dieb als Zeugen oder die Angestellten der geschädigten Firma, die die Waren (hoffentlich) als gestohlen bemerkt und gemeldet haben.

Etwas abstrakter genommen, geht es darum von den Objekten der Tat auf deren Charakter zu schließen und die so qualifizierte Tat jemandem (dem Täter) zuzuschreiben.[18] Fakten (Daten) sind dazu nicht ausreichend. Zu erzählen bleibt, welche Handlung (Tat) eine Person (Täter) an einem Gegenstand oder an einer Person (Objekt oder Opfer) vorgenommen hat. Daß ein Geschehen sich so und nicht anders abspielt, ist die professionelle Vorgabe für die Erzählung der Laien. An diese äußere Form müssen Inhalte angepaßt werden.

Die Formvorgabe scheint so trivial zu sein, daß sie kaum einer besonderen Erwähnung – geschweige denn Analyse – wert zu sein scheint. Der Schein trügt. Ich möchte an drei Beispielen aus der Strafrechtsprechung deutlich machen, daß sich die Strafrechtspflege abmüht, Erzählungen hervorzulocken und deren Inhalte dann zumindest auf die Subjekt/Prädikat-Struktur von Täter und Tat zu reduzieren.

Mein erstes Beispiel ergibt sich aus der Bedeutung des Schweigens im Strafverfahren. Der Beschuldigte braucht sich zur Sache nicht »einzulassen«. Er soll nach § 136 StPO schon vor jeder Vernehmung darauf hingewiesen werden, daß es ihm freisteht, Angaben zur Sache zu machen oder zu schweigen. Diese Pflicht bringt die Verfahrenswalter in eine teilweise peinliche, immer aber mühsame Situation. Der Doktrin nach ist das Strafverfahren zwar darauf angelegt, vor dem Angeklagten als bloßem Zuschauer dessen eigene Überführung und Verurteilung zu inszenieren; man benötigt für diese Inszenierung jedoch eine Vielzahl manchmal unwilliger oder unfähiger Laiendarsteller.[19] Es besteht deshalb eine Tendenz, das Schweigen zur Äußerung zu rechnen und als Kommunikation zu behandeln.

So gibt es Berufsgruppen – Ärzte, Pfarrer oder Rechtsanwälte – die ihrem Auftrag nach, über die beruflich erlangten Kenntnisse schweigen sollen. Der Angeklagte kann darauf vertrauen, daß der Arzt über das Bestehen oder Nichtbestehen einer Krankheit schweigt, der Pfarrer das Geständnis nicht offenbart, und der Rechtsanwalt die falsche Aussage vor Gericht nicht denunziert. Darauf haben sich die Gerichte eingerichtet. Man argumentiert über die Nichterzählung wie folgt:

---

[18] Vgl. Rodingens Bemerkungen zu »Vorsatz und Absicht im Strafrecht« (Pragmatik, S. 96–100), die auch dann noch aufschlußreich sind, wenn man die pauschalierenden Bewertungen nicht teilt; zur Konstruktion der Zueignungsabsicht im Detail vgl. Seibert: Aktenanalysen, S. 53–67.

[19] Ich machte auch im weiteren Verlauf der Analyse Gebrauch von einer Konzeption, nach der das Verfahren als »ein System von Darstellungen« erscheint, vgl. Luhmann: Verfahren, S. 94.

> Durch seine Weigerung, den Zeugen von seiner Verpflichtung zur Verschwiegenheit zu entbinden, hat der Angeklagte sodann die Beantwortung der von ihm selbst aufgeworfenen Beweisfrage vereitelt. Wenn er auch nicht verpflichtet war, an der Aufklärung des Sachverhaltes mitzuwirken [...], so durfte das LG doch aus diesem Verhalten den ihm nachteiligen Schluß ziehen, daß seine Behauptung unwahr sei.[20]

Der Zeitpunkt des Schweigens macht es also beredt. Der Zeitpunkt des Schweigens wird auch als Selbstbelastung gewertet, wenn der – den Vorwurf leugnende – Angeklagte seine Einlassung »dem aufnehmenden Polizeibeamten am Tattag nicht erklärt«.

Das Schweigen wird zum Reden, indem der aufnehmende Polizeibeamte in einer eigenen dienstlichen Erklärung feststellt, der Beschuldigte habe ihm gegenüber mündlich den Tatvorwurf durchaus eingestanden und sich nur später geweigert, ein Protokoll darüber aufzunehmen und zu unterschreiben. Das sind Kryptostrategien im ersten Zugriff, die nicht immer die spätere Billigung der höchstrichterlichen Rechtsprechung finden[21], aber es sind nach wie vor praktizierte Methoden, den Angeklagten zum Sprechen zu veranlassen.

Mein zweites Beispiel berührt die Täterfeststellung und damit ein Kernstück der äußeren Form, der Subjekt/Prädikat-Struktur. Wenn der Angeklagte hartnäkkig schweigt (was er insbesondere als sog. »Mehrfachtäter« gelernt hat), so ist der Richter von Gesetzes wegen keineswegs veranlaßt, ihn freizusprechen. Die freie Beweiswürdigung des § 261 StPO erlaubt im Gegenteil trotz leugnender Einlassung und evtl. unterstützender Zeugenaussagen den Angeklagten aufgrund zweifelsfreier Umstände für überführt anzusehen. Das ist das Feld des Indizienbeweises, ohne den ein Detektivroman seine Spannung verlieren würde. Was ist aber jenseits der eigenen Erzählung, des Geständnisses oder der Zeugenaussage, ein zweifelsfreier Umstand? Die Rechtsprechung hat gemeint (und die Praxis meint es noch heute), daß jemand, der ein Fahrzeug sein eigen nennt, es auch fährt bzw. – wenn er ausnahmsweise nicht fährt – sich erinnern kann, wer es statt dessen geführt hätte. Der sprachlogische Schluß ist von der gleichen Art wie im Hehlerbeispiel: Vor der Haustür des Beschuldigten ist dessen Fahrzeug mit noch warmem Motor und erheblichen Beschädigungen an der Frontseite abgestellt. Persönlich dazu gehört, erklärt der Beschuldigte aber, er habe geschlafen und sein Auto an einen namentlich nicht bekannten Libanesen verliehen oder auch an jemanden, dessen Namen er nicht nennen möchte. Der Schluß von der Tat auf den (wahrscheinlichen) Täter soll aber in diesem Fall – wie der Bundesgerichtshof in einem die Verkehrsrechtsprechung seither prägenden Beschluß ausgeführt hat – zwar »möglich« sein, erfülle aber nicht die dem Gericht obliegende Aufgabe, »die Beweise nicht nur denkgesetzlich richtig und widerspruchsfrei, sondern auch er-

---

[20] Entscheidung des Bundesgerichtshofs, veröffentlicht in: Neue Juristische Wochenschrift 1966, S. 210.

[21] Es wurde mißbilligt in einer Entscheidung des Oberlandesgerichts Braunschweig, veröffentlicht in: Neue Juristische Wochenschrift 1966, S. 219.

schöpfend zu würdigen«,[22] weil von mehreren naheliegenden Möglichkeiten nur eine in Betracht gezogen werde. Seitdem sind wir nach der Praxis der Rechtsprechung ein Volk von Autoverleihern. Dem Halter, der schweigt, wird seine Tat nur noch im Ausnahmefall zugerechnet.

Mein drittes Beispiel bezieht sich auf das andere Kernstück der äußeren Sprachform, die notwendigen Prädikate. Es gibt Erfolge, und es gibt Personen, die für diese Deliktserfolge offenbar einstehen müssen, ohne daß hinlänglich klar ist, auf welche Weise, durch welches Tun, sie dies zustande gebracht haben. Die Ehefrau des Angeklagten hat von einer Tochter entbunden, deren Erzeuger nicht der Angeklagte war.[23] Auf der Heimfahrt von der Klinik trägt der Angeklagte das Kind in einer Tragetasche und steigt unterwegs aus. Das Kind ist seitdem unauffindbar. Der Angeklagte hat die ihm vorgeworfene Tötung geleugnet.

Solche unbenannten Taten, bei denen Täter und Deliktserfolge klar sind, ereignen sich nicht selten. Es gibt Mütter, die ihre Kinder ertrunken aus der Badewanne bergen, oder es gibt Frauen, deren Liebhaber den Freund umbringen[24]. Von der Sprachlogik her wird hier der Schluß auf die Tat nahegelegt. Es ist ein sprachpragmatischer Schluß, daß derjenige, der neben dem getöteten Opfer steht oder es zuletzt beherbergt hat, zu seinem Tod auch beigetragen hat. Nur mühsam verwehrt eine an sich subtile Dogmatik es den Ermittlern, die Bezeichnung der Tat auf sich beruhen zu lassen. Legal ist dies nur in eingeschränkten Fällen der sog. »Wahlfeststellung«:

> In einem solchen Fall müssen die Urteilsgründe anstelle der für erwiesen erachteten Tatsachen, in denen die Merkmale der strafbaren Handlung gefunden werden, den äußeren und inneren Sachverhalt der Verhaltensweisen schildern, die nach der Überzeugung des Gerichts allein in Betracht kommen; andere Möglichkeiten müssen sicher ausgeschlossen werden [...].[25]

Das Obergericht hat nun in der Feststellung dieser Tatsachen die Überzeugung von einer »vorsätzlichen gewaltsamen Tötung« des Kindes nicht ausreichen lassen. Da es keine Tatzeugen gab, hat es der Senat sogar für möglich angesehen, daß das Kind noch lebe. Die Tat, deren Hergang nicht erzählt wird, kann auch nicht festgestellt werden.

Ich will damit in einem ersten Durchgang die praktische Bedeutung des Erzählens bei der Ermittlung und Überzeugungsbildung aufgewiesen haben. Die Bedeutung bleibt gewissermaßen subkutan; sie beruht nicht auf der gesetzlichen, sondern auf der praktischen Verfahrensordnung. Ohne Erzählungen wird die Konstitution des Sachverhalts mühsam. Indizien lassen mögliche Schlüsse auf den Täter

---

22 Entscheidung des Bundesgerichtshofs, veröffentlicht in: Neue Juristische Wochenschrift 1974, S. 2295.

23 Vgl. Entscheidung des Bundesgerichtshofs, veröffentlicht in: Neue Zeitschrift für Strafrecht 1981, S. 33.

24 Vgl. Entscheidung des Bundesgerichtshofs, veröffentlicht in: Neue Zeitschrift für Strafrecht 1983, S. 405.

25 So die Schlußfolgerung in der Entscheidung, Fn. 23.

zu, gelten aber häufig nicht als ausreichend. Taten schließlich – in ihrem inneren und äußeren Ablauf – sind ohne Erzählungen gar nicht feststellbar.

2. Die Abweichung als schönster Inhalt der Erzählform

Die bisherige Analyse erfolgte aus der Perspektive der Institution. Betrachtet man nur die »Verwalter von Kriminalität«, so mag es als besonders listig oder für das System charakteristisch erscheinen, daß es Erzählungen hervorlocken muß, um zu funktionieren.[26] Ohne freiwillige Darstellungsleistungen der Laien würde die Strafrechtspflege auf ein absolutes Minimum reduziert werden.

Es dürfte aber schon deutlich geworden sein, daß die juristischen Anforderungen an die Laiendarstellung im Grunde nur das enthalten, was Laien gern und bereitwillig anbieten; und ich möchte daran die weitere These anschließen, daß Abweichungen (die zwar vielleicht keine hinreichende, aber eine notwendige Bedingung von Kriminalität sind) der beliebteste Inhalt der dargebotenen Erzählform sind. Denn die Erzählung baut auf alltäglichen Normalformen des Handelns auf, und um ihr einen »Sinn« oder eine »Pointe« zu geben, eignen sich Abweichungen am besten. Erzählinhalte verlaufen nach dem Schema: Normalzustand – Störung (Abweichung) – Wiederherstellung des Normalzustands. Pragmatisch sind böse Wendungen viel interessanter als glückliche Schickungen.

Zunächst soll aber die juristische Sachverhaltsform noch einmal aus dem Horizont des Alltagswissens mit der Erzählform verglichen werden. Das recht grobe und für den Vergleichszweck hier zugrundezulegende Ergebnis lautete: Als Sachverhalt für den juristischen Tatbestand wird eine Aussage (Prädikat) über einen Handelnden (Subjekt) benötigt, die tunlichst auf einen Erfolg (Objekt) gerichtet sein sollte.

Sprachpragmatisch sind damit drei Operationen der Sinnbildung verlangt, die sich zwanglos mit den Idealisierungen in der Kommunikation vereinbaren lassen.[27]

Die erste Operation liegt in einer Personalisierung des Geschehens. Eine solche Personalisierung leisten Erzählungen fast immer, Berichte fast nie. Die Staatsanwaltschaft erhält viele, oft auch detaillierte Berichte über bedrohliche Ereignisse. Man sichtet Schaum auf der Weil, eine Ölspur im Main oder weißlichen Filterstaub auf Autodächern. Solche Berichte sind für strafrechtliche Ermittlungen nur

---

[26] Die List betont Rodingen (Pragmatik, S. 91f.), die System-Charakteristik hat der frühere Präsident des Bundeskriminalamts, Herold, in einem berühmt gewordenen Interview (Transatlantik 1980, H. 11, S. 30) bedauert: »Wir haben den Anspruch, die Kriminaltechnik zu einem Instrument der Verobjektivierung des Strafverfahrens zu entwickeln; d. h. es zu so hoher wissenschaftlicher Perfektion und Güte auszugestalten, daß wir den Zeugen überflüssig machen, weil der Zeuge ein absolut untaugliches Beweismitel ist.«

[27] Gemeint sind damit die von Husserl herrührenden, in die Soziologie des Alltagswissens eingegangenen Annahmen über subjektive Leistungen der Gesellschaftsmitglieder (Arbeitsgruppe: Alltagswissen, S. 444).

tauglich, wenn sie sich mit Erzählungen verbinden, wer etwas wann gemacht hat. Diese Erzählungen müssen aus der Sicht der Verfahrenswalter nicht zutreffend sein. Wenn derjenige, dem ein Verkehrsunfall zu Last gelegt wird, dazu erzählt:

(1) Ich habe nicht gehört, daß ich an ein fremdes Fahrzeug angestoßen sein soll. Ich half meiner Freundin beim Umziehen, wendete auf der Straße und hatte einen Geschirrkorb im Wagen, der klapperte –,

dann ist die richtige Wiedergabe der subjektiven Wahrnehmung zweitrangig. Wichtig ist die Personalisierungsleistung: *er* ist gefahren.

Personalisierung ist dem Erzählen so selbstverständlich aufgegeben, daß es in den von den Bielefelder Soziologen benannten Zugzwängen des Erzählens nicht besonders hervorgehoben wird. Ein anderer, hervorgehobener ›Zugzwang‹ wird zu einer ganz entscheidenden alltäglichen Zulieferungsleistung für die Sachverhaltsfeststellung: die Detaillierung,[28] die mit der Kondensierung eng verbunden ist. Juristen pflegen meist von Substantiierung[29] zu reden und meinen damit im Zivilrecht einen Fachbegriff, der als Schlagwort den nicht ins Konzept passenden Parteivortrag buchstäblich aus dem Felde ›schlägt‹. In Strafsachen müssen die Ermittlungsbehörden selbst um eine ausreichende Substantiierung etwa einer Anzeige besorgt sein, und in diesem Zusammenhang interessiert wiederum die Erzählung. Wenig kann man mit der Etikettierung anfangen:

(2) Ich wurde überfallen –

oder:

(3) Der Unfallfahrer flüchtete.

Notwendig ist die Erzählung:

(4) Er rammte das parkende Fahrzeug, kurbelte dann die Scheibe herunter, sah nach draußen und verließ die Straße mit aufheulendem Motor –

oder im anderen Fall die Substantiierung:

(5) Ich gehe vom Hauptbahnhof die Moselstraße entlang und treffe einen Amerikaner. Der will Geld wechseln. Ich hole einen Zwanzigmarkschein aus der Hosentasche, er nimmt ihn mir aus der Hand und verschwindet im Dunkeln.

Sie ist deswegen notwendig, weil erst aus der emotionalen Distanz zu aktuellen Handlungsorientierungen und Interessenkonstellationen jene Bewertung möglich ist, die der Rechtsdisziplin als ›Entscheidung‹ auferlegt ist. Zwar drängt der Stil des Erlebens und Erfahrens zu Zusammenfassungen. Man erfährt von Überfällen und Haustürverkäufen und erlebt Wiedersehensfreude oder Abschiedsschmerz. Falls diese Erfahrungen und Erlebnisse Thema einer Rechtsentscheidung werden sollen, muß die Handlung nicht nur an eine Person gebunden, sondern auch in ihren latenten Orientierungen ›zur Sprache‹ gebracht werden. Dann zeigt sich beispielsweise, daß der Überfall ein vielleicht willkürlich isoliertes Element einer anderen Handlungssequenz ist. Die Erzählung des Sachverhalts zwingt zur Auflö-

---

[28] Vgl. Schütze: Sprache, S. 727f.
[29] Vgl. Seibert: Aktenanalysen, S. 89, 117.

sung sprachlich eingebrachter Bewertungen. Es kann sein, daß jenes Geldwechselgeschäft in der Nähe des Hauptbahnhofs (auf solche Ortskennzeichnungen kommt es dann an) als mißglückter »Deal« zusammenzufassen wäre. Es ist der narrative Zugzwang der Detaillierung, der vom Sprecher ansonsten verschwiegene Sachverhalte andeutet, ohne daß man ihn deshalb mit externen Bewertungen konfrontieren müßte.[30]

Nach Personalisierung und Substantiierung ergibt sich aus den allgemeinen Zugzwängen des Erzählens schließlich eine dritte Grundoperation der juristischen Sinnbildung. Ich bezeichne sie als Motivierung.[31] Für personenzentrierte, substantiierte, aber dennoch unmotivierte Einlassungen hat die Sprache der praktischen Strafrechtspflege den Ausdruck ›Schutzbehauptung‹ reserviert.[32] So ist beispielsweise nicht auszuschließen, daß jemand, der in einem Fahrzeug sitzt, wegen erheblicher Innengeräusche nicht mitbekommt, was um ihn herum vorgeht. Dennoch sind Verfahrenswalter in der Regel nicht bereit, eine Einlassung wie (1) gelten zu lassen. Nach den für die Unfallflucht gültigen Relevanzregeln nimmt man einen Karosserieanstoß wahr. Das Motiv für die Entfernung vom Unfallort wird demnach nicht im Überhören, sondern im Verdecken des Unfalls gesehen und ist aus eben diesem Grund strafwürdig.

Konzentriert man das Interesse auf Motivierungen, dann wird deutlich, weshalb die Rechtsdisziplin allgemein und die Strafrechtspflege im ganz besonderen Erzählungen als grundlegenden Diskursmodus voraussetzen (und nicht etwa Beschreibungen oder Argumentationen). Die Beschreibung – strafrechtspraktisch etwa das Gutachten eines Sachverständigen – müßte sich, wenn es methodisch korrekt verfährt, einer Charakterisierung der Motive des Handelnden im Einzelfall enthalten. Motivierung ist die alltägliche und nachträgliche Methode zur Charakterisierung einer Handlung, wobei diese Handlung schon sprachlich strukturiert, mithin als Text aufbereitet sein muß.[33] Das leistet die Erzählung über den Zugzwang der Kondensierung von Ereignissen. Da dem Erzähler zur Information seines Partners nur eine begrenzte Zeit zur Verfügung steht, muß er – um einen ›Inhalt‹ zu präsentieren – ein Gerüst von Abläufen bereitstellen.[34] Das kann als Sinnbildung nur nachträglich geschehen. Die prospektive Motivierung ist zwar nicht selten, setzt aber bereits einen Bestand möglicher Geschichten voraus.

Die Existenz eines solchen Geschichtenbestands scheint mir nun gerade für die praktische Strafrechtspflege typisch zu sein. Der Ermittler konstruiert an sich

---

[30] Schütze: Sprache, S. 726–730, sowie Kallmeyer u. Schütze: Konversationsanalyse.

[31] Schütze (ebd. S. 729) spricht von einer »retrospektiv-narrativen Gesamterzählfolie« und trifft sich damit in der Konzeption einer Geschichte mit literaturtheoretischen Annahmen von Isers *Der implizite Leser* und Kanzogs *Erzählstrategie.*

[32] Beispiel bei Seibert: Aktenanalysen, S. 59.

[33] Nachträglichkeit und kontextuelle Aufbereitung sind gleichermaßen wichtig; kurz und prägnant machen dies Huths Nachrichten-Sätze über den Frieden von Tauroggen anschaulich (Ereignis, S. 104f.); vgl. im übrigen Stierle: Geschichte, S. 24.

[34] Schütze: Sprache, S. 728; Kanzog: Erzählstrategie, S. 20–29, der auch im übrigen auf die Normvermittlung im Erzählen hinweist.

nicht, und sein Selbstverständnis, er stelle im Grunde nur fest, was böse ist, erscheint auch insofern ganz richtig, als die gesellschaftliche, konstruktive Leistung längst abgeschlossen ist, ehe der Ermittler böses und deshalb strafbares Handeln feststellt. Wenn sie nicht abgeschlossen ist, wirkt die Handlung kaum noch böse, fast schon wieder verständlich. Der Umweltverschmutzer kann sich dann mit Erfolg so einlassen:

(6) Das Klärbecken ist tatsächlich nicht gereinigt worden. Eine eigene technische Ausrüstung dafür hat die Gemeinde auch nicht. Sie muß einen Unternehmer bestellen und bezahlen, der den Klärschlamm einmal in der Woche abfährt. Dafür wäre aber ein regelmäßiger Haushaltstitel für Wartung erforderlich.

Das Substrat der Erzählung ist hier bereits als Argument ausgeformt. Es ist geeignet, die Schuld an einer Gewässerverunreinigung wenigstens zu vermindern, während es – in übertragener Form – nicht geeignet wäre, die Schuld oder die Bereicherungsabsicht bei einem ›Eingehungsbetrug‹ zu beseitigen. Man sage darauf nicht, der ›Eingehungsbetrug‹ sei seinem Strafwürdigkeitsgehalt nach auch mit der ›Gewässerverunreinigung‹ nicht vergleichbar. Wenn dieser Satz das Rechtsgefühl richtig wiedergibt, dann ist er zugleich eine Aussage über den aktualisierbaren Bestand erzählter Geschichten bei Zechprellereien und Abzahlungsgeschäften.

Wir sind damit beim letzten Schritt der Analyse angelangt, der etwas verlangt, was einer formal verstandenen linguistischen Pragmatik gewöhnlich nicht zugestanden wird. Wenn es so ist, daß die Erzählung den personenbezogenen, substantiierten und plausiblen Sachverhalt hervorbringt, dann müssen solche Geschichten sich sicher nicht notwendigerweise auf kriminelle Handlungen beziehen. Der Kreis der erzählten Geschichten ist sicherlich größer als der Subsumtionsradius von Straftatbeständen. Es gibt aber sowohl aus der Perspektive des Erzählens wie aus der des Tatbestandssystems Annäherungstendenzen. Ich möchte sie unter der doppelten These zusammenfassen: Der schönste – weil spannendste – Inhalt der Erzählform sind Abweichungen, und insbesondere das deutsche Straftatsystem wird in der Sprechweise seiner Anwender zum möglichst weitreichenden Mittel auf jede Form der sozialen Abweichung.

Der zweite Teil der These ist kriminalpolitischer Art, und es erscheint an dieser Stelle nicht möglich, sich im Wege einer umfassenden Strafrechtskritik dazu zu äußern, weshalb nach deutschem Verständnis jede abweichende und irgendwie verwerflich wirkende Handlung auch subsumierbar sein muß.[35] Die aktuelle Diskussion über den ›zivilen Ungehorsam‹ zeigt jedoch, daß hier ein Problem liegt. Wir haben uns strafrechtspraktisch daran gewöhnt, Sitzen als gewaltsam zu bezeichnen, das Bekleben und Beschriften von Wänden als strafbare Sachbeschädigung zu verfolgen und die ungebührliche Äußerung in einer Fußgängerpassage als Hausfriedensbruch zu werten. Ich möchte nicht in eine dogmatische Diskussion

---

[35] Naucke – in *Generalklauseln und Rechtsanwendung* – kritisiert das Vordringen unklaren Strafrechts als ein Mittel zur Verteilung von Interpretationsrisiken; aus kriminalsoziologischer Perspektive sieht Haferkamp – in *Herrschaft und Strafrecht* – darin ein Mittel zur Durchsetzung nicht verallgemeinerungsfähiger Gruppeninteressen.

darüber eintreten, ob es möglicherweise zwingende systematische Gründe gibt, tatsächlich so zu verfahren, wie es die Praxis tut. Phänomenologisch folgt die Strafbarkeitsbegründung jedenfalls den Verwerflichkeitsgefühlen nach, ohne eine sonderlich limitierende oder kontrollierende Funktion auszuüben.

Der erste Teil der These ist sprachkritischer und vielleicht auch literaturkritischer Art. Ihm sollte die Aufmerksamkeit der Nichtjuristen gelten. Nach einer pauschalierenden Sichtung von Erzählinhalten laufen Geschichten nach einem tradierten dreitaktigen Schema ab: Zunächst wird die Ausgangslage geschildert. Bei ihr kann man sich aber nicht lange aufhalten. »A day in the life«[36] gibt an sich nichts für Erzählungen her, wenn nicht die kleinen Störungen zur Sensation für das zuhörende Publikum gesteigert werden. Die Abweichung von der Normalität macht es eigentlich erst lohnend, das Mit- und Gegeneinander der Personen zu substantiieren und zu motivieren. Über das Motiv werden in der Erzählung Verhaltenseinheiten kondensiert. Das Motiv wiederum wird nur von einem zumindest vorgestellten Ende her plausibel. Die Erzählform zwingt daher zur Separierung im Strom des Bewußtseins und der Ereignisse.[37]

Der dritte Akt im Dreitakt macht die Erzählform für die kriminalsoziologische Analyse eigentlich erst bemerkenswert. Hier wird die Auflösung geboten, nachdem – wie auch immer raffiniert – die Störungen und Abweichungen von der beschriebenen Ausgangslage stattgefunden haben. Geschichten haben eine Moral. So will es jedenfalls der Alltagszuhörer. Während moderne Romane sich dadurch auszeichnen, daß sie – in nicht leicht zu bewerkstelligender Weise – die Auflösung der Störung umgehen und der Geschichte damit eine ›doppelte Moral‹ geben,[38] bleibt der Alltagserzähler im Bereich des Eindeutigen. Seine detaillierte, personenbezogene und plausibel gewordene Geschichte mag ein Exempel dafür sein, ›wie man es machen muß‹ oder wie man zu seinem Glück kommt. Ein beträchtlicher Teil der Alltagsgeschichten sind Bestätigungsgeschichten.

Für die gesellschaftliche Konstitution des Verbrechens wird der andere Teil interessant, in dem nicht bestätigt, sondern die Abweichung als noch fortdauernd, als unerhört, empörend, reaktions- und behandlungsbedürftig geschildert wird. Diesen anderen Teil muß es strukturell geben, wenn Geschichten – wie angedeutet – ihre ›Moral‹ haben. Der Erzähler läßt damit seinen dritten Akt, in dem die Ausgangslage wiederhergestellt werden soll, in der Polarität von Glück und Unglück spielen, die sich – weil von Personen erzählt und nicht nur Ereignisse beschrieben werden – in guten und bösen Taten widerspiegelt.

---

36 Das Problem wird in den populären Alltagsdarstellungen eher gesehen als in der Wissenssoziologie, weshalb auf »A day in the life« – The Beatles *Sergeant Pepper's Lonely Hearts Club Band* – und Michel (Alltag, S. 1f.) hinzuweisen ist.

37 Vgl. Stierle: Geschichte, S. 26; Iser: Der implizite Leser.

38 Ein hervorragendes Beispiel dafür bieten die Ripley-Romane (vgl. Lüderssen: Mord), wobei die literaturtheoretische Frage nach den Defiziten einer Romanform offenbleiben muß, die menschliches Schicksal aus der Abweichung deutet (vgl. etwa Emrich: Protest, S. 176–191).

Noch eine letzte anthropologische Beobachtung ist nötig. Als Erzähler oder Zuhörer könnten wir die bösen Taten verzeihen und auf diese Weise das Vergehen oder Verbrechen zumindest unangezeigt lassen.[39] Wir wollen annehmen, daß in dem Bereich der Dunkelziffer, der nicht angezeigten Straftaten, auch verziehen wird. Der Ruf nach Bestrafung stirbt deswegen aber nicht ab. Auch die Einsicht in die strukturellen Schwächen des Strafrechts – zu denen u. a. auch seine Angewiesenheit auf Erzählungen gehört – beseitigt nicht den Ruf nach Bestrafung. Seine Adressaten ändern sich. Gestern waren es diejenigen, die unverheiratet in vier Wänden unter einem Dach zusammenlebten. Über sie wurden mit Empörung Geschichten erzählt, und die praktische Strafrechtspflege hat diese Geschichten für bare Strafbarkeitsmünze genommen.[40] Heute lernen wir es, Geschichten über Gewässerverunreinigung, Luftverschmutzung und Abgeordnetenbestechung zu erzählen. Auch darauf reagiert das Strafrechtssystem.

Ich muß an dieser Stelle abbrechen, weil die sprachpragmatische Analyse allzu leicht in den Ruch gerät, nach der Analyse des Geltenden alles gleich-gültig werden zu lassen. Der vom Thema gesetzte Rahmen ist ohnehin überzogen. Bleiben wir beim Thema und fassen zusammen: Über die Erzählform wird Kriminalität gesellschaftlich hergestellt. Strafrechtspflege ist nicht nur und noch nicht einmal wesentlich eine Etikettierungsleistung von Mitgliedern des Rechtsstabs.

Literaturverzeichnis

Arbeitsgruppe Bielefelder Soziologen (Hg.): Alltagswissen, Interaktion und gesellschaftliche Wirklichkeit. Reinbek: Rowohlt 1973 (= rororo studium 54/55).

Wilhelm Emrich: Protest und Verheißung. 3. Aufl. Frankfurt/M. u. Bonn: Athenäum 1968.

Entscheidungssammlung des Bundesgerichtshofes in Strafsachen. Bd. 6. Köln: Heymann 1954.

Hans Ulrich Gumbrecht: Erzählen in der Literatur – Erzählen im Alltag. In: Erzählen im Alltag. Hg. von Konrad Ehlich, Frankfurt/M.: Suhrkamp 1980 (= stw 323), S. 403–419.

Hans Haferkamp: Herrschaft und Strafrecht. Theorien der Normentstehung und Strafrechtssetzung. Opladen: Westdeutscher Verlag 1980.

Reinhart Herzog: Zum Verhältnis von Norm und Narrativität in den applikativen Hermeneutiken. In: Text und Applikation. Hg. von Manfred Fuhrmann u.a. (Poetik und Hermeneutik 9) München: Fink 1981, S. 435–455.

Ludger Hoffmann: Kommunikation vor Gericht. (Kommunikation und Institution 9) Tübingen: Narr 1983.

Werner Holly: Der doppelte Boden in Verhören. In: Pragmatik. Theorie und Praxis. Hg. von Wolfgang Frier. (Amsterdamer Beiträge zur neueren Germanistik, Bd. 13) Amsterdam: Rodopi 1981, S. 275–319.

Joachim Hruschka: Die Konstitution des Rechtsfalles. Studien zum Verhältnis von Tatsachenfeststellung und Rechtsanwendung. (Schriften zur Rechtstheorie, H. 4) Berlin: Duncker u. Humblot 1965.

---

[39] Ich sehe darin den spezifisch literarischen Beitrag in der sprachlichen Beschreibung von Taten, daß die »Reaktionsmoral« zweifelhaft wird (Seibert: Gerechtigkeit, S. 88).

[40] Zur Geschichte der Strafrechtspflege gehört in diesem Zusammenhang die »Kuppelei«-Entscheidung des Bundesgerichtshofs im 6. Band der *Entscheidungssammlung des Bundesgerichtshofes in Strafsachen* (S. 46–59).

Lutz Huth: Ereignis, Objektivität und Präsentation in Fernsehnachrichten. In: Politische Medienkunde. Bd. 3. Kommunikationsprobleme bei Fernsehnachrichten. Tutzing: Akademie für Politische Bildung 1977, S. 103–123.
Wolfgang Iser: Der implizite Leser. Kommunikationsformen des Romans von Bunyan bis Beckett. München: Fink 1980 (= UTB 163).
André Jolles: Einfache Formen. Legende, Sage, Mythe, Rätsel, Spruch, Kasus, Memorabile, Märchen, Witz, 5. Aufl. Tübingen: Niemeyer 1974.
Werner Kallmeyer u. Fritz Schütze: Konversationsanalyse. In: Studium Linguistik 1976, H. 1, S. 1–28.
Klaus Kanzog: Erzählstrategie. Eine Einführung in die Normeinübung des Erzählens. Heidelberg: Quelle u. Meyer 1976 (= UTB 495).
Arthur Kaufmann u. Winfried Hassemer (Hg.): Einführung in die Rechtsphilosophie und Rechtstheorie der Gegenwart. 4. Aufl. Heidelberg: Müller 1985 (= UTB 593).
Klaus Lüderssen: Mord als Beziehung – zu Patricia Highsmith's Ripley-Romanen. In: K. L.: Kriminalpolitik auf verschlungenen Wegen. Frankfurt: Suhrkamp 1981 (= stw 347), S. 456–480.
Niklas Luhmann: Die Rückgabe des zwölften Kamels. Zum Sinn einer soziologischen Analyse des Rechts. In: Autopoiesis in Law and Society. Florenz: Konferenzvorträge des European University Institute 1984.
Ders.: Legitimation durch Verfahren. Neuwied u. Berlin: Luchterhand 1969.
Karl Markus Michel: Unser Alltag: Nachruf zu Lebzeiten. In: Kursbuch 41 (1975), S. 1–40.
Friedrich Müller: Juristische Methodik. 2. Aufl. Berlin: Duncker u. Humblot 1976.
Wolfgang Naucke: Rechtsphilosophische Grundbegriffe. (Juristische Lernbücher, Bd. 19) Frankfurt/M.: Metzner 1982.
Ders.: Über Generalklauseln und Rechtsanwendung im Strafrecht. (Recht und Staat, H. 417) Tübingen: Mohr 1973.
Ders.: »Verfachlichung« des Strafrechts im 19. Jahrhundert. Probleme des Verhältnisses der Geschichte der literarischen Verbrechensdarstellung zur Strafrechtsgeschichte im 19. Jahrhundert. In: Literatur und Kriminalität. Hg. von Jörg Schönert. Tübingen: Niemeyer 1983, S. 55–67.
Ulfrid Neumann: Rechtsontologie und juristische Argumentation. Zu den ontologischen Implikationen juristischen Argumentierens. Heidelberg u. Hamburg: Decker's u. Schenck 1979.
Hubert Rodingen: Ansätze zu einer sprachkritischen Rechtstheorie. In: Archiv für Rechts- und Sozialphilosophie (1972), S. 161–183.
Ders.: Pragmatik der juristischen Argumentation. Was Gesetze anrichten und was rechtens ist. (Kolleg Rechtstheorie II,1) Freiburg u. München: Alber 1977.
Bernd Schünemann: Zur Reform der Hauptverhandlung im Strafprozeß. In: Goltdammer's Archiv für Strafrecht (1978), S. 161–185.
Fritz Schütze: Sprache soziologisch gesehen. 2 Bde. München: Fink 1975.
Thomas-Michael Seibert: Aktenanalysen. Zur Schriftform juristischer Deutungen. (Kommunikation und Institution 3) Tübingen: Narr 1981.
Ders.: Gerechtigkeit als Kampf um Sprachzugang. In: Autor und Täter. Hg. von Klaus Lüderssen u. Th.-M. S. Frankfurt/M.: Suhrkamp 1978 (= stw 261), S. 53–97.
Ders.: Von Sprachgegenständen zur Sprache von juristischen Gegenständen. In: Archiv für Rechts- und Sozialphilosophie (1972), S. 43–52.
Karlheinz Stierle: Geschichte als Exemplum – Exemplum als Geschichte. Zur Pragmatik und Poetik narrativer Texte. In: K. S.: Text als Handlung. München: Fink 1975 (= UTB 423), S. 14–48.
Theodor Viehweg u. Frank Rotter (Hg.): Recht und Sprache. Vorträge auf der Tagung der Deutschen Sektion der IVR 1974. In: Archiv für Rechts- und Sozialphilosophie (1977), Beiheft N.F. Nr. 9.
Paul Watzlawick: Wie wirklich ist die Wirklichkeit? München u. Zürich: Piper 1976.

Ludger Hoffmann

Vom Ereignis zum Fall. Sprachliche Muster zur Darstellung und Überprüfung von Sachverhalten vor Gericht

1. Vorbemerkung zur Methode

Gegenstand linguistischer Diskursanalyse ist das sprachliche Handeln in der Alltagspraxis. Ihr Augenmerk gilt insbesondere der durch institutionelle Zwecke bedingten spezifischen Ausprägung sprachlicher Mittel und Handlungsmuster. Die Analyse ist konkret. Sie setzt beim vorfindlichen Handlungszusammenhang an, dokumentiert ihn durch Ton- und Bildaufzeichnung, die dann als Transkription weiterverarbeitet wird. Die analytische Rekonstruktion erstreckt sich auf die Funktion sprachlicher Mittel, die Muster, Bedingungen und Zwecke sprachlicher Handlungen und die Formen des Wissens von Aktanten. Die Systematik von Äußerungsformen ergibt sich unter dieser Perspektive als funktionale Bestimmung ihres Zwecks im Handlungszusammenhang. Ein prominenter Zweck von Sprache ist ihr Beitrag zur Verarbeitung, Repräsentation und Vermittlung von Wissen über die Wirklichkeit. Die Einführung und weitere Bearbeitung von Sachverhalten im Diskurs ist gebunden an ein spezifisches Potential sprachlicher Handlungsmuster. Zentrale Elemente dieses gesellschaftlich ausgearbeiteten Potentials werden im vorliegenden Beitrag am Beispiel des forensischen Diskurses behandelt.

2. Zur Fallkonstitution

Die Kommunikation vor Gericht ist ein zentrales Glied einer Kette von Kommunikationen, deren Ausgangspunkt bestimmte Ereignisse in der Wirklichkeit bilden. Ereignisse interessieren aber nicht als singuläre, dynamische Entitäten mit raum-zeitlichen Fixpunkten. Der rechtliche Zugriff kann sie auch nicht in ihrer Totalität nehmen, sondern nimmt sie immer schon als Instanzen von Ereignistypen. Als Ereignistypen sind sie relevant, insofern sie als Ausgangslagen, Umstände, Resultate oder Folgen menschlichen Handelns zu betrachten sind. Der rechtliche Zugriff erfolgt somit stets unter der Perspektive eines menschlichen Handlungsmodells. Es handelt sich um Ereignisse, die von Teilnehmern und/oder Beobachtern als normativ abweichend interpretiert werden. Vorausgesetzt ist ein Wissen um eine Rechtsnorm, das eine Alternative zum faktischen Handlungsverlauf enthält. Dieses Wissen enthält nicht nur die Norm als dem Handelnden äußerliche ›Modalität‹ (charakteristisch ausgedrückt durch: ›du darfst nicht X-en [unter den Bedingungen B1, B2 etc.]‹), sondern bereits handlungsorientierte Anwendungsregeln. Dieses Normwissen kann einfach oder (bei professionellen Rechtsanwendern) komplex entwickelt sein. Eine sehr einfache Version wäre beispielsweise:

(1) Man darf niemanden töten. Wenn A etwas tut und B daraufhin stirbt und B ohne das Zutun von A nicht gestorben wäre, so hat A den B getötet.

Die entscheidende Interpretationsleistung besteht darin, konkrete Ereignisse der Wirklichkeit in eine Form zu bringen, die sie als Instanz eines abstrakten, normativen Ereignistyps erscheinen läßt.

(2a) Die Tante von Franz K. war bettlägerig und durch lange Krankheiten geschwächt. Schließlich zog sie sich eine Lungenentzündung zu, an der sie starb.
(2b) Franz K. wußte, daß seine bettlägerige Tante eine Lungenentzündung nicht überleben würde. Er war ihr Alleinerbe. Franz K. sorgte dafür, daß im Krankenzimmer ständig Zugluft herrschte. Seine Tante starb an einer Lungenentzündung.
(2c) Franz K. hat einen Mord begangen. Er hat seine Tante aus Habgier heimtückisch getötet.

Bis zu einer rechtlichen Qualifikation (wie in 2c) sind verschiedene Durchgangsstadien der sprachlichen Sachverhaltsrepräsentation zu erwarten. Die traditionelle juristische Lehre von der ›Subsumtion‹ geht von einer strikten Trennung zwischen Sachverhalten und ihrer rechtlichen Beurteilung aus. Der Richter stellt einen bestimmten Sachverhalt fest (a), ordnet ihn den für einen solchen Sachverhalt geltenden Rechtsnormen zu (b) und zieht die vorgesehenen rechtlichen Konsequenzen (c). Selbst wenn man die Vorstellung, es handele sich bei der Rechtsanwendung letztlich um die Einsetzung in ein logisches Schlußschema (Syllogismus modus barbara), beibehalten will: in der Praxis ist es gerade die Frage, wie man zu einer einsetzungsfähigen Sachverhaltsfassung kommt (a) und wie man die Rechtsnormen zu verstehen hat (b). Bleiben wir hier bei Punkt (a): der Sachverhalt ist eben nicht unabhängig von Zielen, Interessen und Darstellungsfähigkeiten der Teilnehmer gegeben, und er wird von den Agenten der Institution auch nicht unabhängig von möglicher Rechtsanwendung betrachtet. Die Entscheidung bleibt einer Instanz vorbehalten, die selbst an den fraglichen Ereignissen nicht teilgenommen hat. Der Zugriff des Gerichts kann sich auf Spuren oder Dokumente jener Ereignisse erstrecken, die in ›Augenschein‹ genommen werden können. Es bleibt aber im wesentlichen angewiesen auf sprachliche Darstellungsleistungen von Teilnehmern in den verschiedenen Phasen eines Verfahrens. Solche Darstellungen gehen in Schriftsätze und Anzeigen ein, sie sind in der Hauptverhandlung unmittelbar und mündlich vorzutragen.

Die Formen der Darstellung ergeben sich aus dem in der Sprache angelegten Potential zur Verständigung über Sachverhalte. Die Sachverhalte sind also nicht unabhängig, sondern in der einen oder anderen *Form* gegeben. Die Wahl erfolgt nicht beliebig, sondern in Abhängigkeit von Wissen, Handlungsmöglichkeiten und strategischen Zielen der Teilnehmer. Der Rückgang auf die faktischen Ereignisse muß die verschiedenen Filter in Rechnung stellen, z. B.:

- Zeuge A hat wenig vom Ereignis wahrnehmen können;
- Zeuge B leidet unter (nicht-strategischem) Gedächtnisschwund;

- Zeuge C vermag sein Wissen nicht so zu organisieren, daß eine zusammenhängende Darstellung entstehen kann;
- der Angeklagte D wird so befragt, daß er die Ereigniskette nicht so wie geplant in ihrer komplexen Verknüpfung schildern kann;
- Zeuge E sagt parteiisch aus, weil er sich rächen will;
- der Angeklagte F sucht sich mit offenkundigen Lügen durchzuschlagen etc.

Die Rekonstruktion des Vergangenen stößt auf die bekannten Grenzen: so, wie es war, ist es nie wieder; nicht alles, was dargestellt wird, kann zugleich wahr sein; die Wirklichkeit verschwindet hinter konfligierenden Darstellungen. Der Modus verschiebt sich von der ›Wahrheit‹ zur Plausibilität: Wie könnte es denn gewesen sein? Wem kann man glauben? Das bedeutet:

(a) die dargestellten Ereignisse werden fortlaufend einer Kontrolle am Maßstab der Alltagslogik unterzogen (Normalisierung);
(b) die sprachlich repräsentierten Sachverhalte werden auf ihre Verträglichkeit hin überprüft (Kohärenzerwartung);
(c) der darstellende Aktant unterliegt ständiger Einschätzung seiner Glaubwürdigkeit (Personalisierung).

In allen Fällen handelt es sich um eine Konfrontation des Konkret-Besonderen mit dem Allgemeinen: mit erwartbaren Typen von Ereignissen, mit Sprachlogik und mit Kategorien von Aktanten. Die Normabweichung muß normalisierbar sein, um thematisiert werden zu können. Hier können grundsätzliche Probleme auftreten:

- Nicht immer fügen sich die Ereignisse der Alltagsplausibilität. Wir haben keinen unabhängigen Maßstab, der sagt, was möglich ist und was nicht.
- Was als kohärent betrachtet wird, ist eine Frage des Hintergrundwissens; zudem scheint ein gewisses Maß an ›Inkohärenz‹ sogar normal.
- Die Glaubwürdigkeit einer Person muß nicht mit der Glaubwürdigkeit ihrer Darstellung korrelieren.

Unter solchen Bedingungen muß nun in der Gerichtskommunikation schrittweise jenes Wissen über bestimmte Ereignisse der Wirklichkeit aufgebaut werden, dessen Elemente einen Fall rechtlicher Beurteilung ausmachen. Dazu sind alle Aspekte auszublenden, die rechtlich nicht relevant – d.h. nicht mit dem normativen Schema verbindbar – sind. Der Fall ist eine Verkettung von Sachverhalten, die im Anspruch eine konkrete Wirklichkeit repräsentiert (a), aber bereits dem Zugriff rechtlicher Wissensschemata unterworfen wurde (b) und nunmehr als Einheit abschließender rechtlicher Beurteilung ausgesetzt werden kann (c).

In der Fallkonstitution bewegen sich die beiden Prozesse – Sachverhaltsselektion und Konkretisierung des normativen Schemas – aufeinander zu, bis die Rechtsentscheidung möglich erscheint (Engisch spricht vom »Hin- und Herwandern des Blicks«,[1] Viehweg von »wechselseitiger Annäherung zwischen Sachverhalt und Rechtsordnung«.[2])

---

[1] Engisch: Logische Studien, S. 15.
[2] Viehweg: Topik und Jurisprudenz, S. 90.

Dem Recht suchenden oder der Rechtsanwendung ausgesetzten Laien müssen die abstrakten Schematisierungen fremd bleiben. Seine Darstellung bleibt seiner Alltagsperspektive verhaftet. Er verfügt nicht über das erforderliche institutionelle Wissen.

Wissen und Handlungsmöglichkeiten differenzieren zwischen »Agenten« und »Klienten« der Institution.[3] Ehlich u. Rehbein haben die grundlegende Unterscheidung zwischen »Institutionswissen erster Stufe« (als handlungsleitendem, unmittelbar wahrnehmungsgebundenem, undurchschaut-widersprüchlichem Aktantenwissen) und »Institutionswissen zweiter Stufe« (als institutionell systematisiertem, am Funktionieren der Institution orientiertem – aber noch nicht »wissenschaftlichen« – Wissen von Agenten der Institution) eingeführt.[4]

3. Argumentationsmodell versus Erzählmodell

Welche sprachlichen Formen bestimmen nun die Gerichtskommunikation? Wie werden die Sachverhalte eingebracht? Zum Zwecke einer groben Zuordnung lassen sich unterscheiden:

(A) Das Argumentationsmodell: die klassische Sicht ist, daß in der Fallkonstitution die besseren Argumente den Ausschlag geben. Bis hin zu Toulmins Standardwerk[5] galt der forensische Diskurs als argumentatives Paradigma. Was vorgebracht wird und zu überzeugen vermag, wird der Pro- oder Contraseite – bezogen auf die *quaestio* Anklage – zugeordnet, und am Ende wird dann abgewogen. In der einen Variante erfolgt eine Abstraktion zu formallogischen Schlußschemata, ohne daß dem Zustandekommen der Prämissen viel Beachtung geschenkt würde: Rechtsentscheidung als ein Anwendungsfall der Logik. In einigen Ansätzen legt man Konsensmodelle eines rationalitätsorientierten Auditoriums zugrunde, spricht von ›Aushandeln‹ der Prämissen oder dergleichen. Die andere Variante geht aus von Alltagsrhetorik und Topik bzw. den Modi alltäglichen (und nicht nur kooperativen) Argumentierens. Bei diesem Spiel gewinnen nicht unbedingt die besten Argumente, sondern wer am geschicktesten argumentiert, die relevanten Problemgesichtspunkte kennt, Gegenargumente antizipiert, Kohärenz wahrt usw.

(B) Das Erzählmodell: In jüngster Zeit hat die Analyse alltäglichen Erzählens auch den forensischen Diskurs einbezogen und die Funktionen narrativer Strukturen bestimmt.[6]

Besonders weit geht der Ansatz von Bennett und Feldman.[7] Ihnen gilt die narrative Form als konstitutiv für den Rechtsdiskurs. Gegen einschlägige rechtssoziologische Auffassungen zur ausschlaggebenden Bedeutung von Faktoren wie

---

3 Ehlich u. Rehbein: Kommunikation in Institutionen, S. 343.
4 Ehlich u. Rehbein: Wissen, S. 36–42.
5 Toulmin: The uses of argument.
6 Vgl. Hoffmann: Zur Pragmatik von Erzählformen vor Gericht; ders.: Kommunikation vor Gericht.
7 Vgl. Bennett u. Feldman: Reconstructing Reality in the Courtroom.

Rasse, Schicht, Geschlecht, strategischem Geschick des Verteidigers etc. setzen sie die Plausibilität der *story*. Fortlaufende *story construction* bildet den Hintergrund, vor dem Sachverhalte eingebracht und beurteilt werden, auf den sich strategische Züge und Glaubwürdigkeitseinstufung beziehen, der die Grundlagen der Rechtsentscheidung bestimmt. Soziale Faktoren kommen erst über die *story* ins Spiel, die dann allerdings nach den kulturellen Maßstäben der Juroren beurteilt wird, die ihrerseits praktisch nicht hintergehbar seien.

4. Sprachliche Handlungsmuster im Rechtsdiskurs

Im folgenden soll der Stellenwert sprachlicher Handlungsmuster für die Fallkonstitution im forensischen Diskurs genauer bestimmt werden. Es wird sich zeigen, daß die Dichotomie ›Erzählmodell versus Argumentationsmodell‹ zu einfach ist und differenziertere Analysen erforderlich sind.

Für die Strafverhandlung lassen sich die institutionellen Anforderungen so zusammenfassen:

(a) Grundlage für die Rechtsentscheidung können nur Sachverhalte werden, die in der Verhandlung selbst zur Sprache gekommen sind (›Mündlichkeitsprinzip‹).
(b) Die Rechtsentscheidung soll am normativ unverstellten Ausgangsmaterial alltäglichen Wahrnehmens und Erlebens ansetzen.
(c) Der Zusammenhang der eingebrachten Sachverhalte muß der normativ erforderten Fall-Struktur entsprechen. So gehören zum ›Tatsachverhalt‹ mindestens Angaben zu Täter, Tathandlung und Tatsituation.
(d) Zwischen konfligierenden Darstellungen oder internen Inkohärenzen muß (nach den o. a. Maßstäben) entschieden werden. Entsprechend sind die Ausgangspositionen zu überprüfen. Ausarbeitungen, Präzisierungen und Modifizierungen von Sachverhalten müssen ermöglicht werden.

Diese programmatischen Anforderungen enthalten Widersprüche, die im Diskurs auszutragen sind:

– Ein Teil der Sachverhalte ist aufgrund früherer Vernehmungen etc. bereits bekannt und in den Akten gespeichert. Das Wissen darum kann – auch von Angeklagten und Zeugen – nicht einfach ausgeblendet werden und beeinflußt latent den Diskursverlauf. Andererseits darf die Vernehmung nicht einfach durch den Rückgriff auf Elemente dieses Wissens abgekürzt werden.
– Relevant für diesen Diskurs werden Ereignisse nur, wenn sie normativ interpretierbar sind; die Sachverhalte werden normalerweise aber bereits unter dem Gesichtspunkt einer (alltagsorientierten) rechtlichen Bewertung eingebracht. Das versteht sich für Angeklagte. Aber auch der in diesem Sinne völlig unorientierte Zeuge bleibt ein Ideal, das die Wirklichkeit selten bietet.
– Eine ›unverstellte‹, der Aktantenperspektive weitgehend verhaftete Darstellung entspricht meist in wichtigen Punkten nicht den institutionellen Anforderungen (Struktur des Tatsachverhalts, Qualifizierung der Wahrnehmungsbasis, Aus-

blenden von Randereignissen etc.). Die Eingriffe des Vernehmenden können schnell dazu führen, daß die Darstellungsform aufgelöst wird und das institutionelle Schema den Ablauf dominiert.

Solche Widersprüche führen nicht nur dazu, daß bestimmte Verfahrensfiktionen mitgeschleppt und zugleich durch Praxisregeln konterkariert werden. Das widersprüchlich Erfahrene findet seinen Niederschlag im Institutionswissen der Teilnehmer und wirkt zurück auf ihre Praxis. Dies gilt auch für die Agenten, die die institutionellen Widersprüche permanent austragen müssen, ohne eine ›Lösung‹ zu haben.

Im Rahmen der institutionellen Kommunikationsform[8] steht allerdings ein Potential sprachlicher Handlungsmuster bereit, das eine Bearbeitung der vorgegebenen Zwecke erlaubt. Handlungsmuster sind gesellschaftlich ausgearbeitete Formen, in denen »Konstellationen der Wirklichkeit« den »Bedürfnissen der Handelnden« entsprechend transformiert werden, darin liegt ihr »Zweck«.[9]

Institutionelle Kommunikation ist dadurch gekennzeichnet, daß sie zum einen institutionsspezifische Handlungsmuster für die jeweiligen Zwecke ausbildet (z. B. Taufen, Verurteilen), über die – aufgrund von Wissen und Handlungsmöglichkeiten – nur die Agenten der Institution voll verfügen können. Zum anderen bedient sie sich in großem Umfang ›alltäglich‹ (d. h. auch außerhalb dieser Institution) eingelebter Formen des Handelns, an denen auch ihre Klienten – qua Wissen und Fähigkeit – teilnehmen können. Diese Handlungsmuster unterliegen gleichwohl institutionellen Bedingungen und können dadurch – von Klienten meist unbemerkt – in charakteristischer Weise modifiziert werden.

Ausgangspunkt für unsere Fragestellung ist nun, daß bestimmte Ereignisse der Wirklichkeit in spezifischem Modus (Standort, Perspektive, Erscheinungsweise) im Wissen abgelagert sind. Elemente dieses Wissens können nun in unterschiedlicher Form verbunden werden und den ›propositionalen Gehalt‹ von Äußerungen bilden, mit denen Sachverhalte in den Diskurs eingeführt werden. Die mentale Organisation ist bestimmt durch das sprachliche Handlungsmuster, in dessen Rahmen die diskursive Einführung verläuft. Die Wahl eines Musters hängt davon ab, wie ein Sprecher die Konstellation insgesamt einschätzt. Ein Sprechhandlungsmuster, mit dem Wissenselemente übertragen werden, setzt normalerweise einen Hörer voraus, dem gerade dieses Wissen fehlt: ein klares Indiz dafür wäre eine entsprechende Informationsfrage.

Wir hatten schon festgestellt, daß es vor Gericht stets um komplexe Ereignisse der Wirklichkeit geht. Sie können in den Diskurs nur eingebracht werden vor dem Hintergrund einer mentalen Schematisierung. Denn es muß ja entschieden werden, welche Elemente des gespeicherten Wissens in welcher Art von Verknüpfung verbalisiert werden sollen und was wegzulassen ist. Für diesen Zusammenhang gibt es grundsätzlich drei Verfahrensweisen:

---

[8] Sie ist analysiert in Hoffmann: Kommunikation vor Gericht.
[9] Ehlich u. Rehbein: Sprachliche Handlungsmuster, S. 254f.

– Die Schematisierung wird vom Agenten der Institution vorgenommen und über Frage-Sequenzen umgesetzt, so daß die schemafüllenden Wissenselemente abgerufen werden. Voraussetzung ist – neben Normwissen und Alltags-Wissen um ›normale Ereignisabläufe‹ – die Ausbildung eines vorläufigen Wissens über den Fall (aus anderen Aussagen, Akten etc.), das als Steuerungsinstanz genutzt werden kann (hier zeigt sich der oben beschriebene Widerspruch). Die Antworten müssen es dem Gericht erlauben (u. U. zusammen mit anderen Aussagen von Klienten), den Fall zu konstruieren.
– Der Klient erhält die Möglichkeit einer zusammenhängenden Darstellung (beim Zeugen vorgeschrieben), kann also selbst eine bestimmte Form der mentalen Organisation für ein Handlungsmuster wählen. Dafür kommen das Erzählen und das Berichten in Betracht. Schwierigkeiten bestehen dabei vor allem in der erforderlichen komplexen Planung und in der Orientierung an institutioneller Relevanz.
– Während und nach der Einbringung werden die Sachverhalte von den Agenten der Institution überprüft (s. o.); stellen sich Zweifel ein, wird das Verfahren der Argumentation gewählt. Die Argumentation hat den Zweck, eine Entscheidung über die Einstellung zu strittigen Sachverhalten zu ermöglichen. Dazu kann ein Neu-Arrangement, eine Erweiterung oder Reduzierung der eingebrachten Sachverhaltskette vorgenommen werden, zu der der Partner durch Verteidigung, Ausarbeitung, Modifizierung seiner Position beitragen kann. Wir werden sehen, daß auch hier die für die Planung einer Geschichte erforderliche komplexe Schematisierung eine Rolle spielt (vgl. Abschn. 8).

5. Vernehmung im Frage-Antwort-Muster

Eine Vernehmung ohne direkte Befragung ist kaum zu finden; dagegen sind Vernehmungen ohne narrative Form nicht selten und im angelsächsischen Rechtswesen die Norm. Der Zweck des (hier nur verkürzt analysierbaren) sprachlichen Handlungsmusters besteht darin, als solche markierte Wissenslücken mithilfe des Partners aufzufüllen oder unsichere (bzw. prüfbedürftige) Wissensbestände bestätigen zu lassen. Es sind also jeweils folgende Schritte im Muster zu durchlaufen:

(a) Ein bestimmtes Wissenselement X wird mental als fehlend oder unsicher (bzw. prüfbedürftig) markiert.
(b) Das Wissen eines Partners P wird so eingeschätzt, daß er X weiß oder X bestätigen (bzw. nicht bestätigen) kann.
(c1) Das fehlende Wissenselement X wird mit einer Informationsfrage für den Partner identifizierbar gemacht.
(c2) Das prüfbedürftige Wissenselement X wird mit einer Bestätigungsfrage identifizierbar gemacht.
(d) Der Partner sucht der Frage entsprechend sein Wissen hinsichtlich X ab.
(e1) Der Partner bringt mit einer Handlung des Informierens das fehlende Wissenselement zum Ausdruck.
(e21) Der Partner bestätigt das prüfbedürftige Wissenselement, u. U. fügt er eine Präzisierung hinzu.

(e22) Der Partner bestätigt das prüfbedürftige Wissenselement nicht, u. U. fügt er eine Korrektur hinzu.

(e3) Der Partner drückt mit einer Zurückweisung aus, daß sein Wissen hinsichtlich X für eine Antwort nicht ausreicht.

(f) Im Falle einer Antwort wird das neue Wissen mental aufgenommen und u. U. mit dem institutionellen Akt des Feststellens ins institutionelle Wissen überführt.

Was fraglich ist, ergibt sich institutionell aus der Differenz zwischen allgemeinen Anforderungen an die Fall-Struktur und dem jeweils erreichten Stand. Die im Alltag bestehende Verpflichtung (im weitesten Sinne), auf Fragen zu antworten, wird für Zeugen generell sowie für Angeklagte in der Vernehmung zur Person durch die Androhung einer Sanktion (Ordnungsstrafe) verschärft. Sanktionsbewehrt ist auch die Verpflichtung der Zeugen, sich an die Wahrheit zu halten. Charakteristisch für die institutionelle Interaktionsstruktur ist die Dreizügigkeit (Frage-Antwort-Feststellung), in der sich die Einbindung des Klienten in den institutionellen Aufbau von Fall-Wissen manifestiert: sie enthält die Vorgabe aufgrund vorgängiger Fall-Schematisierung, den Beitrag des Klienten und die institutionelle Schemafüllung. Die Steuerung bleibt beim Agenten, der Klient ist auf die ›reaktive Position‹ beschränkt.

Dazu ein Beispiel:[10]

F. 20.3 06 – 15

01	R5	Sie haben wó getrunken? Im Kranzler getrunken, und ä
	A23	Im Kranzler.
02	R5	wann waren Sie dorthin gekommen? Etwa? Etwa
	A23	.... Acht Uhr etwa.
03	R5	zwanzig Uhr . ä . hatten Sie das Lokal aufgesucht und haben das
04	R5	Lokal wann verlassen?
	A23	... Nach Aussage des Wirts also nach eins.
05	R5	Etwa nach ein Uhr . ä . Zu diesem Zeitpunkt waren Sie/
	A23	Ich bin doch geholt
06	R5	waren Sie ziemlich betrunken, Sie wissen es selbst nicht
	A23	worden. Jà
07	R5	mehr.

[10] Transkriptionszeichen
R Richter
A Angeklagter

Die Präsuppositionen des Vorsitzenden Richters (R) zeigen deutlich, wie Vorwissen, vorgängige Schematisierung und Alltagswissen über Ereignisabläufe die Befragung bestimmen. Es geht u. a. um ›Trunkenheit am Steuer‹. Der Betroffene hat – das gehört zur ›Fall-Geschichte‹ – nur eingeräumt, getrunken zu haben, die Fahrt aber geleugnet. Der Vorsitzende nähert sich dem Tatsachverhalt wie ein Erzähler der ›Geschichte‹: über die äußeren Umstände (Ort, Zeit). Im übrigen kann er den Aktanten voraussetzen, weiterhin dessen erste relevante Tätigkeit, nämlich daß er getrunken hat; offen ist, wo und wann. Zeit und Ort sind wichtige Elemente des Tatsachverhalts, also zu erfragen. Was einmal eingeführt ist, kann im folgenden als Präsupposition eingesetzt werden. Das Lokal wurde betreten, also muß es – dem Alltagswissen entsprechend – irgendwann verlassen worden sein. Die Erstreckung des Lokalaufenthalts gibt nicht nur einen Anhaltspunkt für den Alkoholisierungsgrad, sondern u. U. auch für mögliche Zeugen. Der Wirt wird vom Betroffenen denn auch als Zeuge angeführt (Fläche 4). Die letzte Frage des Ausschnitts dient als Bestätigungsfrage nicht mehr der Einführung eines neuen Sachverhalts. Was der Betroffene sagt, wird jeweils mit einer Feststellung wiederholt oder standardsprachlich paraphrasiert (»acht Uhr«: »zwanzig Uhr«) und dann ins institutionelle Wissen überführt und gespeichert (Protokoll). Im Extremfall (wie hier) bleibt dem Befragten also nur die Auffüllung der Lücken eines vorgegebenen syntaktischen Schemas. Es ist schon schwer, problematisch erscheinende Voraussetzungen zu korrigieren (im Beispiel: »A hat das Lokal um X Uhr verlassen« [als Frage-Präsupposition, Fläche 3f.] versus »Ich bin doch geholt worden« [als Korrektur, Fläche 5f.] mit erheblicher zeitlicher Verschiebung, parallel schon zur folgenden Bestätigungsfrage).

In einer Befragung ist es also möglich, schrittweise die institutionell erforderte Fall-Struktur (Tatsachverhalt: Umstände, Täter, Tathandlung[en], Tatsituation) zu entwickeln oder bei einem Geständnis eine Rekonstruktion durchzuführen. Der Vernehmende läßt sich in seinen Fragen von der im Wissen abgespeicherten abstrakten Schematisierung leiten (›Wann und wo hat sich das abgespielt?‹ ›Wer war dabei?‹ ›Was haben Sie getan?‹ ›Was ist dann passiert?‹ etc.). Den Kern dessen, was eingebracht wird, bilden dann elementare Handlungsstrukturen. Diese lassen sich als »Module«[11] betrachten, die zu Modulen des Falls werden können. Der Klient muß das gespeicherte Wissen fragespezifisch arrangieren. Zugleich läßt auch er sich normalerweise von einem übergreifenden Plan leiten, der sich auf den Gesamtzusammenhang des fraglichen Wirklichkeitsausschnitts bezieht, so wie er ihn mental strukturiert hat und vermitteln will. Eine entscheidende

---

⊏	Partiturklammer zur Abbildung der Zeitachse. Damit werden simultane oder sich überlappende Äußerungen in einer Fläche dargestellt.
/	Abbruch
___	Emphase
.	Pause (ein Punkt entspricht etwa einer Sekunde).
`	fallende Intonation
´	steigende Intonation

[11] Ehlich (Handlungsstruktur, S. 173) führt den Begriff »Erzählmodul« ein.

Rolle spielt dabei seine übergreifende strategische Planung: ob er als Angeklagter leugnen (sich von der Tathandlung dissoziieren), sich rechtfertigen (auf höhere Normen berufen) oder ausweichen (sich nicht auf den Tatsachverhalt einlassen) will, ob er als Zeuge den Angeklagten be- oder entlasten will usw. Die Strategie bestimmt auch den Inhalt (Auswahl, Detailliertheit etc.) der Aussage. Die vom Vernehmenden zu erbringende, vom Befragten zu übernehmende Organisationsleistung erstreckt sich somit auf einen Gegenstandsbereich, der durchaus Gemeinsamkeiten mit dem hat, auf den sich die Planung eines Erzählers bezieht:

- strukturelles Zentrum ist ein singulärer Handlungszusammenhang, der als solcher oder in seinem Ergebnis oder den Folgen eine bemerkenswerte Entwicklung bzw. Normabweichung enthält;
- er muß soweit vollständig und in seinen Umständen repräsentiert sein, daß der Ablauf nach dem Maßstab der Alltagslogik nachvollziehbar ist;
- die Wiedergabe von Randereignissen ist auf das für ein Verständnis des Kerns unumgängliche Maß zu beschränken;
- die zentrale Handlungslinie muß in ihrer zeitlichen und räumlichen Situierung, in Ausgangslage und Endzustand so abgebildet sein, daß eine personenorientierte Bewertung möglich ist.

Unter der Perspektive übergreifender Organisation lassen sich die Antworten des Befragten oft analytisch als Teile narrativer ›Großformen‹ (Erzählmodule, Umstände, Erzählerkommentare etc.) rekonstruieren; aus der Perspektive der durch das Muster der Befragung aufgelösten Erzählform spreche ich von ›segmentiertem Erzählen‹.[12] Diese Verwendungsweise soll zugleich auf die in diesem Rahmen immer wieder beobachtbaren, meist wenig erfolgreichen Erzählversuche von Klienten verweisen. Es handelt sich um eine für institutionelle Kommunikation charakteristische Erscheinung.[13]

Es bestehen aber auch bedeutende Unterschiede, die eine Identifikation von Erzählstruktur und Fallstruktur, wie sie Bennett u. Feldman[14] (ohne Differenzierung von Analyseebenen der *story*) vornehmen, ausschließen:

- der Fall als Produkt institutioneller Tätigkeiten läßt sich auf einen vergangenen Wirklichkeitsausschnitt zurückbeziehen;
- ein Fall folgt der Perspektive institutioneller Relevanz, orientiert an einer Rechtsnorm, während in einer Erzählung der Sprecher seine subjektive Ereignisperspektive, Involviertheit ins Geschehen und Bewertung zum Ausdruck bringt und insofern seine Identität; die Erzählung ist prinzipiell subjektgebunden, der Fall ein Produkt von Intersubjektivität, was seinen Wahrheitsgehalt nicht unbedingt erhöhen muß;

---

12 Vgl. Hoffmann: Kommunikation vor Gericht, S. 99.
13 Vgl. Rehbein: Sequentielles Erzählen; Bliesener: Erzählen unerwünscht.
14 Bennett u. Feldman: Reconstructing, S. 165.

– die Elemente eines Falls unterliegen einem umfassenden Wahrheitsanspruch hinsichtlich der Faktizität von Ereignissen, während dieser sich bei der Erzählung auf die präsentierte Perspektive beschränkt und fiktionale Elemente nicht grundsätzlich ausschließt.

6. Die erzählende Darstellung

Mit dem Frage-Antwort-Muster wird bereits eine im Alltag ausgebildete, naturwüchsig erworbene Form in die institutionelle Kommunikation übernommen und ihren Bedingungen unterworfen. Die institutionellen Modifikationen können zu spezifischen Verstehensproblemen führen. Die Übernahme der Form erleichtert aber zunächst Klienten die Kommunikation.

Dies gilt auch für die Übernahme der konversationellen Erzählung. Sie hat ihren Ort in solchen alltäglichen Interaktionen, die nicht schon durch institutionelle Zwecke und Relevanzvorgaben, umfassende Wahrheits- bzw. Faktizitätsanforderungen gekennzeichnet sind.

Diesen nicht institutionell funktionalisierten Bereich sprachlichen Handelns (z. B. Pausengespräch, small-talk) bezeichnen Ehlich u. Rehbein als »homileische Kommunikation«.[15]

Erzählend bringt hier der Sprecher sich selbst ein: Erfahrungen, die er anderswo gemacht hat, seine Involviertheit als Aktant im Geschehen, seine Perspektive auf die wiedergegebenen Ereignisse, seine subjektiven Bewertungen.

Gegenstand des Erzählens ist ein Handlungszusammenhang mit einem aus Sprecherperspektive unerwarteten Verlauf (in der Erzählforschung als »Komplikation«, »Wende«, »Höhepunkt«, »Planbruch« etc. beschrieben). Der in dieser Weise bewertete Ablauf ist abgelagert im Wissen des Erzählers. Seine Wiedergabe folgt einer mentalen Organisation des Ablaufs, die der Vermittlung der Sprecherperspektive für die jeweiligen Hörer dient. Faktizität, Vollständigkeit und Logik der Ereignisse sind demgegenüber sekundär. Der Sprecher entwickelt eine Logik der (erzählten) ›Geschichte‹, die auf den Relevanzpunkt abgestellt ist. Gemeint ist der Sachverhalt, dessen Repräsentation Zweck der Darstellung ist. Der Relevanzpunkt wird durch Kommentierungen und spezifisch erzählerische Mittel (Kontrastierung, Steigerung, Tempuswechsel, direkte Rede etc.) hervorgehoben. Auf ihm operiert die für die Sprecherperspektive entscheidende Bewertung.

Der Rezipient soll veranlaßt werden, die Ereignisse aus dem Blickpunkt des Erzählers zu sehen und zu einer ähnlichen Bewertung kommen. Dies setzt voraus, daß die prinzipielle Mehrdeutigkeit der Ereignisse sukzessiv aufgelöst und eine Linie vorgegeben wird, die direkt auf den Relevanzpunkt führt. Der Sprecher muß sich fortlaufend des Hörer-Verständnisses versichern und auf die Übermittlung seiner Relevanzen achten. Die Perspektiven-Vermittlung läuft nun aber nicht

---

[15] Ehlich u. Rehbein: Kommunikation, S. 343.

zentral über ein abstraktes Bewertungsresultat, sondern über eine ›szenische Vergegenwärtigung‹ des Handlungszusammenhangs. Hier liegt die Funktion sprachlicher Mittel wie des historischen Präsens oder der direkten Rede. Der szenische Nachvollzug durch die Hörer ist die Voraussetzung für die Übernahme der Bewertung oder gar einer ›Lehre‹, für Sympathie, Mitleid, Anerkennung für den Erzähler als Aktanten. Die Funktionsbestimmung des Erzählens im homileischen Diskurs umfaßt also – neben der Vermittlung konkreten Wissens über einen Handlungszusammenhang und seine Bewertung – Momente wie:

- positiven Identitätszuwachs für den Erzähler als Aktanten;
- Zerstreuung in Situationen mit geringerem Handlungsdruck;
- psychische Selbstentlastung nach stabilitätsbedrohenden Situationen;
- Vergewisserung über kollektive Bewertungsmaßstäbe.

Als ›komplexer Sprechakt‹ bildet das Erzählen eine Einheit, die aus unterschiedlichen mentalen wie interaktionalen Tätigkeiten eines Sprechers gebildet wird. Das Erzählen ist gleichwohl in der laufenden Interaktion zu plazieren, es können sich Konsequenzen ergeben. Ein Durchlauf durch das Muster läßt sich grob wie folgt skizzieren:

(a) Ein Aktant nimmt bestimmte Ereignisse wahr und speichert sie in seinem Wissen. (Das gehört zur »Vorgeschichte im weiteren Sinn«.[16])

(b1) In einer bestimmten Situation schätzt er Wissen und Interesse des Hörers so ein, daß die fraglichen Ereignisse für ihn erzählenswert sein könnten; er schätzt die Entwicklung der Situation (aktueller Handlungsdruck, Zeitvorgabe etc.) so ein, daß eine Erzählung als komplexe und große Form im Diskurs plazierbar ist (Damit setzt die »engere Vorgeschichte«[17] des Musters ein).

(b2) Es ist auch möglich und institutionell der Normalfall, daß die Erzählung vom Hörer e l i z i t i e r t wird. Das setzt voraus, daß der Hörer den künftigen Erzähler so einschätzt, daß er über den Erzählgegenstand genug weiß, ausreichende Erzählfähigkeit besitzt und zum Erzählen motiviert werden kann. Hinzu kommt eine allgemeine Einschätzung der Situation als geeignet zum Erzählen.

(c) Als prospektiver Erzähler arrangiert der Aktant diese Wissensbestände mental in der Form einer Geschichte (Umstände, Handlungsablauf, Relevanzpunkt als organisierendes Zentrum, Abschluß, Bewertung); entscheidend sind Schematisierung und Relevanzpunkt – die Details müssen noch nicht vollständig in den Erzählplan eingetragen sein, sondern können auch noch im Prozeß des Erzählens aus dem Wissen abgerufen oder auch im Vorstellungsraum den Anforderungen alltäglicher Ereignislogik entsprechend ›ergänzt‹ bzw. fingiert werden.

(d1) Der Sprecher versucht, durch eine A n k ü n d i g u n g, die mit der Wiedergabe einer Kurzfassung der Geschichte verbunden sein kann, vom Hörer die Lizenz zur Abwicklung des komplexen Sprechakts zu erhalten. Im Abstract muß bereits einer jener Aspekte ausgedrückt sein, der die Geschichte für den Hörer erzählenswert macht: das ungewöhnliche Ereignis (»Gerade hab ich einen Unfall gehabt«), dessen Bewertung, die Verwicklung von Personen, an denen der Hörer ein Interesse hat, das Handlungsergebnis (»Weißt du, wie

---

[16] Rehbein: Komplexes Handeln, S. 139f., passim.
[17] Ebd.

Peter reingelegt worden ist?«) etc. (Die Planung eines Abstracts ist ein komplexer, hier nicht zu analysierender mentaler Planungsvorgang).

(d2) Der Sprecher nimmt seine allgemeine Einschätzung (Hörer, Situation [vgl. b1]) zur Grundlage, mit dem Erzählen zu beginnen. Auch in diesem Fall ist aber der Übergang im Diskurs meist markiert, z. B. durch eine thematische Anknüpfung (an eigene Äußerungen oder Äußerungen des Vorredners), als erneuter Durchlauf durch das Erzählmuster in einer Serie von Erzählungen etc.

(d3) Im Fall der Elizitierung einer Erzählung kann der Sprecher unmittelbar anfangen.

(e) Hat er die Lizenz oder eine Plazierungsmöglichkeit, muß er die Geschichte so erzählen, daß sie vom Hörer nachvollzogen werden kann. Dazu ist zunächst ein szenischer Vorstellungsraum aufzubauen und zu vermitteln, der Bezugspunkte für fortlaufende Orientierungen (Sprecher/Hörer) im Erzählvorgang enthält (Zeit, Ort, Ausgangskonstellation, Handelnde).

(f) Die einzelnen Handlungsschritte werden nun (normalerweise in der zeitlichen Abfolge des Geschehens) so aus der Perspektive des Erzählers wiedergegeben, daß der Relevanzpunkt, um dessentwillen erzählt wird, herausgearbeitet wird. Erzählerische Mittel dienen szenischer Vergegenwärtigung im Vorstellungsraum. Die Perspektive vermittelt schon die Bewertung des Erzählers, sie kann aber auch explizit in einem Kommentar gegeben werden.

(g) Der Handlungszusammenhang der Geschichte wird abgeschlossen durch die Wiedergabe eines Handlungsergebnisses oder von Handlungsfolgen; es kann sich noch eine ›Lehre‹ als verallgemeinerte Bewertung anschließen.

(h) Mit dem Abschluß der erzählten Geschichte muß der Sprecher den Rekurs auf das ›normale Interaktionsformat‹, das nicht nur Hörersignale oder Einschübe wie Nachfragen oder Kurzkommentare, sondern vor allem den Sprecherwechsel vorsieht, leisten.

(i) Die Geschichte und ihre Bewertung können dann Thema der Folgeinteraktion werden. (Hier beginnt die »Nachgeschichte«[18] des Musters.)

Muster können prinzipiell in Bereiche transponiert werden, für die sie nicht primär ausgebildet sind. Es muß dann aber eine hinreichend ähnliche Handlungskonstellation vorliegen, die mit dem Muster bearbeitbar erscheint. Gründe können z. B. sein, daß bestimmte Aktanten nicht über die notwendige Fähigkeit verfügen, ein ansonsten gefordertes Muster (z. B. einen Bericht) zu realisieren. Oder das übertragene Muster scheint aus strategischen Gründen besonders geeignet. Beides trifft weitgehend zu für die Gerichtskommunikation. Eine wichtige Frage für die linguistische Erzählforschung ist, welche Modifikationen sich für das Erzählen aus institutioneller Funktionalisierung ergeben. Sie lassen sich deutlich machen durch Vergleich mit dem institutionsspezifischen Muster des Berichts (vgl. Abschn. 7).

Die Wahl des Musters ist zunächst abhängig von den Möglichkeiten, die der Vernehmende einräumt; er kann eine Erzählform blockieren oder nur als segmentierte zulassen. Wird der Erzählmodus gewählt, so geschieht das mit strikter Vorgabe und Relevanzkontrolle (Basis ist im weitesten Sinn die aktuelle Anklage; meist mit spezifischen Einschränkungen auf bestimmte Wirklichkeitsausschnitte). Für den Aufbau der Fallstruktur kommt es auf die Faktizität der repräsentierten Ereignisse an und eben nicht auf die jeweilige Perspektive und Bewertung des

---

[18] Rehbein: Komplexes Handeln, S. 139f.

Erzählers. Allerdings interessieren auch innere Zustände des Angeklagten (Motivation, Zurechenbarkeit/Verantwortlichkeit); zum Ausdruck seiner Involviertheit ins Geschehen ist somit der Erzählmodus besonders geeignet. Hinzukommt das geringere Ausmaß an mentaler Verarbeitung im Vergleich zum distanzierten Bericht, das u. U. Einblicke erlaubt, die sonst nicht zu erhalten wären.

Die strategische Planung eines Angeklagten bestimmt auch die Organisation der erzählten Geschichte. Seine Strategie kann nur dann erfolgreich sein, wenn sie die institutionell vorgegebene Systematik – etwa von Rechtfertigungsgründen – trifft. Vor allem aber muß für die Verteidigung eine geeignete Version des Tathergangs präsentiert werden, eine plausible Alternative zur Anklage. Sie muß so in sich schlüssig, kohärent und abgesichert sein, daß anschließende argumentative Problematisierungsdiskurse durchzustehen sind. Die rechtliche Bewertung allerdings behält sich das Gericht vor, für sie sind die Voraussetzungen im Sachverhaltsbereich zu liefern.

Unter strategischem Aspekt ist somit bereits eine Umorganisation der Geschichte erforderlich, mit der sie eine Belegfunktion im Rahmen der Ziele des Angeklagten erhält. Jeder Sachverhalt der Geschichte muß prinzipiell so auszuweisen sein, als sei er singulär in einer Argumentation behaupet worden: die A s s e r t i o n e n,[19] mit denen die einzelnen Handlungsschritte (als Erzählmodule) wiedergegeben werden, werden somit zu narrativen B e h a u p t u n g e n. Die Erzählform nimmt eine Stelle in einem institutionellen Ablauf ein, die auch durch andere sprachliche Muster zu füllen wäre. Es geht nicht um Aufbau, sondern um Erhaltung von Identität angesichts eines bedrohlichen Angriffs. Auf die institutionellen Initiativen und thematischen Vorgaben ist nur Reaktion und Gegenüberstellung möglich. Das Erzählte ist Material zur rechtlichen Bearbeitung, es kann gegen den Erzähler verwendet werden. Die Identitätspräsentation wird zur institutionellen Kategorisierung umgemünzt.

Unter solchen institutionellen Prämissen gewinnt, was allein als *Form* betrachtet als ›Erzählung‹ zu gelten hätte, pragmatisch einen anderen Charakter. Eine in der skizzierten Weise funktionalisierte, in den institutionellen Handlungsraum ›Gericht‹ transponierte Erzählform nenne ich ›erzählende Darstellung‹. Die Form der Erzählung ist gebrochen durch die Orientierung an institutioneller Vorgabe und Relevanzsetzung; sie ist geprägt durch die strategischen Ziele. Als im Alltag zur Verfügung stehendes Mittel zur Repräsentation eines Handlungsablaufs wird diese Form hier benutzt, um für bestimmte Sachverhalte einen Wahrheitsanspruch zu erheben und eine spezifische rechtliche Bewertung zu erreichen. Die Geschichte wird nicht um ihrer selbst willen erzählt, sondern als Alternative zu konkurrierenden Geschichten, die der Anklage zugrundeliegen. Sie enthält Sachverhalte, die in der Regel schon auf eine mögliche argumentative Problematisierung zugeschnitten sind.

Zur Illustration wenigstens einiger der angeführten Merkmale folgt ein Ausschnitt aus der erzählenden Darstellung eines Angeklagten. Ihm wird vorgewor-

---

[19] Zur Assertion vgl. Ehlich u. Rehbein; Sprachliche Handlungsmuster, S. 264–271.

fen, er habe mit anderen versucht, Haschisch über die Grenze zu bringen. Er leugnet. Mit dem Versuch von »Tommy/Rainer«, der an der Grenze (übrigens nicht mit Haschisch, sondern mit einer Preßmasse aus Bananenschalen, die er für Haschisch hielt) gefaßt wurde, will er nichts zu tun gehabt haben.

F. 17.11 08 – 17.12 07 (segmentiert)

(s1) Wir wollten nach Holland fahren, okay..
(s2) und ich bin also nich von ausgegangen, daß er da jetzt ne Menge Haschisch kauft und dann/ sofort wieder in Wagen und wieder zurück,
(s3) und da hab ich ihn gefracht, was das denn soll, wieso wir dann mitgefahren wärn, da hätte er genauso gut alleine fahren können, (...)
(s4) Ich meine, dat der/ der muß mich dann wohl fertig gemacht haben,
(s5) geredet ham se,
(s6) auf jeden Fall sachte er: »Ich gehe dann zu Fuß übere Grenze, ich bringe das alleine rüber, dann habt ihr da nichts mit zu tun und im übrigen/«
(s7) Er lechte seine Meinung dar.
(s8) Die war/ stand da.
(s9) Ja, in dem Moment wußt ich/ wußt ich ja au nich, wie ich nach Hause kommen soll.
(s10) Und da hab ich gesacht: »Okay, da haste/ nur du was mit, da ham wir/ ich habe nichts mit zu tun.«
(s11) So hab ich das dann damals gesehn, ne,
(s12) und/ wurde wieder verhaftet
(s13) und wußte um diese Zeit nich mal, daß T/ Tommy m richtigen Namen nach Rainer heißt.

Segment 1 gehört zu jenem Erzählteil, in dem der Vorstellungsraum für den Handlungsablauf etabliert wird, hier wird der Hörer (der die Aktanten schon kennt) über die Vorgeschichte (Ziel der Aktanten) orientiert. Bereits in Verbindung damit (s2) wird eine vor dem Hintergrund der Anklage mögliche Vorstellung ausgeschaltet: der Erzähler wußte nichts von einer geplanten Schmuggeltour. Zur Strategie des Leugnens fügt sich, daß er schon bei der Planung nicht involviert war. Für ihn gehörte die Fahrt in einen anderen Musterzusammenhang (Ausflug, gemeinsame Freizeit etc.). Motiviert wird so der erste wiedergegebene Handlungsschritt (s3), der in die relevante Szene führt: der Angeklagte hat sich verbal gegen das Ansinnen von Tommy gewehrt. Inhaltlich beginnt die Darstellung der Verstrickung, die zur jetzigen Rolle des Angeklagten geführt hat. Dieser hat sich nicht, wie er zunächst wollte (dargestellt im ausgelassenen Teil), abgesetzt. Zur Erklärung dient eine Vermutung als Kommentar (s4), mit dem eine Lücke im Ablauf überbrückt wird. Die allgemeine Voraussetzung (›Reden‹ für ›Überzeugen‹) wird aber wiedergegeben (s5).

Aus dem, was bis hierher als Vermutung oder abstrakt dargestellt wurde, wird dann der Relevanzpunkt herausdestilliert. Er ist deutlich markiert durch die szenische Vergegenwärtigung in Form zweier direkter Reden (s6, s10). Ihre Funktion ist es zu zeigen, wie der Angeklagte dazu gekommen ist, bei den anderen zu bleiben (mit denen er dann verhaftet wurde [s12]). Das entscheidende Argument von Tommy wird wörtlich wiedergegeben (s6), anschließend abstrakt illokutiv (s7) beschrieben und seine Wirkung angedeutet (s8). In seiner eigenen Äußerung hat der Angeklagte den Punkt festgehalten, er habe mit der Sache nichts zu tun (s10). Das sei – so der distanzierende Kommentar in s11 – seine damalige Sicht gewesen, Ergebnis seiner Handlungsweise: die Verhaftung (s12).

Die wiedergegebene Rede läßt sich direkt ummünzen in die zentrale Aussage seiner Verteidigung: die ›Erzählung‹ ist funktionalisiert als erzählende Darstellung der Position des Angeklagten. Allerdings erscheint s10 im Kern eher als Postulat. Der Grund liegt in der nicht nur temporalen Verknüpfung mit s9. Denn s9 stellt einen zwangsläufigen Konflikt dar, dem der Handelnde – jenseits vernünftiger Argumente – ausgeliefert ist. Zwangsläufigkeit versus Glaube, sich heraushalten zu können: hier liegt ein entscheidendes Defizit in der strategischen Planung. Mit dieser Art Zwangsläufigkeit kann man sich kaum herausreden. Der Erzählabschluß (s13) fügt eine (schwache) Plausibilität anderer Art hinzu: wie kann man mit jemandem ›gemeinsame Sache machen‹, dessen wirklichen Namen man nicht mal kennt? (Ihr läßt sich leicht die andere entgegenhalten: ein Name reicht, zumal bei Jugendlichen kann das jahrelang ein Spitzname sein). Zugleich soll sie eine Distanzierung von Tommy zum Ausdruck bringen.

Insgesamt bleibt der Angeklagte erfolglos. Es gelingt ihm nicht, eine Geschichte plausibel zu erzählen, in der er gutgläubig meinte, sich heraushalten zu können, oder aber eine, in der er durch eine zwangsläufige Verstrickung die Rolle des Opfers einnimmt: da ist der Bruch mit s9, da müßte er sich naiver darstellen, als er es tut.

Das (hier nur kurz zu diskutierende) Beispiel zeigt charakteristische Merkmale des Erzählens wie z. B. die szenische Vergegenwärtigung durch direkte Rede, Kommentierungen, perspektivische Eingebundenheit des Erzählers, Kontrastierungen (s9, s10), Erzählabschluß. Gleichwohl ist die Darstellungslogik der verfolgten Verteidigungsstrategie geschuldet. Sie bildet den Rahmen, in dem für die repräsentierten Sachverhalte ein Wahrheitsanspruch erhoben wird. Einzelne sprachliche Mittel sind den Realisierungsformen des Berichts zuzuordnen. Dazu gehören der Gebrauch einer sprechaktbezeichnenden Verbalphrase in s7, die Wirkungsbeschreibung in s8 und die extensive Verwendung indirekter Rede (im gekürzten s3), die ein Maß mentaler Verarbeitung zeigen, wie es für die Form des Berichts charakteristisch ist. Die Erzählanforderungen können sich gleichsam hinter dem Rücken des strategisch kalkulierenden Erzählers noch sprachlich-konkret niederschlagen. Insbesondere können die mit der erzählten Geschichte verbundenen Detaillierungsanforderungen dazu führen, daß erzählt wird, was nach strategischer Planung eigentlich zu verschweigen bzw. nicht einmal anzudeuten war. Oder Lücken werden allzu deutlich (»Ich meine, dat der ... auf jeden Fall« [s4–6]). Mithin kann sich die Logik alltäglichen Erzählens auch unter institutioneller Funktionalisierung noch durchsetzen. Das kann institutionell natürlich genutzt werden.

Die Form der erzählenden Darstellung findet sich auch bei Zeugen. Dies ist besonderts dort der Fall, wo ein Zeuge sich aufgrund der Art seiner Beteiligung am Tatgeschehen zu einer Verteidigung der eigenen Handlungsweise, zu einem Plädoyer in eigener Sache, genötigt sieht.

7. Der Bericht

Den Erzählformen läßt sich das Berichten als speziell für die Zwecke von Institutionen ausgebildetes sprachliches Muster gegenüberstellen. Es hat seinen Ort nur innerhalb bestimmter institutioneller Vorgänge, z. B. zur Vorbereitung von Entscheidungen, Zusammenfassung von Untersuchungen, Darstellung von Sitzungen etc. für einen ausgewählten Adressatenkreis in der Institution. Zweck ist die Speicherung und Übertragung komplexer Sachverhalte mit Ereignisstruktur. Die berichteten Ereignisse unterliegen einem umfassenden Wahrheitsanspruch. Sie sind raumzeitlich möglichst eindeutig an der Wirklichkeit, auf die sie in institutionellem Interesse zugreifen, festzumachen. Als Verständnishintergrund ist stets auch Wissen um die einschlägigen institutionellen Vorgänge erforderlich. Der Sprecher (Schreiber) ist Funktionsträger, tritt nicht als Person hervor, darf seine Perspektive nicht einbringen. Voraussetzung ist gerade die prinzipielle Austauschbarkeit der Perspektive.

Als Grundtyp kann der Augenzeugenbericht über relevante Ereignisse gelten: der Autor stützt sich allein auf eigene Wahrnehmungen. Für den Bericht muß dann allerdings mental eine Selektion und Umorganisation im Maßstab institutioneller Relevanz und umfassenden Wahrheitsanspruchs vorgenommen werden. Die institutionellen Anforderungen bedingen meist die mentale Tätigkeit des Kondensierens: Komplexe Handlungsabläufe werden zu einer höherstufigen Handlungsbeschreibung hin abstrahiert. Es wird mental kein Vorstellungsraum eröffnet, in dem ein Handlungsablauf als Geschichte zu lokalisieren wäre. Die Ereignisse werden abstrakt wiedergegeben, nicht szenisch vergegenwärtigt. (Direkte Rede z. B. wird nur verwendet, wenn die Äußerung als solche relevant ist, z. B. im Fall einer Beleidigung.) Die Entwicklung interessiert nicht als solche, sondern wesentlich sind die jeweiligen Resultate, soweit sie institutionell weiter verwendbar sind. Die Rekonstruktion folgt nicht der internen Logik der Ereignisse, sondern ist antizipiertem institutionellen Bedarf folgend umorganisiert. Sie orientiert sich an einer vorgängigen – z. B. rechtlichen – Schematisierung von Ereignissen, so daß das konkrete Geschehen als Instanz eines bestimmten, institutionell (rechtlich, polizeilich, ministeriell etc.) relevanten Ereignistyps erscheint. Besondere Situationsmerkmale (dramatische Entwicklung, ungewöhnliche Redeweisen, auffällige Personeigenschaften) entfallen, wenn sie nichts zum Verständnis des zentralen Vorgangs beitragen. Durch solche Reduktionsleistungen ist den Rezipienten zum Teil die Aufgabe der Abtrennung des Relevanten schon abgenommen. Der Berichtende als Aktant wird nur einbezogen, wenn seine Handlungen zum relevanten Geschehen zählen oder um seine Wahrnehmungsperspektive explizit zu markieren. Modalitäten des Wissens etwa, wie sie in Annahmen oder Vermutungen zum Ausdruck kommen, sind sprachlich zu kennzeichnen (z. B. durch Modalwörter wie ›wahrscheinlich‹, ›vielleicht‹ u.a.), ebenso Modalitäten des Handelns (sprachlich besonders durch Modalverben). Die Wissensgrundlage wird explizit gekennzeichnet, z. B. durch Perzeptionsverben (›konnte ich sehen, daß‹, ›ich hörte, wie‹). Entsprechend finden sich Qualifikationen des Wahrheitsanspruchs (›Ich glaube, daß p‹, ›Ich weiß, daß p‹ etc.).[20] Weitere sprachliche Merkmale wie Passivkonstruktionen bzw. unpersönliche Redeweise, Dominanz indirekter Rede bzw. explizite Differenzierung in der Art der Redewiedergabe (wörtlich versus sinngemäß) lassen sich durch den Zweck und die Musterbedingungen (Zurücktreten der Subjektivität, Qualifizierung des Wahrheitsanspruchs, Erstellen einer Entscheidungsgrundlage durch den Bericht etc.) erklären.

Der Berichtende muß nicht Teilnehmer am berichteten Geschehen sein, er kann auch über Darstellungen anderer generalisieren. Möglich ist ferner kollektive Verfasserschaft, deren Bedingungen und Konsequenzen bislang aber kaum untersucht sind.

Der Bericht ist die charakteristische Form für die Rolle des Zeugen vor Gericht: er soll eigene Wahrnehmungen wiedergeben, seine Wissensmodalitäten kennzeichnen, sich möglichst an die Wahrheit halten, seine Subjektivität zugunsten einer austauschbaren Perspektive zurücknehmen, kurz: die relevanten Sachverhalte so präsentieren, daß sie juristisch entscheidungsreif sind.

Ein Durchlauf durch das komplexe Muster läßt sich grob so skizzieren:

(a) Ein Aktant nimmt bestimmte Ereignisse wahr und speichert sie in seinem Wissen (Vorgeschichte i. w. S.)

(b) Der Aktant wird mit der institutionellen Anforderung konfrontiert, diese Ereignisse der Wirklichkeit als Instanz eines institutionell bestimmten Ereignistyps (z. B. Unfall, Konferenz etc.) wiederzugeben. (Die Form des Berichts wird elizitiert.) Voraussetzung ist, daß dem Aktanten eine Rolle zugewiesen werden kann, in der von ihm die Produktion eines Berichts zu erwarten ist.

(c) Der Aktant macht eine Einschätzung der an die fraglichen Ereignisse heranzutragenden institutionellen Relevanzen und nimmt eine Gewichtung vor. Der Vorgang wird mental als zeitlich geordnete Abfolge von Relevanzpunkten organisiert. Es handelt sich um Abfolgen von Ereignissen oder Handlungen, deren Ergebnisse oder Folgen den Gegenstand institutioneller Bewertung bilden. Der Relevanzmaßstab bestimmt die Abstraktionsebene, etwa bei den Handlungsbeschreibungen (so abstrakt wie möglich, so nahe an ›Basishandlungen‹ wie nötig).

(d) Die gewichtete Ereigniskette ist so wiederzugeben, daß der Zusammenhang der einzelnen Ereignisse zu rekonstruieren und die Ereignisse konkret an der Wirklichkeit festzumachen sind. Daher muß der Sprecher (Schreiber) zunächst dem Hörer die konstanten Bezugspunkte in der Realität für eine fortlaufende Orientierung vermitteln (Zeit, Ort, Handelnde, Ereignistyp).

(e) Die relevanten Ereignisse werden in ihrer Abfolge wiedergegeben. Dabei macht der Berichtende seine Perspektive (Wahrnehmungsstandort etc.) bzw. die Modalität seines Wissens deutlich. Je nach Gewichtung können einzelne Schritte gerafft oder detailliert werden. Da im Zentrum nicht eine Entwicklung steht (zu einem Höhepunkt, einer Komplikation etc.), sondern die Relevanzpunkte, sind diese für sich nachvollziehbar darzustellen, auch durch Heranziehen von ex-post-Wissen und von Wissen über spätere oder frühere Ereignisse (Vorgriff, Rückgriff). Feste Bestandteile institutionellen Wissens hingegen können vorausgesetzt werden. Die der Planung des Berichts zugrundeliegenden Bewertungen sind nicht zu verbalisieren.

---

[20] Vgl. dazu Hoffmann: Kommunikation vor Gericht, S. 124–143.

(f) Einen Abschluß des wiedergegebenen Ereigniszusammenhangs (vergleichbar dem Erzählabschluß) gibt es nicht. Schlußfolgerungen oder ein Resümee sind deutlich von der Ereigniswiedergabe abzuheben. (Der Bericht liefert aber erst die Voraussetzungen für eine Bewertung der Vorgänge durch die Adressaten, er nimmt sie nicht schon vorweg.) Möglich sind allenfalls formale Abschlußmarkierungen zur Überleitung in die laufende Interaktion oder bei schriftlichen Berichten zur Erfüllung institutioneller Erfordernisse (Datum, Unterschrift zur Klärung der Verantwortlichkeiten etc.).

(g) Der Bericht wird institutionell gespeichert; er kann einen institutionellen Ablauf abschließen (und später dann wieder zugänglich machen), er kann aber auch unmittelbar bewertet und in weitere institutionelle Aktivitäten einbezogen werden. (Das gehört zur Nachgeschichte des Musters.)

Der folgende Ausschnitt aus dem Bericht eines Zollbeamten (als Zeuge vor Gericht) über eine Festnahme illustriert einige der aufgeführten Merkmale:

F. 17.49 09 -29 (segmentiert)

(s1) Auf dem Rückweg sah ich dann diesen PKW . zirka dreihundert Meter vor dem Zollamt . im Dunkeln stehn . .

(s2) Drinnen warn zwei . männliche Personen . .

(s3) Ä ich sprach die Personen an, ä sie möchten sich bitte ausweisen ä und sollten, weil ich eben alleine war und das . inner Dunkelheit einsteigen in das Dienstfahrzeug und zum Zollamt mitfahren, ä und da wär ne Untersuchung durchzuführen.

(s4) Ä der Verdacht war ja nun gegeben, weil dieser PKW mit dieser ersten, vorher auf/ aufgegriffenen Person ä in Verbindung stand . . .

(s5) Ä die Personen wollten den/ den Wagen abschließen, hatten aber keinen Schlüssel . .

(s6) Dann ä/ wie ich dann die Personen mitgenommen hatte, trennt ich die und so weiter,

(s7) und nachher bei der körperlichen Durchsuchung fand ich diesen Türschlüssel beim Herrn Frei in der Tasche.

(s8) Und so ä war dieser . ä Verdacht ja erhärtet, daß . alle drei Personen . mit dieser Sache in Verbindung standen.

In Segment 1 wird das berichtete Ereignis an ein zuvor berichtetes angeschlossen. Referentielle Orientierungspunkte für den Hörer sind der PKW, den der Beamte zuvor an der Grenze abgefertigt hatte, und der Weg, den er zwischen zwei Gebäuden zurückzulegen hatte. Der Standort des PKW wird genau angegeben: die Nähe zum Zollamt und damit zur Grenze ist relevant. Charakteristisch für den Bericht ist die Qualifizierung der Grundlagen des Wissens, hier durch ein Perzeptionsverb (»sah ich, wie«), die für Kontrollierbarkeit sorgt.

In Segment 2 werden zwei Aktanten für den folgenden Handlungsablauf eingeführt, der damit so vollständig wie nötig einen Bezugsrahmen erhalten hat. Die Segmente 3 und 4 geben die vorläufige Festnahme wieder. Institutionell von Bedeutung ist hier die Legitimität des Handelns. (Sie ergibt sich global für den Zollbeamten aus § 399 Abgabenordnung, spezifisch muß »Gefahr im Verzug« vorliegen). Dafür wird die Figur des »Verdachts« in s4 benutzt, die einen Motivationszusammenhang in institutioneller Kategorisierung abkürzt. Von einer Straftat ist nämlich nicht die Rede. Was in s4 durch die sprachliche Form (»weil«) als B e g r ü n d u n g markiert ist, erweist sich bei genauerem Hinsehen als Inhalt des

Verdachts (»weil« wäre durch »daß« zu ersetzen). Der Hörer weiß (aus dem ersten Teil des Berichts): der PKW hat zuvor die Grenzkontrolle passiert (1); später ist ein Fußgänger am Schlagbaum festgenommen worden, der versuchte, eine Tasche mit einer Masse, die er für Haschisch hielt, unkontrolliert einzuführen (2). Die Verbindung zwischen (1) und (2), zwischen PKW und Schmuggler, ist erst noch zu beweisen. Sie ergibt sich dann nach der – offensichtlich nur vom Instinkt des Beamten geleiteten – Festnahme in Gestalt des Autoschlüssels, den der Fußgänger bei sich trug (s7, 8). Ex-post zeigt sich die Relevanz von s5.

Das Segment 6 steht damit relativ isoliert. Seine Funktion besteht nur darin, die Anwendung der durch Dienstregeln vorgeschriebenen Verhörmethoden anzudeuten, der Punkt ist nicht auszuführen (»und so weiter«), weil das im Detail nicht relevant wäre. In diesen Zusammenhang dienstlicher Vorschriften gehören auch die in s3 wiedergegebenen Begründungen (»weil ich alleine war«, »in der Dunkelheit«).

Insgesamt macht der Bericht den Vorgang für eine andere institutionelle Instanz, das Gericht, bewertbar. Ihr soll vermittelt werden: ein konkreter Handlungsablauf als Instanz eines institutionellen Ereignistyps, des institutionellen Handlungsmusters ›vorläufige Festnahme‹. Der Aktant stützte sich auf einen dringenden Verdacht (Verwicklung der Festgenommenen in einen versuchten Bannbruch) und Fluchtgefahr; der Verdacht hat sich dann bei der Durchsuchung erhärtet (Schlüssel).

Daß über die Legitimationsversuche auch der strategische Aspekt ins Spiel kommt, ist deutlich; Strategien dürfen im Bericht nur nicht offen verfolgt werden. Die Ereignisse sind auf den relevanten Kern reduziert: kein Segment ist weglaßbar. Gleichwohl wird – im Unterschied zu einer Erzählung – die Entwicklung der Szene nicht vergegenwärtigt: der Hörer erfährt nicht, was gesagt wurde (nur indirekte Rede in s3), wie die Personen im Auto reagiert haben; die Entwicklungslinie entspricht zwar der Zeitachse, enthält aber Sprünge; das Tempus bleibt Präteritum (es fehlt das für konversationelles Erzählen charakteristische historische Präsens); es finden sich unpersönliche Konstruktionen (s4, s8), in denen sich der Sprecher als Aktant zurücknimmt, und handlungsbezeichnende Ausdrücke der ›Amtssprache‹, in denen komplexe Vorgänge kondensiert sind (»Untersuchung durchführen«, »aufgegriffene Person«, »körperliche Durchsuchung«, »Verdacht erhärten«, Verwendung von »Person« generell). Die Ereignisse sind somit institutionell vor-kategorisiert und gerade dadurch für den Adressatenkreis handhabbar – sie sind bereits komplexer mentaler Organisation unterworfen worden. Die Aktanten erscheinen nicht individuell charakterisiert durch spezifische Merkmale, sie werden nicht beschrieben; für diesen Berichtszusammenhang reicht eine Einführung als »zwei männliche Personen«, die dann später namentlich identifiziert werden können, völlig aus. Der Berichtende selbst tritt völlig zurück, markiert nur die Perspektive (s1), während ein Erzähler sich selbst mit seiner Identität einbringt (sein Glück, seine Niederlage, seine ungerechte Behandlung, die Lehren, die er gezogen hat etc.) – dies ist ja für alltägliches Erzählen eine entscheidende Funktion. Weiterhin fehlen erzählerische Mittel, die den gleichförmigen Verlauf durchbrechen (Kontrast, Steigerung etc.): alles ist – den Anforderungen entsprechend – relevant, für alles muß ein Wahrheitsanspruch erhoben werden.

Anders als im Falle des Erzählens muß der Agent der Institution die relevanten Gesichtspunkte nicht erst herantragen und die Fakten zur Weiterverarbeitung aus der Geschichte herausfiltern; das Muster des Berichts ist so aufgebaut, daß es diesen Zweck ganz unmittelbar erfüllt: Sachverhalte werden als Instanzen institutionell bestimmter Ereignistypen vorkategorisiert, mental organisiert und so in den Diskurs (oder als Text) eingebracht, daß die zugrundeliegenden Handlungen bzw. Ereignisse der Wirklichkeit in ihren Ergebnissen und Folgen institutionell bewertet werden können. Dies setzt voraus, daß der Berichtende (etwa als Agent einer Institution) neben dem Wissen über den fraglichen Wirklichkeitsausschnitt auch über die entsprechende institutionelle Schematisierung mindestens partiell verfügt. (Die Einschränkung ergibt sich daraus, daß Berichte auch interinstitutionell verwendet werden, etwa von der Polizei zur Staatsanwaltschaft oder zum Gericht etc.). Wenn Wissen und Handlungsfähigkeit in dieser Weise unterstellt werden können, wird der Bericht an passender Stelle abgerufen, und im Gerichtsdiskurs sind dann steuernde Eingriffe des Vernehmenden vergleichsweise selten.

Mitunter sind Zeugen (selbst in professioneller Rolle) so stark in die wiederzugebenden Ereignisse involviert und selbst möglichen Vorwürfen (oder gar künftigen Anklagen) ausgesetzt, daß sie aus diesen Gründen die Form der erzählenden Darstellung wählen oder dazu übergehen. Sie handeln dann wie Angeklagte, verfolgen mehr oder minder offen verfahrensbezogene Strategien, schneiden die Sachverhalte nicht mehr nach institutionellen, sondern unter strategischen Gesichtspunkten zu, geben eine szenische Darstellung usw.[21] In diesem Zusammenhang finden sich auch ›Mischformen‹, die Merkmale des Berichtens mit Merkmalen des Erzählens verbinden. Dies gilt besonders für Zeugen, die nicht als Agenten einer Institution aussagen bzw. denen das Muster des Berichts nicht geläufig ist.

8. Argumentation

Die Darstellung von Sachverhalten vor Gericht geschieht nicht zweckfrei, sondern immer schon im Hinblick auf den Anklagesachverhalt. An ihm bestimmt sich letztlich auch die institutionelle Relevanz der Beiträge. Ein Angeklagter kann leugnen, indem er den Anklagesachverhalt bestreitet, ein Zeuge kann ihn durch Angabe eigener Wahrnehmungen stützen und damit den Angeklagten belasten etc. Betrachtet man die Anklage global als *quaestio*, so kann alles, was in der Verhandlung geäußert wird, im Hinblick darauf Argumentfunktion (pro oder contra) haben.

Prinzipiell kann jeder vor Gericht eingebrachte Sachverhalt Gegenstand einer weiteren argumentativen Auseinandersetzung werden. Zum einen unterliegen die

---

[21] Vgl. dazu Hoffmann: Kommunikation vor Gericht, S. 285–296.

Sachverhalte interner Kontrolle gemäß den oben (Abschn. 2) angeführten Maßstäben (Normalisierung, Kohärenzerwartung, Personalisierung); zum anderen können Klienten konfligierende Darstellungen (Geschichten) liefern. Das Gericht muß sich aber für das Urteil auf eine Version der Geschichte festlegen, die es für plausibel hält. (Programmatisch sind ›vernünftige Zweifel‹ bei der ›freien Beweiswürdigung‹ [§ 261 StPO] auszuschließen). Damit ergeben sich als Anforderungen:

- zu den vorgebrachten Sachverhalten sind spezifische Einstellungen auszubilden (sie können für plausibel, falsch, fraglich, wahrscheinlich, möglich, unentscheidbar etc. gehalten werden);
- Lücken in den Darstellungen sind durch Inferenzen (z. B. Induktion, Folgerung) zu schließen, wenn es sich um relevante Ereignisse handelt;
- zwischen vorgebrachten Sachverhalten, die für unverträglich gehalten werden (nicht zugleich wahr sein können), ist zu entscheiden.

Zu diesen Zwecken dienen einerseits mentale Verfahren wie das ›Schlußfolgern‹. Andererseits wird – soweit möglich und erfolgversprechend – die Hilfe der Klienten, die die Sachverhalte eingebracht haben bzw. Wissen über die fragliche Wirklichkeit besitzen, in Anspruch genommen. Letzteres geschieht im Rahmen von Argumentationen durch Sequenzen wie Behaupten – Anzweifeln/Bestreiten – Begründen.

Eine Diskussion der unterschiedlichen Auffassungen zur ›Argumentation‹ ist hier nicht möglich. Die formale Logik hat sich darauf beschränkt, die Berechtigung des Übergangs von der Wahrheit einer Proposition p zur Wahrheit einer Proposition q zu analysieren und den Handlungscharakter von Argumentationen ausgeklammert. In einer weiten pragmatischen Sicht erscheint jede Art der Begründung des Geltungsanspruchs einer Handlung (also auch einer Frage, Aufforderung etc.) schon als Teil einer ›Argumentation‹,[22] die engere Sicht bindet ›Argumentationen‹ an eine vorgängige Behauptung, mit der ein Wahrheitsanspruch für einen Sachverhalt erhoben wurde. Man findet auch die Unterscheidung zwischen »praktischer« und »theoretischer« Argumentation.[23]

Ferner ist es an dieser Stelle nicht möglich, das ganze Spektrum des Argumentierens zu behandeln oder auch nur einen komplexen Argumentationszusammenhang zu analysieren.[24] Wir beschränken uns auf einer Skizze des charakteristischen Falls der diskursiven Überprüfung von Sachverhalten.

Im Falle einer Behauptung ist die wesentliche Bedingung: der Sprecher muß bereit und in der Lage sein, den Wahrheitsanspruch diskursiv auszuweisen. Vor Gericht können Sachverhalte auch durch die komplexen Formen des Erzählens oder Berichtens eingeführt sein; unter den allgemeinen Bedingungen der Aussage ergeben sich dieselben Verpflichtungen, den Wahrheitsanspruch im Diskurs zu verteidigen. Eine erzählende Darstellung wird immer schon im Hinblick auf die Anklage organisiert; sie hat im Rahmen der Strategie des Angeklagten Belegfunktion und bildet meist den Ausgangspunkt für eine argumentative Problematisierung.

---

[22] Vgl. den Überblicksaufsatz von Pander Maat: Argumentation.
[23] Wunderlich: Sprechakttheorie, S. 257f.
[24] Vgl. dazu Hoffmann: Kommunikation vor Gericht.

Der eingeführte Sachverhalt kann nun als solcher problematisch werden (z. B. weil er der Alltagserfahrung widerspricht) oder mit anderen, in die Verhandlung eingeführten Sachverhalten unverträglich erscheinen; schließlich kann auch der Sprecher als unglaubwürdig gelten – die Überprüfung läuft aber auch dann stets über die eingebrachten Sachverhalte.

Hat der Vernehmende gute Gründe dafür, daß es sich nicht um eine Tatsache handelt, kann er den Sachverhalt bestreiten. Wer bestreitet, übernimmt dieselbe Verpflichtung zu diskursiver Ausweisung (durch Gründe, Evidenzen etc.) wie im Falle einer Behauptung. (Unter den Bedingungen der Gerichtskommunikation ergibt sich allerdings eine Verschiebung der Beweislast auf den Angeklagten: wenn es nämlich zur Verhandlung kommt, ist seine Verurteilung bereits als ›hinreichend wahrscheinlich‹ befunden worden.) Beide Partner treten damit in eine Argumentation ein, in der sie den erhobenen Wahrheitsanspruch durch Begründungen stützen müssen. Eine Begründung hat den Zweck, den Geltungsanspruch der problematischen Bezugshandlung zu stützen; dazu wird für einen weiteren Sachverhalt ein Wahrheitsanspruch erhoben, der diese Funktion erfüllen soll.

Eine Begründung kann auch schon durch den Sprechakt des Anzweifelns angefordert werden, der die Wahrheitsfrage noch offen läßt, den Wahrheitsanspruch aber als nicht gerechtfertigt und noch auszuweisen hinstellt. Schließlich kann auch direkt die Kohärenz behaupteter Sachverhalte bestritten werden. Zweck dieser Strategie ist es, daß einer der Wahrheitsansprüche aufgegeben oder die Kohärenz diskursiv nachgewiesen wird.

Der Erfolg von Begründungen hängt von zwei Faktoren ab:

- Kann der Wahrheitsanspruch für den begründenden Sachverhalt aufrechterhalten werden?
- Teilen die Partner ein Hintergrundwissen (Schlußregeln, die ihrerseits begründet werden können), demzufolge der begründende Sachverhalt ein Argument für den behaupteten sein kann (einfacher Fall: es besteht eine logische Folgerungsbeziehung; schwierig: Wahrscheinlichkeitsbeziehungen)?

Mit dem Gelingen oder Fehlschlagen von Begründungen ergibt sich eine für das Urteil notwendige Klärung im Bereich der Sachverhalte. (Nicht alles wird aber explizit argumentativ ausgetragen; das Verfahren entspricht schon in der Verteilung von Rederechten nicht den Idealvorstellungen mancher Argumentationslehren.)

Im folgenden Beispiel geht es um die Kohärenzanforderung; der Angeklagte hat zuvor seine Schuldfähigkeit mit dem Vollrausch-Argument bestritten.

F. 1.10 13 – 20

01	R1	Sie ham sogar selbst gesacht, Sie hätten noch vier Flaschen
02	R1	Bier mit nach Hause genommen. Stimmt das?
	A1	Stimmt ganz genau.

03	R1	Sehnse.	Könn/ Sehnse, warn Sie
	A1	Die hab ich unterwechs gekauft.	Und zwar/

04	R1	also so dicke, daß Sie dann noch vier Flaschen Bier trinken
	A1	Und zwar/

05	R1	konnten.

Eine geläufige Strategie, mit der Agenten der Institution ihre Ausgangsposition für den Folgediskurs (letztlich für eine Entscheidung) sichern, ist das Reformulieren, realisiert durch das Muster der Frage (Fläche 1f.). Mit der Bestätigung wird der Klient auf einen bestimmten Sachverhalt festgelegt. Mit der Äußerung »Sehnse« (›sehen‹ verweist hier auf einen mentalen Prozeß) fordert der Vorsitzende den Angeklagten auf, einen im folgenden verbalisierten Folgerungszusammenhang nachzuvollziehen. Er formuliert dann eine Folgerung (»also«) in Fläche 3–5, die unplausibel erscheinen soll; mit ihr werden zwei vom Angeklagten behauptete Sachverhalte formuliert und in einen Zusammenhang gebracht, der sie als inkohärent erscheinen läßt. Was nahegelegt werden soll, ist:

(3) Der Angeklagte war nicht volltrunken.

Bestritten wird das Antezedens, nicht das gerade erst bestätigte Konsequens der Folgerung. Zwingend ist der Zusammenhang nur, wenn man als Hintergrundwissen teilt:

(4) Wer volltrunken ist, trinkt nicht noch vier Flaschen Bier.

Dann aber ist die Verteidigungsstrategie des Angeklagten zusammengebrochen, will er nicht unter kaum tolerierbaren Verlusten (an Glaubwürdigkeit) den gerade erst bestätigten Sachverhalt aufgeben; die Positionsfestlegung übt Druck auf den anderen Sachverhalt (Volltrunkenheit) aus. Der Vorsitzende ist damit auch erfolgreich: die Volltrunkenheit wird aus der Menge der vom Angeklagten behaupteten Sachverhalte eliminiert.

Auffällig bleibt, daß in der verbalisierten Folgerung nur der erste Sachverhalt reformuliert ist, der zweite ist ›präformuliert‹. Die Strategie des Präformulierens hat auch den Zweck der Positionszuweisung, führt aber in den thematischen Zusammenhang der Aussage des Klienten einen neuen Sachverhalt ein. Im Falle der Bestätigung liegt also eine expandierte Sachverhaltskette vor; so können z. B. Darstellungslücken geschlossen werden.

Grundlage dieses Verfahrens ist die mentale Nachkonstruktion und Ergänzung des Planungszusammenhangs einer Geschichte durch die Hörer. Im Beispiel kann man sich die Induktion so vorstellen:

(5) Jemand nimmt vier Flaschen Bier mit nach Hause.
(6) Rückschluß auf Zielorientierung: Wenn jemand Getränke mit nach Hause nimmt, dann normalerweise, weil er sie trinken will.
(7) Einsetzung: Der Angeklagte wollte das mitgenommene Bier trinken.
(8) Rückschluß von Zielorientierung auf Handlungsmodalität ›Können‹: Der Angeklagte hat noch vier Flaschen Bier trinken können.

Diese Induktion enthält viele Unsicherheiten: Da ist der zeitliche Aspekt (wann will er das Ziel realisieren), die Frage nach anderen Aktanten (die Getränke können für sie gedacht sein) etc. Sie ist aber – auch angesichts von Alternativen – nicht unplausibel.

Für den Klienten kann dies ein gefährliches Verfahren sein, da seine direkte Reaktion (auf der Folie seiner globalen Planung) gefordert ist. Im Beispiel läßt sich der Angeklagte festlegen. Offenbar hat er die Gefahr nicht erkannt – nach der ersten Reformulierung fügt er noch eine narrative Behauptung (Fläche 3) hinzu. Wahrscheinlich hat er den Vorwurf antizipiert, er habe das Bier gestohlen (es geht hier um den Fall eines Diebstahls in einer Gaststätte). Gleichwohl bleibt (4) schwer angreifbar. (Nicht nur) für dieses Gericht hätte auch gegolten:

(9) Wer volltrunken ist, kauft nicht noch vier Flaschen Bier.

In einem anderen Fall argumentierte dieses Gericht mit

(10) Wer volltrunken ist, kann keine komplexen Handlungen ausführen.

Hier liegt eine bestimmte Begriffsbestimmung von ›Volltrunkenheit‹ zugrunde, die sie Zuständen wie ›Ohnmacht‹, ›geistige Umnachtung‹ an die Seite stellt. (Die damit zusammenhängende dogmatische Problematik ist an dieser Stelle nicht zu behandeln).

Gerichte argumentieren vielfach mit Regeln, die dem Alltagswissen entnommen sind und die Praxis des Argumentierens vereinfachen. Sie können solche Regeln auch, sofern sie nicht auf Denkfehlern beruhen, durchsetzen. Die Kunst des Argumentierens vor Gericht besteht ganz wesentlich darin, Unverträglichkeiten mit Alltagsregeln zu vermeiden und sich stark auf Alltagsplausibilitäten zu stützen.

Das Beispiel hat gezeigt, wie eingeführte Sachverhaltszusammenhänge durch argumentative Verfahren überprüft, reduziert, aber auch ergänzt werden können. Insofern erweisen sich vor Gericht narrative Verfahren als eingebettet in argumentative. Andererseits liefert der Hörerplan, der mentaler Nachkonstruktion einer Geschichte zugrundeliegt, einen wichtigen Maßstab zur Überprüfung von Sachverhalten und wird so zu einer Grundlage des Argumentierens.

9. Resümee

Ereignisse der Wirklichkeit werden zu einem Fall rechtlicher Beurteilung durch interessierte Darstellungen. Für diesen Zweck ist ein bestimmtes sprachliches Potential an Formen ausgebildet.

Wir haben gesehen, mit welchen sprachlichen Handlungsmustern Sachverhalte in die Strafverhandlung eingebracht und modifiziert werden. Die Wahl eines dieser Muster läßt sich so bestimmen:

(1) Entscheidet sich der Vernehmende auf dem Hintergrund seines Wissens über den Fall, strategischer Erwägungen etc. für eine starke Steuerung, so wählt er den repetitiven Durchlauf durch das Muster der Frage.

(2) Erhält der Angeklagte die Möglichkeit zur zusammenhängenden Darstellung, so wählt er den Erzählmodus als alltäglich-vertraute sprachliche Form. Die institutionelle Funktionalisierung führt allerdings zu charakteristischen Veränderungen (Relevanzvorgabe, Wahrheitsanspruch etc.) und somit zur Form der erzählenden Darstellung.

(3) Das institutionsspezifisch ausgebildete Muster des Berichts entspricht genau den Anforderungen an Zeugen. Insofern wird es – Wissen und Handlungsfähigkeit vorausgesetzt – hier präferiert. Ansonsten wählen Zeugen eine Mischform oder, falls sie in eine Verteidigungsposition geraten, die Form der erzählenden Darstellung.

(4) Formen der Argumentation werden eingesetzt zur Klärung problematischer oder miteinander unverträglicher Sachverhalte mithilfe von Klienten. Sie dienen der Ausbildung oder Modifizierung von Einstellungen zu den Sachverhalten. Eine solche Einstellung liegt in Form einer Plausibilitäts-Überzeugung des Gerichts dem Urteil zugrunde. Nicht alles wird explizit ausgetragen; auch mentale Schlußprozesse sind von Bedeutung. In diesem Rahmen können Sachverhaltsketten reduziert, aber auch expandiert werden.

Insgesamt kann man feststellen, daß die Einbringung von Sachverhalten ganz überwiegend über vertraute sprachliche Formen des Alltags und ihre Transponierung in den institutionellen Zusammenhang läuft. Für Klienten erweist sich der Erzählmodus als grundlegend. Er schlägt noch auf die Befragung durch, wenn dort Erzählsegmente als Antwort verbalisiert werden und eine mentale Planung im Hintergrund steht, die zur Erzählung organisiert werden könnte.

Die narrative Form (in ihrer mentalen Organisationsstruktur) spielt aber auch eine wichtige Rolle für die Überprüfung von Sachverhaltszusammenhängen (etwa auf Vollständigkeit, hinreichende Detailliertheit) und damit für Argumentationen.

Die Nutzung institutionsspezifischer Formen ist an entsprechendes Wissen und Handlungsfähigkeit gebunden, sie bleibt im intra- oder interinstitutionellen, arbeitsteiligen Zusammenhang.

Von rechtlichen Prämissen abgesehen bildet die Plausibilität der eingebrachten Sachverhalte und der argumentativen Begründungen strittiger Elemente das entscheidende Kriterium für die Fallkonstitution. Formen des Erzählens und Argumentierens, Fragens und Berichtens haben jeweils ihren charakteristischen Stellenwert im forensischen Diskurs.

Literaturverzeichnis

W. Lance Bennett u. Martha S. Feldman: Reconstructing Reality in the Courtroom. London: Travistock 1981.
Thomas Bliesener: Erzählen unerwünscht. Erzählversuche von Patienten in der Visite. In: Erzählen im Alltag. Hg. von Konrad Ehlich. Frankfurt: Suhrkamp 1980 (= stw 323), S. 143–179.
Konrad Ehlich (Hg.): Erzählen im Alltag. Frankfurt: Suhrkamp 1980 (= stw 323).
Ders.: Alltägliches Erzählen. In: Erzählen für Kinder – Erzählen von Gott. Hg. von Willy Sanders u. Klaus Wegenast. Stuttgart u. a.: Kohlhammer 1983, S. 128–150.
Ders. (Hg.): Erzählen in der Schule. Tübingen: Narr 1984.
Ders.: Handlungsstruktur und Erzählstruktur. In: Erzählen in der Schule. Hg. von K. E. Tübingen: Narr 1984, S. 126–175.
Konrad Ehlich u. Jochen Rehbein: Wissen, Kommunikatives Handeln und die Schule. In: Sprachverhalten im Unterricht. Hg. von Herma C. Goeppert. München: Fink 1977, S. 36–114.
Dies.: Sprachliche Handlungsmuster. In: Interpretative Verfahren in den Text- und Sozialwissenschaften. Hg. von Georg Soeffner. Stuttgart: Metzler 1979, S. 241–274.
Dies.: Kommunikation in Institutionen. In: Lexikon der Germanistischen Linguistik II. 2. Aufl. Tübingen: Niemeyer 1980, S. 338–346.
Karl Engisch: Logische Studien zur Gesetzesanwendung. Heidelberg: Müller 1943.
Ludger Hoffmann: Kommunikation vor Gericht. Tübingen: Narr 1983.
Ders.: Kommunikation vor Gericht: Zum Forschungsstand. In: Osnabrücker Beiträge zur Sprachtheorie (OBST) 24 (1983), S. 7–28.
Ders.: Berichten und Erzählen. In: Erzählen in der Schule. Hg. von Konrad Ehlich. Tübingen: Narr 1984, S. 55–66.
Ders. (Hg.): Rechtsdiskurse. Tübingen: Narr 1989.
André Jolles: Einfache Formen. Tübingen: Niemeyer 1930.
Henk Pander Maat: Argumentation: Zur Charakterisierung und Abgrenzung eines Forschungsgegenstandes. In: Studium Linguistik 16 (1985), S. 1–21.
Uta M. Quasthoff: Erzählen in Gesprächen. Tübingen: Narr 1980.
Jochen Rehbein: Komplexes Handeln. Stuttgart: Metzler 1977.
Ders.: Sequentielles Erzählen. In: Erzählen im Alltag. Hg. von Konrad Ehlich. Frankfurt/M.: Suhrkamp 1980 (= stw 323), S. 64–108.
Ders.: Beschreiben, Berichten und Erzählen. In: Erzählen in der Schule. Hg. von Konrad Ehlich. Tübingen: Narr 1984, S. 67–125.
Stephen Toulmin: The uses of argument. Cambridge: University Press 1958.
Thomas-Michael Seibert: Aktenanalysen. Tübingen: Narr 1981.
Theodor Viehweg: Topik und Jurisprudenz. 5. Aufl. München: Beck 1974.
Dieter Wunderlich: Studien zur Sprechakttheorie. Frankfurt/M.: Suhrkamp 1976 (= st 172).

Teil II

›Geschichtserzählungen‹ und ›Kriminalgeschichten‹, ›Sachverhaltsschilderungen‹ und ›Phantasie-kriminalität‹: Überlagerungen und Abgrenzungen zwischen 1770 und 1830

Eckhardt Meyer-Krentler

»Geschichtserzählungen«

Zur ›Poetik des Sachverhalts‹ im juristischen Schrifttum des 18. Jahrhunderts

Entflohen

Ihm war so kalt,
daß ihn Verzweiflung packte:
der Sachverhalt
stieg aus der Akte.

Drauf, längst entbrannt,
dem Vorgang zu entweichen:
Der Tatbestand
entwich desgleichen.

Und schnell erfand
ein Herr mit Aktenzeichen
den Tatbestand
vom Sachverhaltentweichen,

er fügte kalt
hinzu, wie es ihm eigen:
den Sachverhalt
vom Tatbestandentsteigen.

Doch frei durchs Land
ein Paar, ein flüchtges, wallte.
Der Tatbestand bestand, bestand...
Der Sachverhalt verhallte.[1]

1. »Species facti« – »Geschichtserzählung« – »Sachverhalt«: Zum Fragehorizont

Tatbestände brauchen Sachverhalte, um ›erfüllt‹ zu werden. Dafür müssen die Sachverhalte ›festgestellt‹ werden. Das eine wie das andere und noch mehr die Kongruenz zwischen beiden aber ist, wie nicht nur Hans Scheibner weiß, ein flüchtiges Gut, ein juristisches Wirklichkeitskonstrukt, das durch Umbenennung und unermüdliche Diskussion[2] bis heute kaum an Faktizität gewonnen hat.

Das 18. Jahrhundert hatte noch etwas weniger Probleme mit der Sache, dafür aber einen Begriff, der das narrative Element der Sachverhaltsfeststellung noch

---

[1] Scheibner: Spott ist allmächtig, S. 147.

[2] Vgl. z. B. neuere kriminologische Ansätze wie den ›labeling approach‹; zur deutschen Diskussion Rüther: Abweichendes Verhalten und ›labeling approach‹; als Lehrbuchdarstellung Kaiser: Kriminologie, S. 163ff.

nicht sprachlich zudeckte: »Geschichtserzählung«. Dabei handelt es sich nicht um einen neu und bewußt auf das narrative Element hin geprägten Begriff, sondern schlicht um eine Lehnübersetzung der *species facti* oder *narratio facti* im Zuge des Fachsprachen-Wechsels vom Lateinischen zum Deutschen.[3] »Geschichtserzählungen« finden sich regelmäßig am Anfang von schriftlich niedergelegten und zum Teil in Sammlungen publizierten Berichten über Prozesse und Urteile; für Rechtshistoriker aus guten Gründen[4] der uninteressanteste Bestandteil dieser Literatur: Sachverhalte sind ein Extrakt individuellen, einmaligen Geschehens, nur die darauf anzuwendenden oder schon angewandten rechtlichen Überlegungen sind juristisch verallgemeinerbar. Wenn der Sachverhalt festgestellt ist, beginnt die eigentliche Arbeit des praktischen Juristen. Das gilt besonders für Zeiten, in denen das geltende Recht überholt und unüberschaubar geworden ist – wie es für das 18. Jahrhundert in so hohem Maße gilt, daß kein Rechtshistoriker so verwegen wäre, von Paragraphen auf die tatsächliche Einzelfall-Rechtsprechung in den Territorien des Heiligen Römischen Reiches Deutscher Nation zu schließen.

Trotzdem gibt es seit je den Vorgang der juristischen Umformung von Lebenswirklichkeit in einen rechtlich handhabbaren Sachverhalt und dessen Subsumtion unter einen Tatbestand, und dieser Vorgang ist stets einem Regelsystem unterworfen gewesen, das sich nicht darin erschöpft, daß die Fakten unverstellt wiederzugeben seien. Einem sich im historischen Gesamtprozeß verändernden Regelsystem, wie es auf je eigene Weise überall zu finden ist, wo Wirklichkeitserfahrung verschriftlicht wird – zum Beispiel in der Schönen Literatur und ihrer Theorie, die bei noch so lockerem Umgang mit der Realität nicht umhin kann, ihr Verhältnis zu den »leidigen Tatsachen«[5] gelegentlich und also immer wieder neu zu definieren.

In der Schönen Literatur heißt dies Regelsystem ›Poetik‹ und wird bis ins 18. Jahrhundert hinein tatsächlich als ›normative‹ Poetik, als Anweisungspoetik formuliert – Opitz' *Buch von der Deutschen Poeterey* von 1624 ist vielleicht die einflußreichste und bekannteste, Gottscheds *Versuch einer Critischen Dichtkunst vor die Deutschen* von 1730 wohl die letzte; danach wird die bis dahin pragmatisch-handwerklich formulierte Poetik mehr und mehr eingebaut in eine allgemeine Theorie der Schönen Künste, wird entpragmatisiert zu klassischer Ästhetik und, in der nur noch deskriptiven Literaturgeschichtsschreibung, zu historischer Poetik.

---

[3] Dieser Prozeß der juristischen Sprachreinigung tritt nach der Jahrhundertmitte in sein entscheidendes Stadium. Ein umfangreiches Lexikon der deutschsprachigen Ersatzbegriffe bietet Hommel: Teutscher Flavius (1775), S. LXXXV–CXLIV: »Antibarbarisches [!] Wort-Verzeichnis«. Schott (Vorbereitung zur juristischen Praxis, 1784, S. 117–122) würdigt neben Hommel insbesondere Estor und Claproth als juristische Sprachreiniger.

[4] Vgl. unten Kap. 4. Das ist nicht als Invektive im Fakultätenstreit gemeint, sondern als Hinweis auf legitime erkenntnisleitende Interessen der verschiedenen Wissenschaften. Als Überblick über die gegenwärtige Diskussion vgl. Stolleis: Aufgaben der neueren Rechtsgeschichte.

[5] Vgl. Seiler: Die leidigen Tatsachen.

Es soll nicht unterstellt werden, daß die ›Poetik‹ der rechtlichen Sachverhaltsdarstellung genau der gleichen historischen Entwicklung unterworfen ist. Von ›Poetik‹ wird man hier auch nur im Sinne der pragmatischen Schreibanweisung sprechen können, ohne damit den Juristen ein Theoriedefizit zu unterstellen: Die rechtspraktischen Zwecke bleiben stets vorrangig, auch wenn übergeordnete Gesichtspunkte wie Beweislehre, Verfahrensrecht usw. stets mitzudenken sind. Trotz der sehr verschiedenen Bezugssysteme literarischer und juristischer ›Poetik‹ läßt sich aber nach ihrer Vergleichbarkeit fragen, nach den jeweiligen strukturellen und historischen Bedingungen, unter denen aus Ereignissen juristische Sachverhalte und literarische – wie auch juristische – Erzählungen werden.

Die Entwicklung des Regelsystems für juristische »Geschichtserzählungen« soll deshalb in einigen Stationen vom späten 17. bis zum Ende des 18. Jahrhunderts skizziert werden – nicht nur in dilettierender rechtshistorischer Einmischung eines Literaturhistorikers, sondern auch im Interesse der Literaturwissenschaft: Am Ende, gegen 1800, konstituiert sich nicht zuletzt aus der juristischen Tradition der »Geschichtserzählung« ein neuer literarischer Typ, nämlich die Kriminalerzählung. Er greift auf die Materialsammlungen juristischer »Geschichtserzählungen« zurück und definiert sich auch von der Struktur her aus dem juristischen Erzählmodell oder in kritischer Opposition dazu.

Zugunsten der historischen Skizze und der Materialaufbereitung werden die natürlich nicht weniger wichtigen grundsätzlichen hermeneutischen Probleme um »Ereignis und Erzählung«[6] hier zurückgestellt und den weiteren Beiträgern dieses Bandes anvertraut. Leider nur ein magerer Hinweis kann auf den weiteren wissenschaftlichen Wert der Fallsammlungen des 18. Jahrhunderts gegeben werden: Die »Geschichtserzählungen« und überhaupt die zahllosen, völlig unausgewerteten Fallsammlungen des 18. Jahrhunderts[7] haben einen unschätzbaren sozialgeschichtlichen Quellenwert. Sie zeigen (abweichendes) Verhalten von Individualpersonen, dessen Beurteilung und Aburteilung ohne literarische oder autobiographische Überformung. Kalkuliert man die dennoch bestehenden und im folgenden darzustellenden rechtlichen Strukturierungszwänge ein, können sie als Folie teils tatsächlicher Verhaltensweisen, teils des Alltagsbewußtseins analysiert werden. Davor heben sich z. B. literarische Handlungsstrukturen in ihrer widerspiegelnden, handlungsanweisenden oder utopischen Qualität wesentlich konturenschärfer ab.[8]

Zunächst aber scheinen alle Fragen nach ›Literatur und Justiz im 18. Jahrhundert‹ etwas gesucht: Anders als seit Beginn des 19. Jahrhunderts sind die direkten

---

[6] Vgl. Koselleck u. Stempel (Hg.): Geschichte – Ereignis und Erzählung. Die Schwierigkeit, von dieser theoretischen Kanzel mit Gewinn in die (literar)historischen Niederungen des 18. Jahrhunderts zurückzugelangen, artikuliert die Rezension von Thomas P. Saine (Lessing Yearbook XIII, 1981, S. 328f.).

[7] Als einzige und wichtige, wenngleich auch nicht annähernd vollständige Sammlung vgl. Gehrke: Die Rechtsprechungs- und Konsilienliteratur. Gehrke erfaßt rund 300 Titel.

[8] Vgl. dazu methodisch und in den Sachergebnissen Meyer-Krentler: »Die verkaufte Braut«; ders.: Willkomm und Abschied.

Übergänge zwischen juristischer und literarischer Darstellung nicht mit Händen zu greifen. Es gibt auf der einen Seite noch kein modernes Polizeiwesen, Kriminalität ist kein herausragendes Phänomen. Auf der anderen Seite gibt es noch kein Genre der Kriminalerzählung, und auch sonst scheinen die Literaten des 18. Jahrhunderts (und entsprechend auch die Literaturhistoriker) kaum geneigt, sich des vorhandenen juristischen Materials zu bedienen. Schlaglichtartig beleuchtet dies der Umstand, daß der *Pitaval,* 1747–1767 zum ersten Male ins Deutsche übersetzt, erst seit der Auswahl-Übersetzung von 1792 zur literarischen Fundgrube wird. Aber: Woher rührt das Desinteresse der Literaten an den juristisch dokumentierten Wirklichkeitsberichten? Gibt es andere Formen des Austausches zwischen juristischem und literarischem Diskurs? Wie heißt ihr gemeinsamer Nenner, und ist dieser größer oder kleiner als vorher und nachher? Annäherung oder Entfernung, die fachliche Trennung von juristischem und literarischem Sprechen im historischen Prozeß sind zu untersuchen: auf dem Münchner Kolloquium 1981 war davon für das 19. Jahrhundert u. a. unter dem Stichwort ›Verfachlichung‹ schon die Rede.[9] Aus der Sicht des 18. Jahrhunderts stellt sich die Frage etwas anders: Selbst wenn man nur einen Diskurstyp beobachtet, läßt sich keine einsinnige Tendenz ausmachen; es sieht eher so aus, als gebe es ein ständiges Wechselspiel zwischen Verfachlichung und Entfachlichung, und zumal zwischen den sozialen Systemen ›Literatur‹ und ›Recht‹[10] scheinen sich stets neue Korrespondenzen zu ergeben, die nicht in einer sich stets verfachlichenden Jurisprudenz und einer gegensteuernden Belletristik und Journalistik zu suchen sind.

Zu den großen Fragen, die im folgenden nur ansatzweise und partiell beantwortet werden können, einige auf die Sache führende Überlegungen vorab: Zum einen bedeuten ›Aufklärung‹ und ›Naturrecht‹ als bestimmende Größen der rechtsgeschichtlichen Entwicklung des 18. Jahrhunderts nicht sogleich Neukodifikation – der erste naturrechtliche Kodex ist das Preußische Landrecht von 1794, weitere Länder folgen dem erst nach der Jahrhundertwende –, sondern zunächst Ablösung des veralteten geschriebenen Rechts durch vorerst nicht geschriebenes Naturrecht. Es eröffnet sich ein juristischer Argumentationshorizont, der gleich dem literarischen Argumentationsverfahren der Aufklärung abgeleitet ist von einem gemeinsamen philosophischen System. Naturrechtliche Praxis bedarf einerseits eines hohen Ausbildungsstandards, greift andererseits aber – z. B. mit philosophischen und moralischen Kategorien – auch im konkreten Einzelfall auf andere Seinsbereiche zurück. Auch die Naturrechtskodifikationen zielen auf ›Entfachlichung‹ ab – Friedrich II. fordert 1780 beim Aufruf zu einem Reformgesetz, es müsse laienverständlich sein[11] – so sehr, daß man das Advokatenpack gänzlich

---

[9] Vgl. Naucke: ›Verfachlichung‹ des Strafrechts im 19. Jahrhundert; dazu auch in diesem Band J. Rückert (S. 635–650). – Als Weiterführung dieser Diskussion um die Abgrenzung und Überlagerung literarischen und juristischen Diskurses vgl. Meyer-Krentler: Willkomm und Abschied.

[10] Vgl. Schönert: Zu einem strukturfunktionalistischen Untersuchungsmodell.

[11] Vgl. unten Anm. 29.

zum Teufel jagen könne. Andererseits: Die Juristenausbildung wird intensiviert – verfachlicht! –, die Rechtsprechung zentralisiert, der Zugriff auf den Einzelnen auch im letzten Dorf in den Oderbrüchen bürokratisch durchorganisiert – auch wenn das in der Praxis noch längst nicht so klappt wie heutzutage. Diese den Naturrechtskodifikationen vorauseilende Entwicklung eines funktionierenden Justizapparats ist sicherlich eine Art ›Verfachlichung‹, indem versucht wird, mit den Mitteln der Justiz weiter einzugreifen in die übrigen gesellschaftlichen Teilsysteme. Die Einbindung der Jurisprudenz in den historischen Gesamtprozeß der Aufklärung ist, zumindest was die Theorie betrifft, so groß, daß die später, im 19. Jahrhundert beobachtete Ausdifferenzierung in eine ›verfachlichte‹ Jurisprudenz und eine ›entfachlichende‹, sich ihrerseits professionalisierende publizistisch-literarische Sphäre noch keinen Ansatzpunkt hat.

In diesen Zusammenhang der entfachlichenden Verfachlichung gehört auch die vor der Jahrhundertmitte einsetzende Tendenz, für die tägliche Praxis und die nicht juristisch gebildeten Hilfsorgane wie Gerichtsschreiber, Gerichtshalter u.a. Schreibregeln zu detaillieren, um zu gewährleisten, daß die Lebenswirklichkeit möglichst unverfälscht, aber auf das Justiziable reduziert und eingepaßt in die Notwendigkeiten der Gerichtspraxis erfaßt wird. Das ist ganz auf die juristischen Alltagsnotwendigkeiten bezogen, fern von literarischen Ambitionen – aber: Die Schreibregeln, nach denen die Fallberichte verfaßt werden, sind ein früher Versuch, Wirklichkeit ohne theologische oder philosophische Überhöhung zu erzählen; sie bestimmen die juristischen Texte, aus denen seit dem Ende des Jahrhunderts die Schriftsteller ihr Material aufbereiten. Die ›Erzähltechnik‹, die in Anweisungen durchformulierte ›Poetik‹ der juristischen Fallberichte ist eine frühe Keimform ›realistischer‹ Poetik, eine Vorstufe der Reflexion über literarische Darstellung von Kriminalität und von Wirklichkeit überhaupt, der erst im 19. und 20. Jahrhundert in der juristischen wie in der literaturwissenschaftlichen Theoriebildung große Aufmerksamkeit zuteil wird.

2. »Teutsche Wohlredenheit auch in den hässigen Gerichts-Sachen«: Barocke Normenrepräsentanz und rhetorisch-argumentatorische Übung

Beginnen wir mit dem Status quo ante, nämlich der Abfassung der »Geschichtserzählung« im 17. Jahrhundert, als sie noch *narratio facti* oder *species facti* hieß. Es fällt auf, daß die Sachverhalte in den Fallsammlungen dieses Jahrhunderts, soweit es sich nicht um die ganz großen Prozesse z. B. vor dem Reichskammergericht handelt, lapidar mitgeteilt werden, ohne Zweifel an der Faktizität; diese wird stillschweigend vorausgesetzt. Der Tathergang ist durch das Urteil fixiert. Wenn überhaupt längere Ausführungen gemacht werden, dann zur Rechtslage, zu den heranzuziehenden gesetzlichen Bestimmungen – ein bis zum Ende des alten Reiches, zu den Naturrechtskodifikationen und darüber hinaus schwieriges Geschäft, das mehr Probleme macht als der Sachverhalt selbst. Zudem sind die juristischen

Fallsammlungen wie die gesamte Jurisprudenz eingespannt in das normative Bezugsystem einer göttlich gesetzten Ordnung.[12]

In aller Kürze kann das an einem auf den ersten Blick nur kurios erscheinenden Text demonstriert werden: am Fallbericht des ›Bratwurstmords‹ aus Matthias Abeles *Metamorphosis telae judiciariae* von 1651, 1712 immerhin in achter bearbeiteter Auflage erschienen. Das ist sicher keine idealtypische Fallsammlung des 17. Jahrhunderts – im Gegenteil: die übliche streng fachliche Ausrichtung wird hier überschritten; Abele, ein österreichischer Jurist, gab mit diesem Werk seinen Einstand in der »Fruchtbringenden Gesellschaft«.[13] Er wurde angeregt durch Harsdörffers literarische Tätigkeit und hatte seinerseits Einfluß aufs Harsdörffer, dessen *Grosser Schau-Platz jämmerlicher Mordgeschichte* als Schwanksammlung auch von rechtlichem Interesse ist, auch wenn sie diesen Bezug nicht ganz so deutlich herausstellt wie Abeles Sammlung.[14] Zunächst also der Fall:

CASUS VII

Man hat mich für gewiß berichtet / daß einmahl ein guter Freund seinen Nachbarn / den letzten Fastnacht-Tag / zu Gast geladen / und als endlich beede / biß in die lange Nacht / das Spielen / Essen und Trincken continuirt / seynd ihnen letzlichen / zu gebräuchigem Valete des Fleisch-Essens / Bratwürst aufgesetzt: und (weil das übrige Gesindlein / Zweiffels ohne / aus Uberfluß der zu sich genommenen Speiß und Trannckes / die liebe Ruhe gesucht /) beede allein gelassen worden. Welche bald hernach angefangen zu zancken / einer dem andern seinen gehabten Rechts-Handel vorzurupffen / biß endlich der Wirth dem Eingeladnen gedrohet / wann er mit dergleichen hitzigen Anzügen nicht aufhören werde / daß er ihme das nächste auf seinem Tisch liegende Messer in Leib reiben wolle. Dictum factum, dann er alsobalden / zwar ohne Merckung des andern / eine Bratwurst aus der Schüssel genommen / und solche dem Nachbarn in den Busen gestossen: Welcher dermassen darüber erschrocken / daß ihme die Seel in einem Huy ausgegangen / und er dieselbe nicht mehr erschnappen können / allermassen er dann alsobalden tod hinum gefallen / und kein Lebens-Zeichen weiter hinterlassen.

Klag.

Die hinterlassene betrübte Wittib und Erben klagen bey der Obrigkeit / und bitten um Ertheilung der GOtt- und Welt-liebenden Gerechtigkeit.

Antwort.

Der Beklagte entschuldigte sich / es wäre diese Bedrohung aus keinem Arglist / sondern aus lauter Fopperey wohlmeinend geschehen / er habe nicht anderst hierzu als eine Bratwurst (so keine schädliche Wehr) gebraucht. Massen dann an des Verstorbenen Leib einiges Mahl oder Kennzeichen einer angethanen Gewaltthätigkeit nicht zu finden: Daß aber denselben die übermässige Furcht und Trunck / woraus etwa ein Schlag entstanden / umgebracht / könne die Bratwurst dessen nicht entgelten / seiner Seits wäre aller Betrug / Muthwillen und böser Vorsatz gar weit gewest. Wissentlichen Rechtens aber / quod

---

[12] Zum Überblick vgl. Schild: Das Strafrecht als Phänomen der Geistesgeschichte.

[13] Zu Abeles Schriften und zu seiner Aufnahme in die Fruchtbringende Gesellschaft vgl. Breuer: Matthias Abele.

[14] Harsdörffer: Der Grosse Schau-Platz jämmerlicher Mordgeschichte. Zum normfestigenden Wert von Harsdörffers Sammlung vgl. Meyer-Krentler: Der Bürger als Freund, S. 94f. Zum Genre, in das Abeles und Harsdörffers Schwanksammlungen einzuordnen sind, vgl. Moser-Rath: »Lustige Gesellschaft«.

animus & intentio delinquentis distinguant maleficia; & ubi nulla voluntas peccandi, ibi etiam nulla maleficii commissio argui potest.

Replic.

Es hätte der Beklagte operam rei illicitae in dem geübt / daß er den Entleibten / durch die tödtliche Bedrohungen und gleich in momento darauf gefolgtes Zustossen / mehr als zu viel geängstiget. Und weil hierauf der tödtliche Hintritt in continenti erfolgt; so seye niemand anders / als der Beklagte daran / und dahero mit gleichmässiger Lebensstraff hingericht zu werden / schuldig Qui enim operam rei illicitae dedit, in dolo est. Ubi autem dolus intervenit, ibi poena legis Corneliae de Sicar, locum obtinet; neben deme / quod metus mortis aliquando, secundum Senecam, major, quam ipsa mors fit.

Duplic.

So viel die scheinbare Bedrohungen anbelangt / wäre selbe zu keinem bösen Ende sondern nur zu Verhütung ferneren Greinens und Zanckens entstanden. Ea autem, quae ad bonum finem destinata sunt, in deteriorem extorqueri partem nequeunt. Allermassen dann er eben die Bratwurst gezuckt / damit der Entleibte habe können abnehmen / daß kein Ernst / sondern nur Schertz / kein Zorn / sondern nur Vexation oder Frölichkeit dabey gewest seye: Daß er aber ihme / wider alles menschliche Verhoffen / das widrige eingebildet / müsse dasselbe GOttes Verhängnus gewest seyn. Homicidia enim, quae ex improviso casu potius quam fraude accidunt, fato plerumque, non noxae imputantur.

Bescheid.

Weil der Beklagte zu dem Todesfall immediate die Ursach gegeben / als soll auch gegen demselben / dem Göttlichen Gesetz nach / unverschont verfahren werden.

Die klagende Wittib und Erben bedancken sich des gerecht-gegebnen Urtheils. Des Beklagten Advocat protestirt und excipirt darwider zierlichst / mir Vor- und Einwenden / daß zwar in dem H. Evangelio Math. 26. geschrieben: Qui gladium accipit, gladio peribit. Wer das Schwerdt nimmt / der soll durchs Schwerdt umkommen. Allein findet man nirgends / wer die Bratwurst ergreifft / daß er deswegen mit dem Schwerdt gerichtet werden solle: weil das duelliren mit Bratwürsten in keiner weder welt- noch geistlicher Constitution, sondern nur das gefährliche Degengefecht verbotten. Ungehindert dessen aber ist der Beklagte mit den H. Sacrament versehen / an die gewöhnliche Richtstatt geführet / der Meister Hemmerlein an die Seiten gestellt / und ihme das Hemmet biß auf den Rucken entblöst worden. Wie nun der arme Sünder niederkniet / und nicht anderst vermeint / dann er müsse anjetzo sein Seel aufopffern. Siehe / da ziehet der Scharffrichter mit völliger furi sein Schwerdt aus / darinnen / an statt der Kopff-abschneidenden Klingen / eine lange Bratwurst gesteckt worden / und schmeisst dieselbe dem Beklagten um den Hals herum / daß sie zu etlichen Stücken gesprungen: Es ist aber der Beklagte nicht gleich / wie sein kleinmüthiger Nachbar / vor Schrecken Tods erblichen; sondern frisch und gesund aufgestanden / GOtt dem Allmächtigen hertzlich danckend / daß er ihne an dieser Bratwurst nicht habe ersticken lassen.

Utrum fictio aliquando non plus quam veritas operetur,

Kan zwar der Entleibte fragen:

Aber der Beklagte sagen:

Quod veritas semper praevaleat fictioni. Licet fictio in casu tantum operetur, quantum in casu vero veritas.[15]

Wahrheit, so spricht es nicht nur aus dem Schluß, ist mehr als irdische, am Tathergang zu messende Wahrheit; sie ist göttliche Wahrheit. Ihr sind die Tat, die Argumentation der Parteien, das Urteil und selbst noch die Vollstreckung unter-

---

[15] Abele: Metamorphosis telae judiciariae (8. Aufl. 1712), S. 24–27.

worfen – ein Gottesurteil, das selbst ein ungerechtes Urteil, eine falsche Wertung des Sachverhalts durch den Richter aufheben könnte. Von diesem Urteil zum ›Bratwurstmord‹ aus wird die hierarchische Ausrichtung der Rechtsprechung wie auch ihrer Literarisierung auf ein theozentrisches Weltbild erkennbar. Es geht um dessen Repräsentation, um Normendarstellung, nicht um Normenkritik. »Irdische Gerechtigkeit« ist bezogen auf himmlische Gerechtigkeit, das diesseitige Gericht ist nur eine Vorinstanz des Jüngsten Gerichts.[16] Auch hinter irdischer Ungerechtigkeit – wie der Schein-Hinrichtung des Bratwurstmörders – offenbart sich göttliche Gerechtigkeit.

Weil das so ist, kann auch die Feststellung des Sachverhalts nicht das Problem sein. »Man hat mich für gewiß berichtet«: das reicht; letztlich ergibt sich der exemplarische Wert des Falls nicht aus der hinter dem Sachverhalt stehenden Wirklichkeit, sondern aus der Argumentation. Das Gottesurteil bestätigt nicht nur den Richterspruch, sondern auch die Qualifikation der Tat selbst.

Abeles Sammlung illustriert auch die gemeinsame Orientierung von Literatur und Recht auf die Rhetorik hin – die Abeleschen Fälle sind nicht zuletzt eine argumentatorische Übung: Durchgängig findet sich die Abfolge von ›Sachverhalt – Klag – Antwort – Replic – Duplic – Bescheid‹ und mitunter sogar, wie im Fall des Bratwurstmords, Vollstreckung des Urteils. Im Vorwort heißt es:

> Alle Straff-Sachen schmecken nach der Gall; doch wirst du bey diesem meinem Werck-lein gleichwol finden / wie die Teutsche Wohlredenheit auch in den hässigen Gerichts-Sachen dannoch annehmlich geübt werden könne: Gelehrt und wachtsam zu seyn / dienet viel zum Obsieg des Rechtens; doch ist nicht weniger die Honig-fliessende Wohlredenheit zu loben / wodurch der Richter und seine Beysitzer zu desto genauerer Aufmerckung gezogen werden: Kurtz / zierlich / sittsam / und mit einem Nachdruck zu reden / und ohne eitel Dunst zu schreiben / ist eine Kunst / und sonderbare Gunst der Natur / welche wir wünschen; doch nicht alle erlangen können.[17]

Wegen dieser Denk- und Argumentationsübung, auch wegen der Ableitung der Verhaltensmaximen aus der ständischen Ordnung, brauchen die hier geschilderten Fälle nicht passiert zu sein, sie müssen vielmehr ›wahr‹ sein – darum können ungeschieden biblische Stoffe und Sagenstoffe wie der Sündenfall, das Kreidekreis-Urteil Salomos, die Geschichte von Eginhard und Emma neben selbst erfundene und offensichtlich aus ›realen‹ Fallsammlungen abgeleitete Fälle gestellt und in juristische Argumentationsform gegossen werden.

Unter dem Dach universaler Gelehrsamkeit, konkret der gemeinsamen Kunstübung der verschiedenen in der »Fruchtbringenden Gesellschaft« vereinten Professionen, kann so die Verschränkung der Diskurse stattfinden; die Übergänge zwischen juristischem und literarischem Sprechen geschehen zwanglos. Abeles Text ist sowohl literarisch orientiert – auf die Schwankliteratur hin – als auch auf fachliche Bedürfnisse; ein Indiz dafür sind im vorgestellten Kasus die lateinischen

---

16 Vgl. hierzu bildliche Darstellungen zur alten Gerichtsbarkeit, in denen Christus als Weltenrichter über dem irdischen Richter zu sehen ist; z. B.: Der Teufelsprozeß vor dem Weltgericht, S. 45–47.

17 Abele: Metamorphosis telae judiciariae, Vorrede (unpag.).

Rechtssätze; in anderen Fällen aus Abeles Sammlung verweisen gar Fußnoten auf Präzedenzfälle und juristische Autoritäten, womit auch dem juristisch-fachlichen Bedürfnis Rechnung getragen wird. ›Literarisierung‹ bedeutet hier nicht Justizkritik, keinen Gegenentwurf zur juristischen Praxis, sondern eine Überhöhung rechtspraktischer Aufzeichnungen; sie macht offenbar, was an Prinzipien auch hinter ihnen steht.[18]

3. »In mancherlei Beziehung nützlich«: Relationen, Aktenverschickung, Fallsammlungen in der Gerichtspraxis

Schauen wir von diesem außergewöhnlichen Beispiel auf die normale Praxis der Fallsammlungen. Schon an Abeles Kasus war zu sehen, daß nicht der Sachverhalt, die *species facti,* das Strittige war, sondern, in Rede und Gegenrede, die Frage der Beurteilung. Man spürt: Richter und Parteien sind dort noch so nahe beieinander, daß man sich nicht über den Tathergang auseinandersetzen muß, sondern darüber, was rechtens ist. Dies Bild vermitteln auch die Entscheidungssammlungen: Je nach Ausführlichkeit werden Sachverhalt und Urteil oder Sachverhalt, »rechtliche Bedenken« und Urteil aufgeführt. Im einfachsten Fall ergibt sich das Urteil aus dem klaren Sachverhalt.[19] Ansonsten ist das zu klärende Problem die Strafbarkeit oder die Billigkeit von Rechtsansprüchen, niemals der Sachverhalt, kaum einmal Tätermotive. Freilich mag das auch an den notwendigen Auswahlkriterien für Entscheidungssammlungen liegen: Die richterliche Ermittlung eines verwikkelten Sachverhalts ist rechtsdogmatisch belanglos. Fälle, welche auf unbestrittenen Tatsachen strittige Rechtsprobleme entwickeln, sind als Modell- und Präzedenzfälle juristisch interessanter und brauchbarer; ein interpretabler Sachverhalt verdürbe die beste Argumentation. Das ist besonders vor der Zeit der Naturrechtskodifikationen ein wichtiges Selektionsprinzip und bleibt es auch danach, wenngleich nicht unbestritten: Offenbar gegen das neue psychologische Interesse der Juristen an der individuellen Tätermotivation hält 1805 Popp im Vorwort zu seinen *Ausgewählten Rechtsfällen* an der Notwendigkeit feststehender, wegen der Vergleichbarkeit gar typisierter Fälle fest:

---

[18] Abeles Schwank-Schriften werden durchaus als fachliche Äußerungen mit prinzipiellem Anspruch anerkannt; vgl. Guggenberger: Processe und vortreffliche Gutachten in Criminalibus (1722), Vorrede S. 1, wenn er »die Frag [...]: ob nemlich in einem Examen ein armer Sünder von denen Examinatoren oder Richtern / mit zornigem oder verbittertem Gemüth / du Schelm / du leichtfertiger Maußkopff / du vermaledeyter Bößwicht / oder du verstockter Hund / könne angefahren werden« unter Verweis auf »Matth. Abele künstlichen Unordnung ersten Theil / vierdten Geschicht« verneint und vom Richter fordert, »in dergleichen peinlichen Fällen noch weit behutsamer und vorsichtiger / als in Burgerlichen Sachen [zu] verfahren«. Zu Abeles *Künstliche Unordnung* vgl. Breuer: Matthias Abele.

[19] Vgl. noch Hymmen: von der Methode zu referiren (1785), S. 143: »In allen gewöhnlichen Fällen wird sich, aus dieser zusammenhängenden Erzählung des vollständig ausgemittelten Facti, die Entscheidung des Streits von selbst ergeben; welche daher, allenfalls durch Angebung des Recht Satzes, mittelst dessen, als des medii termini, die Entscheidung aus dem Facto folgt, beygefügt wird.«

Daß Sammlungen entschiedener Rechtsfälle mit den Gründen der Erkenntnisse, in mancherlei Beziehung nützlich sind, ist eine vorlängst anerkannte Wahrheit.

Minder ausgebreitet ist ihr Nutzen, wenn die entschiedenen Fälle vorzüglich von der Art waren, daß, bei ihrer Entscheidung, hauptsächlich nur die Ausmittelung und Festsetzung zweifelhafter Thatumstände den Richter beschäftigte. Solche Rechtsfälle können dem Scharfsinne des Richters Ehre machen, der sie entschieden hat: aber, ihre öffentliche Bekanntmachung bringt um so weniger große praktische Vortheile, ie seltener es, einestheils, seyn wird, daß nicht selbst ein sehr ähnliches, der richterlichen Beurtheilung unterstelltes, Faktum, von ziemlich verschiedenen Umständen begleitet ist, und ie mannichfacher, andererntheils, die Ansichten seyn können, unter welche sich eine und eben dieselbe Sache, bei der Zusammenfügung einer Reihe verwickelter Thatumstände in ein bestimmtes Ganzes, bringen lässet.

Nützlicher scheinet dagegen eine Sammlung von Entscheidungen zu seyn, welche reine Rechtspunkte, blose Anwendung der Gesetze auf unbestrittene Thatsachen, zu Gegenständen hatten. Diese Fälle kommen häufig wieder, und meist in derselben Identität, vor. Es gewährt den Sachwaltern, und also auch den Parteien, beträchtliche Vortheile, zu wissen, warum dunkele, unvollständige, oft selbst klar scheinende, Gesetze, nicht so, wie sie glaubten, auf die vorgelegene Thatumstände angewendet, warum, in Ermangelung eines bestimmten Gesetzes, die Rechtsstreite nicht so, sondern anders, entschieden worden sind.[20]

Diese Orientierung auf die Rechtsauslegung hin ist ein durchgehendes Prinzip der Fallsammlungen des 18. Jahrhunderts, obwohl sich deren Funktion durch Änderungen in der Rechtspraxis verschiebt. Die Nähe zwischen Richter und Laien, wie sie aus Abeles Fall sprach, ist ein Relikt mittelalterlicher Schöffengerichtsbarkeit, einer Gerichtsbarkeit ›vor Ort‹. Diese wird im Zuge der absolutistischen Bürokratisierung zurückgedrängt zugunsten einer zentralisierten Gerichtsbarkeit von Fachjuristen, von Rechtsauslegern – ein »Verfachlichungs«- und gleichzeitig Verschriftlichungs-Prozeß, der im 18. Jahrhundert, unter dem Vorzeichen aufklärerischer Reformbestrebungen, verstärkt vorangetrieben wird und bis ins 19. Jahrhundert reicht. Für die Zeit von der Theresiana bis 1848 ist das exemplarisch nachzuverfolgen in Friedrich Hartls Darstellung zum Wiener Kriminalgericht.[21]

Dieser Verschriftlichungsprozeß hängt zusammen mit einer in schwierigen Fällen schon älteren Praxis, nämlich der sogenannten Aktenverschickung.[22] Der Gerichtshalter oder Amtmann vor Ort hatte nicht unbedingt eine qualifizierte juristische Ausbildung, wurde zudem nicht gerade reichlich besoldet – als Beispiel für letzteres kennt die Literaturgeschichte den Amtmann Gottfried August Bürger, und ersteres läßt sich illustrieren am Dorfrichter Adam, der unberührt ist von allen Bemühungen um aufgeklärte Strafrechtspflege. Wenn es um mehr als zer-

---

20 Popp: Ausgewählte Rechtsfälle (1805), S. IIIf.

21 Hartl: Das Wiener Kriminalgericht.

22 Zur Geschichte und zum Usus der Aktenverschickung vgl. Buchda: Aktenversendung; als zeitgenössische Beschreibungen des Verfahrens: Quistorp: Einige Bemerkungen über die Verschickung der Acten in peinlichen Fällen (1787), sowie Dorn: Versuch eines practischen Commentars über das peinliche Recht (1790); Danz: Grundsätze des gemeinen, ordentlichen, bürgerlichen Prozesses (1795), Anhang. Als neuere Darstellungen: Pätzold: Die Marburger Juristenfakultät, S. 11–38; Klugkist: Die Göttinger Juristenfakultät, S. 9–15. – Die von Leiser (Strafgerichtsbarkeit in Süddeutschland, S. 66–80) für Württemberg festgestellte Seltenheit der Aktenverschickung ist sicher nicht typisch.

brochene Krüge geht, gibt die unterste Instanz den Fall weiter an das Obergericht.[23] Dieses wendet sich bei Auslegungsproblemen wiederum an eine Spruchfakultät, also die als sogenanntes Dicasterium legitimierte juristische Fakultät einer Universität; in familienrechtlichen und anderen Belangen, die das Kirchenrecht berühren, konkurrierend auch an die theologische Fakultät, um Gutachten oder gleich Entscheidungen in Rechtsfragen einzuholen. Aus der Praxis und aus der Feder solcher Dicasterien-Mitglieder stammen denn auch die meisten publizierten Fallsammlungen. Jedenfalls sieht die Entscheidungsinstanz den Delinquenten, den Kläger, den Beklagten im allgemeinen nicht, es gibt kein mündliches, öffentliches Verfahren. Im Gegenteil: Die Schriftlichkeit von Relationen wie überhaupt aller behördlichen Vorgänge wird – zum Beispiel 1787 für den Wiener Kriminalsenat – selbst dann Vorschrift, wenn ein mündlicher Vortrag wegen örtlicher und zeitlicher Nähe ohne weiteres gegeben werden könnte.[24]

Das ist nicht nur bürokratische Umstandskrämerei, sondern hat zunächst durchaus Sinn; Untersuchungs- und Urteilsinstanz werden so getrennt. Aktenverschickung ist nicht nur ein Instrument des Gerichts, sondern dient auch dem Schutz des Beklagten: dieser kann die Aktenverschickung und damit die Anrufung einer höheren Instanz verlangen und zudem bis zu drei Dicasterien ablehnen.[25] Aktenverschickung erfordert verläßliche schriftliche Kommunikation – in Form der Relationen; das ungeordnete Aktenmaterial wird durch sie strukturiert und verknappt, so daß sich – etwa im Verkehr mit den Dicasterien – eine präzise Rechtsfrage ergibt.[26] Die vermehrte Publikation abgeschlossener Fälle in Entscheidungssammlungen hängt damit eng zusammen: Sie werden genutzt als Präzedenzfälle, zur allgemeinen Fortbildung der Advokaten[27] oder auch für eine reformierte Juristenausbildung, die im mittleren 18. Jahrhundert sowohl auf höhere

---

[23] Zur Situation Bürgers als typischer Dorfrichter des 18. Jahrhunderts vgl. Dörner: Gottfried August Bürger; allgemein zur niederen Gerichtsbarkeit ›vor Ort‹: Agena: Der Amtmann im 17. und 18. Jahrhundert; vgl. als zeitgenössische Quelle (für die Verhältnisse in Kursachsen), insbesondere zum Gerichtsstand, zur Zuständigkeit, zur Bestellung von Richtern, Assessoren, Aktuaren, Gerichts-Knechten, Gerichtshaltern: Anleitung zu denen Gerichts-Händeln (1736), S. 7–64.

[24] Vgl. Hartl: Das Wiener Kriminalgericht, S. 25.

[25] Vgl. Quistorp: Einige Bemerkungen über die Verschickung der Acten, S. 7 und S. 9; Gutachten oder Urteile eines vom Beklagten verworfenen Dicasteriums hält Quistorp in Strafsachen »schlechterdings für ungültig« (S. 9). – Nach Quistorps Darstellung ist die Aktenverschickung in Strafsachen insgesamt eine Einrichtung zum Schutz des Beklagten.

[26] Diese Normierungstendenz illustriert z. B. Schmidt: Öffentliche Rechtssprüche (1777); die stereotype, teils bis auf die Anfangsbuchstaben verkürzte Einleitungsformel seiner Dicasterien-Gutachten lautet: »Als Uns nachstehende Geschichtserzehlung nebst einigen Fragen zugeschicket, und darüber unsere Rechtsbelehrung gebethen worden, demnach sprechen Wir vor Recht« (z. B. S. 66).

[27] Eckhardt (Juristische Händel, 1735, Vorrede) nennt als Intention seiner Fallsammlung das Training des Advokaten: Akten abgeschlossener Verfahren seien ihm nie, die anhängiger Verfahren nur selten zugänglich, geschweige denn daheim verfügbar; darum seien tatsächlich verhandelte Fälle zur allgemeinen Schulung und als Präzedenzfälle vollständig zu publizieren.

wissenschaftliche Qualifikation als auch auf stärkere Praxisorientierung ausgerichtet wird.[28]

All diese verschiedenen Zwecke der Relation im Verfahren wie der publizierten Fallsammlungen haben ihren gemeinsamen Bezugspunkt in der schwierigen und im Einzelfall oft wirren Rechtslage im 18. Jahrhundert: Bis zu den aufklärerischen Reformgesetzen wie dem österreichischen Allgemeinen Gesetzbuch von 1787 und dem Allgemeinen Landrecht für die Preußischen Staaten von 1794 waren das Römische Recht, das Kanonische Recht, eine Fülle von regionalen, städtischen und ständischen Sonderrechten zu berücksichtigen; im Strafrecht galt die Peinliche Gerichtsordnung Karls des Fünften von 1532 in verschiedenen landesherrlichen Variationen – insgesamt ein äußerst unübersichtliches Gelände, ein unbefriedigendes Geschäft vor allem vor dem Hintergrund der sich mehr und mehr durchsetzenden naturrechtlichen Denkweisen, denen das als überholt empfundene geschriebene Recht Hohn sprach. Auch die 1780 in Preußen durch königliches Dekret eröffnete Aussicht, nach naturrechtlichen Grundsätzen Recht zu sprechen,[29] machte die Sache nicht leichter, weil das an die jeweilige Prüfung des geschriebenen Rechts auf seine naturrechtliche Unbegründetheit hin gebunden blieb. Selbst für das Preußische Landrecht und für die anderen Reformkodifikationen um die Jahrhundertwende behielten das Römische und das Kanonische Recht subsidiäre Bedeutung. Andere deutsche Territorien, insbesondere Duodez-

---

[28] Schmidt (Öffentliche Rechtssprüche, 1777) schlägt in seiner Vorrede gar die Einrichtung eines »casuistischen Rechtscollegiums« vor – als praxisbezogene zweite Ausbildungsphase im Anschluß an das rein theoretische Jurastudium; seine Fallsammlung sei dafür ein geeignetes Lehrbuch. Die Schriften über die Verfassung der Relationen, die meist aus Vorlesungen entstanden sind, betonen immer wieder den Ausbildungszweck.

[29] Friedrich II.: Königl. Kabinetsordre vom 14ten April 1780, S. 17f.: »Weilen aber dennoch dergleichen Privinzialstatuta und Gewohnheiten sich nur auf gewisse Gegenstände einschränken, und keine allgemeine, noch weniger aber vollständige Rechtsregeln enthalten, das Corpus juris vom Kaiser Justinian aber als das subsidiarische Gesetzbuch fast aller europäischen Staaten von vielen Jahrhunderten her auch bey uns angenommen worden ist, so kann dieses auch künftig nicht ganz ausser Acht gelassen werden. Inzwischen ist bekannt, daß dieses römische Gesetzbuch größtentheils nur eine Sammlung der Meynungen und Entscheidungen der Rechtsgelehrten in einzelnen Fällen enthält; sich vielfältig auf die alten und jetzt gar nicht mehr passenden römischen Verfassungen und Formalitäten bezieht; auch mit vielen Widersprüchen angefüllt ist. Es muß also nur das Wesentliche [!] mit dem Naturgesetz [!] und der heutigen Verfassung [!] übereinstimmende aus demselben abstrahirt; das Unnütze weggelassen; Meine eigene Landesgesetze am gehörigen Orte eingeschaltet, und solchergestalt ein subsidiarisches Gesetzbuch, zu welchem der Richter beym Mangel der Provinzialgesetze recurriren kann, angefertigt werden.« – Friedrich fordert im übrigen bereits die Mündlichkeit des Verfahrens und die Abschaffung der schriftlichen »Geschichtserzählung«: Die Parteien sollen selbst gehört werden und nicht länger »ihre Nothdurft durch gedungene Advokaten vorstellen« müssen (ebd. S. 13); denn selbst ein redlicher Advokat »darf als Kläger oder Beklagter nicht offenherzig zu Werke gehen, weil sein Gegner eine umständliche Erzählung des Facti dahin misbrauchen könnte, ihm eine Menge Beweise auf den Hals zu schieben, und ihn dadurch in ein Labyrinth zu führen, aus welchem er sich ohne Gefahr oder Verlust seines Rechts kaum wieder heraus wickeln würde.« (ebd. S. 13f.)

fürstentümer wie Lippe-Detmold, konnten sich kein eigenes Landesrecht leisten und mußten folglich mit dem alten Zustand bis zum Aufgehen im Deutschen Reich und zum Anschluß an BGB und StGB[30] zurechtkommen. Das aufwendige Instanzenverfahren und die damit verbundene Notwendigkeit der Aktenverschikkung wurde erst im 19. Jahrhundert abgebaut, als im Zuge größerer Rechtssicherheit durch überschaubare Kodifikationen wie das ALR die schon im späten 18. Jahrhundert geforderte Mündlichkeit und Öffentlichkeit des Verfahrens[31] praktisch möglich wurde.

Um Prozesse per Aktenverschickung angemessen zu führen, muß man auf einen verläßlich und rechtlich handhabbar wiedergegebenen Sachverhalt zurückgreifen können – so entsteht die Notwendigkeit, die Regeln für das Verfassen der Relation, der *relatio facti,* des Aktenauszugs zu präzisieren und zu standardisieren; dabei kommt auch der *narratio facti* erhöhte Aufmerksamkeit zu.

Solche Anweisungen sind in juristischen Lehrbüchern des mittleren bis späten 18. Jahrhunderts reichlich zu finden – sie bieten sicherlich nichts gänzlich Neues, sondern fußen auf einer vorhandenen Praxis, auf die schon die ältere Lehrliteratur zu verweisen pflegt; insbesondere der Usus des Reichskammergerichts in Wetzlar und des Wiener Hofgerichts werden immer wieder als Norm genannt. Die älteren Lehrbücher handeln Verfahrensfragen relativ kurz und summarisch ab;[32] bei der

---

30 Diese Notlage erklärt den Umstand, daß heute oft gerade Bibliotheken, in welchen die Verwaltungsbibliotheken ehemaliger kleiner Territorien aufgegangen sind, unvermutet große Bestände an Fallsammlungen und fremden Partikulargesetzen des 18./19. Jahrhunderts haben – wie zum Beispiel die Lippische Landesbibliothek Detmold [51].

31 Vgl. z. B. Ernst Ferdinand Klein: Gedanken von der öffentlichen Verhandlung der Rechtshändel; diese 1780 publizierte Schrift wurde wegen ihrer ungebrochenen Aktualität 1825 unverändert, aber mit Anmerkungen zur neueren Diskussion wieder aufgelegt.

32 Die geringe Wertigkeit der Verfahrensfragen zeigt sich im hohen Anteil der selten über ein bis zwei Bögen hinausgehenden Dissertationen zu dem Thema; z. B. Besold: Dissertatio iuridica de modo referendi (1637); Lauremberg: Disputatio inauguralis de actorum lectione et relatione (1672); Homborg: Discvrsvs jvridicvs de referendi modo. Wie aus denen Gerichts-Acten zu referiren (1717), zu »species facti« S. [5]; Hertling: Diss. jur. de arte referendi (1733), S. 6 (gleichzeitig als Beispiel für dt.-lat. Mischstil): »Extractus actorum rite formandus, Historiam processus vocat Boehmer, in seiner einleitung cap. 3. §. 10. in addit. n. 2. extractus autem actorum nihil sunt aliud, als die von beyden Theilen gepflogene Handlungen v. g. quid actor petierit? quomodo? & ex quo fundamento? quid exceptionis loco opposuerit reus? & sic deinceps de replicis, duplicis, ac ulterioribus, quantum potest fieri, succincta brevitate, & perspicuitate proponi haec omnia debent. Reces. Imp. Nov. de anno 1654. §. 142. & seqq. Jur. Pal. part. 1. tit. 27. §. 3. in verb. darnach soll der Referent mit der kurtze / und in einer Summen / doch verständiglich / und mit treuem fleis erzehlen / was der Kläger in seiner Klage fürgebracht / und begehret. add. Blum. Proces. Cammeral. tit. 75. n. 15. et seqq. non autem satis est allegasse extractus, sed & folia, paginas, & numeros actorum notare oportet, ut cuilibet exhiberi, atque allegata praelegi possint. Boehmer. dict. loco cap. 3. §. 2. lit. T.« – Die erste ausführlichere, aber noch mehr mit Verfahrensfragen als mit Schreibregeln befaßte Anweisung ist wohl die von Hommel: Kurtze Anleitung Gerichts-Acta geschickt zu extrahiren, zu referieren, und eine Sententz darüber abzufassen, Zum Gebrauch seiner Zuhörer entworfen (1739); im Vorbericht gibt Hommel einen Überblick über die bisherige Literatur.

species facti gehen sie kaum über den Hinweis hinaus, diese müsse ›rite‹ verfaßt werden. So schreibt z. B. Andreas Homborg 1717:

> Relatio ex actis facienda cui incumbit, eum in limine narrationis suae, accuratam facti speciem, sine ullo partis praejudicio formatam, praemittere oportet, ut cardo totius litis in epitome cognosci, & cognita juxta legum praescripta dirimi possit. Facti autem species diplici ratione confici solet, vel summariter, si factum, prout a partibus propositum, modo recenseatur; vel vero per extractum omnium actorum. Ultimus modus referendi, quum ad sinistram referentis opinionem excludendam tendat, in Camera imperiali inprimis usitatus est. Specie facti rite formata referens diligenter excutere tenetur, an partes, modum judicialiter procedendi, exacte observarint, nec ne.[33]

Erst im Laufe des 18. Jahrhunderts werden die Lehrschriften genauer, vertrauen nicht mehr auf die tradierte Praxis und widmen sich mehr dem Detail: Zeichen sowohl der bürokratischen Organisationsintensität absolutistischer Herrschaft als auch der aufklärerischen Tendenz, statt der unhinterfragten Traditionen ein bis ins einzelne festgelegtes Regelsystem zu schaffen. Hier können die kleinen Kuriositäten für das Ganze sprechen: Ludovicis *Einleitung Zum Civil-Prozeß* stellt 1725 ausführlich die Novität des Aktenlochens vor, das in Pommern erfunden sei.[34] Ludolphs *Der Expedite Referendarius, Oder Anleitung, Wie man Berichtliche Acten Mit Nutzen lesen / geschickt excerpiren / und verständig referiren soll* (2. A. 1739) beginnt: »Bey Ergreiffung derer Acten hat der Referent vornemlich / ob sie richtig gehefftet / foliiret / und rubriciret sind / zu untersuchen«. Carl Friedrich Walch weist 1773 jenseits aller Ironie auf die Notwendigkeit hin, Akten zunächst zu lesen, bevor man aus ihnen referiert.[35] Diese neue Detaillierung gilt auch für die »Geschichtserzählung« als ersten Teil solcher Relationen.

---

[33] Homborg: Discvrsvs jvridicvs de referendi modo. Wie aus denen Gerichts-Acten zu referiren (1717), (unpag.). [Wem obliegt, die Relation aus den Akten abzufassen, der muß im Rahmen seines Berichts eine sorgfältig und ohne jedes Vorurteil für einen der beiden Teile ausgearbeitete Geschichtserzählung voranschicken, damit der Angelpunkt der gesamten Klage in dem Aktenkonvolut erkannt und das Erkannte gemäß den Vorschriften der Gesetze analysiert werden kann. Die Geschichtserzählung aber pflegt aus doppelter Ursache hergestellt zu werden: entweder summarisch, wenn der Sachverhalt, so wie er von den Parteien vorgebracht wird, nur beurteilt wird; oder aber durch einen vollständigen Aktenauszug. Die letzte Art des Berichtens, da sie zum Ausschluß einer fehlerhaften Meinung des Berichtenden tendiert, ist in der kaiserlichen Kammer [= Reichshofrat in Wien oder Wetzlar] zuerst in Gebrauch gekommen. Nach ordnungsgemäßer Formierung der Geschichtserzählung hat der Berichterstatter sorgsam zu erforschen, ob die Parteien die gerichtlichen Verfahrensregeln genau beachten oder nicht.] (Übs.: M.-K.)

[34] Ludovici: Einleitung Zum Civil-Proceß (1725), S. 143.

[35] Walch: Einleitung in die Wissenschaft aus Acten einen Vortrag zu thun und darüber zu erkennen (1773), S. 25: »Da ein Referent aus den Acten anders nicht einen Vortrag thun kann, als in so fern er zu der Zeit, da er den Vortrag thut, weis, was er vortrage; dieses aber wieder sich nicht gedenken läßt, als in so fern derselbe zuförderst die Acten lieset, so muß derselbe die Acten, aus welchen er referiren will, vor allen Dingen lesen.« – Walchs Publikation enthält im übrigen u.a. eine wertvolle Bibliographie zur Referierkunst (S. 20–24) und systematische Differenzierungen verschiedener Typen der Relation (S. 12–20).

4. »Deutlich, ordentlich, hinlänglich und gründlich«: Juristische Schreibregeln

Genauere Anweisungen zur Abfassung der »Geschichtserzählung« entwickelt Justus Claproth im Zuge der Überarbeitungen seiner zuerst 1756 erschienenen *Grundsätze von Verfertigung der Relationen aus Gerichts-Acten, zum Gebrauch der Vorlesungen.* Bis zur vierten Auflage von 1789 wird dieses akademische Lehrbuch stets erweitert und ergänzt; das gilt auch für die Ausführungen zur »Geschichtserzählung«. Sie können kaum Originalität beanspruchen; gerade darum und wegen ihrer Knappheit und Präzision sind sie geeignet, Zielsetzung und Vorstellungshorizont der Schreibanweisungen für die »Geschichtserzählung« im einzelnen anschaulich zu machen und gleichzeitig zu zeigen, wie gerade im redlichen Bemühen um Faktizität die juristische Operationalisierung der Wirklichkeit durchschlägt und aus dem Geschehen Erzählung macht.

Claproth stellt 1756 fest, für die Einrichtung der Relationen gebe es keine gesetzlichen Vorgaben. »Es komt daher auf den Referenten an, die beste Einrichtung zu erwählen«.[36] Die schriftstellerische Freiheit des Referenten wird aber begrenzt durch »gewisse in der Sache selbst gegründete und aus der gesunden Vernunft herzuleitende Reguln«.[37] Über die Geschichtserzählung äußert Claproth sich 1756 noch nicht näher; 1766 fügt er der 2. Auflage aber Beispielrelationen an. In der Vorrede zur 3. Auflage von 1778 findet sich eine generelle Bemerkung zu Zielsetzung und Stil der Relationen – Zeugnis dafür, daß die rhetorische Orientierung des Barock im 18. Jahrhundert wie in der schönen Literatur so auch im Recht aufgegeben ist. Claproth betont den ganz pragmatischen Zweck:

> Meine Lehre und mein Exempel hat nichts anders zum Endzweck, als denen Anfängern Anweisung zu geben, wie sie aus Gerichtsacten deutlich, ordentlich, hinlänglich und gründlich den Vortrag verrichten sollen. Alles, was nur nach einer herbeygezogenen und prangenden Gelehrsamkeit schmeckt, habe ich sowohl in der Anleitung selbst, als in denen Relationen, sorgfältig vermieden. Nach meiner Meynung kann die weitläuftige Gelehrsamkeit nirgends übler angebracht werden, als in einer Relation. Ein Referent muß durch Gründlichkeit zu überzeugen suchen. Das unnöthige Gepränge aber hat mit der Absicht einer Relation nichts gemein, woferne es nicht etwa eine Proberelation ist; bey dieser muß die Welt betrogen werden, weil sie betrogen seyn will.[38]

Schon in der 2. Auflage 1766 findet sich ein ganzes Kapitel über »Begrif, Nothwendigkeit und Nutzen« sowie die Einrichtung der Geschichtserzählung. In der 3. Auflage 1778 wird dies weiter ausdifferenziert; außerdem wird hier der fachsprachliche Übergang vom deutsch-lateinischen Mischstil zum Deutschen vollzogen. In dem fraglichen Passus bleibt dann auch die 4. Auflage 1789 unverändert.[39] Claproth definiert:

---

[36] Claproth: Grundsäze (1756), S. 6.
[37] Ebd.
[38] Claproth: Grundsäze (1778), Vorrede (unpag.).
[39] Folgende Claproth-Zitate (Seitenangaben in Klammern direkt angeschlossen) sämtlich nach dieser 4. Auflage (1789).

> Die Geschichtserzählung ist nichts anders, als die historische Erzählung derjenigen Thatumstände, welche bey der angestellten Klage zum Grunde liegen. Hiermit muß ohne allen andern Eingang angefangen werden. (S. 12)

Es soll also faktisch erzählt werden, ohne vorherige theoretische oder meinungsbildende Bemerkungen, auch ohne Insinuationen des Referenten; das strikte Verbot von Präliminarien in Reichskammergerichtsrelationen – nach einer Anweisung von 1654[40] – wird nun auf jedwede Relation angewandt. Claproth detailliert die Standardformulierung, die Geschichtserzählung müsse »deutlich, ordentlich, kurz und doch vollständig« (S. 12) sein:

> I) müssen die streitende Personen deutlich beschrieben werden, in welcher Betrachtung, wenn es auf ein verworrenes Verhältnis der Personen ankomt, die bey den Acten befindliche, oder nach Möglichkeit vom Referenten zu entwerfende Stammtafeln vorzulegen und mündlich zu erklähren sind. (S. 14)

Das verworren Scheinende ist zu entwirren, Personenkonstellationen sind zu strukturieren: Die Wirklichkeit wird neu zusammengesetzt. Überraschend stellt sich die Trias von Ort, Zeit und Handlung ein: Auch die Örtlichkeiten sind festzulegen, zur Not mittels eines Lageplans. Ähnliches gilt für die Zeit:

> III) Muß die Geschichte nach der Zeitordnung kurz, mit Auslassung der unerheblichen Umstände, und zwar dergestalt erzählet werden, daß jeder Umstand eine besondere Periode ausmachet. (S. 14)

Anders gesagt: Es ist nach dem ordo naturalis zu erzählen, was einfacher gesagt als getan ist: Der Referent muß die Chronologie des Sachverhalts, wie immer wieder beklagt wird, erst mühsam aus wirren Akten rekonstruieren:

> Es mag übrigens die bey der Klage zum Grunde liegende Geschichte in den Acten stecken, wo sie will, so muß sie zusammen getragen werden, und in solcher Absicht werden auch die Urkunden, so zur Geschichte [...] gehören, [...] nach den zur Sache wesentlich gehörigen Stellen, wörtlich mit in die Geschichtserzählung gebracht. (S. 15)

Diese Anweisung enthält – bei aller Wahrheitspflicht – eine wesentliche Strukturvorgabe, nämlich die Entscheidung der Rechtsfrage, auf die hin zu erzählen ist; dies Ziel hilft die ›unerheblichen‹ von den ›erheblichen‹ Umständen unterscheiden. Dahinter steht die Indizienlehre und deren Unterscheidung von Haupt- und Nebenumständen. Darauf gründet dann auch der nächste Punkt:

> IV) Muß von der Geschichte ein mehreres nicht, als blos dasjenige, so zur Klage gehöret, vorgetragen, alle übrige Thatumstände hingegen, so zur Exception, Replic oder Duplic gehören, aus der Geschichtserzählung hinweggelassen werden; man würde sonst die Geschichtserzählung und den ganzen Rechtsstreit [...] nicht von einander unterscheiden können. (S. 15)

[40] Vgl. oben Anm. 32 und 33 sowie Hofmann: Teutsche Reichspraxis (1765), 1. Theil, S. 49f.: »Der gemeine bescheid Sr. Kaiserlichen Majestät, Herrn Franzens I vom 7^{den} Febr. 1746 § 9 verbeut alle präoccupationsmemorialien in allen und ieden sachen bei dem K.R.Hofrathe. Nicht minder ist eine präoccupationsvorstellung an der Reichs-kammer zu Wezlar untersaget.« Zum richterlichen Präokkupationsverbot, also dem Verbot der Voreinnahme durch Stellungnahme der unteren Instanz allgemein vgl. Preuschen: De ligantium studio omniumque animos praeoccup. (1753).

Nur der pure Sachverhalt ist aus der Menge der Ereignisse zu selektieren und als justiziable Teilmenge zu konstituieren. Gleichwohl ist der Rechtsstreit selbst der später zu referierenden Prozeßgeschichte vorbehalten; es regiert also die Vorstellung eines deutlichen Gegenübers von Tat = Geschichtserzählung einerseits, Beurteilung = Prozeßgeschichte andererseits. Auch das sei probeweise ins Erzähltheoretische übersetzt: Nimmt man das ganze Verfahren von der Eruierung des Sachverhalts bis zum Urteil in seiner in den Fallsammlungen dann abgeschlossen präsentierten schriftlichen Form als Ganzes narrativer oder dramatischer Inszenierung,[41] ist die »Geschichtserzählung« sozusagen die Exposition, welche zunächst nur Fakten vorstellt, in der Selektion aber schon das Handlungs- bzw. Erzählziel enthält – nämlich die Entscheidung einer aus der Exposition entwickelten offenen Situation.

Daß die Tücke dieser Strukturvorgabe noch nicht gesehen wird, zeigt eine weitere Anweisung: Gibt es frühere rechtliche Entscheidungen, die in den Sachverhalt hineinspielen, »so wird dies blos historisch, nicht durch einen vollständigen Extract vorausgeschicket« (S. 15) – eine einfache Regelung für notwendige Rückgriffe in Vor-Handlungen. Diese Anweisung unterbindet alle sinnsteuernden Verknüpfungstechniken, durch welche Vor-Handlungen z. B. jeweils in den sachlichen Zusammenhang gerückt würden: Auch dies erläutert die Zielsetzung eines auf das schlicht Faktische bezogenen Erzählmodells, das von Argumentation durch Erzählen möglichst frei sein soll.

Der Referent, der Narrator erzählt aus dem stillen Wissen um die Komplikationen, die sich in der ›Durchführung‹ ergeben werden und in den Einlassungen der streitenden Parteien bereits aktenkundig sind; darum wird ihm empfohlen, die Akten rückwärts zu lesen. Es muß eine vollständige Transformierung des analytischen Wissens in synthetische Darstellung erfolgen; darum dürfen die Einlassungen der Parteien nicht vorweggenommen werden. Ebensowenig die Klage selbst:

> V) Weder vom Rechtsgrunde noch von der Bitte, als welches beydes zum Auszuge aus der Klage gehöret, darf etwas in die Geschichtserzählung kommen, welche denn auch, ohne Untermischung einiger Schlusfolgen zu verfertigen ist. (S. 15f.)

Das ist auktoriales Erzählen par excellence, ohne im Text greifbare Einmischung des Narrators[42] – mit allen noch nicht bedachten Schwierigkeiten. Das zeigt sich auch in der folgenden Anweisung:

> VII) Muß man sich davor hüten, daß man nicht mehr in der voraus gesezten Geschichtserzählung, als ausgemacht, behaupte, als was sich nach unumwundenen Geständnissen und klahren Beweisthümern zuverlässig als richtig behaupten lässet; wiedrigenfals, wenn der Referent in der Geschichtserzählung etwas als gewis anführete, worüber doch von den Partheyen noch gestritten wird,

---

[41] In der Grundstruktur haben erzählerische und dramatische Handlung vergleichbare Konstituenten; vgl. dazu Lausberg: Handbuch der literarischen Rhetorik, § 1202–1205: die gleichermaßen auf die Erzählung anzuwendenden »Situationsfunktionen« des Dramas; Link: Literaturwissenschaftliche Grundbegriffe, S. 256–281.

[42] Vgl. Stanzel: Theorie des Erzählens, passim.

so würde er den übrigen Mitgliedern gleich anfänglich einen unrichtigen Begrif von der Sache beybringen. Um dieses zu verhüten, muß der Referent in dem kaum angeführten Falle die Geschichtserzählung nur erzählungsweise, nicht behauptungsweise abfassen, und z. E. setzen: Kläger behauptet (giebt vor): Er habe mit Sempronius verabredet daß etc. etc. (S. 16)

Feststehende Sachverhalte sind also die zwischen den Parteien unstrittigen Sachverhalte. Auch hierin offenbart sich ein höchst mittelbarer Zugang zur Wirklichkeit des Geschehenen, gleichzeitig aber Sinn für das Praktische: Die unstrittigen Fakten werden zusammengefaßt, so daß die Details der vorgehenden Verhandlungen und beigebrachten Dokumente nur noch in der Quintessenz der »Geschichtserzählung« weiter durch das Verfahren geschleppt werden müssen.[43] Im peinlichen Prozeß, in dem von Amts wegen inquiriert wird, ist die Feststellung des unstrittigen Tatbestands allerdings höchst problematisch, zumal kein reines Indizienverfahren möglich ist, sondern in der Regel ein Geständnis erfordert wird; in Ländern, wo die Folter als Mittel der Wahrheitsfindung abgeschafft ist, ergeben sich hier große Probleme.[44]

Das heißt freilich auch: Solange das Geständnis strikte Voraussetzung einer Verurteilung ist, kommt auch dem bis dahin festgestellten Sachverhalt im Grunde wenig Bedeutung zu, sofern er nicht vom Delinquenten bestätigt wird.[45] Die zu-

---

[43] Vgl. auch Hymmen: von der Methode zu referiren, S. 141f.: Nach gründlichem Aktenstudium obliege dem Referenten, »den von dem Instruenten, im Instruktions-Protokoll, nach geschloßner Vernehmung der Partheyen, formirten Statum causae über das unstreitige Factum, sorgfältig zu prüfen; und durch dessen Gegeneinanderhaltung mit den vorhergehenden Verhandlungen, sich zu überzeugen, daß solcher richtig und vollständig, und weder ein zur Sache gehöriger Umstand darinn übergangen, noch etwas, so unter den Partheyen noch streitig ist, als ausgemacht, und unstreitig angenommen sey. Findet sich dabey nichts zu erinnern, so nimmt er diese Speciem facti in seine Relation auf, giebt dadurch dem Collegio einen allgemeinen Begrif von der Sache im Ganzen genommen, und erspahrt sich zugleich das Extrahiren alles desjenigen, was vorher, und ehe die Partheyen sich über das Factum so weit einigten, unter ihnen verhandelt und in Actis niedergeschrieben worden.«

[44] Zur Durchführung und zur Problematisierung der Spezialinquisition vgl. u. a.: Boehmer: Diss. de contumacia non respondentis (1717); Falckner: Tractatvs de eo qvod ivstvm est circa inqvisitvm variantem (1729); Strecker: Diss. [...] de indvctione jvdicis ad confitendvm incvlpatvm delictvm (1733); Wangermann: Anweisung zum Inquiriren (1772); Quistorp: Von den Zwangsmitteln zur Beugung des Ungehorsams eines Angeschuldigten (1787); Kleinschrod: Ueber Suggestivfragen des Richters (1787); Tschanggo: Versuch einer Abhandlung von der peinlichen Vernehmung im peinlichen Prozeß (1789).

[45] Wie weit das reicht, belegt noch Bopp: Criminalrechtsfälle (1832), S. 32–34: »Incest zwischen Stiefvater und Stieftochter. A. M. V. von Fr. Cr. Großherzogl. Hess. Landgerichts L. kam im Jahr 1823 mit einem unehelichen Kinde nieder und gab als Vater desselben ihren Stiefvater, den Ortsbürger L. D. daselbst, an. Dieser läugnete bei der angestellten Untersuchung die Richtigkeit dieser Angabe der Geschwächten und mußte wegen Mangel näherer Beweise freigesprochen werden. Dagegen wurde diese, welche sich nach ihrem eigenen Eingeständniß des Verbrechens der Blutschande [!] und des Ehebruchs schuldig gemacht hatte, durch Urtheil Großherzogl. Hofgerichts in Darmstadt vom 23ten Juni 1823 in eine Correctionshausstrafe von vier Monaten und zur Zahlung der Untersuchungskosten verurtheilt. Als Milderungsgrund zog das Gericht den

nehmende Aufmerksamkeit auf den Sachverhalt, wie sie bei Claproth in der Entwicklung zu sehen ist, hängt offenbar auch damit zusammen, daß das Inquisitionsverfahren allmählich mit Beweiselementen durchsetzt wird[46] – und sei es zunächst auch nur, um den Beschuldigten angesichts der Indizien zum Geständnis zu nötigen. Im Detail der juristischen Sachverhaltsfeststellung zeigt sich die Säkularisierungstendenz der Aufklärung: Der Angeklagte wird nicht mehr durch den Verweis auf das Jüngste Gericht, sondern durch Konfrontation mit der zwingenden Logik der Tatsachen zum Bekenntnis der Wahrheit gebracht.

Aufs deutlichste zeigt sich also insgesamt die Tendenz, durch Strukturierung der ungeordneten Aussagen ein sowohl logisch als auch durch Konsens abgesichertes Geschehen zu rekonstruieren, das sich mit der schon hinter dem Horizont gewußten künftigen Entscheidung des Rechtsfalls zu einem Geschehens- und Erzählganzen verbindet; das Ziel von Rechtsprechung, eine harmonischere Wirklichkeit, wirkliche Gerechtigkeit herzustellen, und die Voraussetzung einer in logischen Zusammenhängen von Ort, Zeit und handelnden Personen funktionierenden Welt werden dadurch, daß die »Geschichtserzählung« die Dinge entsprechend vorstrukturiert, zum Erzählprinzip. Der Katalog dieser Schreibanweisungen enthält eine ganze Reihe von Vorstellungen, die im 19. Jahrhundert, im Programm des Poetischen Realismus, wiederkehren werden – nur daß es dort nicht um reale, sondern um ›poetische Gerechtigkeit‹ geht. Der Irrtum, Wirklichkeit durch selektierende Ausrichtung auf das Darstellungsziel wesentlich machen zu können, bleibt – cum grano salis – derselbe.

Nichtsdestoweniger steht die Lehre von der »Geschichtserzählung« auch schon in Korrespondenz zu literaturtheoretischen Überlegungen und Entwicklungen dieser Jahre, in denen die Erzähltheorie den Anschluß an die Geschichtsschreibung sucht und diskutiert. Gemeint ist die »Pragmatische Geschichte« als neuer Erzähltypus, deren Autor sich dem Geschichtsschreiber im Erzählmodus und in den Erzählzielen nahe verwandt fühlt.[47] »Pragmatisches« Schreiben bedeutet, zum

---

Umstand in Betrachtung, daß die Angeschuldigte sich ihrem Stiefvater nicht freiwillig hingegeben hätte.«

46 Für Baden und die 1760er/70er Jahre belegt dies Leiser (Strafgerichtsbarkeit in Süddeutschland, S. 77) im Zuge der Abschaffung der Folter 1767 und der damit zusammenhängenden Neuorganisation des Gerichtswesens. Gab es bis dahin nur die Zulassung »absoluter Beweise«, insbesondere des (evtl. erfolterten) Geständnisses, wurden nun auch »relative Beweise« zugelassen. Dadurch muß die Beweisführung nachprüfbar werden; Kompetenzen für mindere Vergehen (z. B. Hurerei) werden an die Untergerichte rückverlagert, mit der Möglichkeit der obergerichtlichen Berufungsinstanz (Aktenverschickung).

47 Zur Theorie der »pragmatischen Geschichtsschreibung« vgl. Jäger: Empfindsamkeit und Roman, S. 114–126; zur Aufhebung der Trennung von Reflexion und Erzählung: Hahl: Reflexion und Erzählung, S. 12–84. Zusammenfassend: Voßkamp: Romantheorie in Deutschland, S. 186–196. – Die Nähe zur Historiographie wird in den juristischen Schreibanweisungen immer wieder erkennbar; expressis verbis z. B. Walch: Einleitung in die Wissenschaft aus Acten einen Vortrag zu thun (1773), S. 58: »Da der Referent eigentlich bey der Geschichtserzählung einen Historicus vorstellet, beobachtet er hier die chronologische Ordnung auf das genaueste [...].«

Beispiel in der Romantheorie Blanckenburgs und Engels,[48] zunächst Kausalnexus und Finalität des Erzählens; das ist auch in der Theorie der »Geschichtserzählung« so. Was hier noch fehlt, ist die psychologische Entwicklung aus menschlichen Triebfedern sowie die Aufhebung der Trennung von Reflexion und Erzählung; durch die Sonderung der Geschichtserzählung von zugefügten rechtlichen Erwägungen oder erstinstanzlichem Urteil und anschließender gutachterlicher Bewertung, der sie nicht vorgreifen soll, wird im Aktenverschickungsverfahren gerade ausgeschlossen, daß die »Geschichtserzählung« schon den ›Erzählschluß‹ mitformuliert; in erzähltheoretischen Begriffen gesprochen, wächst sie mit der Beschreibung des Verfahrens, den rechtlichen Bedenken und dem Urteil erst zur abgeschlossenen Erzählung zusammen. Das geschieht in den publizierten Fallsammlungen: Dort ist nur noch ein Autor am Werk, in der Regel der letztinstanzlich urteilende Richter, der im nachhinein die Stringenz von Tat, rechtlicher Würdigung und Urteil darstellt. Hier muß die »Geschichtserzählung« endgültig so zugeschnitten werden, daß aus ihr die Stimmigkeit des Urteils hervorgeht. Welche Folgen das für die Psychologisierung der Tat und des Täters, für die Gewinnung einer erzählerischen Innensicht hat – zumal in einer Zeit naturrechtlicher Freiheit rechtlicher (und damit moralischer) Würdigung, habe ich an anderer Stelle an einem Beispiel aus Eisenharts *Erzählungen von besonderen Rechtshändeln* dargestellt.[49] Aus diesem Ganzen der rechtlich wie erzählerisch durchgearbeiteten Schilderungen abgeschlossener Fälle sind dann, wie Schiller 1792 in seiner Vorrede zur *Pitaval*-Übersetzung lobt, auch die »Triebfedern menschlichen Handelns« zu erkennen, welche die bloße »Geschichtserzählung«, die noch nicht prozessual durchgearbeitet ist, eher verberge.[50]

Daß die »Geschichtserzählung« und das gesamte prozessuale Verfahren sich als literarisches Erzählmodell anbietet, wird freilich schon etwas eher entdeckt – von dem Autor, auf den sich Blanckenburgs Romantheorie konkret bezieht.[51] Wieland nutzt dieses Erzählmodell expressis verbis im Vierten Buch der *Geschichte der Abderiten* – mit deutlichem satirischem Bezug auf die zeitgenössische Gerichtspraxis. Er vertraut auf den »rechtserfahrnen Leser« und schlüpft in die Erzählerrolle des »unpartheyischen Geschichtsschreibers«.[52] Schon in den Kapitelüberschriften wird der Bezug auf das gerichtliche Verfahren explizit:

---

[48] Vgl. Blanckenburg: Versuch über den Roman (1774); Engel: Ueber Handlung, Gespräch und Erzehlung (1774).

[49] Vgl. Meyer-Krentler: »Die verkaufte Braut«.

[50] Vgl. unten Anm. 72.

[51] Zum Verhältnis zwischen Wielands Romanen, insbesondere dem »Agathon«, und Blanckenburgs Romantheorie unter dem Aspekt des Pragmatischen vgl. Hahl: Reflexion und Erzählung, S. 12–42. – Oettinger (Phantasie und Erfahrung, S. 68) etikettiert Wielands romanimmanente Poetik als »Poetik der Geschichte«, was auch inhaltlich nicht weit von der ›Poetik der Geschichtserzählung‹ entfernt ist.

[52] Wieland: Geschichte der Abderiten. Zweyter Theil, S. 32: ›Wir überlassen es dem geneigten und rechtserfahrnen Leser, über dieses (zwar nur auszugsweise) mitgetheilte Gutachten des scharfsinnigen Miltias nach Belieben seine Betrachtungen anzustellen. Und da wir in dieser Sache uns keines Urtheils anzumassen, sondern bloss die Stelle eines unpar-

5. »Erdichtung ist Hochverrath«: Formen und Grenzen der Literarisierung

Daß die heimliche Nähe literarischen und juristischen Schreibens von Wieland, Schiller und anderen Literaten gegen Ende des 18. Jahrhunderts entdeckt und literarisch genutzt werden kann, erklärt sich zunächst aus der historiographischen Orientierung der aufklärerischen Erzähltheorie, wird aber auch von Literarisierungstendenzen der Juristen gestützt. Das an Claproths Lehrbuch Erläuterte läßt sich seit den 1760er Jahren in ähnlicher Form allenthalben nachlesen.[54] Dabei handelt es sich keineswegs um die Vorgabe starrer bürokratischer Schemata, sondern um praktische Hilfen für angehende Juristen, meist im Rahmen publizierter Vorlesungen; Hymmen zum Beispiel schränkt 1785 ein:

> Es versteht sich von selbst, daß alles vorstehende keine Regeln und Gesetze seyn sollen, wodurch den Relationen eine durchaus zu beobachtende bestimmte Form vorgeschrieben, und dem Referenten in seiner Arbeit die Hände gebunden würden. Vielmehr sind es bloße Anweisungen, die, besonders von noch ungeübten Referenten, in den meisten Fällen mit Nutzen werden gebraucht werden können; und Abweichungen davon wird einem schon mehr erfahrnen und routinirten Arbeiter, die vernünftige Erwegung des vorliegenden individuellen Falles, mit gehöriger Rücksicht auf den Endzweck einer jeden Relation, von selbst an die Hand geben.[55]

---

theyischen Geschichtsschreibers zu vertreten entschlossen sind: so begnügen wir uns zu berichten, dass [...].«

[53] Wieland: Geschichte der Abderiten. Zweyter Theil. Inhaltsverzeichnis. – Zum autobiographisch-zeitkritischen rechtsgeschichtlichen Hintergrund vgl. Schröder: Abdera – Wielands Narrenrepublik.

[54] Vgl. (außer den später diskutierten Titeln) z. B. Estor: gründlicher unterricht (2. Aufl. 1749); Claproth: Einleitung in den ordentlichen bürgerlichen Prozeß (1779); Oeltze: Anleitung zur Gerichtlichen Praxis (1782); Vangerow: Theorie der gerichtlichen Decretierkunst (1783); Püttmann: Referir- und Dekretirkunst (1793); Danz: Grundsätze des gemeinen, ordentlichen, bürgerlichen Prozesses (1795). – Zum europäischen Gesamtkontext der Relationstechnik vgl. Ranieri: Stilus Curiae.

[55] Hymmen: von der Methode zu referiren, S. 144.

Gerade wegen dieser durchgängigen Orientierung auf den praktischen »Endzweck« sind also Spielräume vorhanden – auch für die Theorie der »Geschichtserzählung«. Das, was im späten 18. Jahrhundert dazu gesagt wird, hat nicht nur stille Zukunftsträchtigkeit in Bezug auf ›realistisches Erzählen‹, sondern greift expressis verbis über in den nichtfachlichen, literarischen Raum, klingt nicht immer so literaturfern wie bei Claproth; seit den 1770er Jahren läßt sich in den juristischen Lehrbüchern und auch sonst eine gegenläufige Tendenz zur Wiederannäherung an Poesie und Beredsamkeit beobachten, nachdem diese in der Juristenausbildung zwischenzeitlich geächtet waren. 1744 hatte der Hallische Kanzler, Universitätsrektor und Jurist Johann Peter Ludewig für die reformierte Hallische Juristenausbildung schlicht formuliert: »Der Poesie kan [...] ein studiosus iuris gar wohl entbehren«[56] – seine Talente lägen auf anderem Gebiet, so daß er sich durch poetische Redeweise nur lächerlich machen könne. Und für die Rhetorik reiche allemal Quintilians »Institutiones rhetoricae«; schon Cicero und gar neuere Rhetoriklehrbücher hält Ludewig für überflüssig oder untauglich.[57]

Diese strenge, obendrein eher gegen die vorhandene Praxis formulierte Position ändert sich allmählich seit den 1770er Jahren. 1772 zum Beispiel publiziert der Magdeburgische Regierungsdirektor von Tevenar *Anmerkungen über die Kunst zu referiren* und begründet die notwendige Konzentration auf die Sache unter Vermeidung aller Abschweifung kurzerhand mit dem Zitat des 1. Gesangs aus Boileaus *L'art poétique*[58] – dort aber ist eindeutig von Poesie und nicht von Rechtstexten die Rede. Die klassische Forderung der notwendigen Bezogenheit aller Teile auf das Ganze macht aber auch hier Sinn. Tevenars Boileau-Zitat setzt entsprechende Kenntnisse bei seinen Lesern voraus und exemplifiziert so, daß einerseits der Bezug auf den literarischen und literaturtheoretischen Diskurs nicht

---

[56] Ludewig: Gelehrte Anzeigen (1744), Stück 136 [–138]: Einrichtung der Collegien eines studiosi iuris auf der Hallischen Universität; um, in zwey Jahren, fertig zu werden; hier S. 745. – Ludewig fußt hier auf Thomasius, der auf deutlicher Trennung literarischen und juristischen Handwerks und der jeweiligen Begabungen dazu besteht: »Das Versmachen an sich selbst hilft einem Juristen wenig, jedoch schadets ihm eben nicht, sondern kann auf gewisse Maße wohl als ein Zierrat an ihm geduldet werden. Wann er nur nicht Verse macht, ohne daß er ein Naturell dazu hat.« – »Ob auch gleich die römischen Juristen sich in Entscheidung einiger Streitigkeiten zuweilen poetischer Zeugnisse bedienet, so darf deswegen ein Jurist nicht meinen, als ob die Lesung der Poeten einen herrlichen Nutzen hätte. Denn diese Manier ist an denen römischen Juristen mehr zu entschuldigen als zu loben.« (Thomasius: Von dem Studio der Poesie, S. 123).

[57] Vgl. Ludewig (wie Anm. 56), S. 739ff. Abschnitt »Von der Wohlredenheit«; Ludewig wendet sich mit starken Worten u.a. gegen die Sprach- und Orthographiereform der barocken Sprachgesellschaften und gegen jedwede Form von rhetorischem Prunk, der nur von der Sache ablenke. – Zum Wandel rhetorischer Traditionen in der Frühaufklärung vgl. Grimm: Von der ›politischen‹ Oratorie zur ›philosophischen‹ Redekunst.

[58] Tevenar: Anmerkungen über die Kunst zu referiren, S. 102: »Der Referent erzählt die Veranlassung der Handlung. Die Regeln, welche Boileau denen Poeten vorschreibt, ›Soyez vif et pressé dans vos narrations / Le sujet n'est jamais assez tost expliqué / Je me ris d'un auteur quilent à s'exprimer / De ce qu'il veut, d'abord ne sait pas m'informer / Et qui debrouillant mal une penible intrigue‹, finden bey dem Vortrag derer Rechts-Sachen auch statt.«

erst rückschauender Interpretation entspringt, daß andererseits nicht Unkenntnis die eigenständige Theoriebildung bestimmt. Die mit Nachdruck betriebene akademische Ausbildung der Juristen trägt doppelt Früchte – solche der Verfachlichung wie auch ihrer Absicherung durch Allgemeinbildung.

Deshalb gibt es seit den 1770er Jahren und verstärkt seit den 1790ern innerhalb des fachlichen Diskurses eine unübersehbare Tendenz zu rhetorischer und stilistischer Verfeinerung – sei es bei der Abfassung von »Geschichtserzählungen«, sei es in neuen Darbietungsformen juristischer Stoffe, deren literarische Organisationsform und Qualität nun auch von Juristen gesehen wird: Eine Tendenz, die das Gegenstück bildet zum neuen Interesse der Literaten an den juristischen Fallsammlungen – Meißner, Schiller und so weiter. Die bei Claproth festzustellende neue Detaillierung der Schreibanweisungen erweitert sich bei anderen Autoren bald auch auf Äußerungen zur Stilistik der Geschichtserzählung. Vorzüglich dokumentiert dies 1784 August Ludwig Schotts *Vorbereitung zur juristischen Praxis besonders in Rücksicht auf die Schreibart in rechtlichen Geschäften.* Hier findet sich zunächst eine umfangreiche kommentierte Bibliographie zur juristischen Schreibart[59] – von kritischen Aufsätzen im *Deutschen Museum* über den Kanzleistil[60] bis zu den praktischen Anleitungen à la Claproth. Dann folgt eine groß angelegte, immer wieder auf die rechtspraktischen Bedürfnisse zuführende Stilistik, die sich erklärtermaßen auf Gottscheds und Adelungs Sprachlehren,[61] auf Justis *Anweisung zu einer guten Deutschen Schreibart*[62] und Sulzers *Allgemeine Theorie der schönen Künste*[63] stützt; auch Batteux, Ramler, Wieland, Friedrich Carl von Moser und andere Autoritäten werden beiläufig immer wieder genannt. Entsprechend sind auch Schotts Grundvorstellungen:

> Damit der Verstand oder das Herz dessen, dem etwas vorzutragen ist, unterhalten und beschäftiget wird, mus die Schreibart noch eine besondere Eigenschaft haben, nemlich Kraft und Nachdruck. Zwar schon in dem Gegenstand selbst, wenn derselbe wichtig und gros ist, kann eine gewisse innere Kraft liegen, allein dieß an sich macht den Ausdruck nicht kräftig; sondern die Lebhaftigkeit, die den Ausdrücken beygelegt wird, macht eigentlich die Kraft der Schreibart aus. Ein grosser wichtiger Gegenstand kann in einer schwachen, wässerichten Schreibart so vorgetragen werden, daß darunter seine Wichtigkeit verlohren gehet, und nichts weniger als Beschäftigung des Verstandes oder Erwekkung des Gefühles bey dem Leser bewirkt wird. Dieß heißt, kraftlose, trokene, matte Schreibart. Um nun jene gute Wirkung herfürzubringen, und dem Leser Vergnügen, Unterhaltung, Unterricht zu verschaffen, müssen die Vorstellungen sowohl einzeln an sich, als in ihrer gegenseitigen Verbindung mit einer gewissen Lebthaftigkeit ausgedruckt werden. Diese Lebhaftigkeit dient hauptsächlich dazu, der Unterhaltung einen gewissen Schwung zu geben, um hiedurch den mit gewissen Vorstellungen verknüpften Zweck zu befördern; besonders im erzehlenden Vortrag bringt sie den Gegenstand dem Leser

---

59 Schott: Vorbereitung zur juristischen Praxis (1784), S. 24–32.

60 Ebd. S. 28: »Ueber den Kanzleistil. Ein Aufsatz im *deutschen Museum.* Jahrg. 1779. 3. St. S. 207. Noch etwas über den Kanzleistil. Ebend. 12 St. S. 517.« (nicht eingesehen).

61 Ebd. S. 17–20.

62 Ebd. S. 15.

63 Ebd. S. 72 u. ö.

nahe, sezt ihn in angenehme Empfindungen und rührt ihn; im ausführenden Vortrag beschäftiget sie den Geist, und theilt ihm Erleuchtung und Ueberzeugung mit.[64]

Hier wird für die juristische Stilistik adaptiert, was in der allgemeinen ästhetischen Theorie ungefähr seit den 1740er Jahren propagiert wird: Man fühlt sich stark erinnert an Gellerts Brieftheorie,[65] das von ihm vertretene Konzept des Zusammenspiels von Kopf und Herz, von Empfindung und lebhafter Zuwendung zum anderen, die Übernahme mündlicher in schriftliche Äußerungsformen: Das ästhetische Bewußtsein der mittleren Aufklärung findet mit der Verspätung einer Generation in die juristische Stilistik Eingang. »Anstand des Ausdrucks«, »Sittlichkeit des Tones«, »edle Bescheidenheit«[66] – in solchen Formeln wird nun gesprochen. Diese Leitbegriffe gestatten es Schott, die Abfassung der Relationen und insbesondere der »Geschichtserzählung« zwar relativ ausführlich, aber doch summarisch zu beschreiben; auch hier werden weniger konkrete Anweisungen als Hinweise auf die Wirkungen bestimmter Techniken gegeben.[67]

Anders ist das bei dem Jenenser Advokaten und späteren Professor Friedrich Ernst Carl Mereau, der 1792 einen *Versuch einer Anleitung zu practischen Arbeiten überhaupt* vorlegt – eine Darstellung, die fern ist vom philosophisch-literarischen Zuschnitt Schotts, aber dennoch auf eigene Weise deren grenzüberschreitende Tendenz bestätigt. Die »Abhandlung der Lehre von der Geschichtserzählung« (= Kapitelüberschrift) nimmt darin immerhin 22 Seiten voller penibler Festlegungen ein[68] – ohne die Detailerläuterungen in anderen Kapiteln. Mereau widmet sich besonders der »Deutlichkeit« des Vortrags – darunter versteht er »Bündigkeit, Bestimmtheit im Vortrage selbst und Reinheit im Ausdrucke« (S. 84). Er betont die Notwendigkeit »kurzer, einfacher Sätze, mit Vermeidung aller Periodenform« – freilich mit der Einschränkung, »daß in manchen Fällen es gar nicht undienlich sey, beym Vortrag einer Geschichtserzählung, die einfachen Sätze mit andern zusammengesetzten hie und da zu vermischen, weil dadurch der Vortrag selbst mehr Mannichfaltigkeit und Annehmlichkeit erhält« (S. 85): hier hält stili-

---

64 Ebd. S. 84f.; Schott bezicht sich terminologisch ausdrücklich auf Sulzer und dessen Vorstellung der »edlen Einfalt«, mit der die »matte Schreibart« nicht gleichzusetzen sei (Fußnote S. 84f.), und auf S. Eberhard: Theorie der schönen Wissenschaften (Fußnote S. 85).

65 Vgl. Gellert: Briefe, nebst einer Praktischen Abhandlung von dem guten Geschmacke in Briefen (1751). – Das Neue bei Schott ist nicht die philosophische Reflexion, sondern die rechtspraktische Umsetzung; als Beispiel für die Durchgängigkeit des Ersteren vgl. Johann Christian Claproth: Sammlung juristisch-philosophisch- und critischer Abhandlungen, Drittes Stück (1743); darin z. B. S. 403–524: »Schreiben von Den natürlichen Trieben des Menschen«, wo Begriffe wie »Trieb« (S. 438ff.), »Geschmack« (S. 465ff.) und »Eigennutz« (S. 496ff.) moralphilosophisch diskutiert werden; der Abhandlung folgt eine Ode »Die Menschenliebe«. Johann Christian Claproth (1715–1748) entstammt derselben Göttinger Juristenfamilie wie Justus Claproth (geb. 1728).

66 Vgl. Schott: Vorbereitung zur juristischen Praxis (1784), S. 94–101 (Kap.: »Vom Anstand des Ausdrucks«).

67 Vgl. ebd. S. 179–186 und S. 209f.

68 Mereau: Versuch einer Anleitung zu practischen Arbeiten überhaupt, S. 83–105 (Einzelnachweise im folgenden direkt nach dem Zitat).

stisch-rhetorisches Bewußtsein Einzug. »Gleichwohl aber muß auch hier die größte Vorsicht angewandt werden. Ohne Aufhören muß man die Absicht der Geschichtserzählung vor Augen haben, welche doch nur darin besteht, die richtige Einsicht von der wahren Beschaffenheit einer Sache zu befördern« (S. 85). Daher seien alle bloß rhetorisch begründeten Perioden zu vermeiden, damit nicht »die kleinste Dunkelheit oder Verworrenheit verursacht werden könnte« (S. 85). Auch Mereau besteht auf der strengen Chronologie; zu vermeiden sei »Jede Anticipation irgend einer später vorgefallenen Thatsache, wenn früher vorgefallene ihr vorhergehen, die einer besondern Erwähnung bedürfen« (S. 85). Freilich fürchtet Mereau die »Trockenheit« des Vortrags – deshalb sollen unvermeidbare Datumsangaben soweit wie möglich aus dem Text verbannt und am Rande notiert werden, im Text sollen dafür unbestimmte Zeitangaben stehen – »3 Wochen hernach« – »bald darauf« – »lange Zeit darnach« (S. 87). Mereau macht auch Vorschriften zum Erzähltempus: Zu benutzen sind Präsens und Präteritum, nicht Perfekt – in Mereaus Vokabular: gegenwärtige und ganz vergangene Zeit, nicht aber halb vergangene Zeit. Die »gegenwärtige Zeit« ist dabei einem besonders knappen Typus von »Geschichtserzählung« vorbehalten, der »trockene[n] Geschichtserzählung, oder, Factum« (S. 94), die »in ganz trockenen, einzelnen, unter sich abgerissenen Sätzen abgefaßt ist« (S. 93). Der andere, ausführlichere, die Zusammenhänge darstellende und sie auch stilistisch repräsentierende Typus, der unter anderem begrenzt in Perioden formuliert sein darf, soll sich der »ganz vergangenen Zeit« bedienen, wobei in rechtlich belanglosen Parteien auch das Perfekt untermischt sein darf – er trägt den Namen »ausgeführter Geschichtserzählung, oder ganz kurz, Geschichtserzählung, auch, geschichtlicher Darstellung« (S. 94). Mereau beginnt also, mit Hilfe des Tempus die *species facti* von der »Geschichtserzählung« zu trennen; letztere stellt nun auch schon im rechtlichen Verfahren tatsächlich so etwas wie eine ›Erzählung‹ dar. Wenn in ihr das Präteritum vorherrscht, wie es als fiktionales Erzähltempus in der modernen Erzähltheorie definiert wird, begründet sich dies aus ganz unliterarischen Zielsetzungen.

Den Sinn dieser gleichwohl erzähltechnischen Überlegungen offenbart eine weitere Zuordnung der beiden Typen: die »trockene Geschichtserzählung« gebührt wegen des Neutralitäts- und Objektivitätsgebots dem Richter, die ausführliche, zusammenhängende den Parteien, sprich deren Anwälten: »Als Parthey kann und muß man seine Sache so angelegentlich und interessant vortragen als möglich« (S. 97). So steht »Anmuth des Styls« der Parteien gegen »Abgerissenheit und Trockenheit« des Richters (S. 97f.). Das ist eine Konstellation, wie wir sie in den Folgejahren dann in den Anfängen der literarischen Kriminalerzählung wiederfinden: Die parteiliche Darstellung von Rechtsfällen formuliert die »Abgerissenheit und Trockenheit« der richterlichen Sachverhaltsaufnahme in für die Sache oder den Delinquenten einnehmende »Geschichtserzählungen« um, ohne dabei den Boden des »aktenmäßig« Dokumentarischen zu verlassen – diese literarische Erweiterung ist bereits in der juristischen Schreibanweisung vorgebildet.

Wie nahe juristischer und literarischer Diskurs hier zusammentreten, läßt sich am Namen Mereau noch auf andere Weise illustrieren: Friedrich Ernst Karl Mereau hatte im Jena der 1790er Jahre ein gastfreies Haus, in dem unter anderem die Schlegels, Tieck, Herder, Jean Paul, Kotzebue und Goethe verkehrten. 1793 heiratete er die 23jährige Sophie Schubert; diese heiratete später einen gewissen Clemens Brentano. In Sophie Mereaus Roman *Amanda und Eduard* (1803) figuriert Friedrich Ernst Carl Mereau noch einmal als roher, egoistischer Ehemann.[69] Das »System Literatur« und das »System Rechtspflege«[70] sind im 18. Jahrhundert schon durch biographische Beziehungen stark verflochten;[71] auch hier schreitet die Ausdifferenzierung seit der Jahrhundertwende rasch voran.

Im selben Jahr 1792, in dem Mereau seinen *Versuch einer Anleitung zu practischen Arbeiten überhaupt* publiziert, schreibt Schiller seine Pitaval-Vorrede und kritisiert die beschränkte Brauchbarkeit der »Geschichtserzählung«. Demgegenüber erfahre man bei Pitaval den *ganzen* Prozeß – eine Praxis, die allerdings inzwischen auch in den ausführlich gewordenen deutschen Fallsammlungen Usus geworden ist; die Übersetzung biete eine

> Auswahl gerichtlicher Fälle, welche sich an Interesse der Handlung, an künstlicher Verwicklung und Mannigfaltigkeit der Gegenstände bis zum Roman erheben und dabei noch den Vorzug der historischen Wahrheit voraus haben. [...] Triebfedern, welche sich im gewöhnlichen Leben dem Auge des Beobachters verstecken, treten bei solchen Anlässen, wo Leben, Freiheit und Eigentum auf dem Spiele steht, sichtbarer hervor, und so ist der Kriminalrichter im stande, tiefere Blicke in das Menschenherz zu tun. Dazu kommt, daß der umständlichere Rechtsgang die geheimen Bewegursachen menschlicher Handlungen weit mehr ins klare zu bringen fähig ist, als es sonst geschieht, und wenn die vollständigste Geschichtserzählung [!] uns über die letzten Gründe einer Begebenheit, über die wahren Motive der handelnden Spieler oft genug unbefriedigt läßt, so enthüllt uns oft ein Kriminalprozeß das Innerste der Gedanken und bringt das versteckteste Gewebe der Bosheit an den Tag.[72]

Der Literat benötigt aus dem psychologischen Interesse den Überblick über den ganzen Fall, gibt sich nicht mit der »Geschichtserzählung« als aus den Akten synthetisiertem Faktum zufrieden. Die juristische Operationalisierung erweist sich als Voraussetzung für die literarische Bearbeitung. Gleichwohl ist gerade die bis in die Innenwelt des Täters verlängerte Faktizität, für welche dem Nichtjuristen die aktenmäßige Aufarbeitung und Darstellung der Juristen zu bürgen scheint, unverzichtbar; im Zeichen der ›Erfahrungsseelenkunde‹ erweitert sich der Adressatenkreis der Fallgeschichte.[73] Daß mit der kompletten Fallschilderung schon ein in die

---

[69] Vgl. die ADB-Artikel Teichmann: Mereau, Friedrich Karl Ernst; Jacoby: Mereau, Sophie.

[70] Vgl. Schönert: Zu einem strukturfunktionalistischen Untersuchungsmodell.

[71] Dieses biographische Geflecht zeigt sich im späten 18. Jh. z. B. bei Ernst Ferdinand Klein, der mit dem Philosophen (und Nachfolger Gellerts an der Leipziger Universität) Christian Garve verschwägert war (vgl. ADB-Artikel von Teichmann). Zur Bedeutung der literarischen Frühromantik für Friedrich Carl von Savignys rechtsreformerisches Programm vgl. Rückert: Idealismus, Jurisprudenz und Politik.

[72] Schiller: Sämtliche Werke Bd. 13, S. 284f.

[73] Vgl. z. B.: Kriminalfälle für Rechtskundige und Psychologen (1794); zum gemeinsamen Interesse von Juristen und Nichtjuristen vgl. auch: Neues Juristisches Journal, 1. Bd. (1799), 1. Heft, S. 110–112.

Tat rückverlegtes Erklärungsmodell – Täterpsychologie, Tatmotive, soziale Umstände, überhaupt der logische Zusammenhang des Geschehens – übernommen werden, ist für Schiller noch nicht sichtbar. Wie gering im Grunde der literarische Umsetzungsaufwand ist, zeigt das Gegenüber von Schillers Erzählung *Verbrecher aus Infamie* und deren stofflicher Grundlage, dem von Schillers Lehrer Abel schon mit anthropologischem Interesse verfaßten Fallbericht.[74] Abels Fallbericht ist später als Schillers Erzählung publiziert, sein Thema ist also nicht in ihr subsumiert. Abels Leistung liegt in der engeren Anlehnung der Darstellung an die Authentizitätsgeste des Fallberichts; Schillers Leistung liegt in der ästhetisch-literarischen Überhöhung, in der Ausweitung vom Einzel- und möglichen Präzedenzfall zum grundsätzlichen Einblick in die Natur des menschlichen Herzens.[75] Die Erzählprinzipien der »Geschichtserzählung« zeitigen im literarischen Sprechen über Kriminalität Folgen, ohne daß letzteres sich in ersteren erschöpft.

Dabei wird der Zugriff der Literaten von den Fachjuristen, selbst wenn sie ihre Fallsammlungen expressis verbis auch für »Nichtjuristen« schreiben, sehr mißtrauisch gesehen: 1794 wird in der *Sammlung merkwürdiger Rechtsfälle aus dem Gebiete des peinlichen Rechts. Ein Lesebuch für Juristen und Nichtjuristen* Schillers *Verbrecher aus Infamie* von 1786 ohne Verfasserangabe, also als authentische Fallschilderung und erklärtermaßen in Konfrontation zu nichtfachlichen, bloß romanhaften Literarisierungen abgedruckt.[76] Nachdem der Abdruck der Schillerschen Erzählung schon in den Satz gegangen ist, stößt der Herausgeber auch auf Abels *Lebensgeschichte Fridrich Schwans* von 1787 – und nimmt sie ebenfalls in seine Sammlung auf, mit dem Bemerken, daß diese wesentlich authentischer sei:

> Als die erste Geschichte schon abgedrukt war, fand ich in Hrn. Abels Sammlung merkwürdiger Erscheinungen, eine Geschichte des Sonnenwirthes. Da diese nun ganz verschieden von der des Hrn. Schillers, – mit so vielen psychologischen Anmerkungen begleitet ist, auch die Geschichte seines Weibes umständlich enthält, von welcher die Thalia gar nichts sagt, überhaupts aber in ihrer Anlage und Ausführung ein Muster abgiebt und ganz das Gepräge der Aechtheit an sich trägt; so konnte ich mirs nicht versagen selbe in meine Sammlung aufzunehmen, und zwar um so weniger, als jene Schillersche mehr als Einleitung da steht und in Vergleichung mit der Abelischen mehr zu einem Roman als zu einer ächten Erzehlung geworden ist, obgleich auch jene in der Aufschrift als eine wahre Geschichte angegeben worden war, welches sie aber nur in weniger Rüksicht geblieben. Anmerk. des Herausgebers.[77]

---

[74] Zur rechtsgeschichtlichen Seite vgl. Oettinger: *Der* [sic] *Verbrecher aus Infamie.* – 1792 verändert Schiller den Titel in *Der Verbrecher aus verlorener Ehre.*

[75] Auch Juristen bevorzugen literarische Texte, um grundsätzliche Probleme ihrer Wissenschaft zu erörtern; so z. B. Schild: Schillers *Verbrecher aus verlorener Ehre* – Gedanken zu einem juristisch-hermeneutischen Handlungsbegriff.

[76] Sammlung merkwürdiger Rechtsfälle (1794), S. 1–44: »Verbrecher aus Infamie, als Einleitung« (= Nachdruck der Thalia-Fassung). – Ebd., Vorrede (unpag.): »Meine Hauptabsicht gieng dahin , wahre und actenmässige Geschichten zu liefern, und wie sehr ich diese zu erreichen strebte, mag die der Geschichte Schwans angehängte Note beweisen. Wie leicht hätte ich meinen Lesern diese Geschichte als eine ganz andere auftischen können, wenn ich nicht ein solches Benehmen unter meiner Würde gefunden hätte.«

[77] Ebd. S. 269f. als Fußnote zur »Lebensgeschichte Fridrich Schwans« (S. 269–340).

Eine weitere im selben Jahr herausgegebene Fallsammlung, *Kriminalfälle für Rechtskundige und Psychologen,* lehnt noch schroffer alle ›romanhaften‹ Fallschilderungen als wirklichkeitsverfälschend ab; die Vorrede offenbart, daß dies eine Kampfschrift gegen die seit Beccaria sich durchsetzende psychologisierende Täterbetrachtung ist. Der Herausgeber sieht namentlich die Meißnerschen Kriminalerzählungen kritisch: Durch deren Erzählstrategie werde suggeriert,

> dass – es gar wohl moralisch möglich sei, Mörder, Mordbrenner, Blutschänder zugleich und doch ein Jüngling von edler Seele zu seyn!
>
> Strenge und aktenmäßige Wahrheit scheint mir nirgends mehr, als bei Erzälungen solcher Art erforderlich. Sie ist der Grund, worauf der Geist sein neues Gebäude von Zurechnung, das Herz seine Säze von vorsichtiger und milderer Beurteilung aufthürmt; falsche Episoden sind hier für beede die gefärlichste Gaukelspiele, die eingestreute Blumen werden zu narkotischen Pflanzen, deren Wolgerüche betäuben und unter deren bunten Farbenmischung tödtendes Gift verborgen liegt, – Erdichtung ist Hochverrath an dem göttlichen Gefühl der Gerechtigkeit und Menschenliebe.
>
> Zwar ist nicht jede Ausschmükung und Verschönerung in diesem strengeren Sinne Erdichtung, immer hingegen wird sie bei läsiger Vorsicht gefärlich. Eigenmächtige Erweiterung ist der erste Schritt, und einige kleine Umwerfung im Styl und Ordnung der mitgetheilten Ideen, der sich Hr. Meisner irgendwo selbst schuldig bekennt*), dörfte leicht vermögend seyn, eine warhafte Geschichte wider die Absicht zum eleganten Roman umzuschaffen.[78]

Hier steckt ein Jurist der Literarisierung Grenzen. Gleichzeitig aber offenbart er die veränderte Situation innerhalb des auf Wahrhaftigkeit als oberstes Kriterium zielenden Schreibauftrags des Juristen. Er fährt nämlich fort:

> Ich mischte Dialog und Erzälung, um die Lust des Lesers nicht durch Einförmigkeit zu schwächen. Das bischen Farbe, das ich den Gemälden auftragen zu müssen glaubte, schaltete weder etwas wesentliches ein, noch raubte etwas wesentliches von dem vorgelegten Muster. Mein Talent, so wie ich es bloszustellen wage, würde daher nur dann mit Richtigkeit beurteilt werden können, wenn ich die Copie dem Original gegenüber zu stellen vermöchte.[79]

Ähnlich und noch entschiedener formuliert der Herausgeber der *Sammlung merkwürdiger Rechtsfälle* den Vorrang erzählerischer vor rechtssystematischer Strukturierung:

> In Aufstellung der Stüke habe ich mich weder an ein gewißes Zeitalter gebunden, noch in Rüksicht der Verbrechen eine gewiße Ordnung befolgt; sondern dafür gehalten, daß es meinen Lesern angenehmer seyn möchte, mit Verbrechen aller Arten und abwechselnd unterhalten zu werden.[80]

Das Erzählen von Kriminalität darf den Anspruch auf Authentizität nicht mindern, bedarf aber der als literarisch erkannten und anerkannten erzählerischen Vermittlung. Der Jurist, der den sorgfältigen Umgang mit dem Tatbestand gelernt hat, ist der bessere Dichter.

---

78 Kriminalfälle für Rechtskundige und Psychologen, S. 26f. – Zu Meißner und zur Frühgeschichte der Kriminalerzählung vgl. Schönert: Kriminalgeschichten.

79 Kriminalfälle für Rechtskundige und Psychologen, S. 28.

80 Sammlung merkwürdiger Rechtsfälle (1794), Vorrede.

6. »Der Gang der menschlichen Handlungen«: Ausweitung des juristischen Interesses

Unterhaltend belehren, das Horazische »prodesse et delectare«: Das ist ein Programm, das sich im philosophisch-literarischen Diskurs schon seit der Frühaufklärung etabliert hat und von der literarischen Avantgarde um 1800 ad acta gelegt wird – seit den 1770er Jahren setzt es sich nun mit der Verspätung einer Generation im juristischen Fachschrifttum durch. Im Wechelspiel mit dem Interesse der Literaten an juristischen Fallsammlungen finden auch innerhalb des fachlichen Diskurses literarische Ausdrucksformen zunehmend Anerkennung. 1769 bis 1778 erscheint die bei den Zeitgenossen berühmte Fallsammlung des Helmstädter Juristen Eisenhart, die einen neuen, populären Typus der Falldarstellung auch für Laien und mit psychologisch-moralischem Interesse begründet. Bei Eisenhart fällt auf, daß die rechtliche Argumentation stark überlagert wird von moralischer Belehrung – das erklärt sich nicht nur aus der populären Orientierung, sondern auch aus naturrechtlicher Anschauungsweise. In der Fachwelt werden rechtliche Relevanz und Legitimation der Eisenhartschen Darstellungsform intensiv und detailliert diskutiert.[81] Eisenharts Fallsammlung bleibt nicht allein; seit den siebziger Jahren findet man immer wieder Fallsammlungen, die durchaus ein juristisches Fachpublikum ansprechen wollen, aber nicht nur auf rechtliche Problemstellungen abzielen, sondern mit interessanten und »merkwürdigen« Sachverhalten aufwarten, die oft auch den Reiz der Kuriosität, des Ausgefallenen haben; diese werden dann nach den Regeln der Kunst mit der vollständigen Prozeßgeschichte vorgeführt. Als Beispiel sei Theophil Christian Beckers *Sammlung merkwürdiger Rechtsfälle* genannt, die von 1772 bis 1775 in mehreren Fortsetzungen erschien. Obwohl Becker sich in betonter Absetzung von stilistischen Forderungen Schotts ganz an den alten, ledernen Relationen-Stil hält,[82] spricht durchaus ein erzählerisches Interesse aus der Anlage der *Species facti;* das wird dann in streng rechtliche Erörterung überführt, die vermutlich ebenfalls mit Schmunzeln gelesen werden sollen, ohne dabei an argumentatorischem Wert zu verlieren.[83]

Mit der Akzentuierung des ›Merkwürdigen‹ und Unterhaltsamen wird – in vermutlich unbewußter Anknüpfung an die Schwanktradition des 17. Jahrhun-

---

[81] Mit nur kurzer zeitlicher Versetzung erscheint ein umfangreicher fachlicher Stück-für-Stück-Kommentar der Eisenhartschen Erzählungen durch F. Behmer: Otia in otio minime otiosi (1771, zu Bd. 1–4; 1773, zu Bd. 5). Oft lautet der Einwand, es sei »kein sonderbarer Rechtshandel«.

[82] Becker: Sammlung merkwürdiger Rechtsfälle. Bd. 1, Vorrede.

[83] Hier kann nur summarisch auf einige lesenswerte Schwank-Relationen verwiesen werden: Bd. 5, Nr. 301: Absichtlich genau auf der Landesgrenze vollzogene einvernehmliche Schwängerung einer Bürgerstochter durch einen adeligen Bedienten, um einen Zuständigkeitsstreit zwischen adligem und städtischem Gericht zu provozieren; Nr. 316: Strafanzeige und Schadenersatzklage an einen abgewiesenen Freier, der nächtlich einen gefüllten Nachttopf durch das geschlossene Schlafzimmerfenster geworfen hat; Bd. 4, Nr. 236: Gültigkeit eines Eheversprechens mit der Formel »So wahr der Schöpfer über mir ist«, bei der aber eine Kelle (Schöpfer) unter dem Hut versteckt war.

derts – eine neue Dimension in die Fallsammlungen gebracht, die freilich den Anspruch der Faktizität und des Exemplarischen nicht schmälert: prodesse et delectare. Damit verbindet sich aber bald auch mehr; das offenbart die anonyme Sammlung *Neue peinliche und bürgerliche Rechtsfälle [...] von einer Gesellschaft praktischer Rechtsgelehrten* mit einem 1. Band Zeitz und Naumburg 1794 – die Schrift hat es trotz bester programmatischer Vorsätze nicht zu einer Fortsetzung gebracht; vielleicht ein Zeichen dafür, wie schwierig diese Literarisierung rechtlichen Geschehens ist. Von solchen grundsätzlichen Schwierigkeiten berichtet schon das Vorwort, um dann zu begründen, weshalb man sich doch an die Sammlung und Herausgabe interessanter Rechtsfälle gemacht habe. Diese Begründungen sind über den Einzelfall hinaus interessant.

> [Erstens haben] dergleichen Erzählungen allemal ihr relatives Interesse.
> [Zweitens ist den Herausgebern] nicht unbekannt, daß eine dergleichen fortgesetzte Sammlung besonders einer gewissen Klasse von Rechtsgelehrten, dem Criminalrichter, dem Advokaten, dem Gerichtsverwalter, willkommen sei; daß diese dergleichen Erzählungen mit Vergnügen und Nutzen lesen, weil sie oft mit den, ihnen selbst vorkommenden Fällen, eine gewisse Aehnlichkeit haben und diesem und jenem zum Leitfaden dienen können. [...]
> Drittens schien ihnen ein solches Unternehmen, auch in psychologischer Rücksicht, der Aufmerksamkeit nicht unwerth zu sein, weil aus dergleichen Erzählungen oft der Gang der menschlichen Handlungen und das Innere des menschlichen Herzens beurtheilt werden kann. [Auch das ist der] Wunsch vieler würdiger Männer.[84]

Hier mag Schillers Vorwort direkt oder indirekt von Einfluß gewesen sein. Aber nun wird eine weitere Erläuterung zu diesem Wunsch gegeben, die auf die 1794 merklich veränderte Rechtslandschaft zielt:

> Die Justizverfassung hat seit einigen Jahren, durch Abschaffung der Tortur und durch die Verbesserung der Gesetzbücher in mehrern Ländern, eine sehr veränderte Gestalt erhalten, welches auf die Handlungen der Menschen nothwendig einen heftigen Einfluß haben muß. Sie werden dadurch entweder besser oder schlimmer werden. Dem psychologischen Rechtsgelehrten, der an der Quelle der Gesetzgebung sitzt, muß daher eine Sammlung, welche ihn zu dieser Beurteilung mit mehrerm Stoffe versieht, nicht unwillkommen sein.[85]

Mit der literarisierten Fallsammlung wird also nichts weniger eingefordert als der Beleg für die Wirksamkeit der Aufklärung, deren Unterstützung durch rechtsreformerische Maßnahmen spätestens seit den 1770er Jahren durch eine Flut von Reformschriften verlangt wurde; nun, nach Inkrafttreten des Preußischen Landrechts in diesem Jahr 1794, sollen die Ergebnisse eingesammelt werden – wobei die Herausgeber keineswegs sicher sind, ob sie positiv ausfallen; das trifft sich mit dem Umstand, daß erst jetzt allmählich – viel später als etwa in Frankreich – ein Typus von Fallsammlungen auftritt, der weniger zur praktischen Übung als zur Justizkritik beiträgt[86]. Vermutlich ist dieser mehr und mehr aufkommende Zweifel

---

84 Neue peinliche und bürgerliche Rechtsfälle (1794), Vorrede S. VIf.
85 Ebd. S. VIIf.
86 Vgl. z. B.: Merkwürdige Unrechtssprüche deutscher Juristenfacultäten (1804); auch in diesem Typus wird der Sachverhalt als gegeben betrachtet, ja wird zum Nachweis der Unangemessenheit von Urteilen noch ›faktischer‹ bewertet.

an der moralischen Durchschlagskraft der Aufklärung – die epochale Verwunderung darüber, daß mit Aufklärungsliteratur und neuem Naturrecht das Böse und das Unrecht nicht aus der Welt sind – auch ein ganz wesentlicher Grund für das Entstehen der literarischen Kriminalerzählung. Auch diese füllt eine Lücke, die von der Rechtsreform nicht geschlossen werden konnte. In dieser Sammlung von 1794 ist das noch nicht entschieden. Gleichwohl kündigt das Vorwort auch in stilistischer Hinsicht die Grenzüberschreitung zur Literatur an:

> In Absicht des Vortrags will man dahin zu arbeiten suchen, daß jede unnütze Weitschweifigkeit vermieden; die Erzählung einfach und simpel abgefaßt werde, und die Schreibart eben so weit von juristischer Barbarei, als schöngeisterischem Prunke entfernt bleibe. Um den oben mit angeführten Endzwek, etwas zur Vervollkommung des juristischen Stils beizutragen, einigermaßen zu erreichen, sollen besonders musterhafte Vertheidigungsschriften und geschmakvolle Relationen [!] aus Acten mit unter vollständig abgedruckt werden.[87]

›Verfachlichung‹ bedeutet also auch Verfeinerung der juristischen Schreibart: die Rückgewinnung von Stilistik und Rhetorik, das Bewußtsein, daß Jurisprudenz mehr ist als das Lösen von Fällen; eine Art Professionalität auch in rhetorisch-stilistisch-argumentatorischer Hinsicht, wie sie seitdem von Juristen stets als zum Berufsbild gehörig gepflegt wurde.[88] Die Literarisierung der Jurisprudenz gegen Ende des 18. Jahrhunderts bringt das Phänomen der ›entfachlichenden Verfachlichung‹ auf den Punkt.

Das läßt sich nicht nur auf »Geschichtserzählungen« und Fallsammlungen beziehen. Blättert man juristische Zeitschriften dieser Jahre durch, fallen einem inmitten streng fachlicher Erörterungen scheinbar sehr unfachliche ins Auge. Zum Beispiel und am häufigsten juristische »Anekdoten«, – eine Gattung, die quer durch die Fachwissenschaften als neue Form populärer Belehrung zu dieser Zeit in Mode ist.[89] Einer, der in den 90er Jahren mit besonderem Fleiß Anekdoten in seine gesammelten Fälle einschiebt, ist ausgerechnet Justus Claproth, der zuvor

---

[87] Neue peinliche und bürgerliche Rechtsfälle (1794), Vorrede S. XIf.

[88] Das hängt zusammen mit der gegen Ende des 18. Jahrhunderts – mit der Kritik am Aktenverschickungsverfahren, mit dem Drängen nach Mündlichkeit und Öffentlichkeit usw. – wieder aufgewerteten forensischen Rhetorik; vgl. z. B. Klein: Gedanken von der öffentlichen Verhandlung der Rechshändel (1780/1825).

[89] Kritisch zur populärwissenschaftlichen Anekdotenwut der Zeit äußert sich Johann Georg Schlosser: Ueber Pedanterie und Pedanten (1787), S. 262f.: »Man müßte sehr parteiisch für unser Publikum seyn, wenn man behaupten wollte, daß unser Eifer nach Lecktüre; ein Eifer der Wißbegierde sey. Er ist das so wenig; als unser Eifer nach Erzehlungen tugendhafter Handlungen, ein Eifer für die Tugend ist. Man will, dünkt mich, nicht sowohl Wissenschaften wissen; als nur Anecdoten. Anecdoten von der Natur in der Physik; Anecdoten von den Elementen in der Chemie; Anecdoten von den Geistern in der Psychologie, und s. g. geheimen Wissenschaften; Anecdoten von den Menschen in der Geschichte, kurz überall Anecdoten! Ob diese Anecdoten gegründet sind oder nicht, ob sie sich an das übrige Wissen anschliessen, ob man sie jezt oder künftig gebrauchen kann; darum bekümmert sich, ausser den wahren Gelehrten, niemand [...]« – und diejenigen, die sich darum kümmern, gelten dann allzuleicht als Pedanten.

für »Geschichtserzählungen« streng sachlicher Natur eingetreten war.[90] Die Anekdoten sind in der Regel so fachlich, daß zumindest ich über das meiste wegen mangelnden juristischen Sachverstands nicht lachen kann; aber: Sie sind als Belustigung unter Juristen ohne rechtlichen Zweck notiert, es fehlt in ihnen die rechtliche Erörterung. Es sind literarische Anekdoten mit einem speziellen Adressatenkreis. Oft bestehen sie schlicht in der Wiedergabe von Dokumenten, die zum Schmunzeln oder Kopfschütteln Anlaß geben; daneben gibt es ›erzählte‹ Anekdoten – zum Beispiel eine aus dem Jahrgang 1782 von Hymmens *Beyträgen zu der juristischen Litteratur für die Preußischen Staaten,* einem führenden Fachorgan:

> Ein Soldat beklagte sich beym Garnisonsprediger, daß er mit dem Teufel vor ein paar Jahren ein Bündiß errichtet habe und er von ihm besessen sey. Er verlangte Hülfe durch Empfang der Sakramente. Der Prediger glaubte, ihn zuvor von der Phantasie heilen zu müssen, und fragte: ob das Bündniß schriftlich errichtet sey? Nein! erwiederte der Soldat, sondern mündlich. Gut, sagte der Prediger, was bekümmerts Euch denn. Nach dem Edikt vom 8 Febr. 1770 sind alle über ein mehr als 50 Rthlr betragendes Objekt nicht schriftlich errichtete Verträge unverbindlich. Der Soldat nahm diesen wichtigen Grund zu Herzen, beruhigte sich, und ging unbesessen nach hause.[91]

Auf eine literaturwissenschaftliche Deutung ist hier zu verzichten – für Juristen läuft die ›Moral‹ wohl auf die weitreichende, populäre Durchsetzung aufgeklärt-rationaler Argumentationsweisen gegen Aberglaube und Theologie hinaus; auch die Verrechtlichung aller Lebensbereiche und die Verschriftlichung des Rechts werden hier thematisiert.

Kulminationspunkt solcher Literarisierung ist das *Juristische Vade Mecum für lustige Leute enthaltend einer Sammlung juristischer Scherze witziger Einfälle und sonderbarer Gesetze, Gewohnheiten und Rechtshändel aus den besten Schriftstellern zusammengetragen,* 1789 bis 1796 in vier Teilen erschienen. Hier ist mit bemerkenswertem Aufwand in halb literarischer, halb rechtlicher Systematik gesammelt worden, was an Curiosa in der älteren und neueren Rechtsliteratur zu finden ist: Es reicht von frühneuzeitlichen Schwänken über Auszüge aus Ayrers *Historischer Processus Juris,* Abeles Bratwurst-Mord, Eisenharts *Die verkaufte Braut* und Plädoyers aus der französischen Decisionesliteratur bis zu Professorenwitzen über Größen wie Estor und Carpzov. Hier findet sich versammelt, was bis dahin überall verstreut publiziert worden ist. Und es wird in jeder Beziehung der

---

[90] Claproth: Vorträge und Entscheidungen gerichtlich verhandelter Rechtsfälle (1794). – Typisch für das neue Interesse ist auch: Archiv merkwürdiger Actenstücke, sonderbarer Rechtshändel, seltner Rechtsfragen und nicht alltäglicher Anecdoten (1797); dort sind – wie auch sonst oft in den Fallsammlungen dieser Zeit – schon die Rechtsfälle anekdotisch geprägt, das »Merkwürdige« und Sonderbare steht im Vordergrund, um von da aus aber zu ernsthaften fachlichen Erörterungen zu gelangen; z. B.: »I. Der durch Uebereilung strafbare Richter in eigner Sache.« »II. Ueber die Zuläßigkeit der Ehe eines Evnuchus, dessen schon vollzogene Ehe getrennt werden sollen« (u.s.f.). Es folgt »XI. Anecdoten über verschiedene Vorfälle in der gerichtlichen Praxis, ernst- und scherzhaften Inhalts 165«.

[91] Hymmen: Beyträge zu der juristischen Litteratur. Siebente Sammlung (1782), S. 155. – Bibliograph. Nachweis der Hymmenschen Anekdoten in Ders.: Repertorium (1790), S. 6–9.

fachliche Rahmen überschritten. Zum einen kann ein Jurist rechtlich hieraus nichts mehr lernen, sondern nur noch seinem Amusement nachgehen; in diese Richtung weist die Anhäufung von leicht zotigen Anekdoten und Fällen über die Bestrafung von Ehebrechern am »sündigen Glied«, mit denen die Sammlung beginnt; sie setzt sich fort in der Menge von Anekdoten über Notzucht- und Vaterschaftsklagen. Zum anderen wird merklich auf ein nichtfachliches Publikum Rücksicht genommen: lateinischen Zitaten und Termini werden nämlich ausnahmslos Übersetzungen beigegeben. Fallschilderungen, die ursprünglich durchaus auch in rechtlicher Absicht publiziert wurden, sind hier von den rechtlichen Erörterungen so weit wie möglich befreit[92] zugunsten der Pointe. Hier ist juristische Decisiones- und Anekdotenliteratur durch Sammlung und Bearbeitung und Präsentation gegenüber einem größeren Publikum endgültig zu Literatur geworden. Im Unterschied zum 17. Jahrhundert, aus dessen literarisch-rechtlicher Tradition diese Sammlung schöpft, erscheinen so aber rechtlicher und literarischer Verständigungsmodus nicht mehr als Einheit, sondern als deutlich geschiedenes Gegenüber. Die juristische Verfachlichung kanalisiert die überschüssigen Interessen der Fachgenossen wie der Laien in literarischen Sammlungen – in diesem Fall unter dem Stichwort ›Curiosa‹; in anderen, schon beschriebenen unter Stichworten wie ›Erfahrungsseelenkunde‹ und ›Kriminalerzählung‹.

Das *Juristische Vade Mecum* bedient sich besonders reichlich bei Hymmens *Beyträgen;* auch die eben wiedergegebene Anekdote von dem besessenen Soldaten ist selbstverständlich abgedruckt. Nicht nur in Hinsicht auf die Literarisierung des juristischen Diskurses aber kommt Hymmen eine wichtige Vorläuferfunktion zu, sondern auch in der Frage nach der juristischen Relevanz literarischen Sprechens. 1775 bereits gibt es in seiner Zeitschrift und möglicherweise aus seiner Feder einen langen und kundigen Aufsatz *Von dem juristischen Werth der Dichtkunst,* der nach einem Überblick über antike Äußerungen bis hin zum Kanonischen Recht, das »am meisten den Haß gegen die Dichtkunst« erkennen lasse,[93] die Literarizität und Justiziabilität deutscher Rechtssprichwörter diskutiert – ein juristisches Seitenstück zur neuen Pflege volkstümlicher Traditionen, die üblicherweise mit dem Namen Herder verbunden wird.[94] Dort werden wohl zum ersten Male die tastenden Fragen gestellt, mit denen seitdem Juristen und Literarhistoriker die Fremdheit ihrer Interessen zu überwinden versuchen, bevor sie die Reichweite des ihnen gemeinsamen Problemfeldes entdecken:

---

92 So wird aus dem oben wiedergegebenen Fall aus Abeles *Metamorphosis telae judiciariae* alles zwischen »Klag« und »Bescheid« weggekürzt; ebenso entfällt die versifizierte ›Moral‹ am Ende. Vgl. Juristisches Vade Mecum, 2. Teil, S. 150f. – Andere, neuere Fallschilderungen werden aber mit vollständiger »Geschichtserzählung« (sic) und Entscheidungsgründen geliefert.

93 Hymmen: Von dem juristischen Werth der Dichtkunst, S. 79.

94 Vgl. z. B. Eisenhart: Grundsätze der deutschen Rechte (1759); zum älteren Wissensstand und Interesse: Heineccius: Anmerckung von der in Sprüchwörtern vorgetragenen Rechtsgelahrtheit der alten Deutschen (1742) (mit reichen Literaturverweisen). Als Bibliographie zu den deutschen Rechtsaltertümern vgl. auch Bluemner: Entwurf der Litteratur des Criminalrechts (1794).

1) Welche Rechtslehrer zugleich Dichter gewesen? Und 2) in welchen Fällen Gedichte ein Gegenstand rechtlicher Entscheidungen seyn können.[95]

Seitdem sind mehr Fragen als Antworten hinzugekommen. Die nach der Poetik des Sachverhalts ist mit der Erkenntnis, daß auch Juristen Erzähler sind, längst nicht erschöpfend beantwortet. Das Verhallen der Sachverhalte zwingt die Juristen zur Reflexion ihrer Poetik. Das unbekümmerte Fortbestehen der Tatbestände zwingt die Literaturhistoriker in die Akten.

Literaturverzeichnis

Die Ziffern in eckigen Klammern am Schluß der Literaturangaben sind die numerischen Siglen der Bibliotheken im Fernleihverkehr.

(a) *Quellen (Texte bis 1832)*

[Jacob Friedrich Abel]: Lebensgeschichte Fridrich Schwans. In: Sammlung merkwürdiger Rechtsfälle aus dem Gebiete des peinlichen Rechts. Ein Lesebuch für Juristen und Nichtjuristen. Nürnberg: Grattenauer 1794, S. 269–339. [6]

Matthias Abele: Metamorphosis telae judiciariae, Das ist: Seltzame Gerichts-Händel / Samt denen / hierauf gleichfalls selzam erfolgten Gerichts-Aussprüchen / zusammen getragen mit Lustigen Anmerckungen erläutert / Auch unterschiedlichen Geschichten vermehret [...]. Zum Achtenmal gedruckt. Nürnberg: Adolph 1712. [51]

Anleitung zu denen Gerichts-Händeln Welche Nach denen Chur-Fürstlich-Sächsischen und andern Rechten auf eine leichte Art zur Praxin führet. Erstes Stück. Neustadt an der Orla: Urban u. Leipzig: Meindeln 1736. [4]

Archiv merkwürdiger Actenstücke, sonderbarer Rechtshändel, seltner Rechtsfragen und nicht alltäglicher Anecdoten. Leipzig: Baumgärtner 1797. [7]

Jacob Ayrer: Historischer Processus Juris. In welchem sich Lucifer über Jesum darumb dass er ihm die Höllen zerstöret, eingenommen, die Gefangene darauss erlöst und hingegen ihn Lucifern gefangen und gebunden habe, auff das allerheftigste beklaget [...] Nürnberg u. Francksfurt: Lochner 1716.

Theoph. Christian Becker: Sammlung merkwürdiger Rechtsfälle. Erster Bd. (Erste und Zweite Sammlung 1772, Dritte Sammlung 1773). Eisenach: Griesbachische Hof-Buchhandlung 1775. [21]

Ders.: Sammlung merkwürdiger Rechtsfälle. Zweyter Band. Eisenach: Grießbachische Buchhandlung 1775. [21]

Ders.: Sammlung merkwürdiger Rechtsfälle. Vierter Band. Eisenach: Wittekindt 1778. [21]

Ders.: Sammlung merkwürdiger Rechtsfälle. Fünfter Band. Eisenach: Wittekind 1780. [21]

[Friedrich Behmer]: Otia in otio minime otiosi, enthaltend verschiedene rechtliche practische Anmerkungen besonders über die Eisenhardtsche Erzählungen von besondern Rechtshändeln nebst einem Muster der gleichen Erzählung. Lemgo: Meyersche Buchhandlung 1771 [5]

[ders.]: Otia in otio minime otiosi, enthaltend die Fortsetzung der Anmerkung über den fünften Band der Eisenhardtschen Erzählungen besonderer Rechtshändel [...] Pars II. Lemgo: Meyersche Buchhandlung 1773. [5]

---

[95] Hymmen: Von dem juristischen Werth der Dichtkunst, S. 87.

Christophorus Besold: Dissertatio iuridica, de modo referendi, sev votandi [...] (Respondent: Joann. Andreas Pvrckstaller). Ingolstadt: Haenlin 1637 [121].

Christian Friedrich von Blanckenburg: Versuch über den Roman. Leipzig und Liegnitz 1774. Repr. Nachdruck mit einem Nachwort von Eberhard Lämmert. Stuttgart: Metzler 1965.

[Heinrich Bluemner]: Entwurf der Litteratur des Criminalrechts in systematischer Ordnung. Leipzig: Grieshammer 1794. [361]

[Philipp] Bopp: Criminalrechtsfälle, das Verbrechen der Blutschande betreffend. In: Zeitschrift für Gesetzgebung und Rechtspflege des Kurfürstenthums und Großherzogthums Hessen und der freien Stadt Frankfurt/M. Hg. von Böhmer u.a. Bd. 1 in 4 Heften. Darmstadt 1832. [N1]

Johann Christian Claproth: Sammlung juristisch- philosophisch- und critischer Abhandlungen. Göttingen: Königl. Universitäts-Buchhandlung 1742. [51]

Justus Claproth: Einleitung in den ordentlichen bürgerlichen Proceß. Zum Gebrauche derer practischen Vorlesungen. Erster Theil. Göttingen: Witwe Vandenhöck 1779. [361]

Ders.: Grundsätze von Verfertigung der Relationen aus Gerichts-Acten, zum Gebrauch der Vorlesungen, nebst einer Vorrede von der Verhältnis der Theorie und der Praxis des Rechts. Göttingen: Witwe Vandenhoeck 1756. [16]

Ders.: Grundsätze von Verfertigung der Relationen aus Gerichts-Acten, mit nöthigen Mustern. Zum Gebrauch der Vorlesungen. Nebst einer Vorrede von der Verhältnis der Theorie und der Praxis des Rechts. Zwote vermehrte und verbesserte Auflage. Göttingen: Wittwe Vandenhoeck 1766. [25]

Ders.: Grundsätze von Verfertigung der Relationen aus Gerichtsacten, mit nöthigen Mustern. Zum Gebrauch der Vorlesungen. Nebst einer Vorrede von der Verhältniß der Theorie und der Ausübung der Rechtsgelehrsamkeit. Dritte vermehrte und verbesserte Auflage. Göttingen: Wittwe Vandenhoeck 1778. [16]

Ders.: Grundsäze von Verfertigung der Relationen aus Gerichtsacten, mit nöthigen Mustern. Zum Gebrauch der Vorlesungen. Nebst einer Vorrede vom Verhältnis der Theorie und der Ausübung der Rechtsgelehrsamkeit. Vierte vermehrte und verbesserte Auflage. Göttingen: Vandenhoeck u. Ruprecht 1789. [361]

Ders.: Vorträge und Entscheidungen gerichtlich verhandelter Rechtsfälle. Nebst einer Vorrede welche die Prüfung des Herrn Cammergerichts-Assessor von Fahnenbergs Vortrages an den vollen Rath des Kayserlichen Reichs-Kammergerichts über die Abkürzung der Relationen enthält. Göttingen: Vandenhoeck-Ruprecht 1794. [12]

(D.) Wilhelm August Friedrich Danz: Grundsäze des gemeinen, ordentlichen, bürgerlichen Prozesses. Zweite verbesserte Ausgabe. Stuttgart: Erhard u. Löflund 1795. [361] (1. Aufl. 1791 [121]; 3. Aufl. 1800 [361])

Johann Lorenz Dorn: Versuch eines practischen Kommentars über das peinliche Recht. Zweiter Band. Leipzig: Weidmann 1791. [16]

Johann August Eberhard: Theorie der schönen Wissenschaften. Halle: Waisenhaus Buchhandlung 1783. [466]

Dietrich Gotthard Eckhardt: Juristische Händel, von mancherley Art. Leipzig u. Breslau 1735. [12]

Johann Friederich Eisenhart: Erzählungen von besonderen Rechtshändeln. Erster bis Zehnter Theil. Halle u. Helmstädt: Hemmerde 1769–1779. [6]

Ders.: Grundsätze der deutschen Rechte in Sprüchwörtern mit Anmerkungen erläutert. Helmstädt: Weygand 1759 [51]

Johann Jakob Engel: Ueber Handlung, Gespräch und Erzehlung. In: Neue Bibliothek der schönen Wissenschaften und der freyen Künste 16 (1774), Stück 2, S. 177–256. Repr. Nachdruck hg. und mit einem Nachwort von Ernst Theodor Voss. Stuttgart: Metzler 1964.

Johann George Estor: gründlicher unterricht von geschickter abfassung der urtheln und bescheiden in bürgerlichen und peinlichen auch concurs exsecutiv consistorial injurien kriegs und andern proceßsachen. Andre und vermehrte Ausgabe. Marburg: Müller 1749. [51]

Ioh. Friderich Falckner: Tractatvs de eo qvod jvstvm est circa inqvisitvm variantem [...]. Leipzig: Martin 1729. [121]
Carl Traugott Fischer: Abhandlung von der summarischen Vernehmung im peinlichen Prozeß. Leipzig: Crusius 1789. [121]
Friedrich II. von Preußen: Königl. Kabinetsordre vom 14ten April 1780 die Verbesserung des Justizwesens betreffend. In: Sammlung von Urkunden und Aktenstücken zur Geschichte der neuen Preussischen Gesetzgebung [...]. Kiel: Königl. Schulbuchhandlung 1794 [8], S. 9–20.
Christian Fürchtegott Gellert: Briefe, nebst einer Praktischen Abhandlung von dem guten Geschmacke in Briefen. Leipzig: Wendler 1751. Reprogr. Nachdruck in C. F. G.: Die epistolographischen Schriften. Faksimiledruck nach den Ausgaben von 1742 und 1751. Mit einem Nachwort von Reinhard M. G. Nickisch. Stuttgart: Metzler 1971.
Johann Christoph Gottsched: Versuch einer kritischen Dichtkunst. Nachdruck der 4. verm. Aufl. 1751. Darmstadt: Wiss. Buchgesellschaft 1962.
Vitus Guggenberger: Processe und vortreffliche Gutachten in Criminalibus. Darinnen der gantze Inquisitions-Process, Captur, Examination, Confrontation, Tortur, Bekanntnuß und Ratification derselben; item, die Abstraffung der Verbrecher / auch endliche Hinrichtung der Malefiz-Persohnen / und wie bey jedwedem legaliter und Gewissenhafft zu verfahren / enthalten / in neun Capituln bestehend. [...]. Augspurg: Daniel Walder 1722. [UB Rostock; in westdt. Bibliotheken nicht vorhanden]
Georg Philipp Harsdörffer: Der Grosse Schau-Platz jämmerlicher Mordgeschichte. [...] Zum drittenmahl gedruckt. Hambergt: Nauman 1656. Repr. Nachdruck Hildesheim u. New York: Olms 1975.
Joh[ann] Gottl. Heineccius: Anmerckung von der in Sprüchwörtern vorgetragenen Rechtsgelahrtheit der alten Deutschen. In: J. G. H.: Vermischte Anmerckungen und rechtliche Gutachten. Berlin: Rüdigers 1742, S. 61–73.
Johann Fridrich Hertling: Dissertatio juridica de arte referendi ex actis judicialibus in causis tam civilibus, quam criminalibus, illisque primae, secundae, vel tertiae instantiae ordinate, erudite, docte, et ad normam camerae imperialis introductionis loco ad collegia theoretico-practica deinceps habenda. [...] (Respondent: Johannes Wilhelmus L. B. Ullner). Heidelberg: Müller 1733. [121]
Johann Andreas Hofmann: Teutsche Reichspraxis, worin der unter- und obergerichts- besonders aber der ordentliche gemeine, und Reichs-Prozeß mit seinen haubt- und nebenstücken, in der ersten, auch den übrigen instanzen etc etc in dreien theilen abgehandelt wird. Frankfurt/M.: Brönner 1765. [16]
Andreas Homborg: Discvrsvs jvridicvs de referendi modo. Wie aus denen Gerichts-Acten zu referiren. In actu doctorali [...] (3 Respondenten). Leipzig: Schedianis 1717. [51]
Carl Ferdinand Hommel: Teutscher Flavius. Das ist: Volständige Anleitung sowohl bey bürgerlichen als peinlichen Fällen Urthel abzufassen, worinnen zugleich die Advocaten bey rechtlichen Klagen und Vorbringen, die Schlusbitte behörig einzurichten, belehret werden. Dritte Ausgabe durchgehends stark vermehret. Bayreuth: Lübek 1775. [51]
Ferdinand August Hommel: Kurtze Anleitung Gerichts-Acta geschickt zu extrahiren, zu referiren, und eine Sententz darüber abzufassen, Zum Gebrauch seiner Zuhörer entworfen. Leipzig: Schuster 1739. [25]
[Johann Wilhelm Bernhard von Hymmen]: Beyträge zu der juristischen Litteratur in den Preußischen Staaten. Erste bis siebte Sammlung. Berlin: Voß 1775–1782. [12, 61]
[Ders.]: Beyträge zu der juristischen Litteratur in den Preußischen Staaten. Achte Sammlung. Dessau: Buchhandlung der Gelehrten 1785. [12]
[Ders.]: Repertorium über die Beyträge zur juristischen Litteratur in den Preußischen Staaten. Berlin: Schöne 1790. [361]
[Ders.?]: von der Methode zu referiren. In: [Ders.]: Beyträge zu der juristischen Litteratur in den Preußischen Staaten. Achte Sammlung. Dessau: Buchhandlung der Gelehrten 1785, S. 140–147. [12]

[Ders.]: Von dem juristischen Werth der Dichtkunst. In: Beyträge zu der juristischen Litteratur in den Preußischen Staaten. Erste Sammlung. Berlin: Voß 1775, S. 75–87. [12, 61]

Juristisches Vade Mecum für lustige Leute enthaltend einer Sammlung juristischer Scherze witziger Einfälle und sonderbarer Gesetze, Gewohnheiten und Rechtshändel aus den besten Schriftstellern zusammengetragen. Erster Theil. Frankfurt u. Leipzig 1789. Zweyter Theil. Frankfurt u. Leipzig 1791. [1a]

Dass.: Dritter Theil 1793; Vierter Theil 1796. [nicht eingesehen]

Johann Heinrich Gottlob von Justi: Anweisung zu einer guten Deutschen Schreibart und allen in den Geschäfften und Rechtssachen vorfallenden schriftlichen Ausarbeitungen, zu welchem Ende allenthalben wohlausgearbeitete Proben und Beyspiele beygefüget werden. Nach der zweyten verbesserten Auflage. Leipzig: Breitkopf 1778. [211]

Ernst Ferdinand Klein: Gedanken von der öffentlichen Verhandlung der Rechtshändel und dem Gebrauche der Beredsamkeit in den Gerichtshöfen. Aufs neue zum Druck befördert und mit Anmerkungen begleitet von Georg Wilhelm Böhmer. Göttingen: Huth 1825. (Zuerst in: Ders.: Vermischte Abhandlungen über Gegenstände der Gesetzgebung und Rechtsgelehrsamkeit. Erster Band. Leipzig 1780).

G[allus] A[loys] Kleinschrod: Ueber Suggestivfragen des Richters. Ein Beytrag zum peinlichen Processe. Wirzburg: Rienner 1787. [121]

Kriminalfälle für Rechtskundige und Psychologen. Frankfurt u. Leipzig: Mezler 1794. [45]

Jacob Sebastian Lauremberg: Disputatio inauguralis de actorum lectione et relatione, nec non sententiarum ex illis conceptione [...] (Respondent: Johannes Mitzel). Rostock: Killius 1672. [361]

Johann Peter von Ludewig: Gelehrte Anzeigen, In alle Wissenschaften, so wol geistlicher als weltlicher, alter und neuer Sachen, Welche vormals denen Wöchentlichen Hallischen Anzeigen einverleibet worden, Nunmehro aber zusammen gedrucket und mit einem vollständigen Register versehen. Anderer Theil: Halle: Schneider 1744. [121]

[Georg Melchior von Ludolph]: Der Expedite Referendarius, Oder Anleitung, Wie man Berichtliche Acten Mit Nutzen lesen / geschickt excerpiren / und verständig referiren soll. Denen Neu angehenden Juris Practicis Auch theils In Judiciis versirenden Personen Zum Besten an das Licht gestellet. Zweyte und verbesserte Auflage. Wetzlar: Winckler 1739. [121] (1. Aufl.: 1725; 3. Aufl.: 1765).

Jacob Friedrich Ludovici: Einleitung Zum Civil-Proceß, Darinnen, Wie sich der Kläger bey Anstellung und Fortsetzung der Klage [...] zu verhalten habe. Halle: Wäysenhaus 1725. [121]

Friedrich Ernst Carl Mereau: Versuch einer Anleitung zu practischen Arbeiten überhaupt. Nebst einem Anhange auserlesener noch ungedruckter Actenstücke. Jena: Crökersche Buchhandlung 1792. [22]

Sophie Mereau: Amanda und Eduard. 2 Theile. Frankfurt: Wilmans 1803. [7]

Merkwürdige Unrechtssprüche deutscher Juristenfacultäten. Erster Band. Osnabrück: Kißling 1804. [64]

Neue peinliche und bürgerliche Rechtsfälle, nebst einigen kurzen Aufsätzen über verschiedene rechtliche Gegenstände von einer Gesellschaft praktischer Rechtsgelehrten. Erster Band. Zeitz u. Naumburg: Heinse 1794. [121]

Neues Juristisches Journal. Hg. von einer Gesellschaft praktischer und theoretischer Juristen. 1.–4. Band. Ronneburg u. Leipzig: Schumannsche Buchhandlung u. J. A. Barth 1799–1801. [21]

Martin Opitz: Buch von der Deutschen Poeterey (1624). Nach der Edition von Wilhelm Braune neu hg. von Richard Alewyn. 2. Aufl. Tübingen: Niemeyer 1966.

Gottlob Eusebius Oeltze: Anleitung zur Gerichtlichen Praxis überhaupt und insbesondere zu dem ordentlichen Civilproceß. Jena: Crökers seel. Wittwe 1782. [361]

François Gayot de Pitaval: Erzählung sonderbarer Rechtshändel, sammt deren gerichtlicher Entscheidung. Aus dem Französischen übersetzt. Leipzig: Kiesewetter 1747–1767. [nicht eingesehen]

Ders.: Merkwürdige Rechtsfälle als ein Beitrag zur Geschichte der Menschheit. Nach dem Französischen Werk des Pitaval durch mehrere Verfasser ausgearb. und mit einer Vorrede begleitet hg. von Schiller. Jena: C. H. Cuno's Erben 1792–1795. [nicht eingesehen]

Friederich Popp: Ausgewählte Rechtsfälle. Entschieden bei dem Ober- und Appellations-Gerichte der Reichsstadt Nürnberg. Erster Band. Nürnberg: Milbradt 1805. [12]

Georg Ernst Ludwig Preuschen: De ligantium studio omniumque animos praeoccup. Marburg 1753. [nicht eingesehen]

Josias L. E. Püttmann: Referir- und Dekretirkunst. Leipzig: Crusius 1783. [121]

Johann Christian Quistorp: Einige Bemerkungen über die Verschickung der Acten in peinlichen Fällen. In: J. C. Q.: Beyträge zur Erläuterung verschiedener, mehrentheils unentschiedener Rechts-Materien aus der bürgerlichen und peinlichen Rechtsgelahrtheit. 2. verm. u. verb. Aufl. Rostock u. Leipzig: Koppen 1787, S. 1–16. [51]

Ders.: Versuch einer Anweisung für Richter, beym Verfahren in Criminal- und Straf-Sachen, wider solche, welche die Wahrheit nicht gestehen wollen, in Ländern, wo die Tortur abgeschafft worden. Leipzig: Fleischer 1789. [361]

Ders.: Von den Zwangsmitteln zur Beugung des Ungehorsams eines Angeschuldigten [...]. In: Ders.: Beyträge zur Erläuterung verschiedener, mehrentheils unentschiedener Rechts-Materien aus der bürgerlichen und peinlichen Rechtsgelahrtheit. 2. verm. u. verb. Aufl. Rostock und Leipzig: Koppen 1787. Stück 4, S. 687–704. [51]

Sammlung merkwürdiger Rechtsfälle aus dem Gebiete des peinlichen Rechts. Ein Lesebuch für Juristen und Nichtjuristen. Nürnberg: Grattenauer 1794. [6]

Friedrich Schiller: Sämtliche Werke. Säkular-Ausgabe. Dreizehnter Band. Historische Schriften. Mit Einleitung und Anmerkungen von Richard Fester. Erster Teil. Stuttgart u. Berlin: Cotta o. J.

[Ders.]: Verbrecher aus Infamie, als Einleitung. In: Sammlung merkwürdiger Rechtsfälle aus dem Gebiete des peinlichen Rechts. Ein Lesebuch für Juristen und Nichtjuristen. Nürnberg: Grattenauer 1794, S. 1–43. [6]

Johann Georg Schlosser: Ueber Pedanterie und Pedanten. In: J. G. S.: Kleine Schriften. Fünfter Theil. Basel: Serini 1787. Reprogr. Nachdruck Meisenheim: Hain 1972, S. 247–278.

Johann Ludewig Schmidt: Öffentliche Rechtssprüche zur Erweiterung der praktischen Rechtsgelahrtheit nebst einer Vorrede worinne zugleich von der fürtreflichen Nutzbarkeit eines casuistischen Rechtscollegiums gehandelt wird. Jena: Crökers seel. Wittbe [sic!] 1777. [121]

August Ludwig Schott: Vorbereitung zur juristischen Praxis besonders in Rücksicht auf die Schreibart in rechtlichen Geschäften. Erlang[en]: Palm 1784. [361]

Conrad Wilhelm Strecker: Dissertatio inavgvralis jvridica, de indvctione jvdicis ad confitendvm incvpatvm delictvm [...] (Respondent: Gottlieb Beil). Erfurt: Heringius 1733. [121]

Johann Georg Sulzer: Allgemeine Theorie der schönen Künste. In einzelnen, nach alphabetischer Ordnung der Kunstwörter aufeinanderfolgenden Artikeln abgehandelt. 5 Bände. Leipzig: Weidmann 1773–1778. [294]

Der Teufelsprozess vor dem Weltgericht. Nach Ulrich Tenglers »Neuer Layenspiegel« von 1511. Hg. und eingeleitet von Wolfgang Schmitz. Köln: Wienand 1980.

[Johann Wilhelm] von Tevenar: Anmerkungen über die Kunst zu referiren. Magdeburg u. Leipzig [Stendal, gedruckt mit Frantzenschen Schriften] 1772. [121]

Christian Thomasius: Von dem Studio der Poesie. Achtes Kapitel der »Höchstnötigen Cautelen für einen Studiosus juris" aus dem Jahre 1713. In: Aus der Frühzeit der deutschen Aufklärung. Christian Thomasius und Christian Weise. Hg. von F[ritz] Brüggemann. 2. Aufl. (Deutsche Literatur. Sammlung literarischer Kunst- und Kulturdenkmäler in Entwicklungsreihen Reihe Aufklärung, Bd. 1). Leipzig 1938, S. 122–133.

Peter Tschanggo: Versuch einer Abhandlung von der summarischen Vernehmung im peinlichen Prozeß. Leipzig 1789. [nicht eingesehen, in westdt. Bibliotheken nicht vorhanden]

W[ilhelm] G[ottlieb] Vangerow: Theorie der gerichtlichen Decretierkunst. Halle: Rengersche Buchhandlung 1783. [21]

Carl Friedrich Walch: Einleitung in die Wissenschaft aus Acten einen Vortrag zu thun und darüber zu erkennen. Jena: Cröckers seel. Wittwe 1773 [7].

[Friedrich Wilhelm Wangermann]: Anweisung zum Inquiriren. Frankfurt und Leipzig 1772.

C[hristoph] M[artin] Wieland's Sämmtliche Werke. Zwanzigster Band. Geschichte der Abderiten. Zweyter Theil. Leipzig: Göschen 1796. Reprogr. Nachdruck Nördlingen: Greno 1984.

(b) *Forschungsliteratur (ab 1882)*

Carl-August Agena: Der Amtmann im 17. und 18. Jahrhundert. Ein Beitrag zur Geschichte des Richter- und Beamtentums. Diss. jur. Göttingen 1972.

Dieter Breuer: Matthias Abele und seine Erzählsammlungen. In: Die österreichische Literatur (1050–1750). Ihr Profil von den Anfängen im Mittelalter bis zum 18. Jahrhundert. Unter Mitwirkung von Fritz Peter Knapp (Mittelalter) hg. von Herbert Zeman. Bd. 2. Graz: Akad. Verlagsanstalt 1986, S. 1135–1148.

G[erhard] Buchda: Aktenversendung. In: Handwörterbuch zur deutschen Rechtsgeschichte. Hg. von Adalbert Erler u. Ekkehard Kaufmann. 1. Band. Aachen – Haussuchung. Berlin: E. Schmidt 1971. Sp. 84–87.

Heinrich Dörner: Gottfried August Bürger – Ein Beitrag zur Situation des deutschen Dorfrichters im 18. Jahrhundert. In: Deutsche Richterzeitung. Organ des deutschen Richterbundes 56 (1978), S. 22f.

Heinrich Gehrke: Die Rechtsprechungs- und Konsilienliteratur Deutschlands bis zum Ende des alten Reichs. Diss. masch. Frankfurt 1972. Gedruckt unter dem Titel: Die privatrechtliche Entscheidungsliteratur Deutschlands. Charakteristik und Bibliografie der Rechtsprechungs- und Konsiliensammlungen vom 16. bis zum Beginn des 19. Jahrhunderts. (Ius commune. Sonderhefte 3) Frankfurt/M.: Klostermann 1974.

Grimm, Gunter E.: Von der ›politischen‹ Oratorie zur ›philosophischen‹ Redekunst. Wandlungen der deutschen Rhetorik in der Frühaufklärung. In: Rhetorik 3 (1983), S. 65–96.

Werner Hahl: Reflexion und Erzählung. Ein Problem der Romantheorie von der Spätaufklärung bis zum programmatischen Realismus. (Studien zur Poetik und Geschichte der Literatur 18) Stuttgart: Kohlhammer 1971.

Friedrich Hartl: Das Wiener Kriminalgericht. Strafrechtspflege vom Zeitalter der Aufklärung bis zur österreichischen Revolution. (Wiener Rechtsgeschichtliche Arbeiten 10) Wien u. a. 1973.

Daniel Jacoby: Mereau: Sophie M. In: Allgemeine Deutsche Biographie. 21. Band. Neudruck der 1. Aufl. von 1885. Berlin: Duncker u. Humblot 1970, S. 420f.

Georg Jäger: Empfindsamkeit und Roman. Wortgeschichte, Theorie und Kritik im 18. und frühen 19. Jahrhundert. (Studien zur Poetik und Geschichte der Literatur 11) Stuttgart: Metzler 1969.

Günther Kaiser: Kriminologie: Ein Lehrbuch. Heidelberg u. Karlsruhe: Müller 1980.

Engelbert Klugkist: Die Göttinger Juristenfakultät als Spruchkollegium. Mit einer Einführung von Prof. Dr. Hans Fehr und einem Abdruck der Fakultätsstatuten von 1737 (Göttinger rechtswiss. Studien 5). Göttingen: Schwartz 1952.

Reinhart Koselleck u. Wolf-Dieter Stempel (Hg.): Geschichte – Ereignis und Erzählung. (Poetik und Hermeneutik 5) München: Fink 1973.
Rezension: Thomas P. Saine in: Lessing Yearbook XIII (1981), S. 328f.

Heinrich Lausberg: Handbuch der literarischen Rhetorik. Eine Grundlegung der Literaturwissenschaft. Haupt-Band. 2. durch Nachtrag verm. Aufl. München: Hueber 1973.

Wolfgang Leiser: Strafgerichtsbarkeit in Süddeutschland. Formen und Entwicklungen. (Forschungen zur deutschen Rechtsgeschichte 9) Köln u. Wien: Böhlau 1971.

Jürgen Link: Literaturwissenschaftliche Grundbegriffe. Eine programmierte Einführung auf strukturalistischer Basis. München: Fink 1974.
Eckhardt Meyer-Krentler: Der Bürger als Freund. Ein sozialethisches Programm und seine Kritik in der neueren deutschen Erzählliteratur. München: Fink 1984.
Ders.: »Die verkaufte Braut«. Juristische und literarische Wirklichkeitssicht im 18. und frühen 19. Jahrhundert. In: Lessing Yearbook XVI (1984), S. 95–123.
Ders.: Willkomm und Abschied – Herzschlag und Peitschenhieb. Goethe – Mörike – Heine. München: Fink 1987.
Elfriede Moser-Rath: »Lustige Gesellschaft«. Schwank und Witz des 17. und 18. Jahrhunderts in kultur- und sozialgeschichtlichem Kontext. Stuttgart: Metzler 1984.
Wolfgang Naucke: ›Verfachlichung‹ des Strafrechts im 19. Jahrhundert. Probleme des Verhältnisses der Geschichte der literarischen Verbrechensdarstellung zur Strafrechtsgeschichte im 19. Jahrhundert. In: Literatur und Kriminalität. Die gesellschaftliche Erfahrung von Verbrechen und Strafverfolgung als Gegenstand des Erzählens. [...] Hg. von Jörg Schönert. (Studien und Texte zur Sozialgeschichte der Literatur 8) Tübingen: Niemeyer 1983, S. 55–67.
Klaus Oettinger: Phantasie und Erfahrung. Studien zur Erzählpoetik Christoph Martin Wielands. München: Fink 1970.
Ders.: Schillers Erzählung *Der* [sic] *Verbrecher aus Infamie*. Ein Beitrag zur Rechtsaufklärung der Zeit. In: Jb. der Deutschen Schillergesellschaft 16 (1972), S. 266–276.
Gerhard Pätzold: Die Marburger Juristenfakultät als Spruchkollegium. (Beiträge zur hessischen Geschichte 5) Marburg/Lahn u. Witzenhausen: Trautvetter u. Fischer Nachf. 1966.
Filippo Ranieri: Stilus curiae. Zum historischen Hintergrund der Relationstechnik. In: Rechtshistorisches Journal 4 (1985), S. 75–88.
Joachim Rückert: Idealismus, Jurisprudenz und Politik bei Friedrich Carl von Savigny. (Abhandlungen zur rechtswissenschaftlichen Grundlagenforschung 58) Ebelsbach: Gremer 1984.
Werner Rüther: Abweichendes Verhalten und ›labeling approach‹. Köln u.a.: Heymann 1975.
Hans Scheibner: Spott ist allmächtig. Lästerlyrik. Reinbek: Rowohlt 1977.
Wolfgang Schild: Das Strafrecht als Phänomen der Geistesgeschichte. In: Justiz in alter Zeit. (Schriftenreihe des mittelalterlichen Kriminalmuseums Rothenburg ob der Tauber 6) Rothenburg: Mittelalterliches Kriminalmuseum 1985, S. 7–38.
Ders.: Schillers *Verbrecher aus verlorener Ehre* – Gedanken zu einem juristisch-hermeneutischen Handlungsbegriff. In: Dimensionen der Hermeneutik. Kolloquium zu Ehren des 60. Geburtstags von Arthur Kaufmann. Hg. von Winfried Hassemer. Heidelberg u. Hamburg: Müller 1983, S. 111–131.
Jörg Schönert: Kriminalgeschichten in der deutschen Literatur zwischen 1770 und 1890. Zur Entwicklung des Genres in sozialgeschichtlicher Perspektive. In: Geschichte und Gesellschaft 9 (1983), H. 1: Literatur und Gesellschaft, S. 49–69.
Ders.: Zu einem strukturfunktionalistischen Untersuchungsmodell für die Sozialgeschichte der Literatur. In: Literatur und Kriminalität. Die gesellschaftliche Erfahrung von Verbrechen und Strafverfolgung als Gegenstand des Erzählens. [...] Hg. von Jörg Schönert. (Studien und Texte zur Sozialgeschichte der Literatur 8) Tübingen: Niemeyer 1983, S. 33–46.
Klaus-Peter Schröder: Abdera – Wielands Narrenrepublik. In: Neue juristische Wochenschrift (1984), H. 19, S. 1093–1096.
Bernd W. Seiler: Die leidigen Tatsachen. Von den Grenzen der Wahrscheinlichkeit in der deutschen Literatur seit dem 18. Jahrhundert. (Sprache und Geschichte 6) Stuttgart: Klett-Cotta 1983.
Franz K. Stanzel: Theorie des Erzählens. Göttingen: Vandenhoeck u. Ruprecht 1979.
Michael Stolleis: Aufgaben der neueren Rechtsgeschichte oder: Hic sunt leones. In: Rechtshistorisches Journal 4 (1985), S. 251–264.

[...] Teichmann: Klein: Ernst Ferdinand. In: Allgemeine Deutsche Biographie. 16. Band. 1882. Neudruck der 1. Aufl. von 1882. Berlin: Duncker u. Humblot 1969, S. 88–90.
Ders.: Mereau: Friedrich Ernst Karl. In: Allgemeine Deutsche Biographie. 21. Band. Neudruck der 1. Aufl. von 1885. Berlin: Duncker u. Humblot 1970, S. 419f.
Wilhelm Voßkamp: Romantheorie in Deutschland. Von Martin Opitz bis Friedrich von Blanckenburg. Stuttgart: Metzler 1973.

Wolfgang Schild

Relationen und Referierkunst

Zur Juristenausbildung und zum Strafverfahren um 1790

Die folgenden Ausführungen wollen – im ernsten Sinne des Untertitels – bloß einige ›Bezüge‹ erhellen – vor allem zum Referat von Eckhardt Meyer-Krentler. Umfassende Erörterungen zur Juristenausbildung oder zum Strafverfahrensrecht um 1790 dürfen deshalb nicht erwartet werden. Vorgelegt werden nur einige Hinweise aus dem Gebiet der Jurisprudenz (vorzüglich des Strafrechts), die im Rahmen des Generalthemas relevant sind. Die Überschriften stellen dabei erste Orientierungspunkte dar.

1. Justus Claproth und die praktische Jurisprudenz

Der Einstieg soll das von Eckhardt Meyer-Krentler zentral behandelte Buch von Justus Claproth (*Grundsätze von Verfertigung der Relationen aus Gerichts-Acten, zum Gebrauch der Vorlesungen*, 1756–1789) sein.

Der Verfasser – Justus C. Claproth[1] – wurde am 28. 12. 1728 in Kassel geboren. Er studierte seit 1748 in Göttingen Jurisprudenz und wurde dort 1752 Stadtsekretär und 1753 Garnisons-Auditeur. Nach Niederlegung dieser Stelle promovierte er im April 1757 zum Doktor der Rechte und wurde im nämlichen Jahr als außerordentlicher Beisitzer in die Göttinger Juristenfakultät aufgenommen, auch zum Manufakturrichter ernannt. 1759 wurde Claproth außerordentlicher, 1761 ordentlicher Professor der Rechte an der Universität Göttingen. Seit 1774 war er ordentlicher Beisitzer im Spruchkollegium der Fakultät und wurde 1805 zu dessen Leiter (›ordinarius‹). Er starb am 20. Februar 1805.

(a) Claproth verfaßte – von seinen Übersetzungen von Werken Blackstones und Voltaires einmal abgesehen – eine Reihe von Arbeiten aus dem Gebiete der Jurisprudenz. Als sein Hauptwerk gilt die *Einleitung in den ordentlichen bürgerlichen Prozeß* (1779, 1780), ein klar und anschaulich geschriebenes Buch, welches nicht ohne Einfluß blieb auf die Gestaltung der neueren Praxis; aber auch sein *Ohnmaßgeblicher Entwurf eines Gesetzbuches* (I: Prozeßordnung, II: Kriminalrecht) aus 1774 wird hervorgehoben: mit diesem privaten Gesetzesentwurf habe er auf die Strafrechtsentwicklung im Anfang des 19. Jahrhunderts anregend gewirkt. Gelobt wird schließlich auch die von Eckhardt Meyer-Krentler herangezogene Arbeit über die *Grundsätze von Verfertigung der Relationen aus Gerichts-Acten* (1756–1789): diese Schrift habe dazu beigetragen, den alten verschnörkelten Curialstil zu verbessern und lesbares Deutsch an dessen Stelle zu setzen.[2] Nur zu

---

[1] Zu Claproth vgl. Muther: Claproth, S. 274f.; Schulte: Claproth, S. 260f.
[2] So jeweils Muther: Claproth, S. 274f.

nennen sind ferner noch:[3] *Kurze Vorstellung vom Lauf des Processes* (1757), *Jurisprudentia Heurematica* (I: 1765, II: 1765) (übersetzt 1786 als *Rechtswissenschaft von richtiger und vorsichtiger Eingehung der Verträge und Kontrakte*) (dazu 1782 ein III. Band »Abhandlung von Testamenten, Codicillen, Vermächtnissen und Fideicommissen«); *Sammlung verschiedener gerichtlichen vollständigen Acten zum Gebrauch practischer Vorlesungen* (1773–1792); *Theoretisch-practische Rechtswissenschaft von freywilligen Gerichtshandlungen* (1789); *Vorträge und Entscheidungen gerichtlich verhandelter Rechtsfälle* (1794–1796). (Schließlich sei noch erwähnt, daß Claproth vermutlich als Manufakturrichter zur Beschäftigung mit handwerklichen Vorgängen angeregt und dabei auf den Mangel an Hadern – dem bis dahin einzigen Rohstoff zur Papierherstellung – aufmerksam wurde. 1774 gab er seine Schrift *Erfindung aus gedrucktem Papier wiederum neues zu machen und die Druckerfarbe völlig herauszuwaschen* heraus.)

(b) Wie einige Titel der Veröffentlichungen zeigen, war Justus Claproth ein bedeutender Vertreter der »praktischen Jurisprudenz«, wie sie vom 16. Jahrhundert an bis 1800/1810 einen wesentlichen Teil der Rechtswissenschaft an den Universitäten ausmachte. Denn noch war damals unbestritten, daß die Jurisprudenz – die durchaus auch (wie der Titel eines Buches von Claproth zeigt) als Rechts-›Wissenschaft‹ aufgefaßt wurde – einen theoretischen und einen praktischen Teil habe. Der erstere war die systematische Lehre der einzelnen Rechtsteile; der letztere umfaßte in der Regel die Kautelarjurisprudenz, die Referier- und Dekretierkunst, die Staats- und Kanzleipraxis, die Archiv- und Registraturwissenschaft, das Prozeßrecht und die Verteidigungskunst.[4] Man lehrte und lernte deshalb auf den Universitäten – und zwar in ca. 10–20% aller angebotenen Veranstaltungen – Praxis; vor allem in Göttingen, welche Universität wegen ihres praxisbezogenen Betriebes bekannt war. Dabei lag der Schwerpunkt nicht so sehr auf den (unbesoldeten) öffentlichen Vorlesungen, die man damals über ein (eigenes oder fremdes) Lehrbuch abhielt, sondern auf den bezahlten Privatissima. Diese dienten dazu, dem Studenten bei seinem Übertritt »aus der academischen Luft in die Sphäre der Affairen« zu helfen, wobei Professor und Student in den Privaträumen des ersteren zusammenkamen. Über solche Göttinger »Practica« erfahren wir aus einer Schrift von 1748:[5]

> Um den Eintritt des Studenten in die Affairen zu erleichtern, wird in Göttingen von fast allen Professoribus ein Collegium privatissimum gelesen, die Woche sechs Stunden, für 4 bis 6 Zuhörer. Zwo Stunden werden angewendet zum Examinieren, wobey dann der Zuhörer die beste Gelegenheit findet, die Lücken, die er in seinem Systemate hat, auszufüllen. Zwo Stunden werden zum Proceß und zur Ausarbeitung wirklicher im Proceß vorkommender Schriften dergestalt verwendet, daß der Docent die Arten des Processes [...] kurz erkleret, darüber examiniret, und wenn er dieß gethan hat, einen Clienten darstellet, der guten Rath suchet, entweder ob es tunlich sey einen Proceß anzufangen

---

[3] Vgl. Gehrke: Konsilienliteratur, S. 207, 165; Schröder: Wissenschaftstheorie, S. 57, Fn. 117.

[4] Vgl. Schröder: Wissenschaftstheorie, S. 57.

[5] Zitiert bei Ebel: Geschichte, S. 17f.

oder einen schon angefangenen fortzuführen. Meinen die Herren Zuhörer damit fortzufahren, so überläßt er ihnen die nöthige Schrift zu verfertigen, und wenn sie fertig, corrigiret er sie außer der Stunde, merket am Rande an, worin es versehen ist, und stellet sie sodann mit seinen mündlichen Erläuterungen dem Concipienten wieder zu. In den letzten zwo Stunden wird aus den Acten mündlich referiret. Hierbey wird ein ordentlich Gerichte repräsentiret, und nachdem der Referent seine Relation vorgetragen, wird von den übrigen votiret und ein Conclusum gemacht, wornach das Urtheil mit rationibus dubitandi et decidendi abgefasset werden muß.

Diese Privatissima waren somit Übungen: freilich nicht derart, daß in ihnen nur die Anwendung des Rechts auf den Einzelfall geübt werden sollte (dazu 1.d), sondern »Übungen in praktischer Jurisprudenz«, in denen die Studierenden an die Formen privater und öffentlicher, gerichtlicher und außergerichtlicher praktischer Juristentätigkeit gewöhnt werden sollten. Es wurde nicht nur am exemplarischen Einzelfall geübt, sondern der Lehrende erstrebte auch Vollständigkeit im Vortrag der Regeln: die praktische Jurisprudenz verstand sich als »regel-gebende« (und nicht nur: übende) Disziplin.[6] So wurde z. B. gelehrt und gelernt, wie man richtig und vorsichtig bürgerliche Geschäfte eingeht, Testamente macht, auch wie man Archive anlegt, auch – bezogen auf den Strafprozeß – die Verteidigungskunst. Für letztere[7] ist etwa K. J. A. Mittermaiers mehrfach aufgelegte *Anleitung zur Verteidigungskunst* (1814) repräsentativ. In diesem Werk wurden dargestellt: Die »allgemeinen Bestimmungen über das Verhältniß der Vertheidigung zu anderen gerichtlichen Handlungen im Criminalprocesse«; die Defensionsgründe, ihre Quelle und die Mittel, sie aufzusuchen; Vorbereitung des Defensors zur Verteidigung (Aktenstudium, Unterredung mit dem Angeklagten, außergerichtliche Erkundigung); Sorge des Defensors für Vollständigkeit der Akten in Ansehung des Entschuldigungsbeweises; Abfassung der Defensionsschriften oder Verteidigungsreden (auch anhand von drei Musterdefensionen). Dabei wurden von Mittermaier nicht selbständige Rechtsregeln angeführt, sondern nur die in typischen Fällen des täglichen Lebens einschlägigen, in der ganzen Theorie des formellen und materiellen Rechts verstreuten Sätze zu einer Art ›Checkliste‹ für den Verteidiger zusammengestellt.

(c) Anzumerken ist, daß überhaupt der strafrechtliche und strafprozessuale Unterricht im argen lag; eindeutig dominierte in der Ausbildung das Zivilrecht. Das Kriminalrecht[8] wurde auf den Universitäten ursprünglich nur als Teil der Pandekten gelesen (nach Anleitung des 47. und 48. Buches, der »libri terribiles«), freilich in der durch den *usus modernus* aufbereiteten Form. Seit Thomasius gehörte auch die *Constitutio Criminalis Carolina* (1532) zum Unterrichtsgegenstand. Im 18. Jahrhundert lehrte man – neben dem gemeinen (römischen) Recht und der Carolina (aber ohne die einzelnen Partikularrechte einzubeziehen) – auch die »allgemeinen Rechtswahrheiten« »de poenis et delictis«, die man als die Grundsätze herausgearbeitet hatte. Erst seit 1800, vor allem aufgrund der These Feuer-

---

[6] So Schröder: Wissenschaftstheorie, S. 198f.

[7] Dazu ebd. S. 68.

[8] Siehe Falck: Encyklopädie, S. 249. Allgemein dazu Peter: Fakultät.

bachs, daß gegenüber dem Wortlaut der Gesetze das richterliche Ermessen hintanzusetzen sei, rückten die Strafrechtsvorschriften (auch der Länder) in den Vordergrund, was zur Ausarbeitung einer exegetischen Methode dieser Partikulargesetze führte.

Selbständige Anleitungen zur strafprozessualen Praxis[9] gab es vor 1810 (mit Ausnahme vor allem von Leipzig) nur ganz vereinzelt, auch hier lag das Schwergewicht eindeutig auf dem Zivilrecht. Umfassende Anleitungen zur Strafprozeßpraxis führte erst der bereits genannte Mittermaier (ab 1811) in Landshut durch. Über seine *Anleitung zur Verteidigungskunst* wurde oben schon berichtet. Sonst wurden strafprozessuale Fragen in den »Proceßpracticum« oder »Relatorium« genannten zivilrechtlichen Veranstaltungen behandelt.

(d) Als Exkurs sei kurz auf die weitere Entwicklung der Juristenausbildung an den Universitäten hingewiesen.[10] Ab 1800/1810 kam unter starkem Einfluß der Philosophie Kants die (erste) Wende zur allein-theoretischen systematischen Wissenschaft. Kriterien der Wissenschaftlichkeit, die nun zum selbständigen Wert geworden war, waren Systematik, Begründung und Notwendigkeit. In der Rechtswissenschaft wurden dabei verschiedene Wege aufgezeigt, diesen Kriterien zu genügen. Der eine bestand darin, die eigentliche Rechtswissenschaft weg von der Lehre des positiven Rechts in allgemeine juristische Wissenschaften zu verlegen, welche »Gründe« des positiven Rechts lieferten (Rechtsgeschichte, Rechtsphilosophie) oder notwendige unveränderliche Rechtsregeln enthielten (Allgemeine Rechtslehre). Der andere Weg anerkannte die Möglichkeit einer wenigstens ›formal‹ – durch Systematik und Begründungszusammenhang – wissenschaftlichen Lehre des positiven Rechts (in einem »Allgemeinen Teil«). Die »Historische Rechtsschule« schließlich verknüpfte beide Wege, indem sie zwar vom positiven Recht ausging, aber dessen Inhalt als geschichtlich ›notwendig‹ aufzuzeigen bestrebt war. Jedenfalls konnte – nach all diesen Auffassungen – die praktische Jurisprudenz (im geschilderten Sinne) nicht mehr Wissenschaft sein. So wurde die (eigentliche) Rechts-Wissenschaft nur mehr theoretisch; zugleich die Praxis nur mehr regellose Übung aufgrund eigener praktischer Erfahrung, welche Trennung durch die Unterscheidung von Verstand/Vernunft und Urteilskraft i. S. Kants untermauert wurde. Die Konsequenzen waren einmal ein bloß theoretischer Unterricht auf den Universitäten, der andererseits durch eine neue Lehrveranstaltung ergänzt wurde, durch »Übungen«, in denen nicht mehr die regelgebende Lehre gelernt, sondern nur mehr die Theorie auf den Einzelfall als Exempel angewendet wurde.[11] Darin lag freilich im Ansatz bereits eine noch weitergehende Konsequenz, nämlich die Trennung in eine theoretische universitäre Ausbildung und eine eigene praktische Ausbildungsphase (über die unter 3.c noch berichtet

[9] Dazu siehe Schröder: Wissenschaftstheorie, S. 263f.

[10] Dazu ebd. S. 168. Vgl. allgemein Goldschmidt: Rechtsstudium; Jescheck: Die juristische Ausbildung; Köbler: Zur Geschichte der juristischen Ausbildung in Deutschland; ders.: Juristenausbildung.

[11] Schröder: Wissenschaftstheorie, S. 197–200, 211f.

werden wird). (Anzumerken ist, daß um 1840/1860 die Kehrtwende geschah:[12] mit dem Niedergang der Historischen Rechtsschule, der These von der »Wertlosigkeit der Jurisprudenz« und der neuen Vorliebe für Konkretes rückte die richterliche Praxis wieder in den Vordergrund. Es wurde z. B. das *Archiv für die gerichtliche Praxis* gegründet; es wurden aber auch erneut in großem Maße praktische Übungen auf den Universitäten abgehalten. Freilich ist dabei zu bedenken, daß diese Wiedervereinigung der Praxis mit der Theorie zum großen Teil auch darin begründet war, daß die Praxis selbst wegen der verbesserten theoretischen Ausbildung in großem Maße theoretisch und wissenschaftlich geworden war – was im übrigen bis heute gilt.)

2. Die Spruchtätigkeit der Fakultäten

Praktisch war die Jurisprudenz auf den Universitäten auch in dem Erstellen von Gutachten für einzelne Rechtsfälle;[13] diese Tätigkeit war von großer Bedeutung sowohl für die Prozesse als auch für die Juristenausbildung.

(a) Ab Mitte des 16. Jahrhunderts (bis Ende des 19. Jahrhunderts) waren die juristischen (und theologischen) Fakultäten der Universitäten in den Verfahren als Rechtssachverständige eingeschaltet, indem sie mit ihren »consilia et responsa« die Prozeßentscheidungen vorbereiteten, ja selbst die Prozesse entschieden. Dafür muß man berücksichtigen, daß die Gerichte (vor allem die Strafgerichte) lange Zeit hindurch in der Trennung von Richter und Urteilern besetzt waren und daß die letzteren in aller Regel zwar rechtserfahrene Männer, aber insgesamt Laien ohne Jurastudium waren. Mit der Verkomplizierung und Verdichtung der Lebens- und Rechtsverhältnisse entstand die Übung, später in den Territorialherrschaften bald die Pflicht, bei schwierigen oder bedeutenden Rechtsfragen Rat bei den Oberhöfen einzuholen. Im Zuge der Ausbreitung des fremden rationalisierten Rechts (kanonischer und römischer Herkunft) erwies sich das Institut der Versendung der (nun ebenfalls geforderten) Akten an die Spruchkollegien der Rechtsfakultäten (oder der theologischen Fakultäten) der Universitäten am vorteilhaftesten, wurde doch diesen wissenschaftlichen Autoritäten im überregionalen Maßstab die Fähigkeit zur richtigen Rechtskenntnis und -anwendung zuerkannt. Die Carolina von 1532 sah diese Pflicht zur Aktenversendung ausdrücklich vor; andere Gesetze folgten. Die Landesherren sahen darin die Möglichkeit zu einer einheitliche(re)n Rechtspraxis und gingen bald dazu über, die Voraussetzungen und die Handhabung der Aktenversendung näher zu regeln. Auch nahmen die Landesherren bald die Spruchkollegien mehr oder minder unter Aufsicht.

Die Konsiliarpraxis der deutschen Juristenfakultäten[14] umfaßte dabei sowohl

---

[12] Ebd. S. 229, 253, 275.

[13] Vgl. dazu Buchda: Aktenversendung, Sp. 84–87; Gehrke: Konsilienliteratur, S. 112f. – Zur Praxis um 1790 vgl. Quistorp: Grundsätze I, S. 377–389.

[14] Dazu Gehrke: Konsilienliteratur, S. 112f., 118ff.

die Abfassung von unverbindlichen Gutachten für private Ratsuchende und Gerichte (die sog. informatorischen oder konsultativen Gutachten) als auch den Entwurf von Urteilen (aufgrund einer »Aktenversendung zum Spruch«). Im 16. Jahrhundert wurde es üblich, daß die Spruchkollegien ihren Gutachten überhaupt als Entscheidungsvorschlag die fertig formulierte Urteilsformel beifügten, die die anfragenden Gerichte schließlich einfach wörtlich übernahmen.

Gegen Ende des 16. Jahrhunderts wurde das von der Fakultät entworfene Erkenntnis allgemein für Gericht und Parteien bindend. Der Richter hatte die Spruchformel, die durch den Zusatz »auf vorgehabten Rath der Rechtsgelehrten« auf die vorangegangene Aktenversendung hinwies, unverändert in eigenem Namen zu verkünden. (Auf die Problematik, daß in dieser Weise das Urteil auch im Strafverfahren eigentlich von einer Instanz gefällt wurde, die sich dabei bloß auf die Akten verlassen konnte, den Angeklagten selbst niemals zu Gesicht bekam und auch ohne jede Kontrolle der Öffentlichkeit entschied, sei nur hingewiesen.)

(b) Diese praktische Tätigkeit der Juristenfakultäten war für das gesamte damalige Strafrechtsleben von größter Wichtigkeit. Denn die geltende Rechtslage war dermaßen verwickelt und unklar, daß in der Tat nurmehr diese Kollegien der Fachleute rechtlich Bescheid wissen konnten.

Zwar galt allgemein die Constitutio Criminalis Carolina von 1532 als Reichsgesetz. Doch hatte sie selbst nur ihre subsidiäre Geltung angeordnet, also den partikularen Gesetzen der Landesherren die primäre Bedeutung zuerkannt. Nun gab es durchaus auch Versuche, in einzelnen Territorien umfassende Kodifikationen zu erlassen und so Rechtseinheit herzustellen.[15] Doch war es lange Zeit nicht möglich, die Willkür der Richter zurückzudrängen: diese huldigten den neuen Meinungen irgendwelcher philosophierender Rechtsgelehrter lieber als den erlassenen gesetzlichen Vorschriften, übten sich gerne in großzügiger Humanität und sahen nicht selten ein eigenes Verdienst in der Kunst, das Gesetz hinwegzuräsonnieren. In manchen Territorien hielten sich die Gerichte mangels ausdrücklicher Gesetze von vornherein an berühmte Rechtslehrer, im Herzogtum Preußen z. B. lange an das Buch *Praxis rerum criminalium* des Niederländers Jodocus Damhouder (1554), der auf die Carolina fast gar keine Rücksicht nahm. Der Erlaß von Sondervorschriften und Mandaten für bestimmte Fälle vergrößerte noch die Rechtsunsicherheit, zumal sie in der Regel nur von einem bestimmten Einzelfall her gedacht waren und so oft »totgeborene Erzeugnisse« darstellten, die nicht einmal in ihrer Neuheit beobachtet wurden.[16] Und über allem gab es da noch das gemeine Recht, nämlich »das mit anderen Völkern gemeine« Recht, das da bestand in dem römisch-justinianischen Recht (vor allem bezüglich Begriffs des Verbrechens, corpus delicti, Ausmittelung der Strafe, Indizien der Folter) und in dem kanonischen Recht (vor allem bezüglich Regeln der Imputation/Zurechnung, Form des Prozesses, kirchlicher Delikte) (wobei beide zusammen bezüglich der

---

[15] Den besten Überblick bietet Berner: Die Strafgesetzgebung in Deutschland.
[16] So die Beurteilung bei Wächter: Recht, S. 148.

Bestimmung des zureichenden Beweises heranzuziehen waren); manchmal wurde auch noch das mosaische Recht genannt. Freilich war dieses gemeine Recht nur heranzuziehen, wenn es keine Regelung im Reichsrecht – z. B. Goldene Bulle 1356, Ewiger Landfriede 1495, Religionsfriede 1555, Westfälischer Friede 1648, Kaiserliche Wahlkapitulationen, Reichsrezesse, Reichsordnungen – oder im partikularen Landesrecht gab.[17]

Jedenfalls war die Schlußfolgerung verständlich:

> Von den Römischen, Kanonischen und Reichsgesetzen, gleichwie von dem Partikularrechte, galt [...] so viel, als die souveräne Macht, Praxis genannt, für angemessen hielt. Das Forum emanzipierte sich von der gesetzgebenden Gewalt, welche das Kriminalrecht derelinquiert zu haben schien. Die Rechtsprechung schwankte zwischen Kompendien und Präjudizien hin und her, nachtheilig für die Ehre der Gerichte, gefährlich für die heiligsten Güter der Bürger und für die Staatsverwaltung selbst.[18]

Von daher kann die Bedeutung der Spruchpraxis der Rechtsfakultäten nicht hoch genug eingeschätzt werden.

(c) Nur hingewiesen soll werden auf eine weitere Konsequenz dieser praktischen Tätigkeit der Rechtsgelehrten in den Spruchkollegien der Universitätsfakultäten. Ein Rückzug in bloße Theorie und eine Abschottung von der Praxis war auf diese Weise unmöglich – und umgekehrt: diese Spruchpraxis befähigte die Rechtsgelehrten auch zum Unterricht in den praktischen Disziplinen.

3. Die Relationstechnik

Eine der wichtigsten Aufgaben, die die praktischen Rechtsgelehrten ihren Studenten zu vermitteln hatten, bestand – wie unter 1.b vermerkt, aber auch aus dem Titel des Claprothschen Werkes folgt – in der Verfertigung einer Relation.

(a) Unter einer »Relation«[19] ist der Bericht eines Mitgliedes eines Kollegialgerichts (des berichterstattenden Beisitzers, eben: des »Referenten«) zu verstehen, der von ihm über einen zur Entscheidung anstehenden Rechtsstreit verfaßt und anschließend in den zur Urteilsberatung bestimmten Gerichtssitzung seinen Kollegen vorgetragen wurde. Beim Reichskammergericht – und nach seinem Vorbild auch bei den meisten anderen Gerichten – bestanden die schriftlich zu erstellenden Relationen grundsätzlich aus einer Sachverhaltsdarstellung, einem Aktenauszug *(extractus actorum)* mit den wichtigsten rechtlichen Argumenten der Parteien und schließlich dem Votum des Referenten. In dem Votum nahm der berichterstattende Beisitzer gutachtlich zu den Rechtsauffassungen der Streitgegner Stellung, trug seine eigene Meinung mit den »rationes, Ursachen und Motiven« vor und machte zuletzt einen Entscheidungsvorschlag. In der nachfolgenden Urteilsumfrage gaben die übrigen Richter ihre Voten gewöhnlich ohne Begründung

---

[17] Vgl. dazu Steltzer: Lehrbuch, S. 5–20. Vgl. auch Quistorp: Grundsätze I, S. 11–16, 29f.
[18] Zitiert bei Berner: Strafgesetzgebung, S. 172.
[19] So Gehrke: Konsilienliteratur, S. 78f.

mündlich ab. Waren sie gegenteiliger Ansicht, so konnten sie auch ein schriftliches Votum vortragen, das dann zum Protokoll genommen wurde.

Auf die geschichtliche Herausbildung der Relation ist hier nicht einzugehen.[20] Klar ist, daß ihre Voraussetzungen ein schriftliches Verfahren vor einem Kollegialgericht waren, wie sie etwa ab 1500 im Prozeß vor dem Reichskammergericht und dem Reichshofrat gegeben waren. Im inneren systematischen Gehalt entsprach die Relation lange den Regeln der »disputatio« im päpstlich-kanonischen Prozeß vor der Rota Romana: Hier wurden die Gerichtsmitglieder zunächst über den Sachverhalt unterrichtet (»lectio«); sodann wurde der Streitvorgang in Thesen zerlegt, die pro und contra diskutiert wurden – und zwar von einem Mitglied, das die jeweilige These angriff, und von einem anderen,das sie als »respondens« verteidigte; durch Abwägung der »rationes dubitandi et decidendi« wurde die Entscheidung getroffen und begründet. In der Relation vereinigte der Referent die Rollen beider Disputanten in (s)einer Person. Angemerkt sei, daß ab dem ausgehenden 19. Jahrhundert aufgrund der umfassenden Kodifikationen sich der Charakter der Relation änderte.[21] Nun wurde geprüft, ob ein klägerisches Tatsachenvorbringen – gemessen an einer Anspruchsnorm aus dem geltenden Recht – schlüssig war und den behaupteten Anspruch untermauerte und ob das Beklagtenvorbringen gegenüber dem möglicherweise schlüssigen Klägervortrag erheblich war.

(b) Die Reichshofrats- und Reichskammergerichtsordnungen, ebenso die Reichsabschiede und Visitationsschlüsse, erwähnten zwar die Relation häufig, enthielten aber nur wenige konkrete Anhaltspunkte dafür, wie die Gestaltung der Relation zu erfolgen habe. Erst im Jüngsten Reichsabschied von 1654 (§§ 143ff.) wurden umfangreiche Normierungen aufgenommen.[22] Danach sollten die Relationen vor dem Kollegium langsam abgelesen werden, damit die Kammermitglieder Notizen anfertigen könnten. Anfangs sollten in der Relation die Schwerpunkte des Falles hervorgehoben werden; allgemeine Dinge sollten weggelassen werden; nur das, was notwendig und in der Sache dienlich war, sollte aus den Akten – mit gehöriger Kürze – in die Relation aufgenommen werden; überflüssige Weitläufigkeit und zu lange Tatsachen- und Rechtsausführungen waren nicht gestattet.

Freilich stellten auch diese gesetzlichen Normierungen nur einen Rahmen für die methodische Ausgestaltung der Relation dar. Entsprechend blieb der juristischen Praxis großer Raum, sich auf diesem Feld zu betätigen, welche Gelegenheit sie auch wahrnahm. Dies zeigte sich in der seit dem Jüngsten Reichsabschied (1654) stetig größer werdenden Anzahl methodischer Schriften, die sich mit der Abfassung von Relationen beschäftigten.[23] Freilich gab es Anmerkungen über die Methode, aus Akten zu referieren, bereits in der 1575 entstandenen anonymen Abhandlung *De iurisconsulto perfecto* im letzten Kapitel »De iudicando«; entspre-

[20] Dazu Berger: Die Entwicklung der zivilrechtlichen Relationen; Ranieri: Stilus Curiae.
[21] Vgl. Berger: Entwicklung, S. 26.
[22] Dazu ebd., S. 28ff.
[23] Dazu ebd., S. 32ff.; Schröder: Wissenschaftstheorie, S. 28ff.

chende Passagen fanden sich auch bei Hermann Vultejus (1590). Bedeutend war die 1632 erschienene Dissertation *De modo referendi seu votandi* von Christoph Bezold, der die Regeln der Disputation für den mündlichen Vortrag des einen Referenten zusammenstellte, ohne allerdings eine strenge Ordnung vorzusehen: die Relation sollte den konkreten und offensichtlich problematischen Einzelfragen folgen. Unter dem Einfluß der Philosophie von Descartes und Leibniz wurde dieses Gegenüberstellen von Gründen und Gegengründen in den Hintergrund gerückt zugunsten einer axiomatisch-systematischen Methode.[24] Man unterschied nun die Methode der Auflösung (die zur Entdeckung der Wahrheit führe) – die »Analyse« – und die Methode der Zusammensetzung – die »Synthese«. Der Analyse bediente man sich bei der Lösung der Fragen, die Synthese gebrauchte man bei der Mitteilung oder Beweisführung einer der eigenen Person bekannten Wahrheit gegenüber einer unwissenden Person. Damit war das auch heute noch verwendete Denksystem zugrundegelegt, das die Relationsbestandteile des Gutachtens und des Urteils kennt; ebenso die Vorstellung, in der Rechtsfindung (und damit in der Relationsanfertigung) von einem logisch umfassenden und quasiperfekten normativen System auszugehen. In dieser Richtung ist z. B. die *Einleitung zum Reichs-Hof-Raths-Proceß* (1734) von J. J. Moser zu nennen.

Als erstes echtes Anleitungsbuch für die Ausbildung und Praxis ist wohl das Buch *Kurze Anleitung, Gerichts-Acten geschickt zu extrahieren, zu referieren und eine Sentenz darüber abzufassen* von F. A. Hommel aufzufassen,[25] das 1739 in 1. Auflage, 1808 in 7. Auflage erschien. In diese Gattung gehört – neben z. B. den *Lehrsätzen über die Praktik der beiden höchsten Reichsgerichte* (1776) des K. F. Brainl[26] – auch die oben erwähnte Abhandlung von J. Claproth.

(c) Hinzuweisen ist darauf, daß diese Einbindung der Relation in den schriftlichen Prozeß der Möglichkeit einer Ausbildung auf den Universitäten stark entgegenkam,[27] zumal die Professoren selbst durch ihre Spruchpraxis prozessual tätig waren. So ist es verständlich, daß man auf eine über die Universitätsausbildung hinausgehende praktische Ausbildung entweder ganz verzichten konnte (wie z. B. in Mecklenburg und Holstein) oder zumindest nur eine kurze praktische Vorbereitungszeit vorsah (z. B. von einem Jahr in Württemberg, Bayern und Baden). (Anders waren die Verhältnisse in Preußen,[28] wo die Allgemeine Gerichtsordnung von 1781 die Instruktionsmaxime auch im Zivilprozeß einführte, d. h. die Aufgabe des Richters begründete, auch im Zivilprozeß – wie schon lange im inquisitorischen Strafprozeß [dazu siehe 6.] – von Amts wegen die Wahrheit der relevanten Tatsachen zu ermitteln. Diese amtliche Leitung durch den Richter führte zu einer

---

24 Vgl. Berger: Entwicklung, S. 56ff.

25 So Schröder: Wissenschaftstheorie, S. 61, Fn. 132.

26 Dazu Berger: Entwicklung, S. 76ff.

27 So Gneist: Prüfungsordnung, S. 6.

28 Dazu Bake: Die Entstehung des dualistischen Systems der Juristenausbildung in Preußen; Bleek: Von der Kameralausbildung zum Juristenprivileg; Gneist: Prüfungsordnung, S. 4ff.

Methode des »Instruierens, Referierens und Dekretierens«, die eine genauere und bessere Ausbildung der Juristen erforderte. Dazu traten noch ein Credit-, Hypotheken-, Vormundschafts-, Nachlaß-Dezernat und zahlreiche andere Justizverwaltungsgeschäfte, welche das Bedürfnis nach einer sorgfältigen amtlichen Anleitung erzeugten und zugleich eine Schule der Ausbildung des Geschäftsmannes für alle Zweige des Staatsdienstes darstellten. »Auskultatur, Referendariat, Assessorat« bildeten eine spezifische Beamtenschule, die zugleich den Zweck einer »praktischen Formierung« des Menschen in einen Beamten verfolgte.)

Die Entstehung solcher Lehrveranstaltungen, die Anleitungen zum Referieren an der Universität darboten, fiel in das frühe 18. Jahrhundert, teilweise sogar in das 17. Jahrhundert. Der Höhepunkt lag vor 1800, wo z. B. die Referierkunst in Leipzig und Jena zuweilen fünf- bis sechsmal im Halbjahr angekündigt war. Mit Ausnahme der altpreußischen Universitäten boten die Universitäten diese Referieranleitungen regelmäßig bis 1860 an.[29]

4. Jurisprudenz und Rhetorik

Kehren wir zu den *Grundsätzen von Verfertigung der Relationen aus Gerichts-Acten* von J. Claproth zurück.

(a) Das Buch enthält einen allgemeinen und einen besonderen Abschnitt.[30] Der erste beschäftigt sich mit »Relationen überhaupt«: mit deren Begriff und Gattungen, deren Einrichtung und Teilen, der Geschichtserzählung, dem Aktenauszug, dem Gutachten des Referenten, der Abfassung des Urteils, der Austeilung der Akten, Abstattung der Relation und Abgabe des Gutachtens. Der zweite Abschnitt behandelt besondere Regeln für Relationen nach der Art und der Instanz des Prozesses (Relation im ersten Verfahren, in der Appellationsinstanz, im Konkursverfahren, im Strafprozeß usw.). Ein über 450 Seiten starker Anhang bringt Musterrelationen.

In den Erörterungen über Geschichtserzählung (ebenso in denen über Aktenauszug und Gutachten) sind Regeln enthalten, die im Grunde über den Bereich des Rechts hinausgehen. So heißt es z. B., daß die Geschichtserzählung sich an die Zeitordnung halten und jeden Umstand in eine besondere Periode bringen müsse. Diese Forderungen stammen aus der Rhetorik; Claproth entnimmt sie zum Teil aus antiken Autoren, vor allem aus Quintilians *Institutio Oratoria,* auch aus Ciceros *De inventione.*[31] Die Referierkunst bildet somit eine von der Theorie des Rechts materiell unterschiedene Disziplin. Gleiches gilt etwa auch für die Regel, die Sachverhaltsschilderung vor den Rechtsausführungen anzuordnen. Denn auch sie ist nicht eigentlich in einer Theorie des Rechts begründet, sondern findet sich

---

[29] Vgl. Schröder: Wissenschaftstheorie, S. 263.
[30] Vgl. ebd., S. 60.
[31] So ebd., S. 61f., 70.

als Prinzip der Voranstellung der Tatsachen in den Verteidigungsreden des Cicero.[32]

(b) Jedenfalls bleibt festzuhalten, daß die Passagen über die »Geschichtserzählung« in dem Buch von Claproth, die Eckhardt Meyer-Krentler ausführlich behandelt, als angewandte Rhetorik zu qualifizieren sind, also als Anwendung von Regeln, die eigentlich einer anderen Disziplin entnommen sind, auf die Rechtspraxis. In diesem Sinne steht Claproth durchaus z. B. in der Tradition von Abele, auf den ebenfalls in dem Vortrag von Eckhardt Meyer-Krentler hingewiesen wird. Man kann mit von Quistorp[33] auch festhalten, daß die »Kenntnis der Redekunst und der schönen Wissenschaften« zu den »Hilfsmitteln der peinlichen Rechtsgelahrtheit« (neben der praktischen Weltweisheit und der Gerichtsmedizin) gehöre: sie sei »bei Abfassung der Verteidigungsschriften und bei den peinlichen Verhören« vorteilhaft.

Der rhetorische Charakter mancher Regeln der Referierkunst (vor allem auch für die Geschichtserzählung) wird deutlich in der Anmerkung Claproths: »Ein Referent muß durch Gründlichkeit zu überzeugen suchen«. Und zwar nicht nur – als Berichterstatter – die Männer, die in dem Kollegialgericht mit ihm die Entscheidung zu treffen haben; sondern auch diejenigen, die über diese Relation kritisch zu urteilen haben, weil diese Gegenstand einer Prüfung (sowohl auf der Universität als auch in der Praxis) ist. Denn diejenigen Juristen, die eine Richtertätigkeit am Reichskammergericht anstrebten, hatten als Nachweis ihrer Befähigung eine »Proberelation« anzufertigen. Diese seit 1570 übliche Art der Prüfung, die von den Mitgliedern des Reichskammergerichts abgehalten wurde, verbreitete sich bald in den gesamten deutschen Staaten, in Bayern wurde sie etwa bereits um 1600, in Kursachsen 1718, am OLG Celle 1711 eingeführt.[34]

In beiden Fällen (sowohl als Bericht an die Gerichtsmitglieder als auch als Prüfungsarbeit) waren diejenigen, die rhetorisch zu überzeugen waren, Juristen, die selbst in juristischer Methodik ausgebildet waren. Es ging somit um einen juristischen Spezial-Diskurs, der Rückwirkungen auf die nähere Ausgestaltung der Relation selbst hatte.

5. Die Relation als Kunstwerk

Die Relation folgt im wesentlichen den Kriterien eines wissenschaftlichen Kunstwerks.

(a) In den Worten von Gneist[35] soll die Relation wohldurchdacht und abgerundet sein, das ganze Sach- und Rechtsverhältnis beherrschen; sie darf deshalb nicht mit einem degenerierten »Referat« verglichen werden. Sie muß den Anforderungen

---

[32] So Berger: Entwicklung, S. 26f.
[33] Quistorp: Grundsätze I, S. 17.
[34] Vgl. Berger: Entwicklung, S. 33.
[35] Gneist: Prüfungsordnung, S. 8.

disziplinierten Denkens und strenger Argumentation, damit den Kriterien von Wissenschaftlichkeit, entsprechen. Sie muß – wenn der Ausdruck gestattet ist – eine Perle konkreter Wissenschaft sein.

Damit ist gesagt, daß die Relation notwendig bestimmten Kunstregeln folgt: nicht umsonst sprachen die Anleitungen von der »Referierkunst«. Mit diesem Terminus soll nicht nur zum Ausdruck kommen, daß die Relation ein Meisterstück i. S. eines Handwerks sein soll, dessen Anfertigung auch geprüft werden kann. Sondern sie muß auch – von dem eigenen, in ihr selbst gegebenen und ruhenden Zweck her – schön sein; sie muß ›abgerundet‹, in sich geschlossen sein, nichts darf sperrig und störend sein. Sie muß Gefallen finden vor den Augen der wissenschaftlich ausgebildeten und ausbildenden Juristen. Die für sie aufgestellten Regeln – z. B. Sachlichkeit, Nüchternheit, Trockenheit des Stils – können durchaus als Inhalte einer »juristischen Ästhetik« verstanden werden, durch dessen Einhaltung die Relation ›komponiert‹ wird.

Die Rede von der Relation als einem juristischen Kunstwerk bedeutet immer schon die Möglichkeit, von einer »Poetik« zu sprechen, wie es Eckhardt Meyer-Krentler vorschlägt. Doch geht es nicht um eine Form realistischer Poetik, wie er meint; sondern um eine Poetik, die gebunden ist an den Sinn des Ganzen, das eben ein juristisches Werk ist: es ist eine juristische Poetik, die den juristischen Regeln von Nüchternheit, Sachlichkeit, Kürze, Klarheit, Disziplin folgt.

Für die Geschichtserzählung innerhalb der Relation bedeutet dies die Rückbindung und Einbindung in das Ganze des juristischen Kunstwerks. Sie hat nicht Bedeutung als Erzählung einer Geschichte, sondern dient der Wohlabgerundetheit und Abgeschlossenheit des Kunstwerks. Von daher ist es in der Tat gleichgültig, ob der Sachverhalt wirklich passiert ist: die Schilderung muß nur »wahr« sein, was sie dann ist, wenn sie in das Ganze des Kunstwerks gehört. Sachverhaltsdarstellung und rechtliche Argumentation müssen zusammengehören. Der von der juristischen Methodenlehre immer wieder bis heute beschworene Blick vom Sachverhalt zur Norm und von dieser zurück zum Sachverhalt[36] muß zur Ruhe gekommen und entspannt sein. Eine Relation hat die Spannung des Falles und seine Lösung zugleich in sich, weshalb sie zu fesseln vermag wie ein Kriminalstück – aber auf die juristische Phantasie (die Phantasie von wissenschaftlich ausgebildeten Berufsjuristen) bezogen. Ihre Lektüre ist (und hat es auch zu sein) reizvoll, gerade in der Sachlichkeit und Exaktheit ihrer Schilderung. Der Sachverhalt wird bereits auf die (später gebrachte) rechtliche Lösung hin formuliert, für das Recht Wesentliches und Unwesentliches werden geschieden (nämlich erzählt bzw. verschwiegen), wodurch die Erzählung des Sachverhaltes bereits die Lösung in sich hat, aber noch unentfaltet, verborgen, geheimnisvoll; aber doch so formuliert, daß der juristische Sachverstand das Rätsel ohne sperrige Widerstände widerspruchsfrei und vollständig lösen, das Recht enthüllen kann, d. h. das Urteil »finden« kann. Sachverhalt und Urteil passen zusammen, bilden eine Einheit, die Spannung erzeugt und zugleich löst. Eine stimmige, in sich schlüssige, »schöne« Rela-

---

[36] So Engisch: Einführung, S. 64, 216, Fn. 54.

tion stellt zugleich die Legitimation dar, ihre eigene Legitimation für die Juristen, die an ihrer Kunst ausgebildet sind. Ihre künstlerische und zugleich wissenschaftliche Form legitimiert den Inhalt.

Deshalb wird nicht eine Geschichte erzählt, sondern von vornherein ein Rechtsfall aufbereitet – ein Fall somit, der immer schon im Horizont des Rechts steht und von ihm her formuliert wird. Seine Darstellung ohne ausdrücklichen Rechtsbezug, also seine »Erzählung« als wertneutrale »Geschichte«, ist der Kunstgriff, der Spannung erzeugt, Neugierde erweckt, den juristischen Sachverstand reizt und herausfordert. Seine recht-lose Formulierung ist die Herausforderung des Rechts, stellt dieses vor Probleme, erzeugt die Unvereinbarkeit von Sein und Sollen. Andererseits setzt die rechtliche Argumentation, die auf die Geschichtserzählung folgt, als solche losgelöst von diesem Fall ein, ist allgemein, bloß wissenschaftlich-theoretisch. Das Zusammenfinden von Geschichte und rechtlicher Theorie, die den Rechtsfall als konkretes Rechtsverhältnis im Urteil (bzw. Urteilsvorschlag) zum Ausdruck bringt, ist wie ein Wunder, das die Spannung beseitigt und Befriedigung bringt. Freilich ist dies alles in gewissem Maße Schein; es ist ein hartes Stück Arbeit, so ein Kunstwerk hervorzubringen: zuerst eine Spannung so zu erzeugen, daß sie in einem zweiten Schritt vollständig gelöst wird, ohne daß Reste oder Ungereimtheiten bleiben.

Die wertneutrale Schilderung des Sachverhaltes und die allgemeinen wissenschaftlich-theoretischen Rechtsausführungen haben ein weiteres, vom Recht her gewünschtes und sogar notwendiges Ergebnis. Dadurch wird nämlich – wie bereits Falck erkannt hat – erreicht, daß die vorgeschriebene Form »den gerichtlichen Ausfertigungen eine würdevolle Eigenthümlichkeit ertheilt und auch die Individualität des Verfassers nicht so erkennbar hervortreten läßt, als bei völliger Freiheit der Form der Fall seyn würde«.[37] In dieser Form findet somit wiederum nur die Wissenschaftlichkeit (als Objektivität) der Relation ihren Ausdruck. (Von daher wird es im übrigen verständlich, warum Universitätslehrer und Praktiker zusammen ausbilden konnten und bis heute können: weil bzw. seitdem das Recht selbst nurmehr als theoretisch-wissenschaftlich begründetes überzeugen konnte und kann. Deshalb benötigte man früher die Mitarbeit der Theoretiker auf den Universitäten und ihre Gutachterpraxis. Heute sind auch die Praktiker selbst wissenschaftlich-theoretisch ausgebildet, weshalb es einer Mitwirkung der bloßen Theoretiker an der Universität ausdrücklich nicht mehr bedarf.)

Angemerkt soll noch werden, daß das Erlernen der Referierkunst dadurch erleichtert wurde (und wird), daß die Relation aufgrund von Musterakten zu verfertigen war. Diese Musterakten waren selbst bereits von Juristen verfaßt, hatten also die Transformierung des Lebenssachverhaltes (und z. B. der Aussagen der Verfahrensbeteiligten in der Alltagssprache) in die juristisch relevante Form und Sprache schon hinter sich. (Daran änderte auch die Forderung, als Aussage nur die eigentliche wörtliche Antwort des Befragten niederzuschreiben und ihn selbst erzählen zu lassen, nicht viel: denn es waren stets juristische Fragen und Fragen

---

[37] Falck: Enzyklopädie, S. 323.

eines Juristen, auf die der Betreffende zu antworten hatte, was er niemals in Alltagssprache und nichtjuristisch bewältigen konnte.) Auch die Geschichte somit, die die Musterakten erzählten, war ein Kunstwerk, das freilich primär unter didaktischen Kriterien verfaßt oder ausgewählt wurde.

(b) Mit der Geschichtserzählung innerhalb der Relation bzw. mit den Anleitungsbüchern zum Verfassen solcher Relationen darf nicht verwechselt werden einmal die Geschichtserzählung, die in der »Rechtsprechungs- und Konsilienliteratur«[38] enthalten war. Über die Hälfte dieser Schriften entstammte dem 18. Jahrhundert, also einer Zeit, in der es verboten, zumindest nicht üblich war, die gerichtlichen Urteile zu begründen. Die Veröffentlichung sollte in gewisser Richtung Ersatz bieten. Der Schwerpunkt lag deshalb auch auf den rechtlichen Fragen nach den »rationes, Ursachen und Motiven« der Entscheidung. Fast immer fehlte ein Aktenauszug, häufig auch eine umfangreiche gesonderte Sachverhaltsdarstellung. Wurde eine Geschichte erzählt, dann geschah dies eher im Interesse einer kurzen Information über den Inhalt des gesamten Prozesses.

Sodann darf die Relation als Kunstwerk nicht verwechselt werden mit dem Grundtyp von gerichtlichen Spruchsammlungen, die Gehrke als »Bericht über einzelne Rechtsfälle«[39] bezeichnet. Hier stand im Vordergrund die Eigenart des einzelnen Falles, der durch irgendwelche tatsächlichen oder rechtlichen Merkmale ausgezeichnet war und deshalb für das juristische Publikum oder auch einfach nur für den an Gerichtsereignissen Anteil nehmenden Leser besonders interessant, lehrreich und in der Praxis nutzbar zu machen war. Das spiegelte sich in Titeln wider wie *Casus forenses selectos, Sammlung merkwürdiger Rechtshändel, Allerhand auserlesene curiose Rechts-Sachen* oder *Archiv merkwürdiger Actenstücke, sonderbarer Rechtshändel, seltner Rechtsfragen und nicht alltäglicher Anecdoten.* Die darin erzählten Geschichten von Prozessen können bereits als Erzeugnisse von (juristischen) Schriftstellern aufgefaßt werden, da die Verfasser über die bloße Kompilation und Auswahl hinausgingen, die Sach- und Rechtsfrage spannend aufbereiteten und zu den wesentlichen Fragen persönliche Stellung bezogen.

6. Einige Grundsätze des Strafverfahrens um 1790

Eine auch nur annähernd umfassende Darstellung des alten Strafverfahrens(rechtes) kann in diesem Rahmen von vornherein nicht einmal versucht werden. Was vertretbar erscheint, sind einige Hinweise auf die Struktur des Verfahrens, vor allem bezüglich der Frage, wie denn die juristischen Geschichtserzählungen überhaupt zustande kamen.

(a) Geltendes Verfahrensrecht für den ordentlichen Strafprozeß waren – vergleichbar dem materiellen Recht (siehe oben 2. b) – die partikularen Prozeßord-

---

[38] Dazu Gehrke: Konsilienliteratur, S. 79ff.

[39] Ebd., S. 80ff. Vgl. dazu auch Oehmicke: Anfänge der juristischen Fachjournalistik; Seifert: Anfänge der Kriminalpsychologie.

nungen der Länder. Subsidiär galt die *Constitutio Criminalis Carolina* von 1532, die im wesentlichen ja eine Verfahrensordnung war; für allgemeine Fragen konnte auch kanonisches und römisches Recht herangezogen werden.

(b) Grundsätzlich sahen die Vorschriften den Anklageprozeß vor, vorausgesetzt freilich, daß sich ein privater Ankläger fand. Da aber diese Funktion mit großen Schwierigkeiten (Stellung einer Kaution, Haftung für falsche Anklagen usw.) verbunden war, war in der Praxis der peinliche Untersuchungsprozeß (»Inquisitionsprozeß«) vorherrschend. In ihm wurde die Wahrheit von Amts wegen ohne ausdrückliche Anklage durch den Richter selbst erforscht.

(c) Im einzelnen[40] begann der Inquisitionsprozeß mit der Prüfung des Richters daraufhin, ob eine Anzeige glaubwürdig oder ein Gerücht über ein Verbrechen begründet war und ob er zuständig war. Dann leitete er die Generalinquisition ein, in der es um die historische Erforschung und Darstellung des Verbrechens ging. Das Corpus delicti wurde erfaßt und beschrieben, der Verdächtige (»Inculpat«) und die Zeugen wurden (in einfacher Form) vernommen. Verstärkte sich der Verdacht, wurde die Spezialinquisition gegen den »Inquisiten« angeordnet. Der Richter entwarf aufgrund der bisherigen Untersuchungsergebnisse Fragstücke (Inquisitionsartikel) für das Verhör mit dem Inquisiten, zunächst bezüglich seiner allgemeinen moralischen und bürgerlichen Verhältnisse (Generalartikel), sodann bezüglich des Verbrechens selbst (Spezialartikel). Die Ordnung dieser Fragstücke

> ist zwar an sich willkürlich, inzwischen pflegt man die schwächeren und entfernteren vorauszuschicken und die näheren, die sich auf die Haupttat und deren besondere Umstände beziehen, folgen zu lassen. Der Stoff zu den Inquisitionsartikeln muß besonders aus der Generalinquisition und dem sowohl mit den Inquisiten als mit den Zeugen angestellten summarischen Verhör genommen werden. Die Inquisitionsartikel müssen durchaus der Beschaffenheit der Sache gemäß eingerichtet, auch nicht auf Schrauben gestellet werden, daher nichts Überflüssiges oder Verfängliches enthalten, und nur auf die Umstände des Verbrechens, die zur Entscheidung etwas beitragen, gerichtet sein. [...] Mit allem Fleiß muß es vermieden werden, daß der Inquisit die ihm vorgelegten Artikel nur bloß bejahen oder verneinen dürfe, indem man bei Abfassung derselben vor allen Dingen bemüht sein muß, die Hauptumstände des Verbrechens aus des Inquisiten eigenen Munde zu erfahren.[41]

D. h. die Antworten des in der genauen Reihenfolge der Artikel verhörten Inquisiten wurden »autologisch, mit den eigenen Worten des Inquisiten« vom Gerichtsschreiber niedergeschrieben. Beim Verhör war im übrigen kein Anwalt oder Beistand zugelassen. – In ähnlicher Weise wurden Beweisartikel formuliert (und ebenfalls zu den Akten genommen), über die dann die Zeugen vernommen wurden.

Je nach dem Ergebnis des Verhörs wurde entweder ein (Zwischen)Erkenntnis auf Zulassung des Reinigungseides gefällt oder ein solches auf Territion (d. h.

---

[40] Den besten Einstieg bietet Quistorp: Grundsätze des deutschen peinlichen Rechts II.
[41] Quistorp: Grundsätze II, S. 216.

Drohung mit der Folter) oder ein solches auf Vornahme der Folter selbst. Letztere war nur in klaren schweren Fällen als das letzte Mittel zulässig und mußte auf die einzelnen Fragen, die während der Folterung an den Inquisiten gestellt wurden, genau beschränkt sein. Das vollständige Verhör und – gegebenenfalls – das Geständnis wurden niedergeschrieben. Vollkommenen Beweis lieferte das (erfolterte) Geständnis nur, wenn es nach einigen Tagen außerhalb der Tortur freiwillig wiederholt und unterschrieben wurde. In diesem Fall und auch dann, wenn zwei übereinstimmende Aussagen von Zeugen vorlagen, galt die Regel, daß der Täter mit Gewißheit das Verbrechen begangen habe: er durfte mit der ordentlichen Strafe sanktioniert werden. War nur ein Zeuge vorhanden oder konnte nur der Urkundenbeweis geführt werden, war es dem Richter verwehrt, aufgrund freier Beweiswürdigung das Urteil zu finden. In solchen Fällen des unvollkommenen Beweises galt die Regel, daß entweder der Inquisit zu einer außerordentlichen (»willkürlichen«) Strafe zu verurteilen oder entweder für immer oder bloß »ab instantia« (mit jederzeit möglicher Wiederaufnahme des Verfahrens) freizusprechen war. Dieses Endurteil (Definitiv-Erkenntnis) mußte vollständig aus den Akten zu folgern und in ihnen begründet sein. Hinzuweisen ist noch darauf, daß vor der Vollziehung des Todesurteils – das vom Landesherrn bestätigt werden mußte – die feierliche Hegung des Hochnotpeinlichen Halsgerichts (Hochgerichts) vorgenommen wurde. In einem öffentlichen Verfahren wurden der Täter vorgestellt, sein Geständnis verlesen und zugleich mahnende Worte an das Publikum gerichtet, alles in der Absicht, einen starken Abscheu gegen das Verbrechen zu erregen.

7. Ausblick

Läßt man das Gesagte Revue passieren, dann wird deutlich, daß im Strafrecht viele unterschiedliche Geschichten erzählt werden können und sogar müssen. Über die Geschichtserzählung innerhalb der Relation wurde ausführlich gehandelt; darin liegt der Schwerpunkt des Zivilgerichtsverfahrens als eines Parteienstreites. Im Inquisitionsverfahren in Strafsachen soll der Inquisit eine Geschichte, seine Geschichte, genauer: die Geschichte seiner Tat erzählen. Aber auch diesbezüglich wird er sorgfältig und in genau vorgeschriebener Form befragt, in einer Form, die selbst juristisch ist und von wissenschaftlich-theoretisch ausgebildeten Juristen gemacht ist. Selbst wenn seine Geschichtserzählung autologisch protokolliert wird, ist sie bereits juristisch geformt, ja sogar deformiert. Was in den juristischen Akten steht, ist nicht mehr in der Welt; was nur ein anderer Ausdruck ist für den geläufige(re)n Satz, daß für den Juristen nur das in der Welt ist, was in den Akten steht. Verbindlich für das Recht und die Juristen ist nur die bereits juristisch aufbereitete Geschichtserzählung, die über den Rechtsfall berichtet, die deshalb auch nicht mehr als solche, sondern nur als Geständnis der Tat relevant ist und damit als Beweismittel.

Freilich beginnen nun erst weitere und schwerwiegende Fragen. Nur eine sei als Abschluß formuliert. Kann es sein, daß diese Beschränkung der juristischen Geschichtserzählung und ihre Formierung im Rahmen des Rechts(verfahrens) ermöglicht, daß über Verbrechen auch andere Geschichten erzählt werden, die das Recht kritisieren und in seinem Geltungsrang beeinträchtigen können, vielleicht sogar müssen? Die Antwort kann freilich mit juristischer Methode nicht mehr gegeben werden.

Literaturverzeichnis

Uwe Bake: Die Entstehung des dualistischen Systems der Juristenausbildung in Preußen. Diss. Kiel 1971.

Heinz Ludwig Berger: Die Entwicklung der zivilrechtlichen Relationen und ihrer denktechnisch-methodischen Argumentationsformen. Diss. Frankfurt/M. 1975.

Albert Friedrich Berner: Die Strafgesetzgebung in Deutschland vom Jahre 1751 bis zur Gegenwart. Leipzig: Tauchnitz 1867.

Wilhelm Bleek: Von der Kameralausbildung zum Juristenprivileg. Berlin: Colloquium 1972.

Gerhard Buchda: Aktenversendung. In: Handwörterbuch zur Deutschen Rechtsgeschichte. Hg. von Adalbert Erler u. Ekkehard Kaufmann. Bd. 1. Berlin: Schmidt 1971, S. 84–87.

Wilhelm Ebel: Zur Geschichte der Juristenfakultät und des Rechtsstudiums an der Georgia Augusta. Göttingen: Vandenhoeck u. Ruprecht 1960.

Karl Engisch: Einführung in das juristische Denken. 8. Aufl. Stuttgart: Kohlhammer 1983.

Niels Nikolaus Falck: Juristische Encyklopädie, auch zum Gebrauche bei akademischen Vorlesungen. 5. Aufl. Leipzig: Verlags-Magazin 1851.

Heinrich Gehrke: Die Rechtsprechungs- und Konsilienliteratur Deutschlands bis zum Ende des Alten Reichs. Diss. Frankfurt/M. 1972.

Rudolf von Gneist: Die Studien- und Prüfungsordnung der Deutschen Juristen. Berlin: Jansen 1878.

Levin Goldschmidt: Rechtsstudium und Prüfungsordnung. Stuttgart: Enke 1887.

Hans-Heinrich Jescheck: Die juristische Ausbildung in Preussen und im Reich – Vergangenheit und Gegenwart. Berlin: Junker u. Dünnhaupt 1939.

Gerhard Köbler: Zur Geschichte der juristischen Ausbildung in Deutschland. In: Juristenzeitung 26 (1971), S. 768–773.

Gerhard Köbler: Juristenausbildung. In: Handwörterbuch zur Deutschen Rechtsgeschichte. Hg. von Adalbert Erler u. Ekkehard Kaufmann. Bd. 2. Berlin: Schmidt 1978, S. 484–488.

[...] Muther: Claproth, Justus C.: In: Allgemeine Deutsche Biographie. Bd. 4. Berlin: Duncker u. Humblot 1876, S. 274–275.

Gerhard Oehmicke: Die Anfänge der juristischen Fachjournalistik. Diss. München 1939.

Jürgen Penz: Die Geschichte der Juristenausbildung in Württemberg unter besonderer Berücksichtigung des 19. Jahrhunderts. Diss. Freiburg i. Br. 1985.

Hans Peter: Die juristische Fakultät und ihre Lehrfächer. Ein geschichtlicher Überblick. In: Studium generale 16 (1963), S. 65–76.

Johann Christian Edler von Quistorp: Grundsätze des deutschen peinlichen Rechts. Rostock u. Leipzig: Stiller 1794.

Filippo Ranieri: Stilus Curiae. In: Rechtshistorisches Journal 4 (1985), S. 75–88.

Fedor Seifert: Die Anfänge der Kriminalpsychologie. In: Neue Juristische Wochenschrift 38 (1985) H. 28, S. 1591-1595.

Jan Schröder: Wissenschaftstheorie und Lehre der »praktischen Jurisprudenz« auf deutschen Universitäten an der Wende zum 19. Jahrhundert. Frankfurt/M.: Klostermann 1979.

Toni Schulte: Claproth, Justus. In: Neue Deutsche Biographie. Bd. 3. Berlin: Duncker u. Humblot 1971, S. 260–261.
Julius Ludwig Steltzer: Lehrbuch des teutschen Criminalrechts. Halle: Hemmerde u. Schwetschke 1793.
Carl Georg v. Wächter: Gemeines Recht Deutschlands insbesondere Gemeines Deutsches Strafrecht. Leipzig: Weidmann'sche Buchhandlung 1844.

Hans-Jürgen Lüsebrink

Französische Brigantenliteratur versus deutsche Räuberromantik?

Skizze einer Funktionsgeschichte der deutschen und französischen Brigantenliteratur des 18. und beginnenden 19. Jahrhunderts

1. Faszinationstyp ›Brigantenliteratur‹

Der französischen Brigantenliteratur und der deutschen Räuberromantik des 18. und beginnenden 19. Jahrhunderts liegt eine gemeinsame Faszination durch die soziale Gegenwelt der Räuber und Briganten zugrunde. Der ›Faszinationstyp Brigantenliteratur‹, mit dem begrifflich (nach Gumbrecht)[1] eine anthropologisch konstante thematische Fixierung auf einen spezifischen referentiellen Stoffbereich erfaßt werden soll, hat im Bereich der Literatur der Frühen Neuzeit (1500–1800), wie die Studien R. Chartiers überzeugend nachgewiesen haben,[2] ihre psychologischen und darstellungsästhetischen Wurzeln in der »Littérature de la Gueuserie«, der fiktionalen Darstellung der Bettlergesellschaften und »Cours de Miracles« des ausgehenden 16. Jahrhunderts. Einer der ersten Romane der *Bibliothèque Bleue,* der populären Kolportageliteratur des ›Ancien Régime‹, mit dem Titel *La vie généreuse des gueuz et boëmiens. Contenant leur façon de vivre, subtilitez et gergon* (1596), auf deutsch bereits 1509 unter dem Titel *Liber Vagatorum* in Pforzheim erschienen,[3] beschreibt die Gesellschaft der Vagabunden als einen Staat im Staate: ihr Führer, der »Grand Cœsre« wird als Gegenkönig beschrieben, seine Anhänger als die Gesamtheit seiner Untertanen, hierarchisch untergliedert in Adlige mit spezifischen militärischen Führungsfunktionen und das einfache Volk. Wie der Monarch selber vereinigt der »Grand Cœsre« als Souverän, General und oberster Gesetzherr die höchsten symbolischen, militärischen und gesetzgeberischen Funktionen des Staates in seiner Person.

Das Beschreibungsmodell der ›Gegenmonarchie‹, dessen Genese und Verbreitung verknüpft ist mit der öffentlichen Legitimitätskrise des französischen Absolutismus, liegt in ähnlicher Ausformung der französischen und deutschen Brigantenliteratur des 18. und beginnenden 19. Jahrhunderts zugrunde. In der Kolportageliteratur des 18. Jahrhunderts wird etwa der 1721 hingerichtete Pariser Räuberführer Cartouche als Souverän eines Gegenkönigreiches beschrieben, der seine Untertanen, »Confédérez« genannt, versammelt, ihnen die schriftlich fixierten Gesetze seines Reiches verliest, sie auf die Verfassung und die eigene Person einen

---

[1] Gumbrecht: Faszinationstyp Hagiographie.
[2] Chartier: Les élites et les gueux.
[3] Chartier: Figures de la gueuserie, S. 30–46 (Vorwort), S. 107–133 (Edition des französischen Textes von 1612).

Treueid schwören läßt und sich feierlich als oberster Gerichtsherr und militärischer Führer inthronisiert.[4] Er wird beschrieben als

> Prince revêtu d'une autorité légitime, et d'un pouvoir ordinaire; et il récompensa ou punit ceux qu'il jugea louables ou criminels. Ces actes d'une puissance souveraine qu'il exerçait sans aucune contradiction, lui faisoit dire à lui-même qu'il étoit un véritable Roi; qu'il avoit des maîtresses, des flatteurs, des richesses et des sujets [...].[5]

Der Pamphletschriftsteller La Beaumelle vermerkt 1761 in seinen in Berlin erschienenen *Pensées*, eine von Cartouche begründete Republik hätte zweifelsohne weisere Gesetze gehabt als jene Solons und schnellere Erfolge erzielt als die von Romulus begründete.[6] Der Vergleich zwischen dem Heldentum Cartouches, Mandrins, Alexanders des Großen und den Taten des nach dem 7jährigen Krieg auch in Frankreich bewunderten Preußenkönigs Friedrich II. erscheint in der zweiten Hälfte des 18. Jahrhunderts in zahlreichen Gassenhauern, in der Pamphletliteratur sowie auf Pariser Mauersprüchen.[7] Louis Mandrin, der 1755 in Valence hingerichtete Räuber- und Schmugglerführer, bezeichnet sich in der populären *Histoire de la Vie de Louis Mandrin* selbst als König (»Roi«), sein durch den illegalen Schmuggel angehäuftes Raubgut als »Staatsschatz« (»trésor d'état«); wie Cartouche gibt er der Gemeinschaft der von ihm angeführten Bande eine schriftlich fixierte Verfassung, nimmt königliche Herrschaftsrechte wie die Begnadigung unrechtmäßig eingekerkerter Gefangener wahr – er befreit die auch im öffentlichen Bewußtsein unrechtmäßig verurteilten Salzschmuggler aus dem Gefängnis, nicht jedoch Mörder und gewöhnliche Diebe – und erzwingt von der unbotmäßigen Stadt Beaune mit Waffengewalt einen Tribut.[8] In dem Roman *Aline et Valcour* des Marquis de Sade, 1793 publiziert, erscheint die Herrschaft des Räuberführers Brigandos, der als Philosoph und weiser Gerichtsherr geschildert wird, neben dem utopischen Inselkönigreich Zamé sogar als fiktionale politische Alternative zum Absolutismus des Ancien Régime und als fiktive Vorgeschichte der Französischen Revolution, die der Autor – dem Vorwort des Verlegers zufolge – in dem angeblich bereits 1788 geschriebenen Werk vorausgesehen haben will.[9]

Auch Werken der deutschen Räuberromantik liegt das tradierte Beschreibungsmodell der Gegenmonarchie zugrunde: Vulpius' Rinaldo Rinaldini etwa schwört seine Bandenmitglieder auf einen Gesellschaftsvertrag und verbindliche Gesetze ein, verpflichtet sie auf einen Ehrenkodex, »Ritterpflicht« genannt, der u. a. Behutsamkeit und Schonung der Armen, Frauen und Kinder einschließt,[10]

---

4 Histoire de la vie de Cartouche, S. 99–101.
5 Ebd. S. 115.
6 La Beaumelle: Mes Pensées, S. 217f.
7 Lüsebrink: Kriminalität, S. 52f.
8 Histoire de Louis Mandrin, S. 210 (»Ce prétendu Prince qui brisoit des fers«) u. 213–216.
9 de Sade: Aline et Valcour, S. 25: »Ce que cet ouvrage a de singulier encore, c'est d'avoir été fait à la Bastille. La manière dont, écrasé par le despotisme ministériel notre auteur prévoyoit la Révolution, est fort extraordinaire, et doit jeter sur son ouvrage une nuance d'intérêt bien vive.«
10 Vulpius: Rinaldo Rinaldini, S. 30, 218, 497 (»Ritterpflicht«), 481 (»Hauptmann«).

und vereinigt als Bandenchef und »Hauptmann« die auch von Cartouche und Mandrin beanspruchten Befugnisse des Gesetzgebers, Richters und militärischen Führers in einer Person.

Charakteristisch für den frühneuzeitlichen ›Faszinationstyp Brigantenliteratur‹ erscheint zweitens die Darstellung des Protagonisten als Sozialrebell.[11] Ihn zeichnen Sinn für Gerechtigkeit, Mitleid mit den Armen und Haß auf die Reichen der Gesellschaft, Vermeidung unnötigen Blutvergießens, aber auch gutbürgerliche oder vornehme Herkunft, ungewöhnliche Geschicklichkeit, Schnelligkeit, Intelligenz und schließlich körperliche Schönheit aus – Darstellungsregister, die in krassem Gegensatz zu den stereotypisierten Beschreibungsmustern ›gewöhnlicher Kriminellenfiguren‹ des 18. und 19. Jahrhunderts und in scharfem Widerspruch zum offiziellen Diskurs der Gerichtstexte, Zeitungsberichte und Relationen über das Leben eines Guillery, Cartouche, Mandrin, Angelo del Duca (Vorbild des Rinaldo Rinaldini), Bordier oder Schinderhannes stehen. Die Unterscheidung zwischen gewöhnlichem Kriminellen und »edlem Räuber«, Verbrecher und Sozialrebellen, »scélérat« und »redresseur de torts« wird in allen zur Textsorte gehörigen Werken thematisiert und häufig personifiziert: in den Texten über Mandrin beispielsweise durch die Gegenüberstellung von Mandrin und seinem blutrünstigen Untergebenen Brok;[12] in Vulpius' Roman gleich zu Beginn durch die Konfrontation des ritterlichen Rinaldini mit dem brutalen und gefürchteten Batistello;[13] in den volkstümlichen Darstellungen Cartouches durch den Kontrast zwischen dem großmütigen Räuberführer Cartouche und dem grausam-verschlagenen Bandenmitglied Duchâtelet, durch dessen Verrat er in die Netze der von den Pariser Unterschichten verhaßten Polizeiorganisation d'Argensons gelangt.[14]

Die politischen und sozialpsychologischen Implikationen von Brigantenliteratur im Kontext des 18. Jahrhunderts – Legitimationskrise von Staat und Feudalordnung, Diskrepanz von staatlicher Rechtsordnung und sozialem Rechtsverständnis, Artikulation gesellschaftlichen Widerstandes – sowie vergleichbare soziale und politische Gegebenheiten (Hinrichtungspraktiken, strukturelle Schwäche der Polizei und Miliz) erklären die skizzierte, in ihrer Grundstruktur ähnliche Darstellungsästhetik der Texte. Sie mögen auch ein Erklärungsmuster für die zunächst überraschende Tatsache bieten, daß die wichtigsten populären Texte über die berühmten französischen Briganten Cartouche und Mandrin inhaltlich unverändert und zum Teil bereits im Erscheinungsjahr der französischen Originale ins Deutsche übersetzt wurden. So wurde etwa die 1722 erschienene Lebensgeschichte Cartouches, die Übersetzung eines Volksbüchleins aus der *Bibliothèque Bleue,* in den 60er Jahren des 18. Jahrhunderts unter dem Titel *Wahrhafte Lebensbeschreibung des französischen Erzspitzbubens Cartouche und seiner Kameraden hergenommen aus den Procesakten und andern besondern Nachrichten* in Frank-

---

11 Vgl. zu diesem Begriff Hobsbawm: Social bandits; Lüsebrink: Kriminalität, S. 45, 63, 154.

12 Vgl. Histoire de Louis Mandrin.

13 Vulpius: Rinaldo Rinaldini, S. 51.

14 Histoire de Cartouche, S. 118.

furt, Leipzig und Kopenhagen neu aufgelegt und erwies sich bis in die 30er Jahre des 19. Jahrhunderts hinein als Publikumserfolg, von dem zum Beispiel das von John McCarthy ausgewertete Benutzerverzeichnis der Herzog-August-Bibliothek in Wolfenbüttel[15] oder auch die zahlreichen Erwähnungen Cartouches und Mandrins in Werken der ›Höhenkammliteratur‹, etwa bei Gottsched, Schiller, Goethe und Grillparzer, Zeugnis ablegen.

2. Zur Politisierung des Verbrechens: die französische Brigantenliteratur des 18. Jahrhunderts

Die politische Bedeutung und öffentliche Wirkung der französischen Brigantenliteratur des 18. Jahrhunderts, insbesondere der literarischen Schriften über Cartouche und Mandrin, liegt in drei spezifischen Faktoren begründet, die sie von Räuberdarstellungen in der zeitgenössischen deutschen Literatur grundlegend unterscheidet: erstens der politische Bezugsrahmen; zweitens die intertextuelle Einbettung der volkstümlichen Brigantengeschichten; drittens ein gewisser sozialer Konsens betreffs der – weitgehend positiven – Einschätzung vor allem der ›Sozialbanditen‹ Cartouche, Mandrin und Guillery, der wesentlich in der Legitimationskrise des *Ancien Régime* begründet liegt.

Abgesehen von den publizierten Gerichtsurteilen und den offiziösen Texten thematisieren alle Schriften über die populären Räuberführer Cartouche und Mandrin die soziale und politische Motivation ihrer von der zeitgenössischen Rechtsprechung als Schwerverbrechen (»Crime de lèze-majesté«) eingestuften Taten: so wurden Cartouches Taten auf das desaströse Ende des Spanischen Erbfolgekrieges im Jahre 1715 zurückgeführt, das Zehntausende arbeitsloser Soldaten nach Paris strömen ließ und die soziale Armut verschärfte; sodann auf den Finanzskandal Laws in den Jahren 1720 und 1721, der die Kluft zwischen Arm und Reich verbreiterte und der Öffentlichkeit die Verschwendungssucht des absolutistischen Hofes vor Augen führte und schließlich auf den Ausbau des Polizeiapparates[16] seit den letzten Regierungsjahren Ludwigs XIV. unter dem Polizeiminister D'Argenson, der die weit verbreiteten »illégalismes populaires«,[17] d. h. Schmug-

---

[15] Nach einer brieflichen Mitteilung von Prof. John McCarthy (University of Pennsylvania) vom 27. 1. 1985, der mir freundlicherweise Teilergebnisse einer Auswertung der Registraturbücher der Herzog-August-Bibliothek in Wolfenbüttel mitteilte, stieg das Interesse an Räubergeschichten eindeutig ab den 1760er Jahren. Die Übersetzungen der volkstümlichen französischen Biographien von Cartouche und Mandrin wurden nachweislich ab 1767 ausgeliehen, und zwar von Angehörigen sehr verschiedener Berufsklassen (Kaufmann, Bedienstete, Sekretär, Postmeister).

[16] Vgl. zur Polizeiorganisation im Frankreich des 18. Jahrhunderts Saint-Germain: d'Argenson; Cameron: The police of Eighteenth Century France.

[17] Vgl. zur Korrelation von Nahrungsdiebstahl und Wirtschaftskrisen im 18. Jahrhundert die ausgezeichnete Dissertation von Farge (Le vol d'aliments à Paris au XVIIIe siècle); zur Bedeutung der »illegalismes populaires« vgl. auch Foucault: Surveiller et Punir, S. 11–72, insbesondere S. 71f.

gel, Holz- und Nahrungsdiebstahl, entscheidend eindämmen sollte. Die Taten Mandrins wurden in breiten Teilen der zeitgenössischen Öffentlichkeit verknüpft mit dem Ausbau eines willkürlich erscheinenden indirekten Steuersystems (d. h. der Einführung der Salz- und Tabaksteuer seit Ludwig XIV.), das von dem zunehmend kreditbedürftigen französischen Königtum seit 1720 in die Hände finanzkräftiger privater Steuerpächter (»Fermiers généraux«) gelegt worden war. Der mit dem neuen Steuersystem entstehende und vor allem in Süd- und Ostfrankreich weit verbreitete Schmuggel führte seinerseits zum Aufbau eines ausgedehnten Repressionsapparates parallel zur staatlichen Ordnungsmacht und zur staatlichen Gerichtsbarkeit, der in der Mitte des 18. Jahrhunderts aus etwa 25000 bewaffneten Milizen im Dienste der »Fermiers Généraux« und vier Sondergerichten in Caen, Reims, Toulouse und Valence bestand. Mandrins Aburteilung durch das Sondergericht in Valence und seine Hinrichtung auf dem Rad als Majestätsverbrecher offenbarte einer breiten Öffentlichkeit die Diskrepanz zwischen der harten Bestrafung des Salz- und Tabakschmuggels und seiner weitgehenden gesellschaftlichen Tolerierung besonders in ländlichen Gebieten, in denen das Schmugglerwesen einen weit verbreiteten, saisonalen und vor allem in Krisenzeiten wie den Jahren 1748–52 lebensnotwendigen ›Nebenerwerb‹ darstellte. Die Taten des ehemaligen Komödianten Bordier und seines Komplizen Jourdain, eines Anwalts, die im August 1789 an der Spitze einer vielhundertköpfigen Menge die Intendance von Rouen stürmten, um an die gespeicherten Mehlvorräte zu gelangen, wurde in der zeitgenössischen Literatur und Publizistik als Widerstand gegen das zentralstaatlich verwaltete, aber der Öffentlichkeit undurchsichtige Mehl- und Brotvertriebssystem gesehen, das vor allem in wirtschaftlichen Krisenzeiten (1774/75, 1788/89) Anlaß zu Unmutsäußerungen, Gerüchten (über Unterschlagungen) und Brotrevolten gab.[18]

Die großen Brigantenfiguren des französischen 18. Jahrhunderts – Cartouche, Mandrin, Nivet, Bordier und Jourdain[19] – sind somit wesentlich als Symbolfiguren des Widerstandes gegen politische und soziale Entwicklungen zu begreifen, die in der Sicht der breiten Öffentlichkeit dem Absolutismus Ludwigs XIV. und dessen Nachfolgern, vor allem jedoch dem Hof, den »mauvais ministres« und den neureichen »fermiers généraux«, den Steuerpächtern, angelastet wurden. Der Identifikation mit ›Sozialbanditen‹ wie Mandrin und Cartouche, die sich in zahlreichen zeitgenössischen literarischen und publizistischen Texten artikulierte, liegt insgesamt ein rückwärtsgewandtes politisches Ideal zugrunde, das auf dem Ehrenkodex der patriarchalischen Feudalgesellschaft des Spätmittelalters und der Frühen Neuzeit basierte und – etwa im *Testament politique de Louis Mandrin* (1756) – in der Herrschaft Heinrichs IV. (1589–1610) seine historische Konkretisation zu erkennen glaubte.

---

[18] Vgl. hierzu Kaplan: Le complot de famine.

[19] Zu Bordier und Jourdain und den literarischen sowie publizistischen Texten über sie vgl. Lüsebrink: Histoires de Cartouche et de Mandrin, S. 53–60 (Vorwort), S. 361–374 (Editionen der Texte).

Der skizzierte politische, soziale und mentale Kontext der literarischen Texte vor allem zu den populären ›Sozialbanditen‹ Cartouche und Mandrin läßt verständlich erscheinen, warum diese zu äußerst kontrovers diskutierten und dargestellten Gegenständen sehr verschiedener literarischer und publizistischer Texte avancierten: der ›offiziellen‹ Narratio der Gerichtsurteile – die im Falle Mandrins nicht nur in Valence, sondern auch in nordfranzösischen Städten wie (nachweislich) Rouen, Paris und Orléans auf der Straße verkauft wurden[20] – und offiziösen Texten (Relationen, von den Steuerpächtern in Auftrag gegebene Kurzbiographien wie der *Précis de la vie de Louis Mandrin,* Zeitungsberichte) folgten unmittelbar Gegendarstellungen in narrativen Texten wie der *Histoire de la vie de Louis Mandrin,* in pamphletären Texten mit argumentativer Struktur wie den *Dialogues entre D'Argenson et Cartouche* (1722) und dem *Testament Politique de Louis Mandrin* (1756), in Liedern und pamphletären Gedichten wie der *Mandrinade adressée aux partisans de Mandrin* und in Berichten sowie Zeitungsartikeln, wie sie vor allem die zeitgenössischen holländischen Gazetten veröffentlichten.[21] An die Stelle der stereotypisierten offiziellen Narratio des Gerichtsurteils und der Relationen, die in Fragmenten auch in Bänkelliedern und populären Kurzbiographien reproduziert wurde und sowohl Cartouche wie auch Mandrin und Bordier ein reuiges Schuldbekenntnis auf dem Schafott zuschrieb, trat in diesen Texten eine politisch argumentierende Gegendarstellung. Das Material hierzu stammte nicht aus den Prozeßakten, die im Fall Mandrins geheim blieben und bei Cartouche erst zwei Jahre nach seiner Hinrichtung in Auszügen veröffentlicht wurden,[22] sondern aus mündlich zirkulierenden Erzählungen, Berichten von Zeitungskorrespondenten, Interviews mit Zeugen und Gesprächen mit den Angeklagten, wie sie beispielsweise der Komödiendichter Legrand im Gefängnis mit Cartouche führen konnte.[23] Sie waren somit das Ergebnis journalistischer Recherchen, zu denen Schriftsteller verschiedenster Provenienz, motiviert durch das Informationsbedürfnis des zeitgenössischen Lesepublikums, aufgrund der Nicht-Öffentlichkeit des geheimen Inquisitionsprozesses gezwungen waren.

Die öffentliche, soziale Wirkung des Faszinationstyps ›Brigantenliteratur‹ im Frankreich des Aufklärungszeitalters beruhte schließlich in dritter Hinsicht auf einem relativ breiten sozialen Konsens, der sehr unterschiedliche Darstellungsmedien umklammerte: denn gemeinsam ist den mündlich zirkulierenden Geschichten über Mandrin, von denen zeitgenössische Tagebücher und Autobiographien wie der *Journal* des Pariser Glasergesellen Jacques-Louis Ménétra berichten,[24] dem reliquienhaften Kult um Orte und Gegenstände, mit denen Cartouche oder Mandrin in Berührung gekommen sein sollen, den ikonographischen Darstellungen, die Mandrin u. a. hoch zu Roß, als ritterlichen Offizier, zeigen, der Mehrzahl der

---

20 Vgl. Lüsebrink: Kriminalität, S. 36–64.
21 Ebd. mit ausführlichen bibliographischen Quellenangaben.
22 Ebd. S. 15–34.
23 Lüsebrink: Histoires de Cartouche et de Mandrin, S. 32.
24 Ménétra: Journal de ma vie, S. 106f.

Erzählungen, Pamphlete und Gedichte über die populären ›Sozialbanditen‹ des 18. Jahrhunderts und ihrer Erwähnung in akademischen Preisschriften der Spätaufklärung zur Kriminalitätsfrage die – mehr oder weniger explizite, offen geäußerte – Bewunderung für die Taten der Briganten und ihre ideologische Legitimation innerhalb der als obsolet angesehenen Rechts- und Sozialordnung des französischen *Ancien Régime.*

3. Von der Tabuisierung der Volksjustiz zur Fiktionalisierung der Brigantendarstellung: die Paradigmen *Robert chef de brigands* und *Rinaldo Rinaldini*

Zahlreiche Ereignisse vor allem des Sommers 1789 zeigten in Frankreich die Praxis einer Volksjustiz, einer »Justice populaire«, deren Legitimation wie in den Brigantendarstellungen des *Ancien Régime* auf der postulierten Unfähigkeit und Korruptheit der offiziellen, staatlichen Rechts- und Ordnungsorgane beruhte. So beschreibt etwa ein anonymes Flugblatt aus dem August 1789, *Les Incendiaires du Dauphiné, ou les Ennemis des Grands* überschrieben, eine zunächst Mordbrenner (»Incendiaires«) und »Brigands« genannte Bande im südostfranzösischen Dauphiné in der Folge als Sozialrebellen, als »Rächer des Volkes« (»ils avoient l'air de venger le peuple«),[25] und legitimiert die vorgenommene Plünderung des Besitzes von Adligen, u. a. eines Steuerpächters, mit dem Hinweis auf unrechtmäßig angeeignete Feudal- und Besitzrechte:

> Il me semble qu'il ne faut pas chercher des causes si éloignées. Les grands, les riches, les seigneurs des provinces ont si cruellement et si long-temps écrasé le peuple, qu'il y a une ancienne haine ineffaçable [...]. La vengeance s'amasse depuis un siècle dans des cœurs ulcérés, et, du moment qu'elle peut agir, c'est un torrent qui ne connoît plus de frein.[26]

In anderen Ereigniskontexten der Französischen Revolution rekurrierte die Volksjustiz unmittelbar auf tradierte Rechtspraktiken (symbolische Handlungen, Rituale, Strafpraktiken) der offiziellen Justiz des *Ancien Régime:* am 27. April 1789 beispielsweise konstituierte sich auf der Place Royale in Paris in aller Öffentlichkeit ein improvisiertes Gericht gegen den Textilunternehmer Réveillon, der versucht haben sollte, Lohnminderungen durchzusetzen. Das gegen ihn ergangene Todesurteil wurde – als ausdrückliches »Gerichtsurteil des Dritten Standes« (»Sentence du Tiers-Etat«) – schriftlich abgefaßt und an die Mauern der Pariser Innenstadt angeschlagen sowie anschließend *in effigie* an einer mannsgroßen Puppe vollstreckt, da man des Verurteilten nicht habhaft werden konnte.[27] Ebenfalls in absentia öffentlich verurteilt und *in effigie* hingerichtet wurde am 29. Juli 1791 in der südwestfranzösischen Provinzstadt Cahors der monarchistische Volks-

---

25 Incendiaires du Dauphiné, S. 5.
26 Ebd. S. 5f.
27 Journées mémorables, S. 23f.

vertreter Faydel.[28] Bereits zwei Jahre zuvor, am 23. Juli 1789, waren in Paris der Intendant Berthier und der Staatsrat Foulon nach einem – gleichfalls improvisierten – Gerichtsverfahren gemäß dem Exekutionsritual des *Ancien Régime* hingerichtet, ihre Körper wie jene von Majestätsverbrechern (»Criminels de lèze-majesté«) zerstückelt und verbrannt worden. Die Asche ließ man anschließend in alle Winde verstreuen.[29]

Die Mehrzahl der zeitgenössischen Berichte über diese Fälle von Volksjustiz, die sich im Verlauf der Revolution zu Tausenden in ganz Frankreich zugetragen haben,[30] verrät das Entsetzen der Berichterstatter über die Brutalität der Beteiligten. Sie unterstreichen zugleich die Notwendigkeit einer neuen Rechts- und Sozialordnung, die sich an den Idealen der Aufklärungsbewegung und ihren pragmatischen Zukunftsentwürfen orientieren müsse. In dem sich konstituierenden offiziellen Diskurs der Revolution über sich selbst, der bereits im Herbst 1789 seinen Niederschlag in ersten *Histoires de la Révolution Française* fand, war somit weder Platz für die Legitimation der archaischen Volksjustiz des Sommers 1789 noch für die Brigantenfiguren und Brotaufstände des 18. Jahrhunderts, die zumindest im Bewußtsein der sozialen Unterschichten der Zeit zur Vorgeschichte der Revolution hinzugehörten.[31] Cartouche und Mandrin wurden in den Spalten des *Père Duchesne* von Hébert, der wohl auflagenstärksten Zeitung der Französischen Revolution, als »scélérats« und »brigands« apostrophiert, ihre ›Nachahmer‹ – in der Sicht Héberts die königstreuen Chouans in der Bretagne, die einen erbitterten Krieg gegen die Revolutionsregierung in Paris führten – für »Chaos« und Bürgerkrieg (»guerre civile«) verantwortlich gemacht. Populäre Darstellungen der Brigantenführer Cartouche, Mandrin und Guillery in der Druckgraphik, im Bänkelsang und in der Kolportageliteratur, u. a. der als ›rückständig‹ eingestuften *Bibliothèque Bleue,* wurden verboten.

Einer der größten Erfolge des Theaters der Französischen Revolution, die Bearbeitung von Friedrich Schillers Drama *Die Räuber* durch den französischen Schriftsteller La Martellière, spiegelt einen zeittypischen Kompromiß zwischen der – von den kulturellen und politischen Eliten vertretenen – offiziellen Revolutionsideologie, in der für Volksjustiz und Verherrlichung von ›Sozialbanditen‹ kein Platz mehr war, und volkstümlichen Identifikationsmustern, die unterschwellig weiter vorhanden waren und wirksam blieben: *Robert chef de brigands,* im März 1792 erstmals aufgeführt, übernahm zwar die Schillersche Figurenkonstellation und die ›exotische‹ Situierung der Handlung in den böhmischen Wäldern des 15. Jahrhunderts, zugleich aber auch die wesentlichen ästhetischen und ideologischen Elemente der französischen Brigantenliteratur des 18. Jahrhunderts. So

---

[28] Chronique de Paris 210 (29 juillet 1791), S. 848.

[29] Vgl. z. B. den ausführlichen Bericht hierüber in: Le Courrier de Versailles à Paris, et de Paris à Versailles 11 (17 juillet 1791), S. 268–276.

[30] Vgl. zur Volksjustiz und vor allem den Septembermassakern von 1792: Conein: Langage politique, sowie Conein: Tribunal de la terreur.

[31] Vgl. Cobb: Réactions, S. 138f.; Beffroy de Reigny: Dictionnaire néologigique, Bd. II, Artikel »Cartouche«.

nimmt das Stück – in rudimentärer Form – das Darstellungsmodell der Gegenmonarchie auf. Wie Cartouche, Mandrin und Guillery etwa wird Robert als militärischer Führer und Gesetzgeber dargestellt, der als ›gerechter Sozialrebell‹, als »redresseur de torts«, anstelle pervertierter Feudalherren und korrumpierter (bzw. defizienter) Justizorgane Recht spricht: »Ils respectent«, so Robert an einer Stelle des Stückes zu seinen Untergebenen, »la propriété du malheureux, mais rien ne leur résiste dès qu'ils ont juré la perte d'un magistrat injuste, d'un homme inique en place, ou d'un prince oppresseur«.[32]

Zugleich wurde *Robert chef de brigands,* wie zahlreiche zeitgenössische Zeitungsrezensionen belegen, als aktualitätsbezogenes Theaterstück gelesen, das die ansonsten in der Literatur weitgehend ausgeklammerte Problematik der zeitgenössischen Volksjustiz in fiktionaler Form thematisierte. Wie der Textilunternehmer Réveillon wird im Theaterstück selbst der Comte de Marbourg vor ein improvisiertes Gericht der Briganten gestellt, das ihn aufgrund eines auch hier schriftlich fixierten *Arrêt de mort pour cause d'oppression, par le tribunal sanguinaire* hinrichten läßt: »Nous avons fait là un chef-d'œuvre de justice, et le canton nous doit un obélisque pour l'avoir purgé de ce scélérat«,[33] kommentiert im Stück der zur Truppe Roberts zählende Brigant Forban das vollzogene Urteil.

Die enorme Popularität von *Robert chef de brigands,* das im Jahr 1800 zudem der Schriftstellerin Bournon-Mallarme als Vorlage für ihren Roman *Miralba Chef de brigands* diente, beruhte wesentlich auf der Fiktionalisierung zweier Wirklichkeitsbereiche, die in der Literatur der Französischen Revolution weitgehend tabuisiert wurden, aber vor allem auf die sozialen Unterschichten eine deutliche Faszination ausübten: die Gegenwelt der Sozialrebellen und Briganten des *Ancien Régime* und die Volksjustiz der Französischen Revolution. Die Fiktionalisierung und damit Ent-Referentialisierung von Wirklichkeitsbereichen, die politisch äußerst kontrovers diskutiert wurden, diente der sozialen und politischen Konsensbildung: die Vorstellungswelt der gesellschaftlichen Unterschichten mit ihren Identifikationsfiguren wie dem »redresseur de torts«, dem gerechten, aus dem Volk hervorgegangenen ›Sozialrebellen‹, ihren feudalistischen Rechtsbegriffen und ihrem vergangenheitsorientierten Ideal des patriarchalischen Königtums sollte in Einklang gebracht werden mit der jakobinischen Fortschrittsideologie. Hierauf weist auch das Ende des Stückes: Robert, der Brigantenführer, der von seinen Anhängern bezeichnenderweise auch »le grand réformateur« genannt wird, bildet mit seinen Leuten ein Freikorps zur Verteidigung des Vaterlandes. Das Theaterstück endet – zeitgenössischen Aufführungsrezensionen zufolge – mit dem Revolutionslied *Ça ira* und militärischen Märschen.[34]

»Il est horrible«, schrieb der französische Schriftsteller Creuzé de Lesser 1795 in seinem Vorwort zu einer erneuten Übersetzung von Schillers *Die Räuber,* »pour la

[32] La Martellière: Robert chef de brigands, S. 20. Vgl. zu La Martellière und zu den Aufführungen des Stückes: Eggli: Schiller, S. 83–168; Doberenz: La Martellière; Hell: Deux figures de brigands.

[33] La Martellière: Robert chef de brigands, S. 15.

[34] Vgl. Noury: Théâtre Français, S. 43.

France que tout ce que cette tragédie contient d'épouvantable en événemens n'ait plus le droit d'y paroître trop extraordinaire, et soit devenu presque trivial.«[35] Das von Creuzé de Lesser hier artikulierte Bewußtsein, die Wirklichkeit der Revolution habe die ästhetischen Möglichkeiten tradierter Darstellungsparadigmata längst überholt, hatte weitreichende Folgen für die offizielle Einschätzung der Funktion und Wirkung von Literatur.[36] Eine neue, politisch begründete Sensibilität für die Macht von Fiktion und die Propagandawirkung von Schlagworten führte nach dem Sturz Robespierres im Juli 1794 nicht nur zu neuen Kanones des Literaturunterrichts, sondern auch zur Etablierung neuer Zensurinstanzen, die 1797/98 vorübergehend auch *Robert chef de brigands* verboten und die Verhaftung des Autors La Martellière bewirkten. Im Bereich der Brigantenliteratur, in dem Fragen wie die Legitimation oder Verurteilung von Gewalt, die Einschätzung der herrschenden Justiz und die Verbindlichkeit gesellschaftlicher Moralvorstellungen von zentraler Bedeutung sind, setzte sich unter diesen Voraussetzungen während des *Directoire* (1795–99) jener Prozeß der Fiktionalisierung und Ent-Aktualisierung fort, der bereits für *Robert chef de brigands* konstitutiv gewesen war. Die zahlreichen zwischen 1793 und 1801 erschienenen Räuberromane wie Zschokkes *Abällino* (1793, frz. 1801), Ducray-Duminils *Victor ou l'Enfant de la Forêt* (1797) oder Le Sueurs *La Caverne ou Rolandeau chef de voleurs* (1793) erreichten die geforderte gesellschaftliche Akzeptanz der Darstellung von Gewalt und Bandenkriminalität entweder durch die Dämonisierung der Räuberwelt oder durch die Situierung des Geschehens in einer bewußt als ›exotisch‹ inszenierten geographischen oder historischen Ferne. Vulpius' Erfolgsroman *Rinaldo Rinaldini* aus dem Jahre 1797, drei Jahre darauf in französischer Übersetzung erschienen, vermag exemplarisch die skizzierte Transformation des ›Faszinationstyps Brigantenliteratur‹ im Kontext der Französischen Revolution zu illustrieren, die sowohl in Deutschland wie in Frankreich zur Genese einer literarischen ›Räuberromantik‹ führte.

Rinaldo Rinaldini, obwohl mit den Attributen des Sozialrebellen und Räuberkönigs der Brigantenliteratur des 18. Jahrhunderts versehen, wird im Roman durchgehend als ›Brigant wider Willen‹ dargestellt, der durch ein »unglückliches Schicksal«[37] gezwungen worden sei, außerhalb der »polizierten Gesellschaft«[38] zu leben. Zwar befreit er die Gräfin Vidanta aus einem finsteren Keller, in den sie ihr despotischer Gemahl gesperrt hat, verschafft auch der Gräfin Aurelia Genugtuung gegenüber ihrem brutalen Ehemann und raubt die Ablaßkasse religiöser »Wunderkrämer«, um sie anschließend unter die Bandenmitglieder und die Armen der Gegend aufzuteilen – Rinaldos Lebensideal bleibt jedoch das bürgerliche

---

[35] Creuzé de Lesser: Les voleurs, S. 10.

[36] Vgl. hierzu Lüsebrink: »Cours de Littérature« und »Education Nationale«, S. 121–129; Biermann: Zur sozialen Konstruktion der ›Gefährlichkeit‹ von Literatur.

[37] Vulpius: Rinaldo Rinaldini, S. 507.

[38] Ebd. S. 206: »Du siehst, daß Du nicht für die Menschen außer unserm Zirkel taugst; die polizierte Welt ist kein Aufenthalt mehr für dich« (Luigino, ein Bandenmitglied, zu Rinaldo).

Familienidyll, das er im Laufe der Erzählhandlung immer wieder vergeblich zu realisieren sucht. Die Vorbereitungen zur Befreiung Korsikas vom Joch der Franzosen hingegen (eine deutliche Anspielung auf das französisch besetzte Deutschland der Zeit), die Rinaldos Vater als sein Lebensziel betrachtet, betreibt er nur halbherzig. Im entscheidenden Augenblick – Befreiungskämpfer und angeworbene Söldner stehen zur Überfahrt nach Korsika bereit – zieht Rinaldo es vor, sich mit Frau und Kind auf die Insel Pantalaria zurückzuziehen und läßt das ganze Unternehmen scheitern.

Als Sozialrebell mit der Sehnsucht nach bürgerlicher Familienidylle und tiefer Abscheu vor jeglichem Blutvergießen verkörpert die Figur des Rinaldo Rinaldini die widersprüchliche Haltung der Zeitgenossen gegenüber dem Phänomen der politisch legitimierten Gewalt und insbesondere gegenüber der Volksjustiz der Französischen Revolution. Von einer wirklichkeitsnahen Tribüne, auf der die Probleme der gesellschaftlichen Ursachen von Bandenkriminalität, der Legitimation von Gewalt und der Ineffizienz der bestehenden Justizorgane äußerst kontrovers dargestellt und diskutiert wurden – wie in den literarischen und publizistischen Texten zu Cartouche und Mandrin, die z. T. auch ins Deutsche übersetzt wurden[39] – war der ›Faszinationstyp Brigantenliteratur‹ im Zuge – und als Folge – der Französischen Revolution zum fiktionalen, wirklichkeitsfernen Projektionsraum des Lesepublikums geworden. Obwohl die Bandenkriminalität auf dem Lande durch die Neuorganisation von Polizei und Justiz während der napoleonischen Zeit keine nennenswerte Rolle mehr spielte,[40] erlebte der ›Faszinationstyp Brigantenliteratur‹ in der deutschen und französischen ›Räuberromantik‹ eine bemerkenswerte Renaissance: in ihr koinzidierten der Traum von der bürgerlichen Familienidylle und der Traum von erotischer Freizügigkeit (in der Gegenwelt der Räuber), die politische Legitimation bestimmter krimineller Handlungen (Schmuggel, Nahrungsdiebstahl, Beraubung reicher Feudalherren und Kirchenfürsten) und die Verdrängung revolutionärer Gewalt sowie schließlich die traumatische Erinnerung an die Brutalität des einfachen Volkes (Volksjustiz, Septembermassaker) und ihre Kompensation durch die archaische Projektionsfigur des gerechten und patriarchalischen ›edlen Räubers‹.

Die ›Räuberromantik‹, die traditionell als ein wesentlich nationalliterarisch-deutsches Phänomen gesehen wird, jedoch in Wirklichkeit eine europäische Dimension aufwies,[41] läßt sich somit ebenso wie der zur gleichen Zeit populäre Schauerroman[42] als fiktionale Verarbeitung zeitgenössischer Geschichtserfahrung – und zeitgenössischer Träume des Eingreifens in den Geschichtsverlauf – deuten. Die literarische Räuberromantik, die bezeichnenderweise in Frankreich wie in

---

[39] Siehe nachfolgend die Einzeltitel im Literaturverzeichnis.

[40] Foucault: Surveiller et Punir, S. 84–103; Vovelle: Mendicité et brigandage.

[41] Vgl. Messina u. Bloch: Fiction romanesque, S. 175–180 mit (allerdings noch zu summarischen) bibliographischen Hinweisen.

[42] Vgl. Lüsebrink: La Bastille, sowie die von M. Delon herausgegebene Sondernummer »Le roman gothique« der Zeitschrift *Europe*.

Deutschland erst nach 1794 eine Modeerscheinung wurde, ästhetisierte und entaktualisierte jene Gegenwelt der Sozialrebellen und Briganten, die für viele Zeitgenossen unmittelbar Ereignisse und alltagswirkliche Szenerien der Französischen Revolution evozierte oder konnotierte – wie etwa für jenen anonymen Rezensenten von *Robert chef de brigands,* der 1792 in der Zeitung *Révolutions de Paris* die französische Fassung von Schillers *Die Räuber* als eine Herabwürdigung der heroischen Taten der Patrioten von 1789 betrachtete.

> En dernière analyse, le peuple n'a fait en France, au 14 juillet et au 5 octobre, et par la suite, que ce que le savetier de Messine[50] faisoit en Sicile, et Robert en Franconie: or, en jetant de la défaveur sur la conduite de ce dernier, c'est blâmer la révolution, et fournir le prétexte aux aristocrates de regarder le peuple comme une horde de brigands.[43]

Situiert man, wie in dem vorliegenden Beitrag umrissen, die frühneuzeitliche Brigantenliteratur Deutschlands und Frankreichs in ihrem je spezifischen intertextuellen Bezugsrahmen (Relationen, Klagelieder, Pamphlete, Theaterstücke, Kolportageromane etc.) und betrachtet man sie im Kontext ihrer sozial- und mentalitätsgeschichtlichen Entstehungsbedingungen, so ist das Jahrzehnt zwischen 1789 und 1800 als Umbruchperiode auch innerhalb des Darstellungsparadigmas ›Brigantenliteratur‹ zu werten. Ent-Aktualisierung und ›exotische‹ Situierung des Geschehens, Ästhetisierung und Ent-Funktionalisierung der Beschreibungssequenzen, romantische Verklärung (wie im *Rinaldini* von Vulpius) oder Dämonisierung des Protagonisten (wie in Arnolds *Der Schwarze Jonas,* 1805) – diese neuen Darstellungselemente der europäischen Räuberromantik weisen auf einen grundlegenden Funktionswandel der Kriminalliteratur in ihrer Gesamtheit, deren Konsequenzen Michel Foucault aus anderer Perspektive und mit Blick auf die – für seine Fragestellung zentrale – Neuordnung der Justizordnung wie folgt resümiert hat: »Dans ce genre nouveau«, so Foucault im Eingangskapitel seines Buches *Surveiller et Punir,* »il n'y a plus ni héros populaires ni grandes exécutions; on y est méchant, mais intelligent; et si on est puni, on n'a pas à souffrir. [...] Le partage est fait; que le peuple se dépouille de l'ancien orgueil de ses crimes; les grands assassinats sont devenus le jeu silencieux des sages«.[44]

Literaturverzeichnis

(a) *Quellen*

Arlequin Cartouche, oder der Ertz-Räuber Cartouche in der Person des Arlequins in einem Lustspiele zur Gemüths-Ergötzlichkeit vorgestellt und aus dem Frantzösischen ins Teutsche übersetzt. Mit 31 Kupfern gezieret von J. Chr. Kolb. Augsburg 1722.

Ignaz-Ferdinand Arnold: Der Schwarze Jonas, Kapuziner, Mörder und Raubbrenner. Ein Blutgemälde aus der furchtbaren Genossenschaft des berüchtigten Schinderhannes. Aus seinem Inquisitionsprotokoll gezogen. Erfurt: Hennings 1805.

---

[43] Révolution de Paris 145 (1792), S. 13.

[44] Foucault: Surveiller et Punir, S. 72.

Laurent-Anglieviel de La Beaumelle: Mes Pensées. Avec le Supplément. Nouvelle Edition. Berlin 1761.

Charlotte Bournon-Mallarme: Miralba chef de brigands. (1795). 2 Bde. 3. Aufl. Paris: Lecointe u. Durey 1821.

(Antoine-Augustin Bruzen de la Martinière): Entretiens des Ombres aux Champs-Elisées. Sur divers Sujets d'Histoire, Politique et de Morale. Ouvrage traduit de l'Allemand par Mr. Valentin Jungermann. Premier entretien. Tome premier, janvier 1722: L'arrivée de Cartouche aux Enfers. Amsterdam: Herman Uytvvere 1723.

Cartouche oder die Diebe. Lustiges Schauspiel, zu Paris aufgeführet von dem königlich französischen Hofkomödianten Mons. Le Grand. Breslau: Korn d. ält. 1761.

Cartouche, der berühmte Räuberhauptmann, ein eifriger Zögling der Jesuiten. Eine Warnungsgeschichte für das deutsche Volk. Leipzig: Schreck 1846.

François-Guillaume Creuzé de Lesser: Les Voleurs, tragédie en prose, en cinq actes; par Schyller. Imitée de l'Allemand, par A.C.D.P. Paris: Citoyenne Toubon 1795.

(Ange Goudar): Testament politique de Louis Mandrin, généralissime des troupes de contrebandiers, écrit par lui-même dans sa prison. Genève 1756.

Histoire de la vie et du procès de Louis-Dominique Cartouche. Et de plusieurs de ses complices. Rouen: P. Machuel 1722. In: Histoires de Cartouche et de Mandrin. Hg. von Hans-Jürgen Lüsebrink, S. 77–136.

Histoire de Louis Mandrin, Depuis sa naissance jusqu'à sa mort. Avec un détail de ses cruautés, de ses brigandages et de ses supplices. Troyes: Veuve Garnier o. J. (1755). In: Histoires de Cartouche et de Mandrin. Hg. von Hans-Jürgen Lüsebrink, S. 157–222.

Les Incendiaires du Dauphiné, ou les Ennemis des Grands. Du 8 Août 1789. o. O. (Paris): Veuve Hérissant 1789.

Jean-François-Henri La Martellière: Robert Chef de Brigands, Drame. Paris: Maradan et Barba 1793.

Leben Cartouches, berüchtigten Räubers Aufenthalt in England und Südfrankreich; und dessen Raubgenossen. Historisches Gemälde. Neu bearbeitet. Breslau 1831.

Journées mémorables de la Révolution Française. Pillage de la maison Réveillon. Paris 1789.

Leben, Thaten, Abentheuer und Liebschaften und Ende des berüchtigten Straßenräubers L. Dom. Cartouche. Nach den gerichtlichen Akten und seinen eigenen Memoiren. Frei nach dem Französischen bearbeitet von Carl Friedrich. Kaschau 1830.

Leben, Thaten und Tod des berühmten Mandrin, Oberhaupt der Contrebandiers in Frankreich. Worinnen zugleich die Geschichte der Contrebandiers beschrieben wird. Aus dem Französischen übersetzt. Frankfurt (Ulm: Wagner) 1755.

Leben des Erzspitzbuben Cartouchen, nebst dem Leben seiner Cameraden. Aus dem Französischen. Kopenhagen 1767.

Jean-François Le Sueur: La caverne, ou Rolandeau chef des voleurs. Paris: Naderman 1793.

Hans-Jürgen Lüsebrink (Hg.): Histoires curieuses et véritables de Cartouche et de Mandrin. Paris: Montalba-Arthaud 1984 (= Collection Bibliothèque Bleue).

La Mandrinade, en vers héroïques, adressée aux partisans de Mandrin, dédiée à Mme la C. de R***. In: Adolphe Rochas: Biographie du Dauphiné, contenant l'histoire des hommes nés dans cette province, qui se sont fait remarquer dans les lettres, les sciences, les arts, etc. Paris: Charavay 1856–60, Bd. 2, S. 106–108.

Jacques-Louis Ménétra: Journal de ma vie. Présenté par Daniel Roche. Paris:Montalba 1982.

Précis de la vie de Louis Mandrin, chef de contrebandiers. Avec un récit de sa prise et de l'exécution de son jugement. o. O. o. J. (1755).

Donatien-Alphonse-François Marquis de Sade: Aline et Valcour. (1795). Edition établie, présentée et commentée par Béatrice Didier. Paris: Le Livre de Poche 1976.

La vie généreuse des gueux et boëmiens. Contenant leur façon de vivre, subtilitez et gergon. Mis en lumière par Monsieur Pechon de Ruby, Gentilhomme Breton, ayant esté avec eux en ses jeunes ans, où il a exercé ce beau mestier. Lyon: Jean Ivillieron 1596. Neu ediert

in: Figures de la Gueuserie. Hg. von Roger Chartier. Paris: Montalba 1981 (= Collection Bibliothèque Bleue), S. 107–131.
Christian August Vulpius: Rinaldo Rinaldini, der Räuberhauptmann. Romantische Geschichte. Mit Illustrationen. (1799). Hg. und mit einem Nachwort versehen von Karl Riha. Frankfurt/M.: Insel 1980 (= it 426).
Wahrhafte Lebensbeschreibung des Französischen Erzspitzbubens Cartouche und seiner Kameraden hergenommen aus den Procesakten und andern besondern Nachrichten. Kopenhagen: Rothenscher Buchladen auf der Börse 1760.
Heinrich Zschokke: Abällino, der große Bandit. Leipzig: Wienbrack 1795.

(b) *Forschungsliteratur*

Armin Biermann: Zur sozialen Konstruktion der ›Gefährlichkeit‹ von Literatur. Beispiele aus der französischen Aufklärung und dem Premier Empire. In: Kanon und Zensur. Beiträge zur Archäologie der literarischen Kommunikation II. Hg. von Aleida u. Jan Assmann. München: Fink 1987, S. 212–226.
Ian Cameron: The police of Eighteenth Century France. In: European Studies Review 7 (January 1977) Nr. 1, S. 47–75.
Roger Chartier: Les élites et les gueux. Quelques représentations (XVIe–XVIIIe siècles). In: Revue d'Histoire Moderne et Contemporaine 31 (juillet-septembre 1974), S. 376–388.
Richard Cobb: Reactions to the French Revolution. London: Oxford University Press 1970.
Bernard Conein: Langage politique et mode d'affrontement. Le jacobinisme et les massacres de septembre. Thèse de troisième cycle sous la direction de Robert Mandrou. Paris: Ecole des Hautes Etudes en Sciences Sociales 1978 (Manuskript).
Bernard Conein: Le tribunal et la terreur du juillet 1789 aux »massacres de septembre«. In: Les Révoltes Logiques 11 (hiver 1979–1980), S. 2–42.
Heinrich Doberenz: La Martellière und seine Bearbeitung Schiller'scher Dramen auf dem Theater der französischen Revolution. Wissenschaftliche Beilage zum Jahresberichte der städtischen Realschule II. Ordnung zu Löbau i. S. für Ostern 1883. Löbau: Kessner 1883.
Edmond Eggli: Schiller et le romantisme français. 2 Bde. Paris 1927.
Europe. Revue littéraire mensuelle 659 (mars 1984): Le roman gothique.
Arlette Farge: Le vol d'aliments à Paris au XVIIIe siècle. (Collection Civilisations et Mentalités) Paris: Plon 1974.
Michel Foucault: Surveiller et Punir. Naissance de la Prison. (Bibliothèque des Histoires) Paris: Gallimard 1975.
Hans Ulrich Gumbrecht: Faszinationstyp Hagiographie – ein historisches Experiment zur Gattungstheorie. In: Deutsche Literatur im Mittelalter – Kontakte und Perspektiven. Hg. von Christoph Cormeau. Stuttgart: Metzler 1979, S. 37–84.
Victor Hell: Deux figures de brigands: Karl Moor et Jean Sbogar. In: Charles Nodier. Colloque du deuxième Centenaire, Besançon – Mai 1980. (Annales Littéraires de l'Université de Besançon) Besançon 1981, S. 153–161.
Eric Hobsbawm: Bandits. London: Nicolson 1969.
Steven L. Kaplan: Le complot de famine: histoire d'une rumeur au XVIIIe siecle. (Cahiers des Annales) Paris: Armand Colin 1982.
Hans-Jürgen Lüsebrink: La »Bastille« château gothique. In: Europe. Revue littéraire mensuelle 659 (mars 1984), S. 104–112.
Ders.: »Cours de Littérature« und »Education Nationale«. Zur Genesis und Konzeption von Literaturunterricht und Literaturwissenschaft in Institutionen der Spätaufklärung, der Französischen Revolution und der napoleonischen Ära. In: Bernard Cerquiglini u. Hans Ulrich Gumbrecht: Der Diskurs der Literatur und Sprachhistorie. Wissenschaftsgeschichte als Innovationsvorgabe. Frankfurt/M.: Suhrkamp 1983, S. 111–134.

Ders.: Kriminalität und Literatur im Frankreich des 18. Jahrhunderts. Literarische Formen, soziale Funktionen und Wissenskonstituenten von Kriminalitätsdarstellung im Zeitalter der Aufklärung. (Reihe Ancien Régime, Aufklärung und Revolution, Bd. 8) München u. Wien: Oldenbourg 1983.

Simone Messina u. Peter-André Bloch: Fiction romanesque (1760–1820). In: Cahiers d'histoire littéraire comparée 5–6 (1980/81), S. 153–206.

J[...] Noury: Le Théâtre-Français de Rouen en 1793. Paris 1893.

Jacques Saint-Germain: D'Argenson, Lieutenant-Général de Police sous Louis XIV. In: Revue des Deux Mondes 1966, S. 387–403.

Michel Vovelle: De la mendicité au brigandage. In: Actes du 86e Congrès national des Sociétés Savantes. Section d'Histoire Moderne et Contemporaine 1962, S. 483–512.

Ludwig Wyplel: Ein Schauerroman als Quelle der *Ahnfrau*. Ein Beitrag zur Erschließungsgeschichte der Tragödie. In: Euphorion 7 (1900), S. 725–758.

Holger Dainat

»Wie wenig irgend ein Mensch für die Unsträflichkeit seiner nächsten Stunde sichere Bürgschaft leisten könne!«

Kriminalgeschichten in der deutschen Spätaufklärung

1. Die Blickpunkte: Anthropologie und Moral

Über den ›*Einfluß der schönen Wissenschaften auf die Rechtsgelehrsamkeit*‹ spricht 1781 Karl von Eckartshausen vor der Bayerischen Akademie der Wissenschaften anläßlich des Namenstages des Kurfürsten Karl Theodor. Zwar denkt der Festredner dabei vor allem an die klassischen, an die antiken Autoren, doch sein Gedankengang ist gegenwartsnah, empfindsam.[1] Er folgt nicht mehr einer langen Tradition, die der Beredsamkeit und Dichtkunst die Aufgabe zuordnet, juristischen Texten, diesem notorisch trockenen Stoff, mittels einer schönen Einkleidung Aufmerksamkeit zu sichern. Außer »als Verschönerer, als Maler« kann der Dichter dem Juristen auch »als Erläuterer, als Quelle« dienen, »wenn er uns wichtige facta überliefert, auf deren Aufbewahrung man zu seiner Zeit, vielleicht, weil sie zu bekannt waren, nicht bedacht war.«[2] Diese Zuordnung zur ›höheren Wissenschaft‹, im Sinne der Hierarchie der Fakultäten, findet ihr Ende, wenn man – wie Eckartshausen – die schönen Wissenschaften dadurch bestimmt, daß sie »das Gefühl der Menschlichkeit in uns bilden«, »uns zum wohlthätigen Menschen und nützlichen Bürger«[3] machen. Mit der zugesprochenen Kompetenz für die Vermittlung der untrennbar miteinander verbundenen Moral und Menschenkenntnis treten sie nun an die Seite der Rechtsgelehrsamkeit, beanspruchen sie, zumindest deren Komplement zu sein. Über den Menschen im Juristen soll die Moral wieder in das Rechtssystem eingeführt werden, ohne die vollzogene Ausdifferenzierung[4] rückgängig zu machen:

> Nur du gefällige Menschenliebe, Trieb zur Gerechtigkeit schützest die Gerichtsstühle vor abentheuerlichen Aussprüchen. Wenn die Menschenliebe die Gerichtsstube verläßt, so fällt die Gerechtigkeit ohne Stütze; die Gesetze entscheiden nicht mehr, sondern blosse Meynungen der Menschen.[5]

---

[1] Vgl. Jäger: Empfindsamkeit und Roman; Sauder: Empfindsamkeit; Wegmann: Weltferne und sanfte Vergesellschaftung.

[2] Schott: Abhandlung, S. 45f. – Vor diesem Hintergrund rezipiert man Pitavals *Causes célèbres* oder Eisenharts *Rechtshändel* als Beispiele ›gerichtlicher Beredsamkeit‹, die »die schöne[n] Wissenschaften mit der rechtlichen Praxi« verbinden (ebd. S. 90; vgl. Schmid: Anzeige, S. 59).

[3] v. Eckartshausen: Schöne Wissenschaften, S. 12.

[4] Vgl. Luhmann: Ausdifferenzierung des Rechts; Schönert: Kriminalgeschichten, S. 53–56.

[5] v. Eckartshausen: Schöne Wissenschaften, S. 31 u. 30.

Wer als Gesetzgeber, Richter, Advokat das Studium der schönen Wissenschaften vernachlässigt, wer das ›Gefühl der Menschlichkeit‹ oder – was dasselbe besagt – sein Herz nicht bildet, der »wird immer ein Spiel seiner Leidenschaften, und derjenigen seyn, die seine Schwäche zu gebrauchen wissen.«[6] Das Schwergewicht liegt bei der internen Bedrohung durch die eigenen Affekte, die »das Vernünfteln im klaren Falle der Gesetze«[7] verursachen, die der kluge Gegner für sich arbeiten läßt. Um nicht als Opfer der Leidenschaften seine Freiheit einzubüßen, bedarf es deren Domestizierung zu Gefühlen, die der Vernunft gehorchen. Die Empfindsamkeit kann weiter mit der jetzt internalisierten binären Schematisierung operieren, die sich der Kombination anthropologischer und moralischer Duale (Ratio – Affekt und Tugend – Laster) verdankt. Die Vernunft garantiert allgemeine Ordnung, während Laster aus Affekten, aus Eigennutz resultieren, als Irrtümer erscheinen. Richtig sind die Begriffe, ›ächt‹ ist die Bildung des Herzens, wenn sie sich auf die Gesellschaftlichkeit beziehen, wenn Mensch und Menschheit ineinander aufgehen. Und das kann das Individuum empfinden: In relativer Unabhängigkeit von seiner Umwelt kann es, zur Menschlichkeit gebildet, seine eigene Vollkommenheit, die immer schon auf die beste aller möglichen Welten, letztlich auf die *perfectio* Gottes verweist, als Glückseligkeit genießen.[8] Angesichts dieser utopischen Konstruktion geraten deren totalitäre Effekte aus dem Blick, so daß Eckartshausen unbefangen Lykurg als den musterhaften Gesetzgeber lobt,

> der die feinsten Kenntnisse des Menschen besaß, dem die Wirkung der Seele auf jede Nerve bekannt war, und der die geheimsten Neigungen des Herzens durch schöpferische Macht zum Gehorsam seiner Gesetze zu bringen wußte.[9]

Hat Eckartshausen bisher die ›Bildung des Menschen‹ hervorgehoben, so widmet er sich nun vorzüglich dem anderen Aspekt, den die schönen Wissenschaften bewirken sollen, exakt zehn Jahre später, als er – vor gleichem Forum und aus gleichem Anlaß – *Ueber die Nothwendigkeit physiologischer Kenntnisse bey Beurtheilung der Verbrechen* spricht. Physiologie, Anthropologie, Erfahrungsseelenkunde usw. bezeichnen ein gemeinsames Interesse, dem auch die schöne Literatur verpflichtet ist.[10] Eckartshausen bleibt sozusagen beim alten Thema, nur daß er

---

[6] Ebd. S. 15. – Vgl. zum Folgenden Fohrmann: Utopie und Untergang, S. 106f. u. 109–111.

[7] v. Eckartshausen: Schöne Wissenschaften, S. 30.

[8] Vgl. Luhmann: Theoriesubstitution, S. 128–138.

[9] v. Eckartshausen: Schöne Wissenschaften, S. 21. – Den Einwand, die gezielte Beobachtung aller Menschen seiner Umgebung würde »jedermann von dem Richter entfernen«, beantwortet J. Chr. Schaumann mit ähnlich weltfernem Vertrauen; »nur der Blick des lauernden Spähers entfernt; aber der wohlmeynende Blick des väterlichen Beobachters bringt näher« (Kriminalpsychologie, S. 19).

[10] Die Interessenverschiebung von der Beredsamkeit zur Moral bzw. Anthropologie kennzeichnet auch die kritische Rezeption der Pitavaltradition in den späten 1770er Jahren. Eine anonyme *Rezension Berühmter Rechtshändel* (S. 285) kommt nach längeren Abwägungen zum Ergebnis, daß die Übersetzung aus dem Französischen für die Beredsamkeit an »deutschen Gerichtshöfen keinen wesentlichen Nutzen gewährt, [...] doch den Leser auf die geheimen Triebfedern des menschlichen Herzens, auf die Besonderheiten der

sich jetzt dem Menschen als Objekt zuwendet, dem Delinquenten. Weil der Richter, der des Übeltäters »sittlichen Charakter umzuändern« beabsichtigt, die Vorgeschichte der Untat kennen muß, hat er sein Augenmerk auf den »Stuffengang vom Irrthume zum Laster«[11] zu richten, auf die durchgängigen Kausalketten, die mit Finalität harmonieren:

> Der Weise folgt in allem der Ordnung der Natur; diese kettet das Uebel als eine nothwendige Folge unmittelbar an die böse That, nicht um den Menschen zu zerstören, sondern um ihn auf die Wege der Ordnung wieder zurückzuweisen, auf welchen er nur allein seine Glückseligkeit findet.[12]

Das Projekt der ›Menschenverbesserung‹ und d. h. die Willensänderung des Verbrechers verspricht nur dann Erfolg, »wenn ich seine Neigungen und Triebe [...] studirt habe, die so tief in der menschlichen Natur gegründet sind.«[13] Damit nicht genug:

> Der Physiolog betrachtet die Erziehung, die der Verbrecher erhalten hatte; die Schicksale, welche er von Jugend auf hatte; die Lage, in welcher er sich befand, als er zur bösen That schritt; das Maaß seiner Kenntnisse, die Reihe seiner vorhergehenden Handlungen, die Langsamkeit oder Geschwindigkeit, mit welcher er sein Verbrechen vollstreckte; die Reizungen, welche er dazu empfieng, und die Aeußerungen, welche er noch einige Zeit über die begangene That von sich gab; das Temperament, welches er von seinen Eltern annehmen mußte, wie sie es ihm mit in die Welt gaben; seinen Stand, sein Alter – Gott! wie wird sich durch diese Betrachtungen die Geschichte seines Verbrechens aufklären![14]

Was Eckartshausen hier programmatisch formuliert, das bemühen sich seit den späten 1770er Jahren bereits die Kriminalgeschichten einzulösen, die damit eine veränderte Wahrnehmung von Kriminalität inaugurieren: Während die Pitavaltradition den verwickelten und deshalb interessanten Rechtsfall bevorzugt, der seine Spannung aus der juristischen Argumentation und dem entsprechenden Verfahren bezieht, wendet sich die Kriminalgeschichte dem Täter, der Tat und ihrer Umstände zu. Der raffiniert-diffizile Fall weicht der Gewalt des leidenschaftlichen Verbrechens, meist Mord- und Totschlagsdelikten, weicht den ›alltäglichen‹ blutigen Katastrophen, die sich kleinsten Abweichungen oder dem bloßen Zufall verdanken. Die Abkehr von einer juristischen zugunsten einer anthropologisch-moralischen Perspektive geht mit einer Dramatisierung von Kriminalität einher, weil das Verbrechen nun zur Chiffre für die als bedrohlich erfahrene Verletzlichkeit – bei Kleist heißt es später: Gebrechlichkeit – der menschlichen und göttlichen Ordnung wird.

---

menschlichen Handlungen und Geschäfte« aufmerksam mache. Und Seybold (Doktor der Arzneikunst, S. 260f.) meint nach dem kurzen Referat zweier Fälle, daß Des Essarts' Sammlung »mir für das Studium des Menschen wichtiger zu sein scheint, als für die Advokatur«. Vgl. auch F. Schillers *Pitaval*-Vorrede. Den gleichen Bruch beschreibt für Frankreich Lüsebrink (Kriminalität und Literatur, S. 163–167).

[11] v. Eckartshausen: Physiologische Kenntnisse, S. 20 u. 14.

[12] Ebd. S. 20.

[13] Ebd. S. 32.

[14] Ebd. S. 19; vgl. Bühler: Kriminalfälle, S. 174f.

Anders als der Festredner Eckartshausen, dem zufolge die »Lehre von der Moralität der menschlichen Handlungen [...] die wichtigste Lehre der peinlichen Jurisprudenz«[15] bildet, betont der Gattungsbegründer A. G. Meißner gerade »den großen Unterschied zwischen gesetzlicher und moralischer Zurechnung, zwischen dem Richter, der nach Thaten, und demjenigen, der nach dem Blick ins Innerste des Herzens urtheilt.«[16] Man kann darin ein taktisches Zurückweichen des Justizkritikers vor der Zensur lesen, das Zeitgenossen zu entziffern vermochten.[17] Andererseits liegt in der Ausklammerung juridischer Argumentationen eine Konzentration auf das moralisch-anthropologische Grundlagenproblem und eine Ausweitung der Kritik, einer moralischen Kritik mit politischer Stoßrichtung:[18] Die gesamten Lebensverhältnisse nicht nur des Delinquenten geraten in das scharfe Licht der Aufklärung. Daß »die größte Anzahl dieser elenden« Diebe und Mörder »aus der niedrigsten Klasse des Volkes« stammen, daß »sie fast immer ein Raub der drükkendsten Armuth« sind und unter einem Druck leben, der »vielleicht ein nothwendiges Uebel unserer Staatsverfassungen; aber um deswillen nicht minder schädlich und lästig für das Individuum«[19] ist, hebt K. Müchler 1787 hervor, um die – in der Folge zugespitzte – Frage anzuschließen, wen man denn »mehr anklagen solle: ob die Mängel unsrer Verfassung und Gesetzgebung, denen man oft die Komplicität bei Verbrechen vorwerfen kann, oder den unglücklichen Verbrecher«.[20]

Die Radikalität der Aussage darf nicht darüber hinwegtäuschen, daß Müchler und Eckartshausen dieselben Prämissen teilen: Bei beiden läuft es auf die Herstellung einer vorgegebenen Ordnung hinaus, die Individualität als (zu tilgende) Abweichung denkt; beide singen das Hohelied der Erziehung, die im Subjekt die Ratio stärkt, um so »alle Vorsorge gegen die Irrthümer des Herzens und des Verstandes«[21] zu treffen. Und doch gibt es einen markanten Unterschied. Die Kriminalgeschichten begnügen sich eben nicht damit, das harmonistische Konzept zu exemplifizieren, sondern die Umsetzung des umfassenden Untersuchungsprogramms stellt das Konzept infrage, ohne es ersetzen zu können. Zunächst folgen die Erzählungen den Kausalketten in aller Umständlichkeit und entwickeln so ein Gespür für äußerst komplexe Geschehensabläufe und Sachlagen. Und indem sie sich der juristischen Argumentation und überhaupt des abstrakten Räsonnements

---

[15] v. Eckartshausen: Physiologische Kenntnisse, S. 16.

[16] Meißner: Vorrede zur 13. Sammlung seiner Skizzen (1796), zitiert nach: Werke Bd. 15, S. 9. – Vgl. Schönert: Ausdifferenzierung, S. 107. Eine repräsentative Auswahl des Genres liegt mittlerweile vor in der Sammlung *Kriminalgeschichten aus dem 18. Jahrhundert.*

[17] Ch. H. Schmid (Anzeige, S. 59) rechnet Meißners Kriminalgeschichten zu den »Erzählungen der neuern schönen Geister [...], die sie entwerfen, um die ehmaligen [!] Mängel der peinlichen Untersuchungen mit lebhaften Farben zu schildern«.

[18] Vgl. Koselleck: Kritik und Krise.

[19] Müchler: Mord aus Liebe, S. 57.

[20] Ders.: Kriminalgeschichten, S. 11. – Fünf Jahre zuvor (Mord aus Liebe, S. 57) fehlte noch der Relativsatz mit dem ›Komplicitäts‹-Vorwurf.

[21] v. Eckartshausen: Physiologische Kenntnisse, S. 25. Vgl. Müchler: Kriminalgeschichten, S. 18f.

weitgehend enthalten, sich darauf beschränken, das verworrene Gewebe bloßer ›Fakten‹, die ›historische Wahrheit‹, dem Leser zu offerieren, öffnen sie ein Feld für Interpretationen und d. h. letztlich für unendliche Auslegbarkeit, wie es wenige Jahre später genannt werden wird, ohne damit die Steuerung der Rezeption durch die Art und Weise des Erzählens auszuschließen. Weil sie die »republikanische Freiheit des lesenden Publikums, dem es zukömmt, selbst zu Gericht zu sitzen«,[22] ernst nehmen, weil sie auf den Kommentar des Rezipienten setzen, können die Kriminalgeschichten sich kommentarlos präsentieren.

Der 27jährige Peter Heinrich Kugler läßt sich als preußischer Soldat anwerben. Nach einiger Zeit lernt er in seiner Garnison ein armes Mädchen, Friederike Luise Flemingen kennen; sie verlieben sich und wollen heiraten, aber die militärischen Vorgesetzten erteilen keine Erlaubnis, schikanieren Kugler und verbieten ihm jeden Umgang mit der Geliebten. Darauf desertiert Kugler mit seiner Braut ins Mecklenburgische, erhält aber auch hier keine Heiratsgenehmigung, so daß er sich wieder von den Preußen anwerben läßt für 20 Thaler Handgeld und einen Pardonbrief, in dem ausdrücklich die Ausstellung eines Trauscheins zugesichert wird. Aufgrund einer besonderen Konvention zwischen seinem jetzigen und dem vorigen Regiment reklamiert ihn letzteres erfolgreich. Ein Offizier verhört Kugler, läßt ihn mit dem Stock schlagen und droht, statt seiner – der Pardonbrief wird anerkannt – die Liebste schändlich zu bestrafen. Die Flemingen zweifelt nicht an der Erfüllung dieser Drohungen, zumal bei der Ausstellung des neuen Pardonbriefes, vermutlich durch ein bloßes Versehen, die Zusage des Trauscheins ausgelassen wird. Vor die Alternative gestellt, schändliche Bestrafung und Trennung vom Geliebten oder den Tod zu erleiden, wählt sie den Tod und bittet Kugler, sie doch umzubringen. Er sträubt sich, sie bleibt standhaft, er schiebt die Entscheidung hinaus. Als sie endlich droht, sich selbst zu töten, willigt er in ihren Wunsch ein, um sie vor dieser Todsünde zu bewahren. Nach diesem »Mord aus Liebe«[23] geht der geständige Kugler gelassen seinem eigenen Tod durch das Schwert entgegen.

Die knapp 20jährige Katharina, zukünftige Erbin eines Bauernhofes und viel umworben, schenkt ihre Gunst dem Nachbarssohn Anton. Die Eltern verbieten ihr den Umgang mit ihm und zwingen sie, einen Schmied zu heiraten. Wie zu erwarten, ist die Ehe unglücklich, Zank an der Tagesordnung. Der verhaßte Gatte duldet lange ihre Possen, bis er sie durchprügelt, wofür übrigens ihre Eltern Verständnis zeigen. Scheinbar gibt Katharina nach, plant aber Rache. Da sie weiter den vertrautesten Umgang mit Anton pflegt, bestürmt sie ihn nun, daß er ihr, die seinetwegen gelitten habe, helfen möge. Sein Schade sei es nicht, als reiche Witwe würde sie ihm die Hand reichen. Anton zögert, sie entwickelt einen detaillierten Mordplan, an dem sie sich tatkräftig beteiligen will. Nach langer Überzeugungsarbeit mit vielfältigen Mitteln erklärt er seine Bereitschaft, doch kaum allein, kommen ihm Bedenken, so daß er seinen älteren Bruder Georg um Beistand bittet, der das ganze Vorhaben voller Abscheu ablehnt und Anton das Versprechen abringt, an dem bewußten Tag zuhause zu bleiben. Gleichwohl traut Georg ihm nicht und findet ihn zum fraglichen Zeitpunkt tatsächlich am vorgesehenen Tatort. Wieder setzt er seine Beredsamkeit ein, greift schließlich zur Drohung, alles zu verraten. Das wirkt. Kaum sind einige Schritte getan, als Katharinas Signal ertönt, und Anton ihr entgegenstürzt. Georg ist zunächst unentschlossen, bis er die Hilferufe seines dem Schmied unterliegenden Bruders hört. Fassungslos am Kampfplatz angekommen, ergreift er Antons Beil, erschlägt den Schmied und flüchtet. Bevor Anton mit dem Beil ebenfalls den Tatort verläßt, erdrosselt er noch das Opfer. Durch den unplanmäßigen Ablauf erschreckt, floh Katharina schon beim ersten Angriff. Nachdem sie aber die Stimme des Geliebten gehört hat, geht sie beruhigt schlafen, statt, wie abgesprochen, Bürger um Hilfe für den von Räubern überfallenen Ehemann herbeizuholen. Nicht allein wegen dieses

---

22 Schiller: Verbrecher aus verlorener Ehre, S. 14.

23 Müchler: Mord aus Liebe.

verdächtigen Verhaltens wird sie am nächsten Tag verhaftet; sie streitet ein paar Stunden lang alles ab, bevor sie gesteht. Der gefangengesetzte Anton bekennt im ersten Verhör die Mitschuld Georgs, der den Justizbeamten mit Tränen in den Augen geständig entgegenkommt. Den Landesgesetzen entsprechend, erhalten »der Mörder aus Bruderliebe«[24] 8 Jahre Gefängnis, die Ehebrecherin 30 und ihr Buhler 15 Jahre.

Solche Erzählungen, in denen gerade die gepriesenen soziablen Gefühle tödliche Konsequenzen entwickeln, beeindrucken den empfindsamen Aufklärer, ja irritieren ihn. So schwankt er im ersten Fall zwischen »Mitleid und Unwillen«, kritisiert er selbstverständlich die ›übertriebene Zärtlichkeit‹ und »Schwärmerey«, in der er ein Ergebnis »der Lectüre unserer empfindsamen Romane« vermutet, um zugleich festzustellen, »daß beyde nicht aus gemeinem Ton geformt waren.«[25] Der gewohnte binäre Schematismus weicht einer Mehrdeutigkeit, einer Ratlosigkeit. Selbst die Einführung eines mittleren dritten Terms hilft nicht weiter, wie unsere andere Geschichte zeigt: Nicht die wollüstige, die lasterhafte Katharina, nicht der schwache Anton, sondern der tugendhafte Georg versetzt dem Opfer den entscheidenden Schlag. Zwar läßt sich das Verbrechen des Tugendhaften auf einen winzigen Augenblick in einem Leben voller Rechtschaffenheit reduzieren, doch genau damit gewinnt das Problem an Plausibilität und tritt in der Form eines Paradoxes auf, das nicht aufgelöst, sondern lediglich als Geschichte entfaltet werden kann: *Blutschänder, Mordbrenner und Mörder zugleich, den Gesetzen nach, und doch ein Jüngling von edler Seele,* so lautet der Titel der ersten Kriminalgeschichte (Meißners).[26]

2. Gefährdete Ordnung und forcierte Aufklärung

Die zentralen und Universalität beanspruchenden Ordnungsmuster der Aufklärung stehen zur Debatte. Das löst eine Beunruhigung aus, ein Erschrecken, von dem die Kriminalgeschichten Zeugnis ablegen, das sie erzeugen und fortschreiben, auch wegzuschreiben versuchen. Um die Erfahrung einer neuen Unsicherheit gruppieren sich die Texte, die die Gefahren, die aus dem Orientierungsverlust von Vernunft/Tugend resultieren, an Mord und Totschlag dramatisch veranschaulichen. Vor diesem Hintergrund können die zur gleichen Zeit ebenfalls beliebten Wahnsinns- und Selbstmordfälle als funktional äquivalente Themen begriffen werden.

Die Beunruhigung fordert zur forcierten Aufklärung heraus. Weitere Erkundigungen sind einzuziehen, um vielleicht derart die Eindeutigkeit zurückzugewinnen. Mit umfassenden Untersuchungsprogrammen – wie dem zitierten von Eckartshausen – rückt man der historischen Wahrheit zu Leibe. Der Anspruch scheint mir hier wichtiger zu sein als die Einlösung, die zudem schwer zu bemessen

---

[24] Meißner: Der Mörder aus Bruderliebe.

[25] Liebe, Verbrechen, Schwärmerey, S. 134, 136 u. 140. Hierbei handelt es sich um eine andere Version des Kugler-Falles.

[26] Meißner: Skizzen, S. 68–94. – Vgl. H. Dainat: Der unglückliche Mörder.

ist. Gleiches gilt für die (rhetorische) Ablehnung der Rhetorik zugunsten der Geschichtsschreibung, für die Forderung nach der Wiedergabe bloßer ›Fakta‹, für das Verbot der Fiktion, der romanhaften Erfindungen. Wichtiger ist der Konsens über diese Ansprüche als deren Erfüllung deshalb, weil man sich damit folgenschwer auf eine bestimmte Ebene der Argumentation festlegt, weil man sich auf pure Empirie ein- und den Schutz verläßt, den die Idealisierungen der auf Perfektion setzenden Darstellungen bieten (wo man wissen kann, daß man in aller Regel ohnehin schlechter als die empfohlenen Muster und besser als die Gegenbeispiele ist). Die Distanz zu den Figuren in den Geschichten verliert sich; sie sind der gleichen unsicheren Wirklichkeit verpflichtet wie der Leser.

Und diese Wirklichkeit soll jetzt ergründet werden, den Kausalketten bis an deren Anfang gefolgt werden oder bis dorthin, wo sie sich selbst dem geschärften Blick entziehen. Gerade auf die kleinen unscheinbaren Details konzentriert sich die Aufmerksamkeit des Menschenbeobachters, denn sie sind leicht zu übersehen und können buchstäblich katastrophale Folgen haben. »Vermuthlich durch ein bloßes Versehen«[27] wird in unserer obigen Geschichte die Versicherung eines Trauscheins im zweiten Pardonbrief ausgelassen. »Ein unglüklicher Zusammenfluß kleiner, oft völlig unbedeutend scheinender, Umstände macht diesen zum Dieb, und jenen zum Mörder«;[28] eben deshalb drängt es sich auf, alles zu notieren, was von Belang sein könnte. Die Details vermehren sich explosionsartig, der Menschenbeobachter stürzt in Mikrologien. Schwierigkeiten stellen sich sofort ein, wenn die vielfältigen, auf disparaten Konzepten beruhenden Beobachtungen zu einer Erklärung des Geschehens zusammengefaßt werden sollen. Meist bleibt es bei einer additiven Reihung der ›Tatsachen‹. Wenn »jede Ursache, sie sei noch so entfernt als sie wolle, wodurch der Handelnde unwillkührlich geleitet wurde, welche also für sich mittelbar oder unmittelbar auf die unerlaubte Handlung wirkte«,[29] zu berücksichtigen ist, dann setzt man sich unter einen Zwang zur Vollständigkeit, für deren Erreichen es wiederum keine Sicherheit (und kein Kriterium!) gibt. Die Vergangenheit ist nach hinten offen. Die Realität beginnt, bodenlos zu werden.

Fällt es schon den geschulten Beobachtern schwer, auf alle ›unbedeutend scheinenden Umstände‹ zu achten,[30] so potenzieren sich die Schwierigkeiten zur Unmöglichkeit für denjenigen, der unter Zeitdruck handeln muß, ohne jeweils die (unabsichtlichen) Folgen seiner möglichen Taten zu überblicken. Oftmals verkleinern sich die Ursachen oder ihre Verkettungen bis zur Unsichtbarkeit, bis sie buchstäblich verschwinden, um dem Zufall, dem ›blinden Ohngefähr‹, den Platz zu räumen. Eine auf durchgängiger Kausalität beruhende Ordnung der Dinge löst sich auf. Unübersehbare Risse durchziehen den göttlichen Bau der Welt. Die Zukunft

---

[27] Müchler: Mord aus Liebe, S. 64.
[28] Ebd. S. 57.
[29] Bühler: Kriminalfälle, S. 8.
[30] Dem zeitgenössischen Juristen ist dies meines Wissens kein Problem; wie es zu lösen ist, muß er indessen zu Beginn des 19. Jahrhunderts mühsam erlernen. Vgl. dazu den Beitrag von W. Naucke in diesem Band.

entzieht sich der Prognostizierbarkeit, und das bedeutet das Ende der – etwa von Eckartshausen befürworteten – Konzepte der Herzensbildung oder Menschenverbesserung. Jedem kann es jetzt ergehen wie dem tugendhaften Georg. Im »Schicksal dieses Unglücklichen« sieht der Erzähler seiner Geschichte lediglich »ein Beispiel mehr [...]: wie wenig irgend ein Mensch für die Unsträflichkeit seiner nächsten Stunde sichere Bürgschaft leisten könne!«[31]

Eine solche ›Moral der Geschichte‹, die die absolute Unsicherheit menschlicher Verhältnisse prämiert, erweitert den Bereich dessen, was erzählt werden kann. Höchst merkwürdige und wunderbare oder vielmehr schreckliche Ereignisse beanspruchen jetzt die Normalität für sich. Zumal ein schnell expandierender Zeitschriftenmarkt mit seinem Bedarf für Aufmerksamkeit erregende Texte die Konstruktion solcher Geschichten stimuliert. Immer neue, rasch aufeinander folgende Wiederholungen und Variationen überführen die provokante Botschaft ebenso rasch in eine unterhaltsame Gewohnheit, bis sie in Parodien[32] auf die Wahrscheinlichkeit des Unwahrscheinlichsten enden oder in der literarischen Pflege unerhörter Begebenheiten.

Mancher Aufklärer sieht sich genötigt, selbst das Feld – und die Gattung erscheint durchaus als Kampffeld – zu betreten und »in Beispielen zu zeigen, wohin endlich das Verachten der kalten Vernunft und das Nachhängen des Glaubens an geheime Wunderkräfte und deren Einwürkungen, uns führen müssen«, nämlich zum Vatermord, zur »Verzweiflung an allem Wahren und Guten [...]. Und einem solchen schrecklichen Zustande ist jeder ausgesetzt, der mehr schwärmt als kalt denkt und ruhig untersucht«.[33] Die Behauptung der ›kalten Vernunft‹ führt in Konstellationen, in denen die Umstände über die moralischen Qualitäten der Personen zu siegen drohen, zur verschärften Moralisierung.

Gegen diese Art einer forcierten Aufklärung wehrt sich K. Ph. Moritz vehement und betreibt eine andere. Um »der Wahrheit um ihrer selbst willen näher zu kommen«,[34] suspendiert er (vorläufig) jede Finalität. Zur Sammlung bloßer Fakten legt er sein *Magazin zur Erfahrungsseelenkunde* an, um zu einem späteren Zeitpunkt Schlußfolgerungen aus dem Material zu ziehen. Alles ist ihm relevant oder könnte es doch sein und bietet ihm Gelegenheit, darauf sein vom Zweifel geprägtes Nachdenken zu richten. Weil er selbst seine Kriterien zur Disposition stellt, verliert er sich nur zu oft im Grübeln, haltlos mag man es nennen. Seine Zeitgenossen lasten ihm an, daß er immer wieder zum menschlichen Elend zurückkehrt, und sie diffamieren sein Projekt als das eines Melancholikers. Moritz erscheint ihnen als

> ein Mensch, der beständig über sich selbst brütet und nachdenkt, der immer tiefer in das verworrene Gewebe seines Herzens schaut, der muß dort auf so wundervolle, so seltsame Erscheinungen treffen, daß er nach und nach ganz an sich verzweifelt, bei jeder Handlung, die die Welt gut nennt, wird er mißtrauisch werden, in seinem Herzen nachschlagen

---

[31] Meißner: Der Mörder aus Bruderliebe, S. 15.
[32] Vgl. Grot: Der mit Recht bestrafte Dieb.
[33] Gruner: Rau, ein Vatermörder, S. 17 u. 23.
[34] Moritz: Revision über die Revisionen, S. 4.

> und finden, daß sie vielleicht aus dem jammervollsten Eigennutz, aus der lumpigsten, verächtlichsten Leidenschaft entsteht, so gewöhnt sich ein solcher Mensch Tugend für ein Hirngespinst zu halten, er folgt seinen Launen, seinen augenblicklichen Stimmungen, ohne zu untersuchen, ob sie zu tadeln oder zu loben sind, weil bei ihm beides zusammenfällt. – Dies ist ein großer Schade, das Studium der Psychologie, wenn es zu weit getrieben wird, der Mensch verliert alle Kraft zu handeln, aller Enthusiasmus wird in ihm erstickt, er verliert sich in trägen Spekulationen.[35]

Wer so argumentiert, rückt den Spätaufklärer in die Nähe der von ihm beschriebenen unglücklichen Täter, zu denen nicht zufällig zahlreiche Melancholiker gehören.

Die rigide Behauptung der Vernunft/Tugend und das Sich-Verlieren im unüberschaubaren Faktenmeer markieren die beiden Extrempositionen, denen die meisten Texte durch gezielte Indifferenz die Spitze nehmen. Wer »die sonderbare Verkettung vom Guten und Bösen, [...] die dünne Mark zwischen Tugend, Schwäche und Laster, [...] die Unsicherheit menschlicher Urtheile«[36] erkennt, dem empfiehlt es sich, »den sanften Geist der Duldung« zu postulieren und »den grausamen Hohn und die stolze Sicherheit« auszurotten, »womit gemeiniglich die ungeprüfte aufrechtstehende Tugend auf die gefallene herunterblickt.«[37] Die gemäßigte Sichtweise kann zudem Hoffnung aus der Struktur der Kriminalgeschichten schöpfen, die stets vom Ende und d. h. oft ›aus den Akten‹ erzählt werden. Der Unabschließbarkeit der Suche nach Gewißheit tritt die Abgeschlossenheit des Falles entgegen: Die Verbrecher entgehen ihrer Strafe nicht, ob sie nun gerecht sein mag oder nicht, kein Fall bleibt unaufgelöst. Freilich geschieht dies nicht durch Detektion,[38] eher durch das Walten einer transzendenten Gerechtigkeit, die wahlweise als Providenz, Nemesis oder Zufall in den Lauf der Dinge eingreift, wobei die Austauschbarkeit der unterschiedlichen Konzepte für deren rein funktionale Verwendung spricht. Eleganter ist die Aufklärung allemal, wenn die unglücklichen Mörder wie unser Kugler »nach vollbrachter That ihre eigenen ersten Ankläger«[39] werden und gelassen der Bestrafung, ja selbst dem Tode auf dem Schafott entgegen sehen. Das hat utopische Qualität – utopisch im Sinne der literarischen Gattung.[40] Selbstverständlich darf es nicht geschehen, weil der Delinquent über Mord und Hinrichtung der Todsünde eines Selbstmordes ausweicht und Zeit zur Bekehrung findet, um sein elendes Leben zu beenden, ohne die Aussicht auf ewiges Seelenheil zu verlieren. Solches Verhalten bekämpfen die Aufklärer als Aberglauben. Der Vorteil des freiwilligen Bekenntnisses liegt darin, daß das Individuum die Taten als eigene sich selbst zurechnet, sich selbst als verantwortungsvolles Subjekt konstituiert, indem es die im Kausalnexus impli-

---

[35] So Tieck in einem Brief an Wackenroder (28. 12. 1792) über den gemeinsamen Lehrer, in: W. H. Wackenroder: Werke, S. 406f.

[36] Meißner: Werke Bd. 15, S. 8.

[37] Schiller: Der Verbrecher aus verlorener Ehre, S. 15.

[38] Vgl. Hügel: Untersuchungsrichter, Diebsfänger, Detektive.

[39] Müchler: Mord aus Liebe, S. 58.

[40] Vgl. z. B. Mercier: Das Jahr 2440, S. 57–64.

zierte Notwendigkeit und damit Zurechnungsunfähigkeit transzendiert. Wer dabei die historische Wahrheit verläßt, um sich zur philosophischen zu erheben, der muß sich – wie Schiller – den Vorwurf gefallen lassen, daß seine Kriminalgeschichte »mehr zu einem Roman als zu einer ächten Erzehlung geworden ist.«[41] Der Versuch mag raffinierter sein, nicht mehr – wie Eckartshausen – über die Tugend des Juristen, sondern über die des Delinquenten Recht und Gerechtigkeit miteinander zu versöhnen, trotzdem bleibt es – nicht nur für Juristen – ein hoffnungsloses Postulat, ein Ausweg von schöner Künstlichkeit, an dem spätere Interpreten die Freiheit und die höchste Humanität des Helden rühmen können, ein Weg, der nichtsdestoweniger für den Delinquenten, weil sich die Perspektive geändert hat und damit die Darstellungsmöglichkeiten, nicht aber das zugrundeliegende Ordnungskonzept, zum Schafott führt.

Als die nächste große Gattung, die in Deutschland wenige Jahre später, mit dem Beginn des 19. Jahrhunderts, einen Kriminellen zum Helden wählt, den ›edlen Räuberhauptmann‹ nicht nur am Leben, sondern auch eine paradoxe Karriere machen läßt, denkt keiner mehr daran, über den Einfluß dieser Sorte Literatur auf die Rechtswissenschaft eine Rede zu halten.

Literaturverzeichnis

(a) *Quellen*

Carl Friedrich Bühler: Kriminalfälle für Rechtskundige und Psychologen. Frankfurt u. Leipzig: Mezler 1794.

Karl von Eckartshausen: Rede von dem Einflusse der schönen Wissenschaften auf die Rechtsgelehrsamkeit. München: Strobl 1781.

Ders.: Ueber die Nothwendigkeit physiologischer Kenntnisse bey Beurtheilung der Verbrechen. Eine Rede. München: Lindauer 1791.

[J. M. F. von Endter]: Sammlung merkwürdiger Rechtsfälle aus dem Gebiete des peinlichen Rechts. Ein Lesebuch für Juristen und Nichtjuristen. Nürnberg: Grattenauer 1794.

Joachim Christian Grot: Der vor seiner Entdeckung mit Recht bestrafte Dieb. Ein Beitrag zur Beurtheilung der Kriminalfälle. In: Berlinisches Archiv der Zeit und ihres Geschmacks, Januar 1798, S. 58–63.

Johann Ernst Gruner: Rau, ein Vatermörder. In: Magazin zur Erfahrungsseelenkunde 7 (1789), 3. St., S. 17–24.

Kriminalgeschichten aus dem 18. Jahrhundert. Hg. von Holger Dainat mit Montagen von Heinz Beier. Bielefeld: Haux 1987.

Liebe, Verbrechen, Schwärmerey und Selbstmord, militärische Gefühllosigkeit und Henkersschwerdt; alles in Einer Geschichte. In: Philosophische und Litterarische Monatsschrift 2 (1787), S. 131–140.

---

[41] Endter: Sammlung merkwürdiger Rechtsfälle, S. 270, Anm.

August Gottlieb Meißner: Skizzen. Leipzig: Dyk 1778.
Ders.: Sämmtliche Werke. 15. Bd. Wien: Doll 1813.
Ders.: Der Mörder aus Bruderliebe. In: A. G. M.: Die Seelen-Folter. Geschichten vom Unstern und Aberwitz. Hg. von Hanne Kulessa. Darmstadt u. Neuwied: Luchterhand 1984 (= SL 523), S. 7–15.
Louis-Sébastien Mercier: Das Jahr 2440. Ein Traum aller Träume. Hg. von Herbert Jaumann. Frankfurt/M.: Suhrkamp 1982 (= st 676).
Karl Philipp Moritz: Revision über die Revisionen des Herrn Pockels in diesem Magazin. In: Magazin zur Erfahrungsseelenkunde 7 (1789), 3. St., S. 3–11.
Karl Müchler: Mord aus Liebe. In: Berlinische Monatsschrift, Juli 1787, S. 56–68.
Ders.: Kriminalgeschichten. Aus gerichtlichen Akten gezogen. Berlin: Vieweg 1792.
[Rezension] Berühmte Rechtshändel bey verschiedenen Parlamentern in Frankreich. 3 Thle. Berlin 1777. In: Beyträge zu der juristischen Litteratur in den Preußischen Staaten 3 (1779), S. 282–285.
Johann Christian Schaumann: Ideen zu einer Kriminalpsychologie. Halle: Gebauer 1792.
Friedrich Schiller: Der Verbrecher aus verlorener Ehre. Eine wahre Geschichte. In F. S.: Sämtliche Werke. Bd. 5. Hg. von Gerhard Fricke u. Herbert G. Göpfert. 2. Aufl. München: Hanser 1960, S. 13–35.
Christian Heinrich Schmid: Anzeige einiger Schriften, über die Verbindung der Rechtsgelehrsamkeit mit den schönen Wissenschaften. In: Neue Litteratur und Völkerkunde 1 (1787), 7. St., S. 42–61.
August Ludwig Schott: Abhandlung von der vortheilhaften Verbindung der schönen Wissenschaften mit der Rechtsgelehrsamkeit. Tübingen 1775.
David Christoph Seybold: Ein Doktor der Arzneikunst am Galgen. In: Deutsches Museum 1781, 3. St., S. 256–261.
Wilhelm Heinrich Wackenroder: Werke und Briefe. Heidelberg: Lambert Schneider 1967.

(b) *Forschungsliteratur*

Holger Dainat, Der unglückliche Mörder. Zur Kriminalgeschichte der deutschen Spätaufklärung. In: Zs. f. deutsche Philologie 107 (1988), S. 517–541.
Jürgen Fohrmann: Utopie und Untergang. L.-S. Merciers *L'An 2440.* In: Literarische Utopien von Morus bis zur Gegenwart. Hg. von Klaus L. Berghahn u. Hans Ulrich Seeber. Königstein/Ts.: Athenäum 1983, S. 105–124.
Hans-Otto Hügel: Untersuchungsrichter, Diebsfänger, Detektive. Theorie und Geschichte der deutschen Detektiverzählung im 19. Jahrhundert. Stuttgart: Metzler 1978.
Georg Jäger: Empfindsamkeit und Roman. Wortgeschichte, Theorie und Kritik im 18. und frühen 19. Jahrhundert. (Studien zur Poetik und Geschichte der Literatur, Bd. 11) Stuttgart u. a.: Kohlhammer 1969.
Reinhart Koselleck: Kritik und Krise. Eine Studie zur Pathogenese der bürgerlichen Welt. 2. Aufl. Frankfurt/M.: Suhrkamp 1976 (= stw 36).
Niklas Luhmann: Ausdifferenzierung des Rechts. Beiträge zur Rechtssoziologie und Rechtstheorie. Frankfurt/M.: Suhrkamp 1981.
Ders.: Theoriesubstitution in der Erziehungswissenschaft: Von der Philanthropie zum Neuhumanismus. In: N. L.: Gesellschaftsstruktur und Semantik. Studien zur Wissenssoziologie der modernen Gesellschaft. Bd. 2. Frankfurt/M.: Suhrkamp 1981, S. 105–194.
Hans-Jürgen Lüsebrink: Kriminalität und Literatur im Frankreich des 18. Jahrhunderts. Literarische Formen, soziale Funktionen und Wissenskonstituenten von Kriminalitätsdarstellungen im Zeitalter der Aufklärung. (Reihe Ancien Régime, Aufklärung und Revolution, Bd. 8) München u. Wien: Oldenbourg 1983.
Gerhard Sauder: Empfindsamkeit. Bd. 1: Voraussetzungen und Elemente. Stuttgart: Metzler 1974.

Jörg Schönert: Zur Ausdifferenzierung des Genres ›Kriminalgeschichten‹ in der deutschen Literatur vom Ende des 18. bis zum Beginn des 20. Jahrhunderts. In: Literatur und Kriminalität. Die gesellschaftliche Erfahrung von Verbrechen und Strafverfolgung als Gegenstand des Erzählens. Deutschland, England und Frankreich 1850–1880. Hg. von J. S. unter Mitarbeit von Joachim Linder. Tübingen: Niemeyer 1983, S. 96–125.

Ders.: Kriminalgeschichten in der deutschen Literatur zwischen 1770 und 1890. Zur Entwicklung des Genres in sozialgeschichtlicher Perspektive. In: Geschichte und Gesellschaft 9 (1983), S. 49–68.

Nikolaus Wegmann: Weltferne und sanfte Vergesellschaftung oder ›alles Glück, das dem Menschen gegeben ist‹. Zur Geschichte der Empfindsamkeit in Deutschland. Diss. Bielefeld 1984 (als Buch veröffentlicht unter dem Titel *Diskurse der Empfindsamkeit. Zur Geschichte eines Gefühls in der Literatur des 18. Jahrhunderts*, Stuttgart: Metzler 1988).

Hans-Ulrich Mohr

Rollen, Normen, Werte, Welt- und Gesellschaftsmodelle in Literatur und Rechtswesen

(Mit Beispielen zum englischen Schauerroman)

Mein Beitrag wird zunächst in Anlehnung an rollentheoretische, wissenssoziologische und systemtheoretische Ansätze ein Konzept darstellen, das es ermöglicht, Literatur und Rechtswesen funktional und strukturell im sozialgeschichtlichen Zusammenhang zu verorten. Auf dieser Grundlage wird er dann Korrelationen zwischen Literatur und Rechtswesen anhand von Beispielen des englischen Schauerromans skizzieren.[1]

1. Literaturfunktion und Gesellschaftsstruktur

Der Psychologe Christian Scherg hat rund 500 Leserzuschriften an Thomas Mann ausgewertet, die sich im Züricher Thomas-Mann-Archiv befinden. Resümierend kommt er zu der Auffassung, daß diese Leser dem Autor so dankbar sind, weil er ihnen half, »eine Störung der Selbst-Struktur« zu überwinden, die sich als »Beeinträchtigung des Selbstgefühls« aufgrund des »Gefühls der Zerrissenheit und Diskontinuität im Erleben«[2] äußerte. Literarische Lektüre ermöglichte also diesen Menschen die Konstituierung eines integrierten, kohärenten Selbst, d. h. von Identität. Diese Feststellung, die sich durch viele ähnlich lautende Zeugnisse untermauern ließe,[3] besagt zweierlei:

(1) Literatur hat – auf einer individualpsychologischen Ebene – identitätsbildende bzw. -regenerierende Funktion. Von dieser Funktion ist in der Regel immer dann auszugehen, wenn ein Text ohne massive äußere Einflußnahme und positiv zustimmend rezipiert wird.

(2) Diese Funktion von Literatur korrespondiert mit einem Bedarf an Identitätskonstitution auf seiten des Rezipienten. Identität ist offenbar von so labiler Beschaffenheit, daß sie immer wieder von neuem konstituiert werden muß.[4]

---

[1] Ausführliche Darstellungen meines Theorieansatzes sowie dessen Anwendung in Form einer Sozialgeschichte des englischen Schauerromans werden im Literaturverzeichnis genannt.

[2] Zit. n. Scherg: Literatur als Lebenshilfe, S. 651.

[3] Vgl. Schober: Text und Leser, S. 19; James Joyce: Stephen Hero. London: J. Cape 1969, S. 88ff.; Erikson: Identität und Lebenszyklus, S. 106ff. Gestützt auf diese Texte deute ich Schergs Feststellungen allgemeiner als er selbst. Bei Thomas Manns Lesern handelt es sich m. E. nicht nur um in der präodipalen Phase traumatisierte Individuen, auch wenn Scherg suggeriert, daß dies eine fast typische Folge bürgerlicher Erziehung war.

[4] Hierzu u. a.: Krappmann: Soziologische Dimensionen der Identität; de Levita: The Con-

Dieser Bedarf an Identitätserstellung verweist auf eine Leistung des Individuums, die dieses ständig für seine Beteiligung an Kommunikation und sozialem Handeln erbringen muß. Der Lebenslauf des Einzelnen besteht aus der immer neuen Konfrontation mit gesellschaftlich vorstrukturierten Situationen und kommunikativen Klassifikationsregeln, die es erlauben, mit relevanten Bezugspersonen und -gruppen zu kommunizieren.

Wenn es nun darum gehen soll, die Korrelation von ›Literatur‹ und ›Rechtswesen‹ zu erfassen, dann ist der Berührungspunkt beider Funktionsbereiche in den gesellschaftlich-strukturellen Komponenten zu suchen, mit denen Identität erstellt wird.

Soziale Kommunikation heißt vor allem: die Erwartungen anderer zu antizipieren. Relativ enttäuschungsfeste Zuordnungen der Erwartungen von Erwartungen der Teilnehmer an der sozialen Interaktion werden durch Normen geleistet. Sie stellen kontrafaktisch stabilisierte Verhaltenserwartungen gegenüber einer gemeinsamen Welt der Dinge, Handlungen usw. dar, an denen diese Erwartungen gleichsam festgemacht werden.[5] Um den Gesellschaftsmitgliedern den Umgang mit dieser gemeinsamen Welt zu ermöglichen und dabei weder den kontinuierlichen Bestand des Systems zu gefährden noch den Einzelnen dem Zwang auszusetzen, sich jeweils völlig von neuem auf die Erwartungen anderer einzustellen, gibt es Rollen. Das sind Erwartungsbündel, die so bemessen sind, daß sie ein Einzelner ausführen kann. Sie sind über Ausführungsbestimmungen (»Programme«)[6] auf die Normen zurückgebunden. Teilnehmer am Gesellschaftssystem wird man durch das ›Spielen‹ von Rollen. Solche Rollen sind jedoch nicht als etwas vorgegeben, was man einfach übernehmen kann, man muß sie erlernen. Voraussetzung für diesen Lernvorgang ist, daß der Einzelne sich als Identität erlebt. Erst wenn der Mensch – von der Mutter-Kind-Beziehung an – Identität bilden kann und die Perspektiven anderer als übertragbar erkennt,[7] kann er auch Rollen als Konstanten und Rekurrenzen des reziproken Verhaltens am konkreten Verhalten ausmachen, sie daraus abstrahieren, erlernen, sie in und auf seine Identität beziehen, diese komplexer entfalten usw. Rollen, als die wichtigsten Komponenten der lebenslangen Anforderung des Bereichs gesellschaftlicher Interaktion an den Einzelnen, sind demnach:

> [...] das Ergebnis einer Abstraktion, welche Haltungen, Eigenschaften, Leistungen und Tätigkeiten für gleichrangige und/oder gleichartige Personen zu einem aus Handlungsregeln bestehenden Typisierungsschema zusammenfaßt.[8]

Solche Typisierungsschemata werden im Ablauf sozialer Interaktion entwickelt. Hierbei, aber auch im Stadium etablierter Geltung, sind sie, schon aufgrund ihrer

---

cept of Identity; Haußer: Identitätsentwicklung; Reck: Identität; Holland: Three Phases of Psychoanalysis.

5 S. Luhmann: Rechtssoziologie. Bd. 1, S. 34ff., 43.

6 Ebd. S. 85, 88.

7 Vgl. Luhmann: Legitimation durch Verfahren, S. 84ff.

8 Gerhardt: Rollenanalyse, S. 226.

Abstraktheit, interpretationsbedürftig. Bei dieser Interpretation ist die Unterscheidung von Abstraktionsebenen innerhalb des Rolleninventars hilfreich. Das Rolleninventar enthält drei unterschiedliche ›levels‹ der Relevanz des Rollen-Handelns. So ist zu trennen zwischen Situations-Rollen, Positions-Rollen und Status-Rollen.[9] Situations-Rollen sind kurzfristige Performanz-Rollen, von denen mehrere einer Positions-Rolle (meist: Berufs-Rollen) untergeordnet sind. Den höchsten Abstraktionsgrad haben Status-Rollen. Während Situations- und Positions-Rollen erwerbbar sind, werden Status-Rollen von seiten der Gesellschaft zugeschrieben. Status-Rollen entsprechen dem Alters-, Geschlechts-, Schicht-, Staatsbürger-, Rassen-, Religions-, Berufs- (und Besitz-/Eigentums-), Familien-, Person- und Nationalitäten-Status des Einzelnen. Sie legen damit den – abstrakten – Rahmen seiner Verwirklichung in Positions- und Situations-Rollen fest. Der im Einzelnen aufgrund einer angeborenen oder erworbenen Befähigung zur Performanz von zugehörigen Positions- und Situations-Rollen von der Gesellschaft zugeschriebene Status-Rollen-›set‹ umschreibt also seinen gruppen-/gesellschaftsspezifischen Verhaltensraum. Dieser ist jedoch auch ein Verhaltensspielraum, da die Zuordnung von Situations- zu Positions- und deren Zugehörigkeit zu Status-Rollen in gewisser Weise offen ist. So darf sich etwa ein Erwachsener situativ auch öffentlich wie ein Kind verhalten, z. B. auf einem Kinderspielplatz schaukeln, ohne sich in seinem Erwachsenen-Status zu diskreditieren. Die Offenheit hinsichtlich der Zuordnung und Unterordnung von Rollen der drei genannten ›levels‹ ermöglicht Verhaltenstypisierungen situativ zu variieren, zu erweitern. Es kann auch einer bestimmten Status-Rolle eine neue Berufs-Rolle unter- bzw. zugeordnet werden: so etwa kann die Berufs-Rolle eines Kfz.-Mechanikers mit

Graphik 1:[10] Korrelation der Status-Rollen (Matrix für individuelle Status-Rollen-Sets, d. h. für gesellschaftlich zugeschriebene individuelle Verhaltensspielräume)

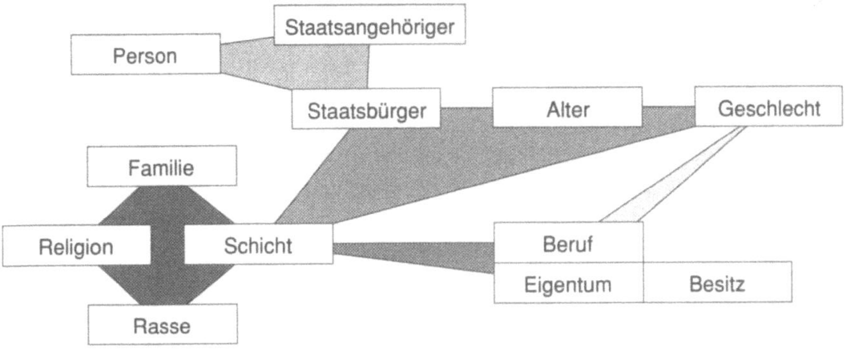

[9] Ebd. S. 285ff., bes. 296ff.

[10] Nach Gerhardt: Rollenanalyse, S. 274. Das Status-Rollen-Kriterium ›Besitz/Eigentum‹ ist meine Zutat, da m. E. Gerhardt in der Bewertung des Berufs-Status von der Situation im 20. Jh. ausgeht. In vorhergehenden Jh. wird dem ›nicht-berufstätigen Eigentümer‹ (z. B. Rentier) ein sehr hoher Status eingeräumt.

dem Geschlechts-Status ›Frau‹ vereinbar werden. Oder: die Situations-Rolle ›Rauchen auf der Straße‹, die der Status-Rolle ›Geschlecht: Frau‹ untergeordnet ist, kann (wie heute) für andere Positions-Rollen als die ›Beruf: Prostituierte‹ zulässig werden. An diesem Beispiel läßt sich auch der modifizierende Einfluß anderer Status-Rollen beobachten. Das Rauchen auf der Straße wird heute meist nur bei nicht mehr ganz jungen Frauen (also von über 35 Jahren) negativ sanktioniert, es gilt als mit deren Alters-Status nicht vereinbar.

Die Offenheit des Rolleninventars hinsichtlich der Anzahl und der Beschaffenheit von Rollen, die einem bestimmten Status-Kriterium auf der Ebene der Situations- und/oder auf der Ebene der Positions-Rollen zu- und untergeordnet werden kann, ist die Voraussetzung dafür, daß ein Rolleninventar angesichts einer sich ständig wandelnden Sphäre sozialer Interaktion ohne größere Umbrüche fortbestehen kann. Durch solche adaptiven Verschiebungen und Konzessionen bleibt es als komplexes Koordinationsmuster sozialen Verhaltens erhalten.

Der durch die Korrelation der Status-Rollen umschriebene Verhaltensraum ist – wie angedeutet – auf die Normen einer Gesellschaft bzw. Gruppe bezogen. Solche Normen wiederum sind an Werten, d. h. begründenden Normen, festgemacht.[11] Bei Werten, beispielsweise ›Leben‹, ›Freiheit‹, ›Reichtum‹, ›Rassenreinheit‹, handelt es sich um Abstraktionen, die höchst vage sind. Während sie deshalb von allen Seiten ohne Einschränkungen bejaht werden können, bedeutet dies jedoch, daß sie im Hinblick auf Rollenhandeln in Form von komplexen Prioritäten und Abhängigkeiten voneinander definiert werden müssen. Dies leisten gruppenspezifische Welt- und Gesellschaftsmodelle, die in unserer hierarchischen Veranschaulichung der Konstituenten sozialen Handelns die bisher geschilderten Ebenen gleichsam überwölben. Es sei in diesem Zusammenhang an den Wahlslogan ›Freiheit statt Sozialismus‹ erinnert. Damit hatte eine Gruppe (CDU/CSU) dem Gesellschaftsmodell einer anderen Gruppe (SPD) unterstellt, daß es den Wert ›Freiheit‹ quasi eliminiert habe. Diese Definition wirkte schon deswegen befremdend, weil sie den Wert ›Freiheit‹ nicht – wie zu erwarten – in Konkurrenz zu einem anderen Wert präsentierte, sondern gegenüber einem Gesellschaftsmodell. Welt- und Gesellschaftsmodelle sind aber Werten logisch übergeordnet, sie ermöglichen eine »Bewertung von Werten« und steigern durch diese Reflexivität die Komplexität des Wertens und dessen Leistung im Hinblick auf Sozialsysteme.[12]

Solche Wert- und Gesellschaftsmodelle wurden viele Jahrhunderte lang ausschließlich oder wenigstens dominant von seiten der Religionen gestellt, erst in den jüngsten Phasen der geschichtlichen Evolution von anderen Funktionsbereichen bzw. Subsystemen des sozialen Systems. Niklas Luhmann geht aufgrund der vorhandenen Institutionalisierungen und Differenzierungen von 1750 an von folgenden elf Subsystemen in den westeuropäischen Staaten aus: ›Politik‹, ›Wirtschaft‹, ›Religion‹, ›Recht‹, ›Wissenschaft‹, ›Militärwesen‹, ›Intimbeziehungen:

---

[11] Vgl. Luhmann: Rechtssoziologie. Bd. 1, S. 85, 88ff.

[12] Vgl. Luhmann: Soziologische Aufklärung. Bd. 1, S. 182f.

Graphik 2: Korrelation von Individuum und Gesellschaftssystem

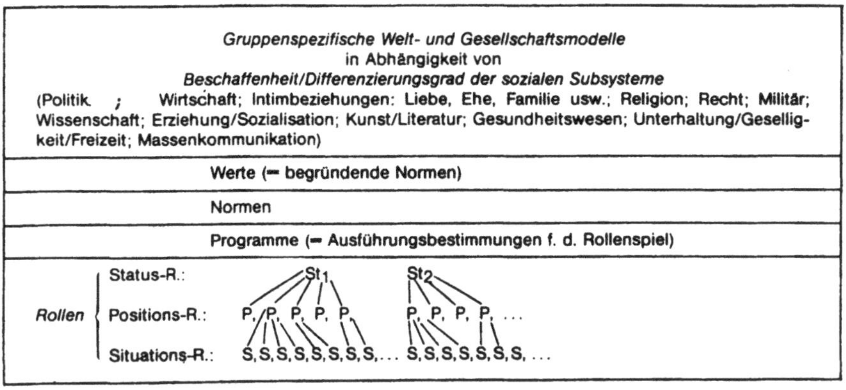

Liebe/Ehe/Familie‹, ›Erziehung/Sozialisation‹, ›Kunst/Literatur‹, ›Unterhaltung/Geselligkeit/Freizeit‹, ›Massenkommunikation‹.[13] Differenzierungen in Subsystemen wie ›Wirtschaft‹, ›Wissenschaft‹ und evtl. ›Kunst/Literatur‹ haben die Dominanz des Subsystems ›Religion‹ bei der Erstellung von Welt- und Gesellschaftsmodellen relativiert oder gar verdrängt. Dabei hat aber auch ein Wandel des Gesellschaftssystems von einer stratifikatorischen, schichtenmäßigen, durch Hierarchien symbolisierten zu einer funktionalistisch organisierten Formation stattgefunden.[14] Ebenso zeigt sich eine Verlagerung sozialer Geltung weg von den Gruppen, die einst ihren Geltungsanspruch aus Konzepten des Subsystems ›Religion‹ herleiten konnten. Somit sind gruppenspezifische Welt- und Gesellschaftsmodelle in Abhängigkeit von der Beschaffenheit bzw. dem Differenzierungsgrad der sozialen Subsysteme zu sehen. Welt- und Gesellschaftsmodelle stellen also legitimatorische Endhorizonte unter den Konzepten dar, die menschliches Handeln bis ins Partikulare, Situative hinein orientieren und die zugleich dem Differenzierungsstand des Gesellschaftssystems und den Interessen der hiervor begünstigten Gruppen Rechnung tragen. Historisch sind solche Modelle präsent als Implikationen von Institutionen der Subsysteme, von Normen, von Programmen und von Rollen.

Bezieht man den Gedanken ein, daß Gesellschaften ihren Mitgliedern die Voraussetzungen zur Aufrechterhaltung ihrer individuellen biologischen Systeme zur Verfügung stellen, dann bietet sich das Rolleninventar einer Gesellschaft auch als ein System zur Verteilung von Möglichkeiten der Bedürfnisbefriedigung dar.[15]

---

[13] Luhmann: Soziologische Aufklärung, Bde. 1, 2, 3; ders.: Gesellschaftsstruktur und Semantik, Bde. 1, 2. Vgl. aber auch die ohne systemtheoretische und wissenssoziologische Intentionen unternommene, aber zu einer ähnlichen Gliederung von sozialen Funktionsbereichen kommende Geschichtsdarstellung von Christopher Hill: The Century of Revolution.

[14] Vgl. z. B. Luhmann: Gesellschaftsstruktur. Bd. 1, S. 72ff.; ders.: Soziologische Aufklärung. Bd. 2, S. 150ff.; ders.: Rechtssoziologie. Bd. 1, S. 139ff.

[15] Dreitzel: Die gesellschaftlichen Leiden, S. 223.

Unspezifische naturhafte Triebe werden so der Tendenz nach in einer gesellschaftlich akzeptablen Form strukturiert. Rollen geben demnach – gestützt auf die reflexive Distribution von Wertprioritäten durch Welt- und Gesellschaftsmodelle und als ein Mechanismus status-, positions- und situationsmäßiger Korrelation und Koordination von Aktanten – der Individualität des Einzelnen die Chance, Triebe in Form bestimmter Bedürfnisse auf die vorhandenen und zulässigen Möglichkeiten ihrer Befriedigung hin zu artikulieren und hierbei Identität zu entwikkeln.

Im Rahmen der genannten Kategorien ist Identitätskonstitution zu beschreiben als Reaktion auf die permanente Konfrontation mit Rollenerwartungen. Solche Auseinandersetzungen erhalten ein besonderes Gewicht, wenn es nicht nur um die punktuelle Interpretation und Verarbeitung neuer Situations- und Positions-Rollen geht, sondern um veränderte Konfigurationen derselben, wie sie durch umfassendere Vorgänge sozialen Wandels herbeigeführt werden. Einschneidend werden von Menschen vor allem Statusveränderungen wie durch Altern, Krankheit, durch Veränderungen der beruflichen Situation, der Besitz- und Eigentumsverhältnisse o. ä. erfahren. Denn auf der Ebene der Status-Rollen, wo sich Individualgeschichte und Gesellschaftsnormen quasi verschränken, zeigt sich das Problem der Identitätswahrung am intensivsten: der Status-Rollen-Set bildet ja die Matrix des individuellen Verhaltensspielraums. Das lebenslange Problem der Identitätskonstitution stellt sich demnach als permanentes Bewahren des persönlichen Verhaltensspielraums angesichts individual- und sozialgeschichtlicher Veränderungen dar, in Reaktion auf Verweigerungen, Einbußen, Über- oder Fehlangebote von Verhaltensräumen.

Unseren eingangs gemachten Ausführungen zufolge erbringt Literatur Leistungen im Rahmen des individualgeschichtlichen Bedarfs an Identitätskonstitution. Wie läßt sich nun angesichts des geschilderten Zusammenhangs von Individuum und Gesellschaft diese Funktion näher beschreiben?

Christian Scherg hat in seiner Auswertung von Leserzuschriften an Thomas Mann die identitätskonstitutive Wirkung von Literatur auf das regredierende »Untertauchen in die Entindividuation, in die fiktionale Welt der Dichtung«[16] zurückgeführt. Im Rahmen unseres Ansatzes heißt dies, daß sich der Leser von der wahrnehmungsintensiven Bedeutungs*un*schärfe des Textes ansprechen läßt und dabei durch die Zeichenfolge der Vorlage in spezifischer Dosierung gesteuert wird. Im Medium der somit evozierten privaten Bewußtseinsinhalte wird ein entlastetes und besonders authentisch empfundenes Durchleben der Muster möglich gemacht, über die er in die Gesellschaft eingebunden ist. Er kann sein vergangenes Rollenverhalten, mit all den oben skizzierten Dimensionen, entlastet nachspielen und variieren. Auch höchst intime Bedürfnisse können dabei fiktiv erfüllt werden, denn mit der Freisetzung von der rollenmäßigen Vergesellschaftung fallen die Kontrollinstanzen von ›Realität‹ und ›Über-Ich‹ weg und das ›Ich‹ des

[16] Scherg: Literatur als Lebenshilfe, S. 658.

[17] Vgl. Lesser: Fiction and the Unconscious, S. 269–308.

Lesers kann sich stärker als sonst Impulsen des ›Es‹ überlassen.[17] Die durch Literatur (je spezifisch) vermittelte Selbst- und Umwelterfahrung erscheint als Einlösung von Werten wie ›Freiheit‹, ›Gerechtigkeit‹, ›sittliche Autonomie‹ und steht damit u. U. im Gegensatz zu den durch vorgegebene Welt- und Gesellschaftsmodelle gesetzten Wertprioritäten oder zu vorgegebenen Normen. Hierin zeigt sich, daß die identitätskonstituierende bzw. -regenerierende Funktion ästhetischer Erfahrung für den Einzelnen auch Leistungen einschließt, die das Gesellschaftssystem in einem generellen Sinne betreffen. Gewöhnlich dürfte der Effekt solcher Individualwirkungen nur relativ kurzfristig andauern, es sei denn, er gründet sich auf das gleichzeitige Vermitteln einer identitätskonstitutiven Strategie. Am ehesten dürften sich literarische Wirkungen in Form der grundlegenden Bestätigung, aber sonstigen Anreicherung, Erweiterung bestehender identitätskonstitutiver Strategien manifestieren. Immerhin wurde der Ertrag literarisch-künstlerischer Produktion in der Vergangenheit – so individuell und flüchtig er möglicherweise ausfiel – so hoch veranschlagt, daß der Bereich ›Kunst/Literatur‹ zu einem Subsystem ausdifferenziert wurde, von dem aus die soziokulturelle Evolution abhängig gemacht wurde. Die überindividuelle Relevanz von Literatur (und Kunst) wird besonders in Folgendem manifest:

(1) Sie hilft ein Feld von Typisierungen, stabilisierten Erwartungen und deren Implikationen bewußt zu machen, das sich aufgrund der Teilnahme einer Vielzahl von handelnden und Identitätsbalancen stiftenden personalen Systemen ständig neu formiert. Sie vermittelt also Kenntnisse über die Beschaffenheit und die Zuordnung von Situations- und Positions-Rollen zu Status-Rollen, über zugehörige Programme, Normen, Werte, Welt- und Gesellschaftsmodelle.

(2) Wenn Literatur authentische Verhaltensformen erlebbar macht, dann können – gerade aufgrund der Einbeziehung der privaten Erfahrungs- und Bewußtseinsinhalte der Leser – Gruppen im Medium ästhetischer Erfahrung und der Repräsentanzbreite literarischer Zeichen auf die Verwirklichung bestimmter Wege zu gemeinsam anerkannten Werten eingestimmt werden.[18] Auf diese Weise können Gruppen stabilisiert oder gar neu gebildet werden. Literatur wirkt insofern integrierend, aber wenn diese Integration gegen bestehende Gruppenbildungen geschieht, auch sezedierend.

---

[18] Allerdings wird dieser Prozeß der Informationsübermittlung durch viele institutionelle Instanzen ›gebrochen‹. Eine experimentell gewonnene und mehrfach bestätigte Erkenntnis der Massenkommunikationsforschung besagt, daß nur Informationen rezipiert werden, die mit den Erwartungen der Rezipienten weitgehend konform sind, und daß es immer etlicher zusätzlich mitwirkender Stimuli bedarf, um Verhaltensänderungen durch Informationsübermittlung herbeizuführen, vgl. Klapper: The Effects of Mass Communication, S. 49ff.; Silbermann u. Krüger: Soziologie der Massenkommunikation, S. 203ff. McQuail: Sociology of Mass Communications (Kap. 3). Im Falle der konsensbildenden Wirkung von Literatur treten immerhin Faktoren der gemeinsamen psycho-sozialen Sozialisation bestimmter Gruppen, eines daraus resultierenden Bedarfs an Identitätskonstitution, die relative Homogenität des gruppenspezifischen Medienangebots usw. wechselseitig verstärkend zusammen.

(3) Solche Leistungen und der Umstand, daß innerhalb des Subsystems ›Kunst/Literatur‹ ein beständiger Prozeß der Ergänzung und Relativierung vonstatten geht, lassen ihr auch die Leistung zuschreiben, daß sie die vielfach undurchschaubare, von vielen Handelnden und Strukturen formierte Sozialsphäre als eine Dimension der Artikulation und der Reflexion auf diese begleitet hat. Damit weist sie Spielräume am diffus Gegebenen auf, die individuell und gruppenmäßig, evolutionär und humanitär nutzbar sind.

Worin bestehen nun die Verrichtungen des Subsystems ›Recht‹ für das Gesellschaftssystem?

2. Funktionsmerkmale des Rechtswesens[19]

Die in Rollen, Programmen und Normen gegebenen Typisierungen des Erlebens und Handelns, die zugleich kontrafaktisch stabilisierte Erwartungserwartungen darstellen, sind – wie gezeigt – relativ begrenzt in ihrer Fähigkeit, Kontingenz sozialen Handelns zu verhindern. Recht ist als Bemühung um Regulierung solcher Kontingenz zu begreifen. So ist das System rechtlicher Entscheidungen als ein weiterer kontingenter Bereich neben der Kontingenz gesellschaftlichen Handelns geschaffen worden.[20] Beide Bereiche lassen sich nun durch nicht-kontingente Beziehungen verknüpfen. Auf diese Weise definiert Recht die Grenzen individueller Interpretation gesellschaftlich bereitgestellter Möglichkeiten.[21] Es leistet als eine Art Zusatzeinrichtung die kongruente Generalisierung normativer Verhaltenserwartungen,[22] indem es dem Spielen, Interpretieren sowie dem kontrafaktischen Erstellen oder hierarchischen Zuordnen von Rollen, Programmen und Normen zusätzliche, auf übergreifende Gruppen- oder gesamtgesellschaftliche Interessen bezogene Beschränkungen auferlegt. Das Rechtswesen ist auch ein System der Konfliktregulierung, das dem Rollenhandeln nachgeschaltet ist. Es ist dabei selbstsubstitutiv,[23] d. h. Gesetze und ihre Auslegungen gelten so lange, bis sie durch andere ersetzt oder differenzierend eingeschränkt werden. Die Umsetzung von Normen in Recht, d. h. also etwa die Schaffung eines neuen Gesetzes oder einer neuen Auslegung als Absicherung von selbstverständlich Gewordenem geschieht dadurch, daß zunächst die Thematisierungsschwelle einer Rechtsnorm gesenkt und dadurch die Rekonstruktion der Bedingungen ihrer Überschreitung möglich wird.[24] Solche Überschreitungen bestehender Normen können dann aber nur rechtlich anerkannt werden, wenn sie auf Grundlagen zurückführbar sind, die

---

19 Bei den Ausführungen in diesem Kapitel bin ich ganz besonders einschlägigen Arbeiten Niklas Luhmanns verpflichtet (vgl. Literaturverzeichnis). Daneben möchte ich auch Damms Studie *Systemtheorie und Recht* hervorheben.

20 Vgl. Luhmann: Ausdifferenzierung des Rechts, S. 270f.

21 Ebd. S. 271.

22 Luhmann: Rechtssoziologie. Bd. 1, S. 134, 203.

23 Luhmann: Ausdifferenzierung, S. 87f.

24 Ebd. S. 59.

im Sozialsystem an maßgeblicher, orientierender Stelle Geltung besitzen. Zorn, verletztes Rechtsgefühl, individuelle Interessen genügen nicht allein als anerkannte Motivquellen.[25] Wesentlich ist der implizite Rekurs auf Werte wie z. B. ›Freiheit‹, ›Leben‹, ›Gleichheit‹.

Die durch das Rechtswesen geleistete Normierung der Normsetzung steht evolutionär im Einflußfeld anderer Subsysteme. Solange ein Primat des Subsystems ›Politik‹ (und religiöser Welt- und Gesellschaftsmodelle) bestand, präsentierte sich das Rechtswesen letztlich als »agonale Masse«, deren Selektionsweisen die individuelle und sippenmäßige Durchsetzungsfähigkeit in Normen überführten.[26] Im Verlauf der funktionalen Differenzierung der Gesellschaft und der Entstehung vielfältiger wie komplexer normativer Erwartungen wurden jedoch Verfahren, d. h. Interaktionssysteme auf Zeit, geschaffen, die von solch momentanen Machtverteilungen und Interessen unabhängig sind.[27] Das Recht wird zu einem »Zusammenhang von mehr oder weniger systematisierten Entscheidungsgründen und Entscheidungsregeln, aus dem sich zugleich Selektionskriterien für die Legalisierbarkeit individuell-besonderer oder neuartiger Erwartungen gewinnen lassen.«[28] Dabei wird die alte Unterscheidung von gutem und schlechtem Handeln durch die Differenz von gültigen und nicht-gültigen Vorschriften überformt.[29] Dieser binäre Schematismus dient als Voraussetzung einer universalistischen Entscheidungspraxis für jeden denkbaren Konfliktfall. In diesem Bezug auf eine soziale Wirklichkeit, die zudem evolutionär an Komplexität und Kontingenz zunimmt, liegt die Grundlage einer Ausdifferenzierung des Rechts. Durch Reflexion seiner Sonderfunktion für das Gesamtsystem und seiner eigenen Mechanismen gewinnt es an Autonomie bei gleichzeitiger Steigerung der Komplexität seiner Abhängigkeit von den umgebenden Subsystemen.[30]

Die Ausdifferenzierung des Rechts sowohl hinsichtlich seiner Begrifflichkeit als auch hinsichtlich seiner Institutionen ist somit eine Reaktion auf die Umstellung des Gesamtsystems auf funktionale Differenzierung. Sie ist dabei zugleich eine Form der Absicherung dieser Entwicklung. Diese Entwicklung wiederum setzt den Primat des Subsystems ›Wirtschaft‹ (als Nachfolger von ›Politik‹) voraus.[31] Die vom Primat der Politik bestimmte Gesellschaft hatte noch keinen derartigen Bedarf an Variabilität des Rechts gemäß der relativ geringen Komplexität der Gesellschaft. Zudem hätte ein Subsystem ›Recht‹ einen hohen Anteil an Entscheidungsautonomie beansprucht, der mit dem Autonomieanspruch politischer Herrschaft in Konflikt geraten wäre. Mit der fortschreitenden Differenzierung und der zunehmenden Geltung des Subsystems ›Wirtschaft‹ wird Politik zwar nicht folgen-

---

25 Ebd. S. 59f.
26 Ebd. S. 62, 18f.
27 Ebd. S. 19; Luhmann: Rechtssoziologie. Bd. 1, S. 142; Umfassend: Luhmann: Legitimation durch Verfahren.
28 Luhmann: Ausdifferenzierung, S. 20.
29 Ebd. S. 20. Vgl. auch ebd. S. 57, 78, 141.
30 Ebd. S. 440.
31 Ebd. S. 150ff.

los, aber die »politische Kontrolle über die politische Problemstellung geht verloren.«[32] Die politisch-administrativen Entscheidungen können sich nun nicht mehr auf vorgegebene invariante Normen stützen, sondern sie werden angestoßen – und sie haben zu reagieren – auf variable und komplexe Vorgaben durch gesellschaftliche Problemstellungen.[33] Infolge der differenzierenden Abkoppelung der Politik von gesellschaftlicher Praxis wird nun die Differenzierung und Autonomisierung des Rechtswesens notwendig, um eben diesen Zustand nicht umkehren zu lassen und um eine unangemessene Ausnützung der Entwicklungslage durch die Politik zu verhindern.[34] Der Primat des Subsystems ›Wirtschaft‹ brachte (und bringt) der Gesellschaft einen besonders intensiven Differenzierungsimpuls aufgrund der hohen Komplexität, Wahl- und Lernfreiheit, mit der es menschliches Erleben ausstattet.[35] Das Rechtswesen war auf die funktionalistische Umorganisation der Gesellschaft und den Primat wirtschaftlicher Orientierungen zu Beginn der Neuzeit relativ gut vorbereitet.[36] Es gab in Form des Naturrechts bereits Einschränkungen des politischen Primats sowie Ausdifferenzierungen der Begrifflichkeit des Rechtswesens, der Institutionen des Rechtsgangs und der juristischen Ausbildung. Die wichtigste Tendenz im Umbau des Rechtswesens auf die Differenzierungen der Gesellschaft unter wirtschaftlichem Primat ist die »Individualisierung von gesellschaftsstrukturell belangvollen Entscheidungen.«[37] In diesem Zusammenhang geschieht eine Uminterpretation des Naturrechts christlich-humanistischer Provenienz in eines, in dem Natur als Ort objektiver Vernünftigkeit Bezugspunkt ist. Damit ist ein Rahmen gegeben, der es ermöglicht, »subjektive Rechte« gegenüber institutionellen Rechten und Pflichten abzusetzen sowie schließlich die Rechtsfähigkeit und den Anspruch auf Recht allgemein zu gewährleisten. Das Rechtswesen sicherte so allmählich das individuelle Recht der Kapitalbildung, der Religionsausübung, der Gattenwahl, der Schul- bzw. Ausbildung, der politischen Partizipation usw.

Dieser Differenzierungsvorgang ist gekennzeichnet durch die sukzessive Ablösung von normativen Horizonten (Welt- und Gesellschaftsmodellen). So wird ›Recht‹ immer weniger direkt, jedoch komplexer auf Umwelt bezogen und dabei gewinnt es Autonomie gegenüber Konzepten von ›Natur‹, ›Moral‹ sowie gegenüber den Einflüssen anderer Institutionen oder Subsysteme, auch der ›Wirtschaft‹. Schließlich führt die Differenzierung des Rechts – analog zu der Evolution wissenschaftlicher Erkenntnis – auf das Bewußtsein bloßer Selbstreferenz – angesichts der Einsicht, daß sich Erkenntnis nur auf die Außenwelt projiziert.[38] So bleibt dem Rechtswesen statt objektiver Bezugspunkte nur die Reflexion auf die Identität des Systems, vor allem im Hinblick auf seine geschichtliche Dimension funktionaler Differenzierung. Daraus ergeben sich folgende funktionale Strukturen des Rechts:[39] Zeitlich gesehen dient es der Verengung von Selektionsmöglichkeiten; sachlich ist es nicht (mehr) durch höherrangige Gebote limitiert, sondern durch Konsistenzanforderungen des Entscheidens (Gerechtigkeit ist des-

---

32 Ebd. S. 151.
33 Ebd.
34 Ebd. S. 151f.
35 Ebd.
36 Ebd. S. 441.
37 Ebd. S. 42.
38 Vgl. ebd. S. 448.
39 Ebd. 445.

halb »als Steigerung von noch konsistenzfähiger Komplexität«[40] und Dogmatik »als Steigerung der Freiheit im Umgang mit Texten und Erfahrungen«[41] zu begreifen); in der Sozialdimension heißt es, daß Rechtsinstitutionen dahingehend zu beurteilen wären, wie sie »Beschränkungen der Unterstellbarkeit von Konsens«[42] beheben.

Wenn heute demnach die Funktion des Rechts als »kongruente Normierung der Normsetzung«[43] nur noch qua Verfahren möglich scheint, so gilt das noch nicht für die englischen Verhältnisse um 1800. Hier liegen noch objektiv akzeptierte Konzepte vor, die als kongruenz- und konsensfähig gelten. Die folgende Betrachtung von Beispielen aus dem Schauerroman wird zeigen, welche Konzepte für diese Aufgabe angeboten werden und in welchem sozialgeschichtlichen Funktionszusammenhang sie stehen.

3. Funktionale und strukturelle Korrelationen von englischem Rechtswesen und *Gothic Novel*

In der 1. Hälfte des 18. Jahrhunderts ergeben sich – sieht man von den sozial unartikulierten und unterhalb des Existenzminimums lebenden 50% der Bevölkerung ab – in England folgende Konstellationen von gruppenspezifischen Welt- und Gesellschaftsmodellen:[44]

1. der Libertinismus, der vor allem innerhalb von Teilen des *Whig Establishments* und generell der nahestehenden *Nobility* Geltung besaß;

2. die traditionelle Vorstellung von der *Chain of Being* und der Statuszuweisung durch Gottesgnadentum, die vor allem unter den konservativen aristokratischen *Tories* Anhänger hatte, die der aktuellen wirtschaftspolitisch ausgerichteten Gesellschaftsentwicklung unter den *Whigs* ablehnend gegenüber standen;

3. die bürgerlich-puritanische Umdeutung der *Chain of Being* in eine moralistisch zu verwirklichende Hierarchie, die vor allem im Bürgertum und Kleinbürgertum, ob *Whig* oder *Tory*, gegeben war;

4. die Verbindung des Weltmodells *Physico-Theology* und des Gesellschaftsmodells *Genteel Compromise*, der sich vor allem die gesellschaftlich dominante progressive *Gentry* verpflichtet fühlte *(Whigs)*.

---

[40] Ebd.
[41] Ebd.
[42] Ebd. S. 446.
[43] Luhmann: Soziologische Aufklärung. Bd. 1, S. 181; ders.: Rechtssoziologie. Bd. 1, S. 134.
[44] Zu den folgenden Gruppeneinteilungen vgl. etwa Trevelyan: English Social History; Plumb: England in the Eighteenth Century; George: England in Transition; Mathias: The First Industrial Nation; Porter: English Society in the Eighteenth Century; Rogers: Eighteenth Century; Macpherson: Besitzindividualismus; Hill: The Century of Revolution.

Hiervon ist besonders die zuletzt genannte Gruppe bedeutsam. Die *Gentry* rekrutierte sich einerseits aus der Oberschicht der größeren Städte, andererseits aus den Nachgeborenen des niederen Adels. Ihr Aufstieg geschah seit dem Spätmittelalter infolge der von ihr betriebenen Differenzierung der Wirtschaft.

Bereits im 17. Jahrhundert besaß sie mehrheitlich den Grund und Boden des Landes, und mit Beginn des 18. Jahrhunderts begann das von ihr in Wirtschaftsunternehmungen investierte Kapital den Betrag des in Landbesitz angelegten Geldes zu übersteigen. Die *Gentry* beherrschte das Parlament infolge ihrer dominierenden Stellung in den Regionen des Landes, die durchwegs auch in der Position des Friedensrichters Ausdruck fand. Das Doppelmodell von *Physico-Theology* und *Genteel Compromise* ist als Synthese der umfassenden Konzepte der Subsysteme ›Religion‹ und ›Wissenschaft‹ zu verstehen. Auf der Grundlage eines säkularisierten Puritanismus wurden vor allem Newtons naturwissenschaftliche Erkenntnisse als eine *Physico-Theology* interpretiert: Unter der vielgestaltigen und wirren Oberfläche der Natur wurden Gesetzmäßigkeiten und Vernunftmechanismen von geometrischer Klarheit am Werk gesehen, so daß sich Natur und Kosmos als ein harmonisches Zusammenspiel darboten, so wie es von dieser sinnesmäßig erfahrbaren Dimension eines als *prima causa* verstandenen Gottes erwartet wurde. Das Gesellschaftsmodell, das mit diesem Weltbild verbunden war, möchte ich als *Genteel Compromise* bezeichnen, entsprechend der starken klassizistischen Orientierung der *Gentry,* die dieses Modell trug.[45] Kulturell kam es vor allem in Addisons und Steeles moralischen Wochenschriften zum Ausdruck. Es fußte auf Lockes gesellschaftspolitischer Lehre, die das puritanische Konzept von der Heilsvergewisserung durch wirtschaftlichen Erfolg mit erkenntnistheoretischen Ansätzen, vor allem empirischer Art, und der Tradition des Naturrechts verband. Auf diese Weise konnte die damalige, immer stärker von kompetitiven funktionalistischen Marktstrukturen geprägte Gesellschaft als authentische Vertragsgesellschaft interpretiert werden. Den vielen, die in dieser Gesellschaft benachteiligt waren, hielt man entgegen, daß sie sich nicht hinreichend an religiösen und moralischen Geboten sowie an der objektiven Vernünftigkeit des Natursystems orientiert hätten. Hohe Bedeutung innerhalb dieses Gesellschaftsmodells kam dem Wert ›Eigentum‹ zu. Er war das wichtigste Kriterium politischer und sozialer Mündigkeit, die in Form der Status-Rolle des *Gentleman* gegeben war. Diese Bedeutung konnte der Wert ›Eigentum‹ allerdings nur deswegen haben, weil ›Eigentum‹ als Ausdruck der religiösen, moralischen, leistungs- und bildungsmäßigen sowie allgemein menschlichen Profilierung seines Inhabers gesehen wurde. Demgemäß kann es nicht verwundern, daß die Entwicklung des Rechtswesens sowohl im Sinne der politisch und institutionell dominanten *Gentry* als auch im Sinne der Absicherung des privaten Eigentums, als auch der Erweiterung der wirtschaftlichen Strategien zu dessen Vermehrung verlief. Grundfunktion des Rechtswesens war hierbei die flankierende Sicherung der funktionalen Differenzierung der englischen Gesell-

---

[45] Den Begriff *Genteel Compromise* übernehme ich von Hopkins: The Cant of Social Compromise.

schaft, also der Umerziehung der Bevölkerung im Sinne der dominierenden *Gentry.*[46] Auf dieses Ziel hin ergänzten sich sogar kontroverse Absichten. Die *Whigs* wünschten sich eine Bevölkerung von wirtschaftlicher Leistungsfähigkeit. Die *Tories,* die in der Politik der ›Whigs‹ die Ursache des moralischen Verfalls des Landes sahen, forderten gerichtliche und institutionelle Maßnahmen, um die verstärkte moralische Selbstkontrolle der Bevölkerung, vor allem der unteren Schichten, herbeizuführen. So brachte die von der *Gentry* getragene funktionalistische und moralistische Disziplinierung der Bevölkerung einen Wandel des Rechtswesens, der im Hinblick auf die Oberschicht als Liberalisierung zu sehen ist.[47] Für die Unterschicht bedeutete er dagegen eine Verschärfung der Situation, da über sie mehr denn je, konkret verhaltensregulierend wie generell wirtschaftlich, verfügt werden konnte. So wurde die Oligopolisierung gefördert, die Geltung und damit der Schutz aller Zunftrechte suspendiert, gleichzeitig die Bildung neuer Arbeitnehmervereinigungen untersagt. Die Zahl dessen, was als Kapitalverbrechen galt, stieg zwischen 1689 und 1800 von ca. 50 auf 200, da deren Definition an einem strikten Eigentumsbegriff orientiert war.[48] Die untere Grenze für die Todesstrafe lag bei Taschendiebstahl von Waren im Werte von 1 sh., also dem Wert eines Taschentuchs.

Um 1760 deutet sich eine Krise des Doppelmodells von *Physico-Theology* und *Genteel Compromise* an – aufgrund der sozialen Geltung, die die oben (unter 3.) genannte bürgerlich-kleinbürgerliche Gruppe im Zuge ihrer Einbindung in die wirtschaftlichen Differenzierungsprozesse erhielt. Zu diesem Zeitpunkt entsteht der Schauerroman, und er ist wesentlich durch Merkmale zu beschreiben, die dieser Situation Rechnung tragen. Er wird nach dem Erscheinen des Prototyps *The Castle of Otranto* (1764) von Horace Walpole bis kurz vor Ende des 18. Jahrhunderts in zwei Strängen entwickelt, von denen der eine soziologisch beim *Whig Establishment* und der andere bürgerlich bis kleinbürgerlich zu verorten ist.[49] Für den bürgerlichen Strang sind u. a. zu nennen: Clara Reeve, Sophia und Harriet Lee, die Autoren der französischen und englischen Nachfolge Abbé Prévosts, Charlotte Smith, Mrs. Radcliffe. Für den aristokratischen Strang stehen nach Walpole Elizabeth Berkeley,[50] William Beckford, M. G. Lewis. Im Werk von

---

[46] Vgl. Macpherson: Besitzindividualismus, S. 249ff.

[47] Vgl. Porter: English Society, S. 150, 158. Breuer: Zur Geschichte der Justizreform in England, S. 378ff.

[48] Vgl. Porter: English Society, S. 113ff., bes. 151f.

[49] Diese Zweiteilung wird ausführlich durch biographische, sozialgeschichtliche und textanalytische Argumente belegt bei Mohr (Ästhetizismus und Identität).

[50] Gemeint ist Elizabeth Berkeley, Lady Craven und Markgräfin von Ansbach, eine persönliche Bekannte Walpoles und Beckfords. Sie hatte Walpole an Weihnachten 1779 ihre Erzählung *Modern Anecdote of the Ancient Family of the Kinkvervankotsdarsprakengotchderns: A Tale for Christmas* (erreichbar in der 5. Auflage 1817) als Zeichen ihrer Inspiration durch *The Castle of Otranto* zugeschickt. Der Text reflektiert Walpoles ›Rococo Gothic‹, seine Verbindung von Ästhetizismus, Historismus und Ironie besser als die bürgerlichen Nachfolger Walpoles, wenn auch das gemeinhin für den Schauerroman als charakteristisch geltende Schauerelement fehlt.

Mrs. Radcliffe und M. G. Lewis deutet sich um 1795 die Konvergenz beider Stränge im Horizont eines breit und umfassend angelegten Welt- und Gesellschaftsmodells an. Diese Konvergenz bildet wiederum die Grundlage für die Differenzierung in ein erweitertes Spektrum von Erzählgattungen (u.a. Historischer Roman, Thriller) entsprechend dem differenzierten Bedarf von Rezipientengruppen. Dieses neue Welt- und Gesellschaftsmodell bezeichnet man am besten aufgrund zeitgenössischer Formulierungen als das ›Pittoreske‹.[51] Dabei handelt es sich um eine Modifikation von *Physico-Theology* und *Genteel Compromise*. Beide werden differenziert und ergänzt durch

(1) die Irrationalisierung der Naturvorstellung,
(2) die Dimension einer im Sinne bürgerlicher Werte progredierenden Natur-Geschichtlichkeit,
(3) durch das Moment der ästhetischen Erfahrbarkeit des der Natur irgendwie immanenten Sinnes.

Damit wird auf der Ebene der Vorstellungshorizonte, die die Sphäre gesellschaftlicher Interaktionen ›überwölben‹, einer Alltagserfahrung entsprochen, die insbesondere dem Kleinbürgertum vertraut war. Für sie war das permanente Problem der Identitätskonstitution in der auf moralistische und funktionalistische Leistungszwänge ausgerichteten und zusehends komplexer und kontingenter werdenden Gesellschaft nicht im Rahmen der harmonistischen, rationalistischen Konzeptionen von *Genteel Compromise* und *Physico Theology* interpretierbar, wie sie vor allem die *Whig Gentry* vertrat. Bestenfalls war die Gegenwart als ein Weg dahin zu verstehen – und dieses bestätigte in gewisser Weise die alte puritanische Skepsis gegenüber der Realität, wie sie im Kleinbürgertum fortlebte. Gleichzeitig implizierte das Modell des ›Pittoresken‹ eine erneute Auseinandersetzung mit dem Libertinismus, der in England seit dem 17. Jahrhundert zunächst in der Aristokratie, dann im erweiterten Establishment Anklang gefunden hatte.[52] Er sah zynisch-skeptisch die Gesellschaft als notdürftige Strukturierung eines Kampfes aller gegen alle und das Ziel menschlichen Strebens in der Differenzierung der individuellen Genußfähigkeit. Hatte der *Genteel Compromise* diese Vorstellungen für ca. 60 Jahre zurückgedrängt, so waren sie mit dessen Krise wieder aktuell: Libertinistisches Verhalten schien die adäquate Reaktion auf eine irrationale, chaotische, nur der sinnlichen Wahrnehmung zugängliche Wirklichkeit zu sein.

Auf diese Situation reagierten die beiden Stränge des Schauerromans unterschiedlich in charakteristischer Weise. Der bürgerliche Strang des Schauerromans stellte den Libertinismus als verbrecherischen exzessiven Individualismus dar, allerdings unter dem Vorzeichen einer Transponierung in exotische Gegenden und barbarische Epochen (Mittelalter, Renaissance, Mittelmeerraum). Damit war der Libertinismus thematisierbar, ohne ihn explizit zur Deutung der aktuellen Sozial-

---

[51] Zu diesem Begriff vgl. Hussey: The Picturesque; Hipple: The Beautiful, The Sublime & The Picturesque; Price: The Picturesque Moment; Sypher: Rococo to Cubism, S. 91ff.

[52] Zum Libertinismus vgl. Underwood: Etherege and the Seventeenth-Century Comedy of Manners, S. 10–49; Hoffmann: Die Figur des Libertin; Schneider: Der Libertin.

verhältnisse oder (denunziatorisch) des Verhaltens der *Whig Gentry* heranzuziehen.

Darüber hinaus schuf diese Transponierung die Voraussetzung für die Irrationalisierung und Ästhetisierung der Natur- und Gesellschaftserfahrung und sie ermöglichte es gleichzeitig, in dieser Natur-Geschichte das Walten einer auf die aktuellen bürgerlichen Normen hinführenden perfektionistischen Tendenz anzunehmen. Im Zuge solcher Darstellung wurden die damaligen wirtschaftlich, politisch und moralistisch bedingten Belastungen bei der Identitätskonstitution implizit als tief in die Psyche hineinwirkende Gefährdungen der körperlichen und geistigen Freiheit angesprochen. Doch all dies wird von den Heldinnen der Schauerromane und ihren Verbündeten durch ein Verhalten gemeistert, das – typisch bürgerlich – moralische Standhaftigkeit mit einer gewissen funktionalistischen Kompetenz verbindet und dabei vorwiegend passiv auf die Stunde des Erfolgs wartet. Die Anweisung und Motivation hierzu erhalten sie durch die empathische Betrachtung der pittoresken Natur. Analog zu dieser Botschaft entwickelt der Schauerroman neue Formen der Leserbeteiligung. Der Appell an die Psyche des Lesers wird so intensiviert, daß er stärker als bisher die Komponenten des Sozialisationsprozesses bis hin zu ihren unbewußten Implikationen einbezieht. Das Rolleninventar der Leser wird dadurch angesprochen, daß die Handlung ihren Ausgang von einer besonders prägnanten Verquickung von Status-Veränderungen nimmt. Häufig wird eine Heldin präsentiert, die verwaist ist (Veränderung des Familien-Status), im Heiratsalter steht (dto. und Veränderung des Alters- sowie des Staatsbürger-Status), vom Verlust ihres Vermögens bedroht (Veränderung des Eigentümer-Status) und zu einer ungewohnten, dem traditionellen Geschlechts-Status der Frau widersprechenden Mobilität und Aktivität gezwungen ist. All diese Status-Ungewißheiten werden jedoch durch die Orientierung am pittoresken Welt- und Gesellschaftsmodell bürgerlichen Normen entsprechend ›sinnvoll‹ überwunden und gelöst.

Der ›aristokratische Strang‹ des Schauerromans orientiert sich dagegen am Libertinismus. Hier wird der Irrationalismus der Natur auch auf die geschichtliche Entwicklung übertragen. Demnach wird der Natur-Geschichte keine perfektionistische Teleologie im Sinne bürgerlicher Normen unterstellt, sondern bestenfalls ein dem Menschen unzugänglicher Sinn. Deshalb erscheint angesichts einer indifferenten bis bedrohlichen Wirklichkeit ein radikaler Ästhetizismus, der auf der sinnlichen Wahrnehmungsfähigkeit des Menschen aufbaut, als authentische Form des Verhaltens.

Gemeinsamer Nenner der beiden Entwicklungsstränge des Schauerromans ist die ästhetizistische Betonung der sinnlichen Wahrnehmung als Möglichkeit des Transzendierens und der Identitätskonstitution. Dementsprechend propagieren beide das Modell des ›Pittoresken‹. Sie unterscheiden sich auf dieser Grundlage vorwiegend graduell hinsichtlich der Radikalität ihres Ästhetizismus, die um so größer ist, je weniger die Natur-Geschichte als sinnfällig erfahrbar ist. Durch die Konvergenz beider Stränge zeigt sich nun der verbrecherische Libertin der bürgerlichen Schauerromantradition als ein Mensch, der in ganz besonderem Maße die

Spannung zwischen einer irrationalen Natur und seinen ästhetizistischen Fähigkeiten durchlebt. So erscheint die bürgerliche Gesellschaft als ein dieser Natur abgetrotzter Bereich relativer Harmonie, den man auf der Suche nach ursprünglicherer und authentischerer Erfahrung nur um den Preis der Persönlichkeitszerstörung verlassen kann.

Eine Korrelierung dieser Entwicklung in der Literatur mit dem Rechtswesen ergibt sich bereits im Grundsätzlichen: Mit der Nichterneuerung des *Licensing Act* von 1796 und dem allmählichen Ausbau des Copyright (ab 1709) war ein institutioneller Ort für eine Literatur gesichert worden,[53] die aus ihrem autonomen funktionalen Interesse heraus auf Veränderungen der sozialgeschichtlichen Konstellationen reagieren konnte und dabei die Interessen und Bedürfnisse immer größerer Bevölkerungsanteile einbeziehen und ko-orientieren konnte. Andere Beziehungen zwischen Literatur und Recht sind nach unseren Eingangsüberlegungen zu erwarten

- hinsichtlich der kritischen oder zustimmenden Thematisierung von Rechtsnormen und des Strafvollzugs;
- in Form der modellhaften Antizipation von Rollen, Normen etc. bis hin zu Welt- und Gesellschaftsmodellen, die später dann im Zuge der rechtlichen ›Normierung der Normsetzung‹ von Belang sind.

Kritik an den bestehenden Rechtsnormen wurde im England des 18. Jahrhunderts angesichts der Lastigkeit des Rechts zugunsten der *Gentry* meistens von Autoren vorgebracht, die minderprivilegierten Gruppen angehörten bzw. diese als Zielgruppe anvisierten. Doch auch dieses hielt sich in Grenzen: Zum einen, weil die *Gentry* mit ihrer Kaufkraft den literarischen Markt stark prägte.[54] Zum anderen, weil ihre Verhaltens- und Denkmuster auch im Sinne der Opposition modifizierbar waren (mit Ausnahme libertinistischer Tendenzen im Establishment, die aber immer nur einzelnen ›schwarzen Schafen‹ angelastet wurden).

Schon *Genteel Compromise* und *Physico-Theology* gingen von der naturgegebenen ursprünglichen Gutherzigkeit des Menschen aus.[55] In der gesellschaftlichen Praxis, vor allem in der konkreten sozialen Auseinandersetzung des besitzenden Bürgertums mit der am Rande des Existenzminimums vegetierenden Bevölkerungsmehrheit galt jedoch weiterhin radikale Strenge, zumal diese Strenge von der puritanischen Tradition gerechtfertigt wurde. In der 2. Hälfte des 19. Jahrhunderts gewann die benevolistische Konzeption an Raum entsprechend der vermehrten Anzahl von Beispielen sozialen Aufstiegs. Der Philanthrop John Howard kritisierte nach intensiven Inspektionsreisen die Mißstände im Strafvollzug in seiner umfassenden Untersuchung *The State of the Prisons in England and Wales*

---

[53] Vgl. z. B. Porter: English Society, S. 272.

[54] Zum literarischen Markt des 18. Jahrhunderts in England z. B. Altick: The English Common Reader, S. 15–77; J. M. S. Tompkins: The Popular Novel in England, 1770–1800, S. 1–33.

[55] Vgl. Basil Willey: Eighteenth-Century Background, S. 9–77; Gassenmeier: Der Typus des *man of feeling*.

(1770–1780; ^{3}1784 [!]).[56] Damals wurde die Leitung von Gefängnissen noch in Form von Sinekuren vergeben, die der individuellen Bereicherung dienen konnten. So kam ein Gefängnisaufenthalt noch häufig einer Verurteilung zum Tode gleich – aufgrund der dürftigen Ernährung und der hygienischen Verhältnisse. Eine Verurteilung zum Tode nach einem Eigentumsdelikt wurde dagegen meist in Deportation umgewandelt. Ins Gefängnis konnte man aber auch wegen finanzieller Schulden geraten, so daß 1770 fast die Hälfte aller Gefängnisinsassen deswegen inhaftiert war. Durch die Bemühungen Howards und anderer Reformer gewann bis zum Ende des Jahrhunderts die Vorstellung Raum, daß das Ziel des Strafvollzugs nicht Vergeltung, sondern Verhaltenskorrektur sein müsse.

1794 veröffentlichte der politisch engagierte Intellektuelle und Schriftsteller William Godwin den Roman *Things As They Are; or, The Adventures of Caleb Williams.*[57] Der Titel spielt auf eine heftige öffentliche Diskussion in England an, in der es um die Berechtigung der Französischen Revolution und um die Notwendigkeit ähnlicher Schritte in Großbritannien ging.[58] Godwin hatte ein Jahr zuvor ein umfangreiches polit-philosophisches Werk *Enquiry Concerning Political Justice* herausgebracht, in dem er eine detaillierte Darlegung und Begründung von Vorstellungen bot, die weitgehend denen der Französischen Revolution entsprachen.[59] *Caleb Williams* war nun als romanhafte Popularisierung dieses schwer zugänglichen theoretischen Werks geschrieben worden. Godwin versuchte dort, am Beispiel der Verstrickung der Existenzen eines kleinen Privatsekretärs mit der eines übermächtigen *Landed Gentleman* zu demonstrieren, daß das Rechtswesen wie die gesamte politische Ordnung des Landes in den Händen einer *Gentry* lag, die objektiv nicht in der Lage sein konnte, mit ihrem hierarchischen Denken – selbst wenn es im Sinne sozialer Verantwortlichkeit ausgelegt wurde – der Komplexität und Kontingenz der aktuellen Gesellschaft zu entsprechen. Die Lösung sah er in einer anarchischen Gesellschafts›formation‹, die durch eine aufgeklärte kulturelle Elite initiiert und von einer aufgeklärten Gesamtbevölkerung getragen werden sollte. Zu Godwins Leidwesen kam diese Botschaft bei den Rezipienten nicht an, wenn er auch viel Zustimmung für seine – eher beiläufige – Anprange-

---

[56] Zum Rechtswesen und Strafvollzug in England vgl. Harding: A Social History of English Law; Radzinowicz: A History of English Criminal Law and its Administration from 1750. Zu Howard z. B. Harding, S. 277.

[57] Zu Godwins Roman vgl. das Vorwort von David McCracken in seiner Ausgabe von *Caleb Williams* bei den *Oxford English Novels* (s. Literaturverzeichnis). Sekundärliteratur zu Godwin findet man in der kommentierten Bibliographie von Burton R. Pollin (Godwin Criticism).

[58] Darüber mehr bei Dumas: ›Things As They Were‹; Rothstein: Allusion and Analgoy in *Caleb Williams;* Storch: Metaphors of Private Guilt and Social Rebellion in Godwin's *Caleb Williams;* Lang: Godwin's *Caleb Williams* as a political allegory.

[59] Zu Godwins Leben und Werk vgl. Locke: A Fantasy of Reason. The Life and Thought of William Godwin. Eine Einordnung seines Denkens in den Kontext britischer Reaktionen auf die Französische Revolution unternimmt Boultons hochinteressantes Buch *The Language of Politics in the Age of Wilkes and Burke.*

rung der Mißstände im Gefängniswesen erhielt.[60] Dazu trug bei, daß *Caleb Williams* als ein psychologischer Verbrechens- und Abenteuerroman (›Thriller‹) gelesen werden konnte. Godwin hatte nämlich die damaligen Sozialverhältnisse, vor allem den Clinch zwischen der dominierenden *Gentry* und dem aufstrebenden Kleinbürgertum, mit den Mitteln des Schauerromans dargestellt – und zwar als einen Zustand permanenter Bedrohung und Psychoterrors.[61] Durch die Anwendung auf die aktuelle Gegenwart wurde das Textmuster des Schauerromans aber aus seinem exotischen historisierenden und ästhetisierenden Rahmen gelöst. Da der *plot* jedoch zum Zwecke exemplarischer und komplexer Verweise starke allegorische Elemente enthielt, blieb dieser kritische Gegenwartsbezug unscharf und demgemäß wurde der Text als eine neue Art Schauerroman gelesen.

Es wird jedoch anhand von Godwins Versuch, den Schauerroman umzupolen, klar: Der Schauerroman scheint mit dem von ihm enthaltenen Konzept des Pittoresken vor allem eine hierarchische, am *status quo* interessierte Sozialperspektive zu vermitteln und dabei die aktuelle Wirklichkeit und die darin gegebenen Herrschaftsverhältnisse zu verschleiern. Eben dies zeigt auch Jane Austens Roman *Northanger Abbey.*[62] Dort wird eine Heldin vorgeführt, die, irregeleitet durch ihre Leihbüchereilektüre, dem Welt- und Gesellschaftsmodell des bürgerlichen Schauerromans lange Zeit naiv Glauben schenkt. Als die aus Schauerromanen erlernten Verhaltensweisen ihr fast doch nicht den erstrebten Ehemann bringen, erkennt sie (halbwegs), daß hiermit nur Asymmetrien in der Zumessung sozialer Verhaltensräume kaschiert werden. Diese Asymmetrie wird besonders evident an dem Widerspruch des Wertes ›Eigentum‹ zu den Werten ›Freiheit‹ und ›sittliche Autonomie‹.

Eine ähnliche Aussage findet sich in den Erzähltexten *Mary* (1788) und *The Wrongs of Woman* (1798) der Frauenrechtlerin und späteren Ehefrau Godwins, Mary Wollstonecraft. In diesen Texten, die durch autobiographischen Realismus (ohne Schauerromanvorbilder) geprägt sind, wird dargelegt, daß in der bestehenden Gesellschaft die Frauen normativ wie in rechtlicher Hinsicht eklatant benachteiligt werden und daß daran ein zugunsten des Mannes ausgelegtes Eigentumsrecht wesentlichen Anteil hat.

Es wäre falsch, den Schauerroman aufgrund des Befundes dieser Texte, die ihn in Frage stellen, abzutun als Literatur, die nur die Funktion hatte, kleinbürgerliche Leserschichten auf eine von der *Gentry* dominierte Gesellschaft hin zu orientieren, indem er Probleme der Identitätskonstitution im Horizont des pittoresken Modells auffing. Vielmehr gilt es zu berücksichtigen, daß dieses Modell im Kontext einer Vielzahl brisanter politischer Ereignisse entwickelt wurde, in denen bürgerliche Rechte gegenüber oligarchischen Oberschichten propagiert werden – so in den Affären um den radikalliberalen Abgeordneten Wilkes, im amerikani-

---

[60] Vgl. David McCrackens »Introduction« zu *Caleb Williams* (s. Literaturverzeichnis).

[61] Ebd. und die Texte von Storch u. Lang (Anm. 58).

[62] Vgl. Mohr: Ästhetische Erfahrung und sozialgeschichtlicher Prozeß. – Dort illustriere ich meinen Theorieansatz am Beispiel von *Northanger Abbey.*

schen Unabhängigkeitskrieg, in der Auseinandersetzung mit George III. und dem Echo der Französischen Revolution in Großbritannien.[63] Demnach liegt die Folgerung nahe, daß der Schauerroman mit dem von ihm propagierten pittoresken Modell Forderungen nach individueller Selbstbestimmung einbezieht. Denn nur so läßt sich der massenhafte Erfolg[64] dieser Texte erklären.[65]

Welche Komponente des Schauerromans leistet dies?

Hier ist an erster Stelle die Differenzierung der *Physico-Theology* hin zum pittoresken Naturmodell zu nennen. Sie ist mit einer deutlichen Erweiterung bzw. Anerkennung der Erweiterung des Spielraums individuellen Verhaltens verbunden: Thematisch ist dies auf der Ebene der Aktanten des Textes gegeben, z. B. in der Legitimierung einer traditionelle Geschlechts-Status-Kriterien der Frau sprengenden Mobilität (= Situations-Rollen). Ähnliche Erweiterungen von Verhaltensräumen werden durch wirkungsästhetische Strategien der Leserbeteiligung suggeriert. Im Rahmen der Koppelung des pittoresken Modells mit individuellem Verhalten wird eine Ablösung des individuellen Verhaltens von rigiden religiösen und moralistischen Vorstellungen vorgenommen. So werden neue Situations- und Positions-Rollen den traditionellen Status-Rollen-Kriterien zugeordnet und diese Zuordnung wird gleichzeitig von oben her auf der Ebene der Welt- und Gesellschaftsmodelle gestützt. Dadurch wird der Status-Rollen-Set verändert. Sittliche Autonomie als Kriterium der Status-Rolle des ›Staatsbürgers‹[66] wird unabhängiger vom Kriterium ständischer Herkunft und vom Wert ›Besitz/Eigentum‹. Insofern läßt sich durchaus ein Eingehen des Schauerromans auf aktuelle soziale Forderungen erkennen, wenn auch nicht politisch-plakativ, sondern eher das Zulässige abwägend. Auf diese Weise expliziert, affirmiert und propagiert – je nach dem vorgegebenen Bewußtseinsstand des Lesers – der Schauerroman Vorgaben für Normierungen, die dem entsprechen, was sich im Laufe des 19. Jahrhunderts bei der Freisetzung des Rechts von Moral, Religion, ständischen Konzepten und in der rechtlichen Absicherung der Individualisierung von gesellschaftlich belangvollen Entscheidungen zeigt. Die Verzeitlichung, Irrationalisierung und Ästhetisierung des Naturbegriffs antizipiert demnach die Möglichkeit einer Differenzierung des Rechtswesens, die sich später sogar als Ablösung des Rechts von naturhaften Kategorien äußert.

Vor dem Hintergrund rechtsgeschichtlicher bzw. protorechtlicher Entwicklungen wird besonders plausibel, warum der Schauerroman eine erneute Auseinan-

---

[63] Vgl. hierzu Plumb: England in the Eighteenth Century, S. 116–162, 188ff.; Boulton: The Language of Politics in the Age of Wilkes and Burke.

[64] Hierzu u.a.: Brauchli: Der englische Schauerroman um 1800, aber auch Altick und Tompkins (Anm. 54).

[65] Auf eine politische Komponente des Schauerromans im Sinne der jüngeren parlamentarischen Opposition um Charles James Fox (und deren ästhetischen Avantgardismus) deuten der öffentliche Glückwunsch von Fox an Lewis im Parlament und der Umstand, daß Lewis seinen Titel M. P. auf den Umschlag der 2. Auflage von *The Monk* setzen ließ. Zu den weiteren Folgen dieses Schrittes vgl. Parreaux: The Publication of *The Monk*.

[66] S. hierzu oben Graphik 1.

dersetzung mit dem Libertinismus vornimmt, obwohl diese ja bereits um 1700 von seiten der Träger des *Genteel Compromise,* u.a. in den Moralischen Wochenschriften, stattgefunden hatte. Das pittoreske Welt- und Gesellschaftsmodell, das in legitimatorischer Reaktion auf individualistische Forderungen entwickelt worden war, zeichnete sich – wie gesagt – durch irrationalistische und ästhetizistische Komponenten aus. Damit ergab sich das Problem, wie die Verhaltensweisen des Libertins als unbürgerlich und verbrecherisch zu brandmarken seien, denn die Vertreter dieser Gruppe schienen sowohl im Horizont des Naturkonzepts als auch der – von bürgerlicher Seite besonders hoch gesetzten – Werte ›Eigentum‹ und ›Bildung‹ legitimiert. Der Schauerroman findet nun den ›Ausweg‹, daß er den Libertin, zumal in seiner ästhetisch faszinierenden, erotischen Attraktivität, als Teil einer umfassenden ›organischen‹ Natur anerkennt. Er ist exzessiv in seinem Streben nach materieller und sexueller Bedürfnisbefriedigung, so wie es die gewaltigen Naturkräfte bisweilen sind (Vulkanausbrüche, Gewitter, Naturkatastrophen), wird aber letztlich besiegt durch die langfristig wirkenden harmonisierenden Kräfte der Natur. Was für die Individualexistenz des Libertins gilt, gilt auch für die ihm entsprechende feudale Haltung: demgemäß unterliegen die Burgen und Schlösser früherer Epochen dem überwuchernden und erodierenden Zugriff der übernatürlichen Macht, die sich in Form der Natur-Geschichte manifestiert. Besonderer Ausdruck libertinistischer Exzessivität und ihrer ephemeren Erscheinung ist die Mißachtung ›natürlicher‹ familialer Bande, speziell in Form des Inzests und hier fast ausschließlich des Inzests zwischen Stiefvater und Stieftochter. Daran zeigt sich, daß ein Individuum erst dann den (veränderten) Wertprioritäten des pittoresken Modells entspricht, wenn es ein fühlsames Herz besitzt. *Benevolence* ist das Authentische an der irrationalen Natur. Bedenkt man, daß der Schauerroman erfolgreiche Selbstbehauptung bei erweiterten und dennoch moralisch integren Verhaltensräumen darstellt, dann wird klar, daß er letztlich für ein Programm der wirkungsästhetischen Bildung von Gefühl und Verstand des Lesers steht. Dieses Programm basiert auf der Voraussetzung, daß allen Ständen grundsätzlich ein einfühlsames Herz gegeben sei, während es dem Libertin eben fehlt. Auch hierin deutet sich ein affirmierender bzw. intensivierender Zusammenhang zwischen Schauerroman und einer allgemeinen humanitären Reform des Strafrechts an.

Einschränkend steht damals einer generellen sozialen Gleichsetzung aller Menschen entgegen, daß unterschiedliche Grade der Differenziertheit individuellen Gefühls und Verstandes es wieder zulassen, schichtspezifische Asymmetrien im jeweils gewünschten Umfange zu begründen, zumal diese Fähigkeiten mit funktionalistischer Kompetenz in Zusammenhang gebracht werden. Welch eminenter Rang solchermaßen qualifizierten Individuen zugesprochen werden darf, zeigt sich um die Mitte des 19. Jahrhunderts in den Erzählungen Edgar Allan Poes, die man als die Prototypen der Detektiverzählung bezeichnen darf.[67] Erstmalig besitzt

[67] Der eigentliche Detektivroman kann erst mit Arthur Conan Doyles Sherlock-Holmes-Figur (ab 1885) ausgesetzt werden. Vgl. hierzu Alewyn: Der Ursprung des Detektivromans; Kesting: Auguste Dupin, der Wahrheitsfinder und sein Leser.

mit der Gestalt des Detektivs ein Mensch – auf der Grundlage der wissenschaftlich-industriellen Gesellschaftsform, in der er lebt – sozialtechnische Kompetenz in einem Maße, wie sie noch im Schauerroman nur dem Walten des Übernatürlichen zukam. So ist die Entstehung der Gestalt des Detektivs, der nicht nur Bewahrer, sondern auch wissenschaftlich und ästhetisch versierter empirischer Wahrheitsfinder ist, schon für sich ein Indiz der Freisetzung des Rechtswesens von naturhaften Kategorien. Und es kann nicht überraschen, daß englische Juristen in dem von Poe Präsentierten alsbald neue Möglichkeiten der empirischen Beweisführung *(circumstantial evidence)* für die Praxis der Schwurgerichte sahen.[68]

Literaturverzeichnis

Richard Alewyn: Der Ursprung des Detektivromans. In: R. A.: Probleme und Gestalten. Essays. Frankfurt/M.: Insel 1974. S. 361–394.

Richard D. Altick: The English Common Reader. Chicago: Chicago University Press 1963.

Jane Austen: Northanger Abbey. Ed. and introd. by Anne Henry Ehrenpreis. Harmondsworth: Penguin Books 1972.

Uwe Böker: Englische Juristen entdecken Poes Detektivgeschichten. In: arcadia 16 (1981), S. 49–55.

James T. Boulton: The Language of Politics in the Age of Wilkes and Burke. London: Routledge/Toronto: University of Toronto Press 1963.

Jakob Brauchli: Der englische Schauerroman um 1800. Weida: Thomas u. Hubert 1928.

Horst Breuer: Zur Geschichte der Justizreform in England: Der Beitrag Henry Fieldings. In: Deutsche Vierteljahrsschrift für Literaturwissenschaft und Geistesgeschichte 53 (1979), S. 378–393.

Reinhard Damm: Systemtheorie und Recht. Zur Normentheorie Talcott Parsons'. Berlin: Duncker u. Humblot 1976.

Hans Peter Dreitzel: Die gesellschaftlichen Leiden und das Leiden an der Gesellschaft. Vorstudien zu einer Pathologie des Rollenverhaltens. Stuttgart: Enke 1972 (auch: dtv Wiss. Reihe 4128).

D. Gilbert Dumas: ›Things As They Were‹: The Original Ending of *Caleb Williams.* In: Studies in English Literature 1500–1900, 6 (1966), S. 575–597.

Erik H. Erikson: Identität und Lebenszyklus. Frankfurt/M.: Suhrkamp 1966.

Michael Gassenmeier: Der Typus des ›man of feeling‹. Studien zum sentimentalen Roman des 18. Jahrhunderts in England. (Studien zur Englischen Philologie N.F.) Tübingen: Niemeyer 1972.

M. Dorothy George: England in Transition. Life and Work in the Eighteenth Century. London u. a.: Penguin Books 1953.

Uta Gerhardt: Rollenanalyse als kritische Soziologie. Ein konzeptueller Rahmen zur empirischen und methodologischen Begründung einer Theorie der Vergesellschaftung. Neuwied u. Berlin: Luchterhand 1971.

William Godwin: Enquiry Concerning Political Justice. (1793). Hg. von Isaac Kramnick. Harmondsworth: Pelican Classics 1976.

Ders.: Things As They Are; or, The Adventures of Caleb Williams. (1794). Hg. von David McCracken. Oxford: Oxford University Press 1970.

---

68 Vgl. Böker: Englische Juristen entdecken Poes Detektivgeschichten.

Hartmut M. Griese u. a.: Soziale Rolle. Zur Vermittlung von Individuum und Gesellschaft. Ein soziologisches Studien- und Arbeitsbuch. Opladen: Leske 1977.
Alan Harding: A Social History of English Law. London: Penguin Books 1966.
Karl Haußer: Identitätsentwicklung. New York: Harper u. Row 1983.
Christopher Hill: The Century of Revolution, 1603–1714. 2nd ed. Walton-on-Thames: Nelson 1980.
Walter John Hipple, Jr.: The Beautiful, The Sublime & The Picturesque in Eighteenth Century British Aesthetic Theory. Carbondale, Ill.: Southern Illinois University Press 1957.
Dieter Hoffmann: Die Figur des Libertin. Überlegungen zu einer politischen Lektüre de Sades. Frankfurt/M.: Campus 1984.
Sir William Holdsworth: A History of English Law. Hg. von Arthur L. Goddhart u. Harold G. Hanbury. (1903). Reprint d. 7. Aufl. London: Methuen/Sweet u. Maxwell 1964–1973.
Norman N. Holland: Five Readers Reading. New Haven u. London: Yale University Press 1966.
Ders.: The Dynamics of Literary Response. New York: Oxford University Press 1968.
Ders.: Poems in Persons. An Introduction to the Psychoanalysis of Literature. New York: Norton 1973.
Ders.: Literary Interpretation and Three Phases of Psychoanalysis. In: Critical Inquiry 3 (1976/77), S. 221–233.
Robert H. Hopkins: The Cant of Social Compromise. Some Observations. In: Mandeville Studies. Hg. von Irwin Primer. The Hague: Mouton 1975, S. 180–187.
Christopher Hussey: The Picturesque. Studies in a Point of View. (1927). Reprint New York: Cass 1967.
Marianne Kesting: Auguste Dupin, der Wahrheitsfinder, und sein Leser. In: Poetica 10 (1978), S. 53–65.
Joseph T. Klapper: The Effects of Mass Communication. New York: Free Press 1960.
Lothar Krappmann: Soziologische Dimensionen der Identität. Strukturelle Bedingungen für die Teilnahme an Interaktionsprozessen. Stuttgart: Klett 1969.
Hans-Joachim Lang: Godwin's *Caleb Williams* as a political allegory. In: Literatur als Kritik des Lebens. Hg. von Rudolf Haas u. Heinz-Joachim Müllenbrock. Heidelberg: Quelle u. Meyer 1975, S. 148–166.
Simon Lesser: Fiction and the Unconscious. New York: Vintage Books 1957.
David J. de Levita: The Concept of Identity. The Hague: Mouton 1965.
Don Locke: A Fantasy of Reason. The Life and Thought of William Godwin. London u. Boston: Harvard University Press 1980.
Niklas Luhmann: Legitimation durch Verfahren. (1969). Frankfurt/M.: Suhrkamp 1983 (= stw 443).
Ders.: Soziologische Aufklärung. 3 Bde. Opladen: Westdeutscher Verlag 1970 (Bd. 1), 1975 (Bd. 2), 1981 (Bd. 3).
Ders.: Rechtssoziologie. 2 Bde. Reinbek: Rowohlt 1972 (= rororo studium 580).
Ders.: Macht. Stuttgart: Enke 1975.
Ders.: Gesellschaftsstruktur und Semantik. Studien zur Wissenssoziologie der modernen Gesellschaft. 2 Bde. Frankfurt/M.: Suhrkamp 1980/81.
Ders.: Ausdifferenzierung des Rechts. Beiträge zur Rechtssoziologie und Rechtstheorie. Frankfurt/M.: Suhrkamp 1981.
Ders.: Soziale Systeme. Grundriß einer allgemeinen Theorie. Frankfurt/M.: Suhrkamp 1984.
Crawford Brough Macpherson: Die politische Theorie des Besitzindividualismus. Frankfurt/M.: Suhrkamp 1973 (= stw 41).
Denis McQuail: Towards a Sociology of Mass Communications. London: Collier – Macmillan 1969.

Peter Mathias: The First Industrial Nation. An Economic History of Britain 1700–1914. 2nd ed. London u. New York: Methuen 1983.

Hans-Ulrich Mohr: Literaturgeschichte als systemtheoretisch und rollentheoretisch orientierte Rekonstruktion der Funktion ästhetischer Erfahrung. In: Mitteilungen des Deutschen Germanistenverbandes 30 (1983) H. 1, S. 18–28.

Ders.: Ästhetizismus und Identität. Eine sozialgeschichtlich dimensionierte Funktionsgeschichte englischer und amerikanischer ›Gothic Fictions‹. Habilitationsschrift Bielefeld 1984 (Buchpublikation vorauss. 1990).

Ders.: Skizze einer Sozialgeschichte des englischen Schauerromans (Gothic Novel). In: Englisch Amerikanische Studien 6/1 (1984), S. 112–140.

Ders.: Ästhetische Erfahrung und sozialgeschichtlicher Prozeß. Systemtheoretische und rollentheoretisch orientierte Überlegungen zu einer Funktionsgeschichte der Literatur. In: Siegener Periodicum zur Internationalen Empirischen Literaturwissenschaft (SPIEL) 4 (1985) H. 2, S. 297–350.

André Parreaux: The Publication of *The Monk*. A Literary Event, 1796–98. Paris: Didier 1960.

John Harold Plumb: England in the Eighteenth Century. Harmondsworth: Penguin Books 1963.

Burton R. Pollin: Godwin Criticism. A Synoptic Bibliography. Toronto: Toronto University Press 1967.

Roy Porter: English Society in the Eighteenth Century. Harmondsworth: Penguin Books 1982.

Martin Price: The Picturesque Moment. In: From Sensibility to Romanticism. Hg. von Frederick W. Hilles u. Harold Bloom. Oxford: Oxford University Press 1963, S. 98–147.

Leon Radzinowicz: A History of English Criminal Law and its Administration from 1750. 4 Bde. 2. Aufl. London: Stevens 1956–1969.

Siegfried Reck: Identität, Rationalität und Verantwortung. Grundbegriffe und Grundzüge einer soziologischen Identitätstheorie. Frankfurt/M.: Suhrkamp 1981.

Pat Rogers (Hg.): The Context of English Literature: Eighteenth Century. London: Methuen 1978.

Eric Rothstein: Allusion and Analogy in the Romance of *Caleb Williams*. In: University of Toronto Quarterly 47 (1967), S. 18–30.

Christian Scherg: Literatur als Lebenshilfe. Am Beispiel Thomas Manns. In: Psyche 36 (1982), S. 630–661.

Gerhard Schneider: Der Libertin. Zur Geistes- und Sozialgeschichte des Bürgertums im 16. und 17. Jahrhundert. Stuttgart: Metzler 1970.

Otto Schober (Hg.): Text und Leser. Zur Rezeption von Literatur. Stuttgart: Reclam 1979.

Alfons Silbermann u. Udo M. Krüger: Soziologie der Massenkommunikation. Stuttgart 1973.

Rudolf F. Storch: Metaphors of Private Guilt and Social Rebellion in Godwin's *Caleb Williams*. In: English Literary History 34 (1967), S. 188–207.

Wylie Sypher: Rococo to Cubism in Art and Literature. New York: Random House 1960.

Joyce Marjorie Sanxter Tompkins: The Popular Novel in England, 1770–1800. (1932). Reprint Lincoln, Na.: University of Nebraska Press 1961.

George Macauley Trevelyan: Illustrated English Social History. Vols. 3, 4. Harmondsworth: Pelican Books. 1964.

Dale Underwood: Etherege and the Seventeenth-Century Comedy of Manners. 2nd ed. Boston: Archon Books 1969.

Basil Willey: The Eighteenth-Century Background. (1940). Harmondsworth: Peregrine Books 1965.

Mary Wollstonecraft: ›Mary‹, and ›The Wrongs of Woman‹. Ed. and introd. by Gary Kelly. (Oxford English Novels) London: Oxford University Press 1976.

Michael Titzmann

Literarische Strukturen und kulturelles Wissen: Das Beispiel inzestuöser Situationen in der Erzählliteratur der Goethezeit und ihrer Funktionen im Denksystem der Epoche*

1. Erläuterungen und terminologische Festlegungen

Unter ›Goethezeit‹ (GZ) soll die Phase von ca. 1770 bis ca. 1830 verstanden werden, die ich als eine Epoche auffasse, innerhalb derer die teils simultan koexistierenden, teils sukzessiv aufeinanderfolgenden verschiedenen literarischen ›Richtungen‹ (Literatur der Spätaufklärung, der Empfindsamkeit, des Sturm und Drang, der Klassik, der Romantik usw.) Varianten und Transformationen wären, die innerhalb einer gemeinsamen Rahmenstruktur des Denkens aufeinander bezogen sind. Das theoretische Denken der Epoche selbst wird dabei als Transformation der Aufklärung interpretiert: als Fortentwicklung von und Auseinandersetzung mit deren Denkmodellen.

Wie schon in der vor-gz-lichen Literatur des 18. Jahrhunderts treten in der Literatur der GZ bemerkenswert viele inzestuöse Situationen auf, worin sie sich deutlich etwa von der nach-gz-lichen Literatur des 19. Jahrhunderts unterscheidet. Solche inzestuösen Situationen sind in der Epoche nicht an die Erzählliteratur gebunden, anhand derer ich sie aber behandele, da ich, was die Erzählliteratur betrifft, von einem hinreichend umfänglichen Korpus von 487 Erzähltexten ausgehen kann; auf Fälle inzestuöser Situationen in der dramatischen Literatur der GZ und in der gleichzeitigen fremdsprachigen Literatur wird nur zu Beispielszwecken verwiesen.

Ich lege zunächst die Verwendung der beiden zentralen Termini fest.

I n z e s t: die (eheliche oder nicht-eheliche) sexuelle Beziehung zweier Personen derart, daß

(1) die Personen
entweder (a) aufgrund b i o l o g i s c h e r M e r k m a l e (Abstammung von gemeinsamen Vorfahren)
oder (b) aufgrund s o z i a l e r M e r k m a l e (durch Allianz zwischen nichtblutsverwandten Familien mittels Eheschließung zwischen Mitgliedern aus beiden Familien oder durch funktionale Relationen zwischen Nicht-Blutsverwandten wie z. B. Adoptivbeziehungen, Vormundschaft usw.)

---

* Auf die ›Quellen‹ dieser Untersuchung (die theoretischen – insbesondere juristischen – sowie literarischen Texte) wird im fortlaufenden Text mit Verfassername und Erscheinungsjahr verwiesen; die bibliographischen Angaben finden sich im chronologisch geordneten Literaturverzeichnis (a–c: Quellen).

im kulturellen Wissen der Epoche als miteinander in einem bestimmten Grade verwandt gelten, und daß
(2) kulturell für diesen Verwandtschaftsgrad ein Verbot sexueller Beziehungen gilt, das Bestandteil des kulturellen Wissens ist.

Inzestuöse Situation: die Beziehung zweier Personen derart, daß
(1) diese Beziehung eindeutig als erotisch identifizierbar ist, und daß
(2) es sich beim Vollzug eines Sexualaktes um einen Inzest im Sinne des kulturellen Wissens der Epoche handeln würde, wobei es
(3) irrelevant ist, ob
(a) die erotische Beziehung einseitig oder wechselseitig ist;
(b) der Verwandtschaftsgrad von den Personen gewußt oder nicht gewußt wird;
(c) eine von einer oder beiden der Personen angenommene Verwandtschaft oder Nicht-Verwandtschaft tatsächlich gegeben oder irrtümlich angenommen ist;
(d) ein Sexualakt vollzogen oder nicht-vollzogen wird;
(e) ein vollzogener Sexualakt freiwillig (in beiderseitigem Konsens) oder nicht-freiwillig (gegen den Willen eines der beiden Partner) stattfindet;
(f) die Beziehung eine eheliche oder nicht-eheliche ist.

Die unter (3a)–(3f) subsumierten und als irrelevant für den Begriff der ›inzestuösen Situation‹ gesetzten Merkmalspaare dienen nicht nur der Erläuterung dieses Begriffes: sie stellen zugleich auch Kategorien dar, die zur Beschreibung der Struktur inzestuöser Situationen in der GZ-Literatur relevant sind; alle hier unterschiedenen Varianten treten auch in meinem Textkorpus auf; angemerkt sei, daß die Bestimmung (1) z. B. Kleists *Marquise von O.* ausschließt (der Text behandelt die bekannte Vater-Tochter-Szene als nicht-inzestuös), aber Hebbels *Barbier Zitterlein* einschließt (dessen Umwelt die Vater-Tochter-Beziehung als erotisch rezipiert).

›Inzestuöse Situation‹ wird hier mittels ›Inzest‹ definiert – und dieser wiederum als eine vom ›kulturellen Wissen‹ abhängige Variable. Denn was jeweils als ein Verwandtschaftsgrad gilt, bei dem sexuelle Beziehungen untersagt sind, ist bekanntlich nicht nur bei den rein sozial definierten, sondern auch bei den Verwandtschaften auf biologischer Basis in hohem Maße eine kulturabhängige Variable: was somit jeweils als Inzest gilt, kann nur durch Rekonstruktion des kulturellen Wissens der Epoche festgestellt werden.

Kulturelles Wissen (kW)[1] soll jede von der Kultur während eines bestimmten Zeitraums für wahr gehaltene Aussage heißen, wobei ›Wissen‹ im weiten wissenssoziologischen Sinne verwendet wird; das kW soll sowohl das (vortheoretische) ›Alltagswissen‹ als auch spezialisierte Wissensmengen mit theoretischem Anspruch (etwa der Theologien, Philosophien, Wissenschaften), sowohl das allge-

---

[1] Zum Begriff vgl. Titzmann: Strukturale Textanalyse. Präzisierung einiger Aspekte in: Ort u. Titzmann: Literatur und Denkgeschichte/Sozialgeschichte.

meine kW, also das von (fast) allen Kulturmitgliedern geteilte Wissen, als auch das gruppenspezifische kW umfassen, also das Wissen einer oder mehrerer der kulturellen Gruppen, sei(en) diese nun durch Schicht, Altersklasse, Geschlecht, Ausbildung, Beruf, Religionszugehörigkeit, usw. definiert.

Was nun Inzest (bzw. inzestuöse Situation) betrifft, so wird im Rahmen meiner Fragestellung mindestens kW über die folgenden zwei Klassen von Sachverhalten relevant:

(1) Welche Typen von (kulturell definierten) Verwandtschaftsbeziehungen (biologischer und sozialer Art) sind in der GZ mit einem Sexualitätsverbot verknüpft und wie wird eine Verletzung dieser Normen sanktioniert?

(2) Wie werden in der Kultur der GZ die gegebenen Inzestverbote interpretiert, d.h. welche Motivation und welchen Status erhalten sie im denkgeschichtlichen Kontext der Epoche und mit welchen anderen Klassen epochal relevanter Theoreme werden sie korreliert?

Zunächst zur ersten Frage. Damit die kulturellen Inzestverbote überhaupt in der Praxis für das Sexualverhalten der Kulturmitglieder relevant werden können, muß es erstens ein diesbezügliches Alltagswissen geben, das wir also – wenn auch als inhaltlich unbekannte Größe – annehmen dürfen und müssen. Zweitens aber gibt es zu dieser Frage zwei spezialisierte Wissensmengen in der GZ: die theologische und die juristische. Beide Wissensmengen beanspruchen in ihrem jeweiligen Geltungsbereich – dem der jeweiligen Konfession oder dem der jeweiligen Gesetzgebung – eine gruppenspezifische Verbindlichkeit für alle Kulturmitglieder und drohen bei Zuwiderhandlung gegen die von ihnen gesetzten Normen mit (verschiedenartigen) Sanktionen. Obwohl beide Wissensmengen gruppenspezifische sind, werden sie also gruppenunspezifisch praxisrelevant. Mindestens partiell und rudimentär müssen die theologischen und juristischen Wissensmengen zum Inzest also auch Bestandteil eines Alltagswissens und des allgemeinen kW (geworden) sein: Das Alltagswissen der sozialen Gruppen der GZ über den Inzest-Komplex mag divergieren, aber es muß demnach einen gruppenunspezifischen, gemeinsamen Kern dieses Wissens geben, dem zumindest auch die elementaren Normen theologischer bzw. juristischer Provenienz angehören: jedes Subjekt muß ungefähr wissen, welche Partner ihm für (eheliche oder nicht-eheliche) Sexualität verboten sind. Da nun im Rahmen der institutionellen Gegebenheiten und der sozialen Strukturen der GZ das theologische und juristische kW zum Inzest notwendig Folgen für das diesbezügliche allgemeine und alltägliche Wissen haben und sie aufgrund ihrer reichlichen Dokumentation in Texten bequem rekonstruierbar sind, gehe ich von diesen spezialisierten und gruppenspezifischen Wissensmengen aus.

2. Die Inzestverbote im kulturellen Wissen des 18. Jahrhunderts

2.1 Der Sonderstatus des juristischen Wissens gegenüber dem theologischen Wissen und das Normproblem im 18. Jahrhundert.

Nun divergieren aber in der GZ theologisches und juristisches Wissen zumindest partiell, was den Umfang der Inzestverbote betrifft, und erheblich, was deren Status und Begründung anlangt. Wenn ich mich hier primär am juristischen Wissen orientiere, dann nicht deshalb, weil ›Kriminalität‹ das Tagungsthema ist, sondern weil dieses Wissen in mehrfacher Hinsicht für die Literatur der GZ relevanter als das theologische ist. Denn

(1) gehen die gz-lichen Gesetzeskodifikationen, in denen das juristische kW der Zeit seinen Niederschlag findet, aus demselben (spät-)aufklärerischen Denken hervor, auf dem auch die Literatur der GZ basiert und das zumindest partiell in Opposition zur tradierten (orthodoxen) Theologie steht;

(2) sind aufgrund der institutionellen Trennung der theologischen und juristischen Instanzen und des Strafmonopols der staatlich-juristischen Institutionen die aus dem theologischen Wissen resultierenden Normen nur noch insofern legitim durchsetzungsfähig, als die orthodoxen Gläubigen sich diesen Normen freiwillig unterwerfen oder die nicht-orthodoxen Christen und die Nicht-Christen (Deisten, Pantheisten, usw.) durch eine entsprechende juristische Norm dazu gezwungen werden: die gebildete und intellektuelle Elite, aus der sich die Produzenten von GZ-Literatur rekrutieren, besteht aber dominant aus solchen Abweichlern vom Konzept eines orthodoxen Christentums.

In Rechtstheorie und Rechtskodifikation der GZ ist jedenfalls der aufklärerische Prozeß der Ablösung des juristischen Bereichs von den Vorgaben des theologischen Bereichs weit fortgeschritten. Nur einige Aspekte und Kontexte dieses Prozesses können hier angedeutet werden. Sie aber müssen sogar angedeutet werden, da sie zu den Bewußtseinsinhalten der GZ in ihrer spätaufklärerischen wie in ihrer – diese transformierenden – idealistischen Theoriebildung, also zum kW der intellektuellen Eliten der GZ, gehören.

Bekanntlich wird das Denken des 18. Jahrhunderts und der GZ – vom Beginn der Aufklärung bis zum Ende des Idealismus – vom immer erneuten Versuch rationaler Normbegründung begleitet. Wie immer dieser Versuch nun geartet sein mag, ob er die eigenen kulturellen Normen aus der menschlichen ›Vernunft‹ – als jedermann einsehbare – oder ob er sie (wie die ›moral-sense‹-Theorien) aus dem menschlichen ›Herzen‹ – als jedermann empfindbare – zu deduzieren sucht, ob die Absicht des Versuchs die einer Unterstützung des christlichen Systems oder die seiner Ersetzung (z. B. durch ein deistisches oder atheistisches oder kantisches usw.) ist: in jedem Falle ist dieser Versuch, ob willentlich oder nicht, ob bewußt oder nicht, einem Prozeß der Ablösung der Normproblematik vom theologischen Kontext äquivalent. Denn auch da, wo solche Argumentationen sich als Unterstützung theologischer Normbegründungen verstehen, räumen sie durch ihre bloße Existenz implizit ein, daß diese theologischen Begründungen unterstützungsbedürftig sind: daß es Individuen oder Kulturen gibt, von denen man annimmt, sie seien eher durch menschliche Argumentation als durch göttliche Offenbarung zu überzeugen. Daß diese Abkoppelung einer – zumindest der Intention nach – rationalen von einer theologischen Normbegründung im Verlaufe der Zeitphase fortschreitet, ebenso deutlicher wie bewußter und gewollter wird, bedarf wohl kaum eines Beweises. Soweit nun dieser Kultur eine solche rationale Normbegründung gelungen scheint, sichert sie ihren Normen zugleich einen Universalitätsanspruch, der räumlich wie zeitlich weit über diese Kulturen hinausreicht, die die christliche Offenbarung anerkennen. Ein als gelungen erachteter Versuch löst für die Kultur also zugleich das Problem, das durch das gehäufte ethnologische und historische Wissen (ethnohistorisches kW) über fremde Kulturen mit anderen Normen entstanden ist bzw. im Verlaufe des 18. Jahrhunderts entsteht: das Problem, daß Normen kulturrelativ sein könnten, wird gelöst, wenn man den eigenen Normen eine universal-anthropologische Begründung zuschreiben kann, so daß der Dissens von Kulturen auf den Fehlgriffen der ›Vernunft‹ oder des ›Herzens‹ der einen oder der anderen beruht.[2] Die Relevanz ethnohistorischer Argumentation manifestiert sich früh schon theoretisch wie literarisch, und beides kann, wie in Montesquieus *Lettres persanes* (1721), kombiniert sein, wo die eigene Kultur aus der Perspektive der fremden wahrzunehmen versucht wird. Schon dieser Text zeigt, daß die Relevanz des interkulturellen Normdissenses auf der (Möglichkeit) eines intrakulturellen Dissenses basiert, gleich, ob dieser wiederum ein Dissens verschiedener kultureller Gruppen untereinander oder der von Individuen in sich selbst ist. Denn bei Montesquieu werden die der fremden Kultur unterstellten Werte und Normen zur Kritik derer der eigenen Kultur funktionalisiert – auch in der Folge wird ethnohistorisches kW immer wieder zu vergleichbaren Zwecken verwendet werden. Anders formuliert: Es ist allein schon signifikant, daß überhaupt ethnohistorisches kW über Normen anderer Kulturen zu einem zu lösenden Problem des Status kulturspezifischer Normen führt; solches Wissen existierte, wenn auch in geringerem Umfang, schon vor dem 18. Jahrhundert, ohne ein Problem auszulösen. Daß dieses kW jetzt überhaupt zu einem theoretischen Problem führt, ist Indikator, wo nicht gar einer potentiellen Krise der Normen, so doch zumindest einer latenten Krise der Normbegründungen und also Indikator einer Ablösung des Normproblems vom theologischen Bereich. Denn solange die theologische Argumentation zum Normenkomplex unproblematisierter Bestandteil des kW ist, kann keine solche Krise – weder eine solche der Normbegründungen noch gar der Normen selbst – auftreten.

Insofern nun aber die Phase offenbar ein Bedürfnis nach einer Normbegründung hat, die im kulturellen System als rational akzeptiert werden kann, werden

---

[2] Die verbleibenden Restprobleme der Differenz verschiedener Normsysteme werden durch die Konstrukte einer Geschichtsphilosophie gelöst, vgl. Titzmann: Klingers Romane; Müller: Philosophie und Anthropologie der Spätaufklärung; Titzmann: Wissen und Sprache in der Goethezeit.

damit potentiell zugleich auch die Norminhalte zur Diskussion freigegeben; denn während im orthodoxen System theologischer Normbegründung eine Norm, die als gottgewollt erachtet wird, nicht ohne Häresie in Frage gestellt werden kann, kann hingegen im System eines rationalen Begründungszwanges die Norm implizit oder explizit einfach dadurch in Frage gestellt werden, daß ihre rationale Begründbarkeit bezweifelt bzw. ein solcher Begründungsversuch widerlegt wird. Die Verschiebung von der theologischen zur rationalen Ableitung von Normen legitimiert implizit also zugleich ein normkritisches Potential; von der Qualität der rationalen Begründungen, d.h. davon, inwieweit die Kulturmitglieder bereit sind, gegebene Begründungsversuche als ausreichend rational und rational ausreichend zu akzeptieren, hängt also nach dieser Verschiebung auch die Verteidigbarkeit dieser Normen selbst ab. In Deutschland reicht nun die Reihe der rationalen Normbegründungsversuche von der Frühaufklärung bis zum Idealismus: von Wolff und Gottsched über Kant und Fichte bis zu Hegel; selbstverständlich wird auch die französisch- oder englischsprachige Theorie (wie auch die Literatur) rezipiert, sei es im Original, sei es in Übersetzung – nach Ausweis etwa des *Goedeke* bleibt kaum ein französischer oder englischer, literarischer oder theoretischer Text von einiger Relevanz unübersetzt. An der auffälligen Vielfältigkeit der Versuche rationaler Normableitung ließen sich unschwer zwei zentrale Aspekte dieser Normproblematik demonstrieren, die ich hier nur nennen kann. Daß der Versuch rationaler Ableitung immer erneut unternommen wird, belegt zum einen nicht nur die Relevanz des Problems, sondern vor allem das implizite Eingeständnis der Ungelöstheit des Problems: des Fehlens einer wirklich zwingenden, d.h. kulturell befriedigenden Ableitung. Zum anderen zeigen diese Versuche trotz unterschiedlichster ideologischer Provenienz zumindest in bestimmten Bereichen, etwa dem hier relevanten der Normen des familiären und des sexuellen Verhaltens eine auffällige Identität der Normen, ob es sich nun um die eher deistische Argumentation Wolffs oder Gottscheds oder die eher christliche Gellerts, um den Skeptiker Hume oder den Atheisten d'Holbach handelt. Die Tendenz des Umgangs mit dem vorgefundenen Normensystem erscheint, grob gesprochen, als die einer Konstanterhaltung vorgefundener Normen – soweit diese nicht mit zentralen aufklärungsspezifischen Normen kollidieren, d.h. mit solchen Normen, die aus den fundamentalen Postulaten der Aufklärung bzw. ihres im jeweiligen Zeitpunkt erreichten Entwicklungsstandes (denn die Aufklärung ist von ihren eigenen Prämissen her notwendig ein dynamisches, sich wandelndes System) resultieren. Die elementaren Normen des familiären und sexuellen Bereichs werden jedenfalls weitgehend konstant erhalten; wie groß das Bedürfnis nach solcher Konstanz ist, demonstriert sich auch darin, daß die offenkundige Schwäche der rationalen Ableitung dieser Normen etwa seit der Jahrhundertmitte durch zusätzliche und andersartige Begründungsversuche aus dem Bereich der Medizin zu kompensieren versucht wird, die sich in den medizinischen ›Anthropologien‹ und ›Diätetiken‹ der GZ, spätaufklärerisch systematisiert, fortsetzen. Die Medizin tritt in Funktionen der Theologie ein, nur daß sie, wo diese mit dem Seelenheil argumentierte, mit dem physischen Heil argumentiert und die

Sexualnormen der Phase nicht durch die Amoralität der Normverletzung, sondern durch deren Gesundheitsschädlichkeit zu verteidigen sucht. Soweit es in (philosophischer oder medizinischer) Theorie oder Literatur der Phase Abweichungen von dieser Regel als Konstanz der familiären und sexuellen Normen gibt, sind sie nur ein Beleg dafür, wie schlecht es mit der rationalen Begründbarkeit dieser Normen im Rahmen des Denksystems der Phase bestellt ist und wie leicht im Prinzip eine abweichende Regelung dieser Sachverhalte im Rahmen eben dieses Denksystems gedacht werden kann, und beides zusammen wiederum belegt, wie groß das Bedürfnis nach Konstanz dieser Normen sein muß, wenn sie dennoch aufrechterhalten werden. Solche Konstanterhaltung sozial elementarer Normen kann natürlich auch eine taktisch-strategische Funktion erfüllen: diese philosophische Moral empfiehlt sich den staatlichen Instanzen, deren ihrerseits beginnende Emanzipation aus der theologischen Vormundschaft sich schon im ›Westfälischen Frieden‹ (1648) symbolisch manifestiert hatte, als ideologisch neutrale Moral mit Universalitätsanspruch, d. h. als Moral, die den Bedürfnissen eines tendenziell ideologisch pluralistischen, modernen Staates entgegenkommt, indem sie scheinbar allgemeinverbindliche Normrechtfertigungen bietet und zugleich die Normen konstant hält. Wolff 1720 versäumt denn auch nicht, anzumerken, daß seine Deduktion der Moral aus der menschlichen Vernunft auch für Atheisten zwingend sei. Doch kann die Tendenz zur Normkonstanz nicht auf eine solche intendierte Funktion reduziert werden, da diese Tendenz sich auch in solchen Texten und bei solchen Autoren zeigt, die sich in anderer Hinsicht, etwa im politischen oder im ökonomischen Bereich, durchaus mit den Positionen der staatlichen Macht anlegen.

Wenn das 18. Jahrhundert in der Spätaufklärung – etwa bei Condorcet 1795 oder bei Jenisch 1800 – auf den Aufklärungsprozeß zurückblickt, hat es sich, nicht zuletzt und zu Recht, relevante Veränderungen in Rechtstheorie, Rechtskodifikation, Rechtspraxis als Leistung angerechnet; in den Transformationen des Jahrhunderts spielt in der Tat der juristische Komplex eine entscheidende Rolle. Aus den juristischen und/oder philosophischen Diskussionen über das Recht hebe ich einige zentrale Dimensionen hervor, deren einzelne Aspekte zwar vielfach zunächst unabhängig voneinander diskutiert werden, sich aber im Verlaufe der Phase allmählich zu einem kohärenten System auf der Basis gemeinsamer Denkprämissen konstituieren, das Rechtstheorie und Gesetzgebung der Spätaufklärung in konsistenter Form zu artikulieren versuchen. Es geht um

(1) die Überprüfung der vorgefundenen juristischen Normen und gegebenenfalls deren Tilgung oder Ersetzung. Ein prominentes Beispiel liefert schon in der Vorphase der Aufklärung Thomasius, wenn er das Recht von zwei spezifisch theologischen Normkomplexen, den Delikten der Ketzerei und der Hexerei, zu befreien sucht (*An Haeresis sit crimen, 1697; Theses de crimine magiae,* 1702) – ein Prozeß, der in der spätaufklärerischen Gesetzgebung abgeschlossen wird und seinerseits in den Prozeß der Ablösung auch des Rechts von der Theologie gehört. Korreliert mit dieser Normüberprüfung ist

(2) die Neubegründung der für juristisch relevant erachteten Normen. Ich erinnere nur daran, daß auch im juristischen Bereich der Versuch

einer Naturalisierung der Normen im Konzept des schon dem 17. Jahrhundert relevanten ›Naturrechts‹ von Bedeutung ist. Von der Art der rationalen Normbegründung hängt nun aber nicht nur ab, welche Verhaltensweisen als Normverletzungen klassifiziert werden, sondern auch, welcher Rang dem jeweiligen Vergehen zugeschrieben wird.

Damit aber wiederum sind korreliert zwei auch untereinander korrelierte Komplexe, nämlich

(3) die Festlegung von Strafzweck und Strafmaß. Da nun das alte Rechtsverfahren unter seinen Methoden der ›Wahrheitsfindung‹ auch solche aufzuweisen hat, die im neuen Denken schon selbst als Strafen erscheinen – z. B. etwa die noch in der österreichischen Gesetzgebung der Jahrhundertmitte selbstverständliche Folter – und da die veränderte Konzeption des Menschen und des Staatsbürgers zu neuen Ansprüchen des Bürgers gegenüber der Justiz führt, tangieren die Veränderungen notwendig auch

(4) das Prozeß- und Verfahrensrecht im Zivil- wie im Kriminalprozeß. Alle genannten Transformationen hängen aber notwendig mit den Veränderungen zusammen, die

(5) die neuen Konzeptionen des Staatsrechts bzw. der politischen Philosophie ausmachen und Funktionen und dementsprechend Aufgaben – Pflichten und Rechte – des Staates neu bestimmen und seine Relationen zu seinen Bürgern regeln. Diese Konzeptionen ihrerseits wandeln sich aber in Korrelation mit bzw. in Abhängigkeit von den anthropologischen Konzeptionen der Aufklärung überhaupt.

Der Rechtskomplex hat also eine zentrale Position im Prozeß der Aufklärung, indem der Wandel des Rechts sowohl Mittel zur Durchsetzung als auch Indikator des Grades der Durchsetzung von ›Aufklärung‹ ist: das Denken der Aufklärung zentriert sich um eine neue Anthropologie, und von der Art der Anthropologie hängt wiederum die Art der Konzeption des Rechts ab. Alle diese Transformationen manifestieren sich nun in unterschiedlichem Grade der Konsequenz in den spätaufklärerischen Gesetzeskodifikationen, die seit den 90er Jahren in raschen Folge erscheinen:

1794: Allgemeines Landrecht für die Preußischen Staaten (ALR), Berlin;
1803: Gesetzbuch über Verbrechen und schwere Polizey=Übertretungen (GBV), Wien;
1804: Code Civil (CC), Paris;
1810: Code Pénal (CP), Paris;
1811: Allgemeines bürgerliches Gesetzbuch für die gesamten deutschen Erbländer der Österreichischen Monarchie (ABGB), Wien;
1813: Strafgesezbuch für das Königreich Baiern (StGB), München;
1813: Anmerkungen zum Strafgesezbuch für das Königreich Baiern (Anm.).
(Die Einbeziehung der beiden Napoleonischen Gesetze legitimiert sich dadurch, daß sie in der GZ in den französisch besetzten westdeutschen Gebieten gegolten haben.)

Vor diesen umfassenden Neusystematisierungen des Rechts war im Bereich des Strafrechts weithin noch immer die *peinlich gerichts ordnung* (dt.: PGO; lat.: CCC) Karls V. von 1533 überregionaler Bezugs- und Orientierungspunkt, die denn auch noch in der GZ diskutiert wird (vgl. z. B. Eschenbach 1787; Grolman

1797, ²1805, ³1818). Die veränderten Rechtskonzeptionen manifestieren sich aber schon lange vor den Neukodifikationen, in denen nur ein langer Diskussionsprozeß seinen vorläufigen Abschluß findet, in einer veränderten Rechtspraxis *(usus fori)*, die das geltende Recht zugunsten des Angeklagten uminterpretiert oder auf seine Anwendung verzichtet. Eben deshalb, weil sie nur schon vorgefundene Einstellungsveränderungen absegnen, können auch diese relativ späten Gesetzgebungen als Bezugspunkt für die Literatur der GZ verwendet werden. Eschenbach beschreibt etwa den Umgang der Juristen mit der PGO am Beispiel der (hier relevanten) Sexualdelikte:

> [1] Quod litteram legis derelinquant, nemo vitio vertet, qui methodum ac rationem, Constitutionem Criminalem Carolinam interpretandi, perspectam habet: iustum interim semper interpretationis restrictivae vel extensivae fundamentum adsit, necesse est, nec sanctiones, quae displicent, pro lubitu negligere fas est. In hoc fundamentum si ulterius inquiramus, ubique usus fori eam in rem allegatus reperitur. (1787, S. 4)[3]
>
> (Daß sie den Wortlaut des Gesetzes verlassen, wird niemand vorwerfen, der Methode und Grundlegung der Interpretation der CCC erkannt hat: indessen ist es doch immer notwendig, daß eine Grundlage restriktiver oder extensiver Interpretation gegeben sei, und es ist nicht Recht, Strafen, die mißfallen, nach Belieben zu vernachlässigen. Wenn wir diese Grundlage weiter untersuchen, so findet man überall in dieser Sache die Gerichtspraxis angeführt.)

Eine solche veränderte Rechtspraxis gegenüber der PGO vermerkt auch Grolman:

> [2] Verborgene Unzuchtssünden läßt man gern in ihrer Verborgenheit vergraben, um nicht durch Untersuchung selbst polizeylich nachtheilig zu wirken (1797, S. 423) [und] veranlaßt daher nur dann Official-Untersuchungen gegen Sodomiten an, wenn das erregte öffentliche Aufsehen dazu nöthigt (1797, S. 446).

Die Deliktgruppe, um die es dabei geht, ist in meinem Kontext von großem Interesse: die Gruppe jener Sexualdelikte, die das 18. Jahrhundert unter den Begriff der ›Sodomie‹ subsumiert und die die PGO als »vnkeusch [...] wider die natur« (§ 116) kannte und mit der Todesstrafe durch Verbrennen sanktionierte, also ein traditionell sehr hochrangiges Delikt; noch 1772 hat sich der Marquis de Sade einem entsprechenden Urteil nur durch rechtzeitige Flucht entzogen. Ein abschließender Konsens über den Umfang der unter ›Sodomie‹ zu subsumierenden Delikte scheint sich im 18. Jahrhundert nicht gebildet zu haben; doch zeichnet sich bei Eschenbach oder Grolman deutlich eine Tendenz der Systematisierungsversuche ab:

> [3] Alle Fleischesverbrechen, durch welche der Geschlechtstrieb auf eine widernatürliche Weise befriedigt wird, bilden das Verbrechen der Sodomie. Darunter ist begriffen
> 1. der widernatürliche Beyschlaf mit einem Vieh (sodomia ratione generis),
> 2. der widernatürliche Beyschlaf einer Mannsperson mit einer Mannsperson (sodomia ratione sexus, paederastia, Knabenschänderey),

---

[3] Hervorhebungen in Zitaten stammen, wenn nichts anderes angemerkt ist, von mir.

3. die Wollustbefriedigung mit einem Weibe auf widernatürliche Art (sodomia ratione ordinis naturae),
4. die verschiedenerley Arten der Selbstbefleckung (onania).
(1797, S. 445, § 397)

Potentiell sind diesem Deliktkomplex noch weitere Sexualakte zuzuordnen: Eschenbach diskutiert etwa den von ihm ausgeschlossenen ›concubitus cum mortua‹ (1787, S. 13); Eschenbach und Grolman diskutieren die weibliche Homosexualität, die Grolman eindeutig aus der Sodomie ausschließt und Eschenbach nur mit der Einschränkung gelten läßt, »siquidem casus dabilis habeatur« (1787, S. 14), was sich nur unter der Annahme erklärt, daß beiden der Einsatz des männlichen Gliedes als entscheidend gilt. Die Menge von Sexualpraktiken, die man um den unscharfen Begriff der Sodomie herum gruppiert und diesem teils subsumiert, teils an die Seite stellt, definiert sich also dadurch, daß der Sexualakt

(1) kulturell als widernatürlich gilt, weil der angestrebte Samenerguß nicht in der Vagina als dem einzig kulturell als zulässig und ›natürlich‹ erachteten Organ stattfindet, und
(2) grundsätzlich durch Nicht-Fruchtbarkeit charakterisiert ist, obwohl ein Samenerguß angestrebt wird.

Somit aber handelt es sich um Verhaltensweisen, die höchstrangige ideologische Werte sowohl der theologischen als auch der philosophischen Moral in Frage stellen. Denn die orthodoxe Theologie hatte sowohl das Verbot als auch die (Todes-)Strafe solcher Sexualität, wenn auch unter einigen exegetischen Verrenkungen, aus dem mosaischen Recht abgeleitet und damit unmittelbar auf göttlichen Willen zurückgeführt. Was die Theologie betrifft, so merkt Eschenbach freilich an, daß einige (aufgeklärte) Juristen und Theologen die Verbindlichkeit der mosaischen Gesetze für die Gegenwart bestritten hätten:

[4] Non dari leges positivas divinas universales, nec nos legibus Mosaicis amplius teneri, probatum dederunt plures, ex quibus Hannesen [...], Michaelis [...], nominandi sunt. (1787, S. 6)

(Daß keine göttlichen positiven Gesetze universeller Verbindlichkeit gegeben und daß wir nicht mehr durch die mosaischen Gesetze gebunden seien, haben mehrere Autoren als bewiesen ausgegeben, unter denen Hannesen [...], Michaelis [...], zu nennen sind.)

Aber auch die Aufklärung arbeitet ja mit dem Konzept aus der ›Natur‹ ableitbarer Normen, verwirft solche Sexualpraktiken und legitimiert die Sexualität in der Ehe, d.h. der einzigen Form, in der sie sie offiziell zuläßt, durch den grundsätzlichen Willen zur Fruchtbarkeit; nur Condorcet scheint sich für empfängnisverhütende Praktiken ausgesprochen zu haben,[4] und die Mediziner der Aufklärung wissen in den erstaunlichsten Theorien die Gefährlichkeit des Samenergusses außerhalb ehelich-fruchtbarer Absichten zu begründen.[5] Nur eine einzige

---

[4] Flandrin: Familles, S. 220f.

[5] Um die Anmerkungen nicht mit der Aufzählung von Belegen zu belasten, verweise ich hier auf eine im Entstehen begriffene medizinhistorische Dissertation über die Konzeption der Sexualität im 18. Jahrhundert von Corinna Wernz.

Textgruppe, die – trotz ihres Materialreichtums zu Einstellungen und Ideologien im Bereiche der Sexualität – von den neueren sozialgeschichtlichen Arbeiten zur Sexualität noch nicht ausgewertet worden zu sein scheint, zeigt hier massive Abweichungen; es handelt sich um eine Teilgruppe aus der umfänglichen erotischen Literatur des Jahrhunderts, die ich hier als ›philosophische Pornographie‹ benennen will; sie scheint ein im wesentlichen französisches, etwa seit der Jahrhundertmitte, z. B. mit der dem Marquis d'Argens zugeschriebenen *Thérèse Philosphe* (1748) einsetzendes und in den Werken des Marquis de Sade den Gipfel seiner Radikalität erreichendes Phänomen,[6] das sich dadurch charakterisiert, daß kulturell extrem hochrangige Sexualnormen gehäuft verletzt und dementsprechend etwa Oral- oder Analverkehr, Homosexualität, Inzest, Empfängnisverhütung usw. nicht nur dargestellt, sondern zudem in theoretischen Diskursen gerechtfertigt werden, insofern ihre ›Widernatürlichkeit‹ bestritten und ihre Zulässigkeit behauptet wird. Diese Textgruppe macht zumindest deutlich, wie schwer in der Epoche eine rationale Begründung der Sexualnormen ist, die man gleichwohl aufrecht erhält.

Schon Eschenbach und Grolman plädieren nun für eine extreme Reduktion des Strafmaßes für diese Delikte, und Grolman kommentiert:

> [5] Es ist nicht zu leugnen, daß der Gesichtspunkt, unter welchen man itzt allgemein die Fleischesverbrechen stellt, wenn man sie als bloße Polizeyverbrechen behandelt, keineswegs derjenige ist, aus welchem sie von den Verfassern unserer [...] Gesetze [= PGO usw.] betrachtet wurden. (1797, S. 422)

Grolman läßt gleichwohl keinen Zweifel an seiner strikten moralischen Verurteilung solcher Verhaltensweisen und spricht daher von der

> [6] größtentheils radicale[n] Verworfenheit, welche bey Subjecten, die sich zu solchen Handlungen bestimmen können, vorausgesetzt werden muß, oder nachfolgt [...]. (1797, S. 446)

Dennoch klassifiziert er selbst solche Akte als »bloße Polizeyverbrechen« und darunter versteht er

> [7] diejenigen Handlungen, welche an sich entweder gar keine, oder doch keine strafbare Verletzung der ursprünglichen, oder erworbenen Rechte der Einzelnen, des Publicums, oder des Staates enthalten, welche aber dennoch, sey es mit polizeylicher, oder mit peinlicher Strafe, darum bedroht worden sind, weil man die Unterdrückung derselben, ihres nachtheiligen Einflusses auf die bürgerliche Verbindung, und dadurch mittelbar auf die Erhaltung des Rechtszustandes wegen, selbst als eine nothwendige polizeyliche Einrichtung betrachtet hat. (1797, S. 411; Hervorhebungen von Grolman)

Zu den »Polizeyverbrechen« zählt Grolman nicht nur die Sodomie, sondern auch den Inzest: Normen geradezu sakralen Charakters sind also, obwohl sie als moralische Normen weiterhin anerkannt werden, in der juristischen Perspektive zu Vergehen geworden, deren Deliktcharakter kaum rational gerechtfertigt werden kann. Ähnliches ist auch bei Eschenbach zu beobachten: wenn es etwa um die Frage des Strafmaßes für den Analverkehr (venus praepostera) mit dem Manne oder mit der Frau geht, verweist er auf die unabgeschlossene Diskussion der Mediziner darüber,

> [8] num haec actio personae succubae sanitati innoxia sit (1787, S. 14).

---

[6] Von den im Anhang genannten Texten gehören hierher: Anonym 1742, Mirabeau 1786, Sade 1791, Nerciat 1792, Sade 1795, Sade 1797, Restif 1798; nur bedingt auch Restif 1775.

Was sich hier abzeichnet, ist die Ablösung des Rechtes nicht mehr nur von der Theologie, sondern auch von der Moral überhaupt. Das Recht versteht sich nicht mehr als Instanz des Vollzugs göttlichen Willens, es versteht sich nicht einmal mehr als Garant der Erzwingung von Moralität. Das Recht entzieht sich tendenziell den Problemen rationaler Normableitung, an denen das Jahrhundert laboriert, indem es die juristischen Normen auf dem Schadensprinzip begründet, so daß, im Prinzip, strafbar nur wäre, wodurch jemand geschädigt wird, was zugleich das neue Rechtsprinzip unterstellter Rechte des Menschen und Bürgers voraussetzt. Deutlicher ist schon früh das Schadensprinzip bei Hommel, dem Kommentator von Beccarias berühmten *Dei delitti e delle pene* (1764), formuliert; Eschenbach zitiert ihn:

[9] Stuprum autem, quod volenti fit, sodomia, ebrietas, incestus, dardanariatus, fornicatio, lenocinium, concubitus cum Judaea, ambitus, simonia, concubinatus, onaniae peccatum, aut si vidua intra annum luctus nubat, turpitudines sunt, non crimina, quia nemo his factis laeditur. Nempe quae pudor vetat, iniusta dici non debent, uti e contrario iusta quaedam sunt nec decora tamen. [...]. Eximamus turpia facta pariter atque theological peccata criminum tabulis. (1787, S. 10)

(Entehrung aber mit Zustimmung der Partnerin, Sodomie, Trunkenheit, Inzest, Kornwucher, Hurerei, Kuppelei, Beischlaf mit einer Jüdin, Amtserschleichung, Simonie, Konkubinat, die Sünde der Onanie, oder wenn eine Witwe innerhalb des Trauerjahres heiratet, sind Schändlichkeiten, nicht aber Verbrechen, weil niemand durch diese Taten verletzt wird. Was freilich die Scham verbietet, darf nicht schon rechtswidrig genannt werden, wie umgekehrt manches rechtmäßig, aber gleichwohl nicht eben eine Zierde ist. Nehmen wir schändliches Handeln also ebenso wie die theologischen Sünden aus der Liste der Verbrechen heraus.)

Nach Hommel, der darin konsequenter als Eschenbach und Grolman ist, wären somit aufgrund des Schadensprinzips alle Sexualdelikte aus dem Gesetz zu streichen, inklusive der Sodomie und des Inzests – ebenso wie die rein theologischen Vergehen.

Hommels radikales Postulat erfährt in den 90er Jahren zwei bedeutende theoretische Systematisierungen, zum einen bei W. v. Humboldt 1792 in einer Schrift, die freilich ungedruckt bleibt und nur in Auszügen in der *Berlinischen Monatsschrift* erscheinen kann, weil Probleme mit der Zensur auftreten, zum anderen bei Feuerbach 1796. Feuerbach trennt explizit das positive Recht (das Recht der Gesetzeskodifikationen) sowohl vom Naturrecht – das er aus einem Katalog der Pflichten in einen Katalog der Rechte des Menschen uminterpretiert, wobei er sich, im Jahre 1796, d. h. nach der ›terreur‹, nicht scheut, positiv auf die Französische Revolution Bezug zu nehmen (vgl. etwa S. 4) – als auch von der Moral:

[10] Aus dem Sittengesetz kann daher wohl das rechte, aber nicht das Recht, abgeleitet werden [..]. (1796, S. 115; Hervorhebung von Feuerbach)

Indem er Rechte des Menschen voraussetzt und dem positiven Recht das Schadensprinzip zugrundelegt, gelangt er somit zu der Konsequenz:

[11] Ich bemerke weiter, wenn ich über die Rechte reflektiere, daß diese rechtliche Freiheit nicht allein Rechte zu moralisch-möglichen, sondern auch zu moralisch-unmöglichen Handlungen befaßt. Mein Bewußtseyn sagt mir, daß ich zu allen dem ein Recht habe, wodurch ich die Rechte eines andern nicht verletze, daß ich mithin auch zu unmoralischen Handlungen ein Recht habe, sobald ich dadurch ein anderes vernünftiges Wesen nicht in seinen Rechten kränke. (1796, S. 87)

Die Funktion des Staates, von deren Interpretation die Rechtsauffassung abhängt, ist hier also eindeutig nicht die eines Wahrers ideologisch-moralischer Ansprüche gegen seine Bürger, die es zu kontrollieren gilt, sondern die eines Wahrers ihrer Rechte für seine Bürger. Wie sehr die neuen Rechtskonzeptionen mit einer radikalen Transformation der Anthropologie und – in Funktion dieser Veränderung – der Konzeption des Staates verknüpft sind, wird noch deutlicher in Humboldts liberalistischem Staatsprogramm, das schon im Titel die Absicht ausspricht, dem Staat zugunsten seiner Bürger »Grenzen« zu ziehen. Für Humboldt ergibt sich die Funktion des Staates erst sekundär aus dem, was 18. Jahrhundert und GZ die »Bestimmung des Menschen« nennen, d.h. aus einer anthropologischen Annahme:

> [12] Der wahre Zweck des Menschen – nicht der, welchen die wechselnde Neigung, sondern welchen die ewig unveränderliche Vernunft ihm vorschreibt – ist die höchste und proportionierlichste Bildung seiner Kräfte zu einem Ganzen. Zu dieser Bildung ist Freiheit die erste und unerläßliche Bedingung. Allein außer der Freiheit erfordert die Entwicklung der menschlichen Kräfte noch etwas andres, obgleich mit der Freiheit eng Verbundenes: Mannigfaltigkeit der Situationen. Auch der freieste und unabhängigste Mensch, in einförmige Lagen versetzt, bildet sich minder aus. (1792, S. 22)

Den allgemein-aufklärerischen, politisch und anthropologisch begründeten Forderungen nach Menschenrechten und staatlich unkontrollierten Handlungsfreiräumen gibt Humboldt also eine zusätzliche Begründung, indem er sie als Bedingung der Möglichkeit von ›Bildung‹ im gz-spezifischen Sinne interpretiert, wobei in dieser von ihm hergestellten Korrelation auch das Bildungskonzept (sonst zumindest nicht so deutlich erkennbare) politische Implikationen erhält. Das GZ-Konzept von ›Bildung‹, das den allgemein aufklärerischen Begriff der ›Entwicklung‹ spezifiziert, ist in der GZ sowohl auf den Bereich der Natur wie auf den der Geschichte, sowohl auf die individuelle wie auf die kollektive Geschichte des Menschen anwendbar. Für den Menschen setzt Bildung als Ziel die autonome Person in subjektspezifischer Selbstverwirklichung, d.h. also jene ›Mündigkeit‹, auf die hin die Spätaufklärung seit Kant 1784 ihren eigenen Entwicklungsprozeß hin interpretiert und die die Freiheit von staatlicher Überwachung sowohl möglich als auch notwendig macht. Im Gegensatz zur Frühaufklärung verlangt denn Humboldt auch immer wieder den staatsfreien Privatraum: die »Freiheit des Privatlebens« (z. B. 1792, S. 21). Explizit vollzieht er noch einmal die Abkoppelung von Theologie und Moral, wobei er sich implizit, wie Feuerbach explizit, auf die Moralitätskonzeption Kants stützt:

> [13] So mitwirkend aber auf der einen Seite religiöse Ideen bei der moralischen Vervollkommung sind, so wenig sind sie doch auf der andren Seite unzertrennlich damit verbunden. (1792, S. 80)

> [14] Denn wahre Tugend ist unabhängig von aller und unverträglich mit befohlener und auf Autorität geglaubter Religion. (1792, S. 88)

Und ebenso deutlich ist bei ihm die Abkoppelung von Moral und Recht, die wiederum nicht zuletzt an den Sexualnormen exemplifiziert wird:

[15] Hingegen Handlungen, welche sich allein auf den Handelnden beziehen oder mit Einwilligung dessen geschehen, den sie treffen, zu bestrafen, verbieten eben die Grundsätze, welche dieselben nicht einmal einzuschränken erlauben; und es dürfte daher nicht nur keins der sogenannten fleischlichen Verbrechen (die Notzucht ausgenommen), sie möchten Ärgernis geben oder nicht, unternommener Selbstmord usf. bestraft werden, sondern sogar die Ermordung eines andren mit Bewilligung desselben müßte ungestraft bleiben, wenn nicht in diesem letzteren Falle die zu leichte Möglichkeit eines gefährlichen Mißbrauchs ein Strafgesetz notwendig machte. (1792, S. 154)

Potentiell und implizit legitimiert er sogar empfängnisverhütende Sexualpraktiken; unter bestimmten Bedingungen erhalte die Sexualität

[16] unnatürliche Richtungen. Bei diesem letzteren Ausdruck kann ich mich jedoch nicht enthalten, vorzüglich in Hinsicht auf gewisse einseitige Beurteilungen noch zu bemerken, daß nicht unnatürlich heißen muß, was nicht gerade diesen oder jenen Zweck der Natur erfüllt, sondern was den allgemeinen Endzweck derselben mit dem Menschen vereitelt. Dieser aber ist, daß sein Wesen sich zu immer höherer Vollkommenheit bilde [...]. (1792, S. 111)

Die konsequenten Vorschläge der Rechtsableitung aus dem Schadensprinzip, wie sie etwa Hommel, Humboldt, Feuerbach gemacht haben, werden selbst in der spätaufklärerischen Gesetzgebung nur partiell realisiert: das preußische ALR und das österreichische GBV behalten die Delikte um den Sodomiebegriff herum bei, wenngleich sie gegenüber der PGO das Strafmaß drastisch reduzieren (ALR, 2. Theil, 20. Titel, § 1070): »ein- oder mehrjährige Zuchthausstrafe« und Ortsverbannung; GBV, § 114: »Kerker zwischen sechs Monathen und einem Jahre«), so daß das Strafmaß sich im ALR in etwa im selben Spielraum wie das für Inzestfälle bewegt (vgl. 2.2.), im GBV (derselbe §!) sogar damit identisch ist und in beiden Fällen erheblich unter dem Strafmaß etwa für Vergewaltigung (»Nothzucht« je nach Umständen: im ALR, ebda, §§ 1048–1053: zwischen 3 und 10 Jahren Zuchthaus; im GBV, § 111: 5–20 Jahre »schwerer Kerker«) liegt. In ALR und GBV haben sich also mindestens partiell das Schadensprinzip und eine dementsprechende Desakralisierung der Deliktklassen ›Sodomie‹ und ›Inzest‹ durchgesetzt. Am konsequentesten verfährt das bayerische StGB, dessen 1801 gedruckter Entwurf (von G. A. Kleinschrod) ab 1804 Feuerbach zur Überarbeitung übergeben wurde (Anm. 1813, I, S. 9ff.): es behält zwar den Inzest bei, streicht aber die Sodomiedelikte mit expliziter Begründung:

[17] Die älteren Geseze haben gar oft das Unmoralische mit dem Rechtswidrigen verwechselt, und die Immoralität der Handlungen zum Maßstab angenommen, wonach sie den Charakter der Handlung und ihre Strafe bestimmt haben. Niemand wird Hexerei, Sodomie, Unzucht, Unglauben, Ketzerei, Blasphemie u. dgl. billigen oder für etwas Erlaubtes ansehen; allein dergleichen Gegenstände liegen solange, als damit keine Verletzung der Rechte des Staats oder eines Privaten verbunden ist, außer der Sphäre eines Strafgesezbuches; soferne aber eine solche Handlung Rechte angreift, oder äußere Verbindlichkeiten verletzt, mußte sie auch eine Rolle im Strafkodex finden. (Anm. 1814, I, S. 25)

Wiederum finden wir die auffällige Korrelation von Sexualdelikten einerseits, theologischen Delikten andererseits. In den Anmerkungen zum Art. 186 des StGB (zu »Nothzucht«, Strafe: 4–16 Jahre Zuchthaus) wird nochmals betont:

[18] Selbstbefleckung, Sodomie, Bestialität, der außereheliche freiwillige Beischlaf, sind schwere Überschreitungen der moralischen Gebote, aber zur Sphäre der äußeren Gesezgebung gehören sie nicht [...]. (Anm. 1813, II, S. 59)

Wie also in der Frühaufklärung die Dissoziation von theologisch begründeten Geboten und philosophischer Moral sich vollzieht, wird in der Spätaufklärung zumindest tendenziell die Dissoziation von Moral und Recht vollzogen (die das 19. Jahrhundert dann wohl partiell rückgängig macht). Dieser zweite Prozeß findet auch unter den ›Aufgeklärten‹ nicht nur Zustimmung. Wie ihn der Theologe Jenisch lobt –

> [19] daß so genannte himmelschreyende Sünden der Unzucht nicht mehr mit dem Rechtsschwerdt bestraft werden, gehört auch zu den Vorzügen der neueren Criminalgesetzgebung: und die Sittlichkeit hat durch diese Gelindigkeit gewiß nichts verloren. Offenbar leitet sich die Grausamkeit gegen die Sünden der Fleischeslust nur aus der mosaischen Religion und aus mönchischen Dogmen ab (Jenisch 1800, I, S. 168)

– so beklagt ihn umgekehrt, insbesondere gegen Feuerbach und das StGB gerichtet, der Jurist Mittermaier:

> [20] Es kamen aber auch durch solche Versuche gewisse Modeansichten in die Jurisprudenz, indem man sich daran gewöhnte, solche Handlungen, z. B. Sodomie, Kuppelei als Polizeivergehen, d. h. als sehr geringfügige Übertreibungen zu betrachten, und so zuletzt ihre Straflosigkeit in den Strafgesetzbüchern bewirkte. [...]. Zu dieser Ansicht mußte man kommten, sobald man nur den Gesichtspunkt verletzter Rechte bei Verbrechen hervorhob. [...] Das Gesetz selbst demoralisiert die Nation und lehrt sie Handlungen für gleichgültig ansehen, indem es sie nicht für wichtig genug anerkennt, sie mit Strafe zu verpönen. (Mittermaier 1819, S. 125f.)

Aufgrund dieser – sicher schon vor der Aufklärung (spätestens im 17. Jahrhundert) einsetzenden, in ihr aber bewußt und explizit gewordenen und dadurch ebenso beschleunigten wie durchgesetzten – Differenzierungsprozesse müssen wir also für die GZ mit einem komplexen Normensystem rechnen, wobei dessen Teilsysteme zwar sicherlich in sehr großem Umfang gemeinsame Durchschnitte bilden, aber auch dort, wo sie Normen teilen, sich immer noch durch den jeweiligen hierarchischen Rang einer gegebenen Norm unterscheiden können. Sowohl von den praktischen Folgen wie vom ideologischen Rang her übernimmt das juristische Teilsystem dabei eine Leitfunktion; zumindest wird sie ihm von konservativen Autoren wie Mittermaier zugeschrieben. Dieses GZ-System wird sich etwa so schematisieren lassen:

[21] *Koexistierende Normensysteme in der GZ:*

(1) Orthodoxe(s) theologische(s) Normensystem(e) mit Anspruch auf biblische Ableitbarkeit.	(2a) Theoretisch-philosophische Moral(en) der »Aufgeklärten« mit Anspruch auf rationale Ableitbarkeit. (2b) (Gruppenspezifische) praktizierte Normensysteme der verschiedenen sozialen Gruppen.	(3) Juristische(s) Normensystem(e) des jeweiligen kodifizierten Rechts mit tendenziellem Anspruch auf Ableitbarkeit aus dem Schadensprinzip.

2.2 Die rechtlichen Regelungen des Inzestkomplexes

Zunächst muß nun zwischen verbotenen Ehen und strafbarer Sexualität unter kulturell als verwandt geltenden Personen unterschieden werden (und daher benötigen wir sowohl das Zivil- als auch das Kriminalrecht der GZ). Das kanonische Recht der Kirche hatte – nach ursprünglich weitergehenden Eheverboten – 1216 unter Innocenz III. die Eheverbote bis auf den vierten Grad der Verwandtschaft nach kanonischer Zählung eingeschränkt.[7] Nach der kanonischen Zählung wird aber der Verwandtschaftsgrad zwischen X und Y ermittelt, indem alle Zeugungsakte zwischen X oder Y einerseits und dem ersten gemeinsamen Vorfahren andererseits gezählt werden, wobei die längere Abstammungsreihe zu wählen ist, d.h. etwa bei Nichte und Onkel von der Nichte auszugehen ist. Nach dieser Regelung ist also somit jede Ehe verboten, wenn beide Partner einen gemeinsamen Vorfahren haben, der für einen der Partner ein Ururgroßelternteil ist, d.h. das Eheverbot erstreckt sich auf Verwandtschaftsgrade, die wir nicht einmal mehr benennen können. Zu diesen Regelungen gehörte aber zugleich, als deren Abschwächung, die Möglichkeit einer Dispensation von Eheverboten; beides wird von der protestantischen Kirche übernommen, wobei sich die Dispensation im 18. Jahrhundert sogar auf den zweiten kanonischen Grad, d.h. auf Beziehungen vom Typ ›Onkel (Tante)/Nichte (Neffe)‹ oder ›Cousin/Cousine‹ erstrecken kann. Der Umfang der Eheverbote in den Gesetzeskodifikationen der GZ variiert erheblich und ist am ausgedehntesten im österreichischen ABGB; aber auch in diesem gehen die Eheverbote nicht über den zweiten Grad kanonischer Zählung hinaus, werden allerdings auch auf alle Verwandten des Partners symmetrisch ausgedehnt. Das preußische ALR tendiert am stärksten dazu, alle Ehen zuzulassen, bei denen im 18. Jahrhundert eine Dispensation von den kanonischen Verboten ausgesprochen werden konnte. Alle Gesetze weisen dabei einen invarianten Kern der Verbote auf; sie verbieten die Ehe

(1) bei unmittelbarer biologischer Verwandtschaft zwischen
  (a) Eltern und Kindern bzw. Großeltern und Enkeln,
  (b) Geschwistern;
(2) bei nicht-biologischer Beziehung, wenn einer der beiden Partner sozial die Rolle eines Elternäquivalents erfüllt, also bei Stiefeltern und Stiefkindern, wobei die Hinzufügung von Adoptiv- und Vormundschaftsbeziehungen im preußischen und bayerischen Recht nur konsequent ist.

Ich fasse die Eheverbote schematisch zusammen:[8]

---

[7] Vgl. Schilling u. Sintenis 1834.

[8] Da im fraglichen Zeitraum in Bayern keine neue Zivilgesetzgebung entsteht, habe ich hier ersatzweise die Verbote des StGB eingesetzt.

[22] *Gesetzliche Eheverbote für männliches Ego:*

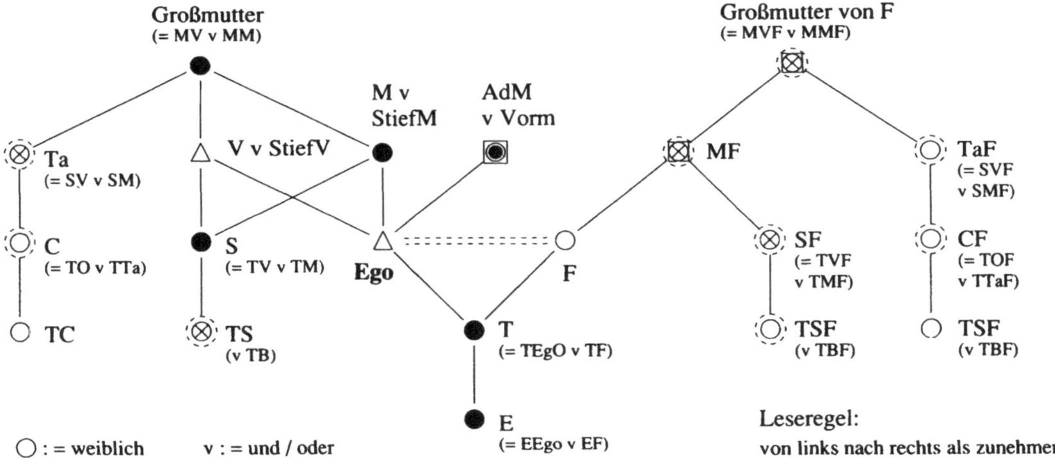

Zeichen:

△ : = männlich ○ : = weiblich v : = und / oder

● : = in allen Gesetzen

⊗ : = im franz. Gesetz (CC) } zusätzlich } für Ego verbotene Ehepartner

□ : = im preuß. Gesetz (ALR)

◌ : = im öster. Gesetz (ABGB)

◉ : = im bayer. Gesetz (StGB)

Ego: Bezugspunkt des Verwandtschaftssystems

V : = Vater	T : = Tochter	O : = Onkel
M : = Mutter	E : = Enkelin	Ta : = Tante
S : = Schwester	C : = Cousine	Vorm : = Vormund
F : = Frau	Ad : = Adoptiv	B : = Bruder

Leseregel:

von links nach rechts als zunehmende Spezifizierung, z.B.:

MVF: = Mutter des Vaters der Frau (von Ego).

TV: = Tochter des Vaters (von Ego).

Anmerkungen:

(1) Eheverbote mit den Verwandten von F gelten nach – durch Tod oder Scheidung – aufgelöster Ehe Egos mit einer ihm nicht-blutsverwandten Frau

(2) Die Eheverbote gelten analog für weibliches Ego

Nicht in jedem Falle, wo die Ehe verboten ist, wird nun aber auch die sexuelle Aktivität gestraft; der Unterschied ist am deutlichsten in der österreichischen Gesetzgebung zu erkennen (vgl. ABGB und GBV). Nach dem Konsens aller Gesetze der GZ liegt eine strafbare Sexualität unter Verwandten im wesentlichen genau dann vor, wenn die Beziehung dem oben festgestellten invarianten Kern der Eheverbote angehört, so daß in den Gesetzen also implizit zwei qualitativ verschiedene Klassen von Inzestfällen unterschieden werden.

[23] *Strafmaßnahme für vollzogenen Inzest*

Gesetz	Inzesttyp	§	Strafmaß
ALR	(Groß-)Eltern + (Enkel-)Kinder	1039	(Groß-)Eltern: 3–5 Jahre Festung
		1040	(Enkel-)Kinder: ½–1 Jahr Zuchthaus (wenn über 18 Jahre, sonst straffrei)
	Stiefeltern + Stiefkinder	1032	Stiefeltern: 2–4 Jahre Festung oder Zuchthaus
	Vormund + Mündel	1037	Vormund: 1–2 Jahre Festung oder Zuchthaus
	Geschwister	1041	1–2 Jahre Festung oder Zuchthaus
	Uneheliche Verwandte generell	1042	Maximal 6 Wochen Gefängnis
GBV	›Blutschande‹ allgemein = { (Groß-)Eltern + (Enkel-)Kinder; Geschwister }	114	½–1 Jahr Gefängnis
StGB	(Groß-)Eltern + (Enkel-)Kinder	206	2–6 Jahre Arbeitshaus
	{ Stief-/Pflege-Eltern + Stief-/Pflegekinder; Vormund + Mündel }	207	Elternäquivalent: 1–4 Jahre Arbeitshaus
	Geschwister (wenn ehelich)	207	1–4 Jahre Arbeitshaus
CP	Inzest nicht als eigener Straftatbestand: abgedeckt nur durch ›(Begünstigung von) Verführung‹	334	Für Eltern und deren Äquivalente: 2–5 Jahre Gefängnis

Auch in der GZ-Literatur werden nun nur solche Beziehungen als inzestuös behandelt, die unter den invarianten Kern der Eheverbote fallen, wobei die Literatur zudem noch die weitere Einschränkung vornimmt, daß Großeltern-Enkel-Beziehungen nirgends relevant werden und damit der Inzest auf Beziehungen innerhalb der Kernfamilie (Eltern-Kinder, Geschwister) und die sozialen Rollenäquivalente vom Typ Stiefeltern-Stiefkinder reduziert wird. Juristisch wie literarisch findet also eine enorme Reduktion der Extension von ›Inzest‹ statt; Grolman weist darauf hin, daß vor den neuen Kodifikationen im »usus fori« die Regeln des kanonischen Rechts galten, wobei das Strafmaß inzestuöser Sexualität davon abhing, ob »keine Dispensation« möglich war, ob sie »zwar möglicherweise« oder ob sie schließlich »unbedingt« erteilt worden wäre (1797, S. 443).

Eine entsprechende Reduktion hat aber auch bei den Strafmaßen stattgefunden. Die PGO verwies auf andere – nicht spezifizierte (Grolman 1797, S. 442) – Gesetze (§ 117). Nach einer an sächsisches Recht anschließenden Interpretation des – wegen seiner Position zu den Hexenprozessen berüchtigten – Juristen Carpzov aus dem 17. Jahrhundert hätte gegolten:

> [24] bey der Blutschande in grader Linie die Strafe des Schwerts, sonst aber die Strafe der Fustigation [= Auspeitschung], Relegation oder temporärer Freyheitsbeschränkung im Zuchthause oder bloßen Gefängnisse. (Grolman 1797, S. 442)

Als »allgemeine Ansichten« über das Strafmaß in der Gegenwart gibt Grolman für den Eltern-Kind-Inzest lebenslängliches Zuchthaus für den Vater, 4–6 Jahre Zuchthaus für die Tochter, beim Geschwisterinzest 3–4 Jahre Zuchthaus an (1797, S. 442f.). Man sieht also, daß dem gegenüber die GZ-Gesetze die Strafmaße nochmals erheblich reduzieren: der Inzest wird also extensional eingeschränkt und hierarchisch abgestuft.

Wie schon in der PGO (§§ 116–117) und bei Grolman 1797 (§§ 392ff.–397ff.), wo ›Sodomie‹ und ›Inzest‹ unmittelbar aufeinander folgen, sind beide auch im GBV korreliert und werden im selben Paragraphen mit demselben Strafmaß abgehandelt; im ALR erscheinen sie getrennt, wenn auch mit vergleichbaren Strafmaßen. Beide Deliktklassen erscheinen traditionell als Verletzung gleichartig – aus dem mosaischen Rechte als ›natürlich‹ – begründeter Normen. Das StGB läßt zwar die Sodomie ungestraft, nicht aber den Inzest. Ähnlich wie auch das CC konstruiert es gewaltsam den Inzest als Delikt nach dem Schadensprinzip (nach ebenwelchem Hommel konsequenterweise für seine Straffreiheit plädiert hatte, vgl. Zitat 9), indem es den generationsübergreifenden Inzest und seine sozialen Äquivalente grundsätzlich als Verführung der Kinder durch die Ranghöheren auffaßt und den Geschwisterinzest völlig willkürlich mit einer rein moralischen Argumentation hinzufügt:

> [25] Eltern und andere Adszendenten werden daher vom Geseze stets als Verführer betrachtet [...]. (Anm. 1813. II, S. 90)
>
> [26] Die nothwendige Rücksicht auf Reinigkeit der Sitten in den Familien foderte, die Unzucht unter leiblichen Geschwistern mit gleicher Strafe zu belegen [...]. (Anm. 1813, II, S. 92)

Der schon erwähnte Mittermaier hat – diesmal zu Recht – gegen diese gewaltsame Konstruktion protestiert (1819, S. 122ff.) und sie am Beispiel ad absurdum geführt:

> [27] Wenn nun [...] ein alter Mann ein junges, unerfahrenes, vielleicht im Kloster erzogenes Mädchen heiratet und der in den Künsten der Verführung gewandte liederliche Sohn dieses Mannes mit seiner jungen Stiefmutter, die er planmäßig verführte, Blutschande treibt: wer ist von beiden strafbar? die Stiefmutter muß als Verführerin nach dem Gesetze präsumiert werden [...]. (1819, S. 124)

Doch ist die Willkür des StGB an dieser Stelle zumindest insofern signifikant, als sie den Rang des Inzesttabus in der GZ belegt: leichter noch, scheint es, kann die Sodomie als der Inzest gestrichen werden.

3. Inzestuöse Situationen in der Erzählliteratur der Goethezeit

3.1. Überblick über die statistischen Daten: Chronologische und typologische Verteilung der Fälle

Wenngleich inzestuöse Situationen (im Sinne der in Kapitel 1 gegebenen Definition) auch schon in der vor-gz-lichen (deutschen oder nichtdeutschen) Literatur des 18. Jahrhunderts nicht selten sind, erhalten sie doch in der gz-lichen Literatur quantitativ wie qualitativ einen neuen Status: quantitativ, insofern etwa 10% meines Korpus von GZ-Erzähltexten solche Situationen aufweisen (s. Literaturangaben – dazu kommen noch die Fälle aus der dramatischen Literatur); qualitativ, insofern dieser Situationstyp im Werke fast jedes prominenten Autors – z. B. bei Arnim, Brentano, Fouqué, Goethe, E. T. A. Hoffmann, Jean Paul, Klinger, Lenz, Schiller, Tieck, Wieland – und bei vielen weniger bekannten Autoren auftritt (während es etwa für Sexualdelikte aus dem Umkreis der Sodomie kaum literarische Belege gibt).

Die inzestuöse Situation kann in den Texten nun den Helden selbst, wie in Wielands *Agathon,* oder eine andere Figur betreffen, wie in Klingers *Giafar;* sie kann von einer Figur der dargestellten Welt selbst erlebt oder ihr nur in einer eingebetteten Erzählung mitgeteilt werden, wie in Tiecks *Sternbald;* sie kann, wie in Goethes *Wilhelm Meister* und den anderen bislang genannten Texten, nur eine Episode in der Gesamthandlung darstellen oder, wie in Müllners *Incest,* die Haupthandlung abgeben; sie kann, wie in der Regel, aus einem einzigen Falle bestehen oder aus einer ganzen Serie in mehreren Generationen, wie in Bornscheins *Der Beichtstuhl,* in E. T. A. Hoffmanns *Die Elixiere des Teufels* oder, außerhalb der Erzählliteratur, in Brentanos *Romanzen vom Rosenkranz.* Wie verschieden aber auch der jeweilige textinterne Status dieser Situation sein mag, so funktionieren doch alle diese Situationen nach einem gemeinsamen Modell, das sich von den Texten abstrahieren und als eine Menge von Regularitäten formulieren läßt, die die implizite Ordnung in Voraussetzungen, Verlauf, Folgen inzestuöser Situationen ausdrücken; die inzestuösen Situationen sind im übrigen nie statische Gegebenheiten der dargestellten Welt, sondern Element einer narrativen Sequenz, in deren Verlauf sie zustande kommen und wieder aufgelöst werden.

Chronologisch verteilen sich die Texte mit (einer oder mehreren) inzestuösen Situationen nicht gleichmäßig über den Gesamtzeitraum der GZ, sondern sie nehmen in den 90er Jahren sprunghaft zu, um dann allmählich wieder abzunehmen (vgl. die nebenstehenden Schaubilder):[9]

Typologisch handelt es sich bei den inzestuösen Situationen der GZ – soweit ich sehe: ausnahmslos – um solche innerhalb der Kernfamilie, also zwischen Eltern (und seltener: Elternäquivalenten) und Kindern oder zwischen Geschwistern: nur diese Fälle werden von der Literatur als inzestuös behandelt. Dabei dominieren quantitativ mit Abstand die generationsinternen inzestuösen Situationen zwischen

---

[9] Von den im Anhang angegebenen Texten werden in der Statistik nur die mitgezählt, in denen inzestuöse Situationen nicht nur theoretisch thematisiert, sondern faktisch dargestellt werden. Um den ohnedies sehr umfänglichen Artikel zu entlasten, verzichte ich darauf, jeweils alle einschlägigen Beispiele aus meinen Texten in den Anmerkungen aufzuzählen. – Zu den Problemen meines Korpus unter dem Aspekt statistischer Repräsentativität – und dementsprechend zu den hier gegebenen Prozentangaben, die aber in jedem Fall die Größenordnungen der Varianten illustrieren können – vgl. Titzmann: Probleme des Epochenbegriffs, S. 115ff. – Die den Markierungen auf der Zeitachse entsprechenden Punkte der Kurven in [28] fassen jeweils ein Jahrzehnt zusammen.

[28] *Zeitliche Verteilung der inzestuösen Situationen*

Texte des Korpus: absolute Anzahl

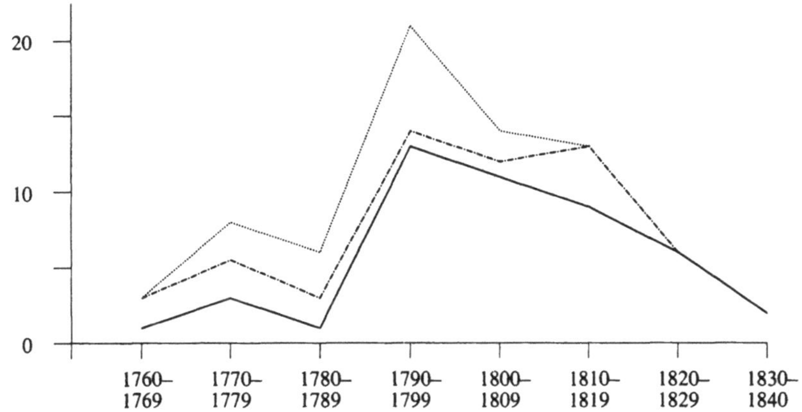

Texte des Korpus: in Prozent

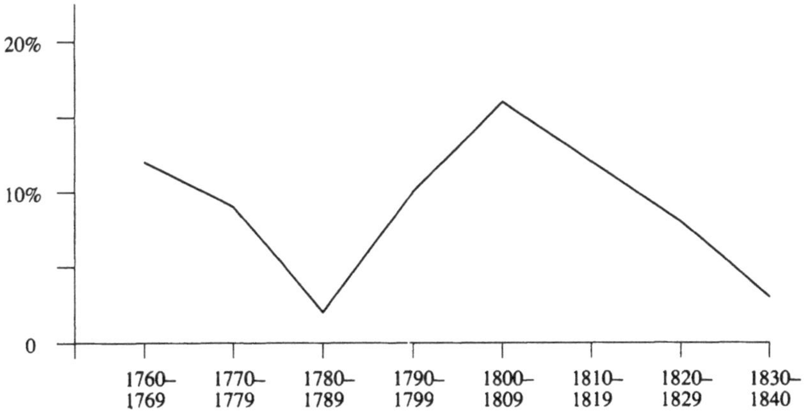

——— = Dt. Erzähltexte

-·-·-·-· = Dt. Erzähltexte inklusive dt. Drama

··········· = Dt. Erzähltexte inklusive dt. Drama und fremdsprachige Literatur.

Bruder und Schwester (= 78% der Fälle) über die generationsübergreifenden Formen, wobei wiederum die Situation ›Vater (äquivalent) – Tochter‹ (= 15%) rund doppelt so häufig wie die Situation ›Mutter (äquivalent) – Sohn‹ (= 7%) auftritt.

Von den im Definitionsversuch (vgl. Kapitel 1) unter (3a)–(3f) aufgelisteten Merkmalsklassen werden für den Verlauf inzestuöser Beziehungen in der GZ-Literatur insbesondere (3b) und (3d) relevant, d.h. die Fragen, ob bei Entstehung der inzestuösen Situation und vor dem eventuellen Vollzug des Inzests ein Wissen über die (tatsächlich gegebene oder irrtümlich angenommene) Verwandtschaft bei einer oder beiden der beteiligten Figuren vorliegt und ob der Inzest vollzogen wird. Die Verteilung stellt sich so dar:

[29] *Verteilung der inzestuösen Situationen nach ›Verwandtschaftsgrad‹ / ›(Nicht-)Wissen‹ / ›(Nicht-)Vollzug‹*

Typ der inzestuösen Situation		Verwandtschaft gewußt	Verwandtschaft nicht gewußt	Inzest vollzogen	Inzest nicht-vollzogen
Bruder + Schwester	78%	12%	88%	38%	62%
Vater + Tochter	15%	50%	50%	34%	66%
Mutter + Sohn	7%	0%	100%	0%	100%
Alle Fälle zusammen	100%	20%	80%	38%	62%

Da nun in diesem Literatursystem die Kategorien ›(Nicht-)Wissen‹ und ›(Nicht-)Vollzug‹ solche Relevanz für den Verlauf inzstuöser Situationen haben, halte ich zugleich deren statistische Korrelation fest:

[30] *Korrelation von ›(Nicht-)Wissen‹ und ›(Nicht-)Vollzug‹*

Wissen (t_i)	→	Vollzug (t_{i+1}) :	50%	der Fälle
Nicht-Wissen (t_i)	→	Vollzug (t_{i+1}) :	35%	
Vollzug (t_i)	→	Wissen (t_{i-1}) :	26%	
Nicht-Vollzug(t_i)	→	Wissen (t_{i-1}) :	46%	

Wobei: → = »Wenn ..., dann ...«.
t_{i-1}, t, t_{i+1} = Zeitpunkte, zu denen das Merkmal zutrifft.

Nicht mitgezählt wurden die Fälle, wo einer oder beide der Partner sich in einer vorpubertären Lebensphase befinden, wie es, wenn auch selten, vorkommt; ein solches Problem wird bei Nicht-Wissen der Verwandtschaft durch Aufklärung über diese, bei Wissen der Verwandtschaft durch Trennung gelöst.

Die auffällige Häufigkeitsverteilung der Typen inzestuöser Beziehungen (vgl. [29]) entspricht aber einer Hierarchisierung der Inzestfälle, die die Literatur implizit vornimmt. Der generationsinterne Fall erscheint in doppelter Hinsicht als der ›unschuldigste‹. Denn zum einen liegt in der Regel kein Wissen der Verwandtschaft vor (= 88%) und die erotische Zuwendung ist in der Beziehung mit wenigen Ausnahmen wechselseitig; zu diesen Ausnahmen gehören aber wiederum primär Fälle, wo die Verwandtschaft beiden bewußt ist (z. B. Klingers *Giafar* oder Brentanos *Die drei Nüsse*.) Nun gilt, soweit ich sehe, generell, im Gegensatz etwa zur französischen ›philosophischen Pornographie‹, daß ein Inzest nicht vollzogen wird, wenn die Verwandtschaft beiden Partnern bekannt ist: dann sträubt sich zumindest einer, so heftig er kann (z. B. Apels *Die Ruine von Paulinzell*; Rambachs *Aylo und Dschadina*; Klingers *Giafar*); die einzige Ausnahme scheint die ja auch sonst hinreichend verbrecherische Familie der Borgia in Klingers *Faust* zu bilden. Wenn nur einem der Partner der inzestuöse Charakter der Beziehung bekannt ist und er den Inzest erstrebt, dann enthält er dem anderen Partner dieses Wissen vor (z. B. Apels *Die Ruine von Paulinzell,* Rambachs *Die eiserne Maske*). D.h. der bewußt und von vornherein von beiden Partnern gewollte Inzest scheint einen kaum denkbaren Grenzfall des Systems darzustellen; wenn also jemand von der Verwandtschaft weiß und dennoch die Beziehung anstrebt, erscheint er somit als Urheber einer hochrangigen Normverletzung. Nun gilt aber für den generationsübergreifenden Inzestfall, daß die Vater-Tochter-Variante bemerkenswert häufig mit Wissen der Verwandtschaft verknüpft ist (= 50%), wobei, falls nur einer der Partner dieses Wissen hat, es derjenige ist, der die Beziehung initiiert (in diesem Falle immer der Vater); zudem daß es dennoch kaum weniger häufig als im Bruder-Schwester-Falle (= 38%) zum Vollzuge des Inzests kommt (= 34%); wozu noch die Fälle des versuchten – vom Vater initiierten, aber am Widerstand der Tochter scheiternden – Inzest kämen, (z. B. Apels *Ruine*, Rambachs *Aylo*); schließlich, daß die erotische Zuwendung in den meisten Fällen einseitig und unerwidert ist, wobei diese in der Regel vom Vater ausgeht.

Die Mutter-Sohn-Variante scheint nun auf den ersten Blick insofern ganz anders zu liegen, als zwar auch hier die erotische Zuwendung einseitig bleibt – es sei denn, es handle sich um den Fall, daß ein Sohn eine erotische Beziehung zu einer Frau unterhält, die seine Stiefmutter wird, indem der Vater sie ihm wegheiratet (vgl. Apels *Ruine* oder Schillers *Don Carlos*); bei der Entstehung einer erotischen Situation sind aber die Mutter-Sohn-Fälle durch Nicht-Wissen charakterisiert und führen nie zum Vollzug des Inzests. Diese Merkmale drücken nun aber nicht den geringen Rang dieses Falls in der Hierarchie der Inzesttypen, sondern ganz im Gegenteil den Grad seiner kulturellen Undenkbarkeit aus. Die Gesetze ordnen zwar beide Varianten des generationsübergreifenden Inzest als gleichrangig dem Geschwisterinzest über, sofern sie hier differenzieren (das GBV tut es nicht); aber selbst die französische ›philosophische Pornographie‹ unterscheidet hier implizit, insofern der Geschwisterinzest praktisch problemlos, der Vater-Tochter-Inzest zumindest relativ häufig und als beidseitig gewollter vollzogen wird, während der Mutter-Sohn-Inzest entweder zur Stiefelternbeziehung abgeschwächt wird oder unfreiwillig stattfindet oder nur erwähnt wird. Wir können also eine erste Regularität für die GZ festhalten:

R 1: Die Typen inzestuöser Situationen sind in der GZ nach dem zunehmenden Grad an Normverletzung, der ihnen zugeschrieben wird, hierarchisiert:

(Bruder + Schwester) < (Vater + Tochter) < (Mutter + Sohn)

generationsinterne — generationsübergreifende

inzestuöse Beziehungen

3.2. Verlaufsstrukturen inzestuöser narrativer Sequenzen in der Erzählliteratur der Goethezeit

Bei der Entstehung der erotischen Beziehung wird in der GZ-Erzählliteratur also die Verwandtschaft entweder gewußt oder nicht-gewußt, wobei Nicht-Wissen der mit Abstand dominante Fall ist (vgl. [29]: 80%) – darunter fallen z. B. Wielands *Agathon*, Goethes *Wilhelm Meister*, Tiecks *Lebrecht*. Damit nun dieser Fall überhaupt eintreten kann, muß mindestens einer der Partner kein Wissen seiner sozialen Identität haben und unter falschem Namen auftreten: so etwa im *Wilhelm Meister*, wo die Eltern ihre Tochter verleugnet haben und bei Fremden, als deren Pseudo-Eltern, aufwachsen ließen. Umgekehrt gilt in den bewußt inzestuösen Situationen, daß mindestens einer der Partner von der Verwandtschaft weiß. Für generationsinterne wie -übergreifende inzestuöse Situationen gilt also die Regel:

R 2: Wenn eine Figur unwissend in eine inzestuöse Situation gerät, dann hat eine Vorenthaltung von Information über die Familienverhältnisse stattgefunden, aufgrund derer sie die eigene soziale Identität oder die des Partners nicht kennt.

Die Verantwortung für diese Informationsvorenthaltung liegt immer in der Elterngeneration und im Regelfall bei den Eltern selbst. So verleugnet etwa der Vater des Harfners im *Wilhelm Meister* seine spät gezeugte Tochter:

> [31] Neigung und Sinnlichkeit hatten den Mann in späteren Jahren nochmals überwältigt, in welchen das Recht der Ehegatten schon verloschen zu sein scheint; [...]. Unsere Mutter kam heimlich nieder, das Kind wurde aufs Land gebracht, und der alte Hausfreund, der nebst dem Beichtvater alleine um das Geheimnis wußte, ließ sich leicht bereden, sie für seine Tochter auszugeben. (1795, S. 582)

In Spindlers *Der Bastard* hat der Vater mehrere uneingestandene Kinder aus ehebrecherischen Beziehungen, was zum Geschwister-Inzest führt:

> [32] Die Unsittlichkeit des Vaters legte hier den Keim, der üppig fortwuchernd, zum krebsartigen Geschwür wurde. Da, wo des Hausvaters Sittenverderbnis den rechtmäßigen Sohn verbannt, das Kind der Lust einführt unter das Dach, das der keuschen Zucht geweiht sein sollte, in fremde Geschlechter sich schamlos drängt, fremde Ehebetten mit seinem ansteckenden Gifte befleckt, [...] da wendet sich der Segen des Herrn ab von der verunreinigten Schwelle. (1826, III, S. 287)

In Duschs *Ferdiner* haben die Großeltern die geplante Ehe der Eltern nicht zugelassen, die daraufhin eine uneheliche Beziehung eingingen, aus der die Unkenntnis der Abstammung resultiert:

> [33] O! die grausamen Väter! O! der grausame Onkel! Liebende müssen ihre geliebtesten Kinder verbergen, damit die Schwester das Weib des Bruders werde! (1776, III, 2. Teilband, S. 493)

In diesem Fall verteilt sich die Schuld für die unwissentlich inzestuöse Situation sogar auf Eltern- und Großelterngeneration; ähnlich sind auch Agathons und Psyches Eltern eine uneheliche Beziehung eingegangen, weil die Zustimmung des Großvaters nicht zu erlangen war. Sehr selten sind es andere Instanzen der Elterngeneration als die (Groß-)Eltern selbst, die die Verantwortung für die Trennung der Familie und die Unkenntnis der Verwandtschaft tragen; so in Nicolais *Nothanker* die (vorrevolutionären) theologischen, in Lafontaines *Saint-Julien* die (revolutionären) politischen Autoritäten; Autoritäten und insbesondere der Landesfürst, werden aber im 18. Jahrhundert und in der GZ immer gern im Bilde des ›Vaters‹ gedacht – wenn Kant den Aufklärungsprozeß der Loslösung von Autoritäten als ›Mündigwerden‹ metaphorisiert, präsupponiert er umgekehrt einen ursprünglichen Kindstatus des Menschen gegenüber diesen Autoritäten. Die extrem wenigen Fälle, wo die Störung der Familienordnung von außen, nicht von innen, in die Familie getragen wird, scheinen mir demnach eine bloße Verschiebung: hier sind es eben nicht wörtliche, sondern metaphorische Eltern, die die Störung zu verantworten haben. Die wenigen Beispiele müssen genügen; wir können festhalten:

R 3: Unwissentlich inzestuöse Situationen generationsinterner oder -übergreifender Art sind immer ein generationsübergreifendes Phänomen: das Produkt einer mindestens zwei (Kinder-Eltern) und maximal drei (Kinder-Eltern-Großeltern) Generationen umfassenden Familiengeschichte.

In der Familiengeschichte findet dabei regelmäßig ein Verstoß gegen eine kulturelle Norm des Sexualverhaltens statt: es wird eine nicht-legitime Beziehung eingegangen oder eine legitime Beziehung verleugnet; ich zähle nicht alle möglichen Varianten auf. Im interessanten Falle des *Wilhelm Meister* etwa wird in der Elterngeneration eine eheliche Beziehung verleugnet; im Falle des *Agathon* eine Beziehung gegen den Widerstand der Großeltern eingegangen. Das Fehlverhalten kann der Eltern- oder Großelterngeneration angelastet werden. Es führt in der Folge zur Zeugung illegitimer Kinder oder zur Verleugnung legitimer Kinder. Es gilt:

R 4: Die Trennung der Familienmitglieder und Vorenthaltung der Information über die Familienverhältnisse basieren auf (einem oder mehreren) Vergehen gegen die Normen des Wertsystems Familie in der (Groß-) Elterngeneration.

Damit es nun freilich überhaupt zu einer nicht-gewußten inzestuösen Situation kommen kann, müssen ausgerechnet die einander unbekannten Verwandten sich begegnen und muß (mindestens) einer der beiden eine erotische Beziehung zum anderen entwickeln. Eher selten – und am ehesten bei generationsübergreifenden Situationen – kommt es, wie im *Wilhelm Meister* oder in Rambachs *Aylo*, im gemeinsamen Herkunftsraum der beiden zu dieser Situation: in der Regel begegnet man sich in einem mindestens einem der beiden Beteiligten fremden Raum, in den einer oder beide der Partner durch Reise gelangt sind: so z. B. im *Agathon* oder im *Lebrecht*. Es erfordert also einen normalerweise geradezu unwahrscheinlichen Zufall, damit gerade diese beiden Partner aufeinander treffen. Ich verweise hier nur stichwortartig auf die zugehörigen Komplexe gz-licher Erzählliteratur: deren dargestellte Welten sind durch die Modelle des unerwarteten Zusammentreffens und einer familiären Strukturierung der Welt charakterisiert: immer wieder treffen dieselben Personen aufeinander, immer wieder stellen sich scheinbare Verwandte als nicht-verwandt, scheinbar Nicht-Verwandte als verwandt heraus.

Die Schuld in der Elterngeneration droht nun aber genau dann zu einer ungewußten inzestuösen Situation in oder mit der Kindergeneration zu führen, wenn sie nicht bekannt wird: würde die Elterngeneration die Kinder rechtzeitig aufklären, wäre zumindest der unbewußte Inzest vermeidbar.

Schon in einem vor-gz-lichen Drama, Pfeils *Lucie Woodvil* (1755), das aber schon alle für die GZ charakteristischen Regularitäten erfüllt, wird deutlich genug hervorgehoben, daß der Vater durch ein rechtzeitiges Geständnis seiner Schuld (einer unehelichen fruchtbaren Beziehung) den Inzest der Kinder hätte vermeiden können; dasselbe gilt z. B. noch in Müllners *29. Februar.* Ebenso wäre der Geschwisterinzest im *Wilhelm Meister* zu vermeiden, würden die Eltern den Kindern ihre Verwandtschaft mitteilen.

Die Nicht-Anerkennung einer Schuld, deren Anerkennung in einem Geständnis bestünde, führt somit zu neuen Delikten. Es gilt also

R 5: Ein Verstoß gegen die Normen des Wertsystems ›Familie‹ darf nicht verborgen werden, sondern bedarf einer (zumindest intrafamiliären) Schuldanerkennung durch ein Geständnis an die Verwandten, darunter – bei nicht-legitimer Nachwuchsproduktion oder -verleugnung – an die eigenen Kinder, sollen daraus nicht neue Verstöße gegen die Ordnung der Familie resultieren.

Während also die (einem oder beiden Partnern) unbewußte inzestuöse Situation auf fremder Schuld einer (Groß-)Elterngeneration basiert, beruht die (einem oder beiden Partnern) bewußte inzestuöse Situation auf eigener Schuld – sie ist selbst die Schuld:

R 6: Eine bewußt inzestuöse Situation wird der Figur, der sie bewußt ist, als Schuld angerechnet (ob der Inzest vollzogen wird oder nicht), wenn sie es ist, die die erotische Zuwendung zum anderen aufweist.

Sehr deutlich wird das etwa in Klingers *Giafar* oder Rambachs *Aylo*, wo Bruder bzw. Vater eine inzestuöse Neigung zu Schwester bzw. Tochter hegen. Eine solche Neigung wird von den Texten nie entschuldigt, sondern als hochrangiges Delikt behandelt, was mittels verschiedener Strategien verdeutlicht wird. Denn es gilt erstens, daß keine positive Figur je für sich eine inzestuöse Beziehung akzeptiert: sobald die Verwandtschaft aufgedeckt wird, gibt sie die erotische Zuwendung auf. Lessings *Nathan* macht das exemplarisch deutlich; es gilt, in verschiedenen Varianten, ebenso für den *Agathon*, Duschs *Ferdiner*, Kotzebues *Luise*, Nicolais *Nothanker*, Tiecks *Lebrecht*, usw. Zweitens gilt fast ausnahmslos, daß, wenn die Verwandtschaft beiden Partnern bekannt ist, nur einer von ihnen die inzestuöse Neigung entwickelt oder gar deren Vollzug anstrebt; das ist dann aber zugleich fast immer derjenige Partner, der – vgl. etwa eben *Giafar* oder *Aylo* – auch sonst gegen hochrangige Normen der GZ-Kultur verstößt; im extrem seltenen Falle beiderseitiger bewußt inzestuöser Neigungen (z. B. Klingers *Faust*) verstoßen beide Partner gegen solche Normen, was sich im übrigen in der französischen ›philosophischen Pornographie‹ bestätigt; in den deutschen Texten fungiert in der Regel der eine Partner als tugendhafter Kontrast, dessen Abscheu vor der Neigung des inzestuösen Teils die Scheußlichkeit des Inzests repräsentiert. Drittens gilt in den Texten, daß selbst oder gerade Schurken, die fundamentale kulturelle Normen verletzt haben, auffällig häufig vor sich selbst zurückschaudern, wenn sie erfahren, daß sie unbewußt einen Inzest vollzogen haben (so z. B. in Spindlers *Bastard* oder Spieß' *Petermännchen*).

Die Statistik zeigt nun aber (vgl. [29]), daß aus der inzestuösen Situation nicht notwendig der Vollzug des Inzests resultiert, der nur in einer Minderheit der Fälle eintritt (= 38%). Entweder weiß nun nur ein Teil von der Verwandtschaft und ist der nicht-inzestuöse Teil: dann klärt er den anderen auf und verhütet den Inzest

(z. B. in Arnims *Angelika*); oder einer oder beide wissen von der Verwandtschaft und einer von beiden ist bewußt inzestuös: dann kann er entweder auf den Vollzug des Inzests verzichten (Klingers *Giafar* oder Brentanos *Die drei Nüsse*) oder ihn anstreben und dabei Erfolg (Rambachs *Die eiserne Maske*) oder Mißerfolg haben (Apels *Die Ruine von Paulinzell*). Deutlicher wird das Problem beim beiderseitig ungewußten Inzest: wovon hängt es ab, ob es zum Inzest kommt oder nicht? Nun gilt in den Texten

R 7: Bei (von einem oder beiden) nicht-gewußter (Nicht-)Verwandtschaft erfolgt im Verlauf der narrativen Sequenz durch eine (dritte) Figur eine Information über den Verwandtschaftsgrad.

Die in den Texten auftretenden Varianten bilden ein recht komplexes System; doch scheinen insbesondere zwei Merkmalsklassen relevant: zum einen die Frage, ob die erhaltene Information zutrifft oder nicht; zum anderen die Frage, ob die Information vor oder nach Vollzug des Inzests erfolgt. In der Regel wird irrtümlich eine Nicht-Verwandtschaft angenommen und vor (Wielands *Agathon*; Tiecks *Lebrecht*) oder nach (Goethes *Wilhelm Meister*; Tiecks *Eckbert*; Müllners *Incest*) dem Inzest erfolgt die Information. Wichtig scheint mir aber, daß es einige Fälle gibt, in denen irrtümlich eine Verwandtschaft angenommen wird, die sich als nicht-existent herausstellt (Goethes *Die Geschwister*; Brentanos *Die drei Nüsse*; Spindlers *Der Schwärmer*), oder in denen (korrekt) eine Nicht-Verwandtschaft angenommen und eine erotische Beziehung eingegangen wird, dann die irrtümliche Information einer Verwandtschaft erfolgt und die Beziehung aufgegeben wird, wodurch es erst zu einer neuen erotischen Beziehung kommt, die durch erneute und nunmehr zutreffende Information als faktisch inzestuös erwiesen wird. In dem anonymen Roman *Es war gerade noch Zeit* wird ein Sohn von einer Frau getrennt, die sich scheinbar als seine Schwester herausstellt; daraufhin geht er eine neue Beziehung ein, bei der sich die Partnerin – vgl. den Titel – noch rechtzeitig als seine tatsächliche Schwester erweist. In Müllners *Incest* trennt ein Onkel eine Beziehung seiner Nichte, weil er irrtümlich in ihrem Partner ihren Bruder vermutet, woraufhin sie eine Beziehung mit einem Partner eingeht (und in der Folge sogar vollzieht), der sich nun tatsächlich als ihr Bruder herausstellt. Die Trennung einer Beziehung aufgrund einer irrtümlichen Verwandtschaftsannahme kann also gerade und erst recht zur inzestuösen Situation führen; in allen mir bekannten Fällen dieser Art stammt die Fehlinformation aus der Elterngeneration – vielleicht ein Indikator der Gefährlichkeit elterlicher Einmischung in die Partnerwahl der Kinder (vgl. dazu 3.3.2.).

Der entscheidende Faktor ist aber, ob die Information rechtzeitig eintrifft, d.h. vor dem Vollzug eines tatsächlichen Inzests. Dabei gilt

R 8: Eine gewußte oder nicht-gewußte inzestuöse Situation führt zum Vollzug des Inzests nur genau dann, wenn die Figur zugleich (mindestens) eine weitere hochrangige Normverletzung begangen hat (= konkomitantes Delikt).

D.h. ein(e) tugendhafte(r) Held(in) kann zwar durch fremde Schuld in eine inzestuöse Situation geraten, wird aber rechtzeitig vor Vollzug des Inzests korrekt informiert: bewußt oder nicht bewußt vollzieht den Inzest nur, wer ohnedies auch sonst Delinquent ist und Schuld auf sich lädt.

Diese konkomitanten Delikte können sehr unterschiedlicher Art und unterschiedlichen Ranges sein. Im einen Extremfall, etwa Spieß' *Petermännchen*, hat der Held vor dem unwissentlichen Inzest mit der Tochter eine Serie von Verführungen sowie Raub- und Mordtaten zu verantworten und ist einen Teufelsbund eingegangen (der im Text natürlich allegorisiert wird); auch in E. T. A. Hoffmanns *Elixieren* werden in ähnlicher Weise konkomitante Delikte gehäuft. Im anderen Extremfalle, etwa in Müllners Drama *Der 29. Februar*, besteht das Delikt nur in einer Eheschließung gegen den Willen des Vaters, der den Geschwistern ihre Verwandtschaft verheimlicht hat. Das Delikt des Harfners im *Wilhelm Meister* z. B. muß im Bruch des freiwillig eingegangenen Klostergelübdes bestehen; denn die bloße nicht-eheliche Sexualität kann es hier nicht sein, da sie sonst auch am Titelhelden gestraft werden müßte; in anderen Texten kann sie freilich diese Funktion übernehmen, so etwa in Pfeils *Lucie Woodvil*. Welcherart die konkomitanten Delikte sind, hängt also vom ideologischen System des jeweiligen Textes ab; z. B. also davon, ob er Ehe ohne Einwilligung der Eltern oder nicht-eheliche Sexualität als hochrangiges Delikt behandelt oder nicht; immer aber ist das konkomitante Delikt Verletzung einer Norm, die im jeweiligen Text als hochrangig behandelt wird. In den Texten aber, in denen die inzestuöse Figur nicht nur nach textspezifischem Normensystem, sondern nach dem allgemeinen kW der GZ hochrangige Verbrechen begangen hat (wie etwa in Spieß' *Petermännchen*), wird ein ambivalenter Status des vollzogenen Inzests besonders deutlich: er fungiert zugleich als Strafe für andere Delikte wie als zu strafendes Delikt höchsten Ranges. So ist es denn, z. B. wie in Lewis' *The Monk* der Teufel, in Spieß' *Petermännchen* der böse Geist eines Vorfahren (!), der dem Helden seinen Inzest mit der Tochter in der Stunde entdeckt, wo sein Vertrag mit dem Teufel ausläuft:

[34] Mit diesem Kinde, das in Sünde empfangen, in Sünde gebohren, in Unwissenheit erzogen wurde, lebt er nun in blutschänderischer Ehe, und häuft jeden Tag neue Verbrechen auf sein Haupt (1795, II, S. 165),

wobei diese neuen Verbrechen in nichts anderem als eben diesem ungewußt fortgesetzten Inzest bestehen. »Schreklich! schreklich! Aber unwissend!« ruft denn auch der solchermaßen aufgeklärte Held aus, während er alle anderen Sündenvorhaltungen kommentarlos angehört hat, und versucht sich, fruchtlos, auf sein Nicht-Wissen zu berufen. Hier ist also der ungewußte Inzest mit der Tochter das gewissermaßen krönende Delikt, das die verbrecherische Laufbahn abschließt – danach holt ihn, ganz wörtlich, der Teufel.

Der Rang des Delikts manifestiert sich etwa auch, wenn in der Binnengeschichte von Apels *Ruine* Vater und Sohn um dieselbe Frau werben, ohne zu wissen, daß sie ihre Tochter bzw. Schwester ist, wobei der Vater die Verwandtschaft erfährt und ab dann bewußt inzestuös wird, gleichwohl aber, als die Tochter ihre Neigung zum (unbekannten) Bruder gesteht, empört ausruft:

[35] Wie, Unglückliche? Verbrecherin! Du liebst Deinen Bruder? (1818, S. 155)

Der hierarchische Rang des Inzests wird aber am deutlichsten durch die I n z e s t - f o l g e n, die als I n z e s t s t r a f e f u n g i e r e n. Zum einen gilt, daß die Texte, – im Gegensatz zu den Gesetzen der GZ, die selbstverständlich nur den wissentlichen Inzest bestrafen – auch den ungewußten Inzest sanktionieren. Zum anderen gilt, daß die Texte, wo die Gesetze mit Strafen eher aus dem unteren Bereich ihrer Strafskala drohen, immer die Höchststrafe verhängen:

R 9: Auf unwissentlich wie auf wissentlich vollzogenen Inzest folgt in den Texten der V e r l u s t d e r P e r s o n d u r c h d e n T o d o d e r e i n k u l t u r e l l e s T o d e s - Ä q u i v a l e n t (= Todesnähe, Wahnsinn, Kloster, usw.).

Der Versuch wird dabei dem Vollzug gleichgesetzt; so sterben die inzestuösen Väter in Apels *Ruine* oder Rambachs *Aylo* beim Versuch durch die Hand der sich wehrenden Tochter. Die Strafe ist in der Regel der biologische Tod, d.h. das Ende der ›Person‹. Ihm vorangehen (z. B. Goethes *Wilhelm Meister*; Hoffmanns *Elixiere*) oder ihn ersetzen können in der GZ solche Inzestfolgen, die kulturell als metaphorische Todesäquivalente gelten, da sie ebenfalls ein Ende der Person im gz-lichen Sinne bedeuten; dazu gehört der ›Wahnsinn‹ (der z. B. Goethes Harfner und Hoffmanns Medardus zeitweilig trifft), da ihn die GZ-Anthropologie als Verlust des Bewußtseins seiner selbst und damit der eigenen personalen Identität konzipiert; dazu gehört das ›Kloster‹, bei dem schon das Ablegen des alten und Annehmen eines neuen Namens den Verlust bzw. Wechsel der Identität anzeigt (so etwa in Bornscheins *Der Beichtstuhl* oder Apels *Ruine*). Das reduzierteste und seltenste Todesäquivalent besteht in zeitweiliger Todesnähe und Bewußtlosigkeit, wonach der Delinquent ein neues Leben beginnen darf (etwa Spindlers *Bastard* oder Müllners *Incest*).

Daß nun aber dieses extrem hochrangige Strafmaß dem Inzest – und nicht etwa dem konkomitanten Delikt – gilt, erweist sich schon daraus, daß das konkomitante Delikt selbst eine Variable ist, die quantitativ wie qualitativ sehr verschiedenartig aufgefüllt sein kann: in einigen Fällen, z. B. Raub oder Mord, verdient es selbst schon den Tod; in anderen Fällen, z. B. Bruch eines Klostergelübdes (in einer dominant protestantischen Literatur!), nicht-ehelicher Sexualität, Ehe ohne Einwilligung der Eltern usw. ebenso eindeutig nicht – es muß also die einzige Konstante dieser heterogenen Deliktkombinationen, der Inzest selbst, sein, woraus die invariante Sanktion resultiert, die nun ihrerseits niemals durch den Rekurs auf juristische Instanzen erfolgt: das betroffene Subjekt verhängt die Strafe über sich selbst oder wird von ihr auf natürlichem Wege oder durch menschlichen, selten allegorisch-metaphysischen (Teufel usw.) Eingriff ereilt. Der Inzestfall wird nie zum öffentlichen Faktum gemacht, indem man an die juristischen Instanzen appellierte: er bleibt ein nicht-öffentliches, intrafamiliäres Phänomen, das von der geheimen Ordnung der dargestellten Welt selbst – und automatisch – gestraft wird. Nicht-Juristisches ist es also offenbar, was anhand inzestuöser Situationen abgehandelt wird. Auf jeden Fall wird die Ordnung der Familie (vgl. 2.1.) als privater Raum auch hier dem staatlichen Zugriff entzogen.

Die GZ-Texte nehmen jedenfalls eine eindeutige implizite Hierarchisierung der Typen inzestuöser Situationen vor:

$$\text{R 10:}\quad \left\{\begin{matrix}\text{ungewußt}\\+\\\text{nicht-voll-}\\\text{zogen}\end{matrix}\right\} < \left\{\begin{matrix}\text{gewußt}\\+\\\text{nicht-voll-}\\\text{zogen}\end{matrix}\right\} < \left\{\begin{matrix}\text{ungewußt}\\+\\\text{vollzogen}\end{matrix}\right\} < \left\{\begin{matrix}\text{gewußt}\\+\\\text{vollzogen/}\\\text{versucht}\end{matrix}\right\}$$

Im Gegensatz zum Recht ist also in der GZ-(Erzähl-)Literatur das (Nicht-)Wissen der Verwandtschaft zwar relevant, aber noch entscheidender ist, ob der Inzest (nicht) vollzogen wurde. Der (vollzogene) Inzest fungiert in diesen Texten auch dann als Delikt, wenn subjektiv – seitens beider Partner – keinerlei Schuld vorliegt. Im Unterschied zum Recht der Epoche stellt er also eine objektive Verletzung der Weltordnung dar und wird auch dann sanktioniert, wenn niemand davon weiß und jeder unschuldig ist. Der Inzest ist in diesen Texten weder ein moralischer noch ein juristischer, sondern ein metaphysischer Sachverhalt. Daß dem so ist, belegen die konkomitanten Delikte, die nur eine rationalistische oder rationalisierende Verschleierung dieses Status darstellen; denn ihre Variabilität bei Invarianz der Strafe zeigt, daß sie wirklich nur verschleiernde Begleitumstände ausmachen – sind sie eher niedrigrangig, können sie die höchstrangige Strafe nicht erklären; sind sie hingegen hochrangig, kulminieren sie doch im Inzest, selbst wenn dieser ungewußt war (vgl. Spieß' *Petermännchen*).

Der Inzest ist aber nicht schon dann definitiv aus der Ordnung der dargestellten Welt getilgt, wenn die Schuldigen gestraft – d. h. in der Regel: eliminiert – sind: er ist es erst dann, wenn auch alle Inzestfolgen getilgt sind. Das zeigt sich überall dort, wo der Inzest fruchtbar war und zu Nachkommenschaft geführt hat (z. B. Goethes *Wilhelm Meister*; Hoffmanns *Elixiere*; Bornscheins *Beichstuhl*; Brentanos *Romanzen*; Müllners *Der 29. Februar*). Entweder stirbt dieser Nachwuchs (Goethe; Müllner) oder der Inzest wiederholt sich in der nächsten Generation (Hoffmann; Bornschein; Brentano):

R 11: Vollzogener Inzest ist erst mit dem Tode des letzten Abkömmlings aus der Weltordnung getilgt; fruchtbarer Inzest führt entweder zum Tode des Nachwuchses oder zur Wiederholung der inzestuösen Situation in der Folgegeneration.

Fruchtbarer Inzest fungiert also als eine Art weltliches Pendant zur theologischen Erbsünde; er wird bei Vermehrung fortgesetzt. Ein Text thematisiert auch diese Regel; der Informant über die Verwandtschaft in Müllners *Der 29. Februar* formuliert:

[36] Beide, gleich dem Vater Sünder,
Giebt die Frucht des Ehebruchs (!)
Euch blutschänderische Kinder! (1812, S. 56)

Nun lebt von den Kindern des Geschwisterpaares zwar nurmehr der Sohn Emil, Tochter Klärchen ist schon ertrunken: doch eben Emil drückt dem Vater gegenüber tatsächlich eine solche inzestuöse Tendenz aus:

[37] Sei gütig, und vermähle
Mich mit Klärchen, meiner Braut! –
Weißt du noch? Wir spielten immer
Mann und Frau in diesem Zimmer,
Und du selbst hast uns getraut. (1812, S. 65)

Die doppelte Ambiguität dieser Stelle liegt auf der Hand: der unbewußt inzestuöse Vater hat einerseits die Kinder im Spiel getraut; andererseits wird damit ausgedrückt, daß die inzestuöse Beziehung der Eltern den potentiellen (hier: vorpubertär-naiven) Inzest legitimiert; und Emil verlangt einerseits nach einer Trauung, d. h. einer Vereinigung mit der schon Toten, die ihm andererseits zuteil wird, insofern ihn der Vater in der Folge tatsächlich tötet. R 11 verdeutlicht jedenfalls nochmals, daß der Inzest kein beliebiges moralisches oder juristisches Delikt, sondern eine Verletzung der metaphysischen Weltordnung darstellt. In dieser einen Norm werden gewissermaßen alle Normen zugleich übertreten, und auch das findet sich explizit thematisiert:

[38] Ich bin ein Verworfener, der in einem Gebote alle Gesetze übertreten hat. (Bornschein 1802, S. 166)

Der hier angesprochene Inzest war ungewußt vollzogen; wer aber den Inzest bewußt anstrebt, stellt sich in diesem Denksystem außerhalb nicht nur jeder sozialen, sondern der metaphysischen Weltordnung.

Dem entsprechen die in den Texten von den Figuren erwarteten Reaktionen, wenn sie von einer nicht-gewußten Verwandtschaft erfahren:

R 12: Wenn in einer nicht-gewußten inzestuösen Situation die Beteiligten von ihrer Verwandtschaft informiert werden, wird eine normierte affektive Reaktion von ihnen erwartet: im Falle des nicht-vollzogenen Inzests die doppelte Freude über Vermeidung des Inzests und der Erwerb eines neuen

Verwandten, im Falle des vollzogenen Inzestes Abscheu und Entsetzen über sich (und gegebenenfalls den Partner).

Exemplarisch verhält sich einerseits der oben (Zitat [38]) zu Wort gekommene Bruder, andererseits etwa auch Lessings Tempelherr, der nach kurzem Zögern behauptet, er habe mehr gewonnen als verloren durch Nathans Aufklärung. Doch der Übergang von Erotik zu Verwandtschaft gelingt nicht immer so problemlos und sekundenschnell wie in Lessings *Nathan*. Denn je mehr die erotische Beziehung der Partner vom Text emotional intensiviert wird, desto schwerer fällt es ihnen, sie aufzugeben; so zeigt schon Duschs *Ferdiner* eine deutliche Versuchung, gegen diesen Zwang zu rebellieren, während etwa in Wielands *Agathon* die emotionale Zuwendung im nachhinein problemlos von einer erotischen in eine geschwisterliche uminterpretiert werden kann. Interessanter noch ist Müllners stark abweichender Roman *Incest*, der eine extreme Möglichkeit der GZ realisiert. Der Bruder Ludwig ist ein sexueller Libertin, der die europäischen Sexualnormen in Frage stellt (vgl. Kapitel 2.1) und sich selbst, schon vor dem Wissen der Verwandtschaft, zuruft:

[39] Julie muß meine Beyschläferin werden, und wenn sie meine Tochter wäre (1799, I, S. 189) –

womit er, da dieser Fall nicht vorliegen kann, nur ausdrückt, in welchem Ausmaß er sich über die europäischen Normen hinwegzusetzen bereit ist. Hier wird nun auch der Inzest erst nach Aufdeckung der Geschwisterschaft vollzogen; Ludwig und Julie heiraten sogar, obschon Julie selbst eher tugendhaft ist; diese Auflehnung gegen die Regel wird zugleich in erstaunlich geringem Ausmaß sanktioniert, insofern beide mit zeitweilig befristeten Todesäquivalenten davonkommen und ein neues Leben beginnen dürfen. Auch allgemein wird aber die schon vor dem Wissen um die Verwandtschaft entstandene emotionale Bindung anders als die von vornherein bewußt inzestuöse Beziehung behandelt. Schon vor der GZ sträubte sich etwa das inzestuöse Geschwisterpaar in Gellerts *Schwedischer Gräfin* gegen die ihm zugemutete Trennung; in der GZ sträubt sich etwa Goethes Harfner, und in Texten wie Bornscheins *Beichtstuhl* oder Müllners *29. Februar* wird zumindest ein emotionaler Kampf der Beteiligten mit sich deutlich gemacht. Vor der GZ, etwa eben bei Gellert, und z. T. auch in ihr, etwa bei Lessing, fungiert die Verwandtschaftsrelation als eindeutig höherrangig als die erotische Relation; so kann, im Gegensatz zu den Helden, der Informator über die Verwandtschaft – der signifikanterweise der Elterngeneration entstammt – in Müllners *Incest* der Schwester noch ankündigen:

[40] Gute, unschuldige Seele, er [= der Bruder und erotische Partner] wird mehr, als du je gewünscht hast, der Deinige werden (1799, I, S. 208) –

doch die Geschwister teilen diese Bewertung nicht mehr: hier und anderswo in der GZ beginnt die neue Umwertung, bei der die Erotikrelation höherrangig als die Verwandtschaftsrelation ist.

In allen Fällen, die nicht so problemlos wie etwa Lessings *Nathan* verlaufen, gilt aber:

R 13: Partner inzestuöser Relationen müssen getrennt werden; das gilt auch dann, wenn der Inzest nicht vollzogen wurde, sofern die emotionale Intensität hoch ist.

Diese Trennung ist entweder von der geheimen Ordnung der Welt, wie in Wielands *Agathon*, oder durch menschlichen Eingriff bewirkt, sei es durch autoritative Dritte oder durch die Beteiligten selbst: in Goethes *Wilhelm Meister* wird die Trennung des Paares von außen erzwungen; in Bornscheins *Beichtstuhl* vollziehen sie die Betroffenen selbst – letzteres ist genau dann der Fall, wenn die Beteiligten eindeutig die normativ erwarteten Affekte entwickeln (vgl. R 12). Für den vollzogenen Inzest fordert im übrigen auch das ALR:

[41] In allen vorstehend bestimmten Fällen (§ 1039–1042) müssen die Personen, welche Blutschande betrieben haben, von einander gänzlich entfernt werden. (2. Theil, 20. Titel, § 1043)

Wie gefährlich die Nicht-Trennung der Beteiligten auch dann ist, wenn bislang kein Inzest vollzogen wurde, belegt Müllners *Incest* (s.o.). Nur in diesem Text wird freilich auch ein Partner (Julie) eines vollzogenen Inzests wieder verheiratet; das ist die Ausnahme zur Regel

R 14: Bewußt gewordener und vollzogener Inzest schließt weitere erotische Beziehungen aus.

Eine solche Figur hat in den Zustand einer definitiven Nicht-Erotik und eines Todes(äquivalentes) überzugehen. Umgekehrt gilt im Korpus der GZ-Erzähltexte

R 15: Als optimale Auflösung der (generationsinternen oder -übergreifenden) inzestuösen Relation gilt für Mitglieder der Kindergeneration eine neue außerfamiliäre erotische Beziehung.

Die optimale Variante der Auflösung von Geschwisterbeziehungen ist demnach in der GZ die – tatsächlich häufige – Doppeleheschließung mit Dritten, wie sie sich z. B. in Tiecks *Lebrecht*, Kotzebues *Luise*, Lafontaines *Baron von Bergedorf* oder *Saint-Julien*, L. Hoffmanns *Das Pfarrhaus* oder in dem anonymen *Es war gerade noch Zeit* findet. Solange nur einer der Partner eine neue erotische Orientierung findet, bleibt ein inzestuöses Potential erhalten (vgl. z. B. Brentanos *Die drei Nüsse*; Jean Pauls *Hesperus*), es sei denn, der andere leiste einen definitiven Erotikverzicht (z. B. *Agathon* in der Endfassung). Wer (als Eltern- oder Geschwisterteil) die Eheschließung eines Partners aus der Kindergeneration mit einem Dritten akzeptiert, signalisiert damit die erotische Freigabe dieses Partners, was – ex negativo – etwa der Kalif in Klingers *Giafar* belegt, der die Schwester zwar dem Titelhelden zur Ehe abtritt, ihm aber zugleich Sexualität mit ihr untersagt.

Noch eine zentrale Frage bleibt zu beantworten: in welcher Lebensphase der Beteiligten kommt es zur inzestuösen Situation, wenn wir hier von den schon erwähnten vorpubertären inzestuösen Regungen absehen, die – wie gesagt – zum ersten selten sind, zum zweiten kein ernstliches Problem darstellen? Es gilt:

R 16: Bei generationsübergreifenden inzestuösen Beziehungen befindet sich einer, bei generationsinternen befinden sich beide Partner in der Transitionsphase.

Unter Transitionsphase[10] verstehe ich nun die Phase im Leben von Figuren der GZ-Erzählliteratur, die zwischen dem Austritt aus der Herkunftsfamilie und der normalerweise als definitiv behandelten Entscheidung des Subjekts über seine berufliche und familiäre Zukunft liegt, d. h. also der definitiven Berufswahl und – im Regelfalle – der Gründung der Zielfamilie, oder – im Ausnahmefalle – der Entscheidung für Ehelosigkeit (so z. B. der *Agathon* der letzten Fassung oder Friedrich in Eichendorffs *Ahnung und Gegenwart*). Diese Phase ist nicht identisch mit der in den Theorien der GZ-Anthropologie als ›Jugend‹ klassifizierten Alters-

[10] Vgl. Titzmann: Wissen und Sprache in der Goethezeit.

gruppe, wenngleich sie mit ihr in der Regel zusammenfällt. ›Jugend‹, als Konzept der anthropologischen Theorie, kann im Prinzip früher oder später einsetzen bzw. enden als die ›Transitionsphase‹. Die Transitionsphase des Helden aber ist der Gegenstand der ›Initiationsromane‹, worunter ich die (gz-lich dominante) Textgruppe des ›Bildungsromans‹ und seiner Verwandten und Abarten (z. B. ›Geisterseher-‹ und ›Geheimbundromane‹) zusammenfasse;[11] in diesen Texten wird die Transition des Helden in der Regel durch Reise(n) markiert, durch die er, wenn der Prozeß gelingt, aus einer sozialen Ordnung aus- und in eine andere eintritt, wobei er zugleich zu einer autonomen Person geworden ist: im otpimalen Falle hat Bildung stattgefunden.

3.3. Funktionen der Darstellung inzestuöser Situationen im denk- und sozialgeschichtlichen Kontext der Goethezeit

Inzestuöse Relationen und ihr Verlauf bilden also in der GZ-(Erzähl-)Literatur ein recht komplexes System, und es bleibt zu fragen, welche Funktion(en) es hat, daß solche Relationen in dieser Literatur derart relevant sind und daß für ihren Verlauf die skizzierte Menge von Regularitäten gilt. Ein so komplexes Phänomen wird aller Wahrscheinlichkeit nach polyfunktional sein, wobei in den verschiedenen Funktionen jeweils auch verschiedene Teilmengen der Merkmale des Phänomens relevant sein mögen. Von eventuellen textspezifischen, d.h. nur in einem Einzeltext oder einer Teilgruppe der Texte durch die Darstellung inzestuöser Situationen erfüllten Funktionen muß ich hier ohnedies absehen: ich beschränke mich auf solche Funktionen, die m. E. für das gesamte Textkorpus bzw. für das Literatur- und Denksystem der Epoche gelten.

3.3.1. Die inzestuösen Situationen im Kontext des theologisch-philosophisch-juristischen Normenproblems

Der Versuch, jenseits der theologischen, d.h. auf die ›mosaischen Gesetze‹ rekurrierenden Begründungen der Inzestverbote, eine rationale Begründung zu finden, ist der Aufklärung nicht gelungen. Wie schon Zedlers *Universal-Lexikon* (Bd. 4, 1733, Sp. 247ff.) läßt Seyfrieds juristische Dissertation über die »rationem iuris incestum prohibentis« (1787) noch einmal die kulturell verfügbaren Begründungsversuche Revue passieren, ohne darunter einen zwingenden, d.h. der Epoche als rational erscheinenden, entdecken zu können. Als anthropologisch-universal – und somit im Sinne der Epoche als ›natürlich‹ – können zwar Inzestverbote im allgemeinen, aber nicht im besonderen nachgewiesen werden; Meiners faßt das ethnohistorische kW der GZ zusammen:

> [42] Nationen von dem selbigen Stamme und der selbigen Race hatten über verbotene und nicht verbotene Grade die entgegengesetztestenBegriffe. Ehen zwischen nahen oder den nächsten Blutsverwandten fanden sich, oder finden sich noch jetzt unter

---

[11] Vgl. den Titel von Anm. 10.

einer viel größeren Zahl von Völkern, als die Verteidiger des natürlichen Abscheus blutschänderischer Vereinigungen vermutet haben [...]. (1786, S. 206)

Schon bei Zedler wurde dementsprechend die Konsequenz gezogen:

[43] Die Blutschande ist zwar also nicht wider die Natur, daß die menschliche Gesellschaft nicht bey derselben bestehen könne, der Anfang des menschlichen Geschlechtes so wohl als die angeführten Gewohnheiten derer Völcker bezeugen dieses [...]. (Bd. 4, 1733, Sp. 253)

Neben dem ethnohistorischen Argument gegen die Widernatürlichkeit des Inzests steht also auch das biblische Argument, von dem die Phase reichlich Gebrauch machen wird: die von Gott geschaffenen Menschen hätten sich anfangs notwendig durch Inzest vermehrt. Wo – und das ist selten – in den literarischen Texten der GZ überhaupt eine ernsthafte Diskussion über den Inzest ausgetragen wird und dieser Verteidiger findet, wird man sich dieser beiden Argumente bedienen. So wird das biblische Argument in der philosophischen Pornographie von der *Histoire de Dom B***, portier des Chartreux* (1742) bis zu Sades *La Philosophie dans le boudoir* (1795) verwendet, aber ebenso z. B. in Müllners *Incest* (1799). Eine besonders aparte Variante liefert Casanovas Roman *Icosameron* (1788): im Anschluß an eine mystisch-okkultische Tradition der Bibelexegese, die die Verdoppelung des Berichts über die Erschaffung des Menschen in der Genesis wörtlich nimmt, läßt Casanova in einem Höhlenraum im Inneren der Erde eine ursprüngliche – präadamitische – Menschenrasse existieren, die hermaphroditisch ist und sich durch Geschwisterinzest vermehrt. Das ethnohistorische Argument wird ebenfalls in Müllners *Incest* benutzt, dessen Held sich auf die Legitimität des Geschwisterinzests auf Tahiti beruft, wie sie z. B. polemisch Diderots *Supplément au voyage de Bougainville* (Ms. 1772: Druck 1796) vertreten hat. Auch Goethes Harfner erkennt keine naturrechtliche Begründung der Inzestverbote an und beruft sich auf das botanische Argument der Vermehrung der Pflanzen. In E. T. A. Hoffmanns *Kater Murr* schließlich wird das kulturelle Modell parodiert: ohne Wissen der Verwandtschaft entwickelt der Titelheld Gefühle für seine Tochter Mina, doch die frühere Gattin Miesmies klärt ihn auf:

[44] Schweigend betrachtete ich beide, Mutter und Tochter, die letztere gefiel mir doch unendlich viel besser, und da bei unserem Geschlecht die nächsten verwandtschaftlichen Verhältnisse kein kanonisches Ehehindernis – Vielleicht verriet mich mein Blick, denn Miesmies schien meine innersten Gedanken zu durchschauen. ›Barbar!‹ rief sie, indem sie schnell auf Mina sprang und sie heftig umpfotend, an ihre Brust riß, ›Barbar! was willst du beginnen? – Wie? du kannst dies dich liebende Herz verschmähen und Verbrechen häufen auf Verbrechen!‹ [vgl. dazu Zitat [34]] Unerachtet ich nur gar nicht begriff, was für Ansprüche Miesmies geltend machen und welche Verbrechen sie mir vorwerfen konnte [...]. (1820, S. 585)

In Wielands *Danischmend* ist es der Titelheld, in Klingers *Giafar* der inzestuöse Kalif, die am Beispiel der »Gebern« (= Parsen) die Inzestverbote als bloße Gegebenheiten des positiven Rechts behandeln und damit den »Gebern« nach deren Gesetzgebung das Recht des Geschwisterinzests einräumen.

Wie Diderot das ethnohistorische, so benutzt die anonyme (d'Holbach zugeschriebene) *Théologie portative* das biblische Argument in polemischer Absicht – es heißt im Stichwort ›Inceste‹:

> [45] Widernatürliches Verbrechen, das zu Adams Zeiten erlaubt war. (1768, S. 242)

Ob dieses Stichwort nun hier ernst gemeint war oder nicht: die Klassifikation des Inzests als »widernatürlich« bleibt bis in die GZ-Literatur hinein, trotz jenes besseren Wissens, das schon Zedler belegt, eine deutliche Tendenz der Zeit, von der nur wenige Texte eindeutig abweichen – und die Apologeten des Inzests in den Texten vertreten eben deshalb mit dem biblischen oder ethnohistorischen Argument seine ›Nicht-Widernatürlichkeit‹. Wenn und insoweit nun aber eine Mehrheit der Kulturmitglieder den Inzest unter das ›Widernatürliche‹ subsumiert, wird er zugleich tatsächlich in die Nähe der ›Sodomie‹-Delikte gerückt, in die ihn einige juristische Texte und Gesetzbücher stellen (vgl. 2.1.). Da nun die später beliebte These der Degeneration von Inzestnachkommen im 18. Jahrhundert zwar schon belegt ist, sich aber noch nicht durchsetzen kann,[12] und auch das juristische Schadensprinzip offenkundig nicht ausreicht, das Inzestverbot zu begründen (vgl. Kapitel 2.1), bliebe in der Tat nur dessen mosaische Rechtfertigung, wenngleich auch diese zu Absurditäten führen kann: so beantwortet ein Anonymus 1804 die selbstgestellte Frage »Ist die Ehe zwischen Vater und Tochter zuzulassen?« bejahend, da diese Ehe in der Bibel nicht explizit verboten sei, vielmehr etwa von Lot und seinen Töchtern ohne Sanktion vollzogen werde. Jedenfalls sind Haller (*Ueber die praktischen Folgen des Unglaubens*, 1750), der den Atheisten, und Möser (*Über die allgemeine Toleranz*, 1787ff.), der sogar den Deisten eine allgemeine Inzestbereitschaft unterstellt, unter der Prämisse gewissermaßen konsequent, daß die Zeit über keine außertheologische und rationale Begründung des Inzestverbots verfügt.

Wo sich die Epoche nun, gemäß ihrer eigenen Denknormen, gezwungen sieht, wie in den Gesetzen und juristischen Texten, rational zu argumentieren, da wird demnach das Delikt des Inzests, ebenso wie das der Sodomie, von einem höchstrangigen Vergehen gegen Gott und/oder die Natur zu einem niedrigrangigen abgestuft und desakralisiert, wobei zugleich seine Extension tendenziell auf die Kernfamilie reduziert wird. Die Literatur hingegen vollzieht zwar diese Reduktion mit, aber behält den mythisch-sakralen Charakter des Deliktes bei: es wird immer auch bei Nicht-Wissen der Verwandtschaft und es wird immer mit der Höchststrafe sanktioniert. Die Literatur steht somit zwischen dem (orthodox) theologischen und dem (aufgeklärt) juristischen System. Daß nun wiederum das Delikt in der Literatur diesen hohen Rang behalten kann und daß es in den Gesetzen trotz des Mangels an rationaler Begründung überhaupt gestraft wird, belegt, daß es ein kulturelles Bedürfnis gibt, diese Norm, sei sie auch unbegründbar, aufrecht zu

---

[12] Vgl. Wilson: Science, Natural Law, and Unwitting Sibling Incest, sowie Brockhaus Bd. 1, 1833, S. 955.

erhalten. Im Gegensatz zur theoretischen – theologischen, philosphischen, juristischen – Normendiskussion argumentiert nun die Literatur weder überhaupt noch gar rational. Die absolute Scheußlichkeit des mythisch-sakralen Delikts wird nicht begründet, sondern als absolut selbstverständlich gesetzt – und diese Nicht-Argumentation ist funktional: denn wo in den literarischen Texten argumentiert wird (und wo dann sofort die Folge eintritt, daß der Rang des Delikts zumindest theoretisch abgestuft wird), da haben, im Rahmen des zeitgenössischen Denksystems, die Verteidiger des Inzestes die besseren Argumente als seine Gegner. Die Argumentation etwa von Müllners Helden in *Incest* bleibt überhaupt unwidersprochen, und die Verwandten des Harfners im *Wilhelm Meister* erwehren sich seiner biologischen Argumente nur, indem sie den ursprünglich naturrechtlichen Anspruch des Verbots durch einen solchen des bloßen positiven Rechts ersetzen, für das es seinerseits keine rationale Rechtfertigung außer seiner faktischen und zwingenden Macht gibt (vgl. dazu auch oben zu Wieland und Klinger):

> [46] Er solle überlegen, daß er nicht in der freien Welt seiner Gedanken und Vorstellungen, sondern in einer Verfassung lebe, deren Gesetze und Verhältnisse die Unbezwinglichkeit eines Naturgesetzes angenommen haben. (1795, S. 584)

Statt also zu begründen, setzen die Erzähltexte im Regelfalle, und sie sichern die Schändlichkeit des Delikts durch die Erfüllung der Regeln R 8, R 9, R 11, R 12. Die skizzierten Regularitäten sind nicht aus einem Einzeltext allein abstrahierbar: sie werden überhaupt erst auf der Ebene des Korpus erkennbar. In jedem Einzeltext handelt es sich scheinbar nur um zufällige und wenngleich extreme (seltene oder unwahrscheinliche), so doch denkbare Verknüpfungen in einem Einzelfall: nur daß sich dieser eben in jedem weiteren Text wiederholt und so implizit und unausgesprochen ein System entsteht, mittels dessen – möglicherweise niemandem bewußt, weder dem Autor noch dem Leser – Bewertungen und Einstellungen eingeübt werden, deren explizite Thematisierung die Epoche, von extrem konservativen Einzelpersonen abgesehen, vor ihrem eigenen Bewußtsein rational nicht verteidigen könnte. Das System dieser literarischen Regularitäten darf sogar am Einzeltext überhaupt nicht erkennbar sein; es darf nicht explizit werden: denn wenn es das würde, zeigte sich zugleich, daß es weder rational noch empirisch gestützt ist. Gerade in der Differenz der erzählenden Literatur zur juristischen Theorie liegen also relevante Funktionen des literarischen Umgangs mit dem Inzest; ich formuliere als Thesen:

T 1: Die Literatur der GZ erfüllt in ihrer Inzest-Behandlung eine kompensatorische Funktion, insofern sie an die Systemstelle tritt, die die Theorie der Epoche nicht mehr besetzen kann: wo die Theorie versagt, ersetzt die Literatur die scheiternde rationale Begründung von Bewertungen und Einstellungen durch deren stillschweigende Einübung.

T 2: Das Neben- und Gegeneinander von Literatur und juristischer Theorie erlaubt die gleichzeitige Befriedigung einander ausschließender kultureller Bedürfnisse: des Bedürfnisses nach Aufrechterhaltung des tradierten mythisch-sakralen Charakters des Inzests und des Bedürfnisses nach rationaler Rechtslegitimation und entsprechenden Strafmaßen.

Warum aber, bleibt zu fragen, läßt man dann seine Helden in der Regel unbewußt in inzestuöse Situationen geraten und warum stellt man eben diese Situationen so häufig in extenso – und nicht nur etwa die konkomitanten Delikte und/oder die Strafen – dar? Ich antworte mit

T 3: Bezüglich des Inzests ist nicht nur dieses kulturelle System an sich ambivalent, wie die Opposition von Literatur und Recht zeigt, sondern die Literatur selbst ist auch, in anderer Hinsicht, in sich ambivalent: sie erlaubt sich zugleich die Versuchung des Inzestes als Faszinosum, indem sie ihn unermüdlich durchspielt und ausführlich darstellt, und seine Ausschließung, indem sie seine Urheber und seine Folgen anschließend aus der Welt tilgt (und sich damit zugleich ihr gutes Gewissen sichert).

Wenn sich aber alle Normen in einer latenten Legitimationskrise befinden (vgl. Kapitel 2.1), insbesondere die familiären und sexuellen Normen, d.h. die Normen, die Sachverhalte betreffen, welche zu den Konstituenten der Möglichkeit eines privaten Freiraums gehören, warum wird dann in der GZ gerade der Inzest, und nicht etwa nichteheliche (un- oder außereheliche) Sexualität oder die Menge der Sodomie-Delikte Träger der literarischen Repräsentation dieser Probleme des Kultursystems? Nun gilt aber, daß nicht-eheliche Sexualität, zumindest in der ersten Hälfte der GZ, vielerorts nicht mehr als Delikt behandelt wird: wenngleich es nicht wenige Texte gibt, in denen sie als verwerflich erscheint, wird sie doch gerade in der zentralen Textgruppe der ›Bildungsromane‹ und ihrer Verwandten häufig implizit legitimiert, deren Helden sich ihr hingeben dürfen: so in Wielands *Agathon*, Heinses *Ardinghello*, Grosses *Genius*, Goethes *Wilhelm Meister* oder Tiecks *Sternbald* – hier ist also implizit der Deliktcharakter solcher Sexualität selbst umstritten, wenngleich freilich die Helden, mit Ausnahme von Heinses Roman, nie jene Frauen heiraten, mit denen sie in ihrer Transitionsphase sexuelle Beziehungen hatten; hier also stellt die Literatur eher die Norm in Frage, als daß sie sie stützte. Umgekehrt gilt, daß die Delikte der Sodomie, die die ›philosophische Pornographie‹ so liebt, in der offiziellen Literatur nicht literaturfähig sind; ich beantworte daher die Frage mit

T 4: In der GZ steht der Inzest zwischen den kulturell ›weichen‹ (nicht-eheliche Sexualität) und den ›harten‹ Sexualdelikten (Sodomie): mit den ersteren teilt er, daß er aufgrund der Sexualpraktiken (im Gegensatz zu den letzteren) als ›natürlich‹ gilt, mit den letzteren, daß er zwar nicht, wie diese, aufgrund von Praktiken, wohl aber aufgrund seiner Partnerwahl als ›widernatürlich‹ gilt. Der Inzest vertritt in der Literatur alle sexuellen Verhaltensweisen, die kulturell als verboten gelten.

Ich antworte zum zweiten mit dem folgenden Teilkapitel.

3.3.2. Die inzestuösen Situationen im Kontext der Umstrukturierung von ›Familie‹ und ›Liebe‹: die Transformationen des Systems sozial kodierter Emotionen

Die erstaunliche Relevanz inzestuöser Situationen in der GZ-Literatur muß auch im Kontext jener fundamentalen denk- und sozialgeschichtlichen Transformationen situiert werden, in denen sich Werte und Normen des Komplexes ›Liebe‹/›Ehe‹/›Familie‹ wandeln, und die, zumindest in den gebildeten sozialen Eliten, im 18. Jahrhundert einsetzen; die diesbezüglichen Erkenntnisse der neueren sozialgeschichtlichen Forschung[13] dürften indessen wohl trivial geworden sein. Wie man weiß, setzt eine Emotionalisierung, Intensivierung, Individualisierung der intrafamiliären Relationen (zwischen den Eltern, zwischen Eltern und Kindern, zwischen den Kindern) ein, die mit den Transformationen der Anthropologie der Aufklärung (Legitimierung von Emotionalität/Affektivität als integralem Bestandteil der ›Person‹, Konzept des ›autonomen und individuellen Subjekts‹) korreliert sind und durch die sich zugleich die Familie als selbständiger privater Raum aus ihrem sozialen Umfeld ausgrenzt; mit dem neuen Status von Nachkommen sind wiederum ihrerseits auch die Prozesse korreliert, die zur Neudefinition von ›Kindheit‹ und ›Jugend‹ als zweier eigenständiger Altersklassen und zu einer Neukonzeption der ›Mutter‹-Rolle führen, die nun ihrerseits auch mit der ideologischen Systematisierung der Geschlechterrollen verknüpft ist, die konsequent auf eine durchgängige Opposition aller relevanten Merkmalsklassen hin strukturiert werden. In der anthropologischen Theorie der GZ manifestiert sich dann deutlich genug das Produkt aller dieser untereinander korrelierten Transformationen. Schon in der Literatur der Frühaufklärung und noch in der GZ ist ›Familie‹ aber ein strukturierendes Prinzip der dargestellten Welten.

In diesem sozialgeschichtlichen Transformationsprozeß wird, um nur an ein Beispiel zu erinnern, ›Liebe‹ (im erotischen Sinne) neu definiert. Wo in der erotischen Beziehung in der deutschen Literatur des 17. Jahrhunderts und noch im 18. Jahrhundert, zur Zeit der Frühaufklärung, der Partner im Prinzip einer unter mehreren theoretisch möglichen (die dieselben sozialen Werte aufweisen) war; der Partner also, wenn auch emotional besetzt, im Grunde austauschbar war und die erwartete Emotion eine eher wohltemperierte blieb, weil soziale Werte (Tugend, Schönheit usw.), nicht aber individuell-personale Merkmale die Partnerwahl bestimmten, da neigt nun diese Kultur zu einem Modell der Partnerwahl, bei der jeder Partner für den anderen, zumindest theoretisch, einmalig und unaustauschbar wäre – also seine Person selbst der Wert ist, um dessentwillen er geliebt wird, und die emotionale Einstellung zur ›Leidenschaft‹ tendiert, d.h. zu einer Form der Affektivität, die jahrhundertealte Traditionen verpönt haben und die noch frühe und mittlere Aufklärung deutlich genug ablehnen. ›Liebe‹ vollzieht

---

[13] Vgl. u.a. Ariès: L'Enfant et la vie familiale; Noonan: Empfängnisverhütung; Flandrin: Familles; Shorter: Die Geburt der modernen Familie; Rosenbaum: Familie und Gesellschaftsstruktur; Badinter: L'Amour en plus; Ariès u.a.: Die Masken des Begehrens.

denn auch einen Bedeutungswandel, den schon Adelung als abgeschlossen notiert:

> [47] In der engsten Bedeutung ist es die Leidenschaft, oder das zu einer Fertigkeit gewordene Verlangen nach dem Besitze oder Genusse einer Person anderen Geschlechtes, da sie denn so wohl rechtmäßig geordnet, als unrechtmäßig und ungeordnet seyn kann. (Bd. 2, 2. Aufl., 1796, Sp. 2058)

›Liebe‹ dieser neuen Art war vor dieser Phase literarisch nur als Zustand vor oder außerhalb der Ehe zugelassen; in der Ehe wurde sie, von Antike und Kirchenvätern bis zu den Moralisten des 17. und 18. Jahrhunderts, ausgeschlossen. Die Rede ist hier von den theoretisch-normativen Erwartungen, nicht von der sozialen Praxis: wie es vor unserer Phase leidenschaftliche Liebe gelegentlich auch in der Ehe gegeben haben mag, so gibt es in und nach unserer Phase (literarisch wie real) Ehen, die die neue Norm, in der die bisher problematische oder verwerfliche Ausnahme zur wünschenswerten Regel gemacht wird, nicht erfüllen und sich nach der alten Norm verhalten; unverkennbar ist auch, daß die spätaufklärerisch-gzliche Theorie diesen Wandel eher zu bremsen als zu fördern sucht. Analoge Prozesse finden nun bekanntlich auch bezüglich der sonstigen intrafamiliären Relationen (Eltern-Kind/Geschwister) statt, und zumindest in der deutschen Literatur des 18. Jahrhunderts vor der GZ greifen sie sogar über die Familie hinaus und betreffen auch das Konzept der ›Freundschaft‹ (zu gleich- oder verschiedengeschlechtlichen Partnern)[14] – etwa im deutschen Drama um die Jahrhundertmitte dürfte die Unterscheidung von ›Liebe‹ und ›Freundschaft‹ einige Schwierigkeiten aufwerfen.

Wo verschiedenartige Klassen von sozialen Relationen – Freundschaft, Liebe, Verwandtschaft – früher also dominant sozial funktional definiert waren, werden sie es jetzt, wenn auch nur tendenziell, dominant individuell und emotional, wenn ich mir diese vereinfachende Neuformulierung dieser Prozesse hier erlauben darf. Jede Kultur kodiert auch das Feld der Emotionen, indem sie eine Aufteilung des affektiven Bereichs in disjunkte Klassen von Emotionen vornimmt und, mehr oder minder normativ, qualitativ wie quantitativ für bestimmte Situationen oder Relationen Erwartungen an die affektive Reaktion des Subjekts stellt. Durch die im 18. Jahrhundert einsetzenden Prozesse der veränderten Bewertung sozialer Relationen und des veränderten Umgangs mit der Affektivität kommt es nun, solange die Umstrukturierung des Systems der sozial kodierten Relationen und Emotionen nicht abgeschlossen ist, zu einem Problem der Relations- und Emotionsabgrenzung. Der früheste wichtige GZ-Text, in dem dieses Problem explizit thematisiert wird, ist zweifellos Wielands *Agathon*. Während der Held in seiner frühen Jugend auf die erotischen Attentate von Elternäquivalenten – des Priesters Theogiton und der Pythia – nicht anspricht, hat er ein Bedürfnis nach den »Reizungen der Freundschaft«, das im Kapitel »Die Liebe [!] in verschiedenen Gestalten« (7. Buch, 4. Kapitel) abgehandelt wird, und tritt danach unwissentlich in eine inzestuöse erotische Beziehung zu seiner Schwester Psyche, die im nachhinein, als die Verwandtschaft erkannt ist, reinterpretiert wird:

---

[14] Vgl. zu diesem Komplex: Meyer-Krentler: Der Bürger als Freund.

[48] Aber man erinnert sich vermutlich noch, daß diese Liebe allezeit mehr derjenigen, welche die Natur zwischen Geschwistern übereinstimmender Gemütsart stiftet, als der gemeinen Leidenschaft geglichen hatte, die sich auf dem Zauber eines anderen Instinkts gründet [...]. (1766, S. 571)

Die Freisetzung affektiver Zuwendung und die Neubewertung der tradierten Beziehungsmöglichkeiten führt hier offenkundig zum Problem der Abgrenzung der verschiedenen Emotionen (Verwandtschaft – Freundschaft – Liebe), sofern diese innerhalb derselben Generation stattfinden: gegen (homo- oder heterosexuelle) Attentate aus der Elterngeneration wehrt sich Agathon; wenn aber einerseits innerhalb der Kindergeneration der Wunsch nach einem Freunde unter »Liebe« subsumiert wird, andererseits die erste Liebe eine solche zur Schwester ist, so belegt das zugleich die schon behauptete Nähe von Sodomie-Delikten und Inzest; auch wenn solche emphatische Freundschaft im 18. Jahrhundert als nicht-sexuell ausgegeben wird, besetzt sie, wie Wieland thematisiert, doch eindeutig die funktionale Stelle der heterosexuellen Liebe im System der Relationen/Emotionen. Auch ist hier die Sodomie in der Tat nicht weit entfernt im Text zu finden: die verkleidete, sich als Knabe ausgebende Psyche, mit der Agathon auf einem Seeräuberschiff gefangen ist, wird denn vom Kapitän der Räuber eindeutig (homo-)sexuell begehrt. Ganz generell sind die vielen als Knabe oder Jüngling verkleideten Mädchen und Frauen der gz-lichen Erzählliteratur nicht selten das Objekt des Begehrens durch ihresgleichen, die durch die Verkleidung getäuscht werden, wodurch es, wenn auch wiederum unwissentlich, zu einer faktisch homosexuellen Situation kommt, die in der deutschen Literatur z. B. in einem Text wie C. A. Fischers *Hannchens Hin- und Herzüge* (1800) immer wieder umspielt, aber nie vollzogen wird – im Gegensatz etwa zur späteren *Mademoiselle de Maupin* (1835) Gautiers, der faktisch nur die potentiellen Konsequenzen dieses Verkleidungsmodells deutlich macht, vor denen, während der GZ, ein Autor wie Restif de la Bretonne, selbst auch Produzent pornographischer Literatur, explizit gewarnt hatte:

[49] Nein! Ich sage den Frauen: Den Männern zu gleichen, in Schuhwerk, in Kleidung, in Nachlässigkeit, das heißt euren Schmuck herabwürdigen, das heißt ihm seinen Geschlechtscharakter nehmen, die natürliche Neigung unterdrücken, und die Wege bahnen zu jenem abscheulichen Laster der alten Griechen und Römer, das ich nicht zu nennen wage. Damals war die Ähnlichkeit der Kleidung seine Hauptursache;[15]

beim harmlosen Spieß wird etwa nur angemerkt:

[50] Um sicher und ungehindert nach Deutschland, – denn dahin wollte Rudolph gehen, – reisen zu können, schlug Peter vor, daß Johanna die Reise, als Mann gekleidet, mitmachen sollte. Sie wird, fügte er hinzu, in dieser Kleidung freier zu denken, freier zu leben gewohnt werden; denn oft weicht weibliche Sittsamkeit mit dem Kleide! (1795, II, S. 64)

Wo sich nun in der GZ-Lieratur die neue ›Liebe‹ durchsetzt, steht sie denn immer auch in latenter Opposition zur emphatischen ›Freundschaft‹. Wo die Helden

---

[15] Zitiert nach: Restif: Schuhgeschichten. München: Heyne 1976 (= Heyne-Exquisit-TB Bd. 104), S. 14f.

einen Freund haben, geraten sie immer dann in erotische Beziehungen, wenn eben dieser Freund gerade absent ist – man vgl. z. B. *Werther, Wilhelm Meister, Aristipp, Ahnung und Gegenwart* usw.

Ich behaupte demnach

T 5: Die Umstrukturierung des für 18. Jahrhundert und GZ höchstrangigen Wert- und Normensystems um den Komplex von ›Liebe‹ / ›Ehe‹ / ›Familie‹, die Legitimierung von Emotionalität / Affektivität, die Individualisierung zentraler intrafamiliärer Relationen und der zugeordneten Emotionen führen zu einem Problem der (neu zu kodierenden) Relations- und Emotionsabgrenzung, das in der GZ-Literatur anhand der inzestuösen Situationen exemplifiziert wird.

Denn in diesen geht es um eben die Grenzen zwischen erotischen und familiären Affekten. Der Inzest erscheint als eine Störung dieses zentralen Systems ›Familie‹, die zu einer Kategorienkonfusion führt; so am Beispiel des Kindes aus dem Geschwisterinzest in Müllners *29. Februar*:

[51] Du bist deiner Mutter Neffe
Und dein Vater ist dein Ohm. (1812, S. 52)

Nun ist aber der Inzest nicht die einzige (Zer-)Störung des Systems der ›Familie‹, die die GZ-Literatur kennt: auffällig häufig tritt ebenso der (versuchte oder vollzogene) Verwandtenmord auf, zu dem es ebenfalls mit oder ohne Wissen der Verwandtschaft kommen kann; und ebenso auffällig häufig ist er mit inzestuösen Situationen korreliert: als erwogener (z. B. Müllners *29. Februar*, S. 53), als versuchter (z. B. Spindlers *Bastard*) oder als vollzogener, der z. B. der Abwehr eines inzestuösen Attentäters durch das Opfer (z. B. Rambachs *Aylo*) oder der Beseitigung eines ebenfalls inzestuösen Rivalen dienen kann, sei es, daß der Vater den Sohn (z. B. Schillers *Don Carlos*), der Sohn den Vater (z. B. Apels *Ruine*), der Bruder den Bruder (z. B. Schillers *Braut von Messina*) tötet; der inzestuöse Kalif in Klingers *Giafar* ermordet die Schwester, deren Gatten, beider Kind; in Brentanos *Die drei Nüsse* tötet der Gatte der Schwester ihren inzestuösen (Schein-)Bruder; in Müllners *29. Februar* wird die Tötung des inzestaufdeckenden Onkels erwogen und die des Kindes aus dem Inzest vollzogen. Wo nun der Inzest, gemessen an den neu entwickelten normativen Ansprüchen an die intrafamiliäre Emotionalität ein Zuviel an Zuwendung (Lévi-Strauss: Überbewertung der Familie) darstellt, da liegt beim Verwandtenmord ein Zuwenig an Zuwendung (Unterbewertung der Familie) vor: in beiden Fällen ist die Eingrenzung der intrafamiliären Emotionalität auf den Bereich des kulturell Zulässigen und Geforderten drastisch mißlungen. Ich behaupte nun aber, daß es nicht nur um die Neustrukturierung des emotionalen Feldes geht, und folgere

T 6: Häufung und Korrelation von inzestuösen Situationen und Verwandtenmorden in der GZ-Literatur sind Indikator einer latenten Ambivalenz der intrafamiliären emotionalen Beziehung in der Epoche.

Bei dieser Ambivalenz dominiert die positive (und manifeste) über die negative (und latente) Komponente; diese Ambivalenz ist nicht nur Produkt der emotionalen Aufheizung des Familienklimas durch die Neustrukturierung der familiären Beziehungen, sondern vor allem auch der latenten Widerstände gegen die normative Intensivierung der intrafamiliären Relationen: Eine soziale Erwartung der Emotionalisierung sozial normierter und vorgegebener Relationen kollidiert, unausgesprochen und wohl nirgends deutlich thematisiert, mit der eigene Wahl präsupponierenden Individualisierung solcher Relationen; die GZ-(Erzähl-)Literatur zeigt denn auch eine eindeutige Präferenz für selbstgewählte Relationen (›Liebe‹ / ›Freundschaft‹) gegenüber vorgegebenen Relationen (›Familie‹ / ›Verwandtschaft‹).

In der in der GZ zentralen Textgruppe der ›Initiationsromane‹ im allgemeinen und der ›Bildungsromane‹ im besonderen (vgl. Kapitel 3.2) manifestiert sich sowohl diese Präferenz als auch die negative Komponente (der potentiellen Aversion oder Aggression) im intrafamiliären Emotionssystem: nämlich in der Tilgung der Herkunftsfamilie. Die Texte dieser Gruppe trennen ihre Helden möglichst frühzeitig von der Herkunftsfamilie, wobei die Eltern entweder für den Helden irrelevant sind und von ihm mit bemerkenswerter Kälte ignoriert werden (z. B. Goethes *Wilhelm Meister*) oder frühzeitig sterben müssen (z. B. Heinses *Ardinghello*; Jeans Pauls *Titan*; Eichendorffs *Ahnung und Gegenwart*) oder sich als nur scheinbare (z. B. Adoptiv-)Eltern erweisen (z. B. Tiecks *Sternbald*; Meyerns *Dya-na-sore*; Brentanos *Godwi*) und man die eigentlichen biologischen Eltern erst kennenlernt, wenn der Bildungsprozeß zum erwachsenen und autonomen Subjekt (weitgehend) abgeschlossen ist – alles äquivalente Varianten einer impliziten Tendenz zur Negierung nichtselbstgewählter, vorgefundener, familiärer Beziehungen nicht so sehr durch die Helden als vielmehr durch die Texte selbst. Beispiele dafür liefern auch die Texte, wo die Elterngeneration – im Gegensatz zur Kindergeneration – partiell oder gänzlich ›komisch‹ wird (z. B. in Millers *Siegwart* oder in Wezels *Hermann und Ulrike*).

Der Grad an inzestuöser Versuchung, d. h. die Übersteigerung der positiven und dominanten Komponente der intrafamiliären Emotionalität manifestiert sich nun auch zum einen in inzestuöser Metaphorik für erotische Beziehungen – z. B.:

[52] Ach, du warst in abgelebten Zeiten
Meine Schwester oder meine Frau.
(Goethe: *Warum gabst du uns...* HA, 8. Aufl., 1966, Bd. 1, S. 123)

[53] »Du willst also mein Weib, mein treues, mein ewig-geliebtes Weib seyn?« »Weib oder Schwester? Ist dazwischen ein Unterschied? Aber glaubst du, ich habe als Weib auf deine Liebe ein größeres Recht, hier hast du meine Hand.«
(Grosse: *Der Genius*, 1791ff.; Reprint Frankfurt 1982, S. 524)

[54] Aber du warst mir mehr als Bruder; du warst mir Gatte und Vater;
(Bornschein: *Der Beichtstuhl*, S. 153)

[55] Dem Mann sollst du dein Herzchen weihn!
Er wird dich lieben, süßes Weibchen,
dein Vater, Freund und Bruder sein.
(Schikaneder: *Die Zauberflöte* – von Mozart nicht komponierte Passage; RUB 2620, Stuttgart 1973, S. 67)

– und zum anderen in dem, was ich die präferentielle Ehe (bzw. Liebesbeziehung) in der GZ-Literatur nennen möchte, bei der man den inzestnächsten nichtverbotenen Partner innerhalb derselben Generation wählt, also etwa, bei einem männlichen Ego, die Schwester des Freundes oder die Freundin der Schwester (ob nun die Freundschaftsbeziehung dabei in der syntagmatischen Abfolge der Texte vor oder nach der erotischen Beziehung zustandekommt):

[56] *Die präferentielle Ehe/Liebe in der GZ-Literatur:*

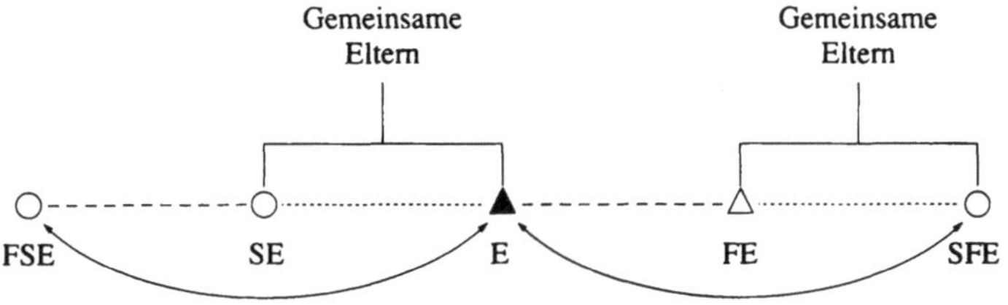

····· = verbotene inzestuöse Beziehungen
- - - = Freundschaft
↔ = zulässige erotische Beziehungen
△ = Mann
○ = Frau

E: = Ego
SE: = Schwester von Ego
FE: = Freund von Ego
FSE: = Freundin von Schwester von Ego
SFE: = Schwester von Freund von Ego

Wieder müssen einige Beispiele ausreichen. Im *Wilhelm Meister* wird die Schwester des Helden an den Jugendfreund gegeben, während er selbst die Schwester des neuen Freundes Lothario – Nathalie – erhält, nachdem er schon mit der anderen Schwester – der Gräfin – eine latent erotische Beziehung unterhalten hatte und ihm andererseits die ursprünglich Lothario zugedachte Therese solange vorgeschlagen war, als sie mit Lothario als zu nahe verwandt galt, um von diesem geheiratet werden zu können; schließlich geht gar noch Wilhelms Ex-Geliebte – Philine – an einen weiteren Bruder – Friedrich – aus der Familie über, in die Wilhelm einheiratet. In Eichendorffs *Ahnung und Gegenwart* unterhält Friedrich nur eine erotische Beziehung: zur Schwester des Freundes. In Jean Pauls *Titan* geht der Held in seiner zweiten Liebe eine Beziehung zu einer Frau – Linda – ein, die sich als Freundin seiner (unbekannten) Schwester herausstellt; diese wiederum formuliert schließlich:

[57] ... erst von der Geliebten durftest du die Schwester empfangen [...].
(Jean Paul 1800, S. 629)

während Linda das Modell bestätigt:

[58] wenn du deine Schwester umarmst, so bin ich eifersüchtig und möchte deine Schwester sein. (Ebd. S. 649)

In diesen Stellen sind Inzestvermeidung und Inzestnähe als die beiden Komponenten der präferentiellen Ehe deutlich genug ausgesprochen. Der Idealfall ist auch hier wiederum die Doppelehe:

[59] Ja! mögen immerhin die Theologen lästern,
Wir, der Baron und ich, heirathen unsre Schwestern,
Versteht sich über Eck, ich seine, meine er.
(Müllner: *Die Zurückkunft aus Surinam*, Werke 1828, Bd. 5, S. 108)

›Freundschaft‹ kann nun aber im Modell der präferentiellen Ehe diese Doppelfunktion der Inzestnähe und Inzestvermeidung eben deshalb übernehmen, weil dieses Lexem in der GZ selbst sprachlich ambig ist und außer ›Freundschaft‹ auch ›Verwandtschaft‹ und ›Liebe‹ bezeichnen kann – das erklärt auch partiell, glaube ich, warum in der deutschsprachigen Literatur des 18. Jahrhunderts im Umkreis der Intensivierung der erotischen und familiären Beziehungen auch die emphatische ›Freundschaft‹ eine solche Rolle spielt. Adelung definiert »Freund«:

[60] 1) Eine Person, welche durch die Bande der Verwandtschaft mit uns verbunden, und uns folglich zu lieben verbunden ist [...].
2) Eine geliebte Person des andern Geschlechts [...].
3) Eine Person, mit der man durch den Umgang verbunden ist [...].
(Bd. II, 2. A., 1796, Sp. 283)

Umgekehrt werden in der GZ-Literatur hochrangige Beziehungen gern metaphorisch familialisiert: so etwa, wenn Magiergestalten und Geheimbundchefs als ›Vater‹, Geheimbundmitglieder als ›Bruder‹ benannt werden (vgl. auch [52]–[55] für erotische Beziehungen).[16]

Die Hierarchisierung der inzestuösen Beziehungen (vgl. R 1) rechtfertigt sich nun in der GZ aus dem – in vielen Theorien artikulierten – kW über Altersklassen und Geschlechterrollen, die die Anthropologie der Epoche systematisiert und ideologisiert. Nur dem Jünglings-/Jungfrauenalter wird dabei ›Liebe(sleidenschaft)‹ zugeschrieben, während dem Mannes-/Frauenalter die ›Ehe‹ entspräche, die – als Versuch der Eindämmung der oben skizzierten Freisetzung und zur Legitimation von Emotionalität auch in der Ehe – eher als rational-funktionale Relation mit kontrollierter Affektivität beschrieben wird. Dem entsprechend scheint in der GZ eine meines Wissens nirgends explizit gewordene Regel zu gelten, die aber in der Literatur gelegentlich als Implikation greifbar wird (vgl. das Goethe-Zitat [31]):

R 17: Elterliche Sexualität ist nur genau so lange legitim, bis das (älteste) Kind selbst das Alter kulturell legitimer Sexualität erreicht hat.

Ein Mitglied der Elterngeneration ist somit kein(e) legitime(r) Bewerber(in) um ein Mitglied der Kindergeneration: ein Altersunterschied darf sein, aber er darf nicht dem zwischen Eltern- und Kindergeneration entsprechen – beide Partner sollten derselben Altersklasse (›Jüngling/Jungfrau‹ bzw. ›Mann/Frau‹) angehören. Noch illegitimer als die Vater-Tochter-Beziehung erscheint in der GZ aber die von Mutter und Sohn mindestens deshalb, weil in dieser zwei kulturell relevante Regeln kollidieren, deren eine die Autorität und Überlegenheit des Mannes in der Ehe (R 18) (implizit z. B. in den Zitaten [54] und [55]), deren andere Autorität und Überlegenheit der Eltern über die Kinder fordert (R 19). Diese beiden Ehe- bzw. Familienregeln schließen ebenso wie die oben genannte Sexualitätsregel (R 17) Konkurrenz (zwischen Generationen oder Geschlechtern) aus und sind somit Varianten einer allgemeinen gz-lichen Regel der Rivalitätsvermeidung. Während zeitgenössische ökonomische Theorie und Praxis allmählich Konkurrenz als ökonomisches Prinzip legitimieren, neigen sonstige Theorie wie auch die Literatur der Epoche dazu, die Menge legitimer Rivalitätssituationen so weit als möglich zu minimalisieren. Über diese allgemeine implizite Regel läßt sich meine Begründung der Hierarchie der Inzesttypen indirekt bestätigen. Denn während der Mutter-Sohn-Inzest nie akzeptiert wird, finden sich beim Vater-Tochter-

[16] 18. Jahrhundert und GZ naturalisieren generell gern (hierarchische) Sozialbeziehungen: Wenn etwa Gott und Landesfürst metaphorisch zu ›Vätern‹ werden, dann kann in der Äquivalenz ›Gott ≈ Herrscher ≈ Vater‹ die Auflehnung gegen bzw. die Unterwerfung unter eine dieser Instanzen die Auflehnung gegen bzw. die Unterwerfung unter die beiden anderen mitrepräsentieren – vgl. z. B. Goethes Gedicht und Dramenfragment über ›Prometheus‹ oder Schillers *Räuber*.

Inzest häufig Rivalen des Vaters aus der Kindergeneration (z. B. Rambachs *Aylo*), gegebenenfalls sogar sein eigener Sohn (z. B. Apels *Ruine*), die jeweils als die berechtigteren Anwärter auf die Frau erscheinen. Aber auch in generationsinternen Situationen tritt wiederholt ein signifikanter Fall auf: wenn ein(e) Held(in) simultan oder sukzessiv mit zwei Partner(inne)n liiert ist, erweist sich gern eine(r) davon als sein Geschwisterteil, wodurch die erotische Rivalität getilgt wird. Umgekehrt hofft die Heldin von Hermes' *Sophiens Reise*, wenn auch vergeblich, einer der beiden Bewerber möge sich als ihr Bruder herausstellen. Dementsprechend wiederum eröffnet gelegentlich die Aufdeckung, daß eine Verwandtschaft nur fälschlich angenommen war, eine potentielle erotische Konkurrenzsituation – so etwa zwischen Gattin und scheinbarer (schon da latent inzestuöser) Schwester in Müllners *Die Schuld*.

3.3.3. Die inzestuöse Situation im Kontext des epochalen Konzepts der ›Bildung‹: Reinterpretation und Refunktionalisierung des Inzestverbots

Zu interpretieren bleibt – u. a. – die Häufung inzestuöser Situationen und deren chronologische Distribution (vgl. [28]) innerhalb des Literatursystems der GZ. Diese Häufung ist aber zugleich eben mit dem ambivalenten Doppelcharakter der Darstellungen als Faszinosum einerseits, als drakonisch gestraftes, sakralisiertes Delikt äußerster Schändlichkeit andererseits korreliert. Im Kontext der bisherigen Argumentation wird es wohl keiner weiteren Begründung bedürfen, wenn ich postuliere:

T 7: Die typischen Strukturen der GZ-Darstellung inzestuöser Situationen sind zugleich Indikator der in der Spätaufklärung radikalisierten Krise der Normen, die mit der Freisetzung des Subjekts als autonomen und seiner sozial nicht normierten Affekte korreliert ist.

Analog dazu werden ja auch der relativen Radikalisierung der Positionen im ›Sturm und Drang‹ im anschließenden Programm einer ›Klassik‹ durch implizite Normierungen neue Grenzen gesetzt.

Wenn wir nun aber die chronologische Verteilung der literarischen inzestuösen Situationen in Schema [28] betrachten, so fällt der steile Anstieg in den 90er Jahren mit der Durchsetzung und Verbreitung des durch Wielands *Agathon* und andere Erzählexperimente der frühen GZ entworfenen Erzähltyps der ›Initiationsromane‹ und deren Teilklasse der ›Bildungsromane‹ zusammen; aus hier nicht zu diskutierenden Gründen bildet dieses Erzählmodell selbst ein instabiles System, und die Kurve des Abnehmens inzestuöser Situationen nach dem Höhepunkt der 90er Jahre entspricht in etwa dem Geschick dieses Erzähltyps in der GZ selbst.[17] Inzestuöse Situationen und Initiations-/Bildungsroman (und ihre Ab-

[17] Zur Instabilität des Systems ›Bildungsroman‹ und seinen Ursachen vgl. die im Entstehen begriffene Dissertation von Edmund Brandl (Emanzipation vs. Anthropomorphismus. *Nachtwachen von Bonaventura*, Chamissos *Schlemihl* und Hoffmanns *Prinzessin Brambilla* in ihrer Reaktion auf Goethes *Wilhelm Meisters Wanderjahre*. Intrasystemwandel als Folge eines Systemproblems. Diss. München, geplant für 1990).

arten) weisen aber nicht nur eine Ähnlichkeit in der chronologischen Verteilung auf, sondern sie sind auch inhaltlich korreliert: so im *Agathon*, im *Wilhelm Meister*, im *Sternbald*, in den *Elixieren des Teufels* wie im *Kater Murr*, in Jean Pauls *Hesperus* oder *Titan* wie in Brentanos *Godwi* usw. Wenn die inzestuöse Gefährdung nicht dem Helden selbst begegnet, wird sie ihm gerne an einer anderen Figur demonstriert. In diesen Texten geht es aber eben um Personwerdung – und diese wird korreliert mit der Bedingung definitiver Ablösung von der Herkunftsfamilie, die in den Texten getilgt wird (vgl. Teilkapitel 3.3.2); sie wird in der Regel durch die Gründung einer eigenen Zielfamilie abgeschlossen. Das Subjekt der GZ-Literatur hat die folgenden Alternativen:

[61] *Alternativen eines männlichen Ego gegenüber der Familie:*

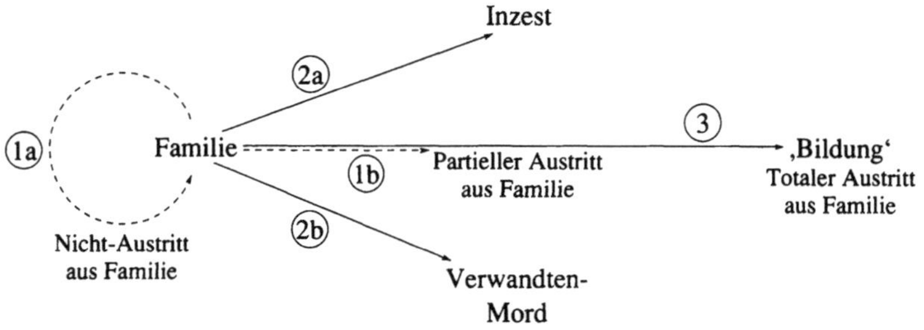

Wer in der Familie verbleibt, erfährt keinen Prozeß der Bildung und Personwerdung – er verbleibt im Kindstatus ([61]: 1a). Aber auch ein gleichsam normaler Austritt aus der Familie, bei der man mit dieser in Kontakt und in ihrer räumlichen Nähe bleibt ([61]: 1b), scheint nicht auszureichen. Die Herkunftsfamilie fungiert als so übermächtiges System, daß man autonom nur werden kann, wenn man sich ihrer möglichst vollständig entledigt und sich affektiv von ihr loslöst. Dieser Prozeß ist die Aufgabe der dargestellten Transitionsphase (vgl. Teilkapitel 3.2) – und eben deshalb werden auch nur solche inzestuösen Situationen narrativ relevant, bei denen mindestens eine(r) der Beteiligten sich in der Transitionsphase befindet (vgl. R 16). Gegenüber der Literatur der Frühaufklärung, wo die dargestellte Welt im wesentlichen aus der Perspektive der Elterngeneration wahrgenommen und bewertet wird, hat im Verlaufe des Jahrhunderts eine Verschiebung stattgefunden: in der GZ-Literatur wird die Welt im wesentlichen und normalerweise aus der Perspektive der Kindergeneration wahrgenommen und bewertet. Diese Verschiebung entspricht auch dem Konzept des ›Fortschritts‹, das von ›Entwicklung‹ und ›Bildung‹ – in ihrer individuellen (biographischen) wie in ihrer kollektiven (geschichtsphilosophischen) Anwendung – impliziert wird. Nicht erst im ›Sturm und Drang‹, sondern schon um die Jahrhundertmitte wird ›Fortschritt‹ als historischer Wandel gern an ideologischen Differenzen zweier Generationen einer Familie demonstriert, wobei die Eltern ältere, die Kinder neuere Werte vertreten – so vertritt etwa der Vater in Gellerts *Die zärtli-*

chen Schwestern die alte Konzeption von Liebe und Ehe, die Tochter hingegen eine deutlich neuere Variante.

Wie sehr die Herkunftsfamilie als Belastung empfunden wird, die den Weg des Subjekts zu Autonomie und Individualität behindert, manifestiert sich darin, daß bei der nicht-gewußten inzestuösen Situation die Schuld am Nichtwissen der Elterngeneration zugeschrieben wird (R 2 und 4) und daß beim Vater-Tochter-Typ in der Regel der Vater als Verfolger[18] fungiert: der emotionalisierte Raum der Familie ist ein ambivalenter Raum; er ist für das Kind nur genau dann gut, wenn er rechtzeitig verlassen wird. Im Prozeß gelungener Bildung gelingt nun auch die totale affektive Ablösung von der Herkunftsfamilie (vgl. [61]: 3); im Verwandtenmord wird zwar die Tilgung der Herkunftsfamilie, aber ohne affektive Ablösung, vollzogen (vgl. [61]: 2b); im Inzestfalle wird zwar eine eigene Zielfamilie gegründet, die sich aber als (partiell) identisch mit der Herkunftsfamilie erweist (vgl. [61]: 2a). Halten wir fest:

T 8: Die tradierten, zwar konstant gehaltenen, aber als unbegründet erfahrenen Inzestverbote erhalten in der GZ-Literatur im Initiationsroman eine implizite Neubegründung: d. h. sie werden reinterpretiert und refunktionalisiert, insofern die Erreichung des neuen Wertes der Bildung des Subjekts an die Bedingung der affektiven Selbstbefreiung vom emotionalen Raum der Familie gebunden wird; Inzest und Verwandtenmord sind damit negative inverse Korrelate von ›Bildung‹, die deren Erreichen ausschließen: da ›Bildung‹ zur individuellen und autonomen Person führen soll, werden sie konsequenterweise mit dem Verlust der ›Person‹ bestraft.

›Bildung‹ als Prozeß, der dem Individuum wie der Gattung aufgetragen ist, verlangt also die Entfernung vom Ursprung: dem biologisch-individuellen in der Familie wie dem historisch-kollektiven, der durch das biblisch-mythologische Modell der (prä-)adamitischen Phase (vgl. Casanovas *Icosameron* und Teilkapitel 3.3.1) repräsentiert wird, was die Texte gelegentlich sehr deutlich ausdrücken; so heißt es von einer Figur in Brentanos *Godwi*:

[62] Seine Liebe ward immer heftiger in ihm, sie brannte eigentlich ohne Gegenstand und verzehrte ihn selbst. [...], so daß er ewig in sich zurückkehrte [...]. Meine Mutter gab sich ihm ganz mit ihrem innersten Wesen aus Mitleid hin und er verwuchs mit seinem Ursprung, aus dem er sich doch hätte entfernen und sich seinen eigenen, freien Raum hätte erfüllen müssen. (1800, S. 167)

Mythische Modelle werden etwa in Arnims *Majoratsherren* oder in Loebens konfusem *Guido* umspielt:

[63] Auch ich liebte scheu und fromm, eine keusche Lilis, sie war meine Mutter; in ihrer ungeteilten Liebe ruht das Glück meiner Jugend. Esther ist meine Eva, sie entzieht mich ihr und gibt mich dem Tode hin. (Arnim 1820, S. 49)

[64] Ich hab' überall in der Welt einen doppelten Zusammenhang bemerkt, und wo ich hinsah und horchte, fand ich das getrennte Zwillingspaar wieder. Da zwang es mich rastlos, den Mutterschoß für sie zu suchen, wo Bruder und Schwester eins wären. (Loeben 1808, S. 18)

---

18 G. Dammann verweist in seinem Nachwort zum Reprint von Grosses *Der Genius* (S. 794ff.) auf einen (mir nicht bekannten) Roman, Grosses *Chlorinde* 1796, wo die inzestuöse Neigung ausnahmsweise nicht vom Vater, sondern von der Tochter ausgeht; vgl. auch Nerciat 1792.

›Bildung‹ als individueller Auftrag wie als geschichtsphilosophisches Konstrukt impliziert zugleich die maximale Ausdifferenzierung der Individualitäten, und so äußert die Titelfigur des Romans *Hallo* von (dem Theologen) Sintenis denn auch,

[65] daß nahe Ehe darum von Moses [!]verboten worden, weil sie in der Bildung so wohl als in den Geistesgaben und Gesinnungen unter dem menschlichen Geschlecht die Mannigfaltigkeit, die doch durch alle Schöpfungen Gottes herrschen soll, offenbar hindern würde. (1783, II, S. 64)

Nicht in der Theorie, sondern in der Literatur vollzieht sich also eine implizite Neubegründung des Inzestverbotes im Rahmen des Konzepts der ›Bildung‹: dasselbe Konzept, das bei Humboldt die weitgehende Ausgliederung des Sexualverhaltens aus dem Strafrecht begründet (vgl. Zitat [12]), legitimiert zugleich die (nicht-juristische) Verwerflichkeit des Inzests. Und beides wird im Bildungskonzept in der Tat vereinbar: die Entwicklung zum autonomen Subjekt wird zugleich an freie Entscheidung und Wahlmöglichkeit des Subjekts (und damit an eine Reduktion der Menge der Straftatbestände) und an die Vermeidung bestimmter Verhaltensweisen, aber eben nicht als von außen erzwungene, gebunden; auch die Kant'sche Moralkonzeption bindet Sittlichkeit ja an die nicht durch äußere Zwänge zustandekommenden Handlungen. Erst nach der impliziten Neubegründung der Inzestverbote in der Literatur scheint es in der GZ auch theoretische Neubegründungen zu geben, die mehr oder weniger deutlich und vollständig die implizite literarische Argumentation explizieren. So konzipiert Hegels *Philosophie des Rechts* die Kernfamilie als »eine Person« (1821, S. 313) und begründet daraus das Inzestverbot:

[66] Weil es ferner diese sich selbst unendlich eigene Persönlichkeit der beiden Geschlechter ist, aus deren freier Hingebung die Ehe hervorgeht, so muß sie nicht innerhalb des schon natürlich-identischen, sich bekannten und in aller Einzelheit vertraulichen Kreises, in welchem die Individuen nicht eine sich selbst eigenthümliche Persönlichkeit gegen einander haben, geschlossen werden, [...]. (1821, S. 321)

Deutlicher noch – und erheblich früher – wird das neue Prinzip bei Krause formuliert, der sich ebenfalls die Kernfamilie als »eine höhere Person, [...] einen höheren Menschen« (1811, S. 81) denkt:

[67] Eltern und Kinder sollen keine Ehe stiften, weil sie die vorschreitende Verursachung des Erzeugens rückgängig machen würden, indem die Kinder durch die Eltern, also ihnen untergeordnet leben; und die Geschwister nicht, weil sich die Linie der Abstammung, welche sich in der Liebe der Eltern teilte, nicht sogleich wieder schließen, sondern sich so vielfach ausbreiten soll als möglich [...]. Heirathen diesseits der Verwandtschaft der Geschwisterkinder sind unzüchtig, und gegen die Idee der gesetzmäßigen und schönen Entwicklung der Menschheit. (1811, S. 85f.)

Wo die Kernfamilie nur eine ›Person‹ ist, kann also nicht autonome und individuelle ›Person‹ werden, wer sie nicht verläßt. Krause (partiell auch Hegel) umspielt denn auch die epochal relevante Metaphorik von ›Kreis‹ vs. ›Linie‹.[19] Der ›Kreis‹, ob es der der Familie, der der Pflichten, der der möglichen Erkenntnis, der des beschwörenden Magiers oder der, als dessen Zentrum die Gottheit gedacht wird, ist oder wofür sonst noch die Epoche dieses Lexem verwenden mag, ist in der GZ immer Ausdruck einer Begrenzung und einer nicht-temporalisierten Statik; die ›Linie‹ hingegen ist das Zeichen temporaler Prozesse und des Fortschritts in der Zeit. Wer Inzest begeht, tritt nicht aus dem ›Kreis‹ der Familie aus, sondern ›schließt‹ die ›Abstammungslinie‹ wiederum zum ›Kreis‹: es findet demnach kein fortschreitender Entwicklungsprozeß statt.

Wenn schließlich der Inzest wieder aus der Literatur des 19. Jahrhunderts verschwindet und im Realismus eher extrem selten ist, so wohl deshalb, weil das neue emotionale System der Familie sich stabilisiert hat und viele weitere Transformationen des Denkens und Empfindens stattgefunden haben – doch sind diese nicht mehr mein Thema.

Literaturverzeichnis

(Angegeben werden die Ersterscheinungsdaten; wenn die verwendete Ausgabe nicht mit der Erstausgabe identisch ist und wenn zugleich im Artikel aus dem Werk wörtlich zitiert wird, wird die verwendete Ausgabe zusätzlich in Klammern hinter dem Titel angegeben.)

(a) *Quellen – Juristische und theoretische Texte (Gesetzestexte)*

1533 Keyser Karls des fünfften [...] peinlich gerichts ordnung. (Hg. v. Gustav Radbruch. Stuttgart: Reclam 1975, = RUB 2990) [= PGO/CCC]

1794 Allgemeines Landrecht für die Preußischen Staaten. 3 Bde. Berlin. [= ALR]

1803 Gesetzbuch über Verbrechen und schwere Polizey-Übertretungen. Wien. [= GBV]

1804 Code Civil. Paris. [= CC]

1810 Code Pénal. Paris. [= CP]

(Die beiden französischen Gesetze wurden benutzt nach der Übersetzung von ca. 1830: Die fünf französischen Gesetzbücher in deutscher Sprache. Frankfurt/M. u. Leipzig)

1811 Allgemeines bürgerliches Gesetzbuch für die gesammten deutschen Erbländer der Österreichischen Monarchie. Wien. [= ABGB]

1813 Strafgesezbuch für das Königreich Baiern. München. [= StGB]

1813 Anmerkungen zum Strafgesezbuch für das Königreich Baiern. München. [= Anm.]

(b) *Sonstige theoretische Werke (aufgenommen wurden nur die mit Titel im Artikel genannten oder zitierten Publikationen)*

1733 [Zedler, Johann Heinrich:] Grosses vollständiges Universal Lexicon Aller Wissenschafften und Künste [...]. Halle u. Leipzig: Zedler, Bd. 4, 1733 und Bd. 14, 1735.

1750 Haller, Albrecht von: Ueber die praktischen Folgen des Unglaubens (In: Tagebuch seiner Beobachtungen über Schriftsteller und über sich selbst. Bd. 2. Bern: Haller 1787, S. 320–352).

1764 Beccaria, Cesare: Dei delitti e delle pene (Franz. Übers.: Morellet 1766).

[19] Vgl. auch Titzmann: Wissen und Sprache in der Goethezeit.

1768 [d'Holbach, Paul Thiry:] Théologie portative ou Dictionnaire Abrége de la Religion Chrétienne. Londres (Ders.: Religionskritische Schriften. Hg. v. Manfred Naumann. Berlin u. Weimar: Aufbau-Verlag 1970, S. 173–293).

1772 Diderot, Denis: Supplément au voyage de Bougainville (Ms; Druck 1796).

1783 Kant, Immanuel: Beantwortung der Frage: Was ist Aufklärung? (Werke in 12 Bänden. Bd. 11. Frankfurt/M.: Suhrkamp 1964, S. 51–61).

1786 Meiners, Christoph: Grundriß der Geschichte der Menschheit. Frankfurt/M. u. Leipzig (2. Aufl. Lemgo 1793).

1787 Seyfried, Georg Simon: Dissertatio inauguralis iuridica sistens historiam et rationem iuris incestum prohibentis [...]. Tubingae.

Möser, Justus: Über die allgemeine Toleranz. Briefe aus Virginien, In: Berlinische Monatsschrift 1787–1794.

Eschenbach, Johann Christoph: Dubia in applicatione art. 116 C.C.C. obvenientia. Rostock.

1792 Humboldt, Wilhelm von: Ideen zu einem Versuch, die Grenzen der Wirksamkeit des Staats zu bestimmen (Ms; Druck Breslau 1851; hg. v. Robert Haerdter, Stuttgart: Reclam 1967, = RUB 1991–92a).

1793 Adelung, Johann Christoph: Grammatisch=kritisches Wörterbuch der Hochdeutschen Mundart [...]. Zweyte vermehrte und verbesserte Ausgabe. 4 Bde. Leipzig: Breitkopf 1793ff.

1795 Condorcet, Marie-Jean-Antoine-Nicolas Caritat, marquis de: Esquisse d'un tableau historique des Progrès de l'esprit humain. Paris.

1796 Feuerbach, Paul Johann Anselm: Kritik des natürlichen Rechts als Propädeutik zu einer Wissenschaft der natürlichen Rechte. Altona (Reprint Hildesheim: Olms 1963).

1797 Grolman, Karl von: Grundsätze der Criminalrechtswissenschaft. Gießen (3. verbesserte Aufl. Gießen 1818).

1800 Jenisch, Daniel: Geist und Charakter des 18. Jahrhunderts, politisch, moralisch, ästhetisch und wissenschaftlich betrachtet. 3 Bde. Berlin: Königl. akadem. Kunst- u. Buchh. 1800/1801.

1811 Krause, Karl Christian Friedrich: Das Urbild der Menschheit (2. unveränderte Aufl. Göttingen: Dieterich 1851).

1819 Mittermaier, Carl Joseph Anton: Über die Grundfehler der Behandlung des Kriminalrechts in Lehr- und Strafgesetzbüchern (In: Feuerbach/Mittermaier: Theorie der Erfahrung in der Rechtswissenschaft. Hg. von Klaus Lüderssen. Frankfurt/M.: Suhrkamp 1968, S. 101–152).

1821 Hegel, Georg Wilhelm Friedrich: Grundlinien der Philosophie des Rechts. Berlin (Frankfurt/M.: Suhrkamp 1976, = stw 145).

1833 [Brockhaus:] Allgemeine deutsche Real-Encyklopädie für die gebildeten Stände. 12 Bde. Leipzig: Brockhaus 1833ff.

1834 Schilling, Bruno u. Sintenis, Carl Friedrich Ferdinand: Das Corpus juris canonici in seinen wichtigsten und anwendbarsten Theilen ins Deutsche übersetzt und systematisch zusammengestellt. 2 Bde. Leipzig: Focke 1834–37.

(c) *Quellen – Literarische Texte mit Darstellung oder Thematisierung inzestuöser Situationen (nachgesetztes D bedeutet ›Drama‹)*

1721 Defoe, Daniel: The Fortunes and Misfortunes of the famous Molle Flanders.

Montesquieu, Charles-Louis de Socondat de: Lettres Persanes.

1741 Nivelle de la Chaussée, Pierre Claude: Mélanide. (D)

Voltaire: Le Fanatisme ou Mahomet le prophète. (D)

1742 Anonym [Gervais de Latouche, J. Charles ?]: Histoire de Dom B***, portier de Chartreux.

1747 Gellert, Christian Fürchtegott: Leben der schwedischen Gräfin von G***.
1756 Pfeil, Johann Gottlob Benjamin: Lucie Woodvil. (D)
1757 Diderot, Denis: Le Fils naturel ou les Epreuves de la vertu. (D)
1764 Weiße, Christian Felix: Krispus. (D)
1766 Weiße, Christian Felix: Atreus und Thyest. (D)
Wieland, Christoph Martin: Geschichte des Agathon. 1766/67 (Hg. von Fritz Martini. Stuttgart: Reclam 1979, = RUB 9933).
1773 Nicolai, Friedrich: Das Leben und die Meinungen des Herrn Magister Sebaldus Nothanker.
1774 Lenz, Jakob Michael Reinhold: Der neue Menoza. (D)
1775 Wieland, Christoph Martin: Geschichte des weisen Danischmend.
Restif de la Bretonne: Le Paysan perverti ou les dangers de la ville.
1776 Lenz, Jakob Michael Reinhold: Die Freunde machen den Philosophen. (D)
Dusch, Johann Jakob: Geschichte Carl Ferdiners. 1776–1780.
1779 Lessing, Gotthold Ephraim: Nathan der Weise. (D)
1783 Salzmann, Christian Gotthilf: Carl von Carlsberg oder über das menschliche Elend. 1783–1788.
1786 Anonym [Mirabeau, Honoré Gabriel Riquetti comte de]: Le Rideau levé, ou L'Education de Laure.
1787 Schiller, Friedrich: Don Karlos Infant von Spanien. (D)
Goethe, Johann Wolfgang: Die Geschwister. (D)
1788 Casanova, Giacomo: Icosameron, ou Histoire d'Edouard et d'Elisabeth.
1790 Anonym: Es war gerade noch Zeit oder die Geschichte des Herrn von Warnef.
1791 Klinger, Friedrich Maximilian: Fausts Leben, Thaten und Höllenfahrt in fünf Büchern.
Kotzebue, August von: Bruder Moritz, der Sonderling oder Die Kolonie nach den Pelew-Inseln. (D)
Sade, Donatien-Alphonse-Francois marquis de: Justine ou les Malheurs de la vertu.
Curio, Johann Karl Daniel: Der Harfner oder der Sohn zweier Väter.
1792 Klinger, Friedrich Maximilian: Geschichte Giafars des Barmeciden. 1792–1794.
Rambach, Friedrich Eberhard: Die eiserne Maske.
Anonym [Nerciat, Andréa de]: Mon Noviciat ou Les Joies de Lolotte.
1793 Rambach, Friedrich Eberhard: Aylo und Dschadina oder die Pyramiden.
1795 Goethe, Johann Wolfgang: Wilhelm Meisters Lehrjahre. 1795/96 (Hamburger Ausgabe. Bd. 7. 6. Aufl. München: Beck 1965).
Jean Paul: Hesperus oder 45 Hundsposttage.
Sade, Donatien-Alphonse-François marquis de: La Philosophie dans le boudoir ou Les Instituteurs immoraux.
Spieß, Christian Heinrich: Das Petermännchen.
Tieck, Ludwig: Peter Lebrecht. 1795/96.
1796 Lewis, Matthew Gregory: Ambrosio, or The Monk.
1797 Radcliffe, Ann: The Italian; or, The Confessional of the Black Penitents.
Sade, Donatien-Alphonse-Francois marquis de: Juliette ou Les Prospérités du vice.
1798 Tieck, Ludwig: Franz Sternbalds Wanderungen.
Tieck, Ludwig: Der blonde Eckbert.
Restif de la Bretonne: Anti-Justine. [Scheinbar gegen Sade 1791.]
1799 Müllner, Amandus Gottfried Adolph: Incest oder der Schutzgeist von Avignon.
1800 Anonym: Bianca und Hieronymo.
Anonym: Hugo von Warnick, Zerstörer des grauen Bundes. Oder die Ruinen von Eißgibel.
Brentano, Clemens: Godwi oder das steinerne Bild der Mutter 1800–1802 (Werke. Hg. von Friedhelm Kemp. Bd. 2. München: Hanser 1963).

Jean Paul: Titan. 1800–1803 (Werke. Hg. von Norbert Miller. Bd. 3, München: Hanser 1966).
Kotzebue, August von: Luise oder die unseligen Folgen des Leichtsinns.
Lafontaine, August Heinrich Julius: Saint-Julien.
1801 Chateaubriand, François-René de: René.
1802 Arnold, Ignaz Ferdinand: Die Nachtwandlerin oder die schrecklichen Bundesgenossen der Finsterniß.
Bornschein, Johann Ernst Daniel: Der Beicht-Stuhl.
1803 Thümmel, August Wilhelm von: Ferdinand.
Kerndörffer, Heinrich August: Der mitternächtliche Meuchelmörder (= Magazin schrecklicher Erlebnisse und fürchterlicher Geschichten. Bd. 1; kürzende Bearbeitung von Radcliffe 1797).
Schiller, Friedrich: Die Braut von Messina oder die feindlichen Brüder. (D)
Brentano, Clemens: Romanzen vom Rosenkranz (entst. 1803–1812).
1804 Lafontaine, August Heinrich Julius: Baron von Bergedorf oder Das Prinzip der Tugend.
1805 Potocki, Jan Graf: Le Manuscrit trouvé à Saragosse.
1807 Lafontaine, August Heinrich Julius: Agathe oder Das Grabgewölbe.
1808 Isidorus Orientalis [= Loeben, Otto Heinrich Graf von]: Guido.
1810 Arnim, Achim von: Armut, Reichtum, Schuld und Buße der Gräfin Dolores.
1811 Arnim, Achim von: Halle und Jerusalem. (D)
1812 Arnim, Achim von: Angelika, die Genueserin und Cosmos, der Seilspringer.
Müllner, Amandus Gottfried Adolph: Der neun und zwanzigste Februar (Dramatische Werke. Bd. 1. Braunschweig: Vieweg 1828). (D)
Müllner, Amandus Gottfried Adolph: Die Zurückkunft aus Surinam (Dramatische Werke. Bd. 5. 1828). (D)
1813 Fouqué, Friedrich de la Motte: Der Zauberring.
1815 Hoffmann, E. T. A.: Die Elixiere des Teufels. 1815/16.
Kotzebue, August von: Der Rehbock oder Die schuldlosen Schuldbewußten. (D)
Müllner, Amandus Gottfried Adolph: Der Wahn (Dramatische Werke. Bd. 7. 1828; purifizierte Umarbeitung von Müllners *29. Februar:* die Wiener Zensur hatte Anstoß an Inzest und Kindsmord genommen). (D)
1816 Müllner, Amandus Gottfried Adolph: Die Schuld. (Dramatische Werke. Bd. 2. 1828). (D)
1817 Brentano, Clemens: Die drei Nüsse.
Grillparzer, Franz: Die Ahnfrau. (D)
1818 Apel, Johann August: Die Ruine von Paulinzell (in: Apel u. Laun: Wunderbuch. Bd. 1. Stuttgart: Macklot, S. 98–168).
1819 Lafontaine, August Heinrich Julius: Die Geschwister oder die Reue.
Naubert, Benedicte: Ottilie, in: Naubert: Der kurze Mantel, Und: Ottilie. Zwei Volksmärchen.
1820 Arnim, Achim von: Die Majoratsherren (Sämtliche Romane und Erzählungen. Bd. 3. Hg. von Walther Migge. München: Hanser 1962, S. 31–68).
Hoffmann, E. T. A.: Lebens-Ansichten des Katers Murr nebst fragmentarischer Biographie des Kapellmeisters Johannes Kreisler in zufälligen Makulaturblättern (Sämtliche Werke. Bd. 2. Hg. von Walter Müller-Seidel. München: Winkler 1961, S. 293–663).
1823 Hoffmann, Ludwig: Das Pfarrhaus.
1826 Spindler, Carl: Der Bastard.
1827 Spindler, Carl: Der Jude.
1831 Spindler, Carl: Der Schwärmer.
1836 Immermann, Karl: Die Epigonen.
Hebbel, Friedrich: Barbier Zitterlein.

(d) *Forschungsliteratur*

Philippe Ariès: L'Enfant et la vie familiale sous l'ancien régime. (Points Histoire Bd. 20) Paris: Flammarion 1973 (1. Aufl. 1960).

Ders. u. a.: Die Masken des Begehrens und die Metamorphosen der Sinnlichkeit. Zur Geschichte der Sexualität im Abendland. (Franz. 1982). Frankfurt/M.: Fischer 1984.

Elisabeth Badinter: L'Amour en plus. Histoire de l'amour maternel (XVIIe Siecles). (Champs Bd. 100) Paris: Flammarion 1980.

Barbara Beuys: Familienleben in Deutschland. Neue Bilder aus der deutschen Vergangenheit. Reinbek: Rowohlt 1980.

Günter Dammann: Nachwort zum Reprint von Carl Grosse *Der Genius*. Frankfurt: Zweitausendeins 1982, S. 725–848.

Jean-Louis Flandrin: Familles. Parenté, maison, sexualité dans l'ancienne société. Paris: Hachette 1976.

Niklas Luhmann: Liebe als Passion. Zur Codierung von Intimität. Frankfurt/M.: Suhrkamp 1982.

Eckhardt Meyer-Krentler: Der Bürger als Freund. Ein sozialethisches Programm und seine Kritik in der neueren deutschen Erzählliteratur. München: Fink 1984.

Michael Müller: Philosophie und Anthropologie der Spätaufklärung: Der Romanzyklus Friedrich Maximilian Klingers. Diss. München 1988 (Drucklegung geplant für Passau 1990).

John T. Noonan: Empfängnisverhütung. Geschichte ihrer Beurteilung in der katholischen Theologie und im kanonischen Recht. Mainz: Grünewald 1969.

Claus-Michael Ort u. Michael Titzmann: Literatur und Denkgeschichte/Sozialgeschichte. Versuch eines theoretischen, methodologischen, terminologischen Rahmens einer integrativen Literaturgeschichte. In: Internationales Archiv für Sozialgeschichte der Literatur (geplant für 1990).

Heidi Rosenbaum (Hg.): Familie und Gesellschaftsstruktur. Frankfurt/M.: Suhrkamp 1978 (= stw 244).

Edward Shorter: Die Geburt der modernen Familie. (Engl. 1975). Reinbek: Rowohlt 1977.

Michael Titzmann: Strukturale Textanalyse. München: Fink 1977 (= UTB 582).

Ders.: Bemerkungen zu Wissen und Sprache in der Goethezeit (17709–1830). Mit dem Beispiel der optischen Kodierung von Erkenntnisprozessen. In: Bewegung und Stillstand in Metaphern und Mythen. Hg. von Jürgen Link u. Wulf Wülfing. Stuttgart: Klett-Cotta 1984, S. 100–120.

Ders.: Probleme des Epochenbegriffs in der Literaturgeschichtsschreibung. In: Klassik und Moderne. Hg. von Karl Richter u. Jörg Schönert. Stuttgart: Metzler 1983, S. 98–131.

Ders.: Friedrich Maximilian Klingers Romane und die Philosophie der (Spät-)Aufklärung. In: Der deutsche Roman der Spätaufklärung. Hg. von Harro Zimmermann. Heidelberg: Winter 1990, S. 242–284.

W. Daniel Wilson: Science, Natural Law and Unwitting Sibling Incest in 18th century Literature. In: Studies in 18th century Culture. Vol. 13. Hg. von O[...] M. Brack. Madison: University of Wisconsin Press 1984, S. 249–270.

Teil III

Die ›Verkümmerung‹ der ›Geschichtserzählung‹ zur ›Sachverhaltsschilderung‹, die Fallgeschichte in der Jurisprudenz, die Ausbildung der Gerichtsreportage und die Entwicklung der Genres literarischer Darstellungen von Kriminalität zwischen 1830 und 1880

Joachim Rückert

Zur Rolle der Fallgeschichte in Juristenausbildung und juristischer Praxis zwischen 1790 und 1880

1. Fragestellung und Quellenangebot*

Umkreis und Möglichkeiten meines Themas seien in diesem interdisziplinären Kreis mit einer kleinen ›Fallgeschichte‹ abgesteckt.

Wenn Sie hier in Hamburg auf einen gebührenpflichtigen Parkplatz führen und zugleich laut verkündeten, »aber die Gebühr zahle ich nicht«, dann hätten Sie einen berühmten Hamburger Rechtsfall erneuert, den sog. Parkplatzfall.[1] Die Ziviljuristen nennen einen solchen Vorgang *protestatio facto contraria* und fragen nach Zahlungs- oder Ersatzansprüchen, der Strafjurist mag an Hausfriedensbruch und Gebrauchsanmaßung denken, wenigstens an eine Ordnungswidrigkeit. Der Rechtswissenschaftler könnte nach der Abstimmung der möglichen Fallentscheidungen mit der Lehre von den Willenserklärungen und Rechtsgeschäften suchen oder nach Grundlagen und Bewertung dieses abweichenden Verhaltens.[2] Der Psychologe spräche vielleicht von beginnendem Realitätsverlust, von fixen Ideen, eigenwilligem Charakter oder Kontaktsucht, der Politiker von bedenklicher Anspruchshaltung oder sehr bedenkenswertem Anliegen oder durchsichtigen Privilegierungen, der Soziologe vielleicht von zivilem Ungehorsam oder von Stadtmilieusymptomen – und wovon spräche der Literat? Offenbar von allem und ganz wie er will. Er darf die Geschichte ausmalen, nach arm und reich, nach einmal und keinmal, nach menschlich und allzumenschlich, nach schön und häßlich oder wie es ihm seine Kunst sonst eingeben mag.

Glücklicherweise – für die Aufgabe hier – sehen die Juristen ›als solche‹[3] die

---

* Ausgearbeitete Fassung meines Vortrags vom 11. 4. 1985 beim Hamburger Kolloquium, im wesentlichen um Quellenbelege und Anmerkungen ergänzt.

[1] *Parkplatzfall,* Entscheidungen des Bundesgerichtshofs in Zivilsachen. Bd. 21, S. 319–336, vom 14. 7. 1956.

[2] Der Wissenschaftscharakter der Jurisprudenz ist ein altes Diskussionsthema nicht erst seit v. Kirchmanns Kritik von 1847/48, Stichwort: Dogmatik, zu dem auch das Verhältnis zu philosophischen, historischen, politischen, ökonomischen, soziologischen u. a. Wissenschaften gehört. Vgl. dazu etwa die sehr klare, anschauliche Übersicht bei Ryffel: Rechtsphilosophie, S. 45–90, 493–525, die verbreitete »klassische« Darstellung bei Larenz: Methodenlehre, S. 181–239, die kritische jüngere bei Bydlinski: Juristische Methodenlehre, S. 1–108; eine kurze abgewogene Einführung bei Dreier: Selbstverständnis, S. 48–69.

[3] So eine heute meist polemisch verwendete Formel des 19. Jahrhunderts, die aber immer noch nützlich auf einen Kern juristischer Tätigkeit hinweist: die Lösung praktischer Probleme mit Hilfe anerkannter Vorgaben (Gesetz, Gewohnheitsrecht, Gerichtsgebrauch, anerkannte Theorie).

Welt entschieden enger, und deswegen läßt sich vielleicht auf die Frage nach der Rolle der Fallgeschichte doch eine Antwort finden. Im ersten Anlauf sah ich dafür weder günstige Aussichten noch einen Weg zu konkreten Auskünften der Quellen. Der praktische Jurist[4] wendet das Gesetz an, allenfalls verwendet er entschiedene Fälle zur Klärung des Normenverständnisses. Entscheidungs- und Rechtsprechungssammlungen spielen daher immer schon eine bedeutende Rolle, zu Zeiten weniger perfekten Gesetzesrechts ohnehin. Aber sie enthalten nicht diejenigen Fallgeschichten, die hier gemeint sind. Fallgeschichten sind hier Kriminalgeschichten, Erzählungen über Verbrechen und merkwürdige Rechtsfälle, Verbrechergalerien, Nacht- und Schattenseitenerzählungen, Pitavalerzählungen, Prozeßberichte, aktenmäßige Darstellungen etc., eben Fälle als Geschichten[5] und nicht als Fälle, auch wenn es Fälle waren, nicht als juristische Kasuistik. Diese Fallgeschichten gibt es spätestens seit dem 18. Jahrhundert, seit F. G. de Pitaval (1734).[6] Wie kann man also feststellen, ob und wie Juristen solche Geschichten in Ausbildung und Praxis verwendeten?

Man könnte juristische Entscheidungssammlungen durchsehen. Ich habe das nicht getan, da der Aufwand riesig,[7] das Ergebnis zweifelhaft und ein anderer Weg praktischer erscheint. Denn auch wenn man keine Verwendungen findet, weiß man aus den knappen gedruckten Gründen, wenn solche in diesem Zeitraum überhaupt verfügbar sind,[8] noch nicht, was der Richter tatsächlich alles verwendet hat. Für die Gegenwart wurden über dieses Problem eine Zeitlang Bibliotheken geschrieben,[9] und vieles davon läßt sich auf die Vergangenheit übertragen.

Man könnte Ausbildungsstatuten durchsehen. Die Juristenausbildung wurde ja gerne mehr oder weniger rechtlich fixiert,[10]. Aber auch hier gilt: Wenn man nichts

---

4 Hier eine in interdisziplinärer Absicht bewußt stilisierte Figur.

5 Vgl. die wesentlichen Linien bei Schönert: Zur Ausdifferenzierung des Genres ›Kriminalgeschichten‹, mit Gliederung in sechs Typen.

6 Vgl. Schönert, ebd.; zur Anfangsphase mit dem wichtigen französischen Hintergrund jetzt Lüsebrink und Dainat, in diesem Band S. 193–204.

7 Die grundlegende Charakteristik und Bibliographie vom 16. bis zum Beginn des 19. Jh. gibt Gehrke (Entscheidungsliteratur); für die Folgezeit die Hinweise dort S. 16f. (bes. Kraut und Gierke und Kataloge) und die *Bibliotheca Juridica,* unter Rechtsfälle. – Gehrke nennt 334 Sammlungen, Blütezeit zwischen 1600 und 1800 ist das 18. Jahrhundert.

8 Regelmäßige gerichtliche Entscheidungsbegründungen sind eine neuere Errungenschaft zunächst des (mißtrauischen) Absolutismus, dann der rechtsstaatlichen Justizreformen seit der Aufklärung.

9 Stichwort: Vorverständnis und Methodenwahl in der Rechtsfindung, so der bekannte Titel von J. Esser, 1972. Kritisches Resümee jetzt bei Bydlinski: Juristische Methodenlehre, S. 154–158.

10 Vgl. die grundlegende Arbeit von Bleek: Kameralausbildung, ergänzend Bake: Juristenausbildung. Überblicke jetzt in *L'educazione giuridica.* Bewußt »grell« schreibt 1838 Beseler (Zur Beurteilung, S. 178) zum Studium allgemein und speziell: »Im Criminalrecht lernt der Student, daß man seit dem XII-Tafelgesetz gewisse Verbrechen bestraft hat, und wie es anzufangen, gegen die positiven Gesetze eine der Gegenwart angemessene Strafe zu finden und zu begründen« – ein sicher sehr einseitiges und, weil kurz vor den Kodifikationen, kurzlebiges Urteil (vgl. auch die folgende Anm.).

vorgeschrieben findet, heißt das noch nicht Fehlanzeige. Und wenn man ein kriminalistisches »Praktikum« findet, wie es im Laufe des 19. Jahrhunderts Mode wurde,[11] so deutet das noch nicht auf Kriminalgeschichtenverwendung.

Ich werde mich daher auf Umwegen ans Ziel bewegen und Indizien sprechen lassen müssen. Erstens läßt sich feststellen, ob in viel verwendeten Strafrechtsbibliographien des Zeitraums auch Fallgeschichten aufgenommen sind. Zweitens findet sich einiges an bestimmten Stellen der gängigen Hand- und Lehrbücher. Drittens und vor allem werde ich mein Glück versuchen mit den empfindlichsten Barometern solcher Vermittlungsvorgänge zwischen Literatur und Jurisprudenz, die seit dem ausgehenden 18. Jahrhundert in Fülle existieren: den allgemeinen und juristischen Zeitschriften. Wenn sich juristische Rezensionen zu Fallgeschichten finden, ist dies allein schon Indiz. Darüber hinaus lassen sich bei dem gründlichen Stil der Zeit auch Reflexionen und Hinweise zum ganzen Thema erhoffen.

2. Die Fallgeschichte in juristischen Quellen

2.1. Bibliographien

Es gibt im 19. Jahrhundert zwei umfängliche, altmodisch-detaillierte Strafrechtsbibliographien, das *Handbuch der Litteratur des Criminalrechts in seinen allgemeinen Beziehungen, mit besondrer Rücksicht auf Criminalpolitik nebst wissenschaftlichen Bemerkungen* von Georg Wilhelm Böhmer, Göttingen 1816, und Friedrich Kapplers *Handbuch der Literatur des Criminalrechts und dessen philosophischer und medizinischer Hülfswissenschaften; für Rechtsgelehrte, Psychologen und gerichtliche Aerzte,* Stuttgart 1838, beides stattliche Werke von rund 900 bzw. 1200 Seiten. Beide führen Fallgeschichten an.

Böhmer nennt unter der Überschrift »Casuistische Schriften« in den §§ 87–90 im Abschnitt (c) auf neun Seiten »ausschließend criminalistische Sammlungen« seit 1560, darunter F. B. Freytags *Beiträge zur Geschichte der Menschheit in Erzählungen aus wichtigen Gerichtacten,* Altenburg 1790. 1793. 1978, Des Essarts' *Procès fameux des grands criminels de tou les temps et toutes les nations, contenant le detail des circonstances qui ont accompagné le supplice de fameux criminels,* Paris 1788/89, Niethammers und Schillers *Merkwürdige Rechtsfälle, als ein Beitrag zur Geschichte der Menschheit. Nach dem französischen Werke des Pitaval* [...] *ausgearbeitet,* Jena 1792–95, Karl Müchlers *Criminalgeschichten aus gerichtlichen Acten gezogen,* Berlin 1792, auch ein *Gemälde menschlicher Schwächen und Leidenschaften; eine Reihe interessanter Begebenheiten, aus den Verhandlungen verschiedener Gerichtshöfe gezogen,* aus dem Englischen, Leipzig 1789, *Criminalfälle für Rechtskundige und Psychologen,* Frankfurt und Leipzig 1794, »für Leser aus

[11] Gegenläufig zur im allgemeinen theoriefreundlichen Entwicklung, vgl. dazu Schröder: Wissenschaftstheorie S. 256, 263–265, 273 und Frommel, in diesem Band S. 467–496. Vgl. als Beispiel aus der Zeit den Göttinger A. Bauer (Anleitung zur Criminalpraxis, 1837, Niederschlag langjähriger Vorlesungen); für die kritische, mehr ›wissenschaftliche‹ Linie aufschlußreich, auch mit Literatur: Osenbrüggen: Rechtsunterricht (1844).

allen Ständen bearbeitet« und weiteres für »Juristen und Nichtjuristen« bis zu Feuerbachs *Merkwürdige Criminal-Rechtsfälle,* Giessen 1808. 1811, Pfisters *Merkwürdige Criminal-Fälle, mit besonderer Rücksicht auf die Untersuchungsführung dargestellt,* Heidelberg 1814, Wilhelm v. Schirachs *Criminalrechtsfälle,* Altona 1815. Im folgenden § 90 nennt er »Einzelne Criminalgeschichten« seit dem Jahre 1600 in nicht weniger als 82 Nummern, darunter aus unserem Zeitraum auch Schillers *Der Verbrecher aus verlorener Ehre. Eine wahre Geschichte,* Leipzig 1792.[12] Literarische Titel wie Spieß' *Reisen* (1796) und *Criminalgeschichten voller Abenteuer* (1801), Meißners *Skizzen* (1778) und Abels *Sammlung merkwürdiger Erscheinungen* (1784) fehlen aber.[13]

Kappler nennt in seiner Bibliographie unter »VI. Vermischte Abhandlungen« in § 71 auch »Sammlungen von Rechtsfällen« und meint damit allerdings juristische Kasuistik. Außerdem nennt er aber unter »VII. Schriften über Criminal-Geschichten« in § 72 noch sieben mir sonst nicht begegnete literarische Titel seit 1820, nämlich *Das schwarze Buch, oder Gallerie vorzüglich merkwürdiger Criminal=Geschichten,* Rottenburg 1820–1823, *Gallerie der Verbrecher,* Ilmenau und Nordhausen 1822, *Über Criminal=Verbrechen, peinliche Strafen und deren Vollziehungen, besonders aus älteren Zeiten; aus den Criminal=Acten des königlich hannöverschen Amts Meinersen größtentheils gesammelt und jetzt mitgetheilt* von O. C. Niemeyer, Lüneburg 1824, die *Bibliothek merkwürdiger Criminal= und Rechtsfälle der älteren und neueren Zeiten und aller civilisirten Völker*; für Leser gebildeter Stände herausgegeben von Theodor Haupt und Friedrich Heldmann, Darmstadt 1830. 1831, die *Jesuiten= und Fürstenmörder. Eine Enthüllung der größten Verbrechen und Gräuelthaten, welche von den Jesuiten in allen Ländern und zu allen Zeiten verübt wurden,* aus dem Französischen, Stuttgart 1832, von C. Liskenne, J. K. von Trains *Zuchthaus und Rabenstein. Eine Gallerie merkwürdiger Verbrechen, aus Criminal=Acten und den sichersten Quellen aufgestellt,* Ilmenau 1832, L. Langs *Leben, Schicksal und Tod einiger Jauner und Verbrecher; eine, aus Criminal-Acten entlehnte Volksschrift zur Abschreckung und Warnung,* Rottenburg 1837 und, per Verweis auf den Abschnitt Psychologie, auch K. Müchlers *Criminalgeschichten. Ein Beitrag zur Erfahrungs=Seelenkunde,* Berlin 1828–1837. Dagegen fehlen die einschlägigen Werke von E. T. A. Hoffmann, Brentano u. a.[14] Die freie literarische Fallgeschichte ohne Bezug auf Akten und tatsächliche Rechtsfälle bleibt also im wesentlichen ausgespaart, im übrigen ist der Rahmen weit gezogen.

Für die Zeit nach 1830 existiert leider keine wissenschaftliche Fachbibliographie. Man bedient sich daher der aus Buchhändler-Hilfsmitteln hervorgegangenen *Bibliotheca Iuridica oder Verzeichniß aller brauchbaren, in älterer und neuerer Zeit, besonders aber vom Jahre 1750 bis zur Mitte des Jahres 1839 in Deutschland erschienenen Werke über alle Theile der Rechtsgelehrsamkeit und deren Hülfswis-*

---

[12] Böhmer: Handbuch, Nr. 1644.

[13] Vgl. die synoptische Tabelle in *Literatur und Kriminalität* und Dainat, in diesem Band S. 193–204.

[14] Vgl. wiederum die synoptische Tabelle in *Literatur und Kriminalität.*

senschaften, die in mehreren Bänden seit 1840 den Zeitraum von 1750 bis 1876 erschließt. Sie verfährt in Bd. 1 bis 1839 etwas juristischer und nennt weniger als Böhmer und Kappler, wird dann aber den literarischen Fallgeschichten recht günstig. Das läßt sich erschließen über das Sachregister unter den Stichworten ›Rechtsfälle: Criminalrecht und Criminalgeschichten‹.[15] Vermerkt sind etwa Christemeiers *Interessante Gemälde aus der Geschichte der Criminalrechtspflege,* aus dem Holländischen übersetzt, Braunschweig 1840, die *Gallerie merkwürdiger Criminalfälle, aus der neuesten, neueren und älteren Zeit. Nach Thatsachen zusammengestellt und herausgegeben* von C. Jäschke, Berlin 1841, die zwanzigbändigen *Nachtseiten der Gesellschaft. Eine Gallerie merkwürdiger Verbrechen und Rechtsfälle,* herausgegeben von A. Diezmann, W. Jordan und L. Meyer, Leipzig 1844–46 und 1848, *Der neue Pitaval* von Hitzig und Häring, Leipzig 1842–1847 und ein weiterer *Pitaval. Erzählung merkwürdiger Verbrechen und Criminalfälle* von A. Dumas, deutsch von H. Bourdin, Leipzig 1847, auch W. Müllers *Schattenseiten des menschlichen Herzens. Kriminalgeschichten aller Völker,* Berlin 1843, dann C. Müllers *Bibliothek interessanter Criminalgeschichten der neueren und neustesten Zeit. Aus authentischen Quellen,* in 6 Bänden, Quedlinburg 1859, und in 3 Bänden *Der sächsische Pitaval. Sammlung merkwürdiger Criminalfälle. Von einem Criminalbeamten,* Leipzig 1861/62, schließlich Temmes bekannte *Criminalbibliothek,* Berlin 1868–74, einschließlich der Eisenbahnausgabe in 17 Bänden, Berlin 1872–74, und A. Vollerts Weiterbearbeitung des Pitaval *Die interessantesten Criminalgeschichten aller Länder aus älterer und neuerer Zeit,* Leipzig 1872–74.

Auch im Rezensionenverzeichnis der sonst streng juristischen *Jahrbücher des gemeinen deutschen Rechts* von Ernst Immanuel Bekker[16] zwischen 1857 und 1863 erscheinen der *Neue Pitaval* und Temmes *Criminalgeschichten und Criminalnovellen.*

Von 1876 bis 1881 besteht eine bibliographische Lücke, aber von 1881 bis 1893 schließlich zeigt das wertvolle *Systematisch-alphabetische Generalregister zu Band I–XII der Zeitschrift und sämtlichen Beilagen* der *Zeitschrift für die gesamte Strafrechtswissenschaft,* daß wiederum literarische Fallgeschichten beachtet wurden. Man erhält Verweise auf Anzeigen zu Paul Lindaus *Interessante Fälle. Kriminalprozesse aus neuester Zeit,* Breslau 1888,[17] H. Blums Reprise *Aus dem alten Pitaval. Französische Rechts- und Kulturbilder,* 1885,[18] und Karl Brauns *Pandaemo-*

---

[15] Dieses Stichwort zuerst im Bd. 2, 1877, auch ein Indiz für die sprachliche Verfestigung.

[16] Über Bekker jetzt eindringlich M. Kriechbaum: Dogmatik und Rechtsgeschichte bei Ernst Immanuel Bekker. (Münchener Universitätsschriften, Juristische Fakultät: Abh. zur rechtswissenschaftl. Grundlagenforschung, Bd. 61) Ebelsbach: Gremer 1984, dort S. 12f. zum Strafrecht.

[17] Zeitschrift für die gesamte Strafrechtswissenschaft, Bd. 8 (1888), S. 431: »Für den Juristen ist diese Sammlung interessant und wertvoll, denn Lindau hat es vortrefflich verstanden, anregende Darstellung und Aktentreue miteinander zu verbinden und beweist einen bei einem Nichtjuristen geradezu überraschenden Scharfblick für das strafrechtlich Wesentliche der einzelnen Fälle.«

[18] Ebd. Bd. 6 (1885), S. 290, 408, auch Bd. 7 (1887), S. 751: Bietet auch dem Juristen manchen interessanten Einblick in die Rechtspflege der Zeit.

nium. Kriminal- und Sittengeschichte aus 3 Jahrhunderten, Hamburg 1887.[19] Autoren wie Fontane, Storm, Raabe und andere fehlen freilich.

Die großen Bibliographien und die anderen Ersatzhilfsmittel zeigen also ein differenziertes Bild. Autoren, die sich vor allem als Belletristen einen Namen gemacht haben, fehlen zwar, aber das Genre ›Kriminalgeschichte‹ ist von Pitaval bis zu Paul Lindau eingehend vermerkt, besonders wenn etwas »aus Akten gezogen« wurde. Mehr Juristisches ist ohnehin gut verzeichnet. Kontakte zwischen Literatur und Jurisprudenz bestehen auf diesem Felde also durchaus. Die Konturen dieser Kontakte lassen sich anhand einer weiteren Quellengruppe präzisieren.

2.2. Hand- und Lehrbücher des peinlichen Rechts

Von Stübels noch aufklärerischem *System des allgemeinen peinlichen Rechts* von 1795 über Tittmanns *Grundlinien der Strafrechtswissenschaft und der deutschen Strafgesetzkunde* von 1800 über Anton Bauers *Anleitung zur Criminalrechtspraxis* von 1837, P. J. A. Feuerbachs »14. und« von C. J. A. Mittermaier »sehr vermehrte und völlig umgearbeitete Originalausgabe« des *Lehrbuchs des gemeinen in Deutschland gültigen peinlichen Rechts,* Giessen 1847, bis etwa zu den verschiedenen Auflagen des beliebten hegelianisch-positivistischen *Lehrbuch(s) des deutschen Strafrechts* von A. F. Berner, 1. Aufl. 1857, 18. Aufl. 1898, wird das Lehrstück von den »Vor- und Hilfskenntnissen«, den »Hilfswissenschaften und -mitteln«[20] des Kriminalrechts weitergereicht. Dazu zählt man stets auch die Fallgeschichten. Immer wieder wird wenigstens der *Pitaval* bzw. Schillers *Pitaval* (d.h. der Niethammersche) genannt, so bei Stübel, Feuerbach, Mittermaier und Berner,[21] ebenso auch der *Neue Pitaval.* Noch Berner beruft sich 1877 und später ausführlich zitierend auf Schillers Vorrede von 1792 für seinen emphatischen Satz: »Ein reicher Born fließt der Kriminalpsychologie in dem Studium merkwürdiger Rechtsfälle«.[22] Später wird man etwas nüchterner. K. Binding, F. v. Liszt und H. Meyer erwähnen die Fallgeschichten nicht mehr oder bloß noch bei der »Kasuistik«.[23]

Ein indirekter, nicht unmittelbar juristischer Wert der Fallgeschichten wird also

---

[19] Ebd. Bd. 7 (1887), S. 748: bloßer Inhaltsbericht.

[20] Vgl. Stübel: System, §§ 156–161: philologische Vorkenntnisse, §§ 167–171: philosophische (mit Criminalpsychologie), §§ 172–175: juristische, § 176: medicinische; Tittmann: Grundlinien, § 20: Hülfsmittel: historische, philosophische, philologische, medicinische, litterärische; Feuerbach, § 6: Hülfskenntnisse: Philosophie und Psychologie, Rechtsphilosophie, allgemeines peinliches Recht, Criminalpolitik; Historie; Rechtsvergleichung; gerichtliche Arzneiwissenschaft; Sprachen; Berner: Lehrbuch, §§ 64–67: Naturwissenschaften, ethische und sociale, psychologische, geschichtliche.

[21] Vgl. jeweils a.a.O. (vorige Anmerkung) zu philosophisch/psychologisch. Auch Holtzendorff: Handbuch (1871), § 7 / S. 15 in Fn. 3, Geyer: Grundriß (1884), § 17.

[22] Berner: Lehrbuch, 9. Aufl. 1877, § 65 / S. 101.

[23] Vgl. Binding: Handbuch, Bd. 1 (1885), S. 11–13; v. Liszt: Lehrbuch (1894), § 17 / S. 70–73, Meyer: Lehrbuch (5. Aufl. 1895), § 6; auch Hälschner: Strafrecht (1881). Vgl. – außer E. Schmidt: Einführung – zu all diesen Autoren die Angaben mit guten Literaturhinweisen bei Kleinheyer u. Schröder: Juristen.

stets gesehen und zumeist betont unter dem Stichwort psychologische Hilfskenntnisse. Damit ist ein erster und dauerhafter Kreuzungspunkt gefunden: Die Kriminalgeschichte als Fundgrube und Übungsgelände für den Psychologen im Juristen.

2.3. Rezensionen in juristischen Zeitschriften

Daß die vielleicht etwas unverbindlich erscheinenden Begegnungen in den Lehrbüchern ein Kondensat aus sehr vielfältigen konkreteren Bezügen sind, zeigt dann eine Überprüfung der reichsten Quellengruppe, der juristischen Rezensionen zu Fallgeschichten. Überprüft wurden wesentliche juristische oder von Juristen mitbeschickte Organe des Zeitraums, also die Hallische *Allgemeine Literatur-Zeitung* und die jüngere Abspaltung *Jenaische Allgemeine Literatur-Zeitung* (1803ff.), das *Archiv des Criminalrechts* (1799ff.), die *Bibliothek für die peinliche Rechtswissenschaft und Gesetzkunde* von Almendingen, Grolman und Feuerbach (1799f.), das Tübinger *Critische(s) Archiv der neuesten juridischen Literatur,* 1801–1810, die *Heidelbergische[n] Jahrbücher der Literatur für Jurisprudenz und Staatswissenschaften,* 1808ff., die Erlanger *Jahrbücher der gesammten deutschen juristischen Literatur* von Schunck, 1826–1836, die Berliner *Literarische Zeitung,* 1834–1849, dann die umfassenden *Kritische[n] Jahrbücher für deutsche Rechtswissenschaft* von L. Richter und R. Schneider, 1837–1848, und daneben Gersdorfs *Repertorium der gesamten deutschen Literatur,* 1834ff., und die *Zeitschrift für deutsches Recht und deutsche Rechtswissenschaft* von Reyscher, 1839–1861, nach 1848 dann die Münchener *Kritische Überschau der deutschen Rechtswissenschaft und Gesetzgebung,* 1853–1859, und die parallele Heidelberger *Kritische Zeitschrift für die gesammte Rechtswissenschaft,* 1853–1859, dann vereinigt zur *Kritische[n] Vierteljahresschrift für Gesetzgebung und Rechtswissenschaft,* München 1859ff., daneben E. I. Bekkers und Th. Muthers *Jahrbuch des Gemeinen Deutschen Rechts,* 1857–1863, und Theodor Schletters *Jahrbücher der deutschen Rechtswissenschaft und Gesetzgebung,* 1855–1870, und seit 1881 die *Zeitschrift für die Gesamte Strafrechtswissenschaft.*

Bei der Überprüfung dieser Zeitschriften ließ sich anhand der aus Böhmers und Kapplers Bibliographien ermittelten Titel und etlicher Ergänzungen aus den bisherigen Arbeiten an ›Literatur und Kriminalität‹ mit Hilfe der überwiegend vorhandenen Register ein einigermaßen vollständiges Ergebnis erzielen. Daneben wurden die recht vollständigen Rezensionennachweise bei Kappler für die Zeit bis 1839,[24] außerdem die in Schuncks erwähnten Jahrbüchern, den Kritischen Jahrbüchern bis 1848 und in Bekkers Jahrbüchern bis 1863[25] benutzt und damit eine

[24] Kappler: Handbuch, vermerkt jeweils bei den Titeln auch Rezensionen, ziemlich vollständig.

[25] Vgl. jeweils die entsprechenden Rubriken dieser Periodika. Auf die Nachweise im *Jahrbuch des gem. dt. Rechts* für verschiedene mehr literarische Rezensionsorgane (vgl. Bd. 2, 1858, S. 317, 351; 488; Bd. 3, 1859, S. 308, 310; 469; Bd. 4, 1860, S. 145; Bd. 5, 1861, S. 146) kann hier nur hingewiesen werden.

Reihe weiterer Zeitschriften ziemlich zuverlässig einbezogen. Im folgenden bildet vor allem dieses Material die Grundlage.

3. Juristische Wege zur Fallgeschichte

Schon die vierzehn mir zugänglich gewordenen Rezensionen zu Feuerbachs *Merkwürdige Criminal=Rechtsfälle* von 1808–11 bzw. 1828/29 bieten ein differenziert-spannendes Bild, denn Feuerbachs Sammlung stand mit einem Bein im Literarischen. Sie bot nicht Rechtsprechungs-, sondern Begnadigungsfälle. Die ›romanhaften Seiten‹ daran sah man immer sehr klar. Zum *Neuen Pitaval* und einigen weiteren literarischen Titeln gibt es dann 1842/43 aufschlußreiche Stellungnahmen. Das heterogene und umfängliche Material läßt sich nun schwerlich hier im einzelnen ausbreiten. Stellt man es chronologisch zusammen, so stößt man, wenn ich recht sehe, auf drei durchgehende und fünf jeweils mehr vorübergehend aktuelle Wege, auf denen sich Jurisprudenz und Fallgeschichte begegnen.

3.1. Fallgeschichten als historisches Zeugnis

Fallgeschichten werden stets als historische und rechtshistorische Zeugnisse geschätzt. Als »Spiegel der Zeit« und zum »historischen Zweck« werden sie von Kleinschrod 1805 über den Pitaval-Rezensenten von 1843 bis zu J. Stern im Jahre 1906 empfohlen oder mindestens anerkannt.[26] G. A. Kleinschrod, der Würzburger Mitherausgeber des führenden *Archiv des Criminalrechts,* will zwar 1805 diese Fallgeschichten zugunsten der ›echten‹ Kriminalfälle nicht mehr im einzelnen aufzählen, verfuhr aber früher großzügiger.[27] Als von dem Anonymus »A« 1799 in seinen *Bemerkungen über Rechtsfälle und die zweckmäßige Bearbeitung derselben* »der vielfache Nutzen zweckmäßig bearbeiteter Rechtsfälle, [... und] die verschiedenen wissenschaftlichen Zwecke, nach welchen sie bearbeitet werden können, angedeutet werden«, betonte er auch, daß »Auszüge aus Gerichts-Acten als Beyträge zur Geschichte der Sitten nicht selten sehr merkwürdig«[28] seien. Der Feuerbach-Rezensent von 1809 prognostiziert: »Unsern Nachfolgern liefern sie die besten Materialien zur Geschichte der Wissenschaft. Sie sind ein Spiegel der Zeit«.[29] Der ebenfalls anonyme Rezensent des *Neuen Pitaval* in den renommierten

---

[26] Kleinschrod: Übersicht 1805, S. 31; Pitaval-Rez. 1843, S. 75f.; Stern: Über den Wert, S. 169; daneben etwa: Bemerkungen 1799, S. 105f. Feuerbach-Rez. 1809, Sp. 137 (Spiegel); Feuerbach-Rez. 1829, Sp. 870. – Vgl. zu G. A. Kleinschrod, einem führenden Strafrechtler der Zeit, 1762–1824: Schmidt: Einführung, S. 224 und Merzbacher. In: NDB 12 (1980), S. 8.

[27] Kleinschrod: Übersicht 1805, S. 31; vgl. ders.: Übersicht 1799, S. 137–139, Übersicht 1800, S. 42–44, Übersicht 1802, S. 30f., und dagegen Übersicht 1817, S. 666.

[28] Bemerkungen 1799, S. 106 und 105.

[29] Feuerbach-Rez. 1809, Sp. 137.

Kritischen Jahrbüchern beginnt, wie so viele, grundsätzlich und betont, die Darstellung von Kriminalrechtsfällen diene auch

> dem rechtshistorischen Interesse, sei es inwiefern sie die gleichzeitige Urtheilspraxis verschiedener Gerichtshöfe in Bezug auf gleiche Vergehen zur Kenntniss bringt, sei es indem sie Untersuchungen und Erkenntnisse verschiedener Zeiten unter einen gemeinschaftlichen rechtlichen Gesichtspunkt bringt.[30]

Der *Neue Pitaval* genügt diesem Interesse dann freilich nicht.[30a] Aber noch als 1906 der Gerichtsassessor und spätere Professor Jacques Stern *Über den Wert der dichterischen Behandlung des Verbrechens für die Strafrechtswissenschaft* schreibt, beschwört er emphatisch-pauschal den »historischen Gehalt von Dichterwerken vergangener Epochen«.[31]

Die Verwendung als historisches Zeugnis bleibt also anerkannt, wenn auch der Kontext zwischen aufklärerisch-nüchtern, vormärzlich-rechtshistorisch und wilhelminisch-pauschal schwankt. Trotz charakteristischer Schwankungen im Wirklichkeitsbegriff ist die Fallgeschichte hier um so interessanter, je näher sie der Wirklichkeit zu kommen scheint.

3.2. Fallgeschichten als Material zur Erläuterung des positiven Rechts

Ebenso dauerhaft lobt man die Fallgeschichten als Material zur Erläuterung des geltenden, positiven Strafrechts. Die einfachste Rolle spielen sie hier als lebendige Beispiele und Illustrationen zu den jeweiligen Strafrechtssätzen. Dies hat schon 1799 der Anonymus »A« gültig formuliert: »Auch der Rechtsgelehrte sammelte längst schon merkwürdige Fälle, aber nur für den – Richter und Sachführer, zur Erläuterung der positiven Jurisprudenz.«[32]

Immer wieder betont man daneben ihren Wert als Anhalt und Vergleichsmaterial für die Bewältigung der juristischen Zurechnung im konkreten Fall. Mittermaier schreibt dazu 1848/49 eigens eine ausführliche Passage in seiner langen Einleitung zur 3. Aufl. der Feuerbachschen Sammlung.[33] Er verwendet darin die Feuerbachschen Rechtsfälle als Probierstein für die gesetzlichen Regelungen und die juristische Praxis. Auch für eine gerechte Strafzumessung sieht man einen Wert des Materials. Da vor den Gesetzgebungen der vierziger Jahre die gemein-

---

30 Pitaval-Rez. 1843, S. 75f.

30a Ebd. S. 77: so gesehen »weder eine Bedeutung für die Criminalpraxis noch eine für die Rechtsgeschichte«, weil zu sehr bloß Resultate, Psychologisieren und zufällige Auswahl; dagegen wohl wertvoll für das »gebildete Publikum« und den Juristen »wenn er von den engeren Gränzen seiner Wissenschaft absieht« (S. 79).

31 Stern: Über den Wert, S. 169.

32 Bemerkungen 1799, S. 95; weiter etwa Feuerbach-Rez. 1809, Sp. 137; Feuerbach-Rez. 1829-A.L.Z., Sp. 371; Feuerbach-Rez. 1830, S. 1527; Bauer: Anleitung (1837), S. IV; Jagemann: Erläuterung (1839); Huß: Beiträge (1839), S. V; Bauer-Rez. 1841, S. 1019f.; Stern: Über den Wert (1906), S. 169.

33 Mittermaier: Einleitung, S. 3 und 33–47; auch schon Feuerbach-Rez. 1829-J.A.L.Z., Sp. 775, Bemerkungen 1799, S. 105.

rechtlichen Zumessungsspielräume des Richters wesentlich großzügiger bemessen waren, liegt hier eine lange bedeutende Funktion.[34]

Diese Aspekte betreffen die Rollen im Urteilsverfahren: den erkennenden im Gegensatz zum untersuchenden Richter, den Verteidiger und den Staatsanwalt als Anklagevertreter. Daneben gibt es im Untersuchungszeitraum aber auch noch den heute weitgehend verschwundenen, nicht nur erkennenden, sondern zugleich ermittelnden oder untersuchenden Richter.[35] Besonders in den vierziger Jahren sieht man einen wesentlichen Wert der Fallgeschichten darin, dessen »Inquirentenkunst zu fördern und den Blick an Auffassung und Durchschauung vielgestaltiger Lebensverhältnisse zu gewöhnen, zwischen denen sich der Faden des Rechts oder des Unrechts oft sehr verborgen hindurchzieht«.[36] 1814 hat Pfister schon im Titel seine *Criminal-Fälle* mit »besonderer Rücksicht auf die Untersuchungsführung dargestellt«.[37] In den Feuerbach-Rezensionen Abeggs,[38] des Anonymus »F. M.« in der *J.A.L.Z.* 1829[39] und der *Göttingischen Gelehrten Anzeigen* 1830,[40] dann bei Bauer 1837,[41] in der Scholz-Rezension 1842, im soeben verwendeten Zitat aus der Pitaval-Rezension von 1843 und in der Christemeier-Rezension[42] des gleichen Jahres wird dieses Interesse vermerkt. Sogar der in Osenbrüggens Charakteristik von 1855 als juristisch-trockenes Extrem angeführte Kriminalist Anton Bauer, der »wohl nie eine novellistische Neigung in sich verspürte«, dessen Diktion in seinen Strafrechtsfällen »nüchtern und trocken wie in seinen Lehrbüchern« ist, und der »immer gerade vorwärts [...] auf das juristische Ziel« losgeht,[43] zählt also in seiner *Anleitung zur Criminalpraxis* die »besseren Sammlungen von Strafrechtsfällen« und die »actenmäßigen Schilderungen von Räuber- und Gaunerbanden« treulich zu den »Hülfsmitteln der Criminalpraxis«, »um daraus die Kunstgriffe kennenzulernen, wodurch dergleichen gewerbsmäßige Verbrecher die Untersuchung zu erschweren pflegen«. Und unter »besseren Sammlungen« nennt er

---

34 Etwa Bemerkungen 1799, S. 105; Jagemann: Erläuterung (1839); der oft betonte psychologische Wert zielt ebenfalls in diese Richtung. Ausgezeichnet zur oft übersehenen Strafzumessungsseite ist Schmid: Strafmilderungsgründe.

35 Vgl. zu den grundlegenden Strafprozeßreformen die Überblicke bei Schmidt: Einführung, §§ 254, 259, 284–287; Rüping: Grundriß, S. 81–86; wichtig für den französischen Hintergrund: Haber: Strafgerichtliche Öffentlichkeit, sowie für den deutschen Vormärz und die Schwierigkeiten und Chancen einer genaueren Analyse und sozialgeschichtlichen Erklärung dieser Vorgänge: ders.: Probleme.

36 Pitaval-Rez. 1843, S. 75; auch Christemeier-Rez. 1843, S. 744; Scholz-Rez. 1842, S. 1027.

37 Siehe den Nachweis bei Kappler: Handbuch, Nr. 1815. Pfister war Kriminaldirektor in Heidelberg.

38 Feuerbach-Rez. 1828, Sp. 675; Feuerbach-Rez. 1829-Berl. Jbb., Sp. 774.

39 Feuerbach-Rez. 1829-J.A.L.Z., Sp. 10.

40 Feuerbach-Rez. 1830-G.G.A., S. 1527.

41 Bauer: Anleitung, Vorrede, auch S. 3 (s. sogleich oben im Text).

42 Vgl. schon Anm. 36.

43 Osenbrüggen: Präsumtionen, S. 128. Osenbrüggen war ein besonderer Kenner dieser Literatur. A. Bauer, 1772–1843, war bekannter Strafrechtler in Göttingen, Verfasser eines StGB-Entwurfs für Hannover (1826ff.).

neben vielen mehr juristischen Sammlungen eben auch Pitavals *Causes Célèbres* in 20 Bänden und dessen voluminöse Fortsetzungen.[44]

Damit schließt sich der Bogen zum Anonymus von 1799, der in aufklärerisch-rechtsstaatlicher Diktion den Wert von Kriminalfällen »zur Vermehrung der Klugheit im Verfahren« betont hatte:

> Criminalfälle können dem Richter zur Erläuterung der Strafgesetze, zur Vermehrung der Klugheit im Verfahren treffliche Dienste leisten.
>
> Dieser letzte Zweck ist vorzüglich wichtig; dependiert doch sehr oft von der Klugheit des Richters, und der Instruction des peinlichen Processes, Straflosigkeit des Verbrechers, und Unsicherheit guter Bürger, oder Kränkung des Schuldlosen durch Gefangennehmung, Schimpf und Strafe.[45]

Fallgeschichten interessierten hier als »Documente« und »Materialien«, als nicht bloß erdachte, sondern wirkliche »Experimente« für eine erfahrungshungrige spätaufklärerische Theorie, die nun der Jurist wie schon der Mediziner und Physiker entwickeln soll.[46] Bei dieser Blickrichtung erstaunt es nicht, wenn einzelne »Criminalfälle« fast wie Detektivgeschichten erzählt werden.[47]

Mit dem Verschwinden der Untersuchungsrichterrolle in den Prozeßreformen des 19. Jahrhunderts entfiel freilich dieser unmittelbare Wert von Fallgeschichten für den ›Inquirenten‹. Doch die Blickrichtung bleibt und wird ausgebaut.[48] Und auch zeitlich gibt es einen Zusammenhang zwischen Untersuchungsrichtergeschichten und Detektivgeschichten. Sie scheinen in Deutschland gerade zu der Zeit aufzutreten, als der Untersuchungsrichter verschwindet.[49] Vor dem weniger

---

[44] Bauer: Anleitung, S. 3f.

[45] Bemerkungen 1799, S. 105.

[46] Bemerkungen 1799, S. 107, 101, 100 und 95 (Experimente), 95 (erster Satz, für den Verweis auf Medizin und Physik).

[47] Vgl. ebd. S. 107–117 den Müller-Fall. Zustimmend noch Bemerkungen-Rez. 1804, S. 322 u. 329, in der wichtigen *Bibliothek für die peinliche Rechtswissenschaft*.

[48] Die hier benutzten Quellen bestätigen also die allgemeineren Ergebnisse von Hügel: Untersuchungsrichter, vgl. dort S. 17f., 91f., 200f., 205. Die beiden ersten Detektiverzählungen (Kruse u. Müllner) gehen in der Tat vom untersuchenden Richter aus (ebd. S. 110f., 124f.). Auch für die französische und englische Entwicklung wäre dem noch viel genauer nachzugehen, wobei rechtshistorisch natürlich mehr als die bloße Normentwicklung heranzuziehen wäre. Vgl. zu Frankreich für die literarische Seite im engeren Sinne Schulze-Witzenrath: Detektivroman, hier S. 257: ein gewisses Desinteresse »für manche Detailgründe aus der außerliterarischen, der gesellschaftlichen Wirklichkeit«, dies.: E. Gaboriau, S. 172–180, mit ähnlicher Zurückhaltung (bes. S. 173 oben); Juristische Quellen der Zeit werden nicht verwendet. Für England: Broich: Englische Detektivliteratur, wo implizit ein Zusammenhang mit Jurykritik sichtbar wird (S. 141) und die Rezeption bei Juristen in den 50er und 60er Jahren gerade den Wert der Detektiverzählung für Polizei und Gericht betont (S. 144f.).

[49] Die Lage ist nicht ganz einfach, da die Prozeßreformen sehr differenziert und über längere Zeit laufen, dazu Haber (s. nächste Anm.). Genauere Aussagen müßten wohl auch die literarische Fallgeschichte lokal differenzieren. Wohl nicht zufällig findet Hügel zuerst Detektivisches bei dem Dänen und Hamburger Kruse (vgl. vorige Anm.).

beliebten Staatsanwalt[50] und der Polizei tritt der Detektiv die literarische Erbschaft der Untersuchungsrichterperspektive an. Im Wandel des literarischen Genres zeigt sich der Wandel des wirklichen ›Inquirierens‹ und in beidem das schwankende Schicksal eines aufklärerisch-rationalen Umgangs mit Kriminalität.

3.3. Juristisches und Unjuristisches an den Fallgeschichten

Während die Fallgeschichte als Material zur Erläuterung des geltenden Strafrechts und Strafverfahrensrechts sozusagen bis ins Innerste der Jurisprudenz eindringen darf, werden zugleich auch stets eindeutige Warnungstafeln aufgestellt. Sie gelten vor allem den, wie man sagt, rein ›romanhaften‹ Darstellungen. Schon Kleinschrod schreibt dazu 1805 trocken: »Ich übergehe hier alle jene Schriften, worin Geschichten von Verbrechen entweder romantisch oder zur Unterhaltung [...] dargestellt sind, weil solche Schriften hieher nicht gehören.«[51] Die Grenzen verlaufen erstaunlich stabil. Zwischen »angenehm«, »gut erzählt«, »interessant«, »unterhaltend«, »romanhaft«, »mehr auf Unterhaltung als Belehrung«, »mehr unterhaltend als wissenschaftlich« und »belehrend«, »wissenschaftlich« und »juristisch« zieht sie durchgehend zwischen 1799 und 1805 Kleinschrod in seinen Literaturübersichten.[52] Parallel unterscheiden andere Zeitgenossen nach für die Lektüre »angenehm«, »psychologisch-ästhetisch« und »wissenschaftlich«, »juristisch«[53] oder immer noch zwischen »unterhaltend« und »belehrend«.[54] Einen Wert für »Menschenkenntnis und Rechtswissenschaft« unterscheidet man auch 1814 wieder und ebenso 1829/30,[55] wobei man nun auch hegelianisch die »eigentliche Psychologie«[56] oder spezialwissenschaftlich-kritisch »bloß moralische Reflexionen«[57] sucht bzw. findet. Feuerbach selbst trennt in seiner eingehenden Vorrede von 1828 präzise zwischen der juridischen, d.h. der »strengrichterlichen Beurtheilung« der Fälle und der allgemein-wissenschaftlichen, psychologischen.[58] Der bedeutende hegelianische Strafrechtler Abegg sekundiert: Für die gesetzliche und richterliche Beurteilung komme es »selten darauf an, wie der Gefallene zum

---

[50] Seine Ermittlungsrolle ist auch sehr begrenzt, soweit er eben nur öffentlicher Ankläger ist, vgl. die aufschlußreichen französischen Diskussionen zum Code von 1808 bei Haber: Strafgerichtliche Öffentlichkeit, S. 268–272; für den deutschen Vormärz: ders.: Probleme, S. 595f. mit den Anm., S. 606–609, mit wesentlichen Differenzierungen und Ergebnissen gegenüber dem bisherigen Forschungsstand. Begründete Kritik dazu auch schon bei Blankenburg u. Treiber: Staatsanwaltschaft.

[51] Kleinschrod: Übersicht 1805, S. 31.

[52] Vgl. die Angaben in Anm. 27.

[53] Bemerkungen 1799, S. 106, auch E. F. Klein, ebd. S. 103.

[54] Etwa Feuerbach-Rez. 1811, Sp. 425.

[55] Schirach-Rez. 1815, Sp. 1908; Feuerbach-Rez. 1814, eingangs; Feuerbach-Rez. 1829-A.L.Z., Sp. 371; Feuerbach-Rez. 1829-J.A.L.Z., Sp. 10: hier auch schon der »Jurist als solcher«; Feuerbach-Rez. 1829-Schunck, S. 1; Feuerbach-Rez. 1829-G.G.A., S. 1696; Feuerbach-Rez. 1830-G.G.A., S. 1526.

[56] Abegg: Feuerbach-Rez. 1828, Sp. 682.

[57] Feuerbach-Rez. 1829-J.A.L.Z., Sp. 12.

[58] Feuerbach: Actenmässige Darstellung, 3. Aufl., S. IVf.

Verbrechen kam, sondern daß er dazu kam. ›Du sollst nicht töten!‹«[59] Man gibt sich christlich rational. Während dann Bopp 1838 noch die »Gediegenheit und Wissenschaftlichkeit« der *Merkwürdigen Criminal-Rechtsfälle für Richter, Gerichtsärzte, Vertheidiger und Psychologen* betont,[60] schreiben Zöpfl und Zachariä dazu wenige Jahre später bereits defensiv. Die Darstellung sei zwar »sehr gefällig«, einige Fälle trügen aber »so sehr das Gepräge des Abentheuerlichen, [...] daß man geneigt seyn möchte, sie geradezu in das Gebiet der Romantik zu versetzen, wenn nicht der Name des Verfassers als eine Bürgschaft ihrer Wahrheit betrachtet werden dürfte«.[61] Ähnlich beklagt Zachariä zu große Kürze und kann sich doch »kaum des Gedankens erwehren, daß eine romanhafte Ausschmückung dazu gekommen sey«. Man dürfe daher »für die Wissenschaft bedeutende juristische Ausführungen, wie sie die Feuerbachschen, die Bauerschen u. a. Strafrechtsfälle und zum Theil auch die ersten Theile dieser Sammlung liefern, [...] in diesem Bande nicht suchen«.[62] 1841/42, also zugleich mit Tauchnitz' *Wochenblatt für Rechtsfälle,* dem ersten Bande des *Neuen Pitaval,* der *Judenbuche* der Droste-Hülshoff, aber auch schon Sues sofort übersetzten *Les mystères de Paris* (deutsch 1843), grenzt man also hier und nicht nur hier den wissenschaftlichen Wert ab gegen den romanhaften, oder man moniert mit den schon rückblickenden Worten der Scholz-Rezension von 1842

> ein, den Gränzen der juristischen Wissenschaft fremdes Interesse an der romanhaften Seite mancher verbrecherischen Handlung und ihrer Verkettung mit anderen Ereignissen [...], welches aus Criminalfällen Criminalgeschichten schuf und auch wohl diese noch in Criminalnovellen umsetzte. Eine würdigere Richtung zeichnete hierin zuerst *Feuerbach* vor, indem er die psychologische Bedeutung der verbrecherischen Handlungen vornehmlich in's Auge faßte und sie in den Mittelpunkt seiner Reflexionen stellte, nicht ohne dadurch zugleich der ganzen Darstellungsweise eine neue Wendung zu geben. Inwieweit es Späteren gelungen sei, auf dieser Bahn fortzuschreiten, diese Hervorhebung der psychologischen Seite mit Berücksichtigung der anderen Punkte, welche für den Criminalisten überhaupt von Interesse sein können, in Einklang zu bringen, [sei hier nicht zu klären. Jedenfalls könne man sich derzeit] von einem Mangel, selbst guter Schriften dieser Art, nicht ganz überzeugen.[63]

Eine gewisse Sättigung scheint erreicht.[64]

Am *Neuen Pitaval* lobt man also in dieser Linie das psychologisch und ethisch Interessante und erklärt ihn für »insofern musterhaft« oder »interessant«,[65] dagegen zugleich für wertlos für Juristen, genauer den »Juristen als solchen«, weil zu

---

[59] Abegg: Feuerbach-Rez. 1828, Sp. 676. Zu Abegg, 1796–1868, immer noch Landsberg: Geschichte, Bd. 3/2, S. 669–672.

[60] Bischoff-Rez. 1838, S. 1006 (Bopp, der Frankfurter Advokat, selbst Herausgeber von Rechtsfällen).

[61] Bischoff-Rez. 1841, S. 853f. (Zöpfl, der Heidelberger Deutschrechtler).

[62] Bischoff-Rez. 1842, S. 1655 (H. A. Zachariae, der Göttinger Straf- und Staatsrechtler).

[63] Scholz-Rez. 1842, S. 1026f.

[64] Man fühlt sich »überschwemmt«, so entschieden Christemeier-Rez. 1843, S. 744; Pitaval-Rez. 1843, S. 76 – beide in Krit.Jbb., wohl vom gleichen Rezensenten; ähnlich Graba-Rez. 1840, Sp. 342, 344.

[65] Pitaval-Rez. 1842, Sp. 676; vgl. Pitaval-Rez. 1843, S. 79.

sehr bloß Resultate, zu viel bloße Psychologie und keine streng quellenmäßigen Erzählungen gegeben würden, so der Anonymus in den führenden *Kritischen Jahrbüchern.*[66] Auch anderenorts erinnert man jetzt an den »echt juristischen Standpunkt« und kritisiert, es handele sich »oft bloß um neue Räuberromane ... Criminalromane« mit Fällen, die »zugestutzt oder erdichtet«[67] seien. Auch Osenbrüggen hält dann 1855 die Kategorien ›nüchtern, trocken, logisch, juristisch‹ gegenüber ›künstlerisch, mit »schönem Colorit« fest und verschiebt nur die Sympathien in Richtung »lebensfrische Juristen« – und das hieß ihm Notwendigkeit von Psychologie.[68] Auf diese Weise gerät das Thema schließlich in den ewigen Topos ›Jurisprudenz-Leben‹.[69]

Die Juristen legen also stets Wert auf die grundsätzliche Selbständigkeit des juristisch-strafrechtlichen Urteils, das für sie vom geltenden Strafrecht und Strafverfahren abhängt.[70] Dabei werfen sie aber immer wieder Blicke über diese Grenze und wissen um das Verschwimmen der Randkonturen. Auch jenseits der juristischen Grenzen bevorzugen sie authentisch-wirkliches Material und bekräftigen damit ein praktisches Verwendungsinteresse. Diesen Kategorien folgt auch noch der an sich recht nebulös-pauschale J. Stern, wenn er das »in sich Wahre« und den »bleibenden Kern« echter Dichtung mit großer Geste als wesentlich für die Strafrechtswissenschaft erklärt.[71] Auch noch 1927 lebt in dem Plädoyer des berühmten Weimarer Strafverteidigers Max Alsberg für Kriminalfalldarstellungen, die »das Herz der Dinge klopfen hören«, und für deren juristischen Wert als »Bildungsmittel auf dem Gebiet der praktischen Psychologie« die alte Formel vom psychologischen Wert fort.[72] Rund 100 Jahre nach Feuerbachs rationalistischem Ideal von der psychologischen Berechnung der menschlichen Natur und der Begründung der wissenschaftlichen Kriminalpsychologie durch Friedreich und v. Weber gibt Alsberg dem freilich die zeitgemäß neue Wendung: »die Psychologie, deren der Jurist wie der Historiker, der Dichter, der Staatsmann, der Publizist bedarf«, könne n i c h t naturwissenschaftlich gelehrt, sondern nur praktisch ge-

---

[66] Pitaval-Rez. 1843, bes. S. 77, auch 79. Die Deutlichkeit wurde provoziert durch den Anspruch des Pitaval-Vorworts zu Bd. 1, man sehe gerade einen Wert für Juristen (vgl. ebd.). Vgl. aber schon 1829 (s. Anm. 55).

[67] Huss-Rez. 1843 (Schletter), S. 159; Christemeier-Rez. 1843, S. 744.

[68] Osenbrüggen: Präsumtionen, S. 128, 136.

[69] In dieser etwas banalen Form sind schon viele konkrete Reformen und Kritiken verschwunden, spätestens seit der sog. Historischen Schule, vgl. für das 19. Jh. die Belege und weiteren Nachweise bei Rückert: Savigny, S. 84f.; später berufen sich darauf Freirechtsschule, Nationalsozialismus, Naturrecht u. a. Richtungen. Vgl. zum Thema jüngst den eleganten Überblick von Wieacker: Formalismus.

[70] Das zeigt sich parallel auch am Verhältnis zur Kriminologie (Grundlagenwissenschaft oder Hilfswissenschaft?), dazu ein guter historischer Überblick bei Lüderssen: Kriminologie, S. 201–219.

[71] Stern: Über den Wert, S. 155, 156.

[72] Alsberg: Robert-Vorwort, S. 9. Vgl. zu Alsberg, 1877–1933, bei Kleinheyer u. Schröder: Juristen, S. 321.

übt werden. Denn hier gehe es um eine »Motivwelt, die unseren Blicken sonst vielfach verschlossen ist«, um »romantische und irrationale Elemente«.[73]

Bemerkenswerte Konstanz der großen Kategorien bei einigem Wandel im Grad der Offenheit und durchaus verschiedenen Bildern von dem »Unjuristischen« jenseits der Grenzen kennzeichnen also die Position der Fallgeschichten zwischen ›juristisch‹ und ›unjuristisch‹.

4. Akzente in der Zeit

Neben diesen drei durchgehenden Relationen zwischen Jurisprudenz und Fallgeschichte fallen einige weitere Aspekte auf, die jeweils mehr vorübergehende Konjunktur haben.

4.1. Fallgeschichten als Reformargument und Fallpsychologie als Rechtspolitik bis ca. 1814

Im späten 18. Jahrhundert entdeckt man mit zeittypischem Engagement die rechtspolitische Seite der Fallgeschichten. Im *Archiv des Criminalrechts* spricht es der Anonymus von 1799 spätaufklärerisch aus:

> Auch der Rechtsgelehrte sammelte längst schon merkwürdige Fälle, aber nur für den – Richter und Sachführer, zur Erläuterung der positiven Jurisprudenz [...]. Mängel und Lücken der Gesetzgebung zu zeigen, zur Berichtigung und Erweiterung der Gesetzgebung etwas beyzutragen, kurz, dem Gesetzgeber vorzuarbeiten, daran dachte man nicht; man war, wie es scheint, zu sehr für das Positive eingenommen, um Lücken und Mängel desselben auch nur für möglich zu halten; man rückte an den alten Stützen, und vergaß darüber an neue Pfeiler zu denken.[74]

In diesem Sinne heißt es hier sogar:

> Criminalfälle sind also doppelt interessant, weil die peinliche Gesetzgebung von ihrer Vollkommenheit noch so sehr weit entfernt ist, und mit dem sich verändernden Genius des Volks, der in Criminalfällen erkennbar wird, vernünftige Reformen erwartet.[75]

Das Interesse an Fallgeschichten für die »Politik der Gesetze«[76] zeigt hier also einen Ausschnitt aus der lebhaften empirisch-wissenschaftlichen Strafrechtsreformdebatte, in der Grolman im gleichen Jahre *Über die Begründung des Strafrechts und der Strafrechtspflege* schrieb, und Feuerbach über *Die Revision der Grundbegriffe des peinlichen Rechts*.[77] Ganz in dieser Linie und erfüllt von seiner

---

73 Ebd. S. 9f.
74 Bemerkungen 1799, S. 95 (eingangs).
75 Ebd. S. 104.
76 Ebd. S. 106. Vgl. für die parallele literarische Szene schon Schönert: Ausdifferenzierung, S. 107f. und deutlicher noch die Ergebnisse von Dainat, in diesem Band S. 193–204.
77 Vgl. dazu den Abschnitt »Die Aufklärung« bei Schmidt: Einführung, S. 212ff., und bei Rüping: Grundriß, S. 54ff., sowie, bes. klar, bei Tarello: Storia, S. 383ff. Die ungeheure

Aufgabe als »königlich-bayerischer wirklicher geheimer Staats-Referendär des Ministerii der Justiz, und Mitglied der Gesetzcommission«[78] publiziert Feuerbach 1808 seine *Merkwürdigen Criminal-Rechtsfälle*, deren rechtspolitischen Zweck als Reformbelege die Rezensenten sofort erkennen. Auf nicht weniger als 27 Spalten gibt die A.L.Z. schon im gleichen Jahr eine kongeniale Diskussion des einmaligen Werts der Sammlung »als philosophische Darstellung von Criminal-Fällen« und stellt sie in eine Linie mit dem preußischen Reformator E. F. Klein,[79] der

> sich zuerst zu einer höheren Ansicht erhoben habe. Er richtete den Blick nicht bloß auf das Gesetz, sondern vorzüglich auf den Menschen, auf sein früheres Leben, auf seine Umgebungen, auf die nahen und entferntern Triebfedern seiner Handlungen, nicht etwa bloß zur Begründung der rechtlichen Imputation – denn diese muß aus der isolirten und nackenden That selbst hervorgehen – sondern damit die Erfahrung eine Schule der Weisheit und Humanität für die Gesetzgebung werde.[80]

Empirisch verankerte Philosophie leitet also hier die Rechtspolitik an und daher wird gefordert: »Eine echt wissenschaftlich Sammlung von Criminalfällen soll daher nichts anders seyn, als das psychologische Urkundenbuch zum Belege einer philosophischen Theorie«.[81] Insofern lasse Feuerbach »nichts zu wünschen übrig«.[82] Obgleich Mittermaier diese Tradition fortführt[83] und dieser Aspekt bis zu Stern 1906 nicht völlig verloren geht, hat er in der Gesetzgebungspolitik vor 1814 eine unübertroffene und auch vor 1871 (Reichsstrafgesetzbuch) nicht annähernd

---

Breite der Debatte erschließt schon ein Blick in den langen Abschnitt »Criminalpolitik« bei Böhmer: Handbuch, S. 180–310 (!). Ebd. S. 88–125 kann man auch die lebhafte Gesetzgebungstätigkeit verfolgen; S. 32–34 und 522–526 findet man die erwähnten und andere »Revisions«-Titel. In der *Bibliothek für die peinliche Rechtswissenschaft und Gesetzkunde*, dem Organ der Reformer Almendingen, Grolman und Feuerbach, schreibt Almendingen 1800 in diesem rechtspolitischen Sinn »Criminalgeschichten«, s. ders.: d'Anglade, S. 285, und ders.: Monbailli, S. 328f.

78 So das Titelblatt. Feuerbachs erster Strafgesetzbuchentwurf erschien dann 1810, das fertige berühmte *Strafgesetzbuch für das Königreich Baiern* 1813; aufschlußreiche knappe Charakteristik bei Böhmer: Handbuch, S. 121f. Vgl. außerdem unten (S. 635–650) meine Überlegungen zum Thema ›Verfachlichung‹.

79 1743–1810, Verfasser des strafrechtlichen Teils des wichtigen *Allgemeinen Landrechts für die Preußischen Staaten* von 1794. Vgl. dazu die Angaben bei Kleinheyer u. Schröder: Juristen, S. 336. Vgl. zum Thema Rechtsfälle Kleins Zusätze zu Bemerkungen 1799, S. 97–99 u. 103 (in den Fn. jeweils) und Klein: Theorie/Praxis, S. 2f., 6.

80 Feuerbach-Rez. 1808, Sp. 602f.

81 Ebd. Vgl. oben bei Anm. 46 die ähnliche Haltung von 1799, wenn auch jetzt etwas »philosophischer« formuliert wird.

82 Ebd., Sp. 603. Parallele Betonung des rechtspolitischen Interesses in Feuerbach-Rez. 1809, Sp. 137f.; Feuerbach-Rez. 1811, Sp. 425. 1815 gibt Tittmann, ein führender sächsischer Strafrechtler, 1775–1834, Urteilssprüche heraus und sieht »hauptsächlich auf ihr Interesse für den Gesetzgeber«, Tittmann: Vorträge, Vorrede.

83 C. J. A. Mittermaier, 1787–1867, der Feuerbachschüler und Heidelberger, fast universal tätige »Germanist«, vgl. den Art. bei Kleinheyer u. Schröder: Juristen, S. 177–180, und bes. die dort nachgewiesenen Arbeiten von Lüderssen. Eine neue, etwas platte Version bietet Rutenberg 1874, der auf dem legislatorischen Gebiet einen »edlen Zweck« für den »Criminalroman der Zukunft« finden und ihm eine Art »Belehrung über das Rechtsbewußtsein der Zeit« aufgeben will (S. 311).

wieder erreichte Konjunktur. Gesetzgebungspolitik bediente sich im späteren 19. Jahrhundert längst anderer Argumente als einer philosophischen Theorie, mochte sie auch empirisch gesättigt sein.

4.2. Fallpsychologie als Beitrag zur allgemeinen Menschen- und Seelenkenntnis um 1828/29

1828/29, als die zweite Auflage der Feuerbachschen Sammlung wieder eine Reihe von Reaktionen auslöst, zumal sie nun von einer selbstinterpretierenden ausführlichen Vorrede begleitet ist, scheinen zunächst nur Nuancen verschoben. Aber während bis 1814 die Fallgeschichte vor allem empirisch-philosophische Fundamente für eine richtige Strafrechtspolitik liefern sollte, betont man jetzt ihren Wert für eine ganz allgemeine »Menschen- und Seelenkenntnis« (Feuerbach) oder gar für eine »eigentliche Psychologie« als »Lehre vom Geiste« (Abegg), die im Gegensatz zu einer bloß empirischen Anthropologie »den Geist als solchen auch in der Einheit seiner Thätigkeiten [...] nimmt«.[84] In beiden Versionen sucht man sehr idealistisch die »in den geheimen Falten der Seele verborgenen Keime der Verbrechen« und meint dabei, »die Natur selbst« zu fassen, die »geheimsten Tiefen«, die »letzten Gründe einer Begebenheit« (Feuerbach) oder eben hegelianisch »das höhere waltende Princip der Nothwendigkeit«.[85] Diese höheren Erkenntnisse will Feuerbach ausgerechnet der »eindringenden Sonde des untersuchenden Richters« besonders verdanken.[86] Während die »vollständigste Geschichtserzählung uns über die letzten Gründe einer Begebenheit, über die wahren Motive der handelnden Spieler oft genug unbefriedigt« lasse, enthülle »der umständlichere Rechtsgang [...] die geheimen Bewegursachen menschlicher Handlungen weit mehr«, entdecke »oft ein Criminalproceß das Innerste der Gedanken« und bringe »das versteckteste Gewebe der Bosheit an den Tag« – Schiller wird wieder wörtlich aktuell.[87]

Obwohl Feuerbach 1828/29 schreibt, diese allgemeinwissenschaftliche Seite von Kriminalfällen habe »seine Neugier immer am meisten«[88] angezogen, akzentuiert er sie jetzt doch besonders, und der »denkende, zumal für die Gesetzgebungswissenschaft arbeitende Rechtsgelehrte« ist nur noch einer unter anderen, nämlich den Seelenforschern, den Gerichtsärzten, den Moralisten, den Pädagogen und »selbst demjenigen, der nur geistige Unterhaltung sucht«, die er nun ansprechen will.[89] In diesem Sinne hat Feuerbach nun auch seine Fälle neu sortiert und geordnet, und man bemerkt mit Recht, »daß der Herr Verfasser vorzugsweise dasjenige

---

84 Feuerbach: Actenmässige Darstellung, 3. Aufl., Vorrede, S. V; Abegg: Feuerbach-Rez. 1828, Sp. 682.
85 Feuerbach, ebd.; Abegg, ebd. Sp. 681.
86 Feuerbach, ebd. S. VI. Er denkt natürlich an einen unabhängigen, unparteiisch-nüchternen Richter, wie etwa auch das in Bemerkungen 1799, S. 107ff. am Fall entwickelte Bild.
87 Feuerbach, ebd. S. VI mit Schiller. Hervorhebung von mir.
88 Feuerbach, ebd. S. IV. Hervorhebung von mir.
89 Ebd. S. VIf.

hervorgehoben und erläutert hat, was die einzelnen Fälle in Bezug auf psychologische Wahrnehmung bezeichnet.« Deswegen überwiege auch »hauptsächlich das Verbrechen des Mordes und der Tödtung – da dieses so reich an psychologischen Seiten ist«.[90] Die Rezensionen vermerken diesen neuen Akzent durchweg.[91] Feuerbachs Ansprüche wurden sublimer und damit auch rechtspolitisch und juristisch unverbindlicher. Des optimistisch-klaren Schemas für die Verwendung von Fallgeschichten, das bis ca. 1814 vor allem auf Strafrechtsreform gezielt hatte, konnte man offenbar nicht mehr sicher sein.

Jedenfalls versuchen drei Konkurrenten sofort, den Freiraum zu nutzen: Erstens die hegelianische Strafrechtsphilosophie, zweitens die junge Wissenschaft der empirischen Kriminalpsychologie und drittens die immer schon skeptischen »Juristen als solche«. Die Juristen kritisieren den »neuen« Feuerbach als nun doch etwas »romanhaft«, und sogar Abegg moniert, daß die »häufig doppelten Überschriften der Rechtsfälle zu sehr an manche Erzählungen und Novellen im neuen Geschmack erinnern«.[92] Der Hegelianer Abegg findet Feuerbach aber, wie erwähnt, im ganzen auf dem richtigen, nur noch zu unphilosophischen Wege. Die Stimme aus der empirischen Kriminalpsychologie drängt sich geradezu buchstäblich in die Diskussion, denn die J.A.L.Z. veröffentlicht z w e i Rezensionen, »die erste von einem berühmten Criminalisten, die zweyte von einem Philosophen verfasst«.[93] Der Philosoph ist aber »Psycholog«, und er »gesteht, daß er mit einem sehr getheilten Gefühle die Anzeige dieses Werkes unternimmt«.[94] Was Feuerbach in seiner Vorrede rühmt, nämlich das Glück seines Werks selbst in den Boudoirs der eleganten Lesewelt, scheint diesem Rezensenten sehr zweideutig. Denn, wie er sich dann aufrafft, es deutlich auszusprechen:

> Kurz es genügen nach dem heutigen Stande der Wissenschaft, und besonders der Criminalpsychologie, nicht mehr moralisirende Reflexionen, bloß allgemeine, oberflächliche Bemerkungen über das menschliche Herz und die verborgenen Tiefen seiner Leidenschaften usw. Nicht mehr genügt eine bloß historische äußere Darstellung im Gewande schöner beredter Diction, für die sich auch gern im Grauen der Mörder- und Raub-Geschichten ergötzende Leswelt, oder auch bloß für eine moralisch-psychologische Betrachtung. – Es soll nach diesem Geständnisse des Rec. dem vorliegenden Buche sein Werth unbenommen bleiben. Nur aber dürften mit Recht an dasselbe wissenschaftliche Ansprüche gemacht werden, die unerfüllt geblieben sind. Es ist auch nichts Leichtes, solche Anforderungen zu befriedigen. Sie liegen in dem gerechten Wunsche, daß bey solchen Bearbeitungen sich gediegene Menschenkenntnis, tiefe wissenschaftliche Kunde, freier philosophischer Blick und vor Allem gründliche psychologische und physiologische Forschung vereinigen mögen.

---

90 Feuerbach-Rez. 1829-G.G.A., S. 1695.

91 Vgl. Feuerbach-Rez. 1828, Sp. 676; 1829-Berl.Jbb., Sp. 774; 1829-A.L.Z. Sp. 370f.; 1829-Schunck, S. 8; 1829-J.A.L.Z., Sp. 10; 1830-G.G.A., S. 1525f.

92 Abegg: Feuerbach-Rez. 1829-Berl.Jbb., Sp. 774; vgl. die (vorsichtigen) Hinweise auf ›unterhaltende‹ Elemente und besonderen Wert für ›Gebildete‹: Feuerbach-Rez. 1829-J.A.L.Z., Sp. 10; 1829-G.G.A., S. 1696.

93 Feuerbach-Rez. 1829-J.A.L.Z., Sp. 9, Anmerkungen.

94 Ebd. Sp. 12, dort auch das folgende Zitat.

Und der Rezensent schließt:

> Allgemeine oberflächliche, psychologische Bemerkungen, die wir so viele in diesem Buche finden, stiften einen unheilbaren Schaden in der gerichtlichen und gerichtsärztlichen Beurteilung [...] wenn doch der Rechtsgelehrte, der an sich seine großen Verdienste um die Legislation haben mag, nicht immer auch der gründlichste Seelenlehrer seyn wollte! [...] es ist daher in Bezug auf die Fortsetzung obigen Werkes zu wünschen, daß der Verfasser in eine gründlichere Behandlung eingehen, und nicht alles, was die neuere Literatur und Naturforschung mit sich bringt, so schnurstracks und cavalièrement von der Hand weisen möge. [...] Wir haben hier unsere Überzeugung, unsere Ansicht darlegen wollen über die wahre wissenschaftliche Behandlung eines Gegenstandes, von der die Vervollkommnung der Criminalgesetzgebung, die würdige und gründliche Einsicht in die Psychologie und zugleich so nothwendige Erforschung physiologischer Momente abhängt.[95]

Die Bedingungen für die Verwendung von Fallgeschichten haben sich offenbar stark verändert. Die Ansprüche einer noch philosophisch genannten, aber schon empirisch verfahrenden Psychologie werden deutlich formuliert. Auch die Juristen wollen sich wieder deutlicher emanzipieren und selbst die zeitgemäß hegelianisch philosophierenden wollen vor allem über Feuerbachs Ansätze hinaus ›wissenschaftlich‹, ›eigentlich-psychologisch‹ sein. Während sich mit Feuerbachs literarischer Zweitauflage also Fallgeschichte und Jurisprudenz besonders nahe zu kommen scheinen, bedeutet der neue universale Akzent in Wahrheit doch eine Distanzierung,[96] da er die Fallgeschichte teils an Konkurrenten ausliefert, teils zur Besinnung auf die wirklichen Fachgrenzen herausfordert. Diese Besinnung auf das wissenschaftlich Haltbare an der Verwendung der Fallgeschichten bringt aber gleichzeitig Raum für eine neue Konjunktur literarischer Fallgeschichten nicht so wissenschaftlichen Anstrichs. Das wird schon 1830 sichtbar und bestätigt sich in den Titelfrequenzen dieses Genres.[97] In dieser Linie verwundert es dann nicht, wenn noch 1840 gleichzeitig die romanhaften Fallgeschichten zunehmen und die Juristen eine Überschwemmung damit beklagen.[98]

4.3. Fallgeschichten als bloße Fallgeschichten

Die Abgrenzung des Juristischen und Unjuristischen an den Fallgeschichten bildete, wie schon dargelegt, ein ständiges Thema. Einen besonderen Akzent dazu bringen die vierziger Jahre. Hier kommt es zu Abgrenzungen der Juristen gegen alles Externe, wie Psychologisches, Allgemein-Menschliches, Philosophisches und

---

[95] Ebd. Sp. 14f., 16.

[96] Vgl. Schönert: Ausdifferenzierung, S. 111, der von »unzeitgemäßer Einheit der Juristen- und Literatenrolle« spricht. 1808/09 schrieb Feuerbach noch zeitgemäßer – unter gemeinsamem rechtspolitischen Aspekt, s. o. bei Anm. 78. Daß Feuerbach keine Praxis gehabt habe (Schönert, ebd.), trifft für 1828/29 nicht mehr zu, und sein Erfolg gründet wohl auf der Verbindung von großem juristischem Namen, Empfänglichkeit des Publikums für »moralisierende Reflexionen« und seinen psychologisch-philosophischen Ansprüchen frei von genauerem empirischem ›Ballast‹.

[97] Schönert: Ausdifferenzierung, S. 99.

[98] Dazu oben bei Anm. 63 u. 64.

Romanhaftes, schlicht gegen die Welt der »Leselust des Leihbibliotheken-Publicums«, wie man sozial differenzierend hinzufügt.[99] Der »Jurist als solcher« wird wörtlich gerade in der Pitaval-Rezension von 1843.[100] Und diesmal vermeidet man nicht nur das Romanhafte, bloß Unterhaltende, sondern zugleich auch Rechtspolitik und Rechtsphilosophie, anders als etwa noch der Anonymus von 1799, Kleinschrod 1805 oder Feuerbach und Abegg 1828/29.[101] Damit werden zwar nicht neue Rollen erfunden, denn die bloß juristische Orientierung hat es immer schon gegeben, aber die Gewichte werden verschoben, und neue Distanzen und neue Nähen entstehen. Zusammenhänge mit der gleichzeitigen Betonung der richterlichen Gesetzesbindung in der neuen Strafgesetzgebung liegen nahe. Die Fallgeschichte wird zur bloßen Fallgeschichte, deren Brauchbarkeit sich für den Juristen nicht mehr so leicht herstellt.

4.4. Fallgeschichten als populäre Rechtsvermittlung

Dieser Aspekt tritt seltener auf und mehr als Hinweis und Forderung denn als Realität und Durchführung.[102] Die Fallgeschichte kann auch populärer Rechtsvermittlung dienen, sie soll dann das allgemeine Interesse am Recht fördern, das gegebene Recht apologetisch-aufklärend vermitteln. Sie soll die Rolle der aufklärerischen Rechtskatechismen fortführen.[103]

Aber man sieht zugleich, daß dafür Öffentlichkeit und Mündlichkeit und allgemeines Interesse an den juristischen Institutionen Voraussetzung wären, Voraussetzungen, die freilich in Deutschland »unterentwickelt seien«. Nicht ohne Scharfsinn und nicht zufällig in der verfassungspolitisch belebteren Atmosphäre der 1840er Jahre stellt ein anonymer Rezensent diesen Zusammenhang her:[104]

> Es ist naturgemäß, daß sich im östlichen und nördlichen Deutschland der Sinn für peinliche Processe seit Jahrhunderten verloren hat, daß er in einzelnen Districten, wo nie eine öffentliche Gerichtsbarkeit bestanden, auch nie vorhanden gewesen ist. Die Theilnahme, welche berühmten Processen auch bei uns gewidmet wird, hat theils einen ganz anderen Charakter, indem sie aus der rätselhafthen Lust am Grauenvollen, in edleren Gemüthern aus psychologischen und ethischen Interessen ihren Ursprung nimmt, theils ist sie auch ein Beweis für die unabweisbare Wahrnehmung des allgemeinen Strebens nach öffentlichem Criminalprozeß.

---

[99] Christemeier-Rez. 1843, S. 744.

[100] Pitaval-Rez. 1843, S. 77 u. 79; vgl. aber schon ebenso Feuerbach-Rez. 1829-J.A.L.Z., Sp. 10, obgleich noch ohne die spätere etwas polemische Note.

[101] Vgl. Abschnitt 4.1 (bei Anm. 74ff.). Ein spätes Beispiel aufklärerisch-rechtspolitischer Haltung gibt der liberale Jagemann (Erläuterung, 1839). Er will durch »merkwürdige Criminalfälle« noch und wieder »bessern und heilen« (S. 201) und »Material zu einer neuen Gesetzgebung« (ebd.) liefern.

[102] Für die Spätaufklärung würde ich Belege vermuten, kann aber derzeit keine angeben.

[103] Vgl. die Titel bei Böhmer: Handbuch, S. 530–535: »Lehrbücher für das Volk« (für Strafrecht, also von den übrigen abgesehen), z. B.: Von Strafen bürgerlicher Verbrechen. Ein Unterricht für Gerichtsherren und Untertanen. Frankfurt und Leipzig 1790; K. L. Baurittel: Strafrechts- Katechismus vorzüglich zum Gebrauch in Sonntags-Schulen verfaßt. Heidelberg 1807. Vgl. noch unten S. 635ff. u. 639ff. im Beitrag ›Verfachlichung‹.

[104] Pitaval-Rez. 1842, Sp. 676 (B.L.Z.)

Der *Neue Pitaval* nehme nun

> vorzugsweise die Theilnahme in Anspruch, welche auf rein menschlichen und psychologischen Elementen beruht, die einzige Theilnahme, welche der bei weitem größere Theil Deutschlands Strafrechtsfällen zu widmen vermag. Denn das Interesse am Recht, das Bewußtsein von der nationalökonomischen und socialen Wichtigkeit jedes bedeutenderen Falls sind in Deutschland entweder unentwickelt oder verdunkelt.

Daß Kriminalgeschichten also »den Sinn für öffentliche Formen der Strafgerechtigkeit zu wecken und zu befestigen«[105] geeignet seien, dieser Gedanke und diese Hoffnung entstammen offenbar ganz einem schon vormärzlichen Milieu, das aufklärische Forderungen wieder deutlicher hervortreten läßt.[106] Nicht mehr Wissenschaft und Jurisprudenz, Seelenkundler und Gerichtsärzte, Pädagogen und unterhaltungswillige Gebildete werden damit angesprochen, sondern der politisch interessierte Bürger in all diesen Figuren. Nach 1850 übernimmt ein Teil der Kriminalromane dieses Anliegen in trivialisierter Form, und noch Stern versäumte dann 1906 nicht, »die Kunst zur Verbreiterin und Vermittlerin der Wissenschaft«[107] zu empfehlen, nun freilich in wissenschaftsfördernder Absicht und nicht, um den Sinn für öffentliche Formen zu wecken und zu befestigen.

4.5. Gerichtsreportagen oder: die neue Fallgeschichte

Als die im ganzen frühen 19. Jahrhundert geforderten verfassungspolitischen Institutionen öffentlicher Strafrechtspflege dann im Deutschland der 1850er Jahre verwirklicht werden,[108] tritt auch die dazugehörige Version von Fallgeschichte auf: die Gerichtsreportage. 1857 vermerkt ein Beobachter:

> Wie in Preußen so begann auch in Bayern mit der Öffnung der Gerichtssäle eine neue Epoche in der periodischen Strafrechtsliteratur.[109]

Das Wort von der neuen Epoche galt nicht nur für die Strafrechtsliteratur, sondern auch für die neue Form der Fallgeschichte, die Gerichtsreportage.[110] 1845 hatte man noch erfolglos versucht, solche Reportagen aus Frankreich zu importieren. Die Zeitschrift *Gerichtshalle. Sammlungen merkwürdiger Rechtsfälle aus neuester Zeit,* erklärt der Rezensent in den *Kritischen Jahrbüchern,* lasse sich

> als eine Sammlung criminalistischer Novellen [...] schon deshalb nicht ansehen, weil die Mitteilung im vorliegenden Hefte die sämmtlichen Zeugenverhöre usw. wortgetreu enthält und keineswegs den Proceß in einer erzählenden Form referirt, vielmehr aus den

---

[105] Ebd.

[106] Vgl. von literarischer Seite für die Präsenz der Aufklärung: Sengle: Biedermeierzeit. Bd. 1, S. 41–43, 114–117, 404f. Für die Rechtsgeschichte etwa den Überblick von Coing (Handbuch. Bd. 3/1, S. 3–16; für das Strafrecht die Angaben oben Anm. 101); für eine Durchführung an einem insoweit typischen Juristen: Rückert: A. L. Reyscher, vgl. Register unter ›Aufklärung‹.

[107] Stern: Über den Wert, S. 170.

[108] Vgl. dazu Schmidt, Rüping und näher Haber.

[109] Walther: Criminalliteratur, S. 431.

[110] Vgl. dazu näher Hennig, in diesem Band S. 349–367, sowie K. Imm u. J. Linder in den Unterlagen zur Vorbereitung des Hamburger Kolloquiums.

stenographischen Niederschriften, welche bei den öffentlichen Verhandlungen von den dazu beauftragten Correspondenten französischer Zeitungen aufgenommen und in letztern wieder abgedruckt worden waren, entnommen worden zu sein scheint.[111]

Diese »Sammlung merkwürdiger Rechtsfälle« hatte denn auch kein langes Leben.[112]

5. Zusammenfassung und Ergebnisse

Es gibt also viele juristische Wege zur Fallgeschichte. Immer wieder wird sie als historisches Zeugnis verwendet (Abschnitt 3.1) oder als Material zur Erläuterung des positiven Rechts (Abschnitt 3.2). Das Juristische und Unjuristische an den Fallgeschichten (Abschnitt 3.3) hat man dauerhaft im Blick.

Sieht man auf die zeitlichen Akzente, so verwendet man zunächst, bis etwa 1814, die Fallgeschichten gerne als rechtspolitisches Reformargument (Abschnitt 4.1), Ende der 1820er Jahre akzentuiert man ihren Wert für die allgemeine Menschenkunde oder eine philosophische Psychologie (Abschnitt 4.2). Etwas distanzierend, als bloße Fallgeschichten, sehen sie dann die Juristen der 1840er Jahre (Abschnitt 4.3), während daneben schon der Gedanke auftaucht, sie als Instrument populärer Rechtsvermittlung einzusetzen (Abschnitt 4.4) und die ganz neue Form der Gerichtsreportage allmählich auf den Plan tritt (Abschnitt 4.5).

Der Umgang mit Fallgeschichten kann also sehr verschiedene Formen annehmen, und es ist mir wichtig, diese wenigstens angedeutet zu haben. Sicherlich sind damit noch nicht alle Möglichkeiten erfaßt. Juristenausbildung und Juristenpraxis zeigen besonders im Strafrecht, aber nicht nur hier, eine ständige Berührung mit der literarischen Fallgeschichte. Dabei herrschen die drei genannten durchgehenden Aspekte vor, die fünf zeitbedingten Aspekte kommen hinzu. Diese konkreten Begegnungsmöglichkeiten gehen doch um einiges über die bisher abstrakt wahrgenommenen hinaus. Die Quellen zeigen viel und keineswegs nur die Normkonkurrenz von poetischer und juristischer Gerechtigkeit. Der Begegnungsprozeß »verläuft nicht linear«,[113] und dies erstaunt nicht bei einem Gegenstand, wo der »Zudrang leselustiger Criminalisten, Juristen und Nichtjuristen ... so zahlreich« war, daß ein Rezensent »nur mit Mühe den längeren, ruhigen Gebrauch« seines Feuerbach-Exemplars »erlangen konnte«.[114]

---

[111] Gerichtshalle-Rez. 1845, S. 937.

[112] Vgl. den Eintrag bei Kirchner: Bibliogr. d. Zs. Bd. 2, Nr. 8712 (Gerichtshalle. Sammlung merkwürdiger Rechtsfälle aus älterer und neuester Zeit. Bd. 1–3. Frankfurt/M.: Oehler 1847–48) mit fast gleichem Titel und gleichem Verlag, offenbar das Nachfolgeorgan des im Text erwähnten Titels 1845.
Der Nachweis in Bibliotheca Juridica, Suppl. 1, S. 80, nennt ebenfalls 1847. 1848, aber den hier rez. Teil mit Datum 1847. Da die Rez. 1845 nur Heft 1 gilt, erschien offenbar der Gesamtband 1 mit Titelblatt 1847 erst 1847.

[113] K. Imm u. J. Linder in den Unterlagen zur Vorbereitung des Hamburger Kolloquiums.

[114] Feuerbach-Rez. 1830-Schunck, S. 142.

Literaturverzeichnis

Im Verzeichnis sind die zahlreichen Periodika und Rezensionen unter (b) und (c) separat aufgeführt.

(a) *Darstellungen*

Ludwig Harscher von Almendingen: d'Anglade. Eine französische Criminalgeschichte aus dem Ende des 17. Jahrhunderts. In: Bibliothek für die peinliche Rechtswissenschaft 2 (1800) H. 1, S. 283–327.

Ders.: Monbailli. Eine französische Criminalgeschichte aus dem letzten Drittheil des zu Ende gehenden Jahrhunderts. Aus Voltaire übersetzt. In: Bibliothek für die peinliche Rechtswissenschaft 2 (1800) H. 1, S. 327–349.

Max Alsberg: Vorwort. In: Henri Robert: Die großen Prozesse der Weltgeschichte. Berlin: Stilke 1928, S. 7–26.

Uwe Bake: Die Entstehung des dualistischen Systems der Juristenausbildung in Preußen. Diss.jur. Kiel 1971.

Anton Bauer: Anleitung zur Criminalpraxis. Göttingen: Vandenhoeck 1837.

Bemerkungen über Rechtsfälle und die zweckmäßige Bearbeitung derselben, von A., nebst einigen Bemerkungen von Klein. In: Archiv des Criminalrechts. Bd. 2, Heft 2 (1799), S. 95–135.

Albert Friedrich Berner: Lehrbuch des deutschen Strafrechts. Leipzig: Tauchnitz, 1. Aufl. 1857, 5. Aufl. 1871, 9. Aufl. 1877, 18. Aufl. 1898.

Georg Beseler: Zur Beurteilung der sieben Göttinger Professoren und ihrer Sache. In Briefen. (Rostock 1838). In: G. B.: Erlebtes und Erstrebtes. 1809–1859. Berlin: Hertz 1884, Anlage 5.

Bibliotheca Iuridica oder Verzeichnis aller brauchbaren, in älterer und neuerer Zeit, besonders aber vom Jahre 1750 bis zur Mitte des Jahres 1839 erschienenen Werke über alle Teile der Rechtsgelehrsamkeit und deren Hilfswissenschaften. Von neuem gänzlich umgearb. 2. Aufl. von W. Engelmann. Leipzig: Engelmann 1840.

Dass.: Supplement-Heft 1, 2 und 3 (für 1839–1848, 1849–1867, 1867–1876). Leipzig: Engelmann 1848. 1867. 1877.

Karl Binding: Handbuch des Strafrechts. Bd. 1. Leipzig: Duncker u. Humblot 1885.

Erhard Blankenburg u. Hubert Treiber: Die Einführung der Staatsanwaltschaft in Deutschland. Eine Kritik der These von der ›Aktivierung‹ der Rechtsidee im ›Strafprozeß‹. in: Leviathan 6 (1978), S. 161–175.

Wilhelm Bleek: Von der Kameralausbildung zum Juristenprivileg. Studium, Prüfung und Ausbildung der höheren Beamten des allgemeinen Verwaltungsdienstes in Deutschland im 18. und 19. Jahrhundert. Berlin: Colloquium 1972.

Georg Wilhelm Böhmer: Handbuch der Litteratur des Criminalrechts in seinen allgemeinen Beziehungen, mit besondrer Rücksicht auf Criminalpolitik nebst wissenschaftlichen Bemerkungen. Göttingen: Dieterich 1816; ND Amsterdam: Editions rodopi 1970.

Ulrich Broich: Von Inspektor Field zu Sherlock Holmes. Die englische Detektivliteratur nach 1850 und die historische Realität. In: Literatur und Kriminalität. Hg. von Jörg Schönert. Tübingen: Niemeyer 1983, S. 135–154.

Franz Bydlinski: Juristische Methodenlehre und Rechtsbegriff. Wien u. New York: Springer 1982.

Helmut Coing (Hg.): Handbuch der Quellen und Literatur der neueren europäischen Privatrechtsgeschichte. Bd. 3: Das 19. Jahrhundert. Teilbd. 1. München: Beck 1982.

Ralf Dreier: Zum Selbstverständnis der Jurisprudenz als Wissenschaft. (1971). In: R. D.: Recht-Moral-Ideologie. Studien zur Rechtstheorie. Frankfurt/M.: Suhrkamp 1981 (= stw 344), Seite 48–69.

L'educazione giuridica. Bd. 2: Profili storici. Hg. von Università degli Studi di Perugia. Consiglio Nationale delle Ricerche. Perugia 1979.

Paul Johann Anselm Feuerbach: Lehrbuch des gemeinen in Deutschland gültigen Peinlichen Rechts. Mit vielen Anmerkungen und Zusatzparagraphen und mit einer vergleichenden Darstellung der Fortbildung des Strafrechts durch die neuen Gesetzgebungen. Hg. von C. J. A. Mittermaier. 14. sehr vermehrte u. völlig umgearb. Originalausgabe. Gießen: Heyer 1847.

Ders.: Aktenmäßige Darstellung merkwürdiger Verbrechen. 3. unveränd. Aufl. Mit einer Einleitung von C. J. A. Mittermaier. Frankfurt/M.: Heyer 1849.

Heinrich Gehrke: Die privatrechtliche Entscheidungsliteratur Deutschlands. Charakteristik und Bibliographie der Rechtsprechungs- und Konsiliensammlungen vom 16. bis zum Beginn des 19. Jahrhunderts. (Ius Commune. Sonderheft 3) Frankfurt/M.: Klostermann 1974.

Günter Haber: Strafgerichtliche Öffentlichkeit und öffentlicher Ankläger in der französischen Aufklärung mit einem Ausblick auf die Gesetzgebung der Konstituante. Berlin: Duncker u. Humblot 1979.

Ders.: Probleme der Strafprozeßgeschichte im Vormärz. Ein Beitrag zum Rechtsdenken des aufsteigenden Bürgertums. In: Zs. für die ges. Strafrechtswissenschaft 99 (1979), S. 590–636.

Hugo Hälschner: Das gemeine deutsche Strafrecht. Bd. 1. Bonn: Marcus 1881.

Franz von Holtzendorff (Hg.): Handbuch des deutschen Strafrechts. Bd. 1: Die geschichtlichen und philosophischen Grundlagen des Strafrechts. Berlin: Lüderitz'sche Verlagsbuchhandlung, Carl Habel 1871.

Hans-Otto Hügel: Untersuchungsrichter, Diebsfänger, Detektive. Theorie und Geschichte der deutschen Detektiverzählung im 19. Jahrhundert. Stuttgart: Metzler 1978.

C. J. H. Huß: Beiträge zur Holsteinischen Criminalpraxis. Eutin u. Kiel: Verlag von Bauermeister u. Griem 1839.

Ludwig von Jagemann: Erläuterung wichtiger Rechtsfragen durch merkwürdige Criminalfälle. In: Archiv des Criminalrechts. Neue Folge. Jg. 1839, S. 200–220.

Friedrich Kappler: Handbuch der Literatur des Criminalrechts und dessen philosophische und medizinische Hülfswissenschaften; für Rechtsgelehrte, Psychologen und kirchliche Aerzte. Stuttgart: Scheible 1838.

Joachim Kirchner (Hg.): Bibliographie der Zeitschriften des deutschen Sprachgebietes bis 1900. Bd. 1 und 2. Stuttgart: Hiersemann 1969 u. 1974.

Ernst Ferdinand Klein: Über die Verbindung der Theorie mit der Praxis im Criminalfache. In: Archiv des Criminalrechts 4 (1802) H. 3, S. 1–6.

Gerd Kleinheyer u. Jan Schröder: Deutsche Juristen aus fünf Jahrhunderten. Eine biographische Einführung in die Geschichte der Rechtswissenschaft. 2. neubearb. u. erweit. Aufl. Heidelberg: Müller 1983; jetzt 3. Aufl. 1989.

Gallus Aloys Kleinschrod: Übersicht der Litteratur des peinlichen Rechts vom Jahre 1798. In: Archiv des Criminalrechts 1 (1799) St. 4, S. 124–143.

Dass.: vom Jahre 1799. In: Archiv des Criminalrechts 2 (1800) St. 4, S. 16–47.

Dass.: von den Jahren 1800 und 1801. In: Archiv des Criminalrechts 5 (1802) St. 1, S. 1–35.

Dass.: von den Jahren 1802 und 1803. In: Archiv des Criminalrechts 6 (1805) St. 3, S. 1–34.

Dass.: von den Jahren 1804 bis 1813. In: Neues Archiv des Criminalrechts 1 (1817), S. 471–493 und 661–684.

Ernst Landsberg: Geschichte der deutschen Rechtswissenschaft. Bd. 3, 1. u. 2. Hbd. München u. Leipzig: Oldenbourg 1898 und 1910.

Karl Larenz: Methodenlehre der Rechtswissenschaft. 5. neubearb. Aufl. Berlin u. a.: Springer 1983

Franz v. Liszt: Lehrbuch des Deutschen Strafrechts. 6. Aufl. Berlin: Guttentag 1894.

Klaus Lüderssen: Kriminologie. Einführung in die Probleme. Baden-Baden: Nomos 1984.

Hugo Meyer: Lehrbuch des deutschen Strafrechts. 5. Aufl. Leipzig: Deichert'sche Verlagsbuchhandlung 1895.

Carl J. A. Mittermaier: Einleitung. In: A. v. Feuerbach: Aktenmäßige Darstellung merkwürdiger Verbrechen. 3. Aufl. Frankfurt/M.: Heyer 1849, S. 1–47.

Eduard Osenbrüggen: Der Rechtsunterricht auf den Universitäten mit nächster Beziehung auf die Forderung einer praktischen Richtung derselben. Dorpat: Laakmann 1844.
Eduard Osenbrüggen: Die Präsumtionen im Criminalrecht. Ein Vortrag gehalten vor einem gebildeten Publikum. In: Deutsches Museum (1853), Teil 2, S. 127–142.
Joachim Rückert: August Ludwig Reyschers Leben und Rechtstheorie 1802 bis 1880. Berlin: Schweitzer 1974.
Ders.: Idealismus, Jurisprudenz und Politik bei Friedrich Carl von Savigny. Ebelsbach: Gremer 1984.
Hinrich Rüping: Grundriß der Strafrechtsgeschichte. München: Beck 1981.
Adolf Rutenberg: Der Criminalroman und das Zeitalter der Modernen. In: Die Gegenwart 5 (1874), S. 37–40, 70–73, hier nach dem Abdruck in: Realismus und Gründerzeit. Manifeste und Dokumente zur deutschen Literatur 1848–1880. Hg. von Max Bucher u.a. Bd. 2. Stuttgart: Metzler 1975, S. 304–311.
Hans Ryffel: Rechts- und Staatsphilosophie. Philosophische Anthropologie des Politischen. Neuwied u. Berlin: Luchterhand 1969.
Werner Schmid: Über Strafmilderungsgründe im Gemeinen Deutschen Strafrecht. In: Festschrift für H.-J. Bruns zum 70. Geburtstag. Hg. von Wolfgang Frisch u. Werner Schmid. Köln u.a.: Heymanns 1978, S. 107–139.
Eberhard Schmidt: Einführung in die Geschichte der deutschen Strafrechtspflege. 3. völlig durchgearb. u. veränd. Aufl. Göttingen: Vandenhoeck 1965.
Jörg Schönert: Zur Ausdifferenzierung des Genres ›Kriminalgeschichten‹ in der deutschen Literatur vom Ende des 18. bis zum Beginn des 20. Jahrhunderts. In: Literatur und Kriminalität. Hg. von J. S. (Studien und Texte zur Sozialgeschichte der Literatur, Bd. 8) Tübingen: Niemeyer 1983, S. 96–125.
Jan Schröder: Wissenschaftstheorie und Lehre der »praktischen Jurisprudenz« auf deutschen Universitäten an der Wende zum 19. Jahrhundert (Ius Commune. Sonderheft 11) Frankfurt/M.: Klostermann 1979.
Elisabeth Schulze-Witzenrath: Die Geschichten des Detektivromans. Zur Struktur und Rezeptionsweise seiner klassischen Form. In: Poetica 11 (1979), S. 233–258.
Dies.: Emile Gaboriau und die Entstehung des roman policier. In: Literatur und Kriminalität. Hg. von Jörg Schönert. Tübingen: Niemeyer 1983, S. 155–183.
Christoph Carl Stübel: System des allgemeinen Peinlichen Rechts mit Anwendung auf die in Chursachsen geltenden Gesetze besonders zum Gebrauche für academische Vorlesungen. Bd. 1: Einleitung in die Peinliche Rechtswissenschaft. Leipzig: Sommer 1795.
Jacques Stern: Über den Wert der dichterischen Behandlung des Verbrechens für die Strafrechtswissenschaft. In: Zs. für die ges. Strafrechtswissenschaft 26 (1906), S. 145–171.
Friedrich Sengle: Biedermeierzeit. Deutsche Literatur im Spannungsfeld zwischen Restauration und Revolution 1815–1848. Bd. 1: Allgemeine Voraussetzungen. Richtungen. Darstellungsmittel. Stuttgart: Metzler 1971.
Giovanni Tarello: Storia della cultura giuridica moderna. Vol. 1: Assolutismo e codificazione del diritto. Bologna: Il Mulino 1976.
Carl August Tittmann: Grundlinien der Strafrechtswissenschaft und der deutschen Strafgesetzkunde. Leipzig 1800, ND Aalen: Scientia 1978.
Ders.: Vorträge und Urtheile über merkwürdige Straffälle aus Acten. Leipzig: Cnobloch 1815.
Friedrich Walther: Zur deutschen periodischen Criminalrechtsliteratur. In: Kritische Überschau 5 (1857), S. 422–433.
Franz Wieacker: Formalismus und Naturalismus in der neueren Rechtswissenschaft. In: Europäisches Rechtsdenken in Geschichte und Gegenwart. Festschrift für H. Coing zum 70. Geburtstag. Bd. 1. München: Beck 1982, S. 703–717.

(b) *Periodika*

Allgemeine Literatur-Zeitung. Jena, später Halle u. Leipzig: 1785–1849.
Archiv des Criminalrechts (Hg.): E. F. Klein und G. A. Kleinschrod. Halle: Hemmerde u. Schwetschke 1798ff. (bis 1857 unter verschiedenen Herausgebern, ab 1853 Braunschweig, 1817–1834 Neues Archiv).
Bibliothek für die peinliche Rechtswissenschaft und Gesetzkunde (Hg.): L. H. von Almendingen, K. Grolman und P. J. A. Feuerbach. Göttingen: Schröder 1799–1800.
Critisches Archiv der neuesten Juridischen Literatur und Rechtspflege in Deutschland (auch unter dem Kopftitel: Juridisches Archiv) (Hg.): W. Danz, Christian Gmelin, W. Tafinger seit 1804 auch N. Th. Gönner. Tübingen: Cotta 1801 bis 1810.
Heidelbergische Jahrbücher der Literatur für Jurisprudenz und Staatswissenschaften (später mit verschiedenen kleinen Titeländerungen). Heidelberg: Mohr u. Zimmer 1808ff.
Jahrbuch des Gemeinen Deutschen Rechts (Hg.): E. I. Bekker, Th. Muther. Leipzig: Hirzel 1857–1863.
Jahrbücher der deutschen Rechtswissenschaft und Gesetzgebung (Hg.): Th. Schletter. Erlangen: Enke 1855–1870.
Jahrbücher der gesammten deutschen juristischen Literatur (Hg.): Fr. Chr. Schunck. Erlangen: Palm 1826–1836.
Jenaische Allgemeine Literatur-Zeitung. Jena u. Leipzig 1804–1849.
Kritische Jahrbücher für deutsche Rechtswissenschaft (Hg.): A. L. Richter u. R. Schneider. Leipzig: Tauchnitz 1837–1848.
Kritische Überschau der deutschen Rechtswissenschaft und Gesetzgebung (Hg.): L. Arndts, J. C. Bluntschli, J. Pözl. München: Literarisch-Artistischer Verlag 1853–1859.
Kritische Vierteljahresschrift für Gesetzgebung und Rechtswissenschaft. München: Literarisch-Artistische Anstalt (später Orts- und Verlagswechsel) 1859–1944.
Kritische Zeitschrift für die gesammte Rechtswissenschaft (Hg.): Brinkmann, Dernburg u. a. Heidelberg: Bangel 1853–1859.
Literarische Zeitung (Hg.): K. Buchner, später E. Meyen u. K. Brandes. Berlin: Duncker u. Humblot 1834–1849.
Repertorium der gesammten deutschen Literatur (Hg.): E. G. Gersdorf. Leipzig: Brockhaus 1834ff.
Zeitschrift für deutsches Recht und deutsche Rechtswissenschaft (Hg.): A. L. Reyscher, W. E. Wilda. Tübingen: Fues 1839–1861.
Zeitschrift für die gesamte Strafrechtswissenschaft (Hg.): A. Dochow, F. v. Liszt. Berlin u. Leipzig: 1881ff.

(c) *Rezensionen*

Im folgenden werden die verwendeten Rezensionen genannt. Der Name des rezensierten Autors oder Werkes ist jeweils vorangestellt und für die aphabetische Ordnung maßgebend. In Klammern nachgestellt ist der Verfasser der Rezension, soweit angegeben in den meist anonymen Texten. Die vollen Periodikatitel sind unter (b) genannt.

Bauer-Rez. In: Krit.Jbb. 5 (1841) S. 1019–1059 (Luden).
Bemerkungen-Rez. In: Bibliothek f. d. peinl. Rechtswiss. 2 (1802) H. 2, S. 322–329.
Bischoff-Rez. 1838. In: Krit.Jbb. 2 (1838) S. 1006–1008 (Bopp).
Bischoff-Rez. 1841. In: Hd.Jbb. 1841, Nr. 54, Nov. und Dez., S. 858f. (Zöpfl), Teilwiedergabe in Krit.Jbb. 9 (1845) S. 853f.
Bischoff-Rez. 1842. In: Gött.G.A. 1842, St. 165 v. 15. 10. S. 1654–1656 (Zachariä), Teilwiedergabe in Krit.Jbb. 9 (1845) S. 853.
Blum-Rez. In: Zs.f.d.ges. Strafrechtswiss. 6 (1885) S. 290.
Dass. In: 6 (1885) S. 408.
Dass. In: 7 (1887) S. 751.
Braun-Rez. In: Zs.f.d.ges. Strafrechtswiss. 7 (1887) S. 748.

Christemeier-Rez. 1843. In: Krit.Jbb. 7 (1843) S. 743–747.
Feuerbach-Rez. 1808. In: A.L.Z. 1808, Nr. 203–206, Juli, Sp. 601–630 (mit kleinen Unterbrechungen).
Feuerbach-Rez. 1808. In: Hd. Jbb. 1 (1808), S. 282–283.
Feuerbach-Rez. 1809. In: J.A.L.Z. 1809, Nr. 169, Sp. 137–142 (S – d).
Feuerbach-Rez. 1811. In: J.A.L.Z. 1811, Nr. 201, September, Sp. 425–432.
Feuerbach-Rez. 1814. In: L.L.Z. 1814, Nr. 163, Juli, Sp. 1297–1300.
Feuerbach-Rez. 1828. In: Berl. Jbb. 1828, Nr. 85f., November, Sp. 673–686 (J. F. H. Abegg).
Feuerbach-Rez. 1829. In: J.A.L.Z. 1829, Nr. 2, Januar, Sp. 9–16 (F. M. und -h-).
Feuerbach-Rez. 1829. In: A.L.Z. 1829, Nr. 207, November, Sp. 369–376.
Feuerbach-Rez. 1829. In: Berl. Jbb. 1829, Nr. 96f., November, Sp. 761–776 (J. F. H. Abegg).
Feuerbach-Rez. 1829. In: Gött.G.A. 1829, St. 170 v. 22. 10., S. 1695–1696.
Feuerbach-Rez. 1829. In: Schuncks Jbb. 10 (1829) S. 1–37 und 127–144 (-ϱ-).
Feuerbach-Rez. 1830. In: Gött.G.A. 1830, St. 153 v. 27. 9., S. 1525–1528.
Feuerbach-Rez. 1830. In: Schuncks Jbb. 13 (1830) S. 142–176 und 288–330 (-ϱ-).
Gerichtshalle-Rez. In: Krit.Jbb. 9 (1845) S. 937–939.
Graba-Rez. 1840. In: J.A.L.Z. 1840, Nr. 103, Juni, Sp. 341–344, Teilwiedergabe auch in Krit.Jbb. 5 (1841) S. 175.
Huss-Rez. 1843. In: Krit.Jbb. 7 (1843) S. 159–164 (Schletter).
Lindau-Rez. In: Zs.f.d.ges. Strafrechtswiss. 8 (1888) S. 431.
Pitaval-Rez. 1842. In: Lit.Zeitung 9 (1842), Nr. 1202, Sp. 676.
Pitaval-Rez. In: Krit.Jbb. 7 (1843) S. 75f.
Schirach-Rez. 1815. In: J.A.L.Z. 1815, Nr. 81, May, Sp. 161–164 (K.E.S.).
Schirach-Rez. 1815. In: L.L.Z. 1815, October, Sp. 1908f.
Schirach-Rez. 1816. In: A.L.Z. EBll. 1816. Nr. 95, August, Sp. 753–759.
Scholz-Rez. 1842. In: Krit.Jbb. 6 (1842) S. 1026–1034 (5.).

Joachim Linder

Deutsche Pitavalgeschichten in der Mitte des 19. Jahrhunderts

Konkurrierende Formen der Wissensvermittlung und der Verbrechensdeutung bei W. Häring und W. L. Demme*

1. *Der neue Pitaval* – Zur Entwicklung seiner redaktionellen Konzeption in der Auseinandersetzung mit der Tradition der Fallgeschichte

Im Frühjahr 1842 erschien bei Brockhaus in Leipzig der erste Band des *Neuen Pitaval*; im Untertitel versprach er eine »Sammlung der interessantesten Criminalgeschichten aller Länder aus älterer und neuerer Zeit«. Der Erfolg des Unternehmens war durchschlagend; bis 1890 konnten 60 Bände zum Teil in mehreren Auflagen erscheinen, in 524 einzelnen Fallgeschichten wurden der »größeren Leserclasse« (NP 1, XII)[1] Kriminalfälle und kriminelle Menschen vorgestellt. *Der neue Pitaval* war und ist tatsächlich eine Fundgrube für das rechtshistorische ›Allgemein‹-Wissen der Zeit: in ihm finden sich die dominierenden anthropologisch-kriminologischen und allgemein-moralischen Deutungsmuster für Kriminalität, er bildet zudem heute noch eine fast unerschöpfliche Stoffquelle für Literaten – und zwar auch im Hinblick auf bestimmte narrative Verfahren der Darstellung von Kriminalität und Strafverfahren.[2] Es kann deshalb nur verwundern, daß diese Sammlung bislang weder für die Rechtsgeschichte noch für die Literaturgeschichte zum Gegenstand eigenständiger Untersuchungen geworden ist. Ein Grund hierfür ist sicher darin zu suchen, daß die Sammlung im Grenzbereich zwischen der ›schönen Literatur‹ und den Fachdiskursen der Strafrechtspflege angesiedelt ist – eine Position, die von den ersten Herausgebern Hitzig und Häring[3] ganz bewußt gewählt worden war. In der Rechts- und Kriminologiegeschichte wurde der *Neue*

---

* Geringfügig erweiterte Fassung des Vortrags vom 11. April 1985. Die Ergebnisse der Diskussion wurden eingearbeitet, allen Diskussionsteilnehmern sei hiermit gedankt. Vom Kolloquium wurde das Ende unseres Forschungsprojektes markiert, deshalb möchte ich auch an dieser Stelle Professor Jörg Schönert danken: Die Projektarbeit war für mich stets Zusammenarbeit dank der Geduld, mit der er anregte, stützte, half und auch kritisierte. Er verwirklichte damit etwas, was es im literaturwissenschaftlichen Studium selten geben kann: Lehren durch die Hilfe bei konkreter Arbeit. Zu danken habe ich auch dem Kollegen und Freund Dr. Konstantin Imm für viele Hilfen und Gespräche.

1 Zitate aus Primärtexten werden im fortlaufenden Text wie folgt nachgewiesen: Sigle, Bandnummer, Seitenzahl – Siglenverzeichnis: AN = *Hitzigs Annalen*; BV = Demme: *Das Buch der Verbrechen*, NP = *Der neue Pitaval* (vollständige Angaben im Literaturverzeichnis).

2 Vgl. dazu Imm u. Linder: Verdächtige und Täter; Schönert (Hg.): Literatur und Kriminalität, Kap. 8 und 9.

3 Biographische Kurzangaben in Anhang I.

Pitaval als literarisches Genre wahrgenommen, in dem lediglich die herausgehobenen Einzelfälle reproduziert wurden, ohne Reflexion von kriminalitätsgeschichtlichen Zusammenhängen.[4] Man fühlte sich erinnert an die »Schmetterlingssammlungen von Laien, die außer der Größe, Farbenpracht und Seltenheit nichts über ihren Gegenstand [nämlich die historischen Ausprägungen der Kriminalität und der Kriminalitätsbewältigung] zu erkennen« geben.[5] Literaturhistoriker, die sich der Kriminalliteratur zuwandten (einem Genre, das ohnehin dem Verdacht zwangsläufiger Trivialität ausgesetzt ist), entdeckten in den Pitavalgeschichten allenfalls die der Realität ›angelagerten‹ Vor- und Zwischenformen von Kriminal- und Detektivgeschichten.[6] Dabei wurde häufig noch übersehen, daß die wichtigsten ›Prototypen‹ des Genres – von Schillers *Verbrecher aus verlorener Ehre* bis zur *Judenbuche* der Droste-Hülshoff – ebenfalls als Be- und Verarbeitungen authentischer Kriminalfälle anzusehen sind und daß sich die fiktive Kriminalgeschichte auf breiter Front erst in der zweiten Hälfte des 19. Jahrhunderts durchsetzen konnte.[7]

Erst in jüngster Zeit hat sich – vor allem unter dem Einfluß von sozial- und mentalitätsgeschichtlichen Fragestellungen – die Blickrichtung so verändert, daß die spezifischen Funktionszusammenhänge der Produktion und Rezeption von Pitavalgeschichten ins Zentrum literaturgeschichtlicher Studien rücken konnten.[8] Man kann das Bild Pilgrams aufnehmen: wohl mag die Laiensammlung dem zünftigen Lepidepterologen nichts sagen, was er nicht ohnehin weiß; doch demjenigen, der sich für Sammler und Betrachter interessiert, verraten die Pitavalsammlungen eine ganze Reihe von Einzelheiten über Wahrnehmungs- und Deutungsmuster, mit denen Kriminalität vor allem von Laien erkannt und bewältigt werden konnte. Hier würde dann allerdings die Frage nach dem Austausch zwischen dem Alltagswissen der Laien und dem Fachwissen angeschlossen werden müssen.

Der Erfolg des *Neuen Pitaval*, gegen den sich andere Formen der Kriminalitätsdarstellung (außerhalb der ›schönen Literatur‹) nach 1850 nicht mehr behaupten konnten, hängt eng zusammen mit der Formulierung und Ausfüllung eines redaktionellen Konzepts, das aus der kritischen Verarbeitung der traditionellen Formen der Darstellung von Kriminalität hervorging. Mit Brockhaus, dem Verleger, sowie den Schriftstellern, Publizisten und Juristen Hitzig und Häring hatte sich eine Arbeitsgemeinschaft zusammengefunden, der es gelang, die Bestände der Tradition den Bedürfnissen der zeitgenössischen Leser und dem literarischen Markt anzupassen. Ursprünglich hatte sich Brockhaus Hitzig gegenüber auf den Erfolg berufen, »den die deutschen Bearbeitungen der Pitavalschen *causes célèbres*« ge-

---

[4] Vgl. als frühes Beispiel den Aufsatz von Osenbrüggen: Präsumtionen im Criminalrecht. Zum Forschungsstand vgl. auch Lüsebrink: Kriminalität und Literatur, S. 9–13, sowie das Vorwort von Rolf Reichardt zu Lüsebrinks Studie.

[5] Pilgram: Beschäftigung mit der Kriminalität, S. 6.

[6] Vgl. als Beispiele die Arbeiten von Marsch und Schönhaar (s. Literaturverzeichnis).

[7] Vgl. Hügel: Untersuchungsrichter.

[8] Vgl. ebd., sowie – für die französische Literatur – Lüsebrink: Kriminalität und Literatur.

habt hatten (NP 2, VII), doch erkannte Hitzig sofort, daß die alten Sammlungen zwar für »das Publicum bereits einen sächlichen Begriff gewonnen« hatten (NP 1, XVI), daß sie im einzelnen aber nicht mehr Vorbild für die neue Sammlung sein konnten.

In den Vorworten zu den ersten Bänden ihres *Neuen Pitaval* lassen Hitzig und Häring die Konzeptionen ihrer prominenten Vorgänger derart Revue passieren, daß sie die eigene Position kritisch ableiten können. Am Anfang steht die 1734 begonnene französische Sammlung des François Gayot de Pitaval. Gayot hatte ein doppeltes Ziel verfolgt: Er wollte einerseits eine *hall of fame* für die Advokaten der französischen *parlaments* errichten, in der sich auch Berufsanfänger weiterbilden können sollten. Denn – so Gayot – die hervorragenden Advokaten finden in den verstecktesten Quellen die Gründe, mit denen sie Richter und Öffentlichkeit für den Beschuldigten einnehmen können; sie tun alles, um diejenigen Aspekte des Falles, die für den Mandanten sprechen, nachdrücklich gegenüber den belastenden Momenten zu betonen – gerade in scheinbar aussichtslosen Fällen werden sie zu forensischen Meisterleistungen angeregt, die für Bewunderer und Lernende gleichermaßen aufbewahrt werden sollten. Andererseits zielte Gayot auch auf das allgemeine Publikum, das erst den großen Erfolg seiner Sammlung garantieren konnte. Im Sinne der aufklärerischen Bestrebungen versprach er, den Arkanbereich der in eine Legitimationskrise geratenen französischen Justiz in allgemeinverständlicher Sprache zu öffnen:[9]

> Ma prémiere vue a été d'instruire en révélant les mystères de la Jurisprudence, dans la décision de ces Causes singulieres & importantes.[10]

Er nennt in diesem Zusammenhang ausdrücklich die geltende Beweistheorie, die Formen der Anklageerhebung, die Regelungen des Schadensersatzes und bestimmte Aspekte des Familienrechtes. Es war im Grunde seine doppelte Zielsetzung, die Gayot die Kritik seiner Zeitgenossen und aller späteren Bearbeiter einbrachte. Sie hatte zur Folge, daß seine Fälle für den Laien als schwer lesbar galten und aufgrund der allzu ausführlichen Zitate aus Plädoyers und Schriftsätzen oft wenig fesselnd waren. François Richer stellte denn auch seine Bearbeitung der Gayotschen Fälle ganz unter ein leserfreundliches Motto:

> J'ai tâché [...] d'arranger le narration de manière que le lecteur ne prévît point le jugement et que le restât incertain jusqu'au dénouement.[11]

Allerdings: dort, wo Richer seinen Grundsatz des ›arranger les faits‹ ausspricht, geht er Hitzig und Häring zu weit. Er verweist damit allzu offen auf die Mittel des literarischen Erzählens. Die Bedingungen, die *Der neue Pitaval* im Deutschland der Mitte des 19. Jahrhunderts am literarischen Markt antrifft, sind gänzlich verschieden von denen, die Richer im letzten Drittel des 18. Jahrhunderts in Frank-

---

[9] Vgl. zu den *Causes célèbres* die ausführliche und materialreiche Studie in Lüsebrink: Kriminalität und Literatur, Kap. 3, S. 104–173.

[10] Gayot de Pitaval: Causes célèbres, p. IV.

[11] Richer: Causes célèbres, p. III.

reich vorfand. *Der neue Pitaval* mußte sich am literarischen Markt gegen die erstarkende Konkurrenz der fiktiven Kriminalerzählungen durchsetzen, die häufig noch an realen Fällen orientiert waren. Deshalb ist es ein Anliegen seiner Herausgeber, immer wieder darauf zu verweisen, daß sie spezifischen Prinzipien der narrativen Darstellung von Kriminalfällen folgen, die zwar auf das allgemeine Publikum Rücksicht nehmen, die aber nichts mit (trivial-)literarischen Mitteln des Erzählens und der Spannungserzeugung zu tun haben sollen. Trotzdem beanstanden Hitzig und Häring, daß auch die Richerschen Darstellungen noch zu eng am ursprünglichen Strafverfahren orientiert seien, so daß sie niemals unbearbeitet in ihre Sammlung aufgenommen werden könnten. Die Herausgeber des *Neuen Pitaval* zielen auf die Geschichte hinter der Geschichte des Strafverfahrens.[12]

Die Sammlungen P. J. A. Feuerbachs sind ein weiterer Orientierungspunkt für Hitzig und Häring. Doch auch Feuerbachs Darstellungen sollen nur ausgewertet, nicht etwa übernommen werden.

> [Seine] Musterdarstellung ist so bedingt von dem eigenthümlichen Genie dieses im Gebiete der Psychologie mit dichterischer Schöpferkraft waltenden Criminalisten, daß eine unbedingte Nachahmung auf Abwege führen müßte (NP 1, XIII).

Respektvoll im Ton, doch konsequent in der Verfolgung eigener Vorstellungen wird Feuerbachs Interesse an der ›Seelenzergliederung des Lasters‹ (Schiller) abgetan. Und damit kommen Hitzig und Häring zum Kern des eigenen Vorhabens: Nicht das, »was dem Richter und wissenschaftlichen Juristen von besonderer Wichtigkeit ist«, soll im *Neuen Pitaval* »zur Hauptsache« werden, sondern die »historische Auffassung« eines Falles, »die lebendige Darstellung der Handlung, der That und ihrer Motive« (NP 1, XIII). Die Verschränkung der ›Fallgeschichte‹ mit dem Strafverfahren bzw. der Verfahrensgeschichte, die – bei allen Unterschieden – für Gayot de Pitaval wie für Feuerbach entscheidendes Darstellungs- und Selektionsprinzip war, wird aufgegeben zugunsten der vollständigen Konzentration auf Person und Tat, auf die eigenständige Rekonstruktion der Geschichte des Verbrechens:

> Die Form des Rechtsverfahrens steht uns überall nur im zweiten Gliede [...]. Im ersten Gliede steht uns die historische und psychologische Bedeutung des Falles. Wie das Verbrechen und der Verbrecher sie gewinnen, im Verhältnis zu der Geschichte und Sitte ihrer Zeit, zu den Kreisen der Gesellschaft, des Glaubens, des Wahnes, aus denen die That hervorging, wie sie von ihnen beurtheilt ward (NP 7, IXf.).

Im Mittelpunkt aber stehen immer der Täter und seine Tat:

> Wir haben [...] unsere Aufgabe gelöst, wenn wir nach besten Kräften [...] die That in ihrer Lebendigkeit und ihren psychologischen Motiven rein und anschaulich für sich selbst sprechen ließen. Unser Verdienst genügt uns, das Historische und allgemein

---

[12] »Diese Kunst des *arranger les faits*, um sie interessant zu machen, welche auch von den neuern französischen Juristen, und zwar, wie man behauptet, über billiges Maß geübt wird, hat indessen doch nicht das zuwege gebracht, was Richer bezweckte. Auch in seinen Bearbeitungen, ja selbst in den deutschen Uebersetzungen und Bearbeitungen nach der seinigen, ist des Wustes so viel, daß nur ein Jurist, und auch dieser nur mit Anstrengung, sich durcharbeitet« (NP 1, XIVf.).

Menschliche Jedem verständlich dargestellt und die Unparteilichkeit, welche eines Richters erste Pflicht ist, geübt zu haben (NP 3, XI).

Im dritten Abschnitt wird an einer einzelnen Darsstellung zu zeigen sein, wie Häring dieses Programm verwirklicht. Mit dem Erscheinen des *Neuen Pitaval* ist in Deutschland jedenfalls ein Vorgang beendet, der in Frankreich bereits in der Mitte des 18. Jahrhunderts – mit der Kritik an Gayot de Pitavals Sammlungen – begonnen hatte, und der in Deutschland seit dem Beginn des 19. Jahrhunderts zu beobachten ist: Zwischen den fachlich orientierten Falldarstellungen und -konstruktionen, die der Aus- und Weiterbildung von Juristen dienen sollen, und den Fallgeschichten für das Laienpublikum etabliert sich eine Grenze, die sich zunehmend verfestigt (vgl. dazu den Beitrag von Joachim Rückert, in diesem Band S. 285–312). Allerdings wird diese Grenze von Juristen und dem Laienpublikum unterschiedlich wahrgenommen: Für den Fachmann ist die Trennung mit dem *Neuen Pitaval* endgültig vollzogen, anders als noch in den Sammlungen Feuerbachs oder Bauers,[13] die beide Publikumsgruppen ansprechen wollten oder konnten. Auf die Kenntnisnahme durch die Fachleute verzichten Hitzig und Häring bewußt, sie gewinnen damit an Spielraum für die Definition eigener Erkenntnis- und Darstellungsinteressen. Für das Laienpublikum jedoch wird die Grenze zur ›schönen Literatur‹ nicht überschritten, dafür sorgen nicht zuletzt die Verlagswerbung sowie die Betonung der juristischen Kompetenz von Herausgebern und Beiträgern in jedem einzelnen Band und jeder einzelnen Darstellung. Juristische Fachkenntnis und vor allem die unbedingte Aktentreue hinsichtlich der Faktendarstellung (nicht aber der Bewertungsperspektiven) bilden entscheidende Abgrenzungskriterien zur fiktiven Kriminalliteratur. Daß dies so zur Kenntnis genommen wird, ließe sich detailliert in zeitgenössischen Rezensionen nachweisen – etwa in Prutz' *Deutschem Museum* oder den *Blättern für literarische Unterhaltung*.[14] Die Texte Härings (des ›federführenden Herausgebers‹), die den Bestand der ersten 24 Bände des *Neuen Pitaval* fast vollständig ausmachen, verwirklichen die Balance zwischen Authentizitätspostulat und literarisch-narrativer Darstellungsform in idealer Weise. Sie sind prinzipiell an der Person des Täters orientiert; seine Biographie, die psychisch-physischen Dispositionen und das soziale Umfeld bilden das Material, aus dem die Geschichte eines Verbrechens konstruiert wird. Perspektiviert wird diese Geschichte durch das Strafurteil, also durch das vorgegebene Wissen, daß eine kriminelle Tat begangen wurde: dies ist gleichsam die Zuschreibung erster Stufe, die weder hinterfragbar noch kritisierbar ist. Die Pita-

[13] P. J. A. v. Feuerbach: Merkwürdige Criminalrechtsfälle, 1808–1811, sowie ders.: Aktenmäßige Darstellung merkwürdiger Verbrechen, 1828–1829; A. Bauer: Strafrechtsfälle, 1835.

[14] Die Wahrnehmung der Position des *Neuen Pitaval* durch die genannten Rezensionsorgane (die das gebildete Laienpublikum ansprechen) zeigt sich unter anderem in der Entlastung von Forderungen, welche von den normbildenden Kritikern nach 1850 an die fiktive Kriminalitätsdarstellung gerichtet wurden: Im *Neuen Pitaval* ›darf‹ die Verbrecherfigur im Zentrum der Darstellung stehen, hier ›dürfen‹ blutige Mordtaten ausführlich berichtet werden usf., vgl. dazu Linder u. Schönert. In: Schönert (Hg.): Literatur und Kriminalität, S. 218–227.

valgeschichten Härings können dann als Zuschreibungen zweiter Stufe verstanden werden, in denen das Urteil nicht mehr fachlich begründet werden muß; es wird vielmehr in einem neuen Bewertungszusammenhang betrachtet und legitimiert. Nicht im Strafverfahren, erst in der literarischen Konstruktion der Verbrechergeschichte wird der »Verbrechermensch«[15] plastisch.

Die außerliterarischen Zusammenhänge, die den Erfolg des *Neuen Pitaval* in den fünfziger Jahren des 19. Jahrhunderts begünstigten, können hier nicht diskutiert werden. Tatsache ist, daß sich gegen diese Konzeption andere Intentionen der literarischen (oder literarisierenden) Darstellung nicht mehr behaupten konnten. Legitimation der Justiz durch die literarische Ausgrenzung des ›Verbrechermenschen‹, Überhöhung des Strafurteils durch seine allgemein-moralische Rechtfertigung im narrativen Kontext – dafür war der literarische Markt aufnahmefähig, dagegen hatten auch staatliche Stellen nichts einzuwenden. Die Familienzeitschriften taten mit ihrer Behandlung des Themas Kriminalität in den fünfziger Jahren ein übriges, so daß sich ›kritische‹ Einstellungen nicht mehr durchsetzen konnten – etwa solche, die in den frühen Texten von J. D. H. Temme, von Dronke oder auch von W. L. Demme (vgl. Abschnitt 4) repräsentiert sind. So konnte sich nach 1850 in deutschen Fallgeschichten eine fast einheitliche Sicht der Kriminalität und der Verbrechensbekämpfung behaupten.[16] Betrachtet man jedoch neben der erfolgreichen Variante des *Neuen Pitaval* Texte, die schon bei ihrem Erscheinen nahezu unbeachtet blieben und heute völlig ›verschwunden‹ sind, so werden nicht nur Unterschiede, sondern auch Gemeinsamkeiten sichtbar, und zwar sowohl in der narrativen Struktur als auch im Hinblick auf ideologische Einstellungen. Im Vergleich von zwei Falldarstellungen, die auf identischem Material beruhen, können die Profile des *Neuen Pitaval* sowie – als Beispiel für die ›Gegenrichtung‹ – des *Buches der Verbrechen* von W. L. Demme skizziert werden.[17] Ich werde zunächst den ›Fall Kühnapfel‹ einführen, indem ich die wesentlichen Ergebnisse eines Strafverfahrens referiere (wobei im Gedächtnis zu behalten ist, daß auch das Strafverfahren als perspektivierender Versprachlichungsprozeß anzusehen ist und nicht das ungefilterte ›Geschehen‹ enthält), um dann auf die konkurrierenden Darstellungen einzugehen, die dieser Fall in den Sammlungen von W. Häring und W. L. Demme fand.

2. Der Fall Kühnapfel – Strafverfahren und Darstellungen

Am 7. Juli 1841 wurde in Frauenburg in Ostpreußen der Schneidergeselle Rudolf Kühnapfel hingerichtet, und zwar mit dem Rade von unten nach oben – eine grausame Hinrichtungsmethode, die in der Mitte des 19. Jahrhunderts nur noch

---

[15] Den Begriff sowie – mit Einschränkungen – das Konzept entnehmen wir der anregenden Studie von Strasser: Verbrechermenschen.

[16] Vgl. die Untersuchung von Meyer: Kriminalgeschichten in der *Gartenlaube*.

[17] Biographische Angaben zu W. L. Demme in Anhang I; die Konzeption seines *Buches der Verbrechen* wird zu Beginn des vierten Abschnitts kurz vorgestellt.

selten angewandt wurde.[18] Zeitgenössischen Berichten zufolge sollen an die 10000 Menschen der Hinrichtung beigewohnt haben,[19] und zwar in tiefem, »dem schrecklichen Acte angemessenem Schweigen«, danach habe die Menge »tief erschüttert und in der vollkommensten Ruhe und Ordnung« den Richtplatz verlassen.[20] Inwieweit diese Berichte den Tatsachen entsprechen, mag dahingestellt bleiben; immerhin häufen sich in der Mitte des 19. Jahrhunderts die Klagen offizieller Stellen über das ungebührliche, teilweise widersetzliche Betragen der Zuschauermassen bei Hinrichtungen.[21] Daß ›Ruhe‹, ›Ordnung‹ und ›angemessenes Schweigen‹ so auffällig betont werden, verweist freilich auf ein Bedürfnis nach Sicherheit, das im Zusammenhang mit dem Fall Kühnapfel durchaus verständlich ist: Der Schneidergeselle hatte in den Abendstunden des 3. Januar 1841 den 77jährigen Bischof von Frauenburg sowie dessen 71jährige Haushälterin mit einem Beil erschlagen. Er war zu einer Zeit, als das übrige Gesinde des Bischofs einen Gottesdienst besuchte, von der Haushälterin ins Palais eingelassen worden, hatte zunächst von ihr, dann vom Bischof Geld und Wertsachen gefordert und erhalten und hatte beide schließlich getötet. Der Fall wurde schnell geklärt; Polizei und Justiz Ostpreußens wurden von den höchsten Stellen Berlins angetrieben: Nach Hinweisen aus der Bevölkerung fand man die Wertsachen bald in Kühnapfels Wohnung, eine Woche nach der Tat lag schon ein ausführliches Geständnis vor. Innerhalb der folgenden sechs Monate wurde das Untersuchungsverfahren abgeschlossen, die Urteile erster und zweiter Instanz gesprochen und die Hinrichtung ins Werk gesetzt.

Für das erkennende Gericht bot der Fall hinsichtlich der Sachverhaltsfeststellungen kaum Schwierigkeiten, das Geständnis des Täters stimmte mit den Tatorterhebungen vollständig überein. Dagegen waren die Fragen der rechtlichen Qualifikation verhältnismäßig ausführlich zu diskutieren, denn der Verteidiger Kühnapfels hatte auf Diebstahl unter erschwerenden Umständen und auf Totschlag in zwei Fällen plädiert. Doch gelangte das Gericht zu dem Ergebnis, daß Raubmord in zwei Fällen vorliege. Die Auseinandersetzung kann im einzelnen hier nicht verfolgt werden; ich will lediglich auf einen Aspekt hinweisen, an dem die Problematik der ordnenden und filternden Versprachlichung des Geschehens im Strafverfahren – der »Herstellung des Falles«[22] – schlaglichtartig sichtbar wird. Hinsichtlich des Raubtatbestandes hatte sich das Gericht nach »§ 1187. Tit. 20, Th. 2« des ALR und nach der »Circular-Verordnung vom 26. Februar 1799« zu richten:

> Nach § 22 derselben wird als Räuber Derjenige bestraft, der, um einen Diebstahl zu begehen, einen Menschen durch Schläge oder sonstige Mißhandlungen abhält, die beabsichtigte Entwendung zu verhindern, oder sich des Thäters zu bemächtigen (AN 273).

---

[18] Vgl. Evans: Öffentlichkeit und Autorität.
[19] Wierzbowski: Ermordungsgeschichte, S. 86.
[20] [Augsburger] Allgemeine Zeitung 1841, S. 1600.
[21] Vgl. Evans: Öffentlichkeit und Autorität.
[22] Zu diesem Begriff vgl. Hassemer: Einführung, passim. Es erscheint mir aussagefähiger als der gebräuchliche Begriff ›Sachverhaltskonstitution‹.

Was – Kühnapfels Geständnis zufolge – an diesem Abend tatsächlich geschehen ist, faßt das Urteil folgendermaßen zusammen:

> Denn bei der Charakteristik der hier vorliegenden Entwendung ist nicht zu übersehen, daß Inquisit, bevor er irgend einen Gegenstand aus der Hand des Bischofs erhalten hatte, bevor also die Entwendung vollendet war, der Wirthschafterin, welche sich rasch in das Wohnzimmer zurückzog, nacheilte und ihr mit dem Beile einen scharfen Hieb gegen den Kopf versetzte, so daß sie verwundet zu Boden sank. Ueber die Absicht, in welcher der Inquisit hierbei handelte, kann kein Zweifel obwalten. Man erkennt sie aus seinen Worten: ›ich hielt sie zwar nicht für todt, jedoch für betäubt und unschädlich.‹ – Aus den Umständen und dieser Aeußerung ist es klar: Inquisit fürchtete, daß die entfliehende Haushälterin die Ausführung verhindern würde. Um sie davon abzuhalten, sie unschädlich zu machen, schlug er sie noch vor der Entwendung nieder (AN 274).[23]

Die Bildung des Vorsatzes, die Absicht, die der Täter mit der Tat verfolgt, die Motive, die ihn handeln ließen, alles das, was zur sogenannten ›inneren Tatseite‹ gezählt werden kann, läßt sich nicht beobachten,[24] es muß vielmehr erschlossen werden, und dafür steht dem erkennenden Gericht des Inquisitionsprozesses nur das Protokoll zur Verfügung, nicht einmal der unmittelbare persönliche Kontakt mit dem Angeklagten in einer mündlichen Verhandlung. Damit gewinnt der einzige Satz, in dem das Wort »unschädlich« auftaucht, überragende Bedeutung. Denn nur darin spricht der Angeklagte (scheinbar) selbst aus, daß er nicht aus irgendeinem Affekt, aus plötzlicher Wut o. ä. (wie vom Verteidiger vorgetragen) gehandelt hatte, sondern überlegt zur Sicherung des Diebesgutes. Auf den Protokollsatz muß sich das Gericht stützen, ohne wissen zu können, was tatsächlich zwischen dem Untersuchungsrichter und dem Inquisiten gesprochen wurde oder vorgefallen ist – denn der Untersuchungsrichter ist gleichzeitig der Protokollführer, der diesen Satz aufgenommen hat. Es muß offen bleiben, ob das Protokoll nicht hauptsächlich das Vorverständnis dieses Untersuchungsrichters widerspiegelt, der vom Vorliegen des Raubtatbestandes ausging und sein Protokoll demgemäß ›filterte‹. Jedenfalls folgt das erkennende Gericht der Rechtsansicht, die im Protokoll ausgesprochen ist.

Der Glaubwürdigkeit des Angeklagten und der Verläßlichkeit seiner Aussage muß es aber seine Aufmerksamkeit zuwenden, da das Urteil im wesentlichen auf dieser Aussage basiert. Schließlich war die geistige Gesundheit Kühnapfels nicht außerhalb jeden Zweifels: Er hatte sich früher wegen eines »Tobsuchtsanfalles« in ärztlicher Behandlung befunden. Die Möglichkeit einer Krankheit, welche die Zurechnungsfähigkeit zum Zeitpunkt der Tat ausgeschlossen hätte, mußte erwogen werden. An dieser Stelle gerät das Gericht, das weder den Angeklagten kennt noch eine gutachterliche Äußerung einholen will oder kann, in einen Argumentationszirkel, der charakteristisch ist für den Inquisitionsprozeß: Zum Beweis dafür,

---

[23] Vergleichbar wäre die Argumentation des erkennenden Gerichts im Hinblick auf das Vorliegen des Mordtatbestandes einzuschätzen. Es soll allerdings nicht verschwiegen werden, daß Kühnapfel diese Feststellungen in einem Geständnis bestätigte, das er nach seiner Verurteilung noch ablegte. Dies ändert jedoch nichts an der besprochenen Problematik.

[24] Hassemer: Einführung, S. 60.

daß Kühnapfel gesund und zurechnungsfähig ist, zieht es allein dessen Aussagen heran. Es unterstellt die Richtigkeit der Selbsteinschätzung Kühnapfels, der von sich sagt, er habe sich immer in Gewalt gehabt und jederzeit mit Überlegung gehandelt. Von dieser Unterstellung schließt das Gericht auf die Zurechnungsfähigkeit während der Tatzeit und auf die Zuverlässigkeit aller Aussagen Kühnapfels. Was es selbst zum Beweis der Zurechnungsfähigkeit erhebt, ist nichts weiter als Illustration:

> Wo er sich also überzeugte, daß seine Wuth ihn nicht zum Ziele führe, verstand er ganz wohl, sich zu mäßigen und zu unterwerfen. Er erkannte die zwingende Macht der äußern Umstände sehr gut an, und es ist hieraus leicht erklärlich, warum er unter der strengen Disziplin des Militairs zu keinem Vorwurf Ursache gab (AN 282).

Er hat »den Versuchungen und seinen Leidenschaften« nicht widerstanden, aber er behauptet, dies immer mit freiem Willen getan zu haben, also hatte er auch jetzt seine »volle Willensfreiheit« (AN 285) – und so kann das Gericht alle diejenigen Indizien ausblenden, die Zweifel an der vollkommenen Gesundheit und Willensfreiheit aufkommen lassen könnten.

Im abschließenden Teil seiner Urteilsbegründung geht das erkennende Gericht auch auf die Täterbiographie ein, und zwar geleitet von der Frage

> wodurch Inquisit bis zur Verübung der schaudervollen Missethat herabgesunken ist – überhaupt um die ethische Seite eines Verbrechens zu würdigen, muß hier noch sein inneres Leben und die Ausbildung seines Charakters näher ins Auge gefaßt werden (AN 280).

Die Lebensgeschichte dient bereits im Urteil nicht mehr dazu, den Sachverhalt zu klären, einen Tatbestand zu ermitteln und zuzuschreiben. Die Ziele der Würdigung bleiben unausgesprochen: Da soll sicher zunächst das Strafmaß – die verschärfte Todesstrafe – legitimiert werden, und außerdem soll der generalpräventive Effekt der Strafe verstärkt werden, indem die Tat aus einer abweichenden Lebensgeschichte erklärt wird. Die Richter mustern im Lichte ihrer eigenen Lebens- und Berufserfahrung Kühnapfels ›Werdegang‹ durch und verbinden die rechtliche Beurteilung mit der moralischen Verurteilung, ohne jedoch psychologische oder medizinische Kategorien auch nur versuchsweise aufzunehmen:

> Die Eltern des Inquisiten sind unbescholtene Leute. Der Vater scheint zur Härte geneigt und leidenschaftlich zu sein. Seine Strenge gegen seinen Sohn fand schon früh in dem trotzigen Charakter desselben eine Rückwirkung; sie erweckte in diesem schon in frühen Jahren einen Haß wider Denjenigen, auf dessen Liebe und Verehrung das Kind von der Natur aus ganz vorzüglich hingewiesen ist (AN 280).

Die Liebe des Kindes zu den Eltern wird zur natürlichen Bringschuld, wo sie nicht erbracht wird, sind die späteren Entwicklungen nur zu verständlich (als eben naturwidrig). »Leidenschaftlichkeit« und »Widerwillen« sind die bestimmenden Eigenschaften Kühnapfels, die schließlich in »Eigennutz und Habsucht, gepaart mit neidischer Mißgunst« (AN 283) münden. Und so kommen schon die Richter zur vollständigen Deckung des Sachverhaltes (der Tatgeschichte) mit der Tätergeschichte:

> Dies ist das Bild des Inquisiten: nicht eines Fanatikers, oder eines durch irrige Philosophemе verblendeten Geistes; nicht das eines Menschen, dessen Willensfreiheit oder Ueberlegungen geschwächt war; nein! das Bild eines gemeinen Raubmörders, den Geldgier und ungebändigte Leidenschaftlichkeit in den Abgrund gestürzt haben (AN 286).

Hinter der Rhetorik der Richter verstecken sich offenkundig Zweifel am mageren Ergebnis ihrer Überlegungen, die in der Tautologie münden, daß ein Raubmörder eben ein Raubmörder ist. Man kann vermuten, daß öffentlicher und politischer ›Druck‹ zur maximalen Verurteilung wirksam war – und daß er die Richter nicht unbeeindruckt gelassen hat. Deshalb wird im Urteilstext bereits eine Persönlichkeit konstruiert, die den Gedanken an Verständnis und Milde im Rahmen der Strafzumessungsmöglichkeiten gar nicht erst aufkommen läßt; im Gegenteil: ein derartiges Persönlichkeitsbild macht es zur zwingenden Konsequenz, daß die Höchststrafe verhängt wird. Die Basis, auf der die Pitavalgeschichten Härings und Demmes aufbauen können, ist im Urteilstext bereits gelegt.[25]

Die Ermordung des Bischofs hatte selbstverständlich überregionales Aufsehen erregt: Das Opfer war ein hoher geistlicher Würdenträger, die Umstände der Bluttat mußten das allgemeine Sensationsbedürfnis ebenfalls ansprechen, hinzu kamen die aktuellen politischen Auseinandersetzungen zwischen dem preußischen Staat und der katholischen Kirche – all dies lenkte die Aufmerksamkeit der Öffentlichkeit auf den Fall. So übernahm die ›überregionale‹ [Augsburger] *Allgemeine Zeitung* sofort die Berichte der lokalen *Elbinger Zeitung* sowie die Korrespondentenberichte und offiziellen Mitteilungen aus der *Preußischen Staatszeitung*. Doch lassen die Regeln des Inquisitionsverfahrens kontinuierliche Gerichtsberichterstattung nicht zu; sie bricht mit der Mitteilung der Verhaftung und den wesentlichen Ergebnissen der ersten Untersuchung ab. Erst der öffentliche Hinrichtungsakt kann wieder wahrgenommen werden. In diese Lücke, die von der Tagespresse notgedrungen sowohl hinsichtlich der Verbrechens- als auch der Verfahrensdarstellung gelassen werden muß, rücken die Pitavalgeschichten nicht unmittelbar, sie verstehen sich auch gar nicht als Ersatz für die Tagespresse.[26] Vielmehr erschienen direkt im Anschluß an das Verfahren Aktenauszüge und Relationen, zumeist in selbständigen Publikationen, die z. T. offiziellen bzw. offiziösen Charakter tragen (vgl. die Nrn. 5–7, 10 im Literaturverzeichnis (b)). Hinzu kommt die Veröffentlichung wesentlicher Aktenstücke des Falles in Demmes *Annalen* (Nr. 1).[27] Man kann vermuten, daß mit derartigen Veröffentlichungen das

---

[25] Zu fragen wäre, inwieweit dieser Urteilstext (und ähnliche) nicht auch von der Lektüre der Richter beeinflußt sind; die Nähe zu bestimmten ideologischen Positionen des *Neuen Pitaval* ist schließlich nicht zu übersehen.

[26] So z. B. Hügel: Untersuchungsrichter, S. 84.

[27] Die *Annalen der deutschen und ausländischen Criminalrechtspflege* wurden 1827 von Julius Eduard Hitzig gegründet; sie erschienen bis 1853 unter wechselnder Herausgeberschaft, darunter auch der W. L. Demmes, bald nach dem Ausscheiden Hitzigs führte sie den Titel *Hitzig's Annalen [...]*. In ihr wurden überwiegend Kriminalfälle aktenmäßig abgedruckt, gelegentlich mit fachkundigen Kommentaren versehen; Ziel war die Fortbildung praktizierender Juristen sowie die Vereinheitlichung des in den deutschen Ländern praktizierten Strafrechts. W. L. Demme gab von 1857 bis 1860 die *Allgemeine deutsche*

Informationsbedürfnis der breiten Öffentlichkeit durch die Bereitstellung von Material auch für weitere Bearbeitungen gedeckt (und auch kontrolliert) werden sollte. Und vielleicht sollten diese Veröffentlichungen auch die verbreitete Kritik am Inquisitionsverfahren neutralisieren. Diese Fragen können freilich erst aufgrund umfassenderer Sichtungen beantwortet werden.

Keine Besonderheit ist die Dokumentation der öffentlichen Auseinandersetzung zwischen verschiedenen Verfahrensbeteiligten direkt im Anschluß an einen Prozeß (Nrn. 3, 8, 9), die entweder in örtlichen Tageszeitungen oder als selbständige Broschüren in lokalen Verlagen erschienen.[28]

Erst in zeitlichem Abstand (1844 und 1851) erscheinen die Pitavaldarstellungen Härings und Demmes, auf die wir uns im folgenden konzentrieren werden. Sie basieren auch nicht auf dem originalen Aktenmaterial, sondern auf einer Auswahl der genannten Publikationen. Wie sie das breite Publikum unterrichten, unterhalten und belehren, wird nun zu diskutieren sein.

3. *Der neue Pitaval,* Band 6 (1844): »Rudolf Kühnapfel. 1841«

> Der Mord des Bischofs von Hatten erscheint als Thatsache wie ein gewöhnlicher Raubmord; der Charakter, die Ausführung und die angeblichen Motive des Mörders Kühnapfel geben ihm aber eine höhere psychologische Bedeutung. [...] Der religiöse Fanatismus lieferte in allen Zeitaltern außerordentliche Verbrechen und Verbrecher. Wären sie immer auf das Gebiet der bürgerlichen Criminalistik beschränkt geblieben (NP 6, XII).

So stimmt Häring seine Leser auf den Fall Kühnapfel im sechsten Band seines *Neuen Patival* ein.[29] Auch und gerade in diesem Fall konzentriert sich sein Inter-

---

Schwurgerichtszeitung für Deutschland und die Schweiz heraus, die mit ähnlicher inhaltlicher Konzeption wie die *Annalen* versuchte, die Geschworenengerichte in Deutschland populär zu machen und dauerhaft zu verankern.

[28] Eine vergleichbare Auseinandersetzung fand anläßlich des Giftmordprozesses gegen Christiane Ruthardt in Stuttgart 1844/45 statt; sie ist ausführlich dokumentiert in Schönert (Hg.): Literatur und Kriminalität, Kap. 9.

[29] Die Auswahl der Fälle in Band 6 des *Neuen Pitaval* dokumentiert die Fähigkeit Härings, eine Mischung herzustellen, die einerseits die unterschiedlichsten Interessen ansprechen konnte, und andererseits auch Bezüge zwischen einzelnen Fällen oder Fallgruppen herstellte: Neben dem Fall Kühnapfel findet sich mit »Der Tod des Prinzen von Condé. 1830« eine Darstellung, die in politische Dimensionen reicht; Aspekte religiösen Sektierertums oder mit Religion verbundener Kriminalität werden in weiteren vier Geschichten angesprochen, darunter befindet sich die kulturgeschichtlich gewichtige Studie »Urban Grandier. 1634–1637«, die Häring auch zu einem Roman anregte (Willibald Alexis: *Urban Grandier oder die Besessenen von Loudon*. Berlin 1843). »Burke und die Burkiten. 1828–1831« ist der Titel eines Falles aus dem englischen Leichenräuber-Milieu, dessen Darstellung an die Schauerromane des Frankenstein-Typus angrenzt; »La Roncière und Marie Morell. 1835« ist ein Fall, in dem einerseits Probleme des französischen Verfahrensrechts abgehandelt werden können, der andererseits Gelegenheit gibt, ausführliche Briefe mit pikanten Histörchen aus Adels- und Offizierskreisen zu zitieren; die ›normale‹ Gewaltkriminalität findet sich dann wieder im Mord- und Ehegattendrama »Maria Katharina Wächtler, geborene Wunsch. 1788«

esse auf die Tätergeschichte. Er macht die »höhere psychologische« Deutungsperspektive, die er anzuwenden gedenkt, bereits im Vorwort klar. Der Fall Kühnapfel ist insofern nicht repräsentativ für die ersten 24 Bände des *Neuen Pitaval*, als er vergleichsweise kurzfristig nach dem Urteil bereits aufgegriffen wird, obwohl es sich um einen Fall der ›normalen‹ Gewaltkriminalität handelt. Darüber, warum sich Häring gerade dieses Falles annahm, müßte spekuliert werden; eine Rolle spielen sicher sein allgemeines Interesse an preußischer Vergangenheit und Gegenwart, seine Parteinahme für den Protestantismus, aber auch die ›Anmutungsqualität‹ und der Sensationswert des Falles, mit dem er sich an den ›psychologisch interessierten‹ Leser ebenso wenden konnte wie an den, der im *Neuen Pitaval* allein die honorige Befriedigung von Sensationsbedürfnissen suchte.

Härings Darstellung enthält fünf ›Kapitel‹ (die als solche nicht gekennzeichnet sind) mit jeweils mehreren Teileinheiten.[30] Ich zitiere zunächst aus dem Einleitungskapitel, das den Leser an den Tatort heranführt:

> Zwischen der Nogat und dem Pregel, zwischen den einst reichen, gewerb- und handeltreibenden Städten Elbing und Königsberg, die schon früh mit der gesammten germanischen Bevölkerung der Ostseeküsten die Reformation angenommen, hat sich das Bisthum Ermeland, am Frischen Haff, als eine katholische Enclave erhalten. Obwol die große Straße aus dem östlichen Deutschland nach der ostpreußischen Hauptstadt und Rußland hindurchführt, blieb doch hier viel Eigenthümliches, Gesondertes in Sitte und Glauben zurück, was sich in auffälliger Art dem Reisenden kundgibt. Links von der Weichsel, wo ihre Mündungen Pomerellen umspülen, hat sich das Slawenthum in seiner gedrücktesten, finstersten Gestalt bis auf den heutigen Tag erhalten. Der düsterste Aberglaube fördert noch Verbrechen und nährt Gebräuche, die wir von den Sitzen der norddeutschen Cultur in weite Ferne gerückt wähnen. Hexenprocesse kommen noch oft, und in greulicherer Gestalt vor, als derjenige, welchen der zweite Theil unseres Pitaval mittheilte. Nicht Alles, was dort im Dunkeln geschieht, gelangt zur Kenntniß der Obrigkeit [...].
>
> Anders entwickelten sich die Verhältnisse am rechten Ufer der Weichselmündungen. Hier war an den Küsten der See das slawische Element, wenn es je dahin vorgedrungen, verdrängt; das Deutsche hatte über das vorgefundene Altpreußische im langen Vernichtungsproceß obgesiegt und es niedergetreten, oder ausgetilgt. Aber die geistigen Fühlfäden vom katholischen Polen herüber blieben noch wirksam auf die Bewohner, auch nach der Trennung der Landeshoheit, und die Erinnerungen aus der katholischen Zeit und seine Namen: Bischofsburg, Bischofsstein, Heilsberg, Heiligenheit mit seiner berühmten Heiligenlinde, stehen nicht allein da im Ermelande. Das Ländchen war und ist eine streng katholische Oase mitten im protestantischen Preußen. Der Charakter der Bevölkerung ist dem Beobachter unverkennbar. Wir besitzen darüber mehre Schilderungen in unserer Literatur in novellistischen Schriften von Fr. von Heyden und J. A. (!) Hoffmann (in seinem Teufelselixieren). Auch hier fanden bis spät in die neuere Zeit Hexenprocesse statt, wenngleich unter den Formen der Sitte und des Rechts (NP 6, 67–69).

Häring arbeitet mit erzählerischen Mustern, die nicht unmittelbar mit der Darstellung von Kriminalfällen verbunden sind. Das Schema des Reiseberichts taucht im *Neuen Pitaval* mit unterschiedlichen Funktionen und Perspektivierungen auf.[31]

---

[30] Vgl. die schematische Gegenüberstellung in Anhang II.

[31] Als Beispiele seien genannt: Die Darstellung der Reise zum Tatort, die symbolisiert, wie der Entschluß zum Verbrechen reift, in »Karl Ludwig Sand. 1820« (NP 1 [1842], 1–123) sowie die ›Ermittlungsreise‹ in »Der blinde Zeuge« (NP 11 [1847], 356–365).

Der Fall Kühnapfel setzt mit einem bildungsbürgerlichen Reisebericht ein, der mit einer ganzen Reihe von Funktionen im Textgefüge verbunden ist: Zunächst wird der Leser an das ›Erzählerprofil‹ erinnert, das Häring im *Neuen Pitaval* sich selbst als Herausgeber, Bearbeiter und Erzähler von Kriminalfällen erarbeitet hat – hohe allgemeine Bildung, ›Beschlagenheit‹ nicht nur im juristischen Bereich, Interesse am gesamten Hintergrund des Verbrechens: dies sind die wesentlichen Kennzeichen dieses Erzählers. Er ist – um im selbstgewählten Bild der Einleitung zu bleiben – ein ›Reiseführer‹, dem man sich mit Gewinn anvertraut. Zum zweiten wird bereits in dieser Einleitung die grundlegende Deutungsperspektive errichtet, an der sich die Konstruktion und Interpretation des Kriminalfalles orientieren wird.

Häring nennt den Ort des Verbrechens nicht einfach, um damit einmal mehr die Authentizität des Dargestellten zu verbürgen; er beschreibt ihn vielmehr in seiner besonderen geographischen, ethnischen und politischen Situation und er schreibt der Bevölkerung bestimmte Merkmale zu. Er eröffnet damit ein Deutungsspektrum, in das der Fall am Ende eingepaßt wird. Die Annäherung an den Tatort ist in Wirklichkeit eine Distanzierung; was Häring schreibt, ist wörtlich zu nehmen: Das Verbrechen wird »in weite Ferne«, in eine Randlage »gerückt«. Diese Bewegung ist durchaus typisch für den *Neuen Pitaval*; gerade Häring nutzt die verschiedenartigsten Möglichkeiten, die Randständigkeit eines Einzelfalles zu betonen, um damit Kriminalität aus dem Zentrum bürgerlichen Alltags literarisch herauszudrücken. Schon die Auswahl zeigt dies an durch das Übergewicht historischer Fälle, die das Verbrechen in zeitlicher Distanz erscheinen lassen.[32] Aber auch bei der Täterauswahl neigt er zu einer Überbetonung von Minderheitengruppen, die in der Kriminalitätsstatistik unterrepräsentiert sind: Frauen, Adlige, religiöse Fanatiker usf. Das Zusammentreffen mehrerer Merkmale ist dabei eher die Regel als die Ausnahme. Man wird von einer Sammlung der »interessantesten Criminalgeschichten« sicher nicht erwarten dürfen, daß sie die ›Alltagskriminalität‹ in den Vordergrund stellt, nicht einmal die durchschnittliche Begehungsform innerhalb einzelner Deliktgruppen. Doch drücken sich die grundlegenden Einstellungen zur Kriminalität im Ensemble der Sammlung – der Auswahl der Fälle – genauso aus wie in den Einzeldarstellungen.

In diesem Zusammenhang ist es aufschlußreich, wie der Raum, in dem das Verbrechen situiert ist, konstruiert wird: Er ist an einer Grenze angesiedelt, an der Gegensätze aufeinanderstoßen, die von Häring als die Opposition von ›Deutschtum‹ und ›Slawentum‹ identifiziert werden. Deutsch sind die »Formen der Sitte und des Rechts« (NP 6, 69), ist die »Freiheit« (6, 68), sind die über das Meer gerichteten Augen seiner Handelsherrn (ebd.), deutsch ist vor allem der Protestantismus. Mit dem polnischen Bevölkerungsanteil wird dagegen Düster-

---

[32] Die Zahlenverhältnisse in der ›Ersten Folge‹ des *Neuen Pitaval* (= Bände 1 [1842] – 12 [1847]) sind aufschlußreich: In nur 11 Fällen liegt das Strafurteil 10 oder weniger Jahre vor der Darstellung, bereits in 34 Fällen beträgt diese Distanz 10 oder 40 Jahre, und im großen Rest von 59 Fällen beträgt sie mehr als 40 Jahre.

keit, Aberglauben und vor allem Katholizismus verbunden; »Eigenthümliches, Gesondertes in Sitte und Glauben« (NP 6, 67) konnten sich gerade im Ermland erhalten, in der »streng katholische[n] Oase mitten im protestantischen Preußen« (NP 6, 68). Schließlich fanden hier auch noch in jüngster Zeit Hexenumtriebe statt, die im *Neuen Pitaval* ebenfalls aufgegriffen wurden.[33] Der Geruch des Mittelalterlichen wird dieser Landschaft gleichsam ex negativo zugeschrieben, indem von Frauenburg ausdrücklich mitgeteilt wird, sie sei keine Stadt, »der das grau ehrwürdige Gepräge des Mittelalters aufgedrückt ist« (NP 6, 69) – um so mehr erkennt man es am Verhalten seiner Bewohner.

Bereits in der Einleitung zeigt es sich, daß Häring nicht darauf aus ist, für die Kriminalität neue Deutungsperspektiven zu erschließen und zu vermitteln. Ihm geht es umgekehrt um den Anschluß an die verbreiteten Normvorstellungen und Einstellungen seiner Leser. Die Abwertung der slawischen Bevölkerung Ostpreußens läßt dies deutlich werden: Sie gehört zum Bestand der populären bürgerlichen Vorurteile im Deutschland der Mitte des 19. Jahrhunderts.[34] Die Plausibilität der Häringschen Kriminalitätsdeutungen stellt sich in einem Verweisungszusammenhang her, in dem verbreitete Vorstellungen der Leserschaft (des mittleren Bürgertums) aufgegriffen und bestätigt werden. Man kann in diesem Zusammenhang auch die Literaturverweise am Ende des zitierten Abschnittes verstehen, die mindestens im Hinblick auf E. T. A. Hoffmann irreführend sind:[35] Sie ordnen dem ›realistischen Schreiben‹ eine bestimmte Rezeptionsweise zu, die in der Literatur die Bestätigung des eigenen Weltbildes findet und nicht etwa Beunruhigung sucht. Aus dieser Sicht werden Hoffmanns *Elixiere des Teufels* reduziert auf Anschauungsmaterial für Gespensterglaube und Teufelsfurcht einer Bevölkerung weit hinten in Ostpreußen.[36]

Im beschriebenen Umfeld leben und agieren sowohl der Täter als auch das Opfer. Der Bischof, obwohl katholisch, wird jedoch umstandslos der preußischlichten Sphäre zugeschlagen:

> Der 77jährige Greis hatte den Ruf eines milden Mannes auch als Priester in den katholischen Wirren, welche der kölner Frage gefolgt waren, behauptet. Ohne seinen Verhält-

---

[33] »Die Mörderinnen einer Hexe. 1819«: »Die Cultur ist in jene polnisch-cassubische Bevölkerung Preußens noch wenig eingedrungen, und die Gerichte sind von dort her an rohe Verbrechen gewöhnt, welche auch in sittlich verderbten Gegenden nicht mehr vorkommen. Der Glaube an Hexen und Hexenprozesse, welche das Volk auf eigene Hand vornimmt, gehören nicht zu den Seltenheiten« (NP 2 [1842], 386–400, Zitat S. 386).

[34] Vgl. Lammich: Das deutsche Osteuropabild; Lammich untersucht die Darstellungen Osteuropas, die in den Zeitschriften *Gartenlaube, Westermann's Monatshefte* und *Grenzboten* zwischen 1860 und 1880 veröffentlicht wurden. Die angesprochenen Lesergruppen dürften mit denen des *Neuen Pitaval* weitgehend identisch gewesen sein – und die Vorurteile über Polen oder Slawen sind ihnen gemeinsam.

[35] Vielleicht muß man hinter dem Mißverständnis Härings die Realismus-Konzeption suchen, nach der der ›Scott-Schüler‹ Häring seine Romane aus der (meist preußischen) Vergangenheit schrieb.

[36] Auch Hitzig, der Freund und Biograph Hoffmanns, hatte seine Schwierigkeiten mit dem ›Gespenster-Hoffmann‹.

> nissen zur römischen Curie zu schaden, hatte er mit der preußischen Regierung den Frieden bewahrt, und in seiner Diöcese durch würdige, den versöhnlichen Geist des Christenthums athmende Hirtenbriefe die confessionelle Aufregung beschwichtigt, welche im benachbarten Posen vorherrschte (NP 6, 71).

Es liegt ganz in Härings Konzeption, daß viel mehr über das Opfer nicht zu erfahren ist. Nur der Täter darf Profil gewinnen, er allein handelt und hat dann die Konsequenzen seines Handelns zu tragen. Das Opfer ist nur als Ziel dieses Handelns vorhanden; es erleidet, was ihm vom Täter angetan wird.

Der Einsatz literarischer Darstellungsmittel ist in Härings Texten genau kalkuliert, er darf den Eindruck absoluter Verläßlichkeit und Aktentreue nicht stören, in besonderen Fällen kann er ihn sogar bekräftigen. So wird die Mordnacht im Fall Kühnapfel folgendermaßen vergegenwärtigt:

> Ein milder Winterabend, der Boden mit Schnee belegt, die Wolken, vom Winde bewegt, zogen am Himmel hin und her, den verhüllend und wieder frei machend (NP 6, 71f.).

Dies scheint nichts anderes zu sein, als eine Variante der »Regennacht- und Englisch-Wetter-Szenerie, die dem Detektivroman immer noch ungemein gut ansteht« (Ernst Bloch).[37] Eine literarische Mordnacht also, zusammengesetzt aus den moderierten Topoi der Schauerromantik. Sie spiegelt die Seelenlage des Täters, der zur Tat halb entschlossen ist, halb noch vor ihr zurückschreckt. Dieser Eindruck soll sich über die Aktivierung literarischer Erfahrungen beim Leser festsetzen, bis er einige Seiten später darauf gestoßen wird, daß ihn die Wirklichkeit selbst hervorgebracht hatte. Die Beschreibung der Mordnacht ist nämlich eine präzise Wiedergabe aus dem Geständnis Kühnapfels. Dort gibt er an, vor der Tat wirklich geschwankt und sich eine Reihe von »Zeichen« ausgedacht zu haben, aus denen er göttliche Entscheidungshilfen herauslesen wollte. U.a. heißt es darüber im Protokoll, das Häring zitiert:

> [...] ich beschloß endlich, indem ich nach dem Monde sah, wenn bis ein Viertel auf 7 Uhr der Mond mindestens drei Mal durch Wolken verdunkelt würde, die That auszuführen, gegentheils sie zu unterlassen. Ich beobachtete denselben, er wurde vier mal verdunkelt, und noch hatte es nicht ein Viertel auf 7 Uhr geschlagen. Die Glocke schlug ein Viertel, und ich ging (NP 6, 87).

Der Eindruck des Schrecklich-Schauerlichen, der in der ›schönen Literatur‹ mit dem Verbrechen verknüpft wird, soll nicht etwa aufgehoben werden; das narrative Arrangement zeigt vielmehr, daß ihm auch in der ›Realität‹ Berechtigung eingeräumt wird: Nicht rationale Auseinandersetzung mit der Kriminalität ist das Ziel der Darstellungen im *Neuen Pitaval*, sondern zuerst und vor allem die abstoßende Dämonisierung des Verbrechens.

Wörtliche Zitate aus dem Geständnis Kühnapfels baut Häring immer wieder und an entscheidenden Stellen in die Darstellung des Falles ein. Auf die Funktion des scheinbaren Wechsels in die Ich-Perspektive des Täters wird noch zurückzukommen sein. Aber: Wer spricht hier eigentlich? Häring selbst gibt den Hinweis, daß die Äußerungen im Protokoll

[37] Bloch: Philosophische Ansichten, S. 245.

> nicht gerade die eigensten Worte und Ausdrücke Rudolf's [sind, vielmehr] durch die Vermittelung des Inquirenten in dessen Schriftsprache übersetzt. [...] Die Erzählung ist indessen so wichtig, und es blitzt so viel, nicht allein von der eigenen Denkungsweise, sondern auch von der Sprache des Verbrechers daraus hervor, daß wir nichts Besseres thun können, als den wörtlichen Inhalt des Protokolls hier mittheilen (NP 6, 85f.).

Der Widerspruch, der mit der Metapher zugedeckt werden soll, ist offensichtlich: Es sind die »Worte und Ausdrücke« des Untersuchungsrichters, aus denen die »Sprache des Verbrechers« hervorblitzt. Das Problem, daß aus der mündlichen Aussage Kühnapfels ein schriftlicher Text hergestellt wurde, hat uns schon im Zusammenhang des Verhältnisses von Untersuchungsrichter und erkennendem Gericht beschäftigt. Obgleich dort Regeln herrschen, mit denen die Untersuchung und ihre Protokollierung formalisiert sind, wodurch u.a. auch sichergestellt werden soll, daß der Untersuchungsrichter sowohl die be- wie die entlastenden Momente ermittelt und niederlegt, kann selbstverständlich nicht (auch nicht vom erkennenden Gericht) aufgeklärt werden, wie die einzelnen Formulierungen in das Protokoll gekommen sind. Die Authentizität des Protokolls beruht auf der Integrität des Untersuchungsrichters, auf die sich das erkennende Gericht – rechts- bzw. gesetzesstaatliche Verhältnisse vorausgesetzt – verlassen muß, wenn es überhaupt zu einem Urteil kommen soll. Bereits die institutionelle Verarbeitung des Verbrechens findet – als Herstellung eines Strafbarkeits- und Strafzumessungsfalles – in einer Sprachwelt statt, die den Zugang zum ›Erleben‹ des Angeklagten massiv behindert, wenn nicht vollkommen verhindert. Erst die literarische Rekonstruktion des Falles vermag die ›fremde‹ Welt der inneren Tatseite zu erschließen – allerdings unter der vorgegebenen Deutungsperspektive.

Voraussetzung dafür ist aber im *Neuen Pitaval*, daß die protokollierten Äußerungen des Angeklagten als dessen originäre Worte ausgegeben und der Gedanke an die Vermittlungsinstanz verwischt wird; durch Metaphern wie die vom ›Hervorblitzen‹ werden die Worte des Protokolls in den Mund des Verbrechers zurückgelegt. Das Konstrukt des »Verbrechermenschen« entsteht im *Neuen Pitaval* im literarisch organisierten Zusammenspiel von Zitaten, deutend-auswählender Nacherzählung und Kommentar. Erst diese Kombination führt zur hohen Integrationsfähigkeit des *Neuen Pitaval* für juristische und ›transjuristische‹ Deutungsmuster, erst sie läßt den Verbrechermenschen plastisch werden – und zwar weit über die Grenzen der Erkenntnis im Strafprozeß hinaus.

Analog zum Urteil entwickelt Häring auch einen »Strafzumessungsfall«,[38] indem er die Biographie des Täters resümiert und seine Schlußfolgerungen anschließt: »Rudolf Kühnapfel war 1814 in Frauenburg geboren«, er wuchs in unguten Familienverhältnissen auf, wurde schließlich in den (väterlichen) Schneiderberuf gezwungen.

> Der Vater, gegen dessen Wandel sonst aus den Acten nichts Schlimmes hervorgeht, war sehr streng gegen ihn, Rudolf sagt, hart und ungerecht. Der Sohn lernte ihn schon früh hassen (NP 6, 79).

---

[38] Vgl. Hassemer: Einführung, passim.

Damit ist die Tendenz vorgegeben, die als Raster im Hinblick auf die Tätergeschichte wirkt: ausgeblendet bzw. relativiert werden alle Ansätze in der Aussage Kühnapfels, eigene Erklärungen durchzusetzen, die Schuld im Blick auf die eigene Vergangenheit und mindestens für die eigene Person verständlich machen. Wahrheit blitzt für Häring nur dort hervor, wo die Inhalte der Kühnapfelschen Aussagen in das Deutungs- und Wertungskonzept des Pitaval-Erzählers passen. Beispiel dafür ist Kühnapfels knapp 10 Jahre zurückliegende Krankheit, ein »mit Symptomen der Geistesverwirrung verbundener« Zustand, der als »Gehirnentzündung« behandelt worden war (NP 6, 80). Mit allen Zeichen der Erleichterung berichtet Häring, daß Kühnapfel seinem Verteidiger diesen »Defensionalgrund« aus der Hand geschlagen habe, »indem er in seinen Verhören mit Stolz behauptete, daß er damals wie jetzt bei vollem Bewußtsein gewesen sei« (NP 6, 80).[39]

Aus dieser Perspektive bringen die äußeren Stationen des Kühnapfelschen Lebenslaufes nur wenig deutbares Material: mehrfacher Wechsel des Arbeitsplatzes, gelegentliche Widersetzlichkeiten sind allenfalls Hinweise auf eine gewisse, nicht unalltägliche Unangepaßtheit, die zwar ins Bild einer notwendigen Entwicklung zur Tat paßt, ihr aber keine entscheidenden Lichter aufsteckt. Anders ist die zurückhaltende Behandlung der »früheren verbrecherischen Handlungen« (NP 6, 81) zu verstehen. Berichtet wird von einer ganzen Reihe von »Droh- und Brandbriefe[n]«, die – anonym zugestellt – zunächst Kühnapfels materielle Lage durch Erpressung verbessern sollten, mit denen er später aber von den »Domherren« die »Vertheilung ihres Grundbesitzes unter die Bürger« forderte (NP 6, 82). Im Verfahren wegen dieser Taten kam es weder zu einer Verurteilung noch zum Freispruch, sondern zur Instanzentbindung, weil der Täterschaftsnachweis nicht geführt werden konnte. Natürlich werden die »agrarischen Grundsätze« (NP 6, 84) des »neue[n] Gracchus« (NP 6, 83) von Häring so wenig geteilt, wie von der Bevölkerung Frauenburgs. Aber nicht darin scheint mir der Grund zu liegen, warum Häring so auffällig darauf verzichtet, diesen Teil im Vorleben Kühnapfels – seine geringfügige ›kriminelle Karriere‹ – ausführlich zu beleuchten und zu diskutieren. Diese speziellen Delikte passen nicht zum Verlauf der Verbrecherbiographie, den Häring zu zeichnen gedenkt, und sie würden – breit ausgeführt – die Widersprüchlichkeit der ganzen Darstellung offenkundig machen. Dabei kommt es weder auf die inhaltliche Gültigkeit der agrarischen Grundsätze Kühnapfels noch auf ihre Beziehungen zu zeitgenössischen Diskussionen an; allein ihre ernsthafte und um Begründung bemühte Ablehnung – anstelle der Ironisierung – würde zu einem Blickwechsel zwingen, der die konsistente Deutung der Täterbiographie stören würde. Mit den ›historischen und sozialen Bedingungen

[39] Grundsätzlich vermeidet es Häring, seine Darstellung von Kriminalfällen mit Pathographien zu verknüpfen. Er koppelt vollständig ab von einer deutschen Tradition der »spezifisch diagnostischen Erzählweise«, die nach Klaus Kanzog von Schiller bis Benn reicht, wobei es tatsächlich auffällt, »daß alle genannten Autoren Mediziner waren« (Kanzog: Erzählstrategie, S. 181).

der Tat‹, deren Darstellung Häring programmatisch verspricht (s. o., S. 324f.) sind – zumal bei dem vorliegenden Tätertyp – eben nicht die Wechselwirkungen zwischen Umfeld und Täter in einem dynamischen Prozeß gemeint, sondern die kontinuierliche Entwicklung der Täterpersönlichkeit im Rahmen fehlerhafter, aber selbst zu verantwortender Verarbeitung einer Reihe von individuellen Konflikten. Aus dieser Sicht hat Häring freilich Recht, wenn er feststellt, daß zur »criminalistischen Beurtheilung« des Falles im Strafverfahren zwar »genug geschehen« sei, »nicht aber zur psychologischen« (NP 6, 81). Und damit kommt Häring zum Kern seiner Deutung:

> Ein solcher Kernmensch in seiner Entschlossenheit zum Bösen, weil er sich dazu, nach seinen Vorstellungen von Naturrecht, für berechtigt hielt, konnte nicht ganz von selbst das werden. Er war kein Verführter, aber Beispiel oder Lectüre mußten ihn gebildet haben [...]. Ohne hinzutretende Potenzen ist das kaum anzunehmen. Aber von dieser seiner inneren Entwickelung wissen wir nichts [...] (ebd.).

Die wenig tauglichen Versuche Kühnapfels, durch Bitt- und Drohbriefe Geld zu erpressen und damit Unabhängigkeit vom Vater und eine eigenständige soziale Stellung zu erlangen, vermögen nur seine Außenseiterstellung in Frauenburg, nicht jedoch die Entwicklung zur massiven Gewaltkriminalität zu erklären. Die Organisation des Textes stellt diesen Nicht-Zusammenhang – als Stütze der eigenen Deutung – heraus: An die Darstellung der gescheiterten Droh- und Bittschreiben schließt sich die der Reaktion Kühnapfels an, in der der Haß auf die Priesterschaft betont wird, und zwar in Protokollzitaten:

> Als ich [den abschlägigen Bescheid] erhielt, dachte ich darüber nach, wie ich am besten meine Erwerbsfähigkeit bethätigen könnte. Da kam mir der Gedanke, mir vom Bischof eine erklekliche Summe zu holen [...]. Alle Priester besitzen ihre Reichthümer mit Unrecht; darum hielt ich mich auch für ganz berechtigt, dem Bischofe von seinem so viel zu nehmen, als ich selbst bedurfte (NP 6, 84f.).

Hier wird die Ver-Bildung Kühnapfels offenkundig gemacht, die Verdrehung von Recht und Unrecht plakativ herausgestellt, damit die Dringlichkeit der Frage nach den ›hinzutretenden Potenzen‹ (s. o.) bewiesen. Der Eindruck zunehmender Entfernung Kühnapfels von Verhaltensweisen, die mit alltäglichen Maßstäben zu messen wären, wird verschärft durch die nun folgende Darstellung der Phase der Unentschlossenheit und der Unruhe des Täters vor der Tat. Bereits im Untersuchungsprotokoll nimmt dieses »merkwürdige Gottesgericht« (NP 6, 87) verhältnismäßig breiten Raum ein, ohne für die Beurteilung der Vorsatzbildung und der Zurechnungsfähigkeit Kühnapfels entscheidendes Material zu bieten. Die Schilderungen wirken auch im Urteil überdeterminiert, weil sie weder im Hinblick auf die Zurechnung des Tatbestandes noch auf die Strafzumessung einzusetzen sind. Das Strafverfahren benötigt zu seinem Funktionieren kein bestimmtes Menschenbild, das in den narrativen Passagen des Aktenmaterials zum Ausdruck kommen müßte. (Eine andere Frage ist, ob diese Passagen nicht einem Bedürfnis der Richter enspringen, das auch durch die ›Verfachlichung‹ ihrer Berufsrolle nicht vollständig unterdrückt werden kann.) Erst der Pitaval-Text mit seinem spezifischen Interesse an der vollständigen narrativen Konstruktion des Verbrechermenschen vermag diese Passagen funktional zu integrieren – gleichsam als letzte Steine zu einem Mosaik.

Die Darstellung der eigentlichen Tat wird also in mehreren Schritten vorbereitet; sie kommt nicht mehr überraschend, der Täter ist – wenn auch erst in groben Umrissen – bekannt, die Deutungsperspektiven sind angelegt. Die Darstellung kehrt zurück an den Tatort und läßt Kühnapfel – auf über vier Seiten – »wieder mit seinen eigenen Worten erzählen« (NP 6, 89). Der erneute Wechsel in die (scheinbare – s. o.) Ich-Perspektive des Täters erlaubt zunächst die ausführliche Schilderung des Ablaufs der Bluttat. Jeder Axthieb wird verzeichnet (»ich hörte nun die Pfeiffer noch schnarchen. Ich trat an sie heran und versetze ihr, sowie sie dalag, noch zwei oder drei Hiebe auf den Kopf« – NP 6, 93), ohne daß es dabei zum Konflikt mit literarischen Normen kommen könnte, schließlich ist das Aktenstück ›authentisch‹. Gleichzeitig nimmt der Leser andeutungsweise an den inneren Vorgängen des Täters teil, die das Protokoll verzeichnet (ohne allerdings darauf aufmerksam gemacht zu werden, daß er eine im Hinblick auf das Strafverfahren perspektivierte Schilderung liest). Das Protokoll skizziert die Tat eines »umsichtigen, entschlossenen Mannes« (NP 6, 88), und an diesem Bild hält Häring fest; Kühnapfel handelt zielbewußt, offenkundig ohne Skrupel und ohne menschliche Regungen, nachdem er sich einmal zur Tat entschlossen hatte. Die Darstellung des Sachverhalts geschieht zwar in Ich-Form, aber in der nüchternen, undramatischen Sprache des Protokolls. Sie wird im Pitaval-Text zum erzählerischen Mittel, mit dem die Phantasie des Lesers angeregt und das Unfaßbar-Schreckliche der Tat erst recht erkennbar wird. Häring verzichtet auch hier nicht auf die Konfrontation des Täters mit der normal-harmlosen Wirklichkeit des Frauenburger Alltags: Kühnapfel hatte, ehe er in das Palais eindrang, »Geklingel« gehört und berichtet weiter:

> Ich trat rasch vor die Thür und überzeugte mich, daß ein Schlitten vorbeifuhr, auf dem Kinder sich befinden mußten, denn ich hörte ein Kinderjauchzen (NP 6, 89).

Nichts, so die Botschaft, konnte Kühnapfel mehr von dem eingeschlagenen Weg abbringen, nicht einmal die Begegnung mit der kindlichen Unschuld (die man durchaus mit den vorher breit erörterten ›Gotteszeichen‹ in Verbindung bringen soll und kann).

Diese Stelle fehlt in allen anderen Darstellungen des Falles, die wir einsehen konnten. Trotzdem braucht nicht angenommen zu werden, daß Häring sie schlicht erfunden hat; er mag sie einem Zeitungsbericht entnommen haben. Doch ist die Frage nach der Authentizität solcher Schilderungen nicht vordringlich, wichtiger ist es, ihre Funktion im Gefüge des Textes zu erkennen: Sie sichern das Täterbild durch den unmerklichen[40] Verweis auf die Schemata literarischen Darstellens von

---

[40] Unmerklich, wenn man z. B. mit dem dramatischen Bericht vergleicht, den der Syndikus des Bistums Ermland, Wierzbowski, vom Mord anfertigte, und zwar unter Verwendung zahlreicher Versatzstücke aus der Sensationsliteratur: „Der Unmensch schießt wie ein Tiger auf [die Haushälterin] los und streckt sie abermals mit zwei Hieben zu Boden. [...] Da hört der Mörder, daß die Wirthin noch röchelt, und augenblicklich springt er hinzu

Kriminalität, in denen mit allen Mitteln der Gegensatz zwischen Gut (= normal und alltäglich) und Böse (= abweichend sowie ab- und ausgrenzbar) hergestellt wird. Mit solchem Anschluß an die literarischen Erfahrungen der Leser wird die Plausibilität des Verbrecherbildes gestützt.

Die Verwendung der Ich-Form an zentraler Stelle des Textes hat ein Vorbild in Schillers *Verbrecher aus verlorener Ehre*. Dort erzählt der Räuber Wolf selbst die entscheidenden Stationen seines Verbrecherlebens, und auch Schiller verzichtet nicht auf die Fiktion der Aktenmäßigkeit.[41] Erst damit wird die Strategie wirksam, die darauf aus ist, im Leser eine »fiktive Revisionsverhandlung« im Lichte eines aufgeklärten Rechtsbewußtseins ablaufen zu lassen.[42] Die Abweichungen Härings von diesem Vorbild sind entscheidend: Die eingeschobene Ich-Erzählung bei Schiller ist tatsächlich mit einem Perspektivenwechsel verbunden, der Verbrecher spricht über sich und sein vergangenes Leben. Er befreit sich inhaltlich und sprachlich von den Formalien des Verfahrens – insofern richtet sich der Text nicht nur gegen die Urteilspraxis seiner Zeit, sondern – konkret – gegen die Regeln des Verfahrens, das den Angeklagten nie zu seinem Wort kommen läßt. Die Taten werden Teil des erzählten Lebens, sie werden nicht herausgehoben und isoliert betrachtet. Und auch sprachlich wird die Aktenmäßigkeit bei Schiller als Fiktion offenbar: Der Text richtet sich eben nicht an den Strafrichter, sondern an die Instanz des lesenden Publikums. Bei Häring dagegen darf der Täter allein den Sachverhalt, den Tathergang erzählen, und zwar gefiltert durch die Sprache der Justiz; die biographische Deutung der Tat behält sich der Pitaval-Erzähler selbst vor. Damit wird – verglichen mit Schiller – auch das lesende Publikum entmündigt. Es braucht sich nicht der Anstrengung einer eigenen Interpretation zu unterziehen, da die ihm fertig geliefert wird.

Die Argumentation zum Strafurteil und das fachjuristische Ergebnis werden aus der Darstellung fast vollständig ausgeblendet, da an der »Wahrhaftigkeit und Genauigkeit« der Aussagen Kühnapfels nicht zu zweifeln sei (NP 6, 93f.), mithin auch für den erkennenden Richter »wenig Zweifelsfragen« geblieben seien. Die Verteidigungsstrategie, »den Raub nur als einen Diebstahl [...], und den Mord als einen Todtschlag« erscheinen zu lassen (NP 6, 95), wird, wenngleich pflichtgemäß vorgetragen, als ein untauglicher Versuch der Verharmlosung abgetan. So ist es nur folgerichtig, daß Häring, wie es seinem Konzept entspricht, dem Publikum ausdrücklich die »Entwicklung der [Urteils-]Gründe« erspart (NP 6, 96) und zu seinem Hauptteil, der Deutung von Tat und Täter übergeht.

Der Vater wird zum Zeugen gegen den Sohn: Er stellte ihm »das schlechteste Zeugniß« aus über den »bösartigen Charakter«, die »fehlende Liebe und Ehrfurcht gegen seine Aeltern«, über seine Trunksucht, Spielleidenschaft und seine

---

und versetzt ihr wieder einige scharfe Hiebe auf den Kopf« – usw. (Ermordungsgeschichte, S. 73).

41 »[...] man höre ihn [d.i. Wolf] selbst, wie er nachher gegen seinen geistlichen Beistand und vor Gericht bekannt hat« (Schiller: Verbrecher, S. 12).

42 Oettinger, Schillers Erzählung, S. 276.

Gewalttätigkeit (NP 6, 96f.). Zwar werden diese Einschätzungen von anderen Zeugen nicht bestätigt, doch nimmt Häring die Einlassungen des Vaters als Beweis dafür, daß »in dem unglücklichen Verhältnisse zwischen Vater und Sohn der erste Keim der Verderbniß des Letzteren« (NP 6, 97) zu suchen sei. Diese Erkenntnis führt nun nicht zu einer Analyse dieses Verhältnisses, sie hat allein narrative Funktion, indem sie den Anfang einer Entwicklung kennzeichnet, deren Ende bekannt ist. Häring übernimmt und verstärkt das Zuschreibungsmuster, das bereits im Urteil angewandt wurde: Die Widersetzlichkeiten des Kindes gegen die Eltern, die Gewaltphantasien, die gegen den gewalttätigen Vater eingesetzt wurden, die Schulstreiche werden als Indizien für die wachsende Fehlentwicklung des Kindes genommen, das zunehmend verwilderte und »dem bösesten Vorsatze Raum gab« (NP 6, 98). Trotz der unguten Familienverhältnisse erscheinen die kleinen Verfehlungen des Kindes als moralisch zurechenbar. Immer von neuem steht Kühnapfel vor Situationen, in denen er sich zwischen dem (landläufig) Richtigen und dem Falschen entscheiden muß, und immer entscheidet er sich für das Falsche – also die Abweichung. Auf diese Weise können auch die Stationen der Entwicklung des Erwachsenen genau bezeichnet werden: Er entwickelt »früh einen Widerwillen« gegen das Schneiderhandwerk, er ist unzufrieden mit dem Lohn, den er in der Werkstatt seines Vaters erhält; »Vergnügungs- und Geldsucht traten damals zuerst stärker hervor« (NP 6, 99). Die Unfähigkeit, sich einzufügen, zu bescheiden und anzupassen fördert seine »Leidenschaftlichkeit« so, daß er »wegen seiner Aufregung« nicht schlafen konnte, dies wiederum macht ihn zur Arbeit unbrauchbar (ebd.). Schließlich droht er mit »gewaltsamer Widersetzlichkeit«, so daß er als Tobsüchtiger behandelt werden mußte, ohne dies tatsächlich zu sein (ebd.); es war nur der »stärkste Ausbruch einer ungezähmten Leidenschaftlichkeit, deren Besiegung jedoch keineswegs außer den Grenzen seiner Macht lag« (NP 6, 100). Wo sich ihm entschiedener Widerstand entgegensetzte, »verstand er ganz wohl, sich zu mäßigen und unterwerfen« (ebd.). »Ob ursprünglich bös oder gut« (NP 6, 103) – dies bleibt dahingestellt beim Entwurf des Täters, der vielleicht das Zeug zu einem »großen Mann« (ebd.) gehabt hätte, dessen Anlagen jedoch, in »kleine, drückende Verhältnisse« geworfen, ausarteten und »mit dem Verbrechen« endeten (ebd.).

Kühnapfels Schuld besteht für Häring im Grund darin, daß er den Widerspruch, der sich ihm zwischen dem Bewußtsein der eigenen Anlagen und den beengenden äußeren Verhältnissen auftat, nicht sozialverträglich auflösen konnte. Im Klartext heißt dies: Kühnapfel hätte sich seinem Schicksal fügen müssen, sich bescheiden und in den Verhältnissen einrichten müssen. An dieser Stelle überschreitet Häring die Interpretation des strafrichterlichen Urteils, dem er so weit rekonstruierend und argumentierend gefolgt ist: Die Richter hatten ›Habsucht‹ und ›Neid‹ als auslösende Motive herausgestellt. Häring sieht hier lediglich Symptome für etwas anderes, nämlich den Wunsch, »eine Rolle in der Welt zu spielen« (NP 6, 103). Dies allerdings konnte Kühnapfel nicht »auf langsamem Wege« erreichen, denn seine »Bildung, seine erworbenen Kenntnisse genügten für seinen Stand, darüber hinaus aber sah es chaotisch für ihn aus« (ebd.). Mangelnde Bildung läßt es auch nicht zu, die Tat als revolutionäres Aufbegehren gegen die besitzende Geistlichkeit zu verstehen, sondern nur als das Ausagieren dumpfer Gefühle der Unterdrückung und des fehlgeleiteten Ehrgeizes:

> Mit allen seinen Fähigkeiten war er ohne Führer geblieben, die sie zum Rechten geleitet hätten, und in seinem verschlossenen, menschenfeindlichen Wesen hatten die ungezügelten Dämonen ihren stillen, unangefochtenen Sieg davon getragen. Während er aber schon reif war zum Entsetzlichsten, konnte er, in seiner Sphäre, mit Franz Moor sich rühmen, daß er keine kleinen, gemeinen Verbrechen begangen. [...] Er hatte sein Glück, d. h. aus seiner gedrückten Lage herauszukommen, ertrotzen wollen (NP 6, 104).

Der Vergleich mit Franz Moor, der Canaille Schillers, ist nicht nur Bildungsanspielung, vielmehr verweist er auf die Faszination, die von einem Verbrecher ausgehen kann, dessen Taten erst nachweisen, daß er ein »Kernmensch« ist; zugleich wird das moralische Urteil über einen sittlich verkommenen Menschen befestigt, der mit Verbrechen eigennützige Ziele erreichen wollte. Eine ihm nicht zukommende Rolle wollte Kühnapfel spielen – diese Figur erscheint bei Häring immer wieder, und sie bedeutet, daß mit dem Verbrechen die Anmaßung eines sozialen Status verbunden wurde, die dem Täter durch Herkunft und Bildung nicht zukommen konnte. Gesellschaftlicher Aufstieg gerade aus proletarischen Ursprüngen in bürgerliche Bezirke gerät leicht in die Nähe der Kriminalität.

Doch damit ist Häring noch nicht ganz am Ende seiner Darstellung, denn auch die Rolle der Justiz soll noch gebührend gewürdigt werden. Sie ist es nämlich, die Kühnapfel, ehe sie ihn rädert, in den Bereich verantwortlicher Sittlichkeit zurückholt. Während seines Prozesse soll Kühnapfel nichts

> von Reue, von religiösen Gefühlen [gezeigt haben]; nur gegen den Mann, welcher ihm das Geständnis abgerungen, zeigte er eine Ehrerbietung oder Anhänglichkeit, welche etwas, wie man will, Dämonisches oder Religiöses, [!] verrieth. Starke Charaktere werden von der Kraft Anderer zur Bewunderung hingerissen, und daß ein ruchloser Verbrecher, der gegen Niemand Anhänglichkeit und Liebe an den Tag legte, von der moralischen Kraft und dem Geschick seines Inquirenten [...] so hingerissen wird, daß er sogar ihm Liebe zeigt (NP 6, 108).

Häufig sei dies zu beobachten, doch nie »bewußter und rührender« als bei Kühnapfel. So taucht am Ende seines Lebens noch einmal ein Vaterbild auf, und zwar verkörpert von dem Polizisten, dem er seine Tat gestanden hatte. Die Justiz erscheint nicht als seelenloser Apparat, von dem Verbrechen abgestraft werden; sie wird vielmehr zu einer sittlichen Macht, deren Charisma mit den Personen verbunden ist, die in ihr handeln. Sie gibt und empfängt Liebe, Ehrerbietung und Anhänglichkeit – genau diejenigen Eigenschaften, deren Fehlen in der Kindheit Kühnapfels den Keim zum Bösen gelegt hatte (wenn man Häring folgt). Es sind Eigenschaften und Verhaltensweisen, die unabhängig von materiellen Verhältnissen gedacht werden – also bei Arm und Reich gleichermaßen vorgestellt werden können. Anklänge an spätaufklärerische Anthropologie sind unverkennbar, man braucht auch hier nur an Schillers Sonnenwirt-Figur zu erinnern. Doch es sind nur Anklänge, weil Häring den Versuch eines Ausgleichs zwischen Individuum und Gesellschaft – und sei es nur als Utopie – gar nicht mehr unternimmt. Vielmehr wird Verantwortlichkeit für die Kriminalität wie für die Besserung allein beim Individuum gesucht (hier liegt die entscheidende Übereinstimmung mit dem ideal-realistischen Literaturprogramm). Dies zeigt sich gerade dort, wo der Verbrecher in aussichtsloser und gedrücktester Lage eine Wandlung vollzieht, die entscheidend von der Erfahrung angeregt wird, die Kühnapfel mit dem Polizeibeamten macht. Häring legt großes Gewicht auf die Schilderung dieser Wandlung: Während seines Verfahrens hatte Kühnapfel zunächst noch eine »neue Rolle« (NP 6, 107) gespielt, nämlich die des starken und verstockten Verbrechers, der sich mit seinen Taten in seinem Recht glaubt und weder Reue noch Einsicht zeigt. Dies ändert sich nach der Publikation des erstinstanzlichen Urteils: Jetzt gibt er zu, den Bischof und seine Haushälterin vorsätzlich getötet zu haben, er gesteht überdies frühere Vergehen (u.a. die mehrfach erwähnten erpresserischen Briefe), und er empfiehlt sich endlich der Gnade Gottes (NP 6, 111). Innerhalb des literarischen Arrangements der Häringschen Falldarstellung ist dies ein zwingender Schluß: Angeregt durch die positive Leitfigur, die ihm bisher gefehlt hatte, bestätigt der Verbrecher zum letzten Mal seinen freien Willen, aber diesmal so, daß er das Urteil als gerechte Strafe und als notwendige Sühne akzeptiert. Damit ist das Ziel erreicht, das Häring bereits anvisierte, als der bei der Frage nach der Motivation der Tat, nach ihren Ursprüngen, die Grenzen der strafrechtlichen (tatorientierten) Erkenntnis überschritt (s.o., S. 330f.): Die Schilderung strafrechtlicher Rechtsfindung mündet in der ›poetischen Gerechtigkeit‹, der nichts mehr von den Zufälligkeiten der realen Strafjustiz anhaftet. Indem der Täter sich zu seiner Tat ausdrücklich bekennt, sein Unrecht erkennt und die Strafe akzeptiert, wird Versöhnung hergestellt.[43] Man kann sich diesen Vorgang durchaus auch in der Realität vorstellen. Die Konsequenz, mit der er in der Fallgeschichte konstruiert wird, erscheint trotzdem als genuin literarische Leistung, die es unternimmt, am Einzelfall ein Prinzip zu vermitteln.

4. *Das Buch der Verbrechen* (1851). »Das Mordwerk auf dem Dom zu Frauenburg«

Das Buch der Verbrechen, als Fallsammlung herausgegeben und verfaßt von Wilhelm Ludwig Demme,[44] erschien in vier Bänden ab 1851 in der Arnoldischen Buchhandlung in Leipzig. Es enthält die Darstellung von Kriminalfällen, die Demme bereits aktenmäßig in die von ihm herausgegebenen Bände der *Hitzigschen Annalen*[45] aufgenommen hatte. Das »Volksbuch«, wie er es im Untertitel programmatisch bezeichnet, richtet sich an eine andere Publikumsgruppe als die *Annalen*: Es soll in der Bevölkerung Kenntnisse der Strafrechtspflege verbreiten, es soll überdies die Verfahrensreformen nach 1848 – insbesondere die Beteiligung

---

43 Vgl. dazu Bockelmann: Problem der Kriminalstrafe.
44 Angaben zur Biographie im Anhang I.
45 Demme war von 1837 bis 1846 Hg. der *Annalen*.

von Laienrichtern im Strafverfahren – populär machen und so im Bewußtsein breiter Kreise befestigen, und es soll schließlich die gesammelten Erfahrungen, die Demme als Rechtsanwalt wie als Angeklagter mit der Justiz gemacht hatte, justiz- und gesellschaftskritisch fruchtbar machen.[46] Im *Buch der Verbrechen* befreit sich Demme von den Zielen der Falldarstellungen für Juristen, er will kommentieren und die Justiz bewerten. Seine Intentionen und seine Wertungsperspektive spricht er im Vorwort zum ersten Band klar aus:

> Das Buch der Verbrechen – das will und soll heißen: der Verbrechen zwar auf dem Gebiet der Strafrechtspflege, aber nicht blos der Frevel, die von Staatsgenossen an dem Rechtsfrieden der Gesellschaft durch Übertretung der Verbote des geschriebenen Strafgesetzbuches begangen werden, sondern auch der Frevel, die der Staat (Staatsregierung sowohl als auch Staatsgesellschaft) durch Nichterfüllung der Gebote des ungeschriebenen Natur- und Vernunftrechts insofern ebenfalls an dem Rechtsfrieden der Gesellschaft begeht, inwiefern von dieser Unterlassung nicht allein keine Minderung, sondern sogar Mehrung der Verbrechensquellen, der inneren wie äußeren, in Rücksicht auf Zahl sowohl als auf Stärke derselben, herbeigeführt wird (BV 1, VIIf.).

Der individualistischen Kriminalitätsdarstellung und -deutung des *Neuen Pitaval* wird ein Konzept entgegengesetzt, das komplexe Entstehungsbedingungen mindestens erfassen könnte – inwiefern dies tatsächlich geschieht, muß sich am Einzelfall zeigen. Hinzu kommt, daß positives Recht und Rechtspraxis nicht einfach hingenommen werden und der Darstellung als materiale Basis dienen wie im *Neuen Pitaval*, sie werden vielmehr selbst an Gerechtigkeitsvorstellungen eines allgemeinen Natur- und Vernuftrechts gemessen. Demme expliziert seine Grundsätze nicht, sie bilden auch kein System, sie werden vielmehr von Fall zu Fall entwickelt.

Demme legt keinen gesteigerten Wert auf Originalität; er greift verbreitete Topoi der liberalen und zum Teil auch der radikal-demokratischen Justiz- und Gesellschaftskritik auf, ohne sich einer Richtung eindeutig anzuschließen. Die Bildungsabsicht, die er mit seinem Buch verfolgt, faßt er so zusammen:

> Fortbildung und Veredlung durch Verbreiten praktischer Intelligenz, durch Belebung des Rechtsgefühls und Rechtssinns, durch Erschließung sittlicher Lebensanschauung vom freireligiösen Standpunkt, d.i. vom geheiligten Standpunkt ewiger unveräußerlicher Menschenrechte (BV 1, XI).

Aus dieser Perspektive unterzieht Demme den Fall Kühnapfel einer gründlichen Revision, die sich in vielen Einzelheiten unausgesprochen, aber unverkennbar als Kontraposition zu Häring versteht; sie profiliert sich als Konkurrenz zur führenden Fallsammlung. Es ist Demme nicht gelungen, sein Konzept durchzusetzen; die Gründe dafür werden am Schluß zu diskutieren sein.

In Demmes Darstellung des Falles Kühnapfel (wie fast aller Fälle des *Buches der Verbrechen*) überlagern sich zwei Aspekte: Die Rekonstruktion der Tä-

---

[46] Demme richtete sich mit seiner Publikation prinzipiell an dasselbe Publikum wie Häring, nämlich die gebildeten, an Fragen der Strafrechtspflege interessierten Laien – nur schätzte er offensichtlich dessen Interessen anders ein.

terbiographie sowie ihre Deutung im Hinblick auf die Erklärung der Verbrechensentstehung und die Verfahrenskritik, die sämtliche Stationen des Strafverfahrens ergreift und juristische Argumentation allgemeinverständlich vorzutragen versucht. Demme strebt nicht wie Häring die geschlossene literarische Form der authentischen Kriminalgeschichte an, die den Fall auf eine Ebene der Quasi-Exempelgeschichte hebt. Gerade weil er die Absicht hat, das Strafverfahren zu kritisieren, betont er die Nähe seiner Geschichte zu den Prozeßhandlungen und -ergebnissen. Diese sind nicht nur Bausteine für ein literarisches Arrangement, sondern auch Gegenstände, über die zu handeln sein wird. Die Nähe zum Verfahren zeigt sich bereits in der Gliederung seiner Geschichte, die sich eng an Schemata orientiert, die für den Vortrag von Relationen im Criminalprozeß eingeübt wurden.[47] Gleichzeitig signalisiert er jedoch seine Distanz zu diesem Verfahrensgang und zu seinen Ergebnissen, die als Distanz zur unreflektierten Arbeit im Apparat der Justiz ausgegeben wird – z. B. dort, wo er den Täter entgegen aller zeitgenössischen Gewohnheit in juristischen und literarischen Texten stets mit Vor- und Zunamen anspricht. »Kühnapfel« ist Objekt des Verfahrens und der späteren Darstellung, »Rudolf Kühnapfel« scheint als Subjekt mit eigener Sprache und mit dem Recht zur Selbstdarstellung wahrgenommen zu werden.

Die Protokolle aus dem Verfahren, die Demme ebenso extensiv zitiert wie Häring, werden ausdrücklich als Instrumente des Strafverfahrens ausgewiesen. Das Zitat kann nicht die Qualität einer Ich-Aussage des Täters erhalten. Die Entstehungsform und Funktion im Strafverfahren wird ins Licht gerückt, wenn es heißt:

> Das, durch ein schlechthin verwerfliches, nur auf Gutjesuitisch zu beschönigendes Mittel dem Rudolph Kühnapfel abgedrungene, herauspolizirte Geständniß wurde noch an demselben Tag und späterhin noch mehrmals vor besetztem Criminalgericht wiederholt, ›frei und ohne Zwang‹ wie es in den wohl geschriebenen Protokollen heißen mag (BV 1, 287).

Nicht der spezielle Inhalt der Kritik ist entscheidend, sondern der deutliche Hinweis, daß die Abfassung des Geständnisprotokolls nicht Ergebnis einfachen Zuhörens und Niederschreibens ist. Der Herstellung des Geständnistextes kommt eine entscheidende Funktion im ganzen Verfahren zu, sie determiniert den Verfahrensausgang und ist Resultat planmäßigen Handelns, das auf einem bestimmten Vorverständnis der Tat beruht. Der Faden wird an späterer Stelle wieder aufgenommen, an der die Verurteilung wegen Raubmordes kritisiert wird:

> Die Richter wußten aber aus seinem Geständniß den Thatbestand eines ›Raubmords‹ herauszulaboriren und verurtheilten ihn zum Rad (BV 1, 312).

Mit der Kritik am Inquisitionsprozeß, der den Täter nur einmal zu Wort kommen läßt, nämlich im Untersuchungsverfahren, in dem er dem Richter vollständig untergeordnet ist, befindet sich Demme in der Gesellschaft zahlreicher zeitgenös-

---

[47] Man erkennt dies, wenn man die Gliederung (s. Anhang II) z. B. mit Hitzigs *Anleitung zu einer Relation* von 1843 vergleicht.

sischer Juristen und Literaten.[48] ›Hineininquirieren‹ und ›Herauslaborieren‹ sind die fast stehenden Redewendungen, die in dieser Kritik immer wieder auftauchen.

Anders als Häring hält Demme die juristische Perspektive in seinem Text immer präsent als Gegenstand der Diskussion und der Kritik. Und es gehört dazu, daß er auf den ausdrücklichen Appell an die literarischen Erfahrungen seiner Leser verzichtet und damit die ausschließliche Deutung in einem transjuristischen Raum (des ›Allgemein-Menschlichen‹ und der ›Gut und Böse‹-Entgegensetzung) erschwert. Demme erwähnt z.B. auch nicht die Situation, in der »Kinderjauchzen« (s.o., S. 331) die Verworfenheit des Verbrechers akzentuiert. Gerade weil Häring derartige Appelle an literarische Erfahrungsmuster in seinen Text einbaut, muß er an anderen Stellen die Authentizität des Textes betonen. Demme kann auf plakative Signale dieser Art verzichten, da seine Darstellung ohnehin (und vor allem deutlich sichtbar) näher am ursprünglichen Rechtsfall angelagert ist. Gegenüber dem Text Härings weisen seine Zitate denn auch sprachliche Glättungen auf: die Protokollsprache wird der Alltagssprache angenähert, Wiederholungen werden gestrichen, Raffungen vorgenommen, ohne daß es (immer gegenüber Häring) zu einem Informationsverlust käme. Hier werden konzeptuelle Unterschiede sichtbar: Während Häring sich eher in der Rolle des Literaten sieht, der aus seiner speziellen Kompetenz den Kriminalfall bearbeitet, ihm ›Rundung‹ und ›tieferen Sinn‹ gibt (eben mit literarischen Mitteln die Erkenntnisgrenzen des Strafverfahrens überschreitet), nähert sich Demme weithin der Rolle des kritischen Publizisten an, der Wirklichkeit vermitteln und diskutieren will (auf die Grenze dieser Annäherung wird noch einzugehen sein).

Die Verfahrensdarstellung, in deren Mittelpunkt auch bei Demme die Sachverhaltsrekonstruktion im Tätergeständnis steht, endet zunächst mit der Selbstrechtfertigung Kühnapfels:

> Vor der That glaubte ich nur ein Recht zu haben, dem Bischof etwas Geld abzunehmen, und nach der That glaubte ich nicht zu weit gegangen zu sein. Vor der Welt habe ich allerdings gegen das fünfte göttliche Gebot gesündigt; ob aber auch vor Gott? – das steht noch sehr dahin! (BV 1, 295)

Häring deutete dies als Ausdruck der heroischen Rolle, die Kühnapfel nach der Verhaftung spielen wollte; Demme spricht von »kecken Sophismen, würdig eines Jesuiten« (BV 1, 297) und trägt anschließend seine Version des Täterbiogramms vor. Natürlich läßt auch er diese im weitesten Sinne politische Rechtfertigung nicht stehen, sie gibt ihm auch nicht den Anlaß zu einer argumentativen Ablehnung, also einer Diskussion, die Kühnapfel doch ernst nehmen würde. Bei aller inhaltlichen Verschiedenheit ist er mit Häring in der betonten Individualisierung und Entpolitisierung des Geschehens einig. Für beide ist Kühnapfel ›Einzeltäter‹

---

[48] Z.B. P.J.A. Feuerbach, E.T.A. Hoffmann, C.J.A. Mittermaier, J.D.H. Temme, R. Köstlin. Allerdings im Gegensatz zu Häring: »Wir wurden auferzogen unter dem ältern Gerichtsverfahren und haben selbst darin gearbeitet. Wir lernten es in seinen Mängeln, aber auch in seinen Vorzügen kennen, und glaubten, daß die letzteren die ersteren überwögen« (NP 7 [1844], XVI).

in jeder Hinsicht. Seine Versuche, die Tat in übergreifende Zusammenhänge einzubinden (Verteilung des Kirchengutes), die ja auch als Berufung auf zeitgenössische Forderungen verstanden werden könnten, werden einfach nicht zugelassen, nicht einmal diskutiert. So sucht auch Demme nur die Antwort auf die Frage, wie Kühnapfel »bis zu dem Grad verwilderte, den nicht allein die Verübung einer solchen That [...] ausspricht« (BV 1, 297f.). Häring fand auf diese Frage den Keim zum Bösen, der irgendwie in Kühnapfel angelegt war und den er selbst nicht gebührend bekämpfte, wie es seine sittliche Pflicht gewesen wäre. Demme findet die Verantwortlichen in der Umwelt: den Vater und die Familie,[49] die Lehrer,[50] die alle die »Kunst, auf das Herz einzuwirken« nicht verstanden (BV 1, 300). Diese Zuschreibung führt aber nicht zu einer Analyse der Umwelt, als deren Produkte Eltern und Lehrer genauso zu gelten hätten wie Kühnapfel selbst. Es findet sich bei Demme eben nicht die Kritik an Härings biographischem Zuschreibungsmuster, sondern lediglich seine Umkehrung: »Auch hier konnte nach geistigen Naturgesetzen die Gegenwirkung nicht ausbleiben« (BV 1, 300). Aus dem Täter wird ein Opfer:

> Daß er seine Charakterfestigkeit nicht dazu angewendet hat, den Versuchungen zu widerstehen, die aus seinem nicht von Ihm verfahrenen Leben – eben weil es verfahren war und nicht von Ihm verfahren war – mächtig, massenhaft aufsprangen und ihn umzingelten; daß er seine Willensstärke nicht dazu gebraucht hat, Herr der Leidenschaften zu werden, die die Erwägung der unverschuldeten Verfahrenheit seines Lebens in sein heißes Herz trieb; daß die seltene Spannkraft seines ganzen Wesens sich in Irrkreisungen verlor – kurz, daß er eben verwilderte, das war natürlich Folge der Unnatur all der gesellschaftlichen Uebelstände und Mißverhältnisse, Zwiespältigkeiten und Wirrnisse, für deren Fortbestand aus der scheußlichsten Selbstsucht gerade von Denen gekämpft wird, die von der Pflicht und dem Können den Versuchungen und Leidenschaften der Selbstsucht zu widerstehen am Salbungsvollsten zu predigen, am Deductionsvollsten zu schreiben wissen (BV 1, 307).

Eltern, Lehrer und Priester werden als Schuldige für die Entwicklung Kühnapfels identifiziert, die Institutionen, für die sie eintreten, bleiben diffus im Hintergrund, in dem sie sich quasi naturwüchsig zusammenschließen, so daß sie sich der weiteren Analyse für Demme verschließen müssen. An die Stelle eines möglichen Versuchs, Hintergründe aufzuhellen, tritt die narrative Rekonstruktion der Biographie des Verbrechers und die Schuldzuweisung an diejenigen, die ihm den Weg zur positiven Entwicklung der großen Anlagen teils wissentlich, teils unwissentlich verbaut haben.

›Natürlich‹ – und deshalb nicht weiter hinterfragbar – ist die Entwicklung Kühnapfels als Antwort auf die Unnatur der gesellschaftlichen Verhältnisse. Sozialver-

---

[49] »Von vernünftiger Kindererziehung aber wußte er nichts. Seine ganze Kunst und Weisheit bestand hier in Prügeln. [...] Die natürlichsten, und darum die heiligsten Bande der Kindes- und Elternliebe kannte dies Haus nicht« (BV 1, 299).

[50] »Wenigstens Liebe sich zu gewinnen verstand der Lehrer nicht. Die Kunst, auf das Herz einzuwirken, war ihm verborgen. Aber an entehrenden, den Lehrer wie den Schüler entehrenden Prügeln, jenem fürchterlich-sichern Mittel, alles Ehrgefühl abzustumpfen, jede Empfänglichkeit für das Edle und Große abzutödten – und dieser hohen Orts approbierten christlichen Schulscheußlichkeit fehlte es nicht« (BV 1, 300).

trägliche Ableitung der Kraft und der Energie des Schneidergesellen ist verlegt, also wird sie in kriminelle Energie umgeformt. Daß sich die »Wildheit seines Charakters« (BV 1, 302) schließlich gegen einen katholischen Geistlichen richtet, ist für Demme zu plausibel, ist dies doch der Stand, der sich seines »Wohllebens ohne Arbeit« (BV 1, 303) erfreut, der provozierend ein besseres Leben führt, auf Kosten der Schicht, der Kühnapfel angehört. Die Richtung seines Hasses ist geradezu ein Ausweis für »edle und schöne Anlagen«, denn es habe »zu allen Zeiten beßre Männer als er gegeben – ja es waren die besten und edelsten ihrer Zeit – die aus gleichem Grunde Pfaffen und Pfaffenthum auf's Gründlichste haßten« (ebd.).

Allerdings beläßt es Demme nicht dabei, der Priesterschaft allgemein Schuld an der Entwicklung Kühnapfels zuzuschreiben und einen ihrer Vertreter gleichzeitig zum plausiblen Opfer seiner Tat zu machen. Er stellt auch eine konkrete Beziehung zwischen Täter und Opfer her, indem er eine Geschichte aus den Verteidigungsunterlagen aufnimmt, die den Bischof nicht im besten Licht erscheinen läßt: In der kleinen Stadt Frauenburg hatte dieser auch Kontakt mit der Familie Kühnapfel, er kannte die gegen den Schneidergesellen anhängigen Verfahren und hatte sich sowohl über ihn wie über dessen Eltern abfällig geäußert. Den Bischof, als würdigen Vertreter seines Standes, haben nicht allein Schicksal und kriminelle Bösartigkeit zum Opfer gemacht, er hat sich auch persönlich schuldig gemacht, und zwar auf der Ebene, auf der Kühnapfel wenigstens partiell ent-schuldigt wird.

Die Rekonstruktion der Lebensgeschichte Kühnapfels mündet in einem Abschnitt, in dem die Häringsche Deutung umfassend dementiert wird:

> Ja, es ist richtig, meine Herren, sehr richtig und unleugbar, dadurch, daß Rudolph Kühnapfel seine Triebe nie zügelte, gingen sie wild mit ihm durch – dadurch, daß er seinen Leidenschaften keinen Damm entgegensetzte, trieb er auf ihren Fluthen – dadurch, daß er seine Begierden nicht beherrschte, war er zu ihrem Knecht herabgesunken. Aber was verwehrte ihm dieses Zügeln, dieses Dammsetzen, dieses Beherrschen? Was wäre aus Euch geworden, wenn Ihr in die Lage gestoßen und darin mit eisernen Banden festgekettet worden wäret, in die er geworfen und darin angeschmiedet ward? Vielleicht nur moralische Schwächlinge – jammerseliges Mittelgut, wie es massenhaft in Gerichtsstuben und Sessionssälen – auf Kanzeln, in Consistorien zu finden. Rudolph Kühnapfel war wenigstens kein Schwächling, und wenn er ein Selbstling war, wenigstens kein mattherziger und feiger – und zwar ein Frevler, aber kein Heuchler – ein Missethäter, aber kein Missethäter am Seelenleben von ganzen Geschlechtern. Daß ihm das Ursprünglich-Edle, auf dessen Ausbildung er ein heiligeres Recht hatte als auf ihre Existenz alle Sacristeien und Bureaus, dessen Entfaltung ihm aber vom blutschuldvollsten Hochfrevel verwehrt ward – [...] (BV 1, 308).

Gleich mehrfach wird in Demmes ›Plaidoyer‹ auf Schiller angespielt, und mittelbar auch auf die Kühnapfel-Deutung Härings, der Franz Moor explizit als literarische ›Referenzfigur‹ eingeführt hatte. Zunächst ist an einen Appell an das lesende Publikum zu denken und an eine Aufforderung, im Lichte der mitgeteilten Tatsachen ein moralisches Urteil zu fällen, das sowohl vom strafrichterlichen als von dem Härings abweichen müßte. Demme geht betont ab vom objektivierenden Darstellungsstil, der für Häring charakteristisch ist. Er scheint einen offenen Dialog mit dem Leser zu suchen. Doch darf dabei nicht die Vielzahl von Deutungsvorgaben übersehen werden, die auch in Demmes Text enthalten ist und somit die

Urteilsfähigkeit des Lesers einschränkt. An Schiller erinnert sodann der Hinweis, daß der Verbrecher nicht ein prinzipiell anderer Mensch sei als der ›Nicht-Kriminelle‹, daß vielmehr die Umstände für die Unterschiede verantwortlich sind (oben wurde aber schon darauf hingewiesen, daß Demme diese ›Umstände‹ seinerseits personalisiert – und damit der Analyse entzieht). Und schließlich ist es das Täter-Profil, das an den Räuber Karl Moor erinnert, und damit den Häringschen Franz-Moor-Verweis dementiert.

Angesichts dieses Verbrechers ›aus eigenem Recht‹ wird die Frage nach der Krankheit – und damit der Zurechnungsfähigkeit – ebenso beantwortet, wie bei Häring: Sie darf nicht sein, da dann das Bild des ohnmächtig revoltierenden Einzelnen zusammenbrechen würde (so wie bei Häring das des verworfenen Menschen). Vollständig sinnlos und deshalb gar nicht erst gestellt wird die Frage nach der Schuld. Da ein gleichsam natürlicher Prozeß abgelaufen ist, der in dieser Revolte mündete, kann ethisch-moralische Schuld nicht diskutiert werden – aber ebenso wenig die prinzipielle Zuständigkeit der Instanzen der Strafrechtspflege für diesen Fall. Also schließt sich an die Täterdeutung (in der ebenso wie bei Häring eine fiktive Figur aufgebaut wird, die wegen ihrer charakterlichen Geschlossenheit nur noch wenig mit dem realen Kühnapfel zu tun haben kann) die ausführliche Stellungnahme zum Strafurteil an, in der im wesentlichen die juristischen Argumente der Verteidigung Kühnapfels vorgetragen werden. Und auf dieser Ebene findet auch die Auseinandersetzung mit dem Polizeirath Duncker[51] statt. Dessen psychologische Vernehmungstaktik wird herausgestellt als das »schwarze Register sogenannt legaler Inquirirkunstgriffe« (BV 1, 313), da er Kühnapfel nur mit der Bemerkung zum Geständnis gebracht hätte, »es fehle ihm an Muth, seine That zu bekennen, weil er den Tod fürchte« (BV 1, 312).[52] Der »preußische Vidoque« (BV 1, 286)[53] hatte – für Demme unzulässig – das »letzte Edle in [Kühnapfels] Brust« erkannt und den Stolz des Schneidergesellen als Hebel angesetzt, um ihn zum Reden zu bringen. Wichtig in diesem Zusammenhang ist, daß Demme den Vorwurf, ohne diesen Trick hätte ein Urteil nicht zustande kommen können, antizipiert und kontert:

> Was lag daran, ob sie ohne diese Vidocq-Hülfe Rudolph Kühnapfeln zum Geständniß gebracht hätte – sie hatte ja dann das Auskunftsmittel der Verdachtstrafe auf Indicienbeweis! Und selbst, wenn sie dies auch nicht gehabt hätte, so wäre der Nachtheil für den, vom Vertrauen zur Ehrbarkeit der Justiz bedingten, Rechtsfrieden lange nicht so tief und groß gewesen, als er es wurde sowohl durch diese schmachbedeckte Zuflucht zu jener hinterlistvollen Hülfe, als auch und vornehmlich durch die Art, wie diese geleistet wurde (BV 1, 313).

---

[51] Vielleicht hängt die Vehemenz des Demmeschen Angriff auf gerade diesen (berühmten) Polizisten mit der Erinnerung daran zusammen, daß Duncker während der schlesischen Weberaufstände damit beauftragt war, nach Rädelsführern und politischen Hintermännern zu suchen.

[52] Der Untersuchungsbericht Dunckers ist abgedruckt im Anhang von Wierzbowski: Ermordungsgeschichten, S. 174–203.

[53] Die Boshaftigkeit dieser Bezeichnung wird deutlich, wenn man sich daran erinnert, daß Vidoque erst Verbrecher und Sträfling war, ehe er zum Oberpolizisten in Paris aufstieg.

Dies ist der Kern der justizkritischen Argumente Demmes, in dem auch die Argumentation gegen die Verurteilung wegen Raubmordes (anstelle von Diebstahl und Totschlag) aufgeht: Die Justiz begibt sich des Vertrauens, dessen sie in der Bevölkerung bedarf, wenn sie ihre Aufgabe überhaupt erledigen können soll, durch die Willkür, die in ihrem Verfahren immer noch herrscht, sowie durch die Neigung, die härtest-mögliche Strafe zu verhängen, ohne Rücksicht auf die Besonderheit des jeweiligen Täters, der vor ihr steht.

5. Schlußbemerkungen

Die aus so unterschiedlichen Perspektiven und mit weithin gegensätzlichen Einstellungen zur Justiz und zum kriminellen Menschen verfaßten Darstellungen des Falles Kühnapfel legen die Frage nahe, ob ein ›objektives‹ Bild wenigstens durch die Lektüre beider Texte gewonnen werden könnte, und zwar vor allem im Hinblick auf die Figur des Verbrechers und die Erklärung der Verbrechensentstehung. Jeder der beiden Texte liefert Einzelheiten, die sich gegenseitig ergänzen können. Doch erschließt auch im Fall Kühnapfel »keine der beiden Konstruktionen [...] einen Weg zur Rekonstruktion einer Geschichte«, wie Philippe Riot dies im Zusammenhang des Falles Rivière festgestellt hat.[54] (In der Tat würde es auch wenig nützen, weitere Darstellungen des Falles in die Analyse einzubeziehen, es würde sich nur die Zahl der Facetten erweitern.) Demme vermag so wenig wie Häring den Anspruch einzulösen, den sich beide Verfasser gestellt hatten, nämlich die Darstellung der individuellen Verbrechensentstehung in allen ihren psychischen und sozialen Bezügen. Und es muß auch klar sein, daß ein solcher Anspruch überhaupt nicht einzulösen ist; daß er gestellt wird, verweist lediglich auf die größer werdende Kluft zwischen den Erkenntnisansprüchen der Justiz (und ihren Möglichkeiten) einerseits und den unter Nicht-Fachleuten verbreiteten Wünschen nach vollständiger und abschließender Bewältigung des Verbrechens andererseits. Die Ansprüche, die aus dieser Kluft erwachsen, bilden die Grundlage, auf der die Pitavalgeschichten unterschiedlicher Ausrichtung aufbauen können. Die Gründe für den unterschiedlichen Markterfolg, der sich im Vergleich von Häring und Demme zeigt, sind auf einer weiteren Ebene angesiedelt; auf sie wird noch einzugehen sein.

Die Figur des Verbrechers ist sowohl bei Häring als auch bei Demme das Ergebnis einer (ideologischen) Filterung. Beide Geschichten sind aufgrund eines Rasters entstanden, »das aus der Gesamtheit der [in den Texten des Strafverfahrens] mitgeteilten Fakten eine Auswahl vornimmt; sie führen eine Kodierung ein, mit deren Hilfe die Fakten interpretiert werden können«.[55] Auch insoweit können wir die Feststellung für unsere Texte übernehmen, die Ph. Riot im Hinblick auf

---

[54] Riot: Doppelleben, S. 264.
[55] Ebd.

die Geschichten macht, die im Fall Rivière von Juristen einerseits und Medizinern andererseits konstruiert wurden. Es ist kein Zufall, daß dieses Muster auf die Texte von Häring und Demme übertragen werden kann, obwohl diese unbeeinflußt von institutionellen Regelungen und Zwängen enstanden sind. Hier zeigt sich vielmehr eine grundlegende Übereinstimmung: Den genannten Texten (bzw. Textsorten) geht es nicht vordringlich darum, Wissen über Kriminalfälle zu sammeln, vermittelt werden sollen vielmehr Einstellungen, auf denen die Beurteilung von Kriminalität (im Hinblick auf einen Einzelfall) beruht. Auf dieser Ebene scheint es nur eine geringe Rolle zu spielen, wer beeinflußt werden soll – das Gericht der Fachleute oder die Urteilsfähigkeit eines lesenden Laienpublikums.

Hier schließen sich die Fragen nach Fiktionalität und Referentialität der Pitavalgeschichten von Häring und Demme an, die uns im Hinblick auf die Faktenauswahl und das narrative Arrangement nicht vordringlich zu interessieren brauchten. Denn es ist nicht entscheidend, ob die einzelnen Fakten, die dem Leser mitgeteilt werden, der Wirklichkeit entsprechen; im Hinblick auf das Authentizitätspostulat, dem die Pitavalgeschichten unterliegen, genügt es, wenn Plausibilität stets erhalten bleibt, die Wahrheit des Mitgeteilten läßt sich ohnehin nicht überprüfen. Entscheidend ist ein anderer Referenzbereich, der für die Leser erkennbar sein muß: nämlich die Normvorstellungen und Beurteilungskriterien, die von den Verfassern den Pitavalgeschichten zugrundegelegt werden. Es scheint eine Leistung fiktionaler Texte der ›schönen Literatur‹ zu sein, daß in ihnen die Geltungshierarchie unterschiedlicher Normsysteme aufgehoben und auf diese Weise freie Konkurrenz zwischen ihnen fingiert werden kann. Genau dies ist in den Pitavalgeschichten nicht der Fall, sie beziehen sich stets auf Normsysteme, die realiter in Geltung und als solche im Bewußtsein der Leser verankert sind. Dabei spielt es keine Rolle, ob dieser Bezug affirmativ ist (wie bei Häring) oder kritisch (wie bei Demme wenigstens partiell); solange er nur vorhanden ist, erweist sich an ihm die Authentizität der Pitavalgeschichte, und zwar auch im Hinblick auf die mitgeteilten Fakten.

Sowohl im Text Härings als auch in dem Demmes konnten wir einen deutlichen Bezug auf Schiller feststellen. Weithin gemeinsam ist ihnen aber auch die Abkehr von Schillers Vertrauen in das Publikum, das den Appell an die humane Gesinnung erst legitimierte. Diese sollte sich in der eigenständigen (»kalten«) Beurteilung eines Falles bewähren und befestigen. Dagegen geht es bei Häring und bei Demme vorrangig um die Übernahme fertiger Einstellungen (auch wenn wir bei Demme noch Reste von ›Dialogfähigkeit‹ feststellen konnten). Die in der Wirklichkeit vorgefundene Verbrecherfigur wird in beiden Pitavalgeschichten Exempelfigur, und deshalb müssen das Verbrechen und seine Entstehung in extremer Weise personalisiert werden, sei es als Beispiel für die Selbstverantwortlichkeit des Individuums oder die verheerenden Einflüsse gesellschaftlicher Strukturen. Vorstellungen vom dynamischen ›Kriminalisierungsprozeß‹[56] müssen ebenso aus-

---

[56] Vgl. z. B. die Vorstellungen über Kriminalitätsentstehung, die in Texten von E. Dronke, H. Kurz, G. Keller oder auch von B. v. Arnim enthalten sind.

geblendet werden wie die Reflexion der Wechselwirkungen zwischen der Kriminalitätsentstehung und ihrer Wahrnehmung in der breiten Öffentlichkeit.[57] Einfache, kausale Zuschreibungsmuster sind Trumpf in beiden Darstellungen, auch dort, wo der Verbrecher entlastet werden soll

Man kann sich denken, warum trotzdem ein Buch wie Demmes *Volksbuch* nach 1850 nur noch wenig Resonanz finden konnte. Justizkritik, wie sie von ihm immerhin noch vorgetragen wurde, hatte in dieser Zeit keine Konjunktur (mehr), sie mußte als destruktiv und querulatorisch empfunden werden,[58] zumal wesentliche Forderungen der Reformdiskussion seit dem Beginn des 19. Jahrhunderts inzwischen durchgesetzt waren (so die Öffentlichkeit und Mündlichkeit des Hauptverfahrens, die Mitwirkung der Geschworenen und die Einführung der Staatsanwaltschaft als objektiver und kontrollierbarer Aufklärungsinstanz). Häring verzichtet auf jegliche Diskussion, fast auch auf die Darstellung des Strafverfahrens. Darin besteht seine konsequente Orientierung an den Bedürfnissen seines Publikums. Als Folge davon ist er in der Lage, seine Geschichte sowohl sprachlich als auch in der narrativen Verknüpfung vollkommen ›abgerundet‹ zu gestalten, er literarisiert seinen Fall durchgehend und konzentriert sich ausschließlich auf eine transjuristische Deutungsebene. Mit ihr schließt er an die alltägliche Vorstellung seiner Leser über Kriminalität und Verbrechensbekämpfung an und bestätigt sie. (Es wäre allerdings falsch anzunehmen, daß diese Alltagsvorstellungen völlig abgeschottet sind vom Fachwissen; gerade auf der kriminologisch-anthropologischen Ebene ist davon auszugehen, daß sich beide Bereiche durchdringen – eben auch eine Folge von Publikationen wie dem *Neuen Pitaval.*) Bei Demme dagegen behindern sich die argumentativ-juristische und kritische Rekonstruktion des Strafverfahrens (die im einzelnen anfechtbar sein mag) und die Konstruktion einer in sich geschlossenen Kunstfigur des Verbrechers gegenseitig. So kommt es dann zur Überlagerung unterschiedlicher Schuldbegriffe, nämlich des fachjuristischen und eines (nicht explizit definierten) moralischen. In ihrer Anwendung sind sie inkompatibel – was Demme allerdings nicht dazu führt, die Probleme des Auseinandertretens von Moral und Recht zu reflektieren. Genau vor diesem Schritt, der ihn erst eigentlich in Konkurrenz zum *Neuen Pitaval* gebracht hätte, scheint er zurückzuschrecken, obgleich er in seinen Texten angelegt ist. Er unterläßt die explizite Analyse der konkurrierenden Normsysteme und opfert sie dem Versuch, ›trotz allem‹ eine geschlossene Verbrechensgeschichte zu erzählen. Die Kunstfigur des Verbrechers Kühnapfel, die letztlich auch in seinem Text konstruiert wird, ist der Beweis dafür, daß die Pitavalgeschichte, die sich am ›Prototyp‹ Härings orientiert, selbst als ›kritische‹ Variante deshalb zur Justizkritik nicht in der Lage ist, weil sie der Täterorientierung verhaftet bleibt. Erst Literatur und Gerichtsberichterstattung der Moderne (z.B. Döblin und Sling) haben – auch unter Aufnahme eines anderen Stranges der literarischen Tradition – diesen Zirkel durchbrochen (vgl. dazu meinen Beitrag auf S. 533–570 dieses Bandes).

[57] Vgl. die ›einschlägigen‹ Texte von Th. Fontane und W. Raabe (hierzu Imm u. Linder: Verdächtige und Täter).

[58] So auch noch Pitlo: Der Floh im Recht, S. 134.

Literaturverzeichnis

(a) *Zitierte Veröffentlichungen zum ›Fall Kühnapfel‹ (in chronologischer Reihenfolge)*

1. Wilhelm Ludwig Demme: Das Mordwerk auf dem Dom zu Frauenburg. In: Annalen der deutschen und ausländischen Criminal-Rechtspflege. Hg. von W. L. D. Bd. 21, H. 4 (1842), S. 265–289.
2. [Wilhelm Häring]: Rudolph Kühnapfel. 1841. In: Der neue Pitaval. Eine Sammlung der interessantesten Criminalgeschichten aus älterer und neuerer Zeit. Hg. von Julius Eduard Hitzig u. Wilhelm Häring. Bd. 6. Leipzig: Brockhaus 1844, S. 67–113.
3. F[...] Wierzbowski: Lebens- und Ermordungs-Geschichte des Bischofs von Ermland Dr. And. Stanisl. von Hatten und Widerlegung der in der ›Geschichte und Charakteristik des Bischofsmörders Rudolph Kühnapfel von C. Porsch‹ enthaltenen Unrichtigkeiten und Irrthümern. Mohrungen u. Braunsberg: Rautenberg o. J. [1841/42].
4. Wilhelm Ludwig Demme: Das Mordwerk auf dem Dom zu Frauenburg. In: W. L. D.: Das Buch der Verbrechen. Ein Volksbuch in vier Bänden. Bd. 1. Leipzig: Arnoldische Buchhandlung 1851, S. 285–319.

(b) *Weitere Publikationen zum Fall Kühnapfel (auf Verlagsangaben wurde verzichtet, da nicht alle Broschüren eingesehen werden konnten)*

5. [Anon.]: Actenmäßige Darstellung der wegen Ermordung des Bischofs von Ermland wider den Schneidergesellen Kühnapfel geführten Untersuchung. Berlin 1841 (»zum Besten der Justiz-Offizianten-Wittwen-Kasse«).
6. [Anon.]: Der Bischofsmord zu Frauenburg in Preußen am 3. Januar 1841. Braunsberg 1841.
7. [...] v. Dittersdorf: Kurzer Bericht über die Ermordung [...] des Bischofs von Ermland. Braunschweig 1841.
8. C[...] Porsch: Geschichte und Charakteristik des Bischofsmörders R. Kühnapfel, darg. von seinem Defensor. Braunsberg 1841.
9. F[...] Wierzbowski: Bemerkungen zu den nothwendigen Entgegnungen des Herrn Porsch auf meine Widerlegungen. Braunsberg-Mohrungen 1842.
10. [Anon.]: Kurzer Auszug aus den Criminalacten wider den Schneidergesellen Kühnapfel, den Mörder des Bischofs von Hatten und dess. Haushälterin R. Pfeiffer. Braunsberg 1842.
11. [Anon.]: Das Verbrechen-Kleeblatt: Kühnapfel, Cartouche etc. Berlin: 1869.

(c) *Forschungsliteratur*

Anton Bauer: Strafrechtsfälle. 4 Bde. Göttingen: Vandenhoeck u. Ruprecht 1835.

Ernst Bloch: Philosophische Ansicht des Detektivromans. In: E. B.: Literarische Aufsätze. Frankfurt/M.: Suhrkamp 1984 (= stw 480, text- und seitenidentisch mit Bd. 9 der E. B.-Gesamtausgabe).

Paul Bockelmann: Das Problem der Kriminalstrafe in der deutschen Dichtung. Karlsruhe: Müller 1967.

Richard J. Evans: Öffentlichkeit und Autorität. Zur Geschichte der Hinrichtungen in Deutschland vom Allgemeinen Landrecht bis zum Dritten Reich. In: Räuber, Volk und Obrigkeit. Studien zur Geschichte der Kriminalität in Deutschland. Hg. von Heinz Reif. Frankfurt/M.: Suhrkamp 1984 (= stw 453).

Paul Johann Anselm v. Feuerbach: Aktenmäßige Darstellung merkwürdiger Verbrechen [1808/11, 1828/29]. 3. unveränderte Aufl. Mit e. Einl. vers. von Carl J. A. Mittermaier. Frankfurt/M.: Heyer 1849.

Winfried Hassemer: Einführung in die Grundlagen des Strafrechts. (JuS-Schriftenreihe, Bd. 77) München: Beck 1981.

[Julius Eduard Hitzig:] Hitzigs Anleitung zur Abfassung einer Relation aus Criminal-Akten. Berlin: Heymann 1843 (»Dem Druck übergeben zum Besten der Justiz-Officianten-Wittwen-Kasse«).
Hans-Otto Hügel: Untersuchungsrichter, Diebsfänger, Detektive. Theorie und Geschichte der deutschen Detektiverzählung im 19. Jahrhundert. Stuttgart: Metzler 1978.
Konstantin Imm u. Joachim Linder: Verdächtige und Täter. Zuschreibung von Kriminalität in Texten der ›schönen Literatur‹ am Beispiel des Feuilletons der *Berliner Gerichts-Zeitung*, der Romanreihe *Eisenbahn-Unterhaltungen* und Wilhelm Raabes *Horacker* und *Stopfkuchen*. In: Zur Sozialgeschichte der deutschen Literatur von der Aufklärung bis zur Jahrhundertwende. Hg. von Günter Häntzschel u.a. (Studien und Texte zur Sozialgeschichte der Literatur, Bd. 13) Tübingen: Niemeyer 1985, S. 21–96.
Klaus Kanzog: Erzählstrategie. Eine Einführung in die Normeinübung des Erzählens. Heidelberg: Quelle u. Meyer 1976 (= UTB 495).
Maria Lammich: Das deutsche Osteuropabild in der Zeit der Reichsgründung. (Beiträge zur Konfliktforschung) Boppard: Boldt 1977.
Hans-Jürgen Lüsebrink: Kriminalität und Literatur im Frankreich des 18. Jahrhunderts. Literarische Formen, soziale Funktionen und Wissenskonstituenten von Kriminaldarstellung im Zeitalter der Aufklärung. (Ancien Régime, Aufklärung und Revolution, Bd. 8) München: Oldenbourg 1983.
Edgar Marsch: Die Kriminalerzählung. Theorie – Geschichte – Analyse. München: Winkler 1972.
Friederike Meyer: Zur Relation juristischer und moralischer Deutungsmuster von Kriminalität in den Kriminalgeschichten der *Gartenlaube* 1855–1870. In: Internationales Archiv für Sozialgeschichte der deutschen Literatur 12 (1987), S. 156–189.
Klaus Oettinger: Schillers Erzählung *Der Verbrecher aus Infamie*. Ein Beitrag zur Rechtsaufklärung der Zeit. In: Jb. der Deutschen Schillergesellschaft 16 (1972), S. 266–276.
Eduard Osenbrüggen: Die Präsumtionen im Criminalrecht. In: Deutsches Museum 3/2 (1853), S. 127–142.
Arno Pilgram: Arten und Nutzen historischer Beschäftigung mit der Kriminalität. In: Beiträge zur historischen Sozialkunde 11 (1981), H. 1, S. 5–13.
François Gayot de Pitaval: Causes célèbres et interéssantes avec les jugemens qui les ont décidées. Receuillies par Mr. G.d.P., Avocat au Parlement de Paris. A la Haye: Jean Neaume 1737ff.
Adriaan Pitlo: Der Floh im Recht und andere Curiosa aus alter Rechtsliteratur. (Holl. 1980). Baden-Baden: Nomos 1982.
François Richer: Causes célèbres et interéssantes, avec les jugemens qui les ont décidées. Redigiés de nouveau par M. R., ancien Avocat au Parlement. Amsterdam: Michel Rhey 1772ff.
Philippe Riot: Das Doppelleben des Pierre Rivière. In: Der Fall Rievère. Materialien zum Verhältnis von Psychiatrie und Strafjustiz. Hg. von Michel Foucault. (Franz. 1973). Frankfurt/M.: Suhrkamp 1975 (= stw 128), S. 259–279.
Friedrich Schiller: Der Verbrecher aus verlorener Ehre. In: Schillers Werke. Nationalausgabe. 16. Bd. Hg. von Hans Heinrich Borcherdt. Weimar: Böhlau Nachf. 1954, S. 7–29.
Jörg Schönert (Hg.): Literatur und Kriminalität. Die gesellschaftliche Erfahrung von Verbrechen und Strafverfolgung als Gegenstand des Erzählens. Deutschland, England und Frankreich 1850–1880. (Studien und Texte zur Sozialgeschichte der Literatur, Bd. 8) Tübingen: Niemeyer 1983.
Rainer Schönhaar. Novelle und Kriminalschema. Ein Strukturmodell deutscher Erzählkunst um 1800. Bad Homburg u.a.: Gehlen 1969.
Peter Strasser: Verbrechermenschen. Zur kriminalwissenschaftlichen Erzeugung des Bösen. Frankfurt/M. u. New York: Campus 1984.

Anhang I

Biographische Angaben

JULIUS EDUARD HITZIG (1780–1849): Jurastudium in Halle und Erlangen, ab 1801 Referendar beim Kammergericht in Berlin, 1806 Entlassung. Danach Buchhändlerlehre, Aufbau einer Verlagsbuchhandlung (in der u.a. Kleists *Berliner Abendblätter* erschienen sind). 1814 Verkauf des Verlags und Wiedereinstellung in den Richterdienst, 1815 Kriminalrat, 1827 Director des Inquisitoriats, Mitglied im Criminal-Senat des Kammergerichts. Befreundet mit und Biograph von Z. Werner, A. v. Chamisso, F. v. Fouqué, E. T. A. Hoffmann. Neben juristischen Arbeiten Schriften zum literarischen Markt und zum Urheberrecht; Begründer und zeitweiliger Hg. der *Zeitschrift für die Criminal-Rechtspflege in den preußischen Staaten* (1825–1833) und der *Annalen der deutschen und ausländischen Criminal-Rechtspflege* (s. NDB 9, 274f.).

GEORG WILHELM HEINRICH HÄRING (1798–1871, Ps. *Willibald Alexis*): Als Schüler Teilnahme an den ›Befreiungskriegen‹, danach Jurastudium in Berlin und Breslau, Referendar am Berliner Kammergericht, seitdem befreundet mit Hitzig, der ihn in den Berliner Romantikerkreis einführte. Aufgabe der juristischen Laufbahn zugunsten der Schriftstellerei, Redaktion des *Berliner Conversations-Blattes* und des *Freimüthigen*, historische Romane in der Scott-Nachfolge (*Walladmor*, 1824, *Schloß Avalon*, 1827), Romane aus der preußischen Vergangenheit (u.a. *Der Roland von Berlin*, 1840, *Der falsche Woldemar*, 1842, *Ruhe ist die erste Bürgerpflicht*, 1852). Umfangreiche literaturkritische Tätigkeit, auch im Hinblick auf juristische Literatur. Fontane nannte ihn den ›märkischen Scott‹ – allerdings als die »kleinere Ausgabe« (s. NDB 1, 197f.).

WILHELM LUDWIG DEMME (1801–1878): Jurastudium in Jena und Leipzig, Rechtsanwalt in Altenburg, Promotion 1834 in Tübingen. Justizkritische Publikationen in der Zeit vor 1848, in den vierziger Jahren Hg. der Hitzigschen *Annalen* (s.o.), Begründer und Hg. der *Allgemeinen Schwurgerichtszeitung für Deutschland und die Schweiz* (1857–1860), danach sind keine Publikationen mehr bekannt (s. Pitlo: Der Floh im Recht).

Anhang II

Erzählsequenzen bei Häring und Demme

Häring in *Der neue Pitaval*	Demme in *Das Buch der Verbrechen*
1. EINLEITUNG, S. 67–71 (= Vorbereitung der Deutungsperspektive)	
1.1 Ostpreußen, Opposition ›Deutsch‹ vs. ›Slawisch‹.	
1.2 Katholisches Frauenburg	
1.3 Tatort Bischofspalais	
2. ENTDECKUNG VON TAT UND TÄTER, S. 71–79	1. ENTDECKUNG VON TAT UND TÄTER, S. 285–286
2.1 Entdeckung der Tat, Tatortbeschreibung	1.1 Beschreibung des Tatorts und der Opfer
2.2 Schwierigkeiten der Täterermittlung, scheinbares Alibi des Verdächtigen Kühnapfel, weitere Verdächtige	1.2 Ermittlung des Täters, Geständnis gegenüber Duncker
2.3 Widerlegung des Alibis, Verhaftung und Vernehmung Kühnapfels, erstes Geständnis gegenüber Duncker	

3. REKONSTRUKTION DER BIOGRAPHIE UND DER ENTWICKLUNG ZUM VERBRECHER, S. 79–95	2. INHALT DES GESTÄNDNISSES, S. 287–297
3.1 Kindheit und Erziehung	2.1 Ausführliches Aktenreferat, Tatentschluß und -ausführung
3.2 Erster Interpretationsabschnitt: Keim zum Bösen in der Kindheitsentwicklung	2.2 Zurückweisung der Selbstrechtfertigung
3.3 Kriminelle Karriere, Außenseitertum	2.3 Verhalten während der Untersuchung
3.4 Zweiter Interpretationsabschnitt: Entwicklung zum Verbrecher	
3.5 Entschluß zur Tat (Protokollzitate)	
3.6 Tatablauf (Protokollzitate)	
3.7 Bewertung der Aussage, Wahrheitsgehalt	
4. DEUTUNGSKAPITEL, S. 95–106	3. DEUTUNGSKAPITEL, S. 297–308
4.1 Zur juristischen Bewertung der Tat (Zurückweisung der Verteidigungsargumentation)	3.1 Gesellschaftliches Umfeld, ›Verderblichkeit‹ der Institutionen Familie, Kirche, Schule
	3.2 Rekonstruktion der Biographie
4.2 Zusammenfassende Deutung der Biographie: Konstruktion der Täterpersönlichkeit unter moralisch-psychologischen Aspekten	3.2.1 Kindheit
	3.2.2 Schule
	3.2.3 Verhalten und Einstellungen des Erwachsenen
4.3 Engführung aller Deutungsaspekte: Verweis auf Franz Moor	3.3 Täter/Opfer-Beziehung
4.4 Zurückweisung der Rechtfertigung Kühnapfels	3.4 Zusammenfassung: Konstruktion der Verbrecherpersönlichkeit
	3.5 Deutung der Tat unter den angeführten Aspekten
	3.6 Rhetorischer Appell an den Leser: ›Naturwüchsigkeit‹ der Entwicklung
5. VERHALTEN WÄHREND DES PROZESSES UND NACH DEM URTEIL, S. 106–113	4. URTEILSKRITIK, S. 308–317
5.1 ›Rolle‹ des heroischen Verbrechers, Reuelosigkeit	4.1 Referat der Argumentation des erkennenden Gerichts
5.2 Annahme des Urteils, letztes Geständnis, Rückkehr zum Glauben, Anhänglichkeit an Duncker	4.2 Kritik an den Tatbeständen Mord und Raub
5.3 Prozeßkommentar: Geschwindigkeit und Effizienz der Justiz	4.3 Kritik am Zustandekommen des Geständnisses: ›Inquirentenkunstgriffe‹ Dunckers
5.4 Hinrichtung des geläuterten Verbrechers, Reaktion des Publikums	4.4 Beleuchtung des ›vollen Geständnisses‹ nach der Publikation des Urteils: Die Kritik wird trotzdem aufrechterhalten
	5. TODESSTRAFE ALS STAATLICHER MORD, S. 317–319

Jörg Hennig

Gerichtsberichterstattung in deutschen Tageszeitungen 1850–1890

1. Gerichtsberichterstattung und ›Realität‹

Das gängige Urteil über die Gerichtsberichterstattung in Deutschland ist insgesamt einhellig: Sie ist schlecht, hat aber einige Glanzpunkte mit Sling, Kisch und Kraus, in neuester Zeit vielleicht auch Mauz und Parnass. Dieses Verdikt ähnelt fatal der gängigen Denunziation der ›Zeitungssprache‹.[1] Im günstigsten Fall spiegelt sie den Verfall der deutschen Sprache wider, meist sind die Zeitungen selbst die Verderber; ausgenommen werden wieder wenige Autoren, denen ›literarische‹ Qualitäten zuerkannt werden.

Außerdem wird den Zeitungen vorgehalten, sie richteten sich nicht nach der ›Realität‹, deren Abbildung doch ihre vornehmste Aufgabe sei. Eine neuere Untersuchung konstatiert dazu: »Die Hypothese, daß die Presse wie das Fernsehen überwiegend ein realitätswidriges Bild von der Verbrechenswirklichkeit vermittelt, hat sich bestätigt.«[2] Die hier genannte Realität bezieht sich auf eine Welt, die vor allem statistisch ermittelt wird und deshalb für sich in Anspruch nimmt, gesellschaftliche ›Normalität‹ zu sein.

Prinzipiell unterscheidet sich diese Medienschelte nicht von der deutscher Politiker, die den Massenmedien in unregelmäßigen Abständen vorwerfen, sie verzerrten die Wirklichkeit, weil sie zu viel Negatives vermeldeten.[3]

Was allenfalls in der Welt politischer Persuasionstexte Bedeutung haben kann, ergibt für einen wissenschaftlichen Text keinen Sinn: In der folgenden Darstellung wird es darum gehen müssen, Gerichtsberichterstattung in Tageszeitungen als Texte zu beschreiben, deren Welt sich im Rahmen von massenmedialer Publikation konstituiert.

2. Das Untersuchungsmaterial

Die Geschichte der Gerichtsberichterstattung ist bisher nicht geschrieben.[4] Deshalb gibt es auch kein Kategorienraster, auf das sich Einzeluntersuchungen bezie-

---

[1] Vgl. Straßner: Sprache, S. 57.

[2] Schwacke: Kriminalitätsdarstellung, S. 235. Die Autorin bezieht die Berichterstattung über Strafgerichtsverfahren oder, wie sie es nennt, über die »Entscheidungsinstanzen« ein.

[3] Vgl. Der Journalist 1985, H. 8, S. 43–52.

[4] Vgl. Holiczki: Entwicklung, S. 1f.

hen könnten. Vielmehr ist jeweils möglichst genau das Analysekorpus anzugeben, will man vermeiden, daß die Reichweite der Aussagen überschätzt wird.

Ich stütze mich ausschließlich auf Gerichtsberichte aus den überregionalen Tageszeitungen *Hamburgischer Correspondent, Frankfurter Zeitung* und *Vossische Zeitung* aus der zweiten Hälfte des 19. Jahrhunderts. Von den genannten Zeitungen habe ich Stichproben im Umfang von jeweils einem Monat aus den Jahren 1852/53, 1860, 1868, 1875–77 und 1890 angesehen. Sie verteilen sich also über den gesamten Zeitraum vom Beginn der Reaktionszeit bis zum Jahr der Entlassung Bismarcks. Die Nähe zu wichtigen Daten der Rechtsgeschichte ist allerdings beabsichtigt. Weil in den ersten beiden Monaten des Jahres 1877 eine neue Strafprozeßordnung und ein neues Gerichtsverfassungsgesetz erlassen worden sind, habe ich für dieses Jahr zusätzlich die *Kölnische Zeitung* berücksichtigt. Die ursprüngliche Absicht, auch Veränderungen innerhalb meines Untersuchungszeitraumes im einzelnen zu beschreiben, zu belegen und vor allem ihre Gründe aufzuweisen, mußte ich aber aus Platzgründen aufgeben. Bis auf wenige Andeutungen hierzu wird also der Zeitraum von fast vierzig Jahren als Einheit behandelt.

Um die Auswahl der Zeitungen bewerten zu können, muß man sich wenigstens ein statistisches Bild von dem Zeitungsmarkt jener Zeit machen. Die Daten sind bisher nicht für jedes Jahr verläßlich belegt.[5] Die Zahl der Zeitungen schwankt während des Untersuchungszeitraums beträchtlich. So kann man für das Jahr 1850 in Bremen 18 Zeitungen nachweisen; fünfzehn Jahre später sind es nur noch sechs.[6] Für das Jahr 1885 rechnet man für das Deutsche Reich mit 3069 Zeitungen,[7] von denen allerdings fast 70% nur ein- bis dreimal wöchentlich erscheinen.[8]

Zum Typ der berücksichtigten Zeitungen ist festzuhalten, daß ich mich auf die genannten ›seriösen‹, überregional verbreiteten Zeitungen beschränkt habe. Insbesondere muß betont werden, daß ich auf die ausgesprochene Parteipresse verzichtet habe; vor allem die Befunde zur Verfahrens- und Urteilskritik stehen unter diesem Vorbehalt. Und (leider) konnten auch keine auf Gerichtsberichterstattung spezialisierten Zeitungen berücksichtigt werden.[9]

3. Gerichtsberichte in der inneren Ordnung der Zeitungen

Das Auffinden von Gerichtsberichten aus den früher 50er Jahren ist äußerst mühsam, da die Zeitungen zu dieser Zeit so gut wie keine themenbezogenen Über-

---

[5] Ihre Größen hängen auch immer von der Zuordnung ab; die Grenzen zwischen dem, was Zeitung genannt wird, und der ›Zeitschrift‹ sind stets fließend.

[6] Engelsing: Massenpublikum, S. 65.

[7] Muser: Statistische Untersuchungen, S. 9.

[8] Ebd. S. 41.

[9] Von 1878 bis 1881 erschien in Hamburg die *Gerichtszeitung. Tageblatt für Hamburg, Altona und Umgebung.*

schriften kennen. Man ist also gezwungen, fast den gesamten redaktionellen Teil zumindest zu überfliegen, um die Gerichtsberichte zu finden.

Im *Hamburgischen Correspondenten (Hamb. Corr.)* z. B. erscheinen kurze Gerichtsberichte im Jahr 1852 häufig unter der Rubrik »Städtische Notizen«, bisweilen auch in der Spalte »Vermischte Nachrichten«, selten unter »Gerichtssaal«; am häufigsten sind sie unter einer Ortsangabe zwischen Berichten aus ganz anderen Bereichen zu finden, nur durch einen neuen Zeilenanfang, allenfalls durch einen Spiegelstrich von diesen getrennt. Mitte der siebziger Jahre gibt es in der Rubrik »Tagesbericht« fast täglich die Überschriften »Polizeigericht« und »Strafgericht« und während der entsprechenden Sitzungszeiten auch »Schwurgericht«. 1890 ist die Rubrik »Gerichtszeitung« fest etabliert. Darunter erscheinen zunächst die Schwurgerichtsfälle, dann Berichte aus dem Landgericht, schließlich die Zwischenüberschrift »Schöffengericht«. Als letztes werden Schiedsgerichtsfälle behandelt; dabei geht es um Entscheidungen in streitigen Berufsgenossenschaftsfällen.

> Der Arbeiter K. behauptet aber, daß seine jetzige Krankheit die Folge eines Betriebsunfalles sei, und beantragt beim Schiedsgericht die Verurteilung der Berufsgenossenschaft zur Zahlung der Vollrente vom 16. Sept. v. J. ab. Das Schiedsgericht beschließt nach stattgehabter Verhandlung, über die Erwerbsfähigkeit des Klägers ein Physikatsgutachten einzuziehen. (*Hamb. Corr.* 23. 4. 1890)

In der *Vossischen Zeitung (Voss. Z.)* erscheinen die Gerichtsberichte in den 60er Jahren meist in der Rubrik »Vermischtes«, in den 70er Jahren hat sich die Überschrift »Gerichtsverhandlungen« eingebürgert; »Lokales« ist deutlich davon abgesetzt. 1890 heißt die Rubrik »Gerichtliches«, wieder durch einen Strich und eine neue Überschrift von »Lokales« getrennt.

In der *Frankfurter Zeitung (Frankf. Z.)* herrscht schon in den 70er Jahren die Zeile »Gerichtszeitung« vor. »Vermischtes«, aber auch »Lokales« und »Frankfurter Angelegenheiten« sind sehr deutlich davon abgehoben.

Von den politischen Handlungsträgern verfügte Veränderungen des Rechtswesens wirken sich natürlich auf die Gerichtsberichterstattung aus. Da die Zeitungen sich viel stärker als heute als Chronisten staatlichen Handelns verstehen, übernehmen sie für ihre Darstellung die Neugliederung der Instanzenhierarchie durch das Gerichtsverfassungsgesetz. Es ist aber auch für die damalige Zeit abwegig anzunehmen, sie würden mit ihren Produkten die Arbeitsweise der Gerichte abbilden wollen, d. h. die meiste Arbeitskraft und den meisten Platz auf die zahllosen Fälle der niederen Instanzen verwenden. Wie selbstverständlich orientieren sich die Zeitungen nach ›oben‹: Ein Schwurgerichtsfall nimmt mehr Raum ein als alle Land- und Schöffengerichtsfälle zusammen.

Die wichtigste Veränderung in der Gerichtsberichterstattung ist aber nicht von außen beeinflußt; sie hat ausschließlich mit der Entwicklung der Presse selbst zu tun. Mit wachsendem Umfang der Zeitungen nehmen auch die Gerichtsberichte zu.

Seit dem ersten Drittel des 19. Jahrhunderts ist eine kontinuierliche Expansion des Zeitungsinhalts zu beobachten. So haben z. B. die *Hamburger Nachrichten* von 1828 bis 1856 ihren redaktionellen Inhalt um das Achtzehnfache erweitert.[10] In der zweiten Hälfte des Jahrhunderts gibt es bei den führenden Zeitungen noch einmal eine enorme Steigerung. 1850 erscheint die *Staats- und Gelehrte Zeitung des Hamburgischen Correspondenten* einmal täglich im Umfang von vier Seiten. 1890 werden an sieben Tagen in der Woche täglich mindestens drei Ausgaben publiziert, von denen die Morgenausgabe wenigstens sechzehn Seiten, die Mittags- und Abendausgabe je sechs Seiten haben.

Diese eindrucksvolle Zunahme des Präsentationsraumes ermöglicht es, daß die Zahl der Gerichtsfälle, über die berichtet wird, erheblich gesteigert werden kann. Eindrucksvoller ist aber die Ausweitung des Platzes, der für den jeweiligen Fall verwendet wird. Es ist fast überflüssig zu erwähnen, daß für das Erzählen von Gerichtsverhandlungen damit neue Möglichkeiten eröffnet werden.

4. Die Fälle

Recht häufig findet man die journalistische Reduktionsform des Berichts, die Meldung, z.B. *Hamb. Corr.* vom 8. 9. 1853:

> Ein aus Dockenhusen gebürtiges Individuum, schon früher mehrfach bestraft, hatte neuerdings mittels Einschleichens mehrere Diebstähle begangen; unter anderem hatte er einem armen Manne sein ganzes mühsam erworbenes Vermögen von ca. 50 Gulden gestohlen, kam auf 18 Monate ins Zuchthaus.

Hier geht es stets um ›unspektakuläre‹ Fälle. Meldungen dieser Art finden sich oft in der Rubrik ›Lokales‹, d.h. die Zeitungen erfüllen auch hinsichtlich der Rechtsprechung für ihren Erscheinungsort eine Chronistenpflicht. Die komprimierteste Chronik findet sich in der *Frankf. Z.* vom 1. 1. 1877:

> In den Monaten November und December kamen an 33 Sitzungstagen bei der Strafkammer 206 Anklagen gegen 305 Angeklagte zur Verhandlung. 121 der letzteren hatten sich wegen Diebstahls zu verantworten, 33 wegen Körperverletzung, 25 wegen Unterschlagung, 24 wegen Widerstands, 22 wegen Betrugs, 15 wegen Beleidigung und 12 wegen Sachbeschädigung; ferner waren 7 Personen des Hausfriedensbruchs, je 6 der Hehlerei und der fahrlässigen Körperverletzung, 5 der Urkundenfälschung, 3 der Erpressung und je 2 des Vergehens gegen § 180 des Str.-G.-B. der Gefährdung eines Eisenbahntransportes und der fahrlässigen Brandstiftung beschuldigt. Weiter hatten je eine Person über die Anklage der Nöthigung des strafbaren Eigennutzes, der Verletzung der Wehrpflicht und der falschen Anschuldigung Rede zu stehen. Endlich hatten 16 Personen Berufung gegen rügegerichtliche Erkenntnisse eingelegt. 30 Beschuldigte wurden freigesprochen, gegen 10 die Aushandlung vertagt und gegen 6 das Verfahren nach Zurücknahme des Strafantrags eingestellt. An Strafen wurden verhängt 12 Jahre 10 Monate 14 Tage Zuchthaus, 42 Jahre 7 Monate 1 Woche 2 Tage Gefängniß und 4 Monate 2 Wochen 3 Tage Haft; an Geldbußen 695 M.

Ausführliche Berichte werden in aller Regel mit einer Begründung für die Publikation des Falles eingeführt. Ausgenommen sind davon zwei Fallgruppen: Über

---

[10] Baasch: Geschichte, S. 73.

Tötungsdelikte wird immer ausführlich berichtet. Ebenso finden wir begründungslose Langfassungen immer dann, wenn prominente Personen oder Adlige vor Gericht erscheinen müssen. Die ›Fallhöhe‹ erübrigt hier offenbar die Begründung.

Sobald bei anderen Fällen ein Gerichtsverfahren länger dargestellt, von ihm erzählt wird, findet sich zu Beginn die explizite Einführung des »Interessantheitskriteriums«.[11] Dazu einige Beispiele:

> Wegen einer bisher wohl noch nicht dagewesenen Handlung wurde der Büreauvorsteher Wilhelm M. aus Magdeburg von der Strafkammer des hiesigen Landgerichts zu einer Woche Gefängniß verurtheilt. (*Frankf. Z.* 10. 12. 1850)
>
> Ein bemerkenswerter Fall von Freisprechung ereignete sich hier im Schwurgericht. (*Frankf. Z.* 16. 12. 1890)
>
> Ein glücklicher Weise in der preußischen Armee nur noch ausnahmsweise vorkommender Fall der Mißhandlung von Soldaten Seitens ihrer nächsten Vorgesetzten [...]. (*Voss. Z.* 5. 3. 1868)
>
> Urkundenfälschung zum Zweck besseren Fortkommens – so lautet die in vieler Hinsicht interessante Anklage [...]. (*Voss. Z.* 19. 4. 1877)
>
> Den Geschworenen des Stadtschwurgerichts wurde am Mittwoch die Entscheidung einer nicht unwichtigen Rechtsfrage übertragen. (*Voss. Z.* 21. 4. 1877)
>
> Eine Anklage wegen Freiheitsberaubung von allgemeinem Interesse wurde am Dienstag vor der sechsten Criminal-Deputation des Stadtgerichts verhandelt. (*Voss. Z.* 1. 6. 1877)

Die Begründung für das Erzählen durch die Betonung des Interessanten ist eine Besonderheit narrativer Texte.[12] Dabei ist Interessantheit kein textimmanentes Merkmal. Wie die folgenden Beispiele zeigen, kann das Besondere, weshalb eine Verhandlung erzählt wird, auch in der Relevanz für eine bestimmte Zielgruppe liegen:

> Für Hausbesitzer ist die nachstehende am Dienstag von der II. Abtheilung des Criminalsenats des Kammergerichts in der Recursinstanz gefällte Entscheidung von ganz besonderem Interesse. (*Voss. Z.* 1. 6. 1877)
>
> Wie man uns aus Hirschberg berichtet, hat der Ueberfall auf dem Kamme des Riesengebirges, der zu Anfang dieses Sommers in den Touristenkreisen Deutschlands so große Aufregung hervorrief, am Montag vor dem dortigen Schwurgericht seine Sühne gefunden. (*Voss. Z.* 14. 10. 1890).

Welche Bedeutung die Zeitungen selbst dem Interessantheitskriterium als notwendiger Bedingung für das Erzählen zumessen, zeigt die folgende Notiz aus dem *Hamb. Corr.* vom 1. 5. 1890: »Es kamen heute nur Privatklagen wegen gewöhnlichen Injurien zur Verhandlung, die kein Interesse boten.« Dabei ist der Relativsatz die entscheidende Begründung, denn Beleidigungsprozesse sind sonst keineswegs grundsätzlich von der Berichterstattung ausgenommen.

Die kommunikative Funktion des Textes kann in seltenen Fällen zu Beginn genannt werden und so als Begründung für das Erzählen dienen: »Zur Warnung

---

[11] Van Dijk: Textwissenschaft, S. 41.

[12] Vgl. Brinker: Textanalyse, S. 64. – Gerhard Mauz bezeichnet sich selbst in einem Gerichtsbericht als »Erzähler«: Der Spiegel 1984, H. 12, S. 130.

theilen wir den Ausgang einer am Mittwoch vor der achten Kriminal-Deputation des Stadtgerichts verhandelten Anklage wegen vorsätzlicher Beschädigung zum öffentlichen Nutzen dienender Gegenstände gegen den Tischlergesellen Markscheffel mit« (*Voss. Z.* 28. 6. 1877).

Offenbar werden Gerichtsverhandlungen von den Zeitungen so sehr zum Alltäglichen gerechnet, daß ein Bericht einer besonderen Begründung bedarf. Diese kann, wie oben erwähnt, implizit durch die Tat gegeben sein, die verhandelt wird (Tötungsdelikte), oder durch Prominenz der in der Verhandlung auftretenden Personen. Der Zeitungsbericht kann seine Berechtigung auch durch den ungewöhnlichen, überraschenden, von der Norm abweichenden Verlauf einer Gerichtsverhandlung erfahren. Daß dabei ein nicht unerheblicher Einsatz erzählerischer Mittel erforderlich werden kann, zeigt das folgende Beispiel aus der *Voss. Z.* vom 7. 3. 1868:

> Der Knabe, von welchem hiesige Blätter berichteten, daß er seinen Vater fälschlich des Raubes, der Brandstiftung und des Gorny'schen Mordes beschuldigt habe, wurde am Sonnabend dem Polizeirichter vorgeführt. Er ist sehr klein und merkwürdig frech. Beim Beginne der Verhandlung versuchte der Knabe seine während der Haft gemachten Geständnisse zu widerrufen und nochmals seinen Vater zu beschuldigen. Auf die Vorhaltungen des Richters jedoch und als er sah, daß man seine Lügen durchschaue, gab er endlich zu, daß es Alles erlogen habe. »Und warum hast Du das gethan?« fragte ihn der Richter. »Weil mich die Mutter mit einem spanischen Rohr gezüchtigt hat.« – »Warum hast Du gesagt, daß Dein Vater der Schlächter Meyer in Potsdam und Deine Mutter eine geborene Lehmann sei?« – »Weil ich wußte, daß dann die Behörde in Potsdam anfragen wird, und daß ich, wenn man meine Eltern nicht dort auffindet, ins Waisenhaus kommen muß, wo ich keine Schläge bekomme.« – »Weißt Du auch, daß Du jetzt wegen wissentlich falscher Anschuldigung Deines Vaters vor Gericht stehst?« – »Was mir das schaden kann!« versetzte mit pfiffigen Mienen der Taugenichts. »Ich habe ja Niemand falsch beschuldigt! Da es keinen Schlächter Meyer in Potsdam giebt, und mein Vater auch nicht Meyer, sondern F. heißt und nicht Schlächter, sondern Feilenhauer ist, so kann man mich auch nicht wegen falscher Anschuldigungen belangen!« – Dieser scharfen Vertheidigung gegenüber blieb dem Polizeianwalt Nichts übrig, als darauf anzutragen, daß der frühreife Sünder wegen Führung eines falschen Namens eingesperrt werde. Der Richter erkannte jedoch auf 3 Tage Gefängniß. Als dem Knaben das Urtheil verkündigt wurde, lachte er frech auf und ging munteren Schrittes zurück in seine Zelle.

Diese Geschichte zitiere ich natürlich deshalb vollständig, weil sie in ihrer Darstellung ungwöhnlich ist. Unterstellen wir einmal, die Gerichtsverhandlung sei halbwegs in der geschilderten Form abgelaufen, dann ist sie für den Berichterstatter ein seltener Glücksfall gewesen. Der von der Erwartung abweichende Verlauf rechtfertigte die Anwesenheit des Zeitungsmannes und gab eine befriedigende Motivierung für seinen Bericht ab.

Der Annahme, über Gerichtsverhandlungen werde nicht berichtet, wenn sich nichts Außergewöhnliches dort ereigne, liegt die Vorstellung zugrunde, in jedem Verhandlungssaal sitze ein Zeitungsmensch, der am Schluß der Verhandlung nach quasi objektiven Kriterien urteile, ob der Verlauf einen Bericht rechtfertige. Tatsächlich aber fiel auch in der zweiten Hälfte des vorigen Jahrhunderts die Entscheidung darüber, ob eine Verhandlung außergewöhnlich und damit berichtenswert sei, schon vorher: Interessantes, Ungewöhnliches, Überraschendes, ereignet sich für den Zeitungsleser nur dort, wo ein Berichterstatter anwesend ist. Da es kein unbestreitbares Kriterium für ›Interessantheit‹ gibt, reicht fast immer die Behauptung, etwas sei interessant, als Begründung für einen Bericht aus. Dazu ein weiteres Beispiel:

> Eine heute vor dem hiesigen Schöffengericht verhandelte Preßbeleidigungssache förderte eine interessante Thatsache zu Tage. Der wegen Beleidigung des israelitischen Lehrers H. von Nieder-Weifel bei Butzbach angeklagte Redakteur des hier erscheinenden evangelisch-orthodoxen und antisemitischen »Kasseler Sonntagsblattes« gestand auf Ansinnen des klägerischen Anwalts, Rechtsanwalts Grünewald-Gießen, zu, daß der beleidigende Artikel von zwei oberhessischen evangelischen Geistlichen verfaßt und ihm zugesandt sei. – Der Artikel hatte in hämischer Form ein Jubiläumsfest bekrittelt, das dem Privatkläger von seiner Gemeinde und von Freunden bereitet worden war, und – indem er dem Kläger vorwarf, er habe vorzeitig sein Jubiläum gefeiert, um Geschenke zu erhalten – »Geld und Ehre« als die Ideale des Semitenthums bezeichnet. Der Anwalt des angeklagten Redakteurs, Dr. Jouvenal-Kassel, sprach seinerseits sich mißbilligend darüber aus, daß die eigentlichen Beleidiger den Schleier ihrer Anonymität nicht lüften und den Redakteur stecken lassen wollten. Der Beleidigte wird wohl nunmehr die beiden Urheber belangen. (*Frankf. Z.* 23. 11. 1890)

Die Behauptung der Relevanz oder die Darstellung des Ungewöhnlichen sind nur notwendige Voraussetzungen für das Erscheinen eines Gerichtsberichtes. In welcher Form er tatsächlich erscheint, hängt schlußendlich auch noch von dem Umbruchredakteur ab, der z. B. für den 30-zeiligen Bericht nur noch fünf Zeilen Platz hat. Denn auch in der zweiten Hälfte des 19. Jahrhunderts passierte täglich nur so viel in der Welt, wie in die Tageszeitung hineinpaßte.

5. Die innere Gliederung

Auch bei der Beschränkung auf den Zeitraum von 40 Jahren und die genannten Zeitungen läßt sich kein einheitlicher Aufbautyp des Gerichtsberichtes feststellen. Man kann eigentlich nur das Gesamtrepertoire der Elemente nennen, die vorkommen.

Den Rahmen bildet die Schilderung der Gerichtsverhandlung, in die die Erzählung der Tat eingebettet ist. Unerläßlich für den Rahmen sind die Identifizierung des Gerichts mit der entsprechenden Kammer, die Terminangabe und die Beschreibung der Anklage. Es folgt die Nennung des Angeklagten, meist angereichert durch persönliche Daten. Wenn eine Kurzcharakteristik des Angeklagten gegeben wird, so ist sie in ihrer Wertung auf ein Weltbild bezogen, in dem der Urteilsspruch plausibel erscheint.

Wenn von dem Angeklagten gesagt wird, er sei »gänzlich heruntergekommen und ein äußerst gefährlicher Mensch« (*Voss. Z.* 14. 10. 1890), so steht mit Sicherheit am Ende ein strenges Urteil. Ein Bericht, der wie der folgende beginnt, kann am Schluß nur die Bestrafung des Angeklagten melden:

> Ein brutaler Gefangenenaufseher, wie er dem Lande der Knute zur Zierde gereichen würde, hatte sich in der Person des seit 1885 im hiesigen Amtsgerichtsgefängiß amtirenden Franz Salanga vor der Ratiborer Strafkammer zu verantworten. (*Frankf. Z.* 4. 12. 1890)

Die Aufzählung einschlägiger Vorstrafen wird ebenfalls als Vorausdeutung auf das Urteil eingesetzt. Diese erkennbar funktionalen Charakterisierungen finden sich so gut wie nie bei adligen Angeklagten.

Auch die Schilderung des Tathergangs ist stets auf das Urteil bezogen und so mit dem zweiten Teil des Rahmens verbunden. Wenn sowohl die Anträge des Staatsanwalts wie des Verteidigers genannt werden, ist häufig der Antrag positiv charakterisiert, in dessen Tendenz das Urteil liegt.

> Beim Kreisschwurgericht fand am Mittwoch die Verhandlung einer Anklage wegen versuchten Mordes statt. Der Angeklagte ist der Handelsmann Carl Brunnert, 39 Jahre alt, zu Königs-Wusterhausen wohnhaft. Er trägt einen Vollbart und hat ein wohlgebildetes Gesicht. Seine Sprache ist sehr wohltönend. – [Es folgt die Schilderung der Tat.] Der Staatsanwalt gelangt aber doch zu dem Resultate, das Schuldig gegen den Angeklagten zu beantragen. – Die sehr wirksame Verteidigungsrede schließt mit dem Antrag auf Freisprechung. – Das Verdict der Geschworenen lautet auf Freisprechung. (*Voss. Z.* 19. 4. 1877)

Bei besonders langen Berichten folgt auf die Nennung des Urteilsspruches bisweilen eine indirekte ›Urteilsbekräftigung‹, die durch die Schilderung der Publikumsreaktion oder durch die Wiedergabe der Reaktion des Angeklagten geschieht. So folgt nach der Nennung des Urteils von »sechszehn Jahren schweren Kerkers, verschärft mit Fasten einmal im Monate« der Satz: »Das Urteil gegen die Angeklagte wurde von dem entrüsteten Publikum mit Bravorufen aufgenommen.« (*Frankf. Z.* 5. 12. 1890)

Und in der *Vossischen Zeitung* schließen im Jahre 1890 Berichte über Schwurgerichtsverhandlungen, die mit der Verkündigung schwerster Strafen enden (»zu lebenslänglich Zuchthaus, Verlust der bürgerlichen Ehrenrechte und zur Tragung der Kosten« oder »Todesstrafe und zehn Jahre Zuchthaus nebst Ehrverlust«) mit dem Satz: »Gleichmüthig nahm der Angeklagte das Urtheil hin.« (*Voss. Z.* 14. 10. 1890)

Möglicherweise haben wir hier das Rudiment einer Kategorie vor uns, die von der Erzählforschung »Evaluation«[13] genannt wird. Gemeint sind damit »Bewertungen, emotionale Einschätzungen und Stellungnahmen des Erzählers zu den erzählten Ereignissen«.[14] Allerdings werden diese weder durch die »direkte Verbalisierung der Einstellung« des Erzählers noch aufgrund von »eindeutigen Wertprädikaten«[15] dargestellt. Man kann sie allenfalls an textuellen Beziehungen nachweisen, über die dann Wertzuweisungen möglich werden: Von dem Angeklagten, der sein Urteil »mit großem Gleichmuthe« entgegennimmt, wird vorher in der Fallschilderung gesagt: »Der Verdacht der Thäterschaft lenkte sich sofort auf den Angeklagten, einen arbeitsscheuen gewaltthätigen Patron, zumal er auf dem Gebirge bemerkt worden war« (*Voss. Z.* 14. 10. 1890). Und das entrüstete Publikum nimmt das Urteil gegen eine Angeklagte mit Bravorufen auf, gegen die vorher von

---

13 Van Dijk: Textwissenschaft, S. 142.

14 Brinker: Textanalyse, S. 64.

15 Quasthoff: Erzählen, S. 36.

Zeugen »fürchterliche Details der raffinirtesten Grausamkeit« vorgebracht worden sind (*Frankf. Z.* 5. 12. 1890).

An der Stelle, wo in einem narrativen Text die Bewertung durch den Autor stehen kann, findet sich im Gerichtsbericht also die referierende Schilderung von Reaktionen auf das Urteil.

Die Berichterstattung über Fälle, die vor dem Schwurgericht verhandelt werden, nimmt zumindest im *Hamburgischen Correspondenten* gegen Ende meiner Berichtszeit eine Sonderstellung ein. Hier tritt die Dokumentation ganz stark in den Vordergrund. Zu Beginn wird jeweils die vollständige Besetzung des Gerichts mit Präses, Richter, Protokollführer, Geschworenen, Staatsanwalt und Verteidigern aufgeführt. Der Bericht folgt anscheinend[16] streng dem Verlauf der Verhandlung. Er ist oft für einen Verhandlungstag bis zu einer Spalte lang, das ist ein Drittel einer ganzen Zeitungsseite. Man darf vermuten, daß der *Hamburgische Correspondent* dabei weitgehend unbearbeitete stenografische Berichte abdruckt. Ob er dafür eigene Stenografen beschäftigt oder sich der Dienste einer Agentur bediente, wie sie für Wien mit dem Büro von Leopold Conn schon für eine frühere Zeit nachgewiesen ist,[17] muß vorerst offen bleiben.

6. Die journalistische Präsentationsform

Ich habe bisher immer vom Gerichts*bericht* gesprochen. Dieses ist keineswegs unproblematisch, sofern man das Wort ›Bericht‹ als Terminus für eine journalistische Darstellungsform versteht.

Gemeinhin bezeichnen wir in der Gegenwart Autoren, die für Zeitungen über Gerichtsverhandlungen schreiben, als Gerichts*reporter*. Die im Sozialgefüge Zeitungsredaktion nicht besonders hoch angesiedelten ›Gerichtsschreiber‹ werden damit etwas aufgewertet, indem sie in eine Bezeichnungsnähe zu Namen wie Sling, Kisch und Kraus rücken.

Die journalistischen Handbücher unterscheiden die Reportage als eigene Darstellungsform von dem Bericht. Während der Bericht den rein referierenden Formen zugerechnet wird, steht die Reportage den kommentierenden Formen näher; Roloff ordnet sie in die Zwischengruppe der interpretierenden Textgattungen ein.[18] Von La Roche sieht in ihr nicht »Ersatz für, sondern Ergänzung zu Nachricht oder Bericht. Der Reporter schildert, was er sieht und erfährt, notiert sich bezeichnende Einzelheiten [...]«.[19] Schönbach untergliedert die journalistische Stilform Reportage: »Reportage I. Zu dieser Kategorie zählen Korrespondenten-

---

[16] Diese Aussage steht unter dem Vorbehalt, daß ich dazu bisher keine Akten verglichen habe.

[17] Holiczki: Entwicklung, S. 254. – In meinem Korpus findet sich dazu folgender Beleg aus der *Kölnischen Zeitung* vom 5. 7. 1877: »Dem Verhör des Angeklagten entnehmen wir nach dem stenographischen Bericht der [Wiener] ›Presse‹ folgende Einzelheiten [...].«

[18] Roloff: Textgattungen, S. 31–35.

[19] Von La Roche: Einführung, S. 139.

berichte, Berichte sonstiger Mitarbeiter des Mediums, Interviews mit Mitarbeitern (in den Funkmedien) – wenn sie auch für den ungeübten Rezipienten von der äußeren Form her als solche zu erkennen sind (mit vollem Namen des Verfassers gekennzeichnet oder mit ›Eine Reportage von ... u. ä.‹ eingeleitet). Reportage II. Darunter verstehe ich alle journalistischen Aussageformen, die nicht als ›manifeste Meinungsformen‹ gekennzeichnet sind, dennoch aber eindeutig wertende und persönliche Formulierungen enthalten«.[20]

Zu den von Schönbach in der Kategorie ›Reportage I‹ genannten Korrespondentenberichten heißt es in den »Grundsätzen für die Zusammenarbeit im ARD-Gemeinschaftsprogramm ›Deutsches Fernsehen‹ vom 9. Juli 1971 in der Fassung vom 1. Dezember 1982«: »Die Sendungen der Tagesschau dürfen keine Meinungsäußerungen der Redaktion enthalten; in Korrespondentenberichten sind Meinungsäußerungen zulässig«.[21]

Dovifats *Zeitungslehre* beschreibt die Reportage so: »Wichtig für die Reportage ist die temperamentvolle, lebensnahe, stark persönliche und erlebte Darstellung eines Ereignisses. Im Gegensatz zum ›Berichterstatter‹, der mehr passiv die Dinge aufnimmt und gewissenhaft zu Papier bringt, gibt der Reporter aus eigener Anschauung seinen sachlich im einzelnen erarbeiteten, aber doch auch persönlichen Gesamteindruck. Das eigene, betont herausgearbeitete Erlebnis prägt seinen Bericht. Berichterstatter, so könnte man sagen, werden ausgesandt, wenn die Ereignisse da sind. Reporter erwarten sie nicht erst, sondern schaffen sich das Ereignis, über das sie berichten, vielfach selber (Reisereportage). Mindestens sehen sie es ganz in ihrer Art und verarbeiten es zur selbständigen Darstellung (Sportreportage, soziale Reportage, Inside-Reportage, Bildreportage). Diese persönliche Eigenarbeit kann und wird durch den Begriff des ›Berichterstatters‹ niemals gedeckt werden. Wollen wir der stark persönlichen, ›erlebten‹ Natur der Reportage gerecht werden, so sprechen wir am besten von ›Erlebnisbericht‹.«[22]

Ob es in der zweiten Hälfte des vorigen Jahrhunderts ein Bewußtsein von der Unterscheidung in Bericht und Reportage gegeben hat, ist aus Meta-Äußerungen nicht zu entnehmen. Siegel meint: »1850 scheint der Beruf des Reporters in Deutschland noch unbekannt gewesen zu sein.«[23] Zum Beleg zitiert er aus einschlägigen Artikeln der großen Lexika. So werde in der 1864 bei Brockhaus verlegten *Real-Encyklopädie* unter dem Stichwort »Berichterstatter« zwar von »reporters« und »rapporteurs« in England und Frankreich gesprochen, aber: »Von Deutschland ist noch nicht die Rede«.[24] Tatsächlich ist aus diesem Zitat aber nichts für die Mediengeschichte zu gewinnen; allenfalls mag man sich über die Systematik eines Lexikons wundern. Denn auch in der 17., der neuesten Auflage der *Brockhaus Enzyklopädie* findet sich unter den Stichwörtern »Reportage« und

---

20 Schönbach: Trennung, S. 45f.
21 ARD-Jahrbuch 83. (15. Jahrgang) Hamburg 1983, S. 403f.
22 Dovifat: Zeitungslehre I, S. 35f.
23 Siegel: Reportage, S. 41.
24 Ebd. S. 42.

»Reporter«[25] nur der Verweis auf Bericht und Berichterstatter. Und dort[26] heißt es lediglich: »Bericht, Report, Publizistik: die sachliche und folgerichtige Wiedergabe eines Vorgangs oder einer Handlung in Wort, Bild oder Film auf Grund eigener oder fremder Zeugnisse.«

Die journalistischen Darstellungsformen sind bisher in ihrer Entwicklung und bezogen auf die verschiedenen Länder nicht zusammenhängend dargestellt worden. Es ist möglich, daß in Deutschland die Notwendigkeit für eine Unterscheidung in den quasi objektiven Bericht und die subjektiv gefärbte Reportage gar nicht gesehen wurde. Die strenge Trennung in die ›heilige‹ Nachricht und die ›freie‹ Meinung, wie sie auch in Deutschland gegenwärtig postuliert wird, kommt jedenfalls eher aus angelsächsischen Traditionen.

Die Zeitungstexte über Gerichtsverhandlungen aus meinem Untersuchungskorpus haben eine informierende Grundfunktion.[27] Eine explizite Aussage zum Wahrheitsgehalt des mitgeteilten Textinhalts kommt in bezug auf die Gerichtsverhandlung selbst nicht vor. Dieser ist durch die Nennung von Ort, Zeit und Verfahrensbeteiligten hinreichend belegt. Bei der Schilderung der Straftat gibt es bisweilen Quellenberufungen. Der oben erwähnte Bezug auf ein stenographisches Protokoll ist selten.[28] Häufiger teilt der Autor seine eigene Einstellung zum Tatgeschehen mit Einleitungen wie der folgenden mit: »Der Thatbestand ist, wie er sich aus der Verhandlung ergibt, folgender:« (*Frankf. Z.* 1. 1. 1877). Die Quellenberufung kann auch mit einer Begründung für die Auswahl bei der Tatschilderung verknüpft werden: »Aus dem artikulierten Verhöre ging im wesentlichen nichts Neues hervor und wiederholen wir daher nur im kurzen unsere frühere Mitteilung, die wir unseren Lesern nach Entdeckung des Mörders am 8. September gemacht« (*Hamb. Corr.* 18. 2. 1860).

Der referierende Charakter der Texte tritt besonders deutlich durch Berufung auf die Akten hervor: »Der Thatbestand, der seiner Zeit in der ganzen Gegend großes Aufsehen erregt hat, spiegelt sich in der Anklage wie folgt wieder:« (*Voss. Z.* 28. 6. 1877). In den langen Schwurgerichtsberichten heißt es oft: »Die Anklageschrift lautet:« (*Hamb. Corr.* 9. 3. 1875).

Die oben erwähnten narrativen Textelemente gehören nach unserem heutigen Verständnis eher zur journalistischen Form der Reportage als zu der des Berichts. Hierzu sind auch die seltenen expliziten Nennungen eines berichtenden Subjekts zu rechnen, das in der Regel als ›wir‹ oder ›man‹ auftritt:

> Ueber die Persönlichkeit des Angeklagten und die von der Anklage behandelten Motive entnehmen wir dem Anklage-Acte, daß Perrecu, jetzt 40 Jahre alt, seines Standes Kaufmannscommis und mittellos im Jahre 1867 nach London ging, um eine reiche Erbin zu finden. (*Köln. Z.* 5. 7. 1877)

---

25 Dieser Band erschien 1972.

26 Der Band mit dem Stichwort ›Bericht‹ erschien 1967.

27 Vgl. Brinker: Textanalyse, S. 98.

28 Vgl. Anmerkung 17.

Als wir die Mitteilung über den Beginn dieses Processes brachten, der mit der Verurtheilung des Angeklagten, wie wir bereits berichteten, geendet, werden sich jedenfalls viele unserer Leser noch jener Aufsehen erregenden Darstellungen erinnert haben, die etwa vor einem Jahre über den geheimnisvollen Tod einer Engländerin aus den österreichischen Blättern in die Presse fast ganz Europas übergingen. (*Köln. Z.* 5. 7. 1877)

In der heutigen Sitzung des Assisenhofes wurde eine Anklage wegen Mordes gegen J. Reinhardt aus Honnef verhandelt, wodurch eine solche Summe von Rohheiten aufgedeckt wurde, die derselbe gegen ein Kind verübt hat, daß man die Berichte nicht ohne Schauder anhören konnte. (*Köln. Z.* 4. 7. 1877)

Dem Ausgange des Prozesses, zu dem nicht weniger als 80 Zeugen und 6 Sachverständige geladen sind, sieht man mit Spannung entgegen. (*Frankf. Z.* 27. 1. 1890)

Ich habe nur zwei eher kuriose Beispiele gefunden, in denen der Autor etwas über sich als Person mitteilt. – Im *Hamb. Corr.* vom 21. 6. 1852 findet sich am Schluß der Rubrik »Städtische Notizen« die folgende Mitteilung: »Unserer unleserlichen Handschrift ist es wohl beizumessen, wenn in unserem Berichte in der vor. No. d. Bl. über die Verhandlungen gegen die Inquisitin Lübbe ein Non-ens, der ›Aktionär Deljobert‹, figuriert; es sollte heißen: ›dem Actoar Dr. Gobert gegenüber‹.« Und in der *Frankf. Z.* vom 18. 12. 1890 heißt es zu einem Prozeß in Paris, daß die Presse »mit Eintrittskarten sehr kärglich bedacht worden war. Es gelang Ihrem Berichterstatter nur mit Mühe, sich eine solche zu verschaffen.«

Die für die Reportage konstitutive Subjektivität in der Schilderung drückt sich vor allem durch Wertungen aus. Damit sind alle die Formulierungen gemeint, mit denen der Autor seinen Eindruck von dem Verhalten eines der Prozeßbeteiligten qualifiziert oder zu dem Tatverlauf Stellung nimmt.

Im Mittelpunkt des Interesses stehen in Strafverfahren natürlich die Angeklagten. Ihr Aussehen wird offenbar immer unter Rückgriff auf eine Norm beschrieben, die durch die Straftat gesetzt wird, für die sie schließlich verurteilt werden.

Das Schwurgericht zu Frankfurt a. O. verhandelte vor einigen Tagen gegen den ›Räuberhauptmann Max‹ den 19jährigen Bäckergesellen Max Bialewski, einen blassen, schmächtigen Jüngling, dem wohl schwerlich jemand seine verbrecherischen Gewohnheiten auf den ersten Blick ansicht. (*Voss. Z.* 24. 6. 1877)

Von dem Stadtreisenden Carl Gustav Töpfer, der wegen eines Erpressungsversuchs verurteilt wird, heißt es zu Anfang des Prozeßberichts:

Der Angeklagte, der Sohn eines Bürgermeisters, ist gänzlich heruntergekommen und ein äußerst gefährlicher Mensch; er verbüßte bereits wegen Erpressung mehrere Gefängnißstrafen und saß wegen Eigenthumsvergehen mehrfach im Zuchthause. (*Voss. Z.* 14. 10. 1890)

Umgekehrt kann der äußere Eindruck des Angeklagten auch einen Freispruch erwarten lassen. Der Prozeßbericht gegen einen Angeklagten, dem ein Totschlag zur Last gelegt wird, den das Gericht aber freispricht, beginnt so:

Ein bemerkenswerther Fall von Freisprechung ereignete sich hier im Schwurgericht. Der Maurer Brauner von Bergheim – ein ruhiger friedlicher Mann – verließ Abends das Wirtshaus, um sich zum Obsthüten zu begeben. (*Frankf. Z.* 16. 12. 1890)

Manchmal werden das Aussehen der Angeklagten, ihr Auftreten vor Gericht und die Urteilsfindung in einen direkten kausalen Zusammenhang gebracht:

> Unter heißen Tränen legte die Angeklagte, eine bäuerische Schönheit, ein reuemüthiges Geständnis ab, aus welchem Grunde ihr mildernde Umstände zugebilligt wurden. (*Voss. Z.* 15. 4. 1877)

Auch Bewertungen der Tatumstände, die vorwiegend bei Kapitalverbrechen vorkommen, liegen immer im Trend des Verfahrensausgangs. Dramatisierungen des Tatverlaufs und der Tatfolgen finden sich auch nur bei einem strengen Urteilsspruch. In dem schon einmal erwähnten Bericht über die Verhandlung gegen den Räuberhauptmann Max heißt es:

> In der Gegend von Cüstrin und Fürstenwalde übte er sein räuberisches Handwerk hauptsächlich an wehrlosen Kindern und Frauen, die er auf der Landstraße überfiel, sie zu erschießen oder zu erstechen drohte und dann die Taschen und Körbe revidirte. Um sich in größeren Respect zu setzen, trug er in der äußeren Brusttasche seines Rockes stets zwei lange blanke Messer, und seine Opfer entließ er regelmäßig mit den höhnischen Worten: »Ich bin der Räuberhauptmann Max; sagt's den Anderen!« (*Voss. Z.* 24. 6. 1877).

Richter und Staatsanwälte erscheinen in den Zeitungstexten allenfalls als Institutionen, nie als handelnde Menschen. Von den übrigen Verfahrensträgern der Prozesse werden nur die Verteidiger andeutungsweise bewertet und das sehr zurückhaltend und stets positiv.

> Die sehr wirksame Vertheidigungsrede schließt mit dem Antrage auf Freisprechung. – Das Verdict der Geschworenen lautet auf Freisprechung. (*Voss. Z.* 19. 4. 1877)

> Nach einer sehr geschickten Verteidigung durch Advokat Böhm verneinten die Geschworenen, die von der Annahme ausgingen, daß B. jedenfalls in berechtigter Notwehr gehandelt und daß bei dem Durcheinander der Balgerei sein Verschulden an dem Losgehen überhaupt nicht erwiesen sei, sämtliche Schuldfragen und das Gericht sprach den Angeklagten frei. (*Frankf. Z.* 16. 12. 1890)

Wie die Schilderung der Reaktion des Gerichtspublikums zur positiven Bewertung des Urteils eingesetzt wird, habe ich schon erwähnt. Eine negative Bewertung der Zuhörer habe ich nur in dem folgenden Fall gefunden:

> Trotz des traurigen Anblicks des zerknirschten und zusammengebrochenen Angeklagten und der wiederholten Aufforderung des Präses des Gerichts, die ernste und wichtige Verhandlung nicht zu stören, benahm sich doch ein großer Teil der Anwesenden bei der Verlesung des 238 Artikel umfassenden artikulierten Verhörs und der Anklageakte so gefühllos und laut, daß dieselbe oft unterbrochen werden mußte. (*Hamb. Corr.* 18. 2. 1860)

7. ›Wirklichkeit‹ in der Diskurswelt des Texttyps ›Gerichtsbericht‹

Häufig tauchen bei der Beschreibung der Angeklagten und der Schilderung ihrer Taten hyperbolische Zuschreibungen auf. Der Angeklagte, der »gänzlich heruntergekommen und ein äußerst gefährlicher Mensch ist, nimmt nach einer Strafverbüßung, in der hartnäckigsten Weise« die Erpressungen wieder auf (*Voss. Z.* 14.

10. 1890). In Zeugenvernehmungen kommen die »haarsträubendsten Details« an den Tag (*Frankf. Z.* 4. 12. 1890); Mißhandlungen sind »furchtbarster Art« und Grausamkeiten sind »die raffiniertesten« (*Frankf. Z.* 5. 12. 1890).

Mit dieser Art der Beschreibung wird zum Aufbau eines semantischen Bezugssystems beigetragen, das eine bestimmte Diskurswelt konstituiert.[29] Was ›wirklich‹ ist, wird im wesentlichen davon bestimmt, ob es der jeweiligen Diskurswelt zugehört. Als abweichend, ›unwirklich‹ oder übertrieben können die zitierten Beschreibungen nur empfunden werden, wenn sie in einem Text vom Typ ›Gerichtsbericht‹ in einer Tageszeitung unerwartet wären. Die Häufigkeit ihres Auftretens spricht nicht für eine solche Vermutung.

In der neueren textlinguistischen Literatur wird bei der Differenzierung von Textsorten häufig die Textfunktion als Basiskriterium herangezogen.[30] »Für die Bestimmung der Textfunktion ist allein entscheidend, was der Emittent zu erkennen geben will, indem er sich auf bestimmte Regeln (Konventionen) sprachlicher und kommunikativer Art bezieht.«[31] Das bisher nicht hinreichend gelöste Problem besteht darin festzulegen, woran man erkennen kann, auf welche Konventionen sich der Textproduzent bezieht.

Brinker unterscheidet drei »Indikatoren der Textfunktion«:[32]

1. Explizite Signale, »mit denen der Emittent die Art des intendierten kommunikativen Kontakts dem Rezipienten gegenüber« zum Ausdruck bringt.
2. »Sprachliche Formen und Strukturen, mit denen der Emittent – explizit oder implizit – seine Einstellung zum Textinhalt, insbesondere zum Textthema ausdrückt«.
3. »Kontextuelle Indikatoren wie der situative, insbesondere der institutionelle Rahmen des Textes bzw. der gesellschaftliche Handlungsbereich, dem der Text zugeordnet ist, das vorausgesetzte Hintergrundwissen (z. B. über den Textinhalt) usw.«

Die Informationsfunktion der Gerichtsberichte ist dominant. Die aufgezeigten Bewertungen laufen der Informationsfunktion nicht zuwider, solange der Autor nicht zu erkennen gibt, daß er eine Übernahme seiner Bewertung durch den Leser intendiert. Die Entscheidung, ob nicht doch in einzelnen Fällen die Appellfunktion gegenüber der Informationsfunktion dominiert, ist oft nicht eindeutig zu treffen, wie die zitierten Beispiele zeigen.

Daß eine appellative Textfunktion bei Gerichtsberichten grundsätzlich möglich ist, zeigen die beiden folgenden Belege:

> Zur Warnung theilen wir den Ausgang einer am Mittwoch vor der achten Kriminal-Deputation des Stadtgerichts verhandelten Anklage wegen vorsätzlicher Beschädigung zum öffentlichen Nutzen dienender Gegenstände gegen den Tischlergesellen Markscheffel mit. Derselbe hat nämlich am Morgen des 18. Juni in eine im Thiergarten befindliche

---

[29] Vgl. Hennig u. Huth: Kommunikation, S. 151.
[30] Vgl. Brinker: Textanalyse, S. 125, Anm. 21.
[31] Brinker: Textfunktionen, S. 131.
[32] Brinker: Textanalyse, S. 90–92.

> Bank seinen Namen eingeschnitzt, also einen häufig vorkommenden Unfug begangen. Er ist deshalb wegen obigen Vergehens unter Anklage gestellt und zu einer Woche Gefängniß verurtheilt worden. (*Voss. Z.* 28. 6. 1877)

Der zweite Beleg ist der Schlußsatz eines kurzen Berichts über eine Schwurgerichtsverhandlung wegen »Todtschlags«, in der der Angeklagte »unter Ausschluß mildernder Umstände zu 6 Jahren Zuchthaus« verurteilt worden ist. »Leider ist nicht anzunehmen, daß das statuierte Exempel auf die blutige Rauflust unserer Landbevölkerung dämpfend wirken wird« (*Frankf. Z.* 6. 12. 1890).

Der vielleicht naheliegende Verdacht, die Zeitungen wollten ausschließlich erzieherisch wirken, indem sie ihre Leser durch die Veröffentlichung exemplarischer Urteile warnen, bestätigt sich nicht. In allen von mir herangezogenen Zeitungen gibt es eine große Anzahl von Berichten über Verhandlungen, die mit Freisprüchen enden. Dabei läßt sich keine regelhafte Begründung dafür anführen, warum ausgerechnet über diese Verhandlungen berichtet wird. Das Besondere wird auch in diesen Fällen nur behauptet: »Ein bemerkenswerter Fall von Freisprechung ereignete sich hier im Schwurgericht« (*Frankf. Z.* 16. 12. 1890). So beginnt der Bericht über eine erkennbar nicht ungewöhnliche Verhandlung wegen »vorsätzlicher Tödtung«. Wichtiger für das Erscheinen in der Zeitung als das Urteil ist ganz offensichtlich die Tatsache, daß ein Berichterstatter im Gerichtssaal anwesend war.

Auch in der publizistikwissenschaftlichen Literatur der Gegenwart gibt es Äußerungen, die eine informative und eine appellative Funktion der Gerichtsberichterstattung als gleichberechtigte Aufgaben beschreiben, wie das folgende Zitat aus dem Handbuch von Dovifat in der Bearbeitung von Wilke aus dem Jahr 1976 belegt:

> Zum örtlichen und Heimatteil gehört auch die Gerichtsberichterstattung. Aufgabe einer guten Gerichtsberichterstattung ist es, neben der selbstverständlichen Berichtsarbeit über die »großen Fälle«, das Rechtsverständnis der Öffentlichkeit an typischen Einzelfällen zu bilden und durch deren Beurteilung im Rahmen unserer Gesamtentwicklung das Rechtsleben in Fluß halten. [...] Wer, ohne dem Ansehen der Rechtspflege zu schaden oder dem Spruch der Gerichte vorzugreifen, lebendig, anschaulich und packend auch kleinere Tragödien und Vergehen [...] darstellt, wie sie sich Tag um Tag vor den Schranken der Gerichte abspielen, trägt oft mehr zur Rechtskenntnis und fürsorglichen Warnung in der Öffentlichkeit bei als durch trockene Belehrung oder spröde Rechtsberatung geleistet werden kann.[33]

Dem Schwanken zwischen informativer und appellativer Textfunktion enstpricht die Art der Themenentfaltung. Dominant ist wieder die deskriptive Themenentfaltung, so wie sie »für die informativen Textsorten ›Nachricht‹ und ›Bericht‹ charakteristisch«[34] ist. Daneben gibt es aber auch Merkmale einer narrativen Themenentfaltung, wie ich oben gezeigt habe.[35] Außerdem lassen sich Merkmale

---

[33] Dovifat: Zeitungslehre II, S. 67f. – Der Text dieser Stelle ist seit der ersten Auflage 1937 nur geringfügig erweitert worden.

[34] Brinker: Textanalyse, S. 60.

[35] Vgl. S. 354.

einer argumentativen Themenentfaltung finden, die legitimatorische Züge trägt: Die als Urteilsspruch vorliegende Konklusio wird durch das Verfahren gerechtfertigt, wobei die behauptete Tatsächlichkeit des Tatverlaufs als Argument dient. Die in dem Argumentationsschema von Toulmin[36] vorgesehene ›Stützung‹ wird aus einer als allgemeingültig unterstellten Wertbasis[37] abgeleitet. Neben die informative Textfunktion tritt damit eine appellative, d. h. der Autor will die Leser von seiner Sichtweise überzeugen. Er tut also hinsichtlich der Gerichtsverhandlung das gleiche, was das Gericht durch seine Urteilsbegründung in Bezug auf den verhandelten Sachverhalt macht.

8. Wirkungen

Von der Textfunktion, die nur aus der Sicht des Autors beschrieben wird, ist die Wirkung zu unterscheiden, die der Text auf die Rezipienten ausübt. An ihr hat sich von Beginn an hauptsächlich die Diskussion um die Gerichtsberichterstattung entzündet.

Der Kampf um die Öffentlichkeit der Gerichtsverfahren ist in der ersten Hälfte des 19. Jahrhunderts mit sehr unterschiedlichen Argumenten ausgetragen worden.[38] Er ist in seiner prinzipiellen Komponente dadurch entschieden worden, daß die Untrennbarkeit von Demokratie und Öffentlichkeit anerkannt wird. Aus demokratietheoretischer Sicht muß nicht die Öffentlichkeit von staatlichem Handeln begründet werden; vielmehr kann der Ausschluß der Öffentlichkeit nur mit schwerwiegenden Gründen geschehen.

Dieses Prinzip der Gerichtsöffentlichkeit, zu dem eine Reihe von staatspolitischen Komponenten kommen, ist im Laufe der Zeit dominant geworden, »während der Schutz des Angeklagten gegen willkürliche Rechtsprechung in den Hintergrund tritt, eine Tendenz, die sich schon in der vormärzlichen Diskussion abzeichnet, je mehr der politische Liberalismus seine defensive Stellung aufzugeben begann.«[39]

Zunehmend ist auch die Bedeutung der Zeitungen für die Gerichtspublizität erkannt worden,[40] da Öffentlichkeit in Massengesellschaften nur durch Medienöffentlichkeit herzustellen ist.[41] Gerade dadurch aber kann sich der Gesichtspunkt des Schutzes der Angeklagten in sein Gegenteil verkehren: Zu der Verurteilung durch das Gericht tritt die soziale Schädigung durch die öffentliche Prangerwirkung. In der neueren wissenschaftlichen Literatur wird dieses Phänomen unter dem Stichwort »Stigmatisierungseffekt«[42] abgehandelt.

---

36 Toulmin: Gebrauch, S. 93f.

37 Brinker: Textanalyse, S. 76.

38 Vgl. z. B. Alber: Geschichte, S. 37–53.

39 Ebd. S. 164.

40 Ebd. S. 42, Anm. 11 gibt als ersten Beleg für diesen Aspekt eine Schrift aus dem Jahr 1818 für Deutschland an.

41 Vgl. Mahlich: Freiheit, S. 11.

42 Feltes: Kriminalberichterstattung, S. 21.

Wenn »Voraussetzung für die Entfaltung des Schädigungspotentials [...] eine das Individuum irgendwie identifizierende Berichterstattung«[43] ist, haben die von mir untersuchten Zeitungen die Prangerwirkung offenbar bewußt in Kauf genommen.[44] Bis auf verschwindend wenige Ausnahmen, bei denen lediglich die Initialen stehen, werden die Angeklagten mit Vor- und Familiennamen, meist im Sperrdruck, dem Beruf und dem Wohnort genannt; bisweilen erscheint auch das Alter. Sogar über nichtöffentliche Verhandlungen wird mit voller Namensnennung berichtet:

> Das Kreisschwurgericht verhandelte am Freitag bei verschlossenen Thüren zwei Anklagen wegen Verbrechens gegen die Sittlichkeit. Beide haben zur Zeit ein so großes Aufsehen erregt, daß das Publikum ein Interesse daran hat, den Ausgang der Prozesse zu erfahren. Im ersten Fall lautete die Anklage auf ein schändliches Attentat gegen die Ehre eines unbescholtenen, erwachsenen Mädchens. Die Angeklagten waren zwei junge Burschen, die Arbeiter Daetweiler und Unfug. [...] – Hiernächst folgte die Verhandlung einer Anklage wegen Blutschande gegen den Arbeiter Walter zu Tegel und dessen 26jährige leibliche Tochter. (*Voss. Z.* 19. 4. 1877)

Die These, daß die Zeitungen durch diese Art der identifizierenden Berichterstattung mit der Folge der sozialen Stigmatisierung ausschließlich präventive Wirkungen für das Rechtssystem erzielen, läßt sich trotz der unbestreitbaren tatsächlichen Wirkungen bisher nicht belegen. Nach einer groben Schätzung handeln ca. ein Viertel aller Meldungen und Berichte von Gerichtsverhandlungen, die mit Freisprüchen enden. Auch dort werden die Angeklagten mit Namen genannt.

> Die Geschworenen haben das alte Jahr mit der Freisprechung des Kaufmanns Wild, der unter der Anklage des Hochverrats stand, geschlossen und das neue mit der Freisprechung des früher zum Tode verurtheilten Maler Moses begonnen. Beide wurden sofort in Freiheit gesetzt. (*Hamb. Corr.* 7. 1. 1852)

Die Identifizierung der Angeklagten und der wichtigsten Zeugen gehört offenbar zum festen Repertoire des Texttyps Gerichtsbericht. Sie sichert bei den Lesern die Authentizität des Berichteten ab, indem der Autor Bezugsgrößen des realen Lebens einführt. Damit wird das, was vordergründig als Wirkung interpretiert werden kann, zu einer Funktion des Textes, die allerdings Wirkungspotential besitzt.

Die Wirkungen auf das Strafrechtssystem selbst können nur sehr vorsichtig beurteilt werden, läßt man einmal die ständige indirekte Wirkung durch die Möglichkeit der Publikation der Verfahren außer acht. Nur in zwei Fällen habe ich eine explizite Urteils- bzw. Verfahrenskritik gefunden. Im *Hamb. Corr.* vom 16. 7. 1853 wird die Regierung sehr massiv und mit Gründen aufgefordert, gegen den Freispruch des Konferenzrat Wegener vor dem Kriminal- und Polizeigericht in Kopenhagen »Appellation« einzulegen. – In der *Frankf. Z.* wird im Dezember 1890 in mehreren Ausgaben von dem Pariser Prozeß »Cyraud-Bompard« berichtet. In dem vierten Morgenblatt des 19. 12. 1890 beginnt der Autor seinen Bericht

---

[43] Kerscher: Gerichtsberichterstattung, S. 8.

[44] Hier ist allerdings noch einmal an die Auswahl der Zeitungen zu erinnern.

mit sehr grundsätzlichen Erwägungen, zu denen ihn der Prozeßverlauf veranlaßt hat:

> Die großen Gerichtsdramen werden zwar von der Spekulation auf den Sinnenkitzel in einer jeden verständigen Menschen anwidernden Weise ausgebeutet, aber gleichzeitig haben sie doch das Gute, die Mängel der Strafrechtspflege in eindringlichster Weise auch dem konservativsten Gemüthe zur Anschauung zu bringen. [...] Die Praxis tut, als würde nicht seit Jahrzehnten von den Rechtsphilosophen auf den Hochschulen gelehrt, daß Schuld und Strafe individualisiert werden müßten, und es bedarf eines Sensationsprozesses, wie der Affaire Gouffé, damit der eifrige Vertheidiger einen jener ›Stubengelehrten‹ vom Katheder herab in den Gerichtssaal zerre und durch ihn der erstaunten Zuhörerschaft und den vielleicht noch erstaunteren Richtern einen Vortrag über Dinge halten lassen, von denen ihre ›Schulweisheit‹ niemals etwas geträumt hatte.

Es ist sicher nicht zufällig, daß diese überraschend modern klingenden Erörterungen am Ende meines Berichtszeitraumes erscheinen. Sie können als ein Beispiel für ein sich wandelndes Selbstverständnis einiger Gerichtsberichterstatter gedeutet werden.

9. Schluß

Die Ergebnisse des inzwischen fast zehn Jahre alten Buchs von Winfried Schulz *Die Konstruktion von Realität in den Nachrichtenmedien* sollte zur Vorsicht mahnen, überhaupt von Massenmedien die Rekonstruktion einer medienfremden Wirklichkeit zu erwarten, konkret also von Gerichtsberichten die Vermittlung einer Rechtswirklichkeit zu fordern, was immer das sein mag.

Medientexte unterliegen anderen Produktionsbedingungen als die ›Ereignisproduktion‹ in der außermedialen Wirklichkeit: In der Zeitung erscheint, was von ihr erreicht und ausgewählt wird – und was hineinpaßt. Wichtigkeit ist dabei ein Begriff der viel Nähe zur Zufälligkeit haben kann.

Medientexte haben auch ihre eigenen Rezeptionsbedingungen, für die von den Autoren Potentiale bereitgestellt werden. Die in den Gerichtsberichten aufgezeigte informative Themenentfaltung verweist auf ein Informationsbedürfnis, die argumentative auf ein staatspolitisches Legitimationsbedürfnis, die narrative auf Unterhaltungsforderungen der Leser.[45]

Die Wirkung von Medientexten entfaltet sich in der jeweiligen historisch-sozialen Welt ihrer Leser. Aber auch die Gerichtsberichte in überregionalen Tageszeitungen von 1850–1890 sind keine Substitute einer Rechtswirklichkeit dieser Zeit, sondern konstituieren zunächst einmal eine Zeitungswelt.

---

[45] Ein Leserbrief im *Hamburger Abendblatt* vom 5. 11. 1985 lobt die Gerichtsberichte dieser Zeitung so: »Sie zeichnen sich durch korrekte Berichterstattung, großen Sachverstand, Unvoreingenommenheit und eine gute Portion Humor und manchmal auch Spott aus. Eine Lektüre, die in ziemlich idealer Mischung Information und Unterhaltung bringt.«

Literaturverzeichnis

Peter-Paul Alber: Die Geschichte der Öffentlichkeit im deutschen Strafverfahren. (Schriften zum Strafrecht 21) Berlin: Duncker u. Humblot 1974.

Ernst Baasch: Geschichte des Hamburgischen Zeitungswesens von den Anfängen bis 1914. Hamburg: Friederichsen u. a. 1930.

Klaus Brinker: Linguistische Textanalyse. Eine Einführung in Grundbegriffe und Methoden. (Grundlagen der Germanistik 29) Berlin: Schmidt 1985.

Ders.: Textfunktionen. Ansätze zu ihrer Beschreibung. In: Zeitschrift f. Germ. Linguistik 11 (1983), S. 127–148.

Teun A. van Dijk: Textwissenschaft. Eine interdisziplinäre Einführung. Deutsche Übersetzung von Christoph Sauer. München: dtv 1980.

Emil Dovifat: Zeitungslehre I und II. 2 Bde. 6. neubearb. Aufl. von Jürgen Wilke. Berlin u. New York: de Gruyter 1976.

Rolf Engelsing: Massenpublikum und Journalistentum im 19. Jahrhundert in Nordwestdeutschland. Berlin: Duncker u. Humblot 1966.

Thomas Feltes: Kriminalberichterstattung in der Tagespresse. Eine Analyse von Tageszeitungen des Frankfurter Raumes. (Arbeitsbericht aus dem Seminar für Jugendrecht und Jugendhilfe der Universität Hamburg, H. 3) Hamburg 1980.

Jörg Hennig u. Lutz Huth: Kommunikation als Problem der Linguistik. Eine Einführung. Göttingen: Vandenhoeck u. Ruprecht 1975 (= Kl. Vandenhoeck-Reihe 1406).

Walter Holiczki: Die Entwicklung der Gerichtsberichterstattung in der Wiener Tagespresse von 1848 bis zur Jahrhundertwende. Diss. Wien: Notring der wissenschaftlichen Gesellschaften Österreichs 1972.

Helmut Kerscher: Gerichtsberichterstattung und Persönlichkeitsschutz. Eine empirisch-rechtspolitische Studie über Entstehung und Wirkung identifizierender Gerichtsberichterstattung. Diss. (Jura II) Hamburg 1982.

Walther von La Roche: Einführung in den praktischen Journalismus. 7. bearb. Aufl. München: List 1983.

Norbert Mahlich: Freiheit und Schranken der Gerichtsberichterstattung in Strafsachen. Diss. Freiburg/Br. 1935.

Gerhard Muser: Statistische Untersuchungen über die Zeitungen Deutschlands 1885–1914. Leipzig: Reinicke 1918.

Uta M. Quasthoff: Erzählen in Gesprächen. Linguistische Untersuchungen zu Strukturen und Funktionen am Beispiel einer Kommunikationsform des Alltags. (Kommunikation und Institution 1) Tübingen: Narr 1980.

Eckart Klaus Roloff: Journalistische Textgattungen. München: Oldenbourg 1982.

Klaus Schönbach: Trennung von Nachricht und Meinung. Empirische Untersuchung eines journalistischen Qualitätskriteriums. Freiburg u. München: Alber 1977.

Winfried Schulz: Die Konstruktion von Realität in den Nachrichtenmedien. Eine Analyse der aktuellen Berichterstattung. München: Alber 1976.

Bettina Schwacke: Kriminalitätsdarstellung in der Presse. Frankfurt/M. u. a.: Lang 1980.

Christian Siegel: Die Reportage. (Sammlung Metzler 164) Stuttgart: Metzler 1980.

Erich Straßner: Sprache in Massenmedien – Ein Forschungsüberblick. In: Semiotik und Massenmedien. Hg. von Günter Bentele. München: Ölschläger 1981, S. 57–74.

Stephen Toulmin: Der Gebrauch von Argumenten. Aus dem Englischen übersetzt von Ulrich Berk. Kronberg/Ts.: Scriptor 1975.

Klaus Marxen

Zum Verhältnis von Strafrecht und Gerichtsberichterstattung in der zweiten Hälfte des 19. Jahrhunderts*

1. Einführung

Meine Absicht ist es, das in die Diskussion über Literatur und Kriminalität bereits eingeführte Thema ›Verfachlichung des Strafrechts im 19. Jahrhundert‹[1] an einem bestimmten Punkt aufzunehmen und fortzuführen.

Die Verfachlichung des Strafrechts im 19. Jahrhundert ist bisher vorwiegend auf der Grundlage der Frage erörtert worden: Welche Auswahl trifft das Strafrecht, welche Auswahl trifft die Literatur aus der Gesamtmenge der Gegenstände, die für die Darstellung von Kriminalität und Strafverfolgung bedeutsam sein können? Diese bereits ausgiebig diskutierte Frage[2] möchte ich überspringen und die nächste Station im Darstellungsprozeß betrachten: Wie bereitet das Strafrecht, wie bereitet die Literatur den ausgewählten Stoff auf?

In dieser Frage stecken viele Einzelthemen. Nur eines davon will ich behandeln, und zwar ein allgemeineres: Welche Methode des Aufbereitens verwendet das Strafrecht, welche Methode des Aufbereitens verwenden nicht-fachliche, insbesondere literarische Darstellungen?

Zur Verdeutlichung eine andere Formulierung: Nach welchem Prinzip legen sich Strafrecht und Literatur den ausgewählten Stoff zurecht? Wie ordnen sie ihn?

Eine weitere Eingrenzung ergibt sich aus der Beschränkung auf die Gerichtsberichterstattung, die teilweise literarische Verfahren benutzt und ihre ›erzählte Kriminalität‹ nach Mustern der Literatur anlegt. Für diese Auswahl spricht: Praktiziertes Strafrecht und literarische Kriminalitätsverarbeitung treffen hier ganz unmittelbar aufeinander.

In einem ersten Schritt will ich das Darstellungsprinzip beschreiben, mit dessen Hilfe das Strafrecht in der zweiten Hälfte des 19. Jahrhunderts den ausgewählten Stoff ordnet, und ich will vergleichend das Ordnungsprinzip der Gerichtsberichterstattung dieser Zeit beschreiben.

---

* Der Text gibt mit geringfügigen Änderungen den Kurzvortrag wieder, den ich im Rahmen des Kolloquiums »Literatur und Kriminalität« (10.–12. 4. 1985) in Hamburg gehalten habe.

1 Schönert (Hg.): Literatur und Kriminalität, S. 51ff.

2 Ebd. – Vgl. auch in diesem Band S. 635–650.

2. Das strafrechtliche Darstellungsprinzip der Trennung

Das Strafrecht des 19. Jahrhunderts übernimmt ein Ordnungsprinzip aus der Rechtsepoche davor, baut es aus und treibt es schließlich – in der zweiten Jahrhunderthälfte – auf die Spitze: das Prinzip der Trennung.[3] Das Trennungsprinzip wird mit unterschiedlichen, auch unterschiedlich feinen Kriterien gehandhabt, die gleich noch zu nennen sind. Gemeinsam ist diesen unterschiedlichen Handhabungsformen aber die Abwehr einer ganzheitlichen Betrachtung[4] strafrechtlich relevanter Vorgänge.

Übernommen wird im 19. Jahrhundert aus der Tradition des Inquisitionsverfahrens die Trennung von Tat und Täter. Die Trennung hatte sich in der Struktur dieses Verfahrens abgebildet:[5] In einem ersten Abschnitt war durch Untersuchungen zum corpus delicti festgestellt worden, ob überhaupt eine Tat vorlag. Erst in einem zweiten Abschnitt war diese Tat mit einer bestimmten Person in Verbindung gebracht worden.

Auch für die Zusammenführung von Tat und Täter wird im 19. Jahrhundert eine traditionelle Unterteilung übernommen. Sie entstammt einer philosophisch orientierten Rechtstradition, der Imputationslehre.[6] Unterschieden wird zwischen einer mehr objektiv ausgerichteten Zurechnung nach Kausalitätsgesichtspunkten – imputatio facti – und einer stärker subjektiv ausgerichteten Zurechnung nach Schuldgesichtspunkten – imputatio iuris.

Diese Unterteilungen werden in der zweiten Hälfte des 19. Jahrhunderts verfeinert und zu einem geschlossenen System zusammengestellt.[7] Dieses sog. Straftatsystem[8] gibt für die Fallbeurteilung die folgenden scharf zu trennenden Prüfungsschritte vor. In einem ersten Schritt ist die Tatbestandsmäßigkeit zu prüfen. Das heißt: Das rein äußere Handlungsgeschehen wird – noch ohne Wertung – mit der äußeren Handlungsbeschreibung der gesetzlichen Verbotsnorm verglichen. Danach – zweiter Schritt – ist die Rechtswidrigkeit zu untersuchen. Auf dieser Ebene kommt es zu einer rechtlichen Bewertung, namentlich unter Berücksichtigung sog. Rechtfertigungsgründe wie Notwehr; die Bewertung beschränkt sich jedoch immer noch auf objektive Gesichtspunkte. Erst der dritte Prüfungsschritt erfaßt

---

[3] In moderner Wissenschaftssprache müßte es ›Analyse‹ statt ›Trennung‹ heißen. Doch das könnte zu dem Mißverständnis führen, es gehe bloß um die Erfassung eines Objekts, nicht aber um eine Anleitung zum praktischen Handeln.

[4] Auch hier wird auf den sich anbietenden wissenschaftlichen Begriff ›Synthese‹ verzichtet; vgl. Anm. 3. – Es könnte jedoch sein, daß nicht vollständig klar ist, was unter ganzheitlicher Betrachtung zu verstehen ist. Zur Erläuterung: Gemeint ist die spontane, ungefilterte, unabgeschichtete Beurteilung eines Gegenstandes.

[5] Vgl. Rüping: Strafrechtsgeschichte, S. 46; Schmidt: Strafrechtspflege, S. 195ff.

[6] Vgl. Jescheck: Strafrecht Allgemeiner Teil, S. 180; H. Mayer: Strafrecht Allgemeiner Teil, S. 104.

[7] Zusammenfassende Darstellungen sind: Jescheck: Strafrecht Allgemeiner Teil, S. 181ff.; Schmidhäuser: Strafrecht Allgemeiner Teil, S. 160ff.

[8] Deutlichste Ausformulierung dieses Systems bei Beling: Die Lehre vom Verbrechen.

die Vorgänge im Täterinneren. Mit dem Merkmal der Schuld wird die subjektive Beziehung des Täters zur rechtswidrigen Tat festgestellt.

Das Straftatsystem ist, nochmals gesagt, ein Produkt der zweiten Hälfte des 19. Jahrhunderts. Es ist ein Produkt des juristischen Trennungsdenkens. Einige Trennungen sind ihm bereits vorgelagert. Vorausgesetzt für die Anwendung des Straftatsystems wird Gewißheit über den Sachverhalt. Verdachtsbildung und Verdachtsprüfung gehören einer anderen juristischen Welt an. Damit hängt zusammen, daß das 19. Jahrhundert scharf zwischen materiellem Strafrecht und Strafprozeßrecht trennt. Schließlich beruht das Straftatsystem auf einer Trennung von Recht und Moral sowie von Recht und Politik. Seine Aufgabe besteht darin, als Mittel des Rechts moralische und politische Erwägungen auszuschließen.[9]

Und dann ist das System selbst von scharfen Trennungen durchzogen, von der Trennung zwischen Tat und Täter, zwischen objektiv und subjektiv, zwischen Fakten und Normen, zwischen Beschreibung und Bewertung.

Diese Trennungen sind am deutlichsten ausformuliert in Texten der Strafrechtswissenschaft.[10] Doch finden sie sich, wenn auch in schwächerer Form, ebenfalls in der Strafrechtspraxis.[11] So empfiehlt die praxisorientierte Literatur, die zur Bearbeitung strafrechtlicher Fälle anleitet, nachdrücklich die »Separationsmethode«.[12]

3. Die ganzheitliche Darstellung als Prinzip der Gerichtsberichterstattung

Ich wende mich – noch innerhalb meines ersten Schrittes – der Beschreibung der Aufbereitungsmethode der Gerichtsberichterstattung zu. Um es vorwegzunehmen: In der zweiten Hälfte des 19. Jahrhunderts zeigen sich immer stärker werdende Tendenzen zu einer ganzheitlichen Aufbereitungsmethode. Zunächst noch vorhandene Trennungen werden immer weiter abgebaut. Im einzelnen:[13]

Die vorgeführten fachlich-juristischen Kategorien des Straftatsystems sind in der Gerichtsberichterstattung jener Zeit nicht aufzufinden.

---

[9] Das hat zur Einordnung dieser Lehre als »positivistisch«geführt. Die Einordnung kann mißverstanden werden, weil sie nur geeignet ist, die verwendeten Mittel zu kennzeichnen, nicht aber den angestrebten Zweck, in diesem Fall die Gewährleistung von Rechtssicherheit; vgl. Jescheck: Strafrecht Allgemeiner Teil, S. 182.

[10] Neben Beling (vgl. Anm. 8) ist vor allem noch zu nennen v. Liszt: Lehrbuch des Deutschen Strafrechts.

[11] Vgl. vom Verf.: Straftatsystem und Strafprozeß, S. 86ff.

[12] Martin: Anleitung zu dem Referiren über Rechtssachen, insbes. S. 48.

[13] Die Geschichte der Gerichtsberichterstattung ist noch ungenügend erforscht. Die folgenden Ausführungen können sich im wesentlichen nur stützen auf: Holiczki: Die Entwicklung der Gerichtsberichterstattung in der Wiener Tagespresse von 1848 bis zur Jahrhundertwende.

Doch wird immerhin das Gesamtmaterial, das über die Wiedergabe der juristischen Fallbehandlung ja hinausgeht, anfangs noch nach Trennungsgesichtspunkten präsentiert. Die Gerichtsberichterstattung trennt in der Anfangsphase, also in den 50er und 60er Jahren, deutlich zwischen Bericht und Räsonnement. Das ist die Zeit des stenographischen Berichts, der umfangreich und – deutlich geschieden von Kommentierungen im Leitartikel oder im Feuilleton – den Prozeß dokumentiert. Gegen Ende des Jahrhunderts wird der stenographische Bericht immer seltener eingesetzt. Umständliche Passagen werden zusammengefaßt, schwer verständliche Teile leichter lesbar gemacht. Einführungen und Schlußbetrachtungen sorgen für mehr Atmosphäre. Sie nehmen schließlich auch das vorher getrennt gehaltene rechtliche, politische und moralische Räsonnement auf. Die unmittelbare Wiedergabe der juristischen Fallbehandlung schrumpft zum gelegentlichen Zitat. Der strafrechtliche Fall wird zum Anlaß, zum bloßen Anlaß einer eigenständigen Kriminalgeschichte, die die Grenze zwischen Bericht, Räsonnement und ›Dichtung‹ nicht mehr erkennen läßt.

Letzte Trennungen, die sich notgedrungen daraus ergeben, daß Worte nacheinander geschrieben und nacheinander gelesen werden, fallen mit der Illustration des Gerichtsberichts. Seit etwa 1870 werden Gerichtsberichten Zeichnungen, später Photographien beigegeben. Mit der Entwicklung zur Boulevardpresse gegen Ende des Jahrhunderts[14] verschiebt sich im Verhältnis von Wort und Bild das Gewicht zugunsten des Bildes. Das Bild aber ist die Idealform ganzheitlicher Aufbereitung und drängt zu spontaner, ungefilterter Rezeption.

4. Zur Interpretation: Die Verfachlichung im Bereich des Strafrechts und der Publizistik

Wie erklärt sich der wachsende Abstand zwischen der juristischen und der publizistischen Aufbereitungsmethode, zwischen Separation und Ganzheitsbetrachtung? – Ich will einige Interpretationsgesichtspunkte nennen, die mit dem Stichwort ›Verfachlichung‹ zusammenhängen.

Was sich aus juristischer Sicht wie eine Entfachlichung der Gerichtsberichterstattung ausnimmt, kann aus publizistischer Sicht wiederum als Verfachlichung gedeutet werden. Die ständige Gerichtsberichterstattung entsteht ja zugleich mit der Tagespresse erst in der Mitte des 19. Jahrhunderts.[15] Und erst mit der Konsolidierung und Ausweitung der Tagespresse bildet sich ein journalistisches Gewerbe aus,[16] das dann immer stärker den Stil auch der Gerichtsberichterstattung bestimmt.

Doch welches sind die inneren Gründe der beiderseitigen Verfachlichung? Ant-

---

[14] Koszyk: Deutsche Presse im 19. Jahrhundert, S. 267ff.

[15] Vgl. zur Entwicklung der Sparten im Zeitungswesen: Koszyk: Deutsche Presse im 19. Jahrhundert, S. 215ff.

[16] Ebd. S. 218ff.; Groth: Die unerkannte Kulturmacht. Bd. 4, S. 186ff.

worten kann man auf zwei Ebenen suchen, auf der Ebene des Ideals und der Ebene der Wirklichkeit. Ich nehme mir die wissenschaftstheoretische Freiheit, in diesem Zusammenhang auch von höheren und niederen Zwecken zu sprechen.

Das fachlich-juristische Trennungsdenken dient, so wird gesagt, dem höheren Zweck der Rechtssicherheit:[17] Niemand soll uno actu zum Verbrecher gestempelt werden.

Die fachlich-journalistische Ganzheitsbetrachtung dient, so könnte man nun ebenfalls sagen, dem höheren Zweck »poetischer Gerechtigkeit«:[18] Menschliches Handeln läßt sich nur jenseits aller Trennungen wirklich verstehen und darstellen.

Als ein niederer Zweck fachlich-juristischer Trennungen ist die Verwaltungsökonomie zu nennen. Die Trennungskategorien liefern »Schablonen«,[19] mit denen unaufwendig viele Fälle rasch und sicher bewältigt werden können. Der Staat des ausgehenden 19. Jahrhunderts, der immer stärker – auch mit den Mitteln des Rechts – in gesellschaftliche Vorgänge hineinregierte,[20] hatte einen großen verwaltungsökonomischen Bedarf.

Die fachlich-journalistische Ganzheitsbetrachtung paßt sich zum einen dem niederen Zweck betriebswirtschaftlicher Ökonomie an. Sie übernimmt in der Gerichtsberichterstattung die filterlose Perspektive der Gesellschaft und fördert damit den Absatz des Produkts ›Zeitung‹. Das entspricht der Entwicklung zur Geschäftspresse in der zweiten Hälfte des 19. Jahrhunderts:[21] Der redaktionelle Teil übernahm immer mehr die Aufgabe, für den Absatz des Anzeigenteils zu sorgen. – Hinzu kommt eine Anpassung an politische Zwecke. Die Ganzheitsbetrachtung macht die Gerichtsberichterstattung für politische Zwecke verfügbar. Und so beseitigte insbesondere die aufkommende Parteienpresse der zweiten Jahrhunderthälfte die Trennung zwischen Bericht und Räsonnement in der Gerichtsberichterstattung.[22]

Damit will ich die Aufzählung von Interpretationsgesichtspunkten beenden. Eine gründliche Interpretation würde wahrscheinlich auf beiden Seiten – wie so oft – eine Mischung von höheren und niederen Zwecken feststellen.

5. Schlußbemerkung

Das aufgezeigte Interpretationsproblem ist nicht allein theoretisch interessant, sondern auch praktisch bedeutsam. Die Interpretationsmöglichkeiten zwischen höheren und niederen Zwecken können die Gestalt praktischer Argumente an-

[17] Vgl. die Zusammenstellung entsprechender Äußerungen in: Verf.: Straftatsystem und Strafprozeß, S. 14.
[18] Naucke: Verfachlichung, S. 65.
[19] Den Begriff benutzt bereits Beling: Die Lehre vom Verbrechen, S. 322.
[20] Vgl. Wieacker: Industriegesellschaft und Privatrechtsordnung; Hattenhauer: Grundlagen des deutschen Rechts, S. 153ff.
[21] Koszyk: Deutsche Presse im 19. Jahrhundert, S. 270ff.
[22] Holiczki: Gerichtsberichterstattung, S. 128ff. u. S. 162; vgl. zur Entwicklung der Parteipresse: Koszyk: Deutsche Presse im 19. Jahrhundert, S. 127ff.

nehmen. Das geschieht, wenn es um die Lösung von Rechtsproblemen geht, die sich daraus ergeben, daß das Monopol staatlicher Strafgewalt in gewissen Grenzen auch ein Darstellungsmonopol bedingt. Diese Konsequenz des Gewaltmonopols ist durch die Entstehung einer gesellschaftlich wirksamen Gerichtsberichterstattung in der zweiten Hälfte des 19. Jahrhunderts sichtbar geworden. Die praktischen juristischen Probleme sind bis heute nicht gelöst.[23]

Literaturverzeichnis

Ernst Beling: Die Lehre vom Verbrechen. Tübingen: Mohr (Siebeck) 1906.
Otto Groth: Die unerkannte Kulturmacht. Bd. 4. Berlin: de Gruyter 1962.
Winfried Hassemer: Vorverurteilung durch die Medien? In: Neue Juristische Wochenschrift 38 (1985), S. 1921–1929.
Hans Hattenhauer: Die geistesgeschichtlichen Grundlagen des deutschen Rechts. 3. Aufl. Heidelberg: C. F. Müller 1983 (= UTB 1042).
Walter Holiczki: Die Entwicklung der Gerichtsberichterstattung in der Wiener Tagespresse von 1848 bis zur Jahrhundertwende. Wien: Notring 1972.
Hans-Heinrich Jescheck: Lehrbuch des Strafrechts. Allgemeiner Teil. 4. Aufl. Berlin: Duncker u. Humblot 1988.
Kurt Koszyk: Deutsche Presse im 19. Jahrhundert. Geschichte der deutschen Presse. Teil II. Berlin: Colloquium 1966.
Franz v. Liszt: Das deutsche Reichsstrafrecht. 1. Aufl. Berlin u. Leipzig: Guttentag 1881.
Ders.: Lehrbuch des deutschen Strafrechts. 21./22. Aufl. Berlin u. Leipzig: de Gruyter 1919.
Christoph Martin: Anleitung zu dem Referiren über Rechtssachen. 2. Aufl. Göttingen: Schneider 1819.
Klaus Marxen: Straftatsystem und Strafprozeß. Berlin: Duncker u. Humblot 1984.
Hellmuth Mayer: Strafrecht Allgemeiner Teil. Stuttgart u. a.: Kohlhammer 1967.
Wolfgang Naucke: ›Verfachlichung‹ des Strafrechts im 19. Jahrhundert. Probleme des Verhältnisses der Geschichte der literarischen Verbrechensdarstellung zur Strafrechtsgeschichte im 19. Jahrhundert. In: Literatur und Kriminalität. Hg. von Jörg Schönert. Tübingen: Niemeyer 1983, S. 55–66.
Hinrich Rüping: Grundriß der Strafrechtsgeschichte. München: Beck 1981.
Eberhard Schmidt: Einführung in die Geschichte der deutschen Strafrechtspflege. 3. Aufl. Göttingen: Vandenhoeck u. Ruprecht 1965.
Jörg Schönert (Hg.): Literatur und Kriminalität. Tübingen: Niemeyer 1983.
Franz Wieacker: Industriegesellschaft und Privatrechtsordnung. Frankfurt/M.: Athenäum 1974.

[23] Eine aktuelle Problemübersicht bei Hassemer: Vorverurteilung durch Medien? S. 1921ff.

Konstantin Imm

Der Fall Chorinsky/Ebergenyi: Der Weg vom Geschehen zu den Geschichten

1. Gegenstand und Verfahren

Diese Studie will am historischen Beispiel zeigen, wie sich die sprachliche Vermittlung juristischen Fachwissens mit nicht-fachlichem Alltagswissen in der ›Veröffentlichung‹ eines Kriminalfalles niederschlägt und welcher narrativen Operationen und Strategien sich die verschiedenen Kommunikationswege bedienen, um Geschehen als Geschichte festzuschreiben. Als Exempel wählen wir einen Fall, der Ende Juni 1868 vor dem Schwurgerichtshof in München verhandelt und von der Presse als Sensation ausgeschlachtet wurde. Der Schluß der Anklageschrift umreißt den Verhandlungsgegenstand:

> Demgemäß ist Gustav Graf von Chorinsky, Freiherr von Ledske, früher Oberlieutenant im k.k. österr. 12. Inf.-Regiment, angeklagt des mit Todesstrafe bedrohten Verbrechens der Theilnahme an dem durch Julie Ebergenyi von Telekes am 21. Novbr. d.J. an seiner Gattin Mathilde von Chorinsky-Ledske verübten Verbrechens des Mordes.[1]

Der Prozeß erregte zu seiner Zeit zwar sehr großes Aufsehen in der Öffentlichkeit, seine Problematik wurde jedoch weder in der juristischen Fachdiskussion aufgegriffen, noch versprachen offenbar die Umstände der Verbrechensgenese, der Tat und der Detektion Erfolg für eine selbständige belletristische Adaption. Nachdem auch die Akten – mit Ausnahme des knappen Urteils-Protokolls[2] – verschollen sind, bleiben uns zur Rekonstruktion des Prozesses vorerst lediglich die zeitgenössischen Darstellungen für eine nicht juristisch gebildete Öffentlichkeit, die auch das größte Interesse am Geschehen vor Gericht hatte. Es ist nicht zuletzt diese besondere Quellenlage, die den Prozeß gegen Chorinsky als Testfall prädestiniert, um den ›Grenzverkehr‹ zwischen dem referentiellen Erzählen in gesellschaftlichen Institutionen und institutionalisierter erzählerischer Fiktion zu diskutieren. Unser Gegenstand ist das Zusammenspiel zwischen der Eindeutigkeit des juristischen Urteils (den Prozeß seiner Findung eingeschlossen), das Anschlußhandlungen ermöglicht, und der Darstellung in den verschiedenen Presse-Organen, die mit ihren ›Geschichten‹ für die Teilnahme der Öffentlichkeit an dem

---

[1] Süddeutsche Presse, 12. 6. 1868. Die *Süddeutsche Presse* wird auf den folgenden Seiten öfters zitiert. Alle Zitate stammen aus den Ausgaben vom 9. bis 17. 6. 1868 und vom 23. 6. bis 28. 6. 1868.

[2] Das Protokoll wird im Staatsarchiv München aufbewahrt. Ich danke an dieser Stelle für die Gelegenheit der Einsicht. Weitere Unterlagen zu Ebergenyi-Chorinsky gibt es laut schriftlicher Auskunft des Österreichischen Justizministeriums weder in München noch in Wien.

Geschehen des Kriminalfalles stehen. Damit ändert sich das Untersuchungsinteresse etwa gegenüber der beispielhaften Quellendokumentation eines vergleichbaren Falles, die nachverfolgt, welche qualitativen und quantitativen Veränderungen die Geschichte eines Prozesses erfuhr, bis sie als Fall in den *Neuen Pitaval* aufgenommen wurde.[3] Werden dort die schriftlichen Spuren vom Ereignis zur paraliterarischen Darstellung verfolgt, so soll hier der Versuch unternommen werden, die unterschiedlichen Berichte und Erzählungen als wesentliche Momente einer größeren narrativen Geschehenseinheit zu begreifen, die sich von den Tatumständen bis hin zu ihrer Verhandlung und Beurteilung in verschiedene gesellschaftliche Handlungsbereiche erstreckt. Dieser Versuch bewegt sich in dem Spektrum medialer Orte, das von Schönert und Linder für die Darstellung von Kriminalität zwischen 1850 und 1880 umrissen wurde. So ist die Untersuchung des Falles dadurch geleitet, daß sich Darstellungen nur in wenig spezialisierten, aber auch nicht in überregionalen Publikationsorten finden, nicht in Fachmedien und auch nicht in offenkundig fiktionalisierenden Medien.[4] Aufgrund dieser besonderen Quellenlage befinden wir uns methodisch in der Nachbarschaft eines fiktiven Kollegen aus unserem Gegenstandsbereich: So wie Edgar Allan Poe seinen frühen Meisterdetektiv Dupin *Das Geheimnis um Marie Rôgets Tod* (1844) einzig und allein durch genaue Lektüre der Presseberichte lösen läßt, so stützt sich auch unsere Arbeit ausschließlich auf Veröffentlichungen, die jedem zeitgenössischen Interessenten am Fall Chorinsky zugänglich waren.

2. Vor Gericht: Anklage gegen Aussage

Bevor am 22. Juni 1868 die Hauptverhandlung gegen Gustav Chorinsky in München begann, gelangte die Anklageschrift durch Indiskretion an die Öffentlichkeit. Diesem Zufall verdanken wir es, daß sie heute noch verfügbar ist, denn die *Süddeutsche Presse* publizierte den Wortlaut ohne weiteren Kommentar in Fortsetzungen vom 9. bis zum 17. Juni. Uns liegt damit ein Beispiel einer nicht-literarischen, professionellen ›Erzählung‹ vor, die durch die Vorveröffentlichung in einem anderen als dem intendierten Kommunikationssystem dem nicht-professionellen Interesse zur Verfügung steht. Durch den vorzeitigen Übergang der Anklageschrift aus dem Interaktionsfeld der Justiz in die Publizistik wird dort aus dem Text einer festgelegten juristischen Argumentation eine unspezifische Erzählung eines Kriminalfalles. Die institutionellen Regelungen sind dem Text weiterhin

---

[3] Linder u. Schönert: Christiane Ruthardt.

[4] Linder u. Schönert: Verständigung über ›Kriminalität‹. Linder und Schönert geben als mediale Orte der Verbrechensdarstellung an: Tages- und Wochenzeitungen; Zeitungen und Zeitschriften für Gerichtsberichterstattung; populäre Fallsammlungen nach dem Pitaval-Muster; Zeitschriften für Strafrechtspraxis, die sich auch an interessierte Nicht-Juristen wenden; Juristische Fachzeitschriften; Fachzeitschriften als Übungsmaterial zur juristischen Ausbildung; Familienzeitschriften und Unterhaltungsblätter; Serien und Reihen; Buchveröffentlichungen; Kolportageliteratur.

›eingeschrieben‹, doch wird die juristische Regelung im veränderten Kontext nicht als primäre Rezeptionslenkung erkannt; es werden andere Sinn- und Ordnungslinien (z. B. der Sensation) angelegt.

Betrachten wir zunächst die narrative Konzeption der Anklageschrift und lassen uns so gemeinsam mit den Lesern der *Süddeutschen Presse* in die Vorgeschichte des Prozesses einführen.

(a) Die Erzählung des Staatsanwalts setzt beim Opfer ein, das unter dem Namen einer Baronin von Ledske ihr bescheidenes und zurückgezogenes Leben in einem Münchner Untermietszimmer führt. Ende November 1867 erhält sie den Besuch einer unbekannten Dame, nach welchem sie nicht mehr lebend gesehen wird. Als das Zimmer der Baronin zwei Tage später geöffnet wird, bietet sich das folgende Bild:

> Zwischen Tisch und Sopha lag längs dem letzteren und wie von ihm hinabgesunken, den Kopf auf dessen Rand, ihre Leiche, mit den Zeichen des schon länger eingetretenen Todes. Spuren äußerer Gewalt waren nicht zu bemerken, aus dem Munde aber hatte sich Blut ergossen.

Die Obduktion weist auf Vergiftung durch Blausäure hin, und der Verdacht fällt auf die fremde Besucherin, die kurz nach der Tatzeit München verlassen hat.

(b) Die Darstellung offenbart nun die wahre Identität des Opfers als Gräfin Mathilde Chorinsky-Ledske, geht ausführlich auf die verworrene militärische Karriere ihres Ehemannes Gustav ein und beschreibt in Episoden die fortschreitende Verschlechterung des ehelichen Verhältnisses. Ein Beispiel:

> Nach einem höchst eigenthümlichen, von ihm am 1. August 1861 zu Heidelberg seiner Frau ausgestellten Revers, worin er sich verpflichtet sie nicht zu schlagen, kneipen und schimpfen, scheint er sich mitunter bis zur Mißhandlung seines Weibes vergessen zu haben.

Die Anklage folgert von solchen Ereignissen auf extrem entgegengesetzte Charakteranlagen der Eheleute und verzichtet dabei nicht auf überdeutliche Schwarz-Weiß-Malerei. Gustav Chorinsky versucht schließlich die Scheidung herbeizuführen, und zwar

> mit einer wahrhaft empörenden Rücksichtslosigkeit, Rohheit und Herzenshärte, die seine unglückselige Gattin um so tiefer verletzen mußte, da sie ihn nach ihren vorliegenden Briefen wahrhaft geliebt und an Bildung des Geistes und Gemüths, an Adel der Gesinnung und Feinheit der Empfindung weit überragt hat.

Resultat juristischer Regulierungen des Erzählstils ist es, daß aus der Anlage der Personenkonstellation die Tat mit Notwendigkeit folgt. Die narrative Regel der textimmanenten Stringenz, nach der sich referentielle Texte ebenso wie fiktionale richten, ist hier schon deutlich erkennbar.

(c) Nach diesem Einschub eines Teils der Vorgeschichte knüpft die Darstellung dort an, wo (a) endete, und erzählt, daß Chorinsky auf die Nachricht vom Tod seiner Frau hin aus Wien nach München kommt, wo er gleich durch seine Gefühlskälte auffällig wird. Ganz auf vorfachliche, alltagsweltliche Eindrücke gründet sich der Verdacht, der nun gegen den späteren Angeklagten entsteht:

Überhaupt verstärkte sein scheues, verlegenes Wesen, die ängstliche Art, wie er später bei einem Gange zur österreichischen Gesandschaft die des Weges kommenden Gendarmen betrachtete und sich angelegentlich um deren Dienstobliegenheiten erkundigte, den Blicken des Polizeidirektors auswich, diesen in seinem bereits gefaßten Verdachte: er machte ihm den Eindruck eines Schuldbewußten.

Als Chorinsky daraufhin verhaftet wird, findet man bei ihm mehrere Fotografien jener unbekannten Besucherin seiner Frau. Widerstrebend gibt er ihren Namen als Julie Ebergenyi an.

Sofort wurde telegraphisch deren Verhaftung gefordert, die denn auch noch am nämlichen Tage, den 26. November Abends, in Wien in ihrer Wohnung, wo sie in heiterster Unterhaltung mit ihrer Schwester Agathe, ihrer Gewohnheit gemäß Zigarren rauchend, getroffen wurde, zur Ausführung kam.

Immer deutlicher werden die narrativen – nicht argumentativen – Hinweise, die dem Leser die Schuld Gustavs und Julies plausibel machen: seine Unruhe und ihre Zigarren erfüllen gleicherweise diesen Zweck.

(d) An dieser Stelle der Erzählung wird der zweite Teil der Vorgeschichte eingefügt: Julies Biographie mit dem Schwerpunkt in ihrer Bekanntschaft mit Gustav. Wie deutlich auch weiterhin die Tatsachen schon auf das dramatische t e l o s hin ausgerichtet sind, das zeigt beispielhaft die folgende Textstelle:

Anfangs April machte sie in einem Familienzirkel die Bekanntschaft des Angeklagten, welche zu der so verhängnißvollen Katastrophe vom 21. November führen sollte. Schon am nächsten Tag besuchte er sie, und ohnehin freigiebig mit ihrer Gunst, hatte sie ihm bald nichts mehr zu gewähren.

Aus der Unmoral dieser Beziehung ergeben sich notwendig die Motive der Tat, wobei die Anklage schon Wert darauf legt, daß es sich um Motive für Chorinsky, nicht für Julie Ebergenyi handelt.

Der glühende Haß welchen der Graf gegen seine geschiedene [d. h. hier: von ihm getrennt lebende] Gattin hegte, und dessen Ausbrüche insbesondere in seinen Briefen mit empörender Rohheit hervortreten, bald einen geradezu kindischen Charakter annehmen, war durch seine neue Liebschaft, durch die Hindernisse, welche sein Ehebund seinen Plänen entgegensetzte, noch höher entflammt, und konnte einen äußersten Entschluß nur erleichtern und fördern. Der Tod der Gräfin machte auch die Kaution von 12000 fl. frei, deren Interessen sie bezog.

Der Erzähler – juristisch ausgebildet und sprachlich nach den institutionellen Regeln handelnd – rekonstruiert, daß Chorinsky Mordpläne schmiedete und die technischen Vorbereitungen zu deren Ausführung durch seine Geliebte traf. Genau an dieser Stelle der professionellen, nicht fiktionalen Erzählung wird das bisherige unfachlich-lebensweltliche Argumentationsniveau des Augenscheins umgeformt in die fachspezifisch juristische Tatbestandsrekonstruktion der Beihilfe zum Mord als narrative Notwendigkeit.

(e) Nachdem der zweite Einschub der Vorgeschichte also die Erzählhandlung bis hin zur kriminellen Tat fortgeschrieben hat, wird die Darstellung wieder chronologisch fortgesetzt mit dem Verhalten der beiden Angeklagten in der Untersuchungshaft. Beide sind erbärmlich ungeschickt, doch paßt diese Sicht nicht zum Relevanzpunkt der Erzählung, und so wird ihr Verhalten als besondere Perfidie interpretiert. Julie von Ebergenyi versucht zunächst, belastendes Briefmaterial verschwinden zu lassen, dann die Schuldbekenntnisse einer dritten Person zu fingieren; Chorinsky dagegen bittet seine Familie um ein gefälschtes Alibi für seine Freundin, ein anfängliches Schuldgeständnis nimmt er zurück. All dies ist der Anklage Material genug, um ihre sinnvolle Konsequenz zu ziehen, die sich nicht auf fachspezifische Einsichten zu stützen braucht:

> Indessen auch abgesehen von diesen Bekenntnissen spricht eine auf tägliche Erfahrung gestützte Vermuthung dafür, daß, wenn ein Mann und ein Weib gemeinsam zu einem solchen Verbrechen schreiten, die Anregung von den stärkeren, dem thatkräftigeren Theile ausgeht, sohin von dem Manne. Diese allgemeine Vermuthung wird hier durch die betheiligten Charakter zur Gewißheit erhoben.

Die Schrift endet dann mit der expliziten Anklage Chorinskys wegen Teilnahme an der Ermordung seiner Frau durch Julie Ebergenyi, die schon vorher in einem eigenen Prozeß in Wien verurteilt worden war.

Die wesentliche Distanz zwischen der realen kriminellen Tat und der narrativen Rekonstruktion wird in diesem Beispiel zunächst offenbar an der unterschiedlichen Reihenfolge der Handlungselemente. Während die professionelle Argumentation den dargestellten Ablauf a, b, c, d, e hat, stehen die realen Ereignisse in der Reihenfolge:

(b) Eheschließung und fortschreitende Verschlechterung des Verhältnisses Gustav Chorinskys zu Mathilde Chorinsky,
(d) Gustavs Bekanntschaft und Liebschaft mit Julie Ebergenyi,
(a) Planung und Ausführung der Tat,
(c) Gustavs verdächtiges Verhalten in München, die beiden Verhaftungen,
(e) die kläglichen Versuche der beiden Angeklagten, in der Untersuchungshaft ihre Unschuld zu belegen.

Verfolgt man diese tatsächliche – von der narrativen so wesentlich abweichende – Chronologie der Ereignisse, dann offenbart sich der Handlungscharakter des institutionell festgelegten Erzählaktes insofern, als die Formulierung der Anklageschrift das nächste Ereignis in der Geschehensabfolge ist. Die juristische Einordnung und Bewertung der Rekonstruktion hat also die narrative Funktion, die begonnene Geschichte sinnvoll abzuschließen. Aber nicht nur strukturell macht die ›Erzählung‹ der Anklageschrift die nachfolgende institutionelle Bewertung notwendig; sie versucht auch den Anschluß inhaltlich zu bestimmen: die Rekonstruktion der Tatumstände durch den Staatsanwalt hat die institutionell festgeschriebene Funktion, Chorinskys mutmaßliche Schuld als Gegenstand der Verhandlung zu belegen. Was an Fakten diesem Zweck dient, wird betont; was ihm zuwider laufen könnte, abgeschwächt. In dem funktionalen Rahmen zeigen sich sowohl die Handlungen der Strafverfolgung wie die Argumentationen der Anklageschrift entscheidend auf unspezifisches psychologisches Allgemeinwissen begründet: zur Verhaftung gibt das »scheue, verlegene Wesen« Chorinskys den Anstoß, und die Anklagebegründung gipfelt in der Vorstellung vom männlichen Part als dem »stärkeren, dem thatkräftigeren Theile«. Diese Handlungs- und Beurteilungsdevisen werden in der Argumentation zu Maßnahmen der narrativen Sinnbildung.

Damit ist der eigentliche Zweck der Erzählung lediglich formal benannt, nicht aber inhaltlich bestimmt. Auch das erzählend entwickelte Hauptargument der Verteidigung – der mit der Anklage konkurrierenden professionellen Instanz – setzt auf Allgemeinwissen; es führt freilich zu einer unterschiedlichen narrativen Sinnbildung. Im Schlußplädoyer der Verteidigung, das die Geschichte des Verbrechens aus einer anderen Sicht als die Anklageschrift erzählt, heißt es an entscheidender Stelle: »Das Gift ist laut Erfahrung die Waffe des Weibes, das spezifische Tödtungsmittel desselben.« Staatsanwalt und Verteidiger bieten in der Argumentation die gleichen vorgeblich anthropologischen Erfahrungswerte auf, um zwei einander widersprechende Geschichten aus den rekonstruierten Daten stringent abzuschließen. Könnte man dies noch als institutions-unabhängiges Phänomen ansehen, so treffen sich die konkurrierenden Erzähler aber erneut auf einer fachspezifischen Ebene, auf der sie die institutionellen Bedingungen ihrer Erzählungen reflektieren. Den Anlaß dazu bietet in der Verhandlung selbst der Umstand, daß die Anklageschrift in der *Süddeutschen Presse* vorveröffentlicht worden war. Wenn Ankläger und Verteidiger diese Tatsache bedauern, wird der besondere funktionale Handlungscharakter des Textes noch einmal deutlich als Bruch der Verfahrensautonomie, durch welchen eine nur auf Tatsachen beruhende Rechtsprechung infrage gestellt ist. Jenseits der fachlichen Einigkeit über gewisse formale Bedingungen findet die Verteidigung in der regelwidrigen Vermittlung der kontroversen Argumente jedoch einen produktiven Ansatz zur Fortschreibung der Geschichte in ihrem Sinne. Die *Süddeutsche Presse* gibt das Argument des Verteidigers wieder:

> Es sitze kein Mensch hier, der nicht schon im Vorhinein sein Verdikt über diesen seinen unglücklichen Klienten überall, im Kreise seiner Familie, Verwandten und Bekannten abgegeben habe. Er danke daher nochmals dem Hrn. Staatsanwalt daß er die HH. Geschworenen ermahnt habe, nur das auf sich einwirken zu lassen, was in diesem Saale vorgehe, und alles Vorausgegangene zu vergessen, so weit es dem menschlichen Geiste nur immer möglich sei.

Zum Zweck der Rekonstruktion einer e i n d e u t i g e n Geschichte sind die Beteiligten und ihre Parteien in den institutionellen Rahmen bestellt. Doch ist dort das Erzählen dieser Geschichte nur Mittel zu einem handfesten Zweck, durch den Auswahl und und Anordnung des Erzählten bestimmt werden. Die stringente und möglichst widerspruchs- und lückenlose Erzählung führt ja zur Abwendung bzw. Durchsetzung gesellschaftlicher Sanktionen; die jeweils erzählten Geschichten haben jenseits ihrer Beurteilung als geglückte oder mißlungene Erzählung primär

Folgen, die unter Umständen lebensverändernd sind. Bevor eine Erzählung zur Geschichte wird, so läßt sich hier unterscheiden, erfüllt sie als Sprachhandlung eine von ihrem Kommunikationszusammenhang vorbestimmte Aufgabe. Mit der Anklageschrift gegen Chorinsky liegt ein Beispiel narrativer Sinnkonstitution vor, das mit höchster professioneller Kompetenz seiner institutionellen Funktion gemäß konstruiert ist. Daran ändert weder die Tatsache der vorzeitigen Publikation etwas, noch die argumentative Inanspruchnahme vermeintlich anthropologisch erwiesener Daten aus dem unerschöpflichen Vorrat des Alltagswissens. Trotz der ausgiebigen Übernahme solcher fach-unspezifischen Grundlagen verteidigen beide institutionelle Parteien die autonome Fachlichkeit ihrer kontroversen Erzählungen der gleichen Ereignisse. Deutlich wird bei der Kontroverse wieder einmal die erzählerische Arbeit der Juristen, von der schon 1898 Hans Gross in seiner *Criminalpsychologie* sprach:

> Alles, was wir von einem Verbrechen hören oder lesen, ist in Worten ausgedrückt, und Alles, was wir durch das Auge oder ein anderes Sinneswerkzeug davon wahrnehmen, muß erst in Worte gekleidet werden, bis es für uns brauchbare Formen annimmt.[5]

Noch deutlicher wird die Bedeutung einer »brauchbaren Form« von Aussagen für den Prozeß, wenn Gross den Erzählstil intelligenterer Zeugen beschreibt: »Die bloßen Behauptungen und Andeutungen werden zu geordneten Wahrnehmungen, zu einer wirklichen Darstellung.« Diese Erzählungen repräsentieren dann die Geschichte, die es zu rekonstruieren gilt. An der Aussage des Angeklagten Chorinsky vor Gericht werden wir versuchsweise die institutionelle Bedeutung der narrativen Ordnung für die Referenzwirklichkeit des Erzählten beschreiben. Unsere Untersuchung stützt sich auch weiterhin auf die ausführlichste überlieferte Darstellung des Prozesses, die in der *Süddeutschen Presse*. Die Zeitung druckt die Aussage Chorinskys aber nicht vollständig und kommentarlos ab, wie dies mit der Anklageschrift der Fall war, sondern strukturiert und ergänzt ihrerseits das Geschehen vor Gericht in narrativer Weise. Diese Problematik wird später noch zur Sprache kommen; verfolgen wir zunächst das ›Erzählhandeln‹ des Angeklagten vor seinen Richtern.

Die Aussage Chorinskys wird unmittelbar veranlaßt von der Wiederholung der Beschuldigung durch den Vorsitzenden. Die Erzählaufforderung lautet:

> Präs.: Sie sind der Theilnahme an dem Morde welcher an ihrer Gattin Mathilde Chorinsky am 21. November dahier verübt wurde, beschuldigt, und zwar mittelst Theilnahme durch Anstiftung und Hilfeleistung.

Daraufhin leitet Chorinsky seine Aussage ein, indem er seine Erzählsituation reflektiert und dabei den funktionalen Charakter seiner Geschichte und seine eigene Zwangslage bezeichnet:

> Chor.: Was ich früher gesagt habe, bitte ich nicht so zu nehmen, als wenn ich es nur aus Bosheit gesagt, oder aus Bosheit nicht alles gesagt hätte, was zur Erklärung in dieser Sache dient; denn so lange ich die Ebergenyi in Wien vor Beendigung des Prozesses in dieser schrecklichen Lage gewußt habe, dachte ich mir, daß irgend ein Ausdruck von mir

---

[5] Gross: Criminalpsychologie, S. 380.

> ihr schaden könnte, und deshalb habe ich immer zurückgehalten und nichts gesagt; aber jetzt werde ich die Wahrheit sagen von dem Momente an, wo ich die verstorbene Mathilde Ruef kennen gelernt habe.

Die näheren Umstände der Bekanntschaft mit seiner zukünftigen Frau stellt Chorinsky so dar, daß damit schon die Motive für die spätere fortschreitende Abneigung angelegt sind. Er hält sich sehr streng an den vom Gericht vorgegebenen Relevanzpunkt seiner Erzählung, indem auch er zunächst nur diejenigen Daten mitteilt, die auf die Tat hinführen. Über diesen institutionellen Konsens hinaus verhält sich der Erzähler Chorinsky doch insofern strategisch sehr geschickt, als er die ganze Geschichte seiner Unschuld von Anfang an gegen die in der Anklageschrift erzählte Geschichte seiner Schuld aufbaut.

> Ich bin im Jahr 1858 von Agram nach Linz in Garnison gekommen und bemerkte dort nach einiger Zeit im Theater von der Loge aus, daß mich eine Dame immer besonders ansah. Ich schaute auch hin, sie gefiehl mir so ziemlich; – kurz und gut hat man mir gesagt, daß diese Dame mit mir bekannt werden wolle. Ich machte deren Bekanntschaft auch bei einer dortigen Schauspielerin, bei welcher wir uns öfters trafen, weil mein damaliger Oberst es den Offizieren streng verboten hatte, sich mit Schauspielerinnen öffentlich zu zeigen. Bei einer solchen Gelegenheit war ein kleines Gelage mit Maitrank – welches Getränk ich nicht kannte, und da war es, wo ich in beiderseitigem etwas starken Rausche sie überredete, in einem Extrazimmer... (hier murmelt der überhaupt etwas schwer zu verstehende Chorinsky einige Worte, welche der Journalistenloge und dem Saale unverständlich bleiben.) Nur das ist mir erinnerlich, daß sie nicht Jungfer war.

Ebenso wie zuvor die Anklageschrift sinnbildende Elemente in die Erzählung aufnimmt – etwa mit dem Hinweis auf das unruhige Verhalten Chorinskys beim Anblick der Polizisten und auf die zigarrenrauchende Julie Ebergenyi – verfährt auch der nicht-professionelle Erzähler Chorinsky, indem er die Initiative seiner späteren Frau betont, den Alkoholrausch und die nicht mehr vorhandene Jungfernschaft. Bei dieser Strategie bleibt der Angeklagte auch weiterhin, wenn er die von Mathilde fingierten Voraussetzungen für die Eheschließung darstellt. Chorinskys Erzählung sucht ihre Überzeugungskraft im Hinweis auf die Täuschungen, deren Opfer der Erzähler, der angeschuldigte Täter war:

> Sie erzählte mir alle Familiengeheimnisse, sie wäre eine v. Ruef, ihre Familie sei in Württemberg und dort sehr angesehen; die Mutter sei eine Gräfin. Ich habe das alles geglaubt, auch meinen Eltern hat sie diese Angaben gemacht. Sie sagte ferner, sie habe Vermögen, das sie einem Freunde, einem gewissen Moritz Hirsch in Württemberg, der überhaupt alles von ihr in Verwaltung habe, gegeben; sie hat mich ferner gebeten, ihr Vorschüsse zu leisten; natürlich würde sie alles wieder bezahlen.

Und natürlich waren alle diese Angaben erlogen, können wir im Sinne des Erzählers ergänzen, der nun verstärkt die Auswirkungen des Liebesverhältnisses auf seine militärische Karriere hervorkehrt: »Sie brach dann ihren Kontrakt, verließ das Theater und ging nach München und Augsburg, was mir eine vierwöchige Arreststrafe zuzog«, erzählte er und kündigt damit einen Wechsel des narrativen Relevanzpunktes an. Von hier ab verläßt Chorinsky nämlich die institutionell geforderte unmittelbare Vorgeschichte der Tat und geht über zur Geschichte seiner Laufbahn, die sich von der Geschichte seiner Ehe abkoppelt. Diese erzählerische Abweichung gipfelt und endet in dem folgenden Passus, der einen wesentlichen Einschnitt in der Aussage darstellt:

> Ich bin auch gleich als ältester Hauptmann eingetreten, beritten worden und der General hat mir versichert, daß ich später in Österreich in meine frühere Charge eintreten könnte. Später kam ich nach Laibach, um 400 Mann päpstliche Truppen zu werben...
>
> Hier unterbrach der Präsident den Angeklagten mit der Bemerkung sich kürzer zu fassen, und nur das auf die verlebte Gräfin Bezügliche zu erzählen.

Deutlicher können die Operationen der Umsetzung von Geschehen in Geschichte, kann die »fiktive Verkürzung der Wirklichkeit« im Gerichtsverfahren,[6] die narrative Auswahl von Realitätsfragmenten nach einem vorgegebenen Relevanzpunkt kaum eingefordert werden. Der Eingriff des Präsidenten angesichts der individuellen strategischen Abweichung der Erzählung vom institutionellen ›plot‹ ändert die Erzählstruktur der Aussage Chorinskys radikal: aus dem epischen Monolog wird ein vom Präsidenten gesteuerter szenischer Dialog.

Noch einmal ist hier daran zu erinnern, daß der Gegenstand unserer Untersuchung nicht unmittelbar das Geschehen vor Gericht ist, sondern seine Darstellung für die nicht anwesende Öffentlichkeit. Daß es sich bei dem Eingriff des Präsidenten in die Aussage Chorinskys dennoch um einen von der Sicht des Berichterstatters unabhängigen Vorgang handelt, ist daraus zu ersehen, daß auch alle anderen Zeitungsberichte über die Verhandlung (*Neueste Depeschen, Berliner Gerichtszeitung, Der Bayerische Landbote, Bayerischer Kurier*) den Wandel der Erzählstruktur verzeichnen. Wir bleiben mit unserem Textbeispiel bei der *Süddeutschen Presse*:

> Präs.: Sie sind der Hilfeleistung beschuldigt durch die Beschaffung der Reisepässe, der Mittel zur Reise und durch Verbergen der Gegenstände nach der That.
> Angekl.: Ich habe nichts gethan.
> Präs.: Der unauslöschliche Haß gegen ihre Frau, den Sie auch sogar nach deren Tod gegenüber dem hiesigen Polizeidirektor äußerten, macht Sie dringend verdächtig.
> Angekl.: Ich habe nur gesagt: »Ich kann sie nicht ausstehen.«

Die Entscheidung über das narrative Auswahlprinzip, aufgrund dessen aus einem Geschehen Geschichte wird, ist dem nicht professionellen Erzähler abgenommen durch das Gericht, das kraft seiner institutionellen Macht die zu entwickelnde Geschichte schon wesentlich vorstrukturiert hat. Zum Zweck der Entscheidungsfindung werden Realitätspartikel, die der Angeklagte für seine individuelle Geschichte bräuchte, abgewiesen und andere erfragt, die es erlauben, die subjektive Version einer juristisch bewertbaren unterzuordnen.

Wir haben damit ein wesentliches Charakteristikum der Aussage vor Gericht freigelegt, das offenbar seit der fortschreitenden Verfachlichung des Rechtsverfahrens im 19. Jahrhundert bis heute ein konstantes Verhaltensmuster und ein narratives Strukturmerkmal bei Gerichtsverhandlungen darstellt. Dies ist nicht nur daran nachzuvollziehen, daß die Aufforderung eines professionellen an einen nicht-professionellen Teilnehmer von Gerichtsverhandlungen, bei der Sache zu

---

[6] Hirschberg: Fehlurteil, S. 97.

bleiben, topisch immer wieder auftaucht.[7] Chorinskys Abschweifen von der institutionell erwarteten Ehegeschichte auf die seiner Karriere schiebt die gesellschaftliche Rolle des Angeklagten als verdienter Offizier vor die als untreuer Ehemann, um die es dem Gericht geht. Der Erzählung wohnt der Versuch der Distanzierung von der juristisch erzwungenen Rolle als Angeklagter inne, der Eingriff des Präsidenten ist die professionelle Entlarvung von Chorinskys Versuch. Abschweifung und neuerliche Bindung in den narrativen Rahmen wird von Luhmann als soziologisch bedeutungsvolle Konstante beschrieben:

> Obgleich man Ansätze zur und Bemühungen um Distanzierung von der eigenen Rolle bei Behördenbesuchern, Prozeßparteien und vor allem natürlich bei Angeklagten im Strafprozeß immer wieder beobachten kann, werden ihnen durch das Zeremoniell, die eindrucksvolle Strenge der Szene und die offizielle Ernsthaftigkeit des Geschehens die wichtigsten Ausdruckmittel wie Scherz, Übertreibung, Lässigkeit usw. genommen. Nicht einmal ihre eigenen Angelegenheiten dürfen sie bagatellisieren.[8]

Ziel solcher Verhandlungsstrategien ist jedenfalls nicht, so Luhmanns zentrale These, eine Annäherung an die objektive Wahrheit, sondern die Legitimation gesellschaftlicher Institutionen durch Verfahren, die diesen Strategien folgen: »Der Sinn der offiziellen Gerichtsverfahren, dem sich Inszenierung und Verhalten der Beteiligten unterordnen müssen, besteht in der Darstellung eines Vorganges der Entscheidungsfindung auf Grund von Normen.«[9] Dies setzt den soziologischen Akzent für unsere Beobachtung, auf welche Weise sowohl die Anklageschrift als auch die regelgesteuerte Aussage des Angeklagten Chorinsky dem Zweck der narrativen Konstruktion einer rechtlich zu verhandelnden Geschichte folgen, die sich lediglich an Fragmenten des realen Geschehens orientiert, nie aber an dessen Vielgestaltigkeit interessiert ist.

3. Tageszeitung und Gerichtszeitung

Versuchen wir nun, die Leistung der Bericht erstattenden Zeitung beim Vorgang der Umsetzung von Geschehen in Geschichte zu erfassen, so können wir von dem Modell ausgehen, daß Publizistik die gerichtsbare Erzählung von Ereignissen aus der juristisch fachspezifischen Ausdifferenzierung löst und ins Alltagsbewußtsein zurückbringt. Die entfachlichte Form der journalistischen Darstellung und der veränderte Kontext, die den Zeitungsbericht von der Verhandlung unterscheiden, heben auch die Autonomie des Verfahrens auf und verlagern es in den Einzugsbereich lebensweltlicher Erfahrungen. Das Medium ›Tageszeitung‹ bildet natürlich nicht die ganze Breite der lebensweltlichen Wirklichkeit ab, doch erfaßt es mit den Sparten Politik, Kultur, Anzeigen, Lokales, Gerichtsbericht usw. wesentliche par-

---

7 Für jedermann nachvollziehbar in aktuellen Gerichtsberichten. Ein prominentes Beispiel war kürzlich der Prozeß gegen den Fälscher der Hitler-Tagebücher, Konrad Kujau, der die Zuschauer gerne mit Anekdoten und Späßen unterhielt, dies aber mehrfach untersagt bekam.

8 Luhmann: Legitimation, S. 98f.

9 Ebd. S. 108.

tikuläre Konstituenten gesellschaftlicher Realität. Am Beispiel der *Süddeutschen Presse* etwa läßt sich verfolgen, durch welche narrativen Verfahren institutionell konstruierte Geschichten ihren Weg ins Alltagsbewußtsein finden. Mit der *Süddeutschen Presse* haben wir diejenige lokale Tageszeitung gewählt, die am ausführlichsten über den Münchner Prozeß Chorinsky berichtet. Sie erscheint morgens und abends, außer Sonntagabend und Montagmorgen, besteht in der Regel aus vier Seiten und enthält überwiegend Lokalnachrichten. Ein inhaltliches Programm oder eine markante politische Richtung sind nicht zu erkennen.

Schon über den vorausgegangenen Wiener Prozeß gegen Julie Ebergenyi hatte die *Süddeutsche Presse* ausführlich berichtet und dabei wiederholt die Gerichtsverhandlung zum sonstigen Alltagsgeschehen in Bezug gesetzt. In der Abendausgabe vom 23. April 1868 heißt es etwa:

> Wien, 21. April. Während sich alles für den morgen beginnenden, in seiner Art gewiß einzig dastehenden Prozeß Ebergenyi rüstet, ist die Aufmerksamkeit heute noch mit unveränderter Genauigkeit den Finanzvorlagen gewidmet.

Und im Abendblatt vom 25. April:

> Was sich auch in diesen Tagen in Wien zutrüge, das allerbedeutendste politische oder soziale Ereigniß – es träte in den Hintergrund angesichts des Prozesses Ebergenyi.

Der eigentliche Bericht über diesen Prozeß setzt ein mit einer deutlich und ganz bewußt nichtjuristischen Perspektive; geschildert werden Aussehen und Auftreten der Angeklagten im Gerichtssaal:

> Die Angeklagte, deren Züge von der langen Haft sehr entstellt waren, erschien in dem bis in die Seitenzimmer gefüllten Gerichtssaale in der Kleidung welche sie in München trug und die sie für diese Verhandlung hatte anlegen müssen, mit Ausnahme des Hutes. Diese bestand in einem schwarzen, weiß in Carreés abgesteppten Kleide, einer gleichen Jacke, einer blauen Halsschleife, Ohrgehängen, welche die Form von Todtenköpfen haben. Das braune Haar war schmucklos, die Hände von lichtbraunen Handschuhen bedeckt. – Kaum ist die Angeklagte im Saale zwischen Wachen mit aufgepflanztem Bajonnet erschienen, so bedeckt sie ihr stark geröthetes Gesicht mit einem Sacktuch und wankt auf ihren Platz. Von da wechselt die Farbe ihres Gesichtes, in dem die Spuren schwerer Leiden zu sehen sind, in jedem Nu; bald ist es blaß, bald roth.

Alltagsweltlichen Beobachtungen dieser Art folgt in der *Süddeutschen Presse* – neben den unausgeführten paraliterarischen Implikationen, die etwa die Angeklagte aufgrund ihrer Kleidung und ihres Schmuckes als Todesboten erscheinen lassen – eine ausdrückliche und ausführliche Interpretation. Hier beweist der Berichterstatter seinerseits professionelle Kompetenz, insofern er die anvisierte Ebene des Alltagsbewußtseins auch als Erzählgegenstand thematisiert:

> Das österreichische Volk hat noch starke Adelstraditionen, und ist namentlich in den mittleren Schichten gewohnt in denselben Muster an Bildung und Tugend zu sehen. Es wird im Innersten aufgewühlt und in seinen ganzen bisherigen Anschauungen irre gemacht durch die entsetzliche Katastrophe deren zweiter Akt sich nunmehr im Gerichtssaale vollzieht.

Obgleich sich der Erzähler durch seine differenzierte Schilderung der Reaktionen in der Öffentlichkeit über das Geschehen – hier: die Befangenheit in Traditionen –

erhebt, blamiert sich seine vermeintliche Überlegenheit schon in der Ausgabe vom nächsten Morgen. Am 26. April unterstützt der Berichterstatter die Vorverurteilung aufgrund alltagsweltlicher Indizien und bestätigt damit nicht nur die bereits angedeutete Kritik am Adel[10] und das Vorurteil zur Geschlechtsspezifik des Delikts Giftmord, sondern bringt auch die ›dramatisch‹ angelegte Geschichte – die Kennzeichnung »zweiter Akt« ist bemerkenswert – einem schlüssigen und narrativ sinnvollen Ende näher.

> Noch liegt der Spruch des Gerichtes nicht vor, niemand also darf die Ebergenyi eine Schuldige nennen, aber als eine Verworfene sieht sie die ganze Bevölkerung der Residenz an. Ihr ganzes Benehmen vor dem Gerichte beweist, daß ihr vor allem die Ruhe und Fähigkeit eigen ist, die zur Ausführung großer, auch verbrecherischer Pläne erfordert wird.

Das Vor-Urteil dieser Erzählung findet dann im professionellen juristischen Urteilsspruch Bestätigung. Die Berichterstattung über den Prozeß Ebergenyi endet am 27. April mit der Bekanntmachung:

> Nachdem der Vertheidiger geendet hatte, forderte Präsident die Angeklagte auf, ob sie noch etwas zu erinnern habe. Schluchzend erwiderte sie: für mich nicht, nur bitte ich ihn zu schonen, er ist der edelste Mann der Welt. Nach fünfviertelstündiger Berathung sprach der Gerichtshof das bekannte Urtheil aus, welches auf 20 Jahre schweren Kerkers mit jährlich einer Woche Einzelhaft, auf Verlust des Adels und Tragung der Kosten lautet.

Die bewegenden Schlußworte der Angeklagten bilden vom erzählerischen Standpunkt die willkommene Ankündigung einer baldigen Fortsetzung der Geschichte. Sechs Wochen später – vom 9. bis zum 17. Juni – druckt die *Süddeutsche Presse* den Wortlaut der Anklageschrift gegen Gustav Chorinsky ab, die wir als Beispiel professionellen Erzählens vor Gericht kennengelernt haben. Die Hauptverhandlung beginnt am 22. Juni in München und die Berichterstattung zum Prozeßgeschehen setzt nun ohne das ›handicap‹ der räumlichen Distanz am Abend des selben Tages ein. Die unmittelbare Referenz der Erzählung auf die Ereignisse vor Gericht drückt sich schon aus dem Titel des Berichtes als *Lokale Interessen,* der den »Prozeß Chorinsky« – so erst der Untertitel – in den Münchner Alltag einbezieht. Die Nähe des Berichtes zur lokalen Realität ist schon der Verwendung häufiger ›hic-et-nunc-deixis‹ ablesbar. So ist etwa die narrative Eröffnung »Heute begann vor dem hiesigen Schwurgerichte ...« geradezu die programmatische Absage an jede Form der Entrückung, die etwa der Erzähltypus mit »Es war einmal ...« üblicherweise intendiert. Auch das Personal des Prozeßgeschehens ist eng an die Münchner Szene gebunden: die Geschworenen werden namentlich aufgezählt – ebenso wie Staatsanwalt und Verteidiger –, wobei die Angabe der jeweiligen bürgerlichen Berufe und der Herkunft – in 10 von 14 Fällen »von hier« – diese letztlich entscheidende Instanz als Nachbarn des anvisierten Lesepublikums erkenntlich macht. Anders als im Prozeß Ebergenyi (»Die Angeklagte [...] erschien in dem [...] Gerichtssaale«) ist die Erzählzeit nun das Präsens:

---

[10] Auf diesen Aspekt legt besonderen Wert: Holiczki: Gerichtsberichterstattung.

> Der Angeklagte wird auf Befehl des Präsidenten eingeführt; im Publikum entsteht in diesem Augenblicke Unruhe, der größte Theil erhebt sich; der Präsident sieht sich dadurch veranlaßt zur Ruhe aufzufordern, nicht bloß für diesen Fall, sondern für die Verhandlung überhaupt. Der Angeklagte ist ein großer, schlank gewachsener Mann mit nicht unangenehmen, übrigens gewöhnlichen Zügen; von besonderer Schönheit finden sich keine Spuren; er erscheint in schwarzer Kleidung mit grauen Handschuhen ohne ein Zeichen innerer Erregung.

Die nächsten Stationen der Berichterstattung nach der Präsentation der beteiligten Hauptfiguren kennen wir schon: es folgen der Hinweis auf die durch die Vorveröffentlichung der Anklage gefährdete Prozeßautonomie sowie die Aussage Chorinskys mit ihrem monologischen und ihrem dialogischen Teil. Wir verfolgen nun nicht den weiteren Verlauf der Berichterstattung im einzelnen, sondern geben nur einen tabellarischen Abriß, um dann auf die Folgerungen aus der Verhandlung in den Schlußplädoyers einzugehen. Die *Süddeutsche Presse* berichtet folgendermaßen über den Prozeß Chorinsky:

22. 6. abends: Prozeßbeginn, Stimmungsbild, namentliche Vorstellung der Hauptfiguren.
23. 6. morgens: Verteidiger und Staatsanwalt thematisieren die verletzte Prozeßautonomie; Aussage Chorinskys (1. Teil).
23. 6. abends: Aussage Chorinskys (2. Teil).
24. 6. morgens: Chemische Gutachten zur Todesursache des Opfers; Befragung der medizinischen Sachverständigen in geraffter szenischer Darstellung.
24. 6. abends: Verhör von Zeugen, die Chorinsky anfänglich für die Tat dingen wollte, sowie einer ehemaligen Geliebten und des Wärters im Untersuchungsgefängnis; alles in geraffter szenischer Darstellung.
25. 6. morgens: Im selben Stil Zeugenaussagen zur Entwicklung Chorinskys seit seiner Jugend.
26. 6. morgens: Inhaltsangabe von Zeugenaussagen zu Chorinskys Geisteszustand.
26. 6. abends: Inhaltswiedergabe von Briefen und Tagebuchaufzeichnungen der Ermordeten, die den Wandel in der Ehe dokumentieren.
27. 6. morgens: Aussagen der psychologischen Sachverständigen zum Geisteszustand Chorinskys in Zusammenfassung.
27. 6. abends: Fortsetzung der Aussagen von Psychologen; Beginn der Schluß-Plädoyers in einer narrativen Mischtechnik aus Zitat und Referat.
28. 6. morgens: Fortsetzung der Plädoyers; Urteilsverkündigung.

Da sich die Plädoyers des Staatsanwaltes Wülfert und des Verteidigers Schauß an die Geschworenen, d.h. an Nicht-Juristen, richten, müssen sie – vom narrativen Standpunkt aus gesehen – die nach ausdifferenzierten Rechtsnormen konstruierten Geschichten jeweils in solche Erzählungen umwandeln, die dem nichtprofessionellen Rechtsempfinden einen plausiblen Abschluß zu finden erlauben.

Staatsanwalt Wülfert beginnt seine Version der in der Verhandlung gesammelten Daten, indem er das Geschehen vor Gericht zwischen Alltagserfahrung und juristischer Praxis einordnet (*Süddeutsche Presse* vom 27. Juni, abends):

> M. H. Geschworenen! In diesem Saale, dem Dienste der Gerichtigkeit geweiht, werden so manche Verbrechen ans Tageslicht gezogen und mancher Prozeß zum Austrag gebracht; kaum aber hat je irgend ein Prozeß in solchem Maße die allgemeine Aufmerksamkeit gefesselt, wie der, welchen nun Ihr Wahlspruch entscheiden soll.

Das große Interesse an dem Fall erklärt Wülfert als geteilt in ein fachliches an der zentralen Frage nach der Zurechnungsfähigkeit des Angeklagten und in ein öffentliches: »Das Publikum fand diesen Fall namentlich von seiner sozialen Seite interessant.« Wie schon bei der Berichterstattung über die Verhandlung gegen Julie Ebergenyi, so gewinnt auch gegen Gustav Chorinsky die Stellung des Adels in der zeitgenössischen Öffentlichkeit sinnkonstituierende Bedeutung:

> Der Angeklagte, tief verstrickt in den Prätentionen einer einst übermäßig bevorrechteten Klasse, nimmt als Recht in Anspruch daß man aus Rücksicht für seine Familie gegen ihn das Gesetz in seiner vollen Strenge nicht anwende, und hat geglaubt daß eben jener Einfluß, wodurch die Ebergenyi Stiftsdame wurde, auch hinreichen würde, die Untersuchung niederzuschlagen.

Wie das Publikumsinteresse nicht an der fachspezifisch-juristischen Frage nach der Zurechnungsfähigkeit und dem Ausmaß der Beteiligung des Angeklagten ansetzt, sondern an der, dem allgemeinen Rechtsempfinden scheinbar zugänglicheren Frage nach den Sonderrechten, die der Adlige beansprucht, so hängt auch Staatsanwalt Wülfert seine Argumentation hier an:

> Die Verbrecher, wer sind sie? – Sie sind nicht aus der Hefe des Volkes, aus dem Bodensatz der Menschheit hervorgegangen, der durch Armuth und schlechte Erziehung der Sinnlichkeit hingegeben ist, durch Noth und Elend getrieben von Laster zu Laster sinkt. Nein! – an ihrer Wiege stand das Glück; sie aber lernten keine wahre Bildung, und sanken so tief, weil sie ihre Begierden nicht zu zähmen wußten.

Wir wissen, daß diese mehr moralisch als juristisch fundierte Wertung der vor Gericht erzählten Lebensgeschichte den strategischen Abschluß und die plausible Konsequenz aus der Ereignisabfolge ›Tatvorbereitung – Tat – Verhandlung‹ narrativ herbeiführt. Im Bewußtsein seines Erfolges zieht der Ankläger auch schon die Aufnahme des Verfahrens in der Öffentlichkeit an der Richtschnur der Moral und der gesellschaftlichen Folgen in seiner Erzählung vor:

> Nicht bloß die Skandalsüchtigen wird dieser Prozeß befriedigen, auch die anderen welche von sittlichen Motiven sich leiten lassen, werden die Befriedigung genießen, daß auch kein Hochgestellter das Recht straflos verletzt, daß unsere Richter jeden ohne Ansehen der Person nach gleichem Maße messen!

Mit der Übernahme dieser Wertung bricht die *Süddeutsche Presse* die wörtliche Wiedergabe des Plädoyers ab und resümiert den eigentlichen Hauptteil der Geschichte als bereits aus der Anklage bekannt und in einer Formulierung, die nur noch die formalen Qualitäten der ›Erzählung‹ des Staatsanwaltes bezeichnet. Deutlich erkennt man das Verfahren der Rahmenbildung, der Auswahl relevanter Daten und der Kontextbildung sowie die Abhängigkeit von strategischer Funktionalität;[11] das sind die Merkmale einer professionell gestalteten Erzählung, die für das institutionelle Verfahren verwertbar ist:

> Hierauf entwickelte der Staatsanwalt in einem zwei volle Stunden in Anspruch nehmenden, gediegenen Vortrage alle die einzelnen Indizien welche die öffentliche Verhandlung für die Theilnahme des Angeklagten an dem Mord geliefert hatte, zu einem, den Zusam-

---

[11] Vgl. in der Einleitung zum vorliegenden Band zur Theorie des Erzählens, S. 20–24.

menhang der sämmtlichen Umstände und Ereignisse welche in den Rahmen der Anklage gehören, – umfassenden, klaren Bilde.

Auf das zentrale juristische Problem im Prozeß Chorinsky, auf die Frage nach der Zurechnungsfähigkeit des Angeklagten, gehen der juristisch qualifizierte Erzähler Wülfert und der journalistisch versierte Berichterstatter in der *Süddeutsche Presse* nur ganz knapp ein. Immerhin hatten sich fünf Sachverständige, Universitätsprofessoren und Leiter geschlossener Anstalten, mit Chorinskys Geisteszustand beschäftigt, den tatsächlich zwei der Fachmänner für krank hielten. Sie führten zur Entlastung des Angeklagten seine »moral insanity« ins Feld, auf die wir später noch eingehen. Hier interessiert uns zunächst, wie der Staatsanwalt dieser Diagnose und der knappen Mehrheitsentscheidung begegnet:

> Ich betrachte von diesem Standpunkte die sogenannte moralische Krankheit, deren Werth ich auf dem Rechtsgebiete für problematisch erachte, und die, wie wir gehört haben, auch auf dem Gebiete der Wissenschaft noch Kontroverse ist. Wenn jemand in Folge seiner moralischen Neigungen, und weil er sich nicht beherrschen kann, eine widerrechtliche Handlung begeht, so ist hiermit keine Entschuldigung für die Handlung gegeben. Es liegt überhaupt die Gefahr nahe, daß diese moralische Krankheit sich einfach in Immoralität verwandle.

Dieser Rundumschlag gegen eine gerichtspsychiatrisch ›weiche Welle‹ ist im Ende die Position des nichtprofessionellen Alltagsbewußtseins gegen eine innerfachlich um Anerkennung und Institutionalisierung ringende Innovation. Der Verteidiger Schauß ist daraufhin genötigt, auf einem analogen Wissens- und Argumentationsniveau zu einem dem Staatsanwalt widersprechenden Schluß aus seiner narrativen Rekonstruktion des Geschehens zu kommen. Seine institutionelle Position in diesem besonderen Fall verpflichtet ihn auf die Rolle des Erzählers, der die Unzurechnungsfähigkeit des Angeklagten plausibel macht. Dabei kann er sich nicht auf die Entscheidung der Sachverständigen stützen, denn die lautete zwar knapp, aber mehrheitlich f ü r die Zurechnungsfähigkeit. So geht Schauß zurück auf die Zeugenaussagen als Ausruck institutionell undifferenzierter Lebenserfahrung:

> Meine Herren Geschworenen! Ich stelle einen Satz auf, aus dem ich alles übrige deduzieren will. Alle Zeugen, einschließlich seiner Gattin bis zur letzten Zeit, geben dem Beschuldigten ein Zeugniß welches dahin lautet: »Er ist ein gutmüthiger Mensch.« Entweder sprechen nun alle diese Zeugen die Unwahrheit, zu welcher Annahme absolut keine Veranlassung besteht, oder was er gethan und gesprochen, ist Wahnsinn. Verbinden lassen sich die beiden Behauptungen, daß er ein gutmüthiger Mensch sei und daß er dieses Verbrechen verübt habe, absolut nicht.

Auch Schauß also stellt ein Allgemeinwissen, in diesem Fall das der Zeugen, über fachspezifische Mediziner- und Juristenschlüsse. Doch kann er sich nicht, wie es sein Kontrahent Wülfert tut, auf die öffentliche Meinung berufen, da diese, nicht zuletzt aufgrund der Vorveröffentlichung der Anklageschrift, gegen seinen Mandanten spricht. So kommt es, daß Verteidiger und Staatsanwalt für ihre jeweilige Argumentation unterschiedliche Rollen des Angeklagten herausheben: Während der Staatsanwalt und in seiner Folge auch die Medien (die für eine harte Strafe plädieren) Chorinskys sozialen Stand als Adliger betonen, versucht der Verteidiger die bürgerlichen Ressentiments gegen diese Rolle abzuschwächen, indem er den Angeklagten als »gutmüthigen Menschen« hinstellt und den eigenen beruflichen Erzählauftrag folgendermaßen zu seiner menschenfreundlichen Version des Geschehens in Bezug setzt:

> Hoch ehrenwerthe Jury! Sie werden mir zugeben, daß noch nie ein Vertheidiger unter so schwierigen Umständen plaidiert habe wie ich heute, und daß die öffentliche Meinung noch nie so erregt gewesen, und zwar ungerechter Weise, indem sie es schon vor dem Urtheilsspruche war. Vor allem muß ich sie bitten alle gehörten Zeugenaussagen mit Vorsicht zu würdigen. Trotzdem die Sache durch die öffentliche Verhandlung schon sehr an ihrer Romanhaftigkeit verloren hat, so bin ich doch genöthigt, ein wenn auch bescheidenes Steinchen auf das Grab der Ermordeten zu werfen, da ich auch an ein anderes Grab zu denken habe, zu welchem der Staatsanwalt den ersten Schaufelstich getan.

Spielt der Verteidiger mit dem Verlust der »Romanhaftigkeit« darauf an, daß im ›verfachlichten‹ und zugleich öffentlichen Strafprozeß in undramatischer und sachbezogener Weise der Tatbestand ermittelt und die Tat beurteilt werden soll, so zeigt gerade die Darstellung in der *Süddeutsche Presse*, daß öffentliches Bewußtsein Verbrechen und Strafe weithin noch als »Drama« rezipiert. Das »Steinchen«, das Schauß auf Mathilde Chorinskys Grab wirft, ist der Vorwurf, sich die Ehe unter Vorspiegelung falscher Tatsachen erschlichen zu haben und dadurch bereits moralische Mitschuld an ihrer späteren Ermordung zu tragen: »In der unsittlichen und unvernünftigen Grundlage dieses Ehebündnisses liegt der Keim dieses ganzen Prozesses.« Mit der Konstruktion dieser Sachverhaltsabfolge kehrt Schauß die gegen Chorinsky gerichtete öffentliche Meinung zugunsten seines Mandanten um und integriert in seine Erzählung den Einfluß der populären nichtjuristischen Vorverurteilung auf die Geschworenen. Diese strategische Darstellung der Ereignisse eröffnet einen Appell, der weitere Entwicklungen schon vorwegnimmt:

> Prüfen Sie, aber lassen Sie sich hierbei nicht auf Vermuthungen ein, urtheilen Sie nur nach wirklichen Beweismitteln der Schuld und lassen Sie sich nicht beherrschen durch den Druck der öffentlichen Meinung, was eine große Gefahr für die Gerechtigkeit, und vor allem dazu geeignet wäre das Institut der Schwurgerichte, das uns so heilig ist, zu gefährden.

Der inhaltliche ›clou‹ in Schauß' Argumentation ist dann jener gewichtige Satz aus dem Repertoire nichtfachlichen Allgemeinwissens, der dieses als Quelle auch professioneller Beurteilungen erkennbar werden läßt: »Das Gift ist laut Erfahrung die Waffe des Weibes, das spezifische Tödtungsmittel desselben.« Obgleich die *Süddeutsche Presse* dem letztlich offiziell zum Sieger erklärten ›Erzähler‹ Wülfert, dem Staatsanwalt also, der die volle Schuld Chorinskys erzählend plausibel macht, anhängt, verzeichnet sie weder aus dem Gerichtssaal noch aus der eigenen institutionellen Kompetenz einen Widerspruch zu den beiden Hauptargumenten des unterlegenen ›Erzählers‹ Schauß: Weder die einhellige Zeugenaussage »Er ist ein gutmüthiger Mensch«, noch den Satz von der Frau als Giftmörderin findet im Gerichtsbericht Widerspruch. Dies ist insofern bedeutsam, als damit die Problematik der Entscheidungsfindung vor Gericht auch im Bericht für das nicht anwesende und nicht beteiligte Lesepublikum erhalten geblieben und als wesentliches Kennzeichen des berichteten Geschehens erkennbar gemacht ist.

Der Bericht über den Prozeß Chorinsky in der *Süddeutsche Presse* bestätigt damit zwei Thesen über den Zusammenhang zwischen institutionell vorstrukturierten und szenisch realisierten Erzählakten einerseits und deren Umsetzung in den nur-sprachlichen Kontext, der dem Zeitungsleser vorliegt, andererseits. Nach Einführung des öffentlichen Gerichtsverfahrens im 19. Jahrhundert etabliert sich die Gerichtsberichterstattung als eigene Rubrik in Zeitungen, als eine Weise der Behandlung von Verbrechen und Strafe in der Gesellschaft. Schönert und Linder, die sich mit den verschiedenen Medien dieser Behandlung näher beschäftigt haben, gehen schon davon aus, daß dabei »das erbauliche und sensationelle Moment sowie komplexe sozialpsychologische Reaktionen in dem Interesse an Gerichtsberichterstattung eine wichtige Rolle spielen«.[12] Neben dieser ›Redramatisierung‹ ist die zweite These, die wir im Prozeß Chorinsky und in der Berichterstattung darüber bestätigt sehen, entliehen aus dem Zusammenhang von Luhmanns *Legitimation durch Verfahren.* Die Durchdringung fachjuristischer Methoden und alltagsweltlicher Wissensreserven beschreibt Luhmann so:

> Die Erwartung der Legitimation durch Verfahren sprengt den juristischen Kosmos im Grunde immer. In der Mobilisierung juristisch nicht programmierter Motive, im Anzapfen neuer Motivquellen für die Stützung bindender Entscheidungen besteht eine wesentliche Funktion auch des Rechtsverfahrens.[13]

Die Bruchstelle zwischen Institution und Alltag als Ort des gerichtlichen Verfahrens ist Grundlage dessen, was Luhmann »Darstellung für Unbeteiligte« nennt. Verfahren legitimieren gesellschaftliche Verlaufsformen, indem nach gewissen Konsensvermutungen Entscheidungen getroffen und Handlungen ausgeführt werden. Und weiter:

> Um solche Konsensvermutungen, die Verbindlichkeit des amtlichen Entscheidens betreffend, stabilisieren zu können, muß man auch die Nichtbeteiligten am Verfahren beteiligen. Sie werden zwar nicht als Sprecher in Rollen zugelassen, aber das Verfahren ist als Drama auch für sie bestimmt.[14]

Für unseren Zusammenhang kristallisiert sich aus jenem erbaulichen und sensationellen Moment, das Schönert und Linder annehmen, und dem Drama, das Luhmann erkennt, ein Funktionsbegriff von Gerichtsberichterstattung heraus, der als Grundlage auch noch die Verfachlichungsthese Nauckes verwertet:[15] Der Gerichtsbericht in Zeitungen ist ein Genre, das die Grenze zwischen Sach- und Fiktivtext aufhebt. Er re-dramatisiert ein institutionell entdramatisiertes Geschehen in einer Erzählung, die dem auf den Relevanzpunkt juristischer Bewertbarkeit reduzierten Ereignis neue sensationelle Momente aufdrückt. Freilich orientieren sich Gerichtberichte an einer Geschehenswirklichkeit, doch ist diese zum einen schon narrativ konstruiert und wird zum anderen bei der Nacherzählung in ihren fiktionalen Elementen erweitert. Wir sehen hierin kein Unterscheidungskriterium

---

[12] Linder u. Schönert: Verständigung, S. 194.
[13] Luhmann: Legitimation, S. 79f.
[14] Ebd. S. 122.
[15] Naucke: ›Verfachlichung‹ des Strafrechts.

für verschiedene Publikationsorgane – etwa seriöse und nichtseriöse[16] –, sondern eine wesentliche Eigenschaft der Textsorte selbst. Einen ganz deutlichen Beleg für die Fiktionsnähe des Gerichtsberichts liefert etwa die Tatsache, daß eine der Zeitungen über den Prozeß Chorinsky im Feuilleton berichtet und dazu den laufenden Fortsetzungsroman für die Dauer des Prozesses unterbricht.[17] Es ist dies ein Indiz dafür, daß Fiktionalität weniger Sache des Gegenstandes oder der Gestaltung ist als des Funktionszusammenhangs. Diese Erkenntnis der neueren Fiktionsforschung[18] werden wir auch weiterhin im Prozeß der Fiktionalisierung des Kriminalfalles Chorinsky aufzeigen.

Der mit der Öffentlichkeit des Gerichtsverfahrens sich etablierende Texttyp des Gerichtsberichtes stieß offenbar auf so viel Interesse, daß sich die Einrichtung eigener Zeitungen und Zeitschriften dafür lohnte. Die *Berliner Gerichts-Zeitung* repräsentiert dieses Medium, das von Schönert und Linder aus dem »Zuge der allgemeinen Differenzierung im Publikationswesen« erklärt wird. Es sind »Zeitschriften, die sich in erster Linie nicht an Fachleute, sondern an einen breiten Leserkreis wenden. Auch hier findet sich neben der Sachberichterstattung in einem Sonderteil die literarische Verarbeitung des Gegenstandes ›Kriminalität‹.«[19] Im Gegensatz zur thematisch unspezifizierten Presse, deren Rubriken zusammen einen Abriß gesellschaftlicher Wirklichkeit geben, bilden Gerichtszeitungen einen eigenen Kontext, der gegenüber der Umwelt weitgehend autonom ist. Wir werden am Beispiel der Berichterstattung über den Prozeß Chorinsky beobachten können, wie sich dieser Kontextwechsel für den Texttyp ›Bericht‹ auswirkt. Die *Berliner Gerichts-Zeitung* präsentiert sich in ihrem Untertitel als »Zeitschrift für Criminal-, Polizei- und Civil-Gerichtspflege des In- und Auslandes, verbunden mit politischer Rundschau und einem Feuilleton«. Und in einer Werbeaktion charakterisiert sich das Organ ausführlich:

> Die Berliner Gerichts-Zeitung erscheint wöchentlich dreimal, mit vielen Beilagen. Sie verbindet mit ihrem Hauptzwecke, in populärer Weise Rechts- und Gesetzeskenntniß zu verbreiten, die Aufgabe, zugleich ein Unterhaltungsblatt für den Leser zu sein. Sie theilt die bei den Berliner Gerichtshöfen zur Verhandlung gelangenden Criminal-Prozesse in pikanter Darstellungsweise mit, widmet den, das allgemeine Interesse in Anspruch nehmenden Civilstreitigkeiten eine eingehende, den Rechtspunkt berührende Besprechung, referirt ferner über alle wichtigen auswärts vorkommenden Criminalfälle. Sie ist durch die reichhaltigsten Mittheilungen der Berliner Tages-Ereignisse eine getreue und vollständige Berliner Chronik; außerdem erhält sie den Leser durch eine feinsinnige »Rundschau« in steter Kenntniß aller politischen Ereignisse. Sie liefert ferner allwöchentlich eine getreue Übersicht der Berliner Börse. – Eine besondere Sorgfalt widmet die Berliner Gerichts-Zeitung neben diesem reichhaltigen Inhalte auch noch der belletristischen Unterhaltung, indem sie in einem fortlaufenden Feuilleton die anziehendsten Erzählungen ausgezeichneter Schriftsteller liefert.[20]

---

[16] Vgl. Good: Ideologische Interessen; Wallraff: Der Aufmacher.
[17] Es handelt sich um die *Berliner Gerichts-Zeitung*.
[18] Vgl. Henrich u. Iser (Hg.): Funktionen des Fiktiven.
[19] Linder u. Schönert: Verständigung, S. 194.
[20] In unregelmäßigen Abständen in der *Berliner Gerichts-Zeitung* zu finden. Vgl. dazu auch Imm u. Linder: Verdächtige und Täter, S. 33–48.

Deutlich wird hier mit dem Wechsel zwischen lokalen Nachrichten und solchen aus einer weiteren Welt geworben: Rechtsfälle aus Berliner Gerichten werden gefolgt von auswärtigen Kriminalfällen, ›hometown-news‹ von der internationalen politischen Rundschau, der lapidar-heimatliche Börsenbericht vom referenzlosen Feuilleton-Roman. Die Verbindung von Nahem und Fernem, von Information und Unterhaltung, von Alltag und Sensation, von der institutionellen Realität der Justiz und der fiktionalen Gerechtigkeitskonstruktion der Erzählungen und Romane ist das Konzept der *Berliner Gerichts-Zeitung*. Betrachten wir vor diesem Hintergrund die Berichterstattung über den Prozeß Chorinsky.

Die *Berliner Gerichts-Zeitung* ist von den beiden Prozeßgeschehen in Wien und München gleich weit entfernt; die Unterschiede zwischen den beiden Typen von Berichten, die wir in der *Süddeutschen Presse* beobachten konnten, fallen damit weg. Die räumliche Distanz wird ergänzt durch die zeitliche, die sich aus der niedrigen Erscheinungsfrequenz der Gerichtszeitung – drei Ausgaben pro Woche gegenüber den zwölf Ausgaben der *Süddeutschen Presse* – ergibt. Es folgen hieraus für die Berichterstattung tendenziell zwei Unterschiede: die *Berliner Gerichts-Zeitung* beschreibt mehr szenische Einzelheiten, die vor allem die lokale Stimmung im unmittelbaren Umkreis des jeweiligen Prozesses erfassen, und sie erreicht einen höheren Grad der Deutung des Dargestellten als die *Süddeutsche Presse*; sie ist in weiterem Maße sowohl deskriptiv als auch abstrakt. Die Tendenz zur ausführlichen deskriptiven Gestaltung ist zunächst an der Präsentation der beiden Angeklagten erkennbar:

> Julie v. Ebergenyi hält während der Entwickelung der Anklage fortwährend die Augen gesenkt, so daß man diese kaum sehen kann. Ihr Gesicht, das erhitzt, röthlich aussieht, ist der von ihr ausgegebenen Photographie ziemlich ähnlich. Dasselbe kann einigen Anspruch auf Schönheit machen, nur die etwas hervorstehenden Backenknochen wirken entstellend. Ihr braunes Haar ist wellenförmig gescheitelt, das Kinn ist spitz, die schmalen Lippen haben bei näherer Betrachtung etwas unangenehm Hartes an sich. Sie trägt eine schwarzseidene Joppe und ein eben solches Kleid, und eine blauseidene Cravatte. In ihren Ohren trägt sie diamantene, schwarz gefaßte Ohrgehänge, die aristokratisch kleinen Hände sind mit blauen Handschuhen bedeckt. (BGZ 25. 4. 68)

Die Photographie, von der hier die Rede ist, wurde zur Zeit des Prozesses in Berlin mit den Bildern von Chorinsky und seiner Frau unter dem Titel »Die Giftmischer und ihr Opfer« für 5 Silbergroschen durch einen Schreibwarenhändler vertrieben. Der Titel ist für uns heute ein deutlicher Hinweis für die öffentliche Vorverurteilung der Angeklagten; der Vertrieb der Bilder selbst aber stützt die Annahme, daß sich diese Vorverurteilung auf Daten gründet, die nicht gerichtsfähig sind. Das Aussehen der Julie Ebergenyi ist für die nicht unmittelbar beteiligte Öffentlichkeit von erstrangiger Bedeutung, ebenso wie es Chorinskys standesbewußtes Auftreten ist.:

> Mit leichtem, sicherem Tritte, in aufrechter, fast siegessicherer Haltung, so tritt Graf Gustav Chorinsky in den Schwurgerichtssaal. Es setzt sich auf den für ihn bereiten Sessel vor einem kleinen Tischchen nieder, spreizt die Beine übereinander, zieht nachlässig einen Handschuh aus und sieht in dieser Situation mehr einem Cavalier im Salon als einem Verbrecher auf der Anklagebank ähnlich. (BGZ 27. 6. 68)

Höchster Ausdruck der Selbstsicherheit ist für die *Berliner Gerichts-Zeitung* aber das Sprachverhalten des Angeklagten: »Er spricht laut und klar, wenn er gefragt wird, und fügt die Sätze fließend zusammen.« Erinnert man sich daran, daß die *Süddeutsche Presse* Chorinsky als »überhaupt etwas schwer zu verstehend« beschreibt, dann offenbart sich die Tendenz der jeweils für die Erzählstrategie funktionalen Charakterisierungsweise. Der *Berliner Gerichts-Zeitung* geht es darum – wie dem Staatsanwalt Wülfert auch – die Rolle des Adeligen hervorzukehren, besonders Chorinskys »Gefühl seiner vierfachen Unangreifbarkeit als Ausländer, Offizier, Edelmann und Sohn des Statthalters von Niederösterreich« (BGZ 18. 6.). Auch die Tatsache des bedeutenden Publikumsinteresses, die von der *Süddeutsche Presse* lediglich benannt und aus den Plädoyers zitiert wird, ist in der Gerichtszeitung zur Szene der Erzählhandlung ausgestaltet, hier etwa zum Wiener Prozeß gegen Julie Ebergenyi:

> Am Sonnabend, an dem Tage, an welchem dieser interessante Prozeß sein Ende erreichte, harrten vor dem Landesgerichts-Gebäude geduldig Schaaren von Menschen; sie dachten nicht mehr daran, den Eintritt zu erlangen, sondern wollten nur von den vereinzelten Zuhöhrern, die von Zeit zu Zeit aus dem Hause traten, Nachricht über die Phasen der Verhandlung erhalten. Oben im zweiten Stockwerke waren Saal und Corridor dicht gefüllt, überfluthet. Die Personen im Corridor wußten gleichfalls, daß der Saal ihnen verschlossen bleiben müsse. Aber es war ihnen um etwas anderes zu thun. Sie spekulirten darauf, daß die Angeklagte bei der nächsten Unterbrechung den Saal verlassen werde, und hielten es ruhig im Gedränge aus, um wenigstens einen Blick auf sie werfen zu können. Im Saale herrschte unterdeß die glühendste Atmosphäre. Von Zeit zu Zeit hörte man vor der Thüre polternde Kämpfe, um den Eintritt zu erzwingen. Die Spannung des Publicums hatte jenen höchsten Grad erreicht, welcher unmittelbar vor der Entscheidung eintritt. (BGZ 30. 4. 68)

Das Publikum – mit Luhmann zu sprechen: die »Nichtbeteiligten« – des Prozesses werden in der Berichterstattung aus der Ferne zu beteiligten Akteuren. Die erzählerische Distanz vergrößert den Wirklichkeitsausschnitt, über den berichtet wird und der berichtend Wirklichkeit konstituiert. Wie wichtig die öffentliche Rezeption des juristischen Geschehens für die Erzählung des Berichtserstatters ist, geht aus der folgenden Chrakteristik der jeweiligen lokalen Beteiligung am institutionellen Geschehen hervor:

> In München wird der Prozeß wohl ebenso das Ereignis sein, wie es die Schlußverhandlung der vorigen Woche in Wien gewesen, mag auch in der baierischen Hauptstadt sonst den Vorgängen im Gerichtssaale nicht dieselbe sorgfältige Aufmerksamkeit gewidmet werden, wie in Wien zur Gewohnheit geworden, – wie ja überhaupt die Theilnahme des bequemen Müncheners für das öffentliche Leben eine weit spärlichere ist [...] – ein Sensationsprozeß, wie der Fall Chorinsky, übt denn doch eine zu gewaltige Wirkung um nicht auch das Temperament einer mehr phlegmatischen Stadt in lebhafte Bewegung zu bringen. (BGZ 5. 5. 68)

Der Berichterstatter sollte mit seiner Einschätzung recht behalten; am Ende des Prozesses gegen Chorinsky kann er das Motiv aufgreifen und seine Darstellung narrativ stringent schließen: »Das Publikum verließ in tiefer, lebhafter Bewegung den Saal, in welchem das düstere Geschichtsdrama soeben sein Ende erreicht hatte« (BGZ 30. 6. 68). Die Beteiligung der Öffentlichkeit am Prozeßgeschehen über den lokalen Umkreis des Prozesses hinaus bedeutet mehr als nur die narrative Ausdehnung des Relevanzpunktes unabhängig von zeitlicher und örtlicher Distanz. Der Erzähler der *Berliner Gerichts-Zeitung* trägt dabei seine Kompetenz als erfahrener Beobachter juristischen Handelns besonders zur Schau. Seine Berichterstattung ist immer unterlegt mit der abstrahierenden Deutung der unmittelbaren Ereignisse. So schreibt er etwa gleich zu Beginn über die Faszination der Unbeteiligten am Prozeß Ebergenyi:

> Sie alle zieht der gewaltige Magnet, welchen das Furchtbare und Grauenvolle auf den Menschen übt, und während es sonst gewöhnlich bei Mördern die entfesselte Bestie im Menschen ist, welche uns mit Schauder erfüllt, soll sich heute das fesselnde und zugleich mit Demüthigung erfüllende Schauspiel darbieten, daß auch unter der schmeichlerischen Hülle der Civilisation in geschmeidigsten Formen der Vampyr sich entwickeln kann, welcher feige und grausam das Leben zerstört. (BGZ 25. 4. 68)

Die Kompetenz und Argumentation des Berichterstatters bleibt auf dem Niveau des allgemeinen Bewußtseins, das – wie wir sehen konnten – auch spezifisch juristisches Erzählen wesentlich bestimmt. Mehr als die professionellen Juristen geht jedoch der professionelle Journalist auf Erfahrungswerte zurück, die ganz bewußt mit der Verfahrensautonomie brechen. Er zieht also nicht nur Alltagswissen heran, sondern ordnet den Einzelfall in eine bekannte Landschaft juristischen Geschehens ein. Dies war schon an der letzten zitierten Textstelle zu bemerken, und ebenso deutlich in dieser folgenden:

> Jene besondere Physiognomie einer Schlußverhandlung aber, welche dieselbe durch den Eindruck [der Persönlichkeit des Angeklagten] erhält, mangelte hier gänzlich oder war doch eine höchst farblose. Im Affekte, im Tone der Sprache, in der Art der Worte, in dem Blicke des Angeklagten liegen sonst, auch wenn er leugnet, ihm unbewußt eine Fülle charakteristischer Merkmale, welche in die Motive der That, in das geheimste Seelenleben blicken lassen. Aber wie war es bei Julie Ebergenyi? Schon am ersten Tage redekarg, gab sie ihre Antworten ohne äußerliche Erregung, ohne Schärfe, ohne Pointierung, leise, kaum hörbar, so daß man stets der gespanntesten Aufmerksamkeit bedurfte und nicht selten den Sinn ihrer Worte durch eigene Combination oder aus der Gegenrede des Präsidenten ergänzen mußte. (BGZ 5. 5. 68)

Diese journalistische Erzählhaltung schließt die Analyse des institutionell geregelten ›Erzählens vor Gericht‹ ein. Sie kann erst ganz gewürdigt werden, wenn erinnert wird, daß die *Berliner Gerichts-Zeitung* als Medium diverser Grenzüberschreitungen konzipiert ist. Insbesondere die Verbindung von ihrem »Hauptzwecke, in populärer Weise Rechts- und Gesetzeskenntniß zu verbreiten« mit der Aufgabe, »zugleich ein Unterhaltungsblatt für den Leser zu sein«, sowie der Ausdruck eines identischen Rechtsbewußtseins in der referenzbetonten Berichterstattung und im fiktionalen Feuilletonroman werfen die Frage nach dem funktionalen Ort des Mediums und seiner Erzählverfahren auf. Weisen Schönert und Linder auf das »Unterhaltungsmoment bei gleichzeitiger moralisierender und erbaulicher Bewertung des Verbrechens«[21] in populären Darstellungen hin, dann beziehen sie sich schon auf professionelle ›Verfachlichung‹ des Strafrechts im 19. Jahrhundert,

---

[21] Linder u. Schönert: Verständigung, S. 194.

deren eine Komponente Naucke als »Verwissenschaftlichung« kennzeichnet und deren zweite so:

> Verfachlichung im wichtigeren Sinne ist die feste Einbindung des Strafrechts in die auf Stabilität zielende Staatsorganisation, in die Forderung an das Strafrecht, eine Aufgabe – Verhinderung von strafbaren Ersttaten und von Rückfall – effektiv zu erfüllen. Dies verlangt handwerkliche Spezialisierung und Abtrennung aller Vorstellungen, Gefühle und Interessen, die mit Straftat und Bestrafung verbunden sein könnten, aber die Möglichkeiten der Verbrechensverhütung nicht erhöhen.[22]

Offenbar entsteht im Laufe des 19. Jahrhunderts ein aufgefächertes Spektrum von unterschiedlichen Umgangsmöglichkeiten mit Verbrechen, abgesteckt von den beiden professionellen Erzählern ›Jurist‹ und ›Literat‹. Irgendwo dazwischen steht der auf möglichst breite Rezeption hin orientierte Publizist, der zum einen das verstärkte Bedürfnis nach Information über das Strafrechtsgeschehen befriedigt, zum anderen die Entdramatisierung des juristischen Verfahrens aufnimmt und medienspezifisch redramatisiert. Gerichtsberichterstattung rückt damit von der vordergründigen Aufgabe der Information über Verbrechensrekonstruktion ab und stellt sich an die Seite literarischer Verbrechenskonstruktion, denn, so vermutet Naucke:

> Die Kriminologie des 19. Jahrhunderts entdramatisiert, bürokratisiert und banalisiert den Vorgang ›Straftat‹. Vielleicht beharrt die Literatur an vielen Stellen darauf, die Straftat nach wie vor als dramatischen Vorgang aufzufassen, von der Begehung bis zur Verurteilung.[23]

Und Schönert findet bei der Suche nach der Entstehung der Kriminalgeschichte als Genre, daß die Grenze zwischen der literarischen Fiktion und der gesellschaftlichen Wirklichkeit von ›Kriminalität‹ die Grenze zwischen zwei funktional komplementären sozialen Bereichen ist: »Die literarische Behandlung ergänzt die rechtspraktischen Aktionen, sie stellt sie nicht in Frage.«[24]

Wir sind in unserer Studie des Falles Chorinsky fortgeschritten von dem aufgezeichneten, berichteten und nacherzählten Geschehen vor Gericht zur fiktionalen Akzentuierung der publizistischen Darstellung und werden im folgenden drei eigenständige, vom Ereignis ganz befreite Geschichten zum Fall Chorinsky behandeln.

4. Der Fall wird Geschichte

Wir werden zu erklären versuchen, wie sich Darstellungen des Falles Chorinsky vom Tat- und Verhandlungsgeschehen weitgehend frei machen können, obgleich sie sich dazu in eine Beziehung setzten, die explizit auf authentische Darstellung des Fallgeschehens zielte. Noch im Jahr der Gerichtsverhandlung 1868 erschien in

---

22 Naucke: Verfachlichung, S. 60.
23 Ebd. S. 62.
24 Schönert: Kriminalgeschichten, S. 53.

der Gg. Franz'schen Buchhandlung in München ein 76 Seiten starkes Bändchen ohne Autorenangabe mit dem ausführlichen Titel

Prozeß
gegen
Gustav Chorinsky
wegen Theilnahme an einem Giftmorde
nach den Verhandlungen vor dem Schwurgerichtshofe zu
München vom 22. bis 27. Juni,
und gegen Julie Ebergenyi
wegen Giftmordes
nach den Verhandlungen vor dem Landesgerichte zu Wien
Vom 22. bis 25. April 1868.

Der Textvergleich ergibt, daß mit Ausnahme der je knapp eine Seite langen Einleitung und des Schlusses der Darstellung die Erzählung zum Prozeß Chorinsky wörtlich mit dem Bericht in der *Süddeutschen Presse* übereinstimmt.[25] Der vorangegangene Prozeß Ebergenyi ist im Buch förmlich Anhängsel: nur auf den letzten zehn Seiten wird »in möglichst gedrängter Kürze, da der größte Theil der erheblichen Umstände bereits im vorstehenden Prozesse Chorinsky enthalten ist« (S. 65), über den Wiener Prozeß berichtet. Zum größten Teil handelt es sich hierbei um die Formulierungen aus dem ebenfalls bei Georg Franz erscheinenden *Bayerischen Landboten*. Trotz – oder gerade wegen – der weitgehenden wörtlichen Übereinstimmung zwischen dem aktuellen Gerichtsbericht und dem abgeschlossenen Buchtext zum Prozeß Chorinsky lohnt der genauere Vergleich. Der Band setzt ein:

> Am 22. Juni 1868 begann vor dem Schwurgerichte zu München die Schlußverhandlung jenes Prozesses, der schon Monate lang sowohl das Interesse der Richter als auch des Publikums angeregt, und der bereits einen ersten Abschluß durch die Verurtheilung der ebenfalls in der Sache betheiligten Person gefunden hatte. Julie v. Ebergenyi, über deren Verhandlung ein kurzer Bericht nachfolgen wird, hatte als physische Urheberin des Giftmordes an der Gräfin Mathilde v. Chorinksy bereits die der Gerechtigkeit wie Milde entsprechende Strafe zugesprochen erhalten und nun sollte sich entscheiden, in wie weit deren Galan, Graf Gustav v. Chorinsky, ehemal. k.k.österr. Oberlieutnant, durch Theilnahme an dem Verbrechen verwickelt gewesen ist. Und zur Ehre der bayerischen Justiz hat der Gerichtshof diese so schwierige Frage in bester Weise und zur allgemeinen Befriedigung gelöst. Die Gerechtigkeit ist zu ihrer Geltung gekommen, und hiermit ein Trauerspiel vor unseren Augen vorübergegangen, dessen Akteure zum Glück wohl selten auf dieser Bühne erscheinen, desto häufiger aber in Romanen zu finden sind; gerade diese durch das Schicksal herbeigeführte Zusammenfügung der verschiedensten Persönlichkeiten verlieh dem Prozesse ein gewisses Interesse, das ihm anfangs zu mangeln schien, indem sie uns einerseits überhaupt eine Reihe von Charakteristiken gänzlicher sittlicher

---

[25] Zum Überblick die Seiten-Daten-Konkordanz: S. 3–5 entspricht 23. 6. abends; S. 6–15 entspricht 23. 6. abends; S. 15–19 entspricht 24. 6. morgens; S. 19–27 entspricht 24. 6. abends; S. 27–31 entspricht 25. 6. morgens; S. 31–35 entspricht 26. 6. morgens; S. 35–40 entspricht 26. 6. abends; S. 40–48 entspricht 27. 6. morgens; S. 48–58 entspricht 27. 6. abends; S. 58–62 entspricht 28. 6. morgens.

Verkommenheit, andererseits aber ein düsteres Schattenbild aus dem Leben und Treiben der höheren Aristokratie vorführte; ein neues Interesse erregte die Sache dadurch noch, als die Vertheidigung die Zurechnungsfähigkeit des Angeklagten zu bestreiten suchte; und so kam es, daß unter ungewöhnlichem Zudrange des Publikums die Sitzung eröffnet wurde. (S. 1)

Diese Einleitung deutet schon den grundlegenden Unterschied zur Gerichtsberichterstattung an, der sich daraus ergibt, daß der Text des Zeitungsberichtes dem aktuellen Zusammenhang, der direkten zeitlichen Referenz entzogen und als eingenständiges Werk präsentiert wird. Der feste Buchdeckel ist Ausdruck der bereits in der Einleitung feststehenden Abgeschlossenheit des Geschehens als vergangenes. Wir finden hier den Impuls, die vorerst nur formale Ablösung der in Alltagsbegriffe zurückgeführten Einheiten institutionell geregelter Handlungen als repräsentativen Übertritt der unmittelbar deiktischen und referentiellen Berichterstattung in die Geschichtserzählung zu kennzeichnen. Die Einleitung selbst weist ja auf die Nähe fiktionaler Geschichten – »Romane« – hin, die sich aus der Personenkonstellation ergibt, sowie auf die Restitution einer »stabilen Gesellschaft, die nur in sozialen Randbezirken mit Kriminalität konfrontiert wird.«[26] Der Prozeß Chorinsky gewinnt seinen Reiz aus der alltagsweltlich naheliegenden Anschlußmöglichkeit eines sozialen Randbezirks an einen moralischen.

Für unser Interesse an Fragen der Narrativik ist die Perspektive des Buches Ausdruck des neuen Status für die öffentliche Repräsentanz des Kriminalfalles in der distanzierten Darstellung als abgeschlossene Wirklichkeitseinheit: »Nur indem die Geschichte als eine vergangene erscheint, kann sie als eine ganze erscheinen.«[27] Geschichte aber beruht auf narrativer Reduktion des Geschehens, auf einer funktionalen Geschichtskonstruktion. Die Funktion des hergestellten Wirklichkeitsabschnitts läßt sich unter erzähltechnischem Gesichtspunkt mit dem »Relevanzpunkt«[28] des Erzählens in Verbindung setzen; dem entspricht als Struktur der Lebenswelt der »Sinn«, »das Resultat meiner Auslegung vergangener Erlebnisse, die von einem aktuellen Jetzt und von einem aktuell gültigen Bezugsschema reflektiv in den Griff genommen werden.«[29] Und über seinen Sinn und Relevanzpunkt des Prozesses Chorinsky läßt uns der autonom präsentierte Text von 1868 noch weniger im Unklaren als der aktuelle Bericht. Der Kontextwechsel von der örtlichen und zeitlichen Referenz in die Distanz – das war schon ansatzweise bei der *Berliner Gerichts-Zeitung* zu beobachten – ermöglicht die entschiedenere Interpretation des Geschehens und die geschlossenere Sinnproduktion. Das Lob auf die bayerische Justiz, das schon die nachträglich verfaßte Einleitung des Buches aussprach, bestätigt sich dann durch zusätzliches Material nach der Urteilsverkündung:

In den Motiven des Urtheils heißt es bezüglich der Strafausmessung, daß einerseits das eheliche Verhältniß der Ermordeten, die monatelange Vorbereitung und raffinirte Aus-

---

26 Schönert: Kriminalgeschichten, S. 53.
27 Stierle: Geschichte als Exemplum, S. 355.
28 Hoffmann: Erzählformen vor Gericht, S. 36.
29 Schütz u. Luckmann: Strukturen der Lebenswelt, S. 33.

führung der That, sowie die Anwendung von Gift, andererseits aber das leidenschaftliche Temperament des Angeklagten die verhängte Strafe als dem Verbrechen angemessen hätte erscheinen lassen, endlich, daß seine Standes- und Familienverhältnisse und die Zeugnisse seiner Vorgesetzten, welche ihn als tapferen Offizier bezeichneten, die Umwandlung der Zuchthaus- in Festungsstrafe gerechtfertigt erscheinen ließen. (S. 63)

Die »Sinnbildungsleistung«, die »wunscherfüllende Weltstrukturierung«[30] in unserem Beispiel – so hatten wir schon angedeutet – besteht in der nachträglichen und narrativ begründeten Bestätigung des juristischen Urteils durch das alltagsweltliche Rechtsempfinden, das der Berichterstatter anspricht. Am Schluß des Bändchens steht die Stellungnahme zur rollenabhängigen Rechtssprechung. Sie wird durch die faktische Abgeschlossenheit des Geschehens ermöglicht. Der affirmative Charakter des folgenden Fazits bildet als Gegenstück zur öffentlichen Vorverurteilung des Angeklagten den wesentlichen alltagsweltlichen Beitrag zur Integration des ›sozialen Randbezirks‹ Kriminalität in ein konsistentes Weltbild:

Im vorliegenden Falle erscheint nun Chorinsky lediglich als Theilnehmer durch Unterstützung, Hilfeleistung u.s.w., und es wäre ungerecht, denselben mit einer höheren Strafe zu belegen, als die Person, welche die Ausführung des Verbrechens übernommen und vollzogen hatte. Überdieß fällt zu diesen objektiven Momenten gerade jenes Prinzip der Gleichberechtigung vor dem Gesetze, die Gleichheit in der Zumessung der Strafe, hinzu. Das Gesetz hat wohlweislich die Entscheidung, wann auf Festungsstrafe zu erkennen sei, lediglich dem Ermessen der Richter in der Würdigung der vorhandenen Umstände überlassen. Daß aber für einen Mann, der bisher in den höheren Klassen der Gesellschaft verkehrt und in den besten Verhältnissen gelebt hat, schon die Freiheitsstrafe an sich eine viel härtere sein muß, als für einen Verbrecher, der aus der niederen, gewöhnlichen Volksklasse hervorgegangen ist, bleibt eine unbestrittene Wahrheit. Und gerade dadurch wird jene Gleichberechtigung vor dem Gesetze gewahrt, daß man ersterem eine Erleichterung im Vollzuge der Strafe gewährt. Dazu kommt aber noch, daß ein Mann, der bisher eine öffentliche Stellung bekleidet hat, mit der Verurtheilung auch Rang, Stand, Gehalt mit den übrigen Bürgerrechten verloren hat, in irgendeiner Weise ein angemessenes Fortkommen zu finden, während der Verbrecher aus der gewöhnlichen Volksklasse den Verlust der Bürgerrechte nicht so schwer vermisst und nach erstandener Strafe viel leichter in seinem früheren Stande heimisch wird und sein Leben fristen kann. (S. 75f.)

Der abschließende Einbezug des Einzelfalles in eine umfassende Wirklichkeitsaussage – und nicht nur in eine gegebene juristische Landschaft, wie dies bei der *Berliner Gerichts-Zeitung* zu sehen war – konstituiert den teleologischen Sinn der Geschichtserzählung, zu der die a priori abgeschlossene Darstellung aus historischer Distanz geworden ist. Sie markiert den Stand der erzählend hergestellten Öffentlichkeit des Kriminalfalles Chorinsky nach dem Urteilsspruch Ende Juni 1868.

Im Juli wurde Chorinsky auf die Festung Rosenberg bei Kronach gebracht, wo er laut Urteil zwanzig Jahre verbringen sollte, aber nur bis zum 24. Dezember des Jahres blieb. Er war nämlich an »heftiger Geistesstörung« erkrankt und wurde daraufhin in die Kreis-Irrenanstalt für Mittelfranken zu Erlangen eingeliefert. Während sich seine Krankheit zunächst bis zum Frühjahr 1869 verschlimmert

---

[30] Baumgartner u. Rüsen: Erträge der Diskussion, S. 692.

hatte, brachten Sommer und Herbst eine Besserung des Geisteszustandes, die jedoch im Winter 1869 wieder zurückging. Ab Januar 1870 verschlechterte sich Chorinskys Zustand kontinuierlich bis zu seinem Tod am 30. Dezember 1871, dreieinhalb Jahre nach der Verurteilung. – Diese Informationen sind zu entnehmen einer Veröffentlichung des behandelnden Arztes Dr. Friedrich Wilhelm Hagen, kgl. Oberarzt und Vorstand der Kreis-Irrenanstalt, Professor an der Universität zu Erlangen, dessen *Chorinsky. Eine gerichtlich medizinische Untersuchung* 1872 erschien. Die erweiterte Perspektive, über die der Verfasser verfügte, wird gleich in der Einleitung deutlich. Sie ordnet die Gerichtsverhandlung historisch distanziert ein:

> Es sind nun vierthalb Jahre, dass vor dem Schwurgerichtshofe zu München ein Criminalfall verhandelt wurde, der die Aufmerksamkeit der ganzen gesitteten Welt auf sich lenkte. Die verbrecherische Handlung Chorinsky-Ebergenyis fiel überdies in eine politisch erregte Zeit, so dass die gerechtfertigte Entrüstung über die That sofort auch eine bestimmte Färbung erhielt. Allerdings war so manches, was bei der Untersuchung und Verhandlung zum Vorschein kam, wenig geeignet, hohe Vorstellungen von dem zu erwecken, was in manchen Kreisen hinter den Coulissen vorgehen mag. Andererseits ist nicht zu verkennen, dass die öffentliche Meinung voreingenommen war. Weil sie energische Sühne forderte, so mußte die That auch wirklich ein Verbrechen, d. h. eine strafbare Handlung sein, und der Versuch, die Vertheidigung auf Unzurechnungsfähigkeit zu begründen, wurde hauptsächlich wegen der socialen Stellung des Thäters mit Mißtrauen aufgenommen. (S. V)

Hagens Untersuchung ist in zwei Abschnitte geteilt, in die »Lebens- und Krankengeschichte« (Seiten 1 bis 96) und in das »Gutachten« (Seiten 97 bis 217). Der erste Teil ist ganz als Biographie angelegt, die Chorinskys Geisteszustand chronologisch von der Zangengeburt über erste Kinderkrankheiten und pubertäre Ausfälle verfolgt. Die zentrale Rolle spielt von früh an sein Sexualtrieb, den er in der Kindheit, aber auch später noch selbst befriedigte:

> Wie Dr. Fahrnholz in Rosenberg mittheilt, machte Ch. dort keinen Hehl aus dem Laster der Onanie, der er sich ergeben hatte und teilte mit, daß er dieselbe schon seit seiner frühesten Jugend treibe; er habe oft, wenn ihn sein Hofmeister nicht auf den Abtritt gehen liess, die Schublade etwas herausgezogen und unter dem Schutze derselben, in Gegenwart seines Hofmeisters, Onanie getrieben. Gleichwohl scheint die geistige Ausbildung Ch.'s nicht Noth gelitten zu haben, er lernte französisch und englisch zu sprechen, und zeichnete gut, spielte Clavier und seine Briefe aus der früheren Zeit, welche wir bald erwähnen werden, sind großentheils gut stylisiert und ihr Inhalt, wo ihm daranliegt, auf den Effect gut berechnet. (S. 4)

Hagen trägt an Belegen für Chorinskys seit jeher bestehende Disposition zur Geistesstörung an Briefmaterial und Zeugenaussagen zusammen, was er nur finden kann. Offenbar stützt er sich auch auf das Georg Franz'sche Bändchen, wie einige wörtlich übernommene Textstellen beweisen. Diese Maßnahmen und Verfahren haben einen narrativen Zweck: Hagen legt ausdrücklich Wert auf eine vollständige »Geschichtserzählung« (S. 2),[31] auf die erzählerische Geschlossenheit seiner Darstellung. Ein sehr deutliches Beispiel dafür ist die Tatsache, daß das allgemein

---

[31] Vgl. Meyer-Krentler: ›Die Verkaufte Braut‹.

bekannteste Faktum, der Tathergang, noch einmal nacherzählt wird und nicht als Bezugsrealität außerhalb des Textzusammenhangs bleibt. Der Punkt schließlich im biographischen Ablauf, an dem Hagen in seiner professionellen Rolle als Psychologe einhakt, ist die gerichtspsychiatrische Bestätigung für Chorinskys »den Einflüßen der Leidenschaften leicht zugänglichen Charakter«,[32] den die Urteilsbegründung berücksichtigt. Dieser institutionell anerkannte Umstand (für die Juristen lediglich ein ›mildernder‹) wird unter dem – für die juristische Beurteilung – innovativen psychologischen Interesse zum Sinn der historisch distanzierten Erzählung, zum neuen Relevanzpunkt. Aus dem juristischen Akzidens des Prozeßgeschehens wird nun juristische Substanz:

> Seit seiner Pubertät war Chorinsky eifrig dem Dienste der Venus ergeben und verschmähte es nicht, sich bis in die letzten Tage häufig mit Onanie zu beflecken, welche er während seines Aufenthaltes im hiesigen Militärspitale selbst in Gegenwart vieler Personen ausübte; er pflegte sich in Extremen zu bewegen, was sich namentlich durch Hass und Liebe manifestierte; derselbe war von jeher sehr leicht erregbar. (S. 61)

Diese Erregbarkeit, so der Arzt, steigert sich dann zur tatsächlichen Krankheit:

> Nach den hier an Chorinsky gemachten Beobachtungen besteht kein Zweifel, dass derselbe an Irrsinn mit zeitweisen Anfällen von Tobsucht leidet und die Prognose in Anbetracht der grossen Neigung zur Onanie und des fortbestehenden Geschiedenseins von den Seinigen als eine ungünstige erscheint. (S. 65)

Diese Prognose vom Anfang des Aufenthaltes in Erlangen bestätigt sich in der fortlaufenden Krankengeschichte, und der biographische erste Teil von Hagens Buchveröffentlichung endet – so konsequent, wie die Lebensgeschichte mit der Zangengeburt begonnen hatte – mit dem Tod Chorinskys in bewußtlosen Konvulsionen (S. 93). Der zweite Teil, das »Gutachten«, beginnt mit der professionellen Bestimmung der Krankheit ex post als »eine, ohne ein melancholisches Vorstadium ausbrechende, Manie mit dem endlichen Ausgang in Blödsinn« (S. 101). Auch das fachspezifische Gutachten stellt die medizinische Diagnose in einen sozialen Verhaltensrahmen. Die Krankheit Chorinskys wird verstanden im engen Zusammenhang mit seinem vorwiegenden Interesse an »Liebeshändeln« (S. 116), das umgekehrt proportional zu dem an seiner Karriere ist: »In Wirklichkeit aber war sein Herz nicht bei dem Kriegshandwerk, sondern bei den Werken der Liebe« (S. 120). Diese – heute eher sympathische – Eigenschaft Chorinskys gewinnt in Hagens Darstellung erzählerisches Gewicht als sinnstiftender Interpretationsansatz von anthropologischer Qualität:

> Es ist wohl schon vorgekommen, dass solche leichte Entzündlichkeit in Hinsicht auf Frauen, solche vielfältige Verliebtheit und Wuchern der Sinnenliebe, sich mit grosser geistiger Energie und Regsamkeit verband; wir finden, wenn auch kaum Philosophen und Gesetzgeber, doch Staatsmänner, Feldherren und Dichter, welche in dieser Beziehung Möglichstes leisteten. Aber nicht jede Natur ist dergleichen vielfachen Ansprüchen gewachsen. [...] Chorinsky gehörte nicht zu diesen, sondern im Gegentheil zu den schwachen Naturen, welche nicht nach einer Seite hin sich Ausschreitungen erlauben dürfen, ohne nach der anderen hin schwer einzubüssen. (S. 120f.)

---

[32] So im Urteilsprotokoll, vgl. Anmerkung 2.

Chorinskys Konzentration auf sein Geschlechtsleben – auf Kosten seiner gesellschaftlichen Aufgaben – bezeichnet auch der Arzt als moralische Schwäche (S. 119). Erinnert man sich an das Plädoyer des Staatsanwaltes Wülfert, so weiß man, daß zwei der fünf Sachverständigen Chorinsky aufgrund von ›moral insanity‹ zur Tatzeit für unzurechnungsfähig hielten.[33] Hagen, der mit seiner Untersuchung ein ganz bestimmtes gerichtsmedizinisches Problem verdeutlichen will, folgt dieser überholten und erfolglos gebliebenen Argumentation nicht, sondern nutzt die historische Distanz, um fachspezifisch zu differenzieren:

> Immoralität für sich wird niemals zur Krankheit, sondern wir verstehen unter moralischem Irresein eine, gleichviel wie und durch welche Ursachen entstandene, Krankheit, welche ihren unheilvollen Einfluss hauptsächlich im Gebiet der Sittlichkeit äußert. Dies wird so gut für möglich erklärt werden müssen, als es auch eine partielle Verrücktheit und überhaupt Störung des Vernunftgebrauchs durch die Krankheit gibt. (S. 152f.)

Dieses Menschenbild, das Moral gerade nicht als gesellschaftlichen Mechanismus zur Triebdrosselung, sondern als zerebrale Funktion ansetzt, wird der zu dieser Zeit fünfzehnjährige Sigmund Freud um die Jahrhundertwende grundlegend revidieren. Hagen argumentiert noch mit den sittlichen Vorstellungen des 19. Jahrhunderts anhand der ›moral insanity‹ für die institutionelle Anerkennung der abgestuften Zurechnungsfähigkeit:

> Als Chorinsky's Geisteskrankeit deutlich und vollentwickelt nach außen hervorbrach, war sie allerdings nicht mehr moralisches Irresein, sondern Manie. Und auch vorher, als sie noch gewissermaßen in der Wiege lag, bot sie noch nicht das volle Bild des moralischen Irreseins. Es war erst eine Disposition vorhanden, aber eine hochgradige und der psychische Reflex dieser Hirn- und Nervendiathese war moralisches Irresein niedern Grades. (S. 155)

Erzählerisches Ziel Hagens ist ein ganz pragmatischer Appell an die Adresse der zeitgenössischen Rechtsprechung. Wie der Staatsanwalt und der Verteidiger im Prozeß, läßt auch Hagen sein Argument durch das nicht-institutionelle Alltagsbewußtsein vermitteln und rhetorisch plausibel machen:

> Ich frage jeden Unbefangenen, wenn Chorinsky vom Schwurgerichtssaal weg zur Beobachtung in eine Irrenanstalt geschickt und nach Verlauf eines halben Jahres definitiv über ihn abgeurteilt worden wäre, ob nicht die meisten die Sache ganz anders angesehen haben würden. Denn dass der Act der Verurtheilung seine Geistesstörung nicht veranlasst hat, dürfen wir als gewiss annehmen. (S. 196)

Hagens abschließendes Votum für die juristische Berücksichtigung einer »gradweisen Zurechnungsfähigkeit« (S. 198) verweist auf fachspezifische Schritte in Richtung einer Reform des Strafrechts, die Chorinsky und seinen Fall noch nicht betraf – daher erklärt sich wohl auch die erwähnte Nicht-Rezeption des Falles in Fachmedien. Erst wesentlich später werden solche Argumente als Ausschaltung einer irreführenden ›fictio iuris‹ gewürdigt:

> §51 StGB ging bis zur Einführung des §51 Abs. 2 über die verminderte Zurechnungsfähigkeit von der Fiktion aus, daß es einen Gegensatz zwischen geistig Normalen und Geistes-

[33] Vgl. Lindau: Interessante Fälle, S. 221f.

kranken gebe, daß jeder Mensch einer der beiden Kategorien angehöre. Diese Auffassung widerspricht der Wirklichkeit und stellt den Strafrichter abermals vor eine sinnlose Aufgabe. Es gibt zahllose Zwischenstufen zwischen geistiger Gesundheit und geistiger Krankheit.[34]

Diese historisch – nicht zuletzt durch die Psychoanalayse – differenzierte Perspektive weist beispielhaft eine Tendenz zur verstärkten Berücksichtigung der biographischen Entwicklungsgeschichte des Individuums auf – im Gegensatz zu der möglichst allgemein gültigen Tatbestandsrekonstruktion, die etwa noch von Staatsanwalt Wülfert und der *Süddeutschen Presse* angestrebt wird.

Schönert und Linder sehen in der ›Kriminalbiographie‹ des 19. Jahrhunderts den Verknüpfungspunkt zwischen juristischer und literarischer Verbrechensdarstellung.[35] Hagen seinerseits beweist schon ein erstaunlich ausgeprägtes Bewußtsein von seiner besonderen Rolle als Erzähler, wenn er seinen Bezug zu fiktionalen biographischen Darstellungen reflektiert:

Es ist viel schwerer, als man gemeinhin denkt, sich eine lebendige Vorstellung von dem Entwicklungsgang eines Menschen zu machen und die Bedingungen und inneren und äußeren Momente nachzuweisen, durch welche er gerade der geworden ist, als den wir ihn in einem bestimmten Zeitpunkte vor uns haben. Man darf sich hier von der poetischen Leichtigkeit nicht täuschen lassen, mit welcher nicht selten Romancharaktere entworfen und durchgeführt werden. Der Romandichter kann sich seine Persönlichkeit beliebig schaffen, ihre verschiedenen Eigenschaften nach Gefallen kombiniren und den Lebensgang derselben nach Haupt- und Seitenwegen zeichnen wie er mag; die Hauptsache ist, dass der Charakter samt seinen Aeusserungen nicht ein ganz unmöglicher oder allzu unwahrscheinlicher ist, weil dadurch die Wirkung des schönen Scheins beeinträchtigt wird. Ist die Charakterentwicklung auch eine unwahrscheinliche, so schadet sie doch Niemand, ausser vielleicht dem Rufe des Autors. Anders schon beim Historiker, noch mehr aber beim psychischen Arzt und gerichtlichen Psychologen. (S. 134f.)

Zunächst scheint es, daß Hagen (noch weit entfernt von den Ergebnissen der Erzählforschung im 20. Jahrhundert) nur die aristotelische Trennung zwischen künstlerisch freien und institutionell auf Wahrheit verpflichteten Erzählern vertritt. Doch stellt er im Schluß der zitierten Passage ein gemeinsames narratives Kennzeichen auf: der Romanschreiber hat ebenso wie Historiker und Psychologen auf die Wahrscheinlichkeit seiner Darstellung zu achten, dabei veranlassen die letzteren freilich folgenschwerere Gründe. Deshalb setzt auch Hagen seine berufliche Erzählerrolle ab von anderen Erzählerrollen. Nicht die Distanz zum fiktionalen Erzähler ist ihm besonders wichtig, sondern vor allem die Abgrenzung zu der Rolle desjenigen, der aufgrund von Vorurteilen zum narrativen Entwurf des Wahrscheinlichen kommt:

Das Gefühl und die Voreingenommenheit tragen gar oft den Sieg über die verstandesmässige Einsicht davon; und so kann ein Arzt die tiefste, bis ins Einzelne gehende Analyse eines Geisteszustandes liefern und mit allen Hülfsmitteln der Sprache eine glänzende Darstellung davon geben – ein präoccupierter Geschworener, dem das Alles in seiner gewohnten Erfahrung noch nicht vorgekommen ist, ist und bleibt misstrauisch

[34] Hirschberg: Fehlurteil, S. 96.

[35] Linder u. Schönert: Verständigung, S. 204.

gegen die ganze Deduktion, lässt sich nicht bestechen, sondern hält sich an sein Gefühl und sagt: Das mag Alles recht schön sein, der Inquisit hätte aber doch die Sache anders machen können. (S. 192)

Der funktionsbestimmte Anlaß für Hagens ›Erzählen‹ läßt sich gegen Ende seines Buches auch auf seine Deutung der Biographie Chorinskys beziehen. Hagens Darstellung grenzt sich nämlich vehement als institutionell gesicherte Erzählung ab von poetisch oder alltagsweltlich fiktionalen Erzählungen; Hagen beurteilt ein historisches Faktum: »Chorinsky war zur Zeit der That nicht völlig geisteskrank; er war aber sehr stark zur Geistesstörung disponirt, ja diese war schon in der Entwicklung begriffen« (198f.). Trotz der historischen Distanz und der besonderen fachlichen Kompetenz, aus der Hagen erzählt, bilden Geburt und Tod Chorinskys die Initial- und Finalgrenze der erzählten Zeitspanne. Im allgemeinen Sinn ist die »gerichtlich medizinische Untersuchung« demnach nichts anderes als eine Biographie. Die geradlinige Darstellung des Lebenslaufs im Sinne mehr und mehr ›abweichenden Verhaltens‹ ist zunächst das Auswahlkriterium für die relevanten Daten, dann verengen sich Auswahl und Darstellung auf den pathographischen Aspekt. Trotz dieser offenkundigen (mindestens) doppelten Reduktion und trotz der Reflexionen Hagens zum ›Erzählen‹ erhebt die Untersuchung ausdrücklich rein wissenschaftlichen Anspruch und entzieht sich einer pauschalen Gattungsbeschreibung der Biographie als »Grenzgebiet von Wissenschaft und Kunst«.[36] Hier versagt die formale Genre-Bestimmung, inhaltlich-funktionale Ergänzungen sind notwendig. Sie sind narrativ begründet im Relevanzpunkt der Erzählung: bei Hagen etwa die Darstellung Chorinskys als Opfer eines unterentwickelten wissenschaftlichen und allgemein-gesellschaftlichen Kenntnisstandes. Und hier greift eben auch eine Bestimmung des Genres ›Biographie‹, die in erster Linie von den Funktionen der Erzählung und nicht von der Intensität des Wirklichkeitsbezugs ausgeht: »Biographien sind vor allem von Interesse, weil sich an ihnen Momente widersprüchlicher gesellschaftlicher Strukturen kristallisieren, weniger, weil es sich um einen ›großen Menschen‹ handelte.«[37]

Bevor allerdings Hagen seine pathographische Kriminalbiographie vorlegt – offenbar auch bevor Chorinskys Geisteskrankheit ausbrach, also in unmittelbarer zeitlicher Nähe zum Prozeßgeschehen selber – wurde der Fall unter dem Titel *Die Stiftsdame Julie Ebergenyi von Telekes und der Graf Gustav Chorinsky Freiherr von Ledske* in den *Neuen Pitaval* aufgenommen. Diese prominente Fallsammlung ist ein bedeutender medialer Ort literarischer Verbrechensdarstellung im 19. Jahrhundert,[38] und ihre Überschrift zu unserem Fall verrät schon etwas über ihre Erzählweise. Es geht hier nicht, wie etwa bei Hagens Kriminalbiographie *Chorinsky*, um die Entwicklungsgeschichte des Individuums, sondern um das undiffe-

---

[36] Scheuer: Biographie, S. 9.

[37] Rehbein: Biographisches Erzählen, S. 51.

[38] Vgl. Linder: Deutsche Pitavalgeschichten, in diesem Band S. 313–348. Über den *Neuen Pitaval* seien nicht die anderen ›Pitaval‹-Sammlungen vergessen. So nahm etwa auch *Der Wiener Pitaval* den Fall Chorinsky auf. Dieser Bearbeitung verdanken wir die Überlieferung der Fotografien von Chorinsky, seiner Frau und seiner Geliebten.

renzierte Interesse »der ›größeren Leserclasse‹, die dem Sensationellen des Verbrechens und den moralischen Diskussionen das meiste abgewinnt.«[39] Es geht hier also um die Fallgeschichte und die Sensation, die sich mit Blick auf den sozialen Stand – nicht den psychischen Zustand – der beiden Täter anbietet. Alle Berichterstatter stimmen darin überein, daß die Verteidigungsstrategie der beiden Angeklagten ziemlich ungeschickt, inkonsequent und unglaubhaft war. Die Erklärung dafür fand man in ihrer Überraschung, als Adlige überhaupt belangt worden zu sein. *Der neue Pitaval* geht in seinem Entwurf von Sinnbezügen weiter und interpretiert ein solches Verhalten als strategisches:

> Julie von Ebergenyi entwirft noch während des ersten Verhörs ihr Vertheidigungssystem, mit jeder Lüge, die sie ausspricht, wächst ihre Keckheit, die zuerst reuige Sünderin hat sich in unglaublich kurzer Zeit in eine verstockte Lügnerin verwandelt, sie tritt energisch und verwegen in die Schranken, um Leben und Freiheit zu retten. (S. 267)

Wir brauchen lediglich eine andere Charakterisierung Julie Ebergenyis daneben zu stellen, um die Richtung zu erkennen, die *Der neue Pitaval* anstrebt. Die Anklageschrift gegen Chorinsky betont die »naive Sorglosigkeit« seiner Geliebten und fährt fort: »Der gleiche Leichtsinn tritt endlich auch in der Nachlässigkeit hervor, die sie in Beseitigung der Spuren des Verbrechens bethätigte, sowie in der Plan- und Systemlosigkeit ihrer Verantwortung« (*Süddeutsche Presse* vom 17. 6. 1868). Beide Charakterisierungen sind deutlich auf den Zweck der Erzählung ausgerichtet. Während die Anklageschrift Chorinsky als den Initiator des Verbrechens belasten will, geht es im *Neuen Pitaval* darum, das juristische Urteil gegen beide Angeklagte als zu milde hinzustellen. So wird zunächst die Schuldanerkennung Chorinskys vor Gericht um eine moralische erweitert:

> Mit Grauen wendet man sich ab von einem Manne, der für das Gelingen des Mordes an seiner Gattin betet und wähnt, Gott werde ein solches Gebet erhören.
>
> Es empört sich das menschliche Gefühl, wenn man liest, wie ein Graf ein Offizier seine dem Tode geweihte Gattin mit gemeinen Schimpfnamen belegt, wie er von der zärtlichsten Sorge erfüllt ist, daß seine Geliebte, die auszieht, um seine Gemahlin zu vergiften, sich auf der Reise erkälte, daß sie durch den Mangel kleiner Münze Unannehmlichkeiten haben könnte! (S. 283)

Werden hier jedermanns ethische Vorstellungen in vollgültiger »Rechtssprache«[40] mit der Mentalität eines besonderen sozialen Standes – »ein Graf ein Offizier« (dieses Faktum hatte bei Hagen überhaupt kein Gewicht) – konfrontiert, so belegt der Berichterstatter mit seinem Urteil über die Maßnahmen institutioneller Sanktionen seine eigene Kompetenz in Rechtsvorgängen und markiert damit auch den Anspruch der Fallsammlung, an den Prozessen formeller und informeller Sozialkontrolle teilzuhaben.[41]

> Im Publikum und in der Presse hat sich keine Stimme erhoben, welche die Gerechtigkeit des Schuldig bezweifelte, nur die Milde des Urteils wird von verschiedenen Seiten getadelt, und wir glauben nicht mit Unrecht. Der Tod durch den Strang wäre nach unserer

[39] Linder u. Schönert: Verständigung, S. 195.
[40] Schmidt: Rechtssprache, S. 394.
[41] Vgl. Linder: Der neue Pitaval.

> Überzeugung für diese listig vorbereitete, verwegen ausgeführte, heimtückische That, bei welcher die Mörderin den Entschluß lange vorher gefaßt und hartnäckig festgehalten hatte, die einzig und allein entsprechende Strafe gewesen. Wir vermögen auch die geltend gemachten Milderungsgründe nicht anzuerkennen, denn wir glauben nicht, daß Julie die Verführte war, noch weniger, daß der Eid, den sie ihrem Gustav schwur, einen erheblichen Einfluß auf ihren Willen gehabt hat. Gift ist des Weibes Waffe. (S. 311)

Den Fall Ebergenyi schließt *Der neue Pitaval* mit einem allgemeinen Bekenntnis zur Todesstrafe, mit einem entschiedenen Beitrag zur zeitgenössischen juristischen Diskussion, dessen Gewicht im damaligen öffentlichen und fachlichen Bewußtsein von heute aus kaum noch einzuschätzen ist:

> Endlich gehören wir nicht zu den unbedingten Gegnern der Todesstrafe, sondern erachten, daß Verbrecher wie diese den Galgen von Gott und Rechts wegen verdienen und daß es nichts weiter als human ist, solche Giftmischer nach 20 Jahren wieder auf freien Fuß zu setzen. (S. 312)

In diesem Sinne räumt der Erzähler im *Neuen Pitaval* auch die in der Urteilsbegründung berücksichtigten und von Hagen bis zur Kritik an der institutionellen Maßnahme ausgebauten Milderungsgründe für Chorinsky aus:

> Wir räumen ein, Chorinsky ist ein aufgeregter, leidenschaftlicher, jähzorniger, nervöser Mann, aber das ist himmelweit verschieden von einem Verrückten. Wir gestehen zu, Chorinsky ist ein Querkopf und hat seine Schrullen, aber ein Querkopf ist noch kein Narr, und wer Schrullen hat, gehört noch nicht ins Irrenhaus. Nein, Chorinsky wußte genau so gut wie jeder Leser dieser Zeilen, daß der Mord ein Verbrechen ist, deshalb hat er die That in seiner Weise vorsichtig und listig vorbereitet, deshalb hat er schon im voraus über seine Vertheidigung nachgedacht, deshalb hat er mit der Waffe der Lüge sich vor dem Schwerte der Gerechtigkeit retten wollen. (S. 350f.)

Mit erheblichem rhetorischem Aufwand an Metaphern, Parallelismen, Apostrophen übersetzt *Der neue Pitaval* die gerichtsmedizinische Frage nach der Zurechnungsfähigkeit des Angeklagten in die nicht-professionellen Kategorien (»Querkopf«, »Narr«) eines allgemeinen Rechtsempfindens (»jeder Leser dieser Zeilen«). Der Schluß der Darstellung enthält dann noch einmal alle wesentlichen Merkmale der *Pitaval*-Version: Den Einschluß des Lesers, die Dramatisierung, die Berücksichtigung des sozialen Standes, die harte Rechtsgesinnung, die moralische Verschärfung des juristischen Urteils:

> Das Drama ist zu Ende, entrüstet wenden wir uns ab von den Personen, die darin aufgetreten sind, mit Entsetzen blicken wir in den Abgrund von Unzucht, Lüge, Rohheit, sittlicher Fäulniß und Gemeinheit, der sich vor unseren Augen öffnet; wir schließen mit dem Wunsche: möchte die Welt nie wieder einen solchen Criminalprozeß sehen, der dadurch noch widerwärtiger und skandalöser wird, daß er in den Kreisen der ersten Gesellschaft spielt! (S. 352)

Die Heuchelei in diesem Schluß scheint umso offenkundiger, als die Fallsammlung gerade von solchen Sensationsprozessen lebt, genauer: sie durch alltagsweltliche Aufbereitung als Sensation mitkonstituiert und die institutionelle ›Entdramatisierung‹ publizistisch rückgängig macht. Vom voyeuristischen Standpunkt des – mit Luhmann zu sprechen – »Nicht-Beteiligten«, des unbescholtenen, geistig und sittlich gesunden Bürgers, wird Kriminalität fraglos zur moralischen Entgleisung, die der Naturgesetzlichkeit der Gesellschaft widerspricht und durch institutionelle Sanktionen wieder behoben wird. Dabei lasse man sich nicht täuschen durch die quasi professionelle Kodifizierung, mit der *Der neue Pitaval* den Deliktbereich in der Schlußformel belegt: »Unzucht, Lüge, Rohheit, sittliche Fäulniß und Gemeinheit« sind ja nicht die zur Verhandlung stehenden Verbrechen; es sind Transkriptionen der Tatbestände ›Giftmord‹ und ›Beihilfe zum Mord‹ in die sensationelle Überhöhung des Alltäglichen.

Vom narrativen Standpunkt aus ist damit eine weitere Stufe der Distanzierung genommen, und die Kriminalitätsdarstellung vom Typ des *Neuen Pitaval* entzieht sich dem unmittelbaren Geschehenszusammenhang. Die ›cause célèbre‹ orientiert sich – wie etwa auch Historiographie und Fiktion[42] – an einem eignen narrativen Relevanzpunkt. Das Delikt im Fall Ebergenyi-Chorinsky scheint prädestiniert für eine derartige »Sinnbildungsleistung«.[43] Auch bei dem von Schönert und Linder dokumentierten Fall Ruthardt ging es um einen Giftmord, und die beiden Autoren weisen auf einen Zusammenhang hing, der sich zeigt,

> wenn man die Stellung des Falles Ruthardt im *Neuen Pitaval* und dazu die möglichen Wirkungen solcher Fallsammlungen auf das Alltagsbewußtsein beschreibt: es handelt sich um einen der 50 Giftmordfälle, die in dieser Sammlung veröffentlicht werden. Noch in jüngster Zeit spielen Giftmorde und – vor allem – Giftmörderinnen in der populären Gerichtsberichterstattung und Prozeßliteratur eine besondere Rolle.[44]

Für die Situation um 1900 liefert die *Criminalpsychologie* von Gross dazu den zeitgenössischen Wissensstand:

> Zu jedem Morde gehört aber Muth, Thatkraft und physische Stärke, nur beim Giftmord ist keines dieser Momente nothwendig, und da das Weib seiner Natur nach auch keine der drei besitzt, so kommt sie ganz von selbst zum Giftmord – daran ist weder etwas Absonderliches, noch etwas Auffallendes, es gibt sich von selbst aus den Jedermann bekannten Eigenschaften der Frau. Deshalb wird man auch hier im Zweifel bei einem vorliegenden Giftmord vorerst nach einer Frau und dann nach einem schwächlichen, weibischen Mann fragen.[45]

Diese Begründung eines gewiß vielfach folgenschweren Geschlechts-Chauvinismus aus der Zeit der Jahrhundertwende erstaunt freilich weniger als die neuerliche Aktualisierung aus den siebziger Jahren des 20. Jahrhunderts:

> Ein klassisches Heimlichkeits- und Listigkeitsdelikt ist wiederum der *Giftmord.* Das Gift will heimlich besorgt und vernichtet werden, das Opfer bei der Einnahme des Giftes getäuscht, die Umwelt über die Todesursache irregeführt werden, wie sollte man sich dessen unterfangen ohne Listigkeit, ohne Vorstellungsgabe, ohne Heimlichkeitstrieb, ohne Lügen. Es hat deshalb für die Psychologen nichts Auffälliges, wenn unter den Giftmördern verhältnismäßig viele Frauen sind, gemessen an ihrer sonst allgemein minderen Straffälligkeit.[46]

---

[42] Vgl. die Einleitung zu diesem Band, S. 20–24, sowie Imm: Briefe über Cézanne.
[43] Baumgartner u. Rüsen: Erträge der Diskussion, S. 692.
[44] Linder u. Schönert: Christiane Ruthardt, S. 243.
[45] Gross: Criminalpsychologie, S. 480.
[46] Bahrs: Vulgärlüge, S. 72.

Mit der Vorstellung von der Frau als Giftmörderin und dem Giftmord als typisch weiblichem Delikt ist an einen Wissensfundus gerührt, der offenbar sehr resistent gegen historischen Wandel geworden ist. Wer vermag zu prüfen, wie lebendig der Schlüsselsatz aus der Falldarstellung im *Neuen Pitaval* noch heute ist: »Gift ist des Weibes Waffe«?

5. Fazit

Versuchen wir einen Überblick über die Antworten auf unsere Frage nach der öffentlichen Darstellung und narrativen Konstitution von Kriminalität zu gewinnen. Wir haben den Gegenstand am Beispiel Chorinsky in drei Phasen erfaßt: als narratives Geschehen vor Gericht, als erzählerische Verarbeitung in der Presse und als abgeschlossene ›Geschichtserzählung‹ aus historischer Distanz.

Schon die erste Darstellung des Delikts, die Anklageschrift, strukturiert die Geschehenswirklichkeit um, so daß die zur Verhandlung stehende Tat notwendig aus den Charakter-Anlagen der Beteiligten folgt. Die in der Anklage erzählte Geschichte beruft sich weithin auf nicht-fachspezifisches Wissen, präpariert das Geschehen damit jedoch für die juristische Bewertung. In seiner Aussage versucht der Angeklagte einen anderen als den vorgelegten Relevanzpunkt der Erzählung zu etablieren, wird aber auf die juristischen Regeln zurückgezwungen. Die subjektive Distanzierung wird im Verfahren mit institutioneller Gewalt unterbunden.

Der Bericht in der lokalen Tageszeitung *Süddeutsche Presse* hebt die Aktualität ihrer Darstellung hervor und beteiligt in unmittelbarer zeitlicher und örtlicher Nähe das Publikum am Geschehen vor Gericht. Die »Beteiligung der Nicht-Beteiligten« kann sich auf das Argumentationsniveau der beiden Schlußplädoyers stützen. Staatsanwalt und Verteidiger sprechen nämlich die juristisch nicht gebildeten Geschworenen vor allem mit Elementen eines unspezifischen Allgemeinwissens an. Als Quintessenz steht der Satz von der Frau als Giftmörderin dem Satz vom Mann als dem aktivierenden Part entgegen. Die *Berliner Gerichts-Zeitung* berichtet über das Geschehen aus einiger Entfernung und nutzt diese Position für die Vermittlung des Prozesses mit weiterreichenden Schemata von Gerechtigkeitsvorstellungen. Die spezialisierte Gerichtsberichterstattung baut das sensationelle Moment aus und ordnet es prinzipiell der Strafrechtspflege in der Gesellschaft zu. Die historische Ausdifferenzierung des Rechtsgeschehens wird in der publikumsorientierten Perspektive der Publizistik teilweise rückgängig gemacht; das juristisch und emotionsfrei präparierte Geschehen wird redramatisiert durch Daten, die gerichtlich nicht zu würdigen wären.

Der Bericht der *Süddeutschen Presse* wird in Buchform als abgeschlossenes Werk publiziert. Der Text ist damit dem Kontext des gesellschaftlichen Lebens entzogen, das Geschehen rückt in den Stand von Geschichte. Die formal hergestellte Autonomie schafft bereits in historischer Nähe eine Kluft zwischen Ereignis und Erzählung, die den Text als fiktionalen wahrnehmbar werden läßt. Mit wachsender historischer Distanz entsteht die Möglichkeit, das Geschehen mit neuen

Relevanzpunkten zu besetzen. So gewichtet der Mediziner Hagen das überlieferte Material in neuer Sicht, ergänzt es und richtet seine Erzählung ein als Kritik am Urteil und am zeitgenössischen Wissensstand. Die innovationsorientierte fachspezifische Darstellung setzt an die Stelle einer verallgemeinerbaren Fallgeschichte die individuelle Verbrecherbiographie. Diesen historischen Wandel in der Kriminalitätsdarstellung unterläuft die zur ›cause célèbre‹ gestaltete Darstellung im *Neuen Pitaval* noch, indem dort die Kriminellen und Außenseiter im Blick auf ihren sozialen Stand als Adlige typisiert werden. Der versierte Erzähler der Pitavalgeschichte nutzt, ebenso wie Hagen, die Distanz zum unmittelbaren Geschehen vor Gericht für eine Kritik des Urteils. Der *Neue Pitaval* gibt ein entschiedenes Votum für die Todesstrafe und gegen die Würdigung individueller Krankheitsbilder ab. Kriminalität bleibt der moralische Randbezirk der Gesellschaft, der nicht eingemeindet, sondern entschieden ausgegrenzt werden soll. Die Chance einer besonderen Sinnkonstitution, die sich aus der zeitlichen Distanz ergibt, ist im *Neuen Pitaval* nicht genutzt; die Darstellung stützt sich auf das Argument, daß Giftmorde vor allem von Frauen geplant werden.

Im Blick auf das allen ›Erzählungen‹ zugrundeliegende Geschehen bietet unser Untersuchungsmaterial drei Feststellungen an: Der zum eigenständigen Werk komplettierte zeitgenössische Bericht bejubelt die Gerechtigkeit des Urteils und die Überzeugungskraft seiner Begründung; die ›cause célèbre‹ ruft nach härteren juristischen Maßnahmen; der Mediziner bemängelt – gestützt auf die dem Prozeß folgenden Ereignisse – den zeitgenössischen Wissensstand zu psychischen Erkrankungen und Störungen der moralischen Entscheidungsfähigkeit als unzureichend für eine zutreffende Erkenntnis des eigentlichen Geschehens.

Damit ist in der narrativen Konstitution des Falles Chorinsky ein Prozeß historischen Wandels durchsichtig geworden: das für sich schon erzählerisch arbeitende juristische Verfahren – Anklage, Aussagen, Plädoyers – wird durch Presseberichte begleitet und unterschiedlichen sozialen Zusammenhängen zugeordnet. Die aktuelle Berichterstattung wird zur Spur, die das Geschehen hinterläßt und zum Material für Darstellungen, die aus der Distanz dann Erzählungen mit eigenständigen Relevanzpunkten erstellen. Diese Geschichten erscheinen ihrerseits im historischen Rückblick als Argumente nicht nur für die Modifikation alltagsweltlicher Sinnbildungen zu ›Kriminalität‹, sie haben auch Folgen für die fachspezifische Rechtsanwendung. So ließe sich einem Zusammenhang zwischen der öffentlich erzählenden Verarbeitung des Falles Chorinsky und den Diskussionen im Vorfeld der Einführung des § 51, Abs. 2 StGB (heute §§ 20, 21 StGB) nachgehen.

Literaturverzeichnis

Ludwig Altmann: Der Raubmörder Severin von Jaroszynski und die Giftmörderin Julie Ebergenyi von Tekeles. Wien: Rikola 1924.

August Bahrs: Die Vulgärlüge in der gerichtlichen Praxis. Versuch einer Lügendiagnostik auf aussageexegetischer Grundlage. (Schriften zum Strafrecht 28) Berlin: Duncker u. Humblot 1977.

Hans Michael Baumgartner u. Jörn Rüsen: Erträge der Diskussion. In: Erzählforschung. Hg. von Eberhard Lämmert. Stuttgart: Metzler 1982, S. 691–701.

Colin H. Good: Ideologische Interessen und sprachliche Techniken. In: Sprache in Wissenschaft und Unterricht 51 (1983), S. 15–19.

Hanns Gross: Criminalpsychologie. Graz: Leuschner u. Lubensky 1898.

Friedrich Wilhelm Hagen: Chorinsky. Studien auf dem Gebiet der ärztlichen Seelenkunde. Neue Folge. Erlangen: Besold 1872.

Dieter Henrich u. Wolfgang Iser (Hg.): Funktionen des Fiktiven. (Poetik und Hermeneutik 10) München: Fink 1983.

Max Hirschberg: Das Fehlurteil im Strafprozeß. Zur Pathologie der Rechtsprechung. Stuttgart: Kohlhammer 1960.

Ludger Hoffmann: Zur Pragmatik der Erzählformen vor Gericht. In: Erzählen im Alltag. Hg. von Konrad Ehlich. Frankfurt/M.: Suhrkamp 1980 (= stw 323), S. 28–63.

Walter Holiczki: Der Mordfall Chorinsky-Ebergenyi. In: W. H.: Die Entwicklung der Gerichtsberichterstattung in der Wiener Tagespresse von 1848 bis zur Jahrhundertwende. Wien: Notring 1972, S. 170–175.

Konstantin Imm: Rilkes *Briefe über Cézanne.* (Europäische Hochschulschriften 860) Frankfurt/M. u.a.: Lang 1986.

Konstantin Imm u. Joachim Linder: Verdächtige und Täter. Zuschreibung von Kriminalität in Texten der ›schönen Literatur‹ am Beispiel des Feuilletons der *Berliner Gerichts-Zeitung,* der Romanreihe *Eisenbahn-Unterhaltungen* und Wilhelm Raabes *Horacker* und *Stopfkuchen.* In: Zur Sozialgeschichte der deutschen Literatur von der Aufklärung bis zur Jahrhundertwende. Hg. von Günter Häntzschel u.a. (Studien und Texte zur Sozialgeschichte der Literatur, Bd. 13) Tübingen: Niemeyer 1985, S. 21–96.

Paul Lindau: Interessante Fälle. Criminalprocesse aus neuester Zeit. Breslau: Schottländer 1888.

Joachim Linder: Der neue Pitaval von Julius Eduard Hitzig und Wilhelm Häring, 1842–1890. Magisterarbeit München 1982.

Joachim Linder u. Jörg Schönert: Verständigung über ›Kriminalität‹ in der deutschen Literatur 1850–1880. Vermittelnde Medien, leitende Normen, exemplarische Fälle. In: Literatur und Kriminalität. Die gesellschaftliche Erfahrung von Verbrechen und Strafverfolgung als Gegenstand des Erzählens. Deutschland, England und Frankreich 1850–1880. Hg. von Jörg Schönert. (Studien und Texte zur Sozialgeschichte der Literatur, Bd. 8) Tübingen: Niemeyer 1983, S. 184–238.

Dies.: Ein Beispiel: Der Mordprozeß gegen Christiane Ruthardt (1844/45). Prozeßakten, publizistische und literarische Darstellungen. In: Ebd. S. 239–359.

Eckhardt Meyer-Krentler: ›Die verkaufte Braut‹. Juristische und literarische Wirklichkeitssicht im 18. und frühen 19. Jahrhundert. In: Lessing Yearbook 16 (1984), S. 95–123.

Wolfgang Naucke: ›Verfachlichung‹ des Strafrechts im 19. Jahrhundert. Probleme des Verhältnisses der Geschichte der literarischen Verbrechensdarstellung zur Strafrechtsgeschichte im 19. Jahrhundert. In: Literatur und Kriminalität. Die gesellschaftliche Erfahrung von Verbrechen und Strafverfolgung als Gegenstand des Erzählens. Deutschland, England und Frankreich 1850–1880. Hg. von Jörg Schönert. (Studien und Texte zur Sozialgeschichte der Literatur, Bd. 8) Tübingen: Niemeyer 1983, S. 55–67.

Der neue Pitaval. Eine Sammlung der interessantesten Criminalgeschichten aller Länder aus älterer und neuerer Zeit. Begründet von Julius E. Hitzig u. Wilhelm Häring, fortgesetzt von Anton Vollert. Bd. 39. Leipzig: Brockhaus 1868.

Prozeß gegen Gustav Chorinsky wegen Theilnahme an einem Giftmorde nach den Verhandlungen vor dem Schwurgerichtshofe zu München vom 22. bis 27. Juni, und gegen Julie Ebergenyi wegen Giftmordes nach den Verhandlungen vor dem Landesgerichte zu Wien vom 22. bis 25. April 1868. München: Franz 1868.

Jochen Rehbein: Biographisches Erzählen. In: Erzählforschung. Hg. von Eberhard Lämmert. Stuttgart: Metzler 1982, S. 51–73.

Helmut Scheuer: Biographie. Überlegungen zu einer Gattungsbeschreibung. In: Vom Anderen zum Selbst. Beiträge zu Fragen der Biographie und Autobiographie. Hg. von Reinhold Grimm u. Jost Hermand. Königstein/Ts.: Athenäum 1982, S. 9–29.

Jürgen Schmidt: Einige Bemerkungen zur Präzision der Rechtssprache. In: Jahrbuch für Rechtssoziologie und Rechtstheorie 2 (1972), S. 390–437.

Jörg Schönert: Kriminalgeschichten in der deutschen Literatur zwischen 1770 und 1890. Zur Entwicklung des Genres in sozialgeschichtlicher Perspektive. In: Geschichte und Gesellschaft 9 (1983), H. 1, S. 49–68.

Alfred Schütz u. Thomas Luckmann: Strukturen der Lebenswelt. Neuwied u. Darmstadt: Luchterhand 1975.

Karlheinz Stierle: Geschichte als Exemplum – Exemplum als Geschichte. Zur Pragmatik und Poetik narrativer Texte. In: Geschichte – Ereignis und Erzählung. Hg. von Reinhart Koselleck u. Wolf-Dieter Stempel. (Poetik und Hermeneutik 5) München: Fink 1973, S. 347–357.

Ubald Tartaruga: Der Wiener Pitaval. Eine Sammlung der interessantesten Kriminalprozesse aus Alt- und Neu-Wien. Bd. 2. Wien u. Leipzig: Barth 1924.

Günter Wallraff: Der Aufmacher. Der Mann, der bei Bild Hans Esser war. Köln: Kiepenheuer u. Witsch 1977.

Rainer Schröder

Hegels Rechtsphilosophie im realistischen Roman. Zu *Hammer und Amboß* von Friedrich Spielhagen*

Wie kommen die Ideen in die Welt und wie setzen sie sich durch? Der theoretische Kopf meint, aufgrund der Kraft seiner Gedanken, also seiner Schriften. Er muß das meinen, würde er sich doch sonst gedanklich seiner Wirksamkeit berauben und seine Wissenschaft von der Realität abkoppeln; und das tut keiner gern.

1. Straftheorien um 1800

Ist Strafrecht erforderlich und welchen Zielen dient es: Säkularisierter oder domestizierter Rache, dem Schutz der Gesellschaft und ihrer Mitglieder oder der individuellen Besserung von Tätern? Die Fragen drängen nicht erst, seitdem sie in die Formen absoluter und relativer Straftheorien gekleidet wurden. Talion – wiewohl ursprünglich als Strafmaßbegrenzung gedacht – lebt als Vergeltungstheorie weiter. Die Kant- und Hegelschen Versionen unterscheiden sich voneinander; sie werden öfter zitiert als verstanden und sind mit ihren Kernzitaten den Gebildeten des 19. Jahrhunderts stets präsent: es kommt nicht darauf an, ob beide wirklich vertraten »fiat justitia pereat mundus«, sondern darauf, wie sie verstanden wurden. Kant meinte, wenn das

> eine Insel bewohnende Volk beschlösse, auseinander zu gehen und sich in alle Welt zu zerstreuen [...], müßte der letzte im Gefängnis befindliche Mörder vorher hingerichtet werden, damit jedermann das widerfahre, was seine Taten wert sind, und die Blutschuld nicht auf dem Volke hafte, das auf diese Bestrafung nicht gedrungen hat.

Zudem spottete er beißend über die Abschaffung der Todesstrafe:

> Hiergegen hat nun der Marchese Beccaria aus teilnehmender Empfindelei einer affektierten Humanität (compassibilitas), seine Behauptung der Unrechtmäßigkeit aller Todesstrafe aufgestellt: [...] Alles Sophisterei und Rechtsverdrehung.[1]

Weniger bildhaft doch nicht minder eindringlich wandte sich Hegel gegen die Strafe als Mittel zum Zweck und insbesondere gegen die Rechtfertigung der Strafe

---

* Der Artikel enthält eine Vielzahl von Hinweisen auf Strafrechtler und andere Personen, zu denen nicht jeweils biographische Literatur angeführt werden soll. Sie erschließt sich über die üblichen biographisch-bibliographischen Hilfsmittel: NDB und ADB sowie speziellere juristische Darstellungen und Nachschlagewerke wie E. Schmidt: Einführung; Stintzing-Landsberg: Geschichte; Kleinheyer u. J. Schröder: Deutsche Juristen (alle im Literaturverzeichnis). Wesentliche literaturwissenschaftliche Hinweise erhielt ich von Eckhardt Meyer-Krentler, dem ich herzlich danke.

[1] Kant: Metaphysik, S. 453ff., bes. 455.

durch Strafzwecke. »Die Tat des Verbrechers ist nicht ein Erstes, Positives, zu welchem die Strafe als Negation käme, sondern ein Negatives, so daß die Strafe nur Negation der Negation ist.«[2]

Indem Hegel scharf ablehnte, die Verbrecher durch die Strafe zum Objekt zu machen, resümierte er: »Die positive Existenz der Verletzung ist nur als der besondere Wille des Verbrechers. Die Verletzung dieses als eines daseienden Willens also ist das Aufheben des Verbrechens, das sonst gelten würde und ist die Wiederherstellung des Rechts.«[3] Schließlich schien den Zeitgenossen die Essenz Hegelschen Strafrechtdenkens in dem Satz enthalten: »Daß die Strafe darin als sein eigenes Recht enthaltend angesehen wird, darin wird der Verbrecher als Vernünftiges geehrt.«[4] Die Zeitgenossen sahen in beiden Konzeptionen die Rechtfertigung von Vergeltungsgedanken. Diese sind ebenso alt wie die ohnmächtigen Gefühle der Opfer angesichts ihrer relativen Hilf- und Schutzlosigkeit.

Feuerbach suchte einen psychologischen Zwang auf den Verbrecher auszuüben, der die Vor- und Nachteile einer Tat abwog.[5] Andere verlangten schon am Ende des 18. Jahrhunderts, man möge sich nicht so sehr um Generalprävention oder Abschreckung kümmern, sondern vielmehr um den Einzelnen, der straffällig geworden war.[6]

Schon im 18. Jahrhundert hatte der Arbeitszwang – zum Nutzen des Staates und in erzieherischer Intention – einen Umbruch im Denken markiert.[7] Die Spätaufklärer begannen, über die Strafpraxis, die Voraussetzungen der Strafbarkeit und die Folgen einer Bestrafung nachzudenken.[8] Praktiker versuchten, Gefängnisreformen durchzuführen, und Strafrechtler sowie Philosophen bemühten sich um theoretische Fundierungen. Strafrechtstheorien, wie man sie in der Folgezeit nannte, beanspruchten also nicht nur analytische Richtigkeit, sondern praktische Geltung. Die jeweiligen Vertreter der divergierenden Straftheorien glaubten – bona fide –, einen Beitrag zur praktischen Lösung des Kriminalitätsproblems zu geben. Das gilt von den genannten Vergeltungstheorien ebenso wie von spezial- und generalpräventiven Überlegungen sowie von allen Konzeptionen des 19. Jahrhunderts (z. B. Franz v. Liszt) bis zum heute modischen Labeling-Ansatz.[9]

---

[2] Hegel: Rechtsphilosophie, §97, Zusatz.

[3] Ebd. §99.

[4] Ebd. §100.

[5] Feuerbach: Über die Strafe (1800), S. 111, sowie grundsätzlicher in seinen Werken *Revision der Grundsätze* (1799/1800) und *Lehrbuch* (1. Aufl. 1801), 11. Aufl. 1832 §13. Vgl. etwa als Antipoden Feuerbachs Karl Ludwig von Grolman (1755–1829) mit *Über die Begründung des Strafrechts* (1799); grundsätzlicher ders.: Grundsätze der Kriminalrechtswissenschaft (1798).

[6] Christoph Carl Stübel (1764–1828) in *System des allgemeinen peinlichen Rechts* (1795).

[7] Vgl. das Strafgesetzbuch Josephs II. von 1787. Die Frage des Arbeitszwanges hat in der heutigen Literatur eine lebhafte Kontroverse ausgelöst, die aber hier dahinstehen soll; vgl. etwa Bloch: Naturrecht, S. 276, oder Steinert u. Treiber: Ausrottungpolitik, S. 81.

[8] Als praktische Vertreter sind etwa zu nennen für Österreich Josef von Sonnenfels (1733–1817) und für Preußen Ernst Ferdinand Klein (1743–1810).

[9] Zur Strafrechtsgeschichte dieser Zeit vgl. E. Schmidt: Einführung, §203ff.; Rüping: Strafrechtsgeschichte, S. 58–94, sowie Lüderssen: Kriminologie, Rn 740ff., Rn ab 756.

Die Urteils-/Vorurteilsstruktur der Gesellschaft sowie das soziale Klima bestimmen den Umgang mit Straftätern und abweichendem Verhalten. Natürlich sind das Leerformeln, doch kann man die Bedingungen für den Wandel des Verhaltens gegenüber Straftätern nur pauschal oder ganz konkret beschreiben. Es ist schwer zu erklären, weshalb heute ein relativ milder Resozialisierungsvollzug[10] das psychoanalytisch deutlich belegte Strafbedürfnis und die Stigmatisierungswünsche befriedigt.[11] Bei Kapitalverbrechen war das sicher nicht immer so.

Die Aufklärung hat uns glauben gemacht, daß wissenschaftliche Erkenntnis sich kulturell verfestigen kann. Gedruckte und elektronische Medien fördern heute die dialektische Entwicklung zwischen dem Bedürfnis nach Aufklärung einerseits und andererseits der Bereitschaft, Wissen vermittelt zu erhalten. Die Theorien der Strafrechtstheoretiker von Voltaire bis Beccaria bedurften einer ähnlichen Akzeptanz durch die Öffentlichkeit wie heute etwa Vorstellungen zur Reform des Jugendstrafvollzuges.[12] Vernunft ließ sich wahrscheinlich damals leichter dekretieren als heute; doch in der Strafrechtspolitik, im Strafvollzug konnte man nie vollständig gegen den Wind segeln. Will sagen: Es genügt keinesfalls, die ausführenden Beamten zu überzeugen. Die Reform erfordert eine breite öffentliche Übereinstimmung in solch heiklen Fragen. Die Vermittlungsfunktion kommt heute Instanzen der Sozialisation und elektronischen Medien zu. In jedem Fall bedarf es neben der aufklärerischen einer emotionalen Komponente. Wenn Christiane F., ein Kind vom Bahnhof Zoo, ihren Weg beschreibt, der im Buch anders als im Leben glücklich endet, dann bietet sie für besorgte Eltern Identifikationsmöglichkeiten. Nur so dient der Unterhaltungsroman als Vehikel für die traditionellen Ziele bürgerlicher Aufklärung; prototypisch steht dafür die politisch gewiß nicht reaktionäre Produktion Simmels.

2. Spielhagens Entwicklungsroman

Friedrich Spielhagen (1829–1911)[13] wandte sich an das gebildete Lesepublikum. Obwohl er am Ende des Jahrhunderts das tragische Schicksal erlitt, Ruhm und

---

[10] Vgl. die Beschreibung des Vollzugszieles in §1 StVollzG.

[11] Foucault: Überwachen und Strafen; Reiwald: Die Gesellschaft und ihre Verbrecher; Alexander u. Staub: Der Verbrecher und seine Richter; Haffke: Tiefenpsychologie und Generalprävention; Kargl: Kritik des Schuldprinzips.

[12] Vgl. etwa Holzhauer: Willensfreiheit und Strafe; Hattenhauer: Von Christen, Juden und Menschen. Für Deutschland übersetzte Texte und Ideen Karl Ferdinand Hommel (1722–1781), so in *Über Belohnung und Strafe nach türkischen Gesetzen* (1770) und *Des Herrn Marquis von Beccaria unsterbliches Werk von Verbrechen und Strafen* (1778).

[13] Spielhagen wurde als Sohn eines preußischen Regierungsrats geboren, verlebte die Kindheit in Stralsund, besuchte dort das Gymnasium und studierte ab 1847 in Berlin zunächst Jura, sodann in Bonn und Greifswald Philologie und Philosophie. Er war – wie viele andere – gezwungen als Lehrer tätig zu sein und erreichte seinen Durchbruch mit dem Roman *Problematische Naturen* (Berlin 1860). Nach kurzer Tätigkeit 1860–62 als Schriftleiter in Hannover lebte er ab dann als freier Schriftsteller in Berlin, fungierte 1878–84 als

Popularität zu überleben, gehörte er zu den meist gelesenen Autoren des 19. Jahrhunderts, und sein 1869 in 5 Bänden in Schwerin erschienener Roman *Hammer und Amboß* fehlt in keiner Aufzählung des Oeuvres.[14]

In *Hammer und Amboß* flieht der Held und Ich-Erzähler Georg Hartwig nach einem Konflikt mit dem Vater und durchlebt die vielfältigen Irrungen und Bildungssituationen, die dem Entwicklungsroman eigen sind. Die Story ist schnell erzählt: Der wilde Gutsbesitzer v. Zehren zieht den Jungen an, dieser erlebt seine erste – natürlich enttäuschend verlaufende – Liebe. Der Held verstrickt sich in die dunklen Schmuggelgeschäfte seines Gastgebers Zehren, flieht und stellt sich endlich einem Strafverfahren, das mit einer siebenjährigen Gefängnisstrafe endet.[15] Auf die Räuber- und Ritteridylle beim wilden Zehren folgt die Humanitätsidylle bei dessen Bruder, dem Gefängnisdirektor von Zehren. Dessen Menschlichkeit und Fürsorge führt zu einem Läuterungs- und Bildungsprozeß bei Georg Hartwig, so daß er im dritten Abschnitt des Buches sein Heil in der Arbeit (Hand- und Ingenieurarbeit) in der Fabrik sucht. Der Gefängnisdirektor ist die Güte in Person, in allem das genaue Gegenteil seines Verführerbruders. Georg rettet dessen Leben in einem Gefangenenaufstand, wird verletzt und wie ein Sohn in die Familie aufgenommen, um moralisch, praktisch und wissenschaftlich gebildet zu werden. Dank der neuen Ingenieurfertigkeiten arbeitet sich der Held vom Arbeiter zum Fabrikbesitzer empor, seine Fähigkeiten werden – anders als im wahren Leben – erkannt. Er heiratet die Tochter des Inhabers der Fabrik, schlägt zuvor noch ein verlockendes Angebot eines Prinzen aus und wird – nachdem seine Frau im Kindbett gestorben ist – mit der Tochter des Gefängnisdirektors glücklich.

Ein Bildungsroman also, wie er seit *Wilhelm Meister* nicht ›bürgerlicher‹ geschrieben wurde; in mancherlei Hinsicht Gustav Freytags Buch *Soll und Haben* (1855) verwandt.[16] Was bei Freytag der heilige Kaufmannsstand, gerät Spielhagen zur Bejahung einer – idealisierten – Fabrik; beide Identifikationsfiguren schmie-

---

Herausgeber der *Westermanns Monatshefte*. Spielhagen verfaßte eine Fülle von Romanen, die in letzter Ausgabe ab 1896 in 29 Bänden erschienen. Er starb 1911 in Berlin. Vgl. die allgemeinen biographischen und lexikalischen Hilfsmittel sowie Henning: Friedrich Spielhagen.

[14] Schenda: Volk ohne Buch, S. 467; von Spielhagens Ruhm zeugt etwa die Festschrift zu seinem 70. Geburtstag: Friedrich Spielhagen, Leipzig 1899. Heute wird er als »liberaler deutscher Erzähler in der Nachfolge der Jungdeutschen Bewegung« geschätzt. Bekannt blieb er bis in die heutige Zeit durch seine Romantheorie, die den Hauptgegenstand der heutigen literaturwissenschaftlichen Befassung mit diesem Autor bildet. Überblicke über die Literatur zu Spielhagen etwa bei Jackson: Bürgerliche Arbeit, S. 230, 306, 332f. sowie bei Geissler: *Hammer und Amboß*, S. 69ff. sowie bei Neumann: Friedrich Spielhagen, S. 260ff.

[15] Spielhagen: Hammer und Amboß. Schwerin 1868 (als Taschenbuch wieder veröffentlicht in der Heyne-Nostalgie-Bibliothek, München 1976). Die folgenden Zitate nach der Ausgabe Leipzig 1908; die entsprechenden Seitenzahlen werden im fortlaufenden Text in Klammern genannt.

[16] Die Parallele wurde schon früh gesehen, etwa Klemperer: Die Zeitromane, S. 102f., Jackson: Bürgerliche Arbeit, S. 151ff., S. 230ff.; Goltschnigg: Vorindustrieller Realismus, S. 62.

den ihr Glück selbst. Die Welt des Adels erweist sich wie schon bei Goethe und Freytag als brüchig. Die Belohnung von Arbeitsleistung tritt an die Stelle der Anlehnung an den Adel.

3. Unrealistischer Realismus

Eine irreale Realität wird eingefangen oder »objektivistisch verfehlt«, wie Rolf Geissler die Situation zutreffend geschildert hat.[17] Einer idealisierten Räuber- und Ritterwelt folgt eine unwirkliche Gefängniswelt, und der Durchbruch des Helden geschieht nicht in der bedrückenden Enge der Fabriken und Mietskasernen, sondern gerät zu einem glänzenden bürgerlichen Aufstieg. Hier spiegelt sich eine bürgerliche und liberale Sicht der unteren Stände.[18] Spielhagen gewährt dem ›gefallenen‹ Individuum die Chance eines sozialen Aufstiegs. Die sozialen Utopien, mit denen der Roman endet, erscheinen nicht bedrohlich: Patriarchalisch etwa die Abwendung des drohenden Konkurses, indem die Arbeiter auf einen Teil ihres Lohnes verzichten, wofür sie der gute neue Fabrikherr zukünftig am Unternehmen und dessen Erträgen beteiligt. Die Eleganz, mit der Spielhagen politische und soziale Themen einfing, ließ ihn nicht als sozialen oder politischen Parteischriftsteller erscheinen.

Was uns heute klischeehaft vorkommt, die Schilderung der reinlich geschiedenen Charaktere und des politischen Hintergrundes, war für die Zeit eher eine differenzierte Darstellung. Der Erfolg gab Spielhagen recht: Er konnte die Themen ansprechen, ohne beim bürgerlichen Leser Angst auszulösen. Zutreffend charakterisierte die 6. Auflage von *Meyers Lexikon* (1909):

> »Die von Hohenstein« [...] eröffnete eine Reihe von Romanen, welche die Bewegungen der Zeit zu spiegeln unternahmen. War hierdurch ein gewisses Übergewicht des tendenziösen Elements gegenüber dem poetischen unvermeidlich, [...] so erwiesen andere freiere Schöpfungen den Gehalt, die Lebensfülle und die künstlerische Gewandheit des Verfassers.

Der Roman *Hammer und Amboß* galt im Lexikon trotz des offenkundig politisch-sozialen Hintergrundes als »unabhängiger von den momentanen Tagesereignissen oder sie nur in ihren großen, allgemein empfundenen Wirkungen auf das deutsche Leben darstellend«.[19]

Die Gefahren werden gebannt, weil vor dem Hintergrund einer Schein-Realität der Leser sich mit der Leitfigur identifizieren kann. Mit dieser vollzieht er Ab- und Aufstieg. Georg Hartwig wird weder praktisch tätiger Wunderarzt wie Wilhelm Meister noch Inhaber des Handelsgeschäfts wie Anton Wohlfart, sondern sozialreformerischer Fabrikinhaber. Doch geht es hier weder um die spezielle identifi-

---

[17] Geissler: *Hammer und Amboß*, S. 71 passim, sowie ders.: Realitätserkenntnis, S. 503.

[18] Neumann: Friedrich Spielhagen, S. 267. Vgl. – schon 1917 – Geller: Spielhagens Theorie und Praxis, S. 119.

[19] Meyers Lexikon: Art. Spielhagen, Sp. 738.

katorische Erzählweise des Romans, die mit Spielhagens eigener (»realistischer«) Romantheorie zu kontrastieren scheint,[20] noch um die Bewältigung der Industrialisierung und sozialen Frage im Roman. Beide Aspekte bilden – für diesen Artikel – nur den Hintergrund, auf dem sich die Veränderungen eines Straftäters vollziehen. Spielhagen lehnte es zwar ab, als Autor selbst aufzutreten, doch läßt er die Leser an vielen Stellen seiner Romane an seiner Weltsicht teilhaben.[21] Er verdeutlicht seine Auffassungen von Strafrecht und Kriminalpolitik durch den Mund des Direktors von Zehren. Offenkundig will der Autor pädagogisch wirken, legt seine Thesen der ohnedies idealisierten Romanfigur überdeutlich in den Mund. Das folgende Lehrgespräch nimmt zum damaligen Stand der Straftheorien Stellung.

4. Erziehung statt Vergeltung: Spielhagens Straftheorie

»Die Strafe ist das Recht des Unrechtes [...]« (S. 357).[22] So hatte Spielhagen, der ehemalige Jurastudent (Berlin 1847/48, Bonn 1849), entweder die allgemeine Diskussion der Gebildeten oder seine Professoren verstanden. Doch folgt sogleich die Distanzierung:

> [...] wenn man den Rechtslehrern, auf deren Worte jetzt die Schüler aller Orten schwören, glauben darf. Die Definition empfiehlt sich durch ihre Einfachheit den Katheder-Logikern, aber ich glaube nicht, daß Christus sehr damit zufrieden gewesen wäre. Er hat nicht gefunden, daß gesteinigt zu werden, das Recht der Ehebrecherin sei. (S. 357)

Es geht nicht um eine Rezeption dessen, was Hegel ›wirklich‹ mit seiner Rechtstheorie beabsichtigte. Er war zweifellos nicht der Pharisäer, als den ihn Spielhagen hier hinstellt. Doch wer sich für eine Philosophie eine eigene Sprache zurechtbastelt, die spätestens nach der unmittelbaren Schülergeneration nur noch schwer verstanden wird – jedenfalls von Nichtphilosophen –, muß sich solche Kritik gefallen lassen. Zu deutlich hatten etwa seine Schüler mit solchen Sätzen Legitimationen für Vergeltung geliefert, gleichgültig, ob sie das wollten oder nicht. Jeder Dummkopf, der nichts weiter wollte als Rache, konnte sich solcher Hegelscher Sätze bequem bedienen. Folglich fährt Spielhagen mit seiner Philippika fort, denn »unter der glatten, logischen Oberfläche des landesüblichen Rechtes« liege ein tieferer Grund, »der sich allerdings nur dem Auge offenbart, das sieht – ja, und dem Herzen, das fühlt« (S. 357).

---

[20] Kritisch auch in diesem Punkt schon J. Schmidt: Friedrich Spielhagen (1871), S. 442, rechte Spalte oben. Schmidt kritisiert ansonsten nur die politische Ausrichtung des Romans.

[21] Auch diese Kritik zieht sich durch die gesamte literaturwissenschaftliche Auseinandersetzung mit Spielhagens Werk – beginnend mit J. Schmidt: Friedrich Spielhagen (1871), S. 441; H. u. J. Hart: Friedrich Spielhagen (1884); jüngst besonders deutlich Neumann: Friedrich Spielhagen, S. 261.

[22] Vgl. o. die Zitate Hegels (S. 414, Anm. 2–4).

Eine zweite Ebene der Kritik wird nunmehr eröffnet: denn Spielhagen glaubt – wie wir heute wissen – zu Recht, daß

> die Strafe deshalb fast nie den trifft, der sie möglicher Weise verdient hat, und der gerechteste Richter also im allerbesten Falle, er mag wollen oder nicht, dem blutigen Legaten gleich, der den Zehnten zum Tode führen läßt, nicht weil er schuldiger ist als die anderen neun, sondern, weil er der Zehnte ist. (S. 357)

Wer sich indes akademisch damit begnüge, nicht »mit dem Satze der Identität und dem vom Widerspruche [...] in Conflict« (S. 357) zu geraten, wer kein fühlendes Herz habe, dem blieben die anderen Dimensionen der Straftat vollends verborgen.

Und nun führt Spielhagen in einem Parforceritt durch sämtliche populären Erklärungen über die Ursachen der Straftat:

> [...] sind doch fast Alle, die hierher kommen, krank im gewöhnlichem Sinne; fast Alle leiden sie an mehr oder weniger schweren organischen Fehlern, fast das Gehirn Aller ist unter dem Durchschnittsmaaß des Gehirns, welches ein normaler Mensch zu einer normalen Thätigkeit, zu einem Leben, das ihn nicht mit dem Gesetze in Conflict bringen soll, braucht. (S. 359)

Neben solchen biologistischen Ansätzen – man hatte ja auch das Gehirn Kaspar Hausers erforscht – steht die moralische Betrachtung der Schicht, aus der die Verbrecher stammen: »Fast ohne Ausnahme sind sie die Kinder der Noth, des Elends, der moralischen und physischen Verkommenheit, die Parias der Gesellschaft [...]« (S. 359). Noch einmal erscheint Spielhagen das »Recht des Unrechts!« als der »Hochmuth des Pharisäerthums« (S. 359). In der Nachfolge Eugène Sues weist Spielhagen ein gesellschaftliches Mitverschulden auf, das er an anderer Stelle mit den Begriffen »Kleinlichkeit, Engherzigkeit, Beschränktheit, Kleben am Alten, Hergebrachten, schulmeisterliches Besserwollen, pedantisches Hofmeistern« (S. 363) bezeichnet, was auf die unmittelbare Umwelt Georg Hartwigs ebenso abzielt wie die Kritik am Verhalten des Vaters.

Mit diesen Betrachtungen bleibt der Autor nicht stehen, denn er führt den Konflikt auf zwei grundlegendere Kategorien zurück, nämlich einmal »das kaum versteckte, grundbarbarische Verhältnis zwischen Herrn und Sklaven, zwischen der dominierenden und der unterdrückten Kaste« (S. 359) sowie auf das Problem des Politischen. »[...] kaum zwanzig Jahre nach unserem Befreiungskriege« sei »jener Grundsatz des Menschendaseins vielleicht von keiner der Cultur-Nationen so gründlich [...] verkannt [...], als gerade von uns Deutschen« (S. 361). Mit jenem Grundsatz meinte er die zuvor geschilderte dialektische Spannung zwischen Herr und Knecht, aus der sich ergab,

> daß jeder Streich, den er [sc. der Herr] giebt, auch seine Backe trifft, daß, wie der Herr den Sclaven, so der Sclave den Herrn corrumpirt, und daß in politischen Dingen der Vormund zugleich mit dem Bevormundeten verdummt. [...] Die Wuth, zu befehlen, die sclavische Gier, sich befehlen zu lassen – das sind die beiden Schlangen, die den deutschen Herkules umstrickt halten, die ihn zu einem Krüppel machen; sie sind es, die überall die freie Circulation der Säfte hemmen, hier hypertrophische, dort atrophische Zustände erzeugen, an denen der Körper des Volkes grausam krankt. (S. 361)

Nach dieser politischen Schilderung, die m. E. nur durch ihre Einbettung in einen solchen Roman erträglich blieb, folgt die Konsequenz: »Das Arbeitshaus ist im Grunde weiter nichts als die letzte Consequenz unserer Zustände, als das Exempel unseres Lebens auf die einfachste Formel gebracht« (S. 362).

5. Spielhagen als ›Jurist‹

Spielhagen hinterließ – auch in seiner Autobiographie – keine authentische Interpretation von *Hammer und Amboß,* einem Werk, das bald auf das Interesse der Literaturwissenschaft stieß.[23] Dagegen beschrieb der Autor in *Finder und Erfinder*[24] u. a. ausführlich die Entstehungsgeschichte des Romans *Problematische Naturen,*[25] der wie weitere seiner berühmten Romane[26] die liberale Bewegung und die 48er Revolution zum Gegenstand hatte.

Nur knappe Hinweise auf das juristische Studium finden sich. Schon bald wechselte Spielhagen zur brotlosen, aber geliebten Philosophie über.[27] Die Kreise, in denen er während des Studiums verkehrte, sind nicht die, von denen wir sicher wissen, daß man sich mit Strafrechtstheorie befaßt hat.

> Ich besuchte die Kollegia ungefähr so eifrig, wie das die ernsthafteren Studenten der Jurisprudenz in den ersten Semestern zu tun pflegen, und trieb außerdem meine ›Allotria‹: erschreckte meine Wirte, ehrsame Schneidersleute von deren ehelichem Schlafgemach mich nur eine dünne Wand trennte, durch lautes nächtliches Deklamieren; las viel; übersetzte ein wenig, dichtete noch weniger, versuchte mich im philosophischen Spekulieren, zu welchem mich das Naturrecht, das ich bei Heidemann hörte, und Trendelenburgs logische Untersuchungen, die ich für mich studierte, angeregt.[28]

---

23 J. Schmidt (1871); H. u. J. Hart (1884); H. Henning (1910); Klemperer (1913); Geller (1917).

24 Spielhagen: Finder und Erfinder. Erinnerungen aus meinem Leben, 2 Bde., Leipzig 1890; 1911 als durchgesehene Auswahl hg. von Hans Henning (s. Literaturverzeichnis). Vgl. aber die Schilderung der Szene bei Henning: Spielhagen, S. 192.

25 Berlin 1860; 22. Aufl., Leipzig 1900.

26 Spielhagen: Durch Nacht zum Licht. Berlin 1861; ders.: Die von Hohenstein. Berlin 1863.

27 Spielhagen: Finder und Erfinder (Zit. n. Ausg. Henning), S. 168ff. J. Schmidt schilderte nach A. Strodtmann den Autor als »einen blassen, langhaarigen, stillen und schroffen Jüngling, der mit dem menschenscheuen Wesen und den scharfen unjugendlichen Zügen seinen lustigen Commilitonen für einen altklugen Sonderling galt, immer Sentenzen von Goethe oder Shakspeare, Homer oder Sophokles auf der Lippe trug, unzufrieden mit seinem Loose, unentschieden über die Wahl seines Berufs, schüchtern den studentischen Lustbarkeiten ausweichend, selten an den Gesprächen seiner Kameraden sich betheiligend, nur daß er hin und wieder eine sarkastische Bemerkung dazwischen warf« (J. Schmidt: Friedrich Spielhagen, S. 426). Vgl. auch Henning: Spielhagen, S. 28–37.

28 Henning: Spielhagen, S. 122. Mit dem dort zitierten Heidemann ist wahrscheinlich Ludwig Eduard Heydemann (1805–1874) gemeint, für den 1845 der erste ordentliche Lehrstuhl für preußisches Landrecht in Berlin errichtet wurde. Publizistisch wurde er mit Schriften über das Landrecht bekannt. Jedoch mußte fast jeder – jüngere – Dozent ›Naturrecht‹ als Einführung lesen. Heydemann las im WS 1847/48 Naturrecht (siehe Anm. 29: Verzeichnis, S. 2). Auch von Friedrich Adolf Trendelenburg (1802–1872) sind

Vielleicht hat der Studiosus bereits Strafrecht gehört, das im WS 1847/48 in Berlin von den Professoren Daniels, Gneist und dem jungen Privatdozenten Berner, einem Hegelianer, gelesen wurde.[29] Jedenfalls war die Diskussion um den Grund der Strafe, die Strafzwecke sowie die Behandlung von Straftätern vor der Revolution gerade wieder entflammt. Nach 1830 hatte schon begonnen, was Kohlrausch später die Gewaltherrschaft Hegels im Strafrecht nannte.[30] Zu deutlich ist das Hegel-Zitat bei Spielhagen, und offenkundig bezieht er sich auf general- und spezialpräventive Überlegungen, ohne daß auf konkrete Autoren angespielt wird.[31]

6. Straftheorien vor *Hammer und Amboß*

Retrospektiv gesehen beginnt das 19. Jahrhundert mit Kant und Hegel einerseits sowie Feuerbach (1775–1833) und evtl. Grolman (1775–1829) sowie Stübel (1764–1828) andererseits.[32] Zwischen deren Theorien findet ein ›Kampf‹ statt, der viele juristische Autoren – wie könnte es anders sein – zu vermittelnden Vereinigungstheorien zwischen den absoluten und relativen Vorstellungen führt. Das Jahrhundert endet – strafrechtsgeschichtlich – mit dem Schulenstreit zwischen Franz v. Liszt (1851–1919) und Karl Binding (1841–1920), also dem Kampf zwischen moderner und klassischer Schule.[33] Man erwähnt gewöhnlich noch Cesare Lombroso (1836–1909), der behauptete, es gebe geborene Verbrecher, die an ihren körperlichen Merkmalen erkannt werden könnten, Adolphe Quetelet (1796–1874), der als statistischer Kriminologe an die gesellschaftliche Bedingtheit des Verbrechens glaubte, und Emile Durkheim (1858–1917), der die Verbrechen schon früh als normale soziale Erscheinungen erklärte.[34] Darüber hinaus kennen wir seit der Aufklärung ein lebhaftes Interesse an der Psychologie von Straftä-

---

keine Schriften mit spezifisch strafrechtlichem Inhalt bekannt. Sein *Naturrecht auf dem Grunde der Ethik* enthält zwar eine knappe strafrechtliche Abteilung, jedoch war Strafrecht sicher nicht der Gegenstand logischer Untersuchungen.

[29] Verzeichnis der Vorlesungen, welche von der Friedrich-Wilhelms-Universität zu Berlin im Sommerhalbjahre vom 1. Mai bis zum 15. August 1848 gehalten werden, S. 3 (vorhanden in der Universitätsbibliothek der Freien Universität Berlin). Zu Berner vgl. auch Anm. 38 sowie die Angaben der Werke im Literaturverzeichnis.

[30] E. Schmidt: Einführung, § 267 unter Bezugnahme auf Kohlrausch: Über Strafrechtsreform, S. 12.

[31] Henning (Spielhagen, S. 37) weist instruktive Bezüge zu Ärzten, Psychologen und Psychiatern auf. Früh stellten Personen aus dieser Berufsgruppe Theorien zur Entstehung von Kriminalität auf.

[32] Vgl. bei Anm. 6.

[33] Die Darstellung folgt der herrschenden Meinung in der Strafrechtsgeschichte, die in manchem gewiß einiger Korrekturen bedarf. Dies ist nicht der Ort für eine kritische Aufarbeitung; vgl. dazu den Beitrag von M. Frommel in diesem Band, S. 467–495.

[34] Die drei Autoren gelten als Vorväter oder Begründer der Kriminologie; es wird stets ein Problem bleiben, weshalb die relativ fortgeschrittene Erkenntnis über die tatsächlichen Umstände des Verbrechens und die Psychologie des Straftäters erst so spät Eingang in die normativen Darstellungen fanden – vgl. Lüderssen: Kriminologie, Rn 756ff.

tern,[35] während hingegen andere Schriftsteller die soziale Komponente und Umwelteinflüsse betonten. Eugène Sue (1804–1857) verband in seinen *Mystères de Paris* (1842/43, deutsch 1843) geschickt das psychologische Interesse an einem Einzelschicksal mit der sozialen Einbindung des Geschehens.

Diffus findet sich aus allen angesprochenen Theorien und Richtungen etwas in Spielhagens Darstellung. Sie wird also unterschätzt, wenn man darin lediglich unreflektierte Ideen der Zeit und des Autors sieht. Man überschätzt den Ansatz jedoch, wenn man ihm eine Stellungnahme zur wissenschaftlichen Diskussion zuschreibt.

Spielhagens Text spiegelt die Diskussion im guten wie im schlechten und wendet sich dezidiert gegen die herrschende Meinung in der Strafrechtswissenschaft. Unmittelbar bevor die 48er Revolution das politische Bewußtsein der Bürger absorbierte, hatten eine Reihe von Autoren heftig zugunsten eines Vergeltungsstrafrechts Stellung genommen. Christian Reinhold Köstlin (1813–1856), der berühmte Tübinger Strafrechtslehrer, verfaßte 1845 die *Neue Revision der Grundbegriffe des Kriminalrechts*,[36] die in allen Formeln an Hegel erinnerte. Der Breslauer Julius Abegg (1796–1868) galt als »unbedingter Anhänger des Hegelianismus«.[37] Albrecht Friedrich Berner (1818–1907) hatte seit seiner Habilitation 1844 in Berlin gelehrt. In den 1843 erschienenen *Grundlinien der kriminalistischen Imputationslehre* legte er ebenso ein Bekenntnis zu Hegel ab wie in einem Aufsatz von 1845: *Entwurf zu einer phänomenologischen Darstellung der Strafrechtstheorien und zu einer begriffsmäßigen Vereinigung der relativen und absoluten.* Nach dem Urteil v. Bars machte »die gewundene Theorie Hälschner's [...] keinen befriedigenden Eindruck, so befriedigt schließlich mehr die einfache Theorie Berner's«, weil dieser zwar von vergeltender Gerechtigkeit ausging, jedoch für das Quantum der Strafe ein freies Ermessen zuließ.[38] In allen diesen Werken findet man eine fast stereotype Wiederholung des Vergeltungsgedankens, so wie er von Hegel auf den Begriff gebracht wurde.

Am härtesten gerierte sich Friedrich Julius Stahl (1802–1861), der die entscheidenden Gedanken gleichfalls vor 1848 niedergelegt hatte. Er vereinigte christliche Theologie und staatliches Strafrecht, »welches als ein unerläßliches Attribut das Beil des Henkers behalten soll«.[39] Gegen die theokratische Härte, die Stahl fordert, wandte sich Spielhagen m. E. besonders deutlich. Stahl hielt dem strafenden Christen, der sich auf den gerechten Gott berief, den barmherzigen Christus ent-

---

[35] In diesem Sinne weite Teile des *Pitaval* und seiner deutschen Nachfolger bis hin zu Feuerbachs Schriften *Aktenmäßige Darstellung merkwürdiger Verbrechen* (1828/29) und *Kaspar Hauser. Beispiel eines Verbrechens am Seelenleben eines Menschen* (1832).

[36] E. Schmidt: Einführung, S. 296. – Für die Formulierungen, die in Köstlins *Revision* an Hegel erinnern vgl. bes. S. 8, 24, 27ff., 35, 46.

[37] Bar: Geschichte (1882), S. 288.

[38] Ebd. S. 296. – Hugo Hälschner (1817–1889) gehörte zu den weniger strengen Hegelianern. Er hatte interessanterweise seit 1843 in Bonn gelehrt, wo auch Spielhagen 1849 Jura studierte.

[39] Bar: Geschichte, S. 283.

gegen. »Nirgend manifestiert sich die Majestät des Staates so sehr als in der Strafe, aber nirgend manifestiert sich auch so sehr, daß seine Macht von oben ertheilt ist, und nicht von Menschen«.[40] Mit Hegel glaubte Stahl, daß die Strafe »die nothwendige Folge des Verbrechens ist nach der Gerechtigkeit«.[41] Stahl griff die Vertreter der Abschreckungstheorie so an:

> Denn die Strafe schreckt nicht bloß psychologisch vom Verbrechen ab durch die Furcht vor dem sinnlichen Uebel der Strafe, sondern sie erfüllt auch sittlich mit dem Bewußtseyn der Verdammlichkeit des Verbrechens und dem Abscheu vor den sündlichen Triebfedern, die zu ihm führen.

Den relativen Straftheorien schleuderte er entgegen, sie hätten

> alle den Grundfehler, daß sie den Menschen, der bestraft wird, als ein Mittel behandeln, seine Freiheit verletzen, um eines künftigen Zweckes der Gemeinschaft willen, sey es ihm selbst für künftige Verbrechen zuvor zu kommen [...], sey es die Anderen abzuschrecken [...]. Dieß ist absolut gegen Recht und Gerechtigkeit.[42]

Gegen ein solches Denken wandte sich Spielhagen ebenso wie eine Anzahl weiterer Autoren. Die Begründung der Strafe konfrontierte der Schriftsteller mit ihrer Ätiologie, somit normative Ansätze mit den Realien der (Entstehung) von Kriminalität. Die Zufälligkeit des Selektionsprozesses hatte er ebenso reklamiert wie die Ausgeschlossenheit der »Kinder der Not«. Wie konnte man Kranken, psychologisch Gezwungenen oder aufgrund ihrer konkreten Umwelt straffällig Gewordenen die Taten so brutal vergelten?

Weder Stahl noch die anderen Hegelianer argumentierten so platt, wie Spielhagen es ihnen hier unterstellte. Auch die hegelschen Strafrechtler diskutierten intensiv miteinander. Köstlin wollte durch die Strafe nicht bloß objektiv das Recht gegen seine Negation wiederherstellen, sondern auch in der Subjektivität des Verbrechers das Verbrechen negieren, worauf sogleich Stahl reklamierte, er habe zunächst eben diese Idee gehabt, keinesfalls sei ihm der Mensch bloß ein Accidenz; auch habe er – Stahl – zuerst »die Wirkung der Bekehrung auf den Verbrecher, auf das entschiedenste als Moment der Strafe geltend gemacht«.[43] Auch Stahl kritisiert »Jünger« Hegels, denen

> das Heil darin zu liegen scheint, daß das Kriminalrecht auch von Hegel'scher Weltanschauung aus und in Hegel'scher Manier bearbeitet werde. Der Gewinn, den diese angeblich ›wissenschaftliche‹ Behandlung bringt, ist jenes unausgesetzte Geklapper des logischen Apparats, das einen durch die Materien des Kriminalrechts begleitet, jenes beständige Sichselbstbefühlen, ob man denn noch auf der Bahn der immanenten Begriffsentwicklung sich befinde, jenes Auflösen alltäglicher Wahrheiten in eine besondere Terminologie.[44]

---

[40] Stahl: Die Philosophie des Rechts, Bd. 2, 2. Abt. 1846: Rechts- und Staatslehre auf der Grundlage christlicher Weltanschauung; Hier zit. n. Neudruck der (unveränderten) 5. Aufl., S. 682.
[41] Ebd. S. 683.
[42] Ebd. S. 685.
[43] Ebd. S. 685 Anm.
[44] Ebd. S. 690.

Ähnlich wie gegen Köstlin verteidigte sich Stahl gleichfalls gegen Hepp, der gegen die absolute (logische) Theorie vorbrachte, »daß nach ihr Leben und Persönlichkeit dem todten Gedanken, dem abstrakten Begriffe zum Opfer fallen«.[45]

Lassen wir die Frage dahinstehen, ob es sich bei den Zitierten tatsächlich um genuine Hegelianer handelte, ob sie dem Meister vollständig oder mit Nuancen folgten, ob sie gar unter dem Deckmantel hegelscher Terminologie andere Theorien und Zwecke verfolgten. Ließe man sich auf dieses Problem ein, so könnte man mit der Frage konfrontiert werden, ob man denn selbst das richtige Verständnis jener dunklen Äußerungen des Meisters gewonnen habe. Man darf also bei der Rezeption dieser Auffassung nicht mit dem feinsten Skalpell präparieren, sondern muß die Funktion der plakativen Ausdrücke für eine Rhetorik der Juristen und für die Argumentation der Gebildeten im Auge behalten. Im 19. Jahrhundert konnte man jedenfalls auch in akademisch gebildeten Kreisen Strafe mit einem einfachen Hinweis auf die oben genannten Zitate Kants und Hegels rechtfertigen. Spielhagen wandte sich also nicht gegen Hegels Rechtsphilosophie, sondern gegen ihre Konsequenzen.

Darüber hinaus betonte Spielhagen den Besserungszweck des Strafvollzugs, ähnlich wie das manche Theoretiker vom Beginn des Jahrhunderts und eine Anzahl heute nicht mehr so bekannter juristischer Autoren gefordert hatten.[46] Heinrich Ahrens (1808–1874) wollte die Rechtsordnung nur in der Persönlichkeit des Verbrechers wiederherstellen und entwarf – was mancher später bestritt – eine Besserungstheorie, obwohl auch er an ›absolutistischen‹ Formulierungen nicht vorbeikam »indem er als Zweck der Strafe die Wiederherstellung der gestörten Rechtsordnung betrachtet«.[47] Auch Ahrens war ein engagierter Liberaler; eine Gleichsetzung liberalen Denkens mit Besserungsvorstellungen im Strafrecht wäre allerdings vorschnell. Immerhin wollten manche Gruppen der Liberalen im Paulskirchenparlament die Todesstrafe abschaffen, an der man noch lange hartnäckig festhalten sollte.[48]

Viele der genannten Schriftsteller bekräftigten ihre Auffassungen in späteren Schriften, die vor dem Veröffentlichungszeitpunkt von *Hammer und Amboß* erschienen.[49] 1882 konnte Karl Ludwig v. Bar (1836–1913) resümieren: »Die hegelsche Strafrechtsphilosophie hat tief in die Entwicklung eingegriffen. Eine erhebli-

---

[45] Hepp: Darstellung, Bd. 1, S. VIII, 233.

[46] Groos: Der Skepticismus, S. 140.

[47] Durchgängig in allen Auflagen der Rechtsphilosophie bei Ahrens: Naturrecht (1846); vgl. 6. Aufl. (1870), Bd. 2, S. 448f. Zu Ahrens vgl. Schröder: Zur Rechtsphilosophie, S. 93–111.

[48] Gleichfalls wären Assoziationen, die man zwischen dem liberalen Juristen Ahrens und dem liberalen Spielhagen knüpfen könnte, weil der Literat in einer Burschenschaft – mäßig – engagiert war, verfehlt – vgl. Schröder: Zur Rechtsphilosophie, S. 96. Auch die Tatsache, daß Spielhagen dort Karl Schurz kennengelernt hatte, der ihm großen Eindruck machte, muß unberücksichtigt bleiben, vgl. Henning: Spielhagen, S. 35; Strodtmann: Dichterprofile, S. 197f.

[49] Köstlin: System (1855), S. 1f.; Berner: Lehrbuch, 1. Aufl. 1857; hier Zit. n. 18. Aufl. 1898, S. 4–8.

che Anzahl gerade der bedeutendsten Strafrechtslehrer hat gestanden oder steht noch unter dem Einfluß Hegels.« Ohne die Emotionalität Spielhagens rügte er bei Hegel: »Diese der nicht selten abstrusen Sprache wegen von vielen nicht genug gewürdigte Theorie ...«[50] Zugleich kritisierte Bar die Formulierung, der Verbrecher werde »als Vernünftiges geehrt«. »Dieser letztere Satz klingt in dieser Form freilich fast als Hohn und scheint geeignet, selbst den Spott über Hegel's Theorie zu motivieren. So wie er aufgestellt ist, ist er auch unrichtig«.[51] Aber dennoch hat er, so können wir aus heutiger Sicht hinzufügen, die Diskussion im 19. Jahrhundert so beherrscht, daß selbst seine Gegner sich permanent damit auseinandersetzen mußten.

Die Gedanken waren offenbar im Munde aller Gebildeten. Spielhagens Rechtsideen und seine Utopien stehen auf der Höhe der Zeit. Seine radikale Kritik an der Begründung des Strafrechts und an der Durchführung des Strafvollzuges[52] blieb – an den ›Realismus‹ seines Romans gebunden – utopistisch und unrealistisch, jedenfalls für seine Zeit. Ähnlich hatte er gleichfalls die Lösung der sozialen Konflikte geschildert, nämlich durch freiwillig-patriarchalisch eingeräumte Gewinnbeteiligung der Arbeiter an der Fabrik.[53] Es ist dieser merkwürdige Kontrast zwischen dem Entwurf einer konkreten Sozialutopie und der märchenhaften Entwicklung des Geschehens, der diesen Roman Spielhagens faszinierend, für die Bürger der Zeit akzeptabel und uns heute noch lesbar macht. Ernstlich diskutierte Reformvorhaben vernebelt der Autor, kaum daß sie geäußert sind, so stark, daß der Leser nicht an die Realisierung solcher Utopien glauben muß. Mit beiden Füßen bleibt Spielhagen in der Position des Liberalen; er betrachtet den Vierten Stand aus spezieller bürgerlicher Sicht – und trotzdem oder gerade deshalb bleiben die Utopien zur sozialen Frage und zur Kriminalitätsfrage so blaß. Was in der Realität sozialen Zündstoff enthielt, verkommt bei dem zweifellos redlichen Spielhagen zum Kolorit sozialen Milieus. Die Zurückweisung des Hegelschen Standpunktes auf der Basis des Humanitätsgedankens liberaler Tradition bleibt dennoch imponierend; denn, wie sein früher Kritiker Julian Schmidt formulierte: »Zu dem eigentlichen Zwecke seines Romans hätte Spielhagen nicht nöthig gehabt, auf die Theorie des Strafrechts zurückzugehen.«[54]

---

50 Bar: Geschichte, S. 278.

51 Ebd. S. 280.

52 Auf die Parallele dieser Gefängnisschilderung zu Auerbachs *Sträflinge* bzw. Anzengrubers *Einsam*, Wilbrandts *Fabricius* sowie Sudermanns *Stein unter Steinen* hat bereits Klemperer (Die Zeitromane, S. 105) nachdrücklich aufmerksam gemacht. Doch geht es Spielhagen nicht primär um die Besserung der Zustände, denn seine Erzählung kümmert sich um die anderen Gefangenen nur einmal, als sie bei der Sturmflut freiwillig und ohne Zwang den Deich ausbessern und auch ins Gefängnis ohne Zwang zurückkehren. Die Privilegierung Georg Hartwigs bleibt bestehen. Es ist Spielhagen also nicht um den Durchschnittsgefangenen zu tun.

53 Zu den Realien dieser Konzeption: Rückert u. Friedrich: Betriebliche Arbeiterausschüsse.

54 J. Schmidt: Friedrich Spielhagen, S. 446.

Literaturverzeichnis

Julius Abegg: Die verschiedenen Strafrechtstheorien in ihrem Verhältnisse zu einander und zu dem positiven Rechte und dessen Geschichte. (1834). ND Frankfurt/M.: Sauer u. Auvermann 1969.

Ders.: Lehrbuch der Strafrechtswissenschaft. Neustadt a.d.Orla: Wagner 1836.

Heinrich Ahrens: Naturrecht oder Philosophie des Rechts und des Staates, auf dem Grunde des ethischen Zusammenhanges von Recht und Kultur. 2 Bde. ND der 6. Aufl. 1870. Aalen: Scienta 1968.

Franz Alexander u. Hugo Staub: Der Verbrecher und seine Richter. Frankfurt/M.: Suhrkamp 1974 (= st 167).

Carl Ludwig v. Bar: Geschichte des deutschen Strafrechts und der deutschen Strafrechtstheorien. (1882). ND Aalen: Scientia 1974.

Albert Friedrich Berner: Entwurf zu einer phänomenologischen Darstellung der Strafrechtstheorien sowie zu einer begriffsmäßigen Vereinigung der relativen und der absoluten. In: Archiv des Criminalrechts. Neue Folge 26 (1845) Halle: Schwetschke 1845, S. 144–171.

Ders.: Grundlinien der criminalistischen Imputationslehre. (1843). ND Frankfurt/M.: Sauer u. Auvermann 1968.

Ders.: Lehrbuch des deutschen Strafrechts. 18. Aufl. Leipzig: Tauchnitz 1898.

Ernst Bloch: Naturrecht und menschliche Würde. Frankfurt/M.: Suhrkamp 1961.

Paul Johann Anselm v. Feuerbach: Aktenmäßige Darstellung merkwürdiger Verbrechen. (1828/29). ND der 3. Aufl. Aalen: Scientia 1970.

Ders.: Kaspar Hauser. Beispiel eines Verbrechens am Seelenleben eines Menschen. Ansbach: Dollfuß 1832.

Ders.: Lehrbuch des gemeinen in Deutschland gültigen peinlichen Rechts. 11. verb. Aufl. Gießen: Heyer 1832.

Ders.: Über die Strafe als Sicherungsmittel vor künftigen Beleidigungen des Verbrechers nebst einer näheren Prüfung der Kleinischen Strafrechtstheorie. (1800). ND Darmstadt: Wiss. Buchgesellschaft 1970.

Michel Foucault: Überwachen und Strafen. Die Geburt des Gefängnisses. Frankfurt/M.: Suhrkamp 1976 (= stw 184).

Rolf Geissler: Friedrich Spielhagens Roman *Hammer und Amboß* – oder die objektivistische Verfehlung der Realität. In: R. G.: Zeigen und Erkennen: Aufsätze zur Literatur von Goethe bis Jonke. München: Oldenbourg 1979, S. 69–83.

Ders.: Verspielte Realitätserkenntnis. Zum Problem der objektiven Darstellung in Friedrich Spielhagens *Hammer und Amboß*. In: Deutsche Vierteljahrsschrift für Literaturwissenschaft und Geistesgeschichte 52 (1978), S. 496–510.

Martha Geller: Friedrich Spielhagens Theorie und Praxis des Romans. Bonner Forschungen. Hg. von Berthold Litzmann. (Schriften der literarhistorischen Gesellschaft Bonn. NF Bd. 10) Hildesheim: Gerstenberg 1973.

Dietmar Goltschnigg: Vorindustrieller Realismus und Literatur der Gründerzeit. In: Geschichte der deutschen Literatur vom 18. Jahrhundert bis zur Gegenwart. Bd. II.1. Hg. von Viktor Žmegač. Königstein/Ts.: Athenäum 1980, S. 1–108.

Karl Ludwig v. Grolmann: Grundsätze der Criminalrechtswissenschaft. (1798). ND Glashütten im Taunus: Auvermann 1970.

Ders.: Die Begründung des Strafrechts und der Strafgesetzgebung. Gießen: Heyer 1799.

Friedrich Groos: Der Skepticismus in der Freiheitslehre in Beziehung zur strafrechtlichen Theorie der Zurechnung. Heidelberg: Engelmann 1830.

Bernhard Haffke: Tiefenpsychologie und Generalprävention. Aarau: Sauerländer 1976.

Heinrich Hart u. Julius Hart: Friedrich Spielhagen und der deutsche Roman der Gegenwart. (Kritische Waffengänge 6) Leipzig: Wigand 1884.

Hans Hattenhauer: Von Christen, Juden und Menschen. Zum Strafrecht der Aufklärung. In: Gedächtnisschrift für H. Conrad. Paderborn u.a.: Schöningh 1979, S. 245–269.

Georg Wilhelm Friedrich Hegel: Vorlesungen über Philosophie (1818–1830). Hg. von Karl-Heinz Ilting. Stuttgart-Bad Cannstatt: Frommann-Holzboog 1973.
Hans Henning: Friedrich Spielhagen. Leipzig: Staackmann 1910.
Ferdinand Carl Theodor Hepp: Darstellung und Beurtheilung der deutschen Strafrechts-Systeme. Ein Beitrag zur Geschichte der Philosophie und der Strafgesetzgebungswissenschaft. 2. völlig umgearbeitete Aufl. Heidelberg: Mohr 1843.
Heinz Holzhauer: Willensfreiheit und Strafe. Berlin: Schmidt 1970.
Karl Ferdinand Hommel: Des Herrn Marquis von Beccaria unsterbliches Werk von Verbrechen und Strafen. (1778). ND Hg. von Jochen Lekschas u. Walter Griebe. Berlin: Akademie Verlag 1966.
Ders.: Über Belohnung und Strafe nach türkischen Gesetzen. (1770). Hg. von Heinz Holzhauer. Berlin: Schmidt 1970 (ND der 2. Aufl. v. 1772).
Paul Jackson: Bürgerliche Arbeit und Romanwirklichkeit. (Reihe Literatur und Kommunikation, Bd. 5) Frankfurt/M.: Fischer 1981.
Immanuel Kant: Metaphysik der Sitten, Rechtslehre. Hg. von Wilhelm Weischedel. Frankfurt/M.: Suhrkamp 1968.
Walter Kargl: Kritik des Schuldprinzips. Frankfurt/M. u. New York: Campus 1982.
Victor Klemperer: Die Zeitromane Friedrich Spielhagens und ihre Wurzeln. Hg. von Franz Muncker. (Forschungen zur neuen Literaturgeschichte, Bd. 93) Weimar: Duncker 1913.
Christian Reinhold Köstlin: Neue Revision der Grundbegriffe des Criminalrechts. Tübingen: Laupp 1845.
Ders.: System des deutschen Strafrechts. Tübingen: Laupp 1855.
Eduard Kohlrausch: Über Strafrechtsreform. Rede zur Reichsgründungsfeier der Friedrich-Wilhelms-Universität zu Berlin am 18. Jan. 1927. Berlin: Preußische Druckerei- und Verlags-Aktiengesellschaft 1927.
Klaus Lüderssen: Kriminologie. Einführung in die Probleme. Baden-Baden: Nomos 1984.
Bernd Neumann: Friedrich Spielhagen: Sturmflut (1887). Die »Gründerjahre« als die »Signatur des Jahrhunderts«. In: Romane und Erzählungen des bürgerlichen Realismus. Neue Interpretationen. Hg. von Horst Denkler. Stuttgart: Reclam 1980, S. 260–273.
Paul Reiwald: Die Gesellschaft und ihre Verbrecher. Zürich: Pan-Verlag 1948.
Joachim Rückert u. Wolfgang Friedrich: Betriebliche Arbeiterausschüsse in Deutschland, Großbritannien und Frankreich im späten 19. und frühen 20. Jahrhundert. (Rechtshistorische Reihe 7). Frankfurt/M. u.a.: Lang 1979.
Hinrich Rüping: Grundriß der Strafrechtsgeschichte. (Jus-Schriftenreihe 73). München: Beck 1981.
Rudolf Schenda: Volk ohne Buch. (Frankfurt/M. 1970). München: Deutscher Taschenbuch Verlag 1977 (= WR 4282).
Eberhard Schmidt: Einführung in die Geschichte der deutschen Strafrechtspflege. 3. völlig durchgearb. und veränderte Aufl. Göttingen: Vandenhoeck u. Ruprecht 1965.
Julian Schmidt: Friedrich Spielhagen. In: Westermann's Jahrbuch der Illustrierten Deutschen Monatshefte Bd. 29 (1870/71) Braunschweig: Westermann 1871, S. 422–449.
Rainer Schröder: Zur Rechtsphilosophie des Krause-Schülers Heinrich Ahrens (1808–1874). In: Karl Christian Friedrich Krause (1781–1832). Hg. von Klaus-M. Kodalle. Hamburg: Meiner 1985, S. 93–111.
Friedrich Spielhagen: Die von Hohenstein. Leipzig: Staackmann 1889.
Ders.: Durch Nacht zum Licht. Leipzig: Staackmann 1893.
(–): Festschrift zum 70. Geburtstag Friedrich Spielhagens. Leipzig: Staackmann 1899.
Ders.: Finder und Erfinder. Erinnerungen aus meinem Leben. (1890). Hg. von Hans Henning. Leipzig: Staackmann 1911.
Ders.: Hammer und Amboß. (1869). Leipzig: Staackmann 1908.
Friedrich Julius Stahl: Die Philosophie des Rechts. Rechts- und Staatslehre auf der Grundlage christlicher Weltanschauung. (1846). ND der 5. unveränderten Aufl. 6. Aufl. Hildesheim: Olms 1963.

Heinz Steinert u. Hubert Treiber: Versuch, die These von der strafrechtlichen Ausrottungspolitik im Mittelalter »auszurotten«. Eine Kritik an Rusche/Kirchheimer und dem Ökonomismus in der Theorie der Strafrechtsentwicklung. In: Kriminologisches Journal 10 (1978), S. 81–106.

Roderich Stintzing: Geschichte der deutschen Rechtswissenschaft. (Abtlg. 3 von Ernst Landsberg). München u. Leipzig: Oldenbourg 1898.

Adolf Strodtmann: Dichterprofile. Literaturbilder aus dem 19. Jh. 2. Ausg. Berlin: Abenheim 1883.

Christoph Carl Stübel: System des allgemeinen peinlichen Rechts mit Anwendung auf die in Chursachsen geltenden Gesetze besonders zum Gebrauche für akademische Vorlesungen. Leipzig: Sommer 1795.

Klaus Lüderssen

Der Text ist klüger als der Autor. Kriminologische Bemerkungen zu Theodor Fontanes Erzählung *Unterm Birnbaum*

Genau vor hundert Jahren erschien diese Novelle, über deren Entstehung wir unter anderem durch die Briefe, die Fontane an den schlesischen Amtsgerichtsrat Friedländer gerichtet hat, ziemlich genau orientiert sind.[1] Ein Raubmord steht im Mittelpunkt, und es ist nicht das einzige Mal, daß Fontane sich diesem Thema zuwendet. Er habe »eine ungeschwächte Vorliebe für historische Mordplätze«, schreibt er noch im hohen Alter an seinen Sohn Theodor.[2] Wenige Jahre vor *Unterm Birnbaum* ist *Ellernklipp* erschienen – in dieser Erzählung bringt ein Vater seinen Sohn um, aus Eifersucht –, und später, 1891, veröffentlicht er *Quitt* – hier geht es um einen Wilderer, der den Förster erschießt.

Zwei Geschichten also, die relativ landläufigen Klischees, was die Stoffauswahl betrifft, verpflichtet sind. Auch für *Unterm Birnbaum* scheint das zu gelten. Erst die genauere Lektüre zeigt, daß dieser Fall sowohl nach der psychologischen wie auch nach der gesellschaftlichen Seite hin komplizierter angelegt ist und sich damit in die Reihe der gegen Ende des vorigen Jahrhunderts zunehmenden literarischen Auseinandersetzungen mit den wirklichen Ursachen und Erscheinungsformen dessen, was man damals immer noch unbefangen ›Verbrechen‹ nannte, einfügt.

1. Die Geschichte

Zunächst – in Kürze – der Inhalt: Ein Dorf im »Oderbruch« mit – offenbar gar nicht so armen – Bauern, die sich fast täglich in einem Gasthof, zu dem auch ein »Kramladen« gehört, treffen. Besitzer dieses Gasthofs ist Abel Hradscheck, ein Mann um die vierzig, der mit einer – gleichaltrigen – Frau verheiratet ist, von der die Leute sagen, daß sie vornehm tue und überhaupt fremd, kaum nahbar und ein wenig merkwürdig sei. Ganz anders urteilt der Pfarrer des Ortes, Eccelius, weil sie dem »alten Glauben« (gemeint ist der Katholizismus) abgeschworen und – unter seiner Mithilfe – zu einer ernsthaften Protestantin geworden ist. Die anspruchsvolle Seite des »Vornehmen« sieht der Pfarrer weniger, dafür ist Hradscheck damit um so mehr belastet. Anschaffungen, die seine Verhältnisse übersteigen, sind ge-

[1] Fontane: Briefe, S. 1, 6, 24, 327, 729; s. ferner Keitel u. Nürnberger: Anmerkungen zu *Unterm Birnbaum*. In: Fontane. Werke, Schriften und Briefe, Abteilung I, 1. Band, München: Hanser 1970, S. 937–951. Die Seitenzahlen der Zitate aus *Unterm Birnbaum* im fortlaufenden Text beziehen sich auf diese Ausgabe, Abtlg. I, 1. Bd., S. 453–554.

[2] Brief vom 30. 8. 1883.

macht worden, und seine wirtschaftliche Lage ist ständig prekär oder noch schlimmer. An dieser Stelle setzt die Erzählung ein: Dringende Schulden sind zu bezahlen, weitere Forderungen kommen auf Hradscheck zu – denn der Besuch des Reisenden der Firma Olszewski-Goldschmidt aus Krakau, Szulski, steht bevor, und dieser wird überfällige Forderungen einzuziehen versuchen. Es gibt ein Gespräch über diese Situation zwischen den Ehegatten, und sie sind sich einig darüber, daß sich an ihren Lebensverhältnissen nichts ändern soll. Denn: »›[...] nur nicht arm. Armut ist das Schlimmste, schlimmer als der Tod, schlimmer als [...]‹«. Das sagt die Frau. Hradschecks Antwort ist: »›So denk' ich auch, Ursel. Nur nicht arm. Aber komm in den Garten! Die Wände hier haben Ohren‹« (S. 467).

Was er ihr dort, ohne daß man Einzelheiten jetzt schon erfährt, eröffnet, ist nichts geringeres als der Plan eines Mordes. Der Reisende soll – vor Zeugen – das Geld bekommen, aber nicht behalten, sondern auf der Weiterreise »verunglükken«. Damit das nicht auffällt, daß Hradscheck, dessen Finanzmisere jeder im Dorf kennt, auf einmal zahlungsfähig ist, wird – in einem angemessenen Abstand vor der Tat – eine Erbschaft bei den Hradschecks ankommen. Sie existiert in Wahrheit natürlich nicht, aber es ist dafür gesorgt, daß die Bauern an sie glauben werden. In weiser Voraussicht, daß das Verschwinden des Reisenden nach dem Aufenthalt im Hradscheck'schen Gasthof doch einen Schatten auf den Wirt werfen könnte, stellt dieser schon die Weichen für ›Gegenindizien‹. Dabei kommt ihm zu Hilfe, daß er in eben diesen Wochen eine zufällige Entdeckung macht. Beim Umgraben seines Gartens findet er unter einem Birnbaum – daher stammt der Titel der Erzählung – das Skelett eines vor etlichen Jahren hier vergrabenen französischen Soldaten. In der Mordnacht wird Hradscheck sich eben an dieser Stelle zu schaffen machen, nicht ohne darauf zu achten, daß seine Nachbarin, die Witwe Jeschke, ihn dabei vielleicht beobachtet. Das passiert auch, so daß der Plan gelingt: Hradscheck wird später sagen, er habe in jener Nacht unter dem Birnbaum Speckseiten, die ihm verdorben seien, vergraben wollen – heimlich, weil dieses Malheur seinem Ruf als Gastwirt schaden könnte. Nachdem er auf die Gebeine des unter dem Birnbaum Verscharrten gestoßen sei, habe er sich dann später eine andere Stelle gesucht. Dort werden die Speckseiten dann auch gefunden, und es geschieht das, was Hradscheck vorausgesehen hat – die (nachträgliche) Harmlosigkeit der nächtlichen Aktion im Garten lenkt ab von dem, was im Keller geschehen ist. Dort hat Hradscheck den Polen vergraben. Die anderen aber vermuten ihn in der Oder, in der sein Gefährt gefunden wird. Das ist der Beitrag der Frau. Sie hat, unerkennbar in den großen Pelz des Reisenden gehüllt, unter den Augen Hradschecks und seiner Bedienten das Haus verlassen, den Wagen bestiegen und bald darauf den »Unfall« inszeniert.

Wie Hradscheck vorausgesehen hat, wird er nach einigen Wochen des Spekulierens und zunehmender Verdächtigungen festgenommen. Aber die Witwe Jeschke tut, wenn auch nicht sofort, ihre Schuldigkeit und berichtet ihre nächtlichen Beobachtungen. Die Exhumierung des Soldaten erfolgt – in Anwesenheit des örtlichen Polizeibeamten, des Gerichtsvorsitzenden und des dörflichen Publikums, und Hradscheck wird freigelassen, von allem Verdacht nunmehr entlastet.

Aber dabei bleibt es nicht. Der Verdacht wächst gleichsam nach. Wider alle Berechnung und Erwartung fällt es Frau Hradscheck schwer, den seinerzeit gefaßten Entschluß ganz durchzuhalten; sie verzehrt sich vor Reue, sucht die Einsamkeit, kränkelt; und das alles gibt den Leuten im Dorf zu denken – wiederum nicht ohne Zutun der Witwe Jeschke, die im Rufe steht, über den schwarzen Spuk zu verfügen (der weiße Spuk ist die Kirche), d.h. mehr zu wissen als andere und auch im Bunde zu sein mit übersinnlichen Kräften.

»›Un grappscht ook nich?‹« fragt sie den etwas beschränkten Knecht Ede und spielt damit auf die Situation im Keller an (S. 537). In eben diesem Keller hat jener Knecht kürzlich einen schwarz übersponnenen Knebelknopf gefunden. »›Sind solche, wie der Polsche an seinem Rock hatte‹« (S. 518).

Hradscheck hat zwar eine einleuchtende Erklärung dafür, wird aber doch unsicher und geht, als eines Abends nicht nur jener Knecht, sondern auch die Magd sich mit der Begründung, dort spuke es, weigert, im Keller Wein zu holen, daran, die Leiche des Ermordeten aus seinem Hause zu entfernen. Durch ein Versehen rollen die Fässer über die zum Keller führende Falltür. Hradscheck kann nicht mehr hinaus. Man findet ihn am nächsten Tag tot, und wenige Schritte von ihm sieht man »Arm und Hand eines hier Verscharrten« (S. 551).

Eccelius, der Pfarrer, der bis zum Schluß an die Unschuld des Paares geglaubt, aber dann doch an der Entdeckung des letzten Vorfalls »von Ahnungen geängstigt« teilgehabt hat, schreibt in das Kirchenbuch:

> Heute, den 3. Oktober, früh vor Tagesanbruch, wurde der Kaufmann und Gasthofbesitzer Abel Hradscheck ohne Sang und Klang in den hiesigen Kirchhofsacker gelegt. Nur Schulze Woytasch, Gendarm Geelhar und Bauer Kunicke wohnten dem stillen Begräbnisakte bei. Der Tote, so nicht alle Zeichen trügen, wurde von der Hand Gottes getroffen, nachdem es ihm gelungen war, den schon früher gegen ihn wachgewordenen Verdacht durch eine besondere Klugheit wieder zu beschwichtigen. Er verfing sich aber schließlich in seiner List und grub sich, mit dem Grabscheit in der Hand, in demselben Augenblick sein Grab, in dem er hoffen durfte, sein Verbrechen für immer aus der Welt geschafft zu sehn. Und bezeugte dadurch aufs neue die Spruchweisheit. ›Es ist nichts so fein gesponnen, 's kommt doch alles an die Sonnen‹. (S. 553f.)

Es ist dieser Schluß der Novelle, der lange Zeit hindurch den wahren Charakter der Geschichte verschleiert und daher erst relativ spät die Literaturwissenschaft zu der Frage veranlaßt hat, ob er dem, was Fontane zuvor im Detail geschildert hat, eigentlich angemessen sei.

Eine seltsame Frage vielleicht an einen Autor, der doch wissen muß, was er tut, und den man nicht einfach mit Blick auf Regeln, die andere an die Behandlung des Stoffes angelegt sehen möchten, eines besseren belehren darf. Und doch ist die Berechtigung dieser Frage nicht ganz von der Hand zu weisen:

> [...] der Mörder findet dort den Tod, wo er gemordet hat; und der Leser versteht ihn als Strafe, als nachträgliche Sühne einer schweren Schuld. Fontane selbst versteht ihn ja so: ›Als das gepredigte Evangelium von der Gerechtigkeit Gottes‹. Mit den gesellschaftskritischen Motivierungen verträgt sich dieses überraschende Diktum kaum. Nahezu jeder andere Schluß hätte sich empfohlen, nur nicht dieser; und es hätte der in mancher Hinsicht satirischen Darstellung weit mehr entsprochen, wenn der Mörder am Leben geblieben wäre, womöglich in Reichtum, Ansehen und Würde. Die Leser hätten ohnehin

> gewußt, woran sie sind, sie hätten sich ja ihr Teil denken können. Mit der Spruchweisheit als einer trivialen Allerweltsweisheit fällt Fontane in frühere Epochen seines Denkens zurück. Das ›Schicksalsmodell‹, das er zu umgehen suchte, setzt sich wider die besseren Intentionen der Erzählung durch. Der Widerspruch ist offenkundig. Es ist fraglos ein Bruch, ein unfreiwilliger Bruch.[3]

Ich möchte den folgenden Darlegungen die These voranstellen, daß Müller-Seidel hier einen ganz wesentlichen Punkt aufgedeckt hat. Das gilt nicht nur für das Ergebnis, sondern streckenweise auch für die Begründung. Sie beschränkt sich allerdings auf die Beurteilung des rein Künstlerischen. Fontane sei offenbar in der Verlegenheit gewesen, die Klippen zu umschiffen, »die jeden Romancier erwarten, wenn er nicht scheitern will; denn das glückliche Ende scheint ebenso verbraucht zu sein wie der ›zypressendunkle‹ Schluß mit womöglich sentimentaler Begleitmusik«, hier offenbare sich das allgemeine Dilemma der Romanschlüsse im 19. Jahrhundert.[4] Dann bricht die Argumentation ab, so daß außer dem Gefühl, hier habe ein Dichter sich nicht endgültig von den Zwängen seiner Zunft freimachen können, nichts übrig bleibt. Das kann man entweder so stehen lassen oder aber doch nach einer Erklärung suchen. Da Fontane ein Schriftsteller war, der seine eigenen Produktionsprozesse besonders gut überblickte und auch mit Distanz betrachtete, lohnt es sich schon nachzudenken. Eine starke Vermutung spricht dafür, daß er – ausnahmsweise – dieses Mal nicht in der Lage war, das, was er geschrieben hatte, auf den richtigen Begriff zu bringen. Es fehlte ihm sozusagen die Theorie seiner eigenen Geschichte, weil er mit seiner Kunst weiter war als die damalige Wissenschaft vom Verbrechen, heute als das akademische Fach ›Kriminologie‹ fest etabliert.

2. Eine kriminologische Theorie zur erzählten Geschichte?

Das Stichwort, das den heutigen Leser in der Erzählung etwas suchen läßt, dessen Bedeutung Fontane selbst nicht oder jedenfalls nicht ganz klar vor Augen stand, ist schon gefallen: die gesellschaftskritische Motivierung. Wenn es richtig ist, daß dieser Fall in ein Netz soziologisch und psychologisch zu begreifender Daten gespannt ist, die ein weniger dramatisches oder doch jedenfalls von irrationalen Beimischungen ganz freies Ende der Geschichte nahegelegt hätten, dann kann es nicht ganz falsch sein, zunächst einmal anzunehmen, daß Fontane diese Daten, obwohl sie Teil seiner literarischen Konstruktion der Verbrechensgeschichte sind, nicht als solche registriert hat. Die Konzession an einen im Mythos der Vergeltung gipfelnden Schluß, mag ihm dann um so leichter gefallen sein, als er auch bei anderen Erzählungen oder sogar Romanen – trotz allem Realismus – bei Abfassung des Schlusses von seiner Vergangenheit als Balladendichter eingeholt wurde. Nur so wird etwa plausibel, weshalb Effi Briest, ohne daß man eigentlich genau

---

[3] Müller-Seidel: Fontane, S. 227.
[4] Ebd. S. 227.

alles über den Krankheitsverlauf erfährt, sterben muß, und mit dem Selbstmord der Gräfin Holk in *Unwiederbringlich* steht es nicht viel anders.

Aber um welche Daten soll es sich denn nun eigentlich handeln? Es ist die Kriminologie, die hier eine Antwort geben könnte. Ist die moderne Kriminologie gemeint, so erhebt sich freilich sofort die Frage, ob sie ein taugliches Instrument sein kann zur Analyse historisch zurückliegender Ereignisse – seien sie nun in fiktiven oder ›historiographischen‹ Texten berichtet. In dem einen Fall sind bei Fontane 150 Jahre, in dem anderen 100 Jahre zu überspringen.

Alle Lehren, die sich mit dem Problem, wie man Ereignisse und Texte verstehen lernen kann, beschäftigen, achten genau auf die Schwierigkeiten, die durch Verwendung anachronistischer Begriffe entstehen. Dieter Simon hat unlängst – in einem kritischen Rückblick auf rechtshistorische Forschungsmethoden – dargetan, »[...] wie seltsam verbogen und präformiert die Frage nach dem ›Wesen‹ von Rechtsfiguren war, die sich ihrerseits bereits als Projektionen der Neuzeit [...] enthüllten«.[5]

Bezogen auf die Kriminologie bedeutet das, daß Entstehungszusammenhänge, wenn sie sich heutiger Erfahrung noch erschließen, zugleich auch Ausdruck einer Theorie der Gesellschaft unserer Zeit sind – und so überhaupt nur in den Blick kommen.

Will man das nicht in Kauf nehmen und doch wissenschaftlich klären, was Fontane als Künstler getan hat, so müßte man nach der Kriminologie s e i n e r Zeit fragen oder gar derjenigen zur Zeit der Handlung.

Fangen wir mit dem letzten an: Was konnte man 1832 eigentlich über das Verbrechen schon wissen?[6]

2.1. Kriminologisches Wissen im 19. Jahrhundert

Das Interesse an den erfahrbaren Hintergründen war damals noch relativ neu. Die Möglichkeit, gesellschaftliche Zusammenhänge und psychische Prozesse zu beobachten, bestand zwar längst – hier hatte die Neuzeit mit der Entdeckung der Naturwissenschaft und der intellektuellen Mittel, sich von der Religion zu lösen, ein großes Tor aufgestoßen. Aber was bis tief ins 18. Jahrhundert hinein fehlte, war die moralische Entrüstung über sinnlose Leiden der Betroffenen, wozu man allmählich auch diejenigen rechnete, die ihrer Taten wegen verstümmelt, umgebracht oder in Kerker geworfen wurden. Selbst diese Seite eines modernen Humanismus blieb vorerst theoretisch, war der Inhalt aufrüttelnder Schriften weniger politisch denkender Geister. Es bedurfte des Massenelends der sich ausbreitenden Industriearbeiterschaft, um den Ideen auch die notwendige Durchsetzungskraft zu geben. Zwar erscheinen daher zu Beginn des 19. Jahrhunderts in England und Frankreich erste Untersuchungen über Wohnungselend und Alkoholismus, werden Reformforderungen erhoben, und theoretisch tritt dazu unterstützend eine

---

[5] Simon: Zweckverfügung, S. 2.

[6] Im folgenden ausführlicher und mit Belegen: Lüderssen: Kriminologie, S. 202ff.

Art vormarxistischer Materialismus: mechanische Erklärungen gesellschaftlicher Vorgänge werden versucht, das Bild der Chemie des Seelenlebens taucht auch schon auf, die Anfänge der Völkerkunde sind zu registrieren. Aber um Details von der Art, wie sie in Fontanes Geschichte vorkommen, geht es dabei nicht.

Wäre die Sache unmittelbar, nachdem sie passiert sein soll, erzählt worden – was man sich ohne weiteres vorstellen kann – hätte der Autor also kaum über von der Wissenschaft gelieferte Daten für die Erklärung der Vorgänge verfügen können.

Aber in dieser Lage war Fontane nicht; denn als er schrieb, näherte man sich schon dem letzten Viertel des Jahrhunderts. Man darf also auch fragen: Was wußte die Wissenschaft dieser Zeit vom Verbrechen – in Vergangenheit und Gegenwart? Etwas mehr als 1832 war es schon.[7] Die zweite Hälfte des 19. Jahrhunderts hatte mit der vehement einsetzenden Technisierung eine neue Welle der Naturwissenschaft hervorgebracht. Im Zuge dieser Entwicklung hatte die Theorie des italienischen Arztes Lombroso (1858–1916) eine Chance; nach dieser Theorie gab es den geborenen Verbrecher, erkennbar durch körperliche Stigmata, was ganz gut paßte zu der von Charles Darwin (1809–1882) vertretenen Auffassung über die Entwicklung der Menschheit, die offenbar stets einen Bodensatz von Rückschlagserscheinungen aufweise. Gleichzeitig kam es aber in Italien und Frankreich auch zu rein gesellschaftlichen Theorien über die Entstehungszusammenhänge des Verbrechens; noch heute kennt man die Namen jener Gelehrten: Enrico Ferri (1856–1929), Raffaele Garofalo (1851–1934) und Alexandre Lacassagne (1843–1904). Darüber hinaus wurden sogar schon verhältnismäßig konkrete Beziehungen zwischen bestimmten wirtschaftlichen Entwicklungen und der sogenannten Kriminalitätsrate registriert; berühmt sind die – auf statistischer Grundlage erstellten – Untersuchungen Georg von Mayrs aus dem Jahre 1877. Teils noch handfestere, teils aber auch mehr im allgemeinen bleibende Analysen lagen auch schon aus der Feder von Karl Marx vor, doch die kannten damals nicht einmal die auf diese Dinge spezialisierten Wissenschaftler. Das berühmteste, die gesellschaftlichen Bedingtheiten des Rechts reflektierende Werk jener Epoche *Der Zweck im Recht* von Rudolf Ihering (1818–1892) bezieht sich auf den schon erwähnten älteren Jeremy Bentham, nicht auf den Zeitgenossen Marx.[8] Einigermaßen ins einzelne ging man aber noch immer nicht.

Auch die Wissenschaftler aus Fontanes Epoche hätten also wahrscheinlich wenig über das, was Abel Hradscheck zum Mörder machte, sagen können.

2.2. Die ›Tat‹ im Licht moderner Kriminologie

Die Frage bleibt, ob die gegenwärtige Kriminologie insofern in einer besseren Lage ist. Sie hat die seit der Mitte des 18. Jahrhunderts sichtbar werdenden Ansätze zu einem doch schon sehr detailreichen, mit feinen Unterschieden arbeiten-

---

[7] Ebd. S. 210ff.

[8] Coing: Bentham's Bedeutung, S. 74.

den System ausgebaut und dabei auch – freilich nicht umfassend und häufig genug – historische Zustände ins Auge gefaßt. Kriminalität ist, sagt man jetzt, das Ergebnis von vielerlei Wechselbeziehungen zwischen sozialer Struktur und persönlicher Entwicklung, auch Sozialisation genannt.[9]

Zur sozialen Struktur gehören nicht nur die Lebensverhältnisse, wie sie etwa durch Schicht, regionale Eigentümlichkeiten und Ökonomisches bestimmt sind, sondern auch eben jene Institutionen, die – unbefangen betrachtet – auf Verbrechen eigentlich nur reagieren; denn die Auswahl, die dabei notwendig stattfindet, folgt – schwer zu ergründenden – Bedürfnissen nach Kriminalisierung oder auch Entkriminalisierung. Diese Bedürfnisse können kollektiv sein – dazu hat die Tiefenpsychologie viel zu sagen – oder vereinzelt auftreten; dann muß man gezielt im ›Apparat der Strafverfolgungsbehörden‹ suchen. Bei der Erforschung der Sozialisation spielt eine zunehmende Rolle unter anderem die emotionale Situation des noch sehr kleinen Kindes. Hier hat man entdeckt, daß Beziehungsstörungen – wenn äußere Faktoren belastend hinzukommen – zur Kriminalität führen können. Der Kern dieser Beziehungsstörung ist, daß das Kind – ohne daß das rechtzeitig bemerkt wird – die Stufe des bloßen Ausnutzungsverhältnisses – bezogen meist auf die Eltern – nicht überwindet, nicht lernt, andere als selbständige, mit eigenen berechtigten Ansprüchen auftretende Personen zu empfinden. Der Grund dafür kann sowohl in zu intensiver, den Ablösungsprozeß unmöglich machender Zuwendung liegen, wie auch in extremer Vernachlässigung oder Ablehnung; dann ist es die Frustration über das ständige Mißlingen der Durchsetzung von Wünschen, die verhindert, daß der andere als gleichberechtigtes Wesen wahrgenommen wird. In beiden Fällen ist die Folge, daß man zu dem anderen ein rein instrumentalisierendes Verhältnis hat, und wenn sich dieser andere der Instrumentalisierung entzieht, dann schwindet jedes Interesse an ihm, mehr noch, er erscheint gefährlich und muß eigentlich beseitigt werden. Man nennt das pathologischen Narzißmus – unter Bezugnahme auf die amerikanischen Psychoanalytiker Heinz Kohut und Otto Kernberg.

Versucht man, mit diesen Rastern der modernen Kriminologie zu erklären, was Abel Hradscheck getan hat und warum er es getan hat, sieht es aber immer noch so aus, als ob man kein bißchen weitergekommen ist: zu individuell, jeder Typisierung sich entziehend sind die Motivationen und der Gang der Handlung.

Betrachten wir zunächst die wirtschaftlichen Verhältnisse. Schon im Jahre 1837 glaubte das Oberlandesgericht Naumburg zu wissen:

> Der Unbemittelte will es dem Wohlhabenden, der Mindere dem Höheren, der Ungebildete dem Gebildeten gleichtun; jeder will sich über seinen Stand und seine Verhältnisse erheben und die Scheidewand übersteigen, welche die soziale Ordnung zwischen den verschiedenen Klassen der Mitglieder des Staats gezogen hat. In diesem Treiben und Überbieten an Aufwand und äußerem Glanz gehen viele unter, deren Ausgabe die Einnahme übersteigt. Wer den gewöhnlichen Handwerker in den Städten vor vierzig Jahren gekannt hat, erkennt ihn jetzt in seiner äußeren Politur, seinem Handgeräth, seiner

---

[9] Hierzu und zum folgenden wiederum: Lüderssen: Kriminologie, S. 97 mit Belegen.

Kleidung und seiner Art zu leben, nicht wieder. Er ist mit dem Geist der Zeit fortgeschritten und verfeinert, aber nicht wohlhabender geworden.[10]

Dies ist eine – gemessen an der Wissenschaft vom Sozialen dieser Zeit – erstaunliche Feststellung. Doch sie trifft den Fall Hradscheck nur zum kleineren Teil. Zwar mag man den Gastwirt in einer ähnlichen Lage sehen wie die Handwerker. Was Fontane über die besonderen Ansprüche der Frau mitteilt, denen sich Hradscheck nicht entzieht, könnte der Ausgangspunkt für eine der Notlagen sein, die das Oberlandesgericht Naumburg meint. Hören wir aber dazu noch einmal den Pfarrer Eccelius:

»Daß der kleine Gott mit dem Bogen und dem Pfeil in dem Leben beider eine Rolle gespielt hat, ist mir unzweifelhaft, ebenso daß beide seinen Versuchungen unterlegen sind. Auch sonst noch, wie nicht bestritten werden soll, bleiben einige dunkle Punkte, trotzdem es an anscheinend offenen Bekenntnissen nie gefehlt hat.« (S. 493)

Das sind doch andere Akzente. Auch die weiteren Einzelheiten weisen in eine von der Vision des Oberlandesgerichts Naumburg abweichende Richtung. Hradscheck ist ein schlechter Geschäftsmann, spielt schlecht und trinkt seinen eigenen Wein. Vor allem aber: zu viele Menschen dürften in der vom Oberlandesgericht Naumburg geschilderten wirtschaftlichen Lage gewesen sein. Daß nur relativ wenige daraus die Konsequenz gezogen haben, Straftaten zu begehen, müßte noch eigens begründet werden.

Interessant ist nunmehr aber, daß Fontane selbst eine Anknüpfung im Wirtschaftlichen gesucht hat, wie sich aus seinen Kindheitserinnerungen ergibt:

Weil er, wie Hradscheck, ›unter Bilanz‹ war, hatte der unbescholtene Schiffer und Kaufmann Mohr eine Witwe und deren Bedienerin um 100 Taler erschlagen.[11]

Aber wiederum muß gesagt werden, daß eine solche Situation ja nur ein Punkt in der Rechnung sein kann – weshalb viele Menschen, die in gleiche Situationen geraten, kein Verbrechen begehen, bleibt unerklärt. Auch die anderen sozialstrukturellen Elemente, deren kriminogene Funktion von der gegenwärtigen Kriminologie hervorgehoben wird, scheiden hier aus. Insbesondere geht der Einfluß der Strafverfolgungsinstitutionen – Gericht und Polizei – gerade in eine andere Richtung. Nicht nur, daß bei einem Mord wie diesem von einer nachträglichen, selegierenden Kriminalisierung schon generell keine Rede sein kann; die Ermittlungen sind im vorliegenden Fall außerordentlich lückenhaft und wenig intensiv. Man hätte doch wenigstens der angeblichen Erbschaft nachforschen, eine Hausdurchsuchung machen und der besonders verdächtigen Parallele zwischen Tat und Gegenindiz – das Vergraben des Specks im Garten – einige Überlegungen widmen müssen. Zählt man auch die Kirche zu den Institutionen, deren kriminalitätsfördernde Funktion in Betracht kommen könnte, so ist noch auffallender, daß hier das Gegenteil dessen vorliegt, was sonst vermutet wird. Seine Voreingenommen-

---

[10] Zitiert nach Blasius: Bürgerliche Gesellschaft, S. 51.

[11] Ruttmann: Nachwort, S. 131; vgl. dazu Fontane: Meine Kindheit, Kap. XI (In: Werke, Abtlg. III, Bd. 4, S. 96).

heit zu Gunsten des Ehepaares veranlaßt den Pfarrer Eccelius ja sogar zu einer öffentlichen Schelte derer, die Hradscheck verdächtigen, was zunächst durchaus dazu beiträgt, daß die Ermittlungen nicht weitergeführt werden.

Nicht viel besser scheint es mit dem Erklärungswert der modernen Sozialisationstheorien zu stehen. Denn über die Kindheit Hradschecks erfährt man in dieser Erzählung gar nichts. Und ob Rückschlüsse aus dem – allerdings nicht ganz unbeachtlichen – Vorgang zu ziehen sind, daß Hradscheck die Auswanderung nach Amerika aufgibt, weil er die Frau, die er später heiratet, in einer äußeren und seelischen Notlage vorfindet, erscheint auch zweifelhaft.

Damit ist aber der Versuch, die moderne Kriminologie zu mobilisieren, um dem, was Fontane wirklich gemeint und mitgeteilt hat, auf die Spur zu kommen, noch nicht gescheitert. Sein Text könnte vielmehr die Basis sein, Kriterien, welche die moderne Kriminologie noch nicht voll entwickelt hat, zu erschließen oder ins Licht zu rücken.

2.3. Literarisches Material für kriminogenen pathologischen Narzißmus

Über die Verfahren, von Einzelheiten zu allgemeineren Ansichten vorzudringen, haben sich Philosophen und in neuerer Zeit Wissenschaftstheoretiker viele Gedanken gemacht. Ganz freischwebend, darüber ist man sich einig, kann das nicht funktionieren. Vielmehr vollziehen sich solche, wie man auch sagt, Induktionen immer unter der Voraussetzung, daß man eine bestimmte Regel für gegeben erachtet.[12] Für diese Regel, die den durch Fontanes Text ausgestoßenen Entdekkungsprozeß leiten könnte, ist man nun insofern auf die moderne Kriminologie angewiesen, als – das muß jetzt einmal als These vorerst akzeptiert werden – sie das Phänomen des kriminogenen pathologischen Narzißmus beschrieben und ausgewertet hat. Wenn es dieses Phänomen wirklich gibt, dann kann man in der Novelle – auf einmal – eine Reihe von Details herausheben, die einen Narzißmus kennzeichnen, dessen Symptome zwar nicht die sind, von denen man überall liest (extreme Unfähigkeit, Frustrationen zu ertragen, grenzenloses Mißtrauen, Fehlen von Kreativität, Humor und der Fähigkeit der Anteilnahme), der aber gleichwohl diesen Namen verdient, weil das Arrangement, mit dem die Betroffenen jene Symptome vermeiden, und daher – scheinbar – problemlos leben, seinerseits ein Ausdruck gefährlicher Hilflosigkeit ist.

Daß es diesen, wie man sagen könnte, arrangierten pathologischen Narzißmus gibt, ist aus psychoanalytischer Erfahrung überliefert,[13] wenngleich – soviel ich sehe – bisher nicht für kriminologische Fragestellungen konkretisiert. Daß gerade Fontanes *Unterm Birnbaum* dazu angetan sein könnte, wird aus einer Fülle von Momentaufnahmen plausibel, welche der Autor wie von ungefähr vor-

---

[12] Entdeckt hat diese Arbeitstechnik offenbar Charles Sanders Peirce (Peirce: Reduktion, S. 376ff.); weitere Belege bei Lüderssen: Erfahrung, S. 64ff.

[13] Vgl. Argelander: Der Flieger.

nimmt und die – jede für sich – kaum etwas besonderes zu besagen scheint, zusammengenommen aber ein höchst bemerkenswertes Mosaik ergeben.

Psychoanalytiker sprechen manchmal von Antennen, die sie – unsichtbar, versteht sich – ausgefahren haben, und deshalb habe ich keinen Zweifel, daß sie ganz zu Anfang der Erzählung schon ein wichtiges Signal registrieren würden:

> »Du hier, Ursel! Und Kränze! Wer hat denn Geburtstag?« fragt Hradscheck. Und seine Frau antwortet:
>
> »Niemand. Es ist nicht Geburtstag. Es ist bloß Sterbetag. Sterbetag deiner Kinder. Aber du vergißt alles. Bloß dich nicht.« (S. 456)

In dieser letzten Wendung wird ein unbefangener Leser freilich nichts weiter als den Hinweis auf eine mehr oder weniger gesunde Portion Egoismus sehen. Aber nun kommen in ziemlich dichter Folge doch immer wieder Stichworte, die fraglich machen, ob man es wirklich so harmlos nehmen kann, wobei hierbei zunächst einmal außer acht bleiben soll, wie Fontane es gemeint haben mag.

> Er antwortete nicht, und erst nach einer Weile nahm er den Kranz, der über der Stuhllehne hing und sagte: »Hübsch. Alles, was du machst, hat Schic. Ach, Ursel, ich wollte, du hättest bessere Tage.«
>
> Dabei trat er freundlich an sie heran und streichelte sie mit seiner weißen, fleischigen Hand [...]. (S. 457)

> Im Laden gab's viel zu tun, aber mitunter war doch ruhige Zeit, und dann ging Hradscheck abwechselnd in den Hof, um Holz zu spellen, oder in den Garten, um eine gute Sorte Tischkartoffeln aus der Erde zu nehmen. Denn er war ein Feinschmecker [...]. (S. 459)

> Als Hradscheck bis an den Schwellstein gekommen war, nahm er das Grabscheit von der Schulter, lehnte die Krücke gegen das am Hause sich hinziehende Weinspalier und wusch sich die Hände, saubrer Mann, der er war, in einem Kübel, drin die Dachtraufe mündete. (S. 463)

Was hier auf wenigen Seiten in den Gang der Geschichte pointiert eingestreut wird, läßt sich bequem zusammenfassen als das Portrait eines mit sich selbst innerlich und äußerlich sorgfältig umgehenden, schützende Distanz vor anderen wahrenden Mannes, als die Skizze einer ichbezogenen Ästhetik gleichsam. Da der Text, wie man längst weiß, auf Mord und Raub gestellt ist, mutet es seltsam an, daß diese Details auftauchen. Man scheint sie für dem Fortgang der Geschichte doch gar nicht zu brauchen, oder plaudert Fontane nur? Man nennt ihn ja gelegentlich den Causeur und erfreut sich daran. Kaum eine ihm gegenüber eingenommene Attitüde ist verfehlter als diese. Er tut nichts ohne Grund und Ursache. Die Dämonie seiner Geschichten schließt das aus; sie sind insofern der Musik vergleichbar, in der es keine Note zu viel oder zu wenig gibt. Noch einmal, es kommt nicht unbedingt darauf an, daß Fontane hier bewußt Anstalten gemacht hat, in Vorwegnahme späterer psychoanalytischer Einsichten das Bild einer narzißtischen Persönlichkeit zu entwerfen. Es genügt vollständig, daß ihm diese Charakterisierungen wichtig zu sein schienen für die Motivierung der weiteren Ereignisse. Diese nehmen nun ihren Lauf, die Tat geschieht, die Verhüllungs- und Irreführungsstrategien werden eingesetzt, und dann, wiederum an scheinbar unauffälliger

Stelle, wird der alte Faden wieder aufgenommen. Die Frau ist inzwischen gestorben; später hat Hradscheck ihr ein kostbares Kreuz aufgerichtet, und der Knecht Ede sieht ihn, wie er auf dem Sofa sitzt und den Kopf stützt.

> So verging der Abend. Auch am andern Tag blieb er auf seiner Stube, nahm kaum einen Imbiß, las und schrieb und ließ das Geschäft gehn, wie's gehn wollte.
>
> »Hür, Jakob«, sagte Male, »dat's joa grad, as ob se nu ihrst dod wihr. Süh doch, wie heh doa sitt. He kann doch nu nich wedder anfang'n.«
>
> »Ne«, sagte Jakob, »dat kann he nich.«
>
> Und Ede, der hinzukam und heute gerade seinen hochdeutschen Tag hatte, stimmte bei, freilich mit der Einschränkung, daß er auch von der voraufgegangenen »ersten Trauer« nicht viel wissen wollte.
>
> »Wieder anfangen! Ja, was heißt wieder anfangen? Damals war es auch man soso. Drei Tage und nich länger. Und paß auf, Male, diesmal knappst er noch was ab.«
>
> Und wirklich, Ede, der, aller Dummheit unerachtet, seinen Herrn gut kannte, behielt recht, und ehe noch der dritte Tag um war, ließ Hradscheck die Träumerei fallen und nahm das gesellige Leben wieder auf, das er schon während der zurückliegenden Wintermonate geführt hatte. Dazu gehörte, daß er alle vierzehn Tage nach Frankfurt und alle vier Wochen auch mal nach Berlin fuhr, wo er sich, nach Erledigung seiner kaufmännischen Geschäfte, kein anderes Vergnügen als einen Theaterabend gönnte. [...] War er dann wieder in Tschechin zurück, so gab er den Freunden und Stammgästen in der Weinstube [...] nicht bloß Szenen aus dem [...] »Fest der Handwerker« [...] und den »Wienern in Berlin« zum besten, sondern sang ihnen auch allerlei Lieder und Arien vor [...]. Denn er besaß eine gute Tenorstimme.
>
> [...] Schulze Woytasch versicherte jedem, der es hören wollte: »Für Hradscheck ist mir nicht bange; der kann ja jeden Tag aufs Theater. Ich habe Beckmann gesehn; nu ja, Beckmann ist gut, aber Hradscheck is besser; er hat noch so was, ja, wie soll ich sagen, er hat noch so was, was Beckmann nicht hat.« (S. 534–536)

Weshalb wird so etwas von einem Mörder berichtet? Fontane muß sich etwas dabei gedacht haben, auch wenn ihm der Begriff von der Sache noch gefehlt hat, und den liefert nun die moderne Wissenschaft nach. Wenn man will, könnte man das als eine Beleg für die Behauptung auffassen, die Karl Heinz Bohrer darüber aufgestellt hat, was der modernen Literatur noch an Stoff verbleibe: Er meint, inzwischen sei alles Sache der Wissenschaft geworden, wo immer rationale Aussagen möglich seien, habe die Literatur ihre Terrain verloren.[14] Wenn die psychoanalytische Narzißmustheorie etwas Rationales ist – wofür, trotz der merkwürdigen Animosität, welche die Psychoanalyse gegen ihr Selbstverständnis als Wissenschaft pflegt, manches spricht – so würde man Bohrers Theorien folgend, *Unterm Birnbaum* heute eben nicht mehr erzählen, sondern als psychoanalytische Fallgeschichte dokumentieren.

Ob der ›Formwille‹ des Dichters nicht nach wie vor der Darstellung eines sozialen oder psychischen Problems eine besondere, mit rein wissenschaftlichen Mitteln nicht mögliche Färbung verleiht, mag jetzt dahingestellt bleiben; für die Zeit Fontanes kann Bohrers These noch nicht gelten, jedenfalls nicht direkt; allenfalls indirekt – insofern die Wissenschaft nachträglich erklärt, was der Dichter ahnungsvoll gesagt hat.

---

[14] Bohrer: Ausfälle, S. 15ff.

Aber reicht denn das, was wir bisher gehört haben, schon aus als Grundlage für eine solche wissenschaftliche Erklärung? Für sich genommen vielleicht immer noch nicht. Die letzte Vorsicht indessen schwindet, wenn es nun – aus Anlaß eines Gesprächs, das die Gäste (»Das Haus voller Gäste zu haben war überhaupt Hradschecks Vergnügen« – S. 517) über den gerade etablierten französischen König Louis Philippe führten, dessen Versuch einer konstitutionellen Monarchie mit verächtlichen Kommentaren versehen wurde – auch noch heißt:

> Wenn so das Gespräch ging, ging unserm Hradscheck das Herz auf, trotzdem er eigentlich für Freiheit und Revolution war. Wenn es aber Revolution nicht sein konnte, so war er auch für Tyrannei. Bloß gepfeffert mußte sie sein. Aufregung, Blut, Totschießen – wer ihm das leistete, war sein Freund, und so kam es, daß er über Louis Philippe mit zu Gerichte saß, als ob er die hyperloyale Gesinnung seiner Gäste geteilt hätte. (S. 518)

Freiheit und Revolution – das ist sozusagen die Möglichkeit, sich selbst zu bedienen; man kann es getrost so niedrig hängen. Auch wenn noch vieles dunkel ist – so viel wissen wir von Hradscheck: Die gemeinhin mit jenen Metaphern verbundenen Ideale waren seine Sache nicht. Und Tyrannei – das ist die Alternative: wer mich stört bei dem, was ich für mich brauche, wird eliminiert. Da haben wir auf einmal den ganzen pathologischen Narzißmus, mit den Symptomen der bereits skizzierten Beziehungsstörung.

Wer das für eine zu schnelle, von der Absicht, das zu finden, was man sucht, getragene Subsumtion hält, wird freilich nach weiteren Indizien fragen.

Die Antwort ist insofern schwierig, als alles das, was jetzt noch kommt, für sich genommen nichts weiter ist als Raffinesse und kühle Überlegung, verbunden mit einer gewissen Durchsetzungskraft, und eben nur, aber auch gerade in Verbindung mit den bereits hervorgehobenen Details das Bild komplettiert.

Hinzu tritt das Problem, daß durch diese Ergänzungen, das – jedenfalls in der Kriminologie – bisher geläufige Bild des pathologischen Narziß eine neue Schattierung erhält. Die die Beziehungsstörung kompensierenden Arrangements schaffen einen äußeren Zustand von Ausgewogenheit, von dem man eigentlich sagen müßte, daß er allen Ansprüchen, die man an ›Normalität‹ stellen kann, genügen würde, wenn nicht gleichzeitig etwas offenkundig nicht Normales – der Mord, unter keineswegs zwingenden Umständen begangen und erst recht nicht Ausdruck irgendeiner Legitimität, die ihrerseits das Normale zu sein beanspruchen könnte – abliefe.

Es ist gar nicht zu leugnen, daß die Argumentation sich hier ein wenig im Kreis bewegt: das noch unsichere Bild des pathologischen Narzißmus wird durch Details ergänzt, die ihrerseits aber nur auffallen, weil die Perspektive des pathologischen Narzißmus bereits eröffnet ist.

Aber vielleicht sprechen die Dinge doch für sich. Von der Einbettung des wohlüberlegten Planes in das unverändert sich weiter bewegende triviale Alltagsleben Hradschecks und seiner Umgebung ist bereits ein Eindruck vermittelt. Dies ist übrigens überhaupt Fontanes Stärke: den roten Faden fast unerkennbar in eine Masse scheinbar ganz anderen, uninteressanten Schwerpunkten zugeordneten Materials zu verweben.

Was mit Hradschecks Plan angefangen hat, setzt sich bei der Durchführung und den anschließenden Verschleierungsmanöver mit fast noch größerer Intensität fort. An dem der Mordnacht vorausgehenden Abend sprechen die Gäste darüber, wie man am besten sein Geld verbirgt. Der Reisende Szulski legt dar, daß auch das Einnähen des Geldes nichts helfe, wenn der Rock weg sei, so sei auch das Geld weg. Aber was man auf seinem Leibe habe, das habe man.

Es ist schon erstaunlich, mit welcher Kaltblütigkeit Hradscheck, der weiß, was er vor hat, darauf reagiert:

> »Recht so« [...] »So mach' ich's auch. Aber wir sind bei dem Geld und dem Einnähen ganz von Polen abgekommen. Ist es denn wahr, Szulski, daß sie [...]«. (S. 480)

Und nun verstrickt er Szulski erneut in lange Geschichten über den Aufstand und die Rolle der Russen dabei. Den Friedrichsauer Amtsrat, der am Tage darauf vorfährt und von dem verunglückten Wagen in der Oder berichtet, grüßt Hradscheck respektvoll, fast devot, und als er hört, was vorgefallen ist, hält seine Reaktion die richtige Mischung von Bestürzung, aber auch Gelassenheit dessen, den es eigentlich nichts angeht und dem deshalb auch das routinemäßig Naheliegende sofort einfällt:

> »Gott im Himmel, ist es möglich! Aber wollen der Herr Amtsrat nicht bei Schulze Woytasch mit vorfahren?« (S. 487)

Später, als die Ausgrabung des Franzosen die Lage schon ganz zu seinen Gunsten gewendet hat, seine Entlassung ihm fast schon als sicher in Aussicht gestellt wird, wenn er auch noch einmal ins Gefängnis zurück muß, um dort die restliche Aufklärung abzuwarten, lehnt er es ab, den ihm in seinem eigenen Gasthaus angebotenen Imbiß anzunehmen, sondern sagt:

> Daß er mit seiner Mahlzeit lieber warten wolle, bis er im Küstriner Gefängnis sei [...].
>
> Und diese Worte gefielen den Bauern ungemein. »Er will nicht an seinem eigenen Tisch zu Gast sitzen und das Brot, das er gebacken, nicht als Gnadenbrot essen [...]«. (S. 508)

An dem Sonntag, der auf die wenige Tage später ausgesprochene Entlassung folgt, nimmt Hradscheck mit seiner Frau an eben dem Gottesdienst teil, den Eccelius zum Anlaß nimmt, die Gemeinde vor Verleumdung zu warnen: »Beide Hradschecks waren in der Kirche zugegen und folgten jedem Worte des Geistlichen [...]« (S. 511).

Bald danach muß der Kirchengemeinderat darüber beschließen, worin man den Franzosen bettet, und das Votum geht dahin, ihm auf dem Friedhof eine endgültige Grabstätte zu geben. Aber da meldet sich Hradscheck:

> »Wenn der Herr Prediger das Begräbnis auf dem Kirchhofe, der, als ein richtiger christlicher Gottesacker, jedem Christen, evangelisch oder katholisch, etwas durchaus Heiliges sein müsse, für angemessen oder gar für pflichtmäßig halte, so könne es ihm nicht einfallen, ein Wort dagegen sagen zu wollen; wenn es aber nicht ganz so liege, mit anderen Worten, wenn ein Begräbnis daselbst nicht absolut pflichtmäßig sei, so spräch' er hiermit den Wunsch aus, den Franzosen in seinem Garten behalten zu dürfen. Der Franzose sei sozusagen sein Schutzpatron geworden, und kein Tag ginge hin, ohne daß er desselben in Dankbarkeit und Liebe gedenke. Das sei das, was er nicht umhin gekonnt habe, hier

auszusprechen, und er setzte nur noch hinzu, daß er, gewünschten Falles, die Stelle mit einem Gitter versehen oder mit einem Buchsbaum umziehn wolle.« Die ganze Rede hatte Hradscheck mit bewegter und die Dankbarkeitsstelle sogar mit zitternder Stimme gesprochen, was eine große Wirkung auf die Bauern gemacht hatte. (S. 514)

Als die Frau gestorben ist, vollbringt er ein weiteres Meisterstück, seinen Biedersinn gemischt mit sympathieeinbringenden Schwächen zu demonstrieren. Seine Frau hatte ihn, kurz vor ihrem Ende, darum gebeten, in einem anonymen Brief an den Krakauer Bischof um Seelenmessen für den Ermordeten zu bitten, und ihm das nötige Geld dafür ausgehändigt, das sie sich in den letzten Wochen abgespart hatte. Hradschecks Befürchtung ist, daß durch die Erfüllung der Bitte die kaum begrabene Geschichte vielleicht wieder ans Licht gezogen werden könne. Und deshalb wendet er sich an Eccelius:

Ursel, so begann er, habe zu seinem allertiefsten Bedauern ernste katholische Rückfälle gehabt und ihm beispielsweise in ihrer letzten Stunde noch eine Summe Geldes behändigt, um Seelenmessen für sie lesen zu lassen (der, dem es eigentlich galt, wurde hier unterschlagen). Er, Hradscheck, hab' ihr auch, um ihr das Sterben leichter zu machen, alles versprochen, sein protestantisches Gewissen aber sträube sich jetzt dagegen, ihr das Versprochene wörtlich und in all und jedem Stücke zu halten, weshalb er anfrage, ob er das Geld wirklich an die Katholschen aushändigen oder nicht lieber nach Berlin reisen und ein marmornes oder vielleicht auch gußeisernes Grabkreuz, wie sie jetzt Mode seien, bestellen sollte.

Eccelius zögerte keinen Augenblick mit der Antwort und sagte genau das, was Hradscheck zu hören wünschte. Versprechungen, die man einem Sterbenden gäbe, seien natürlich bindend [...]. Aber jede Regel habe bekanntlich ihren Ausnahmefall, und wenn das einem Sterbenden gegebene Versprechen falsch und sündhaft sei, so hebe das Erkennen dieser Sündhaftigkeit das Versprechen wieder auf. Das sei nicht bloß Recht, das sei sogar Pflicht. (S. 531f.)

Die Geschlossenheit dieser Selbstdarstellung wird nicht aufgehoben, sondern bestätigt durch die sich mit diesen äußerst geschickten und zweckmäßigen Aktionen ohne weiteres und ganz natürlich verbindende ›menschliche‹ Anwandlung. Hradscheck ist wirklich betrübt über den traurigen Zustand, in dem er seine Frau bei der Rückkehr aus der Haft wiederfindet. Er läßt nach einiger Zeit das obere Stockwerk umbauen, und als seine Frau an der Stelle steht, wo früher die alte Giebelstube war, in der Szulski übernachtet hatte, und fragt: »›Hier? Hier, Abel?‹«, ist er »durch den Auftritt mehr erschüttert als verdrossen« (S. 524).

Aber das ändert gar nichts. Nie verliert er die Beherrschung, fängt alle Schwankungen auf, zieht etwa die Weigerung seines Knechtes Ede und seiner Magd Male, in den Keller zu gehen, ins Komische, pfeift und trällert vor sich hin an jenem Tage, an dem er beschlossen und im einzelnen überlegt hat, wie er den Toten umbetten könne.

Es gibt offenbar ein Arrangement, eine Überlebensstrategie des in seinen Beziehungen tief Gestörten, welche den Schein äußerster Normalität wahrt bis in dessen Bewußtsein hinein, was wohl auch eine Erklärung dafür sein mag, daß Analytiker allgemein darüber klagen, wie unüberwindlich der Widerstand eines so beschaffenen Patienten, wenn sie ihn überhaupt zu Gesicht bekämen, sei.

Damit ist eine weitere Frage an die Kriminologie aufgeworfen. Wie kommt es, daß das Arrangement dann doch gelegentlich versagt und ein Zwischenfall, als den man den Mord wohl bezeichnen darf, eintritt?

2.4. Kriminalsoziologische Aspekte

Hier muß man sich in Erinnerung rufen, daß kriminelles Agieren ja keineswegs die notwendige Folge narzißtischer Störung ist. Vielmehr kommen außerdem alle soziologischen Erklärungen zu ihrem Recht. Der relativ gesehen nicht so starke Druck der Not, die wirklich für sich genommen kaum ein Verbrechen erklärt, kann dann ausreichen, um das so unangreifbar scheinende Gerüst zum Einsturz zu bringen, es nachträglich als Kartenhaus zu entlarven. Dafür, daß sogar in einer solchen Situation – wie es bei Hradscheck der Fall ist – die Harmonie des Bewußtseins aufrechterhalten bleibt, gibt es zusätzliche Erklärungen. Vor allem die Amerikaner Matza und Sykes haben auf den Vorgang der Neutralisation hingewiesen, der das abweichende Verhalten psychisch begleitet.[15] Insbesondere dann, wenn die Abweichung nur in bezug auf die Mittel, nicht aber in bezug auf die Ziele vorliegt, bedarf der Täter einer Art Selbstbetruges. Die Teilhabe etwa an der allgemeinen Wertschätzung von Eigentum, Wohlstand, bürgerlichem Leben, zwingt den Täter förmlich dazu, die Kriminalität der Mittel, deren er sich bedient, zu verdrängen – so groß ist sein Bedürfnis, in einem loyalen Zusammenhang zu bleiben. Nur wenn auch in bezug auf die sozialen Ziele abweichende Vorstellungen bestehen – etwa im Rahmen einer Subkultur – mag das anders sein. Aber darum kann es sich im Falle Hradscheck keineswegs handeln, dem ja an nichts mehr gelegen ist als an der Aufrechterhaltung seines normalen Status eines Gastwirts und Kramladenbesitzers. Versucht man die Wege zu bezeichnen, auf denen jene Neutralisation erreicht werden kann, so stößt man im Falle Hradscheck vor allem auf das Stichwort ›Ablehnung des Opfers‹. In dieser Hinsicht hatte es Hradscheck ausgesprochen leicht; denn die leichte Abwertung, die sich in der Regel in bezug auf den »Pol'schen« bei allen Beteiligten immer wieder zeigt, braucht er sich nur zu eigen zu machen und für seine besondere Situation zuzuspitzen.

Ohne zusätzliche äußere Einflüsse kommt es gleichwohl in aller Regel nicht zu einer solchen Neutralisierung krimineller Mittel. Die Kriminalsoziologie hat sich in gewissen Zeiten sehr darum bemüht, die Umsetzung derartiger Einflüsse in die Motivation des einzelnen, der handelt, nachzuweisen, ist dabei aber in sich bequem anbietenden Schematisierungen steckengeblieben. Da ist – sehr gelehrt – die Rede von differentiellen Kontakten,[16] d.h. Berührungen mit abweichenden und nicht-abweichenden Verhaltensmustern finden statt, sie werden in ›intimen Gruppen‹ gelernt. Man nennt es auch differentielle Identifikation.[17] Das ist die Wahl eines anderen, aus dessen Perspektive das eigene Verhalten beobachtet wird. Und schließlich ist die Rede von differentiellen Gelegen-

[15] Sykes u. Matza: Techniken, S. 360ff.
[16] Sutherland: Theorie, S. 395ff.
[17] Glaser: Criminality, S. 433ff.

heiten:[18] eine geeignete Umwelt steht für die Aneignung von Werten und Fertigkeiten zur Verfügung, die mit der Ausübung einer besonderen Rolle (z. B. der des Diebes) verbunden sind.

Für keine der drei Gruppen bietet Hradschecks Geschichte einen direkten oder gar ausschließlichen Anknüpfungspunkt. Die Einflüsse der Umwelt auf Hradschecks Handeln, die man hier vermuten möchte, sind nicht so exakt abrufbar, wie es der kriminologischen Forschung vorschwebt. Diese bewegt sich wegen des auf den Autoren lastenden wissenschaftstheoretischen Drucks (um zu größeren Gruppen gleicher Faktoren zu gelangen, müssen sie verallgemeinerungsfähige Ergebnisse vorlegen) zu oft im Oberflächlich-Allgemeinen. Daher darf hier vielleicht angemerkt werden, daß die Kriminologie ein großes Stück weiterkäme, wenn sie sich mehr als bisher intensiven, in der Tiefe liegende Strukturen erfassenden Teilstudien anvertrauen würde,[19] zu denen die sogenannte schöne Literatur, wenn sie sich auf das Gebiet der Kriminalität bewegt, vielfältige Anregungen bietet.

Was alles auf Hradscheck mit dem Ergebnis einwirkt, daß er sich über das Gebot »Du sollst nicht töten« hinwegsetzt, vielmehr, daß der es für seine Person außer Kraft setzt, ist so mannigfach abgestuft, wie es vielleicht die Wissenschaft niemals erfassen kann, sondern nur die Seismographie der Kunst – dieser, die hier angestellten Betrachtungen immer wieder dominierende Gedanke drängt sich jetzt, zum Schluß, noch einmal besonders stark auf.

Wie in einem Brennspiegel hat Fontane selbst zusammengefaßt, wie nahe Hradscheck, mit dem, was er getan hat, an dem ist, was – wenn nur einige zusätzliche Randbedingungen eintreten – der allgemeine Zustand der Dorfkultur – oder soll man schon sagen: Dorf-Sub-Kultur? – an Möglichkeiten bereit hält, unter schneller Durchquerung eines zunächst noch mit Grenzmoral zu bezeichnenden Zwischenreichs in eindeutige Brutalität überzugehen. Es ist dies Fontanes Spekulation darüber, was eigentlich mit dem Franzosen seinerzeit geschehen sei. Auch hier liegt ein realer Vorfall zugrunde. Die Herausgeberin der Reclam-Ausgabe von *Unterm Birnbaum*, Irene Ruttmann,[20] berichtet, Fontane habe schon in den frühen siebziger Jahren

> von seiner Schwester Elise, die er für die *Wanderungen durch die Mark Brandenburg* um Anekdoten aus der Ruppiner Gegend bat, zum ersten Mal von der Existenz eines einsam im Dorf Dreetz verscharrten französischen Soldaten erfahren. Der Dichter [...] bedrängt die Schwester, einen Schäferknecht oder eine weise Frau aufzutreiben, »um rauszukriegen, warum dieser arme Franzose eigentlich totgeschlagen ist«.[21] Er mutmaßt, »daß der biedere Dreetzer von 1806 den Franzosen so totschlug, wie man einen Pfahl in die Erde schlägt, oder mit noch viel weniger Grund. Wahrscheinlich war es ein Zurückgebliebener, ein Kranker, der sich die Füße durchgelaufen oder eine dicke Backe hatte, da rafften sich Mut und Vaterlandsliebe auf und baff, da lag er! Ich kenne meine Dreetzer, einer ist wie der andere.«[22]

[18] Cloward u. Ohlin: Delinquency, S. 150–159.
[19] Dazu Lüderssen: Kriminologie, S. 252ff.
[20] Ruttmann: Nachwort, S. 129.
[21] Brief vom 12. 10. 1873.
[22] Ebd.

In der Erzählung nimmt die Anekdote dann die folgende Gestalt an:

> [Da heißt es, daß] sich ältere Leute sehr wohl entsannen, daß man einen Chasseur – oder nach andrer Meinung einen Voltigeurcorporal einfach wegen zu scharfer Fouragierung beiseitegebracht und stillgemacht habe. (S. 513)

Man muß nicht gleich von der Allgemeinheit des Verbrechens überall und in der Seele jedes Menschen sprechen, um dieser eigentlich abgründigen Skepsis in bezug auf das, wozu der dörfliche Normalmensch sozusagen nach Fontanes Meinung fähig war, nachzugehen. Man darf Fontane auch sicher nicht dahin mißverstehen, daß er einfach eine besondere Schlechtigkeit der Dreetzer Bauern dokumentieren wollte. Vielmehr spricht er hier sehr wohl, ohne natürlich diese Rolle bewußt und audrücklich zu beanspruchen, als ein Soziologe, der weniger auf die Moral des Menschen als darauf schaut, was seine Lebensbedingungen aus ihm machen.

Es ist wichtig, sich versuchsweise in die Zeit zu versetzen. Die idealistische Philosophie und die Achtung vor dem einzelnen Menschenleben und seiner Würde war in Büchern und politischen Programmen zwar längst präsent. Aber in den Alltag der dörflichen Welt, der durch Kriegs- und Revolutionswirren zusätzlich belasteten Kämpfe um Erhaltung und Mehrung dessen, was man wirtschaftlich für den einfachsten Lebensbedarf brauchte, drang das nur spärlich, und selbst ein Mann wie der Pfarrer Eccelius, von dem man schon annehmen darf, daß er geistig, seelisch und nach seiner religiösen Grundstimmung die humanistischen Ideen seiner Zeit erfaßt hatte und zu ihrer Verwirklichung nach Kräften beitragen wollte, macht Zugeständnisse: Als auch Hradscheck tot ist und es nun um sein Begräbnis geht, einigt sich der Gemeinderat zwar auf den Kirchhof. Doch dann heißt es: »›Aber seitab, wo die Nesseln stehen und der Schutt liegt‹« (S. 552).

Und daran schließt sich der folgende kurze Dialog:

> »Und das Grab der Frau?« fragte Eccelius. »Was wird aus dem? Und aus dem Kreuz?«
> »Das werden sie wohl umreißen, da kenn' ich meine Tschechiner. Und dann müssen wir tun, Herr Pastor, als sähen wir's nicht. Kirchhofsordnung ist gut, aber der Mensch verlangt auch seine Ordnung.« (S. 552)

Nicht Kirchhof und Christentum konkurrieren hier etwa, sondern Christentum und atavistische Barbarei. Das mag etwas übertrieben klingen, ist aber der Kern der Sache, stammt aus der gleichen Quelle, die Fontane bei den Dreetzer Bauern vermutet.

Dies alles – die regionalen, teils aus den Zeitläufen hervorgehenden, teils aber auch wohl von unvordenklicher Zeit her die Dorfbewohner bestimmenden Schwebezustände zwischen schnell wieder in ihr altes Recht eintretender Normlosigkeit und locker aufgesetzter sozialer Moral einerseits, die eigenartige über das normale Maß sich selbst zugewandte Persönlichkeit Hradschecks andererseits – hat Fontane durchschaut. Was wir hinzufügen können, ist nur der nachträgliche Schnekkenweg der – vielleicht systematisch etwas umfassender und begrifflich schärfer zupackenden, aber für das in der Tiefe Passierende immer noch blind bleibenden – modernen Wissenschaft.

3. ›Wahrheit‹ in Kunst und Wissenschaft

Das Ergebnis scheint paradox: Die Wissenschaft – hier die moderne Kriminologie – klärt auf gewisse Weise, was der künstlerische Text leistet, lernt dabei aber gleichzeitig, wie sehr dieser Text sie ihrerseits nicht nur vorwegnimmt, sondern ihr auch – wenigstens partiell – überlegen bleibt.

Das ist noch einmal zu sehen, indem man, gleichsam nach Art eines Epilogs, erneut die Frage nach dem richtigen Schluß aufgreift. Wenn Sozialstruktur und Sozialisation – um wiederum die modernen kriminologischen Vokabeln zu benutzen – tatsächlich in der beschriebenen Weise Hradschecks Tat hervorgebracht haben, dann müßte, wäre das Ganze Gegenstand eines modernen aufgeklärten Strafprozesses, nun das Bemühen um die Resozialisierung Hradschecks einsetzen. Warum sträubt sich indessen alles gegen die Vorstellung, daß dies das Ende der Geschichte sein könnte? Nicht unbedingt, glaube ich, weil man gegen Resozialisierung ist, sondern, weil man eine so optimistische Bereitschaft und Hoffnung, aus Unglücken und Fehlern zu lernen und sie ins Gute zu wenden, angesichts dessen, was zur Tat geführt hat, dann doch noch unpassender finden würde als den melodramatischen Schluß, den Fontane gewählt hat. Der Hergang ist zu komplex und hoffnungslos, als daß man schlicht mit vernünftigen Lösungsmöglichkeiten aufwarten könnte. Damit verbindet sich keineswegs die Aufforderung, die Wissenschaft möge ihre Bemühungen um rationale Methoden für die Bewältigung sozialer Konflikte einstellen. Vielmehr soll nur deutlich werden, daß die Wissenschaft und vielleicht auch die Politik vorsichtig sein sollten, gewisse Modelle einfach, wie man sagt, durchzuziehen, daß sie sich der Isoliertheit und Abstraktheit der Handlungssysteme, die sie – auch wenn noch so viel Erfahrung zusammengetragen wird – entwickeln, bewußt bleiben müssen. Die Wahrheit ist das Fragment, und so gesehen hätte die Geschichte die größte Überzeugungskraft wohl doch entfaltet, wenn das Verbrechen nicht herausgekommen wäre.

Literaturverzeichnis:

Hermann Argelander: Der Flieger. Frankfurt/M.: Suhrkamp 1972.

Dirk Blasius: Bürgerliche Gesellschaft und Kriminalität. Göttingen: Vandenhoeck u. Ruprecht 1976.

Karl Heinz Bohrer: Ausfälle gegen die Kulturellen Normen. In: Literaturmagazin 6: Die Literatur und die Wissenschaften. Reinbek bei Hamburg: Rowohlt 1976, S. 15–28.

Richard A. Cloward u. Lloyd Edgar Ohlin: Delinquency and Opportunity. London 1961.

Helmut Coing: Bentham's Bedeutung für die Entwicklung der Jurisprudenz und der allgemeinen Rechtslehre. In: Archiv für Rechts- und Sozialphilosophie 1968, S. 69–88.

Theodor Fontane: Werke, Schriften und Briefe. Hg. von Walter Keitel u. Helmuth Nürnberger. Abteilung I, Bd. 1, sowie Abteilung III, Bd. 4. 2. Aufl. München: Hanser 1970.

Ders.: Briefe an Georg Friedländer. Heidelberg: Quelle u. Meyer 1954.

Daniel Glaser: Criminality Theories and Images. In: The American Journal of Sociology 61 (1956), S. 433–444.

Klaus Lüderssen: Erfahrung als Rechtsquelle. Frankfurt/M.: Suhrkamp 1972.
Ders.: Kriminologie. Baden-Baden: Nomos 1984.
Walter Müller-Seidel: Theodor Fontane. Soziale Romankunst in Deutschland. Stuttgart: Metzler 1975.
Charles Sanders Peirce: Deduktion, Induktion und Hypothese. In: Ch.S.P.: Schriften I. Zur Entwicklung des Pragmatismus. Frankfurt/M.: Suhrkamp 1967, S. 373–392.
Irene Ruttmann: Nachwort zu Theodor Fontane *Unterm Birnbaum*. Stuttgart: Reclam 1982 (= RUB 8577), S. 129–136.
Dieter Simon: Zweckverfügung. Hommage à Julius Wolff. In: Rechtshistorisches Journal 3 (1984), S. 1–3.
Edwin H. Sutherland: Die Theorie der differentiellen Kontakte. In: Kriminalsoziologie. Hg. von Fritz Sack u. René König. Frankfurt/M.: Akademische Verlagsgesellschaft 1968, S. 395–399.
Gresham M. Sykes u. David Matza: Techniken der Neutralisierung: eine Theorie der Delinquenz. In: Kriminalsoziologie. Hg. von Fritz Sack u. René König. Frankfurt/M.: Akademische Verlagsgesellschaft 1968, S. 360–371.

Konstantin Imm

Kaspar Hauser: Kriminalisierung und Historisierung

1. Geschichte, Dichtung, Erzählung

In einem neuen und sehr fruchtbaren Forschungsbeitrag zum Fall Kaspar Hauser kommt Jochen Hörisch zu der Feststellung, daß sich in der endlosen Zahl von Schriften – von den ersten amtlichen Protokollen bis hin zu poststrukturalistischen Darstellungen in unserer Zeit – die von Aristoteles (in seiner Poetik) getroffene Unterscheidung zwischen Geschichtsschreibung, die erzählt, was geschehen ist, und Dichtung, die erzählt, was geschehen (sein) könnte, auflöst.[1] Dies ist ein Signal dafür, einen ganz bestimmten und bezeichnenden Wandel in der Betrachtung des Gegenstandes ›Kaspar Hauser‹ zu registrieren. Die vorliegende Studie will diese Veränderungen kennzeichnen und damit zunächst der Hauser-Forschung einen neuen Impuls geben. Darüber hinaus wird aber auch demonstriert, daß der Fall, der schon für so viele Fachinteressen ausgebeutet wurde, auch unter einem weiteren Aspekt verfügbar ist. Die neue Perspektive in unserer Fragestellung besteht darin, daß es hier nicht um die Ergebnisse all der historischen, kriminologischen, physiologischen, psychologischen, pädagogischen, soziologischen, linguistischen, medizinischen und politischen Untersuchungen geht, die sich zum Zweck der eindeutigen Rekonstruktion des ›wirklichen‹ Geschehens mit der Geschichte des *Findlings von Nürnberg*[2] beschäftigt haben. Es geht noch weniger darum, die Ereignisse zum Fall verdichtet nachzuerzählen, geschweige denn darum, den spezifischen Kriminalfall zu lösen – wie das bis heute immer noch versucht wird. In den Vordergrund stellen wir die Frage nach dem Prozeß der narrativen Wirklichkeitsproduktion, an dem sämtliche Fall-Darstellungen und kontroversen Fall-Lösungen im Laufe der hundertfünfzigjährigen Geschichte Kaspar Hausers teilhaben. Zum ersten Mal in dieser Geschichte richtet sich damit das Interesse nicht darauf, Erzählungen am zugrunde liegenden Ereignis zu messen und nach der aristotelischen Unterscheidung zwischen Geschichtsschreibung und Dichtung zu werten, sondern auf deren gemeinsamen Status als ›Erzählung‹, die erst selbst ›die Wirklichkeit‹ hervorbringt.

Der Untersuchungsgegenstand ›Kaspar Hauser‹ unterscheidet sich damit schon deutlich von der historischen Person gleichen Namens. Wir haben es heute zu tun mit dem Produkt – und nicht mit dem fortschreitend verblassenden Referenz-

---

1 Hörisch: Sprachlosigkeit, S. 269.

2 Herchenbach: Der Findling von Nürnberg; ferner: Berndt: Kaspar Hauser, der Findling von Nürnberg; Hoffmann: Kaspar Hauser, der Findling von Nürnberg.

Objekt – jener berühmten Reihe zahlreicher Publikationen. Der Lebenslauf des ›erzählten Kaspar Hauser‹ gliedert sich in drei Phasen: erstens die angeblich im Kerker verbrachten Kinderjahre; zweitens sein Leben in der Nürnberger und Ansbacher Gesellschaft von 1828 bis 1833; drittens sein *hartnäckiges Weiterleben* – so ein neuerer Buchtitel[3] – in den Erzählungen unterschiedlicher Kommunikationszusammenhänge bis heute. Die Konzentration auf die narrative Verarbeitung der ›Sache Hauser‹ unterscheidet unseren Ansatz von allen bisherigen. Zwar ist schon verschiedentlich die sprachliche Verselbständigung des Eigennamens beschrieben worden, doch blieb dies ganz auf der wortsemantischen Ebene:

> Der Name ›Kaspar Hauser‹ ist als Begriff in unser Sprachgut eingegangen. Er ist Synonym für einen bestimmten Schicksalsablauf geworden, [der] nicht nur die Generation der Mitlebenden, sondern auch darüber hinaus die Künstler, Forscher und Menschenfreunde späterer Zeit immer wieder zu erneuter Beschäftigung mit ihm reizte.[4]

Die hier eingeführte Trias von Künstlern, Forschern und Menschenfreunden verweist auf die drei Kommunikationszusammenhänge Literatur, Wissenschaft und Publizistik, deren Beitrag zur narrativen Konstruktion gesellschaftlicher Wirklichkeit wir hier untersuchen.

2. Der Kriminalfall Hauser

Fragt man zuerst nach dem spezifisch kriminalistischen Moment im Fall Kaspar Hauser, so stößt man gleich auf zwei Publikationen von professionellen Kriminalisten und Zeitgenossen Hausers. 1830 veröffentlichte der Berliner Polizeirat Merker die Schrift *Caspar Hauser, nicht unwahrscheinlich ein Betrüger*,[5] und zwei Jahre später erschien das bis heute wohl prominenteste Buch zur Sache, Anselm v. Feuerbachs *Kaspar Hauser – Beispiel eines Verbrechens am Seelenleben eines Menschen*.[6] Diese beiden beredten Titel lassen sich heute verstehen als die Anfänge einer inzwischen durch den gewaltsamen Tod Kaspars verschärften und durch fortgeschrittene Theoriebildung differenzierten, grundlegend kriminalistischen Alternative, die heißt: Ist Kaspar Hauser das Opfer der Entführung, Freiheitsberaubung und letztlichen Ermordung im Rahmen eines groß angelegten Majestätsverbrechens – oder ist er der Täter, nämlich der bauernschlaue Betrüger zum Zweck der bequemen Unterhaltssicherung und schließlich Selbstmörder aus Versehen? Andere Lösungsmodelle, die die gesammelten Daten sinnvoll anordnen und deuten, haben sich als relativ kurzlebig erwiesen; die von Merker und Feuerbach ausgehenden aber sind bestehen geblieben. Dies wurde ein bisher letztes Mal deutlich in einer Kontroverse zwischen zwei Leserbrief-Schreibern, die sich anläßlich des hundertfünfzigjährigen Todestages Hausers in der *Süddeutschen Zeitung*

---

[3] Wiesinger: Kaspar Hauser.
[4] Jungmann: Kaspar Hauser, S. 1.
[5] Vgl. die bibliographischen Angaben im Literaturverzeichnis.
[6] Wie Anm. 5.

äußerten.[7] Die historischen Fakten ermöglichen mit der Täter-Opfer-Alternative zwei jeweils komplett (re)konstruierbare und sinnvoll erzählbare Kriminalfälle, deren Anwälte und Sympathisanten sich seit je in Hauserianer und Antihauserianer scheiden. Da wir als unparteiische Theoretiker nicht die eine Erzählung der Geschichtsschreibung, also der Wahrheit, und die andere der Dichtung, also der Unwahrheit, zuordnen können, haben wir einen doppelten Fall von »Phantasiekriminalität«[8] wahrzunehmen. Wesentliche Ursache der Disposition der Fakten zur phantasievollen Ausgestaltung in der Spannweite zwischen Sensationsgeschichte und Erziehungsidyll ist neben dem Wunschdenken der Zeitgenossen die anfängliche Sprachinkompetenz von Hauser. Sie setzt den Fall in besonderer Weise der Gefahr des sogenannten Hineininquirierens aus, so daß schon Feuerbach mutmaßt, man habe aus Kaspar den »Stoff einer Geschichte« herausgesaugt, wobei unklar bleibt, »wieviel davon dem Antwortenden oder dem Fragenden gehören möge, und was davon wirklich aus Kaspars trüber Erinnerung geflossen, oder ihm durch vieles Fragen unwillkürlich aufgeredet oder eingefragt« wurde.[9] Diese Skepsis gegenüber der sprachlichen ›Beherrschung‹ des Falles durch fast alle Beteiligten ist ein durchgängiges Moment des Geschehens; es wird in der Kaspar-Hauser-Literatur der neueren Zeit sozialkritisch umgesetzt. Da ist etwa die Rede von Kaspars »sprachliche[r] Inbesitznahme« durch die Gesellschaft,[10] und Peter Handke bietet als alternativen Titel für seinen *Kaspar* den Begriff »Sprechfolterung« an.[11]

Der juristische Stoff, der sich einer endgültigen kriminologischen Lösung schließlich doch entzogen hat, wurde immer wieder narrativ erweitert und gedeutet, um in literarischen und publizistischen, aber auch in wissenschaftlichen Erzähltypen eine jeweils stichhaltige Beweisführung pro oder contra Kaspar Hauser zu ermöglichen. Unter Berufung auf Akten, Protokolle und Recherchen sammeln beide Parteien Indizien und tragen über Jahrzehnte hinweg ihre Plädoyers im Dienste der Wahrheitsfindung vor – und werden im selben Dienste widerlegt. In der Annahme einer eindeutig rekonstruierbaren Wirklichkeit, also eines fixierbaren Geschehens hinter den mehr oder weniger überzeugenden Geschichten, eines unzweideutigen Ereigniskomplexes hinter den plausiblen Erzählungen, findet sich der eigentlich kriminalistische Impuls des Falles Hauser. Er wird manifestiert in den Erzähltypen der drei Kommunikationszusammenhänge Literatur, Wissenschaft und Publizistik, die sich nach wie vor an der Grenze zwischen Wahrheit und Fiktion orientieren, obgleich diese Grenze in allen drei Bereichen beim Erzählen immer wieder überschritten wird.[12] So schreibt etwa schon 1830 Feuerbach in deutlich kriminalistischem Interesse (denn sein Adressat, der Pitaval-Herausgeber Hitzig engagierte sich öffentlich für die Klärung des Kriminalfalles Hauser):

---

[7] Süddeutsche Zeitung vom 27. 3. 1984.
[8] Steinert: Phantasiekriminalität, S. 215.
[9] v. Feuerbach: Kaspar Hauser, S. 139.
[10] Hörisch: Sprachlosigkeit, S. 278.
[11] Handke: Kaspar, S. 7.
[12] Vgl. Imm: Briefe über Cézanne, S. 219–223.

> Seit Jahren ist [Kaspar Hauser] der erste und wichtigste Gegenstand meines Beobachtens, Forschens, und Sorgens; meiner höchsten Theilnahme als Mensch, Gelehrter und Staatsbeamter.
>
> Wenn es im Saturn menschenähnliche Wesen gäbe und, durch irgend ein Wunder, solch ein Saturnbürger mitten in die weite und freie Reichsstadt Nürnberg plötzlich herabversetzt würde, so wäre gewiß die Frage: woher? welcher Abkunft u.s.w. kein größeres Räthsel, als es bis jetzt noch dieselben Fragen bei Caspar Hauser sind. Es ist ein Phänomen, das gleichsam aus sich selbst geboren, außer allem verstandesmäßigen Naturzusammenhang, in sich selbst abgeschlossen dasteht.[13]

Die bildhafte Sprache und die voreingenommene Darstellung von Kaspar als Archetyp der reinen Natürlichkeit haben Feuerbach, der zunächst noch die erste offizielle Bekanntmachung über Hauser als zu »romantisch« abgelehnt hatte, verdächtig gemacht, selbst »einen Hang zur romantischen Kriminalistik«[14] zu haben. Kurz vor seinem Tode 1833 hat er dann angeblich in bezug auf sein eigenes Buch *Verbrechen am Seelenleben* gesagt: »So hat denn der alte Feuerbach vor seinem Ende auch noch einen Roman geschrieben.«[15] Gemeint ist damit offenbar die unwillkürliche Grenzüberschreitung von der kriminalistischen Studie zur künstlerischen Form, vom vorgeblichen Sach- zum tatsächlichen Fiktivtext. So sieht auch der Feuerbach-Biograph Radbruch die »Künstlerhand« am Werk und spricht Feuerbach das »künstlerische Bedürfnis nach einer geschlossenen Darstellung« zu.[16] Von anderer Seite wurde dies zum Vorwurf verschärft, es ist gar die Rede vom »litterarische[n] Verbrechen an den Gesetzen der Natur und des Denkens«[17] – von einer fiktionalen Sinnbildung mithin, von der die sachliche, kriminalistische Darstellung frei zu sein habe. Bezeichnenderweise ist Feuerbachs Nachruhm durch diese Einwände ebenso wenig beeinträchtigt worden wie seine Wirkung. Noch Jakob Wassermanns Roman von 1907 und Werner Herzogs Spielfilm von 1980[18] nehmen seinen *Kaspar Hauser* als historischen Bürgen und richten sich an der psychologischen Parteinahme des *Verbrechens am Seelenleben* aus. In künstlerischer Praxis scheint es also kein Problem zu sein, anzuerkennen, daß das Bezugsfeld der gesellschaftlichen Wirklichkeit von Fiktionsanteilen durchsetzt ist.

3. Narrative Wirklichkeit

Der Tod Kaspar Hausers am 17. Dezember 1833 wird als ›finale furioso‹ in beide Phantasie-Kriminalgeschichten einbezogen. Die Täter-Version sieht hier den mißlungenen Versuch, durch einen fingierten Anschlag das erlahmende öffentliche Mitgefühl zu reaktivieren; die Opfer-Theorie dagegen findet sich jetzt erst recht bestätigt, da Kaspars womöglich blaues Blut geflossen ist und er zum Opfer des

---

[13] Hitzig: Annalen, S. 434.
[14] von der Linde: Kaspar Hauser. 1. Bd., S. 170.
[15] Ebd.
[16] Radbruch: Feuerbach, S. 198.
[17] von der Linde: Kaspar Hauser. 2. Bd., S. 15.
[18] Herzog: Jeder für sich; Wassermann: Caspar Hauser.

politischen Mordes avanciert. Auch stellen später, von der Jahrhundertwende aus rückblickend, beide Parteien ein verstärktes Interesse an Erklärungen für das mit dem leiblichen Tod nur vermeintlich abgeschlossene Schicksal fest. Ganz vereinzelt allerdings – und wenn, dann positionell und undialektisch argumentierend – findet man die Einsicht, daß der Tod der Person ein ungeheuer vitaler Impuls für die Geschichte des Falles war, die die Autoren jenseits aller Kontroversen im Sinne einer kollektiven Erzählung fortführen. So schreibt etwa Anton von der Linde, der prominenteste Antihauserianer des ausgehenden Jahrhunderts: »Man wollte keine prosaische Entdeckung der Wahrheit, man dichtete nur immer frisch drauf los.«[19] Aus größerer historischer Distanz und ohne Parteinahme beschreibt Hörisch 1979 die posthume Fiktionalisierung Hausers:

> Unmittelbar nach dem Tod des Findlings wird Poesie zur favorisierten Form des Diskurses über Kaspar Hauser. Nicht länger dominieren wie zu seinen Lebzeiten Publikationen, die ihren szientifischen Willen zum Wissen durch Titel wie ›Skizze‹, ›Beschreibung‹, ›Untersuchung‹ oder ›Beobachtung‹ bekunden. [...]
>
> Erst als Toter unterliegt der Findling nicht mehr dem Referenzzwang der Diskursordnung.[20]

In dieser sachlich gewiß richtigen Beschreibung finden wir doch zwei bezeichnende Fehlstellen. Zum einen läßt Hörisch hier die strikte und nur heuristisch wertvolle Trennung zwischen autonomer Literatur und referentieller Wissenschaft gelten, die von der neueren Fiktionsforschung in wesentlichen Punkten infrage gestellt worden ist.[21] Zum zweiten übergeht er eine inhaltliche Konstante sämtlicher Kaspar-Hauser-Literarisierungen: keiner dieser Texte erhärtet fiktional erzählend die Täter-Theorie, alle Bühnenstücke, Gedichte und Prosatexte vertreten die Opfer/Prinzen-Theorie. Auch an dieser Stelle wollen wir es jedoch unterlassen, das auffällige Merkmal einer historiographischen Sinnbildung unterzuordnen und damit selbst eine Position zur fragwürdigen Sache einzunehmen, die hermeneutisch unhaltbar bliebe. Wir setzen deshalb das Verfahren fort, eigene ›sinnstiftende‹ Verbindungslinien im Erzählen der Ereignisse zu vermeiden, um die erzählerische Konstitution der Wirklichkeit des Falles Hauser zum Objekt unserer Darstellung machen zu können.

In der Prinzentheorie, die besagt, daß es sich bei Hauser um einen Badischen Thronfolger handelt, der aus dem Weg geschafft wurde, um anderen zur Macht zu helfen, wird der Fall als Motiv verfügbar für eine literarische Gattung, die zu Beginn des 19. Jahrhunderts größten Erfolg hatte. In dem an Walter Scott orientierten historischen Roman – so hat man inzwischen erklärt – spielt sich fiktionales Geschehen zwischen Figuren einer mittleren sozialen Schicht vor der Kulisse historischer Herrscherhäuser ab, womit »die Grenze zwischen Fiktion und Historie [...] produktiv« wird.[22] Eine Reihe von kolportagehaften Hauser-Romanen[23] in

---

19 von der Linde: Kaspar Hauser. 2. Bd., S. 12.
20 Hörisch: Sprachlosigkeit, S. 294.
21 Vgl. Henrich u. Iser (Hg.): Funktionen des Fiktiven.
22 Geppert: Der ›andere‹ historische Roman, S. 1.
23 Vgl. Jungmann: Kaspar Hauser, S. 25f.

der zweiten Hälfte des 19. Jahrhunderts läßt sich nach diesem Schema aufschlüsseln. Der einzige zur Höhenkammliteratur gerechnete Roman, Wassermanns *Caspar Hauser oder die Trägheit des Herzens*, stammt schon aus einer Zeit, die den historischen Roman – die wohl doch allzu »bequeme Möglichkeit, sich der Geschichte auf unterhaltsame Art zu bemächtigen«[24] – als triviales Unterhaltungsgenre abzuwerten geneigt ist. Wassermann selbst versucht 1908 der Trivialität früherer Hauser-Literarisierungen durch »Psychologisierung des historischen Romans«[25] zu begegnen. Diese inhaltliche Revision, in der die Literaturgeschichte Wassermann auch Erfolg bescheinigt, läßt das Gattungsschema des Scott'schen historischen Romans unberührt: die erlebten Reden von Wassermanns *Caspar* beziehen sich auf einen von Feuerbach übernommenen dynastischen Hintergrund der Nürnberger und Ansbacher Ereignisse. Ausgespart bleibt dabei das spezifisch hermeneutische Problem der Vermittlung historischer und der Herstellung narrativer Wirklichkeit, das in unserer Sicht den Fall Hauser wesentlich bestimmt. In dem detailliert und oft langatmig schildernden Roman klingt das Problem ein einziges Mal als Thema an, wenn die Rede ist von der öffentlichen Parteinahme für Kaspar, die da verstummt, »wo Verleumdung, Bosheit, Lüge, Dummheit und Heuchelei ein schönes Menschenbild wie zwischen Mühlrädern zermalmten, bis daß nichts mehr übrigblieb als ein ärmliches Märchen, wovon sich das Volk dieser Gegenden an rauhen Winterabenden vor dem Ofen unterhält.«[26] Doch bleibt dieser Reflex auf die ›erzählte Wirklichkeit‹ des Falles im Roman ohne Selbstbezug, und der fiktionale Text endet mit der psychologisch und historisch plausibilisierten Anklage, die eine Sympathisantin Hausers im Namen der Menschlichkeit gegen die schockierte Trauergemeinde erhebt: »Mörder seid ihr! Mörder! Mörder! Mörder!«[27] Freilich ist diese parteinehmende Präsentation der fragmentarischen Fakten unter die Ägide gestellt, Kunst zu sein; der Text erscheint mit dem Fiktionssignal ›Roman‹ und ist damit der pragmatischen Wahrheitsfrage entzogen. Daß der illustrierte Gegensatz zwischen Kaspars Unschuld und der Trägheit der Spießer keineswegs als Fiktion gemeint ist, ändert nichts an der Tatsache. Wie wenig sich die Gestaltung im Imaginationsraum des Romans von ihrem Gegenstück, dem wahrheitsbeanspruchenden Sachtext, unter narrativen Gesichtspunkten absetzt, ist deutlich zu machen an einem der wichtigsten Pro-Hauser-Bücher des endenden Jahrhunderts.

Alexander v. Artins *Kaspar Hauser. Des Rätsels Lösung!*[28] erklärt vorab: »Uns liegt es fern, Kaspar Hausers Partei zu ergreifen. Wir erzählen nur, was geschichtlich und gerichtlich erwiesen werden kann.«[29] Auch die Authentizitätsversicherung »geschichtlich und gerichtlich erwiesen« erfaßt dann freilich nur den einen der beiden Fälle von Phantasiekriminalität, den der fürstlichen Abstammung, der

---

24 Wolff: Sir Walter Scott, S. 32.
25 Wassermann: Der historische Roman, S. 299.
26 Ders.: Caspar Hauser, S. 375.
27 Ebd. S. 384.
28 Vgl. die bibliographischen Angaben im Literaturverzeichnis.
29 v. Artin: Kaspar Hauser, S. 3.

Entführung und Ermordung Hausers. Wir haben somit das Problem der Grenze zwischen Sach- und Fiktivtext an einem besonders vielfältigen Beispiel vor uns und einen Beleg für das fiktionale Moment, das seit Vaihingers *Philosophie des Als-Ob*[30] von 1911 immer wieder auch in referentiellen Kommunikationsvorgängen gefunden wird. Unter unserem narrativistischen Gesichtspunkt ist insbesondere eine wesentliche Gemeinsamkeit zwischen v. Artins Sachtext, Wassermanns Roman und Feuerbachs Zwittergenre auffällig: sie alle beschäftigen sich mit der Rätselhaftigkeit ihres Erzählgegenstandes zu dem Zweck, sie zu lösen – und ohne zu reflektieren, daß diese Lösung in einem Akt erzählender Sinnkonstitution besteht, wie er ebenso – unter verändertem Vorzeichen – von den Antihauserianern vielfach angeführt wird. Alle drei Texte sind übrigens zum letzten Hauser-Jubiläum 1983 neu aufgelegt worden, woraus sich schließen läßt, daß noch immer das ›Pro und Contra‹ und nicht der Weg der Entscheidungsfindung im Fall Hauser das Interessse beanspruchen.

Wesentlich problembewußter (was die narrative Konstruktion von Wirklichkeit angeht) ist eine unbekannte und nicht neuerdings aufgelegte *historische Erzählung für Volk und Jugend*, die ebenfalls die Prinzentheorie plausibel macht. Wilhelm Herchenbachs *Der Findling von Nürnberg*[31] von 1884 (zweite Auflage 1893, dritte 1905) führt gegen Ende des Textes eine neue Figur ein. Zuvor ist der fiktionale Handlungsstrang der Kindesentführung aus dem elterlichen Schloß und der historisch belegte Handlungsstrang von Kaspars Leben und Tod in der menschlichen Gesellschaft in Zusammenhang gestellt, ohne sie tatsächlich kausal zu verknüpfen. Die neue Figur, auf die wir unser Augenmerk richten, ist dann so eingeführt, daß sich noch heute jeder zwangsläufig irgendwann einmal ratlose Hauser-Forscher mit ihr identifizieren kann:

> Schon war ziemlich Gras über die blutige Geschichte gewachsen, als ein Mann den Drang in sich fühlte, endlich Licht über dieselbe zu verbreiten. Noch spät in der Nacht befand er sich in seinem Studierzimmer. Nachdenkend saß er an seinem Tische, auf welchem die sämtlichen über Kaspar Hauser erschienenen Schriften und Bücher lagen. Er hatte sie wiederholt gelesen und sich eine Menge Auszüge gemacht, aber überall starrten ihm Dunkelheiten entgegen.[32]

Diese namenlos bleibende Figur macht sich dann mit detektivischem Forschergeist auf den Weg zu den Schauplätzen des mutmaßlichen Verbrechens und rekonstruiert Indizien für die Prinzentheorie. Wenngleich dieser Plan recht weit gedeiht – ein alter Mann wird aufgespürt, der der Wächter über Kaspars Kerkerdasein gewesen sein könnte –, bleibt die Lösung unausgesprochen, unsicher, spekulativ. An jeder Station seiner Suche tritt dem Forscher die nicht nur zeitliche, sondern ganz wesentliche Distanz der nacherzählbaren Geschichte zum tatsächlichen Geschehen klarer vor Augen. Die historische Erzählung Herchenbachs belegt damit ein erstaunlich hohes Bewußtsein von den Problemen der Konstitution von Wirk-

---

[30] Vgl. zur Rolle Vaihingers in der Einleitung dieses Bandes, S. 20–24.
[31] Vgl. die bibliographischen Angaben im Literaturverzeichnis.
[32] Herchenbach: Der Findling von Nürnberg, S. 127.

lichkeit in der forschenden Rekonstruktion. Dieses Bewußtsein unterscheidet den Text von allen fiktionalen und nicht-fiktionalen Darstellungen des Falles Hauser und illustriert eine erst später theoretisch formulierte Kritik an der willkürlichen Trennung von Fiktionalität und Referenz.

Jene Dunkelheiten, die dem Forscher in Herchenbachs Erzählung aus den Büchern und Schriften über Hauser entgegenstarren, die Bauelemente der beiden Phantasie-Kriminalgeschichten, finden sich bei Hörisch benannt als Diskurs im Wortsinn, als »dis-currieren, auseinanderlaufen«, und er erläutert:

> Diese basale Divergenz der Diskurse um den Findling wird umso peinlicher empfunden, als beide Gesten sich e i n e s Themas versichern wollen und so die tradierte signifikatsfixierte Reservattrennung zwischen einem sachverhaltsadäquaten und einem fiktionalen Diskurs unterlaufen.[33]

Was allerdings auch in dieser Erläuterung der Grenzaufweichung nicht vorkommt, ist jene produktive Leistung der Diskurse über Hauser, die wir sowohl der Täter- als auch der Opfer-Version des Falles zuerkennen. Die beiden – literarisch, wissenschaftlich und publizistisch fortgesetzten – Kriminalgeschichten lassen sich längst schon nicht mehr auf ihren authentischen oder fiktionalen Bezug zu einem historischen Geschehen, einer kriminellen Tat beschränken. Sie sind stattdessen als die Konstituenten eines Sachverhalts zu begreifen, die als die eigentliche Wirklichkeit Kaspar Hausers die ›Diskurse‹ erweisen.

Das wirklichkeitsproduktive Moment wird nicht nur deutlich durch jenen namenlosen Forscher in Herchenbachs historischer Erzählung, sondern auch durch Angaben, die Autoren zur Absicht ihres ›Erzählens‹ machen. Da geht es nämlich nicht nur um die »geschichtlich und gerichtlich« (vermeintlich) gesicherten Daten, sondern beispielsweise auch um »eine straffe, von allen Abschweifungen befreite Erzählung«;[34] man gestaltet etwa eine »zum Bild gewordene Möglichkeit«;[35] und auch Peter Handke, der den historischen Sonderfall für ein soziologisches Muster eintauscht, erklärt zum selbständigen Relevanzpunkt seines Stückes: »Es zeigt, was MÖGLICH IST mit jemandem. Es zeigt, wie jemand durch Sprechen zum Sprechen gebracht werden kann.«[36] Dies sind beliebige Beispiele deklarierter Sinnstiftung, zu der sich die meisten Autoren, ob Künstler, Forscher oder Menschenfreunde, verpflichtet sehen. Auch in der narrativen Selbstreflexion trifft sie der Befund Radbruchs über Feuerbachs »geschlossene Darstellung«, wenn auch nicht im anklagenden Sinne von der Lindes, der den Hauserianern vorwarf, sie allein brächten »in das Sinnlose und Abgerissene Sinn und Zusammenhang«.[37] Die neuere Erzählforschung ist inzwischen so weit gegangen, »kunsthafte« Formen und literarische Erzählmuster – die damit nicht mehr ausschließlich solche sind – selbst im alltäglichen und wissenschaftlichen Erzählen zu erkennen und dort

[33] Hörisch: Sprachlosigkeit, S. 268f.
[34] Flake: Kaspar Hauser, S. 3.
[35] Grunelius-Schacht: Caspar Hauser, S. 5.
[36] Handke: Kaspar, S. 7.
[37] von der Linde: Kaspar Hauser. 1. Bd., S. 169.

nicht nur Verfahren kontingenter Sinnbildung, sondern gar narrative »Weltherstellung« zu diagnostizieren.[38] Als Beispiel aus den beiden Phantasie-Kriminalgeschichten zu Kaspar Hauser führen wir hier nur die doppelte Kennzeichnung seiner Fortbewegungsweise beim ersten Auftreten in Nürnberg an. Während die Hauserianer mit Feuerbach im Sinne der Kerkergeschichte einen vermeintlichen Bauernburschen beschreiben, »der sich vorwärts zu bewegen mühte, ohne gehörig aufrecht zu stehen und seine Füße regieren zu können«,[39] lassen Anti-Hauserianer, wie etwa von der Linde, Kaspar »mit starken Schritten«[40] in Nürnberg anmarschieren, um die mit der Opfertheorie verbundene langjährige Kerkerhaft unglaubwürdig zu machen. Beide Versionen, so ›dis-kurrent‹ sie inhaltlich sein mögen, gehorchen dem identischen narrativen Prinzip, eine sinnvoll zusammenhängende Darstellung als Realität zu erklären.

4. ›Hauserliteratur‹ vom Biedermeier bis zur Jahrhundertwende

Freilich gründet sich die in der Erzählung konstituierte Realität auf einer Ebene der Ereignisrealität, deren Merkmal immer – und im Fall Hauser besonders deutlich – die Flüchtigkeit ist. Erzählung reduziert und interpretiert nicht nur sinnstiftend, sondern konserviert auch Geschehen.

Ob Täter oder Opfer, ob mit starken Schritten oder stolpernd, Kaspar tritt als Außenseiter in eine Gesellschaft von ›überzeugt Normalen‹, die ihn sich anzugleichen sucht, vornehmlich mit den besten Absichten und mit Erfolg. So notiert Feuerbach, der Kaspar schließlich als Amtsschreiber untergebracht hat, am Ende seiner Darstellung: »Nichts Außergewöhnliches ist mehr an ihm, als das Außerordentliche seines Schicksals.«[41] Hausers schockierend blödes (Täter-Theorie) oder übersensibles (Opfer-Theorie) Wahrnehmen und Reagieren ist auf eine zivilisierte Durchschnittsnorm herabgekommen. Das Interesse an seinem wilden Schicksal hat soweit nachgelassen, daß es durch vielleicht fingierte Mordanschläge aufgefrischt werden muß, und schließlich verflüchtigt sich die ganze Person in völlig ungesicherten Todesumständen, so daß nichts von der Erscheinung bleibt als die endlosen Mutmaßungen. Der Zeitgenosse Feuerbach ist sich der Flüchtigkeit der Ereignisrealität wohl bewußt; aber er, der den Tod Hausers nicht mehr erlebte, hat noch ein leibhaftiges Unterpfand: »Die Wahrheit der Erzählung ist uns verbürgt durch die Persönlichkeit des Erzählenden«,[42] schreibt er. Doch schwindet diese Garantie der Wahrheit auch mit dem Erzählenden, und wir haben schon gesehen, daß gerade nach Kaspars Tod die narrative Konstitution einer zweiten Realität ihren eigentlichen Aufschwung erlebt. Anton von der Linde, der promi-

---

[38] Iser: Akte des Fingierens, S. 127.
[39] v. Feuerbach: Kaspar Hauser, S. 120.
[40] von der Linde: Kaspar Hauser. 1. Bd., S. 3.
[41] v. Feuerbach: Kaspar Hauser, S. 193.
[42] Ebd.

nente Anti-Hauserianer des ausgehenden 19. Jahrhunderts, will dabei zeittypische Erzählakte erkennen: »Die mythenbildende Phantasie, das Sensationsbedürfnis einer ereignislosen Zeit kam [Kaspar] so hilfreich entgegen, daß man für ihn dichtete, log, schwindelte, bis in das Undenkbare hinein.«[43] Der hier angesprochene Sprung zwischen der erzählten Biedermeierzeit und der Zeit des Erzählens um 1900 wird geradezu zum narrativen Topos, wie etwa das folgende Zitat aus dem Jahr 1889 noch deutlicher belegt:

> Das räthselumwobene Schicksal Kaspar Hauser's hat Jahre lang den Scharfsinn der Geister herausgefordert. Die Sturmflut der Erregung, die sich darüber zur Zeit der größten geistigen Ebbe Deutschlands erhob, spülte ihre Wellen bis in unsere Tage.[44]

Die nach dem Ende der Ebbe zu schlichten Wellen beruhigte Sturmflut steht offenbar als Bild für jenen Prozeß der Verfachlichung und Entdramatisierung, mit dem in der zweiten Hälfte des 19. Jahrhunderts die Ausdifferenzierung unterschiedlicher Reflexionsinstanzen von Kriminalität einhergeht. Hundert Jahre nach Kaspars Tod, 1935, wird dieser Prozeß selbst schon Gegenstand einer historisch fortschreitend distanzierten Betrachtungsweise:

> Den entscheidenden Umschwung in der Einstellung zu Hausers Geschichte [...] brachte das neue Jahrhundert. Die Zeitgenossen und Augenzeugen waren längst tot: ein neues Geschlecht begann eine neue, unbefangene, ganz unromantische Betrachtung der beglaubigten Tatsachen und des aus ihnen sich ergebenden Gesamtbildes. Und jetzt erachteten auch ernsthafte Schriftsteller es für wert, sich mit diesem Problem auseinanderzusetzen.[45]

Damit ist das reale Ereignis nicht nur »literaturfähig« geworden, wie der Verfasser in bezug auf Wassermanns Roman erklärt, sondern auch ›geschichtsfähig‹, also disponiert zur narrativen Fortschreibung in voneinander abgrenzbaren Kommunikationszusammenhängen.

Verstehen wir eine ausdifferenzierte Historiographie als die erzählende Rekonstruktion von Vergangenheit auf einen Relevanzpunkt, auf ein schlüssiges historisches Kontinuum hin, wobei durch selektive Reduktion von Geschehen dieses allererst als abgrenzbares Ereignis konstituiert wird,[46] dann steht Geschichtsschreibung nicht nur unter den Bedingungen der Authentizität und der Relevanz, sondern auch unter der der narrativen Konsistenz. Jörn Rüsen etwa, der in der Historiographie den Zweck »einer in sich sinnvollen Erzählung« sieht,[47] steht offenbar schon zu jener Sinnbildungsleistung auch von Sachtexten, die man Feuerbach und anderen noch als romanhafte, also fiktionale Konstruktion einer »geschlossenen Darstellung« vorhielt. Zu der jetzt wissenschaftlich begründeten produktiven Arbeit der wirklichkeitsschaffenden Geschichtsschreibung bekennt sich jedoch schon auf der Ebene nicht professionell spezialisierten Erzählens eine jener Sammlungen kurioser Ereignisse, die den Fall Hauser nach und nach aufnahmen. Erstmals 1886 heißt es im heute noch aufgelegten *Treppenwitz der Weltgeschichte:*

---

43 von der Linde: Kaspar Hauser. 1. Bd., S. 26.
44 Bohn: Die occulten Fähigkeiten, S. 138f.
45 Jungmann: Kaspar Hauser, S. 20.
46 Koselleck: Vergangene Zukunft, S. 145; Rüsen: Historische Vernunft, S. 55f.
47 Rüsen: Historische Vernunft, S. 83.

> Die Hauptsache ist wohl diese: die Geschichte ist nicht rhetorisch, und umgekehrt; eine ganz wahrheitsgetreue Erzählung dessen, was sich während eines bestimmten Zeitraumes ereignet hat, würde uns fast immer anwidern, wie der Schaukasten eines Vorstadt-Photographen, der seine Bilder nicht zu retouchieren versteht.[48]

In diesem Sinn, als oft retouchiertes Ereignis, als erzählerisch distanziertes Präparat ist die Erscheinung Kaspar Hauser um die Jahrhundertwende historisch etabliert und stellt sich so neben die nach wie vor parteiisch geführte Täter-Opfer-Kontroverse. Im *Treppenwitz* heißt es dann – retouchiert – zum Fall Hauser selbst: »Von Zeit zu Zeit, namentlich bei politischer Windstille, tauchen [...] immer wieder Feuilletons auf, die sich Hausers erbarmend annehmen.«[49] In der Tat wird seit Ende des Jahrhunderts die schiere Menge der Darstellungen Hausers als ein Hauptmerkmal des Erzählgegenstandes wahrgenommen. Nicht allein deckt sich damit fortschreitend die Ereignisrealität des Falles Hauser mit der erzählend konstituierten Wirklichkeit; es zeigt sich auch der Prozeß historischer Distanzierung, in dessen Verlauf die Geschichte der Diskurse als Moment des Gegenstandes auf der Ebene der Ereignisrealität in die Hauser-Kontroverse einbezogen wird. Wenn etwa berichtet wird, daß Schriften, die die Prinzentheorie vertraten, massenweise aufgekauft und vernichtet wurden,[50] dann tritt die sekundäre Erzählrealität im historischen Prozeß neben die Daten der primären Ereignisrealität. Immer neue Generationen von Erzählungen schreiben und setzen die Geschichte der Geschichten fort, und neuerdings war man schon geneigt, in historischer Verkehrung die Nebelhaftigkeit der ganzen Sache gar aus der »großen Zahl von Tendenzschriften und einseitigen Abhandlungen« abzuleiten.[51]

Bleiben wir aber beim Stand der Historisierung im ausgehenden 19. Jahrhundert, so finden wir bereits in der *Allgemeinen Deutschen Biographie* von 1880 Kaspar Hauser gekennzeichnet als den »allzu viel besprochene[n] Nürnberger Findling«.[52] Über die Wiederholbarkeit des Hauser-Diskurses geben die folgenden, willkürlich herausgegriffenen Feuilleton-Überschriften aus Zeitungen und Zeitschriften in der zweiten Jahrhundert-Hälfte beredte Auskunft: *Ein unaufgelöstes Rätsel, Ein aufgelöstes Rätsel, Erbprinz oder Betrüger, Und nochmals Kaspar Hauser, Nochmals zur Kaspar Hauser'schen Angelegenheit, Der Kaspar-Hauser-Mythus, Zur Kaspar-Hauser-Frage, Zum letzten Male Kaspar Hauser, Das Ende der Kaspar-Hauser-Fabel, Wieder einmal Kaspar Hauser, Und abermals Kaspar Hauser, Kaspar Hauser und kein Ende.*[53] Diese beliebig fortsetzbare Reihe ist

[48] Hertslet: Treppenwitz, S. 6.
[49] Ebd. S. 321.
[50] v. Artin: Kaspar Hauser, S. 39.
[51] Lakies: Das Phänomen, S. 24.
[52] Höchstetter: Artikel ›Kaspar Hauser‹, S. 89.
[53] Nachweise in der aufgezählten Reihenfolge: Gartenlaube (1858), Nr. 2–4; ebd., Nr. 49–52; Frankfurter Zeitung (1872), Nr. 46, 47, 51, 54, 55, 61, 62; Frankfurter Zeitung (1875), Nr. 168, 169; ebd., Nr. [?]; Nationalzeitung (1875), Nr. 133, 137, 139; ebd., Nr. 373; Heidelberger Zeitung (1875), Nr. 216, 277; National-Zeitung (1884), Nr. 273; Frankfurter Zeitung (1886), Nr. 363; Frankfurter Zeitung (1887), Nr. [?]; Grenzboten (1887), S. 54–56. Wir übernehmen diese Angaben von Peitler und Ley (Kaspar Hauser – über tausend bibliographische Nachweise).

keineswegs auf rein publizistische Mitteilungen beschränkt; viele der Zeitungsartikel sind Rezensionen der bis heute pausenlos veröffentlichten Sachbücher und Literarisierungen. Während aber bei Künstlern und Forschern die Begeisterung an der Sache ungebrochen zu sein scheint, ist Zeitungen und Zeitschriften der Überdruß vorbehalten, der sich unter die permanente Faszination mischt. Da wird verschiedentlich der Wunsch laut, daß »der arme Kaspar Hauser endlich einmal in jeder Beziehung zur Ruhe komme«[54] – eine Kritik, die sich bisweilen direkt an die Autoren, die Schöpfer jener Erzählrealität, richtet: »Kaspar [...] kann noch immer keine Ruhe finden. Die ohnehin schon umfangreiche Hauserliteratur wächst von Jahr zu Jahr, ohne daß hierdurch der Schleier von dem Geheimnis gelüftet würde.«[55]

5. Aenigma und Signum

Die Unsterblichkeit Kaspar Hausers hat zu einem wesentlichen Deutungsmuster geführt, das den historischen Wandel fürs Ende des 19. Jahrhunderts kennzeichnet. Auf einem bald nach Kaspars Tod errichteten Grabmal wird er als »aenigma sui temporis«, als Rätsel seiner Zeit, tituliert. Rückblickend unterläuft diese Bezeichnung eigentlich die historische, die kriminalistische Frage nach einer eindeutigen Lösung, die die Autoren suchen, da er die Rätselhaftigkeit des Ereignisses in Stein verewigt und so als Realität einrichtet. Ganz entsprechend entzieht sich eine distanzierte narrative Auflösung der kriminalistischen Alternative zwischen Täter und Opfer, indem sie nicht die eine konstruierbare Geschichte der Fiktion und die andere der Historie zurechnet, sondern die Zuschreibungen als Basis einer neuen Fragestellung nimmt. Schrieb Feuerbach, hier ganz als Kriminalist appellierend, noch zu Lebzeiten Kaspars, daß das Rätsel Hauser, »solange noch nicht dessen Auflösung gelungen, mit jedem anderen Rätsel die Eigenschaft gemein hat, daß es – rätselhaft ist«,[56] so findet man knapp fünf Jahrzehnte später den folgenden Perspektivenwechsel, der bezeichnenderweise auch in der *Allgemeinen Deutschen Biographie* festgeschrieben wird:

> Als Rätsel, das sich die Zeit selbst zur eigenen Kurzweil aufgegeben und an dem sich ihr krankes Gemüth abgequält hat, wird Gestalt und Name überliefert werden. In diesem, aber nur in diesem Sinne mag Kaspar Hauser bleiben, was er gewesen ist und was sein Grabstein sagt: Aenigma sui temporis! ein Rätsel seiner Zeit![57]

Die Fall-Lösung, die damit angeboten ist, ist nicht mehr die historische, nicht mehr also die Beantwortung der kriminalistischen Frage nach Täter, Opfer und Delikt, sondern eine narrative symbolweltliche Konstitution historischer Wirklichkeit. Indem das Phänomen Hauser aus der Epoche seiner Genese interpretiert

---

54 Frankfurter Zeitung (1882), Nr. 307.
55 Grenzboten (1887), S. 54.
56 v. Feuerbach: Kaspar Hauser, S. 143.
57 Mittelstädt: Kaspar Hauser, zitiert bei Höchstetter: Artikel ›Kaspar Hauser‹, S. 91f.

wird, ist es nicht mehr das Rätsel, das zur Lösung aufruft, sondern das Rätsel, das als historisches Denkmal bestehen bleibt. In diesem Sinne korrigiert von der Linde 1887 die Grabaufschrift: »Nein, Kaspar Hauser war nicht das AENIGMA, sondern das SIGNUM sui temporis.«[58] Wenngleich die Umdeutung im Dienst der Betrügertheorie steht, basiert sie auf der Annahme wechselseitiger Attraktion zwischen Täter und Opfer und damit auf der dialektischen Überwindung der beiden Positionen. Von der Lindes Geschichtsbild des Biedermeier ist Voraussetzung für den viktimologischen Ansatz: »Klein und kleinlich war die herrschende Weltanschauung, auf allen Gebieten herrschte der seichte Kartoffeloptimismus, die Leute hatten mehr Zeit als wir, sie vertrieben sich die Langeweile mit Humanitätsschwindel.«[59] Ebenso kommt Heinrich v. Treitschke mit seiner *Deutschen Geschichte des 19. Jahrhunderts* nicht an dem Hauser-Sog vorbei und führt 1889 den Fall zurück auf die »Schwächen einer thatenarmen und doch nach Thaten dürstenden Zeit«.[60] Und das historisch distanzierte und aufgeklärte Selbstbewußtsein der nichtbeteiligten Nachfahren scheint noch gesteigert, wenn etwa die *München-Augsburger Abendzeitung* zum hundertsten Geburtstag Kaspar Hausers 1912 den Fall herleitet aus einer

> Art geistigen Epidemie, wie solche aus dem Charakter der Zeit zu erklären ist, in welcher der Hausersche Fall spielt. Es hatte damals eine krankhafte, schwächliche Neigung für das Übersinnliche, Wunderbare, Groteske einen großen Theil der Zeitgenossen ergriffen. Die Romantiker und ihre geistesverwandten Nachfolger beherrschten das literarische Leben in Deutschland.[61]

Hier mag auch schon eine Kritik an der Neuromantik des ›fin de siècle‹ mitklingen, in deren Zusammenhang nicht nur Wassermanns Roman, sondern auch die Hauser-Gedichte Verlaines, Georges und Rilkes zu stellen sind. Die Sicht Kaspars als Signum jedenfalls legt den spezifischen Kriminalfall Hauser ab und verfügt über ihn unter verschiedenen narrativen Relevanzpunkten für die Konstruktion historisch stringenter Abläufe. So geht es nicht nur um die angeblich zeittypische »Sucht nach Romantik«,[62] sondern etwa auch um das politische Leben zwischen Restauration und Revolution,[63] und eines der neuesten Konstrukte erfaßt Kaspar als »Emblem der fälligen Lösung von idealistischen Denkzwängen«[64] in einer großräumigen Geschichte der Philosophie.

Der Fall Kaspar Hauser bleibt, obwohl gleich doppelt als solcher angelegt, ein randständiger Kriminalfall – vermutlich deshalb, weil juristische Rekonstruktionsversuche letztlich an ihm versagten. Symptomatisch ist die Tatsache, daß er aus spezifischen Kriminalfallsammlungen, die wie *Der neue Pitaval* ihre Erzählungen gerne mit einem richterlichen Urteilsspruch beenden, ausgeschlossen blieb. Zwar

---

58 von der Linde: Kaspar Hauser. 1. Bd., S. 365.
59 Ebd. S. 27.
60 v. Treitschke: Deutsche Geschichte, S. 361.
61 Meyer: Hundert Jahre, S. 6.
62 Jungmann: Kaspar Hauser, S. 12.
63 Etwa bei Guth: Kaspar Hauser, S. 9, sowie bei Forte: Kaspar Hausers Tod.
64 Hörisch: Sprachlosigkeit, S. 273.

wird der Fall auch von einer verfachlichten Kriminologie diskutiert und durch die Topoi der Zuschreibung von Kriminalität erfaßt, doch bleibt dies nur ein vordergründiger Aspekt des insgesamt unfaßbaren Gegenstandes ›Kaspar Hauser‹. Als wesentlich tritt in historischer Perspektive hervor seine Disposition zum Grenzfall ›gesellschaftlich konstruierter Wirklichkeit‹, deren dialektische Konstitution zwischen Erzählung und Gegenerzählung schon relativ früh anklingt (bei Feuerbach), ohne allerdings die fortgesetzten Versuche positionsabhängiger Wirklichkeitsrekonstruktion zu hemmen. Noch heute entstehen neue Lösungsversuche des Falles, der letzte durch den Mediziner Günter Hesse, der 1984 nachweisen wollte, Hauser sei ein Epileptiker aus Tirol.[65] So wenig wie alle anderen Parteigänger für oder wider Kaspar ist sich Hesse bewußt, daß er mit seiner Argumentation den Fall lediglich fortsetzt, indem er ihn endlich fiktionslos zu lösen meint. Dabei hatte schon Feuerbach unwillkürlich den Fiktionseinwand aufgenommen und Geschehen und Geschichte gleichgesetzt: »Wer an Kaspar Hausers Erzählung zweifelt, müßte an Kaspars Person zweifeln.«[66] Die historiographische Überführung des primären Kriminalfalles in die dialektische Wechselseitigkeit von Täter- und Opfergeschichte ist schließlich ›abgeleitete Wirklichkeit‹, sie ist Erzählung: »Kaspar Hauser war kein Betrüger. Aber seine Zeit hat ihn dazu gemacht, und seine Rollen haben andere erfunden.«[67]

Daß sich noch die neueste Kaspar-Hauser-Literatur nicht über die sinnstiftende Rolle ihres eigenen Erzählens klar ist und stattdessen beharrlich an die kriminalistische Lösbarkeit durch Rekonstruktion glaubt, das zeigt ein vermeintlich erkenntniskritischer Satz, der gleichwohl nicht über die Täter-Opfer-Alternative hinausreicht: »Der Kaspar Hauser Forschung könnte wohl nichts Schlimmeres widerfahren als die definitive Lösung des Rätsels.«[68] Dagegen hebt sich angenehm das resigniert-realistische Bekenntnis des für Kaspar zuständigen Oberarchivrats ab, der hundertfünfzig Jahre nach Hausers Tod sagt: »Wir wissen absolut nichts.«[69]

---

[65] Hesse: Kaspar Hauser und sein Schlüssel; vgl. zudem Leonhardt: Prinz von Baden (ohne neue Ergebnisse, auf der Linie der Opfer-Version).
[66] v. Feuerbach: Kaspar Hauser, S. 149.
[67] Merkenschlager u. Saller: Kaspar Hauser, S. 50.
[68] Lütkehaus: Kaspar Hauser, S. 152.
[69] Süddeutsche Zeitung vom 17./18. 12. 1983.

Literaturverzeichnis

Aristoteles: Poetik. Eingeleitet, übersetzt und erläutert von Manfred Fuhrmann. München: Heimeran 1976.

Alexander v. Artin: Kaspar Hauser. Des Rätsels Lösung! (1892). In: Kaspar Hauser. Seine mysteriöse Ermordung. Sein hartnäckiges Weiterleben. Hg. von Alfons Wiesinger. Freiburg: Dreisam 1983, S. 1–133.

Ludwig Berndt: Kaspar Hauser, der Findling von Nürnberg. Großer Volksroman. Dresden: Dietrich 1896.

Erich Bohn: Die occulten Fähigkeiten Kaspar Hauser's und ihre Erklärung. In: Psychische Studien. Monatliche Zeitschrift, vorzüglich der Untersuchung der wenig gekannten Phänomene des Seelenlebens gewidmet (1898), S. 86ff., 138ff., 184ff., 235ff., 282ff., 334ff.

Marcus Conradt: Fünfeinhalb Jahre unter Menschen. Armer Kaspar Hauser. Stuttgart: Klett-Cotta 1983.

Anselm Ritter v. Feuerbach: Kaspar Hauser – Verbrechen am Seelenleben des Menschen. (1832). In: Ich möchte ein solcher werden wie... Materialien zur Sprachlosigkeit des Kaspar Hauser. Hg. von Jochen Hörisch. Frankfurt/M.: Suhrkamp 1979 (= stw 283), S. 119–193.

Otto Flake: Kaspar Hauser. Vorgeschichte, Geschichte, Nachgeschichte. Mannheim: Kessler 1949.

Dieter Forte: Kaspar Hausers Tod. Frankfurt/M.: Fischer 1979 (= Fischer Theater Film Funk Fernsehen 1).

Hans Vilmar Geppert: Der ›andere‹ historische Roman. Theorie und Strukturen einer diskontinuierlichen Gattung. (Studien zur deutschen Literatur 42) Tübingen: Niemeyer 1976.

Sonja Grunelius-Schacht: Caspar Hauser. Der namenlose Prinz. Stuttgart: Mellinger 1975.

Franz Joseph Guth: Kaspar Hauser. Eine kriminalhistorische Studie. Regensburg: Selbstverlag 1967.

Peter Handke: Kaspar. Frankfurt/M.: Suhrkamp 1968 (= es 322).

Dieter Henrich u. Wolfgang Iser (Hg.): Funktionen des Fiktiven. (Poetik und Hermeneutik 10) München: Fink 1984.

Wilhelm Herchenbach: Der Findling von Nürnberg. Historische Erzählung für Volk und Jugend. Regensburg: Manz 1884.

William Lewis Hertslet: Der Treppenwitz der Weltgeschichte. Berlin: Haude u. Spener 1886.

Werner Herzog: Jeder für sich und Gott gegen alle. In: W. H.: Drehbücher II. München: Skelling 1977, S. 101–194.

Günter Hesse: Kaspar Hauser und sein Schlüssel. Traktat über die vor Nürnberg angewendeten antiepileptischen Therapie-Versuche durch Mittel der Volksmedizin. In: Deutsches Ärzteblatt, Ausgabe B (1984), H. 6, S. 365–368.

Julius Eduard Hitzig: Annalen der deutschen und ausländischen Criminal-Rechts-Pflege, 7. Bd., H. 14. Berlin: Dümmler 1830.

W[...] Höchstetter: Artikel ›Kaspar Hauser‹. In: Allgemeine Deutsche Biographie. Bd. 11. Leipzig: Duncker u. Humblot 1880, S. 89–92.

Jochen Hörisch: Die Sprachlosigkeit des Kaspar Hauser. In: Ich möchte ein solcher werden wie ... Materialien zur Sprachlosigkeit des Kaspar Hauser. Hg. von J. H. Frankfurt/M.: Suhrkamp 1979 (= stw 283), S. 263–308.

Ferdinand Hoffmann: Kaspar Hauser, der Findling von Nürnberg. Oberhausen u. Leipzig: Spaarmann 1889.

Konstantin Imm: Rilkes *Briefe über Cézanne.* (Europäische Hochschulschriften 860) Frankfurt/M. u. a.: Lang 1986.

Wolfgang Iser: Akte des Fingierens. Oder: Was ist das Fiktive im fiktionalen Text? In: Funktionen des Fiktiven. Hg. von Dieter Henrich u. W. I. (Poetik und Hermeneutik 10) München: Fink 1984, S. 121–151.

Otto Jungmann: Kaspar Hauser. Stoff und Problem in ihrer literarischen Gestaltung. Würzburg: Triltsch 1935.

Reinhart Koselleck: Vergangene Zukunft. Zur Semantik geschichtlicher Zeiten. Frankfurt/M.: Suhrkamp 1979.

Holger u. Gisela Lakies: Das Phänomen. Entwicklungspsychologisch bedeutsame Fakten des Hauser-Mysteriums. Ansbach: Verlags-Gesellschaft 1978.

Ulrike Leonhardt: Prinz von Baden genannt Kasper Hauser. Reinbek: Wunderlich 1984.

Anton von der Linde: Kaspar Hauser – eine neugeschichtliche Legende. 2 Bde. Wiesbaden: Limbarth 1887.

Ludger Lütkehaus: Kaspar Hauser oder ›die Natur‹ in ›der Gesellschaft‹. In: Kaspar Hauser. Seine mysteriöse Ermordung. Sein hartnäckiges Weiterleben. Hg. von Alfons Wiesinger. Freiburg i. Br.: Dreisam 1983, S. 151–167.

Johannes Mayer u. Peter Tradowsky: Kaspar Hauser. Das Kind von Europa. Stuttgart: Urachhaus 1984.

Fritz Merkenschlager u. Karl Saller: Kaspar Hauser. Ein zeitloses Problem. Nürnberg: Spindler 1966.

Johann Friedrich Karl Merker: Caspar Hauser, nicht unwahrscheinlich ein Betrüger. (1830). In: Ich möchte ein solcher werden wie... Materialien zur Sprachlosigkeit des Kaspar Hauser. Hg. von Jochen Hörisch. Frankfurt/M.: Suhrkamp 1979 (= stw 283), S. 214–221.

Julius Meyer: Hundert Jahre Kaspar Hauser. In: Der Sammler. Belletristische Beilage zur München-Augsburger Abendzeitung (1912) Nr. 52, S. 6–8, Nr. 53, S. 4–6.

Otto Mittelstädt: Kaspar Hauser und sein badisches Prinzentum. Heidelberg: Bassermann 1876.

Hans Peitler u. Hans Ley: Kaspar Hauser – über tausend bibliographische Nachweise. Ansbach: Brügel u. Sohn 1927.

Gustav Radbruch: Paul Johann Anselm Feuerbach. Ein Juristenleben. 3. Aufl. Hg. von Erik Wolf. Göttingen: Vandenhoeck u. Ruprecht 1969.

Jörn Rüsen: Historische Vernunft. Grundzüge einer Historik I: Die Grundlagen der Geschichtswissenschaft. Göttingen: Vandenhoeck u. Ruprecht 1982.

Heinz Steinert: Phantasiekriminalität und Alltagskriminalität. In: Kriminologisches Journal 10 (1978), S. 215–223.

Heinrich v. Treitschke: Deutsche Geschichte im 19. Jahrhundert. Bd. 4. Leipzig: Hendel 1889.

Hans Vaihinger: Die Philosophie des Als-Ob. System der theoretischen, praktischen und religiösen Fiktionen der Menschheit aufgrund eines idealistischen Positivismus. Berlin: Meiner 1911.

Jakob Wassermann: Caspar Hauser oder Die Trägheit des Herzens. (1908). München: dtv 1983 (= dtv 10192).

Ders.: Der historische Roman in Deutschland im Zusammenhang mit Eduard Stuckens ›Weißen Göttern‹. In: J. W.: Lebensdienst. Gesammelte Studien, Erfahrungen und Reden aus drei Jahrzehnten. Leipzig u. Zürich: Gethlein 1928, S. 296–302.

Alfons Wiesinger (Hg.): Kaspar Hauser. Seine mysteriöse Ermordung. Sein hartnäckiges Weiterleben. Freiburg i. Br.: Dreisam 1983.

Erwin Wolff: Sir Walter Scott und Dr. Dryasdust. In: Dargestellte Geschichte in der europäischen Literatur des 19. Jahrhunderts. Hg. von Wolfgang Iser u. Fritz Schalk. (Studien zur Philosophie und Literatur des 19. Jahrhunderts 7) Frankfurt/M.: Klostermann 1970, S. 15–32.

Teil IV

Juristische Reformbewegungen und Kontroversen der Kriminologie im Bezugsbereich von Literatur und Publizistik zwischen 1880 und 1920

Monika Frommel

Internationale Reformbewegung zwischen 1880 und 1920*

1. Umrisse einer neuen Theorie der sozialen Kontrolle[1]

1889 gründeten v. Liszt, van Hamel und Prins die Internationale Kriminalistische Vereinigung (I.K.V.). Ihr Ziel war eine Differenzierung der Sanktionen nach täterspezifischen Gesichtspunkten. Die Mehrzahl der wegen geringer Verstöße Verurteilten sollte vor dem Gefängnis verschont werden, dafür aber wollte man bei der Gruppe der mehrfach Rückfälligen streng vorgehen: Zurückdrängung kurzer Freiheitsstrafen, ›Besserung‹ der Besserungsfähigen und Sicherung vor sogenannten gefährlichen Gewohnheitsverbrechern war das Programm. Die Täterorientierung bedeutete also beides, partielle Entschuldigung sogenannter Gelegenheitstäter, dafür im Gegenzug Ausgrenzung und Diskriminierung derer, die sich als nicht durch Strafe ›besserungsfähig‹ erwiesen haben. Die Bemühungen der Strafrechtsreformer führten nicht nur in der Theorie, sondern langfristig auch in der Praxis der Gerichte zu einer Polarisierung der Strafen. Zunächst wirkte sich die liberale Seite ihres Programms aus. Es kam zu einer weitgehenden Ersetzung kurzer Freiheitsstrafen durch Geldstrafen. Aber das kriminalpolitische Schlagwort vom ›Gewohnheitsverbrecher‹ beherrschte, insbesondere in Deutschland, die Diskussion, und es war eine Frage des politischen Klimas, wie es eingesetzt wurde.

Die Notwendigkeit einer Reform des Strafrechts war am Ende des 19. Jahrhunderts unmittelbar einleuchtend. Es bestand ein Überhang an Freiheitsstrafen, der damit zu erklären ist, daß in den Jahrzehnten zuvor erst stattgefunden hat, was uns heute selbstverständlich ist, nämlich die Ahndung auch der kleinen und Bagatellkriminalität durch staatliche Instanzen. Dies führte zu einer Steigerung der registrierten und verurteilten Personen, die am Ende des 19. Jahrhunderts, also zeitgleich mit der Gründung der I.K.V., einen vorläufigen Kulminationspunkt erreichte.[2] Die Zeit war reif für eine Theorie der sozialen Kontrolle, die der gestie-

---

* Der Beitrag faßt Ergebnisse aus früheren, breiter angelegten Untersuchungen zusammen. Weiterführende Literaturnachweise, Darstellung und Kritik rechtshistorischer Diskussionen sind dort zu finden. Hier geht es um deren Übersetzung für interdiziplinäre Forschungsfragen.

[1] Der Ausdruck ›soziale Kontrolle‹ entstammt nicht der Sprache der Strafrechtsreformer, sondern wurde etwa zeitgleich (1901) von E. A. Ross geprägt. Vgl. Sack: Probleme der Kriminologie.

[2] Es gibt keine Studien über die Veränderung der Strafpraxis in der zweiten Hälfte des 19. Jahrhunderts. Aber man kann den Umfang der von Strafgerichten erledigten Strafsachen seit 1882 verfolgen, da Aufbau und Gliederung der damals angelegten Rechtspflege-

genen Bedeutung der staatlichen Aktivitäten gerecht wurde. Deren einprägsame Kurzformel war Prävention.

Das Programm der I.K.V.[3] beginnt mit den Sätzen: Aufgabe der Strafe sei »die Bekämpfung des Verbrechens als sozialer Erscheinung«. Die Ergebnisse der anthropologischen und soziologischen Forschungen seien zu »berücksichtigen«. Man sehe in der Strafe »eines der wirksamsten Mittel zur Bekämpfung des Verbrechens«, wenn auch nicht das »einzige Mittel«. Die Strafe dürfe nicht »aus dem Zusammenhang mit den übrigen Mitteln zur Bekämpfung, insbesondere mit den übrigen Mitteln der Verhütung, gerissen werden«. Sozialpolitik als Alternative zur Kriminalpolitik blieb offen,[4] ist aber nicht unmittelbar angesprochen mit der Definition des Verbrechens ›als sozialer Erscheinung‹. Gemeint ist eine theoretische Umorientierung weg von Gesichtspunkten individueller Zurechnung hin zu einer Theorie der Strafe als sozialer Gegenreaktion gegen sozial schädigende und mit entsprechendem Bewußtsein begangene Handlungen. Nur unter diesem Gesichtspunkt wird verständlich, warum die »Unterscheidung von Gelegenheitsverbrecher und Gewohnheitsverbrecher« von »grundlegender Bedeutung in theoretischer wie in praktischer Beziehung« war. Sie sollte Grade einer mehr oder weniger sozialschädlichen Gesinnung angeben. Ein für Juristen geläufiger Ausdruck, die Zuschreibung eines ›Hangs‹[5] zu Straftaten, erfuhr einen Bedeutungswandel und sollte in den folgenden Jahrzehnten noch weitere Wandlungen erfahren. In der I.K.V. erhoffte man sich von der neuen Theorie der Zweckstrafe eine Ersetzung des Denkschemas von Schuld und Sühne durch das von Mittel und Zweck, also des zweckrationalen Einsatzes der Strafe für politisch erwünschte Ziele.

Die Suggestivkraft der neuen präventiven Straftheorie war groß. In allen europäischen Ländern wurden Fragen der Strafrechtsreform diskutiert, und es kam

---

statistiken mit den heutigen in etwa übereinstimmen. Danach ergibt sich, daß in den 1880er Jahren die staatliche Verbrechensverfolgung schon sehr weit ausgebaut war. In der Folgezeit ging es darum, den erreichten Stand zu halten und zu rationalisieren. Läßt man neu entstandene Bereiche wie die strafrechtliche Kontrolle des Straßenverkehrs und die der Minderjährigen und Heranwachsenden außer Betracht, dann ergibt sich, daß die Zahl der verurteilten, erwachsenen Täter pro 100000 Einwohner (Verurteiltenziffer) etwa dem Niveau zur Zeit der Strafrechtsreform (1968–1975) entsprach. Seit 1975 steigen die Zahlen international, also nicht nur in Deutschland. Offenbar befinden wir uns in einer neuen Phase der Veränderung der sozialen und strafrechtlichen Kontrolle. Dies erklärt vielleicht das rechtshistorische Interesse an den Aktivitäten der I.K.V.

[3] Mitteilungen der I.K.V., Bd. 1, 1889 (Satzung).

[4] Liszt befürwortete sozialpolitische Reformen, aber als ›Realpolitiker‹ hielt er sich zurück. Als Beleg diene ein Beispiel. In Liszts *Strafrechtlichen Aufsätzen und Vorträgen* ist zwar der Vortrag »Das Verbrechen als sozial-pathologische Erscheinung« (1898, Bd. 2, S. 231) abgedruckt, nicht aber der Beitrag »Die sozialpolitische Auffassung des Verbrechens«, der im *Sozialpolitischen Zentralblatt* des Sozialisten Braun, Bd. 1, Berlin 1891, S. 4ff., erschien. Man muß also aufpassen und offizielle Kriminalpolitik von persönlichen Ansichten und Kontakten unterscheiden. Als Person war Liszt sehr offen, was nachträgliche Legendenbildungen begünstigt.

[5] Frommel: Präventionsmodelle, I.4 (Gelegenheits- und Gewohnheitsverbrecher. Genese eines konservativen Topos).

langfristig zu Veränderungen in der Art der strafrechtlichen Kontrolle. Allerdings wirken sich hier unterschiedliche Rezeptionsbedingungen aus. Aus diesem Grund wird im folgenden die deutsche Diskussion dargestellt.

1.1. Was ist ›modern‹ an der modernen Schule des Strafrechts?

Auf den ersten Blick scheint es, als repräsentiere die ›moderne Schule‹, wie sich die Strafrechtsreformer nannten, die sozialen Kräfte, die sich der Aufgabe, das Strafrecht den veränderten Bedingungen anzupassen, stellen wollten, während ihre ›Gegner‹ eine rückwärtsgewandte Theorie der Schuldvergeltung vertraten. Die selbst gewählten Etikettierungen ›moderne Schule‹ auf der einen, ›Klassiker‹ auf der anderen Seite verstärken diese Sicht, und sie wird auch in den vorhandenen Lehrbüchern zur Strafrechtsgeschichte vertreten.[6] Doch scheint mir diese Sicht zu einseitig.

Sie genügt nicht einmal für eine dogmengeschichtliche Perspektive. Zwar ist der ›Schulenstreit‹, also die Auseinandersetzung zwischen Tat- und Täterstrafrecht, Vergeltungs- oder Zweckstrafe, das herausragende Thema der damaligen akademischen Diskurse. Aber man übersieht Gemeinsamkeiten *quer* zur Schulenbildung, die arbeitsteiligen Veränderungen, die das strafrechtliche Argumentieren in dieser Zeit insgesamt erfahren hat. Und wenn man dies nicht sieht, kann man die juristischen Diskurse nicht mit denen in anderer Disziplinen vergleichen.

Folgt man den Indikatoren von Lepsius[7] für ›Traditionalität‹ und ›Modernität‹, dann zeigt sich, daß die Texte von Liszt und Binding jeweils verschiedene Mischformen[8] aufweisen. In die Richtung ›moderne‹ Staats- und Rechtsentwicklung weist bei beiden Autoren die Betonung formeller, sozialer Kontrolle durch bürokratisch organisierte und an Legalität und Formalisierung orientierter Institutionen. Bindings These eines angeblich rechtstheoretisch notwendigen Zusammenhangs von sozialen Normen und Rechtsnormen (Normentheorie) deutet auf traditionale Elemente in seinem Denken; ebenso sein heroisierendes Geschichtsbild und die polemischen Anmerkungen zur kulturellen ›Moderne‹, deren Vertreter ihm Liszt zu sein schien. Dieser trat offen für Modernisierungen ein, doch verstand er darunter ausgesprochen obrigkeitsstaatliche Programme der Ausgrenzung (›Unschädlichmachung‹) solcher Personen, die sich trotz staatlicher Intervention nicht beeindrucken lassen. Also ist auch für Liszt eine Mischform von ›Modernität‹ und ›Traditionalität‹ charakteristisch; denn die von ihm vorgeschla-

---

[6] Auch in Darstellungen zur Geschichte der Kriminologie wird die ›positive Schule‹ von Lombroso zur eigentlichen Begründerin der Kriminologie stilisiert und der ›Klassiker‹ Beccaria aus den Erfahrungswissenschaften verbannt, vgl. hierzu Sack: Probleme der Kriminalsoziologie, III.1 (Die mißverstandene Geschichte der Kriminologie).

[7] Lepsius: Soziologische Theoreme, S. 16.

[8] Vgl. hierzu Rüschemeyer: Partielle Modernisierung. Die Begriffsgeschichte bei Gumbrecht (in *Geschichtliche Grundbegriffe*) ist aus dem »Erfahrungsbereich der Ästhetik« gewonnen und auf die politisch-soziale Sprache juristischer Texte nicht schlicht übertragbar.

genen Unterscheidungen unterstellen eine homogene Sozialstruktur, stabile Werte und Normen, die einfacher und in sich gefestigter dargestellt wurden, als es die sozialen Spannungen am Ende des 19. Jahrhunderts nahelegten.

Löst man sich von der Vorstellung, nur die ›moderne Schule‹ sei ›modern‹ gewesen, kann man jenseits des rhetorischen Kampfgetümmels dieser Zeit gemeinsame Veränderungen im Wissenschaftsverständnis sehen. Franz v. Liszt betonte programmatisch die Integration der Erfahrungswissenschaften vom Verbrechen in eine ›gesamte Strafrechtswissenschaft‹, die ›juristisch-technische Kunst‹ und ›wissenschaftliche Erklärung‹ des Verbrechens umfassen solle. Karl Binding vertrat die Gegenposition, nämlich das Programm einer ›exakten Wissenschaft des positiven Rechts‹, d.h. einer Immunisierung gegen nicht-juristische Erklärungen des Verbrechens innerhalb einer strafrechtswissenschaftlichen Doktrin. *De facto* – so meine These – argumentierten beide Schulen doppelbödig. Weder integrierten die ›Modernen‹, noch hielten sich die ›Klassiker‹ an ihre Forderung, die Jurisprudenz frei von weltanschaulichen Bekenntnissen zu halten. So gesehen war sowohl die programmatische Integration als auch die Ausgrenzung der damaligen Erfahrungswissenschaften Teil einer wissenschaftlichen und kriminalpolitischen Selbstdarstellung innerhalb der akademischen Fachgemeinschaft.

Beide Schulen bewirkten das, was man rückblickend eine Verwissenschaftlichung des Strafrechts nennen kann. Sie reagierten zum einen auf die gestiegene Bedeutung der formellen Kontrolle und der damit verbundenen quantitativen Ausdehnung des Strafrechts. Aber sie reagierten auf eine Weise, die nur aus den in Deutschland sich abzeichnenden Veränderungen im Wissenschaftsverständnis der damaligen Juristen erklärt werden kann. Sie systematisierten das Strafrecht nach dem Vorbild des Zivilrechts. Die Strafrechtswissenschaft war somit einem doppelten Legitimationsdruck ausgesetzt; es galt, der Konkurrenz der Zivilistik standzuhalten, zugleich aber mußte man sich als Rechtswissenschaft von den aufkommenden Erfahrungswissenschaften abgrenzen. Gemeinsam erarbeiteten ›Klassiker‹ und ›Moderne‹ eine sich abgrenzende und doch (relativ) aufgeschlossene Strafrechtswissenschaft.

1.2. ›Entwicklung‹ vom Tat- zum Täterstrafrecht?

Sieht man die Strafrechtswissenschaft dieser Zeit als ein arbeitsteiliges System, dann sahen Binding und Beling ihre Aufgabe darin, das sogenannte Tatstrafrecht – also die strafrechtsdogmatische Straftatslehre – zu verfeinern, das bedeutet in ihrer Terminologie: in ein wissenschaftliches System zu bringen. Die Person des Täters spielte innerhalb dieses Systems eine untergeordnete Rolle. Sie bildete lediglich den gedanklichen Anknüpfungspunkt für das strafrechtliche Zurechnungsurteil. Nur in Extremfällen fehlender (oder erheblich herabgesetzter) Zurechnungsfähigkeit bedurfte es gewisser Regeln für die Kooperation mit Sachverständigen, etwa über die psychologischen Voraussetzungen der rechtlichen Zurechnung. Von untergeordneten Streitfragen abgesehen akzeptierten die Vertreter der modernen Schule den klassischen Straftatsbegriff. Er bildete auch für sie die Voraussetzung einer Bestrafung. Die Unterschiede betreffen die wissenschaftlichen Schwerpunkte. Das Augenmerk der ›Modernen‹ richtete sich auf die strafrechtlichen Rechtsfolgen, insbesondere der Differenzierung der Sanktionen nach Gesichtspunkten der Täterpersönlichkeit. Es ist daher falsch, von einer ›Entwicklung‹ des Strafrechts vom Tat- zum Täterstrafrecht zu sprechen. Vielmehr fanden parallel zwei verfachlichte Diskurse statt: die strafrechtsdogmatische Präzisierung des Straftatbegriffs und die kriminalpolitische Auseinandersetzung über Fragen der Effektivität der Sanktionen. Nur für die strafrechtsdogmatische Diskussion war die wissenschaftstheoretische Forderung einer weitgehenden Immunisierung gegenüber Nachbarwissenschaften plausibel, hingegen schien es fragwürdig, Effektivitätsfragen ohne empirische Grundlagen zu diskutieren. Die Brücke zu den Nachbarwissenschaften, aber auch das Nadelöhr, durch das diese sich hindurchzwängen mußten, um in den juristischen Begriffshimmel zu gelangen, waren Fragen der Verbesserung der Effektivität des überkommenen strafrechtlichen Sanktionssystems.

1.3. Präventions- und Verstehensperspektive

Kampf-Formeln wie die, Aufgabe des Strafrechts sei ›Verbrechensbekämpfung‹, zielen mit einer gewissen Zwangsläufigkeit auf die Ausgrenzung bestimmter Personen, insbesondere derer, die sich von staatlichen Gegenreaktionen nicht beeindrucken lassen. Beide Schulen waren sich weitgehend einig, daß das Recht politische Ordnungsfunktionen zu erfüllen habe und nicht mehr in der Terminologie der Hegelianer als ›sittliche‹ Macht beschrieben werden könne. Man kann daher ohne Übertreibung sagen, daß am Ende des 19. Jahrhunderts unter Juristen eine extreme Präventionsperspektive üblich war. Diese verträgt sich nicht mit einer Verstehensperspektive,[9] wie sie in der Literatur und – zumindest dem Anspruch nach – in der Kriminologie eingenommen werden muß, da man ansonsten soziale Reaktionen auf Personen und Taten nicht beschreiben kann. Aber – und diese Paradoxie ist für juristische und kriminologische Präventionsansätze charakteristisch – selbst eine extreme Präventionsperspektive bleibt angewiesen auf Informationen über individuelle und soziale Entstehungszusammenhänge abweichenden Verhaltens. Um gleichzeitig über empirische Beschreibung und juristische oder politische Bewertung sprechen zu können, formulierte Liszt das Programm einer ›gesamten Strafrechtswissenschaft‹. Sie sollte Kriminalpolitik, Strafrechtsdogmatik und Kriminologie verbinden. Offenbar traf er damit ein theoretisches Bedürfnis nach einer Kombination verschiedener Ansätze; denn in der Folgezeit enstand ein Geflecht unterschiedlicher verfachlichter Diskussionen über die Entstehung und ›Bekämpfung‹ des Verbrechens und des verbrecherischen Menschen.

---

[9] Eingehender hierzu Matza: Abweichendes Verhalten, S. 21ff., insbes. S. 39f.

Die Grenze zwischen Kriminalanthropologie, Kriminalsoziologie, literarischen Darstellungen und kriminalpolitischen Umsetzungen wurde durchlässig. Es kam zu einem Austausch zwischen ansonst getrennten Wissensbereichen.

2. Literarische Deutungsmuster in juristischen Texten?

2.1. Die populärwissenschaftliche Klammer

Direkte Verweise auf literarische Verarbeitungen des Themas Kriminalität finden sich bei juristischen Autoritäten des ausgehenden 19. Jahrhunderts nicht mehr. Dies hängt mit dem Selbstverständnis dieser Juristengeneration zusammen, läßt also keine Rückschlüsse auf deren tatsächliche Bedeutung zu. Man glaubte damals an den Wissenschaftscharakter der Jurisprudenz und postulierte systematische Geschlossenheit und empirische Überprüfbarkeit auch dort, wo diese faktisch weder gegeben noch zu erwarten war. Dies erschwert den Nachweis von Interdependenzen. Wirkungs-Thesen lassen sich leichter aufstellen als belegen. Aber sie sind auch theoretisch angreifbar. Plausibel nachweisen lassen sie sich in individuellen Fällen. Man schließt dann von der Biographie einzelner auf die gesamte wissenschaftliche Diskussion. Aber würde es sehr viel besagen, wenn man den Lesestoff eines so definitionsmächtigen Mannes wie v. Liszt kennen würde? Erforderlich wäre eine Erklärung, wieso er als Strafrechtsdogmatiker und Kriminalpolitiker gerade dieses verwendete, anderes nicht. Und dies kann man nur, wenn man den Diskussionszusammenhang kennt, die Bedingungen, unter denen er schrieb und Erfolg hatte. Ich nenne dies die Akzentuierungs-These. Welche Muster der Auswahl und Akzentuierung bestimmter Thesen lassen sich beobachten. Welche Texte werden rezipiert, welche nicht? Wie verändern sich die diskutierten Probleme während einer bestimmten Zeitspanne? Bei einer Forschungslage, wie der hier gegebenen, erweist sich dieses Vorgehen als geeignet, Wissenslücken auszugleichen. Man kann es dahingestellt sein lassen, ob bestimmte Lesestoffe, etwa populärwissenschaftliche Abhandlungen über die Verbrechensentstehung, bestimmte kriminologische Theorien begünstigen. Wohl aber kann man annehmen, daß solche Theorien, die sich in vorhandene Deutungsmuster plausibel einfügen, eine größere Chance haben, rezipiert zu werden. Parallelen in verschiedenen Disziplinen können dann damit erklärt werden, daß Erfolg oder Mißerfolg einer Theorie nur zu einem Teil von wissenschaftsimmanenten Faktoren abhängt, externe Faktoren kommen hinzu.

Vergleicht man die Pitaval-Tradition mit den Tätertypologien am Ende des 19. Jahrhunderts, die philosophische Begründung des Strafrechts zur Zeit Feuerbachs mit der Erwartung Liszts, die Zweckmäßigkeit staatlicher Strafen wissenschaftlich bestimmen zu können, so wird deutlich, daß neben weiter fortwirkende literarische Bilder von Tätertypen und literarische Bewertungen populärwissenschaftliche Erklärungen des Verbrechens getreten sind.[10] Der Bezug zwischen Strafrecht und Literatur wird nicht direkt hergestellt, sondern indirekt, über deren beider Abhängigkeit von einer dritten Größe, der Kriminologie. Sie alle zusammen bewirkten, daß das Denkschema von ›Schuld und Sühne‹ ergänzt und überlagert wurde von Gesichtspunkten wie ›Anlage und Umwelt‹.

2.2. Wechselnde Fronten im ›Kampf‹ gegen Idealismus und Pessimismus. Kriminalpolitische Glaubensbekenntnisse

Eines der schwierigsten Probleme der Strafrechtsreformer war es, etwas Neues zu vertreten und dennoch innerhalb der strafrechtswissenschaftlichen Fachgemeinschaft nicht an Reputation zu verlieren. Zwar profitierten Liszt und seine Schüler vom schillernden Etikett ›modern‹ und der Anziehungskraft der Kriminalanthropologie, doch nahmen dies die juristischen Kollegen auch zum Anlaß, die ›Modernen‹ im Gegenzug als ›Naturalisten‹ zu diffamieren. Damit traf die Reformbewegung alle negativen Assoziationen, die auch gegen die moderne naturalistische Literatur mobilisiert wurden. Man warf ihnen vor, im Anschluß an Lombroso und die Moralstatistik das Verbrechen ›naturwissenschaftlich‹ erklären zu wollen. Einer juristischen Hilfswissenschaft hätte man dies zugestanden; schließlich hätte man deren Verbrechensbegriff als unjuristisch ignorieren können. Aber der Versuch, fachfremden Definitionen »das Bürgerrecht auf criminellem Gebiet einzuräumen« (Binding), stieß auf erbitterten Widerstand. Er wurde sehr pointiert formuliert von Binding, und zwar bereits in einer Zeit, in der sich die Reformbewegung noch gar nicht organisiert hatte. Liszt blieb bei seinem Konzept einer ›gesamten Strafrechtswissenschaft‹, aber es war eine verbale Verlegenheitslösung (Fijnaut), um gleichzeitig über Strafrecht und Erfahrungswissenschaften reden zu können. Nach 1892[11] wurde Liszt deutlicher. Es war dies das Jahr, in dem Lombroso zum zweiten Mal auf dem Internationalen Kongreß der Kriminalanthropologen als wissenschaftlich nicht haltbar kritisiert worden war. Liszt kämpfte nun an zwei Fronten. Auf der einen tobte der ›Kampf‹ gegen die idealistische Weltanschauung der ›Klassiker‹, auf der anderen Seite verbündete er sich mit den juristischen ›Gegnern‹ gegen den Pessimismus und Sinnlosigkeitsverdacht staatlicher Strafe der ›radikalen Naturalisten‹, um gemeinsam gegen diese die Möglichkeit kriminalpolitischer Einwirkungsmöglichkeiten zu verteidigen. Man kann diese Ambivalenz auch so interpretieren: Auf der einen Seite benutzte Liszt die kriminalistischen Wissenschaften, um sich als Kriminalpolitiker innerhalb seines

---

[10] Lübbe: Politische Philosophie, S. 124ff., beschreibt nur die Ränder dieser Populärphilosophie. Unter dem Titel »Weltverbesserung aus wissenschaftlicher Weltanschauung« nennt er einige Vereinsgründungen in politischer Absicht (vgl. S. 140), erwähnt aber nicht so bedeutende »Vereine« wie die I.K.V. oder den Verein für Sozialpolitik, die Politikberatung auf wissenschaftlicher Grundlage betreiben wollten. Die Veränderungen im Politik- und Wissenschaftsverständnis dieser Zeit sind noch klärungsbedürftig.

[11] Die Zukunft des Strafrechts (1892), AuV II, S. 1ff.; Über den Einfluß der Kriminalanthropologie auf das Strafrecht (1893), AuV II, S. 75ff.

juristischen Kollegenkreises zu profilieren. Auf der anderen Seite distanzierte er sich vorsichtig von der »Moderne« in der Kriminologie und der Literatur, um nicht zu leicht mit Veränderungen in diesen gesellschaftlichen Bereichen identifiziert zu werden. Zwar stellte er die eigene Modernität unter Beweis, aber nicht um den Preis, an juristischer Reputation zu verlieren. Trotz der Anleihen bei anderen Disziplinen galt es, die Eigenständigkeit der juristischen Umsetzung zu wahren:

> Wir glauben, meine Herren, an die Möglichkeit einer Verbesserung unserer gesellschaftlichen Zustände, und wir glauben, durch sozialpolitische Maßregeln auch die Kriminalität günstig beeinflussen zu können. Das ist unser Gegensatz zu den Pessimisten der sozialphysikalischen Schule.
>
> Aber ein anderer Gegensatz ist nicht minder scharf und dessen Betonung nicht minder notwendig: das ist der Gegensatz, in dem wir uns gegenüber den Anhängern der sogenannten anthropologischen Schule befinden, die in Italien durch Lombroso, Ferri, Garofalo begründet und durch zahlreiche andere Männer, insbesondere in den romanischen Ländern, entwickelt worden ist.[12]

Zur Abschreckung schilderte Liszt das Stereotyp des »geborenen« Verbrechers, eines

> tätowierten Mongolen, stark und schwer, mit langen Armen, mit großen Schädelabnormitäten, hervorstehenden Backenknochen, vorspringender Kinnlade, mit tiefliegenden Augen, krummer Nase, reichlichem Haupthaar,[13]

um sich im folgenden als Jurist und Kriminalpolitiker von der hinter diesen Darstellungen stehenden pessimistischen ›Lebensauffassung‹ zu distanzieren:

> Damit gelangen wir zur Einsicht, daß die italienische kriminalanthropologische Schule nur eine Abzweigung einer heute weit verbreiteten Lebensauffassung darstellt; wir sehen, daß das, was auf dem Gebiete der Kriminalanthropologie behauptet wird, nichts anderes ist, als was unsere modernen Dichter in ihren Dramen uns täglich vorführen, von Zola und Ibsen angefangen bis herab auf Richard Voss und Gerhart Hauptmann. Was ist es denn anderes, als das Gesetz der Vererbung, das im Mittelpunkte der ganzen Darstellung steht, die Durchführung des Gedankens, daß der Charakter des Menschen naturgesetzmäßig bestimmt ist ... Die Sünden der Väter, die wir als Erbteil mit auf den Lebensweg bekommen, die wir nicht loswerden können, das sind die Gespenster – um mit Ibsen zu sprechen – die uns auf Schritt und Tritt begleiten. Vergebens suchen wir sie zu bekämpfen. Wir können sie bannen auf Stunden, auf Tage, vielleicht uns ihrem Einflusse auf Monate und Jahre hinaus entziehen; aber plötzlich, wenn wir es am wenigsten ahnen, hören wir die Gespenster flüstern im Nebenzimmer und mit einem Schlage bricht das ganze stolze Gebäude unseres Lebenszweckes vor uns zusammen wie ein Kartenhaus. Wir sehen: dieselbe Auffassung wie bei Lombroso, dieselbe Auffassung und derselbe Pessimismus da und dort ...[14]

Interessant ist, daß Liszt Dichter wie Zola, Ibsen, Richard Voss und Gerhart Hauptmann auswählt. Damit stellt er immerhin einen Bezug zur modernen Literatur her, wenn auch nicht speziell zur literarischen Kriminalitätsdarstellung. Seine Distanzierung gilt einer ›Lebensauffassung‹, die er nicht näher beschreibt, die aber seiner Auffassung nach dem Anliegen der I.K.V. widerspricht, da sie »an die

---

[12] Die Zukunft des Strafrechts, AuV II, S. 8.
[13] Ebd.
[14] Ebd. S. 10.

Möglichkeit der Erziehung des Menschen« nicht glaube. Damit nimmt er eine Ausgrenzung vor, die die Perspektive festlegt, unter der man sich den Nachbardisziplinen nähern will. Es ist dies der Gesichtspunkt des Vorrangs der Kriminalpolitik:

> Dieser Auffassung gegenüber, meine Herren, müssen wir Stellung nehmen. Von ihrer Widerlegung hängt es ab, ob Kriminalpolitik möglich ist oder nicht. Nicht in den Anhängern der klassischen Schule, nicht in jenen, die festhalten wollen an den bestehenden Ansichten, haben wir die gefährlichsten Gegner, sondern in den radikalen Naturalisten, die an die Möglichkeit der Erziehung des Menschen nicht glauben.[15]

Wir können heute die internationale Reformdiskussion nicht verstehen, wenn wir nicht berücksichtigen, daß die juristischen Autoren dieser Zeit, seien sie nun deren Anhänger oder nicht, einem doppelten Legitimationsdruck ausgesetzt waren. Einerseits galt es, im Vergleich zu den anderen juristischen Disziplinen, insbesondere der Zivilistik, den Wissenschaftscharakter des Strafrechts als Normwissenschaft unter Beweis zu stellen, andererseits mußte man sich früher und stärker mit den beginnenden empirischen Wissenschaften auseinandersetzen. Diese spezifische Situation prägt den Austausch des Strafrechts mit Nachbardisziplinen. Es ist daher nicht zu erwarten, daß in juristischen Texten explizit Bezug auf literarische Darstellungen vom verbrecherischen Menschen genommen wird. Doch zeigt sich, daß beide, Strafrechtswissenschaft und Literatur, Ergebnisse der kriminologischen Disziplinen verarbeitet haben. Einer kulturhistorischen Studie eröffnet dies die Gelegenheit, zu vergleichen, wie Juristen und Literaten auf die Erfahrungswissenschaften reagiert haben. Welche Ansätze wählten sie aus und wie verarbeiteten sie diese, finden sich vergleichbare Muster?

3. Kompetenzabgrenzungen: Drei Juristenprofile

Eine den Standards der Zivilisten entsprechende Systematisierung des Strafrechts fand relativ spät, nämlich erst am Ende des 19. Jahrhunderts statt. Jan Schröder hat den Prozeß der Verdrängung der Lehre von der ›praktischen Jurisprudenz‹ beschrieben. Bemerkenswert ist dabei, daß der Trend zu praxisfernen Lehrangeboten im Strafrecht etwa zwischen 1830 bis 1860 unterbrochen war. Prozessualisten wie der Feuerbach-Schüler Mittermaier gaben in ihrer Lehre »Anleitungen zur strafprozessualen Praxis«. Doch wurden derartige Strafprozeßpraktika nach 1852 bedeutungslos. Mit einer gewissen Verspätung also verdrängte auch hier eine konstruktive Jurisprudenz praktische Themen.

Prominenter Vertreter dieses juristischen Wissenschaftsverständnisses ist Karl Binding (1841–1920). Als Rechtstheoretiker vertritt er die These, daß alle Ausdrücke des positiven Rechts, auch solche, die anderen Wissenschaften – etwa der Psychologie – zugänglich sind, wie »Zurechnungsfähigkeit«, nur in einem juristischen Kontext zu interpretieren seien. Dies ist das eingangs erwähnte Programm

[15] Ebd.

der Immunisierung der juristischen Fachsprache vom Sprachverständnis anderer Disziplinen und der Umgangssprache. Die Besonderheit dieser Lehre erschließt sich am besten im Vergleich. Daher wähle ich drei Strafrechtswissenschaftler aus, die in zentralen Elementen charakteristische Gemeinsamkeiten und Unterschiede aufweisen, nicht nur in ihren Methoden und in ihrem Verständnis von Dogmatik, sondern auch im Zugang zu anderen Disziplinen. Es sind dies neben Karl Binding der Ihering-Schüler Adolf Merkel (1836–1896) und Franz v. Liszt (1851–1919).

3.1. Adolf Merkel: Harmonie juristischer und poetischer Gerechtigkeitsvorstellungen

Merkel ist in der Rechtsgeschichte bekannt als Begründer der ›Allgemeinen Rechtslehre‹. Diese versteht sich als Zusammenfassung der juristischen Teildisziplinen auf einem allgemeineren Niveau, im mathematischen Bild: eine vor die Klammer gezogene Klärung der juristischen Grundbegriffe. Reduziert man Merkel – was häufig geschieht – auf diesen Aspekt seiner Lehre, dann ist er ein Theoretiker der Verdrängung der praktischen Jurisprudenz. Ich halte diese Sicht für einseitig; doch wurde von den Zeitgenossen genau dieser Teil seiner Lehre rezipiert, z. B. von Karl Binding.

Alle Elemente der Merkelschen Lehre sind sehr früh vorhanden, nämlich in seinem ersten größeren Werk aus dem Jahre 1867. Für unsere Betrachtungsweise interessant ist, daß die beiden Aspekte eines sich wandelnden Wisenschaftsverständnisses, wie sie sich im späteren Schulenstreit gegenübertreten, bei Merkel noch miteinander verbunden sind. Unter dem Gesichtspunkt der Austauschbeziehungen zwischen Literatur und Jurisprudenz ist Merkels Straftheorie das juristische Gegenbild zum kaufmännischen Bilanzmuster von ›Soll und Haben‹. Juristische und poetische Überhöhungen von entsprechenden Alltagsvorstellungen werden harmonisiert in einer Theorie, wonach das juristische Zurechnungsurteil lediglich ein Unterfall sozialer Zurechnungsurteile sei. Auch die Präventions- und Verstehensperspektive bildet bei Merkel noch eine Einheit. Er interpretiert das überkommene Denkschema von ›Schuld und Sühne‹ um in einen ›präventiven Vergeltungsbegriff‹. Sowohl das soziale als auch das rechtliche Zurechnungsurteil unterstelle gar nicht die These eines freien Willens, wie dies häufig behauptet werde. Jedermann gehe vielmehr davon aus, daß man einen Menschen bestrafen könne und dürfe, obgleich man ihm seinen Charakter nicht vorwerfen könne. Beide, das soziale und das rechtliche Zurechnungsurteil, seien an einem Ausgleich von ›Verdienst und Schicksal‹ orientiert. Man werde belohnt und/oder bestraft für das, was man ist. Der Wunsch nach gerechter Vergeltung sei eine ›psychologische Tatsache‹, und der ›Glaube‹, daß sich diese – gegen die Erfahrung – doch realisieren lasse, ein soziales Regulativ. Dieses wirke normativ, also kontrafaktisch. Das Wissen, daß tatsächlich oft kein objektiver Zusammenhang zwischen Verdienst und Schicksal hergestellt werde, erschüttere nämlich nicht den Glauben, es solle so sein, sondern führe umgekehrt dazu, den Wunsch danach als ›Vergeltungsprinzip‹ aufrechtzuerhalten. Nur eine überholte, indeterministische Strafrechtslehre müsse sich gegen diese Einsichten wehren und wegen eines Dogmas versuchen, »die Dinge anders zu sehen als sie sind«. Man sieht, juristische Gerechtigkeit, utilitaristische Ethik und politische Zweckmäßigkeitsüberlegungen werden integriert in ein Weltbild, das den Mustern ›poetischer Gerechtigkeit‹ in den Romanen des programmatischen Realismus zugeordnet werden kann.

Merkel nannte seine Rechtslehre ›realistisch‹. Die alte, ›idealistische‹ Rechtsphilosophie sei ein Torso, ein ›Verlegenheitsobjekt‹ für alles und nichts. Aber er gehört noch einer Juristengeneration an, die in dieser Philosophie geschult ist. Die Öffnung gegenüber den Erfahrungswissenschaften bleibt Programm. Er vollzieht sie nicht. Seine Theorie ist fragmentarisch. Es scheint so, als habe er seismographisch aufgenommen, was rechtstheoretisch reflektierte Juristen damals beschäftigte. Diese Ambivalenz erklärt, daß Merkels Lösung sich zwar nicht durchsetzen konnte, er selbst aber als Person zahlreiche Anhänger fand. Diese nahmen, wie so oft, einzelne Steine aus dem halbfertigen Gebäude seiner Theorie, bauten aber nicht weiter.

Interessant ist seine rechtstheoretische Betrachtungsweise. Sie erlaubt es, zwischen intern-juristischer Begründung und externer Beschreibung sozialer Entwicklungsprozesse zu unterscheiden. Als ›Lehre‹ sei die Strafrechtswissenschaft systematischen Ansprüchen der Folgerichtigkeit ausgesetzt. Als ›Macht‹ sei sie zusammen mit der Rechtspraxis Gegenstand von Zweckmäßigkeitsüberlegungen und empirischer bzw. historischer Erforschung. Auf diese Weise löste er das Dilemma der damaligen Strafrechtswissenschaft, sich als Norm-Wissenschaft auszuweisen und zugleich der Konkurrenz der kriminologischen Wissenschaften standzuhalten. In der Folgezeit verstärkte sich offenbar der doppelte Legimationsdruck. Das Verhältnis von Integration und Ausgrenzung nicht-fachlichen Wissens wird komplizierter und Gegenstand zahlreicher Kontroversen.

3.2. Karl Binding: ›Gesunde‹ praktische Rechtswissenschaft

Binding sah in der Strafrechtswissenschaft eine sich von den Nachbarwissenschaften abgrenzende ›selbständige‹ Wissenschaft. Sie müsse sich vom ›Schlepptau der Philosophie‹ ebenso lösen wie vom ›Dilettantismus‹ der Kriminalanthropologie und eine ›exacte‹ Wissenschaft des positiven Rechts werden.[16] Nachbardisziplinen sind nach dieser Auffassung Hilfswissenschaften. Ihre Bedeutung bemißt sich nach ihrer juristischen Relevanz. Benutzt der Gesetzgeber Begriffe der Psychologie oder Psychiatrie, so müßten diese

> innerhalb der Vorstellung, die das positive Recht mit ihnen verbindet, durch Verwertung der Resultate der Psychologie, der Sprachwissenschaft, der Heilkunde, und wenn nötig durch eigene Einkehr der Juristen auf jenen Gebieten zu größerer Präcision, Klarheit und Vertiefung gebracht werden. [...] Jede Vergewaltigung des

---

[16] Binding: Vorwort zur 7. Aufl. des Grundrisses (1907); ders.: Handbuch (1885), S. 6ff. (Aufgaben und Grenzen der Wissenschaft des positiven Rechts).

Rechtsbegriffes durch ihn verwerfende psychologische oder medicinische Forschung weist das Recht von der Hand. Umgekehrt wird aber auch der Gesetzgeber für sich selbst bei Entlehnung jener Begriffe eine willkürliche Abweichung von allgemein anerkannten Wahrheiten jener Wissenschaften für unzulässig erachten; und dies ist eine wichtige Auslegungsregel![17]

Man würde Binding Unrecht tun, glaubte man, er leugne die Abhängigkeit von den Erkenntnissen anderer Wissenschaften. Von den ›Wahrheiten‹ allgemein anerkannter nicht-juristischer Erkenntnisse sollte weder der Gesetzgeber noch die Doktrin ›willkürlich‹ abweichen. Unter bestimmten Verhältnissen sah er die Möglichkeit für eine Kooperation. Auch lag es ihm fern, die Abhängigkeit des positiven Rechts von sozialen Normen zu leugnen. Seine damals berühmte »Normentheorie« hatte vielmehr diesen Zusammenhang zum Gegenstand. Binding kombinierte Traditionalismus und modernes Wissenschaftsverständnis sehr gekonnt. Das Strafrecht »weise nicht nur über sich selbst, sondern in gewissem Umfang auch über das Recht« hinaus. Die Jurisprudenz sei angewiesen auf ›praktische‹ Erfordernisse des gesellschaftlichen Lebens, und er erwartete auch, daß sie diesen entspreche.

Im Vertrauen auf ausreichende interne Kontrollen zog er methodologisch die Konsequenz, der Rechtswissenschaft gegenüber dem Gesetzgeber eine größere Freiheit einzuräumen, als dies die Methodenlehren seiner Zeit vorsahen. Er erweiterte also auf der einen Seite die juristische Definitionsmacht und kaschierte dies auf der anderen Seite, indem er nämlich darauf bestand, daß sie gleichwohl eine ›exakte‹ Bearbeitung des positiven Rechts sei.

Bindings gesamtes Lehrgebäude steht auf diesem doppelten Boden. Die Wissenschaft soll praktisch sein, reflektiert aber den Praxisbezug nicht. Die Auslegung der Strafgesetze soll exakt sein, sich aber gleichzeitig an Zweckmäßigkeitserwägungen orientieren. Verdeckte Kriminalpolitik ist zulässig, nicht aber eine Doktrin, die offen kriminalpolitisch argumentiert. Besonders deutlich wird die Diskrepanz bei Bindings Straftheorie.

Sinn der Strafe sei ›die Bewährung der Rechtsordnung‹, die Aufrechterhaltung der ›Autorität des Gesetzes‹. Man kann nach dieser Auffassung eine Strafe für berechtigt und zweckmäßig halten, die einen Täter trifft, der durch diese nicht von weiteren Straftaten abgehalten werden kann. Auf diese Weise vermeidet Binding, daß empirische Forschung oder zweckrationale Überlegungen die Strafe einem Sinnlosigkeitsverdacht aussetzen können. Somit kann er, da sein Strafbegriff empirisch unangreifbar ist, leichter als v. Liszt die in der Kriminal-Anthropologie vertretenen Ansichten ignorieren und gleichwohl die kriminalpolitische Forderung nach Ausgrenzung der ›Unverbesserlichen‹ unterstützen:

Ich gebe ohne Weiteres zu: Es gibt Subjekte, bezüglich deren bei ihrer eventuellen Entlassung aus der Haft eine fast an Gewißheit grenzende Wahrscheinlichkeit besteht, daß sie die Freiheit nur dazu benutzen, um sich das Wiederkommen durch neue Missetat zu verdienen. Diese und diese allein will ich hier als unverbesserliche, d. h. gegen Strafan-

[17] Binding: Handbuch, S. 11 u. 13.

drohung und Strafvollzug vollkommen indifferente verstanden wissen. Von jeher, lange vor allen modernen Bestrebungen in dieser Richtung, war ich für Unschädlichmachung dieser Sippschaft – aber nur soweit nicht lediglich Bagatellsachen in Frage stehen.[18]

Binding kombinierte somit den Rigorismus tradierter und ›moderner‹ Maßnahmen der Verbrechensbekämpfung. Kontrapunktisch zum reformerischen Engagement der moderenen Schule legte er Wert auf den Gedanken der historischen Kontinuität. An herausragender Stelle, nämlich bei Antritt des Rektorats (1908) hielt Binding eine Rede über *Die Entstehung der öffentlichen Strafe im germanisch-deutschen Recht,* in der sich Sätze finden wie die folgenden:

> Ungetrübt von der Leidenschaft des Einzelnen [bestimme die] wägende Vernunft des Ganzen das Maß der Strafe [...]. Für den Verbrecher bildet sie das irdische Fegefeuer: Er sühnt dadurch in der Rechtsgemeinschaft, was er an ihr verschuldet hat. Und an diesem tiefen Zusammenhang zwischen der Schuld, die nach Strafe ruft, und der Strafe, die allein des Schuldigen Haupt sucht und trifft [...] wird auch die Zukunft ohnmächtig rütteln, sollte sie so unklug sein, der Geschichte zu spotten, und versuchen, sich von einer ihrer größten Schöpfungen zu befreien: der im Feuer der Notwendigkeit gehärteten öffentlichen Strafe.[19]

Bindings und Liszts Geschichtsbilder sind eine eigene Abhandlung wert. Beeindruckend ist die Rhetorik. Für Liszt ist die staatliche Strafe die Rationalisierung einer ursprünglichen ›Triebhandlung‹. Der Moderne wird ein dämonisiertes Bild einer Urzeit gegenübergestellt. Binding hingegen heroisiert spekulative Geschichtsdeutungen über Rache und Friedlosigkeit bei den Germanen. Im germanischen ›Rächer‹ sieht er den ersten ›Anwalt des Rechts‹, der eine ›große weltgeschichtliche Mission‹ erfülle: ›die Entdeckung des Vergeltungsgedankens‹.

Frei von Pathos war Bindings ›exacte Wissenschaft des positiven Rechts‹ gewiß nicht, und nicht ohne Grund nahm er Zuflucht zu kennzeichnenden Adjektiven wie ›gesund‹.[20] Die Beschwörung historischer Wahrheiten entlastete ihn ebenso von weitergehenden Begründungspflichten wie seine Konzeption einer ›gesunden‹, praktischen Rechtswissenschaft. Aber insgesamt war dies alles andere als eine rückwärtsgewandte, idealistische Weltanschauung, gegen die sich Liszt erfolgreich hätte absetzen können. Binding reduzierte den Umfang der von Juristen wissenschaftlich zu bearbeitenden Fragen und erhöhte damit deren Glaubwürdigkeit. Die verdeckt-kriminalpolitische Forderung nach Praxisnähe legitimierte ganz offen die Anpassung an jeweils wechselnde politische Anforderungen an das Strafrecht.

---

[18] Vorwort zur 7. Aufl. des *Grundrisses* (1907), S. XVII, im Anschluß an eine sprachlich virtuose Polemik gegen den ›geborenen‹ Verbrecher aus der »Raritätenkammer des allererlesensten Unsinns«, S. X; vgl. Fn. 21.

[19] Binding: Entstehung der öffentlichen Strafe, S. 50. – Radbruch nahm Bindings Geschichtskonstruktion zum Anlaß eines noch heute lesenswerten Aufsatzes *Der Ursprung des Strafrechts aus dem Stand der Unfreien* (in: Elegantiae, 1938, S. 1ff.). Zur modernen Forschung vgl. Nehlsen: Entstehung des öffentlichen Strafrechts.

[20] Binding: Handbuch, S. 15: »Und so steht der gesunde Jurist, welcher der Gegenwart nicht den Rücken kehrt, bei seiner wissenschaftlichen Tätigkeit stets in der Vorhalle der Rechtsproduktion [...]«. Ebd. S. 459 taucht der Gegensatz zu dieser schöpferischen Rechtsfindung auf: »ungesunde Buchstaben-Auslegung«.

Verfolgen wir nun an einem Beispiel, wie sich Binding »die Stellung des Juristen zu jenen Wissenschaften, aus denen das Strafgesetz mehr oder minder wichtige Begriffe entlehnt«, vorstellt. Es bietet sich der Begriff der Zurechnungsfähigkeit an. Zurechnungsfähigkeit impliziert Willensfreiheit bzw. fachspezifische Vorstellungen über menschliche Motivbildungen. Betrachtet man die Kooperation Bindings mit Psychiatern wie Aschaffenburg und Hoche, fällt auf, daß sich beide Disziplinen auf zwei Fiktionen von ›Willensfreiheit‹ einigten und, wenn man so will, den Grundstein legten für das, was Tilmann Moser den »repressiven Pakt zwischen Kriminalpsychiatrie und Strafjustiz« genannt hat.

Binding bejahte nicht die Willensfreiheit im weltanschaulichen Sinne, sondern lediglich die »Handlungsfähigkeit« des Menschen »im Rechtssinne« bzw. innerhalb einer ›esoterischen‹ Psychologie des Rechts:

> Wer der Thaten Ursprung im handelnden Menschen findet, beugt sich vor der menschlichen Freiheit und verweist gleichzeitig den freien Willen, der ohne zureichende Gründe bestimmt werde, dahin, wohin er gehört, zum überwundenen Irrthum.[21]

Psychiater der ›modernen‹ Richtung, wie Aschaffenburg, bekannten sich ebenso wie der eher ›klassische‹ Hoche zum ›Standpunkt der Naturwissenschaften‹ und betonten, daß die Charakterentwicklung nicht im freien Belieben des Menschen stünde. Wenn man gleichwohl Straftaten ›Geisteskranker‹ anders beurteile als die eines ›Geistesgesunden‹, so liege dies an der ›Aussichtslosigkeit einer Besserung oder Abschreckung durch Strafe‹. Theoretisch sei zwar das Verhalten ›Kranker‹ sowie ›Gesunder‹ determiniert, doch sei man genötigt, ›praktisch‹ mit einem Durchschnittsmenschen zu rechnen, der in Konfliktsituationen verschiedene Impulse abwäge. Dieses Verhalten erscheine als »eine höhere geistige Thätigkeit, das Ergebnis als freie Wahl«. Dies sei zwar eine Fiktion, aber eine solche des Strafgesetzes, »so wie wir es verstehen dürfen, ohne unsrer naturwissenschaftlichen Erkenntnis allzusehr ins Gesicht zu schlagen«. Auf der Grundlage dieser Überlegungen definiert Aschaffenburg die »Willensfreiheit« als die »Fähigkeit eines Durchschnittsmenschen«, die nur dann aufgehoben sei, wenn die Individualität des Menschen »durch krankhafte Zustände« so verändert sei, daß »die Wirksamkeit der normalen Motive aufgehoben wird«. Er verkenne nicht, daß diese Auslegung Schwierigkeiten bereite, doch binde ihn »das bestehende Gesetz und der Stand der psychiatrischen Wissenschaft«. Beides zu mißachten sei unzulässig.[22]

---

[21] Binding: Normen Bd. 2 (1877), S. 3. Derselbe Gedanke wird auch sarkastisch gegen den ›geborenen‹ Verbrecher gewendet: »Von unbekannter Macht wird die Billardkugel des Motivs gegen das Band des Charakters geschleudert, und der Effekt ist da: bald in der Gestalt eines Mordes, einer Schändung, einer Verleumdung, bald in der erfreulicheren einer Sixtina, eines Faust, einer C-Moll-Symphonie, des Deutschen Reichs oder eines Werkes über Psychiatrie.« (Vorwort zur 7. Aufl. des *Grundrisses*, S. X).

[22] Alle vorausgegangenen Zitate bei Aschaffenburg: Handbuch (1901), S. 11. – Hoche (Handbuch, S. 393ff.) unterstellt keine kriminalle Anlage wie Lombroso, aber er trennt, wie fast alle seine psychiatrischen Kollegen, scharf zwischen ›normalem‹ und ›abnormem‹ Seelenleben; nach dem Kapitel über den ›normalen‹ Menschen vor Gericht folgt »Erblichkeit und Entartung«, vgl. ebd. S. 410ff.

Psychiatrie und Strafrechtsdogmatik konnte so die Selbständigkeit ihrer Diziplinen aufrechterhalten und sich dennoch den sozialen und politischen Anforderungen von außen öffnen. Es entstand eine verdeckt-kriminalpolitische Kooperation, die bis in die 60er Jahre dieses Jahrhunderts weitgehend akzeptiert wurde.

3.3. Franz v. Liszt: Das Dilemma zwischen juristischem ›Begriff‹ und ›Leben‹

Liszt sah in derart verdeckt-kriminalpolitischen Kompromissen ein Zeichen fehlender Folgerichtigkeit. Eine derart scholastische Abgrenzung zwischen ›Verbrechen‹ und ›Wahnsinn‹, wie sie in der Milderung der Strafe mit anschließender ›Verwahrung‹ des vermindert zurechnungsfähigen Rechtsbrechers zum Ausdruck komme, zeige, daß man den Begriff, also die »Krücke für die den Dingen nachhinkende Erkenntnis« wichtiger nehme als »die Erscheinung des Lebens«.[23] Zwar akzeptierte er aus pragmatischen Gründen Kompromisse. Doch waren dies in seiner Sicht kriminalpolitische Kompromisse. Er opferte nicht »die Erscheinungen des Lebens« der Rücksicht auf die »Unantastbarkeit juristisch-technischer Begriffe«.[24] Die verräterisch häufige Berufung auf das ›Leben‹ und die ›Politik‹ deuten aber schon an, daß man bislang in strafrechtshistorischen Darstellungen die Offenheit der modernen Schule, die häufig die ›soziologische‹ genannt wird, gegenüber den Nachbarwissenschaften überschätzt hat. Keiner der Gründer der I.K.V. beabsichtigte eine Integration der damaligen Erfahrungswissenschaften vom Verbrechen. Man ›berücksichtigte‹ lediglich deren Ergebnisse, wenn sie die eigenen, unabhängig davon entwickelten Überlegungen bestätigten.[25]

Indiz für diese These ist das Fehlen einer Begründung für den im Programm der Reformer wichtigen Grenzbegriff des ›Gewohnheitsverbrechers‹. Liszt entlehnte ihn zunächst der originär juristischen Diskussion über ›schuldhaft‹ erworbene Charaktereigenschaften, der sog. ›Charakterschuld‹-Lehre seines Lehrers Wahlberg. In seinem berühmten *Marburger Programm* (1882) findet sich eine Bestätigung der kriminalpolitischen Tätertypologie durch Wahlberg und die moderne Kriminalanthropologie. Zweifel an der empirischen Nachweisbarkeit des kriminalpolitischen Programms werden in einer Fußnote angedeutet; es gäbe den Gewohnheitsverbrecher, »auch wenn man noch keinen klaren Begriff von ihm habe«.[26] Zehn Jahre später, nach der Widerlegung Lombrosos auf den Kriminal-

---

[23] Die Relativierung zwischen ›Verbrechen‹ und ›Wahnsinn‹ findet sich in Liszts »Münchner Vortrag« (1896, AuV II, S. 215); vgl. hierzu Radbruch: Elegantiae, S. 94: Liszt habe sich hier »nur einmal völlig rücksichtslos geäußert«, dies aber wegen der erbitterten Gegenangriffe bereut.

[24] v. Liszt: AuV II, S. 215.

[25] Vgl. zu Liszt, Hamel und Prins: Fijnaut: Fiktion einer integrierten Strafrechtswissenschaft. Vgl. ferner Kempe: Criminologie; Frommel: Die Rolle der Erfahrungswissenschaften. – Die Vorstellung, Liszt habe Strafrecht und Kriminalsoziologie integriert, ist aber gleichwohl noch verbreitet.

[26] Vgl. v. Liszt: AuV I, S. 166 Fn. 1. – Wahlberg war Liszts Lehrer in Wien. Er vertrat die Lehre eines schuldhaft erworbenen ›Hangs‹, genannt ›Charakterschuld‹. Liszt verknüpfte beide Traditionen.

anthropologen-Kongressen, gab Liszt zu, es gäbe keine ›biologischen‹ und auch keine ›psychologischen‹ Einteilungskriterien, gleichwohl sei es erforderlich, ›kriminalpolitisch‹ die Verbrecher in Gruppen einzuteilen und danach geeignete Sanktionen vorzusehen. Liszt postulierte also nur noch, daß Unterschiede prinzipiell nachweisbar sein müßten. Im übrigen beschränkte man sich darauf, die Gruppe der Rezidivisten quantitativ über Rückfallstatistiken zu erfassen. Dieses Vorgehen bedeutet, daß die so definierbaren ›Gewohnheitsverbrecher‹ zur politischen Manövriermasse werden. Je nachdem, ob mehr oder weniger ›Härte‹ erwünscht ist, steigen oder sinken die Anforderungen an die Rückfallhäufigkeit und die Zuschreibung eines ›Hangs‹ zu Straftaten.

4. Kriminalpolitische Tendenzwerte

4.1. Von der wissenschaftlichen Erklärung des Verbrechens zum Mythos vom Verbrechermenschen

Ex post betrachtet erscheint es, als sei Lombrosos »geborener Verbrecher« (1876) die für die Kriminalwissenschaften entscheidende Erfindung des ausgehenden 19. Jahrhunderts gewesen und von ihm führe ein unmittelbarer Weg zur Kriminalbiologie rassistischer Prägung. Blättert man etwa in Heindls populärer Schrift über die »Berufsverbrecher«, frappiert die Analogie zu den Schaubildern in Lombrosos Werk, in denen Verbrecherphysiognomien im Stile des Kartenlegens abgebildet sind. Der für die Vermittlung von juristischen und literarischen Stereotypen so ungemein aufschlußreiche Wulffen läßt seiner vorsichtigen Kritik an Lombroso einen Abschnitt über die »Entartungslehre« folgen (1926). Nach 1933 schließlich war es üblich, die ›Kriminalbiologie‹ auf Lombroso zurückzuführen. Doch ist das Bild zu gut retuschiert. Moralische ›Verwerflichkeit‹ und biologische ›Minderwertigkeit‹ waren nach 1933 in einer Weise miteinander verwoben, daß traditionsbewußte Juristen sich sowohl auf ›biologisierende‹ als auch ›ethisierende‹ Traditionen berufen konnten. Eine Ethisierung aber hatte den Kriminalanthropologen am Ende des 19. Jahrhunderts sicher ferngelegen. Die paradoxe Auswahl gegensätzlicher Elemente und deren Verknüpfung zu einer moralisch abzuwertenden rassistischen Doktrin zwingt uns dazu, die Rezeption der Lehren Lombrosos etwas genauer zu betrachten.

In Lombrosos *Homo Delinquens* stand der erfahrungswissenschaftliche Ansatz im Vordergrund, der Anspruch, das Verbrechen ›naturwissenschaftlich‹ zu erklären. In diesem Anliegen stimmten die nicht-juristischen Gegner mit ihm überein, während zahlreiche juristische Kritiker gerade daran Anstoß nahmen. Zweifellos blieb Lombroso nicht bei dieser Betrachtungsweise stehen, sondern wollte auch den Beweis antreten, daß die neue Schule nicht nur revolutionär, sondern auch praktisch sei. Die Konsequenz war der Entwurf eines repressiven Maßregelrechts. Diese praktischen Schlußfolgerungen erinnern an Stellungnahmen, die sich nach 1933 häuften. Ich greife ein Beispiel heraus.

In einem Heft der *Monatsschrift für Kriminalpsychologie* kurz nach der Machtergreifung nahm Aschaffenburg die von nationalsozialistischen Autoren angegriffene, ›naturwissenschaftliche Betrachtungsweise‹, der er sich zurechnete, in Schutz mit dem Hinweis, diese habe schon immer die ›Ausscheidung‹ unverbesserlicher Verbrecher gefordert. Schon sein Lehrer Kraepelin habe sich über die ›Zaghaftigkeit‹ gewundert, mit der die juristischen Vertreter der Strafrechtsreform ›das Verlangen nach endgültiger Ausscheidung dieser Menschen‹ behandelt hätten. Es folgten Vergleiche mit Cholera, Lepra und anderen ›Infektionsgefahren‹.

Gegen die Legendenbildung der 1930er Jahre spricht, daß sich Lombroso am Ende des 19. Jahrhunderts nicht durchgesetzt hat.[27] Berühmt wurde er nicht zuletzt wegen der Kritik, die er erfuhr. Die Vorstellung aber, es gebe endogene und exogene Ursachen des Verbrechens, wurde zum Gemeinplatz. Sie traf offenbar auf populäre und populärwissenschaftlich zu befriedigende Bedürfnisse. In der juristischen und kriminologischen Literatur finden sich zahlreiche Tätertypologien mit jeweils verschiedenen Einteilungskriterien. Manche Autoren kombinieren täterorientierte mit anderen Erklärungsansätzen. Andere lehnen es ab, den Täter als Ausgangspunkt von Erklärungen sozialer Erscheinungen zu nehmen, wie etwa die Milieutheorien der Ecole française oder die sogenannten ökonomischen Theorien.

Kritik an Lombroso bedeutete im übrigen nicht unbedingt, daß man die Täterorientierung ablehnte. Es gab auch Kritiker, die die fatalistischen Konsequenzen ablehnten. Aufschlußreich ist Benedikts (1887) ›ethisches Klassifikationsschema‹. Er schreibt, man dürfe sich nicht vorstellen, daß sogenannte Gewohnheitsverbrecher »gar keine Hemmungsempfinden« hätten. Vielmehr finde ein »innerer Kampf« statt, der aber nicht zum »Siege der Ethik« führe. Alle Verbrecher, selbst sogenannte »Geisteskranke«, seien »okkasionelle« Verbrecher.

> Sie stehen nicht unter dem psychologischen Zwange, wie ein Stier, der einen roten Lappen sieht. Es braucht immer eine besondere Verkettung von Umständen, die sie zur verbrecherischen That führt. Jeder geborne Verbrecher ist also auch ein ›okkasioneller‹ und jeder ›okkasionelle‹ ein ›geborner‹, da es immer eine Masse von Menschen gibt, die genau unter denselben Verhältnissen dieselbe That nicht begehen, weil ihre angebornen Eigenschaften anders sind, als die der Thäter.[28]

Mit dem Anspruch, Vertreter einer exakten Erfahrungswissenschaft zu sein, stellte Benedikt ein »ethisches Klassifikationsschema« auf, das dem »homo nobilis« den »homo typicus«, oder »Durchschnittsmensch« genannt, zugesellt, um dann Unterarten des »homme canaille«: a) brutalis, b) perfidus zu entwerfen. Es folgen der »homo vitiosus« und der »homo criminalis«, letzterer unterteilt in einen Verbrecher »mit normalen Anlagen« und den »professionellen«, den »homo crim. e morbo aut ex intoxinatione« und den »homo crim. degeneratus«.[29]

Viele Autoren argumentierten ambivalent und kombinierten alle vorhandenen Theorieansätze. Der erfahrungswissenschaftliche Anspruch verlor sich in praktisch-kriminalpolitischen Diagnosen. Ein gutes Beispiel für diese Haltung ist

---

[27] Dies ergibt sich sehr deutlich aus den Akten des 2. und 3. Kriminalanthropologenkongresses; vgl. Actes, Paris 1889 und Bruxelles 1893.
[28] Benedikt: Biologie, S. 489.
[29] Ebd. S. 494.

Aschaffenburg,[30] damals eine Autorität auf dem Gebiet der Kriminalpsychiatrie. Er wies auf die Unmöglichkeit hin, aus »Degenerationszeichen« auf einen »spezifischen Charakter«, eine dem Verbrechen eigentümliche Eigenschaft zu schließen. Doch kümmerte er sich nicht um seine eigene Einsicht und stellte – ähnlich wie Liszt – kriminalpolitische Tätertypologien auf.

Die ›Klassiker‹ hielten sich in der Kritik der Tätertypen zurück. Bemerkenswert ist das Schicksal eines in den *Kritischen Beiträgen zur Strafrechtsreform*, einer äußerst polemischen Reihe der ›Klassiker‹, erschienenen Beitrags von Hoegel (1908), der die »Einteilung der Verbrecher in Klassen« kritisierte. Er kommt aus der Perspektive der klassischen Straftheorie zu dem Ergebnis, daß derartige Typologien keinerlei Nutzen hätten, da man die sogenannten ›Unverbesserlichen‹ erst nach einer langen Zeit feststellen könne, und diese Lebensumstände hätten ihre Erscheinung dann so geprägt, daß sie dem Stereotyp vom ›Gewohnheitsverbrecher‹ schließlich entsprächen. Bemerkenswert ist weniger diese Einsicht. Sie findet sich häufig in dieser Zeit. Interessant ist die Art, wie sie vorgebracht und vergessen wurde. Die Herausgeber der *Kritischen Beiträge* waren zwar an einer Kritik an den Verbrechertypen der ›Modernen‹ interessiert, nicht jedoch an einer Demontage des Stereotyps vom ›Unverbesserlichen‹. Offenbar war die für Kriminalromane so geeignete Vorstellung einer »Verbrecherphysiognomie«, wie sich Hoegel ausdrückte, so verbreitet, daß sie sich jenseits aller Debatten um den Schulenstreit halten konnte:

> Am einfachsten ist die Verbrecherphysiognomie für Kriminalromane und Kriminalanthropologie zu verwerten. Vor allem darf man nicht in den Grundfehler verfallen, das Sträflingsgesicht mit dem Verbrechergesichte zu verwechseln. Es müßte mit sonderbaren Dingen zugehen, wenn die glattrasierten Sträflinge durch Gefängnisluft und Absperrung gebleicht und herabgestimmt, mit ihrer einförmigen Kleidung nicht etwas eigentümliches, gleichförmiges in ihrer Erscheinung und nicht einmal jene Besonderheit bieten würden, welche in anderer Art die vom Bauernjungen zum Soldaten ausgebildeten Rekruten, die Studenten, Gelehrten, Schauspieler, Militärpensionisten und andere für sich abgeschlossene Bevölkerungskreise bieten.[31]

Um die Jahrhundertwende waren innerhalb der kriminologischen Arbeiten täterorientierte Ansätze neben ökonomischen, biologischen oder psychologichen Erörterungen über den ›Verbrecher‹ ebenso verbreitet wie Milieutheorien. Es bedurfte späterer Akzentuierungen, um unter veränderten politischen Bedingungen eine Tradition der Lehren Lombrosos zu konstruieren.

Nach dem Ersten Weltkrieg bis in die Jahre der Etablierung des nationalsozialistischen Regimes in Deutschland verengte sich das Spektrum der diskutierten Ansätze mehrfach. Die Gründe liegen in den jeweiligen politischen Randbedingungen; in liberalen Phasen weist auch die akademische Diskussion eine größere Offenheit auf. Vergleicht man etwa kriminologische Standardwerke in Deutschland und in den Niederlanden, so fällt auf, daß sich dort Traditionen der Vorkriegszeit auch über die 30er Jahre hinaus erhalten haben. Der Hamel-Schüler

---

30 Aschaffenburg: Verbrechen. 2. Aufl. 1906, S. 147; zu Tätertypen: S. 178.
31 Hoegel: Einteilung, S. 139.

Bonger[32] referierte in seiner verbreiteten *Inleiding tot de Criminologie* (1932) täterorientierte Ansätze ebenso wie Milieutheorien und ökonomische Erklärungen der Kriminalität. Ein vergleichbares Werk wird man in der deutschen Standardliteratur dieser Zeit nicht finden; und nur diese ist heranzuziehen, wenn man das Diskussionsklima einer Zeit erfassen will.

Der desolate Zustand der Kriminologie erleichterte es, daß 1933 der Tätertyp des ›gefährlichen Gewohnheitsverbrechers‹ zum erfolgreichen Schlagwort wurde. Autoritäre, kriminalpolitische Vorstellungen konservativer Juristen konnten mit der nationalsozialistischen Tätertyplehre amalgamiert werden. Das »Gewohnheitsverbrechergesetz« (1934) wurde zum ersten kriminalpolitischen ›Erfolg‹ der Nationalsozialisten. Mit ihm konnten sich frühere Anhänger der ›modernen Schule‹, etwa der Liszt-Schüler Exner, ebenso identifizieren wie Anhänger eines Schuld- und Vergeltungsstrafrechts.

> Exemplarisch für bildungsbürgerliche Hoffnungen in die ›Rechtserneuerung‹ ist das makabre Werk von Wilhelm Sauer zur *Kriminalsoziologie* (1933). Er war Anhänger einer ›Ethisierung des Strafrechts‹ und Vertreter einer Tätertypenlehre. Von der Vorstellung einer ›naturwissenschaftlichen‹ Erklärung ist er so weit entfernt wie nur möglich. Seine Terminologie ist rein moralisierend. In seiner »kriminalistischen Ethik der Laster« finden sich der »Schiebertyp«, »Schleppertyp«, der »Greifer« und »Verräter«; diesen Tätertypen werden die jeweiligen Tat-Gruppen des Strafgesetzbuches zugeordnet: Diebstahl gehöre zur »Greifergruppe«, Abtreibung und Landesverrat zur »Verrätergruppe« [...].[33]

Wie erklärt man die integrative Funktion und suggestive Kraft der Tätertypologien?

Alle Tätertypologien laufen darauf hinaus, daß bestimmte Personen als ›krank‹, moralisch oder biologisch ›minderwertig‹, oder sozial ›gefährlich‹ etikettiert werden. Der moralisierende Charakter dieser Deklassierungen machte die einzelnen Typologien austauschbar. Man konnte sich also trotz unterschiedlicher wissenschaftlicher und kriminalpolitischer Interessen zumindest auf dieses Denkschema einigen. Bei Lombroso überwog noch das Bedürfnis, das Verbrechen zu ›erklären‹. Dies wurde bei den kriminalpolitisch engagierten Juristen der Reformbewegung überlagert durch die kriminalpolitische Vorstellung einer Beeinflussung der Kriminalität durch Strafrecht. Bei anderen Autoren, etwa solchen, die eher der ›klassischen‹ Schule zuzurechnen sind, dominierte der Aspekt der normativen Bewertung. Allen gemeinsam ist eine Sichtbegrenzung. Soziale und rechtliche Prozesse der Definition der jeweiligen Taten als ›kriminell‹ und der Täter als ›Kriminelle‹ bleiben ausgeblendet. Das Ergebnis des Definitionsprozesses wird festgehalten, der Prozeß selber nicht mehr in die weiteren Überlegungen einbezogen. Man beschränkte sich also darauf, das Resultat vielfältiger Auswahlprozesse mehr oder minder monokausal zu erklären oder zu bewerten, und vergaß den Weg, wie es zur Deklassierung gerade dieser Personen kam. Die Fixierung auf die Persönlichkeit des Täters hatte zum Teil ihre Gründe darin, daß man die Notwen-

---

[32] Vgl. ferner Bonger: Criminalité et Conditions économiques.

[33] Sauer: Kriminalsoziologie, S. 642; vgl. ferner S. 772ff. (»Der Kriminalitätserreger«).

digkeit von Reformen beweisen wollte, eben indem man zeigte, daß das Sanktionensystem auf die Persönlichkeit einzelner Tätertypen zugeschnitten werden müßte. Es gab aber auch Autoren, die die Beibehaltung staatlicher Repressionen damit legimitierten, daß es eben ›Unverbesserliche‹ gebe, gegen die hart vorgegangen werden müsse. Tätertypologien konnten also vielfältige Aufgaben übernehmen: Erklärung, Begründung für Reformen oder Legitimierung des bestehenden Systems.

4.2. Die arbeitsteilige Erzeugung des Bösen

In einer ideologiekritischen Studie zu *Verbrechermenschen,* mit dem Untertitel *Zur kriminalwissenschaftlichen Erzeugung des Bösen,* bescheinigte Peter Strasser (1984) der »täterorientierten Kriminologie«, den Mythos vom Verbrechermenschen in den Rang einer Wissenschaft erhoben zu haben. In einer Mischung aus »Dummheit und Inhumanität«[34] habe sie sich als einflußreiche »Ordnungs- und Disziplinierungswissenschaft« das Ziel gesetzt, »das Wesen des Verbrechers durch und durch zu erkennen« (Lombroso). Strasser schildert eine Kontinuität der »Empirisierung des Mythos« von Lombroso bis in moderne täterorientierte Ansätze. Als Geschichte eines Ausschnitts der Kriminologie ist Strassers Studie inspirierend. Übertragbar auf die von Juristen dominierten Diskussionen sind seine Thesen nur bedingt.

Als ›Gewohnheitsverbrecher‹ galten mehrfach rückfällige Täter. Auf die Schwere der Delikte kam es nicht an, ebensowenig auf bestimmte ›pathologische‹ Eigenschaften. Die Zahl einschlägiger Rückfälle führte zur Definition ›Gewohnheitsverbrecher‹. Lombroso firmierte nicht als theoretische Begründung, sondern als Traditionsgut. In der Strafrechtspraxis ging es darum, einen juristischen Begriff, den des ›Hangs‹ zu Straftaten anzuwenden. Die juristische Praxis hatte ihre eigenen Regeln.

Was Lombroso als sein ›großes und unbestrittenes Verdienst‹ ansah, ›den Verbrecher zum Objekt wertfreier, reiner Tatsachenforschung‹ gemacht zu haben, wäre für Juristen nur interessant gewesen, wenn der ›geborene‹ Verbrecher damit zu einer unangreifbaren wissenschaftlichen Tatsache geworden wäre. Aber als Thema kontroverser erfahrungswissenschaftlicher Diskussionen verlor der behauptete empirische Gehalt für Kriminalpolitik und Strafrechtsdogmatik an Bedeutung. Damit rückten originär juristische Konstruktionen des Verbrechermenschen in den Vordergrund. Es kam zu einer arbeitsteiligen Erzeugung des Bösen. Diese fand in erster Linie in den Zwischenbereichen statt, die sich an den Rändern der sich spezialisierenden Disziplinen bildeten. Vielleicht wirkten die auf diese Weise sich verfestigenden Stereotype von typischen Eigenschaften einzelner Ver-

---

[34] Strasser: Verbrechermenschen, Vorwort; Autoren wie Bonger sind nicht einmal als Kontrast zur täterorientierten Kriminologie erwähnt. Auch fehlen Hinweise auf zeitgenössische Kritiker Lombrosos. Auf diese Weise wird unerklärlich, wie es zu dieser »Dummheit und Inhumanität« kam.

brechergruppen bereits auf die Theoriebildung. Für weite Bereiche der Kriminologie scheint dies der Fall gewesen zu sein. Sicher aber beeinflußten sie die Rezeption kriminologischer Schlagworte durch populärwissenschaftliche Schriften und juristische Verwertungen.

Nach dem Ersten Weltkrieg – und unübersehbar in den 1930er Jahren – verengte sich in der Kriminologie – und noch deutlicher in der juristischen Diskussion ihrer Ergebnisse – das Spektrum der vertretenen theoretischen Ansätze. Man vergleiche nur die Werke von Bonger (1905 und 1932) mit Aschaffenburgs Standardwerk (1902) und Exners *Kriminalbiologie* (1939). Einer eher pragmatischen Darstellung verschiedener Lösungsmöglichkeiten in den niederländischen Lehrbüchern entspricht in der deutschen Rechtskultur dieser Zeit eine zunehmende weltanschauliche Aufladung. Konnte man die Beliebtheit der juristischen Tätertypologien bis zum Ersten Weltkrieg noch mit der Veränderung in der sozialen Kontrolle erklären, so läßt sich in der Folgezeit die Politisierung des Diskussionsklimas nicht mehr wissenschaftsimmanent darstellen.

Literatur im weitesten Sinne hatte in allen Phasen der Entwicklung eine herausragende Vermittler-Rolle. Sie kann Deutungs- und Wahrnehmungsmuster verfestigen oder relativieren. Ihre Bedeutung ist besonders groß in einem Diskussionsklima, in dem akzeptiert wird, daß affektiv aufgeladene Stereotype als (populärwissenschaftliche) Erkenntnis ausgegeben werden. Am Verhältnis von Kritik und/ oder Legitimation der Justiz in der Literatur und dem sozialen Umgang mit ›kriminellem‹ oder ungewöhnlichem Verhalten kann man der arbeitsteiligen Erzeugung des Bösen nachgehen. Erst die verschiedenen Beiträge, die spezifisch juristischen und die der anderen Disziplinen, zusammengenommen ergeben ein Bild vom kulturellen Umgang mit Abweichung.

4.3. Erich Wulffen: Die Psychologie des Täters als Gegenstand von Kriminalistik, Unterhaltung und Kriminalpolitik

Schönert (in diesem Band, S. 499–505) eröffnet das ›Spiegelkabinett des Verbrechermenschen‹ mit Wulffen, einem Staatsanwalt, später Ministerialdirektor und Verfasser eines Handbuches für »Juristen, Justiz-, Verwaltungs- und Polizeibeamte, Ärzte, Pädagogen und Gebildete aller Stände«, einer Literaturgattung im Windschatten der etablierten Schriften. Die *Kriminalpsychologie* erschien 1908 und (etwas gekürzt) 1926. Es ist anzunehmen, daß sich an der Differenz der zweiten zur ersten Auflage die beschriebenen Veränderungen des Diskussionsklimas bemerkbar machen.

1908 schließt Wulffen mit einem »Ausblick auf die Kriminalität der Zukunft«. Er bekennt sich vorsichtig zu Liszts »Zweckstrafe«, doch betont er nicht so sehr den Gedanken der effektiven Verbrechensbekämpfung wie deren »vernünftigen und sittlichen« Anspruch, vertritt also eine weniger extreme Präventionsperspektive:

> Im Lichte der wahren Ethik müssen wir erkennen, daß die Verbrecher eine Mission für die ganze Menschheit erfüllen. Wurden dem Menschengeschlechte psychologisch und

> sozial die Unsittlichkeit und das Verbrechen als notwendige Begleiterscheinung seiner Evolution aufgezwungen, so muß es ebenso notwendig Individuen geben, in denen das Verbrechen in die Erscheinung tritt. Diese Individuen sind die Verbrecher. Sie tragen ebenso wie die Nichtverbrecher und Guten das Prinzip der sittlichen Evolution. Ohne sie wäre diese ebenso unmöglich wie ohne die anderen Individuen.[35]

Deutlicher als die um ihre wissenschaftliche Reputation bedachten Reformer knüpfte Wulffen an literarische Traditionen der einfühlenden Darstellung an. Die erste Auflage ist noch wissenschaftsgläubig. Den »Charakter eines Übeltäters« schilderte er zwar auch in der ersten Auflage mit Hilfe der Dichtung; aber immerhin noch mit dem Anspruch, die wissenschaftliche »Charakterologie« nur zu veranschaulichen. In der zweiten Auflage ging er weiter. Die dichterische Schilderung »einzelner Kriminalfälle« sei eine »unmittelbare Erkenntnisquelle der Kriminalpsychologie«.[36] Zwar habe die Forschung von der Erfahrung auszugehen, doch sei der Satz, nur die Erfahrung, »niemals eine allgemeine, intuitiv gefühlte Wahrheit« (Mezger) könne Ausgangspunkt der Forschung sein, nur teilweise richtig:

> Denn wo bleiben die großen Dichter mit ihren intuitiv gefühlten kriminalpsychologischen Wahrheiten? Kein Geringerer als Franz von Liszt hat darauf aufmerksam gemacht, daß der Kriminalpsychologe vielfach dem Dichter begegnet.[37]

Der Vergleich mit der von Wulffen gekürzt zitierten Stelle in Liszts gesammelten Aufsätzen liest sich wie eine Bestätigung der bereits 1914 von Hamel kritisierten »anti-intellektualistischen Strömung«. Veränderungen im Wissenschaftsverständnis sind unverkennbar.

Die von Wulffen zitierte Stelle bei Liszt behandelt die Bedeutung der Kriminologie für die Strafrechtswissenschaft. Die Aufgabe sei nicht neu. »Die Dichter aller Zeiten haben sich bemüht, die Wurzeln des Verbrechens in der Seele des Täters bloßzulegen [...].« Liszt fährt fort, und Wulffen erwähnt dies nicht mehr: »Die Aufgabe selbst also, das Verbrechen kausal zu begreifen, ist nicht neu. Neu ist es, daß wir die Lösung der Aufgabe von der Strafrechtswissenschaft verlangen, statt sie den Dichtern und Romanschriftstellern, den Ärzten oder Statistikern zu überlassen. Neu insbesondere, daß wir für die Lösung der Aufgabe die naturwissenschaftliche Methode in Anspruch nehmen: Die systematische Massenbeobachtung, vorbereitet, geprüft, ergänzt durch die wissenschaftlich-exakte Beobachtung einzelner Fälle«.[38]

Von »intuitiv gefühlten Wahrheiten« also sprach Liszt gewiß nicht. Nun wäre es nicht verwunderlich, daß ein an praktischen Fragen interessierter Verfasser eines Handbuchs andere Wege geht als ein zur Selbstdarstellung gezwungener Kriminalpolitiker; aber auch Wulffen ging in der ersten Auflage noch nicht so weit, die Dichtung zur Erkenntnisquelle der Kriminalpsychologie zu erheben. Der erfahrungswissenschaftliche Ansatz der kriminalistischen Wissenschaften war insgesamt brüchig geworden, nicht hingegen die praktischen Schlußfolgerungen nach Ausgrenzung bestimmter Personen.

---

[35] Wulffen: Psychologie (1908), S. 527.
[36] Wulffen: Kriminalpsychologie (1926), S. 19.
[37] Ebd.
[38] v. Liszt: AuV II, S. 289.

Wulffen folgt also der Mode, die für die damalige juristische Diskussion der Tätertypen charakteristisch war. Er distanzierte sich von Lombroso, zog aber aus der Kritik keine Konsequenzen, sondern kombinierte die unterschiedlichsten Ansätze, um zu Einteilungsgesichtspunkten zu gelangen.

In der ersten Auflage findet sich noch eine halbwegs ausführliche Darstellung der fachwissenschaftlichen Diskussion des ›geborenen‹ Verbrechers. In der zweiten Auflage faßt er seine Stellungnahme zusammen in der These: Es gebe zwar keine »anthropologisch gekennzeichnete herausgehobene Gruppe. Vielmehr sind alle Menschen, selbst die guten und besten, einer veranlagten also geborenen Verbrechernatur mehr oder minder teilhaftig«. Doch hinderte diese Kritik an Lombroso Wulffen nicht daran, nach dem »Endogenen« der Verbrechernatur zu suchen.

Ausgeblendet wurde die wissenschaftliche Literatur über die Interpretation kriminalstatistischer Daten. In der ersten Auflage druckte Wulffen Material aus Aschaffenburgs Standardwerk ab. Dieses fiel 1926 der Kürzung zum Opfer. Übrig blieb jeweils übereinstimmend der Satz, der »Wert« der Kriminalstatistik liege darin, den »Weg vom Milieu zum ›Endogenen‹ der Verbrechernatur« zu beschreiben.[39] Damit erweist sich Wulffens Handbuch als repräsentativ für die Auswahl und Akzentuierung der Fragestellungen in der Zeit nach der Jahrhundertwende.

5. Verfachlichung – Versuch einer Begriffserklärung

Der Wissenschaftscharakter ihres Faches war für die Strafrechtslehrer am Ende des 19. Jahrhunderts ein Problem von großer Bedeutung. Der Schulenstreit war eine Auseinandersetzung um den Wissenschaftsanspruch und den politischen Einfluß auf die Gesetzgebung und/oder deren Anwendung. Binding und Liszt hatten divergierende Vorstellungen über die Art und Weise richterlicher Tätigkeit. Aber sie orientierten sich an den praktischen Erwartungen der Gesetzgebung und der Justiz im Sinne von Gesetzesanwendung. Erfahrungswissenschaftliche Ansätze, die sich nicht in dieser Weise kriminalpolitisch oder rechtsdogmatisch umsetzen ließen, waren auch innerhalb einer ›gesamten Strafrechtswissenschaft‹ kaum zu verwenden. Verfachlichung und Verwissenschaftlichung in Deutschland tragen also richterzentrierte Züge.

Dies ist nicht selbstverständlich, sondern nur für bestimmte Rechtskulturen charakteristisch. Leider gibt es keine vergleichenden historischen Studien über die juristischen Berufe in verschiedenen Kulturen.[40] Die Forschungsfrage ist zwar geläufig, aber erfahrungsgemäß dauert es einige Zeit, bis man sich daran gewöhnt hat, eingefahrene Forschungstraditionen aufzugeben.

Die Zahl der mit Strafverfolgung befaßten Juristen ist groß. Ihre Einbindung in die staatliche Organisation ist intensiv. Die Bedeutung der Strafverteidiger ist

---

[39] Wulffen: Psychologie (1908), S. XVII; Kriminalpsychologie (1926), S. 17.

[40] Mit Ausnahme von Rüschemeyer: Lawyers and their society, S. 146–184 (The legacy of the past).

noch unbedeutender als die der Anwälte in der Ziviljustiz; die Richterzentrierung gilt im Strafrecht also noch stärker als im Gesamtbereich der Rechtsprechung. Mit dieser, zugegeben sehr groben Einschätzung gebe ich mich mangels detaillierter Studien an dieser Stelle zufrieden. Sie bezieht sich auf die auf Max Weber zurückgehende Einteilung in eher praktische, handwerksmäßig betriebene und von Anwälten dominierte Rechtskulturen im Gegensatz zu einer richterzentrierten, auf Systematisierung und Dogmatik ausgerichteten Jurisprudenz.

In diesem Kontext kann man die Veränderungen im Wissenschaftsverständnis interpretieren.

5.1. Verdrängung der Lehre von der ›praktischen Jurisprudenz‹

Folgt man Jan Schröders eindrucksvoller Skizze der Veränderung der Jurisprudenz im 19. Jahrhundert, dann zeigt sich eine allmähliche Verdrängung der ›praktischen Jurisprudenz‹ zugunsten sogenannter theoretischer, dogmatischer Lehrangebote an den deutschen Universitäten.[41] Dieser Vorgang ist verbunden mit einem Rückgang verfahrensrechtlicher Fragen und praktischer Übungen auf diesen Gebieten. Aber während sich diese Veränderung der als ›wissenschaftlich‹ definierten Themen im Zivilrecht kontinuierlich vollzog, kam es im Strafrecht zu gegenläufigen Bestrebungen.

Übersetzt man Nauckes Verfachlichungs-These (vgl. dazu in diesem Band J. Rückert, S. 635–650) mit der von Jan Schröder dargestellten Verdrängung der Lehre von der ›praktischen Jurisprudenz‹, so zeigt sich, daß von 1810 bis 1960 dieser Trend innerhalb der strafrechtlichen Fächer unterbrochen war. Man findet besonders deutlich zwischen 1830 bis 1860 eine Zunahme praktischer Ausbildungsangebote, die auf das Konto der »Anleitungen zur strafprozessualen Praxis« geht. Es scheint so, als habe Mittermaier als erster (in Landshut) 1810 derartige Veranstaltungen angeboten. Er setzte seine Kriminalpraktika auch in Heidelberg fort. In Göttingen und Jena wurden vergleichbare Veranstaltungen von A. Bauer und H. A. Zachariae angeboten. Nach 1852 allerdings wurden die Strafprozeßpraktika bedeutungslos.[42]

Diesem Rückgang strafproszessualer, praktischer Themen in der wissenschaftlichen Ausbildung und Lehre entsprach ein konkret-politisches Scheitern liberaler Reformpolitik. Dies verstärkte die Richterzentrierung und das relativ geringe Ansehen der mit Strafsachen befaßten Anwälte. Diese Randbedingungen der juristischen Professionalisierung erklären zu einem großen Teil die Besonderheiten der juristischen Theoriebildung. Im Unterschied zu C. J. A. Mittermaier (1787–1867), dem Schüler und Freund P. J. A. Feuerbachs, sind die drei – hier als exemplarisch geschilderten – Juristen – Merkel, Binding und v. Liszt – an Fragen des Strafverfahrens und einer juristischen Kontrolle polizeilicher Strategien kaum

---

41 Schröder: Wissenschaftstheorie, Graphik I (S. 256) und IV (S. 273).
42 Ebd. S. 263.

bzw. überhaupt nicht interessiert. Die Folgen eines Dogmatik-Verständnisses, das sich im wesentlichen der systematischen Darstellung des Straftatbegriffes widmet, hat Marxen am Beispiel der Belingschen Lehre gezeigt.[43]

5.2. Sichtbegrenzungen

Die Straftatlehre ist das Paradestück der Strafrechtswissenschaft des positiven Rechts. Die Sichtbegrenzungen dieses verspäteten Sprosses der konstruktiven Jurisprudenz hat man bislang nicht gesehen bzw. nur unter dem Gesichtspunkt der Praxisferne belächelt. Die strafrechtsdogmatische Lehre von der Straftat ist, wie Marxen zeigt, am kontrollierenden Richter orientiert; diesem sollte ein Schema an die Hand gegeben werden, anhand dessen er über verschiedene Stufen – Tatbestand, Rechtswidrigkeit und Schuld – zu prüfen habe, ob das festgestellte Verhalten strafbar sei oder nicht. Vernachlässigt wurde der Aspekt, daß strafbares Verhalten in einem Verfahren definiert und nicht unabhängig von dessen Bedingungen festgestellt werden kann. Doch genau dies glaubt die herkömmliche Lehre von der Straftat tun zu können.

Der Preis für den Gewinn an ›Wissenschaftlichkeit‹ ist die Vernachlässigung strafprozessualer Gesichtspunkte. Nahezu unbeachtet blieb das Verfahren von der polizeilichen Erfassung bis zur Anklageerhebung durch die Staatsanwaltschaft. Beides, die Richterzentrierung und die Vernachlässigung des Verfahrens (vor allem bis zur Hauptverhandlung), innerhalb dessen festgestellt wird, was Gegenstand rechtlicher Bewertung sein soll, hat Konsequenzen für die Perspektive, unter der Probleme gesehen und juristisch formuliert werden; sie prägte, so meine These, auch die Rezeption kriminologischer Ergebnisse. Beides kann im folgenden nur angedeutet werden.

5.3. Die Richterzentrierung der Straftatlehre, dogmatisches Gegenstück zur täterorientierten Kriminologie

Die Orientierung der Strafrechtsdogmatik am kontrollierenden Richter läßt sich nur dann als Errungenschaft einer Entwicklung vom Polizei- zum Rechtsstaat begrüßen, und so wird sie oft gesehen, wenn man unterstellt, daß die negative Chance, als ›Krimineller‹ verdächtigt zu werden, alle Bürger, die sich etwas zuschulden kommen lassen, gleichmäßig treffe. Diese Annahme wird normativ festgeschrieben im ›Legalitätsprinzip‹, wonach die Polizei alle bekannt gewordenen Straftaten zu verfolgen habe. Als kriminologische Annahme wird dieses normative Prinzip zur Fiktion. Aber die täterorientierte Kriminologie verdankt ihre Überzeugungskraft dieser Fiktion. Gemeinsam ist der Straftatlehre und der an Tätertypologien interessierten Kriminologie die Orientierung am Richter. Dieser soll die Tat rechtlich bewerten und die Rechtsfolgen bei der Strafzumessung psy-

---

[43] Marxen: Straftatsystem, S. 116.

chologisch und kriminalpolitisch sinnvoll, in juristischer Terminologie spezial- und generalpräventiv wirksam, auswählen und festsetzen.[44]

Sieht man, wie hier, die Strafrechtswissenschaft dieser Zeit als arbeitsteiliges System, innerhalb dessen parallel zwei verschiedene, aber aufeinander bezogene Diskurse stattfanden, dann versteht man besser, wieso sich jenseits der rhetorischen Gefechte um Reputation so viele Gemeinsamkeiten feststellen lassen. Aufgefallen war die extreme Präventionsperspektive, die starke Richterzentrierung und deren Gegenstück, die Orientierung am Täter, an der Bewertung seiner Tat, der Auswahl präventiv angezeigten Rechtsfolgen, der Einteilung der ›Verbrecher‹ in Klassen und der Typisierung ›verbrecherischer Eigenschaften‹.

6. Austauschbeziehungen zwischen Literatur und Strafrechtswissenschaft

Mißt man den Ertrag einer Untersuchung weniger an den Antworten als vielmehr an den weiterführenden Forschungsfragen, dann hat es sich gelohnt, der arbeitsteiligen Erzeugung des ›Gewohnheitsverbrechens‹ nachzugehen. Zwar finden sich am Ende des 19. Jahrhunderts in juristischen Texten keine direkten Verweise auf entsprechende literarische Verarbeitungen, denn dies hätte dem wissenschaftlichen Selbstverständnis dieser Juristengeneration widersprochen. Aber eben diese Wissenschaftsgläubigkeit schuf eine neue populärwissenschaftliche Ebene der Verständigung. Das Denkschema von Schuld und Sühne wurde in der juristisch-politischen Diskussion überlagert von Gesichtspunkten des zweckrationalen Einsatzes der Strafe. Und in diese Sicht fügten sich Erklärungen des Verbrechens aus ›Anlage und Umwelt‹. Doch wurden diese gefiltert und der juristischen Präventionsperspektive angepaßt. Dies erklärt den Erfolg der juristischen Tätertypologie, die aus praktisch-politischen Gründen zwischen Gelegenheits- und Gewohnheitsverbrechern unterschied.

Aus den zahlreichen Kriminalitätstheorien um 1900 wählten Vertreter unterschiedlicher Diziplinen täterorientierte Ansätze aus. So entstand ein vielseitig verwendbares Denkschema. Es diente je nach Kontext der ›Erklärung‹, normativen Bewertung, Diffamierung und Ausgrenzung, der Zusammenfassung praktischer Einzelfälle, der Belehrung und Unterhaltung.

---

[44] Beling (Verbrechenstypen, S. 449f.) bestätigt diese Interpretation. Er schildert die an Verbrechenstypen orientierte Dogmatik als Kehrseite einer an Verbrechertypen interessierten Kriminologie.

Literaturverzeichnis

Actes du IIième Congrès International d'Anthropologie Criminelle: Paris 1889.
Actes du IIIième Congrès International d'Anthropologie Criminelle: Bruxelles 1893.
Gustav Aschaffenburg: Strafrecht und Strafprozess: In: Handbuch der gerichtlichen Psychiatrie. Hg. von Alfred E. Hoche. Berlin: Hirschwald 1901, S. 3–152.
Ders.: Das Verbrechen und seine Bekämpfung. Heidelberg: Winter 1902, 3. Aufl. 1932.
Ders.: Neue Horizonte? In: Monatsschrift für Kriminalpsychologie und Strafrechtsreform 24 (1933), S. 158–162.
Ernst Beling: Die Lehre vom Verbrechen. Tübingen: Mohr 1906.
Ders.: Verbrechenstypen und Verbrechertypen. In: Monatsschrift für Kriminalpsychologie und Strafrechtsreform 24 (1933), S. 449–457.
Moritz Benedikt: Biologie und Kriminalistik. In: Zeitschrift für die gesamte Strafrechtswissenschaft 7 (1887), S. 481–504.
Karl Binding: Normen. Bd. 2. 1977.
Ders.: Grundriß des Deutschen Strafrechts. 2. Aufl. Leipzig: Meiner 1878, 7. Aufl. 1907.
Ders.: Handbuch des Strafrechts (Teil der Reihe *Systematisches Handbuch der Deutschen Rechtswissenschaft*. Hg. von Karl Binding). Leipzig: Duncker u. Humblot 1885.
Ders.: Die Entstehung der öffentlichen Strafe im germanisch-deutschen Recht (Rede bei Antritt des Rektorats). Leipzig: Duncker u. Humblot 1909.
Wilhelm Adrian Bonger: Criminalité et conditions économiques. Amsterdam: Tierie 1905.
Ders.: Inleiding tot de Criminologie. Haarlem: De Erven F. Bohn 1932.
Franz Exner: Das System der sichernden und bessernden Maßregeln nach dem Gesetz v. 24. November 1933. In: Zeitschrift für die gesamte Strafrechtswissenschaft 53 (1934), S. 629–655.
Ders.: Kriminalbiologie. Hamburg: Hanseatische Verlagsanstalt 1939.
Enrico Ferri: Das Verbrechen als soziale Erscheinung. Grundzüge der Kriminalsoziologie. Autorisierte dt. Ausgabe der *Sociologia Criminale* (1892) v. Hans Kurella. Leipzig: G. H. Wigand 1896.
Cyrille Fiijnaut: Die Fiktion einer integrierten Strafrechtswissenschaft gegen Ende des vergangenen Jahrhunderts. In: Zeitschrift für die gesamte Strafrechtswissenschaft 96 (1984), S. 135–171.
Monika Frommel: Die Bedeutung der Tätertypenlehre bei der Entstehung des § 211 StGB im Jahre 1941. In: Juristenzeitung 1980, S. 559–564.
Dies.: Von der Strafrechtsreform zur Rechtserneuerung. In: Recht, Rechtsphilosophie und Nationalsozialismus. Beiheft 18 des Archivs für Rechts- und Sozialphilosophie. Hg. von Hubert Rottleuthner. Wiesbaden: Steiner 1983, S. 45–54.
Dies.: Die Rolle der Erfahrungswissenschaften in Franz von Liszts »gesamter Strafrechtswissenschaft«. In: Liszt der Vernunft. Kriminalsoziologische Bibliographie 42 (1984), S. 36–53.
Dies.: Welzels finale Handlungslehre. Eine konservative Antwort auf nationalsozialistisches Willensstrafrecht. In: Strafjustiz und Polizei im Dritten Reich. Hg. von Udo Reifner u. Bernd-Rüdiger Sonnen. Frankfurt/M. u. New York: Campus 1984, S. 86–96.
Dies.: Präventionsmodelle in der deutschen Strafzweck-Diskussion. Berlin: Duncker u. Humblot 1987.
Hans Ulrich Gumbrecht: Modern, Modernität, Moderne. In: Geschichtliche Grundbegriffe. Historisches Lexikon zur politisch-sozialen Sprache in Deutschland. Hg. von Otto Brunner u. a. Bd. 4. Stuttgart: Klett-Cotta 1978, S. 93–131.
Robert Heindl: Der Berufsverbrecher. 2. Aufl. Berlin: Pan 1926.
Alfred E. Hoche: Grundzüge einer allgemeinen gerichtlichen Psychiatrie. In: Handbuch der gerichtlichen Psychiatrie. Hg. von A. E. H. Berlin: Hirschwald 1901, S. 393–561.
Hugo Hoegel: Die Einteilung der Verbrechen in Klassen. Kritische Beiträge zur Strafrechtsreform, Heft 2. Leipzig: Engelmann 1908.

Gerrit Th. Kempe: Inleiding tot de Criminologie. Haarlem: De Erven F. Bohn 1967.
Ders.: Franz von Liszt und die Kriminologie. In: Zeitschrift für die gesamte Strafrechtswissenschaft 81 (1969), S. 804–824.
Rainer Lepsius: Soziologische Theoreme über die Sozialstruktur der »Moderne« und die »Modernisierung«. In: Studien zum Beginn der modernen Welt. Hg. von Reinhart Koselleck. Stuttgart: Klett-Cotta 1977, S. 10–29.
Franz v. Liszt: Strafrechtliche Aufsätze und Vorträge (AuV) I. (1875–1891), II. (1892–1904). Berlin: Guttentag 1905.
Ders.: Lehrbuch des Deutschen Strafrechts. 1. Aufl. Berlin: Guttentag 1881, 21./22. Aufl. 1919, seit der 23. Aufl. bearbeitet von Eberhard Schmidt, 26. Aufl. 1932.
Ders.: Die sozialpolitische Auffassung des Verbrechens. In: Sozialpolitisches Zentralblatt. Hg. von Heinrich Braun. 1 (1892), S. 4–7.
Cesare Lombroso: Der Verbrecher (Homo Delinquens) in anthropologischer, ärztlicher und juristischer Beziehung. Deutsche Bearbeitung der 1876 erschienenen Originalausgabe. Mit einem Vorwort von Kirchenheim. Hamburg: Verlagsanstalt 1894.
Ders.: Über den Ursprung, das Wesen und die Bestrebungen der neuen anthropologisch-kriminalistischen Schule in Italien. In: Zeitschrift für die gesamte Strafrechtswissenschaft 1 (1881), S. 108–129.
Hermann Lübbe: Politische Philosophie in Deutschland. (1963). München: dtv 1974.
Klaus Marxen: Der Kampf gegen das liberale Strafrecht. Eine Studie zum Antiliberalismus in der Strafrechtswissenschaft der zwanziger und dreißiger Jahre. Berlin: Duncker u. Humblot 1975.
Ders.: Zum Verhältnis von Strafrechtsdogmatik und Strafrechtspraxis im Nationalsozialismus. In: Strafjustiz und Polizei im Dritten Reich. Hg. von Udo Reifner u. Bernd-Rüdiger Sonnen. Frankfurt/M. u. New York: Campus 1984, S. 77–85.
Ders.: Straftatsystem und Strafprozeß. Berlin: Duncker u. Humblot 1984.
David Matza: Abweichendes Verhalten. Dt. Übersetzung von *Becoming Deviant* (1969). Heidelberg: Quelle u. Meyer 1973.
Adolf Merkel: Kriminalistische Abhandlungen I. Anhang: Über vergeltende Gerechtigkeit. Leipzig: Breitkopf u. Härtel 1867.
Ders.: Hinterlassene Fragmente und gesammelte Abhandlungen. 3 Bde. Hg. von Rudolf Merkel. Straßburg: Trübner 1898/1899.
Tilman Moser: Repressive Kriminalpsychiatrie. Vom Elend einer Wissenschaft. Eine Streitschrift. Frankfurt/M: Suhrkamp 1971.
Wolfgang Naucke: Die Kriminalpolitik des Marburger Programms. In: Zeitschrift für die gesamte Strafrechtswissenschaft 94 (1982), S. 525–564.
Hermann Nehlsen: Entstehung des öffentlichen Strafrechts bei den germanischen Stämmen. In: Gerichtslauben-Vorträge. Freiburger Festkolloquium zum 75. Geburtstag von Hans Thieme. Hg. von Karl Kroeschell. Sigmaringen: Thorbecke, 1983, S. 3–16.
Gustav Radbruch: Elegantiae juris criminalis. Sieben Studien zur Geschichte des Strafrechts. Basel u. Leipzig: Verlag für Recht und Gesellschaft 1938, 2. Aufl. Berlin 1950.
Dietrich Rueschemeyer: Laywers and their society. A comparative study of the legal profession in Germany and the United States. Cambridge: Harvard University Press 1973.
Ders.: Partielle Modernisierung. In: Theorien des sozialen Wandels. Hg. von Wolfgang Zapf. Köln u. Berlin: Kiepenheuer u. Witsch 1969, S. 382–396.
Fritz Sack: Probleme der Kriminalsoziologie. (1969). In: Handbuch der empirischen Sozialforschung. Hg. von René König. Bd. 12. München: Deutscher Taschenbuchverlag 1978, S. 192–482.
Wilhelm Sauer: Kriminalsoziologie. Berlin u. Leipzig: Verlag für Sozialwissenschaften und Geschichte 1933.
Jan Schröder: Wissenschaftstheorie und Lehre der »praktischen Jurisprudenz« auf deutschen Universitäten an der Wende des 19. Jahrhunderts. Frankfurt/M.: Klostermann 1979.

Peter Strasser: Verbrechermenschen. Zur kriminalwissenschaftlichen Erzeugung des Bösen. Frankfurt/M. u. New York: Campus 1984.
Erich Wulffen: Psychologie des Verbrechens. Ein Handbuch für Juristen, Ärzte, Pädagogen und Gebildete aller Stände. Berlin: Langenscheidt 1908. 2. Aufl. 1926 unter dem Titel *Kriminalpsychologie*.

Jörg Schönert

Bilder vom ›Verbrechermenschen‹ in den rechtskulturellen Diskursen um 1900: Zum Erzählen über Kriminalität und zum Status kriminologischen Wissens

1. ›Bilder‹ und ›Diskurse‹?

Mit Recht wird ein Leser, dem es um die Treffsicherheit der Begriffe zu tun ist, bei einem Titel, wie er hier gewählt wurde, erst einmal protestieren. Freilich kann dem zitierenden Verweis auf Peter Strassers *Verbrechermenschen* rasch nachgegangen werden,[1] und der Begriff ›Rechtskultur‹ ist in der Einleitung dieses Bandes umrissen worden (vgl. S. 31–34) – was aber ist mit »Bilder« gemeint, wie wird der viel strapazierte Diskurs-Begriff gebraucht?[2] Das sind Fragen, die man wohl nur in Kauf nimmt, wenn als erste Antwort der Titel präsentiert würde, den die knappere, aber unpräzise Formulierung verdrängt hat: Es geht um ›die auf unterschiedliche Weise erzeugten, geordneten und vermittelten Vorstellungen von Verbrechen und Verbrechern im wechselseitigen Bestätigungs- und Modifikationszusammenhang der institutionell geregelten Denk- und Redeweisen zu Kriminalität und Strafrechtspflege zwischen 1880 und 1920‹.

Die Wendung von den ›institutionell geregelten Denk- und Redeweisen‹ verweist darauf, daß die wissenschaftlichen, rechtspraktischen, journalistischen oder literarischen Verständigungshandlungen über Kriminalität jeweils durch besondere Vorgaben und Erwartungen organisiert werden. Damit sind erste Festlegungen für den Gebrauch des Begriffes ›Diskurs‹ getroffen. Ich verwende ihn nicht in dem normativen ›diskursethischen‹ Zusammenhang, mit dem er bei Habermas eingesetzt wird, um die argumentativen Verfahren zum öffentlichen Aushandeln von Geltungsansprüchen souveräner Subjekte zu kennzeichnen.[3] Ich will ihn aber auch nicht mit dem ›begriffsmythischen‹ Hintergrund besetzen, den er bei Foucault in *Die Ordnung des Diskurses* im Kampf zwischen ›Macht‹ und ›Begehren‹ erhält: in jeder Gesellschaft sei »die Produktion des Diskurses zugleich kontrolliert, selektiert, organisiert und kanalisiert« (als Folge institutionalisierter Macht), um »die Gefahren des Diskurses zu bändigen« (sie erwachsen aus dem Begehren, die Möglichkeiten der Sprache zu nutzen, die Welt zu erfahren, sich selbst darzustellen).[4] ›Diskurs‹ soll hier als historisch variabler Regelzusammenhang gelten, der sich als das Ergebnis von Rekonstruktionsversuchen herstellt, die auf einer von den einzelnen Texten abstrahierenden Ebene die Ordnungen für das Denken, Reden und Handeln von gesellschaftlichen Gruppen verfolgen. ›Diskurse‹ wären also zwischen den jeweiligen Regelsystemen der Sprachen und den Ordnungszusammenhängen in den Denksystemen der einzelnen Wissenschaften oder den Verhaltensregeln der gesellschaftlichen Praxisbereiche einzuschalten. Dabei geht es um symbolische Ordnungen für das

---

[1] Strassers Buch hat als Untertitel »Zur kriminalwissenschaftlichen Erzeugung des Bösen«; es ist 1984 erschienen.

[2] Man vergleiche etwa die »Einführung« zu *Der Fall Rivière* (S. 7–13), wo der Herausgeber Michel Foucault mehr dazu beiträgt, den Begriff zu verwischen als ihn festzulegen.

[3] Vgl. etwa Habermas: Moral und Sittlichkeit.

[4] Foucault: Ordnung des Diskurses, S. 7. – Im Verweis auf die eigentlich notwendige Freisetzung solchen Begehrens im »wahren Diskurs« werden auch bei Foucault normative Implikationen deutlich, die gegen das – in die Zusammenhänge von Macht und Wissen verstrickte – gesellschaftlich organisierte Denken und Reden gesetzt werden.

Denken, Reden und Handeln von Kollektiven; gefragt wird also nicht nach den Intentionen der beteiligten Subjekte oder den Besonderheiten der jeweiligen Äußerungen, nach dem ›auszulegenden‹ Sinn des einzelnen literarischen Werkes, sondern nach zeit-, gruppen- und situationsspezifischen Regularitäten.[5] Der so verwendete Diskurs-Begriff eröffnet – als analytische Größe – eine Doppelperspektive, die Untersuchungen sowohl für den Bereich der gesellschaftlichen Handlungssysteme (›Sozialsysteme‹) als auch für den Bereich der kulturellen symbolischen Ordnungen (›Kultursysteme‹) verlangt[6] und die Zusammenhänge zwischen Denken, Reden und Handeln (oder Wissen, Sprache und gesellschaftlicher Praxis) erfaßt.[7] Als entscheidende Bezugsgröße gelten dann die institutionell organisierten Erfahrungs- und Handlungszusammenhänge (als ausdifferenzierte Felder der gesellschaftlichen Praxis mit bestimmten Rollenmustern, Einstellungen, Verhaltensnormen und Wissenselementen), die Diskurse hervorbringen und zugleich unter Beteiligung dieser Diskurse konstituiert werden. Ich spreche also vom kriminologischen und psychiatrischen Diskurs oder dem Diskurs der gerichtsprozeßlichen Strafrechtspraxis sowie vom literarischen Diskurs (als vereinheitlichender Abstraktion für die unterschiedlichen Typen literarischer Sinnverständigung). Der literarische Diskurs ist – wie auch die anderen Diskurse – in ›Spezialdiskurse‹ zu differenzieren; zudem bildet er mit anderen Diskursen bestimmte ›Diskurszusammenhänge‹ und schließlich werden Diskurse in dem besonderen ›Interdiskurs‹ der Literatur thematisiert und verbunden.[8] Diskurse sollen hier nicht primär – wie es sich vielfach eingebürgert hat – durch beliebige ›Gegenstände‹ bestimmt sein (›Diskurs der Kriminalität‹),[9] sondern dem Gegenstand ›Verbrechen und Verbrecher‹ in einem – erst noch zu beschreibenden – Diskurszusammenhang von verschiedenen Spezialkursen und Interdiskursen zugeordnet werden.[10] In jedem Diskurs werden bestimmte (›diskursspezifische‹) Wahrnehmungs-, Darstellungs- und Deutungsmuster ausgebildet; dafür ist hier der zusammenfassende Begriff ›Bilder‹ eingesetzt. Werden Diskurszusammenhänge oder ›Interdiskurse‹ betrachtet, können sich die ›Bil-

---

[5] In diesem Sinne wäre Foucaults Beschreibung, das »System der Strafjustiz« bestehe aus einer »Gruppe von gebieterischen Praktiken und Diskursen« (Ordnung des Diskurses, S. 43) zu verstehen. Dem Attribut ›gebieterisch‹ wären für die Analyse der historischen Zusammenhänge zunächst die Konnotationen eines ›Macht- und Gewalt-Dramas‹ zu nehmen; der sozialwissenschaftliche Begriff der ›Regulierungen‹ könnte für einen ersten Versuch der Beschreibung eingesetzt werden.

[6] Vgl. für die hier angesprochenen methodischen Voraussetzungen eines systemtheoretisch fundierten sozialgeschichtlichen Verfahrens die »Einleitung« zu v. Heydebrand: Sozialgeschichte der Literatur.

[7] Vgl. für die literaturwissenschaftliche Adaption und Brauchbarkeit des Diskursbegriffes u. a. Fohrmann: Abenteuer und Bürgertum, S. 171–175, sowie Müller: Literaturgeschichtsschreibung, S. 31.

[8] Vgl. dazu vor allem die literaturwissenschaftlichen Arbeiten von Jürgen Link und die Zeitschrift *KultuRRevolution* (insbesondere Heft 11, 1986). Im Sinne Links wären als historische Ausprägungen des literarischen Diskurses zur Kriminalität etwa die ›Spezialdiskurse‹ der ›Phantasiekriminalität‹ oder des strafrechtsbezogenen Erzählens in Prozeßberichten und Fallgeschichten zu verfolgen. – Diese ›Spezialdiskurse‹ sind – wie alle Diskurse – bestimmt durch typische Konfigurationen in der Auswahl aus den Möglichkeiten zur Darstellung des gemeinsamen Gegenstandes sowie durch Regeln zur Kombination und besonderen Kohärenz solcher ›Diskurselemente‹.

[9] Im Sinne Foucaults konstituieren die Diskurse erst die gesellschaftlich relevanten Gegebenheiten der Objekte.

[10] Der Objektbereich ›Verbrechermenschen‹, den P. Strasser für die Diskussionen um 1900 skizziert hat, wäre in Foucaults Terminologie ein (historisch relevantes) Teil des ›Dispositivs Kriminalität‹ (vgl. dazu das »Kleine Begriffslexikon« in der ›Diskurse‹-Nummer der Zeitschrift *KultuRRevolution*, 1986, S. 70f.).

der‹ bestätigen, verstärken, modifizieren, ergänzen, überlagern oder zu neuen ›Bildern‹ verbinden. Mein Interesse gilt der Frage, welche typisierten Bilder vom ›Verbrecher‹ in literarischen, paraliterarischen, journalistischen, populärwissenschaftlichen und fachlichen Darstellungen um 1900 entworfen werden, wie sie zueinander stehen und ›rechtskulturell‹ wirksam werden. Vernachlässigt sind dabei die literarischen und publizistischen Auseinandersetzungen mit der Justiz als Institution (vgl. dazu den folgenden Beitrag von J. Linder).

Daß gerade um 1900 die Konstellationen der Strafrechtspraxis eine besondere ›Stabilität‹ aufweisen, während die Diskurse des anwendungsbezogenen (z. B. kriminalätiologischen) Wissens – nicht aber der dogmatischen Elemente des Strafrechts – ›dynamisiert‹ werden, rechtfertigt auch rechtsgeschichtlich diese Trennung der Perspektiven.

2. Kriminologie und ›schöne Literatur‹ um 1900

»Der Strafprozeß, ein Kunstwerk der Zukunft«, so lautete der Titel eines Vortrags, den der Staatsanwalt, Richter und nachmalige Ministerialdirektor im sächsischen Justizministerium Erich Wulffen erstmals 1908 in Stuttgart hielt und in der Folgezeit noch neunmal in verschiedenen Orten wiederholte.[11] Wulffen forderte »die Verinnerlichung des Richtertums zur künstlerischen Rechtsprechung«: wie der Künstler in der Figurenwelt seines Werks aufgehe, so solle sich auch der Richter in die Seele des Angeklagten versenken.[12] Nun handelt es sich bei Wulffen nicht um eine zentrale Figur der juristischen Reformdiskussion um 1900, aber immerhin um einen erfolgreichen Autor von Fachliteratur, Reformschriften und Handbüchern »für Juristen, Ärzte, Pädagogen und Gebildete aller Stände« – so im Untertitel seiner *Psychologie des Verbrechers* von 1908. Er spielte zudem eine wichtige Rolle als populärwissenschaftlicher Vermittler der Kriminologie und war – vom Elternhaus her – ›den schönen Künsten‹ zugeneigt. Schon mit knapp 18 Jahren veröffentlichte Wulffen seinen ersten Gedichtband, dem dann zahlreiche Dramen und Romane, insbesondere Kriminalromane, folgten (vgl. Anhang C). In Wulffens Publikationen kreuzen sich – wie bei keinem anderen Autor dieses Zeitraums – literarische und (populär-)wissenschaftliche Diskurse zur Kriminalität.

In der Kriminologie, die im Zuge der Reformdiskussion im Bereich der juristischen Fachdiskurse institutionalisiert werden sollte,[13] sind es vor allem die verschiedenen kriminalpsychologischen Ansätze,[14] die dem Literaturwissenschaftler

---

[11] Dingeldey: Erich Wulffen, S. 22. – Zur Person und schriftstellerischen Aktivität Wulffens vgl. Anhang (C) sowie M. Frommel in diesem Band, S. 487–489.

[12] Vgl. dazu Wulffens kriminalpsychologische Schriften im Anhang (C). – Ferner – für die Konstellation um 1890 – Conradi: Wilhelm II., S. 47: »Es ist gewiß: nirgends urteilen die Richter unpsychologischer, nirgends sind sie paragraphenklaubriger als in Deutschland – nirgends ist das Urteilsprechen mehr Geschäft als in Deutschland.« – S. 49: »Deutsche Juristen« hätten »kein psychologisches Feingefühl«, keine »das Leben mit warmer, innerer, künstlerischer Teilnahme musternde Weltanschauung«, weil ihr Jura-Studium sie ›geistig-künstlerisch‹ verarmen läßt.

[13] Zur Geschichte der Kriminologie vgl. Hering: Weg der Kriminologie.

[14] Vgl. zum Fachgebietsspektrum der Kriminologie um 1900 das Schema von Hanns Gross, ebd. S. 193.

einen Zugang zur Peripherie der juristischen Fachdiskussion eröffnen. Sie erschließen zugleich ein zeittypisches kulturelles Wissen, zu dessen Konstitution und Verbreitung literarische Texte in vielfältiger Weise beitrugen. Daß uns dieser Zugang ›Kriminalpsychologie‹ nicht zu den Schaltstellen in der Fachgeschichte der Jurisprudenz führt, zeigen die rechtsgeschichtlichen Beiträge dieses Bandes.

Anders sieht es aus, wenn der Wandel der ›rechtskulturell‹ wirksamen ›Bilder‹ vom Verbrecher, vom Verbrechen, von der Institution ›Justiz‹ und ihren Aktoren den Untersuchungsgegenstand ausmacht[15] oder wenn übergreifende wissenschafts- und kulturgeschichtliche Probleme – wie die Integration der erfahrungswissenschaftlichen Perspektive in den Bereich der Humaniora[16] – die untersuchungsleitende Perspektive bilden. Unter rechtsreformerischem und rechtspolitischem Gesichtspunkt lenkt die Frage, ob es Vorstellungs- und Erfahrungsbereiche gibt, die der Jurisprudenz neu erschlossen werden müssen (oder die dazu dienen, fachinterne Entwicklungen zu bestätigen und zu stützen), das Interesse auch auf die ›fachfremden‹ literarischen Diskurse, zumal das Programm des literarischen Naturalismus auch eine besondere (und innovatorische) Nähe zwischen Literatur und (Natur-)Wissenschaft signalisierte.

Die Vertreter der Reformbewegungen – von Liszt bis Radbruch – verweisen auf den heuristischen[17] oder hilfswissenschaftlichen Wert: die Literatur bringe ›das Subjekt‹ in die objektivierten Sachbezüge, in die Technik des juristischen Handelns;[18] sie habe vor allem im Bereich der Kriminalpsychologie[19] und Kriminal-

---

[15] Vgl. Mannheim: Rechtsgefühl, S. 253, zum »ungeheuren Wert der Dichtung als einer Fundgrube rechtspsychologischer Erkenntnis«.

[16] Vgl. zur ›empirischen Wende‹ der Kriminalpsychologie u. a. Goll: Shakespeare, S. 13: »[...] durchdrungen von der Mangelhaftigkeit unseres heutigen Wissens beginnen die Kriminalisten überall in der Welt mit dem Sammeln merkwürdiger Verbrecherschicksale, interessanter Kriminalfälle, ärztlicher Untersuchungen von Verbrechern, durchstöbern Gerichtsakten und verhören Gefängnisangestellte, um auf diese Weise subjektive und objektive Bilde[!] von Verbrecherindividualitäten zu schaffen. Verbrecher selbst schreiben ihre Biographien, die mit derselben Gründlichkeit studiert werden wie Quellenschriften über historische Ereignisse. Und alle, die in ihrer Lebensstellung mit Verbrechern zu tun haben, Richter und Polizei- und Gefängnisbeamte, erfreuen sich in unseren Tagen grösserer Anerkennung durch zuverlässige Berichte über Charakteristik von Verbrechern, mit denen sie in Berührung gekommen sind, als durch wissenschaftliche Untersuchungen darüber, wie Verbrecher im allgemeinen zu behandeln sind, oder durch juristische Debatten über ihre Taten. Diese Studien haben über vieles Klarheit geschaffen, was früher dunkel war. Sie haben der Gesellschaft gezeigt, wie kurzsichtig sie früher war, indem sie alle Verbrecher über einen Kamm schor; sie haben nachgewiesen, dass die alten Einteilungen nach V e r b r e c h e n nur armselige Durchschnittsregeln waren, und dass der Nachdruck bei diesen Einteilungen auf die Verbrecher zu legen ist.«

[17] Stern: Dichterische Behandlung des Verbrechens, S. 157 u. 168; Kurella: Naturgeschichte des Verbrechers, S. 160f.

[18] Müller-Dietz: Kriminologie und Literatur, S. 86 (wichtig ist der Bezug auf die Argumentation von G. Radbruch).

[19] Stern: Dichterische Behandlung des Verbrechens, S. 169.

ätiologie[20] Gewicht – als Ort des gedeuteten (vorfachlichen) Erfahrungswissens und der dafür aktivierten Erklärungswege:

> Es wäre eine der schönsten und lohnendsten Aufgaben für den Kriminalisten oder den kriminalistisch geschulten Literaturhistoriker, durch die verschiedenen Entwicklungsstufen des menschlichen Denkens hindurch die Behandlung zu verfolgen, die das Problem der Kriminalität in der Dichtung gefunden hat. Wie aus der naiven, nicht reflektierenden Schilderung des Verbrechens in den Mythen und Volksepen die Frage nach der Ursache des Verbrechens sich allmählich losringt; wie die individual-psychologische Erklärung auftaucht und bis zur Vollendung durchgebildet wird; wie die viel tiefer bohrende Frage nach der Ursache der Ursache, nach den Wurzeln der individuellen Eigenart, immer schärfer gestellt wird, von dem Gedanken der Vererbung und der Völkerpsychologie angefangen bis herab zum sozialen Roman der Gegenwart.
>
> Diese Aufgabe ist bisher nicht gelöst, ja nicht einmal ernstlich in Angriff genommen worden.[21]

Wenn Rechtswissenschaftler und juristische Praktiker um 1900 nun Literatur vor das »Forum der Jurisprudenz«[22] zitieren, so geht es nicht mehr um die rechtsgeschichtlichen und rechtsmetaphysischen Fragestellungen (wie ›das Recht bei Shakespeare‹, ›Schuld und Sühne bei Schiller‹),[23] sondern die Texte der ›schönen Literatur‹ im engeren Sinne – nicht etwa nur die Pitavalgeschichten – werden als quasi-empirisches Material zum Beleg der kriminologischen Theorien verwendet, die auf fachliche Anerkennung drängen.

Wo phänomenologisch argumentiert wird, lassen sich wissenschaftlich angelegte Klassifikationen und Typenbildungen durch literarische Tradition erhärten, wird auf ›höhere Wahrheit‹ der schönen Literatur, auf die genialische Vorläuferschaft der Dichter,[24] auf den Wert künstlerischer und wissenschaftlicher Intuition angesichts des Diktats naturwissenschaftlicher Empirie verwiesen. Wulffen bilanziert 1926: »Meisterwerke kriminalpsychologischer Analysen haben bisher in Wahrheit [...] nur die Dichter geschaffen«;[25] die bloße Empirie führe zur toten Wissenschaft, lebendig erhalte sie erst die Kraft der Intuition, wie sie die Dichtung auszeichnet. Dadurch sei die besondere Nähe zur Kriminalpsychologie bestimmt, die von der Intuition lebt.[26] Mit der meta-empirischen Wahrheit der Literatur können – so Wulffen – die Praktiker der Kriminalistik die immer wieder auftreten-

---

[20] Vgl. v. Liszt: Strafrechtswissenschaft, S. 289: »Die Dichter aller Zeiten haben sich bemüht, die Wurzeln des Verbrechens in der Seele des Täters bloßzulegen.«

[21] v. Liszt: Vorwort, I f.

[22] Vgl. für die Konstellation der 80er Jahre: Kohler: Shakespeare vor dem Forum der Jurisprudenz.

[23] Vgl. v. Liszt: Zurechnungsfähigkeit, S. 229: »Die Begriffe ›Schuld und Sühne‹ mögen in den Schöpfungen unserer Dichter weiterleben wie bisher, strenger Kritik der geläuterten wissenschaftlichen Erkenntnis vermögen sie nicht stand zu halten.«

[24] Vgl. Stern: Dichterische Behandlung des Verbrechens, S. 157, sowie Wulffen: Schillers *Die Räuber*, S. 7: Schiller sei der »Vorläufer der modernen Kriminalistenschule«.

[25] Wulffen: Kriminalpsychologie, S. 23.

[26] Ebd. S. 19–22.

den Lücken in der Reihe der Fakten schließen.[27] Durch die Bezüge auf literarische Darstellungen von Verbrechern und Verbrechen wird das noch unfertige empirische Gebäude der Kriminologie abgestützt, werden die Mängel in der theoretischen Grundlegung kaschiert. Und vor allem vertreten – so insbesondere in der Verfahrensweise des Kriminalpsychologen Wulffen – literarische oder paraliterarische Texte das schwer zu beschaffende empirische Material.[28] Wulffen bezieht sich gleichermaßen auf Pitavalgeschichten, Berichte der Gerichtspresse und literarische Typisierungen von kriminellen Verhaltensweisen. Er will durch ›Veröffentlichung‹ und Verbreitung des kriminologischen Wissens die Sensationswirkungen, die vom Verbrechen ausgehen, weitgehend abbauen; er will versachlichen und ›entdramatisieren‹, obwohl gerade in der populärwissenschaftlichen und publizistischen Vermittlung kriminellen Geschehens auf diese Effekte gesetzt wird. Selbst in den kriminologischen Zeitschriften der Reformbewegungen (vgl. etwa das *Archiv für Kriminal-Anthropologie und Kriminalistik* oder das *Archiv für Kriminalpsychologie*) spielen spektakuläre historische und aktuelle Fallgeschichten eine wichtige Rolle;[29] auch Juristen scheinen den Sensations- und Spannungswert solcher Fälle besonders zu schätzen.

Pauschal gesagt wird durch die Integration dieses – zunächst häretischen, dann randständigen – kriminologischen Diskurses in den institutionalisierten Bereich der Fachwissenschaft[30] der Anteil der Narration gegenüber der Argumentation (als Kernbereich juristischen Verständigungshandelns) erweitert.[31] Dabei wird der Forderung nach Einbezug erfahrungswissenschaftlicher Perspektiven in die Juris-

---

[27] Vgl. Wulffen: Psychologie des Verbrechers. Bd. 2, S. 419: Mit Hilfe literarischer Verfahren werden die fehlenden Fakten zur kriminologischen Erklärung interpoliert.

[28] Vgl. zu entsprechenden Programmen bei E. Ferri: Engelhardt: Sittlickeitsverbrechen, S. 160.

[29] Als Beispiel für die spektakulären Fallgeschichten (im Stile des *Neuen Pitaval*) vgl. beispielsweise J. U. C. Gustav Pscholka: Der Herzfresser von Kindberg. In: Archiv f. Kriminal-Anthropologie und Kriminalistik 48 (1912), S. 62–73; ferner Alfred Amschl: Ein Mord am eigenen Kind unter mildernden Umständen. In: Ebd. 10 (1902), S. 70–82: Der Verfasser nimmt eingangs zum Wert der Fallgeschichten für die rechtswissenschaftliche Diskussion Stellung und wendet sich gegen die Einordnung dieses Texttypus in den Bereich der »Kriminalnovellen«. Die literarisierende Darstellungsweise der Fallgeschichten sei dafür kein hinreichendes Kriterium, doch plädiert Amschl dafür, daß in die Fallgeschichten nicht der ›trockene Ton‹ der klassifizierenden Juristensprache Einzug halten dürfe, weil mehr als ein Fachpublikum angesprochen wird: »Die Darstellung soll fesseln, soll anregen. Wir sollen hier keine Kriminalnovellen bringen, aber auch keine bureaukratisch-docirenden Relationen, nicht Dichtung, sondern Wahrheit« (S. 71), »die Realien« des Lebens sollten mit der juristischen »Schulweisheit zu einem Ganzen« vereinigt werden (S. 73).

[30] Vgl. Lepenies: »Schön und korrekt«: für das Paradigma der Tiefenpsychologie Freuds und der Nationalökonomie von Karl Marx.

[31] Damit verringert sich auch die Diskrepanz zwischen den Diskursen der ›Fakten‹ und den Diskursen des ›Fiktiven‹. Diese Konstellation ist charakteristisch für die Jahrhundertwende; U. Link-Heer hat sie 1983 als »Anteil der Fiktionalität an der Psychopathologie des 19. Jahrhunderts« für einen Teilaspekt beschrieben; vgl. zudem für die Psychoanalyse: Obermeit: Wirklichkeit des Fiktiven.

prudenz durch die ›Empirisierung‹ der literarischen oder literaturnahen Erzählungen (der Fallgeschichten, der charakterologischen Skizze, der Milieuschilderung) in einer für die Humaniora verträglichen Form nachgekommen (vgl. dagegen die Rolle der Statistik, der Reihenuntersuchung usf. in der Kriminalsoziologie der Zeit[32]). Monika Frommel hat diese fachgeschichtliche Konstellation pointiert: Selbst von prominenten Vertretern des Faches wie v. Liszt werden die Verfahren von Biologie, Psychologie und Soziologie nur laienhaft aufgegriffen und behandelt.[33] Weil diese unvollkommene und dilettantische Adaption naturwissenschaftlicher Verfahren auch in der zeitgenössischen Literatur (beispielsweise des Naturalismus) vollzogen wird und weil in der literarischen Tradition Erkenntnisperspektiven und ›vorwissenschaftliche‹ Wissensbestände der Kriminologie gleichsam aufbewahrt sind, die im Prozeß der ›Verfachlichung‹ der Strafrechtswissenschaft ausgegrenzt wurden und erst über die Reformdiskussionen des späten 19. Jahrhunderts integrierbar werden, entsteht um 1900 im Randbereich der juristischen Fachdiskurse im Austausch mit den literarischen ›Bildern‹ von Kriminalität ein zirkulärer Verweisungs- und Bestätigungszusammenhang. So kritisiert F. v. Liszt 1892 die Kriminalanthropologie in der Schule Lombrosos, die nichts anderes behaupte, »als was unsere modernen Dichter in ihren Dramen uns täglich vorführen, von Zola und Ibsen angefangen bis herab auf Richard Voss und Gerhart Hauptmann«.[34]

Auf diese Weise ist mit (fragwürdigen) kriminologischen Theorien der vermeintliche empirische Wert literarischer Texte bestimmt – wie etwa in Wulffens Theorem von der latenten Kriminalität in jedem Menschen und der besonderen kriminellen Gefährdung vieler Dichter, die in ihren Schriften sublimiert und produktiv umgewendet wird.[35] Die Texte der – von Kriminalität bedrohten – Autoren können also Auskunft über das ›Wesen‹ vom Verbrechen und die Psyche des Verbrechers geben.[36] Wichtiger als diese schwerlich zu belegende These ist die – von Kriminalpsychologie und Kriminalanthropologie hergestellte – Verbindung der Kriminalität thematisierenden Literatur um 1800 mit den ›Bildern‹ des »Verbrechermenschen«, die um 1900 entwickelt werden. Die anthropologischen, psychologischen und soziologischen Aspekte, die um 1800 noch zum juristischen Diskurs (im weitesten Sinne) gehören, dann in der wissenschaftlichen Institutiona-

---

[32] Vgl. etwa die kriminalsoziologischen Studien von Ferdinand Tönnies.

[33] Frommel: Franz von Liszt, S. 45.

[34] v. Liszt: Zukunft des Strafrechts, S. 10.

[35] Wulffen: Kriminalpsychologie, S. 261 und 368; vgl. ferner zur identischen psychischen Konstitution von Hochstaplern und Dichtern: Wulffen: Kunst und Verbrechen, S. 271ff.

[36] Das Postulat, daß ›Kunst‹ ein besonderer Weg sei, um Wissen zu bewahren, zu organisieren oder gar neu zu schaffen, wird heute – unter veränderten wissens- und erkenntniskritischen Bedingungen – wieder diskutiert (vgl. Koepp: Wie die Literatur Wissen schafft). War um 1900 davon auszugehen, daß literarisch Erfahrungsbereiche angesprochen wurden, die für die Wissenschaft noch hinter Tabu-Schranken lagen und daß Literatur aufgrund ihrer spezifischen Möglichkeiten, das Besondere und Allgemeine zu verbinden, die Reichweite wissenschaftlicher Erkenntis übertrifft, so wird heute vielfach argumentiert, daß Wissenschaft ebensowenig ›wahr‹ sei wie Literatur.

lisierung des Faches ausgegrenzt werden, bleiben in nicht-fachlichen und literarischen Diskursen präsent;[37] sie werden Bestandteil des speziellen Alltagswissens der ›Gebildeten aller Stände‹ – ohne im Sinne einer Theorie organisiert zu sein.[38] Im publizistischen Markt markieren sie genau den Sektor, den die Pitaval-Sammlungen der zweiten Hälfte des 19. Jahrhunderts ebenso ansprechen wie die enzyklopädischen Handbücher und die allgemeinbildenden Veröffentlichungen und Vortragsreihen zu strafrechtlichen und kriminologischen Themen.[39] Es ist der Bildungsraum, aus dem auch ein Großteil der juristischen Praktiker und Wissenschaftler kommt; in unterschiedlichen Konstellationen bleibt er mit ihrem beruflichen Aktionen verbunden – als der rechtskulturelle Bereich, in dem juristisches Handeln dem gesamtgesellschaftlichen Interesse vermittelt wird.

Um 1900 werden Wissensbestände und Deutungsmuster aus diesem Bereich umgesetzt in Impulse zu Neuorganisationen des Faches; ›Bilder des Verbrechermenschen‹ aus populärwissenschaftlichen und literarischen Diskursen werden in Kriminalanthropologie und Kriminalpsychologie aufgenommen oder stützen die dort entwickelten Wahrnehmungs-, Argumentations- und Deutungsmuster. In dem – ausgangs des 19. Jahrhunderts entwickelten – Kulturtyp, in dem die Erfahrungswissenschaften ein hohes Prestige genießen, zugleich aber die integrierenden Leistungen geisteswissenschaftlicher ›Sinnstiftungen‹ beansprucht werden, wird aus diesem wechselseitigen Verweisungszusammenhang von ›empirischer‹ Kriminologie mit dem Wissen und der Wahrheit der ›schönen Literatur‹ ein neues Erkenntnisparadigma aufgebaut wird. Es ist jedoch – um mit Peter Strasser zu sprechen – nach der Struktur des Mythos konstruiert.[40] In Wulffens Diktion: »Kunst und Wissenschaft schließen sich nicht mehr, wie wir früher glaubten, einander aus. Kunst und Wissenschaft [...] suchen sich in unserer Zeit einander auf und durchdringen sich gegenseitig auf das innigste. Sie schließen in der modernen Kultur

---

[37] Vgl. zur ›Speicher-Wirkung‹ der ›schönen Literatur‹ für innovative Wissensbestände in Naturgeschichte, Psychologie und Soziologie: Lepenies: Der Wissenschaftler als Autor; ders.: Transformation and Storage; ders.: »Krieg der Wissenschaften und der Literatur«.

[38] Unter diesem Aspekt sind auch Wanderungen von Texten des Typus ›Fallgeschichte‹ zwischen dem ›Fachdiskurs‹ und dem Interesse der gebildeten Öffentlichkeit aufschlußreich. Feuerbachs Fallgeschichten – zu Beginn des 19. Jahrhunderts noch strafrechtliches Diskussionsmaterial – werden 1912 von Wilhelm v. Scholz in einer »wohlfeilen« Ausgabe im Verlag Langen-Müller (München) als Belletristik ediert. Doch erzählt noch Gustav Radbruch in seinem Sammelband *Elegantiae criminalis. Sieben Studien zur Geschichte des Strafrechts* (Basel u. Leipzig 1938) die Fallgeschichte »Peter Günther – Narr und Held. Ein Lübecker Kriminalfall aus dem Zeitalter der Orthodoxie« (S. 50–60) im Stile Feuerbachs.

[39] Vgl. etwa das 323. Bändchen der Reihe *Aus Natur und Geisteswelt* (»Sammlung wissenschaftlich-gemeinverständlicher Darstellungen«): Paul Pollitz: Strafe und Verbrechen. Geschichte und Organisation des Gefängniswesens. Leipzig: Teubner 1910, oder in der *Urania-Bücherei*, einer »Sammlung leicht verständlicher Einzeldarstellungen aus den verschiedensten Zweigen des Wissens und Schaffens« den 6. Band: Erich Wulffen: Psychologie des Giftmords. Wien: Wiener Urania 1917.

[40] Strasser: Verbrechermenschen, S. 84–87.

einen Bund und geben ihr neue Segnungen.«[41] Im Zuge der Reformdiskussion in der Strafrechtswissenschaft, noch mehr aber im Prozeß der rechtspolitischen Reformbewegungen konnte dieser Prozeß der Umorganisation und Aneignung vorfachlichen Wissens zu strategischen Zwecken genutzt werden – zumal dann, wenn die Öffentlichkeit durch Berichte und Kritik zur Praxis der Strafrechtspflege (insbesondere in Zeitungen und Zeitschriften) anders als im ›Verfachlichungsprozeß‹ des 19. Jahrhunderts an der Selbstvergewisserung und an Veränderungen im Bereich juristischen Handelns beteiligt war. Die ›schöne Literatur‹ wird dabei nicht etwa zu einem Motor der Reformbewegungen; sie trägt nur zur Modifikation der rechtskulturellen Bedingungen bei, von deren Strukturen Stabilität und Dynamik des Sozialsystems ›Recht‹ abhängig sind.

Für eine gründliche Untersuchung dieser Veränderungen (die sich im Deutschen Reich in den achtziger Jahren vollziehen, bis in die Weimarer Republik reichen und erst mit der Errichtung einer nationalsozialistischen Justiz unterbrochen werden) wäre dem Funktionszusammenhang der Festlegungen und Deutungen von Kriminalität in den Verständigungsbereichen von Rechtswissenschaft, juristischer Praxis, populärwissenschaftlicher Vermittlung, Gerichtsberichterstattung und Belletristik nachzugehen. Hier können dazu nur erste Hinweise gegeben werden. Ich formuliere Hypothesen, nenne Schwierigkeiten und wechsele aus der generalisierenden kulturgeschichtlichen Sicht in die Beschreibung der Zusammenhänge aus der partikularisierenden literaturhistorischen Perspektive.

Der Ausgangspunkt für meine Beobachtungen und Überlegungen kann – im Anschluß an die bisherige Skizze – thesenhaft markiert werden.

(1) Im Bereich der literarischen Darstellung und Sinnbildung zum Verbrechen und zur Verbrechensbekämpfung werden – auf einer vortheoretischen oder theoretisch entlasteten Ebene und in deutlicher Distanz zur zeitgenössischen Strafrechtspraxis – kriminalanthropologische, kriminalpsychologische und kriminalsoziologische Aspekte aufgenommen; dabei ist der Kriminalätiologie besonderes Gewicht gegeben. So wird in den Strukturen literarischer Verständigung über Kriminalität so etwas wie das Modell einer ›gesamten Strafrechtswissenschaft‹ sichtbar und dem Trauma einer Zersplitterung dieser Wissenschaft in Spezialdiskurse begegnet. Diese Konstellation kann nicht umgestaltend auf strafrechtliche Theorie und Praxis bezogen werden; sie bietet jedoch den Beteiligten der Reformdiskussion ideelle Impulse und emotionale Entlastungen.

(2) Das mehrfach vermittelte Austauschverhältnis zwischen den Systemen von ›Kunst‹ und ›Recht‹ kann jedoch dann, wenn die besonderen Funktionen der literarischen ›Sinn-Bilder‹ zu Verbrecher und Verbrechen vernachlässigt werden, auch dazu dienen, Literatur als empirische oder empirienahe Materialquelle für die Kriminologie zu beanspruchen. Dieser ›empirische Reichtum‹ der literarischen Darstellungen von Kriminalität und Strafrechtspflege resultiert auch aus

---

[41] Wulffen: Hauptmanns Dramen, S. 11.

dem Umstand, daß die ›freier‹ erzählende Literatur mehr Beobachtungen integrieren kann als die geregelt-auswählende Sicht der juristischen Sachverhalts- und Tatbestandsschilderungen.

(3) Dieser Vorgang ist durch Entwicklungen im literarischen Prozeß begünstigt. Waren zwischen 1850 und 1880 – vor allem im Modell des realistischen Erzählens über Kriminalität – nur auf einer weitgehend abstrahierenden Ebene des Schuld-und-Sühne-Ausgleichs strafrechtliche Vergeltungstheorien mit literarischen Deutungen von Kriminalität zu verbinden oder komplexe literarische Funktionen zur Legitimation und Immunisierung staatlicher Rechtspraxis zu beschreiben (vgl. die Einleitung zu diesem Band, S. 44–47), so werden nach 1880 diese indirekten Vermittlungen durch das Aufbrechen des realistischen (an der moralischen Verantwortung des Individuums orientierten) Erzählmodells und die Integration naturalistisch-deterministischer Verbrechenstheorien verändert.[42] Durch die Verweise auf den Erkenntniswert der »dichterischen Behandlung des Verbrechens« (J. Stern 1906) im kriminologischen Diskurs, durch den Einbezug aktueller kriminalanthropologischer Theorien in die zeitgenössische Literatur (vgl. etwa Lombroso bei Zola) werden immer mehr konkrete und direkte Beziehungen zwischen den literarischen und den ›wissenschaftlich‹ entwickelten Bildern vom Verbrecher und vom Verbrechen hergestellt; es wird ein Spiegelkabinett der wechselseitigen Verweisungen installiert – im Organisationsraum eines veränderten Medienmarktes, der literarische, paraliterarische, randständige und zentrale wissenschaftliche Diskurse in neuen Austauschbeziehungen und Funktionszusammenhängen einander zuordnet.[43]

(4) Erst in den neunziger Jahren wird das – bis dahin dominierende – juristische Interesse an literarischen Aussagen zum ›Wesen des Rechts‹ abgelöst durch Fragen nach bestimmten Wissensbeständen (vgl. Anhang B). Dabei geht vielfach das Bewußtsein für die ›literaturspezifische Verarbeitung‹ solcher Elemente nichtliterarischer Diskurse verloren. Hingegen versucht – als einer der wenigen, die weiterfragen – Gustav Radbruch 1911 der emphatischen Behauptung, »nur Dichter können die Wahrheit sagen«, Argumente anzuschließen, die nicht nur auf die Differenz des Wissens in literarischen und juristischen Texten bezogen sind, sondern auch auf die unterschiedliche Sprachverwendung: Nur dem Dichter eigne »die Fähigkeit, das Polygon unserer diskontinuierlichen Begriffssprache bis zu so unendlicher Vielseitigkeit zu nuancieren, daß wir in ihm den kontinuierlichen Kreislauf des Lebens wiedererkennen«.[44]

---

[42] Vgl. dazu Strasser: Verbrechermenschen, S. 14–19.

[43] Diese Veränderungen können hier nur genannt werden, vgl. ausführlich dazu für den Zeitraum 1900–1930: Claßen: Kriminalität in der deutschen Literatur, Presse und Wissenschaft. – Signifikant für die besondere Konstellation um 1900 ist, daß sich Wulffen (als – in juristischen Fachkreisen nicht voll anerkannter – Kriminalpsychologe) in psychopathologischen Fragen auf den fachlich ebenso ›randständigen‹ R. v. Krafft-Ebing beruft (vgl. Wulffen: Schillers Räuber, S. 31).

[44] Radbruch: Gefangenschaft, S. 140.

(5) Wenn hier von ›dem literarischen Diskurs‹ über Kriminalität gesprochen wird, so ist diese Wendung eine radikale analytische Simplifikation eines breiten Spektrums von Erzähl- und Vermittlungsformen (vgl. Anhang A) zugunsten einer überschaubaren Argumentationslinie: Zum einen beschränke ich mich hier auf Texte der Erzählprosa, die sich mit den kriminologischen ›Erzählungen‹ zu Kriminalfällen einfacher vergleichen lassen als etwa dramatische Gestaltungen des Themas ›Verbrechen‹; zum anderen konzentriere ich mich auf Texte, die im zeitgenössischen Kontext der anspruchsvolleren Literatur angesiedelt sind. Wenn ich zudem mit Einordnungen wie realistisches oder nach-realistisches Erzählmodell arbeite, dann sei damit nicht eine Entwicklungsfolge nahegelegt, die etwa nach dem Ablauf des wissenschaftsgeschichtlichen Wandels konstruiert ist, in dem das jeweils erfolgreichere (oder fortschrittlichere) Paradigma die widerlegten oder überholten Konzepte ablöst. Solchen Kontinuitäten steht die Diskontinuität des literarischen Prozesses gegenüber, in dem Altes und Neues konkurrieren und weithin die Gleichzeitigkeit des Ungleichartigen das vorherrschende Prinzip ist.

Diese zuletzt genannte Konstellation ermöglicht es der Kriminologie, die um die Anerkennung ihrer Leistungen zur Erklärung des Verbrechens kämpft, wiederholt auf die kriminologisch interpretierbaren literarischen Darstellungen der Kriminalität zu verweisen, weil dort entweder überkommene Wissensbestände der ›Rechtskultur‹ in verträglicher Form ›modernisiert‹ sind[45] oder ein modernes wissenschaftliches Paradigma auf vertraute überzeitliche Konstanten im ›Wesen‹ von Verbrechern und Verbrechen zurückgeführt wird.[46] Dabei bleibt die Tradition literarischer Deutungsmuster zur Kriminalität folgenreicher als die Aufnahme aktuellen kriminologischen Wissens oder der Bezug auf neuere strafrechtstheoretische Positionen. Die pauschale Vergeltung von Schuld und Strafe (vgl. etwa den Titel »Quitt« zu Fontanes Kriminalerzählung), die im realistischen Erzählmodell dominiert, bei der Charakterschuld ansetzt und die ›Wirklichkeit‹ von Strafverfolgung und Strafvollzug vernachlässigt, wird nicht durch Aspekte der Spezialprävention verändert. Auch Ende des 19. Jahrhunderts spielen in der literarischen Sinnverständigung weder individuelle Quantifizierungen noch allgemeine Abschrekkungswirkungen von Strafen eine wichtige Rolle. Ausgeweitet und differenziert werden nur – im Rahmen des vorgegebenen Modells – die kriminalätiologischen Begründungen und die Fragen der Schuldfähigkeit; in diesem Bereich sind – traditionale Konstrukte absichernd und ergänzend – Elemente der neuen kriminologischen Theorien angeeignet. Unter den Schlagworten vom ›geborenen‹ oder ›gesellschaftlich produzierten‹ Verbrecher verändern sich auch die Leistungen der

---

[45] Zu vergleichbaren Konstellationen in der Kriminologie um 1900 siehe Strasser: Verbrechermenschen, S. 104: Die Theorien von Lombroso propagieren »zu einem wesentlichen Teil die der modernen Mentalität verträgliche Wiederkehr des Alten«.

[46] Vgl. dazu etwa die sexologische Argumentation von Kriminologen unseres Zeitraums, die sich in Bezügen auf Shakespeares Dramenfiguren absichert – etwa Erich Wulffen: Shakespeares Hamlet: ein Sexualproblem. Berlin 1913.

›schönen Literatur‹ für Alltagswissen und Rechtskultur der ›Gebildeten aller Stände‹.

Diese Behauptungen lassen sich an zwei Erzählungen von Karl Emil Franzos (*Der Stumme* und *Leib Weihnachtskuchen und sein Kind*) kurz erläutern.

3. »Verbrechermenschen« bei Karl E. Franzos: Das sittlich freie Individuum und das »Tier im Menschen«

Die Geschichte von dem Stummen (S. 5–95),[47] 1886 erschienen, folgt weithin dem realistischen Erzählmodell.

In dem Bericht eines Studenten über seine Fußwanderung in den östlichen Karpaten ist die eigentliche ›Verbrechergeschichte‹ eingeschlossen. Geächtet und ausgegrenzt lebt der alte Matko, der Stumme mit dem ›bösen Blick‹, in den Bergen. Er trägt – eine juristisch nicht genau zu definierende – Schuld am gewaltsamen Tod seines Bruders Hawrilo, der seine Frau Tiana entführt hat, die ihre Untreue durch Selbstmord sühnt (S. 92f.).

Matko, der durchaus nicht stumm ist, sondern nur ostentativ 40 Jahre lang den Kontakt mit der Umwelt unterbrochen hat, um niemanden mit seinem ›bösen Blick‹ zu gefährden, erzählt dem jungen Ich-Erzähler, der ihn nicht – wie die Einheimischen – meidet, seine Geschichte (S. 40–93). Sie ist nach dem Muster der feindlichen Brüder konstruiert, die um dieselbe Frau werben. Der ›häßliche‹, finster blickende Matko, der Erstgeborene, wird von den ersten Lebenstagen an mißachtet und isoliert; der unheilvolle ›böse Blick‹ wird ihm gleichsam zugeschrieben. Der physiognomisch gezeichnete ›Mißmensch‹ wird so zu einem sozialen Außenseiter; allein über die von ihm geliebte Tiana bleibt eine Verbindung zur Umwelt erhalten. Der wohlgestaltete und lebenslustige Bruder scheint zunächst der ›richtige Partner‹ für Tiana zu sein, ehe er ihr eine reiche Frau vorzieht. Tiana heiratet – ihre eingewurzelte Scheu vor dem ›bösen Blick‹ Matkos nur mühsam überwindend – den älteren Bruder, der in nahezu krankhafter Leidenschaft sich ihr verbunden sieht (S. 70), aber – selbst in seinen Rachegedanken gegenüber dem Bruder – nie als Psychopath, sondern als ›sittlich autonome Person‹ dargestellt ist (vgl. S. 81). Das unglückselige Ende für die Personen des ›Dreiecks‹ ist determiniert durch das ›biologische Schicksal‹, das Milieu und die charakterologischen Bedingungen der Konstellation. Den Fluch des sterbenden Bruders büßt Matko mit seiner Existenz als ›Stummer‹ (vgl. S. 37 u. 93). Als er ein Kind vom Ertrinken rettet, erkrankt er und wird mit dem Tod von seiner Leidensgeschichte als ›Ausgegrenzter‹ erlöst. Im Schuld-und-Sühne-Schema endet die Geschichte versöhnlich.

Durch die Rahmenerzählung und die Beurteilungsperspektive des Ich-Erzählers im Rahmengeschehen wird die dramatische Geschichte von Untat und Buße distanziert; der Leser kann so nach Sinnlinien suchen, die das Geschehen deuten. Obwohl Matko sein Leben weitgehend selbst erzählt, trägt dieser Bericht einer verkümmerten Existenz die Zeichen der freiwilligen Anerkennung der gesetzten Moral. Die Möglichkeit, in dem Verbannten und Verstummten weniger den ›Kri-

[47] Ich zitiere im fortlaufenden Text mit Angabe der Seitenzahlen (in Klammern) die Ausgabe Karl E. Franzos: Galizische Erzählungen. Berlin u. Weimar: Aufbau 1980 (= bb 449). – Franzos (1848–1904) hat in Wien und Graz Jurisprudenz, Philosophie und Geschichte studiert, vgl. auch seinen historisch-politischen Roman *Ein Kampf ums Recht* (1882), dazu Sendler: Franzos.

minellen‹ als das Opfer von Aberglauben, väterlicher Gewalt und fehlender familiarer Solidarität zu sehen, ist zwar angelegt, sie wird jedoch nicht konsequent entwickelt oder gar zu einem neuen Verständnis von Verbrechensentstehung geführt, unter dem dann das Mißverhältnis von Schuld und Strafe im Fall des Stummen deutlich würde. Kriminologische Theorien vom »Mißmenschen«,[48] vom Zusammenspiel physischer, psychischer und moralischer Degeneration, könnten zwar bestimmte Aspekte von Matkos Weg zum Verbrechen erklären, sie sind jedoch von den literarischen Konstruktionen des Unschuldig-Schuldigseins überlagert und durchbrochen. Durch den Aberglauben der Land- und Waldbevölkerung in den östlichen Karpaten werden dem finsteren Matko der ›böse Blick‹ und die aggressive Haltung gegenüber seiner Umwelt eher zugeschrieben als daß Mißtrauen und Gewalttätigkeit ihm angeboren wären. Seine Liebe zu Tiana ist nicht durch den ›Sexualtrieb‹ gekennzeichnet, sondern erwächst aus Matkos Bedürfnis, dem Käfig der Zuschreibungen zu entkommen und als vollwertiger Mensch anerkannt zu werden.

Die Informationen zu Lebensgewohnheiten, Einstellungen und Sozialverhältnissen in Matkos Lebenswelt wirken für den mitteleuropäischen Leser nicht als Bausteine zu einer milieubezogenen Ätiologie des Verbrechens, sondern als ethnographische Information. Zugleich kann die exotische Dorf- und Verbrechensgeschichte an die westliche Kulturwelt auf der ethischen Ebene des Schuld-Sühne-Ausgleichs angeschlossen werden. Wie häufig im realistischen Erzählmodell ist die ›Strafverfolgung‹ nicht an das Handeln einer staatlichen Rechtsinstitution gebunden; hier ist es die Dorfgemeinschaft, die den ›Brudermörder‹ Matko ausstößt. Diese ›archaische‹ Sanktion des ›Milieus‹ wird jedoch nicht problematisiert, sondern mit der ›modernen‹ Konstellation verbunden, in der sich ein willensfreies Subjekt dem Vergeltungsprinzip, der Notwendigkeit von Sühne, unterwirft. Schuld und Strafe bilden als ethisches Gesetz das Sinnzentrum des Geschehens, das sich im Regelwerk einer rechtsfernen ›poetischen Gerechtigkeit‹ ordnen läßt. Die Lebensgeschichte wird auf das Ungeheuerliche des Brudermords (bzw. des Mordanschlags) hin erzählt; dem schuldbeladenen Weg zum ›dramatisch-abweichenden Verhalten‹ korrespondiert der sühnebesetzte Rückweg in Normalität und Gemeinschaft. Die juristischen Erfahrungen des Autors sind nahezu völlig ausgeblendet; sein psychologisches und soziokulturelles Interesse äußert sich nicht in der erzählerischen Integration aktuellen Wissens, sondern im Sinne der innovativen und interessanten Gestaltung traditionaler literarischer Muster. Wo jedoch der letzte Schritt zur kriminellen Handlung erklärt werden mußte, setzt Franzos nur das literarische Bild (hier das Bild von der ›gequälten Kreatur‹) ein, die mit einem Mal gegen ihre Peiniger aufbegehrt.[49]

---

[48] Vgl. Wulffen: Schillers *Räuber*, S. 34.

[49] Vgl. zu diesem literarischen Muster auch Jakob J. Davids ›Dorfgeschgichte‹ *Ružena Čapek*, die auf einen authentischen Kriminalfall zurückgeht, sowie *Das Verbrechen der Lea R.* von K. E. Franzos, Sacher-Masochs Erzählung *Matrena* oder Rilkes Kindermordgeschichte *Frau Blahas Magd*.

Die Geschichte des jüdischen Schenkenpächters Leib Weihnachtskuchen (S. 96–269) von 1896 ist anders konzipiert;

Die lange Erzählung ist über die Eifersuchtsgeschichte und die Erfahrung des – wegen seiner abstoßenden äußeren Erscheinung (S. 97f.) – zurückgewiesenen Liebhabers Janko mit Motiven aus dem *Stummen* verbunden, zugleich aber komplex angelegt und durchaus nicht mehr konsequent an dem realistischen Erzählmodell orientiert. Die Geschichte wird nicht von einem Versöhnung eröffnenden Ende her erzählt, sondern mit den Ereignissen entwickelt, die in Mord und Sterben enden. Dabei wird keine vorgegebene ›Ordnung‹ bestätigt, sondern das Chaos der Verhältnisse sichtbar gemacht.

Die Handlung ist in einem ostgalizischen Dorf angesiedelt. Zunächst geht es um die Selbstbehauptung des galizischen Bauern Janko Wygoda, der sich weitere Probleme durch seine Liebe zum Kind des vielfach geschundenen jüdischen Schenkenpächters Weihnachtskuchen einhandelt. Die Ehe zwischen Christ und Jude darf und soll nicht sein; das junge Mädchen wird – per ›Kauf- und Ehevertrag‹ – einem steinalten Juden zugeführt, ohne daß Miriam entschieden gegen den Willen ihrer Eltern aufbegehrt. Janko hat ihr angedroht, daß die Ehe mit einem anderen ihren und seinen Tod bedeuten würde (S. 181). So finden »die Neuvermählten«, das ungleiche Paar, und Janko ›gemeinsam‹ ihren Tod im Wasser; Janko hat ihn als Steuermann des Braut- (und Lethe-)Schiffes verursacht (S. 268). Miriams Mutter ist schon vor der – von ihr geplanten – Hochzeit gestorben; der Vater überlebt den Wassertod des Kindes nicht, der – aus der Sicht des ›Mörders‹ Janko – ein Liebestod ist (vgl. G. Kellers *Romeo und Julia auf dem Dorfe*), während Miriam den Janko (ähnlich wie Tiana den Matko) nicht eigentlich ›liebt‹ und für sie der Gehorsam gegenüber den Geboten der Eltern (vor allem der sterbenden Mutter, S. 240 und 263) mehr zählt als die Neigung zu Janko.

Über den ›Kriminalfall‹ hinausgehend, entwirft die Erzählung differenziert die Bedingungen für das Leben, die permanente »Drangsal« (S. 111) der jüdischen Bevölkerungsminderheit. In dieser Perspektive ist von besonderem Interesse, wie die Verzweiflungstat Jankos (der als Christ auch in seinem Verhältnis zu ›den Juden‹ determiniert ist) als Äußerungsform ›unzivilisierter‹ Aggressivität, des ›Tieres im Menschen‹, beschrieben wird (S. 123).

Das ›chaotische Ende‹ ist jedoch nicht zwangsläufig zu erwarten; es sind genug Wege zu einem versöhnenden Ausgang angelegt, doch setzt der ›blinde Zufall‹ die entscheidenden Akzente in einem Ereigniszusammenhang, der sich nicht mehr im sinngebenden Konstruktionsmuster der ›poetischen Gerechtigkeit‹ verstehen läßt.

Die Erzählung ist im eigentlichen Sinne keine Verbrechens- oder Verbrechergeschichte; sie wird vor allem aus der Perspektive des ›Opfers‹ Leib Weihnachtskuchen erzählt; er hat – freilich nicht im juristischen Sinne – viele Mörder, wenn auch Jankos Tat seinen Tod auslöst. Jankos Mord der Tochter Leibs und ihres Bräutigams ist eine Tat, die nicht – wie bei Matko – spontan zustandekommt, sondern im vorhinein angekündigt ist. Auch die ethischen Aspekte, die Matkos Verhalten vor und nach dem Mordgeschehen bestimmen, spielen bei Janko nicht die entscheidende Rolle. Er wird eher als besinnungslos Handelnder beschrieben, als besessen von der ›fixen Idee‹, Miriam zu besitzen. Sie gilt ihm (der wie Matko als Mißmensch und Außenseiter gezeichnet ist) aber nicht nur als Faustpfand der möglichen menschlichen Gemeinschaft, sondern erscheint als Objekt sexueller Begierde. Bei Janko bricht das ›Tier im Menschen‹ durch, und vor dieser Bestie erschrickt sein Freund Leib, bei aller Sympathie und Solidarität mit Janko, der – obwohl kein Jude – auch zu den Ausgestoßenen zählt. Die Verbindung von ›Tier‹ und ›Mensch‹ im Zeichen von Aggression und Verbrechen ist allerdings nicht auf das kriminalanthropologische Theorem vom ›vertierten‹ Menschen, vom geborenen Verbrecher zurückzuführen. In dieser Dorfgeschichte sind es die sozialen Verhältnisse und die daraus abzuleitenden psychischen Konstellationen im Leben der Zurückgesetzten und Ausgegrenzten, die Anlage und Ausgang der Erzählung bestimmen. Der Kriminalfall ist jedoch nur ein Teil des Ganzen, nicht das Sinnzentrum. So wird der Ausgleich von Schuld und Strafe nicht zum Problem; Janko stirbt mit seinen Opfern einen ›Liebestod‹. Dieses Element des realistischen Erzählmodells ist jedoch gerade in seinen versöhnlichen Sinnbezügen zerbrochen: Nur im Bewußtsein des Liebhabers vollzieht sich dieser Liebestod; für ›Leib Weihnachtskuchen und sein Kind‹ ist es Mord.

Am Ende des Geschehens steht nicht – wie im *Stummen* – das Bild einer geretteten Familie und bestätigten Gemeinschaft, sondern die Katastrophe ihrer Zerstörung. Und doch ist es gerade das – hier nachhaltig erschütterte – Ordnungsmodell von Familie und Dorfgemeinschaft, das den Blick auf – die Tat übergreifende – soziale Zusammenhänge eröffnet und so die literarische Konstitution einer ›Täterbestie‹ im Sinne Lombrosos verhindert. Auch Janko ist wie Miriam, wie Leib Weihnachtskuchen und seine Frau, wie Reb David ein Opfer. Daß er Miriam ›besitzen‹ will, daß er sie keinem anderen gönnt, daß er ihr Leben und das Leben anderer aus dieser ›Besitzgier‹ zerstört, ist nicht die Folge einer (›angeborenen‹) moralischen Degeneration, sondern letzte Station auf dem Leidensweg der Zurücksetzung. Dennoch ist in der Figur Janko – anders als in dem ›Stummen‹ – die Möglichkeit eines ursprünglich ›Bösen‹ im Menschen angelegt, so daß sich die Konstruktion eines sittlich autonomen Individuums nicht mehr aufrecht erhalten läßt.

4. Die „Ausflüge“ des Schriftstellers Paul Lindau „ins Kriminalistische“

Außerhalb des Genres der ›schönen Literatur‹ ist die Abkehr von einem etablierten rechtskulturellen Deutungsmuster in der Regel problemloser zu vollziehen, weil sich dieses Element nicht mit anderen Motiven und Mustern zu einem mehr oder weniger ›autonomen‹ Modell fügt, sondern stärkere Referenzen zu anderen ›Diskursen‹ entwickelt und seine Stabilität mehr durch diese Bezüge bestimmt ist. Paul Lindaus *Ausflüge ins Kriminalistische* (1909) markieren bereits im Titel die Orientierung des Schriftstellers am kriminologischen Diskurs.[50] Sie sind den Freunden und Justizräten Max Bernstein (München) und Hugo Horrwitz (Berlin) gewidmet. Daß Lindau dennoch von den literarischen Mustern – und wohl auch von den Erwartungshaltungen seines Publikums – in der Auswahl des Materials, in

[50] Vgl. als frühere Publikationen Lindaus in diesem Gebiet *Interessante Fälle. Criminalprozesse aus neuester Zeit* (Breslau 1888, darin u. a. »Der Prozeß Graef«) und *Der Mörder der Frau Marie Ziethen* (Breslau 1892). Neben Gerichtsreportagen, justizkritrischen Feuilletons und Fall- bzw. Prozeßgeschichten veröffentlichte Lindau auch eine Reihe von Kriminalerzählungen (z. B. *Was der Schusterfriedel auf dem Sterbebette berichtete*); Kriminalität gehört zudem zu den wichtigsten Motivkomplexen der drei Berlin-Romane Lindaus, vgl. insbesondere den letzten Roman der ›Trilogie‹ *Spitzen* (1888).

dem Aufbau narrativer Kohärenz und in der Sinngebung geleitet wird, will ich am »Mörder«-Kapitel zu zeigen versuchen. Im Mittelpunkt soll dabei die Eifersuchtstat Berthold Rauschers stehen; es ist ein authentischer Kriminalfall, der von Lindau jedoch nach dem Modell einer Dorfgeschichte (er nennt es eine „Pfingstgeschichte vom Lande") unter dem ironischen Titel „Und es geschah ein Brausen" erzählt wird. Die Zwangsvorstellung, die hier – im Sinne kriminologischer Theorie – zur Erklärung der Mordtat eingesetzt wird, ist in dieser literarischen Konstruktion auf der Ebene des Rätselhaft-Wunderbaren mit der Semantik des biblischen Pfingstgeschehens verbunden.

Daß sich bei Lindau (1839–1919) weder besonders originelle kriminalistische Überlegungen, noch literarisch-eindrucksvolle Gestaltung finden, sollen die nachstehenden Zusammenfassungen und die wenigen Textauszüge zu belegen versuchen.[51]

Die *Ausflüge ins Kriminalistische* haben folgende Teile: Mörder – Indizien – Grete Beier – Das Drama von Allenstein – Der Hauptmann von Köpenick.

Auch die Fallgeschichten (Grete Beier / Schuster Voigt) sind eher feuilletonistisch als ›Kriminalskizzen‹ angelegt, weniger im Sinne einer Gerichtsreportage oder einer Tribunalerzählung. Der Autor spielt als Beobachter, Kommentator oder ›Weiter-Erzähler‹ / ›Zu-Erfinder‹ eine wichtige Rolle; wiederholt gibt er »Stimmungsberichte« (S. 270). Alle Teile stützen sich auf authentisches Material (oder Erzählungen von Gewährsleuten), das jedoch vielfach vom Verfasser nach literarischen Mustern umgeformt oder aufbereitet wird (vgl. z. B. »Das Drama von Allenstein«: Grundlage ist der Fall Hugo von Groeben / Toni von Schönebeck; der Verfasser erzählt ihn aus der Rückschau des arretierten ›Totschlägers‹ v. Groeben. Das authentische Material wird in einer »zusammenhängenden Erzählung« dargestellt, in der Lücken durch Erfindungen ausgefüllt sind, vgl. auch S. 78 und 102 zu »Indizien«). Die Geschichten, die ›das Leben‹ präsentiert, vergleicht der Verfasser wiederholt mit Literatur; so den »erschütternden Ausgang der Allensteiner Tragödie, die in ihrer grausigen Trias: Wahnsinn, Mord und Selbstmord stofflich an die schlimmste Hintertreppenliteratur gemahnt« (S. 172); den germanistischen Leser erinnert die »reizende Frau Toni, die als siebzehnjähriges Kind vom Rittmeister geheiratet wurde« (S. 199) vielfach an Fontanes Effi Briest, in ihrer psychopathologischen Hysterie an Cécile. – Die ›Wirklichkeit‹ der Kriminalfälle (auch im Falle von Voigt) wird Lindau, dem – literarisch versierten – Betrachter oder Mit-Erlebenden, mehr oder weniger ›unwillkürlich‹ zur ›Literatur‹; sie wird in literarisch erworbenen Darstellungs- und Deutungsmustern erfaßt.

Und Lindau versäumt auch nicht darauf hinzuweisen, daß der Verantwortliche für die »tollste, unwahrscheinlichste Militärburleske« (S. 241) der jüngsten Zeit, der Schuster Voigt, viele und gute Bücher gelesen hat (S. 258).

Zu »Mörder« (S. 9–74, ca. ein Viertel des Buches).

1. »Emile Zolas Modelle«:

L. markiert das »pathologisch-psychiatrische« Thema in Zolas Roman *Die Bestie im Menschen* (1890), den er als Kriminalroman bezeichnet.[52] Für den Stoff verweist L. auf Lom-

---

[51] Ich zitiere im fortlaufenden Text mit Angabe der Seitenzahl (in Klammern) die 1909 im Verlag A. Langen erschienene Ausgabe.

[52] Vgl. auch P. L.: Ueber Mord in der Dichtung und in Wahrheit. Gelegentlich des Romans *La Bête humaine* von Emile Zola. In: Nord und Süd 53 (1890), S. 343–404, dort auch zum ›Mörder Schunicht‹ (siehe weiter unten Teil 3 des hier besprochenen Textes »Mörder«).

broso sowie auf eine »Kriminalgeschichte«, die in den siebziger Jahren in den Zeitungen, dann auch im *Neuen Pitaval* stand, auf den Fall Eusebius Pieydagnelle (pathologischer Mordtrieb). Als zweiten Bezugsfall ermittelt L. den »irren Mordgesellen« Thouviot, den der Psychiater Legrand du Salle in seinem Werk über Epilepsie ebenso erwähnt wie Lombroso (L. zitiert die Übersetzung von Fränkel, 1887). Als weitere Quelle und authentisches Material zieht er Macés *Mon Musée criminel* heran – L. sieht als bewiesen an, daß »ein angeborener, durch Vererbung überkommener Mordtrieb in Wahrheit vorhanden ist«; er selbst hätte in der Dalldorfer Irrenanstalt »mehrere von diesem Mordwahnsinn befallene verbrecherische Irrsinnige kennen gelernt« (S. 17).

2. »Andere: Ernst Sobbe – Eichinger – Berthold Rauscher«:

Die Reihe der »Mordwahnsinnigen« wird durch authentische Fälle erweitert und variiert. Ausgangspunkt des Interesses ist das »psychologische Rätsel«; L. stützt sich auf Berichte von Gewährsleuten oder eigene Begegnungen mit Kriminellen. Diese Erfahrungen werden immer wieder als ›Geschichten‹ erzählt:

> (S. 20f.)
> Ganz denselben Eindruck habe ich auch von meiner Begegnung und Unterredung mit Sobbe gewonnen. Wenn man diesen jungen hübschen, etwas über mittelgroßen Mann mit seinen treuen guten Augen, seinem kleinen koketten Schnurrbart, seinem gepflegten Äußern, vor sich sah und ihn hörte, wie er sich mit einem leichten Anfluge Harzer Dialekts in der Sprache der Gebildeten einfach und klar ausdrückte, so mußte es jedermann vollkommen unfaßbar erscheinen, wie dieser ruhige stille Mensch eines so fürchterlichen Verbrechens sich hatte schuldig machen können. Von seinen Anverwandten, von seinen Freunden, von allen, die mit ihm in Verkehr getreten sind, ist denn auch ausgesagt worden, daß Sobbe sich niemals irgendwelche Rohheit oder Gefühllosigkeit habe zuschulden kommen lassen. Er war seines freundlichen Wesens wegen allgemein beliebt.
> Und auf einmal taucht in diesem Manne der Mordgedanke auf!
> Sobbe besaß den begreiflichen Ehrgeiz, seinem kleinen Kolportagebuchhandel größere Verhältnisse zu geben. Aber dies natürliche Verlangen war keineswegs übertrieben. Niemals hatte er Klage darüber geführt, daß es ihm schlecht ginge, und niemals das Verlangen nach einer glänzenden Stellung in ungestümer oder auch nur auffälliger Weise geäußert.... Eines Abends fährt Sobbe mit einem Stoß Bücher, die er auf der Messe abzusetzen hofft, von Magdeburg nach Braunschweig.
> Um die Zeit der langweiligen Fahrt zu kürzen, nimmt er ein Zeitungsblatt, in das einige Bücher eingeschlagen waren, zur Hand und liest darin. Es war zufällig eine alte Nummer der »Neuen Freien Presse« mit den ersten ausführlichen Berichten über den Briefträgermörder Francesconi. »Da auf einmal, ganz plötzlich, schoß mir der Gedanke auf: Du mußt einen Briefträger ermorden! Mit dem Gelde, das du ihm abnimmst, kannst du dir eine große, selbständige Stellung schaffen!« Er liest die Geschichte noch einmal.

Rätselhaft bleibt, wie auf »einmal das Gehirn das Ungeheuer des Mordgedankens gebiert«, »alle von den Sittlichkeitsbegriffen aufgerichteten Schranken« niederreißt und die »bête humaine« alles verschlingt (»wie das aus dem Käfig entsprungene Raubtier«), »was sich ihr in den Weg stellt.« – Dieses Rätsel ist auch durch die naturwissenschaftliche Methode (Vererbung, Phrenologie, Epilepsie-Bezüge) nicht zu lösen. Das Erklärungsmuster der »fixen Idee« zu töten wird mit dem Beispiel des Mörders Eichinger (Wien 1895) bestätigt.

> (S. 29f.)
> Den beiden, Sobbe und Eichinger, die von Hause aus keineswegs schlecht geartet, sogar von sympathischen Charaktereigenschaften ausgestattet, anscheinend jeder Rohheit und Gewalttätigkeit unfähig, sich des rohesten und gewalttätigsten Verbrechens schuldig machen, reiht sich ein Dritter an: Berthold Rauscher aus Rauenstein.

Nur für die Darstellung dieser »Pfingstgeschichte vom Lande«, der ich den Titel »Und es geschah ein Brausen« gegeben, habe ich die freiere Form der Erzählung gewählt. An der Sache habe ich nicht das geringste geändert.

Ich hab' der Verhandlung vor den Meininger Geschworenen beigewohnt. Am 26. Oktober 1898.

***

In dem kleinen Häuschen unten am Berge wohnten arme Leute. Zwei Familien: Kranichs und Rauschers. Rauschers waren die ärmeren. Denn der alte Rauscher, den sie vorigen Frühling begraben hatten, hatte eine lange Krankheit durchgemacht. Und langsam sterben kostet noch mehr, als lange leben. Die Mutter, eine kleine gebrechliche Frau, hatte niemals viel verdienen können. Sie war froh, wenn sie für einen gelegentlichen Aushilfedienst oben von der Herrschaft in der Fabrik mit ein paar Mark entlohnt wurde. Das kam aber selten vor. Aber sie war eine ordentliche, sparsame Frau, die jeden Groschen dreimal herumdrehte, ehe sie ihn ausgab. Und solange ihr Mann lebte und tüchtig arbeiten konnte, ging es zur Not.

Nach dem Tod des Familienvaters müssen Schulden gemacht werden; der schwächliche Sohn Berthold kann nicht richtig arbeiten, zudem hinkt er, hat einen Sprachfehler und steht durchaus nicht ›vital‹ im Leben: Die Konstellationen des Kriminalfalles werden in den Schemata der ›schönen Literatur‹ geordnet – in ›modernen‹ (naturalistischen) Bildern sozialen Elends und in den ›traditionalen‹ der Liebesillusionen und Enttäuschungen.

(S. 32)
Den Kranichs, die im oberen Stockwerk wohnten, ging es viel besser. Die Mutter hatte schon ein paar hundert Taler mit in die Ehe gebracht, der Vater war ein gut bezahlter Arbeiter in der Fabrik, der Sohn selbständig und aus dem Hause; und seit ihrem fünfzehnten Jahre verdiente auch die einzige Tochter: Milda. Zwischen den beiden Familien herrschte vollkommene Eintracht.

Schon in früher Kindheit hatte Berthold eine sehr innige Zuneigung zu dem lustigen, blühenden, hübschen Nachbarskinde gefaßt. Und auch sie war ihm gut. Sie verstand ihn wohl besser als die anderen; er tat ihr leid. Holder nannte sie ihn. Berthold war froh, wenn er in ihrer Nähe sein konnte, und sie duldete ihn gern wie einen alten, treuen Hund, – wenn er ihr manchmal auch ein bißchen unbequem war.

Milda entwickelte sich zu einer üppigen »Dorfschönheit«, die viel umschwärmt ist, »während Berthold von schlechtem Blut, von klein auf kümmerlich genährt, in gewohnheitsmäßiger Entbehrung aufgewachsen, engbrüstig und siech, abseits im Schatten stand« (S. 34). Sein ›Werben‹ um Milda läßt nicht nach; sie treffen für Pfingsten eine – aus der Sicht Mildas – vage Verabredung; Berthold wartet und sieht Milda mit einem anderen weggehen.

(S. 39f.)
Gegen Mitternacht verstummte die Musik, und es wurde nun auf kurze Zeit lebendiger im stillen Dorfe. Nun zogen auch verschiedene Pärchen bei ihm vorüber – gewiß auch Milda mit ihrem Kutscher. Im Dunkel der Nacht konnte er die einzelnen nicht erkennen. Aber er hörte ein Lachen, das er kannte.

Schon lichtete sich der Himmel im Osten; schon wurden da milchige Flocken sichtbar, die sich bald zitronengelb färbten, dann in ein zartes duftiges Rosa übergingen und endlich im blendenden Brande flüssigen Goldes erstrahlten. Die Sonne ging auf. Berthold erhob sich mühselig von seinem Stuhle, auf dem er lange, lange Stunden unbeweglich gesessen hatte. Er fühlte sich wie zerschlagen. Er warf den Kopf nach hinten, reckte die kümmerliche, schmale Brust vor und machte mit den Armen einige Male ruckhafte Bewegungen. Dann streckte er den Kopf in das Waschbecken, das er mit kaltem Wasser gefüllt hatte, und rieb sich mit dem rauhen Handtuch tüchtig ab. Er fühlte sich jetzt etwas frischer.

In der Fabrik trifft Milda auf Berthold, der ihr eine beschriebene Papptafel übergibt:

(S. 41f.)
»Lies es laut!«

Sie las: »Liebe Milda. Jetzt ist die letzte Stunde unseres Lebens. Du weißt, wie gut wir uns in der Schule waren. Jetzt behängst du dich mit anderen Kerlen, schäme dich in dein Herz hinein. Wenn du nicht sagst, daß du mich magst, kann ich's länger nicht mit ansehen. Sei vernünftig wie ein Mensch. Sagst du nein, so werden ich und du zwei Leichen.«

Er stand ihr gegenüber und hatte einen großen schweren eisernen Schraubenschlüssel ergriffen. Und während sie las, klopfte er drohend in langsamen Schlägen auf eine leere Kiste.

Die ahnungslose Milda hielt das alles für einen Scherz, und bei den letzten Worten »zwei Leichen« lachte sie hell auf. Da hörte er es wieder... das pfingstliche Brausen als eines gewaltigen Windes. Er erhob den eisernen Schraubenschlüssel und schlug sie mitten auf den Kopf. Sie stürzte blutend und ohnmächtig zu seinen Füßen, ohne einen Schrei zu tun. Noch einmal erhob er den Arm. Da hörte er ganz deutlich eine Stimme, die ihm schrecklich mahnend zurief: »Was will das werden?« Er ließ den Schlüssel fallen. Er riß die Tür zum Nebenraume auf und lallte Unverständliches.

(S. 44f.)
Die Verhandlung vor den Geschworenen verlief ohne besondere Zwischenfälle. Die Sache lag ja auch so einfach. Der Angeklagte war geständig, er beantwortete die Fragen des Vorsitzenden, die er bisweilen das erste Mal nicht recht verstand, ruhig mit »Ja« und mit »Nein«. Das Zeugenverhör stellte nur schon Bekanntes fest. Der Staatsanwalt schilderte Berthold Rauscher als einen ganz gemeinen, heimtückischen, viehisch rohen Menschen, der mit kühlster Überlegung und schaudernerregender Ruhe das blühende Leben eines lieben, heiteren Kindes, das die Freude und der Stolz der Eltern und der Liebling des ganzen Dorfes sei, habe vernichten wollen. Nur durch ein Wunder sei Milda ihrem Schicksal entronnen. Also Mordversuch. Er beantragte acht Jahre Zuchthaus.

Der Verteidiger konnte den Versuch der beabsichtigten und überlegten Tötung angesichts der schriftlichen Todesandrohung und des Geständnisses nicht in Abrede stellen. Er bat nur um eine etwas mildere Strafe.

Die Geschworenen bejahten die Schuldfrage, und nach kurzer Beratung verkündete der Gerichtshof das Urteil, das auf sieben Jahre Zuchthaus lautete. Die Sache lag ganz einfach.

Milda weinte bitterlich. Rauscher folgte ohne ein Zeichen von Teilnahme dem Wärter in die Zelle; am andern Morgen wurde er ins Zuchthaus abgeliefert.

Als die Geschworenen zu früherer Stunde, als sie hätten erwarten dürfen, den Sitzungssaal verließen, sagte der eine zu einem anderen: »Von der heutigen Sache hatte ich mir eigentlich mehr versprochen.«

L. hatte der Meininger Verhandlung im Oktober 1898 beigewohnt und sich Aufzeichnungen gemacht, an die er nun – im August 1909 – wieder anknüpft. Als er die Notizen zur Hand nimmt,

(S. 45f.)
traten mir die Bilder, die mir allmählich nur noch in verschwommenen Umrissen und verblaßten Farben vorschwebten und sich schließlich vollkommen verflüchtigt hatten, mit merkwürdiger Schärfe der Zeichnung und des Kolorits wieder ganz deutlich vor das geistige Auge. Ich sah sie alle vor mir, die an diesem Prozeß Beteiligten: den hohen Gerichtshof, der kein »besonderes Interesse zur Sache« zu haben schien, den vehementen Vertreter der Anklage, den unfreudigen Verteidiger, den die Erkenntnis, für eine verlorene Sache zu fechten, ermattet haben mochte, und die von der Länge der, eines jeden auffrischenden Zwischenfalls baren Sitzung abgespannten Gesichter der Geschworenen. Alles das im trüben Licht eines grauen Herbsttages.

(S. 47)
Und ich sah am schärfsten und deutlichsten den Angeklagten selbst: schmalschulterig, eine Mückenbrust, schlaff herabbaumelnde Arme, wackelig auf den mißgestalteten Füßen, ungelenk in seinen Bewegungen, das Gesicht aschgrau, krankhaft fahl mit dunkeln klagenden Augen. Er hatte offenbar Mühe, den Verhandlungen zu folgen, und verstand oft gar nicht, um wen und was es sich eigentlich handelte. Wenn der Vorsitzende in seiner schroffen Weise unversehens eine Frage an ihn richtete, so fuhr er jedesmal erschrocken zusammen, zitterte heftig und mußte sich die Frage gewöhnlich wiederholen lassen, ehe er nach längerem Besinnen deren Sinn erfaßte. Dann gab er nach sichtlicher Anstrengung schwerfällig und bisweilen kaum verständlich eine unbeholfene Antwort. Der Vorsitzende verlor zumeist, während Rauscher mit dem Ausdruck noch rang, die Geduld und fuhr mit der barschen Abfertigung: »Schon gut! Setzen Sie sich!« in den Verhandlungen fort...

Die alle sah ich leibhaftig wieder vor mir. Aber vergeblich war mein Bemühen, mir den sachverständigen Arzt zu vergegenwärtigen. Und ich kannte doch alle Meininger Ärzte, die etwa in Betracht kommen konnten. Sollte ein psychiatrischer Sachverständiger überhaupt nicht hinzugezogen worden sein?...

(S. 48)
Nicht ohne ein Gefühl von Beschämung machte ich nun – nach zehn Jahren – die Wahrnehmung, daß ich an den verkrüppelten Othello des Thüringer Nestes kaum noch gedacht hatte, daß mir sogar sein schöner, wie für den Ritterroman-Helden in einem Familienblatt erfundener Name entfallen war: B e r t h o l d, genannt H o l d e r R a u s c h e r v o n R a u e n s t e i n!...

Was mochte aus ihm geworden sein?

(S. 49)
Berthold Rauscher war nicht gestorben, wohl aber – sofern Tatsachen sprechen, – verdorben, gründlich verdorben!

Der körper- und geistesschwache Krüppel, der bis auf den, in sinnverwirrender Eifersucht verübten mörderischen Überfall seiner Geliebten Milda, keinem Menschen ein Härchen gekrümmt hatte, war eines a b e r m a l i g e n M o r d v e r s u c h s an einem Mitsträfling angeklagt, schuldig befunden und am 1. Juli 1903, unter Ausschluß der Öffentlichkeit, z u e i n e r w e i t e r e n Z u c h t h a u s s t r a f e v o n a c h t J a h r e n v e r u r t e i l t worden!

»... Es horcht
Der Alte die Lieder
Und schüttelt das Haupt...«

***

Über die Szene, die sich am 28. März 1903 gegen 2 Uhr nachmittags im Meiningenschen Zuchthause zu U n t e r - M a ß f e l d abgespielt hat, wird die objektive Wahrheit wohl kaum jemals festzustellen sein. Von einer »Feststellung« des Tatbestandes auf Grund glaubwürdiger Aussagen kann eben nicht die Rede sein. Die Beteiligten, R a u s c h e r und T r a u t m a n n, sind wegen schwerer Verbrechen bestrafte Zuchthäusler.

Bertholds Gegenspieler wurde wegen Muttermordes bestraft; er hat – so wird vermutet – Berthold zu homosexuellen Handlungen »verleiten wollen« (S. 51). Berthold wehrte sich gegen den Mithäftling, der ihn mit einem Messer bedrängte.

(S. 51f.)
Die Staatsanwaltschaft hielt die Angabe des Rauscher, daß bei dem geheimen Zusammentreffen der beiden im Korblager das Homosexuelle mitgewirkt habe, für wahrscheinlich. Dagegen wollte sie Rauschers weiterer Darstellung, die darauf hinauslief, daß er im Zustande der Notwehr zugeschlagen habe, keinen Glauben beimessen. Sie nahm vielmehr an, daß das Motiv zu dieser mörderischen Rauferei eine Art von Analogon zu

seinem früheren Verbrechen bilde: Mordversuch aus Eifersucht. – Es könne als notorisch angesehen werden, daß sich bei Rauscher im Zuchthause ein perverser Geschlechtstrieb entwickelt, und es sei in hohem Grade wahrscheinlich, daß zwischen ihm und dem Trautmann ein widerwärtiger Verkehr stattgefunden habe. Rauscher sei nun auf den Trautmann, der zu anderen Sträflingen in ähnlichen Beziehungen gestanden habe, eifersüchtig geworden und habe ihn deshalb töten wollen – wie ehedem seine Milda.

3. »Der typische Mörder. Heinrich Schunicht«

L. bezieht sich auf Lombroso und Zola (*La Bête humaine*): Ein Fall von Mordtrieb durch ›epileptischen Wahnsinn‹ und erbliche Belastung. Die »Liebesleidenschaft« erscheint als Auslöser der Krankheit: sie »öffnet den Käfig, um das wilde Tier loszulassen. Wollust und Mord hausen im Wahnsinn in grausiger Nachbarschaft dicht beieinander« (S. 56). Nun folgt der Bericht über einen ›typischen Gewaltverbrecher‹ in der »widrigen Mißgestalt des Mörders« (S. 62): zur Raub-Mordtat des Heinrich Schunicht, der 1886 in Berlin hingerichtet wurde.

Das Panoptikum der historischen und fiktiven Mörder, die mehr oder weniger von einer ›fixen Idee‹ zur Tat veranlaßt wurden (so sehen es die Gerichte und L.), wird mit einem zusammenfassenden Kommentar beschlossen:

> (S. 73f.)
> Solchen Erscheinungen gegenüber ist man nur allzu geneigt, das Unbegreifliche mit Wahnsinn, fixer Idee und dergleichen erklären zu wollen. Und Lombroso hat dieser bequemen und laienhaften Auffassung eine wissenschaftliche Unterlage untergeschoben, welche die meisten Verbrecher dem Arme der strafenden Gerechtigkeit entziehen würde. Dies Bestreben, die schlimmsten Missetäter zu beklagenswerten Kranken herauszustaffieren, deren sorgsame Pflege eine Pflicht der Barmherzigkeit für unsere Gesellschaft wäre, erscheint indessen überaus bedenklich und berührt eigentlich schon die krankhaften Nietzscheschen Aufstellungen der Umwertung unserer moralischen Werte.
>
> Mörder, wie die hier aufgeführten, sind sicherlich nach allgemeiner Schätzung keine normalen Geschöpfe. Aber daraus folgt keineswegs, daß die von ihnen geschädigte Gesellschaft sich ihre Untaten gefallen lassen müsse. Die Gesellschaft hat vielmehr das Recht und die Pflicht, sich ihrer Haut zu wehren und diejenigen, die sich an ihr versündigen, zur Rechenschaft zu ziehen und zu strafen. Spieler und Trinker sind auch keine normalen Menschen. Sie üben Untaten an sich selbst und strafen sich selbst. Die Gesellschaft, die als solche nicht unter ihnen zu leiden hat, empfindet daher auch nicht die Notwendigkeit, sich mit ihnen zu befassen. Sie beansprucht eben nur das Recht, Angriffe, die gegen sie selbst gerichtet sind, zurückzuweisen und den Frevler, der sie an Gut und Blut schädigt, zu strafen.
>
> Die Motive zu diesen gesellschaftfeindlichen Angriffen bleiben freilich in vielen Fällen unaufgeklärte Rätsel, deren Lösung man auch durch die Aufführung von gleichartigen und gleich merkwürdigen Fällen kaum einen Schritt näher rückt. Man wird vielmehr angesichts dieser betrübenden Probleme mit Friedrich Elbogen, dem hervorragenden Verteidiger Eichingers, kleinmütig, ja verzagt an das »ignorabimus« erinnern müssen – die wissenschaftliche Variante des unvergänglichen Paulinerwortes: »Unser Wissen ist Stückwerk«.

Lindaus Texte wurden von einem breiten Publikum der Gebildeten gerade in ihrer Mischung aus Information über neues Wissen (im Anschluß an die Zentralbegriffe der vieldiskutierten kriminologischen Theorien), in der Vermittlung des Sensationellen und in der Einbindung beider Aspekte in geläufige literarische Schemata geschätzt. Ein Vergleich mit den Mörder-Kapiteln in Wulffens enzyklopädischem Handbuch der Kriminalpsychologie von 1926 kann diese Hypothese in einem ersten Schritt absichern. Bei Wulffen ergibt sich ein anderes Verhältnis von Argumentation und Narration, von Empirie und Intuition, doch unterscheiden sich die daraus entstehenden Beschreibungen und Deutungen kriminellen Verhaltens nicht wesentlich von Lindaus ›Bildern des Verbrechermenschen‹. Sie erscheinen so als Produkte einander widerspiegelnder, sich stützender und schließlich ineinander verzahnter Diskurse in den Grenzbereichen von Literatur und Wissenschaft.

In Lindaus assoziativ verknüpfter Folge von charakterologischen Porträts und kurzen Fallgeschichten zu Mördertypen, die aktuellen kriminologischen Theorien zugeordnet werden können, geht die kriminalpsychologisch akzentuierte Rekonstruktion authentischen Geschehens mehr oder weniger bruchlos in literarische Ausgestaltung und kriminologische Diskussion fiktiver Gestaltungen über. Es sind Bilder ›krimineller Karrieren‹, die auf verschiedenen Wegen gewonnen werden, in ihren Deutungen einander aber so ähnlich sind, daß sie als Resultat einer konsistenten Empirie erscheinen. Ein zeitgenössischer Titel aus dem Literaturverzeichnis von Hans-Otto Hügels Studie *Untersuchungsrichter, Diebsfänger, Detektive*[53] zeigt einen solchen Verweisungs- und Austauschzusammenhang: C. Dressel: Die Vergelterin. Kriminal-Roman. Ein sensationeller Prozeß. Kriminal-Novelle aus dem Leben. Neuweißenfels: Bartels o.J. [1905] (Sperrungen J. Sch.).

In literarischen Darstellungen werden die ›neuen Theorien‹ der Kriminalanthropologie und Kriminalpsychologie weithin dazu benutzt, traditionelle Perspektiven und Verfahren zu variieren und zu verändern; in den ›parawissenschaftlichen‹ Erörterungen unterstützen die literarischen Wahrnehmungen und Konstruktionen von Verbrechern und Verbrechen dagegen den Erklärungsanspruch der kriminologischen Theorien.

Der florierende Medienmarkt zwischen Gründerzeit und Erstem Weltkrieg mit seinen vielfältigen Verflechtungen von Zeitungen, Zeitschriften und Buchpublikationen – die dann auch noch durch Verfilmungen erweitert werden – sorgt für ein differenziertes Angebot; er stimuliert die Nachfrage für ›Kriminalitätsstoffe‹ in den journalistischen, literarischen, paraliterarischen und populärwissenschaftlichen Verarbeitungen und ermöglicht die ›Mehrfachverwertung‹ einzelner Texte in Buchreihen und Sammlungen (vgl. Anhang A).[54] So wird der intensive Austausch zwischen den verschiedenen medialen Orten ebenso begünstigt wie die rasche Schematisierung selbst neuer Erfahrungsweisen und Wissenselemente in der Darstellung. Inwieweit solche Schemata auch die realen Handlungen der Leser prä-

---

[53] Hügel: Untersuchungsrichter, S. 308.

[54] Vgl. Schäfer: Schriftsteller, S. 88: Der Autor beklagt die ausführlichen »Skandalprozeßberichte« in den großen Zeitungen und das darauf bezogene Publikumsinteresse. – Daß die Prozeßberichte nicht nur der öffentlichen Kontrolle der Justiz dienten, sondern auch viel Unheil in den Köpfen der Leser anrichteten, stellt Richard Dehmel in seiner Erzählung *Der Werwolf* (in *Die Neue Rundschau* 1907) dar: Das Sicherheitsverlangen und ›Rechtsbedürfnis‹ einer Öffentlichkeit, die sich aus den Zeitungen ihre Vorstellungen von Verbrechen und Verbrechern holt, treibt einen Unschuldigen vor Gericht und schließlich zum Selbstmord.

gen, läßt sich nicht zuverlässig belegen. Lindau stellt in der Fallgeschichte des Kolportagehändlers und Mörders Sobbe die vermeintlich motivierende Wirkung eines Zeitungsberichts heraus;[55] für die ›Gattenmörderin‹ Grete Beier hat man ermittelt, daß sie in ihren Lektürestoffen den Weg von der Mädchenliteratur über die Gesellschaftsromane zu den Kriminalromanen ging,[56] und besonders Wulffen weist mehrfach auf die tatprägende Wirkung von Kriminallektüre hin.[57] Otto Lindekorn ist diesem Problem in seiner Untersuchung *Die Lektüre der modernen Verbrecher* (ca. 1920) nachgegangen.

Lindaus *Ausflüge ins Kriminalistische* sparen durchaus nicht mit Sensationswirkungen, wie man sie aus dem Fiktionsbereich kennt; verbunden damit ist jedoch das Interesse an dem kriminologisch wie literarisch ebenso interessanten ›Rätsel‹, wie mehr oder weniger normale Menschen ›plötzlich‹ vom Mordtrieb ergriffen werden und als »Mordwahnsinnige« ihre Tat ausführen. Nur auf der imagologischen Ebene der Bestie, die in jedem Menschen schlummere, um schließlich – durch die Umstände begünstigt – aus ihrem Käfig zu brechen, kommt Lindau der Lösung seines Rätsels näher. Am Beispiel der Geschichte des ›Mißmenschen‹ Berthold Rauscher, der die umschwärmte Dorfschönheit Milda aus Eifersucht beinahe erschlägt, wird jedoch deutlich, wie wenig Lindau an einer überprüfbaren Lösung des Rätsels gelegen ist, wie ihm der ›rätselhafte Fall‹ eher als auslösendes Moment dazu dient, eine Geschichte in den literarischen Stereotypen der Zeit zu konstruieren. In ähnlich schematischen Wendungen wird die Kritik an der ›stumpfen‹ Justiz und am brutalisierenden (durchaus nicht resozialisierenden) Strafvollzug angeschlossen.[58] Berthold Rauscher erhält keinen Prozeß, der im Sinne von Wulffen als ein »Kunstwerk der Zukunft« gelten könnte. Aus der Sicht des Schriftstellers wird Einspruch formuliert, aber dieser Einspruch erscheint als formaler Akt einer bereits eingefahrenen Aufgabenverteilung; er bleibt in dieser rekapitulierenden Form folgenlos für das Rechtssystem und dient mehr dazu, die Position des Autors als Anwalt kritischer Öffentlichkeit zu beglaubigen.[59]

Lindau hatte während seiner journalistischen Laufbahn seit 1862 in deutschen Zeitungen zahlreiche Gerichtsreportagen veröffentlicht, kritisch über Schwurge-

---

[55] Auch der »Totschläger aus verletzter Ehre« im *Pitaval der Gegenwart 3* (1906), S. 187–204, ist ein eifriger Leser der Kolportageliteratur.

[56] Wulffen: Kriminalpsychologie, S. 256.

[57] Ebd. S. 256: Der Raubmörder Karl Koppius soll u. a. Paul Lindaus Berlin-Romane mit ihren Kriminalhandlungen gelesen haben.

[58] Vgl. in den *Ausflügen ins Kriminalistische* (S. 104f.) auch den Lobpreis von Zolas *La Bête humaine* als brillianter Kritik des französischen ›Justiztheaters‹. – Für die Fälle, die Lindau behandelt, ist Justizkritik vor allem in der Sache des Schusters Voigt formuliert, der von der strafenden Staatsgewalt gleichsam verkrüppelt und bei seinem Versuch einer ›Revitalisierung‹ drakonisch bestraft wurde.

[59] Vgl. zu den Auseinandersetzungen der Presse mit der Justiz des Kaiserreiches um 1900 etwa M. Hardens Zeitschrift *Die Zukunft* oder beispielsweise Jeanott E. Grotthuss: Aus deutscher Dämmerung. Schattenbilder einer Übergangskultur. 2. Aufl. Stuttgart. Greiner u. Pfeiffer 1909 (u. a. die Kapitel »Klassenjustiz oder nicht?«, »Rechts- oder Polizeistaat«, »Unabhängige Richter«).

richtsprozesse berichtet und seine Artikel für entsprechende Buchveröffentlichungen ausgearbeitet, die H. J. Kruse als besonderen Typ von dokumentarischer Literatur, als zeit- und kulturgeschichtlich wertvolle »Kriminalstudien« charakterisiert.[60] Die Berechtigung solcher journalistisch-literarischer Auseinandersetzungen mit dem Strafrechtsgeschehen bekräftigt Lindau:

> Die Zeiten sind vorüber, da der Rechtsgelehrte sich mit dem stolzen Bewußtsein seiner fachgebildeten Überlegenheit und Unnahbarkeit zurückziehen durfte. Der Wert des unbefangenen Urteils, wie es der gesunde Sinn des gewissenhaften Laien fällt, hat in den wichtigsten Institutionen unserer Rechtsprechung die feierliche Anerkennung gefunden. Wir haben Schöffen und Geschworene.[61]

›Und wir haben Journalisten und Schriftsteller, die das Prozeßgeschehen der Öffentlichkeit erschließen‹ – so wäre im Sinne Lindaus zu ergänzen.

Wenige Jahre vor Veröffentlichung der *Ausflüge ins Kriminalistische* allerdings hatte Lindau in dem spektakulären Prozeß des Rechtsanwaltes Hau ausführlich und heftig gegen die – seiner Meinung nach – zu Unrecht erfolgte Verurteilung des Angeklagten öffentlich Stellung genommen und sich dabei selbst ›strafrechtliche Verfolgung‹ eingehandelt.[62]

Die Tendenz der *Ausflüge ins Kriminalistische,* das Rechtsgeschehen ›aus der Distanz‹ zu beurteilen, bestätigt sich auch darin, daß Lindau die Darstellung und Bewertung der Ereignisse wiederholt in ›zeitlose‹ literarische Repertoires einbindet: Berthold erscheint als verkrüppelter Othello; sein Name prädestiniert ihn als Helden für einen trivialen Ritterroman (»Berthold, genannt Holder Rauscher von Rauenstein«) und sein weiteres Geschick tritt mit den *Iphigenie*-Versen – überdimensioniert – in das Licht eines antiken Schicksalsmythos. Lindaus – das Mörderkapitel abschließende – Bemerkung vom Stückwerk-Charakter allen Wissens läuft implizit auf die Aufwertung literarisch vermittelter Wahrheiten hinaus. Seine ›Ausflüge ins Kriminalistische‹ lenken den Blick zurück zur höheren Wahrheit künstlerischer Erkenntnis.

5. Erich Wulffen: Kriminalpsychologie und Kriminalromane

Zu diesem Fluchtpunkt hin lassen sich auch die Publikationen und Argumentationen des Fachjuristen Erich Wulffen (1862–1936) verlängern, wobei jedoch die Bedeutung seiner Strategie nicht zu verkennen ist, mit Hilfe der Verweise auf die höhere Wahrheit der Literatur die Kriminologie und insbesondere die Kriminalpsychologie gegen die Kritik aus der ›harten‹ erfahrungswissenschaftlichen Schule zu immunisieren und die Bedeutung der »sogenannten empirischen Psychologie«[63]

---

[60] Kruse: Nachwort, S. 328.
[61] Zitiert nach Kruse: Nachwort, S. 322.
[62] Vgl. P. L.: Karl Hau und die Ermordung der Frau Josefine Molitor. 6. November 1906. Berlin 1907, sowie für den weiteren Umkreis das Kapitel »Hau« in Claßen: Kriminalität.
[63] Wulffen: Shakespeares große Verbrecher, S. 9.

zu erschüttern. Am Beispiel von Wulffens sexualbiologischer Deutung von Shakespeares Othello als Eifersuchtstäter ließe sich im Vergleich mit den Mordgeschichten eifersüchtiger Liebhaber bei Franzos und Lindau darstellen, daß im ›kriminologischen Diskurs‹ an der Oberfläche der Texte zwar eine differenzierte Argumentation entwickelt wird, das konstitutive Modell jedoch keine deutliche Differenz zeigt. So überrascht es nicht, daß gerade in den charakterologisch-klassifizierenden Kapiteln 6 und 7 von Wulffens *Kriminalpsychologie* (1926) die illustrierenden Fallgeschichten – mit vielen Entlehnungen aus dem *Pitaval der Gegenwart*, dem *Archiv für Kriminalanthropologie und Kriminalistik* oder der Gerichtsberichterstattung und mit Verweisen auf die ›schöne Literatur‹ – eine wichtige Rolle spielen, so daß sich einzelne sensationelle Prozesse oder – in ihrer prekären Beurteilung aktuelle – Fälle zu eigenständigen Erzählungen auswachsen.[64]

Wulffen sieht »kriminalpsychologische Forschung und Dichten« einander verwandt, weil sie ihre Beobachtungen und Deutungen des Lebens auf übergreifende Zusammenhänge beziehen: wissenschaftliches und künstlerisches Schaffen seien nicht als getrennte Bereiche zu betrachten.[65] Diese Zusammenschau ist auch ›pro domo‹ formuliert, denn Wulffen verfolgte nicht nur eine Karriere als Jurist, sondern war auch als Schriftsteller, vor allem als Autor von Kriminalromanen, beim breiten Publikum (nicht aber bei der literarischen Kritik) erfolgreich (vgl. Anhang C).

W.'s Vater war Buchdruckereibesitzer und Verlagsbuchhändler in Dresden. W. wollte ursprünglich Literatur bzw. Germanistik studieren. Mit 19 Jahren veröffentlicht er seine ersten Gedichte; während seines juristischen Studiums in Freiburg i. Br. und Leipzig nimmt er Schauspielunterricht; 1888 arbeitet er vorübergehend als Volontär am Leipziger Stadttheater. Im selben Jahr folgt die Promotion zum Dr. jur.; im Winter 1888/89 ist W. als Schauspieler am Stralsunder Stadttheater engagiert.

1890 Eintritt in den Referendardienst. 1899 wird am Hamburger Thalia-Theater W.'s Goethe-Drama *Tasso in Darmstadt* im Rahmen der Goethe-Ehrungen (zum 150. Geburtstag) aufgeführt. 1899–1913 als Staatsanwalt in Dresden. 1901 beginnen die intensiven kriminalistischen Studien (Einfluß von Liszt, Aschrott und Aschaffenburg). Neben den kriminalistischen Arbeiten, Vorträgen und Publikationen stehen die Untersuchungen zu kriminalistischen Fragen in der Belletristik. Dabei bestimmt Nietzsches Formulierung von der latenten Nachbarschaft der großen Dichter zum Verbrechen weithin W.'s Deutungen: die künstlerische Produktivität erscheint als Umlenkung asozialer Triebe und Aggressionen.

W.'s Engagement für Reformen in Strafrecht, Strafprozeß, Strafvollzug und Juristenausbildung wird literarisch umgesetzt in dem satirisch akzentuierten Roman *Frau Justitias Walpurgisnacht* (1913). Im selben Jahr wird W. als Zivilrichter nach Zwickau (straf-?) versetzt; in der Folgezeit veröffentlicht er mehrere Kriminalromane (oft unter Verwendung authentischen Materials), die auch verfilmt werden.

1919 wird W. zum Landgerichtsdirektor in Dresden ernannt; er ist Abgeordneter der Demokratischen Partei im Sächsischen Landtag. 1923 avanciert er zum Ministerialdirektor

---

[64] Vgl. Wulffen: Kriminalpsychologie, S. 405–412, zu Haarmann; ferner die (vergleichsweise kurzen) klinischen Fallgeschichten in Richard von Krafft-Ebing: Psychopathia sexualis. (1886). ND München: Matthes & Seitz 1984. In der Anlage und Akzentuierung der Berichte ist die Nähe zu psychopathologischen ›Novellen‹ um 1900 zu beachten.

[65] Wulffen: Kriminalpsychologie, S. 22f.

im Justizministerium; als Mitglied der Kommission für die Zweite juristische Staatsprüfung legt er besonderen Wert auf die literarische Allgemeinbildung der Kandidaten.

1926 hält W. einen Vortrag über »Kunst und Verbrechen« im Nietzsche-Archiv Weimar, die Jahreszahl markiert auch das Erscheinen seines ›Lebenswerkes‹ in der Reihe »Enzyklopädie der modernen Kriminalistik«, der *Kriminalpsychologie*. Sein Ansatz wendet sich gegen Lombroso: Es gibt keine Spezies der geborenen Verbrecher, sondern in jedem Menschen ist latent kriminelles Verhalten angelegt.

1928 tritt W. in den Ruhestand; 1929 erscheint *Irrwege des Eros*, das sind Charakterbilder von Frauen, die im Mittelpunkt von Sensationsprozessen standen.

Wulffens Kriminalromane lösen in der Konzeption von Handlung und kriminellen Figuren sowie in der Figuren-Rede ein, was die ›kriminologischen Analysen‹ der Dichtung nachgewiesen hatten: daß sich die ›schöne Literatur‹ als Erfahrungsschatz für Kriminalanthropologie und Kriminalpsychologie nutzen lasse. Nur ist Wulffen eben kein Belletrist, der ›intuitiv‹ zu Erkenntnissen kommt, die sich auf das Wissen der Kriminologen beziehen lassen. Er verwertet sein kriminologisches Wissen als Schriftsteller und erfüllt im Raum der Fiktionen zugleich die Erfolgsversprechen der Kriminologie (insbesondere der Kriminalpsychologie) für die Bekämpfung des Verbrechens.[66] Seine Texte sind weithin den Effekten der ›großen Gefühle‹ von Liebe, Eifersucht und Machtstreben verpflichtet: die Handlung wird im Kolportage-Stil der hilfreichen Zufälle, der konstruierten Verwicklungen und phantastischen Lösungen aufgezäumt. Dabei sind vielfach konkrete Kriminalfälle (beispielsweise das Geschehen um den Hochstapler Ignatz Strassnoff in *Der Mann mit den sieben Masken*), vor allem aber die kriminologischen Theorien des Autors verarbeitet (vgl. etwa zu *Der Mann mit den sieben Masken* Wulffens *Psychologie des Hochstaplers* von 1923).

In den meisten Romanen werden kriminalpsychologisch interessierte Juristen eingeführt und den kriminellen Protagonisten konfrontiert. In den entlarvenden oder überführenden Verhören und Debatten zwischen den Kontrahenten muß sich ›die Kriminalpsychologie‹ bewähren. Das Muster solcher Bewährungsproben wird allerdings variiert. So zeigt *Der Mann mit den sieben Masken*, wie sich ein hochbegabter Verbrecher aus Fallgeschichten, Prozeßberichten und Belletristik ›kulturkriminologisches Wissen‹ aneignen und darin den Fachjuristen übertreffen kann (vgl. Kap. 13). Trotz seiner – jenseits der juristischen Ausbildung entwickelten – kriminologischen Leidenschaft reichen die Erfahrungen des Staatsanwaltvertreters Dr. Sperl nicht aus, um den Kampf mit dem ›Verbrechenskünstler‹ zu bestehen.

Im Roman *Die Kraft des Michael Arbogast* sind Elemente der Kriminalanthropologie Wulffens zur Konzeption der Titelfigur eingesetzt; die Geschichte der Aufklärung einer lange zurückliegenden Mordtat wird dann jedoch auf die Ebene rechtstheoretischer Probleme von Schuld, Verjährung und Strafe geführt. Die strafrechtlichen Vorgänge entwickeln Wulffens Romane – gestützt auf das einschlägige Wissen des Autors – trotz der kolportagehaften Konstruktion der Handlung – mit kontrollierbaren Realitätsbezügen. Dabei erscheint die zeitgenössische ›Institution Justiz‹ vor allem in der theoretischen Grundlegung ihrer Ermittlungstechniken und Urteilsfindungen als reformbedürftig. Wiederholt sind Juristen als fiktive Figuren eingeführt, die sich zu den ›neuen Schulen‹ bekennen. In *Vorgelesen, genehmigt!* vertritt ein junger Rechtsanwalt die »Freirechtsschule«; er will mit gleichsam künstlerischer Phantasie gesetzliche Vorgaben, Verfahrensbestimmungen und kriminologisches Wissen so mit den konkreten Erfahrungen des kriminellen Geschehens verbinden, daß die Diskrepanz zwischen der Sprache der Vorschriften und Gesetze zur Lebenswirklichkeit

---

[66] Ich beziehe mich im folgenden kurz auf die Kriminalromane *Der Mann mit den sieben Masken* (Dresden 1917), *Die Kraft des Michael Arbogast* (Dresden 1917), *Vorgelesen, genehmigt!* (Berlin 1917), *Der blaue Diamant* (Leipzig 1919), *Die geschlossene Kette* (Berlin 1919); Zitatnachweise werden im fortlaufenden Text aus den genannten Ausgaben mit den Seitenzahlen (in Klammern) gegeben.

überwunden wird. In beruflichen Erfolgen übertrifft ihn der Untersuchungsrichter Dr. Unthan, den die Tugenden des – im Sinne Wulffens – modernen Juristen auszeichnen: er ist ein Meister in der psychologischen Führung der Ermittlungen und Verhöre. Wenn Unthan über Charaktere und ihre Verwicklung in Rechtsfälle ›erzählt‹, haben seine Schilderungen den Zuschnitt einer »vollendeten Novelle« (S. 302). Doch ist der Untersuchungsrichter kein Belletrist, sondern Autor kriminologischer Studien.

In dem Roman *Der blaue Diamant* wird die Figur des idealistischen Juristen und Kriminalpsychologen Dr. Dühring mit ironischen Brechungen dargestellt. Dühring, der seine psychologische »Weisheit gern von den Dichtern« (S. 56) bezieht, wird wegen der Unvorsichtigkeit seiner kriminalpsychologischen Neugier und seiner erotischen Verstrickungen selbst in einen Kriminalfall verwickelt. Mit seiner Person ist die zeitgenössische Kontroverse zwischen ›klassischer‹ und ›moderner‹ Kriminologie verknüpft. Die schwierige Lage, in die Dühring, der ›Moderne‹, kommt, schreibt sich in der Konstruktion der Erzählung seinen Erfahrungen mit der nordamerikanischen Kriminalistik und dem daraus entstehenden ›Amerikanismus‹ zu (damit ergeben sich auch Bezüge zum spektakulären Prozeß des Rechtsanwaltes Hau). In den USA hat Dühring einen besonderen Hang zum Phantastischen entwickelt; darunter leidet dann auch seine vernünftige Orientierung an ›modernen Schulen‹ der Kriminologie und damit auch seine Reputation als Kriminalpsychologe und Kriminalpädagoge. Schließlich zeigt jedoch die Wahl einer deutschen Braut, daß Dühring von seiner ›amerikanischen Krankheit‹ kuriert ist; als deutsch gesinnter Reformjurist soll er seinen Weg machen.

Daß die Strafjustiz in ihrem status quo reformbedürftig ist, wird auch im Roman *Die geschlossene Kette* vorgeführt; der Titel verweist auf das – einen Schuldspruch begründende – Schließen der Beweiskette. Die Gerichte können – als Folge fehlender psychologischer Kompetenz ihrer Vertretet sowie der unzulänglichen Untersuchungstechniken und Beurteilungsverfahren – nicht mehr verbürgen, daß Gerechtigkeit durchgesetzt wird. Zur literarischen Illustration der These wird in diesem Roman erneut ein Jurist das Opfer einer – juristisch unhaltbaren – Verdächtigung und Bestrafung. Der angeschuldigte Richter Villanyi hat einen ehebrecherischen Mord ›imaginiert‹; die Mordtat geschieht jedoch unabhängig von Villanyis Mordphantasien. Seine – dem Gesetz nach gültige – Unschuld wird nicht durch die Justizbehörden, sondern durch Zufall entdeckt.

Bringt man Wulffens Romane – mit Blick auf die zeitgenössische Justizkritik und die Reformbewegungen – auf einen Nenner, so hieße ihre Botschaft: Nur psychologisch geschulte Juristen können zuverlässig über Schuld und Unschuld entscheiden. Für ein gerechtes Urteil reicht die Kenntnis der Verfahrensbestimmungen und Gesetze nicht aus; Anwälte und Richter müssen sich – wie der Schriftsteller bei seinen Figuren – in die Charaktere der Mit- und Gegenspieler versetzen können. Nicht ›Formaljuristen‹ können dem Verbrechen wehren, Gerechtigkeit schaffen und die Justiz zu Ansehen führen, sondern nur solche Juristen, die ihre Wissenschaft in der offenen, innovationsfreudigen Praxis einer ›Kunst‹ betreiben.

6. Georg Heyms Erzählungen zu Kriminalfällen: Verbrechen als Metapher menschlicher Existenz

Gerade gegen Vorstellungen im Sinne Wulffens von einem geschlossenen oder zu schließenden Diskurssystem, in dem sich künstlerische Intuition und wissenschaftliche Kreativität verbinden, richtet sich um 1910 der Protest der expressionistischen Literatur, wenn sie abweichendes Verhalten thematisiert. Kritisiert werden die Scheinsicherheit der modernen Theorien und ihrer vermeintlichen empirischen Fundierung, das Vertrauen auf die alles erklärenden Zuschreibungen von biologisch-sozialen Determinationen und die – Ordnung stiftenden – kriminalpsychologischen Klassifikationen von Verbrechertypen ebenso wie die literarischen Konstruktionen, die in den Verweisungen von Ursachen und Wirkungen festgefügt sind. In seiner »literarischen« und »forensisch-medizinischen Studie« *Der Kriminalroman* (erschienen als Heft 7 der Münchener Reihe *Grenzfragen der Literatur und Medizin*) hatte noch 1908 (der spätere expressionistische Schriftsteller) Alfred Lichtenstein in einer problemgeschichtlichen Skizze der Kriminalliteratur seit E. A. Poe die Verbindungen wissenschaftlicher Erkenntnisse mit den literarischen Darstellungen (insbesondere zur Psychopathologie des Verbrechens) nachgezeichnet.[67]

Wenige Jahre später werden die ›naturalistisch fundierten Mythen‹[68] der aufeinander bezogenen literarischen und kriminologischen Diskurse durch eine poetische Metaphorik der Existenz herausgefordert. Schuld und Bestrafung erscheinen als Zeichen für die conditio humana, für die psycho-soziale Befindlichkeit bestimmter Gruppen in der Gesellschaft.[69] Täter und Opfer sind vielfach nicht zu unterscheiden; ›moral insanity‹ ist nicht die Ausnahme, sondern die Regel.

Der Schriftsteller und Intellektuelle sieht sich als Außenseiter in Gemeinschaft mit Kranken und Kriminellen, mit Irren und Prostituierten (vgl. die Einleitung in diesem Band, S. 50). Krankheitsgeschichten und Kriminalfälle werden nicht wegen ihres Informationswertes zum literarischen Material, sondern Krankheit und Verbrechen sind Existenz-Metaphern. Rätsel in der Ätiologie des Verbrechens sollen nicht gelöst werden, sondern neue Fragen provozieren. Damit verlieren auch die Vorgeschichten und Folgen krimineller Taten an Bedeutung; das Problem der Zurechnungsfähigkeit des Täters und einer angemessenen Bestrafung hat literarisch kein Gewicht, vielfach ist der juristisch erfaßbare Täter das eigentliche Opfer (vgl. beispielsweise *Die Ursache*, 1915, von L. Frank).[70] Gewalt erscheint als Resultat von Ohnmacht, die in verzweifelte Aktionen umgesetzt wird. Das ›nach-realistische‹ Erzählmodell, das Bestände aus literarischer Tradition, rechtskulturellem Wissen und Fachdiskussionen zu einem ›sinnfälligen‹ Ganzen zu verbinden suchte, wird verweigert und zerschlagen. Die ›Wahrheit‹ des literarisch entwickelten Geschehens wird nicht an der Realität des Rechts gemessen.[71] Fragen nach Schuld und Strafe spielen keine Rolle. Was in der juristischen Bestimmung von Sachverhaltsschilderungen nicht sein darf, wird literarisch gesucht: die

---

[67] Lichtenstein – 1913 zum Dr. jur. promoviert – hat für seine Studie die *Kriminalpsychologie* von Hanns Gross ausgiebig benutzt.

[68] Vgl. dazu Strasser: Verbrechermenschen, S. 60–84.

[69] Vgl. dazu Anz: Literatur der Existenz.

[70] Die eigentliche ›Ursache‹ der Gewalttat des Protagonisten und Dichters kann durch die juristische Ursachenforschung nicht ermittelt werden. Der ›gesunde Menschenverstand‹ der Gerichtspersonen greift angesichts der pathogenen Erfahrungen des Angeklagten aus seiner Jugendzeit zu kurz.

[71] Solche Ablösungen und Verweigerungen lassen sich in die Formen der Parodie und grotesken Umkehr ›rechtsrealitätsbezogener‹ Modelle überführen, vgl. etwa Serners Kriminalgeschichten oder die *Kriminal-Sonette* von Ludwig Rubiner, Friedrich Eisenlohr und Livingstone Hahn von 1913 (Neuausgabe München: Scherz 1962).

Mehrdeutigkeit, die den ›Fall‹ transzendierende Zeichenhaftigkeit des Geschehens.[72] Die Figuren dieser Texte sind nicht Träger einer justiziablen Straftat, sondern durch und durch ›Kunstfiguren‹ innerhalb eines besonderen Zeichen- und Sinnbildungsvorgangs.

Wenn in diesen frühexpressionistischen Texten der Kriminelle als ›Tier‹ erscheint,[73] ist gerade nicht der Bezug auf Zola und Lombroso gemeint; Referenzen zu den populärwissenschaftlichen und fachlich institutionalisierten Diskursen der Kriminologie sind ostentativ unterbrochen; das erzählte Geschehen wird – selbst bei ›Dichterjuristen‹ wie Georg Heym – entschieden aus dem möglichen Koordinatensystem rechtlicher Beurteilung gelöst. Weitgehend ist das Erzählen aus der Perspektive des Kriminellen oder Psychopathen organisiert, ohne daß damit unbedingt ein intentionales Verstehensmodell[74] für kriminelles Verhalten nahegelegt wäre; wichtiger ist, daß die eingespielten Verfahren des Aufbaus von textuellen Beurteilungsinstanzen außer Kraft gesetzt sind oder zumindest erschüttert werden.

Georg Heyms Erzählung von 1911 *Der Dieb* knüpft mehrfach an den Sensationsfall des Mona Lisa-Diebstahls aus dem Louvre am 21. August 1911 an, verfügt jedoch frei über das reale Geschehen. So wird etwa die Tat in Zusammenhang mit religiös begründeten sexistischen Wahnideen ›des Diebs‹ gebracht (vgl. Th. Manns Erzählung *Gladius dei* von 1902) und die Zerstörung des Bildes konstruiert, das beim Louvre-Diebstahl erst am 12. 12. 1913 in Florenz wohlbehalten entdeckt wurde.[75] Die Erzählung nimmt von einem Kriminalfall ihren Ausgang; sie wird jedoch im Ablauf nicht nach dem Schema einer ›Kriminalgeschichte‹ konstruiert. Schon mit dem verallgemeinernden Titel wird Distanz zu den gewohnten Titelformulierungen hergestellt, wie sie etwa durch R. Huchs *Der Fall Deruga* repräsentiert werden. Die Abkehr von den etablierten Erzählmodellen wird auch durch die weithin dominierende personale Erzählform markiert und durch das – allen Erwartungen juristischer und poetischer Gerechtigkeit Hohn sprechende – chaotische Ende der Erzählung.

Für *Der Irre*,[76] ebenfalls 1911 entstanden, hat die Heym-Philologie bislang noch keinen abgrenzbaren Fall als Stoff nachgewiesen;[77] es ist jedoch anzunehmen, daß

---

[72] Vgl. Anz: Literatur der Existenz, S. 44. – Vgl. auch die Prozesse einer kulturellen Semiose des Kriminalfalls ›Kaspar Hauser‹, der zum ›Rätsel des Zeitalters‹, zum Zeichen für die begrenzte Reichweite von Leistungen juristischer Aufklärung wird (dazu K. Imm in diesem Band, S. 460–462).

[73] Einen ersten Überblick bietet die Sammlung *Prosa des Expressionismus* (hg. v. Fritz Martini, als RUB 8379, Stuttgart: Reclam 1970ff.), vgl. dort insbesondere Döblins *Die Ermordung einer Butterblume*, Heyms *Der Irre*, Brods *Notwehr*, Bechers *Der Dragoner*.

[74] Vgl. Strasser: Verbrechermenschen, S. 22 u. 31f.

[75] Vgl. dazu Krispyn: Heym, S. 116–119.

[76] Ich zitiere im fortlaufenden Text mit der Seitenzahl (in Klammern) die Ausgabe Georg Heym: Dichtungen und Schriften. Hg. von Karl L. Schneider. Bd. 2. Hamburg u. München: Ellermann 1962, S. 19–34 *(Der Irre)*, S. 72–97 *(Der Dieb)*.

[77] Zum topographischen Referenzbereich ›Berlin‹ vgl. Schwarz: Von Wittenau ins Kaufhaus Wertheim.

sich Heym auch hierbei auf einen konkreten Vorfall stützt, der freilich wiederum literarisch entstellt und den eingespielten Beurteilungszusammenhängen entzogen wird. Auch in diesem Text wird die personale Erzählperspektive privilegiert; die Menge der Beobachtungen und Aussagen, die einem Außenstandpunkt zugeordnet werden können, ist deutlich geringer.[78] Der unpersönliche Erzähler stellt vor allem nur das Außergewöhnliche und das Befremdliche des Mordgeschehens heraus, ohne es einer moralischen Wertung oder einer wissenschaftlich-theoriebezogenen Erklärung zu unterwerfen.[79] Gerade die phantastischen Momente der Erzählung verweisen auf ihre prinzipielle zeichenhafte Funktion. Die Handlungen ›des Irren‹ sollen nicht mit Hilfe von neuem psychiatrischen oder kriminologischen Wissen erklärt werden, sondern der Leser wird mit einem ›Mörder‹ und ›Wahnsinnigen‹ konfrontiert, den er nicht mehr mit den geläufigen Bewertungsmustern beurteilen kann. Selbst das Schema ›Aggression resultiert aus erlittener Gewalt‹ (vgl. die Texte von Franzos, die ich weiter oben beschrieben habe) erfaßt das Geschehen angesichts der Ungeheuerlichkeiten der Mordtaten des Irren nur zum Teil.

»Das Tier«, das der Protagonist selbst in seinem Inneren wahrnimmt, wird nicht maskiert, sondern sogleich in Gestik und Bewegung nach außen weitergegeben.[80] Solche Aktionen erscheinen dann nicht als Beleg für die kriminologische These von der entarteten menschlichen Varietät oder der Bestie, die in jedem von uns schlummert. »Das Tier«, in das die Erzählung den Irren verwandelt, ist ebenso ein Raubtier, das seine Fänge in das Fleisch seiner Opfer schlägt, wie ein Vogel und ein Fisch, die sich in glücklicher Einsamkeit bewegen. »Das Tier« ist der Mensch außerhalb (vor und nach) der Zivilisation. Auf der Ebene solcher – letztlich mehrdeutigen – Existenzmetaphern konvergieren die Sinnlinien, die sich dieser Erzählung ›unerhörter Begebenheiten‹ einschreiben lassen.

Heyms ›expressionistische‹ Thematisierung von Kriminalität kennzeichnet die Position einer neuen Autonomie der Literatur von den rechtskulturellen und gar den juristischen Diskursen. Die knappen Bemerkungen zu dem juristisch geschulten Autor und Sohn eines Staatsanwalts wären auszuführen in einem eigenen Kapitel, das sein Ziel in der Sammlung *Die Außenseiter der Gesellschaft* (1924 begonnen) haben müßte, in der eine Reihe von Autoren, die dem Expressionismus zugerechnet wurden, in der literarischen Gestaltung zeitgenössischer Kriminalfälle für die zwanziger Jahre neue Konstellationen einer wissenschafts-, justiz- und gesellschaftskritischen ›Einmischung‹ entwickelten.

---

[78] Zur Erzählperspektive vgl. Blunden: *Der Irre*.

[79] Wo der Text ›psychiatrisch‹ gedeutet wird – wie bei Irle: Rausch und Wahnsinn – ergeben sich (sieht man von Irles ›misreadings‹ einmal ab) Mißverhältnisse zwischen dem Informationsaufbau des Textes (der nur partiell genutzt wird) und den Interpolationen des (wissenschaftlichen) Lesers.

[80] Vgl. zur »dämonisierenden Metapher« des Tieres bei Heym: Mautz: Mythologie und Gesellschaft, S. 86–112.

7. Anhang

(A) Das Spektrum des ›literarischen Diskurses über Kriminalität‹ um 1900
(vgl. dazu Plaul: Trivialliteratur, S. 215f.)

Zum Bereich ›Drama‹ (vgl. beispielsweise):

Frank Wedekind: Erdgeist, 1895, und: Die Büchse der Pandora, 1904.

Zum Bereich ›Lyrik‹ (vgl. beispielsweise):

M. Friedrich Eisenlohr / Livingstone Hahn / Ludwig Rubiner: Kriminal-Sonette, 1913, oder die ›Moritaten‹ Frank Wedekinds.

Zum Bereich ›Erzählprosa‹:

- Heftreihen/Kolportage-Romane/Serien aus Kolportage-Verlagen wie:
  Das Schwarze Buch. Verbrecher-Gallerie oder glaubwürdige Darstellung verbrecherischer Handlungen berüchtigter Menschen. Raub-, Mord-, Diebes- und Gaunergeschichten etc. Dresden 1867–71.
  Berühmte Räuber der Welt. 1909ff. [historische und fiktive Figuren, z. B. Karl Moor u. Rinaldo Rinaldini].
  Schwarze Bibliothek. Galgenvögel oder blutige Thaten menschlicher Ungeheuer. Raub-, Mord-, Gauner- und Diebesgeschichten aus alter und neuer Zeit. Dresden 1871f.
  Karl May: Der verlorene Sohn oder Der Fürst des Elends. Roman aus der Criminal-Geschichte. Dresden 1883–85 [Kolportageroman bei Münchmeyer].
  Guido v. Fels: Fürst der Geheimpolizisten Gerhard Rotenberg im Kampf mit der Verbrecherwelt. Kriminal-Roman der Neuzeit. Neusalza 1913f.
  Kriminal-Bibliothek. Eine Sammlung spannender Romane und Novellen, sowie interessanter Kriminalfälle aus alter und neuer Zeit. [3 Jahrgänge] Dresden 1889–93.
  Fritz Stagart's Abenteuer. Kriminal-Novellen. 1905–1907 (= Kriminal-Bibliothek).
  Wanda von Brannburg [?]. Deutschlands Meister Detectivin. 1907f.
- Kriminalskizzen, Kriminalgeschichten, Kriminalnovellen im Zeitungsfeuilleton und in Zeitschriften
- Sammlungen von Kriminalgeschichten/Kriminalnovellen
- Selbständige Kriminalerzählungen und Kriminalromane
- Reihen für Kriminalromane, Kriminalgeschichten, Detektivgeschichten und Tribunalerzählungen (vgl. das Titelverzeichnis bei Hügel: Untersuchungsrichter, S. 305–327).
- Gerichtsreportagen in Zeitungen und Zeitschriften sowie Sammlungen von Gerichtsreportagen wie:
  Hugo Friedlaender: Interessante Kriminalprozesse von kulturhistorischer Bedeutung. Darstellung merkwürdiger Strafrechtsfälle aus Gegenwart und Jüngstvergangenheit. Nach eigenen Erlebnissen von H. F., Gerichts-Berichterstatter. Eingeleitet von Justizrat Dr. Erich Sello, Berlin. Berlin 1910 [als erster Band, mit Ankündigung weiterer 11 Bde.].
- Pitavalgeschichten/Sammlungen von historischen und aktuellen Kriminalfällen wie:
  R. Frank u. a. (Hg.): Der Pitaval der Gegenwart. Almanach interessanter Straffälle. 1903ff. [Herausgeber sind R. Frank, Professor in Tübingen, G. Roscher, Polizeidirektor in Hamburg, H. Schmidt, Reichsgerichtsrat in Leipzig].
  Ubald Tartaruga: Der Wiener Pitaval. Eine Sammlung der interessantesten Kriminalprozesse aus Alt- und Neu-Wien. 2 Bde. (1. Aufl. 1913) 2. bedeutend vermehrte Aufl. Wien u. Leipzig 1924 [Der Autor war Ober-Polizeirat].

(B) Untersuchungen zum Recht und zum kriminologischen Wissen in der ›schönen Literatur‹ (Auswahl)

August Pietscher: Jurist und Dichter. Versuch einer Studie über Ihering's *Kampf um's Recht* und Shakespear's *Kaufmann von Venedig*. Ein Vortrag. Dessau 1881.

Josef Kohler: Shakespeare vor dem Forum der Jurisprudenz. Würzburg 1883.

Fritz Friedmann: Verbrechen und Krankheit im Roman und auf der Bühne. Berlin o. J. [1889/90].

Cesare Lombroso: Der Verbrechertypus in der Literatur, das ist Kap. 16 in: C. L.: Neue Fortschritte in den Verbrecherstudien. (Ital. 1893). Leipzig 1894, S. 409–441.

Adolf Merkel: Über die Idee der Gerechtigkeit bei Schiller. In: A. M.: Gesammelte Abhandlungen aus dem Gebiet der allgem. Rechtslehre u. des Strafrechts. Bd. 1. Straßburg 1899, S. 148–161.

Franz v. Liszt: Tolstoi als Kriminalist. [Vortrag] Berlin 1903.

Paul Näcke: Emile Zola. In memoriam. Seine Beziehung zur Kriminalanthropologie und Sociologie. In: Archiv f. Kriminalanthropologie und Kriminalistik 11 (1903), S. 80–98.

Josef Kohler. Verbrechertypen in Shakespeares Dramen. Berlin 1903.

Ferdinand Tönnies u. Wilhelm Schlüter: Schiller und das Verbrecherproblem. In: Deutschland. Monatsschrift für die gesamte Kultur. Bd. 6 (1905), S. 164–190.

Jacques Stern: Über den Wert der dichterischen Behandlung des Verbrechens für die Strafrechtswissenschaft. In: Zs. f. d. gesamte Strafrechtswissenschaft 26 (1906), S. 141–171.

August Goll: Verbrecher bei Shakespeare. Stuttgart 1908 [Übers. aus der dänischen Originalausgabe von 1907; mit einem Vorwort von F. v. Liszt].

Scipio Sighele: Littérature et criminalité. Paris 1908.

Heinrich Ch. Caro: Heinrich von Kleist und das Recht. Zum 100jährigen Todestage Kleist's (21. November 1911). Berlin 1911.

Georg Müller: Das Recht in Goethes *Faust*. Juristische Streifzüge durch das Land der Dichtung. Berlin 1913 [?]. – Dazu eine Rez. von Kurt Tucholsky (Ges. Werke Bd. 1. Reinbek 1960, S. 76f.)

Hermann Mannheim: Rechtsgefühl und Dichtung. In: Zs. f. Rechtsphilosophie 3 (1921), S. 251–289.

(C) Schriften von Erich Wulffen

1. Kriminalistische und juristische Werke
- Handbuch für den exekutiven Polizei- und Kriminalbeamten, 2 Bände. Dresden 1905.
- Strafgesetzbuch für das Deutsche Reich mit Erläuterungen. Dresden 1905.
- Reformbestrebungen auf dem Gebiete des Strafvollzugs. Dresden 1905.
- Formularbuch für Brandstiftungsuntersuchungen. Merseburg 1907.
- Polizeierörterungen von Brandstiftungen. Merseburg 1907.
- Manulescu und seine Memoiren. Berlin 1907.
- Psychologie des Verbrechers, 2 Bände. Berlin 1908.
- Der Sexualverbrecher, 1.–11. Auflage. Berlin 1910–1928 / Hamburg 1931.
- Gauner- und Verbrechertypen. Berlin 1910.
- Das Kind, sein Wesen und seine Entartung. Berlin 1913.
- Reichspreßgesetz. München 1913.
- Kriminalpädagogie. Leipzig 1915.
- Psychologie des Giftmordes. Wien 1917 (= Urania-Bücherei 6).
- Psychologie des Hochstaplers. Leipzig 1923.
- Das Weib als Sexualverbrecherin, 1.–3. Auflage. Berlin 1923 / Hamburg 1931.
- Kriminalpsychologie. Psychologie des Täters. Berlin 1926 / Hamburg 1931.

2. Zahlreiche kriminalistische Aufsätze und Vorträge

3. Bücher und Aufsätze im literarisch-kriminalistischen Grenzgebiet
- Ibsens Nora vor dem Strafrichter und Psychiater. Halle 1907.
- Kriminalpsychologie und Psychopathologie in Schillers *Räuber*. Halle 1907.
- Gerhart Hauptmanns Dramen vor dem Forum der Kriminalpsychologie und Psychiatrie. Breslau 1908.
  (2. Aufl.: G. H.'s Dramen. Kriminalpsychologische und pathologische Studien. Berlin 1911).
- Das Sexualproblem Griseldis. In: Sexualprobleme. Frankfurt 1909.
- Das Kriminelle im deutschen Volksmärchen. In: Archiv f. Kriminalanthropologie. Leipzig 1910.
- Shakespeares große Verbrecher Richard III – Macbeth – Othello. Berlin 1911.
- Shakespeares Hamlet – ein Sexualproblem. Berlin 1913.
- Kunst und Verbrechen. In: Karl-May-Jahrbuch 8. Radebeul 1925, S. 267–318.
- Sexualspiegel von Kunst und Verbrechen. Dresden 1928.
- Irrwege des Eros. Dresden 1929.

4. Gedichte, Dramatisches, Romane (KR = Kriminalroman)
- Erstlinge, poetische Blätter (Pseudonym: W. Erich). Dresden 1882.
- Tasso in Darmstadt, Lustspiel. Chemnitz 1897.
- Poeta laureatus, Drama. Dresden 1899.
- Entehrende Arbeit, Drama (Pseudonym: Erich Larsen). Dresden 1900.
- Die Varusschlacht, Lustspiel. Dresden 1901.
- Frau Justitias Walpurgisnacht, Roman. Berlin 1913.
- Die Traumtänzerin, Roman (mehrere Ausgaben). Berlin 1915 / Leipzig 1920.
- Der Mann mit den sieben Masken, Roman (KR, mehrere Ausgaben). Dresden 1917 / Berlin 1928.
- Die Kraft des Michael Argobast, Roman (KR, mehrere Ausgaben). Dresden 1917 und 1924.
- Deutsche Renaissance, Roman. Dresden 1917.
- Vorgelesen, genehmigt! Roman (KR). Berlin 1917.
- Das Haus ohne Fenster, Roman. Berlin 1919.
- Die geschlossene Kette, Roman (KR, mehrere Ausgaben). Berlin 1919 und 1923.
- Der blaue Diamant, Roman (KR). Leipzig 1919.
- Die Frauen von Loburg, Roman. Berlin 1921.
- Sieben Jahrhunderte, Festspiel. Dresden 1926.
- Meißen, Festspiel. Meißen 1929.

Literaturverzeichnis

Thomas Anz: Literatur der Existenz. Literarische Psychopathographie und ihre soziale Bedeutung im Frühexpressionismus. Stuttgart: Metzler 1977.

Allan Blunden: Notes on Georg Heym's Novelle *Der Irre*. In: German Life and Letters, N. S. 28 (1975), S. 107–119.

Isabella Claßen: Darstellung von Kriminalität in der deutschen Literatur, Presse und Wissenschaft 1900 bis 1930. Frankfurt/M. u. a.: Lang 1988 (= Hamburger Beiträge zur Germanistik, Bd. 8).

Hermann Conradi: Wilhelm II. und die junge Generation. Eine zeitpsychologische Betrachtung. Leipzig: Friedrich [1889].

(Oberstudienrat Professor) Dingeldey: Erich Wulffen. Lebensgeschichte des Jubilars. In: Erich Wulffen. Festschrift zu seinem 70. Geburtstag. Hg. v. Dr. Baumgarten u. a. Berlin: Hanseatischer Rechts- und Wirtschaftsvlg. 1932, S. 12–40.

Dietrich v. Engelhardt: Sittlichkeitsverbrechen in Wissenschaft und Literatur des 19. Jahrhunderts. In: Henner Hess u. a. (Hg.): Sexualität und soziale Kontrolle. Beiträge zur Sexualkriminologie. Heidelberg: Kriminalistik-Vlg. 1978, S. 141–168.

Jürgen Fohrmann: Abenteuer und Bürgertum. Zur Geschichte der deutschen Robinsonaden im 18. Jahrhundert. Stuttgart: Metzler 1981.

Michel Foucault (Hg.): Der Fall Rivière. Materialien zum Verhältnis von Psychiatrie und Strafjustiz. (Franz. 1973). Frankfurt/M.: Suhrkamp 1975 (= stw 128).

Ders.: Die Ordnung des Diskurses. Inauguralvorlesung am Collège de France – 2. Dezember 1970. Frankfurt/M. u. a.: Ullstein 1977 (= Ullstein-Buch 35037).

Monika Frommel: Die Rolle der Erfahrungswissenschaften in Franz von Liszt's »Gesamte Strafrechtswissenschaft«. In: Kriminalsoziologische Bibliografie H. 42 (1984), S. 36–53.

Jürgen Habermas: Moral und Sittlichkeit. Hegels Kantkritik im Lichte der Diskursethik. In: Merkur 39 (1985) S. 1041–1052.

Karl-Heinz Hering: Der Weg der Kriminologie zur selbständigen Wissenschaft. (Jur. Diss. Mainz 1966) Hamburg: Kriminalistik-Vlg. 1966.

Renate v. Heydebrand u. a. (Hg.): Zur theoretischen Grundlegung einer Sozialgeschichte der Literatur – ein struktural-funktionaler Entwurf. Tübingen: Niemeyer 1987.

Hans-Otto Hügel: Untersuchungsrichter, Diebsfänger, Detektive. Theorie und Geschichte der deutschen Detektiverzählung im 19. Jahrhundert. Stuttgart: Metzler 1978.

Gerhard Irle: Rausch und Wahnsinn bei Gottfried Benn und Georg Heym. Zum psychiatrischen Roman. In: Winfried Kudszus (Hg.): Literatur und Schizophrenie. Tübingen: Niemeyer 1977 (= dt 45), S. 104–112.

Jürgen Koepp: Wie die Literatur Wissen schafft. Zu Neuerscheinungen von Feyerabend, Goodman, Knorr-Cetina. In: Merkur 39 (1985), S. 334–340.

Egbert Krispyn: Georg Heym. A Reluctant Rebel. Gainesville: Univ. of Florida Press 1968.

Hans Joachim Kruse: Nachwort zu Paul Lindau: Der Prozeß Graef. Drei Berliner Sensationsprozesse sowie zwei andere aufsehenerregende Kriminalfälle des ausgehenden 19. Jahrhunderts. Hg. v. H. J. K. Berlin: Das Neue Berlin 1985, S. 321–334.

Hans Kurella: Naturgeschichte des Verbrechers. Stuttgart: Enke 1898.

Wolf Lepenies: Der Wissenschaftler als Autor. Über konservierende Funktionen der Literatur. In: Akzente 25 (1978), S. 129–147.

Ders.: »Schön und korrekt«. Die Literatur als Bezugsgruppe wissenschaftlicher Außenseiter. In: Heine v. Alemann u. Hans P. Thurn (Hg): Soziologie in weltbürgerlicher Absicht. Opladen: Westdeutscher Vlg. 1981, S. 90–100.

Ders.: Transformation and Storage of Scientific Traditions in Literature. In: Leonard Schulze u. Walter Wetzels (Hg.): Literature and History. Lanham u. London: University Press of America 1983, S. 37–63.

Ders.: »Über den Krieg der Wissenschaften und der Literatur«. Der Status der Soziologie seit der Aufklärung. In: Merkur 40 (1986), S. 482–494.

Jürgen Link: Noch einmal: Diskurs. Interdiskurs. Macht. In: KultuRRevolution 11 (1986) S. 4–7.

Ursula Link-Heer: Über den Anteil der Fiktionalität an der Psychopathologie des 19. Jahrhunderts. In: Zs. f. Linguistik und Literaturwissenschaft 13 (1983) H. 51/52, S. 280–302.

Franz v. Liszt: Die Aufgaben und die Methoden der Strafrechtswissenschaft. (1899). In: F. v. L.: Strafrechtliche Aufsätze und Vorträge. Bd. 2. Berlin: Guttenberg 1905, S. 284–298.

Ders.: Die strafrechtliche Zurechnungsfähigkeit. (1896). In: F. v. L.: Strafrechtliche Aufsätze und Vorträge. Bd. 2. Berlin: Guttenberg 1905, S. 214–229.

Ders.: Die Zukunft des Strafrechts. (1892). In: F. v. L.: Strafrechtliche Aufsätze und Vorträge. Bd. 2. Berlin: Guttenberg 1905, S. 1–24.

Ders.: Vorwort zu August Goll: Verbrecher bei Shakespeare. Stuttgart u. a.: Juncker 1908, S. I–VI.

Hermann Mannheim: Rechtsgefühl und Dichtung. In: Zs. f. Rechtsphilosophie 3 (1921), S. 251–289.
Kurt Mautz: Mythologie und Gesellschaft im Expressionismus. Die Dichtung Georg Heyms. Frankfurt/M.: Athenäum 1961.
Harro Müller: Einige Argumente für eine subjektdezentrierte Literaturgeschichtsschreibung. In: Albrecht Schöne (Hg.): Akten des VII. Internationalen Germanisten-Kongresses 1985. Bd. 11. Tübingen: Niemeyer 1986, S. 24–33.
Heinz Müller-Dietz: Kriminologie und Literatur. – Ein Literatur-Bericht. In: Gerhard Kielwein (Hg.): Entwicklungslinien der Kriminologie. (Annales Universit. Saraviensis 117) Köln u.a.: Heymann 1985, S. 59–91.
Werner Obermeit: Die Wirklichkeit des Fiktiven. Literatur und Psychoanalyse. In: Psyche 35 (1981) H. 3, S. 193–208.
Hainer Plaul: Illustrierte Geschichte der Trivialliteratur. Hildesheim u.a.: Olms 1983.
Gustav Radbruch: Die Psychologie der Gefangenschaft. In: Zs. f. d. gesamte Strafrechtswissenschaft 32 (1911), S. 339–354. Wiederabdruck in: Zs. f. Strafvollzug 3 (1952f.), S. 140–153.
Wilhelm Schäfer: Der Schriftsteller. Frankfurt/M.: Rütten & Loening 1910.
Waltraut Schwarz: Von Wittenau ins Kaufhaus Wertheim. *Der Irre* von Georg Heym. Expressionismus durch Weglassen. In: Neue deutsche Hefte 26 (1979), S. 70–88.
Horst Sendler: Karl Emil Franzos (1848–1904): Ein Kämpfer ums Recht. In: Neue Juristische Wochenschrift 40 (1987), S. 1361–1369.
Jacques Stern: Über den Wert der dichterischen Behandlung des Verbrechens für die Strafrechtswissenschaft. In: Zs. f. d. gesamte Strafrechtswissenschaft 26 (1906), S. 141–171.
Peter Strasser: Verbrechermenschen. Zur kriminalwissenschaftlichen Erzeugung des Bösen. Frankfurt/M. u. New York: Campus 1984.
Waltraud Woeller: Illustrierte Geschichte der Kriminalliteratur. (1984). Frankfurt/M.: Insel 1985.
Erich Wulffen: Kriminalpsychologie und Psychopathologie in Schillers *Räuber*. Halle: Marhold 1907.
Ders.: Psychologie des Verbrechers. 2 Bde. Berlin: Langenscheidt 1908.
Ders.: Shakespeares große Verbrecher Richard III – Macbeth – Othello. Berlin: Langenscheidt 1911.
Ders.: Kunst und Verbrechen. In: Karl-May-Jahrbuch 8 (1925), S. 267–318.
Ders.: Kriminalpsychologie. Psychologie des Täters. Berlin: Langenscheidt 1926.

Joachim Linder

»Sie müssen das entschuldigen, Herr Staatsanwalt, aber es ist so: wir trauen euch nicht...«

Strafjustiz, Strafrechtsreform und Justizkritik im *März*, 1907–1911*

1. Literarische Justizkritik nach 1900: Interessen, Themen und Darstellungen

Unter dem Titel »Dank an Kurt Tucholsky« veröffentlichte die *Zeitschrift für Rechtspolitik* 1985 einen Aufsatz, in dem die Juristen der Weimarer Republik charakterisiert werden:

> Die Bände der ›Deutschen Richterzeitung‹ spiegeln den geistigen Zustand der übergroßen Mehrheit der deutschen Richter und Staatsanwälte nach 1918 wider: Monarchisch eingestellt, in der Grundtendenz autoritär, politisch überwiegend konservativ, ja reaktionär.

Hans Wrobel würdigt hierzu den Justizkritiker Tucholsky, zählt ihn zu den »Sachwaltern von Recht und Gerechtigkeit«[1] in der Weimarer Republik, vor allem aber übernimmt und bekräftigt er die Diagnose, die Tucholsky der Justiz seiner Zeit gestellt hatte. Es gehört mittlerweile zur ›herrschenden Meinung‹ unter Juristen und Rechtshistorikern, daß die Justiz der Weimarer Republik zu sehr am ›Althergebrachten‹ festhielt, um einen Beitrag zur Konsolidierung der Demokratie nach 1918 leisten zu können.[2] Was Literaten und Publizisten seinerzeit gegen die Strafjustiz einwandten, findet jetzt Zustimmung, und zwar auch dann, wenn die Kritik im Ton als »scharf, ätzend, überzogen« empfunden wird.[3] So entfaltet die literarische und publizistische Kritik an der Justiz in den Jahren zwischen 1918 und 1933 ihre Wirkung erst heute. Insbesondere die Literatur ist zu einem wichtigen Aus-

---

* Über ›Justizkritik in der deutschen Literatur‹ konnte ich im Sommersemester 1983 im Münchner Oberseminar von Professor Walter Müller-Seidel ein Referat halten. Die Diskussion, in der ich viele Frage unbeantwortet lassen mußte, legte es nahe, einzelne ›mediale Orte‹ und Textsammlungen unter dem Aspekt der ›Justizkritik‹ näher zu untersuchen. Dabei stellte sich die Vielfalt justizkritischer Texte von Literaten und Publizisten erst heraus. Ich lege jetzt ein Teilergebnis meiner ›Nachschau‹ vor, das in den größeren Zusammenhang einer ›Geschichte der literarischen Justizkritik‹ gehören würde. Professor Müller-Seidel und den Mitgliedern seines Oberseminars habe ich für Kritik und Anregungen zu danken.

1 Wrobel: Tucholsky, S. 314 u. 313.

2 Zur Geschichte der Justiz vor und nach dem ersten Weltkrieg vgl. Kirchheimer: Politische Justiz, S. 314–320; dort auch weitere Nachweise. Inzwischen ist als weitere materialreiche Studie erschienen: Klaus Petersen: Literatur und Justiz in der Weimarer Republik. Stuttgart: Metzler 1988.

3 Wrobel: Tucholsky, S. 313.

gangspunkt für die rechtshistorische Betrachtung geworden – wir sehen die Justiz dieser Zeit weithin durch die Brille von Literaten.

Die Wertschätzung, die Literatur und Publizistik im Hinblick auf die Darstellung und Wertung der Justiz der Weimarer Republik genießen, läßt die ›Vorgeschichte‹ leicht übersehen: Aus der Zeit vor 1918 werden häufig nur einzelne Namen genannt und aus dem Zusammenhang des justizkritischen Diskurses, den es etwa seit 1900 kontinuierlich gibt, herausgehoben – zu denken ist an Karl Kraus und Maximilian Harden, an Heinrich Mann und Franz Kafka. Bezeichnend für diese Einschätzung ist, daß der Jurist Otto Gritschneder über Ludwig Thoma, von dem ich die Titelzeile für diesen Beitrag übernommen habe, schreibt: »Seine autoritätsallergische Grundhaltung, sein Vergnügen an plastischen und groben Formulierungen verführten [ihn] zu ungezählten weiter nichts als rüpelhaften Äußerungen gegen die Justiz und die Juristen seiner Zeit.«[4] Thomas Justizkritik ist aber kein Einzelfall, der isoliert zu betrachten und allenfalls unter individualpsychologischen Gesichtspunkten zu erklären wäre; Justizkritik erhält ihren wichtigen Stellenwert bei Literaten nicht erst in der Weimarer Republik, sie rückt schon in den Jahren vor dem Ersten Weltkrieg in den Vordergrund ihres Interesses. Insbesondere Walter Müller-Seidel hat gezeigt, daß »mit dem Aufbruch zur Moderne« Justizkritik »umfassende Geltung« gewinnt, »auch und gerade im Bereich der literarischen Formensprache«.[5] Er übersieht dabei keineswegs, daß die Autoren im frühen 20. Jahrhundert anknüpfen konnten an justizkritische Texte des frühen 19. Jahrhunderts; gleichsam als ›Bezugsautoren‹ werden Schiller, Kleist und Hoffmann genannt – und damit nicht zufällig Texte und Autoren aus der Zeit der Wende vom 18. zum 19. Jahrhundert.[6]

Selbst wenn man die Tendenzen der literarischen und paraliterarischen Kriminalitätsdarstellungen des 19. Jahrhunderts nur stichwortartig umreißt, werden die Veränderungen sichtbar, die sich nach 1900 abzeichnen und sich schließlich so durchsetzen können, daß sie nach 1918 – in einem veränderten politischen Umfeld – dominieren. Gleichzeitig wird jedoch deutlich, daß die Inhalte und Verfahren der Texte aus der Zeit nach 1900, in denen Justizkritik (wieder) in den Vordergrund rückt, die ›Vorbilder‹ des frühen 19. Jahrhunderts aufnehmen und produktiv weiterentwickeln, und zwar insbesondere durch Verbindung der täter- mit der institutionenbezogenen Darstellung als Voraussetzung für wirksame Justizkritik. Mit wenigen Ausnahmen blieben die Texte, die nach 1820 bis 1900 publiziert wurden, täterorientiert. Das Paradigma stellte die authentische Fallgeschichte, die ›Pitavalgeschichte‹ – und zwar seit der Veröffentlichung der *Aktenmäßigen Darstellung merkwürdiger Verbrechen* von P. J. A. Feuerbach (1928/29). Ihre Ziele sind die Rekonstruktion der Täterbiographie und die Deutung des

4 Gritschneder: Thoma, S. 617.

5 Müller-Seidel: Heinrich Mann, S. 105.

6 Auch in der Kriminologie werden am Beginn des 20. Jahrhunderts Konzepte entwickelt, die mit den Fragestellungen der Kriminalpsychologie und -anthropologie der Wende vom 18. zum 19. Jahrhundert verwandt sind. Vgl. dazu Schneider: Kriminalpsychologie, S. 418 u. 421 sowie Lamnek: Kriminologie, S. 67.

individuellen Verbrechens vor diesem Hintergrund (vgl. meinen Beitrag in diesem Band, S. 313–348). Diese Interessen und – mit Adaptionen – auch die entsprechenden Darstellungsverfahren werden von den fiktiv-literarischen Kriminalgeschichten, die sich seit der Mitte des 19. Jahrhunderts durchsetzen, übernommen. Bei Schiller, Büchner und noch bei Bettine von Arnim verbinden sich das Interesse am Täter mit dem Angriff auf die Legitimation der zeitgenössischen Strafpraxis. In dem Maße, in dem Alternativen zur gängigen Rechtspraxis (aus naturrechtlicher und seelenkundlich-psychologischer Sicht) im literarischen Fiktionsraum ›durchgespielt‹ werden, wird sichtbar, daß die überkommenen Verfahrens- und Urteilspraktiken einem veränderten Menschenbild nicht mehr angemessen sind. Gegenüber dem frühen 19. Jahrhundert setzt nach 1850 eine Verengung des Themenspektrums ein: ›Die Verbrechensgeschichte‹ verdrängt die ›Verfahrensgeschichte‹ fast vollständig, wobei sich das Interesse gänzlich auf die psychologische Deutung der Täterbiographie richtet. Ermittlungen, Gerichtsverfahren und Verurteilungen spielen nur noch am Rande eine Rolle, sie sind die notwendige Folie, vor der eine Täterbiographie entfaltet und als individueller ›Weg zum Verbrechen‹ gedeutet werden kann. Diese Literatur ist justizapologetisch, das justizkritische Potential, das auch in der täterorientierten Darstellung enthalten ist, geht nach 1850 vollends verloren. Gänzlich in den Hintergrund tritt schließlich die wissensgesättigte Darstellung von Institutionen und Verfahrensabschnitten in kritischer Absicht, die von den Praktikern des Inquisitionsverfahrens wie E. T. A. Hoffmann und J. D. H. Temme auf je eigene Weise in die Literatur eingeführt worden war.[7]

Die Sammlungen mit authentischen Fallgeschichten können als Orientierungsmarken betrachtet werden, an denen sich die Wandlungen bei der Darstellung von Kriminalität und Justiz kontinuierlich ablesen lassen. So zeigt sich die ›neue Vielfalt‹, die nach 1900 erarbeitet wurde, wiederum an einer solchen Sammlung: An der von Rudolf Leonhard 1924/25 im Verlag *Die Schmiede* herausgegebenen Sammlung *Außenseiter der Gesellschaft. Die Verbrechen der Gegenwart* wird der Bruch mit der Pitavaltradition evident (zu den Darstellungsverfahren im Paradigma seit 1850, dem *Neuen Pitaval*, vgl. meinen Beitrag in diesem Band, S. 313–348). Dies wird schon dadurch signalisiert, daß in der neuen Reihe jeder Fall von einem Autor selbständig erarbeitet wird und als selbständiges Buch (wenngleich in einheitlicher Ausstattung) erscheint. Es ist nicht mehr ein Herausgeber oder Autor für die einheitliche Darstellungs- und Deutungsperspektive verantwortlich; unterschiedliche Blickwinkel sind ausdrücklich zugelassen. Charakterisiert man die einzelnen Texte der Reihe nur stichwortartig, so wird ihre Eigenständigkeit unmittelbar deutlich; jeder der beteiligten Autoren setzt sich auf seine Art mit dem gewählten Thema und den Möglichkeiten seiner literarischen Verarbeitung auseinander.

1. Alfred Döblin *Die beiden Freundinnen und ihr Giftmord*: Der Text rekonstruiert und deutet die Täterbiographien; die Formalia des Strafverfahrens bleiben im

[7] Zu Hoffmann und Temme vgl. Imm u. Linder: Verdächtige und Täter, S. 22f.

Hintergrund, seine Ergebnisse werden verarbeitet, und zwar so, daß die Rekonstruktion des Falles Skepsis hinsichtlich der vollständigen Erklärbarkeit eines Lebensvorganges begründet: auch beim Einsatz fortschrittlichsten Wissens aus Medizin und Psychologie bleiben Fragen offen. Diese Skepsis erstreckt sich auch auf die Möglichkeiten der (literarischen) Darstellung: das ›Pitaval-Dogma‹ vollständiger Darstell- und Deutbarkeit wird nicht nur aufgegeben, sondern auch als Ideologie kritisiert.

2. Egon Erwin Kisch *Der Fall des Generalstabchef Redl*: Reportage, die ihre Entstehungsbedingungen (»schreib das auf, Kisch«) nicht verschweigt. Die Ermittlungs- und Verfahrensinteressen werden mit der Deutung der Täterbiographie verbunden; aus der subjektiven Sicht des Reporters werden der staatliche Machtanspruch und die militärische ›Bewältigung‹ der Affäre Redl kritisiert.

3. Eduard Trautner *Der Mord am Polizeiagenten Blau*: Ebenfalls in der Form einer Reportage werden am Fallbeispiel (Verbrechensgeschichte) die Verbindungen zwischen der Polizei und militanten Rechtskreisen nachgewiesen; die ›Rechtsblindheit‹ der Justiz steht im Zentrum der Kritik.

4. Ernst Weiß *Der Fall Vukobrankovics*: Die Pitavalgeschichte wird mit der Krankengeschichte verbunden, daraus ergibt sich Verfahrenskritik, denn die Justiz erweist sich als unfähig, die Verbrechen kranker Menschen vom Typ der M. Vukobrankovics pesönlichkeitsangemessen zu beurteilen. Die Probleme der Darstellung – in den Verhandlungen des Gerichts, in den Zeitungsberichten und in der Fallgeschichte – werden thematisiert, der umfassend deutungsfähige Pitavalerzähler weicht einem Erzähler, der die Zweifel an der narrativen Rekonstruktion auf den eigenen Text ausdehnt.

5. Iwan Goll *Germaine Berton. Die rote Jungfrau*: Stilisierung einer politischen Täterin zur anarchistischen Jeanne d'Arc – in bestimmten historischen Situationen erhält die an sich sinnlose Tat ›Eigensinn‹.

6. Theodor Lessing *Haarmann. Die Geschichte eines Werwolfs*: Die Verbrechensgeschichte wird biographisch rekonstruiert und als eigenständige Deutung gegen das Verfahren ausgespielt: Dem »Werwolf« Haarmann vermag die Justiz allein schon deshalb nicht gerecht zu werden, weil sie ihn sich vorher als Spitzel gehalten hatte. Der Prozeßbeobachter wird zur letzten Instanz, die über Täter, Gericht und Gesellschaft urteilt.

7. Karl Otten *Der Fall Strauss*: Die Verbrechensgeschichte und die Verbrecherbiographie werden so rekonstruiert, daß der Typ des Gentleman-Verbrechers entsteht, der sich in Rebellion gegen die Gesellschaft befindet. Die Verbindungen zwischen dem Künstler- und dem Verbrechertypus stellen sich vordergründig durch die literarische Produktion des Täters her, beide jedoch wurzeln in der Außenseiterposition.

8. Arthur Holitscher *Ravachol und die Pariser Anarchisten*: Dokumentarische Verfahrensgeschichte; die Probleme der Definition politischer Verbrechen wer-

den in den Vordergrund gerückt; die Justiz erscheint als verlängerter Arm der Staatsmacht.

9. Leo Lania *Der Hitler-Ludendorff-Prozeß*: Prozeßreportage, in der die Farce des Münchner Verfahrens nachgezeichnet wird; einmal mehr wird die ›Rechtsblindheit‹ der Weimarer Justiz nachgewiesen.

10. Franz Theodor Csokor *Schuß ins Geschäft. Der Fall Otto Eissler*: Konträre Deutungen einer Verbrecherbiographie durch den Erzähler einerseits, das Gericht andererseits. Der Erzähler erweitert den Deutungshorizont, indem er die historischen und ökonomischen Hintergründe der Tat einbezieht – gegen die allein tatbezogene Urteilspraxis.

11. Thomas Schramek *Freiherr von Egloffstein*: Verbrechensgeschichte, in der die literarischen Muster der Hochstaplergeschichte ausgiebig genutzt werden; so wird der authentische Fall zur Groteske.

12. Kurt Kersten *Der Moskauer Prozeß gegen die Sozialrevolutionäre 1922*: Prozeßreportage mit dem Ziel, die humanitäre Überlegenheit der nach-revolutionären Prozeßführung in Rußland gegenüber dem deutschen, unverändert bürgerlichen Strafprozeß hervorzuheben.

13. Karl Federn *Ein Justizverbrechen in Italien, der Prozeß Murri-Bonmartini*: Verfahrensgeschichte, in der vor allem die ›Struktur‹ der Entstehung eines Justizmordes aufgedeckt werden soll.

14. Hermann Ungar *Die Ermordung des Hauptmanns Hanika. Tragödie einer Ehe*: Pitavalgeschichte, die sich auf die Seite der Täterin schlägt; Diskrepanz zwischen juristischer Gerechtigkeit und alltäglichem Rechtsempfinden; ›kleinbürgerliche Geschworene und Richter‹ sind nicht in der Lage, die Verbindung zwischen Recht und Moral herzustellen; auf der Ebene der Darstellungsverfahren wird die übliche Kohärenzbildung durch (fiktionale) Lückenfüllung abgelehnt – und damit auch der umfassende Deutungsanspruch der Pitavalgeschichte.

Trotz der unterschiedlichen Absichten und Verfahrensweisen dieser Texte sind Gemeinsamkeiten herauszustellen, die über die einheitliche Einbandgestaltung der Reihe doch hinausgehen. In der Sammlung stehen zwar biographische Verbrechensgeschichten und -deutungen neben ausgesprochenen Verfahrensreportagen, die weithin mit den Mitteln der üblichen Gerichtsreportage arbeiten; auch ist der Auswahl der Fälle keine durchgehende Linie zu entnehmen (jeder Autor hat offenkundig den Fall gewählt, der ihn gerade interessierte). Die ›Erzählerprofile‹ akzentuieren noch die Eigenständigkeit der einzelnen Texte, sie reichen von der Betonung extremer Skepsis gegenüber dem traditionellen Deutungsanspruch literarischer und paraliterarischer Falldarstellungen (z. B. Döblin) bis zum ›Dichterphilosophen‹, der sich als letzte Instanz sieht (Lessing). Was diese Texte aber doch verbindet, ist die Einstellung zur Justiz mindestens insofern, als deren Verfahrensergebnisse nicht unbefragt zur Grundlage der Fallkonstruktion herangezogen werden. Diese Skepsis ist Grundtenor, auch wenn sie nicht in allen Texten gleichermaßen deutlich zum Ausdruck gebracht wird. Unmittelbar damit verbunden ist das Bewußtsein, daß es keine kanonische Form der Darstellung geben kann, in der das kriminelle Geschehen und seine juristische Bewältigung zweifelsfrei und vollständig zu reproduzieren wären. Im Gegenteil: literarische Muster werden in den Darstellungen häufig so eingesetzt, daß der Authentizitätsgestus der traditionellen Pitavalgeschichte unterlaufen wird. Auf diese Weise werden die Wechselbeziehungen zwischen Literatur und Fallgeschichte wieder hergestellt, die sich in der zweiten Hälfte des 19. Jahrhunderts zu einer Einbahnstraße entwickelt hatten. Das Konzept des *Neuen Pitaval*, das von Hitzig und Häring in den Jahren nach 1842 entwickelt worden war, blieb im wesentlichen statisch. Im *Neuen Pitaval* änderten sich bis zum 60. Band (1890) weder die Einstellungen zur Justiz und zu den kriminellen Menschen noch die Interessen und Verfahren der Darstellung. Die Leistungen und Möglichkeiten der Darstellungsform ›Pitavalgeschichte‹ wurden niemals in Zweifel gezogen. Mit dem Ausscheiden Härings als Herausgeber kam es allenfalls zu einer Verflachung der grundlegenden ›Kriminalpsychologie‹, indem die Autoren (zumeist verfahrensbeteiligte Juristen) ungeniert triviale Alltagsvorstellungen zur Deutung ihrer Fälle heranzogen. Für Literaten war die Sammlung Stoffquelle und Lieferant von ›story-Elementen‹, insbesondere für die Kriminalliteratur lieferte sie Versatzstücke aus der ›Wirklichkeit‹ von Kriminalität und Strafjustiz. Umgekehrt nahm sie jedoch keinerlei Anregungen aus der ›schönen Literatur‹ auf, weder Einstellungsveränderungen noch modifizierte Darstellungsverfahren, die es in der ›schönen Literatur‹ nach 1870 gab, wurden zur Kenntnis genommen.

Diese Beschränkung wird in der neuen Reihe *Außenseiter der Gesellschaft* ebenfalls aufgegeben. Im Einklang mit der literarischen Praxis der ›Neuen Sachlichkeit‹ werden die zur Tradition gewordenen Schablonen für die authentische Fallgeschichte einerseits und die fiktive Justiz- bzw. Kriminalliteratur aufgehoben,[8] darauf wird zurückzukommen sein.

Zuvor soll jedoch wenigstens ein Seitenblick auf die Verbindungen zur Literatur der Wende vom 18. zum 19. Jahrhundert geworfen werden, die sich über verwandte Einstellungen zur Kriminalität herstellen:

> [...] mein ärztlicher Beruf hat mich viel mit Kriminellen zusammengebracht. Ich hatte auch vor Jahren eine Beobachtungsstation für Kriminelle. Von da kam manches Interessante und Sagenswerte. Und wenn ich diesen Menschen und vielen ähnlichen da draußen begegnete, so hatte ich ein eigentümliches Bild von unserer Gesellschaft: wie es da keine so straffe formulierbare Grenze zwischen Kriminellen und Nichtkriminellen gibt, wie an allen Stellen die Gesellschaft – oder besser das, was ich sah – von Kriminalität unterwühlt war.[9]

---

[8] Traditionelle Fälle und Darstellungen finden sich in der Reihe *Stern und Unstern. Eine Sammlung merkwürdiger Schicksale und Abenteuer.* Hg. von Tim Klein. München: Beck 1925ff.

[9] Abgedruckt in Döblin: Berlin Alexanderplatz, S. 412.

Alfred Döblin sagte das 1932 in einem Vortrag, den er vor einem Lesezirkel über *Berlin Alexanderplatz* hielt. Unübersehbar ist, wie Döblin an Positionen anknüpft, die von Schiller – etwa im *Verbrecher aus verlorener Ehre* und im Vorwort zur Niethammer-Ausgabe der Pitavalschen Fallsammlung – vertreten worden waren. Döblin leugnet wie Schiller, daß es eine eindeutige Grenze gibt, die zwischen den strafrechtlichen und moralischen Kategorien ›schuldig‹ und ›unschuldig‹ verläuft – und die dem bürgerlichen Bewußtsein doch so offenkundig zu sein scheint (zur Einschätzung und Darstellung von Kriminalität vor 1800 vgl. Holger Dainat, in diesem Band S. 193–204). Natürlich verarbeitet Döblin (wie Schiller) zeitgenössisches medizinisches und psychologisches Wissen – und gerade wenn es um die Darstellung krimineller Menschen geht. Obgleich sich die Wissensbestände verändert haben, knüpft Döblin an übliche Einstellungen zum kriminellen Menschen an. Dies hat Konsequenzen für die Darstellungsverfahren und die Deutungen. Vor allem wird dem realiter herrschenden Normsystem, das sich im Strafrecht verwirklicht, ein konkurrierendes Wertsystem entgegengesetzt. Der Leser ist aufgefordert, diese Konkurrenz zunächst nur zu erkennen, auch wenn sie in der ›Realität‹ so nicht zulässig ist.[10] Gegen Christian Wolf im *Verbrecher aus verlorener Ehre*, gegen Franz Biberkopf in *Berlin Alexanderplatz*, gegen die beiden Giftmörderinnen in *Die beiden Freundinnen und ihr Giftmord* wird vor den Augen des Lesers gleichermaßen ein neuer Prozeß geführt, in dem das Strafrecht als moralisches Normsystem (nicht als prinzipiell notwendiges Institut) in Frage gestellt wird. Die eindeutigen Zuschreibungen der Literatur des Realismus der zweiten Hälfte des 19. Jahrhunderts, die aus der Kriminalliteratur wie aus dem *Neuen Pitaval* bekannt sind, werden von Döblin aufgelöst, die Kongruenz der strafrechtlichen und der moralischen Verurteilung (die in der poetisch konstruierten Gerechtigkeit zum Ausdruck kommt) wird aufgehoben – eben zugunsten der literarisch dargestellten Konkurrenz unterschiedlicher Normsysteme. Döblin knüpft an eine Traditionslinie an, die von Schiller ausgeht und – um nur die wichtigsten Namen zu nennen – über Büchner *(Woyzeck)* zu Bettine von Arnim führt.[11]

---

[10] Gerade am Beispiel von Kriminalitäts- und Justizdarstellungen, in denen historische Fakten, fiktive Elemente, unterschiedliche Wissensbestände und in der Realität geltende Normen (Strafgesetzbuch) verbunden werden, können Aspekte der Fiktionalität literarischer Texte ertragreich diskutiert werden. Vgl. dazu die Bände IX und X der Gruppe ›Poetik und Hermeneutik‹ *(Text und Applikation* und *Funktionen des Fiktiven)*, die in der Einleitung dieses Bandes kommentiert werden (S. 20–24).

[11] In Bettines ›Königsbuch‹ wird Schillers Vorstellung von der Unmöglichkeit einer kategorialen Unterscheidung zwischen einem kriminellen und einem nicht-kriminellen Menschentyp noch vertieft und zum Richten (zu den Richtern) in Beziehung gesetzt: »Und doch ist jed' Urteil ungerecht, das nicht aus diesem Begriff hervorgeht. Der Richter muß sein eigenes Selbst im Verbrecher fühlen [...]. Naturgesetz, Naturrecht – wie viel tiefer geht es doch, wie innig schließt es sich an Geist und Herz, wie nährt es die Seele, wie strömt es fortwährend Mitgefühl, das heißt schaffendes Leben. [...] Wer das Naturgesetz versteht, der fühlt sich im Verbrecher. [Der Herrscher] muß empfinden, daß der reiner dastehe, der im Verbrecher sich selbst begreift, während jene, die sich dünken, gar nichts mit ihm gemein zu haben, wohl geistig viel unbefähigter sind, sich von ihrer verbrecherischen Begriffslosigkeit zur Vernunft herauf zu schwingen« (S. 313).

Die Einstellung zu den »Außenseitern der Gesellschaft« verändert sich überdies in dem Maße, in dem sich Schriftsteller selbst dieser Gruppe zugehörig fühlen bzw. sich ihr zugeschlagen wissen – durch vielfältige Maßnahmen staatlicher Repression. Die Rolle des Außenseiters, seine Funktion für die Gesellschaft wird positiv gewertet:

> Im Innern [der Gesellschaft] füllen sie als Zwischenhändler, Kommissionäre usw. vorhandene Lücken aus und überbrücken sie; an den freien Außenflächen aber vermögen sie sich zu entfalten und blühen aus als Künstler, Gelehrte, Propheten, oder entwickeln sich zu Feinden und Verbrechern – je nachdem die Verhältnisse gelagert sind und je nachdem, was die bestehende Form mit diesen Gliedern anzufangen weiß [...]. Der Außenseiter ist demnach kein aus der Bahn geschleudertes Individuum, sondern ein der Gesellschaft und jeder noch nicht verknöcherten Gesellschaft notwendiges Milieu. [...] Der Außenseiter erfüllt eben eine Lücke, die besteht und Erfüllung fordert; erst sekundär erweist sich die Wirksamkeit des neuen Gebildes für die Wirksamkeit des Ganzen.[12]

Diese Analyse ist von eigenen Erfahrungen oder doch von denen der eigenen Berufsgruppe nicht unbeeinflußt: Die Zensurmaßnahmen gegen Publizisten und Literaten waren vor und während des Ersten Weltkrieges härter geworden, die Autoren nahmen dies als Repression wahr und leisteten publizistischen Widerstand.[13] Der Zusammenhalt der »Gruppe 1925«, der die meisten der Autoren der Reihe *Außenseiter der Gesellschaft* angehörten oder nahestanden, resultierte weitgehend aus der gemeinsamen Einstellung zur Justiz und vor allem aus der Abwehr von Angriffen auf die künstlerische Freiheit. Hier waren sich diejenigen Autoren, die die bürgerliche Justiz als reformfähig ansahen, mit denen einig, die sie radikal ablehnten.[14] Die eigenen Erfahrungen mit der Justiz werden ausgeweitet zur generellen Bestandsaufnahme. Die Aufmerksamkeit, die dem Bereich der Justiz gewidmet wird, hat bei vielen Autoren nach 1900 einen biographischen Hintergrund, doch sprengt sie regelmäßig diese Grenzen. Ernst Ottwalts Justizroman *Denn sie wissen was sie tun* (1931 im Malik-Verlag erschienen) kann als exemplarisch gelten sowohl für die unter Literaten der Weimarer Republik verbreiteten Einstellungen zur Justiz als auch für die Versuche, diese Einstellungen literarisch zu begründen.[15] Die ›Sozialisation des Strafrichters‹ ist Ottwalts Thema; das Ergebnis dieser Sozialisation zeigt sich in der Reihe der Prozesse (bis hin zum Tscheka-Prozeß vor dem Reichsgericht), die Ottwalt aufgreift und in seinen literarischen Text integriert. Es ist die Machtposition, in die schon der junge Strafrichter gestellt wird, die ihn zum Gegenstand eines rigiden Anpassungsverfahrens macht:

---

[12] Trautner: Der Mord am Polizeiagenten Blau [= Bd. 3 der Reihe], S. 13–15.

[13] Vgl. dazu Leiss: Kunst im Konflikt.

[14] Petersen: Gruppe 1925, S. 131f.

[15] Georg Lukács charakterisiert den Inhalt des Romans knapp und zutreffend: »Ottwalts – durchaus berechtigte – Absicht ist, ein umfassendes Bild von allen Zweigen des deutschen Justizapparates zu geben. Demgemäß läßt er uns die Laufbahn seines Helden vom ›Kriegsstudenten‹ bis zum hohen Richterposten verfolgen, um im Laufe dieser Entwicklung die deutsche Justiz von allen Seiten zu beleuchten« (G. L.: Reportage oder Gestaltung, S. 134). Die Auseinandersetzung um den »Reportageroman«, die Lukács mit diesem Aufsatz einleitet, brauche ich hier nicht nachzuzeichnen. Allerdings ist das »Entwicklungs«-Schema (ebd.) gegenüber Lukács stärker zu betonen.

> Diesem jungen Mann gibt die Gesellschaft die Macht, einen Menschen ins Zuchthaus zu schicken. Ja, wenn es sich um Geld und Geldeswert handelt, – da ist die Macht des Einzelrichters durch ein dichtes Netz von gesetzlichen Schutzmaßnahmen eingeengt. [...] Der Amtsgerichtsrat Dickmann darf nicht selbständig darüber entscheiden, wem eine Summe von tausend Reichsmark gehören soll. Aber einen Menschen ins Zuchthaus schicken, das darf er kraft seiner Eigenschaft als Einzelrichter in Strafsachen. [...] Es gibt ein Strafgesetz, das gewisse Taten mit gewissen Strafen bedroht. Die Arbeit eines Strafrichters besteht darin, einen Tatbestand aufzuklären, ihn auf die Formel eines Strafgesetzparagraphen zu bringen und aus dem weiten Spielraum, den das Gesetz ihm läßt, die passende Strafe nach Augenmaß auszusuchen. ›... wird mit Gefängnis bis zu fünf Jahren, jedoch nicht unter drei Monaten bestraft‹.[16]

Die Ausbildung des »Justizjuristen« (wie Ludwig Thoma sagen würde, s. u.) geht im Fall des F. W. Dickmann nicht ohne Unfälle und Blessuren vor sich, doch am Ende steht ein deutscher Richter, der dem in vielem ähnelt, den Martin Beradt 1930 so beschrieben hat:

> Er ist für eine gewisse Zeit von Jahren an einen bestimmten Platz gestellt, um eine Reihe von Sachen zu erledigen, er sucht sie sich nicht aus, ein starrer Geschäftsplan trägt sie vor ihn hin – so verzichtet er darauf, über das Herkömmliche hinauszugehen. [... Er] verkündete die Urteile, und sein Gesicht veränderte sich nicht, er verlas den Spruch, und seine Stimme klang kalt, sein Herz hörte man nicht zittern, denn es schlug nicht.[17]

Ausbildungsgang und Praxisroutine bestimmen diesen Menschen, er wird zum entfremdeten Funktionär der Justiz, der sich an die Akten halten muß, damit ihn das ›wirkliche Leben‹ nicht am Urteilen hindert: »Und während noch alle diese kahlen Schädel aneinanderstoßen, und sich ein unendliches Gesumm erhebt, und die Papiere rascheln, werden draußen im Reich Tausende und Tausende zu hart bestraft, zu milde bestraft [...]« (Kurt Tucholsky, 1913).[18] Aktenlektüre ersetzt den Kontakt zu der Wirklichkeit, über die geurteilt wird:

> Man hat den derzeit wohnungs- und arbeitslosen Max Holle noch gar nicht gesehen, und schon entsteht aus diesen Blättern ein plastisches Bild der Tat, von der Eigenart und der Lebenssphäre des Täters. Daß es sich um einen lebenden Menschen handelt [...], man vergißt es völlig, und das ist gerade das Großartige.[19]

Friedrich Wilhelm Dickmanns Werdegang und Karriere sind Ausdruck trivialer Normalität, das Individuum verkommt im Justizbereich zum Typus und hat kein eigenes Schicksal mehr. Von einer Schuld dieser Richter zu sprechen, die sich in jahrelanger Urteilspraxis angesammelt hat, erübrigt sich für Ottwalt, seine Richter wären dem nicht zugänglich: »Sie schlafen gut. Sie haben ein ruhiges Gewissen. Obwohl sie wissen, was sie tun.«[20]

---

[16] Ottwalt: Denn sie wissen was sie tun, S. 234f.
[17] Beradt: Deutsche Richter, S. 10f. und 13. Beradts Diagnosen und Ottwalts Darstellungen stimmen in vielen Einzelheiten überein.
[18] Tucholsky: Werke. Bd. 1, S. 104.
[19] Ottwalt: Denn sie wissen was sie tun, S. 110.
[20] Ebd. S. 404.

15 Jahre vor Ottwalt hat Hans Land[21] der Hauptfigur seines Justizromans *Staatsanwalt Jordan* (1915) das Profil einer eigenständigen Persönlichkeit, die Erkenntnis persönlicher Schuld und das sühnende, läuternde Schicksal noch nicht verweigert. Als Gegenbeispiel zu Ottwalt macht der Text Lands sichtbar, in welche Richtung die justizkritische Literatur sich wandelte und daß diese Wandlung nicht so sehr die Themen betraf, die schon vor dem ersten Weltkrieg vorhanden waren, als vielmehr die Darstellungsverfahren, in denen zum Ausdruck kommt, wie sich die kritische Einstellung verschärft hat. Land führt seinen Staatsanwalt so ein:

> Mit heißem Kopf, das glattrasierte Senatorengesicht in Gluten, das eisengraue, kurzgeschorene Haupt zurückgeworfen, den hohen, sehnigen Körper hochgereckt, agierte dieser erlesene Redner mit der ganzen Wucht seiner Persönlichkeit gegen den armen dreiundzwanzigjährigen Sünder auf der Anklagebank, der, ›dem Liebchen zu gefallen‹, ganze 150 Mark seiner Firma, einer Glasversicherungsgesellschaft, durch Quittungsfälschung unterschlagen hatte [...].
>
> Während der Angeklagte mit einem Aufschrei ohnmächtig von der Bank sank, und der Gerichtsdiener herzusprang, ihn aufzuheben, ließ Staatsanwalt Jordan sich auf seinen Stuhl nieder und trocknete sich die Stirn. Seine Augen flammten, es zuckte in seinem Gesicht. Er war in außerordentlicher Erregung.[22]

Erzählt wird von den Folgen eines Kuppeleiprozesses, in dem der Ankläger – »mit der ganzen Wucht seiner Persönlichkeit« – die Verurteilung einer Mutter erreicht, die es geduldet hatte, daß ihre siebzehnjährige Tochter mit einem begüterten und erfolgreichen Kunstmaler verkehrte. In seinem Plädoyer führt er aus:

> Es ist mir nur zu wohl bekannt, daß in den niederen Volksschichten mit der Schönheit der aufblühenden Töchter ein verbrecherischer Handel gewohnheitsmäßig getrieben wird, an dem freilich die gleiche tiefe und schwere Schuld die Käufer genau so trifft wie die Verkäufer. Aber am Ende bleibt doch die leibhaftige Mutter, die wie diese hier ihr Kind skrupellos verschachert, das verabscheuungswürdigste Element in diesem schmutzigen Handel, und der Gesetzgeber hat wohl gewußt, aus welchem Grund er das gemeine Vergehen der Verkuppelung der eigenen Kinder mit Zuchthausstrafe ahndet.[23]

Die Begegnung mit dem Mädchen, dessen »Timbre von Vornehmheit [...] jeden Salon geschmückt« hätte,[24] wird für den Staatsanwalt zum Verhängnis; er verliert Beruf, bürgerliche Reputation und schließlich sein Leben. Für meine Überlegungen ist die Zusammenführung verschiedener Themen bedeutsam, die den Roman zwar repräsentativ machen im Hinblick auf die Einstellungen zur Justiz, die von vielen zeitgenössischen Literaten und Publizisten geteilt wurden, die ihn aber in der Art und Weise, wie diese Themen zusammengeführt werden, gleichsam als ein Übergangsprodukt kennzeichnen: An Karl Kraus' Angriffe auf die Verlogenheit des Sexualstrafrechts in *Sittlichkeit und Kriminalität* erinnert die Figur des Mädchens (vgl. dazu in diesem Band die Beiträge von H. Müller-Dietz, S. 571–606,

---

[21] Hans Land (d. i. Hugo Landsberger), 1861–1835, veröffentlichte sozialkritische, dem Naturalismus nahestehende Romane.

[22] Land: Staatsanwalt Jordan, S. 5 u. 7.

[23] Ebd. S. 45.

[24] Ebd. S. 24.

und R. Merkel, S. 607–631), das seine Verlobung nach dem Verfahren gegen die Mutter mit folgenden Worten löst:

> Ich bin – der Staatsanwalt hat es vor Gericht erklärt – ich bin das geborene Kontrollmädchen. So eine heiratet man nicht. Der Staatsanwalt hat es gesagt. Ich bin eine Dirne. Ich gehöre auf die Straße.[25]

Daß die Verurteilung der Mutter diese ›Einsicht‹ erst hervorgebracht hat, daß also die vermeintliche Verteidigung bürgerlicher Moral im Strafprozeß Sittlichkeit zerstört und die Unmoral generiert, dies ist der Gedanke, der von Karl Kraus stammen könnte.

Bezeichnend ist außerdem, daß die Angriffe, die Land vorträgt, nicht der Justiz allgemein gelten, nicht den Richtern, die verurteilen, sondern dem Staatsanwalt. Auf diesen Punkt wird im dritten Abschnitt zurückzukommen sein, denn gerade die ›objektivste Behörde der Welt‹ (so die oft geäußerte Selbsteinschätzung der Angehörigen der Institution Staatsanwaltschaft) wird zum bevorzugten Angriffsobjekt für die Literaten in der Endzeit des Kaiserreichs.

Im Zusammenhang mit diesem Angriff fällt jedoch ein weiterer Punkt auf: Es ist nicht (wie später bei Ottwalt) die Institution, ihre rechtliche Verfassung und ihre politische Abhängigkeit, der er gilt, es ist vielmehr allein die Person des Staatsanwalts Jordan. Er lebt bei der Verfolgung des in seinen Augen ›verworfenen‹ Mädchens dieselben sadistischen Triebkomponenten aus wie die mittlelalterlichen Henker der Hexenverfolgungen.[26] Spiegelbildlich dazu verfällt er dem Mädchen in masochistischer Lust, mit der er die Selbstzerstörung herbeisehnt. Am Schluß aber steht die Selbsterkenntnis, in der sich die ›poetische Gerechtigkeit‹ erfüllt und in der gleichzeitig der Ausweg aus der Krise der Justiz gezeigt wird:

> Sein Schicksal hatte ihn erst packen und mit dieser Leidenschaft für die Dirne erfüllen müssen, um ihn zu lehren, daß er mit ihr damals vor Gericht unmenschlich hart verfahren war, daß er sich an ihrer Menschenwürde versündigt hatte – an ihrer Menschenwürde... die auch in dem bestialischsten Mörder noch zu achten ist [...].
>
> Es war, als öffneten sich ihm im Augenblick Tiefen der Erkenntnis.[27]

An dieser Personalisierung der Justizkritik zeigt sich, daß Land die Deutungsschemata des 19. Jahrhunderts nicht aufgibt. An die Stelle des Täters tritt der Funktionsträger der Justiz, unverändert wird der Schuld-Sühne-Zusammenhang am Individuum demonstriert. Den Blickwechsel von den Personen auf die Institutionen, der sich seit 1900 in den Justizdarstellungen abzeichnet, macht Land (noch) nicht mit.

Dieser Blickwechsel scheint jedoch vorwiegend publizistisch durchgesetzt zu werden, die ›schöne Literatur‹ übernimmt ihn mit Zeitverzögerung: Im Hinblick auf die Darstellung der Strafjustiz, der Diskussion der Strafrechtsreform und der

---

[25] Ebd. S. 73.

[26] Der Vergleich zwischen Staatsanwalt und mittelalterlichem Hexenverfolger stammt von Land.

[27] Ebd. S. 218.

Justizkritik in Literatur und kultureller Publizistik kann man die Zeit zwischen 1900 und 1914/18 sicher als eine Periode zunehmender Sensibilisierung für rechtsstaatliche Aspekte der Strafjustiz betrachten. Die Fragen des Rechts, der Strafjustiz und der Strafrechtsreform werden vor dem Ersten Weltkrieg auch und gerade in den ›kulturellen Zeitschriften‹[28] diskutiert; die Titel der einschlägigen Blätter, in denen vor allem die Literaten zu Wort kommen, können hier nicht aufgezählt werden; die Breite des Spektrums ist ohnehin in diesem Rahmen nicht darstellbar, denn in »den Jahren zwischen 1880 und 1918 [läßt sich] zum drittenmal in der Geschichte der deutschen Literatur ein Zeitraum besonderer publizistischer Vielfalt konstatieren«.[29] In den Zeitschriften erscheint die ganze Vielfalt an Formen, in denen sich Literaten und Publizisten mit der Justiz auseinandersetzen – von der Erzählung und Reportage zur Glosse, der Satire und dem Pamphlet. So konnte Otto Gritschneder die von ihm gerügten rüpelhaften Äußerungen Thomas (s. o.) vor allem im *Simplicissimus* finden.[30] Die »segensreichen Zeiten [...], in denen die Staatsgewalt bemäkelt und kritisiert, aber nie angegriffen wurde« waren zwar auch für die Justiz erst mit den Jahren 1918/19 zu Ende,[31] doch kündigten sich, wie oben skizziert wurde, die neuen Einstellungen schon vor dem Ersten Weltkrieg an. (Wenn z. B. Erich Mühsam seine 1911 gegründete Zeitschrift *Kain* nennt, sagt dies etwas über sein Verhältnis zu den Außenseitern und zu den Institutionen aus, die gewöhnlich für sie zuständig sind.[32])

2. Juristen und Literaten im *März*: Gemeinsame Aktionen für die Strafrechtsreform

Der folgende Abschnitt will am Beispiel des *März. Halbmonatsschrift für deutsche Kultur* das justizkritische Profil einer Zeitschrift nachzeichnen – als Beitrag zur Geschichte der Justizkritik von Literaten einerseits, und als Hinweis auf die weithin unerschlossene Vielfalt der deutschen Zeitschriftenkultur im ersten Drittel dieses Jahrhunderts andererseits. Der *März* wurde 1907 von Albert Langen, Hermann Hesse und Ludwig Thoma begründet und sollte sicherlich dem *Simplicissimus* zur Seite gestellt werden – gleichsam als Schwesterblatt, mit dem das gebildete Publikum nachhaltiger erreicht werden konnte. Monika Dimpfl hat das Publikum der *Neuen deutschen Rundschau* um 1900 gekennzeichnet als die »relativ schmale Schicht nicht-konformer, bürgerlicher Intellektueller und gebildeter Bür-

---

28 Vgl. die typologische Übersicht in: Estermann: Zeitschriften.

29 Ebd. S. 88.

30 Vgl. das Werkverzeichnis in: Lemp: Ludwig Thoma.

31 Kirchheimer: Politische Justiz, S. 318.

32 Gleich in Heft 1 von *Kain* erscheint »Justiz«: »Die Anwendung der durchaus relativen Ergebnisse des Suchens nach dem Recht auf das praktische Leben, diese Übung, die sich als direkter Eingriff in Freiheit, Selbstbestimmung und Leben des einzelnen Menschen äußert, muß daher notwendig zur Gewaltsamkeit, und das heißt nach aller überlieferter Moral zum Unrecht führen.« Abgedruckt in: Mühsam: Fanal, S. 73–78, Zitat S. 78.

ger: liberal, anti-wilhelminisch, politisch zur gemäßigten (revisionistischen) Linken hin offen, intellektuell auch an Außenseiterpositionen interessiert und – bei grundsätzlich nationalem Selbstbewußtsein – europäisch orientiert.«[33] Blickt man auf die Namen der wichtigsten Mitarbeiter des *März*, so dürfte sich dessen ›Zielgruppe‹ nicht allzusehr von der beschriebenen unterschieden haben, möglicherweise war sie weniger intellektuell und im ganzen stärker in der Tradition des süddeutschen Liberalismus verwurzelt. Auf jeden Fall sollte Kritik in der neuen Zeitschrift stets konstruktiv sein, daran hielt gerade Thoma immer fest. So heißt es 1913 in einem Brief an den späteren Mitherausgeber Theodor Heuss, daß in »kulturellen Dingen unbedingt gegen Berlin und Berlinerei Front« gemacht werden müsse, jedoch »nicht mit Schimpfen, aber mit positiver Arbeit«.[34] ›Schimpfen‹ ist hier ein Schlüsselwort: Thomas berühmtes *Simplicissimus*-Gedicht »An die Sittlichkeitsprediger in Köln am Rheine« (das ihm die Gefängnisstrafe einbrachte, die er 1906 in Stadelheim absaß) war von Ferdinand Avenarius, dem Herausgeber des *Kunstwart*, 1905 mit folgenden Worten kommentiert worden: »Und bei dem ›Simplicissimus‹, dem so geistreiche Leute angehören, als Sprachform einfach ein Schimpfen! Wer schimpft, der Gründe hat?« Thoma hatte sich von diesem Vorwurf so getroffen gefühlt, daß er Gelegenheit zur Erwiderung verlangte und von Avenarius auch erhielt.[35] Auch daraus wird verständlich, daß der *März* »keine kleinen Ziele und Absichten« verfolgen sollte:

> Wir wollen in Politik, Literatur, Kunst und Wissenschaft alles sammeln, was in Süddeutschland etwas weiß und kann. [...] Tendenz: nur Positives bringen, und freiheitlich sein. Politisch keiner Partei dienen, aber ungefähr die Stimmung der guten 48er halten.[36]

Ludwig Thoma stellte die neue Zeitschrift in einem Brief an Conrad Haußmann folgendermaßen vor, und auch darin wird das Programm sichtbar:

> Es kommt eine Novelle von Deinem Landsmann Strauß. Famos! Eine gute Erzählung von Hesse. Von Mauthner eine prächtige Satire auf die Ibsenausschlachter. Von Owlglaß eine Besprechung Raabes; von Meyrink eine gute Persiflage der Berliner Kritik; von Liszt ein Aufsatz über die Strafrechtsreform; von mir eine Besprechung der Reden Kaiser Wilhelms; von Dir etwas für die Rundschau. Von Aram ein Artikel über die Münchner Theater. Dann noch ein paar Glossen; auch eine gute Finanzsache von Plutus. [...] Lauter lesbare Dinge. Das sollen uns die Berliner nachmachen.[37]

---

[33] Dimpfl: Wirklichkeitsmodelle, S. 97. Monika Dimpfls Konzept vom »Kommunikationsraum« wurde im Rahmen der Münchener Forschergruppe entwickelt. Ihre »massenkommunikationstheoretischen« Prämissen wären auch auf die Untersuchung des *März* anzuwenden – im Hinblick auf die Normen, die Produktion und Rezeption steuern (vgl. ebd. S. 100 und die Studie zur »Organisation literarischer Öffentlichkeit um 1900« – am Beispiel von Zeitschriften – in *Zur Sozialgeschichte der deutschen Literatur im 19. Jahrhundert. Einzelstudien. Teil II* (Hg. von M. D. u. Georg Jäger. Tübingen: Niemeyer 1990), S. 116–197.

[34] Thoma: Briefe, S. 258. Zitate aus dem *März* werden im fortlaufenden Text nachgewiesen.: Sigle M, Jahrgang (arabische Ziffer), Vierteljahresband (römische Ziffer) und Seite.

[35] Ahrens: Thoma, S. 378–380.

[36] Thoma: Briefe, S. 187.

[37] Ebd. S. 198.

Es hat sicher auch hier mit den persönlichen Erfahrungen der *Simplicissimus*-Redakteure und -Herausgeber zu tun, daß die Strafjustiz im Kontext der neuen Zeitschrift den Rang erhielt, der durch den Beiträger v. Liszt zum Ausdruck kommt. Der *Simplicissimus* bot um die Jahrhundertwende – als Ludwig Thoma in die Redaktion eintrat und vor allem als »Peter Schlemihl« reüssierte – 80000 Lesern »vergnügliche und bekömmliche Kost«, so Thomas Biograph Ahrens. »Pressezensur, die Justiz in Deutschland allgemein, Macht-Mißbrauch und Untertanengeist, die Lächerlichkeit des monarchischen Systems in Deutschland, das hohle Pathos eines Kaisers [...]« – dazu das preußische Militär, die neureichen Kapitalisten, dies sind die Themen, denen nicht nur Vergnügen, sondern auch handfeste Kritik, die lächerlich machen sollte, abgewonnen wurde.[38] Dabei war das Vergnügen oft nur auf Seiten der Leser dauerhaft, während die Autoren die Macht der Angegriffenen zu spüren bekamen. Zwar förderte dies die Auflage des Blattes, doch oft genug auf Kosten der Freiheit seiner Mitarbeiter; die Fälle Th. Th. Heine, Wedekind und Thoma sind nur die prominentesten aus einer ganzen Reihe. Auch beim *März* ist der biographische Hintergrund der Redakteure zu bedenken, wenn über die Darstellung der Justiz gesprochen wird; doch auch hier darf er nicht überbewertet werden: die politisch-kulturelle Zeitschrift bot insbesondere die Möglichkeit, konkrete Reformvorschläge zur Diskussion zu stellen, die über die Abwehr der alltäglichen Schikanen gegen die Redaktion hinausgehen; so ist der Verweis auf die »48er« zu verstehen.

2.1. Die Beiträge Franz v. Liszts und ihre Diskussion

Auch Franz v. Liszt scheint die Besonderheiten des ›medialen Orts‹ zu erkennen, dem er seine Beiträge zur Verfügung stellt. Schon der Titel des ersten – und gewichtigeren – der beiden Aufsätze spricht dafür: »Kulturfortschritt und Strafgesetzgebung«. Fortschritt ist der Kultur immanent, er muß erkannt, anerkannt, gefördert und darf nicht gehindert werden; dies gehört zu den grundlegenden Überzeugungen der Mitarbeiter des *März*. Franz v. Liszt nahm die Gelegenheit offenkundig gerne wahr, einem zwar politisch interessierten, aber nicht fachlich gebundenen Publikum seine kriminalpolitischen Ziele vorzutragen: Er will vor allem auch für die »nichtjuristischen Leser« (M 5, II, 359) verständlich sein und auf Fragestellungen »technisch-juristischen Charakters« (M 1, I, 85) verzichten.

Unter diesem besonderen Aspekt ihrer Veröffentlichung im *März* werden die beiden Aufsätze v. Liszts im folgenden zu betrachten sein; Ausblicke auf andere Arbeiten sind nur vereinzelt, auf den Zusammenhang seines juristischen und kriminalpolitischen Denkens überhaupt nicht möglich. Die entscheidende Frage wird sein, ob und wie der prominente Mitarbeiter die Akzente setzt, an die in der alltäglichen Redaktionsarbeit angeknüpft werden kann.

> Heute ist das Verlangen nach einem Strafgesetzbuch und einer Neugestaltung des Strafverfahrens allgemein; nicht nur im Deutschen Reich, sondern in den meisten Kulturvöl-

[38] Ahrens: Thoma, S. 296f.

kern; aber ganz besonders im Deutschen Reich. Und die Frage taucht auf: ist dieses Verlangen berechtigt? Und wird die Reformbewegung, die alle Tage an Ausdehnung gewinnt, zum Ziele führen? (M 1, I, 77)

Franz v. Liszt, der dem Publikum als einer der prominenten und wirksamen Vorkämpfer der Strafrechtsreform bekannt ist (vgl. zu v. Liszt aus der Sicht des Rechtshistorikers den Beitrag von Monika Frommel, in diesem Band S. 467–495) und deshalb zur Mitarbeit im *März* eingeladen worden war, drückt in den rhetorischen Fragen seine Überzeugung aus: Er hat in einer ganzen Reihe von Abhandlungen nicht nur die Notwendigkeit der Strafrechtsreform zum Ausdruck gebracht, sondern auch die Mittel und Ziele formuliert, die bestimmend sein sollen.

Notwendig ist die Reform vor allem deswegen, weil die geltenden Strafgesetze und ihre Anwendung Kriminalität nicht effektiv zurückdrängen können, wie sich in der Zahl der Erst- und Rückfalltaten unmittelbar zeigt. Die Fortentwicklung des Strafrechts ist mit den Neukodifikationen in der Reichsgründungszeit zum Stillstand gekommen, und damit entspricht es nicht mehr der gegenwärtigen »Stufe der gesellschaftlichen Entwicklung« (M 1, I, 74). Liszt kann den »Nachweis für die Richtigkeit dieses Satzes« im *März* »nicht erbringen« (ebd.), und zwar sowohl aus Platzgründen als auch im Hinblick auf sein Laienpublikum, aber er hat die Abhängigkeit zwischen der Geschichte des Verbrechens, der Geschichte des Strafrechts sowie der Gesellschaftsgeschichte aus seiner Sicht mehrfach dargelegt – z. B. in dem vielzitierten Aufsatz »Der Zweckgedanke im Strafrecht« (1882).[39]

Das geltende Strafrecht ist aus dem »Zeitalter der Aufklärung« hervorgegangen, es stammt in seinen Grundzügen aus der idealistischen Philosophie und aus dem »politische[n] Freiheitsdrang des kontinentalen Bürgertums« (M 1, I, 76). Bis in die Reichsgründungszeit war das 19. Jahrhundert ein »intellektualistisches Zeitalter«, das des »Realismus im Roman und im Drama«, in allen Wissenschaften das der »selbstverleugnenden Sammlung des Materials« unter Ausschaltung »subjektiver Ansichten und Empfindungen« – des Positivismus also (M 1, I, 78). In der Ökonomie schließlich wurde lediglich »das Ergebnis des freien Spiels der vorhandenen Kräfte aufgefaßt und studiert«, gleichzeitig aber »jeder störende Eingriff staatlicher Veranstaltungen ferngehalten« (ebd.).

Franz v. Liszts Reformprogramm und seine Begründung sind interdisziplinär angelegt, sie entsprechen dem Streben »nach der Synthese«, in der Kunst ist »der Realismus durch den Impressionismus« überwunden, und weiter:

Durch alle Schichten unseres Volkes geht heute dieses ernste, tiefempfundene Verlangen nach innerlichem Erfassen der Außenwelt [...] (M 1, I, 80).

Deshalb beklagt v. Liszt,

daß bisher eine Geschichte des Verbrechens und eine wirkliche Geschichte der Strafe fehlt; daß Juristen und Philologen, daß Historiker und Archäologen das reiche Material bisher nicht gesammelt, geordnet und kritisch beleuchtet haben. [...] Bei diesem Stand der wissenschaftlichen Forschung ist der Kriminalpolitiker unserer Tage auf sich selbst angewiesen, wenn er die gesellschaftliche Funktion der Strafe in der Gegenwart erfassen und für die nächste Zukunft bestimmen will (M 1, I, 73f.).

---

[39] Abgedruckt in *Aufsätze und Vorträge*. Bd. 1.

Für die Gegenwart des frühen zwanzigsten Jahrhunderts stellt v. Liszt folgende Diagnose:

> Es ist nicht leicht, diese eigenartige Geistesrichtung, die seit den siebziger Jahren immer deutlicher sich geltend macht, mit einem Schlagwort zu bezeichnen. Ich möchte das neue Zeitalter, in dem wir bereits mitten drinnen stehen, das voluntaristische nennen. Gestützt auf die Erkenntnis wollen wir handeln; wir wollen gestaltend eingreifen (M 1, I, 79).

Die zeitgemäße Synthese »zwischen der streng kausalen Erklärung alles Werdens und der hoffnungsfrohen Überzeugung von einer aufwärtssteigenden Bewegung« leistet der »evolutionistische Gedanke« (ebd.). Er fordert geradezu den eingreifenden und versorgenden Staat: »Fürsorge für die Zahl und Leistungsfähigkeit der Bevölkerung; friedliche Erledigung der Klassenkämpfe; Hebung der zurückgebliebenen Volksschichten« – denn nur so wird die höchstmögliche Leistungsfähigkeit aller und damit die beste Position des Staates im Wettbewerb mit anderen Staaten erreicht. Auf der anderen Seite steht folgerichtig die Forderung nach der »Ausscheidung der untauglichen Glieder« (ebd.). Aus diesem Gedanken ergeben sich die Strafzwecke:

> Indem die Strafe sich bemüht, durch Abschreckung und Besserung die schwächeren, zurückgebliebenen, verwahrlosten Glieder der menschlichen Gesellschaft anzupassen an die ihnen im gesellschaftlichen Leben gestellten Aufgaben, erscheint der Strafvollzug als ein Zweig der Sozialpolitik. Indem sie den Unverbesserlichen ausscheidet aus der Gesellschaft, sei es durch Hinrichtung, sei es durch lebenslange Einsperrung, sei es durch Verschickung in überseeische Kolonien, wirkt die Strafe als künstliche Selektion der Untauglichen und erfüllt damit eine überaus wichtige, sonst so gut wie ganz vernachlässigte Aufgabe des Staates (M 1, I, 84f.).

Ohne die künstliche Selektion, mit der die natürliche durch Tod und Unfruchtbarkeit unterstützt wird, wäre das Volksganze schweren Schädigungen ausgesetzt (ebd.).

Es wäre voreilig, v. Liszt im Hinblick auf den kriminellen Menschen – vor allem den sog. Unverbesserlichen – kruden, unreflektierten Sozialdarwinismus vorzuwerfen. Immerhin formuliert er an anderer Stelle so:

> Mit unserem sozialen Unwerturteil über den Mann und seine Tat werden wir nicht zurückhalten. Aber das Brandmal werden wir ihm nicht mehr auf die Stirne brennen. Das Mitleid werden wir auch dem Unverbesserlichen nicht versagen, den wir zur Wahrung gemeinsamer gesellschaftlicher Interessen für den Rest seines Erdenwallens von dem Angesicht seiner Mitmenschen abschließen. [...] Damit tritt auch der Begriff der Strafe zurück hinter der heilenden Besserung und der sichernden Verwahrung.[40]

Bei v. Liszt erscheinen kriminelle Menschen nicht als Individuen, sondern als Klassen: als ›die Unverbesserlichen‹, ›die Besserungsfähigen‹, ›die Abschreckungsfähigen‹. Dies entspricht der Funktion dieser Konzepte im Rahmen der reformerischen Zielsetzungen des Kriminalpolitikers: Die Notwendigkeit der Reformierung des Strafrechts wird nicht mit dem Einzelfall begründet, sondern mit Typen und Tendenzen. Die Entpersonalisierung der Kriminalität ist Teil der fach-

---

[40] v. Liszt: Die strafrechtliche Zurechnungsfähigkeit. Abgedruckt in *Aufsätze und Vorträge*. Bd. 2, S. 214–229, Zitat S. 229.

lichen – wissenschaftlichen und politischen – Sicht. Bemerkenswert ist, daß im *März* diese Sicht weitgehend übernommen wird: Einzelfalldarstellungen – als Bericht oder Reportage – sind Ausnahmen, auch in Glossen und Artikeln wird vom Einzelfall zielstrebig auf Allgemeines geschlossen. Überdies tauchen im literarischen Teil der Zeitschrift fiktionale Kriminalitätsdarstellungen (Kriminalgeschichten u. ä.) nicht auf, die normalerweise der Ort der personalisierten Deutung sind und in den Publikumszeitschriften des späten 19. Jahrhunderts Ort der (literarischen) Sinnverständigung waren. Man kann daran ablesen, wie ernst es der *März*-Redaktion mit der Herstellung einer Wissensbasis ist, auf der zwischen den Reformbefürwortern und dem Publikum vermittelt werden soll. Angesichts der Konzentration auf politische Straftaten und auf Pressedelikte, die im Zentrum des Reforminteresses stehen (s. u.), hat diese Konzeption ihre Kehrseite in der Distanzierung von ›normaler Kriminalität‹. Deren Ausgrenzung durch das normale, ›gesunde‹ Bewußtsein wird im *März* zumindest nicht gehindert. Die (expressionistische) Umwertung in diesem Bereich findet zu keiner Zeit Eingang.

Wolfgang Naucke sagt zum Inhalt des »Marburger Programms« von 1882: »Gefordert wird die Vorverlegung der Kriminalpolitik mit Hilfe der Sozialpolitik, eine Intensivierung der Kriminalpolitik durch Sozialpolitik.«[41] Mit v. Liszt wird das Strafrecht »zum Mittel des weit in die Gesellschaft hinein organisierenden Staates«.[42] Nichts anderes wird im *März*-Aufsatz von Liszt skizziert – und man wird sich fragen müssen, inwieweit diese Positionen mit dem erklärten Liberalismus und der immer wieder geforderten Staatszurückhaltung der Redaktion zusammenpassen. Immerhin liegt die Vermutung nahe, daß liberale Strafrechtsreform zunächst vor allem der Intelligenz und den bürgerlichen Schichten, aus denen der *März* seine Leser rekrutiert, Entfaltungsräume verschaffen soll.

Von Naucke stammt auch eine der raren Bemerkungen zur Sprache des »Marburger Programms«: »[Sie] läßt sich über weite Strecken als bürokratisch mit heiklen emotionalen Untertönen (vor allem bei der Benutzung medizinischer und militärischer Vergleiche) auffassen.«[43] Vor allem im Hinblick auf die ›Unverbesserlichen‹ ist v. Liszts Sprachverwendung uneinheitlich; stets aber sind die Formulierungen mit alltäglichen Konnotationen befrachtet, auf die zumindest hinzuweisen ist (eine umfassende Untersuchung der Lisztschen Sprache wäre ein lohnendes Unterfangen). Der Adressatenkreis ist nicht ohne Einfluß auf die Ausdrucksweise

---

[41] Naucke: Marburger Programm, S. 543. Monika Frommel handelt über die »Evolutionstheorie«, auf der v. Liszts Programmatik beruht. Sie stellt unter anderem fest: »Tatsächlich findet sich aber nirgends eine historisch-soziologische Absicherung der kriminalpolitischen Zielvorgaben. Der Topos ›Kampf gegen das Verbrechen‹ läßt sich kaum als eine solche bezeichnen [...]. Es handelt sich hierbei um eine politisch erfolgreiche, in der damaligen Zeit außerordentlich konsensfähige Formel. Von Liszts Evolutionstheorie übersetzte somit die damals noch geläufige geschichtsmetaphysischen Entwicklungsgedanken in moderne antispekulative Sprache« (Die Rolle der Erfahrungswissenschaften, S. 42f., dort auch weitere Literaturhinweise). Mit den Aufsätzen im *März* wird der genannte Konsens hergestellt bzw. aufrechterhalten.

[42] Naucke: Marburger Programm, S. 536.

[43] Ebd. S. 529.

geblieben; so sprach v. Liszt z. B. vor dem III. Internationalen Psychologen-Kongreß 1896 von ›sichernder Verwahrung‹ der Unverbesserlichen, während 1907 im *März* ihre ›Ausscheidung‹ – gleichviel mit welchen Mitteln – propagiert wird, die notwendig sei, um einen sozialen Krankheitsherd zu eliminieren:

> Wie Fieber oder bösartige Neubildung im menschlichen Körper auf tieferliegende, das Leben selbst bedrohende Erkrankungen hinweisen, so kann auch die Kriminalität als pathologische Erscheinung, als das Symptom eine Erkrankung des gesellschaftlichen Organismus aufgefaßt werden, die für die gesellschaftliche Erfassung des Gesamtbildes eines gesellschaftlichen Zustandes von gleicher Wichtigkeit ist, wie für das planmäßige Eingreifen des Gegenpolitikers (M 1, I, 73).

Die Metaphern und Vergleiche, die aus der Medizin stammen, erhellen die Sachverhalte nicht, man könnte sie als ›Module der Sprache‹ verstehen, die in beliebige Kontexte (der Wissenschaft, der Kunst, des Alltags) eingefügt werden und vom Rezipienten weithin mit beliebigen Inhalten aufgefüllt werden können, und zwar gerade dann, wenn auf Diskussionszusammenhänge nicht eingegangen wird oder werden kann. Man muß auf andere Arbeiten v. Liszts zurückgreifen, wenn man Näheres über seine Konzeption der Kriminalität als einer sozialpathologischen Erscheinung erfahren will. So heißt es etwa in einem Vortrag, den er 1898 vor der Gehe-Stiftung hielt:

> Die Kriminalität ist mithin nicht unbedingt, sondern nur unter gewissen Voraussetzungen als eine sozial-pathologische Erscheinung aufzufassen. Welches diese Voraussetzungen sind, interessiert mich an dieser Stelle nicht. Aus jener Erkenntnis ergibt sich aber unmittelbar die wichtige Folgerung, daß die Wurzeln der Kriminalität, soweit sie eine gesellschaftliche Krankheitserscheinung nicht ist, in dem normalen gesellschaftlichen Leben zu suchen ist.[44]

Die Indizien werden aufgezählt, die es rechtfertigen sollen, daß er die »heutige Kriminalität im Deutschen Reich als eine sozial-pathologische Erscheinung« bezeichnen kann, wobei er es ausdrücklich ablehnt, sich auf »eine wissenschaftliche Untersuchung über den auch unter den Medizinern streitigen Begriff des ›Pathologischen‹ einzulassen«.[45] Im einzelnen ist es die Zunahme der Verbrechen generell, der Roheits- und Vermögensdelikte im besonderen und schließlich der Jugendkriminalität, die beweist, daß die »Kriminalität des Deutschen Reiches solche pathologische Züge« aufweist.[46] An dieser Stelle wäre ein Vergleich mit Durkheims Konzeption der sozialpathologischen Kriminalität reizvoll, die er vor allem im 3. Kapitel von *Les règles de la méthode sociologique* (1895) entwickelt.[47] Auch dort wird – wenngleich als Hypothese – ausgeführt, daß »die ansteigende Bewegung der Kriminalität im Laufe des 19. Jahrhunderts [...] im allgemeinen krankhaft« sei, da sie von der ›normalen‹ Kriminalitätsrate und ihrem Anstieg signifi-

---

[44] v. Liszt: Die gesellschaftlichen Faktoren der Kriminalität, abgedruckt in *Aufsätze und Vorträge*. Bd. 2, S. 433–447, Zitat S. 441.

[45] v. Liszt: Das Verbrechen als sozialpathologische Erscheinung. Abgedruckt in *Aufsätze und Vorträge*. Bd. 2, S. 230–250, Zitate S. 242 und 236.

[46] Ebd. S. 237.

[47] Durkheim: Soziologische Methode, S. 164.

kant abweiche. Und auch dort wird der Krankheitsbegriff mehrdeutig gebraucht. Nur müßte der Vergleich auf der Ebene vergleichbarer medialer Orte angestellt werden und könnte dann zur Frage führen, ob v. Liszt nicht eine für kriminalpolitische Zwecke vereinfachte Fassung der Durkheimschen Konzeption vorträgt. Der völlige Verzicht auf die Darstellung von Diskussionszusammenhängen schließlich, der im *März*-Aufsatz festzustellen ist, ermöglicht erst die beliebige Interpretation des Krankheitsbegriffs, bis hin zu seiner Anwendung auf den ›unverbesserlichen Straftäter‹.

Im *März*-Kontext darf man die alltäglichen Konnotationen, mit denen der Krankheitsbegriff belastet ist, nicht übersehen – wobei aus literarhistorischer Sicht die Anmerkung zu machen ist, daß die Umdeutungen, die der Krankheitsbegriff in der Literatur des expressionistischen Jahrzehnts erfährt (z. B. bei Heym, Einstein, Döblin), keinen Eingang in die süddeutsch-bürgerliche Zeitschrift finden. Die Etikettierung ›krank‹ will den Anschein erwecken, als sei sie aus dem theoretischen Konzept entstanden, an dessen Stelle sie eigentlich nur tritt. Zur ›kriminologisch-soziologischen Forschungslage‹ erklärt v. Liszt:

> Und wenn es uns bis zum heutigen Tage noch nicht gelungen ist, eine wissenschaftliche Ätiologie der Kriminalität, eine systematische Lehre von den gesellschaftlichen Ursachen des Verbrechens aufzustellen, so treten doch die allgemeinen Ergebnisse der bisherigen Unternehmungen immer deutlicher hervor (M 1, I, 81).

Der Begriff des Sozialpathologischen ist intuitiv plausibel, aber nicht theoretisch begrenzt, so daß krank – und zwar unheilbar – auf einmal nicht mehr die Gesellschaft ist, sondern der unverbesserliche Verbrecher, von dem es im ›Marburger Programm‹ heißt, daß er nicht »nach Ablauf von einigen Jahren gleich einem Raubtier auf das Publikum« wieder losgelassen werden dürfe.[48] Es ist der Krankheitsbegriff, der – ob gewollt oder nicht – Begriffe wie die vom ›Unschädlichmachen‹ oder gar vom ›Ausmerzen‹ mit sich führt, und zwar erst recht für den Nicht-Fachmann.

Man darf neben den globalen Etikettierungen und robusten Ausscheidungsvorschlägen weder die Einschränkungen übersehen, die sich immer wieder auf fehlende wissenschaftliche Absicherung berufen, noch die pragmatischen Vorschläge zur vorbeugenden Verbrechensbekämpfung. Zum einen:

> Heute ist der Traum von dem »Verbrechertypus« ausgeträumt und wir sind zur nüchternen Wirklichkeit zurückgekehrt. Wir haben einsehen gelernt, daß in den weitaus meisten Fällen der Verbrecher ein Mensch ist, genau wie wir alle, die eine glückliche Verkettung äußerer Umstände vor dem Verbrechen bewahrt hat. Wir erkennen jetzt erst die gewaltige Aufgabe, die noch der Lösung harrt: die wissenschaftliche Untersuchung des Verbrechertums, um auf dieser Grundlage zu einer Einteilung der Verbrecher nach den individuellen Triebfedern des Verbrechens zu gelangen.[49]

---

[48] v. Liszt: Der Zweckgedanke im Strafrecht. Abgedruckt in *Aufsätze und Vorträge*. Bd. 1, S. 126–179, Zitat S. 169.

[49] v. Liszt: Über den Einfluß der soziologischen und anthropologischen Forschungen auf die Grundbegriffe des Strafrechts. Abgedruckt in *Aufsätze und Vorträge*. Bd. 2, S. 75–93, Zitat S. 89f.

Zum andern:

> Die Verwahrlosung der Jugend, die durch die heutige Gestaltung des wirtschaftlichen Lebens weiter Kreise herbeigeführt wird, ist zweifellos die wichtigste Ursache zunächst der Kriminalität der Jugendlichen, dann aber des ganzen Volkes. Gelingt es uns, diese Ursache zu beseitigen, die Mutter dem Kinde, das Kind der Familie und der Schule zu erhalten, die Ausbeutung der kindischen Arbeitskraft zu verhindern: dann wird die Kriminalität ungleich wirksamer bekämpft werden als durch die Bestrafung der mit dem Strafgesetz in Konflikt geratenen Kinder und Jugendlichen (M 1, I, 83).

Es ist ein weitreichender Diskussionsbeitrag zum Strafrecht und seiner Reform, den Franz v. Liszt für das *März*-Publikum bereitstellt; der vom Herausgeber Thoma geäußerte Stolz ist schon berechtigt. Die Zweideutigkeiten, die er enthält, konnten allenfalls skizziert werden, sie verweisen auf das Gesamtwerk v. Liszts. Entscheidend ist jedoch, daß der Beitrag Redaktion und Publikum des *März* ins Zentrum der zeitgenössischen Reformdiskussion führt. Sie ist damit als Folie vorhanden, auch wenn sie in dieser Breite im *März* nicht weitergeführt werden kann. Franz v. Liszt sieht im *März*-Publikum ernsthafte Gesprächspartner für die Strafrechtsreform, anders als z. B. Gustav Aschaffenburg, der seine beiden Beiträge zur Hochstapelei und zur Prügelstrafe (s. Anhang) im beiläufig-feuilletonistischen Ton abfaßt.

In einem zweiten Aufsatz, der unter dem Titel »Ein Gegenentwurf zum Vorentwurf eines deutschen Strafgesetzbuches« im 5. Jahrgang (1911) des *März* veröffentlicht wurde, stellt v. Liszt die von ihm und drei weiteren Strafrechtslehrern erarbeitete Alternative zu einem reformierten Strafgesetzbuch vor. Die – im Hinblick auf das redaktionelle Umfeld – entscheidende Zielsetzung beschreibt er am Beginn seiner Ausführungen:

> Ein volkstümliches Strafgesetzbuch: das ist mithin eine der wichtigsten legislativen Forderungen, eine Forderung, die das lebhafteste Interesse aller politisch gerichteten Männer und Frauen im deutschen Volk beanspruchen darf, mögen sie auch sonst abhold sein allem, was an Gesetzgebung und Rechtsprechung anklingt.

Aus dieser Sicht sind es nicht nur technische Details, wenn er davon spricht, daß der Gegenentwurf – trotz größerem Umfang – gerafft sei, da er eine ganze Reihe von strafrechtlichen Nebengesetzen enthalte. Die gewachsene Zersplitterung des Strafrechts (Strafbestimmungen mit Strafdrohungen bis hin zur Todesstrafe finden sich u. a. in der Konkursordnung, im Sprengstoffgesetz usw., bis hin zum Gesetz zur Bekämpfung des Sklavenraubes und Sklavenhandels) habe nicht nur die »gleichmäßige Sicherheit der Rechtsprechung« gefährdet, sondern auch gedroht, das »Rechtsbewußtsein des Volkes zu verwirren« (M 5, II, 396). Außerdem enthält der Gegenentwurf auch die Bestimmungen zum Strafvollzug, um überhaupt erst nachzuweisen, daß eine gesetzliche Regelung dieser Materie (reichseinheitlich) möglich sei. Dagegen wurde den Polizeiübertretungen ein eigenes Buch vorbehalten, denn:

> Wir sind mit den weitesten Kreisen der nichtjuristischen Staatsbürger der Ansicht, daß Mord und Brandstiftung, daß auch Sachbeschädigung oder Beleidigung etwas wesentlich anderes sind als die Übertretung irgendeiner, vielleicht längst aus dem Gedächtnis der Bevölkerung entschwundenen Polizeiverordnung (M 5, II, 397).

Franz v. Liszt hebt die »Klarheit des Strafensystems und die Übersichtlichkeit der Strafdrohungen« besonders hervor: Die Todesstrafe werde beibehalten, da ihre prinzipielle Abschaffung »unter den heute gegebenen Umständen« nicht durchgesetzt werden könne. (Offensichtlich wollte v. Liszt die ernsthafte Diskussion des Gegenentwurfs nicht dadurch gefährden, daß er alle Aufmerksamkeit gleich auf das emotionell belastete Thema der Todesstrafe lenkte, im *März* hätte er entschiedene Mitstreiter für die Abschaffung finden können – s. u.) Zuchthaus soll für Verbrechen, Gefängnis für Vergehen vorbehalten bleiben, Konkurrenz der beiden Strafdrohungen in einzelnen Tatbeständen soll nach Möglichkeit ausgeschlossen sein; das Angebot, bei Vergehen Geld- anstelle der Gefängnisstrafe zu verhängen, wird ausgeweitet. Schließlich wird versucht, das »System der erziehenden und der sichernden Maßnahmen [...] folgerichtig auszubauen und zweckmäßig zu gestalten« (M 5, II, 398) – auch dies entspricht einer vielfach vorgetragenen Forderung des Kriminalpolitikers v. Liszt. Sein Fazit zum Gegenentwurf lautet folgendermaßen:

> Will der Gesetzgeber sein Unwerturteil über die Tat in einer auch den breitesten Massen verständlichen Weise zum Ausdruck bringen, so muß er nicht nur in der Fassung der mit Strafe bedrohten Tatbestände nach Einheit, Klarheit und Bestimmtheit ringen, sondern auch bei Aufstellung der Strafdrohungen sich vor jeder verwirrenden Kasuistik hüten (ebd.).

Die Aufsätze v. Liszts bilden den Rahmen für die kriminalpolitischen Interessen, die im *März* vorherrschend sind. Die Forderung nach durchgehender Reform der Strafjustiz, die verbunden ist mit einem Gesamtkonzept, findet sich allerdings nur noch in zwei Aufsätzen, in denen unterschiedliche Aspekte behandelt werden. Das Strafensystem allgemein sowie die Todesstrafe im besonderen bilden die Anknüpfungspunkte in den Beiträgen »über die Todesstrafe« von Karl Nötzel (M 5, I, 112–118) und »Rache, Schadenersatz, Sicherung« von F. Erhard (M 5, I, 206–213). Ausdrücklich beruft sich Nötzel,[50] der sich zu den »Sozialisten von heute« rechnet (M 5, I, 114), in seinem Plädoyer gegen die Todesstrafe auf »die um Liszt herum«, die »immer und immer wieder betont [haben], daß das Verbrechen soziale Erscheinung ist« (M 5, I, 115). Folglich hat die Gesellschaft das Recht, »sich vor den Verbrechen zu schützen«, sie hat aber gleichzeitig die Pflicht, »den Verbrecher nach Möglichkeit zu erziehen« (ebd.). Schutz vor dem Unverbesserlichen durch den Vollzug der Todesstrafe ist deshalb unmoralisch, weil die »überwältigende Mehrheit aller Verbrecher [...] aus sozialem Elend« hervorgeht (M 5, I, 114), und deshalb jeder Angehörige dieser Gesellschaft Bedingungen für die Entstehung der Kriminalität setzt: Auch und gerade die Degeneration, »welche Lombroso mit zäher Hartnäckigkeit bis an sein Lebensende für angeboren erklärte [, beruht] ganz einfach auf Unterernährung im Säuglingsalter« (M 5, I, 115).

> Wir alle [...] verbrauchen nun einmal mehr, als zu unserer dauernden Leistungsfähigkeit notwendig ist. [...] Folglich tragen wir alle direkte Schuld an jedem Verbrechen. [...]

---

[50] Genaue biographische Daten nicht ermittelt.

> Und es ändert auch gar nichts an diesem Sachverhalt, wenn namentlich die Herren Geistlichen immer wieder darauf hinweisen, daß die allerwenigsten Vergehen gegen das Eigentum aus direkter Not hervorgehen (M 5, I, 114).

Schutz der Gesellschaft vor den Unverbesserlichen kann folglich nur so ins Werk gesetzt werden, daß die betreffenden Menschen auf unbestimmte Zeit festgesetzt werden, wobei sichergestellt sein muß, daß regelmäßige Untersuchungen die fortdauernde Notwendigkeit der Einsperrung beweisen. Bevor »wir über Unseresgleichen so kühne Urteile fällen wie ›unverbesserlich‹, müßten erst einmal unsere Gefängnisse in soziale Heilanstalten verwandelt sein« (M 5, I, 116). Daß die Todesstrafe im übrigen abschreckend wirke, wie von den Verfechtern immer wieder vorgetragen werde, sei nirgends bewiesen.

Eine tiefgreifende Veränderung des Systems der Strafen und des Strafvollzugs fordert F. Erhard.[51] Strafe soll drei Ziele erreichen: Sie soll zunächst das Rachebedürfnis des Verletzten befriedigen,[52] sie soll ihm darüber hinaus zum Schadenersatz verhelfen, und sie soll schließlich die Gesellschaft vor neuen Taten des Rechtsbrechers sichern. Unter den gegenwärtigen Bedingungen wird von diesen Zielen allenfalls das erste erreicht, »das ist das beste, was man unserem Strafsystem nachsagen kann« (M 5, I, 208). Im übrigen gilt:

> Unsere Freiheitsstrafe macht unfehlbar den von ihr Betroffenen zu einem negativen Faktor des Staatshaushaltes, denn der aus seinem Beruf gerissene, der Mittel seiner produktiven Tätigkeit beraubte und in der Regel außerhalb seines Könnens beschäftigte Sträfling leistet bekanntlich so wenig, daß die Strafanstalten mit großer Unterbilanz arbeiten und der Strafvollzug den Steuerzahlern, zu denen auch die durch das Verbrechen Geschädigten gehören, mehrere Millionen jährlich kostet (M 5, I, 209).

Also ist es nur sinnvoll, die Freiheitsstrafe auf breiter Front zugunsten der Geldstrafe zurückzudrängen und überdies durch strenge Auflagen dafür zu sorgen, daß der seinem Beruf erhaltene Straftäter den angerichteten Schaden wiedergutmacht. Bei Berufs- oder Erwerbslosen ist daran zu denken, sie zu öffentlichen Arbeiten heranzuziehen:

> Diese Schuldsklaven würden für Kost und Kleidung arbeiten und der Überschuß ihres Verdienstes in erster Linie dem Geschädigten, demnächst den Angehörigen des Arbeitenden zugute kommen [...] Das Bewußtsein, eine nützliche Arbeit zu leisten und seine Rehabilitation im Schweiße seines Angesichts zu verdienen, würde sich bei allen besseren Elementen entwickeln [...] (M 5, I, 210).

Schließlich geht es um das Ziel der Sicherung, vor allem vor der Rückfälligkeit, die vom geltenden System, aufgrund seiner stigmatisierenden Wirkung, eher gefördert als gehindert wird: Bei der Mehrzahl der Rechtsbrecher könnte hier, neben bedingter Begnadigung und Entlassung (mit den entsprechenden Arbeitsauflagen) das Mittel der Kaution eingesetzt werden:

---

[51] Genaue biographische Daten nicht ermittelt.

[52] Partielle Übereinstimmungen mit der Konzeption v. Liszts sind unverkennbar, allerdings perspektiviert und zugespitzt.

> Wer weiß, daß der größte Teil oder das Ganze seines Besitzes verfallen ist, sobald er wieder strafbar wird, steht unter einem wirksamen Druck, der nebenbei peinlich genug ist, um einem etwaigen Geschädigten Genugtuung zu gewähren (M 5, I, 211f.).

Daß in diesem System, das sich vollständig auf die Wertschätzung des Geldes aufbaut, die Todesstrafe keinen Platz mehr hat, versteht sich von selbst. Aber auch die Gefängnisse würden verkleinert, da sie nur die Minderheit derer aufnehmen müßten, die für den Wert des Geldes gänzlich unempfänglich sind. Sie wären dauernd in »Verwahrung zu nehmen« (ebd.), wahrscheinlich jedoch, so vermutet der Autor, nicht in die eines Gefängnisses, sondern in die des Irrenhauses.

2.2. Strafrecht und Presserecht: Wolfgang Heine

Wolfgang Heine,[53] Rechtsanwalt und Reichstagsabgeordneter der SPD, verschärft das Diktum v. Liszts von der Reformbedürftigkeit des deutschen Strafrechts erheblich:

> Die Unzufriedenheit mit dem geltenden Strafrecht und seiner Anwendung ist in Deutschland allgemein und erfüllt alle Klassen und Parteien; sogar viele Strafrichter dürften kein reines Gefühl der Befriedigung davon empfinden (M 3, II, 327).

Unter den sprechenden Titeln »Bürokratenjustiz und Volksgerichte« (M 2, II, 330–338) sowie »Strafrechtsreform und politische Reaktion« (M 3, II, 327–330, 415–420) gibt er im *März* sein Votum in der Diskussion über die Reform des Straf- und Strafprozeßrechts ab. Der Katalog seiner Ausstellungen am geplanten Reformgesetz ist lang, und er beginnt mit der Todesstrafe: Sie muß völlig abgeschafft werden, weil sie »aus rohem Instinkt hervorgegangen, die Rohheit befriedigt und erhält« (M 3, II, 329). Aber er führt auch einen politischen Grund an:

> Weil das böse Gewissen der Herrenkaste fortwährend von der blutigen Unterdrückung innerer politischer Bestrebungen phantasiert. [...] Noch kann bei jedem ›Aufruhr‹ – und läßt sich nicht auch ein größerer Streik als solchen frisieren? – der Belagerungszustand verhängt und das Kriegsrecht eingeführt werden. Fühlen Bürokratie und Kirche erst einmal, wie ihnen der Boden unter den Füßen schwindet, so können sie leicht zu verzweifelten Gewaltmitteln greifen (M 3, II, 329).

Er fordert überdies die konsequente Milderung der Strafdrohungen, die Einführung der Bewährungsfrist, die Zurückdrängung der Freiheitsstrafen zugunsten der Geldstrafe und generell die Reform des Strafvollzuges, da der in seiner gegenwärtigen Praxis nichts anderes sei als die »hohen Schulen des gewerbs- und gewohnheitsmäßigen Verbrechertums« (ebd.).[54]

Seine Kritik am System der geplanten Straftatbestände konzentriert sich weitgehend auf die »politischen Strafgesetze«; er verlangt »Beseitigung der schmählichen politischen Verfolgungen, die Deutschland vor der Kulturwelt bloßstellen

---

[53] Wolfgang Heine, 1861–1944, SPD-MdR 1898–1918, preußischer Justiz- und Innenminister 1919/20, 1933 Emigration in die Schweiz.

[54] Diese Bezeichnung für den Strafvollzug in Gefängnissen und Zuchthäusern ist fast so alt wie die Form des Freiheitsentzugs selbst – und sie wird auch erst mit ihm untergehen.

und das Vertrauen zur Rechtspflege zerstören« (M 3, II, 416): Umsturzgesetze, Hochverrat, Aufreizung – dies sind die Stichworte, mit denen er die Schwerpunkte seiner Kritik anzeigt: die Einschnürung, die er für die »politische Opposition, jedes freie Denken« befürchtet (M 3, II, 416f.). Und er zielt direkt auf die Pressefreiheit, wenn er sarkastisch feststellt:

> Ganz ohne Grenze soll die ›Verherrlichung begangner Verbrechen‹ unter Strafe gestellt werden, sodaß am Ende auf die Ermordung Cäsars oder die Vertreibung der dreißig Tyrannen zurückgegriffen werden könnte. Wie gefährlich für unsre armen Oberlehrer! [...] Der Zweck ist natürlich die Knebelung der demokratischen Presse (M 3, II, 417f.).

Auch im Hinblick auf die Reform des Strafprozesses vertritt er die Linie des *März*, wenn er gegen die drohende Abschaffung der Schwurgerichte zugunsten der Schöffengerichte (in denen die Mitwirkung der Laienrichter engeren Regeln unterliegt) eintritt. Die Ablehnung der »Juristenjustiz« (M 2, II, 333) ist im *März* allgemein; auch hier werden die eigenen Erfahrungen aus der politischen und schriftstellerischen Arbeit angeführt:

> Wir haben erlebt, daß Juristen mit gekünstelten Konstruktionen Handlungen für strafbar erklärt haben, die das Rechtsgefühl von Männern des praktischen Lebens nie dafür gehalten haben würde. Man braucht nur an die Urteile über Majestätsbeleidigung, Religionsvergehen, ›unzüchtige‹ Schriften und Kunstwerke, groben Unfug und so weiter zu erinnern. [...] Aus den Protokollen [der Strafprozeßkommission] geht hervor, daß die Zentrumspartei und die Bureaukratie dadurch die süddeutsche Preßfreiheit beseitigen, besonders den Simplicissimus unterdrücken wollten (M 2, II, 331f.).

In dieselbe Richtung zielt die Kritik an den geplanten Einschränkungen des Öffentlichkeitsprinzips, vor allem in Beleidigungsprozessen (wofür die Harden-Prozesse den Anlaß lieferten):

> Fast in jeden politischen Prozeß kann man irgendwie eine Beleidigungsanklage hineinziehen und hätte es damit in der Hand, die Öffentlichkeit auszuschließen (M 2, II, 336).

Über eine Reihe kriminalpolitischer Ziele herrscht im *März* – bei allen argumentativen Unterschieden – Konsens: Die Abschaffung der Todesstrafe und die Eindämmung der Freiheitsstrafen stehen an erster Stelle. Strafe wird überwiegend unter dem Gesichtspunkt der Prävention gesehen, und genau hier versagt das geltende Strafrecht, wie ein Blick in die Reichsstatistik unmittelbar aufweist. Es ist »eine halbe Million meist unbescholtener Existenzen, [die] jahraus, jahrein durch die Gerichtssäle geschleift und justifiziert [wird], um dann unter dem Zeichen ›vorbestraft‹ ihr bürgerliches Dasein fortzusetzen« (Eugen Kalkschmidt: »Eine halbe Million Straftaten«, M 5, I, 41–43). Gegen eine Öffentlichkeit, die wie immer gebannt auf die Kapitalverbrechen blickt und alle Rechtsdiskussion unter diesem Aspekt führt, wird die triviale Realität der Alltagskriminalität gesetzt: »Das kann einem schließlich jeden Tag passieren, ohne daß man sich's besonders vorgenommen hätte und wüßte, wie, wo und warum. [...] Zudem kommt manches, was scheinbar erwiesen ist, hinterher als erweisbar falsch ans Licht« (ebd.). Die Bewertung der Statistik muß in der Gelassenheit vorgenommen werden, in der »die irdischen Zahlen oft eine merkwürdig himmlische Beleuchtung und Erläuterung erfahren mögen« (ebd.).

Heines Argumentation zugunsten der Strafrechtsreform ist gesättigt mit den Erfahrungen des Politikers und Publizisten; gerade deshalb ist sie repräsentativ für die Einstellungen, die im *März* dominieren. Strafrecht wird vor allem als Instrument der staatlichen Repression wahrgenommen und vorgeführt. Der Publizist ist der Betroffene; den notwendigen Generalisierungen Liszts folgen die Konkretisierungen Heines. Die Kriminalisierung oppositioneller Meinungsäußerung, die – wie an vielen Beispielen gezeigt wird – durch das bestehende Recht nicht behindert und durch die Rechtspraxis befördert wird, belegt umgekehrt, daß eine durchgreifende, allgemeine Reform des Strafrechts notwendig ist. Insofern kehrt auch die spezialisierte Diskussion bei Heine zurück zum Ausgangspunkt Liszts. Was hierzu nicht benötigt wird, ist die Konkretisierung des Konzepts vom kriminellen Menschen; der ›Verbrechermensch‹ der Kriminologie und der Literatur erscheint folgerichtig nicht, wenn politische Kriminalisierungsstrategien Belegmaterial liefern.

Aus diesem Grund wirkt die Diskussion, die Adolf Lapp und Dr. Ludwig Mann im vierten Jahrgang des *März* (M 5, IV, 157–159, 325f. und 367f.) über die *moral insanity* führen, eher deplaziert und überständig. Lapp wendet sich gegen die Tendenz, Kriminalität ausschließlich als pathologische Erscheinung zu verstehen, allerdings nicht, wie er ausdrücklich sagt, als »Gegner der Wissenschaft« oder gar als »Gegner der Humanität« (M 5, IV, 159), sondern als Vertreter der »Aufklärung« (S. 157), der hinter der Etikettierung mit dem Begriff der *moral insanity* die alten Mythen des Hexenglaubens und der Besessenheit in neuem Gewande sieht. Schließlich kann er nicht daran glauben, daß es humaner sei, einen Verbrecher ins »Tollhaus« (ebd.) zu stecken (und ihn damit als Irrsinnigen abzustempeln) als ihn verantwortlich zu machen für seine Taten: »Sie haben betrogen, gestohlen, gemordet, dafür werden sie so und so lange eingesperrt« (ebd.). Unlogisch und inhuman erscheint es ihm, die »strafrechtliche Entlastung« durch »pathologische Belastung« zu erkaufen.

Wohl zu Recht betont Ludwig Mann in seiner Erwiderung, daß in der fortgeschrittenen Psychiatrie am Beginn des 20. Jahrhunderts die *moral insanity* ein »psychiatrischer Atavismus« sei,

> ein ins Publikum verlorener und dort auf allerlei Hintertreppen herumschleichender Rest vergangener Psychiatrie, die noch mit gesonderten Seelenvermögen zu hantieren hatte (M 5, IV, 326).

In diesem Sinne plädiert er für eine differenzierte Betrachtung, die auch das Konzept des pathologischen Verbrechers zur Kenntnis nimmt, ohne es zur alleinigen Kriminalitätserklärung zu machen. Wie wenig es zu einem Gespräch zwischen dem Psychiater (dem Fachmann) und dem liberalen Publizisten kommt, zeigt sich in folgender Bemerkung Manns:

> Haben Sie sich schon einmal eine Heil- und Pflegeanstalt für Geisteskranke betrachtet? Vielleicht tun sie es, um zu erfahren, daß es keine Tollhäuser mehr gibt. Unsere Geisteskranken sind in Krankenhäusern untergebracht, die keine Gittern und Mauern mehr haben [...] (ebd., 327).

Man kann dies als den spezifisch modernen Aspekt dieser Auseinandersetzung betrachten: Der Publizist verwendet anachronistische Begriffe und verrät Unkenntnis über die neueren Entwicklungen eines Faches. Hier korrigiert der Fachmann, ohne zu erkennen (oder doch darauf einzugehen), daß der Kern des publizistischen Angriffs in der Befürchtung zu suchen ist, die Psychiatrie könne auf lange Sicht die Stelle der Justiz einnehmen – ein Gedanke, der gerade dem Liberalen Angst machen muß, der die Schutzwirkung, die das Strafrecht für den beschuldigten Bürger hat oder zumindest haben sollte, wohl zu schätzen weiß. Allerdings: Den Raum, diesen Aspekt breit zu diskutieren, bietet der *März* nicht.

Der Rahmen für die Kriminal- und Gerichtsberichterstattung im *März* ist damit abgesteckt; die Themen, anhand derer Kritik entfaltet wird, sind in der Reformdiskussion bereits entwickelt: Vor allem die Mentalität der ›Justizjuristen‹ kommt in den Blick, die sich der Obrigkeit willig als Helfershelfer der Repression zur Verfügung stellen. Zwei Beispiele für die Justizkritik durch Literaten sollen dafür abschließend angeführt werden.

2.3. Literaten im *März* zu Justiz und Strafrechtsreform: Ludwig Thoma und Berthold Viertel

Auf Ludwig Thomas Abneigung gegen die bestehende Justiz und vor allem die beamteten Juristen können wir jetzt zurückkommen. Er hat sie in literarischen Texten mit beißendem Spott und der offenkundigen Absicht, die Angehörigen eines Berufsstandes zu verletzen, zum Ausdruck gebracht: »Denn Amesreiter war ein sogenannter glänzender Jurist, hatte das Staatsexamen mit I gemacht und war sohin zeugungsfähig.« Als »Viech mit zwei Haxen« ist er allerdings unfähig, eine menschliche Geste zu würdigen, die jenseits des Horizonts amtsrichterlicher Geschäfte liegt (»Der Einser«, 1903/04 im *Simplicissimus* erstmals veröffentlicht). Die Satire darf rüpelhaft sein. Doch auch die Vorstellungen von einer besseren Justiz, von besseren Juristen, kommen im Negativbild zum Ausdruck:

> [Landgerichtsrat Alois Eschenberger] kümmerte sich nicht um das Wesen der Dinge, sondern ausschließlich darum, unter welchen rechtlichen Begriff dieselben zu subsummieren waren (»Der Vortrag«, 1900/01 im *Simplicissimus*).

Die plakativen Zuspitzungen in den Justizerzählungen des *Simplicissimus* finden argumentative Begründungen in den Aufsätzen und Glossen des *März*, hier stellt Thoma seine Diagnose ausführlich und explizit. Bezeichnend für Gang und Stil seiner Argumentation ist die Glosse mit dem Titel »Justiz« (M 5, II, 514–516), die sich mit den Diskussionen auf dem deutschen Richtertag befaßt. Hier kommen seine Einwände vollständig zur Sprache, und zwar ausgehend von der Bemerkung eines Richters, daß gute Justiz »unvolkstümlich« und eine »Wissenschaft der Gebildeten« sei, die sich »an den Bildungslosen« wende (M 5, II, 514). Dieser Gedankengang charakterisiert die Vorstellungswelt vieler Richter und Justizbeamter des wilhelminischen Staates, man muß dies im einzelnen nicht nachweisen.[55] Thoma ist für den Anlaß, der ihm geboten wird, dankbar und wird grundsätzlich:

> [...] wir halten Justiz oder Rechtspflege nicht für eine Wissenschaft, sondern für eine Tätigkeit, die das Recht verwirklichen soll. Da, wo sie allgemeines Interesse erregt, und sohin volkstümlich oder unvolkstümlich sein kann, nämlich im Strafprozesse, wird sie meines Wissens heute auch noch von Laien ausgeübt (ebd.).

Recht ist der »Ausdruck des Mehrheitswillens«, der das Zusammenleben reguliert, schon deshalb kann es »keine Geheimlehre« sein. Der Rechtswissenschaft obliegt allein die »wissenschaftliche Darstellung der Rechtsnormen«. Sie sind Ausdruck des »durch die Pflichten gegen den Staat erweiterten Sittengesetz[es]«, deshalb müssen sie »allen erkenntlich bleiben«, »dem allgemeinen Rechtsbewußtsein entsprechen« und dürfen »von den Wissenschaftlern nicht verdunkelt werden« (ebd.). Daß Thoma diese Forderungen nur an das Strafrecht und die Strafjustiz richtet, und nicht auch an das Zivilrecht, das »in tausenden von Paragraphen allen Nichtjuristen und sehr vielen Juristen unverständlich bleibt« (ebd.), sei nur am Rande vermerkt.[56]

Was auf dem deutschen Richtertag von 1910 gesagt wurde, steht in einer langen Tradition der Fehlentwicklungen: Daß die gelehrten Juristen das »Volk als ›bildungslos‹ beiseite schieben wollen«, beginnt in der deutschen Geschichte früh, und es ist die Geschichte »der Entrechtung des Volkes«:

> Die Doktores haben als Diener der großen und kleinen Herren an der Unterdrückung und Ausplünderung des Volkes den größen Anteil gehabt (M 5, II, 515).

In den Hexenprozessen schon haben sich die deutschen Juristen so korrumpiert, daß die »durch Jahrhunderte genährte Abscheu heute noch nachwirken und zum allerwenigsten Mißtrauen hinterlassen muß«, und zwar vor allem, wenn

> sie uns mit starker Betonung sagen, daß sie außerhalb des Volkes stehen wollen und sein Rechtsgefühl verachten, dann zeigen sie, daß der Geist nachlebt, der sie in früheren Zeiten auf Abwege geführt hat (M 5, II, 515f.).

---

[55] Vgl. dazu Müller-Seidel: Heinrich Mann, S. 112, mit Hinweis auf Gerhard Dilcher: Das Gesellschaftsbild der Rechtswissenschaften und die soziale Frage. In: Das wilhelminische Bildungsbürgertum. Zur Sozialgeschichte seiner Ideen. Hg. von Klaus Vondung. Göttingen: Vandenhoeck u. Ruprecht 1976, S. 53–66, und Elke Emrich: Macht und Geist im Werke Heinrich Manns. Eine Überwindung Nietzsches aus dem Geist Voltaires. Berlin u. New York: de Gruyter 1981 (S. 327 zur »Gesinnungsjustiz« im späten Kaiserreich).

[56] Generell wird das Strafrecht assoziiert, wenn von literarischer Justizkritik die Rede ist: »Das Strafrecht steht zweifellos im Vordergrund; und sofern in diesem Bereich durch Kritik Reformen herbeigeführt werden sollen, handelt es sich um solche des Strafrechts und der Strafjustiz« (Müller-Seidel: Heinrich Mann, S. 103). Daß das Zivilrecht, das im bürgerlichen Leben weit mehr Einfluß ausübt als das Strafrecht, selten wahrgenommen wird, mag mit den Gründen zusammenhängen, die Thoma nennt. Doch schränken literarhistorische Fragestellungen häufig auch den Blickwinkel ein; man könnte z. B. die Eigentumsbegriffe, die Vorstellungen von der Vertragsfreiheit oder auch eherechtliche Darstellungen in literarischen Texten aufsuchen, sicher träfe man auf ein breites Spektrum zivilrechtlich orientierter Justiz- bzw. Rechtskritik.

»Wir brauchen gerechte und kluge Richter, nicht gelehrte« (»Der Dreier«, M 4, I, 7–11). Die allerdings sind von einer Ausbildungs- und Einstellungspraxis nicht zu erwarten, in der die Büffler und Streber, die Mucker und Ducker die besten Noten und die besten Karrierechancen erhalten (ebd.). Und auch deshalb tritt Thoma für die Erweiterung der Rechte und der Zuständigkeiten von Schwurgerichten ein, gegen alle Versuche der Einschränkung, wie sie von einem Staatsanwalt Krauß im fünften Jahrgang des *März* begründet werden. Thoma erwidert, daß den Berufsjuristen nicht zu trauen sei (5, I, 407) – und er faßt die Gründe zusammen:

> Wir machen die Augen auf und sehen, daß Angeklagte ihrem ordentlichen Richter entzogen und vor ›scharfe Kammern‹ geschleppt werden, wir sehen unbequeme Vorsitzende plötzlich kalt gestellt, oder vor den Minister zitiert, wir sehen einen Narren lange Jahre als Vorsitzenden einer Strafkammer, wir lesen haarsträubende Urteile, und sehen merkwürdige Beförderungen.
>
> Und wir sind darum gegen die Berufsrichter mindestens ebenso mißtrauisch wie die verworrenen 1848er. Dazu kommen ein paar andere nicht juristische, aber ethische Gesichtspunkte. Über Ehre, Freiheit und Leben seiner Mitmenschen gewerbsmäßig abzuurteilen ist nicht schön. Daraus eine Gewohnheit zu machen ist gefährlich, stumpft ab und verhärtet. Richten gegen Entlohnung, gegen Bezug eines Gehaltes heißt sein Brot auf der Schattenseite des Lebens finden und macht die Sache nicht besser. Die Völker, von denen wir unsere Kultur und unsere Rechtsbegriffe überkommen haben, würden ausschließlich darin eine Ungeheuerlichkeit gesehen haben. Nicht in den Schwurgerichten (M 5, I, 408).

Als Zitat von Bismarck trägt Thoma sein ceterum censeo vor: »›Einen zuverlässigen Richterstand gibt es in Preußen nicht‹« (M 5, II, 516). Den Tiefstand der preußischen Rechtsprechung hat Süddeutschland, speziell Bayern noch nicht erreicht, doch gilt es den Anfängen zu wehren.

Die Richter und Staatsanwälte, die Thoma aufs Korn nimmt, treten als »Beamte und Staatsretter« auf, sie wissen nicht oder wollen es nicht mehr wissen, daß »ihr Richteramt nichts zu tun hat mit den Erwägungen, welche für die Verwaltung ausschlaggebend sind« (M 5, I, 370):

> Junge Staatsanwälte entwickeln sich stets zu Spezialisten für Staatserhaltung und dadurch kommt ein politisches Moment in unsere Gerichtsverhandlungen, das nicht hinein gehört (M 2, II, 185–187).

Lemp verzeichnet 162 Beiträge, die Thoma für die ersten fünf Jahrgänge des *März* verfaßt hat;[57] davon befassen sich etwa 35 mit der Strafjustiz. Es sind überwiegend Glossen, in denen Kritik an der Justiz – an Einzelfällen wie an durchgehenden Fehlentwicklungen – unter pointierten Titeln vorgetragen wird. »Klassenjustiz?« (M 5, I, 369–371) ist ein Beispiel, in dem der Prozeßbericht ein Schlaglicht auf die Verfassung der Justiz wirft. Ein Essener Schwurgericht ging souverän über die beeideten Aussagen von sechs Sozialdemokraten hinweg und legte seinem Urteil allein die Tatdarstellung eines Polizisten zugrunde:

> Er [der Gendarm] hatte recht, zu lügen, denn er war Gendarm, die andern waren Sozialdemokraten, und die Verhandlung spielte sich in Preußen ab. Der Schluß war schrecklich, aber selbstverständlich.
>
> Die ›andern‹ kamen ins Zuchthaus (M 5, I, 370).

---

[57] Lemp: Thoma, Nrn. 1241–1402 im Werkverzeichnis, S. 235–238.

Doch lasse sich aus der Verurteilung der Sozialdemokraten kein Argument gegen das Schwurgericht destillieren; der »Respekt, von dem sich in Preußen bürgerliche Leute nun einmal nicht frei machen können, hinderte vermutlich jene Volksrichter, schlicht und einfach zu denken« (ebd.). Noch einmal: Im *März* gibt es die rüpelhaften Angriffe Thomas gegen die Justiz nicht, vielmehr wird die Sensibilität Thomas gegen den Obrigkeitsstaat und seine Verbindung mit der (nominell unabhängigen) Strafjustiz in Argumente gefaßt, in Glossen und gelegentlich in autobiographischen Geschichten sinnfällig gemacht. Der liberale Kritiker spricht seine Wahrheit auch dann aus, wenn die vom Fehlurteil Betroffenen Angehörige der ansonsten wenig geliebten Sozialdemokratie sind. Beispiele für die Rolle der Justiz als Büttel der Obrigkeit liefern die preußischen Richter immer wieder: In »Byzantinisches« (M 1, III, 86f.) teilt Thoma mit, daß Kaiser Wilhelm in kurzer Zeit sechs Zivilprozesse verloren habe. Ihn kann dies nicht davon überzeugen, daß es auch in Preußen noch Richter gebe, sondern allenfalls von der ursprünglichen Aussichtslosigkeit der kaiserlichen Klagen.

In Majestätsbeleidigungsprozessen tun sich die Richter besonders hervor als Verteidiger einer unantastbaren Obrigkeit. In dem Aufsatz »Das memeler Denkmal« (M 2, I, 198–203) wird die Subsumtionsleistung des Gerichts hervorgehoben: »Man sagte: Wenn ein Denkmal beleidigt wird, welches der Kaiser enthüllt, so ist damit der Kaiser beleidigt. Logisch ist das ja nicht. Aber logisch muß es auch nicht sein« (S. 203). In solchen Urteilen wird die Qualität des wilhelminischen Rechtsstaat sichtbar:

> Das häßlichste ist, daß die Wahrheit nicht autokratisch plump unterdrückt wird, sondern daß man unter Wahrung der äußerlichen Formen des Rechtes illoyale Offenheit und Gesinnung bestraft (ebd.).

Wie sehr der Rechtsstaat zunächst und zuerst autoritärer Gesetzestaat ist, zeigt sich z. B. dann, wenn das Kind eines Sozialdemokraten von der Realschule relegiert wird, angeblich, weil es nicht am Schulgebet teilnimmt.

In der Institution der Staatsanwaltschaft identifiziert Thoma den entscheidenden Mangel der Gerichtsverfassung:

> Der gut qualifizierte Richter von heute ist während der einen Hälfte seiner Laufbahn unabhängiger Verwaltungsbeamter und während der anderen ein sogenannter unabhängiger Richter (»Gegen die Staatsanwälte«, 1, I, 236–245, Zitat S. 237).

Indem der Staat die zukünftigen Strafrichter zuerst als Staatsanwälte einsetzt, sorgt er dafür, daß Obrigkeitsfrömmigkeit und nicht Unparteilichkeit die Strafjustiz beherrschen. Dem Staatsanwalt kommt es allein darauf an, viele Verurteilungen zur »erzielen«, das »Schicksal des Angeklagten kommt dabei nicht in Betracht«. Die Beurteilung eines Staatsanwalts – und damit sein berufliches Fortkommen – beruht auf dieser »Einseitigkeit«. Zudem:

> nur selten hat ein Mann, der qualifiziert werden soll, hervorstechende Eigenschaften. Die bürokratischen Züge sind von einer schönen Ebenmäßigkeit, und der Geist, der in Anklageschriften niedergelegt ist, kann selten mit freiem Auge erblickt werden (ebd., S. 236f.).

Das Elend der Strafjustiz beruht nicht zuletzt darauf, daß die Richter ehemalige Staatsanwälte sind und wie solche denken. Kunst, Kultur und Presse haben besonders darunter zu leiden – etwa wenn »Rubens unter Anklage« gestellt wird (M 1, III, 171f.): »Wenn Staatsanwälte in Kulturfragen mitzureden haben, dann kann man nicht mehr von drohender ›Verwilderung‹ reden. Sie ist schon da.« Oder wenn von Roda Roda in Breslau ein Reisegewerbeschein verlangt wird – damit eine Dichterlesung stattfinden kann (M 1, I, 582).

Die Justizkritik, die im *März* vorgetragen wurde, hat nur einzelne Berührungspunkte mit der von Karl Kraus – zu denken ist etwa an die Forderungen nach Abschaffung der Todesstrafe, nach genereller Milderung der Urteilspraxis, vor allem im Hinblick auf ›Alltagsdelikte‹, die man hier wie dort finden kann. Kraus greift – verkürzt gesagt – mit der Justiz die Grundverfassung bürgerlicher Moralität an – mit dem Ziel, Erkenntnisprozesse zu fördern und damit Einstellungen zu verändern; nicht umsonst ist es die strafrechtlich bewehrte Sexualmoral, die seine Angriffe herausfordert. Die Justizkritik im *März* ist pragmatisch-politisch ausgerichtet, sie geht im wesentlichen von der Einschränkung der Meinungsfreiheit aus. In diesem Bereich will sie konkrete Reformen herbeiführen, die den Strafanspruch des Staates einschränken und insbesondere den Literaten und Publizisten größere Freiräume verschaffen. In Fragen der Moral, gerade auch der Sexualmoral, entfernen sich die Autoren des *März*, wenn sie überhaupt sich dazu äußern, nur wenig von den Einstellungen des Gros der Zeitgenossen. Ausdrücklich z. B. wird gewünscht, daß der Straftatbestand des homosexuellen Verkehrs auch im reformierten Strafgesetz beibehalten wird (vgl. M1, IV, 339–341).

Lediglich in den Berichten und Glossen von Berthold Viertel, die im vierten und fünften Jahrgang erscheinen, finden sich Bezüge zu Karl Kraus[58] (der im übrigen mit einem Artikel zum Harden-Prozeß im *März* vertreten ist, s. Anhang). Viertel berichtet über die ›normale Kriminalität‹ und über Gerichtsverhandlungen, in denen politische oder presserechtliche Aspekte keine Rolle spielen. Seine Texte lassen auch den Theaterautor und Schauspieler erkennen, der sich mit der Praxis des Strafverfahrens und gleichermaßen mit der Praxis der Gerichtsberichterstattung auseinandersetzt. In »Arme Sünder« (M 4, I, 347) stellt er die Stereotypen der Verbrechenswahrnehmung dar, die sowohl vor Gericht als auch in der Öffentlichkeit wirksam sind:

> Da heult das Maul der Zivilisation auf, weil das liebe, gute Gefühl so arg verletzt wurde, und die Menschheit besinnt sich auf ihre Repräsentationspflichten. Weil leider ein neunzehnjähriger Junge ein fünfzehnjähriges Mädchen, das sich gegen seine Werbung verschloß, in Wut und Eifersucht erschossen hat. Als man ihn verhaftete, sagte er: ›Die Hauptsach ist, daß sie tot ist; wann i s' net haben kann, braucht's a anderer auch net hab'n!‹ (M 4, I, 347).

In der ›Schönen Literatur‹ und in den Pitavalgeschichten des 19. Jahrhunderts wird der Typus des Verbrechers gleichsam zur positiven Norm erhoben, der sich,

[58] Vgl. Viertels umfangreichen Aufsatz: Karl Kraus. Ein Charakter und seine Zeit. In: B. V.: Dichtungen und Dokumente, S. 203–280. Über »Karl Kraus, de[n] Juristen« handelt Viertel auf S. 233–239.

wenn er gefaßt und verurteilt wird, zu seinen Taten bekennt, Reue äußert und die gegen ihn verhängte Strafe als ganz persönliche Buße auf sich nimmt. Er bekennt sich – möglichst am Ende seines Lebens und kurz vor der Hinrichtung – zu der Ordnung, die er durch seine Verbrechen gestört und verletzt hatte. Wird dieses Schema durchbrochen, dann tritt die von Viertel beschriebene Reaktion gleichsam automatisch ein, denn »das liegt uns gar sehr am Herzen, daß der Verbrecher nur ja auch sich wie ein Zerbrochener benehme« (M 4, I, 348). Wenn solcher »Appetit nach Sentimentalität« nicht gestillt wird, wenn keine Reue gezeigt wird, dann entsteht »ein Wutgeheul«, das »aus den Blättern und allen sonstigen üblen Mäulern elementar« hervorbricht (ebd.). Das eingespielte öffentliche Straftheater – das ausschließlich Unterhaltungsfunktionen hat und weder zukünftige Täter abschrecken noch die Justiz zu legitimieren vermag – läuft nach einem festen Text ab, bei dem »das Volk meistens auf seine Kosten kommt« (ebd.). An diesen Text hält sich nicht nur die Presse, sondern vorher schon das Gericht. Wenn es »rastlos Wiederbelebungsversuche am scheintoten Gefühl dieses Unmenschen« anstellt, dann kann oder will es nicht bemerken, daß der Angeklagte »nicht so gern von der Sache spricht« wie die Öffentlichkeit,

> gerade weil er bereute, weil es ihm weh tat, gerade weil er, in all seiner Roheit und Gottverlassenheit, immer noch keuscher und menschlicher empfand, als die besseren Menschen, die ihn nach einem Mord auch noch zur Indiskretion verleiten wollten. [...] Der Staatsanwalt tat sein Äußerstes, indem er einem Pubertätsmörder ›unlautere Motive‹ vorwarf. Und dann am nächsten Tage die spaltenlangen Teufelsbeschwörungen in den Intelligenzblättern und die erledigende Psychologie vom ›geborenen Verbrecher‹ (ebd.).

Doch das Theater der Justiz, das nicht zur Abschreckung, sondern lediglich zur Unterhaltung eines interessierten Publikums und zur Befriedigung seiner Sensationsbedürfnisse abläuft, benutzt den Angeklagten nicht nur als Schauspieler in einer Statistenrolle. (Thoma hat sich hierzu auch geäußert: »Die wohlanständige deutsche Familie schwelgt eine Woche lang in der aufregenden Lektüre, saugt gierig die verpestete Luft ein, die aus jeder Zeile weht. Niemand protestiert dagegen. Aber wir haben Sittlichkeitsvereine, welche die milonische Venus aus den Schaufenstern entfernen, und wir haben Staatsanwälte, die Rubens für unanständig halten« [M 1, IV, 262f.].) Das Justiztheater schadet den Angeklagten auch, etwa wenn Kinder (die es auch noch sind, wenn sie das Strafmündigkeitsalter von vierzehn Jahren überschritten haben) wegen sogenannter sexueller Verfehlungen angeklagt werden. Die »Kinderspiele« (so nennt Viertel seine Glosse über ein entsprechendes Verfahren in Wien – M 5, II, 135–137) sind natürlich und unschuldig, nur der Erwachsene verfällt

> in hysterische Epilepsie, sein Bewußtsein verdunkelt sich, und er haut mindestens eine Ohrfeige, aber eine Ohrfeige mit vollem sittlichen Schwung. Passiert aber geradezu das Allerärgste, spielt ein Kind gar mit lebendigen Geschlechtsmerkmalen, dann bricht das Jüngste Gericht an. Dann gibt es nur eine Sühne, eine Rettung: der Erwachsene zerstört das Kind (M 5, II, 135).

Zumeist bleibt es allerdings bei der »häuslichen Gerichtsbarkeit, die diesen ethischen Zweck« durch die »Gewissenstortur« erreicht (ebd.):

> Man vergiftet natürliche Regungen, bei ihrem ersten zartesten Erwachen schon, mit Herzensangst, man bringt, was unschuldig getan war, in eine Perspektive, der das Gemüt des menschlichen Anfängers nicht gewachsen ist (ebd.).

Noch schlimmer allerdings ist es, wenn die Eltern die Justiz bemühen. Wenn die Maschinerie einmal angelaufen ist, wenn »untersucht und einvernommen und protokolliert« wird (M 5, II, 136), dann erst lernen die Kinder den ›kriminellen‹ Aspekt ihres Tuns kennen; es ist die Verdorbenheit des Erwachsenen, mit der die Kinder erst infiziert werden. Es ist dasselbe Thema, das Karl Kraus immer wieder angeschlagen hat.

Viertel zeigt, daß die Justiz willfährig auf die Bedürfnisse des Publikums eingeht – hier liegen die Gefahren der öffentlichen Strafjustiz:

> Als das Publikum die Galerie besetzte, entdeckte das Gericht seine schauspielerischen Werte. [...] Es vervollkommnete sich eine Technik, die Sensibilitäten abzutasten und die geheimen Pikanterien hervorzukitzeln. Die Opergucker haben den Präsidenten ihre überlegene Ironie suggeriert. Sie haben unter den Staatsanwälten und Advokaten die Stars gezüchtet (M 4, I, 400).

Das ›Justiztheater‹ erfaßt alle Beteiligten; Richter, Angeklagte und Publikum werden zu Chargen, die ihre Rolle agieren – nach einem Text, der kaum Spontaneität zuläßt, mithin auch keine Persönlichkeitserforschung, die für Schuldspruch und Strafzumessung notwendig wäre. Der Mädchenmörder, der keine Reue zeigt, ist eben ein ›Ungeheuer‹ – und er wird als solches bestraft. Damit erfüllt das Gericht die Erwartungen des Publikums. Die verborgenen Gründe für sein Verhalten zu erkennen, dafür enthält der ›Rollentext‹ kaum Ansatzpunkte.

3. Fragen und Hypothesen

Der *März* ist nur eine von vielen literarisch-kulturellen Zeitschriften, die nach 1900 das Gespräch über Justiz und Strafrechtsreform in Gang halten. Weitere Profilskizzen wären zusammenzutragen und womöglich mit zusätzlichem Material auszufüllen – mit dem Ziel, die Beiträge des ›Sozialsystems Literatur‹[59] zu den Veränderungen der ›Rechtskultur‹ (mit Folgen für das ›Sozialsystem Recht‹) quantitativ und qualitativ zu rekonstruieren. Am Ende meines Beitrages können indes nur weitere Fragen und Hypothesen formuliert werden:

(1) Die Diskussionen über die Strafjustiz und vor allem über die Strafrechtsreform werden nach 1900 im ›vorliterarischen‹ Raum der ›expositorischen‹ Texte intensiviert, für die das breiter werdende Spektrum der literarischen Zeitschriften zur Verfügung steht. Die Tendenz zur Kriminalisierung kritischer Schriftsteller wirkt gleichsam katalysatorisch: In dem Maße, in dem den Literaten ›Täterrollen‹ zugewiesen werden, werden sie zu Fachleuten in Fragen des Rechts und der

---

[59] Zum ›Sozialsystem Literatur‹ vgl. den von R. v. Heydebrand , D. Pfau und J. Schönert herausgegebenen ›Theorie-Band‹ der Münchener Forschergruppe (s. Literaturverzeichnis), insbesondere die Konzeption von F. Meyer und C. Ort.

Gerechtigkeit. Zum ersten Mal kommen damit die Betroffenen der Strafjustiz – eben die Täter – breit zu Wort; die Täterrolle wird produktiv genutzt, und sie legitimiert die Forderungen nach Reform des Strafrechts. Indem das Gespräch mit Juristen, Kriminologen und Politikern gesucht wird, verstärkt sich der Austausch von Wissen, von Einstellungen und Emotionen zwischen den Sozialsystemen ›Recht‹ und ›Literatur‹. Die partiell gleichgerichteten Interessen der Strafrechtsreformer und -politiker und bestimmter Gruppen von Literaten führen zu gemeinsamen Aktionen in literarischen Zeitschriften, für die es kaum Vorbilder gibt.[60] Der Bezug zum Publikum wäre weiter zu untersuchen: Gerade weil relativ kleine literarische und politische Gruppen eigene Zeitschriften zur Verfügung haben, könnte ein vergleichsweise hoher Grad an Übereinstimmung bei Produzenten und Rezipienten angenommen werden, allerdings mit der Folge geringerer Außenwirkung.

(2) Juristen und Kriminologen werden dazu veranlaßt, ihre Vorstellungen einem gebildeten Publikum aus Nicht-Fachleuten verständlich darzustellen. Dies kann zu inhaltlichen Veränderungen und auch zu Verflachungen der theoretischen Konzepte führen, zumal sich die kriminologischen Disziplinen seit der Jahrhundertwende dynamisch entwickeln. Am Beispiel der Aufsätze v. Liszts konnte dieser Vorgang demonstriert werden. Der Einfluß des ›medialen Ortes‹ auf die sprachliche und inhaltliche Gestaltung seiner Aufsätze hat sich gezeigt. Dieser Einfluß ist stets in Rechnung zu stellen, gerade im Hinblick auf die Beschreibung eines Wandels im literarischen Bereich, der durch verstärkten Wissensaustausch mit anderen sozialen Bereichen gefördert wird.

(3) Die Institutionen der Strafjustiz rücken nach 1900 in den Mittelpunkt der Aufmerksamkeit von Literaten. Kriminelle Täter können als deren Opfer gedeutet werden, mindestens aber wird – aus der Position eigener Betroffenheit – die Definitionsmacht der Institutionen der Strafjustiz erkannt, so daß die Darstellung einer Täterbiographie immer auch die Darstellung des Verfahrens impliziert, in dem sie (re-)konstruiert wurde. Die weitreichenden Umdeutungen der expressionistischen Literatur, mit denen die Vorstellungen von Krankheit und Verbrechen gleichermaßen verändert werden, bleiben jedoch auf einen engen Sektor der literarischen Produktion beschränkt.

(4) Die Beschreibung der justizkritischen Literatur der Weimarer Republik darf von der Kontinuität des justizkritischen Diskurses seit 1900 nicht absehen. Sie gewinnt ihre eigenständige Kontur erst auf der Grundlage des zunehmenden Austausches von Wissen und Einstellungen, der in diesem Diskurs angelegt ist und der den Bruch mit den Traditionen der Kriminalitätsdarstellung in der zweiten Hälfte des 19. Jahrhunderts vorbereitet.

---

[60] Eine Ausnahme bildet die von B. Auerbach und F. von Holtzendorff getragene Kampagne gegen die Todesstrafe, die mit unterschiedlichen Texten in Auerbachs *Deutscher Volkskalender* der Jahrgänge 1867 bis 1870 ihren Raum fand.

Anhang

März. Halbmonatsschrift für deutsche Kultur. Hg. von Hermann Hesse, Albert Langen und Ludwig Thoma. München: Langen 1907–1917.

Im folgenden stelle ich eine Auswahl mit Texten aus den ersten fünf Jahrgängen des *März* zusammen, die sich mit der Justiz befassen. Nicht alle der aufgeführten Texte werden in meinem Beitrag zitiert; dort wo der Titel nicht selbsterklärend ist, charakterisiere ich in Klammern kurz den Inhalt. Mit römischen Ziffern werden die Vierteljahresbände, mit arabischen die Seiten angegeben.

Band 1 (1907):

Kurt Aram: Gerechtigkeit. Eine wahre Geschichte. I, 190–192. (Zur Klassenjustiz in England und Frankreich.)
Gustav Aschaffenburg: Zur Psychologie des Hochstaplers. I, 544–550. (Am Beispiel des Hauptmanns von Köpenick beschreibt A. die Faszination, die von der Figur des Hochstaplers ausgeht; Material aus der ›schönen Literatur‹ wird zur Illustration herangezogen.)
b [...]: Eine Majestätsbeleidigung. I, 100.
Artur Bonus: Moral im Handel. II, 172f. (›Treu und Glauben‹ im internationalen Vergleich.)
Dr. Dietz: Zum Prozeß Hau. III, 195–199. (Den Juristen fehlen die Kenntnisse der Psychologie; am Strafrecht sind die Entwicklungen neuzeitlicher Wissenschaft vorbeigegangen.)
Gothus: Epilog zum Fall Gädtke. IV, 255–257. (Anachronismus der Militärgerichtsbarkeit.)
Ders.: Zu Herrn Rittmeister befohlen. IV, 339–341. (Zur Homosexualität; § 175 soll aus Rücksicht auf das Volksempfinden nicht aufgehoben werden, obgleich Homosexualität eine Krankheit sei.)
C[...] H[...]: Vierzehnjährige Majestätsbeleidigung. I, 581f.
Habebald: Die Guillotine. I, 286f. (Gegen die Todesstrafe.)
Conrad Haussman: Politik und Sensation. III, 1–5. (Über die ungute Vermischung von Privatem und Politischem im Harden-Eulenburg-Verfahren.)
Franz v. Liszt: Kulturfortschritt und Strafgesetzgebung. I, 73–86.
Lucian: Lasset uns Verbrecher machen. IV, 529f. (Über die Kriminalisierung der Not.)
Ludwig Thoma (einschließlich der unter dem Kürzel »L.« veröffentlichten Beiträge): Mörder. I, 113–118.
Ders.: Gegen die Staatsanwälte. I, 236–245.
Ders.: Byzantinisches. II, 86f.
Ders.: Woermann contra Simplicissimus. II, 258–260.
Ders.: Der Hexenhammer. II, 277–281.
Ders.: Der Fall Peters. III, 89–95.
Ders.: Rubens unter Anklage. III, 171f.
Ders.: Der große Skandal, III, 269–273.
Ders.: Quousque tandem? IV, 98. (Jede Nation hat den Strafprozeß, den sie sich gefallen läßt.)
Ders.: Mordprozesse, IV, 262f.

Band 2 (1908):

Gustav Aschaffenburg: Die Prügelstrafe. III, 122–127. (Die Bekämpfung der Kriminalität soll nicht »unter dem Zeichen der Knute« stehen.)
Georg Bernhard: Rochette. II, 112–125. (Aktienschwindel in Paris.)
Björnsterne Björnson: Für Maximilian Harden. I, 204–206.
Ders.: Magyarische Barbarei. I, 562f.

Ders.: Alfred Dreyfus, der Jude. II, 33–37. (Weil D. Jude ist, wird er nur scheinbar rehabilitiert.)
C[...] C[...]: Berufung. I, 188f. (Über die Prozesse Harden und Hau.)
Eduard: Schutz vor dem Staatsanwalt. II, 504f.
Hugo Elsas: Zum Fall Eulenburg. II, 454–459 und III, 13–18.
Dr. G. Falter: Zeitgemäße Gedanken über einen Rechtsfall. VI, 150–152. (Die Sonderrechte für Standesherren machen sich auch in Urteilstexten bemerkbar.)
Henriette Fürth: Zum Paragraphen 218. IV, 96–101.
Karl Hauer: Sittlichkeit und Kriminalität. II, 170–172. (Positive Rezension des Buches von Karl Kraus.)
Conrad Haussman: Eine Ungerechtigkeit der Gerechtigkeit. II, 92–93. (Über das Entschädigungsrecht bei Fehlurteilen.)
Wolfgang Heine: Politik und Anwaltsehre. IV, 174–180. (Über das Ehrengerichtsverfahren gegen Karl Liebknecht.)
Ders.: Bürokratenjustiz und Volksgerichte. IV, 330–338.
Karl Kraus: Die Forum-Scene. Eine Harden-Erinnerung. II, 140–143.
Sven Lange: Alberti und Dänemark. IV, 10–19. (Minister als Betrüger.)
M[...]: Grete Beier. III, 244f. (Vollzug der Todesstrafe.)
Ders.: Auf Schleichwegen. III, 248. (Eulenburg-Prozeß.)
März (redaktionelle Editiorials): Die objektivste Behörde von der Welt. II, 273f.
Ders.: Rattenkönig. III, 1–6. (Eulenburg-Prozeß, trotz seines Mißbrauchs soll der § 175 StGB erhalten bleiben.)
Ders.: Im Interesse der geschichtlichen Wahrheit. III, 176–178. (Zum Eulenburg-Prozeß.)
Ludwig Thoma: Unser guater, alter Herzog Karl. I, 86f. (Majestätsbeleidigung.)
Ders.: Hardenprozeß. I, 185–186.
Ders.: Das memeler Denkmal. I, 198–203. (Majestätsbeleidigungsprozeß gegen den *Simplicissimus*.)
Ders.: Humor. II, 179f. (Prozeß gegen den *Simplicissimus*.)
Ders.: Preußische Justiz. II, 347.
Ders.: Meminisse Juvat. II, 351. (Die bayerische Justiz wird von Preußen bevormundet.)
Ders.: Dolmetscher. III, 238f. (Eulenburg-Prozeß.)
Ders.: Der Prozeß gegen den März. IV, 185–187.
v. S[...]: Fall Veith. III, 486f.

Band 3 (1909):

A [= Ludwig Thoma?]: Beamtenprozesse. IV, 155–157. (Über die Freiheit der Meinungsäußerung von Beamten.)
Regierungsassessor Eberhardt: Ein Beitrag zur Geschichte Kaspar Hausers. I, 52–64, 123–144, 215–225.
Wolfgang Heine: Lex Eulenburg. II, 28–34. (Verschärfung der Beleidigungstatbestände trifft vor allem die Presse.)
Ders.: Strafrechtsreform und politische Reaktion. IV, 327–330, 415–420.
E[...] Kalkschmidt: Gerechtigkeit. I, 387–389.
Lothar E. Schücking: Meine Verurteilung. IV, 90–92. (Das Recht des Beamten auf freie Meinungsäußerung.)
Ders.: Demokratische Richter. IV, 201–203.
Otto Soyka: Der Kampf gegen ein Urteil. I, 335–341.
Ludwig Thoma: Das Heidelberger Freudenhäuschen. II, 165f.
Ders.: Erster deutscher Richtertag. IV, 75f.
Referendarius: Der Referendar als Pflichtverteidiger. III, 248.

Band 4 (1910):

A [= Ludwig Thoma?]: Mohrenwäsche. II, 240f. (Beleidigungsprozeß gegen den *Simplicissimus*.)
A[...]-V[...]: Der Anarchistenprozeß. III, 160.
H[...] von Beaulieu: Justizreform. Ein Gespräch. III, 242–245.
Emil Dosenheimer: Die Borromäus-Enzyklika und Paragraph 166 des deutschen Strafgesetzbuches. II, 422–426.
[Hugo] Elsas: Glossen zur Kriminalpolitik. I, 81–83.
C[onrad] [Haussmann]: Das Recht der Gerichtssaalberichte. IV, 341–343.
Julianus: Die berliner Polizei und das ärztliche Berufsgeheimnis. IV, 174f.
Ludwig Thoma: Der Dreier. I, 7–11.
Ders.: Die Todesstrafe. III, 76f.
Ders.: Der Kepplerprozeß. II, 164–168.
Berthold Viertel: Die Tarnowksa Sensation. II, 77–79.
Ders.: Die öffentliche Justiz. II, 399–401.
Ders.: Arme Sünder. IV 347f.

Band 5 (1911):

F[...] Erhard: Rache, Schadenersatz, Sicherung. I, 206–213.
Ders.: Zum Danziger Todesurteil. I, 591.
Wolfgang Heine: Moabit. I, 7–11.
Ders.: Arbeiter Herrmann. II, 1–6.
Hermann Hesse: Der alte Pitaval. I, 382f.
Heinrich Hutter: Das Urteil von Greifswald. I, 35–37. (Verfolgung eines ›roten‹ Gutsbesitzers durch den Landrat, Gerichte bieten Handlangerdienste.)
Eugen Kalkschmidt: Eine halbe Million Straftaten. (Auch eine Jahresbilanz.) I, 41–43.
W[...] Krauß: Ein Gerichtsschwur gegen die Schwurgerichte. I, 394–405.
Ders.: Und abermals wider die Schwurgerichte. I, 446–450.
Rudolf Kurtz: Der heitere Staatsanwalt. I, 589f.
Ders.: Justiz zu Dekorationszwecken. II, 180f. (Festungsstrafe als Sonderbehandlung für bevorzugte Straftäter; Menschlichkeit für den gesamten Vollzug.)
Franz v. Liszt: Ein ›Gegenentwurf zum Vorentwurf eines deutschen Strafgesetzbuches‹. II, 393–399.
Karl Nötzel: Über die Todesstrafe. I, 112–118.
Ludwig Thoma: Klassenjustiz. I, 369–370.
Ders.: Wider den Gerichtsschwur für die Schwurgerichte. I, 405–408.
Ders.: Preßvergehen und Schwurgerichte. I, 371–372.
Ders.: Justiz. II, 514–516.
Berthold Viertel: Details. I, 470.
Ders.: Kinderspiele. II, 134f.
[...] Witkop: Volksfeindliche Justiz. II, 466f.

Literaturverzeichnis

(a) *Literarische Texte und Textsammlungen*

Bettine von Arnim: Dies Buch gehört dem König. (1843). Hg. von Ilse Staff. Frankfurt/M.: Insel 1982 (= it 666).
Alfred Döblin: Berlin Alexanderplatz. Die Geschichte vom Franz Biberkopf. (1929). München: Deutscher Taschenbuch Verlag 1965 (= dtv 295).
Hans Land: Staatsanwalt Jordan. Ein Berliner Roman. Berlin: Fischer 1915.

Rudolf Leonhard (Hg.): Außenseiter der Gesellschaft. Die Verbrechen der Gegenwart. Berlin: Die Schmiede 1924/25.
Erich Mühsam: Fanal. Aufsätze und Gedichte 1905–1932. Hg. von Kurt Kreiler. Berlin: Wagenbach 1977 (= wat 22).
Ernst Ottwalt: Denn sie wissen was sie tun. (1931). Berlin: Guhl 1978.
Ludwig Thoma: Gesammelte Werke. Erster Band [von 6]. Autobiographisches, Ausgewählte Aufsätze. Textredaktion: Albrecht Knaus. 2. Aufl. München: Piper 1974.
Ders.: Gesammelte Werke. Vierter Band. Erzählungen II und Satiren. Textredaktion: Albrecht Knaus. 2. Aufl. München: Piper 1974.
Ders.: Ein Leben in Briefen (1875–1921). Hg. von Anton Keller. München: Piper 1963.
Kurt Tucholsky: Gesammelte Werke. Band 1. 1907–1918. Hg. von Mary Gerold-Tucholsky u. Fritz J. Raddatz. Reinbek: Rowohlt 1975.
Berthold Viertel: Dichtungen und Dokumente. Gedichte, Prosa, Autobiographische Fragmente. Ausgewählt und hg. von Ernst Ginsberg. München: Kösel 1956.

(b) *Weitere Literatur*

Helmut Ahrens. Ludwig Thoma. Sein Leben, sein Werk, seine Zeit. Pfaffenhofen: Ludwig 1983.
Martin Beradt: Der deutsche Richter. (1930). Mit einem Nachwort von Richard Schmid. (Reihe Q Quellentexte zur Literatur- und Kulturgeschichte, Bd. 8, hg. von Helmut Kreuzer) Königstein/Ts.: Scriptor 1979.
Monika Dimpfl: Wirklichkeitsmodelle als Bezugssysteme literarischer Verständigung in Josef Ruederers *Das Gansjung* und Thomas Manns *Der Kleiderschrank*. In: Zur Sozialgeschichte der deutschen Literatur von der Aufklärung bis zur Jahrhundertwende. Einzelstudien. Hg. von Günter Häntzschel u. a. (Studien und Texte zur Sozialgeschichte der Literatur, Bd. 13). Tübingen: Niemeyer 1985, S. 97–121.
Emile Durkheim: Die Regeln der soziologischen Methode. (1895). Hg. und eingeleitet von René König. Frankfurt/M.: Suhrkamp 1984 (= stw 464).
Alfred Estermann: Zeitschriften. In: Deutsche Literatur. Eine Sozialgeschichte. Hg. von Horst Albert Glaser. Bd. 8: Jahrhundertwende: Vom Naturalismus zum Expressionismus. 1880–1918. Hg. von Frank Trommler. Reinbek: Rowohlt 1982 (= rororo 6257), S. 86–101.
Monika Frommel: Die Rolle der Erfahrungswissenschaften in Franz von Liszt's ›gesamter Strafrechtswissenschaft‹. In: Kriminalsoziologische Bibliographie 11 (1984) H. 42: »Liszt der Vernunft«, S. 37–53.
Otto Gritschneder: Ludwig Thoma und die Justiz. In: Neue Juristische Wochenschrift 35 (1982), S. 616–619.
Renate v. Heydebrand u. a. (Hg.): Zur theoretischen Grundlegung einer Sozialgeschichte der Literatur. Ein struktural-funktionaler Entwurf. (Studien und Texte zur Sozialgeschichte der Literatur, Bd. 21). Tübingen: Niemeyer 1988.
Konstantin Imm u. Joachim Linder: Verdächtige und Täter. Zuschreibung von Kriminalität in Texten der ›schönen Literatur‹ am Beispiel des Feuilletons der *Berliner Gerichts-Zeitung*, der Romanreihe *Eisenbahn-Unterhaltungen* und Wilhelm Raabes *Horacker* und *Stopfkuchen*. In: Zur Sozialgeschichte der deutschen Literatur von der Aufklärung bis zur Jahrhundertwende. Einzelstudien. Hg. von Günter Häntzschel u. a. (Studien und Texte zur Sozialgeschichte der Literatur, Bd. 13) Tübingen: Niemeyer 1985, S. 21–96.
Otto Kirchheimer: Politische Justiz. Verwendung juristischer Verfahrensmöglichkeiten zu politischen Zwecken. (1961, 1965). Frankfurt/M.: Europäische Verlagsanstalt 1981.
Siegfried Lamnek: Theorien abweichenden Verhaltens. München: Fink 1979 (= UTB 740).
Ludwig Leiss: Kunst im Konflikt. Kunst und Künstler im Widerstreit mit der Obrigkeit. Berlin u. New York: de Gruyter 1981.
Richard Lemp: Ludwig Thoma. Bilder, Dokumente, Materialien zu Leben und Werk. München: Süddeutscher Verlag 1984.

Franz v. Liszt: Strafrechtliche Aufsätze und Vorträge. 2 Bde. Photomechanischer Nachdruck der Ausgabe Berlin: Guttentag 1905. Berlin: de Gruyter 1970.
Georg Lukács: Reportage oder Gestaltung? Kritische Bemerkungen anläßlich eines Romans von Ottwalt. (1932). In: G. L.: Schriften zur Literatursoziologie. Mit einer Einführung von Peter Ludz. Frankfurt/M. u. a.: Ullstein 1985 (= Ullstein TB 35212), S. 122–142.
Walter Müller-Seidel: Justizkritik im Werk Heinrich Manns. Zu einem Thema der Weimarer Republik. In: Heinrich Mann: Sein Werk in der Weimarer Republik. Zweites Internationales Symposium, Lübeck 1981. Hg. von Helmut Koopmann u. Peter-Paul Schneider. Frankfurt/M.: Klostermann 1982, S. 103–127.
Wolfgang Naucke: Die Kriminalpolitik des Marburger Programms 1882. In: Zeitschrift für die gesamte Strafrechtswissenschaft 94 (1982), S. 525–564.
Klaus Petersen: Die »Gruppe 1925«. Geschichte und Soziologie einer Schriftstellervereinigung. (Beiträge zur Literatur- und Sprachwissenschaft, Reihe Siegen, Bd. 34). Heidelberg: Winter 1981.
Hans Joachim Schneider: Psychologie des Verbrechens (Kriminalpsychologie). In: Handwörterbuch der Kriminologie. Hg. von H. J. S. und R. Sieverts. Bd. 2. Berlin: Duncker u. Humblot 1977, S. 415–458.
Hans Wrobel: Dank an Kurt Tucholsky. In: Zeitschrift für Rechtspolitik 18 (1985), S. 313–319.

Heinz Müller-Dietz

Kriminalität und Kriminalitätsverarbeitung in der *Fackel*

Zur Justiz-, Strafrechts- und Pressekritik von Karl Kraus

1. Zur Problematik des Themas

Das Thema birgt aus mehreren Gründen seine Probleme – und Fallstricke. Das Werk von Karl Kraus liegt wie ein erratischer Block in der Literaturlandschaft. Viele brechen sich ein Stück davon – und dabei ab. Das Thema und seine Ausführung liegen vielleicht auch quer zu den Intentionen dieses Kolloquiums – und damit dem einen oder anderen schwer im Magen. Die Rezeptionsgeschichte des Werkes von Kraus ist teilweise bizarr und grotesk.[1] Zwischen Walter Benjamin[2] und Nike Wagner[3] tut sich mancher schwer – auch mancher Abgrund auf.

Die Juristen zeichnen sich vielfach durch eine völlige Nichtbeziehung zu Kraus aus[4] – wie sollten sie auch eine Beziehung zu einem Autor unterhalten, der von sich gesagt hat: »Mein Reinlichkeitsgefühl ist so sehr entwickelt und die ethischen Hemmungen in mir sind so stark ausgebildet, daß ich es einst verschmäht habe, Jurisprudenz zu studieren.«[5] Oder aber die Juristen reagieren auf sein Werk durch rigorose Ausbeutung seines Wortwitzes. Und man ist versucht, ihn, der sich gewiß posthum immer noch besser zur Wehr zu setzen vermag als andere zu Lebzeiten, dagegen in Schutz zu nehmen: Es muß nicht unbedingt gegen einen Autor sprechen, daß er so gerne, so häufig und so genußvoll zitiert wird. Gelegenheit zu Fehlurteilen und Mißverständnissen ist also reichlich gegeben; hier soll versucht werden, gegenzusteuern. Freilich gleicht dieser Versuch dem Unternehmen, *Die letzten Tage der Menschheit*[6] – die Kraus einem Marstheater zugedacht hat – aufzuführen oder *Die dritte Walpurgisnacht*[7] als Schullektüre einzuführen.

Das Thema ist umfassender und anspruchsvoller, als es hier – gar noch im Detail – erörtert werden kann. Eigentlich müßte eine solche Studie die Glossen von Kraus konfrontieren mit der Wiener Presse des fin de siècle, also deren und

---

[1] Zur Rezeptionsgeschichte etwa Arntzen: Karl Kraus und die Presse, S. 59ff. Da es hier um bestimmte Aspekte dieses Werkes geht, wird auf einen lückenlosen Nachweis der Sekundärliteratur verzichtet. Er wäre ohnehin nur im Rahmen einer monographischen Bearbeitung zu erbringen.

[2] Benjamin: Karl Kraus.

[3] Wagner: Geist und Geschlecht, S. 105ff.

[4] Vgl. Müller-Dietz: Sittlichkeit und Kriminalität, S. 1071f.

[5] Kraus: Prozeß Veith. In: Die chinesische Mauer, S. 5–44.

[6] Kraus: Die letzten Tage der Menschheit. Tragödie in fünf Akten mit Vorspiel und Epilog. Wien: Verlag ›Die Fackel‹ 1919 (Vorwort).

[7] Kraus: Die dritte Walpurgisnacht. Hg. von Heinrich Fischer. München: Kösel 1967.

dessen Beschreibung und Analyse liefern. Zu erörtern wäre, ob und inwieweit sich seine Kritik auf einen bestimmten Typus von Presse bezieht, etwa auf Massenblätter, deren redaktioneller Teil fast nur aus Gerichtsberichterstattung bestanden und als Lockmittel für den kommerziellen Anzeigenteil gedient hat.[8] Darzustellen wären die kriminellen und justitiellen Vorgänge, die in Tageszeitungen jener Zeit abgehandelt und verhandelt werden, vor allem aber die Muster und Formen, in denen sich Gerichtsberichterstattung damals abspielte. Zu verweisen wäre auf die Handhabung der Sprache als Ornament, als bildungsbürgerlicher Prunk und Zierrat, dessen Substanz sich längst verflüchtigt hat, in Berichten und Kommentaren der Tageszeitungen, in Äußerungen der Justizfunktionäre, der Gerichtsvorsitzenden und Staatsanwälte, in den Plädoyers der Verteidiger.[9] Zu schildern wäre eine Sprach-Welt, deren Wortgirlanden die Blöße geistiger Armut längst nicht mehr decken können, bestenfalls von vergangener Pracht, will heißen: einer Kultur, die es einmal gab, zeugen. Darzustellen wäre eine Welt, in der sich eine von Grund auf unwahrhaftige Form vor einen Inhalt gestellt hat, der ihr längst abhanden gekommen ist. Zu registrieren wäre jene unheilvolle Allianz von Presseöffentlichkeit und Gerichtsöffentlichkeit, die beide auf den Strich der öffentlichen Meinung gehen, der den Spekulationen auf Instinkte Vorschub leisten läßt, statt auf Sammeln und Verwertung von Fakten und Informationen aus zu sein. Festzuhalten wären eine Atmosphäre, in der das Gerücht, nicht das Gericht dominiert, eine Mentalität, die vom Klatsch als Abklatsch der Gesellschaft lebt, ein soziales Klima, in dem man mit der Intimsphäre anderer intim ist, in dem sich aber gleichzeitig gegen Intimitäten öffentliche Abscheu kehrt. Den Differenzen zwischen Beschreibung, Deutung und Wirklichkeit wäre der Kontrast zwischen dem damaligen Rechts- oder Unrechtswesen, dem österreichischen Strafrecht und Strafprozeßrecht sowie dessen jeweiliger Handhabung durch Polizei und Justizfunktionäre und der sozialen Realität jener Epoche hinzuzufügen. All das *in extenso* auszubreiten, ist hier nicht möglich.

Vielmehr müssen angesichts der Fülle der Fragestellungen Schwerpunkte gesetzt werden, die vor allem die spezifischen Formen und Intentionen der Gerichtsberichterstattung im Werk von Kraus und dessen zeitgeschichtliche wie kulturelle Verankerung betreffen. Dementsprechend stehen drei Aspekte im Vordergrund der Betrachtung. Der erste betrifft die literarisch-publizistische Auseinandersetzung mit Kriminalität und Kriminalitätskontrolle in jener Zeit; er umfaßt zugleich den Versuch einer Erklärung, weshalb gerade Wien damals so günstige Voraussetzungen für solche Publizistik bot. Der eigentliche Schwerpunkt der Studie gründet in der Beschreibung der strafrechtlichen und kriminologischen Gegenstände – der Vorwürfe, die Kraus zum Anlaß nahm, welche zu erheben –, seiner Stilmittel und

---

[8] Auf diesen Aspekt wies in der Diskussion dieses Vortrags Georg Jäger hin.

[9] Vgl. vor allem Kraus: Heine und die Folgen. In: Die Fackel Nr. 329/330 (1911), S. 1–33. Kritisch Mechthild Borries: Ein Angriff auf Heinrich Heine. Kritische Betrachtungen zu Karl Kraus. (Studien zur Poetik und Geschichte der Literatur, Bd. 13). Stuttgart u. a.: Kohlhammer 1971, S. 80ff.

Intentionen. Vollends problematisch werden die Überlegungen im dritten Teil, der der Einordnung jenes Werkes vor dem Hintergrund literarischer wie strafrechtlicher und kriminalpolitischer Fragestellungen gilt. Vorweg sei dazu aber gesagt: Es gibt schwerlich eine Schublade, in die Kraus paßt; der literaturwissenschaftliche Tischler, der sie schüfe, müßte erst noch erfunden oder vielmehr: gezeugt werden.

2. Gerichtsberichterstattung und Zeitsituation

Intensives Studium von Presseberichten und -meldungen, deren Verwendung als sprachliche und inhaltliche Versatzstücke in Texten jedweder Couleur – vor allem in Glosse, Feuilleton und Roman – sind der literarischen Moderne wohl vertraut. Dies freilich nicht in dem tradierten Sinne, der etwa im 18. und 19. Jahrhundert Schriftsteller dazu anhielt, derartiges (Quellen-)Material als literarische Vorwürfe für epische und dramatische Gestaltung zu nutzen.[10] Nicht der klassische Schuld-Sühne-Topos[11] bestimmt nunmehr die Verarbeitung von Kriminalberichten und -meldungen. Vielmehr tritt jetzt unübersehbar eine justiz- und gesellschaftskritische Komponente, ja Zuspitzung in der Auseinandersetzung mit jenen Informationen zutage. Darin spiegelt sich offenkundig ein gewandeltes Verständnis von Kriminalität, gesellschaftlicher Auseinandersetzung – nicht zuletzt zugleich des literarischen Umgangs damit.

Freilich variieren Art und Weise der literarischen Verarbeitung solcher Presseberichte und -meldungen erheblich. Was dem einen bloßer Anlaß, Vorlage für ironische oder satirische Weltbemächtigung ist und bedeutet – demonstriert an so dankbaren Objekten, wie sie seit altersher Juristen, deren Praxis und sprachliche Vermittlung von Recht zu bilden pflegen –,[12] gewinnt beim anderen inhaltliche Dimensionen. So gibt es eine instrumentale Verwendung von Presseberichten für literarische und sprachliche Zwecke. Sie kann ferner in den Dienst politischer, ja ideologischer Absichten gestellt werden. Schließlich gibt es auch die Auseinandersetzung mit der Sache selbst, den Themen, die – im wahrsten Sinne des Wortes – vor Gericht und von Gerichten verhandelt werden. Oft genug dienen Glosse oder Satire als Stil-Mittel zum justiz- oder rechtskritischen Zweck. Es wird zu zeigen sein, daß verschiedene dieser Intentionen und Elemente teils deutlich unterscheidbar, teils sich gegenseitig überlagernd im Werk von Kraus zu finden sind.

Daß seine publizistischen Arbeiten keineswegs eine Ausnahme in der Verwendung journalistischer Informationen in literarischen Texten bildeten, zeigen weitere zeitgenössische Beispiele. Von geradezu intimem Umgang mit der Wiener Tagespresse zeugt die Figur des Prostituiertenmörders Moosbrugger in Musils

---

[10] Dazu umfassend Schönert (Hg.): Literatur und Kriminalität.
[11] Vgl. Müller-Dietz: Kriminologie und Literatur, S. 65ff.
[12] Vgl. Müller-Dietz: Literatur und Kriminalität, S. 699ff.

Roman *Der Mann ohne Eigenschaften.*[13] Die frappierende Übereinstimmung von journalistischer Vorlage und literarischem Text – die bis zur Übernahme ganzer Passagen aus Gerichtsberichten der Presse reicht – hat Karl Corino dokumentiert.[14] Selbst von Rilke sind Auseinandersetzungen mit journalistisch aufbereiteten Vorgängen in der Wiener Justiz überliefert;[15] wohl nicht zufällig attackierte der Dichter die Prozeßführung jenes Gerichtsvorsitzenden, der dann aus gegebenem Anlaß heraus ein Opfer Kraus'scher Glossen werden sollte.[16]

Doch war es gewiß kein Spezifikum Wiener Kultur der Jahrhundertwende, daß die Presse in den Rang eines Hoflieferanten für höhere literarische oder justizkritische Zwecke erhoben wurde. Zu denken ist etwa an Maximilian Hardens *Zukunft,* die mit Enthüllungen aus den Eulenburg-Prozessen Einfluß sogar auf die hohe Politik zu nehmen suchte.[17]

Wenn also das Wien jener Zeit – »zwischen Traum und Wirklichkeit«[18] – selbst keinen Einzel- oder Sonderfall für publizistische Verarbeitung von journalistischen Informationen über Justiz und Recht darstellte, so bot diese Stadt doch spezifische Rahmenbedingungen für solche Entwicklungen. Da existierten ein bestimmtes geistiges Klima, eine Mentalität, die kritische und sensible Geister geradezu herausfordern mußten. Da bildete die Szenerie des Vielvölkerstaates mit seinen mühsamen Versuchen, die Vielzahl auseinanderdriftender Bestrebungen und Tendenzen zusammenzuhalten oder zu bändigen, eine teils bizarre, teils groteske Folie der Zeitläufte. »Bisher sind die Versuche des österreichischen Völkerklumpens, Staat zu spielen, europäischer Heiterkeit begegnet.«[19] Das unwiderrufliche Ende einer Epoche, ja einer Kultur, kündigte sich an. Die ›Ereignisse‹, Intrigen und Skandale der hauptstädtischen Gesellschaft lieferten nur die – in der Presse breit ausgewalzte – Begleitmusik dazu.

Hermann Broch hat diese Szenerie mit analytischem Zugriff in seinem Essay *Hofmannsthal und seine Zeit* beschrieben:

> [...] es ging nicht mehr um die Brüchigkeit Österreichs, es ging um die Weltbrüchigkeit, in der das kommende Unheil, das kommende Menschenleid bereits lauerte, und diese

---

13 Dazu etwa Müller-Dietz: Strafrecht und Psychiatrie, S. 365ff.

14 Corino: Ein Mörder; ders.: Zerstückt und durchdunkelt.

15 Vgl. Stahl: Rilke.

16 Vgl. Kap. 4 in diesem Beitrag.

17 Vgl. Huber: Deutsche Verfassungsgeschichte, S. 298ff. Zur (Sprach- und Sach-)Kritik: Kraus: Maximilian Harden. Eine Erledigung. Die Fackel Nr. 234–35 (1907), S. 1–36; Übersetzung aus Harden. Die Fackel Nr. 251–52 (1908), S. 15–18; Eulenburg, ebd., S. 45–48; Die deutsche Schmach. Die Fackel Nr. 253 (1908), S. 1–7; Übersetzung aus Harden, ebd., S. 41–48; Seine Antwort. Die Fackel Nr. 257–58 (1908), S. 15–48. Vgl. ferner Bilke: Zeitgenossen, S. 153ff.

18 Vgl. den Ausstellungskatalog »Traum und Wirklichkeit«.

19 Kraus: Die Ermäßigung der Posttarife. Die Fackel Nr. 217 (1907), S. 7–11. Hier S. 7. Die hier aus der *Fackel* zitierten Beiträge stammen, soweit kein anderweitiger Hinweis erfolgt, von Kraus. Zitiert werden in der Regel die Originaltexte der *Fackel*, zumal die im ganzen verdienstliche Edition der Werke von Kraus durch Heinrich Fischer eine Reihe von Fragen aufwirft. Die Beiträge in den ersten Jahrgängen der *Fackel* tragen meist keinen Titel.

> Brüchigkeit war von der Verlogenheit bedingt, in der das europäische, nicht nur das österreichische Spießergesindel dahinlebte. Es war ein unendliches Netz von Verlogenheiten, ein unendlicher Kitsch-Sachverhalt, der als ganzer nicht faßbar war, weil er aus einem Geflecht scheinbar isolierter, durchaus geringfügiger Kitschhandlungen bestand, und der doch wegen seiner Unheilsträchtigkeit erfaßt werden mußte.[20]
>
> [Broch sprach davon,] daß der Kitsch weit über das Gebiet der Kunst und des Kunstgewerbes hinausreichte, daß des Kitsches Verlogenheit und Bösheit in allen Lebensgebieten vorhanden ist, in den sozialen Konvenüs wie in den Berufsstrukturen, in der Justiz wie in den sogenannten politischen Überzeugungen – der Kitsch, eine allverseuchende Phrasen-Infektion, ihr Herd aber die Tagespresse, da sie all dieses Un-Leben spiegelt und zugleich stets aufs neu mit ihren Phrasen nährt.[21]

Dezennien später thematisierten Janik und Toulmin wiederum die »Doppelbödigkeit der Werte«, den »Aspekt fundamentaler Verlogenheit in den gesellschaftlichen Verkehrsformen«,[22] die »Heuchelei und Scheinhaftigkeit« des Bürgertums[23] und die »Unwahrhaftigkeit des öffentlichen Diskurses«[24] im damaligen Wien. Sie verwiesen einmal mehr darauf, daß sich »Falschheit und Heuchelei, welche die Gesellschaft als ganze kennzeichneten, vor allem in den Zeitungen«,[25] für die die »prinzipielle Vermischung von Tatsache und Meinung« konstitutiv sei,[26] ausgedrückt hätten.

Und dabei war es diese Presse selbst, die zunehmend staats-, gesellschafts- und justizkritisches Material präsentierte und produzierte – nicht nur in mehr oder minder exponierten Organen (etwa der politischen Linken), sondern auch, oft genug unfreiwillig, wider bessere Absicht, in der sogenannten seriösen und der regierungstreuen Presse.[27] Was sie häufig in geradezu epischer, die Effekte auskostender Breite – nicht selten in wörtlicher Wiedergabe richterlicher und staatsanwaltschaftlicher Äußerungen, von Zeugen- und Sachverständigenaussagen – aus dem Gerichtssaal berichtete, sprach meist für sich selbst, legte per se schon für den kritischen Zeitgenossen die Mängel eines überalterten Justizsystems bloß, das sich an einem letztlich, in seiner Substanz, auf das Jahr 1803 zurückgehenden Strafgesetz zu orientieren hatte.[28] Ein Gutteil der journalistischen und literarischen Kritik zehrte denn auch von der Problematik überholter Straftatbestände, unzeitgemäßer Handhabung und Prozeduren gerichtlicher Verfahren und Verhandlungen – und nicht allein, wie gehabt, von gleichsam kriminalphänomenologischer Beschreibung krimineller Verhaltensweisen, kriminalätiologischer Darstellung psychisch-seelischer Antriebe zum Verbrechen und sozialer Verbrechensursachen.

---

20 Broch: Hofmannsthal, S. 272.
21 Ebd.
22 Janik u. Toulmin: Wittgensteins Wien, S. 83.
23 Ebd. S. 44.
24 Ebd. S. 36.
25 Ebd. S. 98.
26 Ebd. S. 99.
27 Zur damaligen Pressesituation: Wandruszka: Die österreichische Presse, S. 89–94. Hier S. 92f.
28 Das Strafgesetz, das um die Jahrhundertwende in der k.u.k. Monarchie galt, datiert zwar vom 1. 9. 1852, bildete aber lediglich eine neue, ergänzte Ausgabe des Strafgesetzes vom 3. 9. 1803.

3. Schreib-Anlässe und -Intentionen von Kraus

Das Werk von Kraus, konzentriert in seiner Zeitschrift, seiner »Anti-Zeitung« *Die Fackel,*[29] die er von 1899 an herausgab, überschreitet, ja sprengt freilich diesen traditionellen Rahmen. Es läßt sich, obgleich darin fast in jedem Heft Kriminalfälle, Gerichtsverhandlungen oder strafrechtliche Probleme zur Sprache kommen, nicht mit dem bekannten Raster journalistischer Beschreibung und Analyse von Kriminalität, justitieller und gesellschaftlicher Kriminalitätsverarbeitung erfassen. Wohl lassen sich da und dort äußere Übereinstimmungen mit literarisch-politischen Organen konstatieren, die sich Justiz- und/oder Gesellschaftskritik zum Ziel gesetzt haben. Aber diese Übereinstimmungen erweisen sich bei näherem Zusehen als bloßer Schein; sie betreffen noch nicht einmal Form und Stil der publizistischen Auseinandersetzungen, geschweige denn deren Intentionen.

Was da an Einzelheiten in Glossen und Satiren mitgeteilt, ausgebreitet und kritisch analysiert wird, wirkt per se – zumal aus der Retrospektive – nicht selten zusammenhanglos, beiläufig oder gar belanglos und will sich deshalb auch zu keinem geschlossenen Bild zusammenfügen. Indessen wächst der rückschauenden Betrachtung dieses Mosaik teils längst vergessener, teils bedeutungsloser Details zu einem monumentalen zeit- und gesellschaftskritischen Bauwerk zusammen, dessen tragende Elemente gleichermaßen Sprachbesessenheit und -virtuosität, die Übereinstimmung von Form und Inhalt sind.[30]

Wenn Kraus unablässig die Gerichtsberichterstattung Wiener (und nicht nur Wiener) Tageszeitungen – in jedem Sinne des Wortes – verfolgte, glossierte und dokumentierte, dann bildeten für ihn nicht allein, ja manchmal nicht einmal so sehr Kriminalität, Recht, Justiz und Gesellschaft die Themen, sondern auch und gerade die Presse selbst, die ihm, in der Regel ungewollt, den Stoff, das Material für die Entlarvung von Heuchelei und Doppelmoral, für den Mißbrauch von Recht und Justiz, für den allgemeinen Sprach- und Kulturverfall lieferte. Oft genug enthielt sich der Satiriker einer kritischen Kommentierung; für die Demaskierung genügte das Zitat, das auf den Urheber zurückfiel; perfekter und virtuoser hat kaum jemand die Kunst des Zitierens zur vernichtenden Selbstcharakterisierung von Personen und Einstellungen gehandhabt und beherrscht. Rücksichtsloser und rigoroser hat auch kaum jemand Presse und Justiz, die unheilige Allianz von gesellschaftlicher Bloßstellung, Erniedrigung und Verachtung des Individuums attackiert und gebrandmarkt. Aber mehr noch und grundsätzlicher bildete für Kraus das, was er anhand der Ereignisse und Meldungen beschrieb und analysierte, Österreich, ein Gesamt-Kunstwerk – in einem freilich anderen als dem üblichen Sinne –, ein Staats- und Gesellschaftsgebilde, das er eine »Versuchsstation des Weltuntergangs« nannte.[31]

---

[29] Janik u. Toulmin: Wittgensteins Wien, S. 84.

[30] Vgl. etwa Kraft: Karl Kraus, S. 175ff.; Quack: Bemerkungen, S. 117ff., 161ff.

[31] Kraus: Franz Ferdinand und die Talente. Die Fackel Nr. 400–403 (1914), S. 1–4. Hier S. 2. Vgl. ferner Kraus: Zeitgenosse. Die Fackel Nr. 214–15 (1906), S. 52: »Nicht allein

Insofern erscheint die Vermutung nicht unberechtigt, daß trotz der grandiosen Einseitigkeit, mit der hier einer gegen die Zeit anschrieb, aus seinen Texten nicht nur etwas über ihn selbst und seine Absichten, sondern auch über diese Zeit zu erfahren ist. Kraus wurde nicht allein deshalb zu einer – teils angefeindeten, teils totgeschwiegenen – Institution im damaligen Wien, weil er sich dazu stilisierte, sondern weil die Zeit selber zur Entstehung einer solchen kritischen Instanz herausforderte.[32]

Daß journalistische Berichte sich freilich in Literatur verwandelten, um dann als solche im Medium einer Zeitschrift sich an der Tagesdiskussion zu beteiligen – dazu bedurfte es indessen mehr als einer bloß journalistischen Begabung und wohl mehr als bloßer Reformimpulse, die gar noch an einer politischen oder weltanschaulichen Doktrin festzumachen wären. Dazu bedurfte es eben einer Sprachbesessenheit und sprachlichen Meisterschaft, die oft genug den Stoff, das Ereignis, hinter sich läßt, um an ihrem Stil die Zeit und ihren Geist zu offenbaren.

4. Der »Fall Feigl« als Beispiel

»Das politische Programm dieser Zeitung scheint [...] dürftig; kein tönendes ›Was wir bringen‹, aber ein ehrliches ›Was wir umbringen‹ hat sie sich als Leitwort gewählt.«[33] Unter diesem Motto steht auch – wenngleich keineswegs ausschließlich –, was an Themen aus den Bereichen der Kriminalität, des Kriminalrechts und der Strafrechtspflege verhandelt wird – und wie es jeweils geschieht. Das Spektrum ist breit und umfassend; es schließt auch Fragen ein, deren Erörterung man in einer literarisch-politischen Zeitschrift dieses Zuschnitts nicht so ohne weiteres vermuten dürfte.

Ein Beispiel mag verdeutlichen, wie hier Inhalt und Form koinzidieren, Sache und Sprache eins sind – justizkritischer Impetus und Satire zur Deckung kommen. Es ist der Fall des jungen Ringstraßen-Räubers Anton Kraft, jener Fall, der dank der Art und Weise der Prozeßführung und Strafbemessung des Vorsitzenden zum Fall – freilich nicht in jedem Sinne des Wortes – des Hofrats Johann Feigl avanciert. Der Fall steht paradigmatisch für das »Walten einer Wiener Criminalistik«, »die ihren Namen nicht vom ›crimen‹, sondern von Criminal ableitet, und die sich in selbstgefälligem Stumpfsinn als die Wissenschaft vom ›Einspirrn‹ definiert.«[34] Unter der demaskierend-beziehungsreichen Überschrift »Ein Unhold« schreibt Kraus u. a.:

> Johann Feigl, Hofrat und Vizepräsident des Wiener Landesgerichts, hat als Vorsitzender einer Schwurgerichtsverhandlung am 10. März 1904 einen dreiundzwanzigjährigen Bu-

---

die österreichische Welt liegt in der Agonie der Dummheit.« Vgl. auch Robert Musil: Tagebücher. Hg. von Adolf Frisé. Bd. 1. Reinbek: Rowohlt 1981, S. 354: »dieses groteske Österreich ist nichts anderes als ein besonders deutlicher Fall der modernen Welt«.

32 Vgl. Arntzen: Karl Kraus und die Presse, S. 9ff.

33 Kraus: Die Fackel Nr. 1 (1899), S. 1.

34 Kraus: Ein Unhold. Die Fackel Nr. 157 (1904), S. 1–6. Hier S. 3.

ben, der in trunkenem Zustand eine Frau auf der Ringstraße attackiert und ihr 1 K 20 h zu entreißen versucht hatte, zu lebenslänglichem schweren Kerker verurteilt.

Das Datum wird aus der Geschichte der österreichischen Rechtspflege, der märzgefallenen, nicht mehr verschwinden. Wenn wir die Reihe der Sünder im Talar passierten, die in nüchternem Zustand die leibhaftige Gerechtigkeit attackiert, vergewaltigt, geschändet haben, nur Einem könnten wir keinen Milderungsgrund zubilligen: Herrn Johann Feigl. Er ist der persönlichen Freiheit der Staatsbürger am gefährlichsten geworden, er, der einzige, der dem Wahnwitz jenes hundertjährigen Gesetzes buchstäblich gerecht ward. [...] Nicht der Räuber von der Ringstraße, Herr Feigl war längst unschädlich zu machen. Für jenen ein, höchstens zwei Jahre Gefängnis, für diesen ein Zivilgericht – damit wäre der Gerechtigkeit Genüge geschehen, der Wiener Menschheit ein Erstarren des Blutes erspart geblieben. Wenn man bedenkt, ein wie wertvolles Gefühl der Rechtssicherheit Millionen durch die Kaltstellung eines einzigen Hofrates wiedergegeben werden kann, dann muß man eigentlich staunen, daß eine auf populäre Wirkungen bedachte Regierung nicht öfter die Gelegenheit nützt. [...] Wir haben es satt, dem Spiel mit Menschenleben und Menschenwürde länger zuzusehen. [...][35]

Was letztlich hinter dem exorbitanten Strafmaß steht, ergibt Kraus zufolge erst »genaueste Lektüre des Verhandlungsberichtes«, wie er in einer Wiener Tageszeitung veröffentlicht ist.[36] Es war offenbar das Verhalten des Angeklagten vor Gericht, das derart geahndet werden mußte.

Der Angeklagte verwahrte sich gegen ›die spitzen Redensarten des Gerichtshofs‹. Er kanzelte seinen Verteidiger herunter und hält selbst ein Plädoyer, das als ein hochdeutsches Sammelsurium der bekanntesten Verteidigerphrasen, in dem auch zum Schluß der Hinweis auf die eigene psychische Minderwertigkeit nicht fehlt, ein parodistisches Meisterstück genannt werden muß.[37]

Mit Hohn war diesem Angeklagten nicht beizukommen, diesem nicht. Also blieb nichts übrig, als ein Urteil zu fällen, das weithin wirke als Exempel – zur Verhütung künftiger Raubfälle? Nein, zur Verhütung unbotmäßigen Betragens vor Gericht. [...] Am 10. März 1904 wurde in Wien lebenslänglicher schwerer Kerker wegen frechen Benehmens im Gerichtssaal diktiert! ... Wird Herrn Johann Feigl nicht bang? [...] Wenn Herr Feigl einst sein tatenreiches Leben endet, das etwa zehntausend Jahre, die andere im Kerker verbrachten, umfaßt hat, so mag sich ihm in schwerster Stunde, vor der Entscheidung einer höheren Instanz, seiner schwersten Sünde Beichtbekenntnis entringen: ›Ich habe mein ganzes Leben hindurch das österreichische Strafgesetz angewendet!‹ [...][38]

Immerhin registriert Kraus, daß »der Wiener Staatsanwalt« »– ein Fall, der, soweit das Gedächtnis der ältesten Juristen reicht, nicht vorgekommen ist – zum Schutze des letzten Opfers Feigl'scher Judikatur Berufung angemeldet« habe.[39] Und er kann auch deren Erfolg alsbald vermelden:

Das Urteil über die Tat des Johann Feigl ist vom Oberlandesgericht augenblicklich gefällt worden. Die Justiz hat mit standgerichtlicher Promptheit gearbeitet. Leider ist die Diffe-

---

35 Ebd. S. 1–3.

36 Ebd. S. 4.

37 Wer fühlt sich hier übrigens nicht an die Figur des Prostituiertenmörders Moosbrugger im *Mann ohne Eigenschaften* erinnert? Vgl. oben Anm. 13 u. 14.

38 Ebd. S. 5f.

39 Ebd. S. 4.

renz zwischen lebenslänglich und zwölf Jahren, zu der Herr Feigl verurteilt wurde, eine viel zu geringe, und zwölf Jahre für den Trunkenheitsexzeß, den ein minderjähriger Bursche auf der Ringstraße verübt hat, noch immer horrend.[40]

Kraus kann sich für seine Kritik auf einen angesehenen Juristen als Kronzeugen berufen. Edmund Benedikt stellt aufgrund einer vergleichenden Analyse von Fällen, in denen lebenslänglicher Kerker verhängt wurde, am 27. März 1904 in den *Juristischen Blättern* fest, daß die »ungeheure Aufregung, welcher die Verurteilung des Kraft durch einen Wiener Schwurgerichtssenat hervorgerufen hat, selbst vom trockensten Zahlenmenschen geteilt werden« müsse.[41] Er zieht das Fazit: »Wer in solcher Weise, wie das besprochene Urteil, an dem Verhältnis zwischen Tat und Strafe rüttelt, zerbricht einen der stärksten Pfeiler unserer ohnehin unvollkommenen Gerechtigkeit und lädt eine schwere Schuld auf sich.«[42]

Es überrascht unter diesen Umständen nicht, daß Kraus das weitere prozessuale Wirken und den Werdegang des Hofrats Feigl kritisch verfolgt hat; davon zeugen etliche Glossen in der *Fackel.*[43] Daß der Exzeß des Vorsitzenden Feigl im Fall Kraft nicht singulär war, sondern geradezu typisch für die Art seiner Prozeßführung, zeigen noch andere Verfahren. Feigl tat sich beispielsweise immer wieder durch seine Vorliebe für das Intimleben des Angeklagten oder anderer vom Verfahren betroffener Personen hervor. Kraus merkt dazu einmal an: »So lustig es aber in allen diesen Fällen zugeht, so lässt sich leider doch nicht leugnen, daß der Angeklagte das Urteil als Erlösung, den Process als Strafe empfindet.«[44] Über die Art, wie Kraus sich über Feigl in seiner ersten einschlägigen Glosse ausgelassen hat, schrieb später Robert Scheu: »So furchtbar, wie im Fall Kraft-Feigl hat man Kraus nie wieder gesehen.«[45]

5. Strafrechtliche und kriminologische Themen der *Fackel*

5.1. Strafrecht und Strafrechtsanwendung

An Kriminalität per se zeigt sich Kraus nicht interessiert; sie wird – wie alles, was in der *Fackel* zur Sprache kommt – in den Kontext einer grundsätzlichen gesellschafts- und kulturkritischen Perspektive gerückt. Gleichwohl unternimmt

---

[40] Kraus: Kriminalität. Die Fackel Nr. 158 (1904), S. 17–20. Hier S. 17.
[41] Benedikt: Wochenschau, S. 148.
[42] Ebd. S. 149.
[43] Kraus: Die Fackel Nr. 50 (1900), S. 20f.; Gerichtsinspektor. Die Fackel Nr. 116 (1902), S. 23–25; Richter und Orden. Die Fackel Nr. 141 (1903), S. 10f.; Kriminalist. Die Fackel Nr. 177 (1905), S. 22; Sexualjustiz. Die Fackel Nr. 179 (1905), S. 1–7. Hier S. 3; Die Kinderfreunde. Die Fackel Nr. 187 (1905), S. 1–28. Hier S. 18; Die Referenz. Die Fackel Nr. 210 (1906), S. 1–3; Ein Wiedersehen. Die Fackel Nr. 232 (1907), S. 9; Glossen. Die Fackel Nr. 293 (1909), S. 29–31.
[44] Kraus: Die Fackel Nr. 116 (1902), S. 23.
[45] Scheu: Karl Kraus. Die Fackel Nr. 277–78 (1909), S. 1–24. Hier S. 11.

hier der Leser gleichsam einen Gang durch das halbe österreichische Strafgesetz, das zwar aus dem Jahre 1852 stammt, aber letztlich noch vom Geist des Jahres 1803 geprägt ist.[46] Zu den Delikten, die Gegenstand der Glossen und Satiren sind, gehören etwa:

- Kindesmißhandlung durch die Eltern und andere Erziehungsberechtigte, die sich bis zur Tötung des Pflegebefohlenen steigern kann;[47]
- Körperverletzung, die dem Autor selber in Ausübung einer Art Faustrecht wegen kritischer Artikel widerfuhr;[48]
- Abtreibung, die oft aus sozialer Not heraus begangen wurde;[49]
- Ehebruch, der allemal die Öffentlichkeit ungemein beschäftigte;[50]
- Homosexualität, die nicht zuletzt im Gefolge oder Zusammenhang mit Erpressungen bekannt wurde;[51]
- Päderastie, deren prozeßpraktische Auswirkungen auf die Opfer oft verheerender waren als die Tat selbst;[52]
- Kuppelei, nicht zuletzt soweit sie durch Vermittlung der Presse in Form der Aufnahme von Inseraten geschah;[53]
- Prostitution, deren Ausübung nach damaligem österreichischen Recht strafbar war;[54]
- Betrug, der oft im Inseratenteil von Tageszeitungen angebahnt wurde;[55]
- Veruntreuung von Mandanten- und Mündelgeldern durch Rechtsanwälte;[56]

---

46 Vgl. oben Anm. 28.

47 Kraus: Die Fackel Nr. 24 (1899), S. 13f.; Die Fackel Nr. 28 (1900), S. 1–5; Der strafrechtliche Schutz des Kindes. Die Fackel Nr. 88 (1901), S. 1–5; Kinderschutz. Die Fackel Nr. 222 (1907), S. 1f.; Irdischer Richter, ebd., S. 12f.; Alkoholiker. Die Fackel Nr. 208 (1906), S. 29–32.

48 Kraus: Die Fackel Nr. 5 (1899), S. 1–3; Von den Autoren der Misshandlung. Die Fackel Nr. 6 (1899), S. 21–27.

49 Kraus: Mutterschutz. In: Sittlichkeit und Kriminalität, S. 280f.; § 144. In: Worte in Versen, S. 440f.

50 Kraus: Sittlichkeit und Criminalität. Die Fackel Nr. 115 (1902), S. 1–24.

51 Kraus: Das neue Strafgesetz. Die Fackel Nr. 227–28 (1907), S. 8–10; Perversität. Die Fackel Nr. 237 (1907), S. 16–22; Deutschland. Die Fackel Nr. 259–60 (1908), S. 1–17; Glossen. Die Fackel Nr. 270–71 (1909), S. 36f.

52 Kraus: Die Kinderfreunde. Die Fackel Nr. 187 (1905), S. 1–28.

53 Kraus: Die Fackel Nr. 43 (1900), S. 14f.; Die Fackel Nr. 45 (1900), S. 20f.; Die Kupplerinnen. Die Fackel Nr. 55 (1900), S. 20f.; Die Fackel Nr. 61 (1900), S. 14f.; Diskrete Zusammenkünfte. Die Fackel Nr. 190 (1905), S. 1–4; Lebemann. Die Fackel Nr. 194 (1906), S. 26–28; Der Prozeß Riehl. Die Fackel Nr. 211 (1906), S. 1–28; Der Sündenpfuhl. Die Fackel Nr. 254–255 (1908), S. 19–24.

54 Kraus: Die Fackel Nr. 71 (1901), S. 22f.; Eine Prostituierte ist ermordet worden. Die Fackel Nr. 378–380 (1913), S. 59–72.

55 Kraus: Unsere Heiratsschwindlerin. Die Fackel Nr. 106 (1902), S. 14–16; Inseratenschwindel. Die Fackel Nr. 135 (1903), S. 3–8; Die strafrechtliche Verantwortung für medizinische Inserate. Die Fackel Nr. 142 (1903), S. 9f.

56 Kraus: Zierde des Barreaus. Die Fackel Nr. 142 (1903), S. 19–21; Glossen. Die Fackel Nr. 281–282 (1909), S. 51f.

- Defraudationen im Bankwesen, die häufig ungeklärt oder ungeahndet blieben;[57]
- Diebstahl, der – wenn er überhaupt aufgeklärt wurde – vielfach unverhältnismäßig hohe Strafen nach sich zog;[58]
- Majestätsbeleidigungen und Religionsstörungen, die oft genug keine waren, sondern sich allenfalls als Verletzungen des Taktgefühls erwiesen;[59]
- Ehrenbeleidigungen, deren prozessuale und öffentliche Behandlung einen breiten Raum im publizistischen Schaffen des Satirikers einnahmen.[60]

Die Auseinandersetzung mit Gerichtsreportagen und gerichtlichen Entscheidungen in der »Fackel« hat, was die Kriminalisierung und Entkriminalisierung von Verhaltensweisen anlangt, wenigstens fünf erkennbare Zielsetzungen, die durchweg mit ›klassischen‹ Fragestellungen der Strafrechtsdogmatik, Kriminologie und Kriminalpolitik gleichgesetzt werden können. Sämtliche fünf haben zugleich mit der Tätigkeit oder Untätigkeit staatlicher Organe auf den Gebieten des Rechtsgüterschutzes und der Strafverfolgung, mit dem Problem der Definitionsmacht der Instanzen zu tun.

(1) Zum einen geht es um die Entkriminalisierung sozial unschädlicher und ungefährlicher Verhaltensweisen, die bislang mit Strafe bedroht sind, also um die Liberalisierung und Beschränkung des Strafrechts auf sozial-schädliches oder -gefährliches Verhalten. Dem liegt ein striktes Verständnis des Strafrechts als Rechtsgüterschutz zugrunde. Freilich wird man von Kraus schwerlich eine sozialwissenschaftliche und methodenkritische Analyse des Rechtsgutsbegriffs erwarten dürfen – ganz abgesehen davon, daß eine wissenschaftliche Problematisierung der Charakterisierung des Rechtsguts als eines rechtlich geschützten (Lebens-)Interesses damals noch nicht eingesetzt hatte.[61]

Durchgängige Themen bilden »die Unzulänglichkeit des österreichischen Strafgesetzes«[62] und dessen Reform i. S. einer Zurückführung der Tatbestände auf »greif- und umgrenzbare(n) Rechtsgüter(n)« wie etwa Leben, Gesundheit, Freiheit und wirtschaftliche Sicherheit.[63] »Der Lastzug der österreichischen Justiz

---

[57] Kraus: Gestionen der Wiener Polizei. Die Fackel Nr. 32 (1900), S. 24f.; Das officielle Organ der Defraudanten. Die Fackel Nr. 93 (1902), S. 27f.; Usque ad finem. Die Fackel Nr. 118 (1902), S. 15–19.

[58] Kraus: Nulla dies ... Die Fackel Nr. 225 (1907), S. 1–10. Hier S. 2–4.

[59] Kraus: Die Fackel Nr. 24 (1899), S. 1–3; Die Fackel Nr. 51 (1900), S. 1–4; Die Fackel Nr. 56 (1900), S. 1–3; Clericaler. Die Fackel Nr. 109 (1902), S. 23–26; Criminalist. Die Fackel Nr. 132 (1903), S. 25f.

[60] Kraus: Die Journaille. Die Fackel Nr. 99 (1902), S. 1–9; Die ehrlose Zeitung. Die Fackel Nr. 103 (1902), S. 3–7; Die Ehre der Schuhe und die beleidigte Fabrik. Die Fackel Nr. 113 (1902), S. 4–6; Der Prozeß Odilon. Die Fackel Nr. 217 (1907), S. 1–7; Er soll sich aufhängen! Die Fackel Nr. 248 (1908), S. 1–5; Glossen. Die Fackel Nr. 266 (1908), S. 10f.; Rhabarber. Die Fackel Nr. 292 (1909), S. 16–32.

[61] Vgl. z. B. v. Liszt: Lehrbuch des Deutschen Strafrechts, S. 59f. Zur Diskussion vgl. Maurach u. Zipf: Strafrecht Allgem. Teil, S. 251ff.; Zipf: Kriminalpolitik, S. 106ff.

[62] Kraus: Die Fackel Nr. 18 (1899), S. 26.

[63] Kraus (wie Anm. 50), S. 5.

schleppt wertlos Rechtsgüter mit [...].«[64] »Österreichische Rechtsgüter – ein grauenhaftes Kapitel gesetzgeberischer Dummheit und Phantasiearmut.«[65] »Zur bevorstehenden Hundertjahrfeier des österreichischen Paragraphendickichts wäre eine Zusammenstellung aller Verbrechen, Vergehen und Übertretungen lehrreich, deren sich das Gesetz und seine konsequenten Ausleger schuldig gemacht haben.«[66]

Dementsprechend stellt für Kraus das strafrechtlich wie publizistisch immer wieder bemühte ›Rechtsgut der Sittlichkeit‹ »ein Phantom« dar;[67] »nur für die Schädigung des andern Teils kann ich zur Verantwortung gezogen werden.«[68] Die Folgerungen hieraus sind klar und unmißverständlich: Prostitution, Kuppelei, Ehebruch, homosexueller Verkehr Erwachsener müssen entkriminalisiert werden; ja, selbst die Abtreibung soll für straflos erklärt werden.[69] Dabei spielt keine geringe Rolle die Abwägung zwischen dem Schaden, der durch Pönalisierung und strafrechtliche Verfolgung eines bestimmten Verhaltens angerichtet wird (oder wenigstens werden kann), und dem – meist vermeintlichen – Nutzen, der hieraus resultiert. »Immer werden für ein Rechtsgut, das geschützt wird, eines oder mehrere andere preisgegeben; es fragt sich nur, welches relevanter ist [...].«[70]

Selbst die polizeiliche Reglementierung der Prostitution hält Kraus für ein Übel. Die administrative Erlaubnis zur Ausübung des »Schandgewerbes«[71] – wie sie vielfach in der Öffentlichkeit tituliert wird – oder der »gewerbsmäßige(n) Unzucht« – »wie's im lieblichen Jargon gesetzgeberischen Stumpfsinns heißt«[72] – charakterisiert er als »eine Art Prämie auf die Selbstanzeige wegen geheimer Prostitution«.[73] Vor allem hier verweist er auf negative Auswirkungen des geltenden Rechts und der herrschenden Moral: »Wahrlich, die Gesellschaft hat die Prostitution unter eine härtere Strafsanktion gestellt als die eines Paragraphen: die der wucherischen Beraubung.«[74] Zugleich rekurriert Kraus einmal mehr auf die Freiheit der Selbstbestimmung:

---

64 Kraus: Die Fackel Nr. 156 (1904), S. 6f. Hier S. 6.
65 Kraus: Österreichische Rechtsgüter. Die Fackel Nr. 143 (1903), S. 22f. Hier S. 23.
66 Kraus (wie Anm. 63), S. 12.
67 Ebd. S. 7.
68 Kraus: Ethik und Strafgesetz. Die Fackel Nr. 160 (1904), S. 1–6. Hier S. 4.
69 Vgl. Müller-Dietz: Sittlichkeit und Kriminalität, S. 1073f.
70 Kraus (wie Anm. 50), S. 8.
71 Kraus: Der Prozeß Riehl. Die Fackel Nr. 211 (1906), S. 1–28. Hier S. 16.
72 Kraus: Die Hetzjagd auf die schöne Frau. Die Fackel Nr. 153 (1904), S. 10–14. Hier S. 12.
73 Kraus: Die Ära nach dem Prozeß Riehl. Die Fackel Nr. 216 (1907), S. 10–19. Hier S. 12.
74 Kraus (wie Anm. 71), S. 14. In der Sprache des Reichsgerichts stellte sich der Zusammenhang zwischen Kuppelei und Prostitution wie folgt dar: »die gewinnsüchtige Ausbeutung sittlicher Verkommenheit unterliegt ganz anderen Rücksichten der Strafgesetzgebung, als die niedrige Gesinnung und Hingabe einer feilen Dirne« (Entscheidungen des Reichsgerichts in Strafsachen, 1. Bd. [1880], S. 89). Es ist dies jene Sprache, welche die Satire hoffnungslos hinter der Wirklichkeit zurückbleiben läßt.

> Ob eine Frau ihren Leib verschenkt, für Stunden oder für Jahre vermietet, sich ehelich oder außerehelich verkauft, geht den Staat nichts an. Ob die Prostitution eine Krankheit der Seele ist, geht ihn nichts an. Aber die venerischen Krankheiten, die ihn angehen, sind nicht eine Folge der Prostitution, sondern des Geschlechtsverkehrs. Da nun ein Verbot des Geschlechtsverkehrs doch ziemlich aussichtslos und einigermaßen gefährlich wäre, müssen andere Mittel gefunden werden, die Infizierung der Menschheit mit den venerischen Giften sicherer zu hindern [...].[75]

Das abschließende Urteil lautet: »Korruption ist schlimmer als Prostitution. Diese gefährdet höchstens die Ethik des Individuums, jene in allen Fällen die Ethik der Gesamtheit.«[76]

Kraus kargt nicht mit Urteilen darüber, was er vom staatlichen Umgang mit Prostituierten und ihrer gesellschaftlichen Ächtung hält: »Wir können dem Fiskus dankbar dafür sein, daß er die Heuchelei der Staatsmoral entlarvte, welche den Zins von jener Prostitution einhebt, die sie ins dunkle Reich sozialer Verachtung weist«; ja, mehr noch: »der Staat, der den Liebesgewinst besteuert, zieht aus einem ›unerlaubten Verständnis‹ materiellen Vorteil und macht sich somit der Übertretung der Kuppelei schuldig.«[77]

Auch die Strafbarkeit der Kuppelei wird an den Folgen gemessen: »So wie die Strafdrohung, die sich der homosexuellen Tat an die Fersen heftet, der Erpressung hilft, so fördert die Verfolgung der Kuppelei den Wucher.«[78] Kraus kann sich darum vorstellen, daß gegen Kupplerinnen vorgegangen wird, wenn »sie an ihrer unentbehrlichen Tätigkeit mehr verdienen, als unbedingt notwendig ist«.[79] »Mag auch das bürgerliche Gesetzbuch, das jedem Journalisten die Klagbarkeit einer Bestechungssumme garantiert, jedem Lumpen es ermöglichen, eine Prostituierte um den bedungenen Lohn zu prellen, so kann doch kein Zweifel daran bestehen, daß der wucherische Betrug, den die Kupplerin an der Prostituierten verübt, unter strafrechtliche Sanktion falle.«[80] Aber jenseits der Ausbeutung führt für Kraus an der sozialen Funktion der Kupplerin kein Weg vorbei: »die eine Wahrheit wird sich nicht aus der Welt schaffen lassen: daß der beste Staatsbürger nicht immer *nur* ins Konskriptionsamt, *nur* ins Militärtaxsteueramt, und *nur* ins magistratische Bezirksamt gehen will, sondern manchmal auch zu einer Kupplerin.«[81] Glossierend verknüpft Kraus diesen Aspekt mit seinem Rechtsgutsverständnis:

> Oft ward hier dargelegt, daß sie [die Kuppelei – H.M.-D.] als bloße Vermittlung oder Vermietung einer Gelegenheit für geschlechtlichen Verkehr zwischen zwei willigen und mündigen Menschen kein wirkliches Rechtsgut verletzt, daß ihre Bestrafung eine Dummheit ist, daß die Gerichtsverhandlung über dieses Delikt nicht die sittliche Läuterung der interessierten Kreise, sondern höchstens das Bedauern über das zu späte Bekanntwerden einer Adresse zur Folge hat.[82]

---

[75] Kraus (wie Anm. 71), S. 26f.
[76] Kraus: Ballettsteuer. Die Fackel Nr. 169 (1904), S. 1–6. Hier S. 6.
[77] Ebd. S. 3.
[78] Kraus (wie Anm. 71), S. 7.
[79] Kraus (wie Anm. 73), S. 16.
[80] Kraus (wie Anm. 71), S. 6.
[81] Kraus (wie Anm. 73), S. 17.
[82] Kraus: Ethik und Strafgesetz. Die Fackel Nr. 160 (1904), S. 1–6. Hier S. 3.

Die Problematik, die sich mit der Strafbarkeit des Ehebruchs verbindet, weiß Kraus wiederum mit drastischen Beispielen aus der Gerichtspraxis zu belegen. Da schildert er den Fall einer »geständige(n) Ehebrecherin, die lange vorher schon die Martern einer häuslichen Justiz mit Revolver, Peitsche und Haarschere ausgestanden hatte [...].« Und er vermag das Thema mit einem Satz zu erledigen: »Was sie gelitten, war häßlicher als was sie gethan, und im tiefsten Sinne unmoralischer als Ehebruch war ein gerichtliches Verfahren, das die Oeffentlichkeit zum Zeugen der geheimsten Möglichkeiten, für die ein eheliches Schlafgemach Raum hat, anrief.«[83] Die Publizität eines solchen Ereignisses tut dann ein übriges: »die Ehebrecherin erlitt, an den Pranger einer verhundertfachten Oeffentlichkeit gepfählt, Torturen, welche ein Mittelalter, das bloß Daumenschrauben und nicht die Presse kannte, nicht zu vergeben hatte.«[84]

Über die Strafbarkeit der Abtreibung urteilt Kraus nicht vom Gesichtspunkt des Rechtsgüterschutzes aus; vielmehr diktiert Empörung über die Pönalisierung eines Verhaltens, das für ihn nicht zuletzt aus sozialem Elend erwächst, seine Stellungnahme. Nicht minder sieht er durch die Strafdrohung die Freiheit der (geschlechtlichen) Selbstbestimmung der Frau verletzt. Das absolute Selbstverfügungsrecht *in sexualibus* scheint ihm den »Nachweis« erbracht zu haben,

> daß das Verbot der Fruchtabtreibung das größte Verbrechen ist, das ein Strafgesetz – das alte und natürlich auch das kommende – begeht [...].
>
> Der Paragraph ist ein Präservativ gegen die Untreue, aber, unvollkommen wie jeder Paragraph, trifft er nicht jede Form der Fruchtverhinderung. Die Untreue kann sich vom Strafgesetz bange machen lassen, aber sie schrickt nicht davor zurück, sich selber mit einer Lustverminderung zu bestrafen.[85]

Homosexueller Verkehr unter Erwachsenen geht Kraus zufolge – wie alles, was einverständig an Intimitäten innerhalb der vier Wände geschieht – gleichfalls weder den Staat noch den Strafgesetzgeber etwas an. Nicht allein, aber vor allem die Eulenburg-Prozesse, inszeniert von Harden, liefern ihm geradezu plastische Belege für seine Auffassung.[86] Hiernach hat das Gesetz »das Einverständnis zweier mündiger Menschen unbehelligt zu lassen«. Kraus hält dafür, »daß man die geborenen Homosexuellen, nicht weil sie Kranke sind, freisprechen soll, sondern weil uns ihre Krankhaftigkeit keinen Schaden zufügt«.[87] »Mit Professor Sigmund Freud habe man die Einsicht und den Mut, zu bekennen, daß der Homosexuelle weder ins Zuchthaus noch in den Narrenturm gehört.«[88]

Derartige Reformtendenzen lagen damals gleichsam in der Luft; sie fanden auch anderwärts Anklang – freilich eher in bestimmten medizinisch-psychologischen Grundanschauungen und Literatenkreisen sowie in der politischen Publizi-

---

83 Kraus (wie Anm. 50), S. 13.
84 Ebd. S. 19f.
85 Kraus: Mutterschutz. In: Sittlichkeit und Kriminalität, S. 280.
86 Vgl. die Nachweise in Anm. 17.
87 Kraus: Perversität. Die Fackel Nr. 237 (1907), S. 16–22. Hier S. 17f.
88 Kraus (wie Anm. 52), S. 21.

stik als innerhalb der Strafrechtswissenschaft und der praktischen Gesetzgebungspolitik.[89]

Freilich hält Kraus mit seiner Skepsis, solchen Reformforderungen Gehör verschaffen zu können, nicht zurück. Dies gilt vor allem für die Abschaffung des § 129b des österreichischen Strafgesetzes, der homosexuelles Verhalten unter Strafe stellt. Die Art der öffentlichen Diskussion ist es, die Zweifel weckt.

> Nervenärzte und andere Laien schwätzen jetzt über Homosexualismus. Es hat sich im Laufe der Begebenheiten so viel Verständnis für die Sache entwickelt, daß die Einteilung in solche, die nicht anders und in solche, die auch anders können, zum Gemeinplatz geworden ist, von dem aus die Vertreter von Gesetz und Sitte, also die, die überhaupt nicht können, Mitleid und Verachtung ausgeben. Die Menschheit wird sich mit der Zeit – so etwa in 129 bis 175 Jahren – wahrscheinlich zur schwindelnden Höhe jener Erkenntnis emporschwingen, die die angeborene Homosexualität für eine Krankheit erklärt, die sie definitiv verzeiht, und die ›erworbene‹ für ein Laster, das sie nach wie vor der strafrechtlichen Verfolgung, der sozialen Acht und dem Erpressertum überantwortet. Sie wird die Unterscheidung den psychiatrischen Schergen überlassen, die durch die bekannte Bordellprobe – vergleichbar der Wasserprobe des Hexenglaubens – untrüglich festzustellen vermögen, ob einer ein Kranker oder ein sogenannter ›Wüstling‹ sei.[90]

Diese Perspektive läßt Kraus denn auch eine Eingabe von Persönlichkeiten des öffentlichen Lebens an den damaligen Justizminister Dr. Franz Klein, die für die Aufhebung jener Vorschrift eintritt, u.a. wie folgt glossieren:

> Sonderbare Schwärmer! Die nicht wissen, daß in Österreich nicht die Menschlichkeit Sexualgesetze macht, sondern die Sittlichkeit, nicht die Lebenserfahrung, sondern die Unverdorbenheit, nicht der Fortschritt, sondern die Feigheit, nicht Phantasie, sondern die normale Sexualität eines Universitätsprofessors und eines Oberstaatsanwaltes.[91]

Freilich eher satirischen Zuschnitt haben Postulate wie etwa die, Beleidigungen von Witzblättern, den »colorierten Pestbeulen der Wiener Journalistik«,[92] künftig straflos zu stellen oder – in Umkehrung der Funktion von Strafrechtsnormen – gar zu propagieren. »Es ist eine der empfindlichsten Lücken in unserem Strafgesetz, daß dort nicht ausdrücklich gewisse Beleidigungen freigegeben, wenn nicht geradezu empfohlen sind.«[93]

(2) Ferner beschäftigt sich der Satiriker mit der von Amtsträgern und Gerichten praktizierten Subsumtion solcher Verhaltensweisen unter das Strafgesetz, die nach seiner Überzeugung strafrechtlich irrelevant sind. Hier steht der Sache nach die Beschränkung des Anwendungsbereichs von Strafrechtsnormen i. S. ihres spezifischen Schutzzwecks durch entsprechende Auslegung und Handhabung im Mittelpunkt der kritischen Betrachtung.

---

[89] Vgl. etwa Hiller: Strafrechtskritik; ders.: Das Recht über sich selbst. Dazu Müller-Dietz: Sittlichkeit und Kriminalität, S. 1070f.

[90] Kraus (wie Anm. 87), S. 16f.

[91] Kraus: Das neue Strafgesetz. Die Fackel Nr. 227–28 (1907), S. 8–10. Hier S. 9.

[92] Kraus: Witzblätter. Die Fackel Nr. 80 (1901), S. 11–17. Hier S. 11.

[93] Ebd. S. 12.

Ein Beispiel dafür bildet die amtliche Charakterisierung eines von Kraus für straflos erachteten Verhaltens als Majestätsbeleidigung. Die »Tat« bestand darin, daß der Angeklagte während der Huldigung für den Monarchen im Theater sitzenblieb.

> Einer hat sich eines Verbrechens, das nach dem Gesetze mit einer Strafe bis zu fünf Jahren schweren Kerkers belegt wird, schuldig gemacht, weil er einfach gar nichts gethan hat. Ja doch. Eine Geschmacklosigkeit hat er begangen, vielleicht sogar eine Taktlosigkeit.
>
> Kein Paragraph im Strafgesetzbuch enthält eine Bestimmung gegen Manierlosigkeit.[94]

Wie auch in zahlreichen anderen Fällen versichert sich Kraus juristischen Beistands zum Nachweis seiner These, daß eine Zeitung schwerlich Objekt von Ehrenbeleidigungen sein könne. Nicht zuletzt fühlt er sich durch den Obersten Gerichtshof selbst in seiner Auffassung bestätigt.[95]

In diesen Kontext gehört ferner die Rechtfertigung von Verhaltensweisen, die ex officio, namentlich von der Rechtsprechung, als strafbare bewertet werden. Ein Musterbeispiel dafür bildet Kraus zufolge die Auslegung des Rechtfertigungsgrundes »Wahrnehmung berechtigter Interessen« durch die deutsche Justiz, die seinen Anwendungsbereich auf private, vor allem ökonomische Interessen beschränkt wissen möchte: »Berechtigt sind die Interessen des Brotgebers, der einen Angestellten grundlos beschuldigt.«

»Wer im öffentlichen Interesse ein Wort zu viel gesagt hat, wird verurteilt, weil öffentliche Interessen keine berechtigten Interessen sind.«[96] Kraus hält dagegen: »ich zum Beispiel habe ein gutes Recht, den Credit eines schlecht gemachten und dumm gedachten Blattes zu gefährden.«[97]

(3) Des weiteren setzt sich Kraus mit der Tendenz von Amtsträgern oder Gerichten kritisch auseinander, bestimmte Verhaltensweisen für straflos zu erklären, obgleich sie seiner Auffassung zufolge nach geltendem Recht durchaus strafbar sind. Ebenso wie der Satiriker auf der Rücknahme des Strafbarkeitsbereichs i. S. des Schutzzwecks der Norm insistiert, besteht er hier auf voller Ausschöpfung des Normgehalts eben um hinreichenden Rechtsgüterschutzes willen.

Das gilt etwa für die Mitwirkung der Presse an Straftaten im Rahmen des Inseratengeschäfts.[98] »Gesetze, so sollte man meinen, müssen stets ausgelegt werden, daß sie einen Sinn haben.« »Wird in Österreich das Gesetz gebeugt? Nein und abermals nein! Es beugt sich bloß – vor dem Inseratengeschäft der Wiener

---

94 Kraus: Die Fackel Nr. 51 (1900), S. 1–4. Hier S. 2f.

95 Kraus: Die Journaille. Die Fackel Nr. 99 (1902), S. 1–9; Jurist. Die Fackel Nr. 102 (1902), S. 23f.; Die ehrlose Zeitung. Die Fackel Nr. 103 (1902), S. 3–7. Vgl. auch Hofrath Lorenz über die Ehre der Zeitung. Die Fackel Nr. 104 (1902), S. 5–10.

96 Kraus: Berechtigte Interessen. Die Fackel Nr. 290 (1909), S. 24–29. Hier S. 27.

97 Kraus: Culturelle Anregungen. Die Fackel Nr. 126 (1903), S. 4–8. Hier S. 7.

98 Kraus: Inseratenschwindel. Die Fackel Nr. 135 (1903), S. 3–12.

Tagespresse«, das verbotenen Heilmitteln, dem Heiratsschwindel und anderen betrügerischen Machenschaften Tür und Tor öffne.[99]

Unter der Überschrift *Inseratenschwindel* heißt es in der *Fackel:*

> Einem modernen Strafrechtslehrer sei hiermit zur Behandlung in einem Universitäts-Seminar ein Thema nahegelegt, das, de lege lata und de lege ferenda erörtert, die weitesten Ausblicke in alle Gebiete des modernen Wirtschafts- und Geisteslebens eröffnet. Das Thema lautet: Strafrechtliche Uebungen über Inseratenwesen. Einleitend müßte der Lehrer die herrschende Rechtspraxis schildern, den Hörern zeigen, wie Staatsanwälte und Richter von den beiden Möglichkeiten, den Inserenten oder das Insertionsorgan zu verfolgen, keine wählen [...].[100]

Nicht minder kritisiert Kraus den Staatsanwalt, der es ablehnt, gegen die Androhung, sich mit der Reitpeitsche »Satisfaction« zu verschaffen, falls der Satiriker seine publizistischen Angriffe nicht einstelle, strafrechtlich – nach Maßgabe des § 98b des Strafgesetzes – einzuschreiten.[101] Unter Hinweis auf Rechtsprechung und Lehre führt er den Nachweis, daß hier durchaus der – dem deutschen Nötigungstatbestand entsprechende – Erpressungstatbestand des österreichischen Strafgesetzes erfüllt ist. »Ich bin zwar nur ein Dilettant des Strafrechts, aber ein geübter.«[102]

(4) Eng mit der dritten Fragestellung hängt ein weiterer Aspekt zusammen, der das Problem mangelnder amtlicher Verfolgung solcher Verhaltensweisen betrifft, die durchaus als strafbar erkannt und anerkannt sind. Auch hier geht es letztlich um das Problem hinreichenden Rechtsgüterschutzes, der durch sachlich ungerechtfertigten Verfolgungsverzicht beeinträchtigt wird.

Daß sich die Presse, auf deren Wohlwollen die Behörden so viel Wert legen – daß Kraus auf sie selber keinen Wert mehr legt –, als Vermittlerin und Gehilfin von Delikten betätigt, wollen Amtsträger nach seinen Erfahrungen oft genug nicht wahrhaben: »Der Inserathenteil unserer Tagesblätter dient keineswegs ausschließlich, wie manche meinen, der Begünstigung unzüchtigen Geschlechtsverkehrs. Auch alle anderen durch das Strafgesetz verpönten Handlungen werden hier liebevoll gefördert.«[103] An dieser Einschätzung ändert die ironische Volte nichts, mit der Kraus jene Praxis kommentiert: »Natürlich halte ich die Veröffentlichung von Sexualannoncen für die weitaus verdienstlichste aller Tendenzen, die die ›Neue Freie Presse‹ verfolgt.«[104]

---

[99] Ebd. S. 8. Vgl. auch Kraus: Die strafrechtliche Verantwortung für medizinische Inserate. Die Fackel Nr. 142 (1903), S. 9f.

[100] Ebd. S. 3. Kraus zeigt sich deshalb von dem »heißen Wunsch« beseelt, »dass auch bald in unserem Lande die heilige Freiheit des Inseratentheiles gefährdet sein möge« (Die Fackel Nr. 36 [1900], S. 13–15. Hier S. 15).

[101] Kraus: Der Staatsanwalt und die Hundspeitsche. Die Fackel Nr. 119 (1902), S. 13–30.

[102] Ebd. S. 21.

[103] Kraus: Die Fackel Nr. 61 (1900), S. 14f. Hier S. 14.

[104] Kraus: Leser. Die Fackel Nr. 227–28 (1907), S. 36f. Hier S. 36.

(5) Schließlich plädiert Kraus wiederum um hinreichenden Schutzes gefährdeter Rechtsgüter willen für eine Pönalisierung bestimmter, bisher strafloser Verhaltensweisen. Da wird etwa der Tatbestand der »Creditverleumdung« anvisiert,[105] der Mangel eines Gesetzes gegen den unlauteren Wettbewerb in Österreich beklagt.[106]

Die Ironie der gesellschaftlichen Verhältnisse will es, daß die allenthalben so gepriesene Pressefreiheit zur Freiheit des Drucks, der auf andere ausgeübt wird, mißraten ist. Was an Produkten dieses Mediums auf den Markt kommt, ist manchmal derart hanebüchen, daß ihnen der Satiriker am liebsten den Markt mit dem Mittel des Strafrechts sperren möchte: »Von einem neuen Strafgesetz erwarten wir vor allem eine Einschränkung der Wirksamkeit des ›Illustrierten Wiener Extrablatts‹«,[107] jener Zeitung, die mit ihren »täglich die Volksphantasie vergiftenden Mordbilder(n)« »die geistige Gesundheit der Bevölkerung bedroht« und die Kraus – keineswegs kleinlich in seinem Urteil – als »das officielle Organ der Mörder« charakterisiert.[108]

> Sicherlich wird man's im Ausland nicht glauben, daß in Oesterreich ein Pressegesetz eigens zu dem Zwecke geschaffen ward, um das Privatleben (§ 33), die Sittlichkeit (§ 34), die Gesundheit und wirtschaftliche Sicherheit (§§ 35 und 36) und schließlich die Ehre (§ 37) für vogelfrei zu erklären. Und doch ist dem so.[109]

5.2. Strafprozeßrecht und praktische Strafrechtspflege

Zentrale Themen der *Fackel* bilden nicht minder Strafverfahren(-srecht) und praktische Strafrechtspflege. Vor allem die Tätigkeit – oder Untätigkeit – der strafrechtlichen Kontrollinstanzen, von Polizei, Staatsanwaltschaft und Gericht, wird kritisch unter die Lupe genommen, das Verhalten von Justizfunktionären, Staatsanwälten und Richtern, innerhalb und außerhalb der Verhandlung glossiert.

(1) Das beginnt etwa mit massiver Kritik an Regelung und Ausgestaltung des Strafprozesses:

> Ueber die Mängel und Härten unserer Strafprocessordnung aus dem Jahre 1873, die schon bei ihrer Einführung vielfache Anachronismen aufwies, ein Wort zu verlieren, ist überflüssig. In dem lieben Österreich herrscht nun einmal die Gepflogenheit, Gesetze erst dann einzuführen, wenn sie anderwärts schon als überlebt gelten.[110]

---

[105] Kraus: Der gute Richter. Die Fackel Nr. 88 (1901), S. 9f.

[106] Kraus: S. Altenberg. Die Fackel Nr. 114 (1902), S. 8–11.

[107] Kraus: Von einem Zebra zerfleischt. Die Fackel Nr. 70 (1901), S. 11–13. Hier S. 11.

[108] Kraus: Das officielle Organ der Mörder. Die Fackel Nr. 93 (1902), S. 27. »Das *Extrablatt* ist bekanntlich das Organ für Raubmörder und verwandte Berufe« (Kraus: Die Fackel Nr. 232–33 [1907], S. 30). Vgl. auch die Charakterisierung der *Neuen Freien Presse* als »Das officielle Organ der Defraudanten« (Kraus: Die Fackel Nr. 93 [1902], S. 27f.).

[109] Kraus: Die äußerste Pressfreiheit. Die Fackel Nr. 107 (1902), S. 1–5. Hier S. 2.

[110] Kraus: Wiener Strafpraxis. Die Fackel Nr. 27 (1899), S. 19–21. Hier S. 19.

Daß das Untersuchungsverfahren der misslungenste Theil des veralteten Glaser'schen Strafprocesses ist, war längst aller Welt bekannt.[111]

Es gehört nämlich zu den unverlierbaren Rechten des österreichischen Staatsbürgers, zu jeder Stunde und bei jedem Anlaß ›eingespirrt‹ zu werden.[112]

Die praktische Strafrechtspflege schneidet da freilich kaum besser ab:

Man weiß kaum, wo beginnen, wo enden, wenn man alles rügen wollte, was an Unsinnigem, Unmenschlichem, Ungesetzlichem in unserer Strafpraxis geleistet wird.[113]

Es entspricht dem allgemeinen Wesen österreichischer Amtlichkeit, daß es unserer Justiz nicht so sehr darauf ankommt, Verbrechen zu verhindern, als sie zu strafen.

[Kraus scheint gewiß, daß] Leben, Freiheit, Ehre, Gesundheit und Glück von Tausenden, die unserem verrotteten Strafverfahren zum Opfer fallen, nichts gelten.

Kürnberger hat einmal gesagt: »Wenn in Oesterreich ein Mann die Gesetze befolgen würde, so enstünde daraus unfehlbar eine Revolution.« Wie man weiß, ist seit jenem Ausspruch keine Revolution erfolgt.[114]

(2) Nicht minder schwer wiegen aus der Sicht des Satirikers verfehlte Schwerpunktsetzung und Gesetzeswidrigkeiten im Rahmen polizeilicher Ermittlungs- und staatsanwaltschaftlicher Anklagetätigkeit. Wo verfolgt werden müßte, bleibt die Behörde nicht selten untätig. Wo sie tätig wird, verstößt sie immer wieder gegen rechtsstaatliche Maßstäbe, namentlich gegen den Verhältnismäßigkeitsgrundsatz – der als solcher zwar nicht ausdrücklich formuliert, der Sache nach immer wieder berufen wird. Verdachtsituationen werden konstruiert, wo keinerlei Anhaltspunkte für strafbare Handlungen erkennbar sind. Umgekehrt läßt man nicht selten – aus Schlamperei, Unfähigkeit oder aus Gründen der Korruption – gravierende Verdachtsmomente auf sich beruhen.

Kritisiert werden polizeiliche Ausschreitungen und Übergriffe im Zusammenhang von (Wahlrechts-)Demonstrationen,[115] attackiert werden Unzulänglichkeiten polizeilicher und staatsanwaltschaftlicher Vorermittlungen,[116] des Untersuchungsverfahrens, die nicht selten einfältigen und dilettantischen Versuche von Polizeiorganen, den *agent provocateur* zu spielen.[117]

Indessen gilt dem einzelnen Mißgriff eines Polizeiorgans nur dort Kritik, wo er grundsätzliche Mängel des Systems anzeigt.

Nicht wo sie Missgriffe begeht, ist unsere Polizei anzuklagen, sondern wo sie scheinbar gesetzliche Handlungen vornimmt. Gegen die Brutalität, mit der die Untersuchung an einer Frau vorgenommen wurde, die gar nicht zu untersuchen war, wird protestiert. Aber

---

[111] Kraus: Die Fackel Nr. 75 (1901), S. 1–7. Hier S. 1.
[112] Kraus: Betschwester. Die Fackel Nr. 194 (1906), S. 21f. Hier S. 21.
[113] Kraus: Die Fackel Nr. 29 (1900), S. 5–7. Hier S. 5.
[114] Kraus: Die Fackel Nr. 29 (1900), S. 8–12. Hier S. 8.
[115] Kraus: Die Fackel Nr. 12 (1899), S. 11–16; Polizei-Excesse. Die Fackel Nr. 121 (1902), S. 5–7.
[116] Z. B. Kraus: Gestionen der Wiener Polizei. Die Fackel Nr. 32 (1900), S. 24f.; Der Bilderdieb. Die Fackel Nr. 186 (1905), S. 13–16.
[117] Kraus: Die Fackel Nr. 58 (1900), S. 13–15; Justiztaten. Die Fackel Nr. 232–33 (1907), S. 16.

gegen die nämliche Brutalität, die nach Polizeiauffassung den ›richtigen‹ Personen, den Prostituierten gegenüber am Platz ist, wird kein Wort gewagt. Und doch ist ein schlechtes System tausendmal verdammenswerter als ein einzelner Missgriff. Das Pathos lässt die logische Erwägung nicht aufkommen, dass es in der Natur der Missgriffe liegt, unversehens immer von neuem zu geschehen.[118]

Statt Defraudanten strafrechtlich zu belangen, läßt man sie ins Ausland entkommen[119] und spürt bevorzugt Dirnen nach und auf, die den Zumutungen und der Willkür der Sittenpolizei vielfach hilf- und wehrlos ausgeliefert scheinen. »Die Freiheitseinschränkungen, denen diese unglücklichen Frauen unterliegen, sind weit härter als jene, die über gefährliche Individuen durch die Stellung unter Polizeiaufsicht – nach dem Gesetz vom 10. Mai 1873 – verhängt sind.«[120] Die Kuppelei wird mit geradezu missionarischem Eifer verfolgt, während Erpresser leer ausgehen. »Womit vertreiben sich die Polizeikommissäre die Zeit?«[121]

Auch die Justiz selbst »glänzt« durch verfehlte Verfahrenspraxis: »Unsere Gerichte haben mit Religionsstörungen, die nicht verübt wurden, gerade genug zu thun, um sich jetzt nicht auch mit Ehrfurchtsverletzungen, die nicht begangen wurden, zu befassen.«[122]

(3) Dauerthemen der »Fackel« bilden die Arroganz und Machtanmaßung von Richtern und Staatsanwälten in öffentlicher Verhandlung, ihre Art des Umgangs mit Angeklagten und Zeugen, der fortwährende Einbruch in die Intim- und Privatsphäre Dritter sowie eine Strafbemessung, die es oft genug versäumt, statt der Strafmaße »des unmenschlichen Gesetzes« die eines »humanen Fühlens« anzuwenden.[123] Freilich versagt hier Kraus zufolge oft genug die publizistische Kontrollfunktion.

Unser Publicum beschäftigt sich zu selten, unsre Zeitungen niemals mit der Führung unsrer Strafprocesse, während doch der Werth der Oeffentlichkeit des Processes zumeist darin liegt, dass sie die Kritik herausfordert.[124]

Da wird das Kontrastprogramm einer Strafbemessung offeriert: Einer versucht gewaltsam, eine Frau zu küssen. Er wird zu vier Monaten schweren Kerkers verurteilt. Demgegenüber werden unmenschliche Mißhandlungen eines dreijährigen Kindes mit der Strafe des strengen Verweises geahndet.[125] Nicht

---

[118] Kraus: Die Fackel Nr. 70 (1901), S. 8–10. Hier S. 9.

[119] Vgl. oben Anm. 57.

[120] Kraus: Die Fackel Nr. 71 (1901), S. 22f. Hier S. 22.

[121] Kraus: Notizen und Glossen. Die Fackel Nr. 283–84 (1909), S. 42. Das Pendant dazu bildet die Glosse: Womit sich die Herren Richter die Zeit vertreiben. Die Fackel Nr. 291 (1909), S. 18f.

[122] Kraus: Die Fackel Nr. 51 (1900), S. 1–4. Hier S. 3. Mit Ehrfurchtsverletzungen sind Majestätsbeleidigungen gemeint.

[123] Kraus (wie Anm. 34), S. 2.

[124] Kraus: Die Fackel Nr. 37 (1900), S. 12–20. Hier S. 18.

[125] Kraus: Das Gesetz. Aus einer und derselben Gerichtssaalrubrik. Die Fackel Nr. 223–24 (1907), S. 16–18.

anders ergeht es jener Frau, die ihr Kind totgeprügelt hat. Sie wird von der Anklage des Totschlags freigesprochen und wegen ›Überschreitung des häuslichen Züchtigungsrechtes‹ zur Strafe des Verweises verurteilt. Kraus merkt dazu nur an: »Besonders abschreckend dürfte die Strafe wirken, wenn die Angeklagte über ein zweites Kind nicht verfügen sollte.«[126]

Ein anderes Exempel justitieller ›Gerechtigkeit‹ offenbart einmal mehr die unheilvolle Allianz von gesellschaftlichen Vorurteilen und Rechtspflege. Unter der Überschrift »Wahrung berechtigter Interessen« gibt Kraus eine Zeitungsnotiz wieder, die über ein Strafverfahren wegen schwerer Körperverletzung berichtet. Ein Hausierer hat ein Mädchen geheiratet, das vorher unter sittenpolizeilicher Kontrolle gestanden hat. Das Mädchen wird von ihrem Mann gezwungen, diesen Lebenswandel fortzusetzen. Als es ihn deshalb verläßt und zu ihrer Schwester zieht, sucht der Hausierer es zur Rückkehr zu veranlassen. Weil das Mädchen sich weigert, versetzt ihm der Hausierer zwei Messerstiche. Seither ist es auf Dauer gelähmt. Der Hausierer erklärt in der Verhandlung, in momentaner Sinnesverwirrung gehandelt zu haben. Er wird in beiden Instanzen freigesprochen. Der Kommentar des Satirikers dazu lautet: »Urteilsbegründung: A Hur war's!«[127]

Immerhin registriert Kraus zuweilen Beispiele vorbildlicher Strafrechtspflege. Der österreichischen Justiz zur Nachahmung empfiehlt er die selbstkritische Haltung und Bereitschaft des preußischen Gerichts, Wilhelm Voigt, »dem siegreichen Hauptmann von Köpenick«, Gerechtigkeit widerfahren zu lassen:[128]

> [...] wie der große Epilog auf dem Leichenfelde der staatlichen Ordnung klingt die Urteilsbegründung, die man in Moabit gehört hat: ›Bezüglich der schweren Urkundenfälschung sind ihm mildernde Umstände bewilligt, in der Erwägung, daß Voigt tatsächlich ein Opfer der Verhältnisse und der bestehenden staatlichen Ordnung geworden und ohne die Ausweisung vielleicht noch heute ruhig als Schuhmacher in Wismar lebte, daß also mit der Ausweisung ein schweres Unglück über ihn gekommen ist.‹ Nie zuvor hat sich ein Gerichtshof zu solcher Erkenntnishöhe aufgerafft. [...] im Köpenicker Fall ist gerichtsordnungsmäßig festgestellt worden, daß die staatliche Gerechtigkeit Vorschub geleistet hat, als ein Schuster rauben ging. So sitzt der Wahn preußischer Justiz doch einmal über sich selbst zu Gericht.[129]

Immer wieder ist das Verhalten von Richtern in öffentlichen Verhandlungen Gegenstand der Kritik.[130]

> Die Erscheinung des spottenden Richters – statt weise, witzig – ist eine betrübende Wiener Specialität. Themis macht Kalauer und gebraucht die Binde, um kichernd Blindekuh zu spielen.
>
> Ja, Richter sind manchmal Komiker, Gerichtsverhandlungen Komödien.[131]

---

[126] Kraus: Irdischer Richter. Die Fackel Nr. 222 (1907), S. 12–13. Hier S. 13.
[127] Kraus: Wahrung berechtigter Interessen. Die Fackel Nr. 317–18 (1911), S. 7f.
[128] Kraus: Karl der Große und Wilhelm Voigt. Die Fackel Nr. 213 (1906), S. 1–5. Hier S. 2.
[129] Ebd., S. 3f. Kraus kommt auf das Schicksal Voigts nochmals in der Glosse »Der von Köpenick und der im Grunewald« (Die Fackel Nr. 245 [1908], S. 5–8) zurück.
[130] Z. B. Kraus: Gerichtsinspector. Die Fackel Nr. 116 (1902), S. 22–25; Ein österreichischer Mordprozeß. Die Fackel Nr. 208 (1906), S. 1–5; Der Prozeß Rutthofer. Die Fackel Nr. 209 (1906), S. 9–12.
[131] Kraus: Gerichtsinspector. Die Fackel Nr. 113 (1902), S. 24.

Vor allem in Sittlichkeitsprozessen, seinem großen Thema, sieht der Satiriker oft die Intimsphäre und Menschenwürde von Angeklagten und Zeugen, ja selbst dritter, vom Verfahren nicht betroffener Personen, durch das Verhalten von Richtern und Staatsanwälten verletzt; er schleudert der »Sexualjustiz« geradezu sein Anathema entgegen: »Es ist unmöglich, der Justiz Unrecht zu thun.«[132]

> Daß es einen Paragraphen im Strafgesetz gibt, der die Mitteilung von ehrenrührigen Tatsachen aus dem Privat- und Familienleben ahndet, schien er [der Vorsitzende – H. M.-D.] nicht zu wissen. Und richterliche Unkenntnis des Gesetzes schützt bekanntlich weder den Angeklagten noch andere Leute vor Strafe.[133]

So erklärt sich wohl auch die Schärfe, mit der Kraus auf eine derartige Verfahrenspraxis reagiert:

> Der Unterschied zwischen einem Strafrichter und einer Hure ist der, daß selbst nach der rigorosesten Auffassung unserer Gesellschaft der Strafrichter ein anständiger Mensch werden kann, wenn er das Buch zurückgelegt hat.[134]

(4) Doch darin sind sich Strafpraxis und Presse, die gleichermaßen vom Einbruch in die Intimsphäre leben, gleich:

> Wohin gerathen wir, wenn selbst das Geschlechtsleben nicht mehr vor publicistischer Neugierde geschützt ist? Wenn eine ›aufgeklärte‹ Presse das Beispiel einer veralteten Gesetzgebung befolgt und Perversitäten ahndet, die sich – ohne Vergewaltigung oder Missbrauch der Mündigkeit – innerhalb von vier Wänden abspielen?[135]

Erkannt wird, daß »die Oeffentlichkeit des Processes« längst nicht mehr in der unmittelbaren, »in der Zulassung von hundert Zuschauern, sondern in der Veröffentlichung durch die Zeitungen besteht«. »Nicht so sehr die Strafe, die schließlich verhängt wird, wirkt abschreckend, als vielmehr das Bekanntwerden des Thatbestandes, wie er im Process sich enthüllt.«[136]

Statt aber insoweit ihre Informationspflichten zu erfüllen, fällt die Presse – Kraus zufolge – vielfach Vor-Urteile,[137] mischt sich in das Verfahren ein und sucht mit publizistischer Bloßstellung von Angeklagten und Zeugen Sensationsgier und Lüsternheit zu befriedigen.

> Nur aus dem Gerichtssaalbericht dringt das Echo der Zeit. Nur die verstümmelte Anklageschrift oder das schlecht mitgeschriebene Referat eines Votanten führt die echte Sprache der beleidigten Gesellschaftsordnung. Wenn der letzte Flimmer von Logik weggeblasen ist, kommt die Dummheit erst zu plastischer Geltung.[138]

Dort aber – konstatiert der Satiriker –, wo die Presse sich um der Gerechtigkeit willen wirklich einmal einzumischen hätte, verstummt sie: »Wie wortkarg ist der

---

[132] Kraus: Die Hundsgrotte. Die Fackel Nr. 275–76 (1909), S. 1–11. Hier S. 1.
[133] Kraus: Sexualjustiz. Die Fackel Nr. 179 (1905), S. 1–7. Hier S. 3.
[134] Kraus: Justiztaten. Die Fackel Nr. 232–33 (1907), S. 14f.
[135] Kraus: Psychiater. Die Fackel Nr. 123 (1902), S. 25.
[136] Kraus: Die Fackel Nr. 28 (1900), S. 1–5. Hier S. 3.
[137] Z. B. Kraus: Gerichtssaal-Berichterstattung. Die Fackel Nr. 63 (1900), S. 9–12.
[138] Kraus: Der soziale Ton. Die Fackel Nr. 305–306 (1910), S. 47f. Hier S. 47.

Gerichtssaalreporter, wenn's nicht die Greuel einer Hinrichtung zu schildern gilt, wenn es sich um die Strangulierung socialen Rechtes handelt, das in einem farblosen Civilprocesse um Geltung rang.«[139]

Wie übel Justizfunktionäre immer mit Angeklagten oder Zeugen umspringen mögen – nicht sie sind es, die nach dem Urteil von Kraus die Atmosphäre prägen, in der – jedenfalls im Schwurgerichtssaal – verhandelt und entschieden wird; vielmehr ist es die Presse.

> Jeder Kenner unserer Schwurgerichte weiß, daß dort Vorsitzender und Votanten, Geschworne, Staatsanwalt und Vertheidiger nur Rollen spielen, einem verehrten Publicum und sich selbst den Schein einer Handlung vortäuschen; die Gerichtssaalreporter haben die wirkliche Processleitung, die Abwägung der Zeugenaussagen, der Argumente für und wider, die Urtheilsfällung, alle Macht im Process an sich gerissen [...]. Ehe noch die Anklage verlesen wird, haben die Zeitungen in Vorberichten die Chancen von Verurtheilung oder Freispruch erwogen [...].
>
> [Die Presse] [...] hat mit unzweideutigen Worten das Urtheil gesprochen, und Volkesstimme ist jedesmal Preßstimme.[140]

(5) Besonders hart geht Karl Kraus mit der Laienjustiz ins Gericht. Sie ist für ihn, »wie alle Erfindungen des liberalen Geistes, ein Monstrum«.[141]

> Selbst in Österreich, wo doch wirklich alles wurscht ist, müßte man merken, daß es mit einer Einrichtung nicht so weiter geht: mit den Geschwornen. [...] Wenn die Justiz sich selbst ernst nimmt – wir tuns ja nicht –, so hat sie sich unbegreiflich lange von einer fixen Idee des Liberalismus die Teilung der Gewalt mit jenen aufoktroyieren lassen, in denen die Richter mit Recht ihre Viktualienhändler und Fleischhacker erkennen müßten.[142]
>
> Welch ein Urbrei von Gerechtigkeit, wenn die Strenge des Gesetzes mit der ›unverantwortlichen‹ Sentimentalität der Volksrichter übergossen wird![143]

Da überrascht es nicht, daß ein Mörder,[144] eine Diebin,[145] »ein Advokat trotz erwiesener Defraudationen und Wechselfälschungen« freigesprochen werden.[146] Nachgerade unsäglich wird es, wenn die in einem Vermögensstrafverfahren erhobene Forderung des Staatsanwalts, die Bilanz herbeizuschaffen, in das personifizierende Mißverständnis der Geschworenen mündet: »der Bilanz is schuld, der Bilanz müßt her!«[147] Wenn hier »freigesprochen« wird, weil »der Bilanz« eben einfach nicht erscheint, so im anderen Fall deshalb, weil »die Ermordung einer

---

[139] Kraus: Die Fackel Nr. 36 (1900), S. 9–13. Hier S. 9.
[140] Kraus: Die Atmosphäre im Schwurgerichtssaal. Die Fackel Nr. 132 (1903), S. 16f. Hier S. 17.
[141] Kraus: Der diesmonatliche Geschwornenrummel. Die Fackel Nr. 144 (1903), S. 3f. Hier S. 3.
[142] Kraus: Der Bilanz is schuld. Die Fackel Nr. 378–380 (1913), S. 1–10. Nach damaligem österreichischem Recht mußten die Geschworenen über die Schuld-, die Berufsrichter über die Straffrage entscheiden.
[143] Kraus: Die freigesprochene Diebin. Die Fackel Nr. 116 (1902), S. 16f. Hier S. 17.
[144] Kraus: Der freigesprochene Mörder. Die Fackel Nr. 117 (1902), S. 18–21.
[145] Kraus (wie Anm. 143).
[146] Kraus: Die Fackel Nr. 281–82 (1909), S. 51.
[147] Kraus (wie Anm. 142), S. 9.

Prostituierten als Abschluß ihres ›Vorlebens‹ und dieses als Strafausschließungsgrund für den Mörder gewürdigt« wird.[148] Die Ironie spricht für sich: »Das Geschwornenwesen ist bei uns zu einer Höhe der Vollkommenheit entwickelt, die nichts mehr zu wünschen übrig läßt.«[149]

> Über nichts kann man unsere Richter, wenn sie unter sich sind, häufiger klagen hören, als über die Unfähigkeit der Geschwornen, zwischen übler Handelssitte und betrügerischem Handeln die Grenze zu ziehen.[150]
>
> Zwölf vortreffliche Menschen werden ihrem Beruf, ihren Lieben entfremdet, zu einer Tätigkeit gezwungen, die ihnen viel unorganischer ist als Juristen die Zumutung, einen Monat lang Fensterscheiben einzusetzen, Rauchfänge zu kehren, Riemen zu schneiden.[151]

(6) Aber selbst die Unabhängigkeit des Berufsrichters wird – unbeschadet formaler Rechtsgarantien – in Zweifel gezogen. Bedenken resultieren nicht allein aus Einflüssen und Einflüsterungen der Presse, sondern auch und gerade aus der Abhängigkeit von Beförderungen, der Verleihung von Orden,[152] der Gewährung und Annahme von Geschenken, selbst wenn sie keineswegs der Einwirkung auf konkrete Verfahren dienen, vielmehr »schlicht« Ausdruck des Wohlwollens und allgemeiner Anerkennung sind.[153] »Unabhängig, unantastbar und frei in seinen Entschließungen ist in Oesterreich ausschließlich der Wachmann.«[154]

(7) Von Kritik verschont bleibt freilich auch nicht der Rechtsanwaltsstand, dessen »Verwilderung« Kraus – etwa unter Hinweis auf den »Ring der Barreauzierden, der beim Wiener Strafgericht etabliert ist«[155] – beklagt:

> Vor die Wahl gestellt, als Diener am Rechte zu wirken oder lieber zu sterben, hat sich ein Nachwuchs, der sich als Opposition gegen den Geist und die Vertreter des alten Advocatenstandes vor etlichen Jahren constituierte, resolut dazu aufgerafft, am liebsten als Diener des Unrechts auskömmlich zu leben.[156]

(8) Wohl das düsterste Kapitel in der Auseinandersetzung des Satirikers mit Justiz und Presse bildet die Gerichtspsychiatrie. Die Fälle, die Kraus – nicht nur in Straf-, sondern auch in Zivilprozessen – registriert, verleiten ihn zu Charakterisierungen, die an Schärfe schwerlich zu überbieten sind: »Ich hasse das Hand-

---

[148] Ebd. S. 5.
[149] Kraus: Criminalist. Die Fackel Nr. 133 (1903), S. 25.
[150] Kraus: Der Fall Kraemer. Die Fackel Nr. 123 (1903), S. 1–3. Hier S. 3.
[151] Kraus: Die Geschwornen. Die Fackel Nr. 171 (1904), S. 9–13. Hier S. 11.
[152] Kraus: Richter und Orden. Die Fackel Nr. 141 (1903), S. 10f.
[153] Kraus: Geschenke an Richter. Die Fackel Nr. 145 (1903), S. 25f.
[154] Kraus: Der Staatsanwalt und die Hundspeitsche. Die Fackel Nr. 125 (1902), S. 25–29. Hier S. 29.
[155] Kraus: Eine Vertheidigungsschrift des Disciplinarrathes der Advocatenkammer. Die Fackel Nr. 138 (1903), S. 7–13. Hier S. 8. Vgl. auch Kraus: Die Fackel Nr. 55 (1900), S. 18f.; Galgen und Ghetto. Die Fackel Nr. 67 (1901), S. 16.
[156] Kraus: Die Advocatur unserer Zeit. Die Fackel Nr. 134 (1903), S. 20–22. Hier S. 21.

werk, weil es auf brüchigem Wissensgrunde den Machtwahn des Individuums nährt und gleich dem Journalismus seinen Mißbrauch in sich trägt.«[157] Unter dem bezeichnenden Titel »Irrenhaus Österreich«, dem Land, »wo der Mensch beim Psychiater aufhört«, glossiert er die Praxis der Gerichtspsychiatrie wie folgt:

> [...] die österreichische Bevölkerung wird seit langem nur mehr nach zwei Gesichtspunkten eingeteilt: in Vollsinnige und Irre oder in Unschuldige und Verbrecher. Vollsinnige und Verbrecher werden in den für sie bestimmten Irrenhäusern untergebracht, der Aufnahme von Irren dienen die Strafanstalten. Für die gewissenhafte Unterscheidung und Regelung dieser oft schwierigen Verhältnisse sorgen die Gerichtspsychiater.[158]

Kraus konstatiert Beliebigkeit gutachtlicher Stellungnahmen, deren mangelhafte empirische Absicherung, ja sogar Willfährigkeit von Sachverständigen gegenüber Gericht und Auftraggeber. Darum hält er von der Tätigkeit wenig, ihren wissenschaftlichen Grundlagen nichts: »Wir sehen endlich, ›daß wir nichts wissen können‹. Schluß mit dem blöden Humbug, der die Menschheit so lange genarrt hat!«[159] Die ironische Wendung, »daß sich die maßgebenden Kreise entschlossen haben, die Psychiatrie als Wissenschaft aufzulassen und sie nur mehr eine bescheidene Existenz als G l a u b e fristen zu lassen«,[160] sagt alles.

6. Der Zusammenhang von Strafjustiz und Kriminalität, Presse und Gesellschaft aus der Sicht der *Fackel*

6.1. Gesellschaftliche, justitielle und publizistische Kriminalitätsverarbeitung

Mit wenigen Strichen und Wendungen gelingt es dem Satiriker, übergreifende g e s e l l s c h a f t l i c h e Z u s a m m e n h ä n g e herzustellen und zu vermitteln – so etwa, wenn er anhand von Zeitungsmeldungen über die Auswirkungen des Freispruchs von Dreyfus auf die Börse den »Courssturz der Gerechtigkeit« glossiert.[161] Das Zusammenwirken zwischen öffentlicher Meinung, Presse und öffentlicher Verhandlung scheint geradezu perfekt; es trifft – in einer Art höherer Gerechtigkeit – alle Gesellschaftsschichten – und es bleibt auch nicht auf Österreich beschränkt,

> [...] wenn ein Erpresser in Deutschland von einer verheirateten Frau schreibt, sie habe ein Verhältnis mit einem Offizier, so muß der Offizier unter Eid darüber aussagen. Sagt er die Wahrheit, so muß er sich erschießen. Sagt er die Unwahrheit, so muß er sich erschießen.[162]

---

[157] Kraus: Irrenhaus Österreich. Die Fackel Nr. 166 (1904), S. 1–22. Hier S. 4.
[158] Ebd. S. 2.
[159] Kraus: Irrsinniger. Die Fackel Nr. 184 (1905), S. 48.
[160] Ebd.
[161] Kraus: Vor dem Courssturz der Gerechtigkeit. Die Fackel Nr. 16 (1899), S. 25f. Vgl. auch die kurze Glosse »Die Arbeitswilligkeit des Parlaments. Das Gesetz der Trägheit – in dritter Lesung angenommen« (Die Fackel Nr. 74 [1901], S. 11).
[162] Kraus: Eulenburg. Die Fackel Nr. 251–52 (1908), S. 45–48. Hier S. 47.

Greller kann der Kontrast zwischen der ungesühnten Veruntreuung und dem abgeurteilten Diebstahl kaum ausfallen als in der Notiz, die vom Stilmittel der Wiederholung lebt:

> In der Länderbank fehlen acht Millionen. Eine Weißnäherin wurde am 20. October wegen Diebstahls von Taschentüchern zu zwei Monaten verurtheilt.
> In der Länderbank fehlen acht Millionen.[163]

Daß da – durchaus auch – ein juristisches Interesse am Werk ist und in ihm steckt, läßt eine Vielzahl von Beiträgen erkennen. Sie beglaubigen zugleich die Fähigkeit ihres Verfassers, zwischen sprachlich korrekter Interpretation von Tatbeständen und deren Schutzfunktion und -intention zu trennen. Gelegentlich führt Kraus Juristen vor, wie sie ihre eigenen Gesetze richtigerweise auszulegen hätten – und führt sie damit vor. Ein Beispiel für viele bildet die Glosse über die Erpressung.[164] Dabei arbeitet der Satiriker fast schon mit professionellen Methoden, wenn er zur Bestätigung eigener Auffassungen aus Stellungnahmen und publizistischen Äußerungen von Strafrechtswissenschaftlern, aber auch aus Gerichtsentscheidungen zitiert. Dazu paßt, daß in eigener Sache ergangene Urteile oder Beschlüsse immer wieder im Anhang der *Fackel* dokumentiert werden.[165]

Die Trennung zwischen privater Betroffenheit und öffentlichem Wirken scheint bei Kraus aufgehoben. Da ist nicht die Spur von Verlegenheit oder gar Entschuldigung, wenn er in eigenen Angelegenheiten Gerechtigkeit oder wenigstens gesetzliche Behandlung einfordert.[166] Er scheut keineswegs davor zurück, öffentliche Aufmerksamkeit für Rechtsbrüche zu reklamieren, die ihm gegenüber begangen wurden und trotz Strafanzeige ungesühnt bleiben.[167] Freilich sind es vor allem Gesetzesverstöße von Journalisten, die sein Argusauge registriert, Rechtsverletzungen, über die er dann in Glossen und Polemiken publizistische Verdammungs-Urteile fällt.

Nicht wenige haben dies als Ausfluß persönlicher Eitelkeit begriffen – oder gar denunziert. Eher schon gemahnt manches an Iherings Postulat, für sein Recht als dem exemplarischen Anwendungsfall von Recht schlechthin einzutreten[168] – im wohlverstandenen öffentlichen Interesse, das im privaten Interesse und dessen publizistischer wie juristischer Wahrung aufgehoben scheint und das deshalb unnachsichtige Bekämpfung des Einbruchs in fremde Rechtsgüter, des Mißbrauchs von Rechten und Befugnissen, öffentlicher Korruption fordere. In der Tat nimmt

---

[163] Kraus: Die Fackel Nr. 57 (1900), S. 12.
[164] Kraus: Erpressung. Die Fackel Nr. 159 (1904), S. 1–17.
[165] Z. B. Die Fackel Nr. 112 (1902), S. 26–28; Die Fackel Nr. 125 (1902), S. 33–36 (ebd. weitere Nachweise); Die Fackel Nr. 165 (1904), S. 1.
[166] Z. B. Kraus: Die Konfiskation der *Fackel*. Die Fackel Nr. 208 (1906), S. 6–9; Alkoholiker, ebd., S. 29–32.
[167] Vgl. oben Anm. 154.
[168] Vgl. etwa Rudolf v. Iherings Studie *Der Kampf ums Recht*, die zwischen 1872 und 1921 nicht weniger als 20 Auflagen erlebt hat (ursprünglich als Vortrag in: Gerichtshalle XVI [1872], Nr. 22, S. 96–99 veröffentlicht; dann bei Manz, Wien, als Buch erschienen).

Kraus für sich und seine kritische Tätigkeit in Anspruch, daß sie dem gemeinen Wohl und dem Recht selber diene. Er führt gleichsam die eigene Sache als allgemeine. Weil er die öffentliche Sache zu seiner eigenen macht, begreift er die eigene als öffentliche. »Ich beschäftige die Leser der ›Fackel‹ nur mit Angelegenheiten, die mir ein öffentliches Interesse zu berühren scheinen.«[169]

Das wird selbst dort deutlich, wo der Satiriker die Freiheit des Mediums, die er selbst in exzessiver Weise (aus-)nutzt, kontrolliert, ja eingeschränkt sehen möchte. Wenn Freiheit der Presse in den Druck umschlägt, der auf die Freiheit Dritter ausgeübt wird, verliert sie leicht für ihn ihre Legitimation.[170] Dies zeigt sich in jenen Fällen, in denen die Macht des gedruckten Wortes zur Erpressung, zum unbefugten Eingriff in private Rechtsgüter mißbraucht wird – obgleich Kraus selber oft genug dieses Instrument in nötigender Weise gegen Dritte unter Berufung auf öffentliche Interessen (des Anstandes, der Sauberkeit des gesellschaftlichen und staatlichen Lebens, der Wahrung von Rechten) gekehrt hat.

Was versprach sich Kraus davon? Er glaubte nicht daran, daß sich die bessere Einsicht ohne weiteres durchsetzen wird, wo die »Sittenpolizei« ihr Unwesen treibt,[171] wo richterliche »Beschränktheit« und »Weltfremdheit« sich paaren,[172] wo »Sittenjustiz«,[173] »Sexualjustiz«[174] und »Moraljustiz«[175] am Werke sind. Er glaubte nicht an bessere Verhältnisse, wo eine auf das »›unerlaubte(s) Verständnis‹ zweier Liebesleute« fixierte »Sexualjustiz«, die das Wortspiel vom »erlaubte(n) Unverständnis zweier Amtspersonen« provoziert,[176] sich mit einer öffentlichen Mentalität trifft, von der noch unentschieden ist, was an ihr stärker beeindruckt: ihre »Heuchelei« oder ihre »Dummheit«.[177] Kraus glaubte nicht an die Wirksamkeit von Vernunft und Menschlichkeit, wo Gerichtssaalberichterstattung, Presse und Journalisten ihren Informationsauftrag verleugnen und stattdessen öffentlicher Feilheit und Geilheit, der Spekulation auf niedrige Instinkte Vorschub leisten.[178] Der Schlüsselsatz lautet: »Nur d e n, nicht d i e Menschen vermag öffentliche Kritik zu erziehen [...].«[179]

---

[169] Kraus: Neugieriger. Die Fackel Nr. 131 (1903), S. 18.

[170] Kraus: Pressreform = Reform des Erpressungsparagraphen. Die Fackel Nr. 95 (1902), S. 1–6. »Man hat sich so sehr daran gewöhnt, das Wort ›Erpressung‹ in etymologischen Zusammenhang mit ›Presse‹ zu bringen, daß man an einen andern Zweck der Bedrohung als den der Erlangung von Schweigegeld nicht mehr denken kann.« (Kraus [wie Anm. 164], S. 7)

[171] Kraus: Sittenpolizei. Die Fackel Nr. 43 (1900), S. 8–14.

[172] Kraus (wie Anm. 71), S. 11.

[173] Kraus (wie Anm. 52), S. 18.

[174] Vgl. oben Anm. 133.

[175] Kraus (wie Anm. 52), S. 2.

[176] Kraus: Diskrete Zusammenkünfte. Die Fackel Nr. 190 (1905), S. 1–4. Hier S. 3.

[177] »Das Aufgebot der Heuchelei ist imposant, der Generalstab der Dummheit plant Ungeheures.« (Kraus [wie Anm. 71], S. 23)

[178] Z. B. Kraus: Dreierlei Parteiverblödung. Die Fackel Nr. 109 (1902), S. 10–12.

[179] Kraus: Der Fall Hervay. Die Fackel Nr. 165 (1904), S. 2–12. Hier S. 4.

6.2. Kriminalpolitische und kriminologische Perspektiven der *Fackel*

Die Frage ist, wie sich ein derart ungewöhnliches Werk in die Palette relevanter strafrechtswissenschaftlicher und kriminologischer Ansätze einordnen läßt – ja, ob dies überhaupt möglich ist. Was Kraus, fleißiger Zeitungsleser, in zahllosen Informationen, Bruchstücken, Satzfragmenten zusammenträgt und zutage fördert, fügt sich ihm – in Detailmalerei wie im Totalgemälde – zu einem Ensemble von Kritikpunkten, das Kriminalität wie gesellschaftliche, justitielle und publizistische Kriminalitätsverarbeitung gleichermaßen umgreift.

So sehr indessen diese Kritik gerade auf Mängel des Rechts- und Gerichtswesens abhebt, ja gelegentlich mit dem Anspruch und Pathos gesellschaftlich-juristischer Fundamentalkritik operiert, haftet sie keineswegs ausschließlich an der Vorstellung nur-gesellschaftlicher oder -ökonomischer Bedingungszusammenhänge, auf die etwa die realen Normen und Prozeduren des Strafrechts und Strafprozeßrechts zurückgeführt würden. Gerade weil nicht selten soziale Empörung und Sinn für soziale Gerechtigkeit von einem unideologischen Standort aus die Feder führen, läßt sich jene glossierende, polemische und satirische Beschäftigung und Auseinandersetzung mit Verbrechen und Justiz nicht auf eine derart plane, platte Formel von Kriminalitätsentstehung und -verarbeitung bringen.

Dafür lassen sich zu viele Beiträge der *Fackel* von der Überzeugung leiten, daß in bestimmten Fällen – zum Schutz von Rechtsgütern – auch Verhaftungen, ja Verurteilungen sein müssen. Wenn Justizfunktionären vorgeworfen wird, sie ließen ungetreue Bankiers, die Kunden um ihr Geld gebracht haben, entkommen oder würden sie nicht einmal anklagen, weil die heillose Verfilzung öffentlicher und privater Interessen, die praktizierte Kumpanei derer, die Aufsicht zu üben hätten, mit denen, die eigentlich zu kontrollieren wären, daran hinderte, dann wird deutlich, wie sehr der Satiriker auch auf Einhaltung der Gesetze zum Nachteil ihrer Verletzer insistiert.[180]

Wenn schon von einer bestimmten kriminalpolitischen Perspektive, die das Werk trägt, die Rede sein kann, dann allenfalls von einer liberalen, die Persönlichkeit achtenden und respektierenden. Es ist die Sicht dessen, der den Schutz privater, konkret beschreib- und definierbarer Rechtsgüter in den Mittelpunkt seines Strafrechtsverständnisses gerückt sehen möchte. Mit einer bestimmten Konzeption von Kriminologie oder Kriminalitätstheorie – ob täter- oder instanzenorientiert, gar noch ideologischer Provenienz – läßt sich dieses Werk indessen schwerlich identifizieren.

Es ist aber auch zugleich die Sicht dessen, der die – allmähliche – Abschaffung der Kriminalstrafe – jedenfalls für sozial abweichendes Sexualverhalten – als Ausdruck gesellschaftlicher Vernunft und Humanität begreift. »Den Weg menschlicher Befreiung bezeichnet die Erkenntnis, die das Verbrechen zur Unmoral, diese zur Krankheit, die Krankheit zur Neigung mildert.«[181] So steht Kraus der Ahn-

---

[180] Kraus: Usque ad finem. Die Fackel Nr. 118 (1902), S. 15–19.
[181] Kraus (wie Anm. 179), S. 9.

dung von Verbrechen durch Strafe überaus kritisch gegenüber; nicht zuletzt führt ihm seine justizkritische Haltung die Feder:

> Das Weltbild, das uns die Justiz an jedem Tage gibt, zeigt, daß die Flüsse an ihrer Mündung entspringen und in ihre Quelle münden. Das Verbrechen beginnt mit der Gerichtsverhandlung. Alle bösen Triebe sind zur Sitzung versammelt, aller dolus ist aufgeboten, um einen dolus zu schaffen. Die Menschheit verblutet unter dem trostlosen Scharfsinn einer Wissenschaft, die operiert und nicht verbindet. Wie lange noch wird sie's ertragen? Wie lange werden ihre Richter ungestraft strafen dürfen? Gäbe es doch eine Statistik der durch die Gerechtigkeit erzeugten Übeltaten! Die Summe moralischen und materiellen Schadens, der einem Volk durch seine Verbrecher zugefügt wird, ist nichts neben der Summe moralischen und materiellen Schadens, den seine Richter bewirken.[182]

Das sind Worte vom Geiste Oscar Wildes, den Kraus denn auch zustimmend zitiert:[183] »Mit der autoritären Gewalt wird die Justiz verschwinden. [...] eine Gemeinschaft wird unendlich mehr durch das gewohnheitsmäßige Verhängen von Strafen verroht, als durch das gelegentliche Vorkommen von Verbrechen.«[184] Doch hält Kraus einen derart rechtsrevolutionären Akt für eine Illusion; er sieht derzeit nur Chancen für eine Reform (für deren Verwirklichung er freilich mit Nachdruck plädiert):

> Der Gegenwartsstaat kann dem Ideale des Denkers nicht plötzlich reifen. Er kann die Hälfte seiner Strafparagraphen, nicht alle streichen. [...] Die sofort durchführbare Reform könnte nur eine Schiebung von Rechtsgütern, die Milderung und Individualisierung der Strafen und vor allem die Sicherung bezwecken, daß der Staat nicht Verbrecher *erzeuge.*[185]

Insofern mag man hinter den Glossen und Satiren von Kraus aufklärerische Intentionen vermuten.[186]

Was an populären, wissenschaftlichen und populärwissenschaftlichen Meinungen zur Kriminogenese und zum »Verbrechermenschen« in jener Zeit geäußert wurde,[187] vollzog Kraus nicht nach; vielmehr versah er es immer wieder mit ironischen und satirischen Kommentaren. So merkt er zu einer Statistik über »Alkoholismus und Verbrechen« an:

> Man darf nicht verkennen, dass Trunkenheit und Verbrechen oftmals nicht Ursache und Wirkung, sondern beide Wirkungen der gleichen Ursache sind; wörtliche und Rohheitsdelicte werden bei jeder Gelegenheit zu gemeinschaftlicher Erholung und bei jeder ihrer Formen sich häufen, und wenn erst der Alkoholgenuss abgeschafft wäre, würde der Zusammenhang zwischen Sonn- oder Feiertag und Verbrechen, zwischen Tanzen und Verbrechen, zwischen Kartenspielen in der Stadt und Kegelspielen auf dem Lande und Verbrechen sich klärlich nachweisen lassen.[188]

---

182 Kraus (wie Anm. 58), S. 1f.

183 Kraus: Die Herstellung von Verbrechen. Die Fackel Nr. 177 (1905), S. 3–7. Hier S. 3f.

184 Oscar Wilde: Der Sozialismus und die Seele des Menschen (1891). Ein Essay, übersetzt von Gustav Landauer und Hedwig Lachmann. Zürich: Diogenes 1970, S. 30.

185 Kraus (wie Anm. 183), S. 4.

186 Vgl. Mayer: Außenseiter, S. 132, 419. Zu den politischen Positionen von Kraus etwa Pfabigan: Karl Kraus, passim.

187 Vgl. Strasser: Verbrechermenschen, S. 41ff.

188 Kraus: Alkoholismus und Verbrechen. Die Fackel Nr. 74 (1901), S. 1–5. Hier S. 4f.

Von der landläufigen Berufung auf den »Verbrechermenschen«[189] hält Kraus nichts. Dies demonstriert er am Beispiel eines Artikels, mit dem ein Advokat die Verhängung lebenslanger Kerkerstrafe gegen den Ringstraßenräuber Kraft zu rechtfertigen sucht.[190] Nach Auffassung des Anwalts ist Kraft ein ›geborener Verbrecher‹.

> Seine etwaige Besserung müsse ›im Gefängnis abgewartet werden‹. Das ist natürlich, ganz abgesehen von der psychologischen Verläßlichkeit der Gefangenenaufseher, ein Unsinn. Den ›geborenen Verbrecher‹ kann ich am Kaffeehaustisch agnoszieren; gestraft werden kann er nur nach dem Maß der kriminellen Tat, die er begangen hat. Da müßte man, wenn man auf Numero Sicher gehen wollte, vorsichtshalber die ganze Menschheit einsperren.[191]

Für Kraus war es – im Gegensatz zu manchem, auch heutigem Analytiker – keine Frage, daß die von der Presse betriebene publizistische ›Auseinandersetzung‹ mit Kriminalität und Kriminaljustiz das öffentliche (Rechts-)Bewußtsein eher korrumpiert als daß sie zur Triebabfuhr und Entlastung (sowie Befreiung von latenten eigenen bösen Wünschen) beiträgt. Eine Mentalität, die im Extremfall dazu verführen könnte, das Verbrechen selbst in Auftrag zu geben, nur um aus der journalistischen Aufbereitung ›interessanter facts‹ noch Gewinn ziehen zu können, hatte sich für ihn selbst gerichtet.

Für den Satiriker wuchsen Art und Weise des Umgangs mit Kriminalität im Gerichtssaal sowie ihrer Darstellung in der Presse mit der öffentlichen Geisteshaltung zu einem untrennbaren gesellschaftlichen Ensemble zusammen, dessen innere Unwahrhaftigkeit, dessen Schein und menschenverachtender Charakter sich selbst entlarvten. Die bösartige Fratze verbarg nichts – sie bildete jenes »ganz Unwahre« (Adorno) ab, hinter dem der mißbrauchte, unterdrückte Mensch – ob als Angeklagter, Zeuge oder Verletzter oft genug Opfer der Verhältnisse, der Gesellschaft, der Justiz oder eben der Presse – sichtbar wurde. Diese Grundüberzeugung, daß jener gesellschaftliche Zusammenhang Kriminalität und Sozietät, Justiz, Presse, öffentliche Meinung, Sprache und Denken zu einem untrennbaren Ganzen auf Kosten des Einzelnen zusammenschließt,[192] verdankte sich freilich keiner wie immer gearteten Weltanschauung oder politisch-ideologischen Position, wenngleich sie sehr wohl in einer bestimmten Welt-Anschauung im umfassenderen Sinne des Wortes wurzelte.

6.3. Kriminalität, Presse, Gesellschaft und Sprache

(1) Kraus ist ohne die Presse nicht denkbar – wohl aber die Presse ohne ihn. Sie hat ihn hervorgebracht, ihn, der zu Beginn seiner schriftstellerischen Karriere

---

[189] Vgl. die Fundamentalkritik in: Strasser: Verbrechermenschen, S. 102ff., 163ff.
[190] Dazu oben Kap. 4.
[191] Kraus (wie Anm. 40), S. 20.
[192] Über den Zusammenhang von Presse-, Sprach- und Literaturkritik bei Karl Kraus vgl. Bohn: Satire und Kritik, S. 1ff. Vgl. ferner Arntzen: Karl Kraus, S. 25ff.

selber für die später von ihm so gebeutelte *Neue Freie Presse* geschrieben hat;[193] aber er hat sie – obgleich selbst publizistisch tätig, wovon die 36 Jahrgänge der *Fackel* zeugen[194] – keineswegs hervorgebracht, sondern nur dokumentiert, überliefert – und bloßgestellt. Die Presse hat Kraus überlebt – und nicht wenige meinen, daß er und seine Pressekritik sich gleichfalls überlebt hätten. Daran mag richtig sein, daß im Zeitalter des Fernsehens, der Videos neben das gedruckte Wort andere Medien getreten sind, deren öffentliche Einfluß- und Wirkungsmöglichkeiten sich noch nachhaltiger entwickelt haben und die schwerlich überschätzt werden können.

Gleichwohl lassen sich auch in der heutigen Medienlandschaft, die wie selten ein (Ersatz-)Leben aus zweiter Hand hervorgebracht hat, in einer Szenerie, in der die Nachricht sich vor das Ereignis stellt, weil sie schon selber zum Ereignis geworden ist, nach wie vor ganz bestimmte Aspekte identifizieren, die für die Presse- und Gesellschaftskritik von Kraus zentral sind. Er selbst hat vorausahnend bemerkt: »Meine Leser glauben, daß ich für den Tag schreibe, weil ich aus dem Tag schreibe. So muß ich warten, bis meine Sachen veraltet sind. Dann werden sie möglicherweise Aktualität erlangen.«[195]

Zu solchen Aspekten gehören eben jene permanenten Einbrüche in die Intimsphäre, die – jedenfalls in bestimmten Presseprodukten – nicht nur im Hinblick auf Gerichtsverfahren, die »Persönlichkeiten der Zeitgeschichte« betreffen, sondern auch auf andere spektakuläre Prozesse, die durch ihre Begleitumstände öffentliche Aufmerksamkeit und Erregung hervorrufen, gang und gäbe geworden sind. Ein Stück davon wird in Kritiken von Gerhard Mauz im *Spiegel* sichtbar, die nicht nur wirklichen oder vermeintlichen Fehlleistungen der Justiz, sondern auch dem öffentlichen und publizistischen Umgang mit dem Leben und Vorleben des Angeklagten – manchmal auch von Zeugen und Prozeßbeteiligten – gelten.[196] Geblieben sind – als Gegenstände – jene unübersehbare Mischung aus Lüsternheit, Sensationsgier,[197] Heuchelei und Pharisäertum sowie die kommerzielle Ausbeutung jener Mischung durch Presseorgane, die Kraus in seinen Glossen und Satiren zu attackieren nicht müde geworden ist.

Themen sind nach wie vor, vielleicht mehr denn je, Verlagerung der unmittelbaren Gerichtsöffentlichkeit in die mittelbare, und Verkehrung der rechtsstaatli-

---

193 Vgl. Pfabigan: Karl Kraus, S. 33f.

194 Kraus gab *Die Fackel* allein heraus; erschienen sind insgesamt 922 Heftnummern (Nr. 1 im April 1899, das letzte Heft unter Nr. 917–922 im Februar 1936); ab Nr. 338 (1911) tragen die Hefte den Vermerk: »Sämtliche Beiträge von KARL KRAUS«.

195 Kraus: Tagebuch. Die Fackel Nr. 256 (1908), S. 15.

196 Gerhard Mauz: Die Gerechten und die Gerichteten. Frankfurt/M. u. Berlin: Ullstein 1968. Für die Weimarer Zeit vgl. Sling: Richter und Gerichtete. Neu eingeleitet und kommentiert von Robert M. W. Kempner. München: Rogner u. Bernhard 1969.

197 Den gesellschaftlichen Zusammenhang jener Problematik reklamieren unübersehbar etwa die Glossen von Kraus: Der Hexenprozess von Leoben. Die Fackel Nr. 168 (1904), S. 1–20; Quer durch Österreich. Mürzzuschlag. Die Fackel Nr. 196 (1906), S. 1–3. Vgl. ferner Anm. 179.

chen Kontrollwirkung, die der Publizität der Verhandlung einst zugedacht war, in die ›Prangerwirkung‹ von Presseberichten, die verheerender sein kann als etwaige Strafsanktionen, die das Gericht gegen den Angeklagten verhängt oder verhängen kann. Hier scheint ein Mechanismus des Zusammenwirkens von medialer Berichterstattung und gesellschaftlichem Umgang mit Angeklagten, auch Zeugen im Prozeß auf, der sich nicht überlebt hat und noch immer virulent ist.

Um so mehr überrascht die zeitgenössische Ignoranz, die sich schwer tut, vom Werk des Satirikers überhaupt Kenntnis zu nehmen. Manche scheinen sein Thema »Sittlichkeit und Kriminalität« gleichsam für sich gepachtet zu haben, ohne sein Anathema je vernommen zu haben. Da erscheint ein Heft der *Kriminalsoziologischen Bibliografie*, das fast ausschließlich von Prostitution, Zuhälterei und Sexualmoral handelt und mit keinem Wort sich an Kraus erinnert.[198] Die Ahnungslosigkeit derer, die heute schreiben, in bezug auf das, was einmal zu jenen Themen gesagt wurde, gleicht der Ahnungslosigkeit des Bürgers, der jene Themen nie begriffen hat – wie ergriffen er von ihnen immer sein mag.

(2) Sucht man die kritischen Intentionen und Zielsetzungen im Werk von Kraus auf einen Nenner zu bringen und zu identifizieren, so lassen sich im wesentlichen folgende Akzente und Charakteristika ausfindig machen:

– Da wird Rechtskritik sichtbar, die auf veraltete, fehlerhaft formulierte, sachlich und sprachlich mißlungene Strafgesetze und Prozeßvorschriften zielt.

– Da äußert sich Justizkritik, die die Art und Weise der Durchführung von Strafverfahren, namentlich von Hauptverhandlungen, sowie die Strafzumessungspraxis der Gerichte aufs Korn nimmt. Das gilt gleichermaßen unangemessener, rechtsverletzender Behandlung von Angeklagten wie von Zeugen und Tatopfern. Und das richtet sich ebenso gegen überhöhte, unverhältnismäßige Bestrafungen wie gegen ungerechtfertigte Freisprüche oder unangemessen milde Ahndung von Straftaten. Benjamin hat darauf hingewiesen, wie sehr diese Rechts- und Gerichtskritik ihrerseits prozessual, rechtsförmig verfaßt und ausgestaltet ist.[199] Freilich erschöpft sie sich darin nicht.

– Da artikuliert sich Zeitkritik, welche die öffentliche Moral mit gesellschaftlicher Heuchelei und publizistischem wie justitiellem Einbruch in die Intim- und Privatsphäre verschwistert sieht. Sie wird zur Gesellschaftskritik, wo öffentliche Reaktionen auf Kriminalität und abweichendes Verhalten als Phänomen begriffen werden, das in verbreiteter Mentalität und in den gesellschaftlichen Verhältnissen wurzelt.

---

[198] Kriminalsoziologische Bibliografie 10 (1983), H. 38/39. Lediglich in dem Beitrag von Irmgard Eisenbach-Stangl (Lust-Laster und Laster-Lust. Von ehrbaren und ehrlosen Frauen, ebd. S. 107–126) wird Fritz Wittels, ein früher Mitarbeiter der *Fackel*, zitiert (S. 109f.).

[199] Benjamin: Karl Kraus, S. 389f. Vgl. auch Bohn: Satire und Kritik, S. 57ff.; Schneider: Die Angst, S. 105; Müller-Dietz: Sittlichkeit und Kriminalität, S. 1070.

Ein Resümee – im Kontext unseres Themas – könnte lauten: Kraus thematisiert nicht so sehr das kriminelle Verhalten und den Täter als vielmehr die Verarbeitung von Kriminalität durch Justiz und Presse, also diejenigen Formen, durch die Öffentlichkeit in bezug auf Kriminalität hergestellt wird. Ein weiterer, das Thema überschreitender Gedanke drängt sich auf: Wie der Witz die Kehrseite der Trauer ist, entspricht dem Wortwitz bei Kraus die Trauerarbeit, die er damit (sich) leistet – Trauerarbeit angesichts der undurchschauten oder mit Phrasen zugedeckten (Selbst-)Verwüstung des Menschen.[200]

All dies ist aufgehoben in einer *Sprachkritik*, die von der Überzeugung lebt, daß sich im gedruckten (und gesprochenen) Wort die Kultur einer Gesellschaft und eines Landes manifestiert, daß sich also am Verhältnis zur Sprache entscheidet, wie es um die Sache selbst steht.[201]

Literaturverzeichnis

(a) *Quellen*

Karl Kraus: Die chinesische Mauer. 4. Aufl. Leipzig: Verlag der Schriften von Karl Kraus (Kurt Wolff) 1918.

Karl Kraus: Sittlichkeit und Kriminalität. (= 11. Bd. der Werke von Karl Kraus. Hg. von Heinrich Fischer). München u. Wien: Langen-Müller o. J.

Karl Kraus: Worte in Versen. (= 7. Bd. der Werke von Karl Kraus. Hg. von Heinrich Fischer). München: Kösel 1959.

Karl Kraus (Hg.): Die Fackel.
Bd. 1 Nr. 1 bis 54, 1899 bis 1900
Bd. 2 Nr. 55 bis 117, 1900 bis 1902
Bd. 3 Nr. 118 bis 178, 1902 bis 1905
Bd. 4 Nr. 179 bis 249, 1905 bis 1908
Bd. 5 Nr. 250 bis 320, 1908 bis 1911.
München: Kösel 1968ff.

(b) *Allgemeine Literatur*

Theodor W. Adorno: Sittlichkeit und Kriminalität. Zum elften Bande der Werke von Karl Kraus. In: Th. W. A.: Noten zur Literatur III. Frankfurt/M.: Suhrkamp 1965, S. 57–82.

Helmut Arntzen: Karl Kraus und die Presse. (Literatur und Presse / Karl-Kraus-Studien, Bd. 1) München: Fink 1975.

Ders.: Der junge Karl Kraus als Kritiker des fin de siècle. In: H. A.: Zur Sprache kommen. Studien zur Literatur- und Sprachreflexion, zur deutschen Literatur und zum öffentlichen Sprachgebrauch. (Literatur als Sprache. Literaturtheorie – Interpretation – Sprachkritik, Bd. 4) Münster: Aschendorff 1983, S. 231–242.

---

[200] In der Diskussion dieses Vortrags wurde von Wolfgang Naucke die Frage aufgeworfen, ob Kraus nicht als enttäuschter Aufklärer zu verstehen ist. Die Berechtigung dieser Frage läßt sich vor dem Hintergrund eines Werkes, das auch und gerade von aufklärerischen Impulsen, einem rationalen und argumentativen Umgang mit gesellschaftlichen Sachverhalten lebt, gewiß nicht abweisen. Doch würde eine solche Deutung allein Kraus m. E. schwerlich in vollem Umfange gerecht.

[201] Vgl. Kraft: Karl Kraus, S. 163ff.; Quack: Bemerkungen, S. 117.

Walter Benjamin: Karl Kraus. In: W. B.: Illuminationen. Ausgewählte Schriften. Hg. von Siegfried Unseld. Frankfurt/M.: Suhrkamp 1961, S. 374–408.
Edmund Benedikt: Wochenschau. In: Juristische Blätter (Wien) 33 (1904), S. 148–149.
Martina Bilke: Zeitgenossen der *Fackel*. Wien u. München: Löcker 1981.
Volker Bohn: Satire und Kritik. Über Karl Kraus. Frankfurt/M.: Athenaion 1974.
Hermann Broch: Hofmannsthal und seine Zeit. In: H. B.: Schriften zur Literatur 1: Kritik. Frankfurt/M.: Suhrkamp 1975 (= st 246), S. 111–284.
Karl Corino: Ein Mörder macht Literaturgeschichte. Florian Großrubatscher, ein Modell für Musils Moosbrugger. In: Robert Musil und die kulturellen Tendenzen seiner Zeit. Hg. von Josef Strutz. (Musil-Studien 11) München u. Salzburg: Fink 1983, S. 130–147.
Ders.: Zerstückt und durchdunkelt. Der Sexualmörder Moosbrugger im *Mann ohne Eigenschaften* und sein Modell. In: Festschrift für Ernst Schönwiese. Musil-Forum 10 (1984), S. 105–119.
Milan Dubrovic: Veruntreute Geschichte. Die Wiener Salons und Literatencafés. Wien u. Hamburg: Zsolnay 1985.
Kurt Hiller: Strafrechtskritik und Ethik. In: Monatsschrift für Kriminalpsychologie und Strafrechtsreform 6 (1909/10), S. 618–637.
Ders.: Das Recht über sich selbst und die politischen Parteien. In: Monatsschrift für Kriminalpsychologie und Strafrechtsreform 7 (1910/11), S. 641–648.
Ernst Rudolf Huber: Deutsche Verfassungsgeschichte seit 1789. Bd. 4: Struktur und Krisen des Kaiserreichs. 2. Aufl. Stuttgart u. a.: Kohlhammer 1969.
Allan Janik u. Stephen Toulmin: Wittgensteins Wien. Aus dem Amerikanischen von Reinhard Merkel. München: Hanser 1984.
Günther Kaiser: Kriminologie. Ein Lehrbuch. Heidelberg u. Karlsruhe: Müller 1980.
Werner Kraft: Karl Kraus. Beiträge zum Verständnis seines Werkes. Salzburg: Müller 1956.
Franz v. Liszt: Lehrbuch des Deutschen Strafrechts. 9. Aufl. Berlin: Guttentag 1899.
Reinhart Maurach u. Heinz Zipf: Strafrecht Allgemeiner Teil. Teilband 1: Grundlehren des Strafrechts und Aufbau der Straftat. Ein Lehrbuch. 6. Aufl. Heidelberg: Müller 1983.
Hans Mayer: Außenseiter. Frankfurt/M.: Suhrkamp 1977.
Monika Meister: Der Fall Moosbrugger – der Fall Franza. Machtstruktur und sanktioniertes Verbrechen. In: Kunst, Wissenschaft und Politik von Robert Musil bis Ingeborg Bachmann. Hg. von Josef Strutz. (Musil-Studien 14) München: Fink 1986, S. 63–80.
Heinz Müller-Dietz: Strafrecht und Psychiatrie im Werk Robert Musils. In: Kriminologie – Psychiatrie – Strafrecht. Festschrift für Heinz Leferenz zum 70. Geburtstag. Hg. von Hans-Jürgen Kerner u. a. Heidelberg: Müller 1983, S. 353–378.
Ders.: Literatur und Kriminalität. In: Juristenzeitung 39 (1984), S. 699–708.
Ders.: Sittlichkeit und Kriminalität. Anmerkungen zum Werk von Karl Kraus. In: Neue Juristische Wochenschrift 37 (1984), S. 1069–1074.
Ders.: Diktat, Diktatur und Geist. Anmerkungen zu Anmerkungen Robert Musils über Karl Kraus. In: Festschrift für Ernst Schönwiese. Musil-Forum 10 (1984), S. 171–180.
Ders.: Kriminologie und Literatur. Ein Literatur-Bericht. In: Entwicklungslinien der Kriminologie. Hg. von Gerhard Kielwein. (Schriftenreihe Annales Universitatis Saraviensis Rechts- und Wirtschaftswissenschaftliche Abteilung, Bd. 117) Köln u. a.: Heymanns 1985, S. 59–91.
Alfred Pfabigan: Karl Kraus und der Sozialismus. Eine politische Biographie. Wien: Europaverlag 1976.
Josef Quack: Bemerkungen zum Sprachverständnis von Karl Kraus. (Abhandlungen zur Kunst-, Musik- und Literaturwissenschaft, Bd. 232) Bonn: Bouvier 1976.
Manfred Schneider: Die Angst und das Paradies des Nörglers. Versuch über Karl Kraus. Frankfurt/M.: Syndikat 1977.
Jörg Schönert (Hg.): Literatur und Kriminalität. Die gesellschaftliche Erfahrung von Verbrechen und Strafverfolgung als Gegenstand des Erzählens. Deutschland, England und Frankreich 1850–1880. Tübingen: Niemeyer 1983.

Franz Schuh u. Juliane Vogel (Hg.): Die Belagerung der Urteilsmauer. Karl Kraus im Zerrspiegel seiner Feinde. Wien: Verlag der Österreichischen Staatsdruckerei 1986.
August Stahl: Rilke und die Wiener Justiz. Zur Entstehungsgeschichte eines Plädoyers. Ungedr. Ms. Saarbrücken 1984.
Peter Strasser: Verbrechermenschen. Zur kriminalwissenschaftlichen Erzeugung des Bösen. Frankfurt u. New York: Campus 1984.
Traum und Wirklichkeit Wien 1870–1930. 93. Sonderausstellung des Historischen Museums der Stadt Wien. Wien: Eigenverlag der Museen der Stadt Wien 1985.
Christian Wagenknecht: Korrektur und Klitterung. Zur Arbeitsweise von Karl Kraus. In: Karl Kraus. Hg. von Heinz Ludwig Arnold. (Text und Kritik Sonderband) München: edition text + kritik 1975, S. 108–115.
Nike Wagner: Geist und Geschlecht. Karl Kraus und die Erotik der Wiener Moderne. Frankfurt/M.: Suhrkamp 1982.
Adam Wandruszka: Die österreichische Presse in der franzisko-josephinischen Epoche. In: Öffentliche Meinung in der Geschichte Österreichs. Hg. von Erich Zöllner. Wien: Europaverlag 1979, S. 89–94.
Heinz Zipf: Kriminalpolitik. Eine Einführung in die Grundlagen. 2. Aufl. Heidelberg u. Karlsruhe: Müller 1980.

Reinhard Merkel

»Wo gegen Natur sie auf Normen pochten ...«

Bemerkungen zum Verhältnis zwischen Strafrecht und Satire im Werk von Karl Kraus*

1. Zum Thema

Lichtenberg schreibt am 16. Januar 1777 in einem Brief an seinen Freund Johann Andreas Schernhagen: »Hierbey hat man wieder gesehen, wie Satyre das Complement der Gesetze seyn kan.«[1]

Er bezieht sich damit auf die Wirkung seines satirischen *Anschlag-Zeddels im Namen von Philadelphia*: mit ihm kam er einem Auftritt des zauberkünstelnden Scharlatans Philadelphia vor Göttinger Bürgern zuvor und damit deren Geldbeuteln gegen einen geplanten Betrug zu Hilfe. »Complement der Gesetze« heißt hier bei Lichtenberg Unterstützung, Verstärkung der staatlichen Rechtsmacht durch die Satire. Dieser Gedanke ist alt, wenngleich in einer Form, die ihn weniger deutlich mit dem Strafgesetz assoziiert als es Lichtenbergs Dictum tut. Er bezeichnet die eine Hälfte des Begriffspaares, mittels dessen die traditionelle Satiretheorie seit der Zeit des Frühhumanismus ihre wesentliche typologische Abgrenzung vornimmt (oft unter Zuordnung der entstehenden Kontrastformen zu den paradigmatischen Figuren der römischen Klassiker Juvenal und Horaz): die »strafende (ernsthafte, tragische, pathetische)« Satire, die der »scherzhaften (komischen, lustigen, spielenden)« gegenübergestellt wird.[2] Ein Menschenalter vor Lichtenbergs *Anschlag-Zeddel* schreibt Jonathan Swift in der 38. Nummer des *Examiner* vom 26. April 1711:

> Es ist angesichts der Unvollkommenheit unserer Gesetze, der Vielzahl möglicher Sachverhalte, der Schwäche staatlicher Autorität und der Macht und Verschlagenheit niederträchtiger Menschen klar, daß zahlreiche schwere Verfehlungen öffentlich begangen werden können, die für das Strafgesetz nicht erreichbar sind [...]. Ich bin geneigt zu glauben, daß es gerade der Zweck einer Behebung solcher Mißstände war, weswegen die Satire einmal das Licht der Welt erblickt hat.[3]

Ich möchte im folgenden versuchen, den Gedanken von der Satire als einem »Complement der Gesetze« mit Blick auf das Werk von Karl Kraus in seinen

---

* Zitate aus *Die Fackel* werden mit der Sigle F, der Nummer der Ausgabe und den Seitenzahlen nachgewiesen.

[1] Lichtenberg: Briefwechsel. Bd. 1, S. 684.

[2] Brummack: Begriff und Theorie, S. 311f.

[3] Swift: Examiner 1710–11, S. 141.

verschiedenen möglichen Sinndimensionen zu entfalten.[4] Diese lassen sich vorläufig so bezeichnen:

I.

»Complement der Gesetze« ist die Satire bei Kraus vorwiegend im negativen Sinn, also in der Funktion eines einschränkenden Korrektivs der Gesetze zugunsten der Rechtsunterworfenen. Man kann dieses Motiv der Kraus'schen Satire ganz plausibel an einen traditionellen Topos der Strafrechtstheorie und -geschichte anschließen: den von Franz v. Liszt geprägten, gedanklich wohl schon durch Anselm v. Feuerbach vorbereiteten Begriff der ›Magna Charta des Verbrechers‹, die das Strafrecht in Wahrheit darstelle,[5] also die Idee, daß die Strafgesetze den staatlichen Strafanspruch nicht so sehr zu begründen als vielmehr zum Schutz dessen, der sie verletzt hat, zu begrenzen hätten. Es sind im wesentlichen zwei Aspekte, unter denen Kraus diese Schutzfunktion der österreichischen Strafgesetze für den Rechtsbrecher als ungenügend und daher ergänzungsbedürftig durch ein satirisches »Complement« ansieht:

(a) Einerseits haben zahlreiche Paragraphen des österreichischen StG von 1803 (das mit einigen eher unwesentlichen Änderungen durch die Strafrechtsreform von 1852 zu Kraus gesamten Lebzeiten in Kraft war) schon an sich selbst einen menschenfeindlichen Charakter. Die Magna-Charta-Funktion solcher Normen besteht für den Rechtsunterworfenen in nichts anderem als der unverstellten Aussicht auf den veritablen Zynismus eines ungerechten Rechts.

(b) Zum anderen wird dieser Zynismus forciert – und damit sind wir bei dem vorrangigen Ziel der Kraus'schen Strafrechtskritik – von einer bösartigen und lebensfremden Justiz, die weniger Sinn und Ratio der Rechtsnormen als die Hysterien und Instinkte einer spießbürgerlichen Normalgesinnung exekutiert.

Das Dilemma, in das der Satiriker angesichts dieser doppelten Angriffsrichtung geraten kann, hat Kraus im Mai 1904 in der *Fackel* mit der ihm eigenen Prägnanz bezeichnet:

> Das Charakteristische der österreichischen Strafrechtspflege ist, daß sie Zweifel schafft, ob man mehr die richtige oder die falsche Anwendung des Gesetzes beklagen soll.[6]

II.

»Complement der Gesetze« ist die Satire für Kraus aber durchaus auch in demselben Sinn wie für Swift und Lichtenberg. Kraus war keineswegs schlechthin Kriti-

---

[4] Dabei wird hier – entsprechend der klassischen Dichotomie der Satiretheorie – nur von den Strafgesetzen die Rede sein, als deren »Complement« sich die »strafende« Satire versteht. Abgesehen wird hier auch von Kraus' zahlreichen Angriffen auf die »Schand- und Standjustiz« (F. 501, S. 42) des österreichischen Militärs während des Ersten Weltkriegs, die der Satiriker eher als einen speziellen Zug des allgemeinen Kriegsgrauens, weniger als Problem des Strafrechts auffaßte.

[5] v. Liszt: Aufsätze. Bd. 2, S. 80.

[6] F. 163, S. 9.

ker des Strafrechts. Von einem »Plädoyer« für dessen »Abschaffung«[7] hätte er nichts gehalten. Er forderte und unterstützte im Gegenteil mit seiner Satire in vielfacher Hinsicht die soziale Kontrollfunktion des Strafrechts gegenüber bestimmten Varianten kulturfeindlicher bürgerlicher Lebensformen, die er haßte und verachtete. »Man versteht nichts von diesem Mann«, schreibt Walter Benjamin in seinem Essay *Karl Kraus*, »solange man nicht erkennt, daß mit Notwendigkeit alles, ausnahmslos alles, Sprache und Sache, für ihn sich in der Sphäre des Rechts abspielt.«[8] Kraus hatte zeit seines Lebens eine oft emphatisch betonte Nähe zur Idee eines gerechten Strafrechts, die er auch in der geltenden Rechtsordnung aufzuspüren und der er zur angemessenen Wirkung zu verhelfen suchte, wo und wann immer es ihm notwendig erschien. Schon in den ersten Jahrgängen der *Fackel*, also deutlich bevor er das Thema »Sittlichkeit und Kriminalität« aufgriff, gab er seiner bejahenden Affinität zum Strafrecht Ausdruck, etwa im folgenden Dictum in der *Fackel* vom Juli 1900:

> Weil unser öffentlicher und mündlicher Strafprocess die Popularklage nicht kennt, habe ich ja zum Zwecke der öffentlichen schriftlichen Popularklage die »Fackel« gegründet.[9]

Und noch 33 Jahre später, in seinem letzten öffentlichen Kampf, seiner letzten großen Niederlage – der erst 16 Jahre nach seinem Tod veröffentlichten *Dritten Walpurgisnacht*, einem verzweifelten Angstfluch auf den Nationalsozialismus – zitiert er gegen Ende des Buches aus dem 2. Teil des *Faust:* »Ein Richter, der nicht strafen kann, gesellt sich endlich zum Verbrecher.«[10]

III.

Die dritte Sinndimension schließlich, die Lichtenbergs einleitend zitierter Satz im Werk von Kraus erhält, läßt sich mit drei geläufigen Termini der Strafrechtstheorie bzw. -dogmatik umschreiben: Theorien der Rechtsgeltung, Probleme des Unrechtsbewußtseins, Parallelwertung in der Laiensphäre. Alle drei berühren in jeweils unterschiedlicher Perspektive das Problem der Legitimität staatlichen Strafens. Sie bezeichnen rechtstheoretisch neuralgische Punkte aus dem schwierigen, in mancher Hinsicht noch längst nicht durchschauten Interaktionsverhältnis zwischen dem Bereich strafrechtlicher Normen und dem Wissens- und Wertehorizont der juristischen Laien, die solchen Normen unterworfen sind – oft ohne sie zu kennen, fast immer ohne die Möglichkeit, sie hinreichend zu verstehen. Der angedeutete Gedanke zu jenem dritten Aspekt der Kraus'schen Satire als eines »Complements der Gesetze« kann allgemein, grob und thesenhaft so skizziert werden:

Zu der Zeit, als Kraus mit dem Aufsatz *Sittlichkeit und Kriminalität* von September 1902[11] die Bühne öffentlicher Auseinandersetzungen um das geltende Se-

---

[7] Vgl. Plack: Plädoyer für die Abschaffung des Strafrechts.
[8] Benjamim: Karl Kraus, S. 349.
[9] F. 46, S. 20.
[10] Kraus: Dritte Walpurgisnacht, S. 274.
[11] F. 115, S. 1–24 (= Kraus: Sittlichkeit, S. 9–28).

xualstrafrecht seiner Zeit betrat, war das Kommunikationsverhältnis der Juristen- zur Laiensphäre im Bereich der ›Sittlichkeitsnormen‹ auf eine für beide Seiten zunehmend unerträgliche Weise prekär geworden. Bildlich ließe sich sagen: die Sphäre des Strafrechts und die der sonstigen kulturellen Wertungen und Verhaltensnormen waren am Thema ›Sexualität‹ gegeneinander in Bewegung geraten. Hermann Broch hat in seiner Studie *Hofmannsthal und seine Zeit* einen Begriff geprägt, der seither zu einer Art Kennmarke für die soziale Innenwelt der Habsburgermonarchie im Ausgang des 19. Jahrhunderts geworden ist: den des »Wertevakuums«.[12] Ich glaube, daß dabei etwas richtig Gesehenes mit einer schiefen Suggestion belastet wird. Es handelt sich in Wahrheit um einen mit großer Schärfe ausgetragenen Wertekonflikt. Eine überlebte und in ihren Stellungskriegen teils lächerlich, teils rabiat gewordene bürgerliche Philistermoral geriet unter den Beschuß eines abweichenden sozialen Bewußtseins, das sich vor allem in Kunst und Literatur, aber auch in den Sozialwissenschaften und in den tatsächlich gelebten Verkehrsformen des Alltags artikulierte. Soweit die tradierte Wertsphäre strafrechtlich gestützt war – also vor allem in dem hier interessierenden Bereich des Sexualstrafrechts –, entstand aus der antagonistischen Reibung zwischen Laien- und Juristensphäre einerseits eine Legitimationskrise der damals geltenden Sittlichkeitsgesetze und ihrer Verwalterin, der Strafjustiz. Andererseits entzündete sich – um im Bild zu bleiben – gewissermaßen an und in dieser Reibung der Blitz der Satire. Weit von dem Verdacht entfernt, eine exklusive Privatgesinnung zum literarischen Thema zu stilisieren, entwickelte die Kraus'sche Justizsatire vielmehr die damals artikulierteste Selbstauslegung eines kulturellen Bewußtseins, das von den verstaubten und lebensfeindlichen Imperativen einer hundertjährigen Jurisprudenz nicht mehr erreicht wurde.

2. Rechtstheorie: Geltungskrisen des Sittlichkeitsstrafrechts

Projiziert man diese allgemeinen Erwägungen auf den Theoriehorizont, der von den oben genannten rechtsdogmatischen Begriffen aufgespannt wird, so läßt sich im einzelnen folgendes sagen:

I.

In der rechtstheoretischen Diskussion um die Kriterien der normativen (im Unterschied zur bloß faktischen) Geltung von Rechtsnormen[13] sind gegen die Konzeption einer ›Machttheorie‹ der Rechtsgeltung verschiedene Varianten der sogenannten ›Anerkennungstheorie‹ kritisch entwickelt worden: die Verpflichtung der Normunterworfenen zum Rechtsgehorsam sei allein durch den Befehl des Gesetzgebers logisch nicht zu begründen. Vielmehr sei, wie schon Kant gese-

---

[12] Broch: Hofmannsthal, S. 137.

[13] Vgl. zu diesem Unterschied: Max Weber: Aufsätze zur Soziologie, S. 478.

hen habe,[14] eine Verpflichtung nur als autonome, als Selbstverpflichtung möglich. Damit wird aber die Anerkennung des Ge- oder Verbots einer Rechtsnorm durch den einzelnen, der ihr faktisch unterworfen ist, zum Kriterium ihrer normativen Geltung: zum Gehorsam verpflichten kann sie nur den, der ihren Befehl bzw. den in ihr konkretisierten Bewertungsmaßstab menschlichen Verhaltens als verpflichtend anerkennt.

Ich sehe von der hier nicht referierbaren Diskussion über Vorzüge und Nachteile, Modifikationen und Korrekturen, Reichweite und Grenzen der Anerkennungstheorien ab[15] und versuche stattdessen, ein abgeschwächtes Derivat ihrer umstrittenen Grundthese zu skizzieren, das eine breitere rechtstheoretische Zustimmung erhoffen darf. Wie immer die (ohne ein letztes moralisches Bekenntnis wohl nicht lösbare) Frage nach einem festen Fundament der Rechtsgeltung am plausibelsten zu beantworten sein mag: will man sie nicht durch eine Reduktion des Geltungsbegriffs auf die rein technischen Anforderungen an einen geordneten Normentstehungsprozeß erledigen, so wird man die verschiedenen gewissermaßen infizierenden Wirkungen eines wachsenden Anerkennungsentzugs der Rechtsunterworfenen auf die davon betroffenen Normen nicht ignorieren können. Diese Wirkungen können – etwas grob, aber erhellend – unter der geläufigen Begriffsklammer einer ›Legitimationskrise‹ solcher Gesetze zusammengefaßt werden. Ihre genauere Darstellung hätte jedenfalls Anrecht auf einen wichtigen Platz in einer allgemeinen Pathologie der Rechtsnorm.

Nun hat allerdings – nach einem berühmten Wort Eberhard Schmidts – z. B. der Bundesgerichtshof sich bei der Auslegung normativer Merkmale formell gültiger Strafgesetze keineswegs an den Vorstellungen zu orientieren, die »Hinz und Kunz« sich hierzu zu bilden in der Lage sind.[16] Das ist – vor allem in seiner Suggestion einer Hinz-und-Kunz-spezifischen Unfähigkeit, sich überhaupt nennenswerte Gedanken zu bilden – sicher zutreffend. Falsch wäre aber der Schluß, damit würde dem, was an den Anerkennungstheorien richtig ist, der Boden entzogen. Klaus Lüderssen, einer ihrer wichtigsten neueren Vertreter, hat mit Recht darauf hingewiesen, daß Ausgangspunkt legitimierender Anerkennung und ihrer entlegitimierenden Verweigerung nicht der Horizont von Hinz und Kunz, sondern »die Meinung relevanter Gruppen im Rahmen höchst komplexer Kommunikationssituationen« ist.[17] Es ist klar, daß hiermit das Problem nicht gelöst, sondern in einer fast bodenlosen Tiefe erst sichtbar gemacht ist. Für die Zwecke dieses Aufsatzes mögen die folgenden Bemerkungen genügen: Die wohl aussichtslose Schwierigkeit, notwendige und hinreichende Kriterien einer solchen »Relevanz« vorfindlicher Auffassungen zu entwickeln, behindert nicht die Möglichkeit, für konkrete historische Situationen die vorhandenen Meinungen konkreter »Gruppen« rational zu beurteilen. Daß »Relevanz« in diesem Zusammenhang etwas mit

---

[14] Kant: Reflexionen zur Moralphilosophie 6645, S. 123.
[15] Vgl. hierzu etwa Hofmann: Legitimation, S. 32–52; Neumann: Rechtsgeltung, S. 21–41.
[16] Schmidt: Schlägermensur, S. 374.
[17] Lüderssen: Recht, Strafrecht, Sozialmoral, S. 66. – Hervorhebung von mir.

zuständiger ›Kompetenz‹ zu tun hat, liegt ohnehin auf der Hand. So sensibel ein säkularisiertes und demokratisch verpflichtetes Strafrecht gegenüber der Entwicklung neuer und abweichender Lebensformen und Wertbegriffe sein muß, so unbeschnitten sollte andererseits seine Berechtigung bleiben, normative Zumutungen der Weltfremdheit, des Fanatismus und der Dummheit abzuweisen. Es gibt für diese Fragen keinen archimedischen Punkt rationaler Beurteilung. Das ist jedoch kein Einwand gegen die Möglichkeit vernünftiger Unterscheidungen. Fraglos dürfte jedenfalls sein, daß das Problem eines »relevanten« gesellschaftlichen Anerkennungsentzugs gegenüber Normen des förmlichen Rechts nicht in Mehrheitsentscheidungen oder Meinungsumfragen geklärt werden kann. Andernfalls würde etwa in Deutschland nach jedem Taximord und dem anschließenden Aufschrei der Boulevardpresse das grundgesetzliche Verbot der Todesstrafe problematisch, geriete also eine in jeder Hinsicht wertvolle humane Rechtsentwicklung vor den Sehnsüchten suggestibler Primitivgesinnungen in die Defensive.

Zurück zu Karl Kraus. Die erste Konkretisierung meiner obigen allgemeinen These lautet nun: die Strafrechtskritik in Kraus' Werk, vor allem die Schriften zum Themenkomplex *Sittlichkeit und Kriminalität,* die zwischen 1902 und 1910 entstanden und zum Teil in dem so benannten Buch von 1908 und zwei Jahre später in der *Chinesischen Mauer* gesammelt wurden, sind der präzise Ausdruck der Anerkennungsverweigerung einer gesellschaftlich und kulturgeschichtlichen »relevanten« Geisteshaltung gegenüber bestimmten Normen des Sexualstrafrechts jener Zeit. In welchem Sinn und auf welcher Grundlage Literatur eine solche, bis in die Verästelungen der Strafrechtsdogmatik reichende »Relevanz« reklamieren kann, wird später noch Gegenstand der Überlegungen zu Begriff und Struktur der Satire sein. Die des Karl Kraus jedenfalls kann auf dem Hintergrund der oben skizzierten Erwägungen zugleich als Symptom eines damals akut gewordenen Geltungsproblems der Sexualstrafgesetze gelesen werden. Und allgemeiner: sie ist herausragendes Beispiel eines Denkens, dessen lange historische Wurzeln im Boden der Aufklärung es gleichwohl nicht davor bewahrten, von der noch auf Jahrzehnte unbeirrten Dominanz des Philistertums (und etwa auch den trostlosen Begründungsschimären berühmter Rechtsgelehrter für den viktorianischen Geist eines Gesetzentwurfs aus dem Jahre 1962[18]) die historische Ehre des Vorkämpfertums noch im 20. Jahrhundert zugewiesen zu erhalten.

II.

Doch nicht nur eine Legitimationskrise der um 1900 geltenden österreichischen Sexualstrafgesetze zeigt die Kraus'sche Justizsatire an. Auch die Möglichkeit strafrechtsdogmatischer Schwierigkeiten (deren Behandlung Kraus grundsätzlich gleichgültig, aber dennoch in für einen Nichtjuristen erstaunlichem Maße zugänglich war[19]) zeichnete sich im Spannungsfeld eines Konflikts zwischen Norman-

---

[18] Vgl. Niederschriften Strafrechtsreform, S. 535–556.

[19] Vgl. vor allem den Aufsatz *Erpressung* in F. 159, S. 1–17 (= Kraus: Sittlichkeit, S. 52–65).

spruch und schwindender Anerkennung ab. Nicht die Geltung der fraglichen Gesetze, sondern deren dogmatisch begründbare Anwendung im konkreten Verfahren gegen den einzelnen, der sie übertreten hat, rückt hier in die Perspektive eines Problems. Dieses Problem wurde oben mit den rechtsdogmatischen Begriffen des ›Unrechtsbewußtseins‹ bzw. der ›Parallelwertung in der Laiensphäre‹ umrissen. Der zugrundeliegende Gedanke ist folgender: Strafrechtliche Schuld als Voraussetzung der Strafbarkeit setzt ihrerseits Unrechtsbewußtsein des Rechtsbrechers voraus.[20] Wer das Unrecht seiner Tat nicht erkennt, handelt ohne (Vorsatz-) Schuld,[21] oder, in einer Formulierung Georg Simmels: »Wer sich keiner Verpflichtung bewusst ist, kann sie auch nicht schuldvoll verletzen.«[22] Ob man diesen Sachverhalt in der Begrifflichkeit der älteren Dogmatik (»Vorsatztheorie«) als reine Frage des Vorsatzes, zu dessen ›Kern‹ das Unrechtsbewußtsein gehöre, erörtert, oder mit der neueren Lehre (»Schuldtheorie«) teils als Frage eines selbständigen Schuldelements, teils bereits als Problem der Tatbestandserfüllung, deren subjektive (Vorsatz-)Seite das ›laienhafte‹ Erfassen der Bedeutung sogenannter ›normativer Tatbestandsmerkmale‹ voraussetzt, macht für unsere Untersuchung sachlich keinen Unterschied. Denn das in den Tatbestandsmerkmalen abstrakt beschriebene Verhalten erhält seine Kennzeichnung als ›unrechtes‹ durch die in den normativen Aspekten dieser Merkmale symbolisch fixierten (negativen) Wertungen. In einer präzisen Formulierung Arthur Kaufmanns: »In aller Regel [vermittelt] das Wissen um die einzelnen Tatumstände auch das Wissen um das Unrechtmäßige der ganzen Tat.«[23] Um den entscheidenden Gedanken noch einmal hervorzuheben: das Vorsatzerfordernis des »Wissens« um die normativen Tatbestandsmerkmale besteht nicht in einer Kenntnis der gesetzlichen Begriffe und ihrer Bedeutungen, genausowenig wie für das Unrechtsbewußtsein im dogmatischen Instrumentarium der älteren Lehre Kenntnis des gesetzlichen Verbotenseins (der formellen Rechtswidrigkeit) der Tat verlangt wurde. Es besteht vielmehr im Erfassen der alltagssprachlichen Pendants dieser Tatbestandsmerkmale: ihrer Bedeutung und der mit ihr verbundenen sozialen Bewertung. Die Klarstellung, daß aus Sicht des Straftäters gar nicht das geschriebene Gesetz, sondern eine analoge Verhaltensnorm des sozialen Lebens verletzt wird, ist das rechtshistorische Verdienst Max Ernst Mayers, der diese dem Recht korrespondierenden (und ihm logisch vorausgehenden) Sozialregeln plastisch, aber nicht unproblematisch, »Kulturnormen« genannt hat.[24] Wie ein ›Bewußtsein‹ dieser »Kulturnormen« (oder präziser: des materiellen, vorgesetzlichen Unrechts, das Anlaß zu seiner Inhibierung durch das formelle Gesetz war) genau zu denken sei, ist freilich noch

---

20 Dies wurde freilich keineswegs immer so gesehen; in den Strafgesetzen bis ins 18. Jahrhundert wurde vielmehr die Strafe an einen lediglich objektiv verursachten Erfolg geknüpft.

21 Fahrlässigkeitstaten, die für die hier behandelten Fragen keine Rolle spielen, bleiben außer Betracht.

22 Simmel: Moralwissenschaft, S. 260.

23 Kaufmann: Parallelwertung, S. 10.

24 Mayer: Rechtsnormen und Kulturnormen.

längst nicht geklärt. Besonders plausibel erscheint noch immer die von Arthur Kaufmann im Anschluß an Franz v. Liszt geprägte Formel vom »Bewußtsein der Sozialschädlichkeit«,[25] der die von anderen Theoretikern betonte »Gemeinschaftswidrigkeit«[26] sachlich ziemlich genau entspricht.

Diese Erwägungen lassen sich zwanglos an die früheren zur Frage einer Geltungskrise der Sexualstrafgesetze um 1900 anschließen: ein Strafgesetz, dessen soziales Normpendant langsam verschwindet, verliert – im Sinne der Anerkennungstheorien – nicht nur den festen Grund seiner legitimen Geltung. Es wird zudem der Wahrscheinlichkeit, daß konkrete Verletzungen seines Normgebots noch vorsätzlich, nämlich mit Unrechtsbewußtsein im oben skizzierten Sinn, geschehen, mehr und mehr entrückt. Denn da die Kenntnis des formellen Gesetzes für seine vorsätzliche Übertretung nicht erforderlich ist, es vielmehr nur auf die bewußte – ›sozialschädliche‹ – Mißachtung der ihm korrespondierenden ›Kulturnorm‹ ankommt, hat deren Verschwinden die steigende Unwahrscheinlichkeit einer vorsätzlichen, unrechtsbewußten Verletzung des Strafgesetzes selbst zur Folge. Ein ›Unrecht‹, das als Sozialschädlichkeit gar nicht mehr bewußt werden könnte, wäre keines mehr und könnte, als Bedingung der vorsätzlichen Verletzung eines Gesetzes, das es gleichwohl zur förmlichen ›Rechtswidrigkeit‹ erklärt, auch nicht mehr verwirklicht werden.

Diese Überlegungen sind, das sei eingeräumt, abstrakt und stilisiert. Sie treffen – oder träfen – in einer sozusagen rückschauenden Projektion auf konkrete Justizfälle der Zeit um 1900 noch auf erhebliche gedankliche Schwierigkeiten. Nur deren wichtigste und nächstliegende sei hier gestreift. Anders als bei der Frage des gesellschaftlichen Anerkennungsentzugs gegenüber formellen Strafgesetzen kommt es für die Frage des Unrechtsbewußtseins bei der konkreten Rechtsverletzung nicht auf die Denkweise der oben apostrophierten »relevanten« Gruppen an. Vielmehr ist hier tatsächlich der Horizont jedes einzelnen »Hinz und Kunz«, dessen Fall zur Be- und Aburteilung ansteht, zu ermitteln. Nun dürfte es geradezu eine Spezialität der Sexualstrafgesetze ausmachen, von den durch sie jeweils Betroffenen auch dann gekannt zu werden, wenn ihr Normappell nicht mehr akzeptiert wird, sein Pendant also aus der kulturellen ›Laiensphäre‹ verschwunden ist. Das dürfte sich empirisch etwa am gesetzlichen Verbot der einfachen Homosexualität unter erwachsenen Männern beglaubigen lassen, das vom § 129 I lit. b des damaligen österreichischen StG als Verbot des »Verbrechens der Unzucht wider die Natur« rechtlich fixiert war. Das ›Unrecht‹ bzw. die ›Sozialschädlichkeit‹ des hiervon pönalisierten Verhaltens dürfte den Betroffenen schon damals so unerfindlich gewesen sein wie heute dem schlichtesten Vernunftgebrauch. Dennoch dürften sie fast ausnahmslos das gleichwohl aufrechterhaltene gesetzliche Verbot gekannt haben. Dieses konnte von ihnen aber auch dann vorsätzlich übertreten werden, wenn ihnen eine korrespondierende ›Kulturnorm‹ vollständig abhanden-

---

[25] Kaufmann: Unrechtsbewußtsein, S. 142; derselbe mit differenzierterer sprachphilosophischer Begründung in *Die Parallelwertung in der Laiensphäre* (S. 32).

[26] Vgl. Schönke u. Schröder: StGB Kommentar, § 17, Rdnr. 6.

gekommen war. Denn ist zwar zur Begründung des ›Unrechtbewußtseins‹ eine Kenntnis des formellen gesetzlichen Verbots nicht erforderlich, so ist sie – falls dennoch vorhanden – jedenfalls in rechtsdogmatischer Sicht immer ausreichend, also auch dann, wenn ihr kein soziales Unrechtsgefühl mehr entspricht.

Der Gedankengang nähert sich hier dem Problem des sogenannten ›Überzeugungstäters‹: des Rechtsbrechers, der bewußt Strafgesetze verletzt, weil sie ihm vor dem Hintergrund der Sozialmoral, der ›Kulturnormen‹, keine Berechtigung (mehr) zu haben scheinen. Ein solcher Täter ist nach einhelliger Überzeugung der Strafrechtsdogmatik wegen vorsätzlicher, ›unrechtsbewußter‹ Tatbegehung strafbar. Denn er kennt die von der seinigen abweichende Bewertung des Gesetzgebers. Für sein Unrechtsbewußtsein kommt es aber nur auf diese Kenntnis, nicht auf seine eigene Wertung an, die er nicht an die Stelle der gesetzgeberischen Wertung setzen darf.

Es wäre gewiß schief, das Bild des ›Überzeugungstäters‹ und das Pathos dieses Begriffs etwa für den typischen Homosexuellen zu reklamieren, der bewußt ein strafgesetzliches Verbot übertritt, weil ihm dessen normative Grundlage unbegreiflich scheint. Gleichwohl weist sein Fall die gleiche logische Struktur auf wie der des Überzeugungstäters. Die Strafrechtslehre hat dessen Problematik deutlich wahrgenommen,[27] aber häufig in einer merkwürdigen gedanklichen Verlegenheit durch Statuierung einer empirisch unhaltbaren petitio principii entschärft. Geht man davon aus, daß ein vernünftiger Gesetzgeber nur solches Verhalten pönalisiert, das auch in der ›Laiensphäre‹ überwiegend als Unrecht, als sozialschädlich empfunden wird, dann bietet der Überzeugungstäter strafrechtlich keine grundsätzlichen Schwierigkeiten: seine abweichende Privatgesinnung kann und soll vom Strafrichter sowenig toleriert werden wie sie von der Gesellschaft geteilt wird. Nur zeigt gerade die Geschichte der Strafbarkeit homosexueller Handlungen unter einverstandenen Erwachsenen, daß von dieser Konstellation nicht einfach ausgegangen werden kann. Beispielhaft klar und falsch heißt es hierzu in einem Aufsatz des bedeutenden Strafrechtlers Hegler aus dem Jahre 1915: »Daß das Gesetz bewußt eine sozial ungefährliche Handlung mit Strafe bedroht, ist in einem Kulturstaat undenkbar.«[28] Undenkbar, aber wirklich. Der Satiriker Kraus hätte freilich Heglers Satz zugestimmt; nur hätte er damit nicht der Homosexualität die Sozialgefährlichkeit zu-, sondern Österreich den »Kulturstaat« abgesprochen.

Ich verlasse hier die (bei weitem nicht hinreichende) theoretische Erörterung, um ihre bisherigen Ergebnisse zusammenzuziehen und zu Kraus zurückzukehren. War einerseits die Legitimität zahlreicher Sexualstrafgesetze um 1900 in Österreich fragwürdig geworden, so entsprachen dem andererseits beginnende dogmatische Grundsatzschwierigkeiten bei der konkreten justiziellen Anwendung solcher Gesetze. Damit soll nicht gesagt sein, daß die damalige Strafjustiz in vielen der hier einschlägigen Fälle den Vorsatz, nämlich das Bewußtsein des vorgesetzlichen

---

[27] Grundlegend Radbruch: Überzeugungstäter, S. 34–38; Kaufmann: Unrechtsbewußtsein, S. 147–149.

[28] Hegler: Merkmale des Verbrechens, S. 28.

Unrechts und der Sozialschädlichkeit, hätte verneinen und damit freisprechen müssen, also konkret falsch entschieden hat. (Dies um so weniger, als § 3 ÖStG ausdrücklich jede Unkenntnis des gesetzlichen Verbots für bedeutungslos erklärte und die Justiz wie auch der größere Teil der Strafrechtslehre damals noch soziale Unrechtsauffassungen, die vom Strafgesetz abwichen, als bloße ›strafrechtliche Rechtsirrtümer‹ generell unbeachtet ließen. Diese im Grunde nie überzeugende Doktrin ist freilich in Deutschland seit der Grundsatzentscheidung des Großen Senats des BGH vom 18. 3. 1952,[29] in der das Bewußtsein der materiellen Rechtswidrigkeit als Schuldmerkmal anerkannt wurde, nicht mehr akzeptabel.) Vielmehr lautet meine These so: Die Konstruktionen, mittels derer die Anwendung zahlreicher normativ ausgehöhlter Gesetzesschablonen des ›Sittlichkeitsstrafrechts‹ rechtstechnisch abgesichert wurde, entsprachen zwar der damals herrschenden juristischen Auffassung. Sie standen aber auf einem dogmatischen Boden, der schon unterminiert war. »Complement der Gesetze« ist die Kraus'sche Satire hier insofern, als sie ein grelles Licht auf juristische Verfahrensweisen warf, deren brüchige theoretische Grundlage im Zwielicht einer überholten Dogmatik unerkennbar bleiben mußte. Entweder mußte ein Unrechtsbewußtsein als Wissen um die ›Sozialschädlichkeit‹ bestimmter sexueller Handlungen zunehmend unter der Hand fingiert oder aber für entbehrlich erklärt werden: sei es überhaupt, weil jeder Irrtum über das Verbotensein der Tat schlechthin als belanglos angesehen wurde; sei es im konkreten Fall, weil ein gesetzliches Verbot zwar in der ›Laiensphäre‹ unbegreiflich geworden, aber als Rechtsnorm noch immer bekannt war.

Die letztere Variante dürfte – zum Beispiel im Fall der einfachen Homosexualität – mit der Häufigkeit des Regelmäßigen den Typus einer Art ›Überzeugungstäters‹ produziert haben, der als leibhaftiges schlechtes Gewissen der Rechtsordnung deren wachsende Kollision mit der Sphäre der ›Kulturnormen‹ schmerzlich bezeugte. Ein Strafgesetz, das die Potemkinschen Fassaden überlebter Rechtsnormen auch dann noch aufrecht hält, wenn die einst dahinterstehenden sozialen Wertbegriffe eingestürzt sind, betreibt dieselbe Form des Kulissenschwindels wie jener russische General, dem sich das Bild verdankt. Daß die heutige Rechtstheorie und -dogmatik solcher Feststellungen leichter habhaft wird als die der Jahrhundertwende, ist natürlich wahr. Sie, die Feststellung, bleibt dennoch. Und es gab schon damals nicht nur Psychologen, Schriftsteller und etwa noch Homosexuelle, sondern auch Juristen, die dies genau sahen.

Kaum einer freilich so scharf und mit der korrespondierenden Fähigkeit, es auszusprechen, wie Karl Kraus. So fern sein Denken theoretischen Überlegungen der hier angestellten Art stand, so präzise hat er deren sachlichen Gehalt erfaßt, etwa den Zusammenhang zwischen Anerkennungsentzug und Legitimationsschwund eines Gesetzes:

---

[29] BGHSt 2, S. 194, 201.

Ich bin nämlich der Ansicht, daß nur dann ein Sieg über den menschenmörderischen Paragraphen in Deutschland und Österreich zu erringen sein wird, wenn die namhaftesten Homosexuellen sich öffentlich zu ihrem Verhängnis bekennen.[30]

Auch die Abwegigkeit eines ›Sozialschädlichkeits‹-Verdikts über die einfache Homosexualität – und damit die sachlich analoge Abwegigkeit der Feststellung eines darauf bezogenen ›Unrechtsbewußtseins‹ in der gesellschaftlichen ›Laienspäre‹ – sieht Kraus schärfer als selbst die liberalen Juristen und Psychologen seiner Zeit. Deren Primärargument für eine Straflosigkeit der einfachen Homosexualität war der Hinweis auf die Schuldunfähigkeit der ›krankhaften‹ bzw. ›geborenen‹ Homosexuellen (was freilich die sogenannte ›erworbene‹ Variante dem Strafrichter widerstandlos auslieferte, falls nicht auch hier ein konkreter Ausschluß des freien Willens qua ›Unwiderstehlichkeit des Triebes‹ feststellbar war).[31] In der *Fackel* vom 2. Dezember 1907 heißt es dagegen:

Nie wird sich das Gesetz dazu entschließen, das Einverständnis zweier mündiger Menschen unbehelligt zu lassen, und wenn es schon anerkennen muß, daß Krankheit kein Verbrechen ist, so wird es dafür das »Laster« für ein umso größeres halten [...]. Ich sage, daß man die geborenen Homosexuellen, nicht weil sie Kranke sind, freisprechen soll, sondern weil uns ihre Krankhaftigkeit k e i n e n S c h a d e n z u f ü g t [...]. Auf die Gefahr hin, sich selbst dem Verdacht der »erworbenen Homosexualität« preiszugeben, müßte jeder denkende Mensch laut aufschreien über die Schändlichkeit, die eine staatliche Norm für die Betätigung des Geschlechtstriebs vorschreibt, und laut und vernehmlich das Recht auf erworbene Homosexualität proklamieren. Der fromme Blödsinn hat jede Nuancierung der Lust, jede Erweiterung der Genußfähigkeit und die Eroberung neuer erotischer Sphären, die in allen Kulturen, nicht bloß der griechischen, das ureigenste Recht des Künstlers und den Vorzug jedes höher organisierten Menschen gebildet haben, als Wüstlingslaster verfemt [...]. Wenn ich die Wahl zwischen einem Antinous und einer Frauenrechtlerin habe – ich bin nicht pervers genug, um zu schwanken, und ich bin nicht Heuchler genug, um nicht zu bekennen, daß bloß der Gesetzeswahnsinn, dem ich die Freiheit außerhalb des Kerkers opfern muß, mir die Praxis meiner Wahl verwehrt.[32]

3. Praktischer Diskurs: Satirische und juristische Argumentation

In Daniel Georg Morhofens *Unterricht von der teutschen Sprache und Poesie* aus dem Jahre 1682 findet sich die folgende Definiton: »Eine Satyre ist ein Gedichte / darinnen die heimlichen Laster / die bey etlichen Personen im Schwange gehen / gestraffet und höhnisch auffgezogen werden / [...]«[33] Daran hatte es seit Beginn des theoretischen Nachdenkens über die Satire im Humanismus des späten

---

[30] F. 189, S. 19 (= Kraus: Sittlichkeit, S. 193). Der Satz wird übrigens von Magnus Hirschfeld, einem der damals bekanntesten Forscher auf dem Gebiet der Homosexualität, in seinem Buch *Die Homosexualität des Mannes und des Weibes* auf S. 1003 zitiert.

[31] Vgl. etwa v. Schrenck-Notzing: Beiträge zur forensischen Beurteilung, S. 111; Krafft-Ebing: Psychopathia Sexualis, S. 432f., S. 438; Dr. jur. M.: Zu Krafft-Ebing, S. 370–385.

[32] F. 237, S. 16ff. (= Kraus: Sittlichkeit, S. 298ff.) – Hervorhebung von mir.

[33] Morhof: Unterricht, S. 354.

15. Jahrhunderts keinen Zweifel gegeben. »Sie ist nehmlich«, heißt es später bei Gottsched in »Des II. Theils VI. Capitel« seines *Versuch[s] einer Critischen Dichtkunst vor die Deutschen* von 1730, »ein moralisches Strafgedichte über einreissende Laster«.[34] Sieht man von Gottscheds schon damals überholter Fixierung der Satire auf die Versform ab, so entspricht seine Auffassung nicht nur der literarischen Tradition, sondern durchaus einer bis in die Gegenwart der Satiretheorie beibehaltenen – inzwischen wesentlich verfeinerten – Überzeugung von einer Primärfunktion satirischen Schreibens: der strafenden.[35] Herder hatte zwar 1803 im fünften Band seiner *Adrastea* in einem allegorischen Gespräch zwischen »Kritik und Satyre« die Legitimität der strafenden Satire bestritten, ihre Erscheinung auf dem von ihm behaupteten Kulturniveau des beginnenden 19. Jahrhunderts für barbarisch erklärt und ihre Verwandlung in milde Ironie – unter dem Einfluß ihres Vaters »Sophron«, des nüchternen Verstandes – proklamiert.[36] Jedoch war die Herdersche Empfindsamkeit sowohl empirisch als auch normativ schon damals unhaltbar. Das tragfähige Theoriefundament der traditionellen Typologie von »strafender« und »komischer« Satire legte Schiller 1795/96 in seinem großartigen, bis heute wirksamen Entwurf *Über naive und sentimentale Dichtung,* worin er die strafende Satire dem »Erhabenen«, die scherzhafte dem »Schönen« zuordnet.[37]

Auf diesem Hintergrund erscheint es eher überraschend, daß die Literaturwissenschaft (soweit ich sehe) die bei der Verwendung jener Dichotomie immer an-, gelegentlich auch ausgesprochene[38] Assimilation der Satire an das Strafrecht noch nicht gedanklich fruchtbar zu machen versucht hat. Gibt es doch ein seit Jahrhunderten theoretisch fundiertes, kritisiertes, fortentwickeltes Paradigma, geradezu ein Goethesches »Urphänomen« des »Strafenden« und »Richtenden«: den Strafrichter. Dessen genauerer Vergleich mit dem Satiriker könnte eine Perspektive eröffnen, in der von beiden Positionen aus Licht auf die jeweils andere fällt. Die folgenden Überlegungen hierzu können freilich nicht mehr als den Status erster orientierender Vorschläge reklamieren. Immerhin lassen sie sich an den Justizsatiren des Karl Kraus in jener herausragend exemplarischen Form beglaubigen, von der sein Werk insgesamt in der Geschichte der deutschen satirischen Literatur gekennzeichnet ist.

I.

Ich sehe im folgenden von allen Aspekten der satiretheoretischen Forschung ab, die für die vorgeschlagene Perspektive keine wesentliche Rolle spielen. Ich sehe außerdem von einem Primärkriterium des literarischen Wertes satirischer Texte ab, das trotz seines ansonsten evidenten Gewichts nichts zur Sache meiner Argu-

---

34 Gottsched: Versuch, S. 460.
35 Vgl. etwa Schönert: Roman, S. 10.
36 Herder: Kritik, in: Werke. Bd. 24, S. 188–197.
37 Schiller: Dichtung, in: Werke. Bd. 20, S. 413–503.
38 Von den eingangs zitierten Stellen bei Lichtenberg und Swift abgesehen vgl. z. B. Jean Paul: Werke I/1, S. 168.

mentation tut: dem ästhetischen. Akzeptiert man die von Jürgen Brummack in seiner Studie *Zu Begriff und Theorie der Satire* vorgeschlagene Trias konstitutiver Elemente der Satire (die freilich allenfalls notwendige, nicht aber hinreichende Kriterien darstellen),

> [...] ein individuelles: Haß, Wut, Aggressionslust [...]; ein soziales: der Angriff dient einem guten Zweck, soll abschrecken oder bessern und ist an irgendwelche Normen gebunden; und schließlich ein ästhetisches [...],[39]

so wird es unmittelbar einleuchten, daß hier nur das zweite, das »soziale« Element in Betracht kommen soll. Dessen obige Formulierung könnte sich in ihrer Allgemeinheit fraglos auch auf die Strafjustiz beziehen. Schon dieser Umstand macht den Gedanken plausibel, daß verschiedene Grundsatzprobleme der Rechtstheorie ihre Pendants – *mutatis mutandis* – in der Satiretheorie haben dürften. Jörg Schönert hat, zum Zweck einer gewissermaßen vertikalen Analyse der satirischen Texte selbst, eine andere Differenzierung vorgeschlagen, die sich mit kleineren, den unterschiedlichen Blickwinkeln geschuldeten Unschärfen auch auf Brummacks Trias projizieren läßt: eine Ebene der »Tiefenstruktur« mit »historisch invarianten Konstituenten der satirischen Schreibart«, wozu vor allem der »Kontrast zwischen zwei Normprinzipien« zu rechnen sei; eine »Strategie-Ebene« der sprachlichen Aggressionsmittel des Satirikers im Hinblick auf die beabsichtigte Wirkung beim Leser; und eine »Repräsentanz-Ebene« der im Text verwendeten literarischen Formen, Stilfiguren u. ä.[40]

II.

Der generell als notwendiges Kriterium satirischen Schreibens erachtete »Kontrast« zweier Normprinzipien, den der Satiriker zuspitzt, ordnet den rationalen Gehalt der Satire, ihre innere Argumentationsform, jenem Bereich moralphilosophischer Fragen zu, der in neuerer Diktion »allgemeiner praktischer Diskurs« heißt:[41] Satire handelt von Wertungen und Prinzipien menschlichen Verhaltens, deren Kollisionsfälle sie richtig sehen und entscheiden zu können beansprucht. Insoweit kann sie nur überzeugen, wenn es ihr gelingt, die von ihr exekutierte Auflösung von Normenkonflikten sachlich und die für ein solches Verfahren erforderliche Autorität ihres Verfassers persönlich zu beglaubigen. Mißlingt ihr dieses, jenes oder beides, verliert sie ihren Streit, erscheint als Anmaßung, Dummheit oder eben beides. Und selbst etwa vorhandene ästhetische Vorzüge dürften ihr (sofern sie sich überhaupt sinnvoll vom gedanklichen Inhalt lösen lassen) in solchen Fällen weniger die Rettung als den schwindelhaften Schein einer ornamentierten *tabula rasa* eintragen. Hiermit ist der logische Kern eines Problems bezeichnet, von dem die Satire seit ihrer Entstehung in der Antike immer begleitet

---

[39] Brummack: Begriff und Theorie, S. 282.
[40] Schönert: Rollenbewußtsein, S. 54.
[41] Vgl. hierzu Hare: Freedom and Reason; Toulmin: Reason in Ethics; Alexy: Juristische Argumentation, S. 221–257.

war: das ihrer Legitimation.[42] Als spezifische Sonderform des allgemeinen praktischen Diskurses kann sie sich sachlich nur nach den dort gültigen Argumentationsregeln und in den dafür passenden Argumentformen rechtfertigen.

In diesem Punkt berühren sich die gedanklichen Grundlagen von Satire und Jurisprudenz. Denn auch die juristische Argumentation gehört dem Bereich des praktischen Diskurses als eine seiner spezifisch ausgebildeten Sonderformen an.[43] Es ist hier nicht möglich, die in der philosophischen und rechtstheoretischen Literatur bisher vorgeschlagenen, differenzierungshungrig bis ins Unabsehbare getriebenen Strukturschemata des allgemeinen praktischen und des juristischen Argumentierens zu erörtern. Ich gehe lediglich von einigen grundlegenden Unterscheidungen aus. Deren Darstellung sei die folgende Prämisse vorangestellt, die, soweit ich sehe, in der juristischen Argumentationstheorie unbestritten ist:[44] Juristisch-dogmatisches Argumentieren bleibt immer abhängig von gedanklichen und normativen Gehalten des allgemeinen praktischen Diskurses, auf dessen Grundlage es stattfindet. Rechtsnormen und das wie auch immer verfeinerte Instrumentarium der Dogmatik determinieren die Entscheidung eines nur halbwegs komplizierten Rechtsfalles niemals vollständig. Sie bedürfen stets der Ergänzung, oft auch der Kontrolle durch Erwägungen, die der Sphäre allgemeiner praktischer Diskurse entstammen und dort ihre Begründung haben. Hier schlägt sich gewissermaßen von selbst ein Bogen zum Anfangsgedanken dieses Aufsatzes: juristisches Argumentieren bedarf auch in seinem eigenen Verständnis eines »Complements« aus der Gedankenwelt der allgemeinen praktischen Vernunft, welche ihrerseits der rationale Ursprung der Satire ist. Swifts und Lichtenbergs Idee ist Jahrhunderte nach ihrer Entstehung von der Rechtstheorie eingeholt und beglaubigt worden.

III.

Die gedankliche Perspektive des Satirikers, der sich die Justiz zum Objekt wählt, der als ›strafender Richter‹ den strafenden Richter angreift, läßt sich nun so skizzieren: sie umfaßt (wie die jeder Satire) den gesamten argumentationslogischen Raum des allgemeinen praktischen Diskurses. Sie konzentriert sich aber innerhalb seiner zudem auf die besonderen Diskursformen der Jurisprudenz und schließlich auf das Verhältnis beider Sphären zueinander: die Handhabung des Rechts im konkreten Fall wird an den internen Regeln juristischer Argumentation überprüft und – gegebenenfalls mit diesen selbst – an den Normen praktischer Vernunft gemessen. Nach der obigen Bemerkung über das Verhältnis des juristischen zum allgemeinen praktischen Diskurs dürfte einleuchten, daß die innere logische Form eines solchen Verfahrens keine andere ist als die des juristischen

---

42 Vgl. Brummack: Begriff und Theorie, S. 295.

43 Zu dieser nicht unbestrittenen These überzeugend: Alexy: Juristische Argumentation, S. 261–272.

44 Vgl. ebd., S. 350f..

selbst. Der Satiriker, so läßt sich jetzt sagen, schlägt die Justiz mittels einer besseren Handhabung ihrer eigenen Waffen – oder gar nicht.

Genauer klassifizieren lassen sich diese etwa mit den folgenden (groben) Unterscheidungslinien, um die als gedankliche Achsen satirisches und juristisches Argumentieren exakter aufeinander projizierbar werden:[45]

(a) Zunächst empfiehlt es sich, zwischen Argumentationsweisen und Argumentformen zu unterscheiden: erstere sind Strategien der Begründung, letztere die innerhalb solcher Strategien verwendbaren Typen von Einzelargumenten. Hieran kann die Unterscheidung zweier primärer Argumentationsweisen des juristischen Diskurses angeschlossen werden, nämlich die

(b) zwischen interner und externer Rechtfertigung von Entscheidungen. Die Trennungslinie zwischen beiden deckt sich nicht, wie die Bezeichnungen vielleicht nahelegen, mit der oben angedeuteten zwischen juristischem und allgemeinem praktischen Diskurs. Vielmehr betrifft die interne Rechtfertigung Fragen der logischen Schlüssigkeit einer Entscheidung aus den Prämissen, die dem Entscheidungsverfahren zugrundegelegt werden. Die externe Rechtfertigung unternimmt dagegen die Begründung der Prämissen selbst. Diese wiederum können unterschieden werden nach: (1) Gesetzen des positiven Rechts, (2) empirischen Behauptungen und schließlich (3) Sätzen, die weder positiv-rechtliche Regeln noch empirische Aussagen darstellen. Die Rechtfertigung der einzelnen Entscheidungsprämissen, die den so unterschiedenen Gruppen angehören, erfolgt in unterschiedlichen Argumentformen (deren jeweiliges Zusammenspiel wieder als ›Argumentationsweise‹, gewissermaßen als ›Teilstrategie‹ der gesamten externen Rechtfertigung, beschrieben werden kann).

(c) Zu den verwendbaren Argumentformen bei der Rechtfertigung von Entscheidungsprämissen, die weder Gesetze noch empirische Aussagen sind (vgl. oben [3]), gehören insbesondere: die akzeptierten ›canones‹ der Auslegung von Gesetzestexten; die Figuren der Dogmatik; die möglichen Hinweise auf Präjudizfälle; die spezifisch juristischen Argumentformen Analogie, ›argumentum e contrario‹, ›argumentum a fortiori‹ sowie ›argumentum ad absurdum‹; schließlich und vor allem:

(d) die Argumentformen des allgemeinen praktischen Diskurses zur Ergänzung, Überprüfung und etwa auch Koordinierung aller genannten anderen. Hieran sei eine vorsichtige Vermutung angeschlossen: es dürfte sich für jede Argumentform und Argumentationsweise der Jurisprudenz ein argumentationslogisches Analogon (das lediglich anders zu formulieren wäre) in der Sphäre des allgemeinen praktischen Diskurses aufzeigen lassen.[46] Dieser ist nicht prinzipiell anders, er ist lediglich viel umfassender als jene. Der Satiriker folgt daher, insofern er ›allgemei-

---

[45] Ich übernehme im folgenden mit kleineren Abweichungen das Differenzierungsschma von Alexy; ebd., S. 273–348.

[46] Eine ähnliche Vermutung äußert Alexy; vgl. ebd., S. 352–354.

ner praktischer Philosoph‹ ist, den Gedankengängen des Juristen nicht in ein genuin fremdes, sondern nur in ein besonders gestaltetes Gebiet der gemeinsamen geistigen Heimat. Mag er auch dessen dogmatische Figuren nicht verstehen: er erkennt, daß sie Licht und Berechtigung nur aus jenem größeren Horizont empfangen, dem sie wie die Satire selbst angehören. Ob dieses Licht getrübt, die Berechtigung obskur geworden ist, vermag er daher oft besser zu sehen als der manchmal schon im Dunkeln sitzende Jurist.

Den Betrachter dieses etwas kahlen und komplizierten Gedankengerüsts möge der Hinweis versöhnen, daß es hier ohnehin nur in groben Umrissen aufgeführt wurde und sein einigermaßen vollständiger Bau ein Vielfaches an Platz und Begriffsmaterial erforderte. Ich beende ihn jedoch hier mit einer inzwischen naheliegenden These, deren exemplarischer Beleg mich im Schlußkapitel zu Kraus zurückführen wird:

In der Justizsatire des Karl Kraus läßt sich die Struktur praktisch aller obengenannten Argumentationsweisen und Argumentformen aufzeigen. Deren Logik oszilliert im vollen Sinn des anfangs zitierten Lichtenberg-Wortes – und, wie jetzt angefügt werden darf, auch der rechtstheoretischen Einsichten – als notwendiges »Complement« zwischen den Sphären des juristischen und des allgemeinen praktischen Diskurses. Es ist dieser spezifische logische Ort der Satire, der sie als taugliches Instrument der Justizkritik deutlich vor jeder anderen literarischen Form auszeichnet. Der oft weit überzogene Optimismus, Literatur könne verändernd auf Recht und Justiz wirken, dürfte an der dokumentarischen Satire etwa Kraus'scher Provenienz jedenfalls eher als anderswo plausibel zu machen sein.

4. Die *Fackel:* Revisionsinstanz ›sub specie iuris naturalis‹

Kraus selbst hat das Justizförmige seines Schreibens stark empfunden. Eine »zwanzigjährige Judikatur« nennt er im Mai 1919 in einem Antwortbrief an den Präsidenten der »Deutschösterreichischen Nationalversammlung« Karl Seitz, der ihm zum 20. Jahrestag der *Fackel* gratuliert hatte, sein literarisches Wirken.[47] Im Dezember 1925, auf dem Höhepunkt seines Kampfes gegen den Erpresserjournalisten Bekessy in Wien, schreibt er, Bekessy habe versucht, die Auseinandersetzung »auf ein sozusagen literarisches Gebiet abzulenken, auf welches ich aber, da ich mehr Strafrechtler bin, nicht folge.«[48] Und eineinhalb Jahre später heißt es in einer Polemik gegen Franz Werfel: »Es ist die alte Beschwerde, daß ich innerhalb der Literatur [...] den starren Rechtsbegriff verkörpere.«[49]

Der Rechtsbegriff, an dem Kraus schon von den ersten *Fackel*-Heften an Justiz und Gesetz selbst zu messen begann, ist der eines vage umrissenen, aber mit

---

[47] F. 514, S. 51 (= Kraus: Werke. Bd. 10, S. 111).
[48] F. 706, S. 107.
[49] F. 759, S. 108.

fragloser Deutlichkeit empfundenen Naturrechts. Keineswegs ist – wie etwa Walter Benjamin insinuiert[50] – die zum Überdruß zitierte »Sprachbesessenheit« des Satirikers der sein Denken umschließende Normenhorizont, gegen dessen Hintergrund die Profillinien einer menschenfernen Gesetzlichkeit und einer barbarischen Justiz mit großer Schärfe gezeichnet werden. »Wieder einmal«, heißt es im Mai 1907 in der *Fackel* zu einem klerikal motivierten ›Sittlichkeits‹-Urteil, »ist in einer österreichischen Gerichtsverhandlung die Natur mit ihren Ansprüchen auf den Kirchenrechtsweg verwiesen worden.«[51] Und noch in der großen *Fackel* vom Juli 1934, im tragischen Schlußdokument des Scheiterns einer kulturellen Epoche und ihres hellsichtigen Beobachters, schreibt dieser vom »Freiheits- wie Kulturbegriff der *Fackel*«, der »auf eine Lebensgestaltung aus dem Geist und der geschlechtlichen Natur bezogen« sei.[52] Kraus hat die strikte Bindung der Satire, wie die jeder Kunst, an das alle Menschlichkeit ermöglichende und beschränkende Ethos jenes Naturrechtsbegriffs genau reflektiert:

> Aber das Verhältnis der Satire zur Gerechtigkeit ist so: Von wem man sagen kann, daß er einem Einfall eine Einsicht geopfert hat, dessen Gesinnung war so schlecht wie der Witz. Der Publizist ist ein Lump, wenn er über den Sachverhalt hinaus witzig ist.[53]

Im Dezember 1927 schreibt Kraus in einer erbitterten Polemik gegen den Wiener Polizeipräsidenten Schober, der im Juli des gleichen Jahres ein Blutbad unter demonstrierenden Arbeitern hatte anrichten lassen: »Doch ich ziehe der sprachlichen Untersuchung eine andere vor: die [der] Sachlichkeit.«[54] Programmatisch findet sich derselbe Gedanke bereits in der *Fackel* vom Juli 1919:

> Aber der Sinn der Kunst erfüllt sich erst, wenn der Sinn des Lebens nicht zur Neige geht, und Symphonien wachsen nur, wenn nicht daneben ein todwundes Leben um Erbarmen stöhnt.[55]

Diese Subordination unter die Normen und Maßbegriffe eines schlechthin verbindlichen Naturrechts (das übrigens auch für die Rechtsphilosophie weder so unhaltbar noch so antiquiert ist, wie es in deren neuerer Literatur gern behauptet wird[56]) zwingt den Satiriker in die Argumentgrenzen des allgemeinen praktischen Diskurses. Das schließt freilich jenes von der Satire schon immer reklamierte Vorrecht nicht aus, die Logik ihrer Argumentation in einer übertreibenden, sozusagen zur Kenntlichkeit verzerrenden Darstellung zu realisieren: dies ist gewissermaßen die legitime Optik des Mikroskops, das nicht lügt, sondern vergrößert und gerade deshalb schärfer sehen läßt. Es ist jenes von Wolfgang Preisen-

---

50 Benjamin: Karl Kraus, S. 350.
51 F. 225, S. 7 (= Kraus: Sittlichkeit, S. 290).
52 F. 890, S. 182.
53 F. 338, S. 2.
54 F. 771, S. 15.
55 F. 514, S. 47.
56 Vgl. etwa das naturrechtliche Bekenntnis, mit dem der einflußreiche amerikanische Philosoph Robert Nozick sein Buch *Anarchy, State and Utopia* (S. IX) eröffnet: »Individuals have rights, and there are things no person or group may do to them (without violating their rights).«

danz erhellend benannte satirische Prinzip der »transparenten Entstellung«.[57] Der »Transparenz« eines vorhandenen sozialen Typus, die die Satire anstrebt, werden zwar oft die sonstigen und vielleicht erfreulicheren Züge des Individuums, das jenen in exemplarischer Lächerlichkeit oder Bösartigkeit vorstellt, geopfert. Aber Satire bedeutet eben nach Kraus – und hierin unterscheidet sich ihr Anliegen von dem des Strafrechts – »ein Wohlwollen für eine ideale Gesamtheit, zu der sie nicht gegen, aber durch die realen Einzelnen durchdringt«.[58] Die strafende Satire, könnte man rechtstheoretisch sagen, zielt viel stärker auf die Wirkung einer ›Generalprävention‹, als es den Urteilen der Strafjustiz zugestanden werden darf. Und der etwa in der *Fackel* vom Juli 1904 mit dem folgenden Satz Gemeinte, aber Nichtgenannte –

> Gibt es etwas Groteskeres als die Erscheinung eines Schweizer Philisters, der ein Strafgesetz zu entwerfen hat und dekretiert, daß jede Abweichung vom horizontalen Pfad der Geschlechtstugend – auch im Ehebett – strafbar sei?[59]

– ist kein anderer als der seinerzeit berühmte Strafrechtsprofessor Carl Stooß, der zwar durchaus die von Kraus apostrophierten, damals wohl rechtswissenschaftsobligaten Züge sexuellen Philistersinns aufwies, aber als juristische Gesamterscheinung weitaus erfreulicher war als das, was ihn für die Satire auffällig machte.

Mit der obigen Einschränkung also (und einigen anderen, die für meine Überlegungen keine wesentliche Rolle spielen) läßt sich die Analogie der Argumentformen von Kraus'scher Justizsatire und Jurisprudenz deutlich zeigen. Die folgenden Beispiele aus einem 30000seitigen Riesenwerk, dessen Autor auch nach den Buchausgaben von *Sittlichkeit und Kriminalität* und *Die Chinesische Mauer* bis zu seinem Tod die Strafjustiz nicht aus den Augen ließ, müssen und mögen hierfür genügen.

I.

Die oben skizzierte Argumentationsweise der ›internen Rechtfertigung‹ eines Strafurteils, also die Regeln seiner logischen Verträglichkeit mit den ihm zugrundegelegten Prämissen, benutzt Kraus häufig, um zu demonstrieren, wie die Justiz sie verfehlt. Dabei bedeutet ›logische Schlüssigkeit‹ nicht nur die syllogistische Konsistenz des Urteils mit dessen explizit angegebenen Voraussetzungen. Gemeint sind auch jene fundamentalen stillschweigenden Prinzipien, die die Konsistenz des gesamten Rechtssystems, die vielberufene innere »Einheit der Rechtsordnung« sichern sollen.[60] Die ›interne Rechtfertigung‹ fügt ein Urteil logisch in den Zusammenhang seiner und der gesamten Rechtsordnung Prämissen ein. Sie

---

57 Preisendanz: Korrelation, S. 413.

58 F. 330, S. 2.

59 F. 165, S. 9 (= Kraus: Sittlichkeit, S. 100); vgl. auch eine ähnliche, ebenfalls gegen Stooß gerichtete Bemerkung bereits in F. 115, S. 8 (= Kraus: Sittlichkeit, S. 14).

60 Vgl. Engisch: Einheit der Rechtsordnung.

sichert damit deren Universalisierbarkeit in jedem neuen, konkreten Fall, also das logische Fundamentalprinzip allen Rechts: die Gleichbehandlung, von der schon Seume in seinen *Apokryphen* ganz richtig schreibt, sie sei »im Recht, was der Satz des Widerspruchs in der Philosophie ist«.[61]

Es ist die Verletzung dieses obersten rechtlichen Formprinzips, auf die Kraus am empfindlichsten reagiert. Es sind jene Ausgrenzungsstrategien der Strafjustiz seiner Zeit, mit denen vor allem Kinder und Prostituierte aus dem Schutzbereich einer ›Einheit der Rechtsordnung‹ hinausgedrängt werden. Schon im November 1899 taucht in der *Fackel* zum erstenmal der Hinweis auf »die furchtbaren Leiden, die Tausende von Kindern [...] zu erdulden haben«[62] auf. Im Dezember 1901 folgt die erschütternde Schilderung der Leiden eines dreijährigen Jungen, der von seinem Stiefvater über Monate hinweg zu Tode gequält worden war und dessen Peiniger wegen »Überschreitung des häuslichen Züchtigungsrechts« zu drei Monaten Gefängnis verurteilt wurde:

> Das Zeitalter der Humanität weiss nichts von einem starren pater familias, der über Leben und Tod Gewalt hat. Es kennt in der Familie, der geheiligten, nur eine elterliche Liebe – die da züchtigt [...]. Wenn Hass und Liebe der Eltern so schwer zu differenzieren sind, gibt es ja einen einfachen Ausweg. Wir decretieren, dass es keinen Elternhass gibt. Kinderquälerei bleibt, was sie früher war: Überschreitung des häuslichen Züchtigungsrechts.[63]

Später rückte das Kontrastabsurdum eines rigiden Strafrechtsschutzes für das »Rechtsgut der (sexuellen) Sittlichkeit«, das Kraus mit Recht »ein Phantom«[64] nennt, schärfer in den Blick des Satirikers. Das Schmerzhafte dieses Gegensatzes von Schutz der »Sittlichkeit« und Schutzlosigkeit der wehrlosesten aller Geschöpfe sub specie iuris criminalis wurde zum bevorzugten Darstellungsmittel für das satirische Argument der internen Widersprüchlichkeit des damaligen Strafrechts. Zu beiden Seiten eines vertikalen Mittelstrichs werden etwa in der *Fackel* vom April 1907 zwei Strafgerichtsentscheidungen ineinandergespiegelt, deren eine vier Monate schweren Kerkers für einen ab- oder aufgenötigten Kuß verhängt, während die andere für die unvorstellbare Quälerei eines dreijährigen Kindes »die Strafe des strengen Verweises« angemessen findet. Das vom Recht ignorierte Kind blieb Thema der *Fackel* und einer der eindringlichsten Zeugen des Satirikers in seinen Prozessen gegen die Strafjustiz.[65]

Ein anderer, der am häufigsten zitierte, waren die Prostituierten. Als Opfer der Sittlichkeitsjustiz wurden sie vom Strafrecht so geflissentlich wahr- und festgenommen wie sie als seine Schutzbefohlenen übersehen wurden. Den Abdruck eines Urteils des Schwurgerichts Leitmeritz im Dezember 1911, das den (geständigen)

---

[61] Seume: Prosaschriften, S. 1296.
[62] F. 24, S. 13.
[63] F. 88, S. 1f.
[64] F. 115, S. 7 (= Kraus: Sittlichkeit, S. 14).
[65] Vgl. etwa noch F. 185, S. 24; F. 222, S. 1f.; ebd., S. 13; F. 668, S. 155; F. 778, S. 11; F. 781, S. 125–127.

Mörder einer Prostituierten freisprach, kommentiert Kraus in einer fühlbaren Mischung aus Abscheu und Entsetzen mit dem Satz: »Urteilsbegründung: A Hur war's.«[66] Die Erinnerung an diese Justiztat scheint den Satiriker nicht mehr losgelassen zu haben: leitmotivisch kehrt der verschwiegene Grund des Leitmeritzer Freispruchs in den satirischen Revisionen der justiziellen Dirnenjagd in den folgenden *Fackel*-Jahrgängen wieder, und noch im Oktober 1925 trägt eine entsprechende Glosse den Titel »A Hur war's«.[67]

II.

Von den Argumentformen der oben so bezeichneten ›externen Rechtfertigung‹ findet sich bei Kraus vor allem das Bestreiten formell gültiger Gesetze des ›Sittlichkeitsstrafrechts‹ mittels alternativer Normen des Naturrechts, also die Kritik positiven staatlichen Rechts durch Argumente des allgemeinen praktischen Diskurses. Der Satiriker ist hier im oben ausgeführten Sinn Sprachrohr eines »relevanten« gesellschaftlichen Anerkennungsentzugs für bestimmte Teile des Sexualstrafrechts. Vier verschiedene Argumentgruppen, die diese Relevanz plausibel machen sollen, lassen sich bei Kraus grob unterscheiden.

(a) Zum einen findet sich das aufklärerische Naturrechtspostulat eines freien Bestimmungsrechts aller Menschen über sich selbst innerhalb der Sphäre ihres Privatlebens. Unerträglich erscheint danach

> [der] Gesetzgeber als schnüffelnder Reporter, der vor der Öffentlichkeit die Dessous des Lebens lüpft; Gerechtigkeit als indiskreter Dienstbote, der an Schlafzimmertüren horcht und durch Schlüssellöcher späht![68]

Dieser Gedanke verknüpft sich zwanglos mit einem strafrechtstheoretischen Grundlagenargument, das den Erwägungen zur Legitimität verschiedener Strafzwecke, also letztlich ebenfalls dem Bereich allgemeiner praktischer Vernunft entstammt: mit der damals vor allem von Franz v. Liszt vertretenen Forderung, das Strafrecht dürfe nur »Rechtsgüter« schützen; es sei, wie Kraus mit deutlicher Anleihe bei Liszt formuliert, »eine soziale Schutzvorrichtung«, keinesfalls dürfe es »der Kontrolle individuellen Gemütslebens« dienen.[69]

(b) Auch Argumente empirischer Wissenschaften zieht der Satiriker – wenngleich selten – zur Unterstützung seines Kampfes gegen die strafrechtlichen Normenrelikte der Sexualfeindschaft heran. Das ist ein immerhin überraschendes Faktum bei Kraus, der ansonsten mit schlechthin desinteressierter Arroganz die Wissenschaften aus dem Bereich des geistig Beträchtlichen in den der plattesten Zweckmäßigkeiten verwies und der etwa im November 1912 schrieb:

---

[66] F. 338, S. 13f.
[67] F. 697, S. 11.
[68] F. 115, S. 7f. (= Kraus: Sittlichkeit, S. 14).
[69] F. 160, S. 2 (= Kraus: Sittlichkeit, S. 66).

> Alle Naturwissenschaft beruht auf der zutreffenden Erkenntnis, daß ein Zyklop nur ein Auge im Kopf hat, aber ein Privatdozent zwei.[70]

Gleichwohl findet sich bereits 1902 in dem Aufsatz »Sittlichkeit und Kriminalität« ein längerer Fußnotenhinweis auf den Psychiater Albert Moll. Freilich geriet schon wenig später gerade die Gerichtspsychiatrie selbst in die satirische Schußlinie, und zwar mit einer auch heute noch durchaus bedenkenswerten Begründung:

> Ich hasse das Handwerk, weil es auf brüchigem Wissensgrund den Machtwahn des Individuums nährt und gleich dem Journalismus seinen Mißbrauch in sich trägt.[71]

Der Tadel des Fehlens einer hinreichenden empirischen Grundlage der Psychiatrie ist natürlich selbst ein im obigen Sinne empirisches Argument. Etwa zur gleichen Zeit, als dies geschrieben wurde, suchte Sigmund Freud, der Kraus' Abneigung gegen die Psychiatrie seiner Zeit teilte, ersten Kontakt mit dem Satiriker. In den folgenden drei Jahren war die Psychoanalyse gelegentlich wissenschaftliche Beglaubigungsinstanz für Kraus' Angriffe gegen die Sexualjustiz:

> Die Göttin der Gerechtigkeit ist blind, verstopft sich die Ohren und legt einen Keuschheitsgürtel an. So gerüstet hat sie von den neuen Erkenntnissen nichts zu fürchten.[72]

Daß auch die Verbindung mit der Psychoanalyse sich für die Satire als Mesalliance erweisen mußte, ist plausibel und bekannt. Dies ist ein langes, eigenes Kapitel. In ihm dürfte neben manchem anderen auch die Frage noch ungeklärt sein, ob die Einsichten der Psychoanalyse ausnahmslos haltbarer sind als die des Satirikers, der ihr das Attest ausstellte, jene »Geisteskrankheit« zu sein, »für deren Therapie sie sich hält«.[73]

(c) Weit zahlreicher und gewichtiger sind die von Kraus verwendeten spezifisch juristischen Argumentformen. Das betrifft nicht nur die von Adorno gepriesene,[74] tatsächlich auch juristisch-dogmatisch überzeugende Abhandlung zum Begriff der »Erpressung«[75] (den Kraus fast 20 Jahr später noch einmal juristisch auslegt),[76] oder andere strafrechtliche Begriffsinterpretationen.[77] Es betrifft vor allem die häufige Verwendung sogenannter »Folgenargumente«, insbesondere des »argumentum ad absurdum«,[78] das schon wegen der von ihm enthüllten immanenten Lächerlichkeit des jeweils angegriffenen Standpunkts eine natürliche Affinität zur Satire hat:

---

70 F. 360, S. 7.
71 F. 166, S. 4 (= Kraus: Sittlichkeit, S. 78).
72 F. 225, S. 9 (= Kraus: Sittlichkeit, S. 292).
73 F. 376, S. 21.
74 Adorno: Sittlichkeit und Kriminalität, S. 371f.
75 F. 159, S. 1–17 (= Kraus: Sittlichkeit, S. 52–65).
76 F. 613, S. 14.
77 Vgl. z. B. F. 99, S. 1–9 zum juristischen Begriff der Beleidigung.
78 Vgl. hierzu Diederichsen: Reductio ad absurdum, S. 155–179.

> Ein Gericht also wird künftig die Frage zu entscheiden haben, ob ein Mädchen »das Schandgewerbe« ergreifen darf! Freuen wir uns, daß die öffentliche Vertrottelung in sexuellen Diagnosen bis zu dieser Kristallform gediehen ist, in der sie auch der Trottel erkennt. Und daß der »Beweis der völligen sittlichen Verkommenheit« erbracht werden muß. Szene in einem Kommissariat: »Ja, was wollns denn?« »Ich möchte das Schandgewerbe anmelden!« »Ja, könnens denn (hochdeutsch:) den Beweis der völligen sittlichen Verkommenheit erbringen?« (Verlegen:) »Nein.« »Nacher schauns, daß'S weiter kommen! – So a Schlampen!« Ein humaner Kommissär, der mit sich reden läßt, wird der Partei den Rat geben, vorerst ein wenig verbotene Prostitution zu treiben. Aber die ist doch gerade verboten? Natürlich ist sie verboten! Aber sie muß bewiesen sein, um das Recht auf ihre »Ausübung« zu gewährleisten.[79]

(d) Als vierte grundsätzliche Argumentstütze für die naturrechtliche Perspektive der Kraus'schen Kritik am Sittlichkeitsstrafrecht fungiert seine eigenartige Sexualmetaphysik, die hier nur gestreift, nicht erörtert werden kann. Bezogen ist sie vor allem aus den erhitzten, von Nietzsche und den französischen Symbolisten inspirierten Kulturdebatten des Fin de siècle um 1900, aber auch aus Kraus' eigenem erotischen Erleben.[80] Er hat sie an geistesverwandten und von ihm geschätzten Künstlern wie Wedekind, Strindberg oder Félicien Rops bestätigt und in Otto Weiningers *Geschlecht und Charakter* quasi- bzw. pseudowissenschaftlich ›begründet‹ gefunden. »Das Weib« erscheint in ihr als das schlechthin sinnliche, das »an sich sexuelle und antisoziale Wesen«, das nicht »Träger von Ethik und Vernunft« sein könne oder solle.[81] Die Prostitution ›unsittlich‹ zu finden und, in welcher ihrer Formen immer, zu verbieten bedeute daher eine »Verachtung der primitivsten Logik«.[82] Die komplizierte Mischung dieser Welt- und Weibanschauung aus empirisch-wissenschaftlicher Abstrusität und normativer Berechtigung ist nicht leicht zu entwirren. Wer sie aber, wie es im Flachland der Feuilletons und einer dürftigen ›Literatursoziologie‹ gern geschieht, schlechthin verwirft und aus ihr den geläufigen Einwand des »Antiaufklärers« gegen Kraus abzieht, begreift nichts von ihrer Funktion im strategischen Konzept des Satirikers: dieser stilisiert sie bewußt zu einer seiner Waffen gegen die Dumpfheit und den Zynismus des spießbürgerlichen Philistersinns in der Sexualjustiz seiner Zeit.

5. Karl Kraus – Und die Folgen?

Im Oktober 1927 taucht in einer fast hundertseitigen, buchstäblich und im doppelten Sinne rasenden Polemik gegen Johann Schober in der *Fackel* plötzlich das Wort von der »Wirksamkeit des Buches *Sittlichkeit und Kriminalität* für das Wiener 20. Jahrhundert« auf.[83] Erstaunlich ist dies deshalb, weil Kraus nur wenige Wochen später mit der Arbeit an dem Drama *Die Unüberwindlichen* begann, dem

---

79 F. 216, S. 12 (= Kraus: Sittlichkeit, S. 262f.).
80 Vgl. hierzu Kraft: Karl Kraus, S. 315–326; Wagner: Geist und Geschlecht, S. 94–106.
81 F. 179, S. 3f.; geringfügig verändert in Kraus: Sittlichkeit, S. 152.
82 F. 211, S. 19 (= Kraus: Sittlichkeit, S. 242).
83 F. 766, S. 67.

er als Motto ein Bekenntnis des Scheiterns seines dreißigjährigen satirischen Kampfes voranstellte: das Kierkegaard-Zitat von dem »Einzelnen«, der »einer Zeit nicht helfen oder sie retten«, sondern nur ausdrücken könne, »daß sie untergeht«. Die ganz anders klingende Bemerkung über seine Strafrechtssatire mag von einem ähnlichen Gedanken inspiriert gewesen sein wie 60 Jahre zuvor die Vision des englischen Dichters und Kritikers Matthew Arnold von den Bündnissen des Geistes über die Zeitalter hinweg:

> Wir haben unsere politische Schlacht nicht gewonnen, wir haben unsere Anliegen nicht durchgesetzt, wir haben den Zuwachs unserer Gegner nicht verhindert, wir sind nicht siegreich marschiert mit der modernen Welt; aber wir haben schweigend zum Geiste dieses Landes gesprochen, wir haben einen Strom des Empfindens geschaffen, der die vermeintlich sicheren Positionen unserer Widersacher fortreißen wird, wir haben festgehalten an unserer Verbindung mit der Zukunft.[84]

Literaturverzeichnis

Theodor W. Adorno: Sittlichkeit und Kriminalität. Zum elften Band der Werke von Karl Kraus. In: T.W.A.: Noten zur Literatur. Hg. von Rolf Tiedemann. Frankfurt/M.: Suhrkamp 1974 (= stw 355), S. 367–387.

Robert Alexy: Theorie der juristischen Argumentation. Die Theorie des rationalen Diskurses als Theorie der juristischen Begründung. Frankfurt/M.: Suhrkamp 1978.

Matthew Arnold: Culture and Anarchy. Ed. by Dover Wilson. (1869). Reprint Cambridge: Cambridge University Press 1960.

Walter Benjamin: Karl Kraus. In: W.B.: Gesammelte Schriften II/1. Hg. von Rolf Tiedemann u. Hermann Schweppenhäuser. Frankfurt/M.: Suhrkamp 1977, S. 344–367.

Hermann Broch: Hofmannsthal und seine Zeit. Eine Studie. In: H.B.: Schriften zur Literatur 1: Kritik. Kommentierte Werkausgabe Bd. 9/1. Hg. von Paul Michael Lützeler.Frankfurt/M.: Suhrkamp 1975, S. 111–284.

Jürgen Brummack: Zu Begriff und Theorie der Satire. In: Deutsche Vierteljahresschrift für Literaturwissenschaft und Geistesgeschichte 45 (1971), Sonderheft, S. 275–377.

Uwe Diederichsen: Die »Reductio ad Absurdum« in der Jurisprudenz. In: Festschrift für Karl Larenz. Hg. von Claus-Wilhelm Canaris u.a. München: Beck 1973, S. 155–179.

Karl Engisch: Die Einheit der Rechtsordnung. (Heidelberger rechtswissenschaftliche Abhandlungen 20) Heidelberg: Winter 1935.

Entscheidungen des Bundesgerichtshofes in Strafsachen [zit.: BGHSt], Bd. 2. Hg. von den Mitgliedern des Bundesgerichtshofes und der Bundesanwaltschaft. Köln u. Berlin: Heymanns 1952.

Johann Christoph Gottsched: Versuch einer Critischen Dichtkunst vor die Deutschen. Leipzig: Breitkopf 1730.

Richard M. Hare: Freedom and Reason. Oxford: Clarendon Press 1965.

August Hegler: Die Merkmale des Verbrechens. In: Zeitschrift für die gesamte Strafrechtswissenschaft [zit.: ZStW] 30 (1915), S. 19–44.

Johann Gottfried Herder: Kritik und Satyre. In: J.G.H.: Sämtliche Werke. Bd. 24. Hg. von Bernhard Suphan. Berlin: Weidmannsche Buchhandlung 1886, S. 188–197.

---

[84] Arnold: Culture and Anarchy, S. 62.

Magnus Hirschfeld: Die Homosexualität des Mannes und des Weibes. In: Handbuch der gesamten Sexualwissenschaften in Einzeldarstellungen. Bd. 3. Hg. von Iwan Bloch. Berlin: Marcus Verlagsbuchhandlung 1914.
Hasso Hofmann: Legitimation und Rechtsgeltung. Verfassungstheoretische Bemerkungen zu einem Problem der Staatslehre und der Rechtsphilosophie. (Schriften zur Rechtstheorie 64) Berlin: Duncker u. Humblot 1977.
Jean Paul: Bittschrift aller deutschen Schriftsteller an das deutsche Publikum [...] In: J.P.: Sämtliche Werke I/1. Hg. von Eduard Berend. Weimar: Böhlaus Nachfolger 1927, S. 163–199.
Immanuel Kant: Reflexionen zur Moralphilosophie. In: I.K.: Gesammelte Schriften. Bd. 19. Hg. von der Preußischen Akademie der Wissenschaften. Berlin: de Gruyter 1934.
Arthur Kaufmann: Das Unrechtsbewußtsein in der Schuldlehre des Strafrechts. Zugleich ein Leitfaden durch die moderne Schuldlehre. (1949). Durchgesehener Neudruck Aalen: Scientia Verlag 1985.
Ders.: Die Parallelwertung in der Laiensphäre. Ein sprachphilosophischer Beitrag zur allgemeinen Verbrechenslehre. (Sitzungsberichte der Bayerischen Akademie der Wissenschaften. Philosophisch-Historische Klasse, Jahrgang 1982, Heft 4) München: Verlag der Bayerischen Akademie der Wissenschaften 1982.
Richard v. Krafft-Ebing: Psychopathia Sexualis. Mit besonderer Berücksichtigung der konträren Sexualempfindung. 14. Aufl. Hg. von Alfred Fuchs. (1912). Fotomech. ND. München: Matthes u. Seitz 1984.
Werner Kraft: Karl Kraus. Beiträge zum Verständnis seines Werkes. Salzburg: Müller 1956.
Karl Kraus: Die Fackel Nr. 1–922, Jg. 1–37. (1899–1936) Fotomech. ND. Frankfurt/M.: Zweitausendeins 1977.
Ders.: Sittlichkeit und Kriminalität (= Werke. Bd. 11. Hg. von Heinrich Fischer). München u. Wien: Langen u. Müller 1963.
Ders.: Dritte Walpurgisnacht (= Werke. Bd. 1. Hg. von Heinrich Fischer). München: Kösel 1952.
Georg Christoph Lichtenberg: Briefwechsel. Bd. 1, 1765–1779. Hg. von Ulrich Joost u. Albrecht Schöne. München: Beck 1983.
Franz v. Liszt: Strafrechtliche Aufsätze und Vorträge. Bd. 2. Berlin: Guttentag 1905.
Klaus Lüderssen: Recht, Strafrecht und Sozialmoral. In: K.L.: Kriminalpolitik auf verschlungenen Wegen. Frankfurt/M.: Suhrkamp 1981 (= stw 347), S. 39–79.
Dr. jur. M[...]: Noch ein Wort zu Krafft-Ebings *Der Conträrsexuale vor dem Strafrichter.* In: Der Gerichtssaal 52 (1896), S. 371–385.
Max Ernst Mayer: Rechtsnormen und Kulturnormen. Breslau: Schletter 1903.
Daniel Georg Morhof: Unterricht von der Teutschen Sprache und Poesie. (2. Aufl. 1700). Fotomech. ND. Hg. von Henning Boetius. Bad Homburg v.d.H. u.a.: Gehlen 1969.
Ulfried Neumann: Theorien der Rechtsgeltung. In: Gegenkultur und Recht. Hg. von Volkmar Gessner u. Winfried Hassemer. (Schriften der Vereinigung für Rechtssoziologie 10) Baden-Baden: Nomos 1985, S. 21–41.
Niederschriften über die Sitzungen der Großen Strafrechtsreform. 13. Bd.: Besonderer Teil. Bonn: Bundesdruckerei 1960, S. 535–556.
Robert Nozick: Anarchy, State and Utopia. New York: Basic Books 1974.
Arno Plack: Plädoyer für die Abschaffung des Strafrechts. München: List 1974.
Wolfgang Preisendanz: Zur Korrelation zwischen Satirischem und Komischem. In: Das Komische. Hg. von W. P. u. Rainer Warning. (Poetik und Hermeneutik 7) München: Fink 1976, S. 411–413.
Gustav Radbruch: Der Überzeugungstäter. In: Zeitschrift für die gesamte Strafrechtswissenschaft [zit.: ZStW] 44 (1924), S. 34–38.
Friedrich Schiller: Über naive und sentimentalistische Dichtung. In: F. S.: Werke. Nationalausgabe Bd. 20. Hg. von Lieselotte Blumenthal u. Benno von Wiese. Weimar: Böhlaus Nachfolger 1962, S. 413–503.

Eberhard Schmidt: Schlägermensur und Strafrecht. In: Juristenzeitung [zit.: JZ] 1954, S. 369–375.
Jörg Schönert: Roman und Satire im 18. Jahrhundert. Ein Beitrag zur Poetik. (Germanistische Abhandlungen 27) Stuttgart: Metzler 1969.
Ders.: »Wir Negativen« – Das Rollenbewußtsein des Satirikers Kurt Tucholsky in der ersten Phase der Weimarer Republik (1918–1924). In: Kurt Tucholsky. Hg. von Irmgard Ackermann. München: Text und Kritik 1981, S. 45–88.
Adolf Schönke u. Horst Schröder: Strafgesetzbuch. Kommentar. 22. Aufl. München: Beck 1985.
Alexander Freiherr v. Schrenck-Notzing: Beiträge zur forensischen Beurtheilung von Sittlichkeitsvergehen mit besonderer Berücksichtigung der Pathogenese psychosexueller Anomalien. In: Archiv für Kriminalanthropologie und Kriminalistik 1 (1899), S. 5–25.
Johann Gottfried Seume: Apokryphen. In: J. G. S.: Prosaschriften. Mit einer Einleitung von Werner Kraft. Darmstadt: Melzer 1974, S. 1259–1398.
Georg Simmel: Einleitung in die Moralwissenschaft. Eine Kritik der ethischen Grundbegriffe. Bd. 1. 4. unver. Aufl. Aalen: Scientia Verlag 1964.
Jonathan Swift: The Examiner and Other Pieces Written in 1710–1711. Ed. by Herbert Davis. Oxford: Basil Blackwell 1957.
Stephen E. Toulmin: The Place of Reason in Ethics. Cambridge: Cambridge University Press 1950.
Max Weber: Aufsätze zur Soziologie und Sozialpolitik. Tübingen: Mohr (Siebeck) 1924.
Nike Wagner: Geist und Geschlecht. Karl Kraus und die Erotik der Wiener Moderne. Frankfurt/M.: Suhrkamp 1982.

Schluß

›Verfachlichung‹ als kennzeichnende Kategorie für den geschichtlichen Prozeß des 19. Jahrhunderts in der Strafrechtspflege

Joachim Rückert

Zur Verfachlichung der ›Verfachlichung‹*

Der Begriff der ›Verfachlichung‹ avancierte auf der interdisziplinären Bühne der Kolloquien zu Literatur und Kriminalität alsbald zu einem beliebten Hauptdarsteller. Er folgte recht verschiedenen Regieanweisungen offenbar gleich souverän. Zum Schluß fragte man sich interessiert und amüsiert, wie viele und welche Rollen dieser Publikumsliebling gespielt haben mochte.

Die ersten Rollen wurden ihm 1981 von Naucke geschrieben.[1] Ergeben sie wirklich eine einzige Figur, einen einzigen Charakter? Man wird sich die Charakterzüge näher ansehen müssen.[2]

1. Verfachlichung als Verwissenschaftlichung

Das Strafrecht des 19. Jahrhunderts sei durch Verfachlichung gekennzeichnet, das hieß zunächst Verwissenschaftlichung,[3] genauer noch: Auf der strafrechtlichen Höhe der Zeit zu sein, hieß kantische oder hegelische Strafrechtstheorie vor sich herzutragen, kein Strafrecht ohne Strafrechtsphilosophie. Das bedinge Unanschaulichkeit und Öffentlichkeitsferne.[4]

---

* Inzwischen, im Juni 1989, weiß ich: Der Ende 1985 abgeschlossene Text mit wenigen Ergänzungen von 1987 gehört offenbar schon in die gerade seitdem rasante Diskussion um »Professionalisierung«, vgl. nur H. Siegrist (Hg.): Bürgerliche Berufe: Beiträge zur Sozialgeschichte der Professionen, freien Berufe und Akademiker im internationalen Vergleich. Göttingen 1988. Das kann natürlich nicht eingearbeitet werden. Meine sechs Perspektiven erscheinen mir als breiterer Ansatz jedoch nach wie vor von Bedeutung. Jörg Schönert und Wolfgang Naucke gilt hier ein besonderer Dank für Herausforderung und Anregung über das Kolloquium hinaus.

1 Naucke: ›Verfachlichung‹, S. 55–67, auch Schönert: Literatur und Kriminalität, S. 52f. und 360f. – Vgl. in diesem Band auch den Beitrag Frommel, S. 489–492.

2 Beweisführungen mit entsprechender Materialfülle können im folgenden nicht gegeben werden; die Fußnoten geben daher nur Hinweise, um einige Argumente etwas konkretisierbar zu machen. Eine größere neuere Darstellung zur Strafrechtsgeschichte und gar in allen ihren Ebenen (dazu gut Naucke: ›Verfachlichung‹, S. 56) fehlt ebenso wie die Verarbeitung oder auch nur Zusammenstellung der sozialhistorisch einschlägigen Forschung. Vielfach sind ältere quellennahe Darstellungen immer noch grundlegend oder nützlich. Im folgenden wurde versucht, interdisziplinär leichter Verwendbares zu bevorzugen.

3 Vgl. Naucke: ›Verfachlichung‹, S. 60, 63, auch Schönert: Literatur und Kriminalität. S. 52.

4 Ebd. S. 61, auch Schönert: Literatur und Kriminalität. S. 52f.

In hohem Maße gilt dies sicher für den Sektor Strafrechtswissenschaft,[5] etwa zwischen 1795 und 1870,[6] obgleich Strafrechtswissenschaft nie ganz ohne allgemeine theoretische Grundlagen auskam. Die metaphysische Fundierung positiver Strafrechtswissenschaft kennzeichnet jedoch diese Phase trotz Mittermaier, Wächter und anderer ›Empiriker‹,[7] bis sich nach den neuen Strafgesetzbüchern[8] und dem Realismus der fünfziger Jahre eine gewisse Nüchternheit einstellt.

Verfachlichung bedeutet hier also eine bestimmte Art von strafrechtswissenschaftlichen Prämissen, besonders in den allgemeinen Lehren des Strafrechts. Man muß ›philosophisch‹ argumentieren, um ernst genommen zu werden. Da sich jedoch auch die strafrechtswissenschaftlichen Diskussionen eines Beccaria und Hommel und anderer als philosophisch (kritisch) verstehen[9] und in anderem Sinne auch die Diskussionen der mittelalterlichen Kanonisten,[10] muß man zur Unterscheidung die Art des Philosophierens betonen, nicht die Verwissenschaftlichung als solche.

Die neue, ›idealistische‹ Art des Philosophierens spricht in der Tat auch eine

---

[5] Ein nicht zu knapper oder zu selektiver Überblick scheint weder im Strafrecht, noch in der Rechtsgeschichte zu existieren. Am besten immer noch: Landsberg: Geschichte, Bd. 3/1, S. 461–64 (bes. zu Kleinschrod), Bd. 3/2, S. 111–147 (zu Stübel, Feuerbach u. ä.) und S. 668–718: Das Strafrecht unter Hegel; zusammenfassend daneben: v. Hippel: Strafrecht, S. 302–311, mit dem treffenden Hinweis, daß hegelianische Metaphysik erst mit und gegen die Gesetzbücher seit 1838 sich verbreitete (304f.). Hilfreich die Artikel zu Binding, Feuerbach, Grolman, Hommel und Liszt bei Kleinheyer u. Schröder, und inzwischen die Sammelbände zu Beccaria und Mittermaier von Deimling und Küper, sowie vor allem Frommel: Präventionsmodelle, S. 42ff., 135ff., 163ff.

[6] 1795 erschien Stübels *System* als Zeichen des Rationalismus im Strafrecht (vgl. Landsberg: Geschichte, Bd. 3/1, S. 139f.), der noch von der Generation vor Feuerbach (geb. 1775) bei Stübel (1764) u. a. aufgenommen wird. – Ca. 1870/71 (1871 Reichsstrafgesetzbuch) verliert der Hegelianismus deutlich seinen Einfluß (vgl. Landsberg: Geschichte, Bd. 3/2, S. 668; genauere Klärung bei v. Hippel: Strafrecht, S. 309–311). Die Jahrhundertmitte bildet, anders als im Zivilrecht, keinen Wendepunkt (ebd.); die 5. Aufl. des beliebten Berner'schen Lehrbuchs zeigt 1871 dann selbst den Wandel (ebd. S. 686).

[7] Vgl. etwa Schmidt: Einführung, S. 282–294; wichtige Korrekturen jetzt am Beispiel Mittermaier bei Kleinheyer u. Schröder: Juristen; guter knapper Bericht immer noch bei v. Hippel: Strafrecht, S. 302f., 310f. Soeben erschienen und wichtig: Küper: Mittermaier, sowie Frommel: Präventionsmodelle, S. 163ff.

[8] Vgl. die Synopse bei Schönert: Literatur, S. 131–133; guter Bericht immer noch bei v. Hippel: Strafrecht, S. 304, 327–335.

[9] Vgl. zu K. Fr. Hommel (1722–1781), dem »deutschen Beccaria«: Kleinheyer u. Schröder: Juristen, S. 120–123; daneben Landsberg: Geschichte, Bd. 3/1, S. 386–400, 394 (die Vorrede zu seiner Beccaria-Übersetzung nennt Hommel »Philosophische Gedanken über das Kriminalrecht«). Zu Beccaria (1738–1794) vor allem Tarello: Storia, S. 462–483, hier 465f., 475f. Soeben erschienen und wichtig: Deimling: Beccaria, darin besonders Naucke.

[10] Dazu neuere Hinweise bei Sellert: Krise, S. 27f. u. 40f.; sowie Landau u. Schroeder: Carolina, darin besonders Trusen und Rüping; ferner Gouron: Ursprünge. Vgl. auch Rüping: Grundriß, S. 24f. u. 27f. und Wolter: Ius canonicum, S. 7–9; immer noch informativ: v. Hippel: Strafrecht, S. 90–100. Grundlegend: H. U. Kantorowicz: Albertus Gandinus und das Strafrecht der Scholastik (1907. 1926) und St. Kuttner: Kanonistische Schuldlehre (1935).

neue, ›präzise‹, schon seit dem kritischen Kant schwer verständliche Sprache.[11] Das Bemühen, zufällige Kasuistik zu verlassen und in allgemeinen, möglichst notwendigen, systematisch geordneten Begriffen und Regeln zu sprechen, ergreift auch die Strafrechtswissenschaft[12] und von da die Gesetzbücher[13] – mit durchschlagendem Erfolg bis heute.[14] Aufklärerisches Streben nach größtmöglicher Rechtssicherheit durch gesetzgeberische Präzision konvergiert so mit philosophischen Präzisionsansprüchen. Verfachlichung bedeutet hier also idealistische Philosophie, System und Präzision. Offen bleibt hier, ob man sich mehr an metaphysischen, bindenden Lehren oder an bloß analytischen, darstellenden Lehren orientiert.[15]

2. Verfachlichung als Verstaatlichung des Strafrechts

Verfachlichung im wichtigeren Sinne ist die feste Einbindung des Strafrechts in die auf Stabilität zielende Staatsorganisation, ist die Forderung an das Strafrecht, eine Aufgabe – Verhinderung von strafbaren Ersttaten und Rückfall – effektiv zu erfüllen. [Die] Straf-

[11] Die Abwendung von den aufklärerischen Bemühungen der ›Fachleute‹ um »populäre« Schreibart kennzeichnet alle Idealisten. Vgl. zuerst Kant: Kritik der reinen Vernunft (1781), Vorrede, über »Gewißheit und Deutlichkeit« als wesentliche Forderungen.

[12] Hauptbeispiel wieder Feuerbach mit seinem Lehrbuch von 1801, 14. Aufl. 1847, vgl. v. Hippel: Strafrecht, S. 294; Landsberg: Geschichte, Bd. 3/2, S. 123f.; Feuerbach verhielt sich zeitgemäß, dazu treffend Schröder: Methodendiskussion, S. 619; auch Schott: Einfachheit, S. 134–138. Anderes meint Günther (Strafrechtsreform, S. 117), wenn er für 1907 eine »viel fachwissenschaftlichere Behandlung« der Kriminalpolitik als in der Aufklärung vermerkt, sie werde nun weniger von Philosophen und Philantropen als Juristen getragen. Aufschlußreiche Studien wie die von Tutilo Odermatt (Der strafrechtliche Unterricht an der Universität Zürich im 19. Jahrhundert. Zürich: Juris Druck + Verlag 1975 [= Diss. iur. Zürich 1971]) fehlen leider für Deutschland.

[13] Eine genauere Darstellung dazu fehlt, insbesondere auch bei dem sonst nützlichen Berner: Strafgesetzgebung, auch bei Wach: Legislative Technik, vgl. u. a. die Literatur bei Schneider: Gesetzgebung, S. 1–7. Siehe daher als Beispiele die Exzerpte aus zeitgenössischen Titeln bei Böhmer: Handbuch, S. 183, 275, 296, auch S. 121 zu 1813. Klassisch der erste Abschnitt bei Feuerbach: Kleinschrodischer Entwurf: »Kritik dieses Entwurfs in Ansehung seiner Form« (S. 1–36): Ein Gesetzbuch müsse seinen Gegenstand vollständig und zwar »durch bestimmte erschöpfende Begriffe und durch allgemeine, umfassende Regeln beherrschen« (10f.), nicht lehrhaft sein, sondern anordnend (20), klar geordnet (30f.) und planmäßig ein (einziges) Prinzip verfolgen (51); leicht greifbare Zitate auch bei v. Hippel: Strafrecht, S. 295 in der Fn. u. 300. Ganz parallel hier auch Savigny: Beruf, S. 21–25, 67, 91f., 99, 106 für das Zivilrecht; für seine Strafrechtsentwürfe nach 1842 wichtig u. korrigierend: Lorenz: Savigny, S. 109–114. Zu Zusammenhang und europäischer Genese dieser Forderungen aufschlußreich: Tarello: Storia, S. 258 (zu Bayern 1751), S. 489–493 (ALR 1794), S. 35–41 (allg.); für den weiteren Zusammenhang weiter grundlegend: Gagnér: Gesetzgebung, besonders S. 48f. (drei Modelle), 112f. (Ideal der Rechtssicherheit); neuerdings zum Strafrecht: Ogorek: Richterkönig, S. 39–49.

[14] Bezeichnend das dauerhafte, meist enthusiastische Lob für das Werk von 1813, vgl. Berner: Strafgesetzgebung, S. 91f.; Landsberg: Geschichte, Bd. 3/2, S. 125, 128f.; Schmidt: Einführung (zuerst 1946), S. 262f.; Rüping: Grundriß, S. 73.

[15] Lehrreich dazu die Diskussion Naucke – Cattaneo über Generalprävention und Grundrechte der Person, in: Cattaneo: Menschenwürde.

rechtspflege wird – inhaltsreichster Zug der Verfachlichung des Strafrechts – zur praktisch klugen Verwaltung der Kriminalität.[16]

Historische Kriterien für einen solchen Vorgang bilden die justizielle und kriminalistische Organisation, also Justiz und Polizei, und die sachlichen wie personellen Maßgaben für Strafrechtspflege, also die Normen und die Anforderungen an deren Anwender, an Ausbildung, Prüfung und Kontrolle der Arbeit.

Für den Bereich des Kernstrafrechts kommt es schon seit der Mitte des 18. Jahrhunderts in der Tat zu exklusiv staatlichem Recht, also Strafrechtskodifikationen[17] (bes. Bayern 1751, Österreich 1768/1787, Preußen 1794). Das Strafgesetz wird ein Mittel der Gesetzesherrschaft, ein Kampfmittel gegen ›willkürliche Praxis‹,[18] sei es welcher ideologischen Herkunft, spätaufklärerischer ›Empfindelei‹, christlich-religiöser Strenge, kantianisch-idealistischer Rigorosität, patrimonialer Ungelehrtheit, absolutistischer Machtansprüche usw. Die Justiz wird zunehmend staatlicher – inhaltlich durch das Modell strikter Gesetzesbindung, organisatorisch vor allem durch die Ablösung der sog. Patrimonialgerichtsbarkeit auf den Gütern, wenn auch mit längerer Verzögerung bis 1848/49.[19] Mit der Abschaffung von Folter und richterlicher Inquisition[20] geht Hand in Hand der Ausbau effektiverer, zentraler und lokal präsenter Polizei, besonders seit 1806 nach dem Modell der französischen Gendarmerie, auch dies freilich mit erheblichen lokalen und zeitlichen Verschiebungen bis in die Reichsgründungszeit.[21] Der »gelehrte Strafjurist« hat zwar schon eine lange Geschichte, auch sicherte der Universitätsbesuch

---

16 Naucke: ›Verfachlichung‹, S. 60, 61, auch Schönert: Literatur und Kriminalität, S. 52f.

17 Daten und erste Beschreibung bei Berner: Strafgesetzgebung; knapp auch v. Hippel: Strafrecht, S. 257, 276, 282; zum Kodifikatorischen treffend: Tarello: Storia (wie Anm. 13). Im Strafrecht war die ›Verstaatlichung‹ freilich eine besonders alte Tendenz, vgl. zur *Carolina* unten Anm. 27, weiter die Debatte um die ›Entstehung öffentlichen Strafrechts‹, neuestens Nehlsen: Entstehung des öffentlichen Strafrechts; daneben immer noch sehr nützlich: v. Hippel: Strafrecht, S. 103–108, 112f., 121, 128, 156f.

18 So besonders anschaulich immer wieder Feuerbach: Kleinschrodischer Entwurf, etwa Teil 2, S. 18–33 zur Richterstellung, aber auch schon: Beccaria: Kapitel 4 u. 5, u. a., gut akzentuiert bei Baumgarten: Bayr. StGB, bes. S. 98, 119 – 1861 (bei Sundelin: Der Mangel) wird freilich schon wieder für den ›freien‹, lebens- und volksnahen Richter plädiert; eingehender jetzt Ogorek (wie Anm. 13).

19 Zum Begriff: Erler: Patrimonialgerichtsbarkeit, in: Hwb. z. dt. Rechtsgeschichte, Bd. 3, Sp. 1547f.; Genaueres bedarf lokaler Prüfung, siehe für Sachsen: Blaschke: Königreich Sachsen, S. 618f.; exemplarisch für Bayern: Demel: Staatsabsolutismus, S. 285–300 (um 1800 50% der altbayerischen Untertanen patrimonial); für Preußen immer noch: Bornhak: Preußische Staatsgeschichte, S. 437–439, 448, sowie sozialhistorisch: Blasius: Kriminalität, S. 25f. (1844 ca. ⅓ in Preußen patrimonial).

20 Vgl. Rüping: Grundriß, S. 64f., 79, 73, 82f.; etwas näher: v. Hippel: Strafrecht, S. 285, 311–313; eingehend: Haber: Probleme.

21 Eine genauere Darstellung fehlt; Überblick zum Vormärz bei Siemann: Polizei, S. 72–74; breiter und vergleichend: Bayley: Police, S. 342–347; zur schwankenden Effektivität lehrreich das bayerische Beispiel von 1786 bei Küther: Räuber; die preußische Lage im Vormärz bei Lüdtke: ›Gemeinwohl‹, S. 143–159, 256–259; Blasius: Kriminalität, S. 27f. Wichtig vor allem die allmähliche Verselbständigung der ermittelnden Polizei gegenüber der Justiz. Für Preußen im 19. Jh. jetzt: Funk: Polizei und Rechtsstaat.

längst schon einen gewissen fachlichen Standard, aber die Besetzung der Gerichte erfolgte erst jetzt immer mehr mit solchen Fachjuristen,[22] bis hin zum ausschließlich staatsgeprüften Assessor der Kaiserzeit nach 1871. Auch die staatliche Kontrolle der Entscheidungsarbeit nahm zunächst zu mit Begründungspflicht, Interpretationsverbot, référé législatif u. ä. Maßnahmen.[23] Strafgrund und -zweck werden weltlich und rational bestimmt. In diesem Kontext bedeutet Verfachlichung also in der Tat eine Instrumentalisierung des Strafrechts in den Händen des erst absolutistischen, dann modernen Staates.[24]

Diese Verfachlichung überlagert die Verwissenschaftlichung, die zwar auch autonom sein will, aber gerade im Strafrecht damit wenig reüssiert und stets mehr auf ihre das »Positive« verarbeitende Seite verwiesen ist, einfach weil die gesetzgeberische Aktivität dauerhaft und umfassend war und eine Wissenschaft *contra legem* nicht ernsthaft zur Debatte stand.

Immerhin wird die Verstaatlichung aber auch rechtsstaatlich gezähmt. Dafür stehen die Kämpfe um die Gesetzgebung, um die Unabhängigkeit der Justiz, um die Ausgestaltung der Staatsanwaltschaft, um die Kontrolle der Polizei und Verwaltung, um den Strafprozeß, insbesondere die Jury, das Beweisverfahren, die Öffentlichkeit des Verfahrens usw.

Als Verstaatlichung kommt Verfachlichung des Strafrechts also deutlich vor, wenn auch in rechtsstaatlich gebrochener Form.

3. Verfachlichung als Verfremdung des Strafrechts

Immer abstraktere Gesetze, die »die Volkstümlichkeit der gesetzlichen Deliktsbeschreibungen in die Ferne rücken«, ein ausgeklügelter Prozeßablauf, der »dem Nicht-Fachmann ein kaum verstehbares Bild der Kriminalität und ihrer Bestrafung bieten muß«, Unanschaulichkeit, Entdramatisierung, Bürokratisierung und Banalisierung lauten hier die Stichworte.[25]

Wie mag es mit der ›Volkstümlichkeit‹ der *Carolina* (1532), der Malefizordnungen und Landesrechte, der Reichs- und Landespolizeiordnungen gestanden haben?[26] Zwar zielte die *Carolina* auf das Verständnis des Laienrichters,[27] aber das

---

[22] Vgl. Döhring: Geschichte, S. 50–64; zur Ablösung des Patronagesystems seit ca. 1750 jetzt: Ranieri: Vom Stand, S. 98f.

[23] Vgl. nur Becker: Kommentier- und Auslegungsverbot, in: Hwb. zur dt. Rechtsgeschichte, Bd. 2, Sp. 963–974.

[24] Aufschlußreich für diesen Wandel, am Paradefall Frankreich: Bongert: Le juste et l'utile dans la doctrine pénale de l'Ancien Régime, in: Arch. de Philos. du Droit 27 (Paris 1982) S. 291–347. Anschaulich am Beispiel der öffentlichen Hinrichtungen: Evans: Öffentlichkeit, zusammenfassend S. 247.

[25] Naucke: ›Verfachlichung‹, S. 61, 62, 64.

[26] Vgl. den Gesetzesüberblick bei Schmidt: Einführung, S. 141–146, sowie v. Hippel: Strafrecht, S. 163f., 213, 219. Für die *Carolina* wird Kritik berichtet, s. Sellert: Krise, S. 48.

[27] Vgl. die amtliche Vorrede (S. 29f. in der handlichen Ausgabe bei Reclam, 6. Aufl., Stuttgart 1984); ebd. die Einführung von Radbruch: S. 21; näher Stintzing: Geschichte,

›Rat suchen‹ bei den Fakultäten und der geheime, schriftliche Prozeß setzten sich dennoch überwiegend durch.[28] Erst recht konnte den ohnehin überwiegend illiteraten Laien die bis ins späte 18. Jahrhundert lateinisch schreibende Strafrechtslehre nicht zugänglich sein. Die abstrakte Gesetzestechnik des 19. Jahrhunderts dürfte wenigstens im für den Laien wichtigen ›Besonderen Teil‹, d. h. bei der Umschreibung der einzelnen Delikte, übersichtlicher und klarer gewesen sein als je etwa die oft umständliche, unübersichtliche und unvollständige *Carolina* (die zudem nicht exklusiv galt, also ohne sichere Maßgaben zu ergänzen war) oder der sehr lehrhafte *Codex iuris bavarici Criminalis* von 1751, die insoweit ähnliche *Theresiana* von 1768 und ähnliche Beispiele.[29] Volkstümliche Verständlichkeit stellte sich angesichts der überwiegenden Leseunkundigkeit vor allem mündlich, also über die Gerichtspersonen her. Und hier wurden die Laien im 17./18. Jahrhundert verdrängt und erst wieder im 19. Jahrhundert teilweise einbezogen, so wenigstens im Kernstrafrecht.[30] Daß sich das Strafgesetz unmittelbar an die Untertanen wendet und nicht vor allem als Verfahrensordnung an die Justizpersonen, ist jedenfalls erst ein Ergebnis der aufklärerischen Debatten,[31] deren Erbe die

---

Bd. 1, S. 635 mit 617 und 629; Koch: Strafrechtsbelehrung, S. 7f. Dem entspricht die oft gerühmte deutsche Sprache, vgl. Radbruch: ebd. S. 13 (mit dem Savigny-Zitat dazu). Vgl. jüngst die Sammelbände von Landau u. Schroeder: Carolina, sowie Schroeder: Carolina, ferner Sellert: Krise, S. 42–48.

[28] Vgl. Stintzing: Geschichte, Bd. 1, S. 635, 640; v. Hippel: Strafrecht, S. 210f., 229f. Die *Carolina* war also Ausdruck einer Verstaatlichungstendenz und dabei des Versuchs, die Laienrechtspflege zu kontrollieren, siehe ebd. S. 178f. Die Kontrolltendenz betonen soeben auch Kleinheyer und Trusen bei Landau u. Schroeder: Carolina, S. 19, 27 u. 104f.

[29] Vgl. Anm. 17. Die Grenze zu einem »trockenen, abstrakten Rechts-System« (Zeiller 1811, bei Schott: Einfachheit, S. 138) sah man freilich auch schon. Zur Forschungslage in Sachen Gesetzessprache aus der Sicht der Privatrechtsgeschichte ernüchternd: Immel: Typologie, S. 94: »gänzlich unerforschtes Problem«; ebenso jüngst noch Herberger: Unverständlichkeit, S. 31, und – kaum ergiebiger für die hier wichtigen Aspekte – soeben die ausführlichen Nachweise bei Schmidt-Wiegand: Art. Rechtssprache, in: Handwb. z. dt. Rechtsgeschichte, 26. Lfg. 1986, Sp. 344–360.

[30] Das Laienelement war im Strafprozeß länger von Gewicht gewesen, vgl. v. Hippel: Strafrecht, S. 154f., 209, 229; Stintzing: Geschichte, Bd. 1, S. 608. Odermatt (Strafrechtlicher Unterricht, S. 9) berichtet, man habe sich in Zürich 1871 gerade wegen der seit 1853 neubelebten Schwurgerichte mit Laien um besondere Verständlichkeit des Strafgesetzes bemüht, ebenso für die 80er Jahre (135f.). Soweit die Rechtstexte verlesen wurden von der Kanzel usw. – dazu etwa Immel: Typologie, S. 95f. – möchte ich auch daraus nicht auf ›volkstümlich‹ schließen; vgl. dazu auch die aufklärerisch-kritischen Berichte bei Koch: Strafrechtsbelehrung, S. 18. Zu Recht skeptisch auch zur Volkstümlichkeit der Rechtssprichworte: Kaufmann: Art. Rechtssprichwort, in: Hwb. z. dt. Rechtsgesch., 26. Lfg. 1986, Sp. 364–367.

[31] Vgl. die Titel und Exzerpte bei Böhmer: Handbuch, S. 530–535: »Lehrbücher für das Volk«, mit den Hinweisen S. 530f. auf Beccaria, Rußland 1767 (auch S. 426), Erhard 1792, Möser 1778 (auch S. 299), Tafinger 1811 (auch S. 296), weiter S. 370f. für 1816. Ebenso schon Preußen 1748 und Bayern 1751, vgl. nur Peitzsch: Kriminalpolitik, S. 3 mit 6. Typisch auch Feuerbach: Kleinschrodischer Entwurf, Teil 1, S. 1–7: Ein »eigentliches Volksbuch« und etwas Vollständiges »für den Richter« seien besser parallel zu verfassen; Feuerbachs Präzisionsideal erzwingt also eine gewisse Trennung, beides bleibt aber

Strafgesetze des 19. Jahrhunderts gerade fortschreiben. Die wirkliche ›Volkstümlichkeit‹ von Strafrechtsnormen ist nicht untersucht.[32]

Verfremdung läßt sich daher allenfalls partiell und kaum als neuer und allgemeiner Zug finden. Klagen über Volksferne müssen vermutlich vor dem Hintergrund programmatischer Ansprüche gelesen werden, die die neue Zeit selbst erst so stellt. Konkret sozialkritisch ist ›Volkstümlichkeit‹ ein Chamäleon.[33] So setzen die literarischen Fallgeschichten immerhin ein Lesepublikum voraus und indizieren parallel zu ihrer wachsenden Verbreitung nicht nur Volksferne, soweit sie Strafrecht nicht unmittelbar verarbeiten, sondern eben auch Nähe und Interesse, soweit sie sich populär oder anknüpfend oder kritisch darauf einlassen. Zweifellos besteht eine Differenz zwischen strafrechtlicher und laienhafter bis literarischer Verbrechensbeschreibung, aber daß dieser Abstand historisch größer würde,

---

Ziel. Nützlich zur Aufklärung immer noch: Günther: Strafrechtsreform, hier S. 147–150, und besonders Koch: Strafrechtsbelehrung, S. 7f., 13f., 22–24. Eine genaue und sehr aufschlußreiche Untersuchung zum Gesetzgebungsstil kenne ich nur für England zwischen 1801 und 1891, Ergebnis: »progress towards greater clarity« (S. 333), s. Bowers: Victorian Reforms in Legislative Drafting, Tijdschrift voor Rechtsgeschiedenis 48 (1980), S. 329–348. Für Deutschland allgemein anschauliche Hinweise bei Schott: Einfachheit, S. 133f., auch S. 144f. (Code civil »intelligible pour tous«), weiteres bei Herberger: Unverständlichkeit, S. 31–39. Unergiebig aber (der sonst nützliche): Mohl: Politik, ebenso wie W. Ebel: Geschichte der Gesetzgebung in Deutschland (Göttingen 1958). – Für die Privatrechtsgeschichte zeigt Immel (Typologie, S. 83f.), daß bis ins späte 18. Jh. Gesetzesadressat primär die Justiz war. Entsprechendes ergibt die Geschichte der Gesetzespublikation (vgl. ebd., S. 95f. und Wolf: Art. Publikation, in: Hwb. z. dt. Rechtsgesch., 25. Lfg. 1985, Sp. 85–92).

32 Trotz der seit Noll (1973) lebhaften Literatur zur ›Gesetzgebungslehre‹, s. etwa Hill: Einführung, Schneider: Gesetzgebung. Vgl. aus der Rechtsgeschichte immerhin schon Koch: Strafrechtsbelehrung, sowie Immel (s. oben Anm. 31) und Ebel: Legaldefinitionen, S. 61–72, beide für das Zivilrecht und die Adressatenfrage. Koch widmet sich primär den Belehrungsprogrammen der Aufklärung und bietet für die Zeit davor nur einige Hinweise. Ebel ermittelt nur die Absichten der Gesetzgeber (S. 61) bis ins 17. Jh. Sie hätten noch den Untertan direkt angesprochen, während man später abstraktere Regeln bevorzugt habe (passim, S. 151). Doch will man ja auch auf die ›abstrakte‹ Weise oft den Bürger ansprechen, nur nicht mehr ›lehrhaft‹, vgl. die Beispiele bei Ebel: Beobachtungen, S. 342 (Schweiz 19. Jh., Gierkes BGB-Kritik). Immel (Anm. 31) zeigt zudem, daß der Untertan erst in letzter Linie Adressat war.
Zur heutigen immer noch kontroversen Sicht der ›Popularität‹, jetzt ›Verständlichkeit‹, von Gesetzen: Kindermann: Richtlinien, S. 31–46. Weiterhin ist wie bei Suarez, Feuerbach (oben Anm. 31) u. a. die Doppelung von Fachtext und Volksbroschüre aktuell (S. 35f., 39f.). Dem politisierenden Stimmungsbild bei Sundelin (1861) ist zu mißtrauen.

33 Etwas Historie über Wandel und Erfahrungen mit diesen im ganzen alten, aber sozial durchaus verschieden gefüllten Programmen täte not. Der Bürger und das ›Volk‹ eines Beccaria, Suarez, Feuerbach, Mittermaier u. a. waren nicht der Jedermann, dem man heute Gesetze verständlich machen will – banal, aber doch leicht unterschätzt. Die neuere Literatur der Gesetzgebungslehre arbeitet recht abgehoben von wirklichen Analysen der historischen Vorbilder, verwendet auch die rechtshistorische Literatur nicht oder vielfach zu pauschal, vgl. Hill: Gesetzgebungslehre, S. 26–30; Schneider: Gesetzgebung, S. 1f.

erscheint mindestens zweifelhaft. Für die spätaufklärerische Phase meint man sogar eine »Entfachlichung« zu sehen,[34] und diese Strömung bleibt aktuell.

Nicht selten fordert man mit ›Volkstümlichkeit‹ auch einfach andere Inhalte, die man mehr oder weniger dem ›Volk‹ vindiziert. Diese ganze lange Linie meint dann eine wieder andere »Verfremdung«, die mit Verfachlichung des Strafrechts nicht zusammenfällt.

4. Verfachlichung als Praxisferne des Strafrechts und Verdrängung einer »praktischen« Strafrechtsjurisprudenz

Verwissenschaftlichung von der ›Praxis‹ her gesehen bildet hier den konkreten Aspekt: Wissenschaft kommt, Praxis geht.[35] J. Schröders grundlegende Studie dazu zeigt aber, daß unter dieser Gesamtlinie differenziert werden muß, wie es im Beitrag Frommel näher ausgeführt ist.[36] Das Strafrecht zeigt gegenläufige Strömungen. Zudem geht die »praktische« Jurisprudenz zwar an der Universität zurück, aber dies geschieht im Verbund mit außeruniversitärer Praxisvorbereitung in der aufkommenden zweispurigen Ausbildung.[37] Die Summe für das Strafrecht, das sich dem Laien darstellt, bleibt zweifelhaft. Der positive Aspekt der Verwissenschaftlichung, besonders im frühen 19. Jahrhundert im Zeichen idealistischer Philosophie, erscheint begrenzter und greifbarer. Schließlich wäre noch die Frage, welcher juristische Stil wirklich dem Laien schwerer zugänglich ist. Denn auch die ›Laien‹ sind ja Teil solcher großen Zeittendenzen und dort, wo Strafrecht sichtbar und praktisch wird, im Einzelfall, relativieren sich die großen Stilunterschiede ohnehin wieder.

5. Verfachlichung als Professionalisierung des Strafrechts

Die Gestalt des gelehrten gesetzesorientierten Strafjuristen (in seiner »Professionalisierung des Umgangs mit dem Strafrecht«) werde literarisch uninteressant.[38] Die Untersuchung von *professions* hat die Berufssoziologie stark beschäftigt und von dort her die Geschichtswissenschaft, jedenfalls die »historische Sozialwissenschaft« erobert.[39] Für die Rechtshistorie handelt es sich eher um ein altes Thema,

---

34 Meyer-Krentler in diesem Band, S. 121.

35 Bei Naucke (›Verfachlichung‹) weniger betont.

36 Frommel, in diesem Band S. 467–495, insbesondere S. 475; vgl. Schröder: Wissenschaftstheorie, S. 263–265.

37 Vgl. Bake: Entstehung; Überblick in: Ausbildung der deutschen Juristen (1960), S. 52–70. Späteres ist meist unter aktuellen Vorzeichen selektiv.

38 Naucke: ›Verfachlichung‹, S. 60f.

39 Bezeichnend die Aufnahme als Themenheft »Professionalisierung in historischer Perspektive« (H. 3, 1980) von *Geschichte und Gesellschaft.* Soeben kommt auch ein gewichtiger rechtshistorischer Beitrag, s. Ranieri: Vom Stand zum Beruf.

so alt wie die Entstehung des Juristenberufs schon in Rom, die Erneuerung in der Renaissance des nachbolognesischen Mittelalters der geistlichen und weltlichen Berufsjuristen, in der Verbreitung des beamteten Territorialjuristen bis hin zum wieder bekräftigten Einheitsjuristen unserer Tage. *Professions* sind gekennzeichnet durch ein Dienstideal, durch Autonomie(ansprüche), durch festes Berufsbild mit bestimmter Ausbildung und Rekrutierung, durch Rationalität, klare Begrenzung auf eine Kompetenz und Unparteilichkeit.[40] Wie auch diese Merkmale näher gefaßt sein mögen, sie dienen als historisch-soziologisches Instrumentarium zur Erschließung größerer Zusammenhänge. Und so lohnend deren nähere Erforschung sicher ist, gerade für die Juristen,[41] so deutlich überwiegt im Bereich des Strafrechts die Dominanz des gesetzgebenden Staates, der die Profession (als autonom verstanden) überformt. Handelt es sich aber nicht um Autonomie, wie eher immer wieder im Bereich des Zivilrechts, so ergibt Professionalisierung keine besonderen Gesichtspunkte über die schon diskutierte Verstaatlichung hinaus. Die soziologische Professionalisierung ›vom Stand zum Beruf‹ (Ranieri) ist literarisch ziemlich neutral.[42]

Für die fachlich-autonome Seite stellt sich neben der »Verfremdung« (s. o. unter 3.) die Frage nach der sozialen Kontrolle. Fallgeschichte als Standeskritik hat hier ohne Zweifel einen Ort. Juristenkritik und Strafrechtskritik müssen dann unterschieden werden. Fachkompetenz und Integrität werden zum eigenen Thema. Das Kolloquium hat sich hier eher zurückgehalten.

6. Verfachlichung als Entdramatisierung des Strafrechts

Das Verschwinden eines dramatischen, emotionalen, irrationalen und religiösen Elements im Bereich Strafrecht zählte zu den unstreitigen Argumentationsstükken.[43] Neuere Interpretationen der Geschichte des Strafens, besonders seit Foucault, die das vorneuzeitliche Strafen als ohnmächtiges, irrationales, symbolisches ›Theater des Schreckens‹ rekonstruieren und so dem neuzeitlich-rational-utilitären Strafen kontrastieren, werden damit fortgesetzt.[44]

---

40 Vgl. zur soziologischen Diskussion (seit Parsons und Marshall): Rüschemeyer: Professionalisierung, in: Geschichte und Gesellschaft (wie Anm. 39), hier S. 312–314; Ranieri: Vom Stand zum Beruf, S. 88f. mit eingehenden Nachweisen, auch S. 101.

41 Eindrucksvoll für sein Hauptthema 16.–18. Jh. jetzt Ranieri, der das heutige Selbstverständnis berufsbezogener Autonomie vor dem 19. Jh. noch nicht findet. Wichtige Ergänzung nun aber durch Meyer-Holz: Collegia Judicum.

42 Im Gegenteil kommen neue Juristenrollen hinzu, die durchaus aufgenommen werden, etwa der Staatsanwalt, der Richter in der Jury, der kritische Richter, der idealistische Anwalt u. a. m.

43 Vgl. nur Naucke: ›Verfachlichung‹, S. 61f.; auch Schüler-Springorum in: Schönert: Literatur und Kriminalität, S. 53.

44 Foucault: Surveiller et Punir (1975), dt. Übers. 1977. Vgl. die plausible Kritik bei Treiber u. Steinert: Fabrikation, S. 77–87, und Evans: Öffentlichkeit, S. 194f., daneben die breite Ausarbeitung bei van Dülmen: Theater des Schreckens, vielfach zu unkritisch.

Das ›Theater des Schreckens‹ wurde jedoch im Vollzug inszeniert und beim Strafen selbst aufgeführt. Das Strafrecht selbst hatte keine sehr deutliche Außenseite, die man hätte inszenieren können. Schnittpunkt war der Prozeß und seine Regelung. Dem Strafen, also dem Strafvollzug, nahm man in der Tat seit etwa 1800, aber mit lokalen Verschiebungen wie stets in Deutschland, gezielt das Theatralisch-Symbolische. Besonders das Hinrichtungsritual, aber auch schon andere Strafarten und die Folter bei der Ermittlung, erschienen immer mehr als peinlich und unzweckmäßig, unnötig grausam, verrohend, um so bedenklicher, je seltener man sie allmählich praktizierte, willkürlich und schlicht rechtsfremd.[45] Parallel änderte sich die Blickrichtung in der aufkommenden Kriminologie.[46]

Für die Strafrechtslehre und -praxis trifft dieser Aspekt jedoch nur sehr indirekt zu. Hier argumentiert man längst sehr undramatisch, positiv-gesetzesbezogen, tatbestandsbezogen, selbst in Hexensachen.[47] Der alte ›endliche Rechtstag‹,[48] also das abschließende öffentliche ›Theater‹, geriet daher schon längst zum bloßen Schauspiel für Laien über eine längst schriftlich und geheim entschiedene Sache.[49] Das 19. Jahrhundert brachte keine neue Entdramatisierung.

Ein Teil des alten Dramas mag dann im ca. seit 1850 allgemein durchgesetzten öffentlichen Strafprozeß neu gespielt worden sein (Schönert, Diskussionsbeitrag beim Hamburger Kolloquium). In der Tat hat man die Einführung der ›heimlichen‹ Intramuranhinrichtung mit der des öffentlichen Juryverfahrens gekoppelt, um kein Mißtrauen aufkommen zu lassen.[50] Aber dieser neuen Öffentlichkeit fehlen die alten Symbole weitgehend. Diese Öffentlichkeit ist nicht mehr als religiöse, emotional-volkskulturelle und Begleiterin auf letzten Reisen, sondern als bürgerlich-aufgeklärt-kritische geladen. Gerade vom Strafvollzug schließt man sie nach wie vor aus.

---

45 Ein sprechender Spiegel sind die Kommentare Böhmers (Handbuch, S. 40–126) zu den Kriminalgesetzen seit der *Carolina*. Sehr eindringliche Rekonstruktion des Hinrichtungsdramas und seines kulturellen Kontextes bei Evans: Öffentlichkeit, S. 196–203, 222f. Nicht vergessen werden sollte, daß die schlicht strafrechtsbelehrende Rolle des öffentlichen Vollzugs mit allgemeiner Gesetzespublikation und Volkscodices entfiel, dazu gut Koch: Strafrechtsbelehrung. S. 9f., 18f.

46 Dazu jetzt anschaulich: Lüderssen: Kriminologie, S. 201–219; vgl. Schüler-Springorum in: Schönert: Literatur und Kriminalität, S. 53.

47 Für den außerordentlich gelehrten Charakter schon der frühen Diskussion um Hexereidelikte ist lehrreich: Leutenbauer: Hexerei- und Zaubereidelikte in der Literatur von 1450–1550.

48 Carolina, Artikel 78 u. 79, vgl. dazu Schild: Alte Gerichtsbarkeit, S. 166: »der erste und einzige öffentliche Akt des Verfahrens«; Rüping: Grundriß, S. 39; näher jetzt: van Dülmen: Theater, S. 54–61, und besonders Schild bei Landau u. Schroeder: Carolina, S. 119–144, etwa S. 135.

49 Dazu aufschlußreich Evans: Öffentlichkeit, S. 185–189, 205ff. über das Unbehagen und die Abschaffung durch die »Gebildeten« und das rational denkende Beamtentum.

50 Ebd. S. 225f. mit guten Quellenbelegen, auch 235f.

7. Ergebnis und Folgerungen

Wenigstens sechs Rollen spielte also die ›Verfachlichung‹. Weisen sie gleichmäßig auf Nauckes zu Beginn »naheliegendste« Antwort:

> Das Strafrecht ist so sehr Fach-Strafrecht, daß es von dem Nicht-Fachmann in seinen wirklichen Formen entweder nicht aufgefaßt oder nicht für interessant gehalten werden konnte. Eher jene Züge am Strafrecht, die nicht-fachlich waren, mögen den Schriftsteller angezogen haben?[51]

Rückblickend kann diese erste Antwort differenziert werden.[52] Bei den Juristen blieb trotz aller Verfachlichung stets auch ein Interesse an Fallgeschichten lebendig, mit bestimmten durchgehenden und vorübergehenden Zügen.[53] Die literarischen Genres seit 1770 zeigen – so Schönert – »ein breites Spektrum«, das sich in sechs Typen fassen läßt.[54] ›Verfachlichung‹ hätte Suggestion genug, um die historischen und aktuellen Begegnungsräume zwischen Literatur und Kriminalität ganz allein begrifflich zu füllen. Die Diskussion der Verwendungen zeigt jedoch, daß die gewisse Ohnmacht bei der Erforschung dieser Zwischenräume durch bestimmte und konkrete Stützen überwunden werden kann und dem ›Theater des Schreckens‹ kein ›Theater des Wissens‹ mit dem Publikumsliebling ›Verfachlichung‹ folgen sollte.

Als Verweis auf bestimmte Philosopheme besonders in den allgemeinen Strafrechtslehren (s. o. 1.) berührt ›Verfachlichung‹ die literarischen Typen wohl wenig. Die systematische Erschließung, Durcharbeitung und Neuformulierung des positiven Strafrechts bereitet auch den Literaten die Strafrechtswelt neu auf. Die nun deutsche Fachsprache erleichtert den Zugang.

Das führt schon auf die Verstaatlichung (s. o. 2.). Sie beschert neue literarische Objekte, wie die Polizei, die Strafgesetzbücher als rechtspolitische Modelle, den öffentlichen Prozeß, die Harmonie von Rechtsstaatlichkeit in Programm und Realität, die Abgrenzung und Vernachlässigung von Religion und Moral, das Problem einer »weltlichen Sittlichkeit«,[55] die Integrität des verstaatlichten Juristen u. a. m.

Der staatliche, spezialisierte Zugriff droht das Bild zu verfremden, Strafrecht volksfern zu werden. Doch gilt dies nur sehr partiell (s. o. 3.). Rechtspolitisch wie literarisch entsteht damit jedenfalls ein dankbares Thema. Emotionale Bedürfnisse können hier ebenso unbehindert weitergepflegt werden wie »neue Vernunft« radikaldemokratischer, sozialkritischer, klassenspezifischer, medizingläubiger und anderer Art.

Als bloße Praxisferne trägt ›Verfachlichung‹ im Strafrecht weniger (s. o. 4.). Ein literarischer Bezug scheint hier zu fehlen.

---

51 Naucke: ›Verfachlichung‹, S. 60.
52 Vgl. auch schon die Schlußdiskussion in *Literatur und Kriminalität* (S. 361).
53 Dazu Rückert, in diesem Band S. 285–311.
54 Dazu Schönert: Ausdifferenzierung, S. 106 und insgesamt.
55 So Sengle in *Literatur und Kriminalität*, S. 363.

Professionalisierung, etwa als Juristenkritik oder -apologie (s. o. 5.), scheint literarisch-fallgeschichtlich weniger zu interessieren, während die Juristen »als solche« sich durchaus abgrenzen.[56] Die Polizei und der Detektiv werden dagegen Thema.

Der Freiraum, den die Entdramatisierung als Verfachlichungsmoment gebracht haben soll, bezieht sich vornehmlich auf den Strafvollzug und das Strafen selbst (s. o. 6.). Im literarischen Bereich scheint diese Entdramatisierung voll akzeptiert. Selbstbestrafung als Lösung und grausame Gottesgerichte oder ›Zufälle‹ setzen aber die alte dramatische Linie ebenso fort wie die literarische Vorliebe für Kapitaldelikte, Sensationelles und (teilweise) Heroisierungen.[57] Zwei verschiedene »Kulturen«[58] rivalisieren bis in die fünfziger Jahre des 19. Jahrhunderts und vielleicht noch bis heute. Die andere Seite wird literarisch sichtbar im »aktenmäßigen« Beglaubigungsdrang.[59] Hier verwendet man die Facharbeit apologetisch, so wie später die Detektivgeschichten den Rechtsstaat beglaubigen. In sublimer Form verlangt man dagegen mit der Todesstrafe[60] immer wieder ein Stück des alten Dramas. Juristen und Literaten sitzen hier durchaus zusammen – in verschiedenen Booten. Die ›poetische Gerechtigkeit‹ sucht oft dort weiter, wo Juristen es aufgegeben haben. Ein sehr beliebtes Genre wie die Pitaval-Geschichten baut auf der juristischen Lösung auf und weiß dazu in nicht selten irrationaler Steigerung die »wahren« Gründe.[61] Juristen ist dies eher suspekt, während Beiträge zur Menschenkenntnis und Täterpsychologie, sei es in noch idealistischer Ausbreitung der »Falten der Seele«, sei es in mehr empirischer Psychologie, sei es in dichterisch-einfühlsamer Intuition, aktuell bleiben,[62] unterstützt durch die neue ›freie‹ Beweiswürdigung.[63] Bausteine für diese und andere Ergebnisse hat das Kolloquium in Fülle ergeben.[64]

---

[56] Dazu Rückert, in diesem Band S. 285–311, insbesondere Abschnitt 3.3.

[57] Vgl. für alle drei Aspekte Linder u. Schönert: Verständigung über ›Kriminalität‹, S. 214f.; 189, 195 u. passim; 219, 225 u. passim.

[58] Vgl. Evans: Öffentlichkeit, S. 205 u. passim.

[59] Vgl. Linder u. Schönert: Verständigung über ›Kriminalität‹, S. 209f. u. passim.

[60] Siehe Linder u. Schönert: Ein Beispiel (zum Fall Ruthardt), etwa S. 243, 289.

[61] Nicht ohne gewisse ›Unterstützung‹ der eigenen Deutung durch die Kunst des Weglassens u. ä., vgl. am Beispiel Linder u. Schönert: Ein Beispiel, S. 294f.; zum Typus: Schönert: Ausdifferenzierung, S. 104 u. passim. Für den ›Juristen‹ ist die durchsichtige Gewißheitsaura bei Lektüre vieler Pitaval-Geschichten heute kaum erträglich; vgl. dazu Linder, in diesem Band S. 313–348, insbesondere S. 317f. u. S. 323ff.

[62] Dazu Rückert, in diesem Band S. 285–311, insbesondere Abschnitt 4.2.

[63] In diesem Zusammenhang Hügel: Untersuchungsrichter, S. 93ff.

[64] Vgl. inzwischen die lehrreiche Diskussion um Nauckes weiteres Stichwort »Verpolizeilichung« bei Naucke, Stolleis und Schulze, in: Dilcher u. Diestelkamp: Recht, Gericht; sowie die Ergebnisse für Preußen in: Funk: Polizei; dazu meine Ausführungen zu »Autonomie des Rechts im 19. Jahrhundert« in: Rückert: Autonomie, S. 35–102.

Literaturverzeichnis

Die Ausbildung der deutschen Juristen. (Veröffentlichungen des Arbeitskreises für Fragen der Juristenausbildung e.V., 2; sog. Denkschrift oder Husserl-Gutachten) Tübingen: Mohr 1960.

Uwe Bake: Die Entstehung des dualistischen Systems der Juristenausbildung in Preußen. Diss. jur. Kiel 1971.

Edwin Baumgarten: Das Bayerische Strafgesetzbuch von 1813 und Anselm von Feuerbach. In: Der Gerichtssaal 81 (1913), S. 98–150.

David H. Bayley: The Police and Political Development in Europe. In: The Formation of National States in Western Europe. Ed. by Charles Tilly. Princeton: University Press 1975, S. 328–379.

Albert Friedrich Berner: Die Strafgesetzgebung in Deutschland vom Jahre 1751 bis zur Gegenwart. (Leipzig: Tauchnitz 1867). Neudruck Aalen: Scientia 1978.

Carlheinz Blaschke: Königreich Sachsen und Thüringische Staaten. In: Deutsche Verwaltungsgeschichte. Hg. von Kurt G. A. Jeserich u. a. Bd. 2. Stuttgart: Deutsche Verlagsanstalt 1983, S. 608–644.

Dirk Blasius: Bürgerliche Gesellschaft und Kriminalität. Göttingen: Vandenhoeck u. Ruprecht 1976.

Georg Wilhelm Böhmer: Handbuch der Litteratur des Criminalrechts in seinen allgemeinen Beziehungen, mit besonderer Rücksicht auf Criminalpolitik nebst wissenschaftlichen Bemerkungen. (Göttingen: Dieterich 1816). ND Amsterdam: Editions rodopi 1970.

Conrad Bornhak: Preußische Staats- und Rechtsgeschichte. Berlin: Heymann 1903.

Carolina. Die Peinliche Gerichtsordnung Kaiser Carl V. von 1532. Hg. und erläutert von Gustav Radbruch. 6. durchgesehene Aufl. von Arthur Kaufmann. Stuttgart: Reclam 1975 (= RUB 2990).

Mario A. Cattaneo: Menschenwürde und Strafrechtsphilosophie der Aufklärung. In: Rechtsphilosophie der Aufklärung. Hg. von Reinhard Brandt. Berlin: de Gruyter 1982, S. 321–334.

Gerhard Deimling (Hg.): Cesare Beccaria. Die Anfänge moderner Strafrechtspflege in Europa. Heidelberg: Kriminalistik Verlag 1989.

Walter Demel: Der Bayerische Staatsabsolutismus. 1806/08–1817. Staats- und gesellschaftspolitische Motivationen und Hintergründe der Reformära in der ersten Phase des Königreichs Bayern. München: Beck 1983.

Gerhard Dilcher u. Bernhard Diestelkamp (Hg.): Recht, Gericht, Genossenschaft und Policey. Studien zu Grundbegriffen der germanistischen Rechtstheorie. Symposion für Adalbert Erler. Berlin: Schmidt 1986.

Erich Döhring: Geschichte der deutschen Rechtspflege seit 1500. Berlin: Duncker u. Humblot 1953.

Richard van Dülmen: Theater des Schreckens. Gerichtspraxis und Strafrituale in der frühen Neuzeit. München: Beck 1985.

Friedrich Ebel: Über Legaldefinitionen. Rechtshistorische Studie zur Entwicklung der Gesetzgebungstechnik in Deutschland, insbesondere über das Verhältnis von Rechtssetzung und Rechtsdarstellung. Berlin: Duncker u. Humblot 1974.

Ders.: Beobachtungen zur Gesetzestechnik im 19. Jahrhundert – dargestellt insbesondere an der Frage der Legaldefinitionen. In: Studien zu einer Theorie der Gesetzgebung. Hg. von Jürgen Rödig. Berlin u. a.: Springer 1976, S. 337–352.

Richard J. Evans: Öffentlichkeit und Autorität. Zur Geschichte der Hinrichtungen in Deutschland vom Allgemeinen Landrecht bis zum Dritten Reich. In: Räuber, Volk und Obrigkeit. Hg. von Heinz Reif. Frankfurt/M.: Suhrkamp 1984 (= stw 453), S. 185–258.

Paul Johann Anselm Feuerbach: Kritik des Kleinschrodischen Entwurfs zu einem Peinlichen Gesetzbuche für die Chur-Pfalz-Bayerischen Staaten. 3 Teile. Gießen: Tasché u. Müller 1804.

Monika Frommel: Präventionsmodelle in der deutschen Strafzweck-Diskussion. Berlin: Duncker u. Humblot 1987.

Albrecht Funk: Polizei und Rechtsstaat. Die Entwicklung des staatlichen Gewaltmonopols in Preußen 1848–1914. Frankfurt/M. u. New York: Campus 1986.

Sten Gagnér: Studien zur Ideengeschichte der Gesetzgebung. Stockholm u. a.: Almquist u. Wiksell 1960.

André Gouron: Zu den Ursprüngen des Strafrechts: Die ersten Strafrechtstraktate. In: Festschrift für Hans Thieme zu seinem 80. Geburtstag. Hg. von Karl Kroeschell. Sigmaringen: Thorbecke 1986, S. 31–36.

Ludwig Günter: Die Strafrechtsreform im Aufklärungszeitalter nebst Vergleichen mit unserer modernen kriminalpolitischen Reformbewegung. In: Archiv für Kriminal-Anthropologie und Kriminalistik 28 (Leipzig 1907), S. 112–192 u. 225–291.

Günther Haber: Probleme der Strafprozeßgeschichte im Vormärz. Ein Beitrag zum Rechtsdenken des aufsteigenden Bürgertums. In: Zs. für die ges. Strafrechtswissenschaft 99 (1979), S. 590–636.

Handwörterbuch zur Deutschen Rechtsgeschichte. Hg. von Adalbert Erler u. Ekkehard Kaufmann [derzeit]. Bd. 1–3, Berlin: Schmidt 1971ff.

Maximilian Herberger: Unverständlichkeit des Rechts. Anmerkungen zur historischen Entwicklung des Problems und des Problembewußtseins. In: Recht und Sprache. Schriftenreihe der Bundeszentrale für politische Bildung. Bd. 199. Bonn 1983, S. 19–39 (auch Karlsruhe: Müller).

Hermann Hill: Einführung in die Gesetzgebungslehre. Heidelberg: Müller 1982.

Robert v. Hippel: Deutsches Strafrecht. Bd. 1: Allgemeine Grundlagen. Berlin: Springer 1925.

Hans-Otto Hügel: Untersuchungsrichter, Diebsfänger, Detektive. Theorie und Geschichte der deutschen Detektiverzählung im 19. Jahrhundert. Stuttgart: Metzler 1978.

Gerhard Immel: Typologie der Gesetzgebung des Privatrechts und Prozeßrechts. In: Handbuch der Quellen und Literatur der neueren europäischen Privatrechtsgeschichte. Hg. von Helmut Coing. 2. Bd.: Neuere Zeit (1500–1800). Das Zeitalter des gemeinen Rechts. 2. Teilbd.: Gesetzgebung und Rechtsprechung. München: Beck 1976, S. 3–96.

Harald Kindermann: Ministerielle Richtlinien der Gesetzestechnik. Vergleichende Untersuchung der Regelungen in der Bundesrepublik Deutschland, in Österreich und der Schweiz. Berlin u. a.: Springer 1979.

Gerd Kleinheyer u. Jan Schröder: Deutsche Juristen aus fünf Jahrhunderten. Eine biographische Einführung in die Geschichte der Rechtswissenschaft. 2. neubearb. u. erw. Aufl. Heidelberg: Müller 1983 (jetzt 3. neubearb. u. erw. Aufl. 1989).

Juergen Koch: Die Strafrechtsbelehrung des Volkes von der Rezeption bis zur Aufklärung. Jena: Vopelius 1939 (auch als Diss. jur. Bonn 1939).

Wilfried Küper (Hg.): Carl Joseph Anton Mittermaier. Symposion 1987 in Heidelberg. Heidelberg: v. Decker u. Müller 1988.

Carsten Küther: Räuber, Volk und Obrigkeit. Zur Wirkungsweise und Funktion staatlicher Strafverfolgung im 18. Jahrhundert. In: Räuber, Volk und Obrigkeit. Studien zur Geschichte der Kriminalität in Deutschland seit dem 18. Jahrhundert. Hg. von Heinz Reif. Frankfurt/M.: Suhrkamp 1984 (= stw 453), S. 17–42.

Peter Landau u. Friedrich-Christian Schroeder (Hg.): Strafrecht, Strafprozeß und Rezeption. Grundlagen, Entwicklung und Wirkung der Constitutio Criminalis Carolina. Frankfurt/M.: Klostermann 1984.

Ernst Landsberg: Geschichte der deutschen Rechtswissenschaft. Bd. 3, 1. u. 2. Hbbd. München u. Leipzig: 1890 u. 1910.

Siegfried Leutenbauer: Hexerei- und Zaubereidelikte in der Literatur von 1450 bis 1550. Berlin: Schweitzer 1972.

Joachim Linder u. Jörg Schönert: Verständigung über ›Kriminalität‹ in der deutschen Literatur 1850–1880. Vermittelnde Medien, leitende Normen, exemplarische Fälle. In: Literatur und Kriminalität. Hg. von J. Sch. Tübingen: Niemeyer 1983, S. 184–238.

Dies.: Ein Beispiel: Der Mordprozeß gegen Christiane Ruthardt (1844/45). Prozeßakten, publizistische und literarische Darstellung zum Giftmord. In: Literatur und Kriminalität. Hg. von J. Sch. Tübingen: Niemeyer 1983, S. 239–359.
Eberhard Lorenz: Friedrich Carl von Savigny und die preußische Strafgesetzgebung. Diss. jur. masch. Münster 1957.
Alf Lüdtke: »Gemeinwohl«, Polizei und »Festungspraxis«. Staatliche Gewaltsamkeit und innere Verwaltung in Preußen, 1815–1850. Göttingen: Vandenhoeck u. Ruprecht 1982.
Klaus Lüderssen: Kriminologie. Einführung in die Probleme. Baden-Baden: Nomos 1984.
Ulrich Meyer-Holz: Collegia Iudicum. Über die Form sozialer Gruppenbildung durch die gelehrten Berufsjuristen im Oberitalien des späten Mittelalters, mit einem Vergleich zu Collegia Doctorum Iuris. Baden-Baden 1989.
Robert v. Mohl: Politik. (Staatsrecht, Völkerrecht und Politik 2) Tübingen: Laupp 1862.
Wolfgang Naucke: ›Verfachlichung‹ des Strafrechts im 19. Jahrhundert. Probleme des Verhältnisses der Geschichte der literarischen Verbrechensdarstellung zur Strafrechtsgeschichte im 19. Jahrhundert. In: Literatur und Kriminalität. Hg. von Jörg Schönert. Tübingen: Niemeyer 1983, S. 55–67.
Hermann Nehlsen: Entstehung des öffentlichen Strafrechts bei den germanischen Stämmen. In: Gerichtslauben-Vorträge. Freiburger Festkolloquium zum 75. Geburtstag von Hans Thieme. Hg. von Karl Kroeschell. Sigmaringen: Thorbecke 1983, S. 3–16.
Regina Ogorek: Richterkönig oder Subsumtionsautomat? Zur Justiztheorie im 19. Jahrhundert. Frankfurt/M.: Klostermann 1986.
Wolfram Peitzsch: Kriminalpolitik in Bayern unter der Geltung des Codex Iuris Criminalis Bavarici von 1751. München: Beck 1968.
Filippo Ranieri: Vom Stand zum Beruf. Die Professionalisierung des Juristenstandes als Forschungsaufgabe der europäischen Rechtsgeschichte der Neuzeit. In: Ius Commune 13 (1985), S. 83–105.
Joachim Rückert: Autonomie des Rechts in rechtshistorischer Perspektive. (Schriftenreihe der Jur. Studiengesellschaft Hannover, Bd. 19) Hannover: Hennies u. Zinkeisen 1988.
Hinrich Rüping: Grundriß der Strafrechtsgeschichte. München: Beck 1981.
Dietrich Rüschemeyer: Professionalisierung. Theoretische Probleme für die vergleichende Geschichtsforschung. In: Geschichte und Gesellschaft 6 (1980), S. 311–325.
Friedrich Carl v. Savigny: Vom Beruf unsrer Zeit für Gesetzgebung und Rechtswissenschaft. Heidelberg: Mohr u. Zimmer 1814 (auch in den Ausgaben von Jacques Stern: Thibaut und Savigny, 1914 und 1959, sowie Hattenhauer: Thibaut und Savigny, 1973).
Wolfgang Schild: Alte Gerichtsbarkeit. Vom Gottesurteil bis zum Beginn der modernen Rechtsprechung. München: Callwey 1980.
Ders.: Der »entliche Rechtstag« als das Theater des Rechts. In: Strafprozeß und Rezeption. Hg. von Peter Landau u. Friedrich-Christian Schroeder. Frankfurt/M.: Klostermann 1984, S. 119–144.
Eberhard Schmidt: Einführung in die Geschichte der deutschen Strafrechtspflege. 3. völlig durchgearb. u. veränd. Aufl. Göttingen: Vandenhoeck u. Ruprecht 1965.
Hans Schneider: Gesetzgebung. Ein Lehrbuch. Heidelberg: Müller 1982.
Jörg Schönert (Hg.): Literatur und Kriminalität. Die gesellschaftliche Erfahrung von Verbrechen und Strafverfolgung als Gegenstand des Erzählens. Deutschland, England und Frankreich 1850–1880. Tübingen: Niemeyer 1983.
Clausdieter Schott: Einfachheit als Leitbild des Rechts und der Gesetzgebung. In: Zeitschrift für Neuere Rechtsgeschichte 5 (1983), S. 121–146.
Friedrich-Christian Schroeder (Hg.): Die Carolina. Die Peinliche Gerichtsordnung Kaiser Karls V. von 1532. (Wege der Forschung 626) Darmstadt: Wiss. Buchgesellschaft 1986.
Jan Schröder: Wissenschaftstheorie und Lehre der »praktischen Jurisprudenz« auf deutschen Universitäten an der Wende zum 19. Jahrhundert. Frankfurt: Klostermann 1979.
Ders.: Die juristische Methodendiskussion an der Wende zum 19. Jahrhundert. In: Juristische Schulung 20 (1980), S. 617–620.

Wolfgang Sellert: Die Krise des Straf- und Strafprozeßrechts und ihre Überwindung im 16. Jahrhundert durch Rezeption und Säkularisation. In: Säkulare Aspekte der Reformationszeit. Schriften des Historischen Kollegs. Kolloquien 5. München: Oldenburg 1984, S. 27–47.

Wolfram Siemann: Polizei in Deutschland im 19. Jahrhundert. Institutionen, Operationsebenen, Wirkungsmöglichkeiten. Mit neuen Dokumenten. In: Literatur und Kriminalität. Hg. von Jörg Schönert. Tübingen: Niemeyer 1983, S. 68–95.

Roderich Stintzing: Geschichte der deutschen Rechtswissenschaft. Abteilung 1 und 2. München u. Leipzig: Oldenbourg 1880 und 1884.

Paul Sundelin: Der Mangel und die Möglichkeit eines populären Strafgesetzes. Ein Beitrag zur Redaction des deutschen Strafgesetzbuchs. In: Die Strafrechtspflege in Deutschland 4 (1861), S. 420–443 und 488–509.

Giovanni Tarello: Storia della cultura guiridica moderna. Vol. 1: Assolutismo e codificazione del diritto. Bologna: Il Mulino 1976.

Hubert Treiber u. Heinz Steinert: Die Fabrikation des zuverlässigen Menschen. Über die »Wahlverwandtschaft« von Kloster- und Fabrikdisziplin. München: Moos 1980.

Adolf Wach: Legislative Technik. In: Vergleichende Darstellung des deutschen und ausländischen Strafrechts. Allgemeiner Teil, Bd. 6. Berlin: Liebmann 1908, S. 1–83.

Udo Wolter: Ius Canonicum in Iure Civili. Studien zur Rechtsquellenlehre in der neueren Privatrechtsgeschichte. Köln u. Wien: Böhlau 1975.

Die Beiträger des Bandes

HOLGER DAINAT, geb. 1956. Studium der Germanistik, Geschichte, Philosophie und Soziologie in Kiel und Bielefeld. Wiss. Mitarbeiter in einem DFG-Projekt an der Universität zu Köln.
Buchveröffentlichungen: (Hg.): Kriminalgeschichten aus dem 18. Jahrhundert (1987). – Aufsätze zur Kriminalliteratur um 1800 und zur Wissenschaftsgeschichte der Germanistik.

MONIKA FROMMEL, geb. 1946. Studium der Rechtswissenschaft in Tübingen und München. Dr. jur., Habilitation an der Universität München.
Buchveröffentlichungen: Die Rezeption der Hermeneutik bei Karl Larenz und Josef Esser (1981); Präventionsmodelle in der deutschen Strafzweck-Diskussion (1987). – Aufsätze zur Tätertypenlehre der NS-Zeit, zu gegensätzlichen kriminalpolitischen Konzeptionen im 19. und 20. Jahrhundert, zu Biographien bedeutsamer Juristen sowie zur literarischen Verarbeitung juristischer Probleme (in *Michael Kohlhaas* von Kleist).

JÖRG HENNIG, geb. 1941. Studium der Fächer Deutsch, Geschichte und Philosophie in Köln. Dr. phil., Professor an der Universität Hamburg für Linguistik des Deutschen und Journalistik.
Buchveröffentlichungen: Chronologie der Werke Heinrichs von Mügeln (1972); (zusammen mit L. Huth): Kommunikation als Problem der Linguistik (1975); Medienpolitik für Bürger. Rundfunkräte auf dem Prüfstand (1981). – Aufsätze zu sprach- und medienwissenschaftlichen Themen.

LUDGER HOFFMANN, geb. 1951. – Studium der Germanistik und Theologie in Münster. Dr. phil., Habilitation an der Universität Münster; Professor an der Universität Münster, Mitarbeiter am Institut für Deutsche Sprache, Mannheim.
Buchveröffentlichungen: Zur Sprache von Kindern im Vorschulalter (1978); Kommunikation vor Gericht (1983); (Hg.): Rechtsdiskurse (1989). – Aufsätze zur Grammatik, Diskursanalyse, zur Verständlichkeitsforschung und zum Spracherwerb.

KONSTANTIN IMM, geb. 1953. – Studium der Neueren Deutschen Literatur, der Komparatistik und der Evangelischen Theologie in München. Dr. phil., Mitarbeit im Forschungsprojekt »Kriminalität als Gegenstand der deutschen Literatur des Realismus 1848–1880«, Buchhändler in München.
Buchveröffentlichung: Rilkes *Briefe über Cézanne* (1986).

JOACHIM LINDER, geb. 1948. Studium der Jurisprudenz, der Germanistik und der Philosophie in Münster und München. 1982–1988 wissenschaftlicher Mitarbeiter in DFG-Forschungsgruppen.
Veröffentlichungen zur literarischen Darstellung und Deutung von Kriminalität und Strafjustiz, über Unternehmerschriften, über Literaten und Juristen des 19. Jahrhunderts sowie über geisteswissenschaftliches Arbeiten mit dem PC.

KLAUS LÜDERSSEN, geb. 1932. – Dr. jur., Habilitation an der Universität Frankfurt, 1970 Professor an der Universität Göttingen. Seit 1971 Professor für Strafrecht, Strafprozeßrecht, Rechtsphilosophie und Rechtssoziologie an der Universität Frankfurt.
Buchveröffentlichungen (u. a.): Zum Strafgrund der Teilnahme (1967); Erfahrung als

Rechtsquelle (1972); Strafrecht und Dunkelziffer (1972); Kriminalpolitik auf verschlungenen Wegen (1981); Kriminologie (1984); Die Krise des öffentlichen Strafanspruchs (1989); (mit Th.-M. Seibert): Autor und Täter (1978); (mit W. Hassemer u. W. Naucke): Hauptprobleme der Generalprävention (1979); (mit W. Hassemer u. W. Naucke): Fortschritte im Strafrecht durch die Sozialwissenschaften? (1983); (Mitherausgeber): Abweichendes Verhalten I–IV (1975–80); (Mitherausgeber): Vom Nutzen und Nachteil der Sozialwissenschaften für das Strafrecht (1980). – Aufsätze zu allgemein-juristischen, strafrechtlichen, kriminologischen, rechtsvergleichenden, rechtsphilosophischen, rechtssoziologischen und ausbildungsorientierten Themen.

Hans-Jürgen Lüsebrink, geb. 1952. – Studium der Romanistik, Geschichte und Vergleichenden Literaturwissenschaft in Mainz, Tours und Paris; Promotion in Romanistik 1981 an der Universität Bayreuth, Promotion in Geschichtswissenschaft 1984 in Paris an der Ecole des Hautes Etudes en Sciences Sociales. Habilitation an der Universität Bayreuth; 1979–1988 Wiss. Mitarbeiter an der Universität Bayreuth, seit 1988 Professor für Romanistik an der Universität Passau.
Buchveröffentlichungen: Kriminalität und Literatur im Frankreich des 18. Jahrhunderts (1983); (mit J. Riesz, Hg.): Feindbild und Faszination (1984); (mit G. Berger, Hg.): Literarische Kanonbildung in der Romania (1987); Schrift, Buch und Lektüre in der französischsprachigen Literatur Afrikas (1990); (zus. mit B. Rupp): Littérature et Révolution Française. Anthologie commentée (1988); (Hg.): Guillaume Raynal/Denis Diderot: Die Geschichte beider Indien (1988); (Hg.): Schrift, Buch und Lektüre in der französischsprachigen Literatur Afrikas 1920–1985 (1989). – Aufsätze zur französischen Literatur des 18. Jahrhunderts und der Französischen Revolution, zur Landeskirche Frankreichs sowie zu der frankophonen Literatur Afrikas und der Karibik.

Klaus Marxen, geb. 1945. – Studium der Rechtswissenschaft, Philosophie, Geschichte in Kiel. Dr. jur., Habilitation an der Universität Frankfurt/M.; Professor für Strafrecht, Strafprozeßrecht und Rechtsphilosophie von 1983 bis 1985 in Bremen, von 1985 bis 1989 in Bielefeld, seit 1989 in Münster. Zweites Hauptamt: Richter am Landgericht.
Buchveröffentlichungen: Der Kampf gegen das liberale Strafrecht. Eine Studie zum Antiliberalismus in der Strafrechtswissenschaft der zwanziger und dreißiger Jahre (1975); Die »sozialethischen« Grenzen der Notwehr (1979); Straftatsystem und Strafprozeß (1984); Rechtliche Grenzen der Amnestie (1984). – Aufsätze zu Themen aus dem Bereich des Strafrechts, der Strafrechtsgeschichte, des Strafprozeßrechts und der Rechtsphilosophie.

Reinhard Merkel, geb. 1950. – Studium der Rechtswissenschaft, der Philosophie und der Literaturwissenschaft. Zwei Jahre Tätigkeit als Rechtsanwalt, dann Wiss. Assistent am Institut für Rechtsphilosophie in München. Seit Juli 1988 Redakteur der Wochenzeitung DIE ZEIT in Hamburg, dort seit Juli 1989 im Feuilleton.
Aufsätze und Essays zur Philosophie, Jurisprudenz und Literatur. Übersetzer und Neubearbeiter des Buches *Wittgenstein's Vienna* von Allan Janik und Stephan Toulmin. 1984–88 Mitherausgeber der Buchreihe »Piper Porträt« im Piper Verlag München.

Eckhardt Meyer-Krentler, geb. 1946. – Studium der Germanistik, Geschichte und Philosophie in Münster/Westf. Dr. phil., Habilitation an der Universität Paderborn, Professor für Neuere deutsche Literaturgeschichte an der Universität/GHS Paderborn.
Buchveröffentlichungen: Der andere Roman. Gellerts *Schwedische Gräfin:* Von der aufklärerischen Propaganda gegen den »Roman« zur empfindsamen Erlebnisdichtung (1974); Der Bürger als Freund. Ein sozialethisches Programm und seine Kritik in der neueren deutschen Erzählliteratur (1984); »Unterm Strich«. Literarischer Markt, Trivialität und Romankunst in Raabes *Der Lar* (1986); Willkomm und Abschied – Herzschlag und Peitschenhieb. Goethe – Mörike – Heine (1987). – Aufsätze zur deutschen Literaturgeschichte des 17. bis 20. Jahrhunderts u. a. zu Gellert, Goethe, Raabe, Kafka, S. Kirsch; zu Literatur- u. Rechtsgeschichte; zu Literaturwissenschaft und EDV.

HANS-ULRICH MOHR, geb. 1943. – Studium der Anglistik und Amerikanistik in Erlangen, Leeds und Berlin. Dr. phil., Habilitation an der Universität Bielefeld, Professor für Anglistik/Amerikanistik in Bielefeld.
Buchveröffentlichungen: Texte in sozialen Prozessen des afro-amerikanischen Rassenproblems (1976); Ästhetizismus und Identität. Eine sozialgeschichtlich dimensionierte Funktionsgeschichte englischer und amerikanischer ›Gothic Fictions‹ (1990). – Aufsätze zur Theorie der Literaturgeschichtsschreibung sowie zur Funktionsgeschichte der englischen und amerikanischen Literatur (von 1650 bis zur Gegenwart).

HEINZ MÜLLER-DIETZ, geb. 1931. – Studium der Rechtswissenschaft in Heidelberg, Hamburg, Freiburg i. Br. Dr. jur., Habilitation an der Universität Freiburg; Professor für Strafrecht, Strafprozeßrecht, Strafvollzug und Kriminologie an der Universität des Saarlandes.
Buchveröffentlichungen: Grenzen des Schuldgedankens im Strafrecht (1967); Strafbegriff und Strafrechtspflege (1968); Strafvollzug und Gesellschaft (1970); Strafe und Staat (1973); Grundfragen des strafrechtlichen Sanktionensystems (1979). – Aufsätze zum Strafvollzug, zum strafrechtlichen Sanktionensystem, zu Recht und Literatur.

WOLFGANG NAUCKE, geb. 1933. – Studium der Rechtswissenschaft in Kiel, Lausanne und Glasgow. Dr. jur., Habilitation an der Universität Kiel; Professor für Strafrecht, Strafprozeßrecht, Kriminologie und Rechtsphilosophie in Kiel (1964–1971) und in Frankfurt am Main (seit 1971); Richter am OLG.
Bücher und Aufsätze über neuere Strafrechtsgeschichte, Rechtsphilosophie, Kriminalpolitik und aktuelles Strafrecht der Bundesrepublik.

JOACHIM RÜCKERT, geb. 1945. – Studium der Jurisprudenz, dazu der Geschichte und Philosophie in Berlin, Tübingen und München. Dr. jur., Habilitation an der Universität München, Professor für Zivilrecht und Rechtsgeschichte an der Universität Hannover.
Buchveröffentlichungen: A. L. Reyschers Leben und Rechtstheorie (1974); Betriebliche Arbeiterausschüsse in Deutschland, Großbritannien und Frankreich im späten 19. Jahrhundert und frühen 20. Jahrhundert (1979); Idealismus, Jurisprudenz und Philosophie bei Friedrich Carl von Savigny (1984); Autonomie des Rechts in rechtshistorischer Perspektive (1988). – Aufsätze zu den Forschungsschwerpunkten: Bürgerliches Recht mit arbeitsrechtlichen Bezügen, Rechts- und Sozialgeschichte mit historischer Rechtsvergleichung, Wissenschaftsgeschichte, Rechtsphilosophie, juristische Grundbegriffe in historischer Perspektive, interdisziplinäre Fragen mit Germanisten, Philosophen und Historikern.

JÖRG SCHÖNERT, geb. 1941. – Studium der Germanistik und Anglistik in München, Zürich und Reading. Dr. phil., Habilitation an der Universität München; Professor an der RWTH Aachen für Neuere deutsche Literatur (1980–83), seit 1983 Professor an der Universität Hamburg.
Buchveröffentlichungen: Roman und Satire im 18. Jahrhundert (1969); (Hg.): Carl Sternheims Dramen (1975); (Hg. mit G. Jäger): Die Leihbibliothek als Institution des literarischen Lebens im 18. und 19. Jahrhundert (1980); (Hg.): Literatur und Kriminalität (1983), (Hg. mit K. Richter): Klassik und Moderne (1983); (Hg. mit R. v. Heydebrand und D. Pfau): Zur theoretischen Grundlegung einer Sozialgeschichte der Literatur (1988); (Hg. mit H. Segeberg): Polyperspektivik in der literarischen Moderne (1988). – Aufsätze zu methodischen Problemen der Literaturwissenschaft, zur Literaturgeschichte vom 18. bis 20. Jahrhundert, zur DDR-Literatur, zu interdisziplinären Problemen.

WOLFGANG SCHILD, geb. 1946. – Studium der Rechtswissenschaft und Philosophie in Wien. Dr. jur., Habilitation an der Universität München. Professor für Strafrecht, Strafrechtsgeschichte und Rechtsphilosophie an der Universität Bielefeld.
Buchveröffentlichungen: Die Reinen Rechtslehren (1975); Die »Merkmale« der Straftat und ihres Begriffs (1979); Alte Gerichtsbarkeit (1980, 1985); Der Strafrichter in der Hauptverhandlung (1983); Recht und Gerechtigkeit im Spiegel der europäischen Kunst

(1988). – Aufsätze zum Strafrecht (vor allem zum Allgem. Teil), zur Strafrechtsgeschichte, zur Rechtsphilosophie (vor allem des Deutschen Idealismus), zu Kunst und Recht.

RAINER SCHRÖDER, geb. 1947. – Studium der Rechtswissenschaften in Münster, Genf und München, Dr. jur., Habilitation an der Universität München; Professor für Bürgerliches Recht und Deutsche Rechtsgeschichte an der Universität Hannover.
Buchveröffentlichungen: Abschaffung oder Reform des Erbrechts? (1979); Zur Arbeitsverfassung des Spätmittelalters (1984); »... Aber im Zivilrecht sind die Richter standhaft geblieben!« – Die Urteile des OLG Celle aus der Zeit des Dritten Reiches (1988); Die Entwicklung des Kartellrechts und des kollektiven Arbeitsrechts durch die Rechtsprechung des Reichsgerichts vor 1914 (1988). – Aufsätze zur Rechts- und Sozialgeschichte des 19. und 20. Jahrhunderts.

THOMAS-MICHAEL SEIBERT, geb. 1949. – Studium der Rechtswissenschaft und Philosophie in Berlin und Mainz. Dr. jur., Richter in Frankfurt/M.
Buchveröffentlichung: Zur Fachsprache in der Juristenausbildung (1977); (Hg. mit K. Lüderssen): Autor und Täter (1978); Aktenanalysen (1981); (Hg. mit O. Ballweg): Rhetorische Rechtstheorie (1982); – Aufsätze zur Rechtsphilosophie, zur Analyse des juristischen Diskurses und zur allgemeinen Semiotik.

MICHAEL TITZMANN, geb. 1944. – Studium der Germanistik und Romanistik in München. Dr. phil., Habilitation an der Universität München; Professor für Neuere Deutsche Literatur an der Universität Passau.
Buchveröffentlichungen: Strukturale Textanalyse (1977, 1989); Strukturwandel der philosophischen Ästhetik 1800–1880 (1978); (Hg.): Modelle des literarischen Strukturwandels (1990); (Hg.): Probleme von Bild-Text-Beziehungen (1990). – Aufsätze in den Forschungsgebieten: Theorie und Methodologie der Textanalyse und der Literaturgeschichtsschreibung; Probleme des Strukturwandels; Semiotik der Literatur; Deutsche Literatur vom 16. bis zum 20. Jahrhundert in ihrem denk- und sozialgeschichtlichen Kontext.

Sachregister

Das Sachregister verzeichnet Begriffe aus Text und Anmerkungen und macht den Versuch, Querverweise zwischen den einzelnen Beiträgen herzustellen. Die Begriffe beziehen sich stets auf den Zusammenhang von Literatur und Recht – auch dort, wo dies nicht eigens vermerkt wird; sie stehen in der Regel auch für Ableitungen, Zusammensetzungen, Negationen und Umschreibungen. Aufgenommen wurden auch die Titel von Zeitschriften und Sammelwerken, die im Text genannt werden (*Kursivschreibung*).

Personenregister

Das Personenregister erfaßt mechanisch die Eigennamen nicht-fiktiver Personen, die im Haupttext, in den Anmerkungen, den Literaturverzeichnissen und Anhängen genannt sind. Nicht aufgenommen wurden Verlagsnamen.
Soweit die Vornamen im Text nicht genannt sind, wurde versucht, sie mit Hilfe biographischer Nachschlagewerke und Bücherkataloge zu ermitteln. Wo diese Ermittlungsversuche erfolglos blieben, ist [...] gesetzt.
Den Familiennamen vorangestellt wurden ›la‹ und ›le‹; ›de‹ und ›von‹ wurden nachgestellt. ›Mc‹ ist unter ›Mac‹ eingereiht; ä, ö und ü werden wie ae, oe und ue behandelt.

Bei Fragen zur Produktsicherheit wenden Sie sich bitte an:
If you have any questions regarding product safety,
please contact:

Walter de Gruyter GmbH
Genthiner Straße 13
10785 Berlin
productsafety@degruyterbrill.com